Europahandbuch 2005/2006
Institutionen – Organisationen – Ansprechpartner
9. Auflage

Europahandbuch 2005/2006

Institutionen – Organisationen – Ansprechpartner

9. Auflage

Redaktion

Dr. Gerhard Schumann-Hitzler
Brüssel

Martina Ostarek
Köln

empirica Delasasse GmbH
Köln

Redaktionsschluss: Juni 2005

Bibliografische Information Der Deutschen Bibliothek

Die Deutsche Bibliothek verzeichnet diese Publikation in der Deutschen Nationalbibliografie; detaillierte bibliografische Daten sind im Internet über http://dnb.ddb.de abrufbar.

Das Werk ist urheberrechtlich geschützt. Die dadurch begründeten Rechte, insbesondere die der Übersetzung, des Nachdrucks, der Entnahme von Abbildungen, der Funksendung, der Wiedergabe auf fotomechanischem oder ähnlichem Wege und der Speicherung in Datenverarbeitungsanlagen, bleiben vorbehalten.
Verlag und Autoren übernehmen keine Haftung für inhaltliche oder drucktechnische Fehler.

© Carl Heymanns Verlag KG • Köln • Berlin • München 2005
50939 Köln
E-Mail: service@heymanns.com
http://www.heymanns.com
ISBN 3-452-25832-7   ISSN 0940-001X
Druck: Gallus Druckerei KG, Berlin

Gedruckt auf säurefreiem und alterungsbeständigem Papier

Vorwort

Das Nein der Franzosen und der Niederländer zu dem im Oktober 2004 in Rom von den 25 Staats- und Regierungschefs unterzeichneten Vertrag über eine europäische Verfassung hat die Europäische Union in eine tiefe Sinnkrise gestürzt. Auch das vorläufige Scheitern der Verhandlungen über den neuen Finanzrahmen der EU für die Jahre 2007 – 2013 hat deutlich gemacht, wie sehr die Vorstellungen der einzelnen Mitgliedstaaten über den weiteren Weg der europäischen Integration und die Rolle der Union auseinander gehen.

In der Debatte über den Verfassungsvertrag werden zunehmend Zweifel an der weiteren Erweiterung der Europäischen Union laut. Dabei hat die EU gerade erst zum 1. Mai die bisher größte Erweiterungsrunde auf nunmehr 25 Mitgliedstaaten mit mehr als 450 Millionen Einwohnern abgeschlossen und damit die Teilung des europäischen Kontinents als Folge des Zweiten Weltkriegs weitgehend überwunden. Im Zuge der neu entflammten Diskussion erscheint nun zweifelhaft, ob die für Januar 2007 vorgesehene Aufnahme Bulgariens und Rumäniens fristgerecht umgesetzt werden wird sowie insbesondere, ob im Oktober 2005 – wie vorgesehen – die Beitrittsverhandlungen mit der Türkei aufgenommen werden.

Hinter die Debatte über die künftigen Außengrenzen der Europäischen Union und ihre wesentliche Zielsetzung (große Freihandelszone oder politische Union und echte Wertegemeinschaft?) tritt derzeit die Umsetzung der »Strategie von Lissabon« in den Hintergrund. Dabei war diese Strategie, mit der die Europäische Union sich bis 2010 zum dynamischsten Wirtschaftsraum der Erde entwickeln soll, als europäische Antwort auf die Herausforderungen der Globalisierung und des zunehmenden Wettbewerbsdrucks durch die amerikanischen und die asiatischen Unternehmen gedacht.

Die europäische Identität und Zusammenarbeit beruht jedoch nicht allein auf der EU, sondern auch auf weiteren Einrichtungen, in denen die Staaten Europas bestimmte Aktivitäten koordinieren. Dazu zählen insbesondere der Europarat, die OCDE und die OSZE. In vielen Bereichen (z.B. bei den Menschenrechten und dem Minderheitenschutz, in ethischen Fragen oder in den Bereichen Bildung und Kultur) bereiten diese Einrichtungen den Boden dafür vor, dass die Europäische Union zu einer gemeinsamen Position finden und einen verbindlichen Rechtsrahmen schaffen kann.

Die Diskussionen über den europäischen Verfassungsvertrag zeigen, wie wichtig es ist, umfassend über die Zielsetzungen und die Arbeitsweise der EU informiert zu sein. Auch die Globalisierung der Wirtschaft und die zunehmende wirtschaftliche und rechtliche Verflechtung erfordern von allen Entscheidungsträgern in

Wirtschaft, Politik und Verwaltung, dass sie sich schnell und aktuell über wichtige Rahmendaten, Strukturen und Ansprechpartner informieren können. Das vorliegende Handbuch ist hierfür gut geeignet. Es enthält eine Darstellung der wichtigsten europäischen Institutionen mit wirtschaftlicher und allgemeinpolitischer Bedeutung. Besonderer Wert wurde darauf gelegt, die inneren Strukturen und die Arbeitsweise dieser Institutionen verständlich zu machen und den Einstieg in eine direkte Kontaktaufnahme zu erleichtern.

An dieser Stelle sei allen dargestellten Organisationen gedankt für die freundliche Unterstützung und die Überlassung der ausgewerteten Materialien. Allen Lesern, die mit ihren wertvollen Anregungen zur weiteren Verbesserung des Handbuchs beigetragen haben, danken wir an dieser Stelle gleichfalls herzlich.

Die Redaktion *Der Verlag*

Inhalt

Vorwort		V
Abkürzungen		XVII
A	Die Europäische Union (EU)	1
I	*Einführung*	3
1	Entstehungsgeschichte	3
2	Die Verfassung für Europa	6
3	Währungsunion	8
4	Grundrechtsschutz in der EU	10
5	Erweiterung der EU	11
6	Formen des Handelns der EU	11
7	Gemeinschaftspolitiken	12
8	Zwischenstaatliche Zusammenarbeit	14
9	Rechtsakte der EU	15
10	Haushalt und Haushaltskontrolle	19
11	Sprachen	21
12	Transparenz und Zugang zu Dokumenten	21
13	Der Europäische Wirtschaftsraum (EWR)	22
14	Die Beziehungen zu anderen Drittstaaten	23
II	*Die Institutionen und Organe der EU - ein Überblick über ihre Aufgaben und ihre Stellung im Gesamtgefüge*	30
III	*Die Institutionen und Organe der EU im Einzelnen*	34
1	Der Rat der Europäischen Union	34
1.1	Rechtsgrundlage und Zuständigkeiten	34
1.2	Organisation und Arbeitsweise	34
1.2.1	Allgemeine Darstellung	34
1.2.2	Das Generalsekretariat des Rates	37
2	Die Europäische Kommission	52
2.1	Rechtsgrundlagen und Zuständigkeiten	52
2.2	Organisation und Arbeitsweise	53

2.2.1	Allgemeine Darstellung	53
2.2.2	Europäische Kommission – Übergreifende Dienststellen: Kommissare und Kabinette	60
2.2.3	Generaldirektionen (GD) und Dienste: Politiken	62
2.2.3.1	Generaldirektion Beschäftigung, Soziales und Chancengleichheit	62
2.2.3.2	Generaldirektion Bildung und Kultur	64
2.2.3.3	Generaldirektion Binnenmarkt und Dienstleistungen	65
2.2.3.4	Generaldirektion Fischerei	67
2.2.3.5	Generaldirektion Forschung	68
2.2.3.6	Gemeinsame Forschungsstelle – GFS	72
2.2.3.7	Generaldirektion Gesundheit und Verbraucherschutz	77
2.2.3.8	Generaldirektion Informationsgesellschaft	79
2.2.3.9	Generaldirektion Justiz, Freiheit und Sicherheit	81
2.2.3.10	Generaldirektion Landwirtschaft und Entwicklung des ländlichen Raumes	82
2.2.3.11	Generaldirektion Regionalpolitik	85
2.2.3.12	Generaldirektion Steuern und Zollunion	88
2.2.3.13	Generaldirektion Umwelt	89
2.2.3.14	Generaldirektion Unternehmen	91
2.2.3.15	Generaldirektion Energie und Verkehr	93
2.2.3.16	Generaldirektion Wettbewerb	96
2.2.3.17	Generaldirektion Wirtschaft und Finanzen (ECFIN)	98
2.2.4	Generaldirektionen (GD) und Dienste: Außenbeziehungen	101
2.2.4.1	Amt für humanitäre Hilfen (ECHO)	101
2.2.4.2	Generaldirektion Auswärtige Beziehungen	102
2.2.4.3	Generaldirektion Entwicklung	104
2.2.4.4	Generaldirektion Erweiterung	105
2.2.4.5	Europe Aid – Amt für Zusammenarbeit	107
2.2.4.6	Generaldirektion Handel	109
2.2.5	Generaldirektionen (GD) und Dienste: Allgemeine Dienste	111
2.2.5.1	Amt für amtliche Veröffentlichungen der Europäischen Gemeinschaft	111
2.2.5.2	Europäisches Amt für Betrugsbekämpfung (OLAF)	112
2.2.5.3	Statistisches Amt der Europäischen Gemeinschaften - Eurostat	114
2.2.5.4	Generalsekretariat der Europäischen Kommission	116
2.2.5.5	Generaldirektion Presse und Kommunikation	118
2.2.6	Generaldirektionen (GD) und Dienste: Interne Dienste	119
2.2.6.1	Generaldirektion Datenverarbeitung	119
2.2.6.2	Generaldirektion Dolmetschen	120
2.2.6.3	Amt für Gebäude, Anlagen und Logistik – Brüssel (OIB)	121
2.2.6.4	Generaldirektion Haushalt	122
2.2.6.5	Interner Auditdienst	123
2.2.6.6	Juristischer Dienst	124
2.2.6.7	Generaldirektion Personal und Verwaltung	124
2.2.6.8	Gruppe der politischen Berater	127
2.2.6.9	Generaldirektion Übersetzung	127
3	Das Europäische Parlament (EP)	133
3.1	Rechtsgrundlage und Zuständigkeiten	136
3.2	Organisation und Arbeitsweise	138
3.2.1	Allgemeine Darstellung	138
3.2.2	Das Generalsekretariat des Europäischen Parlaments	139

3.2.3	Präsidium	155
3.2.4	Mitglieder des Europäischen Parlaments	156
3.2.4.1	Abkürzungen	156
3.2.4.2	Mitglieder aus Deutschland	160
3.2.4.3	Mitglieder aus Österreich	172
3.2.4.4	Mitglieder aus den übrigen Mitgliedstaaten	174
3.2.5	Fraktionen im Europäischen Parlament	205
3.2.6	Ausschüsse	206
3.2.7	Delegationen	218
3.2.7.1	Delegationen in den Gemischten Parlamentarischen Ausschüssen EU	218
3.2.7.2	Interparlamentarische Delegationen	221
3.3	Europäischer Bürgerbeauftragter	231
3.3.1	Rechtsgrundlage und Zuständigkeiten	231
3.3.2	Organisation und Arbeitsweise	231
4	Der Europäische Wirtschafts- und Sozialausschuss (EWSA)	232
4.1	Rechtsgrundlage und Zuständigkeiten	232
4.2	Organisation und Arbeitsweise	232
4.2.1	Allgemeine Darstellung	232
4.2.2	Das Präsidium des Europäischen Wirtschafts- und Sozialausschusses	233
4.2.3	Das Generalsekretariat des Europäischen Wirtschafts- und Sozialausschusses	234
4.2.4	Gemeinsamer Organisatorischer Unterbau des Europäischen Wirtschafts- und Sozialausschusses und des Ausschusses der Regionen	235
4.2.5	Die Vorsitzenden der Gruppen des Europäischen Wirtschafts- und Sozialausschusses	236
4.2.5.1	Gruppe I Arbeitgeber	236
4.2.5.2	Gruppe II Arbeitnehmer	236
4.2.5.3	Gruppe III Verschiedene Interessen	236
4.2.5.4	Ohne Gruppenzugehörigkeit	236
4.2.6	Die Fachgruppen des Europäischen Wirtschafts- und Sozialausschusses	236
5	Der Ausschuss der Regionen (AdR)	237
5.1	Rechtsgrundlage und Zuständigkeiten	237
5.2	Organisation und Arbeitsweise	237
5.2.1	Allgemeine Darstellung	237
5.2.2	Das Generalsekretariat des Ausschusses der Regionen	238
5.2.3	Gemeinsamer Unterbau des Europäischen Wirtschafts- und Sozialausschusses und des Ausschusses der Regionen	239
5.2.4	Das Präsidium des Ausschusses der Regionen	239
5.2.5	Die Fachkommissionen des Ausschusses der Regionen	240
6	Der Gerichtshof der Europäischen Gemeinschaften (EuGH)	240
6.1	Rechtsgrundlage und Zuständigkeiten	240
6.2	Organisation und Arbeitsweise	241
6.2.1	Allgemeine Darstellung	241
6.2.2	Die Verwaltung des Europäischen Gerichtshofs	242
6.2.3	Die Richter und Generalanwälte	243
7	Das Gericht Erster Instanz	245
7.1	Rechtsgrundlagen und Zuständigkeiten	245
7.2	Organisation und Arbeitsweise	245

7.2.1	Allgemeine Darstellung	245
7.2.2	Die Verwaltung des Gerichts Erster Instanz	245
7.2.3	Die Mitglieder des Gerichts Erster Instanz	245
8	Das Gericht für den öffentlichen Dienst der Europäischen Union	247
8.1	Rechtsgrundlage und Zuständigkeiten	247
8.2	Organisation und Arbeitsweise	247
8.2.1	Allgemeine Darstellung	247
8.2.2	Die Verwaltung des Gerichts für den öffentlichen Dienst	247
9	Der Europäische Rechnungshof (ERH)	247
9.1	Rechtsgrundlage und Zuständigkeiten	247
9.2	Organisation und Arbeitsweise	248
9.2.1	Allgemeine Darstellung	248
9.2.2	Die Organisation des Europäischen Rechnungshofes	248
9.2.2.1	Mitglieder des Rechnungshofes	248
9.2.2.2	Dienste des Präsidenten	250
9.2.2.3	Generalsekretariat	250
9.2.2.4	Prüfungsgruppe I	251
9.2.2.5	Prüfungsgruppe II	252
9.2.2.6	Prüfungsgruppe III	252
9.2.2.7	Prüfungsgruppe IV	252
9.2.2.8	Gruppe CEAD	252
10	Die Europäische Zentralbank (EZB)	253
10.1	Rechtsgrundlage und Zuständigkeiten	253
10.2	Organisation und Arbeitsweise	253
10.2.1	Allgemeine Darstellung	253
10.2.2	Die Organisation der Europäischen Zentralbank	254
11	Die Europäische Investitionsbank (EIB)	257
11.1	Rechtsgrundlage und Zuständigkeiten	258
11.2	Organisation und Arbeitsweise	259
11.2.1	Allgemeine Darstellung	259
11.2.2	Direktorium der Europäischen Investitionsbank	260
11.2.3	Die Struktur der Europäischen Investitionsbank	260
12	Der Europäische Investitionsfonds (EIF)	265
12.1	Rechtsgrundlage und Zuständigkeiten	265
12.2	Organisation und Arbeitsweise	265
12.2.1	Allgemeine Darstellung	265
12.2.2	Die Organisation des Europäischen Investitionsfonds	265
IV	Sonstige Einrichtungen der EU	266
1	Das Amt für Personalauswahl der Europäischen Gemeinschaften (EPSO)	266
2	Die Vertretung (Büros) der Kommission in den Mitgliedstaaten	267
3	Die EU-Vertretungen in Drittstaaten	270
3.1	Delegationen außerhalb der Europäischen Union	270
3.2	Delegationen bei Internationalen Organisationen	283
4	Das Europäische Zentrum für die Förderung der Berufsbildung (Cedefop)	283

5	Die Europäische Stiftung zur Verbesserung der Lebens- und Arbeitsbedingungen	284
6	Die Europäische Umweltagentur (EUA)	285
7	Die Europäische Agentur für die Beurteilung von Arzneimitteln (EMEA)	285
8	Das Harmonisierungsamt für den Binnenmarkt (Marken, Muster und Modelle) (HABM)	286
9	Die Europäische Stiftung für Berufsbildung (ETF)	287
10	Die Europäische Beobachtungsstelle für Drogen und Drogensucht (EMCDDA)	287
11	Das Übersetzungszentrum für die Einrichtungen der Europäischen Union (CDT)	287
12	Die Europäische Agentur für Gesundheitsschutz und Sicherheit am Arbeitsplatz	288
13	Das Gemeinschaftliche Sortenamt (CPVO)	288
14	Europäische Stelle zur Beobachtung von Rassismus und Fremdenfeindlichkeit	288
15	Europäische Agentur für den Wiederaufbau (EAR)	289
16	Europäische Behörde für Lebensmittelsicherheit (EFSA)	289
17	Europäisches Organ zur Stärkung der justiziellen Zusammenarbeit (EUROJUST)	290
18	Europäische Agentur für Flugsicherheit	290
19	Europäische Agentur für die Sicherheit des Seeverkehrs (EMSA)	290
20	Institut der Europäischen Union für Sicherheitsstudien (EUISS)	291
21	Satellitenzentrum der Europäischen Union (EUSC)	291
22	Europäische Eisenbahnagentur (ERA)	291
23	Europäische Agentur für Netz- und Informationssicherheit (ENISA)	292
24	Exekutiv-Agentur für Intelligente Energie	292
V	*Zwischenstaatliche Einrichtungen auf der Ebene der EU*	293
1	EUROPOL	293
2	Das Europäische Hochschulinstitut	293
3	Das Europakolleg Brügge	294
VI	*Die Vertretungen der Mitgliedstaaten bei der EU*	295
1	Rechtsgrundlage und Zuständigkeiten	295
2	Organisation und Arbeitsweise	295
3	Die Ständige Vertretung Deutschlands	296
4	Die Ständige Vertretung Österreichs	298

5	Die Ständigen Vertretungen der übrigen Mitgliedstaaten	300
VII	Die Einrichtungen der deutschen und österreichischen Bundesländer auf EU-Ebene	303
1	Der Beobachter der deutschen Bundesländer bei der Europäischen Union	303
2	Die Informationsbüros der deutschen Bundesländer in Brüssel	304
3	Die Europabüros der deutschen Kommunen	306
4	Die Verbindungsstelle der österreichischen Bundesländer	306
5	Die Verbindungsbüros der österreichischen Bundesländer in Brüssel	307
6	Die Europabüros der österreichischen Kommunen	308
VIII	EU-weite Informationsnetze	309
1	Die EU-Beratungsstellen für Unternehmen	309
1.1	Euro Info Centres in Deutschland	309
1.2	Euro Info Centres in Österreich	312
1.3	Euro Info Centres in den übrigen Mitgliedstaaten	312
2	EURYDICE - Das Informationsnetz zum Bildungswesen in Europa	333
3	Die Europäischen Dokumentationszentren, Depot-Bibliotheken und Referenzzentren	337
3.1	Deutschland	337
3.2	Österreich	343
IX	Die EU im Zeichen der Informationstechnologie	345
1	e-Europe	345
2	Datenbanken und Homepages	345
X	Der europäische öffentliche Dienst	350
1	Allgemeine Darstellung	350
2	Besoldung	350
B	Koordinierte Zwischenstaatliche Organisationen	355
I	Der Europarat	357
1	Rechtsgrundlage und Zielsetzungen	357
2	Organisation und Arbeitsweise	359
2.1	Überblick	359
2.2	Das Ministerkomitee des Europarats	360
2.3	Die Parlamentarische Versammlung des Europarats	361
2.4	Der Kongress der Gemeinden und Regionen in Europa (KGRE)	362
2.5	Das Generalsekretariat des Europarats	363
2.5.1	Allgemeine Darstellung	363
2.5.2	Organisationsplan des Sekretariats	363
3	Die Europäische Menschenrechtskonvention	364
3.1	Der Europäische Gerichtshof für Menschenrechte	365

3.1.1	Allgemeine Darstellung	365
3.1.2	Die Richter des Europäischen Gerichtshofs für Menschenrechte	366
4	Die Ständigen Vertretungen der Mitgliedstaaten beim Europarat	366
II	*Die Organisation für Wirtschaftliche Zusammenarbeit und Entwicklung (OECD)*	372
1	Rechtsgrundlage und Zielsetzungen	372
2	Organisation und Arbeitsweise	374
2.1	Allgemeine Darstellung	374
2.2	Organisationsplan des Sekretariats der OECD	375
3	Autonome und halbautonome Organe	376
3.1	Die Internationale Energie-Agentur (IEA)	376
3.2	Die Kernenergie-Agentur (NEA)	377
3.3	Das Entwicklungszentrum der OECD	377
3.4	Das Zentrum für Forschung und Innovation im Bildungswesen (CERI)	377
3.5	Das Zentrum für die Zusammenarbeit mit Nicht-Mitgliedsländern (CCNM)	378
4	Die Ständigen Vertretungen der Mitgliedstaaten bei der OECD	378
III	*Die Wirtschaftskommission der Vereinten Nationen für Europa (UNECE)*	381
1	Rechtsgrundlage und Zielsetzung	381
2	Organisation und Arbeitsweise	381
2.1	Allgemeine Darstellung	381
2.2	Organisationsplan des Sekretariats	381
IV	*Die Europäische Freihandelsassoziation (EFTA)*	382
1	Rechtsgrundlage und Zielsetzungen	382
2	Organisation und Arbeitsweise	384
2.1	Allgemeine Darstellung	384
2.2	Organisationsplan des Sekretariats	385
V	*Das Europäische Patentamt (EPA)*	385
1	Rechtsgrundlage und Zuständigkeiten	385
2	Organisation und Arbeitsweise	386
2.1	Allgemeine Darstellung	386
2.2	Organisationsplan des Europäischen Patentamts	387
VI	*Europäische Bank für Wiederaufbau und Entwicklung (EBWE)*	387
1	Rechtsgrundlage und Zuständigkeiten	387
2	Organisation und Arbeitsweise	388
2.1	Allgemeine Darstellung	388
2.2	Die Verwaltung der Europäischen Bank für Wiederaufbau und Entwicklung	388
VII	*Organisation für Sicherheit und Zusammenarbeit in Europa (OSZE)*	389
1	Rechtsgrundlage und Zielsetzungen	389
2	Organisation und Arbeitsweise	389

2.1	Allgemeine Darstellung	389
2.2	OSZE-Sekretariat	390
2.3	Büro für demokratische Institutionen und Menschenrechte (BDIM)	390
2.4	Hoher Kommissar für Nationale Minderheiten	391
2.5	OSZE-Beauftragter für Medienfreiheit	391
VIII	*Europäische Weltraumorganisation (ESA)*	392
IX	*Weitere europäische und internationale Institutionen bei der EU*	393
1	Europäische Institutionen	393
2	Internationale Institutionen	395
C	**Organisationen und Verbände der Wirtschaft**	**399**
I	*Europäische Verbände*	401
1	Landwirtschaft, Nahrungs- und Genussmittelgewerbe	401
1.1	Getreide, Saatgut, Obst, Gemüse	401
1.2	Fleisch, Milchprodukte, Eier, Fisch	402
1.3	Alkohol, Kaffee, Kakao, Tee	404
1.4	Zucker, Gewürze, Öl, Tabak	405
1.5	Sonstige	406
2	Industrie	408
2.1	Chemische, pharmazeutische und medizinische Produkte	408
2.2	Baugewerbe	410
2.3	Kunststoffe und Gummi	413
2.4	Energie	413
2.5	Metalle	415
2.6	Automobilindustrie und Verkehrsausrüstungshersteller	416
2.7	Holz und Möbel	417
2.8	Papier und Holzbe- und -verarbeitung	418
2.9	Textilien, Bekleidung und Leder	418
2.10	Glas und Keramik	419
2.11	Spielzeug und Freizeitzubehör	420
2.12	Elektrisches und elektronisches Zubehör und Maschinenbau	421
2.13	Grundstoffindustrie	422
2.14	Informationstechnologiezubehör	423
2.15	Raumfahrt und Verteidigung	423
2.16	Sonstige	424
3	Dienstleistungen	425
3.1	Kultur, Freizeit, Unterhaltung	425
3.2	Verkehr	425
3.3	Reisen, Tourismus	427
3.4	Finanzdienstleistungen	428
3.5	Telekommunikation, Postdienstleistungen	430
3.6	Medien, Werbung, Marketing	431
3.7	Abfallwirtschaft, Umwelt	432
3.8	Handel	433
3.9	Industrie- und Handelskammern	434

3.10	Berufsverbände	434
3.11	Wissenschaft, Technologie, Forschung	436
3.12	Gesundheitswesen	437
3.13	Standardisierung, Prüfverfahren, Qualitätsverbesserung	440
3.14	Ausbildung, Fortbildung	441
3.15	Printmedien	442
3.16	Beratung	443
3.17	Sonstige	444
4	Verschiedene	444
4.1	Regionalpolitik	444
4.2	Politische Interessen	445
4.3	Verbraucherschutz	445
4.4	Tier- und Naturschutz	446
4.5	Entwicklungshilfe	447
4.6	Soziale Interessen	448
4.7	Religiöse Interessen	450
4.8	Menschenrechte	451
4.9	Kleine und mittlere Unternehmen	452
4.10	Sonstige	453
II	*Europabüros deutscher Verbände und Institutionen*	455
III	*Europabüros österreichischer Verbände*	458

Namensregister 459

Sachregister 511

Abkürzungen/Akronyme

ABB	Activity Based Budgeting
ABDA	Bundesvereinigung Deutscher Apothekerverbände
ABIS	Aufbau und Beherrschung von Informationssystemen
ABl.	Amtsblatt der EG
ABM	Activity Based Management
Abs.	Absatz
ABV	Arbeitsgemeinschaft Berufsständischer Versorgungseinrichtungen
ACA	Academic Cooperation Association (Verband für akademische Zusammenarbeit)
ACE	Architect's Council of Europe (Europäischer Architektenrat)
ACEM	Association des Constructeurs Européen de Motocycles (Vervand der Europäischen Motorradhersteller)
ACI EUROPE	Airports Council International - European Region (Internationaler Flughafenrat - Region Europa)
ACRR	Association of Cities and Regions for Recycling (Verband der Städte und Körperschaften für Abfalltrennung und Recycling)
ACT	Association of Commercial Television (Verband des kommerziellen Fernsehens)
AdR	Ausschuss der Regionen
AEA	Association of European Airlines (Verband Europäischer Fluggesellschaften)
AEBR	Association of European Border Regions (Arbeitsgemeinschaft Europäischer Grenzregionen)
AECA	American European Community Association (Amerikanischer EU-Verband)
AECMA	Association Européenne des Constructeurs de Matériel Aérospatial (Europäischer Verband der Luft- und Raumfahrtindustrie)
AEDE	Association Européenne des Enseignants (Europäischer Erzieherbund)
AEDT	Association Européenne des Organisations Nationales des Détaillants en Textiles (Europäische Vereinigung der Spitzenverbände des Textileinzelhandels)
AEEBC	Association of European Building Surveyors (Verband der Europäischen Vermessungsingenieure)
AEF	European Affairs Forum (Forum für Europäische Angelegenheiten)

AEI	Action Européenne pour l'Education, l'Invention et l'Innovation (Europäische Aktionsgemeinschaft Bildung, Erfindung, Innovation)
AEIF	Europäische Vereinigung für die Interoperabilität im Bereich der Bahn
AEJ	Association of European Journalists (Vereinigung europäischer Journalisten)
AER	Assembly of European Regions (Versammlung der Regionen Europas)
AER	Association of European Radios (Verband europäischer Rundfunkstationen)
AERTEL	Association Européenne Rubans, Tresses, Tissus Elastiques (Europäischer Verband für Bänder, Tressen und Elastikgewebe)
AESGP	Association Européenne des Spécialités Pharmaceutiques Grand Public (Europäischer Fachverband der Arzneimittelhersteller)
AEXA	Association des Experts Européens Agrées (Arbeitsgemeinschaft der europäischen anerkannten Sachverständigen)
AFCO	Ausschuss für konstitutionelle Fragen
AFET	Ausschuss für Auswärtige Angelegenheiten
AG	Aktiengesellschaft
AGIS	Rahmenprogramm für die polizeiliche und justizielle Zusammenarbeit bei Strafsachen
AGRI	Landwirtschaftausschuss
a.i.	ad interim
AI	Amnesty International
AIC-Europe	Association Internationale des Charités (Internationaler Verband wohltätiger Organisationen)
AICV	Association des Industries des Cidres et Vins des Fruits de l'UE (Vereinigung der Obst- und Fruchtweinindustrie der EU)
AIDA	Association Internationale de la Distribution (Internationale Vereinigung des Handels)
AIE	European Association of Electrical Contractors (Europäische Vereinigung der Unternehmungen für elektrische Anlagen)
AIESEC	Association of Students and Young Specialists interested in Management and Business (Verband der an Management und Business interessierten Studenten)
AIJN	Association de l'Industrie des Jus et Nectars de Fruits et de Légumes de l'UE (Verband der Hersteller von Frucht- und Gemüsesäften und -nektaren in der EU)
AIM	Association des Industries de Marques (Europäischer Markenverband)

AIPCEE	Association des Industries du Poisson de l'UE (Verband der Fischindustrie der EU)
AIPCN	Association Internationale de Navigation (Ständiger internationaler Verband der Schifffahrtkongresse)
AISBL	Eurochild (Europäisches Forum für Kinderhilfe)
AISE	Association Internationale de la Savonnerie, de la Détergence et des Produits d'Entretiens (Internationaler Verband der Seifen-, Waschmittel- und Pflegemittelindustrie)
AKP-Staaten	Staaten Afrikas, der Karibik und des pazifischen Raums, die sich durch das Lomé-Abkommen zusammengeschlossen haben
APME	Association des Producteurs de Matières Plastiques en Europe (Verband der Kunststoffhersteller in Europa)
APPE	Association des Producteurs de Produits Pétroleochimiques en Europe (Verband der Hersteller von Petrochemikalien in Europa)
APS	Allgemeines Präferenzsystem
ARE	Assemblé des Regions Européennes (Versammlung der Regionen Europas – VRE)
Art.	Artikel
ASEAN	Organisation von sechs südostasiatischen Staaten
ASEM	Asia Europe Meeting (Europäisch-Asiatisches Gipfeltreffen)
ASSUC	Association des Organisations professionelles du commerce des sucre pour les pays de la UE (Verband der Berufsorganisationen für Zuckerhandel innerhalb der EU-Länder)
ASSURE	Association for the Sustainable Use and Recovery of Resources in Europe (Europäischer Verband für Wiederverwertung und Recycling)
AStV	Ausschuss der Ständigen Vertreter
ATEE	Association for Teacher Education in Europe (Vereinigung für Lehrerbildung in Europa)
AUMA	Ausstellungs- und Messe-Ausschuss der Deutschen Wirtschaft e.V.
BAEM	Beratender Ausschuss für eigene Mittel
BAG	Bundesarbeitsgemeinschaft der Mittel- und Großbetriebe des Einzelhandels e.V.
BC-Net	Business Corporation Network
BDA	Bundesvereinigung der Deutschen Arbeitgeberverbände
BDI	Bundesverband der Deutschen Industrie e.V.
BDIM	Büro für demokratische Institutionen und Menschenrechte

BEUC	Bureau Européen des Unions de Consommateurs (Europäischer Verbraucherverband)
BGBl.	Bundesgesetzblatt
BIAC	Business and Industry Advisory Committee (Beratender Ausschuss für Handel und Industrie)
BIBM	Bureau International du Béton Manufacturé (Internationales Büro des Beton- und Fertigteilindustrie)
BIH	Bosnien und Herzegowina
BING	Federation of European Rigid Polyurethane Foam Associations (Vereinigung der europäischen Verbände für Polyurethan-Festschaumgummi)
BIP	Bruttoinlandsprodukt
BIPAR	Bureau International des Producteurs d'Assurances et de Réassurances (Internationaler Verband der Versicherungs- und Rückversicherungsvermittler)
BIPAVER	Bureau Internationale Permanent des Associations de Vendeurs et Réchapeurs de Pneumatiques (Internationale Vereinigung der nationalen Reifenfachhandel- und Vulkanisierungsbetriebsverbände)
BIRD	Banque Internationale pour la Reconstruction et le Développement (Internationale Bank für Wiederaufbau und Entwicklung)
BLIC	European Association of the Rubber Industry (Verbindungsstelle der Kautschukindustrie in der europäischen Union)
BRJ	Föderative Republik Jugoslawien
BSP	Bruttosozialprodukt
BUDG	Haushaltsausschuss
BVMW	Bundesverband der mittelständischen Wirtschaft
bzw.	beziehungsweise
CAEF	The European Foundry Association (Vereinigung Europäischer Gießereiverbände)
CAFIM	Confederation of European Music Industries (Vereinigung der europäischen Musikinstrumentenherstellerverbände)
CAOBISCO	Association des Industries de la Chocolaterie-Biscotterie et Confiserie de l'UE (Verband der Schokoladen-, Dauerbackwaren- und Zuckerwarenindustrien in der EU)
CARDS	Westlicher Balkan
CBSS	Council of the Baltic Sea States (Ostseerat)
CCA-EUROPE	Calcium Carbonate Association Europe (Kalziumkarbonatverband Europa)

CCACE	Comité de Coordination des Associations Coopératives Européennes (Koordinierungsausschuss der europäischen Genossenschaftsverbände)
CCBE	Conseil des Barreaux de l'Union Européenne (Rat der Anwaltschaften der europäischen Gemeinschaft)
CCIVS	Coordinating Committee for International Voluntary Service (Koordinierungskomitee des Internationalen Freiwilligendienstes)
CCME	Churches' Commission for Migrants in Europe (Kommission der Kirchen für Migranten in Europa)
CCNM	Zentrum für die Zusammenarbeit mit Nicht-Mitgliedsländern
CCRE	Conseil des Communes et Régions d'Europe (Rat der Gemeinden und Regionen Europas – RGRE)
CD	Commission du Danube (Donaukommission)
CDE	Centre pour le Dévelopment de l'Entreprise (Zentrum für Industrielle Entwicklung
CDT	Centre de Traduction des Organes de l'Union Europeenne (Übersetzungszentrum für die Einrichtungen der Europäischen Union)
CEA	Comité Européen des Assurances (Europäisches Versicherungskomitee)
CECA	Committee of European Coffee Associations (Komitee der europäischen Kaffeeverbände)
CECAPI	Comité Européen des Constructeurs d'Appareillage Electrique d'Installation (Europäische Kommission der Hersteller von elektrischen Installationsgeräten)
CECED	Conseil Européen de la Construction Electrodomestique (Europäischer Verband der Hersteller von Haushaltsgeräten)
CECIP	Comité Européen des Constructeurs d'Instruments de Pesage (Europäisches Komitee der Waagenhersteller)
CECOP	Confédération Européen des Coopératives de Production et de Travail Associé, des Coopératives Sociales et des Entreprises Participatives (Europäischer Verband der Arbeitergenossenschaften, sozialen Genossenschaften und mitbestimmenden Unternehmen)
CECRA	Conseil Européen du Commerce et de la Réparation Automobiles (Europäischer Verband des Kraftfahrzeuggewerbes)
CEDEC	Confédération Européenne des Distributeurs d'Energie Publics Communaux (Europäischer Dachverband der öffentlichen kommunalen Energieversorgungsunternehmen)
CEDEFOP	Europäisches Zentrum für die Förderung der Berufsbildung (Centre Européen de Formation Professionnelle)
CEDI	Confédération Européenne des Indépendants (Europaverband der Selbständigen)

CEEC	Comité Européen des Economistes de la Construction (Europäischer Ausschuss der Bauökonomen)
CEEP	Centre Européen des Entreprises à Participation publique et des Entreprises d´Intérêt Economique Géneral (Europäischer Zentralverband der öffentlichen Wirtschaft)
CEETB	Comité Européen des Equipements Techniques du Bâtiment (Europäischer Verband der technischen Gebäudeausrüstung)
CEFIC	Conseil Européen de l'Industrie Chimique (Europäischer Rat der Verbände der chemischen Industrie)
CEFS	Comité Européen des Fabricants de Sucre (Europäischer Verband der Zuckerfabrikanten)
CEI	Central European Initiative (Zentraleuropäische Initiative – ZEI)
C.E.I. Bois	European Confederation of Woodworking Industries (Zentralverband der europäischen Holzindustrie)
CELCAA	Comité Européen de Liason des Commerces Agro-Alimentaires (Europäischer Verbindungsausschuss des Landwirtschafts- und Nahrungsmittelhandels)
CEMATEX	European Committe of Textile Machinery Manufacturers (Europäisches Komitee der Hersteller von Textilmaschinen)
CEMBUREAU	Association Européenne du Ciment (Europäischer Zementverband)
CEMEP	Comité Européen de Constructeurs de Machines Électriques et d´Electrique de Puissance (Europäischer Ausschuss der Hersteller von Elektromaschinen und Leitungselektronik)
CEMR	Council of European Municipalities and Regions (Rat der Gemeinden und Regionen Europas)
CEN	Comité Européen de Normalistion (Europäisches Komitee für Normung)
CENELEC	Comité Européen de Normalisation Electrotechnique (Europäisches Komitee für elektrotechnische Normung)
CEOC	European Confederation of Organisations for Testing, Inspection, Certification and Prevention (Europäische Vereinigung der Überwachungs-, Prüf- und Präventivorganisationen)
CEP	Comité des Organisations Nationales des Importateurs et Exportateurs de Poisson (Komitee der nationalen Organisationen der Fischimporteure und -exporteure)
CEPE	Conseil Européen de l'Industrie des Peintures, d'Encres d'Imprimerie et des Couleurs d´Art (Europäische Vereinigung der Lack, Druckfarben-, und Künstlerfarbenindustrie)
CEPI	Conseil Européen des Professions Immobilières (Europäischer Immobilienrat)

CEPI	Confederation of European Paper Industries (Verband der europäischen Papierindustrie)
CEPIS	Council of European Professional Informatics Societies (Europäischer Dachverband der professionellen Informatikgesellschaften)
CEPLIS	Conseil Européen des Professions Liberales (Europäischer Rat der Freien Berufe)
CEPMC	Conseil Européen des Producteurs de Matériaux de Construction (Vereinigung Europäischer Baustoffhersteller)
CEPS	Confédération Européenne des Producteurs de Spiritueux (Europäischer Verband der Spirituosenhersteller)
CER	Community of European Railways (Gemeinschaft der Europäischen Bahnen)
CERI	Zentrum für Forschung und Innovation im Bildungswesen
CERN	Organisation Européenne pour la Recherche Nucléaire (Europäische Organisation für Kernforschung)
CETOP	European Fluid Power (Europäischer Verband für Hydraulik und Fluidtechnik)
CEV	Comité Européen des Entreprises de Vin (Europäisches Weinkomitee)
CFE	Confédération Fiscale Européenne (Europäische Steuervereinigung)
CGB	Confédération Générale des Planteurs de Betteraves (Internationale Vereinigung europäischer Rübenbauer)
CHCE	Comité Permanent des Hôpitaux de l'Union Européenne (Ständiger Ausschuss der Krankenhäuser der europäischen Union)
CIDSE	Coopération Internationale pour le Développement et la Solidarité (Internationale Arbeitsgemeinschaft für Entwicklung und Solidarität)
CIETT	Confédération Internationale des Entreprises de Travail Temporaire (Internationale Vereinigung von Zeitarbeitsunternehmen)
CIPF	Confédération Internationale du Commerce et de l'Industrie des Pailles, Fourrages, Tourbes et Dérivés (Internationale Handels- und Industrievereinigung für Stroh, Futter, Torf und abgeleitete Produkte)
CIRFS	Comité International de la Rayonne et des Fibres Synthétiques (Internationale Chemiefaservereinigungn)
CITHA	Confederation of International Trading Houses Associations (Vereinigung der Exporthandelsverbände)
CLCCR	Comité de Liaison de la Construction de Carrosseries et de Rémorques (Verbindungsausschuss der Anhänger- und Aufbautenindustrie)
CLE	Credit Local of Europe (Lokalkredit Europa)

Abkürzungen/Akronyme

CLECAT	Européen Organisation for Forwarding and Logistics (Verbindungskomitee des Speditions- und Lagereigewerbes)
CLITRAVI	Centre de Liason des Industries ‚Transformatrices de Viandes de l'UE (Verbindungszentrum für die Fleischverarbeitungsindustrien in der EU)
CNE	Climate Network Europe (Klima-Netzwerk Europa)
CNUE	Conference des Notariats de l'UE (Konferenz der Notariate der EU)
COARM	GASP-Arbeitsgruppe für Ausfuhr konventioneller Waffen
COCERAL	Comité du Commerce des Céréales et des Aliments de Bétail, Oléagineux, Huile d'Olive, Huiles et Graisses et Agrofournitures de l'UE (Komitee des Getreide-, Futtermittel-, Ölsaaten- und Olivenölhandels, des Handels mit Ölen und Fetten und des landwirtschaftlichen Betriebsmittelhandels in der EU
COCIR	Comité Européen de Coordination des Industries Radiologiques et Electromédicales (Europäischer Koordinierungsausschuss der Röntgen- und Elektromedizinischen Industrie)
CODUN	GASP-Arbeitsgruppe für globale Abrüstung und Rüstungskontrolle
COLIPA	Association Européenne de la Parfumerie, des Produits Cosmetiques et de Toilette (Europäischer Kosmetika- und Körperpflegeverband)
COMECE	Commission des Episcopats de la Communauté Européenne (Kommission der Bischofskonferenzen der EG)
COMESA	Gemeinsamer Markt von Ost- und Südafrika
CONOP	GASP-Arbeitsgruppe für Nichtverbreitung
CONT	Ausschuss für Haushaltskontrolle
CORDIS	Informationsdienst für Forschung und Entwicklung
COREPER	Comité des Représentants permanents (Ausschuss der Ständigen Vertreter – AstV)
COST	Europäische Zusammenarbeit auf dem Gebiet der wissenschaftlichen und technischen Forschung
CPIV	Comité permanent des Industries du Verre de l'Union Européenne (Ständiges Komitee der Glasindustrie der Europäischen Union)
CPME	Comité Permanent des Médicins Européens (Ständiger Ausschuss europäischer Ärzte)
CPVO	Community Plant Variety Office (Gemeinschaftliches Sortenamt)
CRED	Centre de Recherches sur l'Epidemiologie des Desastres (Zentrum der Katastrophenepidemiologieforschung)
CULT	Ausschuss für Kultur und Bildung
d. h.	das heißt

DAC	Ausschuss für Entwicklungsfragen
DEMYC	Democrat Youth Community of Europe (Demokratischer Jugendverband Europas)
DEP	Depot-Bibliotheken
DEVE	Entwicklungsausschuss
DGB	Deutscher Gewerkschaftsbund
DIHK	Deutscher Industrie- und Handelskammertag
DLC	Dental Liaison Committee in the EU (Zahnärztlicher Verbindungsausschuss in der EU)
DV	Datenverarbeitung
EAA	European Aluminium Association (Europäischer Aluminiumverband)
EAACA	European Autoclaved Aerated Concrete Association (Europäischer Porenbetonverband)
EAAF	European Association of Animation Film (Europäischer Verband des Zeichentrickfilms)
EAC	Europäisches Astronautenzentrum
EACA	European Association of Communications Agencies (Europäischer Kommunikationsverband)
EADP	European Association of Directory and Database Publishers (Europäischer Verband der Adressbuch- und Datenbankverleger)
EAG	Europäische Atomgemeinschaft
EAGFL	Europäischer Ausrichtungs- und Garantiefonds für die Landwirtschaft
EAPA	European Asphalt Pavement Association (Europäischer Asphalt-Verband)
EAPN	European Anti Poverty Network (Europäisches Netzwerk gegen Armut)
EAR	Europäische Agentur für den Wiederaufbau
EASM	European Association for Sports Management (Europäischer Verband für Sport-Management)
EAZA	European Association of Zoos and Aquaria (Verband europäischer Zoos und Aquarien)
EBAN	European Business Angel Network (Europäisches Business Angel Netzwerk)
EBC	European Builders' Confederation (Europäischer Bauunternehmerverband)
EBCD	European Bureau for Conservation and Development (Europäisches Büro für Naturschutz und Entwicklung)

EBIS	European Brain Injury Society (Europäische Gesellschaft für Hirnverletzungen)
EBLIDA	European Bureau of Library, Information and Documentation Associations (Europäisches Büro der Bücherei-, Informations- und Dokumentationsverbände)
EBU	European Barge Union (Europäische Binnenschifffahrtsunion)
EBU	European Broadcasting Union (Union der europäischen Rundfunkorganisationen)
EBWE	Europäische Bank für Wiederaufbau und Entwicklung
ECA	European Carpet Association (Europäischer Teppichverband)
ECA	European Cockpit Association (Europäischer Cockpit-Verband)
ECAP	EU Programm für Patente und Marken in den ASEAN Staaten
ECA-PME	European Confederation of Associations of Small and Medium-Sized Enterprises (Europäische Vereinigung der Verbände kleiner und mittlerer Unternehmen)
ECAS	Euro Citizen Action Service (Europa Bürger Dienstleistungsstelle)
ECATRA	European Car and Truck Rental Association (Europäischer Verband der Pkw- und Lkw-Vermietungen)
E.C.B.T.A.	European Community Banana Trade Association (Verband der Bananenhändler der Europäischen Gemeinschaft)
ECCE	European Council of Civil Engineers (Europäischer Bauingenieurrat)
ECCO	European Confederation of Conservator-Restorer's Organizations (Europäischer Verband der Konservatoren- und Restauratorenorganisationen)
ECCS	European Convention for Construction Steelwork (Europäische Konvention für Stahlbau)
ECE	Wirtschaftskommission für Europa (Economic Commission for Europe)
ECEAE	European Coalition to End Animal Experiments (Europäische Koalition zur Beendigung von Tierversuchen)
ECETOC	European Centre for Ecotoxicology and Toxicology of Chemicals (Europäisches Zentrum für Ökotoxikologie und Toxikologie von Chemikalien)
ECF	European Coffee Federation (Europäischer Kaffeeverband)
ECFIN	Generaldirektion Wirtschaft und Finanzen
ECHO	Amt für humanitäre Hilfe der Europäischen Gemeinschaft
ECI	European Copper Institute (Europäisches Kupfer-Institut)

ECL	Association of European Cancer Leagues (Vereinigung der europäischen Krebsverbände)
ECLA	European Company Lawyers' Association (Europäischer Verband der Syndikus-Anwälte)
ECMA	European Carton Makers' Association (Europäischer Verband der Kartonagenhersteller)
ECMA	Standardizing Information and Communication Systems (Systeme zur Standardisierung von Information und Kommunikation)
ECOFIN	Wirtschafts- und Finanzministerrat (Economic and Financial Council of Ministers)
ECON	Ausschuss für Wirtschaft und Währung
ECOO	European Council of Optometry and Optics (Europäischer Rat für Optometrie und Optik)
ECOSA	European Consumer Safety Association (Europäischer Verbrauchersicherheitsverband)
ECOSOC	Wirtschafts- und Sozialrat der Vereinten Nationen (Economic and Social Council of the UN)
ECPA	European Crop Protection Association (Europäische Pflanzenschutzvereinigung)
ECRE	European Council on Refugees and Exiles (Europäischer Rat für Flüchtlinge und im Exil Lebende)
ECSA	European Community Shipowners' Association (Reederverbände der EU)
ECSPA	European Calcium Silicate Producers Association (Europäischer Verband der Hersteller von Kalziumkieselsäureverbindungen)
ECTAA	Groupement des Unions Nationales des Agences et Organisateurs de Voyages de l'UE (Gruppe der nationalen Reisebüro- und Reiseveranstalterverbände in der EU)
ECTP	European Council of Town Planners (Europäischer Rat der Stadtplaner)
ECU	Europäische Währungseinheit (European Currency Unit)
EDA	European Demolition Association (Europäischer Abbruchverband)
EDA	European Dairy Association (Europäische Vereinigung der Milchverarbeiter)
EDIG	European Defence Industries' Group (Gruppe der europäischen Verteidigungsindustrien)
EDTNA/ERCA	European Dialysis and Transplant Nurses' Association/European Rental Care Association (Verband des europäischen Dialyse- und Transplantationspersonals/Verband des europäischen Nierenpflegepersonals)

EDV	elektronische Datenverarbeitung
EDZ	Europäische Dokumentationszentren
EEA	The European Express Association (Organisation der europäischen Expresskuriere)
EEA	Einheitliche Europäische Akte
EEB	European Environment Bureau (Europäisches Umweltbüro)
EECA-ESIA	European Electronic Component Manufacturers Association (Europäischer Verband der Hersteller von elektronischen Bauteilen)
EEE-YFU	European Educational Exchanges - Youth for Understanding (Youth for Understanding - Europäischer Bildungsaustausch)
EEF	Europäischer Entwicklungsfonds
EEIG	European Economic Interest Group of Regional Financial Association – EEIG Eurodevelopment (Europäische Interessengruppe der regionalen Finanzgesellschaften)
EESC	European Economic and Social Committee (Europäischer Wirtschafts- und Sozialausschuss – EWSA)
EFA	European Federation of Asthma and Allergy Associations (Europäische Vereinigung der Asthma- und Allergievereine)
EFAA	European Federation of Accountants and Auditors for SME's (Europäischer Verband der Wirtschafts- und Rechnungsprüfer für KMU)
EFAH	European Forum for the Arts and Heritage (Europäisches Forum für Kunst und Kulturgut)
EFAMRO	European Federation of Associations of Market Research Organisations (Europäische Vereinigung der Marktforschungsinstitute)
EFBS	European Federation of Building Societies (Europäische Bausparkassenvereinigung)
EFBWW	European Federation of Building and Woodworkers (Europäische Vereinigung der Bau- und Holzarbeiter)
EFC	European Foundation Centre (Europäisches Stiftungszentrum)
EFCA	European Federation of Engineering Consultancy Associations (Europäische Vereinigung der Verbände beratender Ingenieure)
EFCT	European Federation of Conference Towns (Europäische Vereinigung der Kongressstädte)
EFF	Europäischer Entwicklungsfond
EFF	European Franchise Federation (Europäische Franchise-Vereinigung)
EFFA	European Flavour and Fragrance Association (Europäischer Verband der Essenzen- und Riechstoffhersteller)

EFFAT	Fédération Européenne des Syndicats des Secteurs de l'Alimentation, de l'Agriculture et du Tourisme et des Branches Connexes (Europäischer Verband der Gewerkschaften des Lebensmittel-, Landwirtschafts- und Tourismussektors und verwandter Branchen)
EFFoST	European Federation of Food Science and Technology (Europäischer Verband für Nahrungsmittelwissenschaft und -technologie)
EFIL	European Federation for Intercultural Learning (Europäsicher Verband für interkulturelles Lernen)
EFIP	European Federation of Inland Ports (Europäischer Verband der Binnenhäfen)
EFJ	European Federation of Journalists (Europäische Journalisten-Vereinigung)
EFLA	European Foundation for Landscape Architecture (Europäische Stiftung für Landschaftsgestaltung)
EFMA	European Fertilizer Manufacturers' Association (Verband der europäischen Düngemittelhersteller)
EFMD	European Foundation for Management Dewvelopment (Europäische Management-Entwicklungsstiftung)
EFNOWH	European Federation of National Organisations Working with the Homeless (Europäischer Verband nationaler Vereinigungen, die mit Obdachlosen arbeiten)
EFPIA	European Federation of Pharmaceutical Industries and Associations (Europäische Vereinigung der Verbände der pharmazeutischen Industrie)
EFQM	European Foundation for Quality Management (Europäische Stiftung für Qualitätsmanagement)
EFR	European Ferrous Recovery and Recycling Federation (Europäischer Recycling-Verband für Eisen und Stahl)
EFRP	European Federation for Retirement Provision (Europäischer Verband für betriebliche Altersvorsorge)
EFTA	Europäische Freihandelszone (European Free Trade Association)
EG	Europäische Gemeinschaft
EGOLF	European Group of Official Laboratories for Fire Testing (Europäische Gruppe der amtlichen Brandtestlaboratorien)
EGTA	European Group of Television Advertising (Europäischer Verband der Fernsehwerbung)
EG-V	EG-Vertrag
EGKS	Europäische Gemeinschaft für Kohle und Stahl
EGOLF	European Group of Official Laboratories for Fire Testing (Europäische Gruppe der amtlichen Brandtestlaboratorien)

EHIA	European Herbal Infusions Association (Europäischer Kräuterverband)
EHMA	European Health Management Association (Europäische Vereinigung für Management im Gesundheitswesen)
EHN	European Heart Network (Europäisches Herz-Netzwerk)
EIA	European Information Association (Europäischer Informationsverband)
EIB	Europäische Investitionsbank
EICTA	The European Information, Communications and Consumer Electronics Technology Industry Association (Europäische Vereinigung der Industrie für Informations- und Kommunikationstechnologie)
EIF	Europäischer Investitionsfonds
EIPA	European Institute of Public Administration (Europäisches Institut für Verwaltungswissenschaften)
ELEC	European League for Economic Cooperation (Europäische Liga für wirtschaftliche Zusammenarbeit)
ELNI	Environmental Law Network International (Internationales Netzwerk Umweltrecht)
ELU	European Lawyers' Union (Europäischer Anwaltsverein)
EMA	Envelope Manufactures Association (Verband der Umschlaghersteller und Schreibwarenproduzenten)
EMA	European Medical Association (Europäischer Medizinerverband)
EMA	European Metallizers Association (Europäischer Metallisierungsverband)
EMA	European Meat Association (Europäische Vereinigung für Fleisch)
EMC	European Marketing Confederation (Europäische Marketing-Vereinigung)
EMCDDA	European Monitoring Centre for Drugs and Drug Addiction (Europäische Beobachtungsstelle für Drogen und Drogensucht)
EMCEF	European Mines, Chemical Energy Workers' Federation (Europäische Vereinigung der Bergbau- und Chemie-Gewerkschaften)
EMEA	Europäische Agentur für die Beurteilung von Arzneimitteln
EMF	European Mortgage Federation (Europäischer Hypothekenverband)
EMMA	European Minced Meat Association (Europäische Vereinigung für Hackfleisch)
EMO	European Mortar Industry Organization (Verband der europäischen Mörtelindustrie)
EMOTA	European Mail Order Traders' Association (Europäischer Versandhandelsverband)
EMPL	Ausschuss für Beschäftigung und soziale Angelegenheiten

EMSA	Europäische Agentur für die Sicherheit des Seeverkehrs
EMU	European Metal Union (Europäische Metall-Union)
ENGAGE	European Network of Engineering for Agriculture and Environment (Europäisches Netzwerk für Landtechnik und Umweltforschung)
ENISA	Europäische Agentur für Netz- und Informationssicherheit
ENPA	European Newspaper Publishers Association (Verband europäischer Zeitungsverleger)
ENSP	European Network for Smoking Prevention (Europäisches Netzwerk für Vorbeugung gegen das Rauchen)
ENVI	Ausschuss für Umweltfragen, Volksgesundheit und Lebensmittelsicherheit
EORTC	European Organization for Research and Treatment of Cancer (Europäische Organisation für Erforschung und Behandlung von Krebserkrankungen)
EOTA	European Organisation for Technical Approach (Europäische Organisation für technische Zulassungen)
EOTC	European Organisation for Conformity Assessment (Europäische Organisation für Tests und Zertifizierungen)
EP	Europäisches Parlament
EPA	Europäisches Patentamt
EPC	European Publishers' Council (Europäischer Verlegerrat)
EPE	European Partners for the Environment (Europäische Partner für die Umwelt)
EPEGA	European Union of Poultry, Egg and Game Association (Europäischer Verband der Eier-, Wild- und Geflügelwirtschaft e.V.)
EPHA	European Public Health Alliance (Europäisches Bündnis für öffentliche Gesundheit)
EPI	Institut der beim EPA zugelassenen berufsständischen Vertreter
EPO	Europäische Patentorganisation
EPSO	Amt für Personalauswahl der Europäischen Gemeinschaften
EPSU	European Public Services Federation (Europäischer Gewerkschaftsverband für den öffentlichen Dienst)
EPTA	European Power Tool Association (Verband der europäischen Elektrowerkzeug-Hersteller)
EPÜ	Europäisches Patentübereinkommen
EPZ	Europäische Politische Zusammenarbeit
ER-WCPT	European Region World Confederation for Physical Therapy (Ständiger Verbindungsausschuss für Physiotherapie in der EU)

ERA	Europäische Eisenbahnagentur
ERA	European Regions Airline Association (Verband europäischer Regionalfluggesellschaften)
ERA	Europäische Rechtsakademie Trier
ERDI	Consortium of European Research and Development Institutes of Adult Education (Konsortium der europäischen Forschungs- und Entwicklungsinstitute für Erwachsenenbildung)
EREC	European Real Estate Confederation (Europäische Maklervereinigung)
ERG	European Regulators Group
ERH	Europäischer Rechnungshof
ERZ	Europäische Referenzzentren
ESA	European Spice Association (Europäische Gewürzvereinigung)
ESA	European Seed Association (Europäische Saatgutverbände)
ESA	European Space Agency (Europäische Weltraumorganisation)
ESBG	European Savings Banks Group (Europäische Sparkassenvereinigung)
ESCRS	European Society of Cataract and Refractive Surgeons (Europäische Gesellschaft von Katarakt- und Refraktionsärzten)
ESED	European Society for Environment and Development (Europäische Gesellschaft für Umwelt und Entwicklung)
ESF	European Science Foundation (Europäische Wissenschaftsstiftung)
ESF	Europäischer Sozialfonds (European Social Fund)
ESGG	European Seed Growers Group (Europäische Gruppe der Saatgutzüchter)
ESIB	The National Unions of Students in Europe (Die nationalen Studentenvereinigungen in Europa)
ESIP	European Social Insurance Partners (Europäische Sozialversicherungspartner)
ESO	Europese Schipperorganisatie (Europäische Schifferorganisation)
ESOC	Europäisches Operationszentrum für Weltraumforschung (European Space Operations Centre)
ESPO	European Sea Ports Organisation (Organisation der europäischen Seehäfen)
ESRA	European Synthetic Rubber Association (Europäischer Synthesekautschukverband)
ESRIN	Europäisches Raumfahrtforschungsinstitut
ESSPROS	European System of Integrated Social Protection Statistics (Europäisches System der integrierten Sozialschutz-Statistik)

ESTA	European Steel Tube Association (Verbindungsausschuss der Stahlrohrindustrie der Europäischen Union)
ESTEC	European Space Research and Technology Centre (Europäisches Weltraumforschungs- und –technologiezentrum)
ESVP	Europäische Sicherheits- und Verteidigungspolitik
ESZB	Europäisches System der Zentralbank
ETAD	Ecological and Toxological Association of Dyes and Organic Pigments (Umwelt- und Toxikologieverband der Hersteller von Farbstoffen und organischen Pigmenten)
ETC	European Travel Commission (Europäische Tourismuskommission)
ETC	European Tea Committee (Europäisches Teekomitee)
ETF	European Transport Workers Federation (Europäischer Verband der Verkehrsgewerkschaften)
ETF	European Training Foundation (Europäische Stiftung für Berufsbildung)
ETNO	European Telecommunications Network Operators´ Association (Verband der europäischen Betreiber von Telekommunikationsnetze)
ETSA	European Telecommunication Services Association (Verband der europäischen Telekommunikationsdienstleister)
ETTFA	European Tourism Trade Fairs Association (Europäischer Fremdenverkehrsmessenverband)
ETUCO	European Trade Union College (Europäische Gewerkschaftsakademie)
ETUI	European Trade Union Institute (Europäisches Gewerkschaftsinstitut)
ETWELFARE	European Round Table of Charitable Social Welfare Associations (Europäischer Runder Tisch der gemeinnützigen Wohlfahrtsverbände)
EU	Europäische Union
EU PG	European Union of Poultry, Egg and Game Association (Europäischer Verband der Eier-, Wild und Geflügelwirtschaft e. V.)
EUA	European University Association (Verband der europäischen Universitäten)
EUA	Europäische Umweltagentur
EUCA	European Federation Associations of Coffee Roasters' (Europäische Vereinigung der Kaffeeröster)
EUCAR	European Council for Automative Research and Development (Europäischer Rat für Automobilforschung und -entwicklung)
EUCIA	European Composites Industry Association (Europäische Industriegruppe verstärkte Kunststoffe/Verbundkunststoffe)

EUCOLAIT	Union Européenne du Commerce des Produits Laitiers et Dérivés (Europäische Union des Handels mit Milcherzeugnissen)
EUCOMED	The European Medical Technology Industry Assocaiton (Europäische Vereinigung der Medizin-Technologie-Industrie)
EUD	European Union of Dentists (Europäische Union der Zahnärzte)
EUFED	European Union Federation of Youth Hostel Associations (Jugendherbergsverband der europäischen Union)
EUFORES	European Forum for Renewable Energy Sources (Europäisches Forum für erneuerbare Energien)
EuGH	Europäischer Gerichtshof
EUGP	European Union of General Practitioners (Europäische Vereinigung der Allgemeinärzte)
EUJS	European Union of Jewish Students (Europäische Union jüdischer Studenten)
EULA	European Lime Association (Europäischer Kalkverband)
EUMETSAT	European Organisation for the Exploitation of Meteorological Satellites (Europäische Organisation für die Nutzung von Meteorologischen Satelliten)
EUPC	European Plastics Converters (Verband europäischer Kunststoffverarbeiter)
EUROCOAL	European Association for Coal and Lignite (Europäischer Verband für Brennstoffe)
EURADA	European Association of Development Agencies (Europäische Vereinigung der Entwicklungsgesellschaften)
EURAG	European Association for Aged Persons (Europäischer Verband für ältere Menschen)
EURATEX	European Apparel and Textile Organisation (Europäische Bekleidungs- und Textilorganisation)
EUREAU	European Union of National Associations of Water Services (Europäische Union der nationalen Vereinigungen der Wasserversorger)
EURELECTRIC	Union of the Electricity Industry (Europäische Vereinigung der Elektrizitätsversorgung)
EURIMA	European Insulation Manufacturers' Association (Verband der europäischen Isoliermaterialhersteller)
EUROCADRES	Conseil des Cadres Européens (Rat der europäischen Fach- und Führungskräfte)
EUROCAE	European Organisation for Civil Aviation Equipment (Europäische Organisation für die elektronische Ausrüstung der Zivilluftfahrt)

EUROCHAMBRES	Association of European Chambers of Commerce and Industry (Vereinigung der europäischen Industrie- und Handelskammern)
EUROCINEMA	Association de Producteurs de Cinéma et de Télévision (Verband der Kino- und Fernsehproduzenten)
EUROCONTROL	European Organisation for the safety of Air Navigation (Europäische Organisation für Flugsicherung)
EURO COOP	European Community of Consumers Cooperatives (Europäische Gemeinschaft der Verbrauchergenossenschaften)
EURODAD	European Network on Debt and Development (Europäisches Netz bezüglich Verschuldung und Entwicklung)
EUROFEDOP	European Federation of Employees in Public Services (Europäische Vereinigung der öffentlichen Bediensteten)
EUROFINAS	Fédération Européenne des Associations des Instituts de Crédit (Europäische Vereinigung der Verbände von Finanzierungsbanken)
EUROGAS	European Union of the Natural Gas Industry (Europäische Vereinigung der Erdgaswirtschaft)
EUROGLACES	Association des Industries des Glaces Alimentaires de l'UE (Verband der Speiseeishersteller der EU)
EUROGYPSUM	Association of European Gypsum Industries (Verband der europäischen Gipsindustrien)
EUROMAT	European Gaming and Amusement Federation (Europäische Vereinigung der Verbände der Unterhaltungsautomatenwirtschaft)
EUROMET	A European Collaboration on Measure and Standards (Europäische Zusammenarbeit für Maße und Standards)
EUROMETAUX	European Association of Metals (Europäischer Metallverband)
EUROMOT	Association des Constructeurs Européens de Moteurs a Combustion Interne (Verband der europäischen Verbrennungsmotorenhersteller)
EUR-OP	Amt für amtliche Veröffentlichungen der Europäischen Gemeinschaften
EUROPA BIO	The European Association for Bioindustries (Europäischer Verband für Bioindustrie)
EUROPARKS	Fédération Européenne des Parcs d'Attraction (Europäische Vereinigung der Freizeitparks)
EUROPATAT	Union Européenne du Commerce des Pommes de Terre (Europäische Union des Kartoffelgroßhandels)
EUROPECHE	Association des Organisations Nationales d'Entreprises de Pêche de l'UE (Verband der nationalen Verbände von Fischereiunternehmen in der EU)
EUROPEN	European Organization for Packaging and the Environment (Europäische Vereinigung für Verpackung und Umwelt)

EUROPMI	Comité Européen de la Petite et Moyenne Entreprise Indépendente (Europäisches Komitee für kleine und mittlere selbständige Unternehmen)
EUROPOL	Europäisches Polizeiamt
EUROSPACE	Association of European Space Industry (Europäischer Verband der Raumfahrtindustrie)
EUROSTAT	Statistisches Amt der Europäischen Gemeinschaft
EUROSTEP	European Solidarity Towards Equal Participation of People (Europäische Solidarität für die Gleichberechtigung aller Menschen)
EUROTALC	Scientific Association of the European Talc Industry (Wissenschaftlicher Verband der europäischen Talkindustrie)
EUROTRANS	European Committee of Associations of Manufacturers of Gears and Transmission Parts (Europäisches Komitee der Fachverbände der Hersteller von Getrieben und Antriebselementen)
EURYDICE	Bildungsinformationsnetz in der Europäischen Gemeinschaft (Educational Information Network in the European Community)
EUSALT	European Salt Producers´Association (Verband europäischer Salzproduzenten)
EUSIDIC	Association Européenne des Services d'Information (Europäischer Verband der Informationsdienste)
EuTeCer	European Technical Ceramics Federation (Europäische Vereinigung für technische Keramik)
E.U.T.D.S.	European Union of Tapestries and Sadlers (Europäische Union der Tapezierer und Sattler)
EUVEPRO	European Vegetal Protein Federation (Europäische Vereinigung für pflanzliches Protein)
EUVP	Programm für Besucher des Europäischen Parlaments
EUWEP	European Union of wholesale with eggs, egg products, poultry and game (Europäischer Verband des Großverkaufs von Eiern, Ei-Produkten und Geflügel)
EVA	European Vending Association (Europäischer Automatenverkaufsverband)
EVCA	European Private Equity and Venture Capital Association (Europäischer Privatkapital und Venture Capital Verband)
EVG	Europäische Verteidigungsgemeinschaft
EWG	Europäische Wirtschaftsgemeinschaft
EWI	Europäische Währungsinstitut
EWL	European Women's Lobby (Europäische Frauenlobby)
EWMD	European Women's Management Development Network (Europäisches Netz für die Förderung von Frauen in führenden Positionen)

EWR	Europäischer Wirtschaftsraum
EWS	Europäisches Währungssystem
EWSA	Europäischer Wirtschafts- und Sozialausschuss
EYCE	Ecumenical Youth Council in Europe (Ökumenischer Jugendrat in Europa)
EYE	European Youth Exchange Eye Network (Netzwerk für den europäischen Jugendaustausch)
EYF	European Youth Forum (Europäisches Jugendforum)
EZB	Europäische Zentralbank
EZBS	Europäisches Zentralbanksystem
FACE	Fédération des Associations de Chasseurs de l'UE (Zusammenschluss der Jagdschutzverbände in der EU)
FAECF	Fédération des Associations Européennes des Constructeurs de Fenêtres (Vereinigung der europäischen Fensterherstellerverbände)
FAFPAS	Fédération des Associations des Fabricants des Produits Alimentaires Surgelés de l'UE (Vereinigung der Verbände von Tiefkühlkostproduzenten in der EU)
FAIB	Fédération des Associations Internationales Etablies en Belgique (Verband der in Belgien niedergelassenen internationalen Vereinigungen)
FAO	Food and Agriculture Organization of the United Nations (Ernährungs- und Landwirtschaftsorganisation der Vereinten Nationen)
FBE	Fédération Bancaire de l'UE (Bankenvereinigung der EU)
FEACO	European Federation of Management Consulting Associations (Europäischer Fachverband der Unternehmensberaterverbände)
FEAD	Fédération Européenne des Activités du Déchet et de l'Environnement (Europäische Vereinigung der Entsorgungswirtschaft)
FEC	Fédération de l'Industrie Européenne de la Coutellerie et des Couverts de Table (Vereinigung der europäischen Schneidwaren- und Tafelgeräteindustrie)
F.E.C.B.	Fédération Européenne de la Construction en Bois (Europäische Vereinigung des Holzbaus)
FECC	Fédération Européenne du Commerce Chimique (Europäischer Verband des Chemiehandels)
FECIMA	Fédération Européenne du Commerce International des Machines Agricoles et Activités Connexes (Europäischer Verband des internationalen Handels landwirtschaftlicher Maschinen und damit verbundene Aktivitäten)

Abkürzungen/Akronyme

FECS	Fédération Européenne des Fabricants de Céramique Sanitaire (Europäische Vereinigung der Sanitärkeramikhersteller)
FEDARENE	Fédération des Agences Régionales de l'Energie et de l'Environnement (Europäische Dachorganisation regionaler Energie- und Umweltbehörden)
FEDIMA	Federation of European Union Manufactures and Supplies of Ingredients to Bakery, Confectionary and Patisserie Industries (Verband der EU-Manufakturen und des Zubehörs für Back- und Konditorwaren sowie für die Teigwarenindustrie)
FEDIOL	EU Seed Crusher's & Oil Processor's Federation (Europäische Vereinigung der Saatgutverarbeiter und Ölproduzenten)
FEDMA	Federation of European Direct Marketing (Europäische Direktmarketingvereinigung)
FEDSA	Federation of European Direct Selling Associations (Vereinigung der europäischen Direktvertriebsverbände)
FEE	Fédération des Experts Comptables Européens (Vereinigung der europäischen Buchhalter)
FEFAC	Fédération Européenne des Fabricants d'Aliments Composés (Europäischer Verband der Mischfutterindustrie)
FEFCO	Fédération Européenne des Fabricants de Carton Ondulé (Europäische Vereinigung der Wellpappefabrikanten)
FEFSI	Fédération Européenne des Fonds et Sociétés d'Investissement (Europäische Investmentvereinigung)
FEICA	Fédération Européenne des Industries de Colles et Adhésifs (Europäischer Verband der Klebstoffindustrien)
FEM	Femmes Européennes des Moyennes et Petites Entreprises (Frauen europäischer Mittel- und Kleinbetriebe)
FEMGED	Fédération Européenne des Moyennes et Grandes Entreprises de Distribution (Europäische Vereinigung der Mittel- und Groß-Unternehmen des Einzelhandels)
FEMIB	Fédération Européenne des Syndicats de Menuiseries Industrielles du Bâtiment (Vereinigung der europäischen Verbände der Holzindustrie im Baubereich)
FEMIP	Mittelmeerraum
FEMM	Ausschuss für die Rechte der Frau und der Gleichberechtigung der Geschlechter
FEPE	Fédération Européenne des Fabricants d'Enveloppes (Europäische Vereinigung der Briefumschlagfabrikanten)
FEPORT	Fédération Européenne des Entreprises Portuaires Privées (Europäischer Verband privater Seehafenbetriebe)

FESE	Federation of European Securities Exchanges (Vereinigung des europäischen Wertpapierhandels)
FESI	**Fédération Européenne de l'Industrie du Sport** (Europäischer Verband der Sportindustrie)
FETFA	Federation of European Tile Fixers Associations (Europäische Union der Fliesenfachverbände)
FEUPF	European Federation of Professional Florist Associations (Vereinigung der europäischen Fachverbände der Floristen)
FEVE	Fédération Européenne du Verre d'Emballage (Europäischer Behälterglasindustrie-Verband)
FEWITA	EuroCommerce (Verband des europäischen Groß- und Außenhandels)
ff.	fortfolgende
FIA	Fédération Internationale des Acteurs (Internationaler Schauspielerverband)
FICC	Fédération Internationale de Camping et Caravanning (Internationaler Verband für Camping und Caravanning)
FIC EUROPE	Federation of the Condiment and Sauce Industries (Ausschuss der Senfindustrien der EU)
FIDE	Fédération de l'Industrie Dentaire en Europe (Verband der europäischen Dental-Industrie)
FIDH	Fédération Internationale des Ligues des Droits de l'Homme (Internationale Liga für Menschenrechte)
FIEC	Fédération de l'Industrie Européenne de la Construction (Verband der Europäischen Bauwirtschaft)
FIMCAP	Fédération Internationale des Mouvements Catholiques d'Action Paroissiale (Internationaler Bund der katholischen Pfarrjugendorganisationen)
FIME	Fédération Internationale des Maisons de l'Europe (Internationale Föderation der Europa-Häuser)
FIVS	Fédération Internationale des Vins et Spiritueux (Internationaler Wein- und Spirituosenverband)
FORATOM	Forum Atomique Européen – FORATOM (Europäisches Atomforum)
FRESHFEL Europe	The Forum for the Fresh Produce Industry (Europäischer Verband der Frischobst- und Gemüse-Vertriebsorganisation)
FRUCOM	Fédération Européenne du Commerce en Fruits Secs, Conserves, Epices et Miel (Europäische Vereinigung des Handels mit Trockenfrüchten, Konserven, Gewürzen, Honig und verwandten Waren)
FSETHC	Fédération Syndical Européenne du Textile, de l'Habillement et du Cuir (Europäischer Gewerkschaftsverband Textil, Bekleidung und Leder)

Abkürzungen/Akronyme

FSF	Fazilität für strukturierte Finanzierungen
FTA	Foreign Trade Association (Außenhandelsvereinigung)
FTE	Forschung und technologische Entwicklung
GAIN	Graphic Arts Information Network (Informationsnetzwerk für Grafik-Kunst)
GAP	Gemeinsame Agrarpolitik
GASP	Gemeinsame Außen- und Sicherheitspolitik
GATS	Allgemeines Übereinkommen über den Handel mit Dienstleistungen
GATT	Welthandelsabkommen (General Agreement on Tariffs and Trade)
GCC	Gulf Cooperation Council
GCI	Genie Climatique International – Union Internationale des Associations d'Installations de Chauffage, Ventilation et Conditionnement d'Air (Internationaler Verband für Heizung und Klimatechnik)
GD	Generaldirektion
GDV	Gesamtverband der Deutschen Versicherungswirtschaft e. V.
GEBC	Groupement Européen des Banques Coopératives (Europäische Vereinigung der Genossenschaftsbanken)
GEI	Gericht Erster Instanz
GEPVP	Groupement Européen des Produceurs de Verre Plat (Europäische Vereinigung der Produzenten von Flachglas)
GFS	Gemeinsame Forschungsstelle
GIGREL	Groupement des Industries du Groupe Electrogène (Verband der europäischen Hersteller von Stromerzeugungsaggregaten)
GITES	Groupement des Industries Européennes du Tabac (Vereinigung europäischer Tabakindustrien)
GMES	Globale Umwelt- und Sicherheitsüberwachung
GPÜ	Gemeinschaftspatentübereinkommen
GRECO	Gruppe von Staaten gegen Korruption
GTZ	Deutsche Gesellschaft für Technische Zusammenarbeit
GUS	Gemeinschaft unabhängiger Staaten (Staatenbund souveräner ehemaliger Sowjetrepubliken ohne die baltischen Staaten)
GVO	Gentechnisch veränderte Objekte
HABM	Harmonisierungsamt für den Binnenmarkt
HDTV	High Definition Television
HI	Handicap International (Internationaler Bund für die Behinderten)

HOTREC	Confederation of the National Hotel and Restaurant Associations in the EU (Bund der nationalen Verbände des Gaststätten- und Hotelgewerbes in der EU)
HRW	Human Rights Watch
IABSE	International Association for Bridge and Structural Engineering (Internationale Vereinigung für Brückenbau und Hochbau)
IAEA	International Atomic Energy Agency (Internationale Atom-Energie-Organisation – IAEO)
IAO	Internationale Arbeitsorganisation
IBA	International Bar Association (Internationaler Rechtsanwaltsverband)
IBRD	International Bank for Reconstruction and Development (Internationale Bank für Wiederaufbau und Entwicklung)
ICCO	International Communications Consultancy Organisation (Internationale Organisation für Kommunikationsberatung)
ICOMIA	International Council of Marine Industry Associations (Internationale Vereinigung der Bootsindustrieverbände)
ICOSPA	International Council of Sheet Metal Presswork Associations (Internationaler Rat der Verbände der Blechumformung)
ICSW	International Council of Social Welfare (Internationaler Rat der Sozialen Wohlfahrt)
IDACE	Association des Industries des Aliments Diététiques de l'UE (Verband der Hersteller von Diätlebensmitteln in der EU)
IDF	International Diabetes Federation (Internationale Diabetes-Vereinigung)
IDF	International Dairy Federation (Internationaler Verband der Milchwirtschaft)
IE	internationale Einheit
IEA	Internationale Energie-Agentur
IEACS	Institut Européen des Armes de Chasse et de Sport (Europäisches Institut für Jagd- und Sportwaffen)
IES	Institut für Umwelt und Nachhaltigkeit
IEEP	Institution for a European Environmental Policy (Institut für europäische Umweltpolitik)
IFAH	International Federation of Animal Health (Internationale Vereinigung für Tiergesundheit)
IFD	Internationale Föderation des Dachdeckerhandwerks e.V.
IFC	International Finance Corporation (Internationale Finanzkorporation)
IFIA	International Federation of Inspection Agencies (Internationaler Verband der Inspektionsagenturen)

IFIEC-Europe	International Federation of Industrial Energy Consumers (Internationale Vereinigung industrieller Energiekonsumenten)
IFOH	International Federation of Health Practioners (Internationale Vereinigung der Heilpraktiker e.V.)
IFOR	International Fellowship of Reconciliation (Internationaler Versöhnungsbund)
IFRA	International Fragrance Association (Internationaler Verband der Riechstoffhersteller)
IFSW	International Federation of Social Workers (Internationale Vereinigung der Sozialarbeiter)
IHCP	Institut für Gesundheit und Verbraucherschutz
IKT	Informations- und Kommunikationstechnik (Information and Communication Technology)
ILGA	International Lesbian and Gay Association (Internationaler Lesben- und Schwulenverband)
ILO	International Labour Organization (Internationale Arbeitsorganisation)
IMA	Industrial Minerals Association Europe (Industriemineralienverband Europa)
IMCO	Ausschuss für Binnenmarkt und Verbraucherschutz
IMF	International Monetary Fund (Internationaler Währungsfond - IWF)
INFOSEC	Information Security (Sicherheit für Informationssysteme)
INOU	Irish National Organisation of the Unemployed (Irische Organisation der Arbeitslosen)
INTA	Ausschuss für internationalen Handel
INTA	International Network for Urban Development (Internationale Städtische Entwicklungsgesellschaft)
INTERGRAF	International Confederation for Printing and Allied Industries (Internationale Vereinigung der Druck- und verwandten Industrien)
INTERLAINE	Committe of the Wool Textile Industries in the EU (Ausschuss der Wollindustrien der EU)
IPSC	Institut für Schutz und Sicherheit des Bürgers
IPTIC	International Pulse and Industry Confederation (Internationaler Verband der Frischobst- und Gemüse-Vertriebsorganisation)
IPTS	Institut für technologische Zukunftsforschung
IRMM	Institut für Referenzmaterialien und -messungen
IRMS	Integrated Resource Management System

IRU	International Road Transport Union (Internationale Straßenverkehrsunion)
ISCA-EU	International Save the Children Alliance (Internationale Kinderschutzallianz EU)
ISPA	Strukturpolitisches Instrument zur Vorbereitung auf den Beitritt
ISPO	Information Society Project Office (Amt für Vorhaben der Informationsgesellschaft
IST	Information Society Technologys
ISTP	International Society for Threatened Peoples (Internationale Gesellschaft für bedrohte Völker)
IT	Information und Kommunikation
ITRE	Ausschuss für Industrie, Forschung und Energie
ITU	Institut für Transurane
IUCAB	International Union of Commercial Agents and Brokers (Internationale Union der Handelsvertreter und Handelsmakler)
IV	Industriellenvereinigung
IWF	Internationaler Währungsfonds
JEUNE	Jeune Entrepreneurs de l'Union Européenne (Junge Unternehmer der EU)
JRS	Jesuit Refugee Service (Jesuitischer Flüchtlingsdienst)
JURI	Rechtsausschuss
KfW	Kreditanstalt für Wiederaufbau
KGRE	Kongress der Gemeinden und Regionen in Europa
KMU	Kleine und Mittlere Unternehmen
KSZE	Konferenz für Sicherheit und Zusammenarbeit in Europa
KVZ	Konfliktverhütungszentrum
LDC	Less Developped Countries (weniger entwickelte Länder)
LEASEUROPE	European Federation of Equipment Leasing Companies Associations (Europäische Vereinigung der Verbände von Leasing-Gesellschaften)
LIBE	Ausschuss für bürgerliche Freiheiten, Justiz und Inneres
LODE	Programm für die Entwicklung von demokratischen Strukturen auf Gemeinde- und Regionalebene
LSU	Local Support Unit (Abteilung für den Internet-Server des EP)
MAP	Modernisation of Administration and Personal policy (Modernisierung der Verwaltung und der Personalpolitik

Abkürzungen/Akronyme

MARCOGAZ	Union des Industries Gazières du Marché Commun (Union der Gaswirtschaften des gemeinsamen Marktes)
MEDIA	Entwicklungsmaßnahmen für die audiovisuelle Industrie
MEDISAMAK	Association des professionnels de la pêche des pays riverains de la Méditerranée (Verband der Fischereiorganisationen aus dem Mittelmeerraum)
MERCOSUR	Staatenbündnis von sechs südamerikanischen Staaten
MIIT	Management von Informationsinfrastruktur und -technik
Mio.	Millionen
Mrd.	Milliarden
MwSt.	Mehrwertsteuer
N.N.	Name nicht bekannt (nomen nescio)
NATO	Organisation der Signatarmächte des Nordatlantikpakts (North Atlantic Treaty Organisation)
NEA	Kernenergie-Agentur
NFER	National Foundation for Educational Research
NMR	Nordisk Ministerrad (Nordischer Ministerrat)
NORMAPME	Bureau Européen de l'Artisanat et des Petits et Moyennes Entreprises pour la Normalisation (Europäisches Büro des Handwerks und der Klein- und Mittelbetriebe für die Normung)
Nr.	Nummer
NRO	Nichtregierungsorganisationen
NUS	Neue Unabhängige Staaten
OCDE	Organisation de Coopération et de Développement Economiques (Organisation für Entwicklung und Zusammenarbeit - OECD)
OCE	Orthoptistes de la Communauté Européenne (Orthoptisten der europäischen Gemeinschaft)
OECD	Organisation für Wirtschaftliche Zusammenarbeit und Entwicklung (Organisation for Economic Co-operation and Development)
OEEC	Organisation for European Economic Cooperation
OEGB	Österreichischer Gewerkschaftsbund
OENB	Österreichische Nationalbank
OEITFL	Organisation Européenne des Industries transformatrices de fruits et légumes (Europäische Organisation der obst- und gemüseverarbeitenden Industrie)
OES	Organisation Européenne des scieries (Organsation der Sägewerke)
OIB	Amt für Gebäude, Anlagen und Logistik

OLAF	Europäisches Amt für Betrugsbekämpfung
ONU	Organsation des Nations Unies (Organisation der Vereinten Nationen)
ORGALIME	Liaison Group of the European Mechanical, Electrical, Electronic and Metalworking Industries (Verbindungsbüro der europäischen Metallindustrien)
OSZE	Organisation für Sicherheit und Zusammenarbeit in Europa
PECH	Ausschuss für Fischerei
PESD	Politique européenne en matière de sécurité et de défence (Europäische Sicherheits- und Verteidigungspolitik)
PETI	Petitionsausschuss
PHARE	Hilfsprogramm zur Umgestaltung der Wirtschaft Polens und Ungarns (Anmerk. d. Redaktion: inzwischen auf weitere Länder Mittel- und Osteuropas ausgedehnt) Poland and Hungary Assistance for Economic Restructuring Programm
PLASTEUROTEC	Groupement Européen des Fabricants de Pièces Techniques Plastiques (Gesamtverband kunststoffverarbeitende Industrie e. V.)
POSTEUROP	Association des Opérateurs Postaux Publics Européens (Vereinigung der öffentlichen europäischen Postdienstbetreiber)
PPP	Politiken, Pläne und Programme
PRE	Fédération Européenne des Fabricants de Produits Réfractaires (Europäischer Industrieverband der Feuerfestkeramik)
PRODCOM	Datenbank mit Produkten für eine europäische Produktionsstatistik
PRSP	Poverty Reduction Strategy Paper
PSK	Politisches und Sicherheitspolitisches Komitee der GASP
QCEA	Quaker Council for European Affairs (Quäkerrat für Europäische Angelegenheiten)
RC	Red Cross (Rotes Kreuz)
REGI	Ausschuss für regionale Entwicklung
RETI	Régions Européenne de Technologie Industrielle (Europäische Industrie- und Technologieregionen)
RGRE	Rat der Gemeinden und Regionen Europas (Conseil des Communes et Régions d'Europe – CCRE)
RIAAD	Rainbow International Association Against Drugs (Internationaler Verband gegen Drogen)
RUS	Russische Förderation
S.	Seite

Abkürzungen/Akronyme

s.	siehe
SAARC	Süd-Asien, Vereinigung für regionale Zusammenarbeit
SACEPO	Ständiger Beratender Ausschuss bei EPA
S. E.	Seine Exzellenz (Botschafter)
SEAP	Society of European Affairs Professionals (Gesellschaft der Sachverständigen für Europaangelegenheiten)
SEFI	Société Européenne pour la Formation des Ingénieurs (Europäische Gesellschaft für Ingenieursausbildung)
SEMOULIERS	Union des Associations des Sémouliers des Pays de l'UE (Union der Griesmüllerverbände der EU)
SIS	Informationssystem im Rahmen des Schengener Abkommens
SNCT	Syndicat Nationale de la Chaudronnerie, de la Tolerie et de la Tuyauterie (Europäisches Syndikat für den Dampfkessel-, Behälter- und Rohrleitungsbau)
STOA	Bewertung der wissenschaftlichen und technischen Entscheidungen
SYGMA	Syndicat Général de Constructeurs de Tracteurs et Machines Agricoles (Berufsverband der französischen Hersteller von Traktoren und Landmaschinen)
TACIS	Technical Assistance for the Community of Independent States (Technische Unterstützung für die Gemeinschaft Unabhängiger Staaten)
TAE	Taxpayers Association of Europe (Bund der Steuerzahler Europa)
TAIEX	Technical Assistance Information Exchange Office
TBEFédération	Européenne des Fabricants de Tuiles et de Brique (Europäischer Verband der Ziegelindustrie)
TBT	technische Handelshemmnisse
TEGoVA	The European Group of Valuers' Associations (Europäische Gruppe der Sachverständigen)
TEN	Transeuropäische Netze
TEPSA	Trans European Policy Studies Association (Verband für Transeuropäische Politologie)
TIE	Toy Industries of Europe (Spielzeughersteller Europas)
TII	Association Européenne pour le Transfert des Technologies, de l'Innovation et de l'Information Industrielle (Europäischer Verband für den Transfer von Technologie, Innovation und technischen Information)
TRAN	Ausschuss für Verkehr und Fremdenverkehr
TREATI	Transregional EU-ASEAN Trade Initiative

TUAC	Trade Union Advisory Committee (Beratender Gewerkschaftsausschuss bei der OECD)
TZL	Technisches Zentrum für Landwirtschaft
u. a.	unter anderem
UEA	Union Européenne de l'Ameublement (Europäische Möbelunion)
UEAPME	Union Européenne de l'Artisanat et des Petites et Moyennes Entreprises (Europäische Union des Handwerks und der Klein- und Mittelbetriebe)
UECBV	Union Européenne du Commerce du Bétail et de la Viande (Europäische Vieh- und Fleischhandelsunion)
UEEIV	Union of European Railway Engineer Associations (Union Europäischer Eisenbahn-Ingenieur-Verbände)
UEHP	European Union of Independent Hospitals (Europäische Union der Privatkliniken)
ÜLG	Überseeische Länder und Gebiete
UEMS	Union Européenne des Medecins Specialistes (Europäische Vereinigung der Fachärzte)
UEO	Union de l'Europe Occidentale (Westeuropäische Union – WEU)
UEPA	Union Européenne des Producteurs d'Alcools (Europäische Union der Alkoholhersteller)
UEPC	Union Européenne des Promoteurs-Constructeurs (Europäische Union der freien Wohnungsunternehmen)
UFI	Union des Foires Internationales (Verband internationaler Messen)
UGAL	Union des Groupements de Détaillants Indépendants de l'Europe (Union der Verbundgruppen von selbständigen Einzelhändlern Europas)
UIC	Union Internationale des Chemins de Fer (Internationale Eisenbahnunion)
UITP	Union International des Transports Publics (Internationaler Verband des öffentlichen Verkehrswesens)
UN	Vereinte Nationen (United Nations)
UNCTAD	Konferenz der Vereinten Nationen für Handel und Entwicklung
UNDP	United Nations Development Programme (Entwicklungsprogramm der Vereinten Nationen)
UNECE	Wirtschaftskommission der Vereinten Nationen für Europa
UNESCO	Organisation der Vereinten Nationen für Erziehung, Wissenschaft und Kultur
UNI	Union Network International

UNICE	Union of Industrial and Employers' Confederations of Europe (Union der Industrie- und Arbeitgeberverbände Europas)
UNICEF	United Children's Fund (Weltkinderhilfswerk)
UNIFE	Union des Industries Ferroviaires Européennes (Union der Europäischen Eisenbahnindustrien)
UNIT	Unterstützung der Nutzung von Informationstechnologien
UNO	United Nations Organization
usw.	und so weiter
VCI	Verband der Chemischen Industrie e.V.
VDMA	Verband Deutscher Maschinen- und Anlagenbau e.V.
VE	Verpflichtungsermächtigung
vgl.	vergleiche
VN	Organisation der Vereinten Nationen
VÖB	Bundesverband öffentlicher Banken Deutschlands
VRE	Versammlung der Regionen Europas Assemblé des Regions Européennes – ARE)
WEU	Westeuropäische Union (Union de l'Europe Occidentale – UEO)
WFA	World Federation of Advertisers (Werbeverband – Europäischer Zweig)
WHO	World Health Organisation (Weltgesundheitsorganisation)
WIPO	Weltorganisation für geistiges Eigentum (World Intellectual Property Organisation)
WSA	European Wine and Spirit Association (Europäische Vereinigung des Wein- und Spirituosenimports und –vertriebs)
WSA	Wirtschafts- und Sozialausschuss
WTO	Welthandelsorganisation (World Trade Organisation)
WTTC	World Travel & Tourism Council (Internationaler Reise- und Fremdenverkehrsrat)
WWF	World Wide Fund for Nature
WWU	Wirtschafts- und Währungsunion
z.B.	zum Beispiel
ZDH	Zentralverband des Deutschen Handwerks
ZE	Zahlungsermächtigung
ZEI	Zentraleuropäische Initiative (Central European Initiative – CEI)
ZIE	Zentrum für Industrielle Entwicklung

A Die Europäische Union (EU)

I Einführung

1 Entstehungsgeschichte

Auch wenn sich die »*Europäische Union*« (EU) zum ersten Mal in ihrer Geschichte nunmehr eine Verfassung geben will, ist sie (noch) kein Staat, sondern eine supranationale Organisation mit eigener Rechtsnatur, in der derzeit 25 europäische Staaten zusammengeschlossen sind. Diese supranationale Organisation *sui generis* hat sich in einer Vielzahl von Etappen schrittweise entwickelt und geographisch und inhaltlich ausgedehnt.

Grundlage der EU sind – bis zum Inkrafttreten der europäischen Verfassung – die 1951 bzw. 1957 gegründeten »Europäischen Gemeinschaften«, ergänzt durch weitere Formen der Zusammenarbeit auf den Gebieten der Innen- und Rechtspolitik sowie der Außen- und Sicherheitspolitik. Während die »EU« eine *politische* Organisation ist, sind die »Europäischen Gemeinschaften« der *rechtliche* Rahmen für die europäische Integration. Im allgemeinen Sprachgebrauch ist die EU jedoch zunehmend an die Stelle der Europäischen Gemeinschaften getreten.

Begonnen hat die europäische Integration mit der *Europäischen Gemeinschaft für Kohle und Stahl (EGKS)*. Der Gründungsvertrag (BGBl. 1952 II, S. 447) wurde am 18. 4. 1951 in Paris von sechs Gründerstaaten (Belgien, Deutschland, Frankreich, Italien, Luxemburg und den Niederlanden) unterzeichnet. Er trat am 23. 7. 1952 in Kraft und galt bis Juli 2002. Ziel der EGKS – der einzigen Gemeinschaft, die zeitlich befristet war – war es, für die europäische Montanindustrie einheitliche Machtbedingungen zu schaffen und ihr die strukturelle Anpassung an die veränderten weltwirtschaftlichen Verhältnisse zu erleichtern. Seit Juli 2002 ist der Montanbereich in die »Europäische Gemeinschaft« (siehe unten) einbezogen.

Als zweiter Schritt der europäischen Integration war die Gründung einer *Europäischen Verteidigungsgemeinschaft* (EVG) geplant. Sie scheiterte jedoch daran, dass die französische Nationalversammlung die Ratifizierung des am 27. 5. 1952 unterzeichneten Gründungsvertrags ablehnte.

So konzentrierte sich die europäische Integration zunächst weiter auf den Bereich der Wirtschaft. Auf der Konferenz von Messina im Juni 1955 beauftragten die Mitgliedstaaten der EGKS einen Ausschuss unter Vorsitz des belgischen Außenministers, die Möglichkeiten einer weitergehenden wirtschaftlichen Zusammenarbeit auszuloten. Auf der Grundlage des sogenannten »Spaak-Berichts« wurden die Verträge zur Gründung der *Europäischen Wirtschaftsgemeinschaft (EWG, inzwischen umbenannt in Europäische Gemeinschaft - EG)* (BGBl. 1957 II, S. 766, ber. S. 1678 und 1958 II, S. 64) und *der Europäischen Atomgemeinschaft (EAG)* (BGBl. 1957 II, S. 1014, ber. S. 1678) ausgehandelt. Diese Verträge wurden am 25. 3. 1957 in Rom von den sechs Mitgliedstaaten der EGKS unterzeichnet. Sie traten am 1. 1. 1958 in Kraft. Die EAG hat zum Ziel, die Bildung und Entwicklung der Kernindustrie in den Mitgliedstaaten zu fördern und deren Versorgung mit spaltbarem Material sicherzustellen. Die EWG (jetzt: EG) hat zum Ziel, in allen übrigen Bereichen der Wirtschaft einen gemeinsamen Markt zu schaffen, auf dem Waren und Personen unter gleichen Bedingungen wie auf einem nationalen Markt frei zirkulieren können.

Das mit den Gründungsverträgen der drei Europäischen Gemeinschaften angestrebte Ziel der wirtschaftlichen Einigung wurde allerdings von den Mitgliedstaaten nur als ein Zwischenstadium auf dem Weg zur politischen Einigung Europas, einer »Europäischen Union«, angesehen. Die ersten Anläufe 1961 (»Fouchet-Pläne«) und 1975 (»Tindemans-Bericht«) scheiterten jedoch am mangelnden Einigungswillen.

Als pragmatische Lösung verständigten sich die Mitgliedstaaten im Oktober 1970 daher auf eine freiwillige außenpolitische Abstimmung im Rahmen der »Europäischen Politischen Zusammenarbeit« (EPZ). Ziel der EPZ, die sich außerhalb des Systems der Europäischen Gemeinschaften durch Konsultation zwischen den Außenministern der Mitgliedstaaten vollzog, war es, die Standpunkte der

Mitgliedstaaten in allen wichtigen außenpolitischen Fragen abzustimmen und nach Möglichkeit zu einem gemeinsamen Vorgehen der Mitgliedstaaten der EU zu gelangen. Dieses Instrument wurde in der Folgezeit zunehmend ausgebaut und verbessert.

Am 14. 2. 1984 verabschiedete das Europäische Parlament mit großer Mehrheit den von einer Kommission unter Leitung von Altiero Spinelli ausgearbeiteten »Entwurf eines Vertrages zur Gründung der Europäischen Union«. Dieser Entwurf sah die Ablösung der drei Europäischen Gemeinschaften durch eine Europäische Union mit eigener Rechtspersönlichkeit vor, auf die die Mitgliedstaaten in weiteren wesentlichen Politikbereichen Zuständigkeiten übertragen sollten. Die Gesetzgebung sollte durch Parlament und Rat erfolgen; für den Erlass der zur Durchführung der Gesetze erforderlichen Verordnungen und Beschlüsse sollte die Kommission zuständig sein. Die Staats- und Regierungschefs der Mitgliedstaaten griffen die Anregungen des Parlaments auf ihrer Gipfelkonferenz im Juni 1984 in Fontainebleau auf. Sie setzten einen Ausschuss für institutionelle Fragen unter Vorsitz des irischen Senators Dooge ein, der Vorschläge zum besseren Funktionieren der europäischen Zusammenarbeit innerhalb der EU und der EPZ erarbeiten sollte. Parallel dazu setzten sie einen zweiten Ausschuss unter dem Vorsitz des Italieners Pietro Adonnino ein, der Vorschläge für ein gemeinsames Vorgehen zum Ausbau des Gemeinsamen Marktes im Sinne eines »Europas der Bürger« ausarbeiten und Ansatzpunkte für Fortschritte in Richtung auf eine Europäische Union ausloten sollte. Auf der Grundlage der Abschlußberichte der beiden Ausschüsse berief der Europäische Rat im Juni 1985 in Mailand eine Regierungskonferenz ein, die bis zum folgenden Europäischen Rat im Dezember 1985 zum einen über Änderungen des EWG-Vertrages und zum anderen über einen Vertrag über eine gemeinsame Außen- und Sicherheitspolitik verhandeln sollte.

Das Ergebnis der Verhandlungen wurde in einer am 17. 2. 1986 unterzeichneten »Einheitlichen Europäischen Akte« (EEA) niedergelegt, die am 1. 7. 1987 in Kraft trat. Die EEA modifizierte und ergänzte die Gründungsverträge der Europäischen Gemeinschaften und gab der EPZ einen rechtlichen und organisatorischen Rahmen. Die wesentlichsten Änderungen der Gründungsverträge betrafen den verstärkten Übergang zu Mehrheitsentscheidungen im Rat vor allem in den für die Vollendung des Binnenmarkts wichtigen Bereichen, die Stärkung der Rolle des Europäischen Parlaments durch die Einführung eines »Verfahrens der Zusammenarbeit« mit jeweils zwei Lesungen im Rat und Parlament sowie die ausdrückliche Verankerung wichtiger Gemeinschaftspolitiken (Forschungs- und Technologiepolitik, Umweltpolitik) im EWG-Vertrag selbst. Außerdem wurden die Ziele der Vollendung des Binnenmarkts und der Stärkung des wirtschaftlichen und sozialen Zusammenhalts (»Kohäsion«) unterstrichen.

Auch die EEA war nur ein Zwischenschritt auf dem Weg zu einer umfassenden Europäischen Union. Im Dezember 1990 wurde daher eine »Regierungskonferenz« über die *Politische Union*« einberufen, die insbesondere die Fragen einer stärkeren demokratischen Legitimität der Gemeinschaft, der schrittweisen Einführung einer gemeinsamen Außen- und Sicherheitspolitik, der Einführung einer Unionsbürgerschaft, der Ausweitung und Neudefinition der Gemeinschaftskompetenzen sowie der Stärkung der Effizienz der Gemeinschaftsorgane prüfen sollte. Das Ergebnis dieser Regierungskonferenz wurde gemeinsam mit dem Ergebnis der parallel eingesetzten »Regierungskonferenz über die Wirtschafts- und Währungsunion« in dem »Vertrag über die Europäische Union« niedergelegt, der am 7. 2. 1992 in Maastricht unterzeichnet wurde. Dieser Vertrag ist in einer konsolidierten Fassung im Amtsblatt der EG Nr. C 224 vom 31. 8. 1992 veröffentlicht. Er ist am 1. 11. 1993 in Kraft getreten.

Der »*Vertrag über die Europäische Union*« führte als gemeinsames Dach über den drei Europäischen Gemeinschaften die »*Europäische Union*« ein, die jedoch keine eigene Rechtspersönlichkeit hat. Unter diesem Dach wurde die Rolle der EWG als wesentlichste

Säule der europäischen Integration verstärkt. Die Europäische Wirtschaftsgemeinschaft wurde dementsprechend in »*Europäische Gemeinschaft*« umbenannt; die Wirtschafts- und Währungsunion wird im Rahmen dieser »Europäischen Gemeinschaft« verwirklicht. Als zweite Säule der europäischen Integration wurde eine *gemeinsame Außen- und Sicherheitspolitik* eingeführt, die schrittweise verwirklicht werden soll und für die spezielle Entscheidungsverfahren gelten, die den Mitgliedstaaten einen stärkeren Einfluss belassen als bei den anderen Gemeinschaftspolitiken. Als dritte Säule wurde die *Zusammenarbeit in den Bereichen Justiz und Inneres* eingeführt, die über die bisherige intergouvernementale Zusammenarbeit hinausgeht, jedoch keine völlige Vergemeinschaftung dieser Politiken vorsieht. Die Rolle des Europäischen Parlaments (EP) wurde weiter gestärkt; es ist an der Einsetzung der Kommission beteiligt, deren Mandatszeit seither parallel zu den Wahlperioden des EP läuft, erhielt das Recht zur Einsetzung von *Untersuchungsausschüssen* und erhielt durch die Einführung eines »Mitentscheidungsverfahrens« für bestimmte Politikbereiche eine stärkere Stellung im Gesetzgebungsverfahren (s. dazu unten unter 9). Schließlich wurde ein »Ausschuss der Regionen« eingeführt, mit dem die regionalen und lokalen Gebietskörperschaften förmlich am Willensbildungs- und Entscheidungsprozeß der Gemeinschaft beteiligt werden.

Bereits im März 1996 wurde eine neue Regierungskonferenz einberufen. Das Ergebnis dieser Regierungskonferenz ist in dem *Vertrag von Amsterdam* zusammengefasst, der vom Europäischen Rat am 17. Juni 1997 beschlossen wurde und im Oktober 1997 formell unterzeichnet wurde. Dieser Vertrag stärkt die Identität der Europäischen Union, die als »Raum der Freiheit, der Sicherheit und des Rechts« definiert wird. Die bisher im Rahmen der »dritten Säule« auf zwischenstaatlicher Ebene geregelten Fragen des freien Personenverkehrs und der damit zusammenhängenden Kontrollen an den Außengrenzen, des Asylrechts und der Einwanderung wurden in das Gemeinschaftsrecht integriert. Die Kompetenzen der Gemeinschaft in den Bereichen Beschäftigungs- und *Sozialpolitik* wurden verstärkt (das so genannte »*Sozialprotokoll*« wurde in den EG-Vertrag aufgenommen), der Verbraucherschutz wird als horizontales Ziel definiert, das bei der Konzeption und Durchführung aller fachlichen Gemeinschaftspolitiken zu beachten ist. Die Stellung des Europäischen Parlaments im Gesetzgebungsverfahren wurde weiter gestärkt. Das so genannte »Mitentscheidungsverfahren« (vgl. dazu unten unter 9) ist nun die Regel. Im Bereich der »zweiten Säule« (Gemeinsame Außen- und Sicherheitspolitik) wurde der Entscheidungsprozeß erleichtert, indem klarer zwischen den verschiedenen Arten von Entscheidungen unterschieden wird (über »Grundsätze und allgemeine Leitlinien« sowie über »gemeinsame Strategien« entscheidet der Europäische Rat, während der Rat die Durchführungsentscheidungen sowie »gemeinsame Aktionen« beschließt und »gemeinsame Standpunkte« festlegt). Außerdem wurde die Möglichkeit einer »konstruktiven Enthaltung« eines Mitgliedstaats bei einstimmigen Entscheidungen eingeführt und dem Generalsekretär des Rates eine prominentere Rolle bei der Planung und Durchführung der Aktionen übertragen. Im Bereich der »dritten Säule« (Innen- und Rechtspolitik) wurde die polizeiliche und justitielle Zusammenarbeit verstärkt; Europol erhielt weitergehende Kompetenzen. Das »Schengener Abkommen« wurde in den Besitzstand der EU übernommen. Unter dem Stichwort »Flexibilität« können Mitgliedstaaten in Zukunft eine engere Zusammenarbeit mit dem Ziel einer weitergehenden Integration vereinbaren, die über die gemeinsam getroffenen Entscheidungen im Bereich des Gemeinschaftsrechts bzw. der Zusammenarbeit in Fragen der Innen- und Rechtspolitik hinausgehen. Für diese engere Zusammenarbeit, für die mindestens eine qualifizierte Mehrheit nötig ist, gelten im Übrigen die Vorschriften über ein Tätigwerden der Gemeinschaft bzw. Union.

Der Vertrag von Maastricht und der Vertrag von Amsterdam enthalten damit zusammen eine substantielle Weiterentwicklung der

Europäischen Union und eine deutliche Verschiebung der Gewichte zwischen den Mitgliedstaaten und der Gemeinschaftsebene einerseits sowie zwischen den einzelnen Gemeinschaftsorganen anderseits. Im Hinblick auf die zahlreichen Detailänderungen wurden deshalb sowohl der »Vertrag über die Europäische Union« als auch der »Vertrag zur Gründung der Europäischen Gemeinschaft« konsolidiert. Die konsolidierte Neufassung (die zu einer Änderung der Nummerierung der meisten Artikel führte) ist im Amtsblatt der EG Nr. C 340 vom 10. 11. 1997 veröffentlicht. Weiter reichende Änderungen sind in dem »Vertrag von Nizza« niedergelegt (Amtsblatt der EU Nr. C 80 vom 10. 3. 2001), der im Dezember 2000 vom Europäischen Rat beschlossen wurde und der am 1. 2. 2003 in Kraft getreten ist. Eine konsolidierte Fassung des Vertrages zur Gründung der Europäischen Gemeinschaft und des Vertrages über die Europäische Union in der Fassung des »Vertrags von Nizza« ist veröffentlicht im Amtsblatt der EU Nr. 325 vom 24. 12. 2002.

Der »Vertrag von Nizza« stellt bewusst nur einen Zwischenschritt auf dem Weg der weiteren Einigung dar. Dieser Vertrag sollte die EU auch bei der (absehbaren) Erweiterung auf 27 Mitgliedstaaten handlungsfähig halten. Mit ihm wurden vor allem
- die Zahl der Mitglieder des EP, der Kommission, des Wirtschafts- und Sozialausschusses sowie des Ausschusses der Regionen begrenzt,
- die Mehrheitsentscheidungen im Rat auf weitere Gesetze ausgedehnt und die Gewichtung der Stimmen der einzelnen Mitgliedstaaten neu geregelt,
- das Verfahren zur Ernennung der Kommission geändert und die Stellung des Kommissionspräsidenten gestärkt,
- die Möglichkeiten für eine »vertiefte Zusammenarbeit« einer Gruppe von Mitgliedstaaten in den Bereichen »Gemeinsame Außen- und Sicherheitspolitik« sowie »Justiz und Inneres« ausgeweitet,
- das Rechtsschutzsystem der EU reformiert und auf drei Instanzen erweitert.

2 Die Verfassung für Europa

In einer feierlichen Zeremonie haben die Staats- und Regierungschefs der 25 Mitgliedstaaten – sowie die Staats- und Regierungschefs der vier Beitrittskandidaten einschließlich der Türkei – am 29. Oktober in Rom den »Vertrag über eine Verfassung für Europa« unterzeichnet. Der Ort für die Unterzeichnung war symbolisch, da 1957 am selben Ort die so genannten »Römischen Verträge« unterzeichnet worden waren, aus denen die heutige EU erwachsen ist. Damit der Verfassungsvertrag in Kraft treten kann, muss er allerdings noch in allen 25 Mitgliedstaaten nach den jeweils geltenden innerstaatlichen Regeln ratifiziert werden. Wann und ob das Ratifizierungsverfahren abgeschlossen werden kann, ist allerdings nach dem Nein der Franzosen und der Niederländer in den beiden Referenden am 29. Mai und 1. Juni 2005 fraglich geworden. Jedenfalls hat der Europäische Rat von Brüssel im Juni 2005 den zeitlichen Rahmen für den Abschluss der Ratifizierung zunächst weiter gesteckt. So soll allen Mitgliedstaaten, auch denen, die bisher der Ratifizierung ablehnend oder reserviert gegenüber stehen, Gelegenheit zu einer erneuten eingehenden Diskussion auf nationaler Ebene gegeben werden. In diesem Zusammenhang wird in letzter Zeit auch zunehmend über eine »Negativliste« diskutiert, d. h. eine Liste derjenigen Politikbereiche, aus denen sich die EU heraushalten soll und in denen die Mitgliedstaaten die volle Entscheidungskompetenz behalten.

Mit dem jetzt zur Ratifizierung aufliegenden Verfassungsvertrag wurde immerhin eine jahrzehntelange Vorarbeit abgeschlossen, die in den 80-er Jahren mit dem »Entwurf eines Vertrages zur Gründung der Europäischen Union« begonnen hatten, den das Europäische Parlament am 14. 2. 1984 mit großer Mehrheit verabschiedete. Dieser Entwurf enthielt neben der Kompetenzverteilung auf die verschiedenen Ebenen und organisatorischen Regelungen auch Vorschriften über die Unionsbürgerschaft und die Grundrechte.

Die schrittweise Übertragung weiterer Kompetenzen auf die Gemeinschaftsebene und die (ansatzweise) Verwirklichung der »Politischen Union« durch die EEA, den Vertrag von Maastricht, den Vertrag von Amsterdam sowie zuletzt den Vertrag von Nizza (s. oben unter 1), die auch das Verhältnis zwischen der EU und ihren Bürgern berühren, schärften das Bewusstsein dafür, dass die EU nicht nur von ihren potenziellen neuen Mitgliedern die Einhaltung rechtsstaatlicher und demokratischer Spielregeln verlangen kann, sondern sich auch selbst an diese Spielregeln halten muss.

Der Verfassungsvertrag wurde ausgearbeitet von dem »Konvent der Zukunft Europas«, der vom Europäischen Rat gemäß der im Dezember 2001 beschlossenen »Erklärung von Laeken« eingesetzt worden war. Dieser Konvent setzte sich aus 105 Vertretern der Mitgliedstaaten sowie der damaligen Beitrittskandidaten zusammen (unter anderem aus 15 Vertretern der Staats- und Regierungschefs, 30 Mitgliedern der nationalen Parlamente, 16 Mitgliedern des EP und zwei Mitgliedern der Kommission). Präsident des Konvents war der frühere französische Staatspräsident Valéry Giscard d'Estaing; Vizepräsidenten waren Gulio Amato und Jean-Luc Dehaene. Der Europäische Konvent hat seine Arbeiten im Juli 2003 abgeschlossen. Der von dem Konvent vorgelegte Entwurf für eine Europäische Verfassung wurde am 18. Juni 2004 von einer Regierungskonferenz der Staats- und Regierungschefs gebilligt.

Wesentlichstes Ziel der europäischen Verfassung ist es, die ständig größer werdende Europäische Union für die Zukunft handlungsfähig zu erhalten, sie demokratischer, effizienter und transparenter zu machen und die europäische Identität zu stärken.

Die europäische Verfassung will alle derzeitigen europäischen Verträge durch einen einzigen Rechtsakt ersetzen. Die neu verfasste »Union« soll damit Rechtsnachfolger der bisherigen Europäischen Gemeinschaften und der Europäischen Union werden; das bestehende Gemeinschaftsrecht soll nicht die nationalen Verfassungen der Mitgliedstaaten ersetzen, sondern als eigenständige Rechtsordnung neben diese treten.

Die europäische Verfassung ist in vier Teile gegliedert. Im Teil I werden die Grundwerte, Ziele, Zuständigkeiten, Entscheidungsverfahren und handelnden Organe der Europäischen Union definiert. Teil II enthält die »Charta der Grundrechte«; diese Charta geht über die Rechte der Europäischen Menschenrechtskonvention von 1950 hinaus und wird mit der Aufnahme in die Verfassung allgemein rechtsverbindlich. Teil III grenzt die Zuständigkeiten in den einzelnen Politikbereichen zwischen der EU und den Mitgliedstaaten ab und definiert die Arbeitsweise der EU. Teil IV enthält allgemeine und Schlussbestimmungen; erstmalig ist darin auch ausdrücklich festgelegt, dass jeder Mitgliedstaat auch wieder aus der EU austreten kann.

Die wesentlichsten Änderungen gegenüber der derzeitigen Rechtslage (die durch den »Vertrag von Nizza« bestimmt wird), sind:
- Die Europäische Union wird nach innen und außen durch drei Personen vertreten, die mehr Kompetenzen erhalten: den Präsidenten der Europäischen Kommission (der vom Europäischen Parlament gewählt wird), dem EU-Außenminister (der die neu geschaffene Doppelrolle eines Vizepräsidenten der Kommission und des außenpolitischen Beauftragten des Rates wahrnimmt) und dem Präsidenten des Europäischen Rates (der nicht mehr turnusmäßig alle sechs Monate wechselt, sondern auf die Dauer von zweieinhalb Jahren gewählt wird).
- Die Zuständigkeiten werden klarer zwischen der EU und den Mitgliedstaaten aufgeteilt. Die Union hat die ausschließliche Kompetenz für die Zollunion, für das Funktionieren des Binnenmarktes erforderliche Wettbewerbsregeln, die Währungspolitik in der Euro-Zone, die Erhaltung der natürlichen Ressourcen der Meere, die gemeinsame Handelspolitik und den Abschluss internationaler Abkommen. Die Mehrzahl der Politiken fällt in den Bereich der gemischten Kompetenz. Lediglich unterstützende Maßnahmen kann die Union in den Bereichen Gesundheit, Industrie, Kultur, Fremdenverkehr,

I Einführung

Erziehung, Jugend, Sport, berufliche Bildung, Zivilschutz und Verwaltungszusammenarbeit treffen.
- Bei der Gesetzgebung der Union wird unterschieden zwischen Rahmengesetzen (den bisherigen Richtlinien) und einfachen Gesetzen (den bisherigen Verordnungen), die normalerweise von Parlament und Rat gemeinsam, ausnahmsweise aber auch von Parlament oder Rat allein beschlossen werden. Daneben gibt es Verordnungen, Beschlüsse und Entscheidungen des Europäischen Rates, des Rates, der Kommission oder der Europäischen Zentralbank. Ein Rahmengesetz kann die Kommission ermächtigen, Durchführungsbestimmungen zu erlassen.
- Die Rolle des Europäischen Parlaments wird weiter gestärkt. Die Zahl der Rechtsbereiche, in denen Gesetze von Parlament und Rat im Wege der Mitentscheidung gemeinsam beschlossen werden, wird verdoppelt. Außerdem wählt das Parlament in Zukunft den Kommissionspräsidenten.
- Für Entscheidungen im Rat, die mit qualifizierter Mehrheit getroffen werden können (was die Regel ist), gilt das Prinzip der doppelten »Mehrheit«: diese Mehrheit ist erreicht, wenn mindestens 55% der Mitgliedstaaten (oder mindestens 15) zustimmen, die mindestens 65% der EU-Bevölkerung repräsentieren.
- Die nationalen Parlamente erhalten eine Rolle bei der europäischen Gesetzgebung, mit der sie die Einhaltung des Subsidiaritätsprinzips überwachen können.
- Die Grundrechte der Bürger werden gestärkt. Die im Dezember 2000 in Nizza proklamierte »Charta der Grundrechte« erhält Verfassungsrang. Außerdem werden die demokratischen Rechte der Bürger gestärkt: auf Verlangen von mehr als 1 Million Bürger muss die Kommission eine Gesetzesinitiative prüfen.
- Die Möglichkeiten für eine »verstärkte Zusammenarbeit« zwischen einer Gruppe von Mitgliedstaaten, die bereit sind, schneller oder weitergehend nationale Maßnahmen zugunsten eines gemeinsamen Vorgehens aufzugeben, werden ausgeweitet, dürfen jedoch den «gemeinschaftlichen Besitzstand« (*acquis communautaire*) nicht in Frage stellen. Diese verstärkte Zusammenarbeit betrifft vor allem den Bereich der gemeinsamen Außen- und Sicherheitspolitik und die Verteidigungspolitik.

Der einzige Rechtsbereich, der formal außerhalb der Union verbleibt, ist die Europäische Atomgemeinschaft. Sie kann nach einem Zusatzprotokoll zwar den einheitlichen institutionellen Rahmen der Union nutzen, behält jedoch ihre eigene Rechtspersönlichkeit und ihre eigenen rechtlichen Handlungsformen.
In der öffentlichen Debatte über die Ratifizierung des Verfassungsvertrages standen und stehen allerdings nicht die – im Wesentlichen unbestrittenen – Verbesserungen (wie die Stärkung der demokratischen Legitimation der EU, die Vereinfachung der Entscheidungsverfahren und die Stärkung der Rolle der EU und ihrer Mitgliedstaaten auf der internationalen Bühne) im Vordergrund. Auch geht es nicht darum, dass ein zwischen 25 souveränen Staaten ausgehandelter Verfassungsvertrag notwendigerweise Kompromisscharakter tragen muss und die Verfassung schon allein deswegen schwer zu lesen ist, weil mangels Einigung auf eine wesentlichen Vereinfachung weite Teile des bisherigen Rechtsrahmens ohne jede inhaltliche Änderung übernommen wurden. Vielmehr äußert sich in der öffentlichen Diskussion das auch bisher schon latent vorhandene Unbehagen darüber, dass auf der Ebene der EU die grundlegenden Entscheidungen von Politikern nach Spielregeln und in Verfahren getroffen werden, die den Bürgern in den Mitgliedstaaten (noch) nicht vertraut sind. Auch nach 50 Jahren europäischer Einigung ist die Europäische Union nach wie vor ein weit gehend unbekanntes Wesen.

3 Währungsunion

Schon die Staats- und Regierungschefs der damaligen sechs Mitgliedstaaten sahen auf ihrem Gipfeltreffen in Den Haag im Dezember 1969 die Errichtung einer europäischen Wirtschafts- und Währungsunion als eine der Etappen auf dem Weg zu einer »Europäischen Union« an. Ohne eine zwischen den Mitgliedstaaten koordinierte Wirtschafts- und Währungspolitik erschienen weitere Fortschritte auf dem Weg der europäischen Integration nicht möglich. Dennoch sollte es bis 1999 dauern, bis eine Währungsunion verwirklicht war, und dies auch nur zwischen 11 (inzwischen 12) der nunmehr 25 Mitgliedstaaten der Europäischen Union.

Ein erster Anlauf auf der Grundlage des so genannten »Werner-Berichts«, der die schrittweise Vereinheitlichung der Wirtschaftspolitiken der Mitgliedstaaten bei gleichzeitiger Einführung einer gemeinsamen Währungsordnung vorsah, scheiterte 1971 an dem Zusammenbruch des internationalen Währungssystems von Bretton Woods und den folgenden Währungsturbulenzen. Als Minimallösung verständigten sich im April 1972 die damaligen sechs Mitgliedstaaten, die Wechselkurse ihrer Währungen in einer »*Währungsschlange*« nur noch um maximal 2,25 % voneinander abweichen zu lassen.

Der nächste Schritt war die Einführung eines *Europäischen Währungssystems* (EWS) durch den Europäischen Rat von Paris im März 1979. Das EWS führte eine European Currency Unit (ECU) ein, die sich aus einem »Korb« mit festgelegten Anteilen der Währungen der Mitgliedstaaten zusammensetze; außerdem wurden Wechselkurs-, Interventions-, Kredit- und Transfermechanismen zur Stabilisierung der ECU eingeführt.

Der Europäische Rat von Hannover bekräftigte im Juni 1988 das Ziel, stufenweise die Wirtschafts- und Währungsunion zu verwirklichen und beauftragte ein Gremium aus den Notenbankpräsidenten und unabhängigen Sachverständigen unter Vorsitz von Kommissionspräsident Delors damit, die konkreten Etappen zur Verwirklichung dieser Union zu prüfen und vorzuschlagen. Der sogenannte »*Delors-Ausschuss*« legte im April 1989 seinen Bericht vor.

Diesem Bericht folgend beschloss der Europäische Rat von Straßburg im Dezember 1989, dass die erste Stufe am 1. Juli 1990 beginnen sollte, während die weiteren Stufen eine Vertragsänderung voraussetzten und damit eine Regierungskonferenz nötig machten, die im Dezember 1990 einberufen wurde. Das Ergebnis dieser Beratungen wurde zusammen mit dem Ergebnis der Regierungskonferenz über die Politische Union in dem »*Vertrag über die Europäische Union*« zusammengefasst, der am 7. 2. 1992 in *Maastricht* unterzeichnet wurde (s. oben unter 1).

Die zweite Stufe der Wirtschafts- und Währungsunion begann am 1. 1. 1994. In dieser Stufe wurde die Wirtschafts-, Währungs- und Finanzpolitik der Mitgliedstaaten stärker aufeinander abgestimmt, um die Konvergenz zwischen den Mitgliedstaaten zu erhöhen. Während der zweiten Stufe blieben die Mitgliedstaaten für die Geld- und Währungspolitik zuständig.

Die dritte Stufe der Währungsunion begann am 1. 1. 1999 mit (zunächst) 11 und inzwischen 12 Teilnehmerstaaten. Es sind dies die Mitgliedstaaten der EU mit Ausnahme Dänemarks, Schwedens und des Vereinigten Königreichs. Die Teilnehmerstaaten hatten sich nach übereinstimmender Feststellung der Europäischen Kommission, des Europäischen Parlaments, des Europäischen Währungsinstituts (dem Vorläufer der Europäischen Zentralbank) und des Rats (in der Zusammensetzung der Staats- und Regierungschefs) durch Erreichen der so genannten »Konvergenzkriterien« für die dritte Stufe der Währungsunion qualifiziert. Diese Konvergenzkriterien beziehen sich auf die Preisstabilität, das Haushaltsdefizit, die Staatsverschuldung, die Entwicklung der Wechselkurse sowie das langfristige Zinsniveau. Dänemark und das Vereinigte Königreich hätten sich an sich ebenfalls qualifiziert, hatten sich jedoch in einem Zusatzprotokoll zum »Vertrag von Maastricht« die Entscheidung über eine Teilnahme zu einem späteren Zeitpunkt offen gehalten.

Mit der dritten Stufe ging die Zuständigkeit für die Festlegung und Ausführung der *Geldpolitik*, die Verwaltung der Währungsreserven und das Recht zur Ausgabe von Banknoten auf die Gemeinschaft über. Dazu wurde ein

Europäisches Zentralbanksystem (EZBS) geschaffen, das aus der *Europäischen Zentralbank (EZB)* und den nationalen Zentralbanken besteht. Zentrales Entscheidungsorgan ist der Rat der EZB, dem neben den Präsidenten der nationalen Zentralbanken die Mitglieder des EZB-Direktoriums angehören. Das vorrangige Ziel der Geldpolitik der EZB ist die *Preisstabilität*. Die EZB ist von Weisungen der Politiker und politischer Institutionen unabhängig.

Mit dem Eintritt in die dritte Stufe der Währungsunion wurden die nationalen Währungen der Teilnehmerstaaten durch eine gemeinsame Währung, den »Euro« abgelöst. Während einer Übergangszeit bis zum 31. 12. 2001 galten die nationalen Währungseinheiten als Untereinheiten des Euro; seit dem 1. 1. 2002 gilt ausschließlich der Euro, der in 100 Cents unterteilt ist.

Um die Konvergenz zwischen den Teilnehmerstaaten an der Währungsunion auch langfristig zu sichern, wurden in einem »Stabilitätspakt« die Regeln zur Vermeidung eines übermäßigen Defizits auch für die Dauer der Währungsunion festgeschrieben. Die Kommission überprüft fortlaufend die öffentlichen Haushalte der Mitgliedstaaten. Wir ein übermäßiges Defizit (mehr als 3 % des BIP) festgestellt, richtet der Rat Empfehlungen an den betroffenen Mitgliedstaat. Kommt der Mitgliedstaat den Empfehlungen nicht nach, können abgestufte Sanktionen bis hin zu Geldbussen verhängt werden. Außerdem vereinbaren die Teilnehmerstaaten, ihre Wirtschafts- und Finanzpolitik in einem »Euro-12-Rat« aufeinander abzustimmen; dieser Rat hat nur beratende Funktion und kann keine formellen Entscheidungen treffen.
Seit dem 1. 1. 1995 hat der Euro auch die ECU als gemeinsame Rechnungseinheit der EU abgelöst.

4 Grundrechtsschutz in der EU

In Artikel 6 der konsolidierten Fassung des »Vertrags über die Europäische Union« ist ausdrücklich festgehalten, dass die EU auf den allen Mitgliedstaaten gemeinsamen »Grundsätzen der Freiheit, der Demokratie, der Achtung der Menschenrechte und Grundfreiheiten sowie der Rechtsstaatlichkeit« beruht. Außerdem verpflichtet sich die EU, die Europäische Konvention zum Schutz der Menschenrechte und Grundfreiheiten vom 4. 11. 1950 einzuhalten. Um die Mitgliedstaaten auf Linie zu halten, wurde mit dem »Vertrag von Nizza« ein Frühwarnsystem eingeführt, nach dem der Rat mit Vierfünftel-Mehrheit und nach Zustimmung des EP feststellen kann, dass die eindeutige Gefahr einer schwerwiegenden Verletzung der in Artikel 6 genannten Grundsätze durch einen Mitgliedstaat besteht, und an diesen Mitgliedstaat geeignete Empfehlungen richten. Als Sanktion können bestimmte Rechte des Mitgliedstaats, einschließlich seiner Stimmrechte im Rat, ausgesetzt werden.

Ein detaillierter Grundrechtskatalog wurde schrittweise durch die Rechtsprechung des Europäischen Gerichtshofs (EuGH) entwickelt. Dieser Grundrechtskatalog beruht auf den in den Verfassungen der Mitgliedstaaten verbürgten Grundrechten, die zur gemeinsamen europäischen Rechtradition gehören. Allerdings gelten diese Grundrechte nur im persönlichen und sachlichen Anwendungsbereich der Gründungsverträge der drei Europäischen Gemeinschaften.

Im Dezember 2000 wurde von Rat, Parlament und Kommission feierlich die »Charta der Grundrechte« proklamiert. Diese Charta wurde von einem Gremium unter Vorsitz des früheren deutschen Bundespräsidenten Roman Herzog ausgearbeitet. Sie stützt sich im wesentlichen auf die Freiheits-, Gleichheits- und Verfahrensgrundrechte, die sich aus der Europäischen Menschenrechtskonvention und den gemeinsamen Verfassungsüberlieferungen der Mitgliedstaaten ergeben und berücksichtigt außerdem wirtschaftliche und soziale Rechte, wie sie in der Europäischen Sozialcharta und in der Gemeinschaftscharta der sozialen Grundrechte der Arbeitnehmer enthalten sind.

Die Grundrechtscharta ist zunächst nicht rechtsverbindlich, sondern rein deklaratorisch. Mit der europäischen Verfassung wird sie jedoch künftig allgemein verbindlich (s. oben unter 2).

5 Erweiterung der EU

Die EU hat sich seit den 50-er Jahren geographisch erheblich erweitert und wird sich auch in Zukunft weiter in Richtung auf eine paneuropäische Union erweitern. Die drei Europäischen Gemeinschaften, die Grundlage der EU waren, wurden ursprünglich von 6 Staaten gegründet (Belgien, Deutschland, Frankreich, Italien Luxemburg, Niederlande). Zum 1. 1. 1973 traten Dänemark, Irland und das Vereinigte Königreich den Europäischen Gemeinschaften bei; der Beitritt Norwegens scheiterte an einer Volksabstimmung. Obwohl die drei Gründungsverträge der Europäischen Gemeinschaften einen Austritt nicht vorsehen, kamen die dänische Regierung und die EU im Februar 1984 überein, Grönland (das zu Dänemark gehört und sich im Februar 1982 in einer Volksabstimmung gegen einen weiteren Verbleib in der EU ausgesprochen hatte) ab dem 1. 2. 1985 aus der EU zu entlassen. Seit diesem Zeitpunkt hat Grönland den Status eines mit der EU assoziierten überseeischen Gebiets.
Zum 1. 1. 1981 trat Griechenland als zehnter Mitgliedstaat bei. Portugal und Spanien traten zum 1. 1. 1986 den Gemeinschaften bei. Die Gründungsverträge der drei Europäischen Gemeinschaften waren bis dahin unverändert geblieben.
Zum 1. 1. 1995 sind der EU als weitere Mitglieder Finnland, Österreich und Schweden beigetreten. Die Beitrittsverträge waren am 24. 6. 1994 unterzeichnet worden. Der gleichzeitige Beitritt Norwegens scheiterte erneut am negativen Ergebnis der im November 1994 durchgeführten Volksabstimmung.
Zum 1. 5. 2004 sind der EU mit Estland, Lettland, Litauen, Malta, Polen, Tschechien, der Slowakei, Slowenien, Ungarn und Zypern 10 weitere Staaten beigetreten. Da eine Volksabstimmung in den beiden Teilen Zyperns nur in dem türkisch-sprachigen Teil eine entsprechende Mehrheit ergeben hatte, beschränkt sich der Beitritt Zyperns bisher allerdings auf den griechisch-sprachigen Süden der Mittelmeerinsel.
Der Beitritt Bulgariens und Rumäniens ist für 2007 ins Auge gefasst, könnte sich jedoch auch in Folge des negativen Ausgangs der Referenden über den europäischen Verfassungsvertrag in Frankreich und den Niederlanden (siehe dazu oben unter 2) um ein Jahr verzögern, zumal die EU von diesen Staaten noch erhebliche Anstrengungen bei der Durchführung von Reformen fordert. Die Beitrittsverhandlungen mit Kroatien haben im März 2005 begonnen. Ob die Beitrittsverhandlungen mit der Türkei – die allerdings längere Jahre dauern dürften – wie geplant im Oktober 2005 beginnen werden, ist noch offen. Neben der Diskussion über die Außengrenzen der EU spielt hier auch der Zypern-Konflikt eine Rolle, da sich die Türkei nach wie vor weigert, die (griechischsprachige) Republik Zypern anzuerkennen.
Nach der vom Europäischen Rat in Nizza bestätigten »Beitrittsstrategie« ist für jeden der Beitritts-Kandidaten individuell zu prüfen, ab welchem Zeitpunkt er in der Lage sein wird, alle rechtlichen, wirtschaftlichen und politischen Pflichten einer Mitgliedschaft auf sich zu nehmen. Die bei den Beitrittsverhandlungen erzielten Fortschritte werden periodisch vom Europäischen Rat überprüft. Zur Vorbereitung der Bewerberländer auf einen Beitritt hat die EU eine so genannte »Heranführungsstrategie« beschlossen, deren wichtigster Bestandteil die »Beitrittspartnerschaft« ist. Sie gibt für jedes Land die kurz- und mittelfristigen Prioritäten für die Erfüllung der Beitrittskriterien vor und stellt eine Finanzhilfe bereit, die an bestimmte Auflagen gebunden ist.

6 Formen des Handelns der EU

Die EU ist eine *supranationale Einrichtung* und kein Staat. Die Mitgliedstaaten haben dieser Einrichtung Kompetenzen nur punktuell und in abgestufter Form übertragen, so-

I Einführung

weit dies jeweils zur Erreichung der verfolgten Ziele erforderlich erschien.

Am weitesten reicht die Übertragung von Kompetenzen im Bereich der »Gemeinschaftspolitiken«, der so genannten »ersten Säule«. Dieser Bereich ist durch die Verträge zur Gründung der drei Europäischen Gemeinschaften (s. dazu oben unter 1) definiert. In diesem Bereich ist die EU voll handlungsfähig und setzt Recht, das den Vorrang vor dem nationalen Recht beansprucht. Die »Vergemeinschaftung« dieser Politikbereiche kommt auch darin zum Ausdruck, dass die drei Akteure Kommission, Rat und Parlament im Wesentlichen gleichberechtigt zusammenspielen.

Gemeinschaftspolitiken fallen entweder in den Bereich der ausschließlichen Zuständigkeit der EU (z. B. die Agrarpolitik) oder in den Bereich der konkurrierenden Zuständigkeit (z. B. die Umwelt- und Sozialpolitik). Im Bereich der konkurrierenden Zuständigkeit ist das Handeln der EU durch das Subsidiaritätsprinzip begrenzt.

Dagegen lässt sich für den Bereich der »zwischenstaatlichen Zusammenarbeit« nicht wirklich von einer Übertragung von Kompetenzen sprechen, da die Mitgliedstaaten weiterhin als souveräne Staaten, wenngleich gemeinsam handeln. Diese Form des gemeinsamen Handelns der Mitgliedstaaten unter dem Dach der EU wurde mit dem Vertrag von Maastricht eingeführt. Sie gilt für die »Gemeinsame Außen- und Sicherheitspolitik« (GASP oder »zweite Säule«) sowie für die Innen- und Rechtspolitik (»dritte Säule«). Auf diesen Gebieten bedienen sich die Mitgliedstaaten der Organe der EU, doch kommt dem Rat als dem Gremium, in dem die Mitgliedstaaten selbst direkt vertreten sind, die wichtigste Rolle zu; außerdem haben auf diesen Gebieten die Mitgliedstaaten selbst das Initiativrecht. Die Kommission ist an den Arbeiten beteiligt und das Parlament wird unterrichtet. Der Rat entscheidet vielfach einstimmig, wenngleich der Vertrag von Nizza weitere Bereiche der Mehrheitsentscheidung unterworfen hat.

Eine Zwitterrolle nimmt die »verstärkte Zusammenarbeit« zwischen einem Teil der Mitgliedstaaten ein. Diese Form der schnelleren Integration wurde mit dem Vertrag von Amsterdam eingeführt und mit dem Vertrag von Nizza weiter präzisiert. Sie soll es den besonders integrationswilligen Mitgliedstaaten ermöglichen, über den gemeinsamen Besitzstand hinaus sich auf gemeinsame Regeln und Standards zu verständigen, die nur für die teilnehmenden Mitgliedstaaten verbindlich sind, nicht aber für die anderen Mitgliedstaaten. Damit soll dem Spannungsverhältnis zwischen Erweiterung und Vertiefung sowie der Existenz von »Sperrminoritäten« Rechnung getragen werden.

Mit der Europäischen Verfassung (s. oben unter 2) werden die Handlungsformen der EU in den wesentlichen Politikbereichen angeglichen. Insbesondere wird die Unterscheidung zwischen den »drei Säulen« zu Gunsten einer klareren Aufgabenteilung zwischen der Union und den Mitgliedstaaten aufgegeben.

7 Gemeinschaftspolitiken

Die Tätigkeit der EU erstreckt sich im wesentlichen auf folgende Bereiche:
- Agrarpolitik
- Allgemeine und berufliche Bildung und Jugend
- Audiovisuelle Medien
- Auswärtige Beziehungen
- Beschäftigung und Sozialpolitik
- Binnenmarkt
- Chancengleichheit von Frauen und Männern
- Energie
- Entwicklungspolitik
- Erweiterung der EU
- Fischereipolitik
- Forschungs- und Technologiepolitik
- Gemeinsame Handelspolitik
- Gesundheit
- Humanitäre Hilfe
- Industriepolitik
- Informationsgesellschaft, Telekommunikation
- Justiz und Inneres

- Kultur
- Transeuropäische Netze
- Umwelt
- Unternehmenspolitik
- Verkehrspolitik
- Verbraucherpolitik und Gesundheitsschutz
- Wettbewerb
- Wirtschaftlicher und Sozialer Zusammenhalt
- Wirtschafts- und Währungspolitik
- Zusammenarbeit im Zollwesen

Für diese Bereiche gilt jeweils der *Grundsatz der begrenzten Einzelermächtigung*. Dieser Grundsatz ist allerdings durch die Einfügung von Generalklauseln eingeschränkt, die den zuständigen Institutionen der EU alle Befugnisse einräumen, die für ein Tätigwerden der Gemeinschaft zur Verwirklichung eines ihrer Ziele im Rahmen der Europäischen Gemeinschaft oder der Atomgemeinschaft erforderlich sind (Artikel 308 EG-Vertrag, Artikel 203 EAG-Vertrag).

Soweit der EU keine ausschließliche Kompetenz übertragen ist (wie etwa in den Bereichen Landwirtschafts- und Handelspolitik), wird ihr Handeln durch das *Subsidiaritätsprinzip* begrenzt. Das Subsidiaritätsprinzip wurde mit dem »Vertrag über die Europäische Union« ausdrücklich in den EG-Vertrag aufgenommen (Artikel 5). Zur Anwendung dieses Prinzips im Gesetzgebungsverfahren hat der Europäische Rat von Edinburgh im Dezember 1992 Leitlinien aufgestellt. Mit dem »Vertrag von Amsterdam« werden diese Leitlinien in der Form eines (rechtlichverbindlichen) Protokolls dem EG-Vertrag angefügt.

Globale Ziele zur Umsetzung der Gemeinschaftspolitiken werden vom Europäischen Rat vorgegeben. So hat vor dem Hintergrund der zunehmenden Globalisierung der Weltwirtschaft der Europäische Rat von Lissabon im März 2000 eine globale Strategie mit dem Ziel beschlossen, die Union bis 2010 zum »wettbewerbsfähigsten und dynamischsten wissensbasierten Wirtschaftsraum der Welt« zu machen (so genannte »Strategie von Lissabon«). Dieses Ziel soll allerdings weniger durch gesetzgeberische Maßnahmen der EU erreicht werden, als vielmehr durch eine verstärkte Koordinierung der Anstrengungen auf regionaler, nationaler und Gemeinschaftsebene (Verfahren der »offenen Koordinierung«). Die Schwerpunkte der Umsetzung dieser Strategie sollen auf folgenden Gebieten liegen:
- Förderung der Informationsgesellschaft und des Zugangs zum Internet
- Schaffung eines europäischen Raumes der Forschung und Innovation
- Förderung innovativer Unternehmen, insbesondere des Mittelstandes
- Vollendung des Binnenmarkts
- Schaffung effizienter und integrierter Finanzmärkte
- Konsolidierung der öffentlichen Haushalte
- Anpassung der Bildungs- und Ausbildungssysteme der Mitgliedstaaten
- Entwicklung einer aktiven Beschäftigungspolitik
- Modernisierung des sozialen Schutzes und Förderung der sozialen Integration.

Mit dem Vertrag von Nizza wurden allerdings die Möglichkeiten einer verstärkten Zusammenarbeit zwischen einer relativen Mehrheit von Mitgliedstaaten zur Durchführung einer gemeinsamen Aktion oder zur Umsetzung eines gemeinsamen Standpunkts erweitert. Der Bereich der Innen- und Rechtspolitik umfasst die Zusammenarbeit zwischen den Zoll-, Polizei- und Justizbehörden der Mitgliedstaaten. Die wesentliche Handlungsform ist die »Koordinierung«, nicht die Schaffung eines einheitlichen Rechtsrahmens. Dennoch stellt dieser Bereich eine Nahtstelle zur »ersten Säule« dar, was insbesondere bei Entscheidungen zur Visa-, Asyl- und Einwanderungspolitik zum Ausdruck kommt, da diese Entscheidungen im Zusammenhang mit der Freizügigkeit innerhalb der EU stehen. Der Vertrag von Nizza hat die Zusammenarbeit zwischen Strafverfolgungsbehörden durch die ausdrückliche Erwähnung von Eurojust (einem Netzwerk von Verbindungsbeamten) gestärkt und die Möglichkeiten für eine verstärkte Zusammenarbeit zwischen einer relativen Mehrheit der Mitgliedstaaten erweitert.

I Einführung

Mit dem europäischen Verfassungsvertrag (s. oben unter 2) wird eine klarere Unterscheidung zwischen den Kompetenzen der Europäischen Union und den Kompetenzen der einzelnen Mitgliedstaaten eingeführt. So sollen in die ausschließliche Kompetenz der EU folgende Bereiche fallen, die im Wesentlichen bereits vom EuGH so definiert worden waren:
- Zollunion
- Wettbewerbsregeln im Binnenmarkt
- Währungspolitik in der Euro-Zone
- Erhaltung der biologischen Meeresressourcen im Rahmen der gemeinsamen Fischereipolitik
- gemeinsame Handelspolitik
- Abschluss internationaler Abkommen in den im Einzelnen festgelegten Fällen.

Die Mehrzahl der Politikbereiche fällt in die gemischte Kompetenz, wobei der Vorrang des Gemeinschaftsrechts vor nationalem Recht zu berücksichtigen ist. Bis auf die Bereiche Forschung und Entwicklung, Luft- und Raumfahrt sowie Entwicklungshilfe und humanitäre Hilfe besteht eine Vermutung für die primäre Zuständigkeit der EU.

Dagegen ist das Handeln der EU in einer Reihe von Bereichen beschränkt auf die Unterstützung des prioritären Handelns der Mitgliedstaaten; die als abschließend anzusehende Liste umfasst die Bereiche
- Gesundheit
- Industrie
- Kultur
- Fremdenverkehr
- Erziehung, Jugend, Sport und berufliche Bildung
- Zivilschutz
- Verwaltungszusammenarbeit.

8 Zwischenstaatliche Zusammenarbeit

Die »zwischenstaatliche Zusammenarbeit« umfasst die Bereiche der Gemeinsamen Außen- und Sicherheitspolitik sowie weite Bereiche der Innen- und Justizpolitik.

Die Gemeinsame Außen- und Sicherheitspolitik (GASP) wurde mit dem am 1. 11. 1993 in Kraft getretenen Vertrag von Maastricht eingeführt. Der Vertrag von Amsterdam sowie der Vertrag von Nizza haben den rechtlichen Rahmen schrittweise angepasst, um diese Politik effizienter zu gestalten und ihr ein stärkeres (europäisches) Profil zu verleihen. Insbesondere wurde mit dem Vertrag von Amsterdam die Funktion eines »Hohen Vertreters für die Gemeinsame Außen- und Sicherheitspolitik« geschaffen, die in Personalunion vom Generalsekretär des Rates wahrgenommen wird. Der Hohe Vertreter soll der Außenpolitik der EU ein Gesicht verleihen (er wird deshalb auch »Mister Europa« genannt). Er trägt zur Formulierung, Vorbereitung und Durchführung politischer Entscheidungen (die allerdings vom Rat beschlossen werden müssen) bei und führt gegebenenfalls auf Ersuchen des Vorsitzes im Namen des Rates den politischen Dialog mit Drittstaaten und internationalen Organisationen.

Die gemeinsame Sicherheitspolitik umfasst alle Fragen, die die Sicherheit der EU berühren, einschließlich der schrittweisen Festlegung einer gemeinsamen Verteidigungspolitik. Der praktische Handlungsarm der EU in Fragen der Verteidigungspolitik ist die Westeuropäische Union (WEU), die längerfristig in die EU integriert werden könnte. Der Europäische Rat von Nizza im Dezember 2000 hat das Ziel bekräftigt, dass die EU auf dem Gebiet der Sicherheits- und Verteidigungspolitik möglichst bald operationelle Handlungsfähigkeit erlangen sollte.

Die gemeinsame Sicherheits- und Verteidigungspolitik wird weitgehend von der besonderen Sensibilität der Mitgliedstaaten geprägt, die unterschiedliche internationale Verpflichtungen eingegangen sind. Wie insgesamt im Bereich der GASP gelten deshalb nicht die selben Entscheidungsstrukturen wie bei der Umsetzung der Gemeinschaftspolitiken, sondern die wesentliche Rolle ist dem Europäischen Rat und dem Rat als den Gremien vorbehalten, in denen die Mitgliedstaaten unmittelbar mitwirken.

Der Bereich der Innen- und Rechtspolitik umfasst die Zusammenarbeit zwischen den Zoll-, Polizei- und Justizbehörden der Mitgliedstaaten. Die wesentliche Handlungsform ist die

»Koordinierung«, nicht die Schaffung eines einheitlichen Rechtsrahmens. Dennoch stellt dieser Bereich eine Nahtstelle zur »ersten Säule« dar, was insbesondere bei Entscheidungen zur Visa-, Asyl- und Einwanderungspolitik zum Ausdruck kommt, da diese Entscheidungen im Zusammenhang mit der Freizügigkeit innerhalb der EU stehen.
Der Vertrag von Nizza hat die Zusammenarbeit zwischen Strafverfolgungsbehörden durch die ausdrückliche Erwähnung von Eurojust (einem Netzwerk von Verbindungsbeamten) gestärkt und die Möglichkeiten für eine verstärkte Zusammenarbeit zwischen einer relativen Mehrheit der Mitgliedstaaten erweitert.

9 Rechtsakte der EU

Die EU ist eine Rechtsgemeinschaft mit einer eigenen Rechtsordnung. Zu dieser Rechtsordnung zählen die *Gründungsverträge* mit allen Anhängen, Anlagen, Protokollen, Änderungen und Ergänzungen (so genanntes »primäres Gemeinschaftsrecht«) und das von den Gemeinschaftsorganen auf der Grundlage der Gründungsverträge *gesetzte Recht* (so genanntes »sekundäres oder abgeleitetes Gemeinschaftsrecht«). Da auch das sekundäre Gemeinschaftsrecht am Vorrang des Gemeinschaftsrechts vor dem nationalen Recht teilhat, sind die Organe der Gemeinschaft zum Erlass verbindlichen Gemeinschaftsrechts nur befugt, soweit die Gründungsverträge dies ausdrücklich bestimmen (Prinzip der begrenzten Einzelermächtigung).
Rechtsakte mit bindender Wirkung können ergehen in der Form von
– *Richtlinien*; diese sind an die Mitgliedstaaten gerichtet und sind bezüglich des zu erreichenden Zieles verbindlich, lassen den Adressaten jedoch weitgehende Freiheit bei der Entscheidung über den dazu einzuschlagenden Weg. Richtlinien sind das bevorzugte Instrument der Rahmengesetzgebung und der Rechtsangleichung.
– *Verordnungen*; diese sind an einen unbestimmten Adressatenkreis gerichtet, in allen Teilen verbindlich und haben unmittelbare Geltung in den Mitgliedstaaten.
– *Entscheidungen*; diese sind an individuell bestimmbare Adressaten (Mitgliedstaaten, Unternehmen oder Einzelpersonen) gerichtet, in allen Teilen verbindlich und unmittelbar anwendbar.
(Im Geltungsbereich der EGKS wurden die Rechtsakte in vergleichbaren Rechtsformen, allerdings mit einer abweichenden Bezeichnung erlassen. Richtlinien wurden dort »Empfehlungen« genannt und konnten auch an Unternehmen gerichtet werden, Verordnungen hießen dort »Allgemeine Entscheidungen«.)
Unverbindliche Rechtsakte können weiter ergehen in der Form von
– *Empfehlungen*; diese sind für die Adressaten (in der Regel die Mitgliedstaaten, die anderen Gemeinschaftsorgane, in Einzelfällen auch Unternehmen oder Einzelpersonen) nicht verbindlich, sondern legen ihnen nur ein bestimmtes Verhalten nahe.
– *Stellungnahmen*; auch diese sind für die Adressaten (in der Regel die Mitgliedstaaten oder die anderen Gemeinschaftsorgane, in Einzelfällen auch Unternehmen oder Einzelpersonen) nicht verbindlich und beinhalten eine allgemeine Beurteilung bestimmter Vorgänge oder dienen der Vorbereitung späterer Prozesshandlungen.
In den Gemeinschaftsverträgen nicht vorgesehen sind folgende weitere Formen von Rechtsakten ohne Außenwirkung, die in der Praxis Bedeutung erlangt haben:
– *Beschlüsse* des Rates (auch Entscheidungen sui generis genannt); diese binden das erlassene Organ und damit die Mitgliedstaaten politisch, haben jedoch keine Rechtswirkung nach außen. (Beschlüsse der im Rat vereinigten Vertreter der Mitgliedstaaten sind keine Akte des Gemeinschaftsrechts, sondern völkerrechtliche Abkommen zwischen den beteiligten Regierungen auf einem Gebiet, das nicht in den Geltungsbereich der drei Gründungsverträge fällt).
– *Entschließungen* des Rates und des Parlaments; sie bringen die Meinung des Rates

bzw. des Parlaments zu einer bestimmten Frage zum Ausdruck und sollen die Mitgliedstaaten bzw. die anderen Organe zu einem bestimmten Handeln anregen.
Im Bereich der Gemeinsamen Außen- und Sicherheitspolitik (GASP) bzw. der Zusammenarbeit auf den Gebieten Inneres und Justiz sind als weitere Formen des Handelns der Union vorgesehen:
- *Festlegung gemeinsamer Strategien*; die vom Europäischen Rat beschlossenen gemeinsamen Strategien setzen den Rahmen für Beschlüsse, gemeinsame Aktionen oder gemeinsame Standpunkte, die vom Rat mit qualifizierter Mehrheit beschlossen werden.
- *Festlegung eines gemeinsamen Standpunkts*; der vom Rat festgelegte gemeinsame Standpunkt bildet eine Richtschnur für das Verhalten der Mitgliedstaaten auf internationaler Ebene. Im Bereich der GASP sind die Mitgliedstaaten verpflichtet, dafür Sorge zu tragen, dass ihre einzelstaatliche Politik mit dem gemeinsamen Standpunkt in Einklang steht.
- *Gemeinsame Aktionen*; mit der Gemeinsamen Aktion tritt die Union bzw. der Rat an die Stelle der individuell auftretenden Mitgliedstaaten. Die Gemeinsame Aktion ist das zentrale Instrument zur Durchsetzung der Kohärenz zwischen dem Auftreten der Union einerseits und der Mitgliedstaaten andererseits. Die gemeinsamen Aktionen sind für die Mitgliedstaaten bei ihren Stellungnahmen und ihrem Vorgehen bindend.
- Abschluss von *Übereinkommen*; es handelt sich um völkerrechtliche Verträge, die von den Mitgliedstaaten nach nationalem Verfassungsrecht ratifiziert werden müssen. In einem begleitenden Rechtsakt des Rates werden die Mitgliedstaaten daher aufgefordert, das entsprechende Übereinkommen zu ratifizieren.
- *Konkrete Maßnahmen zur Durchführung derartiger Übereinkommen*.

Mit der europäischen Verfassung (s. oben unter 2) wird die Terminologie der Rechtsakte grundlegend verändert. Nach ihr wird unterschieden zwischen *Gesetzgebungsakten* und *Rechtsakten ohne Gesetzescharakter*. Gesetzgebungsakte sind
- das *Rahmengesetz* (das an die Stelle der bisherigen Richtlinien tritt) sowie
- das *Europäische Gesetz* (im Wesentlichen die bisherige Verordnung).

Diese Gesetzgebungsakte werden in der Regel im so genannten »ordentlichen Gesetzgebungsverfahren« auf Vorschlag der Kommission gemeinsam von Parlament und Rat erlassen.

Rechtsakte ohne Gesetzescharakter sind
- die *Europäische Verordnung* und
- der *Europäische Beschluss*.

Diese Rechtsakte können nur in dem von den Europäischen Gesetzen oder Rahmengesetzen festgelegten Grenzen erlassen werden. Außerdem kann die Kommission ermächtigt werden, bestimmte Durchführungsvorschriften zu erlassen.

Rechtsakte der EU sind – vorbehaltlich der Überprüfung durch den EuGH und das Gericht der ersten Instanz (s. unten unter III. 6 und 7) – in allen Mitgliedstaaten in gleicher Weise verbindlich und haben Vorrang vor dem nationalen Recht. Dies bedeutet, dass sich Bürger und Unternehmen unmittelbar auf diese Rechtsakte berufen können, soweit ihre Rechtsposition durch diese Rechtsakte berührt wird. Da Richtlinien in nationales Recht umgesetzt werden müssen, ist insoweit in der Regel zunächst der entsprechende Umsetzungsakt des nationalen Gesetzgebers abzuwarten. Versäumt es ein Mitgliedstaat, eine Richtlinie fristgerecht und inhaltlich richtig in nationales Recht umzusetzen, können sich nach der Rechtsprechung des EuGH die durch die Richtlinie begünstigten Bürger und Unternehmen ausnahmsweise unmittelbar auf die Richtlinie berufen, falls sie inhaltlich hinreichend bestimmte Vorgaben enthält.

Da das *Gemeinschaftsrecht den Vorrang vor dem nationalen Recht beansprucht*, muss es von den nationalen Behörden und Gerichten bei der Anwendung des nationalen Rechts beachtet werden. Sieht sich ein Bürger oder Unternehmen bei der Anwendung des nationalen Rechts in seinen durch das Gemeinschaftsrecht verbürgten Rechten verletzt, steht ihm dagegen der normale Rechtsweg zu den nationalen Gerichten offen.

Das *Verfahren zum Erlass von Rechtsakten* weicht wesentlich von den einzelstaatlichen Verfahrensabläufen ab. Die Befugnis zum Erlass von Rechtsnormen (Richtlinien und Verordnungen) liegt je nach der Materie entweder bei Rat und Parlament, beim Rat allein oder ausnahmsweise bei der Kommission. Verwaltungsakte werden vom Rat oder der Kommission erlassen (vgl. dazu näher unten unter II).

Auf den Gebieten des EG-Vertrags und des EAG-Vertrags wird das *Gesetzgebungsverfahren* eingeleitet von der Kommission, der das alleinige Initiativrecht zusteht. Die zuständige Generaldirektion arbeitet einen Vorentwurf aus, den sie mit anderen betroffenen Dienststellen der Kommission (insbesondere dem Juristischen Dienst) abstimmt und in der Regel einem Beratenden Ausschuss vorlegt, dem Sachverständige der Mitgliedstaaten angehören. Über den so erarbeiteten Entwurf entscheidet die Kommission als Kollegialorgan mit einfacher Mehrheit (Art. 219 EG-V).

Das »*Mitentscheidungsverfahren*« ist seit dem Vertrag von Amsterdam das Regelverfahren. Es hat sich aus dem »*Verfahren der Zusammenarbeit*« entwickelt und räumt Parlament und Rat eine gleich starke Stellung ein. Die Entscheidung ergeht – auf Vorschlag der Kommission – in jeweils zwei Lesungen im Parlament und im Rat. Zunächst nimmt das Parlament in erster Lesung Stellung zum Kommissionsvorschlag und verlangt gegebenenfalls mit einfacher Mehrheit Änderungen; in diesem Verfahrensstadium sind mehr als hundert Änderungsanträge keine Seltenheit. Stimmt der Rat mit dem Parlament überein, beschließt er den Rechtsakt; andernfalls legt er seine – abweichende – Meinung in Form eines »gemeinsamen Stadtpunktes« fest. Billigt das Parlament in zweiter Lesung den gemeinsamen Standpunkt des Rates innerhalb einer Frist von drei Monaten oder äußert es sich nicht dazu, wird der Rechtsakt vom Rat entsprechend seinem gemeinsamen Standpunkt endgültig verabschiedet. Lehnt das Parlament den gemeinsamen Standpunkt des Rates mit absoluter Mehrheit ab, ist das Gesetzgebungsvorhaben gescheitert. Will das Parlament Änderungen gegenüber dem gemeinsamen Standpunkt des Rates durchsetzen, muss es seine Änderungsvorschläge mit absoluter Mehrheit beschließen; da keine der Fraktionen über die Mehrheit im Parlament verfügt, ist dafür also eine breitere Koalition nötig. Allerdings hat sich das Parlament für die Einführung von Änderungsanträgen in zweiter Lesung eine Selbstbeschränkung auferlegt: zulässig sind nur Änderungsanträge, die schon in erster Lesung vorgelegt worden waren, vom Rat jedoch nicht akzeptiert wurden, oder Änderungsanträge, die sich auf neu eingeführte Gesetzesteile beziehen. Stimmt der Rat innerhalb von drei Monaten den Änderungsvorschlägen des Parlaments mit qualifizierter Mehrheit zu, ist der Rechtsakt erlassen; soweit der Rat dabei jedoch von der Position der Kommission abweichen will, muss er einstimmig entscheiden. Übernimmt der Rat nicht alle Änderungsanträge des Parlaments, beruft der Ratspräsident im Einvernehmen mit dem Parlamentspräsidenten den *Vermittlungsausschuss* ein, der aus 25 Vertretern des Rates und 25 Vertretern des Europäischen Parlaments besteht; die Kommission nimmt an den Arbeiten des Vermittlungsausschusses teil, ohne selbst Mitglied zu sein. Der Vermittlungsausschuss hat die Aufgabe, einen gemeinsamen Kompromiss auszuarbeiten. Die wesentliche Vorarbeit wird dabei von den beiden Verhandlungsdelegationen geleistet, die jeweils aus drei Mitgliedern bestehen. Einigt sich der Vermittlungsausschuss auf einen gemeinsamen Text, wird dieser innerhalb von sechs Wochen vom Parlament mit einfacher Mehrheit und vom Rat mit qualifizierter Mehrheit beschlossen.
(Zum Ablauf s. Schaubild 1, Seite 25)

Das »*Verfahren der Zusammenarbeit*«, das durch die Einheitliche Europäische Akte zunächst vor allem für die Rechtsetzung im Bereich des Binnenmarkts eingeführt worden war, gilt inzwischen nur noch für wenige Entscheidungen eher untergeordneter Bedeutung. Es gleicht dem Mitentscheidungsverfahren, jedoch ohne die zusätzliche Möglichkeit der

I Einführung

Anrufung des Vermittlungsausschusses. Die Entscheidung wird also auf Vorschlag der Kommission in zweimaliger Lesung im Rat und im Parlament getroffen. Billigt das Parlament den vom Rat in erster Lesung festgelegten gemeinsamen Standpunkt innerhalb einer Frist von drei Monaten oder äußert es sich nicht dazu, wird der Rechtsakt vom Rat entsprechend dem gemeinsamen Standpunkt endgültig verabschiedet. Stimmt dabei der gemeinsame Standpunkt inhaltlich mit dem – gegebenenfalls nach der ersten Lesung geänderten – Vorschlag der Kommission überein, erfolgt auch die abschließende Beschlussfassung im Rat mit qualifizierter Mehrheit. Stimmt er nicht mit dem Vorschlag der Kommission überein, kann der Rat nur einstimmig entscheiden. Lehnt das Parlament den gemeinsamen Standpunkt ab, kann der Rat in zweiter Lesung ebenfalls nur einstimmig entscheiden. Schlägt das Parlament Änderungen gegenüber dem gemeinsamen Standpunkt vor, nimmt die Kommission zu diesen Änderungsvorschlägen Stellung. Will der Rat Änderungsvorschlägen, die von der Kommission übernommen wurden, nicht folgen oder Änderungsvorschläge, die die Kommission abgelehnt hatte, übernehmen, ist für die abschließende Entscheidung in zweiter Lesung wiederum Einstimmigkeit erforderlich. (Zum Ablauf des Verfahrens der Zusammenarbeit s. Schaubild 2, Seite 27).

Im »einfachen Gesetzgebungsverfahren« (das insbesondere für die Gesetzgebung in den Bereichen gemeinsame Agrarpolitik, Wettbewerb, Währungsunion und Handelsunion sowie für die spezifischen Forschungsprogramme gilt) entscheidet der Rat auf Grund einmaliger Lesung (die sich allerdings über mehrere Ratstagungen erstrecken kann) je nach der Materie einstimmig oder mit qualifizierter Mehrheit über den Vorschlag der Kommission. (s. Schaubild 3, Seite 28).

Beim »*Zustimmungsverfahren*« ist es erforderlich, dass das Parlament vor der endgültigen Entscheidung des Rates seine Zustimmung erteilt hat; es verfügt daher in diesen – seltenen – Fällen über ein Vetorecht (Schaubild 4, Seite 29). Das Zustimmungsverfahren gilt insbesondere für Entscheidungen im Bereich Struktur- und Kohäsionsfonds, über den Abschluss bestimmter internationaler Übereinkünfte sowie über die Aufnahme neuer Mitgliedstaaten.

In allen Verfahren erfolgt die Behandlung des Kommissionsvorschlags im Rat auf Beamtenebene in der zuständigen Ratsgruppe, auf politisch-fachlicher Ebene im Ausschuss der Ständigen Vertreter (AStV) und auf letzter Ebene in der Tagung des Fachministerrats. Die vom Rat beschlossenen Rechtsakte werden sprachlich auf ihre Konkordanz in allen zwanzig Amtssprachen überprüft und in allen diesen Sprachen im Amtsblatt der EU veröffentlicht. (Auf dem Gebiet des EGKS-Vertrags lag die Befugnis zur Rechtsetzung formal bei der Kommission, doch konnte eine Entscheidung in allen wichtigen Fragen nur ergehen, wenn der Rat zustimmt. Materiell verlief das Gesetzgebungsverfahren im wesentlichen parallel zum normalen Gesetzgebungsverfahren, nur dass an die Stelle des Wirtschafts- und Sozialausschusses der Beratende Ausschuss der EGKS trat.)

Das *Verfahren zum Erlass von Einzelfallentscheidungen* beginnt ebenfalls mit der Ausarbeitung eines Vorentwurfs durch die zuständige Generaldirektion der Kommission, der mit anderen berührten Dienststellen abgestimmt wird. Dieser Vorentwurf wird einem Ausschuss aus Sachverständigen der Mitgliedstaaten vorgelegt, der je nach der betroffenen Materie eine unterschiedlich starke Stellung hat: Das Votum eines Beratenden Ausschusses lässt aber der Kommission bei ihrer abschließenden Entscheidung als Kollegialorgan über den Entwurf völlige Freiheit. Ein negatives Votum eines Verwaltungsausschusses bindet die Kommission ebenfalls nicht, eröffnet aber dem Rat die Möglichkeit, die Entscheidung der Kommission innerhalb einer bestimmten Frist abzuändern oder aufzuheben. Die Verweigerung der Zustimmung eines Regelungsausschusses führt dazu, dass die Entscheidungskompetenz weitgehend auf den Rat übergeht (vgl. dazu näher unten unter III. 2). In politisch bedeutsameren Fällen ist die Entscheidung ohnehin dem Rat vorbehalten, so dass die Kommission lediglich einen Vorschlag beschließen kann, über den im Rat nach denselben Regeln wie beim Erlass von Rechtsnormen (allerdings ohne Einschaltung des Europäischen Parlaments und des Wirtschafts- und Sozialausschusses) entschieden wird.

10 Haushalt und Haushaltskontrolle

Die EU ist kein Staat und hat deshalb auch keine Steuerhoheit. Der *Gesamthaushalt der EU* (der die Tätigkeiten der Europäischen Gemeinschaften sowie die Aktivitäten im Rahmen der zwischenstaatlichen Zusammenarbeit auf den Gebieten Außen- und Sicherheitspolitik sowie Innen- und Rechtspolitik mit Ausnahme des Europäischen Entwicklungsfonds umfasst) wird im wesentlichen durch Beiträge der Mitgliedstaaten finanziert.

Nach dem Beschluss des Rates vom 29. 9. 2000 über das System der »Eigenmittel« der Europäischen Gemeinschaften (Amtsblatt der EG Nr. L 253 vom 7. 10. 2000) wird der Haushalt im wesentlichen durch die so genannten Eigenmittel finanziert. Es sind dies die Zölle, Abgaben und Abschöpfungen, die an den Außengrenzen der EU erhoben werden (abzüglich 25 %, die die Mitgliedstaaten für die Verwaltungskosten behalten dürfen), ein Anteil von nunmehr 0,5 % des Umsatzsteueraufkommens der Mitgliedstaaten, das an Hand einer einheitlichen Bemessungsgrundlage berechnet wird, sowie direkte Zahlungen der reicheren Mitgliedstaaten, die nach dem Bruttoinlandsprodukt berechnet werden. Die Zölle und anderen Abgaben tragen derzeit zu etwa 16 %, der Anteil am Umsatzsteueraufkommen zu etwa 38 % und die direkten Zahlungen der Mitgliedstaaten zu etwa 41 % zur Finanzierung bei. Größter Beitragszahler ist mit etwa 24 % Deutschland, gefolgt von Frankreich mit etwa 16 %.

Seit dem Europäischen Rat von Edinburg vom Dezember 1992 sind sowohl die Einnahmen als auch die jährlichen Ausgaben in eine *mittelfristige Finanzplanung* eingefügt und einer *strikten Haushaltsdisziplin* unterworfen. So wurde für die Gemeinschaft der 15 eine Einnahmenobergrenze von 1,27 % des kumulierten Bruttosozialprodukts (bzw. nach der neuen Terminologie 1,24 % des Bruttovolkseinkommens) der Mitgliedstaaten festgelegt und für die Gemeinschaft der 25 eine Obergrenze von 1,08 % des Bruttovolkseinkommens. Als Bezugsrahmen für die Haushaltsdisziplin werden in einer mehrjährigen *finanziellen Vorausschau* Obergrenzen für die Ausgaben in den wichtigsten Politikbereichen (Landwirtschaft, Strukturpolitische Maßnahmen, Interne Politikbereiche, Externe Politikbereiche, Verwaltungsaufgaben, Reserven, Heranführungshilfe für die Beitrittskandidaten) festgelegt, die nur nach einem genau festgelegten Verfahren geändert werden können. Die laufende finanzielle Vorausschau gilt für den Zeitraum 2000-2006. Über die neue finanzielle Vorausschau für den Zeitraum 2007-2013 wurde bisher keine Einigung erzielt. Umstritten ist nicht nur die Höhe der Ausgaben insgesamt (und damit die Frage, ob die EU mehr als 1 % des kumulierten Bruttovolkseinkommens erhalten soll), sondern vor allem die Ausgabenstruktur (insbesondere die starke Konzentration auf den Landwirtschaftsbereich, der mit ca. 43 % nach wie vor den Löwenanteil der Ausgaben verschlingt) sowie der Beitragsrabatt, der 1984 dem Vereinigten Königreich eben unter Hinblick auf die – damals sogar relativ noch höheren Landwirtschaftsausgaben – eingeräumt worden war, da es von diesen Ausgaben weit unterproportional profitierte.

An der Aufstellung und Durchführung des Haushalts sind das Europäische Parlament, der Rat und die Europäische Kommission beteiligt. Diese drei Institutionen legen deshalb die mittelfristige Finanzplanung und das Vorgehen zur Aufstellung der jährlichen Haushalte gemeinsam fest. Für den Zeitraum 2000-2006 ist dies in der Interinstitutionellen Vereinbarung vom 6. 5. 1999 (Amtsblatt der EG Nr. C 172 vom 18. 6. 1999) geschehen.

Der Haushalt der EU wird vom Europäischen Parlament und vom Rat, die seit 1975 gemeinsam die so genannte »Haushaltsbehörde« bilden, aufgestellt. Grundlage bildet ein Vorentwurf des Haushaltsplans, in dem die Kommis-

I Einführung

sion die Haushaltsvoranschläge der einzelnen Institutionen der EU zusammenfasst. Der Rat stellt auf dieser Grundlage den Entwurf des Haushaltsplanes auf, wobei er vom Vorentwurf der Kommission abweichen kann. Das Parlament berät den Entwurf des Haushaltsplanes in zwei Lesungen, wobei in einem »Konzertierungsverfahren« zwischen Parlament und Rat versucht wird, Einigung über Änderungsvorschläge an dem Entwurf des Haushaltsplanes (seitens des Parlaments) bzw. am Ergebnis der ersten Lesung im Parlament (seitens des Rats) herbeizuführen. Bezüglich der »nichtobligatorischen Ausgaben« (d. h. der Ausgaben, die nicht durch die Gründungsverträge oder darauf gestützte Rechtsvorschriften zwingend festgelegt sind) ist das Parlament berechtigt, den Entwurf des Haushaltsplanes mit Stimmenmehrheit abzuändern; über die »obligatorischen Ausgaben« (und damit circa drei Viertel des Gesamthaushalts) entscheidet letztlich der Rat. Haben sich Parlament und Rat auf einen gemeinsamen Standpunkt geeinigt, stellt der Präsident des Parlaments den Haushaltsplan förmlich fest. Ist zu Beginn eines Haushaltsjahres der Haushaltsplan noch nicht verabschiedet (wie dies in den 80er Jahren häufig der Fall war), gelten als Notfinanzierung die so genannten »monatlichen Zwölftel« (d. h. pro Monat dürfen Ausgaben bis zu einem Zwölftel des Haushalts des vorangegangenen Haushaltsjahres vorgenommen werden).

Bei der Aufstellung des Haushaltsplanes wird im Interesse der Klarheit des Haushalts unterschieden zwischen »*Verpflichtungsermächtigungen*« (VE) und »*Zahlungsermächtigungen*« (ZE). Die VE decken die im laufenden Haushaltsjahr eingegangenen rechtlichen Verpflichtungen einschließlich derjenigen, die zeitlich erst später zu Zahlungen führen werden. Die ZE decken die im laufenden Haushaltsjahr tatsächlich anfallenden Zahlungen, auch soweit sie in Erfüllung rechtlicher Verpflichtungen aus früheren Jahren anfallen. Seit dem Haushaltsjahr 2004 wird der Haushaltsplan nach dem Konzept des »Activity Based Budgeting« (ABB) aufgestellt, d. h. die Ausgaben werden jeweils einem konkreten Politikbereich (insgesamt 29) zugeordnet.

Im Haushaltsjahr 2005 hat der Gesamthaushalt der EU einen Umfang von 116,6 Mrd. Euro Verpflichtungsermächtigungen und 106,3 Mrd. Euro Zahlungsermächtigungen. Größter Ausgabenblock ist mit 49,7 Mrd. Euro nach wie vor die Landwirtschaftspolitik, gefolgt von den Ausgaben für die Strukturfonds (42,2 Mrd. Euro).

Der *Europäische Entwicklungsfond* (EEF), der der Entwicklungszusammenarbeit mit den 78 AKP-Staaten dient, wird aus direkten Zahlungen der Mitgliedstaaten finanziert. Für den Haushalt des EEF gilt nicht das Prinzip der Jährlichkeit. Insgesamt stehen für die Laufzeit des 9. EFF (2000-2005) 13,5 Mrd. Euro zur Verfügung. Seit dem Abkommen von Cotonou gibt es im Rahmen des EEF nur noch zwei Finanzierungsinstrumente: nichtrückzahlbare Subventionen für Projekte der langfristigen Entwicklungshilfe und Investitionszuschüsse für die Entwicklung des privaten Sektors in den AKP-Ländern.

Für die *Durchführung des Haushalts* ist die Kommission verantwortlich. Ein wesentlicher Teil der Haushaltsmittel wird jedoch dezentral von den Behörden der Mitgliedstaaten verwaltet; diese tätigen insbesondere die Ausgaben für die Gemeinsame Agrarpolitik (GAP) und die Strukturpolitischen Maßnahmen, die zusammen annähernd 85 % des EU-Haushalts ausmachen (so genannte »indirekte Ausgaben«). Detaillierte Regeln für die Ausführung des Haushalts sind festgelegt in der *Haushaltsordnung* (Verordnung Nr. 1605/2002 vom 25. 6. 2002, ABl. Nr. L 248 vom 16. 9. 2002) und den dazu gehörigen Durchführungsvorschriften.

Die Haushaltsführung der Kommission wird vom Europäischen Parlament kontrolliert, die dafür die *Entlastung* zu gewähren hat; eine wesentliche Rolle kommt dabei dem Haushaltskontrollausschuss des EP zu. Die Verweigerung der Entlastung für das Haushaltsjahr 1997 hat wesentlich zum geschlossenen Rücktritt der Kommission im März 1999 beigetragen.

I Einführung

Bei seiner Entscheidung über die Entlastung der Kommission stützt sich das EP wesentlich auf die Jahresberichte des Europäischen Rechnungshofs (ERH), der in seiner so genannten »Zuverlässigkeitserklärung« nach Artikel 248 EG-Vertrag die Ordnungsmäßigkeit und Rechtmäßigkeit der Haushaltsführung zusammenfassend bewertet, sowie auf die Sonderberichte zu einzelnen Politikbereichen.

Besondere Aufmerksamkeit widmen der Haushaltskontrollausschuss des EP und der ERH der *Betrugsbekämpfung*. Um Betrügereien zulasten des EU-Haushalts und mögliche Korruptionsfälle besser bekämpfen zu können, hat die Kommission mit Wirkung vom 1. 6. 1999 als unabhängige Behörde das *Europäische Amt für Betrugsbekämpfung (OLAF)* geschaffen, das die Aufgaben der früheren UCLAF übernommen hat. OLAF kann in voller Unabhängigkeit Ermittlungen in allen Institutionen der EU, bei Personen und Unternehmen in allen Mitgliedstaaten sowie bei den Mitgliedstaaten und Drittstaaten durchführen.

11 Sprachen

Amtssprachen und Arbeitssprachen der Organe der Union sind Dänisch, Deutsch, Englisch, Estnisch, Finnisch, Französisch, Griechisch, Italienisch, Lettisch, Litauisch, Maltesisch, Niederländisch, Polnisch, Portugiesisch, Schwedisch, Slowakisch, Slowenisch, Spanisch, Tschechisch und Ungarisch (vgl. Verordnung Nr. 1 zur Regelung der Sprachenfrage, zuletzt geändert durch die Beitrittsakte über den Beitritt der Tschechischen Republik, Estlands, Zyperns, Lettlands, Litauens, Ungarns, Maltas, Polens, Sloweniens und der Slowakei, ABl. Nr. L 236 vom 23. 9. 2003). Das Primärrecht der Gemeinschaft (die drei Gründungsverträge, die Einheitliche Europäische Akte und der »Vertrag über die Europäische Union«) sind außerdem in gälischer (irischer) Sprache abgefasst; diese Sprache ist auch eine der offiziellen Verfahrenssprachen vor dem EuGH und dem Gericht der ersten Instanz.

Alle diese Sprachfassungen sind in gleicher Weise verbindlich. Die Mitgliedstaaten, Bürger und Unternehmen der Gemeinschaft können sich in einer der zwanzig Amtssprachen an die Institutionen der Gemeinschaft wenden. Die Institutionen der Gemeinschaft ihrerseits sind verpflichtet, im Schriftverkehr mit den Mitgliedstaaten oder den ihrer Hoheitsgewalt unterstehenden Personen und Unternehmen die jeweilige Sprache dieses Staates zu verwenden. Rechtsakte der Gemeinschaft, die sich an einen unbestimmten Kreis von Adressaten wenden, sind in allen zwanzig Amtssprachen abzufassen und zu veröffentlichen. Auch das Amtsblatt der Gemeinschaft erscheint in allen zwanzig Amtssprachen. Dagegen ist es den Institutionen der Gemeinschaft überlassen, in ihrer jeweiligen Geschäftsordnung zu entscheiden, welche Sprachen intern als *Arbeitssprachen* verwendet werden. Zur Erleichterung des internen Arbeitsablaufs ist eine Beschränkung auf einige wenige Sprachen erforderlich. Bei der Kommission gilt seit Dezember 2001 die Regelung, dass alle Entscheidungsvorschläge (gleich ob im mündlichen oder im schriftlichen Verfahren) nur in Deutsch, Englisch und Französisch vorliegen müssen; die Übersetzung in die anderen erforderlichen Sprachen erfolgt erst nach Abschluss des Entscheidungsprozesses. Bei den vorbereitenden Arbeiten und im internen Dienstverkehr ist Französisch – gefolgt von Englisch – die gebräuchlichste Sprache.

12 Transparenz und Zugang zu Dokumenten

Die EU hat sich zu möglichst weitgehender Transparenz verpflichtet. Nach dem mit dem »Vertrag von Maastricht« eingeführten Art. 255 EG-Vertrag haben alle natürlichen und juristischen Personen mit Wohnsitz oder Sitz in einem Mitgliedstaat das Recht auf Zugang zu Dokumenten des EP, des Rates und der Kommission. Die Zugangsvoraussetzungen sind in der Verordnung (EG) Nr. 1049/2001 (Amtsblatt der EG Nr. L 145 vom 31. 5. 2001), sowie in den Geschäftsordnungen dieser drei Institutionen näher präzisiert. Ausgenommen vom Zugangsrecht sind danach insbesondere vorbereitende Dokumente, die die Phase der internen Entscheidungsfindung betreffen, sowie bestimmte Gruppen von »sensiblen« Dokumenten (z. B. im Bereich der Außen- und Sicherheitspolitik oder der Betrugsbekämpfung). Die Erleichterung des Zugangs zu (der elektrischen Fassung von) Dokumenten ist ein wesentlicher Bestandteil des »Aktionsplans e-Europe« (s. unten unter IX).

Was den Schutz personenbezogener Daten betrifft, gelten auch für die Institutionen der EU die in den entsprechenden Rechtsakten der Gemeinschaft verankerten Grundsätze.

13 Der Europäische Wirtschaftsraum (EWR)

Die EFTA-Staaten und die Mitgliedstaaten der Gemeinschaft stellen füreinander die wichtigsten Handelspartner dar. Die Vollendung des Binnenmarkts zum 31. 12. 1992 hatte erhebliche Auswirkungen auf die Ausgestaltung dieser Handelsbeziehungen. Die Kommission hat deshalb 1989 die Aufnahme formeller Verhandlungen zwischen Gemeinschaft und EFTA über die Schaffung eines einheitlichen Europäischen Wirtschaftsraums vorgeschlagen. Diese Verhandlungen führten zu dem »Abkommen über den Europäischen Wirtschaftsraum«, das am 2. 5. 1992 in Porto unterzeichnet wurde. Das Abkommen sollte ursprünglich zeitgleich mit dem Binnenmarkt am 1. 1. 1993 in Kraft treten. Da die Schweiz in einer Volksabstimmung am 6. 12. 1992 den Beitritt zum EWR ablehnte, wurde am 17. 3. 1993 ein Zusatzprotokoll unterzeichnet, das ein Inkrafttreten des EWR auch ohne die Schweiz am 1. 1. 1994 ermöglichte. Nach einer Anpassung des Abkommens über die Zollunion mit der Schweiz wurde der Beitritt Liechtensteins zum 1. 5. 1995 wirksam.

Mit dem Abkommen wird der Binnenmarkt faktisch auf die EFTA-Staaten ausgedehnt. Die »*vier Grundfreiheiten*« (freier Warenverkehr, Freizügigkeit, Dienstleistungs- und Niederlassungsfreiheit, freier Kapitalverkehr) sowie die Wettbewerbsordnung der Gemeinschaft gelten – mit gewissen Übergangsfristen – auch für das Gebiet der EFTA-Staaten. In anderen Bereichen wie Forschung und Entwicklung, Umwelt, Bildungswesen und Sozialpolitik wird eine engere Zusammenarbeit zwischen der Gemeinschaft und den EFTA-Staaten vereinbart. Im Rahmen eines besonderen Finanzmechanismus leisten die EFTA-Staaten einen finanziellen Beitrag zur Förderung der wirtschaftlichen Entwicklung der Regionen der Gemeinschaft mit Entwicklungsrückstand (»Kohäsion«). Landwirtschaft und Fischerei werden von dem Abkommen nicht erfasst; für den Transitverkehr durch die Schweiz gelten spezielle Vereinbarungen.

Mit dem EWR-Abkommen übernehmen die EFTA-Staaten in weiten Bereichen das geltende Gemeinschaftsrecht (»*acquis communautaire*«). Sie sind jedoch nicht unmittelbar beteiligt an den Entscheidungsprozessen auf Gemeinschaftsebene, sondern es wird ihnen nur im Vorfeld dieser Entscheidungen Gelegenheit zur Stellungnahme gegeben.

Zur Abstimmung der Politik und Gesetzgebung zwischen Gemeinschaft und EFTA sieht das EWR-Abkommen einen speziellen institutionellen Rahmen vor, der weitgehend dem institutionellen Aufbau der Gemeinschaft folgt.

Aufgabe des *EWR-Rates* ist es, politische Anstöße für die Durchführung des Abkommens zu geben und allgemeine Leitlinien für den gemeinsamen EWR-Ausschuss festzulegen. Der EWR-Rat besteht aus den Mitgliedern des Rates und der Kommission der EU sowie je einem Mitglied der Regierung eines jeden EFTA-Staates. Der Vorsitz wechselt halbjährlich zwischen der Gemeinschaft und der EFTA.

– Der *Gemeinsame EWR-Ausschuss* ist zuständig für die praktische Durchführung des Abkommens. Der Ausschuss trifft insbesondere die Entscheidung über die Erstreckung neuen Gemeinschaftsrechts auf den EWR. Entscheidungen in diesem Gremium werden einvernehmlich zwischen der Gemeinschaftsseite und der EFTA-Seite getroffen. Der Vorsitz im Ausschuss wechselt halbjährlich zwischen der Gemeinschaft und der EFTA.

- Der *Gemeinsame Parlamentarische EWR-Ausschuss* stellt ein Forum des gegenseitigen Informationsaustauschs dar. Er besteht jeweils zur Hälfte aus Mitgliedern des Europäischen Parlaments und der Parlamente der EFTA-Staaten. Der Ausschuss kann Stellungnahmen zu allen vom Abkommen berührten Fragen in Form von Berichten oder Entschließungen abgeben.
- Der *Beratende EWR-Ausschuss* soll die Zusammenarbeit zwischen den Wirtschafts- und Sozialpartnern fördern. Er besteht je zur Hälfte aus Mitgliedern des Wirtschafts- und Sozialausschusses der Gemeinschaft und des Beratenden Ausschusses der EFTA. Auch dieser Ausschuss kann Stellungnahmen in Form von Berichten oder Entschließungen abgeben.

Das Abkommen berührt nicht das Recht der Gemeinschaft einerseits und der EFTA-Mitgliedstaaten andererseits, jeweils für ihr Gebiet neue Rechtsvorschriften zu erlassen. Die EFTA-Staaten brauchen neues Gemeinschaftsrecht nicht zwingend zu übernehmen, sondern haben das Recht zu einem kollektiven »opting out«. Ebenso sind getrennte Behörden zuständig für die Anwendung der geltenden Vorschriften; im Bereich der Wettbewerbsvorschriften entscheidet die *EFTA-Überwachungsbehörde*, soweit nur der Handel zwischen EFTA-Staaten betroffen ist oder der Schwerpunkt der Tätigkeit der betroffenen Unternehmen in den EFTA-Staaten liegt, und die Kommission in den übrigen Fällen. Für die Auslegung des Gemeinschaftsrechts – auch soweit es auf den EWR erstreckt wird – bleibt weiterhin der EuGH ausschließlich zuständig; die EFTA-Staaten können es ihren Gerichten gestatten, dem EuGH Fragen zur Auslegung einer EWR-Bestimmung vorzulegen. In Streitfragen kann die Gemeinschaft oder ein EFTA-Staat den Gemeinsamen EWR-Ausschuss anrufen; kommt es bei der Auslegung von Bestimmungen des Abkommens, die inhaltlich im wesentlichen mit dem Gemeinschaftsrecht identisch sind, zu keiner Einigung, kann der EuGH angerufen werden. Als Ausgleich für den freien Zugang ihrer Waren zum wesentlich größeren EU-Binnenmarkt zahlen die EWR-Mitgliedstaaten Finanzbeiträge an den EU-Haushalt.

14 Die Beziehungen zu anderen Drittstaaten

Die Europäische Union unterhält privilegierte Beziehungen zu verschiedenen Gruppen von Drittstaaten, die nicht Mitglied des EWR (s. oben unter 13) sind.

Am engsten ist die Zusammenarbeit mit denjenigen mitteleuropäischen Staaten, mit denen die EU so genannte *Europa-Abkommen* abgeschlossen hat. Diese Abkommen stellen eine Weiterentwicklung der bereits früher abgeschlossenen Assoziierungsabkommen dar. Es handelt sich dabei um gemischte Abkommen mit unbefristeter Laufzeit, die vor allem eine Regelung des bilateralen Handels mit einer schrittweisen gegenseitigen Marktöffnung enthalten. Außerdem sind darin Bestimmungen über die Angleichung der Rechtsvorschriften, die wirtschaftliche Zusammenarbeit und die Fortsetzung der technischen und finanziellen Hilfe enthalten. Schließlich wird darin die Zusammenarbeit im politischen und kulturellen Bereich geregelt. Die Europa-Abkommen dienen insbesondere dazu, die entsprechenden mitteleuropäischen Staaten auf einen späteren Beitritt zur Europäischen Union vorzubereiten.

Mit 13 unabhängigen Staaten der ehemaligen Sowjetunion hat die EU *Partnerschafts- und Kooperationsabkommen* abgeschlossen. Es sind dies gemischte Abkommen, die zunächst auf 10 Jahre Laufzeit abgeschlossen werden. Sie sehen insbesondere eine stärkere wirtschaftliche Zusammenarbeit vor. Inhalt und Durchführung dieser Abkommen hängen wesentlich von der weiteren politischen und wirtschaftlichen Entwicklung der betroffenen Länder und der Intensität ihrer Beziehungen zur EU ab. Als Ziel ist die spätere Errichtung einer Freihandelszone ins Auge gefasst. Außerdem stellt die EU mit dem Programm TACIS finanzielle und technische Hilfe für den Übergang zur Marktwirtschaft und den Aufbau der Demokratie zur Verfügung.

I Einführung

Einfache *Assoziierungsabkommen* hat die EU mit einer Reihe von Mittelmeer-Anrainerstaaten abgeschlossen. Diese Abkommen regeln insbesondere den Marktzugang für die Produkte aus diesen Staaten zum Gemeinschaftsmarkt sowie die finanziellen Leistungen der EU zur Unterstützung des wirtschaftlichen Aufbaus in diesen Staaten.

Eine besondere Form der partnerschaftlichen Entwicklungszusammenarbeit besteht mit 78 Entwicklungsländern Afrikas, der Karibik und des pazifischen Raums (AKP-Staaten). Die vertragliche Grundlage stellt das *Abkommen von Cotonou* dar, das im Juni 2000 in Cotonou (Bénin) unterzeichnet wurde. Das Abkommen gilt für eine Dauer von 20 Jahren und regelt die Zusammenarbeit zwischen der EU und den AKP-Staaten, die Handelsbeziehungen sowie die finanzielle Unterstützung durch den Europäischen Entwicklungsfonds.

I Einführung

Schaubild 1: »Mitentscheidungsverfahren« (Art 251 EG-V)

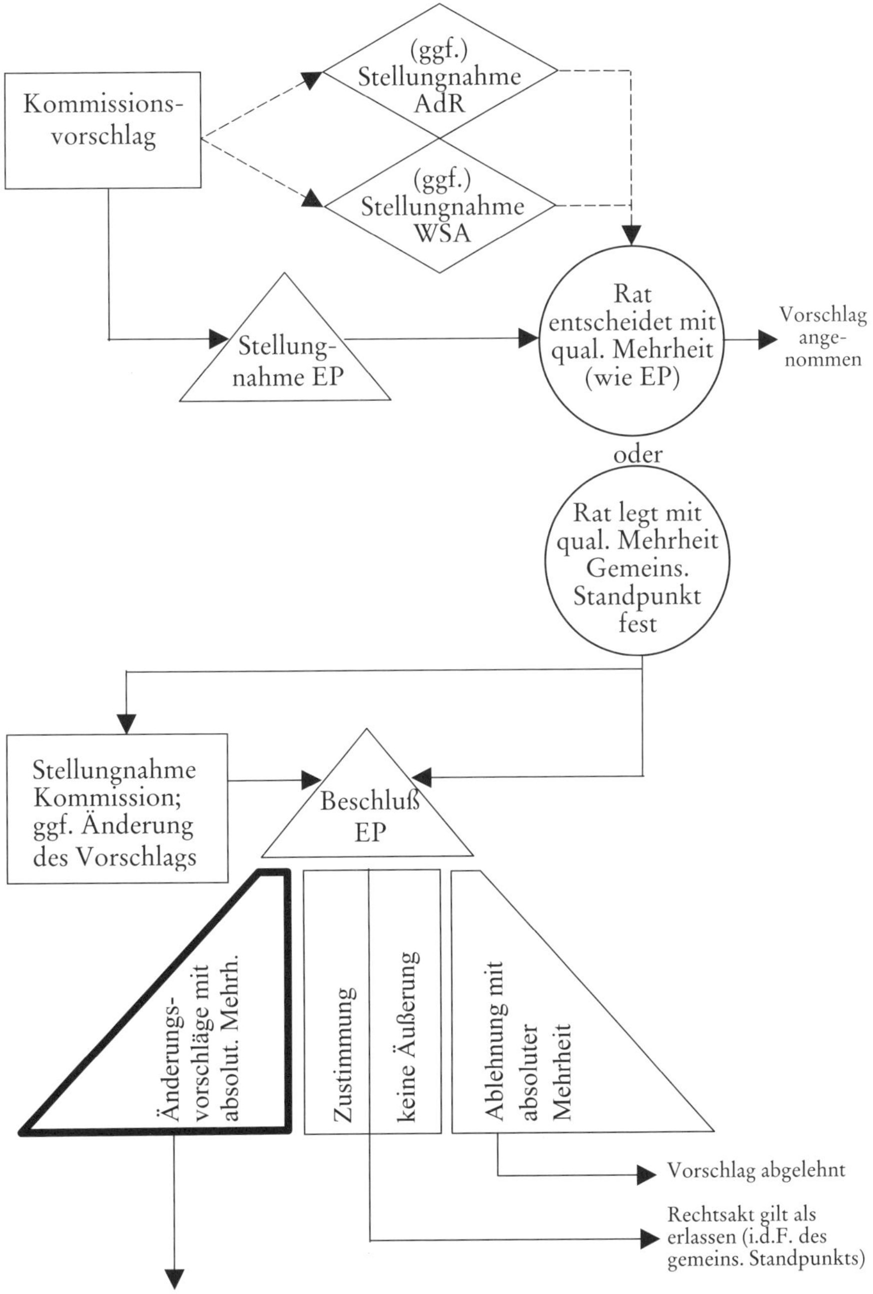

```
Kommissions-  ---> (ggf.) Stellungnahme AdR ---
vorschlag                                      |
    |   ---> (ggf.) Stellungnahme WSA ---      |
    |                                   |      |
    v                                   v      v
Stellungnahme EP ---> Rat entscheidet mit qual. Mehrheit (wie EP) ---> Vorschlag angenommen

                                   oder

                         Rat legt mit qual. Mehrheit
                         Gemeins. Standpunkt fest

Stellungnahme Kommission;        Beschluß EP
ggf. Änderung des Vorschlags

Änderungsvorschläge mit absolut. Mehrh. | Zustimmung | keine Äußerung | Ablehnung mit absoluter Mehrheit

Ablehnung mit absoluter Mehrheit ---> Vorschlag abgelehnt

Zustimmung / keine Äußerung ---> Rechtsakt gilt als erlassen (i.d.F. des gemeins. Standpunkts)
```

I Einführung

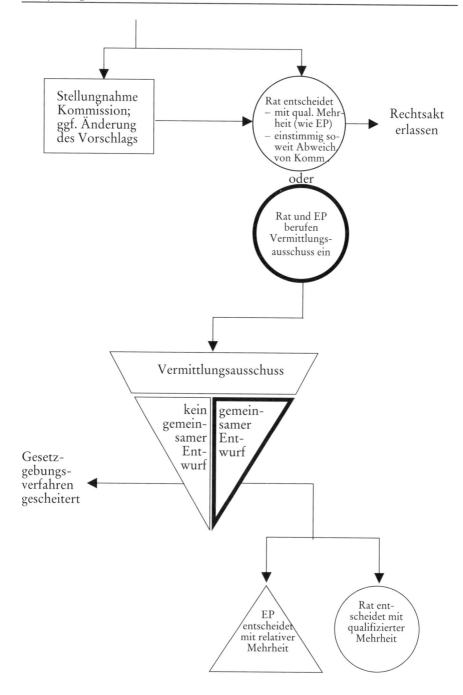

I Einführung

Schaubild 2: »Verfahren der Zusammenarbeit« (Art 252 EG-V)

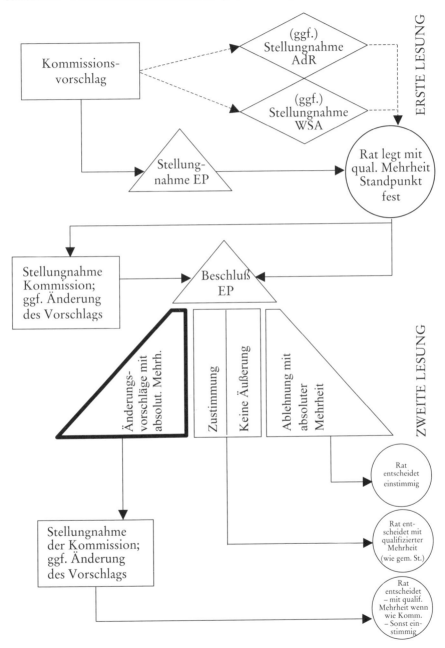

I Einführung

Schaubild 3: »Normales Gesetzgebungsverfahren«

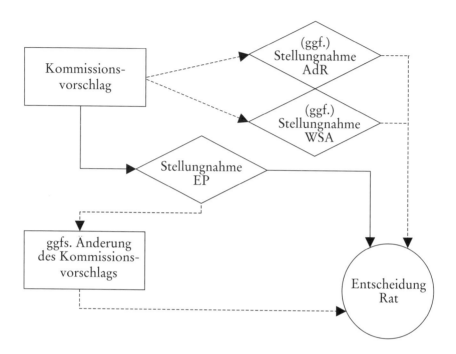

Schaubild 4: »Zustimmungsverfahren«

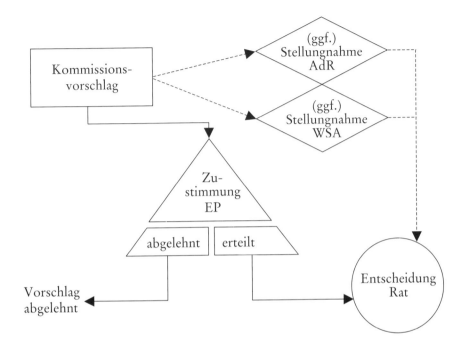

II Die Institutionen und Organe der EU – ein Überblick über ihre Aufgaben und ihre Stellung im Gesamtgefüge

Nach dem »Vertrag über die Europäische Union« (s. oben unter I. 1) verfügt die EU über einen einheitlichen institutionellen Rahmen, auch wenn die Zuständigkeiten der Institutionen je nach der behandelten Materie variieren. Die Institutionen und Organe der EU sind:
- der *Rat*
- die *Kommission*
- das *Europäische Parlament (EP)*
- der *Europäische Wirtschafts- und Sozialausschuss (EWSA)*
- der *Ausschuss der Regionen (AdR)*
- der *Europäische Gerichtshof (EuGH)* und das *Gericht erster Instanz*
- der *Europäische Rechnungshof (ERH)*
- die *Europäische Zentralbank (EZB)*
- die *Europäische Investitionsbank (EIB)*.

Da die EU kein Staat, sondern eine supranationale Einrichtung ist, lassen sich die herkömmlichen (nationalstaatlichen) Vorstellungen von Gewaltenteilung oder von Legislative und Exekutive nicht einfach auf sie übertragen. Aufgaben und Zuständigkeiten der Institutionen der EU sowie ihre Stellung im Gesamtgefüge lassen sich nur vor dem Hintergrund der nur partiell verwirklichten europäischen Einigung mit deutlichen Vorbehalten der Mitgliedstaaten gegen eine Aufgabe eigener Zuständigkeiten verstehen. Das Gemeinschaftsrecht bildet zwar eine autonome Rechtsordnung, die unabhängig von den Rechtsordnungen der Mitgliedstaaten besteht und auch nicht in nationales Recht umgesetzt zu werden braucht. Auch gibt es ein – seit 1979 unmittelbar gewähltes – *Europäisches Parlament*. Dennoch gibt es auf der Ebene der EU keine klare institutionelle Trennung von Legislative und Exekutive.

Im Zentrum des institutionellen Systems der EU steht der *Rat*. In ihm sind die Regierungen der Mitgliedstaaten vertreten. Er erlässt – auf Initiative der Kommission und unter Mitwirkung des Europäischen Parlaments – im wesentlichen die Rechtsetzungsakte (in Form von Richtlinien, Verordnungen, Entscheidungen, Beschlüssen und Entschließungen), die zur Erreichung der Vertragsziele erforderlich sind. Der Rat hat damit in der Machtbalance zwischen den Institutionen der EU nach wie vor das größte und vielfach noch das »entscheidende« Gewicht. Auch wenn das Europäische Parlament seit 1993 im Grundsatz zum gleichberechtigten Mit-Gesetzgeber geworden ist, fehlen ihm doch wichtige Kompetenzen in der Gemeinsamen Agrarpolitik, in der Außen- und Sicherheitspolitik und in der Innen- und Rechtspolitik. Außerdem kann das Parlament in den zentralen Rechtsgebieten wie der Steuerpolitik geltende Einstimmigkeitserfordernis im Rat (das jedem Mitgliedstaat ein Vetorecht verleiht) nicht ausgleichen. Dies ist darin begründet, dass die Mitgliedstaaten ihre Souveränität nur punktuell auf die EU übertragen und sich die Kontrolle der Ausübung der übertragenen Befugnisse vorbehalten haben.

Der »Europäische Rat«, zu dem die Staats- und Regierungschefs der Mitgliedstaaten seit 1975 zusammen mit den Außenministern zusammentreten, ist anders als der Rat keine Institution der EU, sondern ein Instrument der Abstimmung und Koordinierung zwischen den Mitgliedstaaten der EU als souveränen Staaten. Die Institutionalisierung des Europäischen Rats geht auf einen Beschluss vom Dezember 1974 zurück, mit dem die seit 1970 in unregelmäßigen Abständen stattfindenden Gipfeltreffen aufgewertet wurden. Die wesentlichste Funktion des Europäischen Rats besteht darin, der europäischen Einigung neue Zielsetzungen und Impulse zu geben und die allgemeinen politischen Zielvorstellungen für die Entwicklung der Union festzulegen. Die Einrichtung des Europäischen Rats ist durch Artikel 4 des »Vertrags über die Europäische Union« inzwischen ausdrücklich geregelt. Mit dem Vertrag von Nizza wurde festgelegt, dass der Europäische Rat viermal pro Jahr zusammentritt; nach der nächsten Beitrittsrunde werden alle Tagungen in Brüssel stattfinden.

Auf seiner Tagung in Sevilla im Juni 2002 hat der Europäische Rat beschlossen, seine Arbeiten künftig auf der Grundlage eines mehrjährigen Strategieprogramms zu planen. Ebenfalls nicht als Institution der EU treten die *im Rat vereinigten Vertreter der Regierungen der Mitgliedstaaten* zusammen, obwohl sie personell mit dem entsprechenden Fachministerrat identisch sind. Die von ihnen gefassten Beschlüsse beruhen jedoch nicht auf Zuständigkeiten aufgrund der Gründungsverträge, sondern auf der völkerrechtlichen Handlungsfähigkeit der Mitgliedstaaten. Sie sind daher formal Regierungsabkommen, wenngleich sie in der Regel im Amtsblatt der EG veröffentlicht werden.

Die *Kommission* ist der Motor der Gemeinschaftspolitik, die Hüterin der Gemeinschaftsverträge, das Exekutivorgan der Gemeinschaft und die Vertreterin des Gemeinschaftsinteresses. Bei ihr liegt im wesentlichen das Initiativrecht; sie unterbreitet dem Rat Vorschläge für gemeinschaftliche Aktionen und Maßnahmen, ohne die dieser in der Regel nicht tätig werden kann. Auf genau abgegrenzten Gebieten (z. B. im Nuklearbereich sowie in Wettbewerbs-, Beihilfe- und Antidumpingverfahren) hat sie – zum Teil nach Zustimmung durch den Rat – die Befugnis zum Erlass von Verordnungen und Verwaltungsakten; daneben ist sie zum Erlass bestimmter untergeordneter Verwaltungsvorschriften befugt. Die Kommission überwacht außerdem die Einhaltung der Gründungsverträge sowie des darauf fußenden Sekundärrechts und schreitet gegen Verstöße dagegen ein. Außerdem überwacht sie im Rahmen der Währungsunion die Entwicklung der öffentlichen Haushalte und schlägt gegebenenfalls dem Rat geeignete Maßnahmen zum Abbau übermäßiger Defizite vor. Sie nimmt an den Beratungen im Rat teil und ist dabei darum bemüht, im Interesse der Gemeinschaftsziele zu einer Kompromissfindung zwischen den Mitgliedstaaten beizutragen.

Das *Europäische Parlament (EP)* hat auch nach der Aufwertung seiner demokratischen Legitimation durch die Einführung der Direktwahl im Jahr 1979 keine vollen parlamentarischen Gesetzgebungsbefugnisse, sondern wirkt nur an der Gesetzgebung durch den Rat mit. Es kann – auch nach dem Einführen des Verfahrens der Zusammenarbeit – Entscheidungen des Rates grundsätzlich nur verhindern, aber nicht positiv erzwingen. Eine stärkere Stellung hat das Parlament nur bei der Aufstellung des Haushalts, wo es über echte und weitgehende Mitentscheidungsbefugnisse verfügt (vgl. oben unter I. 10). Daneben ist das Parlament an der Bestellung der Kommission beteiligt und übt eine Kontrollfunktion gegenüber der Kommission aus, die sie durch ein Misstrauensvotum geschlossen zum Rücktritt zwingen kann.

Der *Europäische Wirtschafts- und Sozialausschuss (EWSA)* ist ein beratendes Organe. Im EWSA sind alle wirtschaftlichen und sozialen Bereiche der organisierten Zivilgesellschaft vertreten. Der Ausschuss gibt Stellungnahmen und Entschließungen zu den bedeutenderen Vorschlägen der Kommission ab und sorgt so dafür, dass die Interessen der vertretenen Gruppierungen, aber auch ihr besonderer Sachverstand in die Gesetzgebung der EU einfließen können.

Auch der *Ausschuss der Regionen (AdR)* hat beratende Funktion. In ihm sind die regionalen und lokalen Gebietskörperschaften vertreten. Seine Einsetzung steht im Zusammenhang mit den Bemühungen um ein »Europa der Regionen« und der Verwirklichung des Subsidiaritätsprinzips. Der Ausschuss muss von Rat oder Kommission vor Entscheidungen auf bestimmten Gebieten angehört werden. Außerdem kann er aus eigener Initiative zu allen Fragen Stellung nehmen, die die Zuständigkeiten der lokalen oder regionalen Ebene berühren.

Der *Europäische Gerichtshof (EuGH)* hat die Aufgabe, die Wahrung des Rechts bei der Auslegung und Anwendung der Gründungsverträge sowie der vom Rat und Kommission erlassenen Rechtsvorschriften zu sichern. Bei der Wahrnehmung dieser Aufgabe hat sich der EuGH von Beginn an nicht darauf beschränkt, geschriebenes EU-Recht auszulegen und anzuwenden, sondern war zur Lückenfüllung und zur Weiterentwicklung des Rechts auch rechtsschöpfend tätig. In gewisser Weise ist der EuGH die »europäischste« der Institutionen der EU, da er sich bei seiner Tätigkeit auf eine rein europäische Sicht beschränken. Seit September 1989 ist dem EuGH ein *Gericht erster Instanz* als Tatsacheninstanz für bestimmte Verfahrensarten (Wettbewerbsverfahren, Klagen gegen individuelle EGKS-Entscheidungen, Personalsachen) vorgeschaltet, das den EuGH in den Verfahren, die typischerweise eine eingehende Prüfung komplexer Sachverhalte erfordern, entlasten soll. Gegen die Entscheidungen des Gerichts erster Instanz kann ein auf Rechtsfragen beschränktes Rechtsmittel zum EuGH eingelegt werden. Mit dem »Vertrag von Nizza« wurden weiter die Möglichkeit eröffnet, dem Gericht erster Instanz fachlich spezialisierte Kammern beizuordnen, die für Entscheidungen in konkreten Rechtsbereichen zuständig sind.

Der *Europäische Rechnungshof (ERH)* überwacht die Ausführung des Haushaltsplans in technisch-wirtschaftlicher Hinsicht. Er verfügt über weit reichende Befugnisse, um Rechtmäßigkeit und Ordnungsmäßigkeit der Einnahmen und Ausgaben der Gemeinschaft zu überprüfen und sich von der Wirtschaftlichkeit der Haushaltsführung zu überzeugen.

Die *Europäische Zentralbank (EZB)* ist die gemeinsame Notenbank der (bislang) 12 Mitgliedstaaten, die an der dritten Stufe der Währungsunion teilnehmen. Sie ist zuständig für die Ausgabe der Banknoten der gemeinsamen Währung (Euro) sowie für die Entwicklung und den Einsatz der geld- und währungspolitischen Instrumente zur Sicherung der Geldwertstabilität und wirkt an der Aufsicht über die Kreditinstitute mit.

Die *Europäische Investitionsbank (EIB)* ist zugleich eine Institution der Gemeinschaft und eine Bank. Als Gemeinschaftsinstitution hat sie die Aufgabe, die europäische Integration zu fördern. Zur Erfüllung dieser Aufgabe setzt sie das Instrumentarium einer Bank ein: Sie beschafft sich ihre Mittel im wesentlichen durch Anleihen auf den Kapitalmärkten und gewährt Darlehen und Bürgschaften für private und öffentliche Industrie- und Infrastrukturvorhaben, die in den Mitgliedstaaten oder in Entwicklungsländern durchgeführt werden und die zur Verwirklichung bestimmter vorrangiger Ziele der Gemeinschaft beitragen. Im Falle von Zahlungsbilanzschwierigkeiten einzelner Mitgliedstaaten gewährt die EIB mit wirtschaftspolitischen Auflagen versehene Stützungskredite. (Zu den Aufgaben der Institutionen der EU und ihrer Stellung zueinander s. Schaubild 5).

Von diesen Organen erhalten mit der Europäischen Verfassung (s. oben unter I. 2) den offiziellen Rang von Institutionen:
– das *Europäische Parlament*
– der *Rat*
– die *Kommission*
– der *Europäische Gerichtshof*
– der *Europäische Rechnungshof*
– die *Europäische Zentralbank*
– der *Europäische Rat*.

II Die Institutionen und Organe der EU

Schaubild 5: Die Institutionen und Organe der Europäischen Union

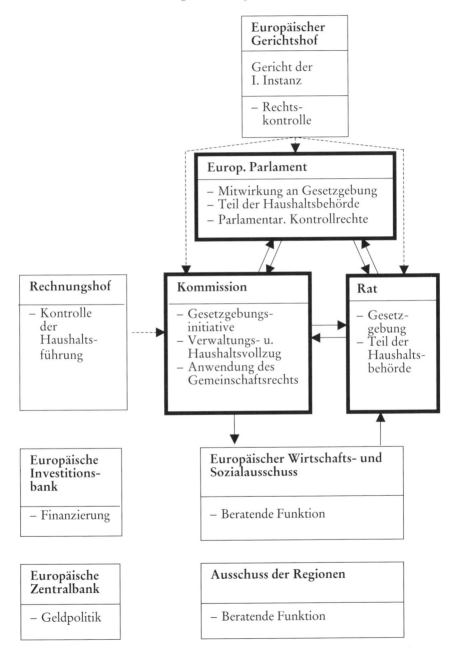

III Die Institutionen und Organe der EU im Einzelnen

1 Der Rat der Europäischen Union

Conseil de l'Union Européenne
175, rue de la Loi, 1048 Brüssel, Belgien;
Tel 00 32-2/2 85-61 11 bzw. 2 85-(+Durchwahl); Fax 00 32-2/2 85-73 97/81;
e-mail public.info@consilium.eu.int
http://europa.eu.int
http://ue.eu.int/de/summ.htm

1.1 Rechtsgrundlage und Zuständigkeiten

Für die drei 1951 bzw. 1957 gegründeten europäischen Gemeinschaften war zunächst jeweils ein getrennter Ministerrat eingesetzt worden. Mit Wirkung vom 1. 7. 1967 trat gemäß Artikel 1 ff. des Vertrags zur Einsetzung eines gemeinsamen Rats und einer gemeinsamen Kommission der Europäischen Gemeinschaften (so genannter »Fusionsvertrag«) vom 8. 4. 1965 (ABl. Nr. 152 vom 13. 7. 1967, Seite 2) an die Stelle der drei Räte ein gemeinsamer Rat. Zusammensetzung, Organisation und Aufgaben sind nunmehr geregelt in Art. 202 ff. EG-Vertrag.
Der Rat ist das eigentliche Entscheidungsorgan der EU. Er legt die Leitlinien für die Gemeinschaftspolitik fest und trifft alle wesentlichen Entscheidungen in Form von Richtlinien, Verordnungen und Einzelfallentscheidungen; daneben fasst er Beschlüsse (Entscheidungen sui generis), gibt – unverbindliche – Empfehlungen und Stellungnahmen ab und fasst – nur politisch bindende – Entschließungen. Im Bereich des EG-Vertrags und des EAG-Vertrags entscheidet der Rat über bindende Rechtsakte auf Vorschlag der Kommission unter Mitwirkung des Europäischen Parlaments und nach Anhörung des Wirtschafts- und Sozialausschusses und des Ausschusses der Regionen. Ohne einen entsprechenden Vorschlag der Kommission ist es dem Rat verwehrt, rechtsetzend tätig zu werden. Die Initiative des Rats ist darauf beschränkt, die Kommission nach Artikel 208 EG-Vertrag bzw. 122 EAG-Vertrag aufzufordern, ihm die nach seiner Auffassung zur Verwirklichung der Ziele der Gemeinschaft geeigneten Vorschläge vorzulegen.
(Nach dem EGKS-Vertrag lag die Befugnis zum Erlass von bindenden Rechtsakten weitgehend bei der Kommission, während dem Rat (formal) lediglich ein Zustimmungsrecht eingeräumt war.)
In welchen Bereichen der Rat bindende Rechtsakte erlassen kann, folgt aus den materiell-rechtlichen Regelungen der Gründungsverträge (*Prinzip der begrenzten Einzelfallermächtigungen*). Von Bedeutung ist allerdings die »*Lückenfüllungskompetenz*« des Artikels 308 EG-Vertrag und des Artikels 203 EAG-Vertrag, nach denen der Rat (zusammen mit der Kommission) alle zur Erreichung der in den Gründungsverträgen ausdrücklich genannten Ziele der Gemeinschaft erforderlichen Maßnahmen treffen kann.

1.2 Organisation und Arbeitsweise

1.2.1 Allgemeine Darstellung

Der Rat setzt sich aus den Vertretern der Mitgliedstaaten zusammen. Jede Regierung entsendet eines ihrer Mitglieder. Als Regierungsvertreter gelten kraft Übung – unabhängig davon, ob sie nach innerstaatlichem Recht Kabinettsrang haben oder nicht – die Minister und die Staatssekretäre.
Der Europäische Rat von Sevilla hat im Juni 2002 eine Reihe von Entscheidungen getroffen, mit denen die Arbeitsweise des Rats im Hinblick auf die jüngste Erweiterung effizienter gestaltet werden sollte. Der Rat tagt in der Formation »*Allgemeine Angelegenheiten und Außenbeziehungen*« (dann werden die Delegationen der Mitgliedstaaten, die in der Regel fünf bis sieben Personen umfassen, von den Außenministern oder ihren Stellvertretern geleitet) oder als *Fachministerrat* (dann werden die Delegationen von den jeweiligen Fachmi-

nistern oder ihren Stellvertretern geleitet). Die Zahl der Fachminister-Räte wurde auf 8 reduziert (Wirtschaft und Finanzen; Justiz und Inneres; Beschäftigung, Sozialpolitik, Gesundheit und Verbraucherschutz; Wettbewerbsfähigkeit (Binnenmarkt, Industrie und Forschung); Verkehr, Telekommunikation und Energie; Landwirtschaft und Fischerei; Umwelt; Bildung, Jugend und Kultur). Der Rat tagt etwa achtzigmal pro Jahr. In den Monaten April, Juni und Oktober finden die Ratstagungen in Luxemburg statt, während des restlichen Jahres in Brüssel. Der Rat wird von seinem Präsidenten oder auf Antrag eines Mitgliedstaates oder der Kommission einberufen. Vorgaben für die Arbeiten des Rates liefert das vom Europäischen Rat (erstmalig im Dezember 2003) aufgestellte mehrjährige Strategieprogramm für die jeweils nächsten drei Jahre. Auf dieser Grundlage beschließt der Rat »*Allgemeine Angelegenheiten und Außenbeziehungen*« jeweils ein operatives Jahresprogramm, dem eine Liste der indikativen Tagesordnungen der verschiedenen Ratsformationen beigefügt wird.

Die *Präsidentschaft im Rat* wechselt turnusmäßig alle sechs Monate zwischen den Mitgliedstaaten. Die *Ratspräsidentschaften* wurden bis zum Jahr 2006 in folgender Reihenfolge festgelegt:

Jahr	1. Hälfte	2. Hälfte
2005	Luxemburg	Vereinigtes Königreich
2006	Österreich	Finnland

Ab 2007 werden drei Länder gemeinsam den EU-Vorsitz führen, wobei jede Dreiergruppe aus einem großen, einem kleinen Mitgliedstaat sowie mindestens einem neuen Mitgliedstaat bestehen wird.

Die Präsidentschaft versteht sich als objektiver Sachwalter des gemeinschaftlichen Interesses; von ihr hängt entscheidend ab, welche Fragen behandelt werden und zu welchen Ergebnissen die Beratungen führen.

Der Europäische Rat von Sevilla hat im Juni 2002 beschlossen, dass künftig ein Teil der Ratstagungen öffentlich sein soll. Dies gilt allerdings nur für Beratungen des Rates über Rechtsakte, die nach dem Verfahren der Mitentscheidung gemeinsam mit dem Europäischen Parlament erlassen werden, und dies auch nur in der Anfangsphase der Beratungen sowie in der letzten Phase, d. h. der Abstimmung und der Abgabe von Erklärungen zur Stimmabgabe.

Die Präsidentschaft wird unterstützt von einem »*Generalsekretariat*« mit Sitz in Brüssel, das in sieben Generaldirektionen gegliedert ist und als Querschnittsdienst einen Juristischen Dienst hat. Das Generalsekretariat bereitet die Ratstagungen technisch vor und sorgt für die Verbreitung der – jährlich etwa 15 000 – Ratsdokumente. (Zur Organisation des Generalsekretariats s. unten unter 1.2.2).

An der Spitze des Generalsekretariats steht der Generalsekretär und Hohe Vertreter für die Gemeinsame Außen- und Sicherheitspolitik; diesem steht ein Stellvertretender Generalsekretär zur Seite, der für die organisatorische Leitung des Generalsekretariats verantwortlich ist.

Inhaltlich werden die Ratstagungen vorbereitet auf politischer Ebene durch den *Ausschuss der Ständigen Vertreter* (AStV). In ihm sind die Mitgliedstaaten durch ihren *Ständigen Vertreter* bzw. dessen Stellvertreter vertreten. Die Ständigen Vertreter sind die EU-Botschafter der Mitgliedstaaten (vgl. dazu näher unter VII). Die – wöchentlichen – Tagungen des AStV werden auf fachlicher Ebene vorbereitet durch sachlich spezialisierte »Ratsgruppen« und »Ausschüsse«, in denen jeder Mitgliedstaat durch eine Delegation von Fachbeamten aus der Ständigen Vertretung und/oder den betroffenen Fachministern vertreten ist. Der AStV stellt damit das Scharnier dar zwischen der technischen Ebene (der Arbeitsgruppen) und der politischen Ebene (Rat). Wird auf der Ebene der Ratsgruppen/Ausschüsse bzw. des Ausschusses der Ständigen Vertreter Einigung erzielt, nimmt der Rat den Vorschlag als »A«-Punkt ohne inhaltliche Aussprache an. In einigen Fällen entscheidet der Rat bei Zustimmung aller Mitgliedstaaten im schriftlichen Verfahren.

»Ratsentscheidungen« ergehen mit Mehrheit oder einstimmig. Einstimmige Entscheidungen sind erforderlich, wo die Rechtsgrundlage für das Handeln des Rates im EG- oder EAG-Vertrag dies ausdrücklich bestimmt. In der Praxis wird allerdings seit dem so genannten »*Luxemburger Kompromiss*« von 1966 das Feld der einstimmigen Entscheidungen dadurch erweitert, dass der Rat bei entschiedenem Widerstand eines Mitgliedstaats in einer für ihn sehr wichtigen Frage (»*Veto*«) auf eine Abstimmung verzichtet, die an sich mehrheitlich erfolgen könnte. Mehrheitsentscheidungen ergehen, soweit nicht ausdrücklich etwas anderes bestimmt ist, mit einfacher Mehrheit, wobei jeder Mitgliedstaat eine Stimme hat.

In der Regel ist jedoch vorgesehen, dass die Entscheidung mit qualifizierter Mehrheit getroffen wird. Bei diesen Entscheidungen werden die Stimmen der Mitgliedstaaten gewichtet. Seit dem 1. November 2004 gilt folgende neue Stimmengewichtung im Rat, die mit dem »Vertrag von Nizza« eingeführt wurde: Deutschland, Frankreich, Italien und das Vereinigte Königreich haben je 29 Stimmen, Spanien und Polen 27, die Niederlande 13, Belgien, Griechenland, Portugal, Tschechien und Ungarn je 12, Österreich und Schweden je 10, Dänemark, Finnland, Irland, Littauen und die Slowakei je 7, Estland, Lettland, Luxemburg, Slowenien und Zypern je 4 und Malta 3 Stimmen. Zur qualifizierten Mehrheit sind 232 von insgesamt 321 Stimmen erforderlich. Die Sperrminorität beträgt mindestens 90 Stimmen. Falls die qualifizierte Mehrheit knapp ausfällt, kann jedes Ratsmitglied beantragen, nachzuprüfen, dass die Mitgliedstaaten, die dem Vorschlag zustimmen, mindestens 62 % der Gesamtbevölkerung der EU repräsentieren: wird dieser Anteil verfehlt, gilt der Beschluss als nicht angenommen.

Der Rat ist beschlussfähig, sofern mindestens die Hälfte der Mitgliedstaaten durch einen Minister oder Staatssekretär vertreten ist. Dies wird aus der Regelung abgeleitet, dass sich jedes Ratsmitglied das Stimmrecht höchstens eines anderen Mitglieds übertragen lassen kann (Artikel 206 EG-Vertrag, Artikel 120 EAG-Vertrag).

Mit dem Vertrag von Amsterdam wurde der »dritten Säule« der Europäischen Union, der Gemeinsamen Außen- und Sicherheitspolitik (GASP) stärkeres Gewicht gegeben. Die auf zwischenstaatlicher Zusammenarbeit der Mitgliedsstaaten beruhende Politik findet ihre rechtliche Grundlage in Titel V (Artikel 11 bis 28 des EU-Vertrages) und ist nicht Bestandteil der EG-Verträge. Außen- und Sicherheitspolitik verbleiben in der Zuständigkeit der Mitgliedstaaten, durch die intergouvernementale Zusammenarbeit soll sie jedoch stärker abgestimmt und koordiniert werden. In Artikel 13 Abs. (ex-Art. J. 3) des EU-Vertrages ist festgelegt, dass der Europäische Rat die Grundsätze und die allgemeinen Leitlinien der Gemeinsamen Außen- und Sicherheitspolitik bestimmt. Der Rat der Außenminister ist das Beratungs- und Beschlussfassungsorgan der GASP; innerhalb der politischen Vorgaben des Europäischen Rates trifft der Rat »die für die Festlegung und Durchführung der Gemeinsamen Außen- und Sicherheitspolitik erforderlichen Entscheidungen«, »empfiehlt dem Europäischen Rat gemeinsame Strategien und führt diese durch« und sichert »ein einheitliches, kohärentes und wirksames Vorgehen der Union« in der GASP.

Das Generalsekretariat des Rates erhält mit der GASP eine weitere Aufgabe und unterstützt den Rat und die Präsidentschaft organisatorisch. Der um den Titel »Hoher Vertreter für die Gemeinsame Außen- und Sicherheitspolitik« erweiterte Generalsekretär wird den Ratsvorsitz bei der Vertretung der Union nach außen und bei der Durchführung von Ratsbeschlüssen unterstützen. Der Europäische Rat hat von Köln hat im Juni 1999 Javier Solana für fünf Jahre zum Hohen Vertreter für die Gemeinsame Außen- und Sicherheitspolitik (»Mr. GASP«) ernannt. Im Oktober 1999 wurde Pierre de Boissieu zu seinem Stellvertreter bestimmt.

Im Rat wird des weiteren eine «Strategie- und Frühwarneinheit» mit ca. 20 Personen gebildet, die die internationale Lage verfolgt und analysiert, die Interessen der Union und mögliche Schwerpunkte der GASP ausarbeitet. Neben drei Mitarbeitern des Generalsekretariats gehören 15 Vertreter der Mitgliedsstaaten sowie je einer der Kommission und der Westeuropäischen Union (WEU) an. Außerdem hat der Rat für eine Reihe von Krisengebieten Sonderbeauftragte ernannt.

1.2.2 Das Generalsekretariat des Rates

Generalsekretär: SOLANA, Javier (56 60)
Stellvertretender Generalsekretär:
DE BOISSIEU, Pierre (62 15)

Dem Generalsekretär unmittelbar unterstellt:

Strategieplanungs- und Frühwarneinheit
Direktor: HEUSGEN, Christoph (54 30)
- Task Force „Europäische Sicherheits- und Verteidigungspolitik (ESVP)"
  WEISSERTH, Hans-Bernhard (58 48)
- Task Force „Westlicher Balkan/Mitteleuropa"
  Direktor: LEHNE, Stefan (53 27)
  ALIBERTI, Giorgio (80 37)
  MÜLLER, Stephan (80 36)
  OSTRAUSKAITE, Ruben (66 51)
  SOHLSTRÖM, Torbjörn (58 44)
  STADLER, Sabina (74 16)
- Task Force „Lagezentrum/Krisenstab"
  PAPACONSTANTINOU, Andreas (58 40)
  TAMMSAAR, Rein (52 32)
  WIEDENHOOF, Andreas (54 82)
- Task Force „Horizontale Fragen-Lateinamerika"
  Abteilungsleiter: PASCUAL DE LAPARTE, Nicolás (53 22)
- Task Force „Mittelmeerraum/Barcelona-Naher Osten"
  Abteilungsleiter: CHARLAT, Pascal (53 24)
  ALVAREZ BARTHE, Antonió (58 22)
  HLADIK, Petr (51 86)
  LARSSON, Björn (94 15)
  VASSALLO, Julian (36 79)
- Task Force „Afrika"
  VERVAEKE, Koen (97 34)
  CÉSAR DAS NEVES, Jorge (2 35-39 86)
  MANAHL, Christian (51 94)

TATÁR, Gyöigy (2 35-36 78)
- Task Force „Europa (neue Nachbarn), Zentralasien, Transatlantische Beziehungen"
  Abteilungsleiter: VAN RIJ, Cornelis (53 28)
  HARTZELL, Carl (80 36)
  APALS, Gints (55 01)
  BOE PEDERSEN, William (53 20)
- Task Force „Asien"
  HOLTBY, Christopher (58 50)
  KOZLOWSKI, Tomasz (2 35-36 80)

Militärstab
PERRUCHE, Jean-Paul (59 90)
HERREWEGHE, Jean-Perre (58 88)

Gemeinsames Lagezentrum der EU
Direktor: SHAPCOTT, William (58 24)
BECKER, Gred (58 51)
CAMACHO TRENADO, Jesus (58 51)
CLAUSEN, Lars (58 51)
CLAUSS, Jan-Friedemann (58 36)
EBNER, Gerolf (58 51)
EKFELDT, Fredrik (71 32)
ENGELL-HANSEN, Johnny (85 61)
FASANELLA, Angelo (85 61)
GARCÍA TORREGROSA, Luis (58 38)
GRÖZINGER, Hilmar (58 51)
LEAL CANO, Juan (58 33)
MUNKS, Robert (58 35)
PARIKKA, Lauri (56 15)
ROCHET, Alain (58 51)
SANDSTRÖM, Per (58 37)
SPRONK, Robert (58 14)
SUVIKAS, Risto (58 51)

Kommunikationszentrum
Abteilungsleiter: PORZIO, Giorgio (61 02)
SDOUGAS, Michel (80 40)

Fragen der Sicherheitshomogenisierung
SCOTT, Alex (98 34)

Dem Generalsekretär und Stellvertretenden Generalsekretär unmittelbar unterstellt:

Direktion "Allgemeine politische Fragen„
Stellvertretender Generaldirektor:
KELLER-NOËLLET, Max J. (74 17)

Direktion "Allgemeine politische Fragen"
- Sitzungen
ZBYSZEWSKI, Georges (76 59)
- Coreper I, Gruppe „Mertens"
NEISSE, Jürgen (70 97)
- Coreper II, Gruppe "Antici„
GILLISSEN, André (85 14)
- Coreper II, Gruppe Antici
Berater: MILTON, Guy (85 19)
TSOUTSOPLIDES, Constantinos (63 58)

Sicherheitsbüro
Abteilungsleiter: LEGEIN, Alexandro (85 17)

Interne Rechnungsprüfung
Abteilungsleiter: VAN HÖVELL, François (72 68)
AMRI, Mohammed (50 71)
BRANCO, Paulo (54 84)
MORALES MARTIN, Enrique (64 15)
QUERTON, Gertrud (75 82)
TERRANA, Nathalie (32 85)

Datenschutz
VERNHES, Pierre (90 09)

INFOSEC – Sicherheit für Informationssysteme
VAN ESSEN, Ulrich (98 40)
KARADIMITROPOULOS, Ioannis (55 16)
LEONNETT, Sébastien (55 38)
MANENTI, Bartolomeo (76 45)
MANTÉ, Thierry (50 87)
SCHOMBURG, Bernd (64 48)

Prävention
BLEYAERT, Eric (82 43)
DHAEYER, Guy (54 56)

Mit der Verwaltungsreform beauftragte Dienststelle
Generaldirektor: LEPOIVRE, Marc (82 67)
DELANEY, Nessa (73 44)
GÓMEZ DE MAYOR ROJAS, Helio (69 46)

Kabinett des Generalsekretärs
Kabinettchef des Generalsekretärs/Hohen Vertreters, Direktor: SCHIAVO, Leonardo (55 72)
Stellvertretender Kabinettchef des Generalsekretärs/Hohen Vertreters (GASP, Verbin-

dung zur Strategieplanungs- und Frühwarneinheit), Abteilungsleiter: SERRANO DE HARO, Pedro Antonio (55 72)
Persönliche Vertreterin des Generaldirektors/Hohen Vertreters,
Direktorin: GIANNELLA, Annalisa (80 44)
Koordinator für Terrorismusbekämpfung:
DE VRIES, Gijs
Kabinettchef des Stellvertretenden Generalsekretärs: GALLOWAY, David (61 94)
Berater: REIDERMANN, Paul (87 04)
KAESSNER, Ralph (94 22)

Juristischer Dienst
Generaldirektor und Rechtsberater des Rates:
PIRIS, Jean-Claude (62 27)
Stellvertretender Generaldirektor: N. N. (61 11)
Assistentin des Generaldirektors:
BLANCHET, Thérèse (87 75)

Team I:
Binnenmarkt, Industrie, Telekommunikation, Tourismus, Energie, Katastrophenschutz, Forschung, Transeuropäische Netze, Verkehr, Sozialfragen, Kultur, Bildung, Jugend, Regionalpolitik, Umwelt, Harmonisierung der Lebensmittelvorschriften, Verbraucherschutz, Gesundheit, Wettbewerbsregeln/Öffentliche Aufträge
Direktor: JACQUÉ, Jean-Paul (62 26)
Direktor: HUBER, Jürgen (73 48)
Abteilungsleiter: LOPES-SABINO, Amadeu (71 09)
Abteilungsleiter: HOFF-NIELSEN, Bjarne (62 65)
Rechtsberater: GIORGI, Maria-Cristina (64 59)
Rechtsberater: LO MONACO, Anna (83 42)
Rechtsberater: KARLSSON, Eva (79 83)
VEIGA, Madalena (53 29)
- Rechtsetzung im Rahmen des Mitentscheidungsverfahrens
CORTES, César (61 14)
Berater: FEENEY, Aidan (92 84)
LAGERGREN, Per (93 03)
MAMMONAS, Dimosthenis (54 63)

Team II:
Landwirtschaft, Fischerei, Wirtschafts- und Währungspolitik/WWU, Steuern, freier Kapitalverkehr, Strukturfonds sowie ganz allgemein alle vom AStV (2. Teil) vorbereiteten Themen, für die der Rat „Wirtschafts- und Finanzfragen" zuständig ist
Direktor: MIDDLETON, Timothy (79 19)
Rechtsberater: MONTEIRO, Jorge (85 33)
Rechtsberaterin: BALTA, Maria (49 69)
Rechtsberaterin: COLAERT, Anna-Maria (83 65)
Rechtsberater: RUGGERI LADERCHI, Francesco (54 85)
Rechtsberater: GIJÓN, Fernando Florindo (61 96)

Team III:
Auswärtige Beziehungen (einschließlich GASP, Entwicklungszusammenarbeit, AKP, alle Fragen betreffend internationale Übereinkünfte und die Beziehungen zu den internationalen Organisationen) und Erweiterung
Direktor: GOSALBO BONO, Ricardo (62 59)
Abteilungsleiter: VAN HEGELSOM, Gert-Jan (57 47)
Rechtsberater: CANGA FANO, Diego (76 62)
Rechtsberater: BISHOP, Michael (83 03)
Rechtsberaterin: KYRIAKOPOULOU, Sofia (82 21)
Rechtsberater: MARQUARDT, Stephan (84 70)
Rechtsberater: MARHIC, Gilles (50 23)
CHARBOUREAU, Éric (50 24)

Team IV:
Institutionelle Angelegenheiten, Haushaltsplan
Direktor: MAGANZA, Giorgio (79 50)
Abteilungsleiter: VAN CRAEYENEST, Felix (74 27)
Abteilungsleiter: ARPIO SANTACRUZ, Marta (61 83)
Rechtsberater: BAUER, Martin (83 41)
Rechtsberater: DÍEZ PARRA, Ignacio (83 13)
Rechtsberater: ANTON, Frédéric (87 80)

Rechtsberaterin: SIMS, Moyra (78 49)
Berater: DRIESSEN, Bart (73 98)

Team V:
Justiz und Inneres
Direktor: SCHUTTE, Julian (62 29)
Abteilungsleiter: PETERSEN, Ole (71 69)
Rechtsberater: HIX, Jan Peter (78 11)
Rechtsberater: FINNEGAN, Emer (52 83)
Rechtsberater: BAUER, Martin (83 41)
Rechtsberater: MICHOEL, Kristien (57 02)
Rechtsberaterin: SIMM, Marion (51 23)
Rechtsberaterin: GIGLIO, Giovanna (55 45)

Team VI:
Interinstitutionelle Beziehungen
Direktor: WALL, Frank (80 55)

Institutionelle Angelegenheiten und Konsultationen
GARABELLO, Roberta (60 41)
POZZANI, Elena (64 40)
JANSSEN, Micheline (63 16)
– Konsultationen
 REBUT, Marie (50 49)
 LIPPE, Ingeborg (82 79)

Gruppe Allgemeine Angelegenheiten, Anfragen des Parlaments, Beziehungen zum Wirtschafts- und Sozialausschuss und zum Ausschuss der Regionen; Anfragen des Parlaments
– Anfragen des Parlaments
 CRESTE, Nathalie (83 17)
– Wirtschafts- und Sozialausschuss und Ausschuss der Regionen
 BERGER, Hartmut (73 05)
– Parlamentarische Angelegenheiten
 SCHULTE NORDHOLT, Leo (84 83)
 CAMINO YOLDI ERICE, María (70 09)

Informations- und Dokumentationsstelle
Rechtsberater: MAVRAKOS, Christos (71 90)

Rechts- und Sprachsachverständige
Leiter der Gruppe der Rechts- und Sprachsachverständigen: GALLAS, Tito (74 74)
Botschaftsrat: BORCHERS, Klaus (76 31)
FROHN, Rainer (72 18)

- Spanische Abteilung
  RAMOS RUANO, Germán (78 12)
  SUBRA ALFARO, José María (60 79)
- Dänische Abteilung
  ADSERBALLE, Anne Cecilie (99 83)
  VILSTRUP, Henrik (65 87)
  NIELSEN, Susanne (43 94)
- Deutsche Abteilung
  KALBE, Anna Katharina (82 49)
  FICHTELMANN, Arved (64 93)
  SAILE, Christoph (95 06)
- Griechische Abteilung
  ANGELOPOULOS, Georgios (75 92)
  VARFI, Aikaterini-Zoi (97 60)
  ZAHARIOU, Despina (66 08)
- Englische Abteilung
  MORGAN, Joseph (69 39)
  ROBERTSON, Colin (81 99)
  SWANNELL, Giles (66 78)
- Französische Abteilung
  GUICHARD, Jérôme (73 40)
  ROELANDTS, Pascal (66 56)
  VERNIER, Marie-Jeanne (72 58)
- Italienische Abteilung
  DELLA TORRE, Constantino (78 81)
  GUGGEIS, Manuela (83 59)
- Niederländische Abteilung
  DAALDER, Hessel (71 13)
  LUCIDI, Antonio (79 35)
  VAN DE SCHOOT, Carla (81 95)
- Portugiesische Abteilung
  BORGES, Paulo (83 71)
  CORTEZ, João (70 30)
  LOPES CARDOSO, Isabelle (78 79)
- Finnische Abteilung
  BJÖRKLUND, Jan-Erik (84 87)
  ERNO, Heikki (60 18)
  STENQVIST, Unnukka (85 78)
  RYTÖHONKA, Risto (60 23)
- Schwedische Abteilung
  MARNE, Cecilia (85 76)
  MATTSSON, Jarl (86 38)
  RÄDESTAD, Isabelle (66 56)
- Tschechische Abteilung
  FALTYS, Jan (39 89)
  FOREJTOVÁ, Dita (52 35)
  PEKAR, Radovan (52 12)
- Estnische Abteilung
  RAHNU, Ann (52 02)
  SUTT, Mari (52 04)
- Lettische Abteilung
  EGLITE, Ilze (52 05)
  LEJASISAKA, Leva (51 47)
- Litauische Abteilung
  JOKUBAUSKAITE, Jurgita (51 29)
  PAKSAS, Audrius (52 29)
  VAICIUKAITE, Jurate (52 28)
- Ungarische Abteilung
  FELKAIJ JANSSEN, Zsuzsanna (52 27)
  HORVÁTH, Krisztina (97 51)
  LÖVENBERG, Viktoria (51 22)
- Maltesische Abteilung
  AGIUS, Peter (52 36)
  SALIBA, Paul (51 96)
  SCHUSTER, Tzeitel (52 31)
- Polnische Abteilung
  ZIELESKEIWCZ, Katarzyna (52 33)
  PAWLUSIEWICZ, Maciej J. (61 11)
- Slowenische Abteilung
  BRACIC, Ana (52 13)
  PEDICEK, Matei (51 27)
  SENK, Polona (52 11)
- Slowakische Abteilung
  BRANDNANSKA, Beata (39 88)
  GLINDOVÁ, Nikoleta (39 87)
  KAVCOVA, Adriana (51 98)
- Kodifikateure
  GOMEZ-REINO, Sara (83 31)
  REINARTZ, Kirsti (75 93)

GENERALDIREKTION A:
Personal und Verwaltung
Generaldirektor: GRIFFO, Vittorio (65 40)
Assistent des Generaldirektors: HELLWIG, Dirk (69 58)
Sonderberater des Generaldirektors,
Abteilungsleiter: GROSJEAN, Gérard (75 76)

Direktion IA:
Humanressourcen
Direktor: SCHILDERS, Dirk (99 98)

Tel 00 32-2/2 85-61 11

- Personal, Mobilität, Einstellungen, Praktikanten
  SOLANI, Marco (81 66)
- Berufliche Fortbildung
  MORELLI, Serenella (75 68)
- Laufbahnen und Verbesserung der beruflichen Fähigkeiten
  ROSSI AZEVEDO, Liisi (86 40)
- Koordinierung der Systeme
  MC LOUGHLIN, Marc (85 75)

Direktion IB:
Personal und Verwaltung
Direktor: RADAUER, Leopold (89 15)
Stellvertretende Direktorin: SANTOS, Maria Augusta (70 27)

Berater der Direktion: Studien, Organisation, Streitsachen, Statuts- und Verwaltungsfragen; paritätische Organe; Beziehungen zu den Personalvertretern
Abteilungsleiter: N. N.
(66 54)
PILETTE, Alain (89 89)
CHAVRIER, Matthieu (89 68)
VIDAL, Paulo (58 02)
KAPNOPOULOU, Elissavet (50 66)

Informatik
DEMONCEAU, Philippe (75 36)

Krankenversicherung, Unfallversicherung, interinstitutionelle Beziehungen im Statusbereich, Vorrechte und Befreiungen
DULBECCO, Daniel (74 28)

Ärztlicher Dienst
Vertrauensarzt: GARCÍA PÉREZ, Manuel (69 70)
KLEPANDY, Anne Marie (63 15)

Personalverwaltung
Abteilungsleiter: CRÉTIEN, Yves (65 85)

Personal/Verwaltung, Planstellen, Einstellungen, Beurlaubungen, Ruhestand
Stellvertreter des Abteilungsleiters:
MOYA MURCIA, Benjamín (60 75)
SWIDA, Anna (30 75)

Gehälter, Dienstreisen
BOGAARDT, Maarten (73 46)
PEREIRA LAGOS, Bruno (49 25)

1 Der Rat

Direktion II:
Konferenzen, Organisation, Infrastruktur, Informationstechnik
Direktor: ELLIS, Stephen (76 24)

Konferenzen
WADLEY, Jennifer (74 77)
WALDRON, Michael (71 84)
PABSCH, Tobias (62 35)

- Konferenzen/Ausrichtung offizieller Essen
  DI FIORE, Alain (82 65)
- Außenbeziehungen
  MARANGAKI, Kalliopi (99 54)
- Konferenzen: Restaurants
  COCHI, Stefano (75 83)
- Konferenzen: Missionen
  N. N. (61 11)
- Konferenzen: Sitzungsplanung
  MARTINS, Teresa (78 25)
- Konferenzen: Technik, Logistik
  COLOT, André (65 93)
- Konferenzen: Amtsboten, Tagungsräume, Pförtner
  VANSCHOENWINKEL, Albert (64 05)
- Reisebüro, Spesen der Delegierten
  MARTINS, João (80 53)

Informationstechnik
Abteilungsleiter: GRENZHÄUSER, Hans-Werner (64 62)

- Verwaltungskontrolle, Verwaltung
  RUBIO, Antonio (65 74)
  PLAS, Jan (69 23)
  DALOZE, Thierry (91 86)
- Anwendungen in der Verwaltung
  DERMIENCE, Pascal (87 25)
  DETHIER, Jean-Claude (72 89)
  DUYM, Frederik (66 60)
  GANZINI, Maria-Elisa (78 73)
  GHERUS, Maria (76 55)
  HOLZHAUER, Gerd (78 22)
  LIBBRECHT, Mieke (82 88)
  ROSSI, Franco (75 19)
  SUETENS, Luc (87 56)
  VANDEPUTTE, Jean-Marie (72 00)
  YACOUB, Vincent (87 21)
- Anwendungen in der Produktion
  DI ROSA, Laura (73 67)

FEYAERTS, Guido (92 81)
GIANNOPOULOS, Nikos (48 99)
KARRAS, Achilleas (53 17)
KEALEN, Antoinette (77 86)
KUBICECK, Nikola (85 36)
LAMALLE, Bénédicte (82 04)
LAMMERS, Johan (86 09)
LUYCKX, Benedikt (79 58)
VLEMINCKX, Philippe (71 38)
- Macintosh-Anwendungen
SCHULTZ-NIELSEN, Erik (73 72)
- Netze und Telekommunikation
CURIONI, Donato (95 81)
D'ALMEIDA, Kalenga (54 60)
GORDEBEKE, Paul (67 62)
SIMAL, Jean-Louis (81 56)
SPRENGERS, Daniel (73 99)
VAN DEN BRANDE, Marc (60 62)
WICHERT, Dietmar (79 68)
- Benutzerhilfe
COELHO, Henrique (81 67)
GISSI, Luciano (81 10)
MERCKX, Chris (81 68)
SØRENSEN, Toni (63 38)
VAN ELDEREN, Didier (61 78)
HOOGERVORST, Frank (99 36)
LAMOTTE, Claudine (92 95)
HATZOPOULOS, Konstantinos (83 47)
CORLIANO, Salvatore (68 15)

Logistische Dienste
Abteilungsleiter: KOLTZ, Michel (56 59)
- Beschaffungswesen
VANBEVER, Jean-Claude (63 78)
- Materialverwaltung
N. N.
- Fahrerdienst
HUAUX, Jean-Claude (78 83)
- Büromaschinen
JESPERS, Edgard (66 43)

Restaurant
SCEBBA, Graziella (66 69)

Gebäude
Abteilungsleiter: BURGERS, Johan (71 74)
- Verwaltung und Bewirtschaftung
RULLKOETTER, Ingrid (64 30)

- Gebäudepolitik und Projekte
MAGNETTE, Stéphan (60 61)
VAN HOOLST, Kristin (54 54)
BONTE, Christian (50 10)
COVA, Luigi (99 04)
- Technische Verwaltung und Ausstattung
MÜLLER, Heinrich (66 47)

Direktion III:
Übersetzung und Herstellung der Dokumente
Direktorin: LACERDA, Margarida (72 05)

Arbeitsmethoden und -mittel
O'BRIAN, Brendan (77 17)

Sprachendienst
Abteilungsleiter: BAES, Hendrik (77 89)
- Terminologiedienst
N. N. (61 11)
- Dänische Abteilung
Abteilungsleiterin: TRUELSEN, Annelise (74 47)
Berater im Sprachendienst: JENSEN, John (75 44)
- Deutsche Abteilung
Abteilungsleiterin: VON STEINBURG GRIFFO, Karin (67 66)
Berater im Sprachendienst:
ERDLENBRUCH, Hans (78 95)
- Englische Abteilung
Abteilungsleiter: BURDON, Christopher (76 15)
Berater im Sprachendienst: MC AULEY, Hans (77 13)
- Estnische Abteilung
Abteilungsleiter: ILJA, Merit-Ene (39 68)
Berater im Sprachendienst: GOEBEL, Pia (85 68)
- Finnische Abteilung
Abteilungsleiter: KIVELÄ, Pirjo (86 36)
Berater im Sprachendienst: MALM, Hellevi (86 44)
- Französische Abteilung
Abteilungsleiter: BONESIRE, Eddie (77 56)
Beraterin im Sprachendienst: ROOS, Jean (71 27)

- Griechische Abteilung
  Abteilungsleiter:
  KONSTANTINOPOULOS, Christos
  (73 23)
  Berater im Sprachendienst: TSIRIMOKOS,
  Angelos (67 58)
- Italienische Abteilung
  Abteilungsleiter: CERNOIA, Claudio
  (68 26)
  Beraterin im Sprachendienst: SERRA,
  Lauretta (72 47)
- Lettische Abteilung
  Abteilungsleiter: N. N.
  Berater im Sprachendienst: BERGQVIST,
  Ulla (85 96)
- Litauische Abteilung
  Abteilungsleiter: TICHONOVA, Viktorija
  (36 65)
  Berater im Sprachendienst: BERGQVIST,
  Ulla (85 96)
- Maltesische Abteilung
  Abteilungsleiter: SALIBA, Paul (51 96)
  Berater im Sprachendienst: GALIANI,
  Daniela (76 56)
- Niederländische Abteilung
  Abteilungsleiter: RENARD, Stefaan (72 80)
  Berater im Sprachendienst: WEYMEIS,
  Patrick (74 48)
- Polnische Abteilung
  Abteilungsleiter: ZACZYKIEWICZ,
  Jaroslaw (38 86)
  Berater im Sprachendienst: GALIANI,
  Daniela (76 56)
- Portugiesische Abteilung
  Abteilungsleiterin: N. N.
  Berater im Sprachendienst:
  VASCONCELOS, João (70 25)
- Slowakische Abteilung
  Abteilungsleiter:
  KRÁTKA-PAVLOWSKA, Eva (37 64)
  Berater im Sprachendienst: SORALAHTI,
  Paula (91 46)
- Slowenische Abteilung
  Abteilungsleiter: N. N.
  Berater im Sprachendienst: GALIANI,
  Daniela (76 56)

- Spanische Abteilung
  Abteilungsleiter: PÉREZ VIDAL,
  Alejandro (61 05)
  Berater im Sprachendienst: CAMPOS
  VALLS, Manuel (71 08)
- Schwedische Abteilung
  Abteilungsleiter: LUNDGREN, Bertil
  (86 35)
  Berater im Sprachendienst: WELANDER,
  Björn (86 73)
- Tschechische Abteilung
  Abteilungsleiter: N. N.
  Berater im Sprachendienst: SORALAHTI,
  Paula (91 46)
- Ungarische Abteilung
  Abteilungsleiter: N. N.
  Berater im Sprachendienst: GOEBEL, Pia
  (85 68)

Sekretariatsdienst
- Griechischer Dienst
  SAINE, Marjukka (86 61)
- Spanischer Dienst
  TAPIAS I BADIAS, Margarita (65 55)
- Dänischer Dienst
  SØRENSEN, Grethe (68 35)
- Deutscher Dienst
  KOLLER, Sonja (68 56)
- Griechischer Dienst
  DE DONCKER, Carina (64 33)
- Englischer Dienst
  GILABERT, Joyce (68 70)
- Französischer Dienst
  VALENTE, Geneviève (68 48)
- Italienischer Dienst
  KHAMAL, Silvia (68 28)
- Niederländischer Dienst
  HEITING, Christine (67 85)
- Portugiesischer Dienst
  FERNANDES, Ana (80 28)
- Finnischer Dienst
  HELLE, Risto (86 91)
- Schwedischer Dienst
  WINOY, Marianne (77 65)

III Die Institutionen und Organe der EU Tel 00 32-2/2 85-61 11

Zentrale Koordination
Abteilungsleiter: HOLLISTER, David
(2 35 43 99)

Kontrollturm
HOLLMAN, Jean-Marie (76 37)

Sprachkoordination
UNWIN, Andrew (61 53)

Büro für Abkommen
EVANS, Philip (73 50)

Büro für Verschlusssachen
OLIVIER, Gabriel (62 80)

Produktionstechnische Dienste
JACOBSEN, Ida (82 10)

Direktion IV:
Finanzen
Direktor: MARIGUESA, José Antonio
(60 58)

Haushaltsverwaltung
Abteilungsleiter: GILBERS, Johannes (98 91)

Koordinierung der Beschaffungen
WELIN, Göran (66 64)
ZANGAGLIA, Sergio (80 62)
RAGIONE, Carmen (48 15)

Buchführung
SCHELLING, Piet (49 67)

Projekte und Finanzierungen
Abteilungsleiter: BRISMEZ, André (59 01)
BOUCHER, Thierry (65 69)
VRIES, Jacob (56 19)

GENERALDIREKTION B:
Landwirtschaft; Fischerei
Generaldirektor: BOIXAREU CARRERA,
Ángel (62 34)

Direktion I:
Marktorganisation, Veterinär- und
Pflanzenschutzfragen (einschließlich
internationaler Aspekte)
Direktor: MAZZASCHI, Luigi (75 71)

Erzeugnisse tierischen Ursprungs sowie
Veterinär- und Pflanzenschutzfragen (einschließlich internationaler Aspekte in Zusammenhang mit diesen Sektoren
Abteilungsleiter: ADELBRECHT, Georges
(66 23)
TRUQUET, Laurent (83 23)
MICMACHER-GRANDCOLAS, Carole
(53 89)

Internationale und horizontale Aspekte der
GAP, insbesondere System der Direktzahlungen und Waren pflanzlichen Ursprungs
Abteilungsleiter: CULLEY, Paul (61 97)
HOLSTEIN, Hans Joachim (85 18)
SABSOUB, Jean-Pierre (72 28)
THEODOSSIADIS, Stella (83 27)

Direktion II:
Landwirtschaftliche Strukturen;
agrarmonetäre und -finanztechnische
Fragen; Pflanzenschutz; ökologische
Erzeugnisse
Direktor: MATUT ARCHANCO, Francisco
Javier (66 26)

Finanztechnische und agrarmonetäre Fragen,
Verbesserung der Überwachungsmöglichkeiten, nationale Beihilfen, Wälder, landwirtschaftliche Strukturen und Statistiken, ländliche Entwicklung, Agrarumfeld, genetische Ressourcen
MIER, Juan (74 09)
DAUTZENBERG, Robert (70 89)
STRÖMHOLM, Christina (60 04)

Lebensmittelsicherheit, Grundsatz der Vorsorge, Codex Alimentarius, Lebensmittelqualität, Rückstände von Schädlingsbekämpfungsmitteln, Pflanzenschutz, ökologische Erzeugnisse
Abteilungsleiter: SCHOBER, Marc (64 50)
LANDON, Philip (49 66)
TÖLLIKKO, Kari (78 41)
ATAZ, Antonio (49 64)

Direktion III:
Fischereipolitik (einschließlich auswärtiger
Beziehungen)
Direktor: WALL, Frank (80 55)

Strukturpolitik; Marktorganisation; Mittelmeerraum; Beziehungen zu den Ländern Afrikas, des Indischen Ozeans und Lateinamerikas; Antarktis
RIKKONEN, Leni (87 23)
SKOVSHOLM, Klaus (83 79)

Politik der Bewirtschaftung und Erhaltung der Ressourcen; Überwachung der Fischereitätigkeit; Beziehungen zu den Ländern Nord- und Osteuropas und Nordamerikas; internationale Fischereiorganisationen für den Nordatlantik und die Ostsee; Forschung
Abteilungsleiter: TEIXEIRA DA COSTA, Luis (98 08)
ABAD MENÉNDEZ, Mariano (50 93)
RAND, Geremy (56 06)

GENERALDIREKTION C:
Binnenmarkt; Wettbewerbsfähigkeit; Industrie; Forschung; Energie; Verkehr; Informationsgesellschaft
Generaldirektor: GRETSCHMANN, Klaus (55 50)

Direktion I:
Binnenmarkt; Zollunion; Wettbewerb
Direktor: OLANDER, Anders (63 92)

Binnenmarktpolitik; Geistiges Eigentum; Technische Hemmnisse, Gesellschaftsrecht
Abteilungsleiter: MELLOR, Keith (66 79)
FRØIK, Christian (63 81)
KARAMOUNTZOS, Leonidas (85 46)
ANTUNES, Filipa Melo (85 70)
SVENSSON, Lars Erik (78 53)
MAURO, Massimo (61 62)
TAQUIN, Gérard (98 65)

Niederlassungsrecht und freier Dienstleistungsverkehr; Öffentliche Aufträge; Wettbewerb; Zollunion
Abteilungsleiter: SCHWAB, Klaus (72 93)
BROOKS, Stephanie (86 04)
SCHWAB, Klaus (72 93)
SEVDALI, Maria (70 91)
LEFÉBURE, Philippe (84 94)

Direktion II:
Industrie, Forschung, Energie, Atomfragen
Direktorin: HUMPHREYS ZWART, Barbara (72 15)

Energiepolitik: Energie und atomare Fragen
Abteilungsleiter: DECAESTECKER, Jean-Paul (68 07)
TEKELENBURG, Aris (55 11)
RACKOW, Ulrike (75 04)

Industrie und Tourismus, Forschung
Abteilungsleiter: ELLIS, Donald (73 62)
BRANDTNER, Thomas (70 72)
PEIPPO, Kimmo (73 63)
WEIDA, Andreas (86 05)

Direktion III:
Verkehr und Informationsgesellschaft
Direktorin: ALTEKÖSTER, Elisabeth (61 11)

Post und Telekommunikation, Informationsgesellschaft, Multimedia, HDTV, Datenschutz
Abteilungsleiter: GONZÁLES SANCHO, Emilio (62 36)
VEIVO, Eva (95 88)
PAPADOPOULOS, Anastassios (70 33)

Land-, See- und Luftverkehr
Abteilungsleiter: LAPÈRE, Luc (66 40)
PLATTEN, Nicholas (74 31)
NEQUEST, Graham (72 67)
CLAEYS, Carine (84 43)
ASANGER, Peter (51 09)

Binnenverkehr (Kraftverkehr, Eisenbahnverkehr, Binnenschifffahrt); Beziehungen zur Europäischen Verkehrsministerkonferenz
CRAS, Steven (54 83)
STOLZENBURG, Kai (76 93)

Koordinationseinheit
- Horizontale Fragen und Management
  GITONA, Anastasia (48 19)
- COST
  MESIÄ, Ulla (79 14)
  VAN RIJ, Erwin (69 43)

GENERALDIREKTION E:
Außenwirtschaftsbeziehungen;(Rat) Gemeinsame Außen- und Sicherheitspolitik – GASP
Generaldirektor: COOPER, Robert (85 52)
Stellvertretender Generaldirektor (gemeinsame Außen- und Sicherheitspolitik, Regionalfragen): VIKAS, Anastassios (62 85)
Stellvertretender Generaldirektor (europäische Sicherheitspolitik): FEITH, Pieter Cornelius (52 20)
Stellvertreterin des Generaldirektors (New York-Verbindungsbüro bei den Vereinten Nationen): STIFANI, Elda (0 01-2 12/2 92 86 08)

Koordinierung
DANIELLO, Cesira (82 53)
- Koordinierung des politischen und sicherheitspolitischen Komitees (PSK) und Berater für Außenbeziehungen
GANSLANDT, Clara (80 38)
AUSEJO MARTINEZ, Blanca (70 12)
TSCHAMPA, Friederike (56 37)
VAN ROOIJEN, Ineke (63 32)
- Politischer Dialog – Aktualisierung der GASP-Instrumente und der Website der GD
THIJS, An (53 92)
- Verwaltungsangelegenheiten
WALTER, Anne (63 48)
PAPADIMOULI, Elina (63 48)

Direktion I:
Erweiterung
Direktor: N. N. (61 11)

Erweiterung
Abteilungsleiter: KATHARIOS, Christos (75 67)
JOHNS, David (86 00)
HEMPEL, Inés (56 88)
KJELLGREN, Anders (58 01)
WILLOCKS, Elisabeth (62 16)

Europäische Abkommen
SCARAMUCCI, Gabriele (64 47)
PERTZINIDOU, Eleftheria (78 28)
LUOMAKORTES, Pia (95 95)

Direktion II:
Entwicklungsfragen
Direktor: BEL, Jacques (66 61)

Entwicklungszusammenarbeit ZIE/TZL, Nahrungsmittelhilfe, UN-Entwicklungskonferenzen über die Entwicklung der Grundstoffe
TOBIAS Y RUBIO, Andres (70 06)
TYLIACOS, Catherine (52 45)
SANTOS MOORE, Fernanda Carla (74 92)
COSTA, Alice (69 48)

AKP/ÜLG, System der allgemeinen Präferenzen
FAURE, Gianluigi (64 68)
GARCÍA PÉREZ, Maria Mercedes (64 86)
BIANCHI, Massimo (70 06)
MACDONALD, Catherine (95 59)

Direktion III:
Multilaterale Wirtschaftsangelegenheiten
Abteilungsleiter: N. N.

1. WTO, Handelspolitik
ENQVIST, Mauritz (83 01)
HOFMANN, Bert (80 98)
MATTILA, Olli (83 57)

2. Handelspolitisches Instrumentarium, Nationale Kooperationsabkommen, EGKS-Abkommen, Schiffbau, Berichte der Handelsreferenten, Messen und Ausstellungen, OECD
VISSCHER, Jacob (71 83)

3. EWR/EFTA; Schweiz, Färöer Inseln; Andorra, San Marino
KRITIKOS, Georgios (51 59)

4. Textilabkommen
HOFMANN, Bert (80 98)

Direktion IV:
Nord-, Mittel- und Südamerika; Vereinigte Nationen und Menschenrecht
Direktor: CLOOS, Jim (93 30)

Transatlantische Beziehungen
COMAMALA, Margarita (70 39)
HOEHN, Christiane (53 80)
KARLSSON, Ulf (99 84)

Vereinte Nationen, Völkerrecht
OLIVEIRA, Paulo (66 19)
KNUDSEN, Morten (74 18)

Südamerika
BUCK, Karl (75 74)
PARNISARI, Massimo (83 16)

Menschenrechte
RECKINGER, Nicole (65 15)
HAZELZET, Hadewych (68 25)

Terrorismus
PIETROBON, Elisabetta (74 35)

Direktion V:
Mittelmeerraum; Naher Osten; Afrika; Asien
Direktor: N. N.

Mittlerer Osten, Mittelmeerraum, Barcelona-Prozess
Abteilungsleiterin: SPECKBACHER, Walpurga (64 21)
BARWINKEL, Wolfgang (82 41)
ZAFIRIOU, Alexander (91 21)
OLMI, Roberto (67 78)
KAUFMANN-BÜHLER, Ruth (62 19)
ALVAREZ BARTHE, Antonio (58 22)
HLADIK, Petr (51 86)
LARSON, Bjorn (94 15)
VASSALLO, Julian (2 35-36 79)
KISLING, Sophie (77 85)

Direktion VI:
Westlicher Balkan, Osteuropa und Zentralasien, Westbalkan
MÜLLER, Stephan (80 36)
ALIBERTI, Giorgio (80 37)
OSTRAUSKAITE, Rasa (66 51)
STADLER, Sabina (74 16)
TRESSING, Stefan (85 48)
HOLM-PEDERSEN, Helene (58 44)
SOHLSTRÖM, Torbjörn (58 44)

BRJ, Kosovo, EGJM, Kroatien, Albanien, BIH
YANNIS, Allexandros (58 13)

Osteuropa und Zentralasien
Abteilungsleiter: LESKELÄ, Jukka (85 28)

MOREIRA DE SOUSA, Sofia (54 75)
HALLERGARD, Carl (54 37)
WEIDEMANN, Annika (83 34)
BARROSO SIMOES, Paolo (53 73)

Direktion VII:
Europäische Sicherheits- und Verteidigungspolitik – ESVP
Direktorin: GIANNELLA, Annalisa (80 44)

Für die Dauer des Konvents zur GD E, Direktionen VIII und IX, abgestellte Personen
CHABANSKI, Rosemary (68 93)
DORÉ, Frédéric (73 32)
FRIER, Laure (62 49)
GANSLANDT, Clara (80 38)
LEINONEN, Mika-Markus (54 86)
SILVEIRA REIS, Alda (60 93)
TANCA, Antonio (86 01)
VANONEN, Katja (81 50)

Direktion VIII:
Verteidigungsfragen
Direktor: ARNOULD, Claude-France (61 85)
Verantwortlich für Unit 1: SILVEIRA REIS, Alda (60 93)

Akademische Netze bzgl. PESD, Beziehungen zu den Drittländern
WEISSERTH, Hans-Bernhard (58 48)
– Unit 1: Kapazitäten, Rüstung, Terrorismus/PESD, Raumfahrtfragen, Unionsagenturen, Beziehungen EU/NATO, horizontale Fragen
UHER, Rainer (69 87)
HARMS, Uwe (50 12)
VRAILA, Marina (60 10)
ALHADEFF, Jan (57 99)
MATTOCKS, Sarah (60 08)
DEVROEDT, Marie-Pierre (67 46)
– Unit 2: Operationen, Team pol.-mil.
LENOIR, Didier (56 75)
REECE, Matthew (59 94)
AHERN, Giles (53 66)
BRUNS, Joachim (61 11)
GARDMARK, Johanna (61 11)
HOPE, Mandy (61 11)
VULIC, Alexandre (61 11)

- Unit 3: Unterstützung der Operationen: rechtliches, finanzielles und institutionelles Team
  Verantwortlich für Unit 3: VANONEN, Katja (81 50)
  CHRENEK, D. (58 41)
  SCHUYER, Joel (77 31)
  SELLERUP, Pia (81 50)
- Exercises
  VRAILA, Marina (60 10)
  RADEMACHER, Fritz (52 56)

Übungen und Operationen
- Operationen: Planung und politisch-militärische Unterstützung, Konzepte, Hauptquartiere, finanzielle und politische Aspekte, Ausschuss der beitragenden Länder, schnelles Eingreifen, Krisenmanagement Afrika – Übungen – Krisenmanagementverfahren, zivilmilitärische Koordination
  LENOIR, Didier (56 75)
  REECE, Matthew (59 94)
  VANONEN, Katja (81 50)
  AHERN, Giles (53 66)
  SCHUYER, Joel (77 31)
  VRAILA, Marina (60 10)

Direktion IX:
Zivile Krisenbewältigung und Koordination
Direktor: MATTHIESSEN, Michael (53 21)

Polizeireferat
ALCANTUD, Francisco Díaz (56 33)
BRUZZESE DEL POZZO, Francesco (56 35)
DAVIES, Justin (55 58)
HENRIKSEN, John (56 31)
KLYNGE, Kaspar (58 51)

Koordination
Stellvertretende Direktorin: CODY, Veronica (85 43)
- Zivile Aspekte des Krisenmanagements und der Konfliktprävention – Beziehungen zu Drittländern und internationalen Organisationen in Bezug auf Krisenmanagement – OSZE und Europarat – COSCE
  TOMAT, Stefano (56 06)
  HEDLING, Peter (56 06)
  WESTON, Alison (54 67)

- Planung und Unterstützung der Einsätze
  ALMGREN, Ola (32 71)
  ATAIDE, Pedro (32 67)
  EGUREN SECADES, Santiago (32 64)
  KOKKARINEN, Helinä (32 74)
  NOLL, Birgit (32 76)
  PORCELLI, Giuliano (32 70)
  TAIMISTO, Hannu (32 63)
  VALMARY, Jean-Baptiste (32 72)

Büro des persönlichen Vertreters des hohen Vertreters für Fragen der Nichtverbreitung
- Rüstungskontrolle, Abrüstung, Nichtverbreitung
  Referatsleiter: N. N. (61 11)
- Export konventioneller Waffen, einschließlich COARM und Verhaltenskodex, Abrüstung einschließlich CODUN, Nichtverbreitung einschließlich CONOP
  REYES ORTEGA, Tomas (39 69)
  CHABANSKI, Rosemary (68 93)

Persönliche Vertreterin des Generalsekretärs/Hohen Vertreters:
GIANNELLA, Annalisa (80 44)
- Export konventioneller Waffen, einschließlich COARM und Verhaltenskodex, Abrüstung einschließlich CODUN, Nichtverbreitung einschließlich CONOP
  BRUNET, Jean-Claude (73 81)
  COSSÉ, Didier (77 58)
  HOVE, Lene (84 72)
  KLEMENT, Stephan (83 53)
  STRUB, Andreas (83 21)

Genf – Verbindungsbüro beim Europäischen Amt der Vereinten Nationen
2, chemin Louis Dunant, **1211 Genève 20, Schweiz;**
Tel 00 41-22/9 19-74 00;
Fax 00 41-22/9 19-74 99
e-mail bureau.geneve@consilium.eu.int

Direktor, Leiter des Verbindungsbüros:
BRODIN, Jacques (00 41-22/9 19-74 08)
Stellvertreter des Direktors: HOUTTUIN, Guus (00 41-22/9 19-74 10)

WTO
LILLIEHÖÖK, Johan (00 41-22/9 19-74 04)

PETERSEN, Terkel (00 41-22/9 19-74 04)
JEMAA, Colette (00 41-22/9 19-74 07)

Menschenrechte (insbesondere Menschenrechtskommission)
ALLEN, Oliver (00 41-22/9 19-74 03)
JEMAA, Colette (00 41-22/9 19-74 07)
ATHANASOPOULOU, Anna
(00 41-22/9 19-74 42)

Humanitäre Angelegenheiten
ATHANASOPOULOU, Anna
(00 41-22/9 19-74 42)

Abrüstung
PETERSEN, Terkel (00 41-22/9 19-74 04)

WHO
LILLIEHÖÖK, Johan (00 41-22/9 19-74 04)

IAO
ALLEN, Oliver (00 41-22/9 19-74 03)

UNCTAD
PETERSEN, Terkel (00 41-22/9 19-74 04)

UNECE
ATHANASOPOULOU, Anna
(00 41-22/9 19-74 06)

Internationale Fernmeldeunion (ITU)
HOUTTUIN, Guus (00 41-22/9 19-74 10)

Verwaltungsangelegenheiten
JEMAA, Colette (00 41-22/9 19-74 07)

WIPO
ALLEN, Oliver (00 41-22/9 19-74 03)

New York – Verbindungsbüro bei den Vereinten Nationen
345 East 46th Street, 6th floor, **New York, N.Y. 10017, USA**;
Tel 00 1-2 12/2 92-86 00;
Fax 00 1-2 12/6 81 62 66

Stellvertretende Generaldirektorin: STIFANI, Elda (00 1-2 12/2 92-86 08)

Sicherheitsrat, politische Fragen, Vollversammlung: 4. Komitee
Abteilungsleiter: VITSENTZATOS, Micail
(00 1-2 12/2 92-86 03)

Vollversammlung 1., 3. Komitee und Erhaltung des Friedens, ECOSOC
RIDDY, Francesca (00 1-2 12/6 81-86 04)

Generalversammlung: 2., 5. und 6. Ausschuss uns Friedenswahrung, ECOSOC
PRESUTTI, Francesco (00 1-2 12/2 92-79 84)

Verwaltung
SOLE ANDRES, Ignacio
(00 1-2 12/2 92-86 07)

GENERALDIREKTION F:
Presse, Kommunikation; Protokoll
Generaldirektor, Protokollchef:
BRUNMAYR, Hans (91 97)

Pressedienst
Abteilungsleiter: MARRO, Dominique-George (64 23)

Vom AStV I behandelte Themen
– Umwelt, Beschäftigung und Sozialpolitik, Gesundheit und Verbraucher, Bildung, Jugend und Kultur
 MARQUES, Maria Paula (87 16)
– Landwirtschaft und Fischerei, Lebensmittelrecht
 BENHAMOU, Laurent (95 89)
– Binnenmarkt, Industrie und Forschung, Verkehr, Telekommunikation und Energie
 MARTÍNEZ-ALMEIDA, Magdalena (62 19)

Vom AStV II behandelte Themen
– Allgemeine Themen, Außenpolitik, Sicherheit und Verteidigung
 KERLEROUX, Nicolas (82 39)
– Allgemeine Themen, Wirtschaft und Finanzen und Entwicklungszusammenarbeit
 HEAD, François (60 83)
– Sicherheits- und Verteidigungspolitik
 PETROPOULOS, Stavros (83 48)
– Justiz, Inneres, Nachbereitung von Presseangelegenheiten, die in Zusammenhang mit der Koordination der Terrorismusbekämpfung entstehen.
 CARMONA-NUÑEZ, Jesus (95 48)

Presse- und Medienzentrum
GILOT-KÖHLER, Margarete (62 31)

Sprecherin des Generalsekretärs/Hohen Vertreters für die gemeinsame Außen- und Sicherheitspolitik
Abteilungsleiterin: GALLACH, Christina (64 67)
AMORIM, Luis (84 15)

Kommunikation, Informationspolitik, Interinstitutionelle Beziehungen
JIMÉNEZ FRAILE, Ramón (61 76)
- Internet, Medien, Monitoring
  SLOTBOOM, Johan (55 05)
- Veröffentlichung, Dokumentation, Beziehungen zum Amt für amtliche Veröffentlichungen
  TAVARES DA SILVA, Jorge (81 80)
- Besuche, öffentliche Veranstaltungen
  XIROUCHAKIS, Chakis (71 92)
- Transparenz, Zugang zu Dokumenten, Information der Öffentlichkeit
  THOMSEN, Jacob (94 17)
- Bibliotheken
  TINGANDER, Rita (98 64)

Kanzlei
MAURER, Eva Maria (99 56)

Haushalt
DAIDONE, Gerda (71 68)

Archive
STOLS, Willem (72 92)

Protokoll
BERTACCA, Maria Cristina (64 38)

GENERALDIREKTION G:
Wirtschaft und Soziales
Generaldirektor: KORKMAN, Sixten (62 13)

Koordinierung, horizontale Fragen und Management
ALMEIDA, Alexandra (63 13)

Direktion I:
Wirtschaftsfragen
Direktor: BLIZKOVSKY, Petr (51 30)

Wirtschaftspolitik, EIB, Eigenmittel
GALLER, Kyle (72 98)
SAN JOSÉ, Pedro (82 66)

Steuerpolitik
VAN THIEL, Servatius (66 17)
SOARES, Carlos (94 19)
MARKOPOULIOTOU, Glykeria (68 99)

Ausfuhrkredite
DERELOU, Monique (65 57)
O'LUANAIGH, Liam (73 57)

Finanzvorschriften
FILIPPINI, Jean-Luc (94 16)
NIELSEN, Bodil S. (61 95)
BRÄNNSTRÖM, Tomas (94 16)

Direktion II:
Soziale und regionale Angelegenheiten

Beschäftigung und Sozialpolitik
Abteilungsleiter: GEORGE, Andrew (73 54)
DE PUIFFERRAT, Muriel (81 35)
BLISS, Sally (85 09)
HIETANEN, Mervi (81 97)

Regionalpolitik und wirtschaftlicher und sozialer Zusammenhalt
DE BUSTAMANTE TELLO, Rafael (51 90)
BARTOL, Agnieszka (66 94)

Direktion III:
Haushalt und Finanzen
Direktor: BRYAN-KINNS, Merrick (65 83)

Haushalt/Finanzen
PORTO, Federico (97 72)
GROSSIR, Jean-Paul (81 18)
MÄKINEN, Marjatta (86 58)
SAARILAHTI, Ilkka (55 24)
BALSELLS TRAVER, Luisa (49 43)
GHIGNONE, Piera (58 86)

GENERALDIREKTION H:
Justiz und Inneres
Generaldirektor: BIZJAK, Ivan (85 05)

Direktion I

Bereich I: Asyl; Einwanderung (+ Cirea, + Cirefi, + Eurodac)
COSSU, Paolo Martino (81 13)
Direktor: GONZÁLEZ SANCHEZ, Enrique (65 46)
BUYSSENS, Erwin (53 97)
KAMPOUROGLOU, Gavriil (49 48)
LAVEAU, Danielle (64 03)
LAVICKA, Manfred (55 36)
SØRENSEN, Anne Marie (76 02)
TRONCOSO GONZÁLEZ, Guillermo (82 17)

Direktion II
Direktor: DE KERCHOVE D'OUSSELGHEM, Gilles (79 33)

Bereich II: Polizeiliche Zusammenarbeit und Zusammenarbeit in Zollfragen
Abteilungsleiter: VOS, Johannes (78 19)
BRACKE, Niels (77 91)
PENSAERT, Nathalie (54 25)

Bereich III: Justizielle Zusammenarbeit
Abteilungsleiter: NILSSON, Hans (79 51)
LIPSKA, Anna Halina (96 15)
MEJBORN, Bent (67 22)
PAULINO PEREIRA, Fernando Rui (66 21)
RABA, Kristi (89 02)
SIMANTONI, Irene (77 02)
STESSENS, Guy (67 11)

Bereich IV: SIS
Abteilungsleiter: VANDAMME, Luc (53 99)
FRESNEÑA PÉREZ, Raul (39 98)
HUYBREGHTS, Gerrit (67 12)

Horizontale Fragen (Beziehungen zu Drittländern und zum Parlament, Finanzierung des Titels VI, Ausschuss Rassismus und Fremdenfeindlichkeit)
BOT, Laetitia (89 81)
BRACKE, Niels (77 91)
PAULINO PEREIRA, Fernando Rui (66 21)
VAN DE RIJT, Wouter (54 16)

Datenschutz-Geschäftsstelle
MICHAEL, Peter (50 26)

GENERALDIREKTION I:
Umwelt- und Verbraucherschutz, Katastrophenschutz; Gesundheit; Lebensmittelrecht, Bildung und Jugend, Kultur, audiovisuelle Medien
Generaldirektorin: NIBLAEUS, Kerstin (74 21)

Direktion I:
Umweltschutz, Zivilschutz
Direktorin: GENDRON, Sabine Ehmke (85 69)

Umwelt
PLOCH, Wolfgang (77 71)
MARINHO DE BASTOS, Joaquim (60 72)
COATES, Simon (57 68)
GOODBURN, Joanna (71 70)
MANTEGAZZINI, Chiara (49 49)
MAROTTA, Maria (62 25)
DI LULLO, Maurizio (65 79)
LEONET, Yves-Marie (60 87)
VERMOTE, Lieven (64 36)

Katastrophenschutz und Umweltkatastrophen
VERMOTE, Lieven (64 36)

Direktion II:
Bildung und Jugend, audiovisuelle Medien, Gesundheit, Verbraucherschutz, Lebensmittel
Direktor: SZABÓ, Sandor (88 41)

Bildung und Jugend, Kultur, Audiovisuelle Medien
Abteilungsleiter: FREDIANI, Carlo (64 39)
WHITTON, John (73 13)
HIVONNET, Joelle (77 95)
DE CROCQ, Isabelle (50 89)

Gesundheit, Verbraucherschutz, Lebensmittelrecht
LABOURÉ, Laurent (74 00)
KANARAS, Vassilios (51 70)
KLEIN, Hélène (74 27)

2 Die Europäische Kommission

Die Dienststellen der Kommission sind auf mehrere Gebäude verteilt. Bei den verschiedenen Dienststellen geben wir jeweils die Anschrift des Hauptgebäudes mit Sitz des Generaldirektors an. Nachstehend die gemeinsame Postanschrift aller Dienststellen:

- in Brüssel
200, rue de la Loi, **1049 Brüssel, Belgien**;
Tel 00 32-2/29-9 11 11 bzw. 29-(+Durchwahl); Fax 00 32-2/29-2 14 94 bzw. 29-(+Durchwahl);
e-mail
VORNAME.NACHAME@cec.eu.int (Die e-mail-Anschriften der Mitarbeiter der Europäischen Kommission setzen sich aus ihrem Vornamen und Nachnamen gefolgt von der Domäne „cec.eu.int" zusammen.)
http://europa.eu.int/comm/index_de.htm
http://europa.eu.int/inst-de.htm

- in Luxemburg
Bâtiment Jean Monnet, Rue Alcide de Gasperi, **2920 Luxemburg, Luxemburg**;
Tel 00 35-2/43 01-1 bzw. 43 01-(+Durchwahl); Fax 00 35-2/43 01-3 50 49;

2.1 Rechtsgrundlagen und Zuständigkeiten

Die Europäische Kommission ist das Exekutivorgan der EU und der beiden (früher: drei) Europäischen Gemeinschaften. Während bei der Gründung der drei Gemeinschaften noch jeweils ein eigenständiges Exekutivorgan vorgesehen war (das bei der EGKS „Hohe Behörde" genannt wurde), trat mit dem so genannten »Fusionsvertrag« vom 8. 4. 1965 (ABl. Nr. 152 vom 13. 7. 1967, Seite 2) eine gemeinsame Kommission an die Stelle der drei Behörden. Zusammensetzung und Arbeitsweise sind nunmehr geregelt in Art. 211 ff. EG-Vertrag.
Die Kommission hat folgende wesentliche Zuständigkeiten:
- Bei der Kommission liegt im wesentlichen das *Initiativrecht für den Erlass von Rechtsvorschriften*. Im Bereich des EG-Vertrags und des EAG-Vertrags kann der Rat Rechtsvorschriften in aller Regel nur aufgrund eines Vorschlags der Kommission erlassen (eine Ausnahme gilt nach Artikel 67 EG-Vertrag im Bereich der Asyl- und Einwanderungspolitik). Bestimmte untergeordnete Verwaltungsvorschriften kann sie in eigener Hoheit erlassen; daneben kann der Rat sie zum Erlass von Durchführungsvorschriften ermächtigen.
- Als *Hüterin* der Gemeinschaftsverträge wacht die Kommission darüber, dass das Gemeinschaftsrecht von den anderen Institutionen der EU, den Mitgliedstaaten sowie den Unternehmen und Privatpersonen beachtet wird. Zur Durchsetzung des Gemeinschaftsrechts stehen ihr verschiedene Klagemöglichkeiten vor dem EuGH offen sowie insbesondere die Möglichkeit der Einleitung so genannter »*Vertragsverletzungsverfahren*« gegen Mitgliedstaaten, die gegen ihre Verpflichtungen aus den Gründungsverträgen verstoßen haben.
- Als *Exekutivorgan* führt die Kommission den Haushalt der Gemeinschaft aus, verwaltet sie die Mittel (z. B. der Strukturfonds und der Forschungs- und Entwicklungsprogramme) und wendet sie (z. B. in Wettbewerbs-, Beihilfe- und Antidumpingverfahren) die geltenden Bestimmungen des Gemeinschaftsrechts durch Erlass von Einzelfallentscheidungen an. In den Beziehungen zu Drittstaaten tritt die Kommission – im Rahmen eines Mandats des Rats – als Verhandlungsführer auf.
- Als *Vertreterin des Gemeinschaftsinteresses* bemüht sich die Kommission darum, insbesondere durch ihre Vorschläge für Rechtsetzungsakte des Rates und ihre aktive Teilnahme an den Verhandlungen des Rates den Interessen der Gemeinschaft gegenüber den vielfach widerstreitenden Interessen der Mitgliedstaaten Geltung zu verschaffen und die Funktion eines neutralen Mittlers zwischen den Mitgliedstaaten zu übernehmen.

2.2 Organisation und Arbeitsweise

2.2.1 Allgemeine Darstellung

Die Kommission im weiteren Sinn ist eine Behörde mit ca. 30 000 Mitarbeitern, die ihren Sitz in Brüssel und Luxemburg hat. Die Kommission im engeren Sinn ist das Entscheidungsorgan dieser Behörde, ein Kollegialorgan, das seit dem »Vertrag von Nizza« aus jeweils einem Mitglied pro Mitgliedstaat besteht.

Die Amtszeit der Kommission beträgt fünf Jahre (parallel zur Mandatszeit des Europäischen Parlaments). Der Präsident wird vom Europäischen Rat designiert; er muss sich mit den übrigen Mitgliedern des Kollegiums der Zustimmung des EP stellen und wird danach vom Rat im Amt bestätigt. Der Kommissionspräsident hat ein Mitspracherecht bei der Benennung der anderen Kommissionsmitglieder durch die Mitgliedstaaten und verteilt die Ressortzuständigkeit zwischen den Kommissionsmitgliedern; falls erforderlich, kann er diese Zuständigkeitsverteilung im Laufe der Mandatszeit ändern. Die Vizepräsidenten der Kommission werden vom Kommissionspräsidenten nach Billigung durch das Kollegium ernannt.

Die Entscheidungen des Kollegialorgans »Kommission« werden grundsätzlich mit einfacher Mehrheit getroffen. Jedes Kommissionsmitglied (»Kommissar«) hat bei allen Entscheidungen aus allen Bereichen unabhängig von seiner besonderen Zuständigkeit für bestimmte Generaldirektionen oder Dienste der Kommission im weiteren Sinn das gleiche Stimmrecht. Dieses »Kollegialitätsprinzip« führt dazu, dass die Gesetzgebungsvorschläge bzw. Entscheidungen nicht nur die (möglicherweise von nationalen Interessen beeinflusste) Position des fachlich zuständigen Kommissionsmitglieds widerspiegeln, sondern einen mehrheitsfähigen Kompromiss. Seit dem »Vertrag von Amsterdam« hat der Kommissionspräsident allerdings die »politische Führung« der Kommission (im Sinn einer Richtlinienkompetenz). Die Kommissionsmitglieder dürfen bei der Ausübung ihres Amtes keinen Weisungen des sie entsendenden Mitgliedstaates folgen, sondern sind allein den Gemeinschaftsinteressen verpflichtet. Sie unterliegen der politischen Kontrolle allein durch das Europäische Parlament, das sie durch ein Misstrauensvotum zwingen kann, geschlossen ihr Amt niederzulegen. Wegen des geltenden Kollegialitätsprinzips kann das EP einzelne Mitglieder der Kommission zwar rügen, nicht jedoch ihre Entlassung aus der Kommission durchsetzen. Dieses Alles-oder-Nichts-Prinzip hat dazu beigetragen, dass bisher noch kein Misstrauensvotum gegen die Kommission die erforderliche absolute Mehrheit im EP (Artikel 201 EG-Vertrag) gefunden hat.

Auch ohne dass es zu einem förmlichen Misstrauensvotum des EP gekommen war, ist die Kommission unter Präsident Jacques Santer im März 1999 geschlossen zurückgetreten. Auslöser war ein kritischer Bericht eines Gremiums unabhängiger Experten, das gemeinsam von EP und Kommission damit beauftragt worden war, die Amtsführung der Kommission zu untersuchen und insbesondere dem Verdacht bestimmter Unregelmäßigkeiten nachzugehen.

Umstrittene oder bedeutsamere Fragen werden vom Kollegialorgan „Kommission" im mündlichen Verfahren entschieden, da es eine Diskussion ermöglicht. Die Kommission tagt dazu wöchentlich. Die Kommission ist beschlussfähig, wenn mindestens die Hälfte der Mitglieder anwesen sind; eine Übertragung des Stimmrechts auf ein anwesendes Mitglied ist nicht möglich. Tagesordnungspunkte, über die Einigkeit besteht, werden ohne Aussprache als so genannte »A-Punkte« beschlossen. Die sonstigen Fragen werden im Umlaufverfahren (schriftlichen Verfahren) entschieden; die vorgeschlagene Entscheidung gilt als angenommen, wenn kein Kommissionsmitglied innerhalb einer bestimmten Frist (meist eine Woche) einen Einwand erhebt. Für regelmäßig wiederkehrende oder weniger bedeutsame Entscheidungen kann das federführende Kommissionsmitglied vom Kollegium ermächtigt werden, im Namen der Kommission zu entscheiden.

Unter Präsident Romano Prodi hat die Kommission in der Amtszeit 2000-2004 eine umfassende Verwaltungsreform durchgeführt. Schwerpunkte der Reform sind die Einführung einer europäischen Dienstleistungskultur, eine bessere, mehr an Effizienz ausgerichtete Planung der politischen Aktivitäten und der Durchführung des Haushalts, eine stärkere Leistungsorientierung bei der Personalpolitik einschließlich einer Änderung des Laufbahn-, des Beurteilungs- und des Beförderungssystems sowie eine weitgehende Dezentralisierung des Finanzmanagements und der entsprechenden Kontrolle.

Eine der ersten Maßnahmen der neuen Kommission bestand darin, die Zahl der *Generaldirektionen* (vergleichbar einem Ministerium, jedoch ohne die politische Spitze) und sonstigen *Diensten* von 42 auf 36 zu verringern und die Geschäftsbereiche neu zuzuschneiden. Diese Generaldirektionen bzw. Dienste sind jeweils einem Kommissionsmitglied zugeordnet, das die politischen Entscheidungen in dem jeweiligen Aufgabengebiet trifft. Im Zuge der Reform hat die Kommission eine Reihe von Aufgaben, die bisher von der Generaldirektion Personal und Verwaltung wahrgenommen worden waren, in speziell gegründete Ämter ausgegliedert.

Im Rahmen der Verwaltungsreform zur Modernisierung und Erhöhung der Effizienz wurde den einzelnen Generaldirektionen mehr Eigenverantwortung für den Einsatz von Personal und Haushaltsmitteln übertragen und eine aufgabenbezogene Personal- und Haushaltsplanung (»Activity Based Budgeting«) eingeführt. Sie soll eine stärkere Konzentration auf prioritäre Aufgaben, eine bessere Nutzung der verfügbaren Ressourcen und eine verbesserte Erfolgskontrolle ermöglichen. Diesem neuen Ansatz folgend hat die Kommission seit 2002 schrittweise folgenden Planungs- und Entscheidungszyklus eingeführt: Zu Beginn eines Jahres werden in der jährlichen Politikstrategie die politischen Prioritäten und Orientierungen für das Folgejahr festgelegt. Auf dieser Grundlage wird auch der Vorentwurf des Haushalts für dieses Folgejahr aufgestellt. Gegen Ende des Jahres erfolgt die Umsetzung in das Arbeits- und Gesetzgebungsprogramm für das Folgejahr, das konkrete Einzelaktionen enthält. Auf dieser Grundlage erstellen die einzelnen Generaldirektionen ihren jährlichen Management-Plan, in dem sie die zu treffenden Maßnahmen präzisieren und die einzusetzenden Ressourcen sowie Kriterien für die Erreichung der angestrebten Ziele festlegen. Die Erfolgskontrolle erfolgt dann über die jährlichen Tätigkeitsberichte der Generaldirektionen.

Um die politische Leitung über eine Generaldirektion bzw. einen Dienst ausüben zu können, verfügt jedes Kommissionsmitglied über ein persönliches Büro, das *Kabinett* genannt wird. Die maximal sechs Mitglieder der Kabinette werden von jedem Kommissionsmitglied in eigener Verantwortung bestellt und können von ihm jederzeit entlassen werden; entweder der Kabinettchef oder der stellvertretende Kabinettchef müssen eine andere Nationalität als die des Kommissionsmitglieds haben. Während in den früheren Kommissionen der Charakter als (politisches) Kollegialorgan – und gleichzeitig die Trennung von der Verwaltungsebene – dadurch betont wurde, dass die Büros der Kommissionsmitglieder und ihrer Kabinette räumlich zusammengefasst waren, wird nunmehr die fachliche Zuständigkeit der Kommissionsmitglieder dadurch betont, dass sie mit ihrem Kabinett räumlich in die entsprechende Generaldirektion integriert sind.

Die »Kabinettchefs« vertreten die Kommissionsmitglieder und bereiten in einer eigenen wöchentlichen Sitzung die Entscheidungen der Kommission vor. Punkte, über die sie Einvernehmen erzielen, werden in der Kommission als »A-Punkte« ohne Aussprache angenommen. Die Kabinettsmitglieder sind fachlich spezialisiert, führen bei den Kommissaren jeweils zugeordneten Generaldirektionen bzw. Dienste der Kommission und beraten die Kommissare auf den anderen Fachgebieten (auf denen die Kommissare ja ebenfalls entscheidungsbefugt sind). Aufgrund ihrer Nähe zu den politischen Entscheidungsprozessen in der Kommission sind die Kabinette daher die bevorzugten Ansprechpartner für die Interessenvertreter aus Politik und Wirtschaft.

An der Spitze der Generaldirektionen steht ein *Generaldirektor* (A 15/A 16-Beamter, vergleichbar dem Amtschef eines deutschen Ministeriums). Die Generaldirektionen sind gegliedert in Direktionen, die von Direktoren (A 14/A 15-Beamte, vergleichbar den Abteilungsleitern eines deutschen Ministeriums) geleitet werden. Die Direktionen sind in Abteilungen unterteilt, die von Abteilungsleitern (A 9 – A 14-Beamte, vergleichbar deutschen Referatsleitern) geleitet werden. Die Generaldirektionen unterstehen der politischen und fachlichen Weisungsbefugnis des zuständigen Kommissionsmitglieds und seines Kabinetts.

Verwaltungsmäßig bilden alle Generaldirektionen und Querschnittsdienste zusammen eine einheitliche Organisation. Im Rahmen einer umfassenden Verwaltungsreform zur Modernisierung und Erhöhung der Effizienz wurde den einzelnen Generaldirektionen jedoch mehr Eigenverantwortung für den Einsatz von Personal und Haushaltsmitteln übertragen und eine aufgabenbezogene Personal- und Haushaltsplanung (»Activity Based Budgeting«) eingeführt.

Die Kommission wird in ihrer Sacharbeit unterstützt durch »Ausschüsse«, in denen der Sachverstand und die Erfahrungen und Interessen der Mitgliedstaaten zum Tragen kommen sollen, die die Ausschussmitglieder ernennen. Je nach ihren spezifischen Aufgaben setzen sich die Ausschüsse aus Beamten der nationalen Verwaltungen, aus Wissenschaftlern und Sachverständigen oder aus Vertretern der Wirtschaft oder der Verbände und Organisationen zusammen. Den Vorsitz führt ein Vertreter der Kommission.

Die Ausschussverfahren wurden durch den Beschluss des Rates vom 28. 6. 1999 (ABl. Nr. L 184 vom 17. 7. 1999) wie folgt neu geregelt:

– Das *Regelungsverfahren* gilt für den Erlass von Maßnahmen von erheblicher Tragweite oder in politisch sensiblen Bereichen (Durchführung wesentlicher Bestimmungen in den Basisrechtsakten, Schutz der Gesundheit und Sicherheit, Änderung der Basisrechtsakte...). In diesem Verfahren kann der Rat die Kommission überstimmen oder blockieren. Die Kommission unterbreitet dem Ausschuss einen Entwurf der zu treffenden Maßnahme. Der Ausschuss gibt dazu innerhalb der vom Vorsitzenden festgelegten Frist mit qualifizierter Mehrheit (bei Stimmengewichtung wie im Rat) seine Stellungnahme ab. Die Kommission erlässt die Maßnahmen, die unmittelbar gelten, sofern sie mit der Stellungnahme des Ausschusses übereinstimmen. Hat der Ausschuss dagegen votiert oder keine Stellungnahme abgegeben, legt die Kommission dem Rat einen Vorschlag für die zu treffenden Maßnahmen vor und unterrichtet das EP. Der Rat kann innerhalb einer Frist von maximal drei Monaten mit qualifizierter Mehrheit den Vorschlag annehmen oder ihn ablehnen; die Kommission kann ihren Vorschlag nach einem ersten negativen Votum ändern oder durch einen Gesetzgebungsvorschlag ersetzen. Hat der Rat nach Ablauf der Frist weder die vorgeschlagenen Durchführungsvorschriften erlassen noch den Vorschlag der Kommission abgelehnt (weil eine qualifizierte Mehrheit weder für noch gegen den Vorschlag zustande kam), erlässt die Kommission die Durchführungsvorschriften wie von ihr vorgeschlagen. (Zum Ablauf dieses Verfahrens s. Schaubild 6, Seite 57).

– Das *Verwaltungsverfahren* gilt für den Erlass von Verwaltungsmaßnahmen zur Durchführung einer bereits in den Basisrechtsakten genau definierten gemeinsamen Politik oder von Programmen mit erheblichen Auswirkungen auf den Haushalt. In diesem Verfahren kann der Rat eine andere Lösung als die von der Kommission vorgeschlagene durchsetzen. Die Kommission unterbreitet dem Ausschuss einen Entwurf der zu treffenden Maßnahme. Der Ausschuss gibt dazu innerhalb der vom Vorsitzenden festgelegten Frist mit qualifizierter Mehrheit (bei Stimmengewichtung wie im Rat) seine Stellungnahme ab. Die Kommission erlässt die Maßnahmen, die unmittelbar gelten, es sei denn, sie weichen von der mit qualifizierter Mehrheit beschlossenen Stellungnahme

des Ausschusses ab. In diesem Fall kann die Kommission die Maßnahmen um höchstens drei Monate aufschieben; während dieser Frist kann der Rat mit qualifizierter Mehrheit einen anders lautenden Beschluss fassen. Ist das EP der Auffassung, dass die von der Kommission beabsichtigten Durchführungsmaßnahmen nicht von der Ermächtigung in dem von EP und Rat im »Mitentscheidungsverfahren« beschlossenen Basisrechtsakte gedeckt sind, überprüft die Kommission ihren Vorschlag erneut, ohne jedoch inhaltlich gebunden zu sein. (Zum Ablauf dieses Verfahrens s. Schaubild 7, Seite 58.)
- Das *Beratungsverfahren* gilt für alle anderen Verwaltungsmaßnahmen. In diesem Verfahren entscheidet letztlich die Kommission. Sie unterbreitet dem Ausschuss einen Entwurf der zu treffenden Maßnahme. Der Ausschuss gibt dazu seine Stellungnahme ab, die im Protokoll festgehalten wird. Die Kommission ist an diese Stellungnahme nicht gebunden, berücksichtigt sie jedoch soweit wie möglich (Zum Ablauf dieses Verfahrens s. Schaubild 8, Seite 59.)

Das Tätigwerden der Kommission unterliegt der politischen und haushaltsrechtlichen Kontrolle durch das EP, das vor allem die Hebel »Entlastung der Haushaltsführung« und »Einsetzung von Untersuchungsausschüssen« zunehmend dazu nutzt, von der Kommission mehr Transparenz und wirtschaftliche Haushaltsführung einzufordern. Am 5. 7. 2000 haben das Parlament und die Kommission ein Rahmenabkommen über die Beziehungen zwischen den beiden Institutionen abgeschlossen. Es regelt insbesondere die Übermittlung von Informationen im Rahmen des Gesetzgebungs- und des Haushaltsverfahrens (vor allem im jährlichen Entlastungsverfahren).

Schaubild 6:   Regelungsverfahren

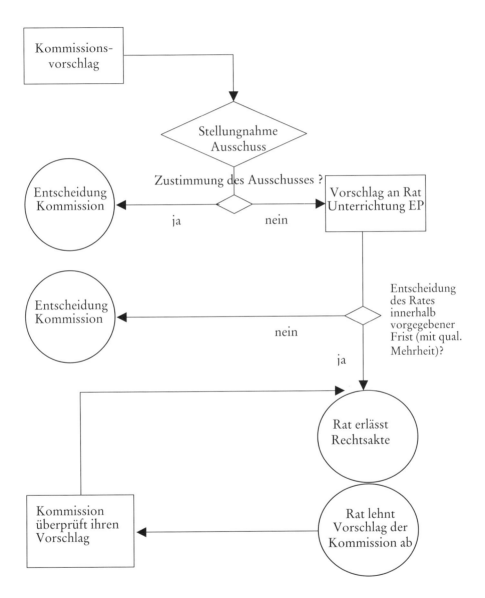

Schaubild 7: Verwaltungsverfahren

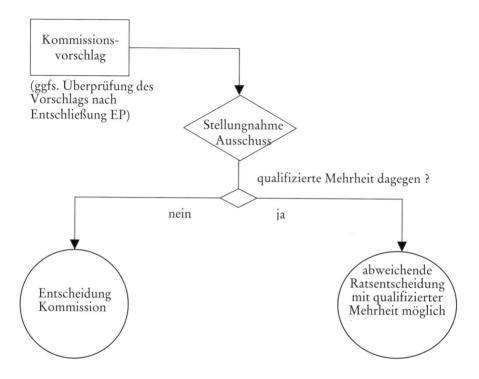

Schaubild 8: Beratungsverfahren

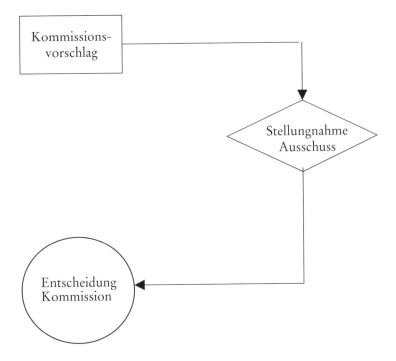

2.2.2 Europäische Kommission - Übergreifende Dienststellen: Kommissare und Kabinette

200, rue de la Loi, 1049 Brüssel, Belgien;
Tel 00 32-2/29-9 11 11;
Fax 00 32-2/29-2 14 94;
http://europa.eu.int/comm/commission_barroso/index_de.htm

Präsident und Kabinett Barroso
Präsident: BARROSO, José Manuel (8 81 50)
Kabinettchef: VALE DE ALMEIDA, João (6 56 64)
Stellvertretender Kabinettchef: ITALIANER, Alexander (9 43 93)

Kabinett Barrot
Vizepräsident mit dem Ressort Verkehr: BARROT, Jacques (8 03 00)
Kabinettchef: LE BRET, Benoît (8 15 00)
Stellvertretende Kabinettchefin: JORNA, Kerstin (6 13 26)

Kabinett Frattini
Vizepräsident mit dem Ressort Justiz, Freiheit und Sicherheit: FRATTINI, Franco (8 75 00)
Kabinettchef: PRESENTI, Carlo (8 75 00)
Stellvertretende Kabinettchefin: BÉNOLIEL, Isabelle (6 01 98)

Kabinett Kallas
Vizepräsident mit dem Ressort Verwaltung, Audit und Betrugsbekämpfung: KALLAS, Siim (8 87 62)
Kabinettchef: HOLOLEI, Henrik (8 87 64)
Stellvertretender Kabinettchef: SCHMIDT, Kristian (8 87 69)

Kabinett Verheugen
Vizepräsident mit dem Ressort Unternehmen und Industrie: VERHEUGEN, Günter (8 11 00)
Kabinettchef: TEMPEL, Peter (8 11 04)

Stellvertretender Kabinettchef: DANIELSSON, Christian (5 70 96)

Kabinett Wallström
Vizepräsidentin mit dem Ressort institutionelle Beziehungen und Kommunikationsstrategie: WALLSTRÖM, Margot (8 18 00)
Kabinettchef: ANNERBERG, Rolf (8 18 02)
Stellvertretende Kabinettchefin: CARPARELLI, Antonia (9 34 28)

Kabinett Almunia
Mitglied der Kommission mit dem Ressort Wirtschaft und Währung: ALMUNIA, Joaquín (8 09 00)
Kabinettchefin: LAMELA, María Luisa (5 70 02)
Stellvertretender Kabinettchef: BEKX, Peter (6 04 33)

Kabinett Borg
Mitglied der Kommission mit dem Ressort Fischerei und maritime Angelegenheiten: BORG, Joe (8 86 85)
Kabinettchef: TABONE, Patrick (8 86 87)
Stellvertretender Kabinettchef: KÖHLER, Michael (9 07 53)

Kabinett Dimas
Mitglied der Kommission mit dem Ressort Umwelt: DIMAS, Stavros (8 20 00)
Kabinettchefin: KONTOU, Nancy (8 20 03)
Stellvertretender Kabinettchef: SCHELLEKENS, Pierre-Gunnar (5 35 28)

Kabinett Figel
Mitglied der Kommission mit dem Ressort Allgemeine und berufliche Bildung, Kultur und Mehrsprachigkeit: FIGEL', Ján (8 87 16)
Kabinettchef: ADAMIS, Miroslav (2 08 36)
Stellvertretende Kabinettchefin: GAMEIRO, Margarida (6 58 62)

Kabinett Ferrero-Waldner
Mitglied der Kommission mit dem Ressort Außenbeziehungen und europäische

Nachbarschaftspolitik: FERRERO-
WALDNER, Benita (9 49 00)
Kabinettchef: CHILD, Patrick (6 97 50)
Stellvertretender Kabinettchef:
SCHWAIGER, Peter (8 71 40)

Kabinett Fischer Boel
*Mitglied der Kommission mit dem Ressort
Landwirtschaft und ländliche Entwicklung:*
FISCHER BOEL, Mariann (9 34 00)
Kabinettchef: SØRENSEN, Claus (8 66 44)
Stellvertretender Kabinettchef:
BORCHARDT, Klaus-Dieter (9 40 11)

Kabinett Grybauskaite
*Mitglied der Kommission mit dem Ressort
Finanzplanung und Haushalt:*
GRYBAUSKAITE, Dalia (8 87 31)
Kabinettchef: QUEST, Stephen (6 58 97)
Stellvertretende Kabinettchefin:
ADAKAUSKIENE, Lina (2 07 37)

Kabinett Hübner
*Mitglied der Kommission mit dem Ressort
Regionalpolitik:* HÜBNER, Danuta (8 86 26)
Kabinettchef: KORTE, Joost (6 59 00)
Stellvertretende Kabinettchefin: CYGAN,
Marta (5 99 27)

Kabinett Kovács
*Mitglied der Kommission mit dem Ressort
Steuern und Zollunion:* KOVÁCS, László
(8 84 00)
Kabinettchef: SZÜCS, Tomás (8 86 56)
Stellvertretender Kabinettchef: BILL, Stephen
(5 78 83)

Kabinett Kroes
*Mitglied der Kommission mit dem Ressort
Wettbewerb:* KROES, Neelie (6 85 56)
Kabinettchef: SMULDERS, Bernardus
(5 52 99)
Stellvertretender Kabinettchef: GUERSENT,
Olivier (6 54 14)

Kabinett Kyprianou
*Mitglied der Kommission mit dem Ressort
Gesundheit und Verbraucherschutz:*
KYPRIANOU, Markos (8 87 00)
Kabinettchef: SCHINAS, Margaritis (6 91 76)
Stellvertretender Kabinettchef: BRUNET,
Philippe (5 41 28)

Kabinett Mandelson
*Mitglied der Kommission mit dem Ressort
Handel:* MANDELSON, Peter (8 85 90)
Kabinettchef: FRASER, Simon (8 79 06)
Stellvertretender Kabinettchef: REDONNET,
Denis (5 54 24)

Kabinett McCreevy
*Mitglied der Kommission mit dem Ressort
Binnenmarkt und Dienstleistungen:*
MCCREEVY, Charlie (8 80 40)
Kabinettchef: POWER, Martin (5 54 36)
Stellvertretende Kabinettchefin: BURY, Claire
(6 04 99)

Kabinett Michel
*Mitglied der Kommission mit dem Ressort
Entwicklung und humanitäre Hilfe:*
MICHEL, Louis (5 96 00)
Kabinettchefin: WEYAND, Sabine (6 01 43)
Stellvertretender Kabinettchef: DOENS,
Koen (6 36 84)

Kabinett Piebalgs
*Mitglied der Kommission mit dem Ressort
Energie:* PIEBALGS, Andris (8 87 47)
Kabinettchef: KESTERIS, Andris (2 13 18)
Stellvertretender Kabinettchef:
WINGFIELD JONES, Christopher (6 50 30)

Kabinett Potocnik
*Mitglied der Kommission mit dem Ressort
Wissenschaft und Forschung:* POTOCNIK,
Janez (8 86 70)
Kabinettchef: DRÖLL, Peter (9 03 48)
Stellvertretender Kabinettchef:
VANDENBERGHE, Kurt (6 92 07)

Kabinett Reding
Mitglied der Kommission mit dem Ressort Informationsgesellschaft und Medien:
REDING, Viviane (8 16 00)
Kabinettchef: N. N. (9 11 11)
Stellvertretende Kabinettchefin:
HOFFMANN, Viviane (6 03 05)

Kabinett Rehn
Mitglied der Kommission mit dem Ressort Erweiterung: REHN, Olli (5 79 57)
Kabinettchef: PESONEN, Timo (5 79 95)
Stellvertretender Kabinettchef: FRUTUOSO DE MELO, Fernando (9 31 45)

Kabinett Spidla
Mitglied der Kommission mit dem Ressort Beschäftigung, soziale Angelegenheiten und Chancengleichheit: SPIDLA, Vladimir (8 85 30)
Kabinettchefin: SCHREIBER, Kristin (6 53 23)
Stellvertretende Kabinettchefin: BANKIER, Daniela (8 17 08)

2.2.3 Generaldirektionen (GD) und Dienste: Politiken

2.2.3.1 Generaldirektion Beschäftigung, Soziales und Chancengleichheit

27 et 37, rue Joseph II, **1040 Brüssel, Belgien**;
Tel 00 32-2/29-9 11 11, 29-9 22 77
bzw. 29-(+Durchwahl);
Fax 00 32-2/29-6 36 60;
e-mail empl-info@cec.eu.int,
e-mail odile.quintin@cec.eu.int
http://europa.eu.int/comm/dgs/employment_social/index_de.htm

Generaldirektorin: QUINTIN, Odile (9 22 77)
Assistent: OLSSON, Erick Stefan (5 35 69)
Stellvertretender Generaldirektor: N. N. (9 22 77)

Der Generaldirektorin unmittelbar unterstellt:

1. SPP und interinstitutionelle Beziehungen
Referatsleiter: CURELL, Jordi (9 04 78)

2. Internes Audit
Referatsleiter: DALMONTE, Emilio (9 40 21)

Direktion A:
Beschäftigungsstrategie sowie Definition und Koordinierung der ESF-Politik
Direktor: KASTRISSIANAKIS, Antonis (5 73 80)

1. Beschäftigungsanalyse
Referatsleiter a.i.: KASTRISSIANAKIS, Antonis (5 73 80)

2. Beschäftigungsstrategie
Referatsleiter: STRAUSS, Robert (6 05 31)

3. Arbeitsverwaltungen
Referatsleiter: TEN GEUZENDAM, Johan (5 78 29)

4. Koordinierung der ESF-Politik und lokale Beschäftigungsentwicklung
Referatsleiterin: DONNELLY, Marie (6 03 32)

Direktion B:
Beobachtung der Beschäftigungslage und der sozialen Integration in den Mitgliedstaaten sowie Interventionen des Europäischen Sozialfonds I
Direktor: STUB JORGENSEN, Peter (8 60 00)

1. Italien, Malta, Rumänien
Referatsleiter: LAINE, Michel (5 81 38)

2. Belgien, Frankreich, Slowakei
Referatsleiter: CECILIO, Aurelio (6 28 06)

3. Schweden, Finnland, Estland
Referatsleiter: HATT, Philippe (5 67 01)

4. Gemeinschaftsinitiativen
Referatsleiter: LEBRUN, Jean-François (9 22 74)

Direktion C:
Beobachtung der Beschäftigungslage und der sozialen Integration in den Mitgliedstaaten sowie Interventionen des Europäischen Sozialfonds II
Direktor: KJELLSTRÖM, Sven (5 40 10)

1. Deutschland, Österreich, Slowenien
Referatsleiterin: CLARK, Helene (5 29 57)

2. Dänemark, Polen
Referatsleiter: KINTZELÉ, Georges (5 25 39)

3. Spanien, Litauen
Referatsleiterin: SCHULTE-BRAUCKS, Antonella (5 71 59)

4. Artikel 6 des ESF, EGKS, Finanzzelle und Archive des ESF
Referatsleiter: SINNOTT, Brendan (5 86 88)

Direktion D:
Anpassungsfähigkeit, Sozialer Dialog, Soziale Rechte
Direktor: CLAROTTI, Giorgio (6 58 94)
Direktor: GLYNN, Paul (5 01 83)
Direktor: JANSEN, Bernhard (5 76 04)

1. Branchenübergreifender sozialer Dialog, Arbeitsbeziehungen, Anpassung an den Wandel
Referatsleiter: MORIN, Jackie (6 11 45)

2. Arbeitsrecht und Arbeitsorganisation
Referatsleiter a.i.: VASQUEZ, Fernando (5 58 67)

3. Anti-Diskriminierungen und Beziehungen zur Bürgergesellschaft
Referatsleiterin: NOLAN, Barbara (6 07 55)

4. Sicherheit und Gesundheitsschutz am Arbeitsplatz
Referatsleiter: BIOSCA DE SAGASTUY, José Ramon (4 33 49 88)

Direktion E:
Sozialschutz und soziale Integration
Direktor: BACCHIELLI, Paolo (6 04 95)
Direktor: VIGNON, Jérôme (5 46 02)

1. Analyse der sozialen und demografischen Lage
Referatsleiter: FOTAKIS, Constantinos (5 02 06)

2. Sozialschutz und soziale Eingliederung; Politikkoordinierung
Referatsleiter: SILVA, Armindo (6 02 31)

3. Freizügigkeit der Arbeitnehmer und Koordinierung der Systeme der sozialen Sicherheit
Referatsleiter: CORNELISSEN, Rob (5 76 67)

4. Sozialschutz: Renten und Gesundheit
Referatsleiter: FISCHER, Georg (9 21 18)

Direktion F:
Ressourcen
Direktor: PRADO, Raoul (6 96 46)

1. Personal und Verwaltung
Referatsleiterin: BEERNAERTS, Sophie (6 63 15)

2. Haushalt und finanzielle Koordinierung
Referatsleiter: GALEROS, Themistoklis (5 75 48)

3. Audit des ESF
Referatsleiter: BATTISTOTTI, Lucio (8 57 99)

4. IT und Arbeitsabläufe
Referatsleiter a.i.: PRADO, Raoul (6 96 46)

5. Ex-post Kontrolle der Ausgaben der Direkverwaltung
Referatsleiter: WIDDERSHOVEN, Vincent (5 33 30)

Direktion G:
Querschnittsthemen und internationale Fragen
Direktorin: PAVAN-WOOLFE, Luisella (5 66 38)

1. Gleichstellung von Frauen und Männern
Referatsleiterin: DEVONIC, Fay (5 61 51)

2. Erweiterung und internationale Angelegenheiten
Referatsleiter: TRICART, Jean-Paul (9 05 11)

3. Eingliederung von Menschen mit Behinderung
Referatsleiter: GOELEN, Wallis (5 18 27)

4. Kommunikation und Redaktion
Referatsleiter: TYSON, Adam (6 60 56)

5. Evaluierung
Referatsleiter: ROULAND, Oliver (6 62 18)

Direktion H:
Beobachtung der Beschäftigungslage und der sozialen Integration in den Mitgliedstaaten sowie Interventionen des Europäischen Sozialfonds III
Direktor: PRATS MONNE, Xavier (6 12 30)

1. Griechenland, Zypern, Bulgarien
Referatsleiter: FABER, Walter (5 03 77)

2. Niederlande, Ungarn, Kroatien
Referatsleiter: BENDER, Thomas (6 99 17)

3. Irland, Vereinigtes Königreich, Lettland
Referatsleiter: LORANCA-GARCÍA, Santiago (6 68 00)

4. Portugal, Tschechische Republik, Luxemburg
Referatsleiter a.i.: PRATS MONNE, Xavier (6 12 30)

2.2.3.2 Generaldirektion Bildung und Kultur

18, rue van Maerlant, **1040 Brüssel, Belgien**;
Tel 00 32-2/29-9 11 11, 29-6 83 08
bzw. 29-(+Durchwahl);
Fax 00 32-2/29-6 42 59;
e-mail   eac-info@cec.eu.int
http://europa.eu.int/comm/dgs/education_culture/index_en.htm

Generaldirektor: VAN DER PAS, Nikolaus (6 83 08)
Assistent des Generaldirektors:
GIBERT-MORIN, Nicolas (9 11 20)

Dem Generaldirektor unmittelbar unterstellt:

1. Interinstitutionelle Beziehungen; Koordinierung, Evaluierung
Referatsleiterin: VLAEMINCK, Sylvia (5 53 85)

2. Audit
Referatsleiter: PETTINELLI, Carlo (9 40 37)

Direktion A:
Bildung
Direktor: COYNE, David (5 57 41)

1. Entwicklungspolitischer Strategien für lebenslanges Lernen
Referatsleiterin: VERLI, Angélique (5 71 36)

2. Hochschulunterricht: Socrates – Erasmus, Jean Monnet
Referatsleiterin: FERREIRA LOURENCO, Marta Maria (6 26 58)

3. Schulbildung: Socrates – Comenius
Referatsleiter: DELPEUCH, Bertrand (6 87 11)

4. Socrates: Koordinierung und horizontale Maßnahmen
Referatsleiter: HINGEL, Anders (6 05 55)

5. Bildungskooperation mit Nicht-EU Ländern
Referatsleiter: GONZALES-HERNANDEZ, Augusto (6 63 19)

Direktion B:
Berufsausbildung
Direktor: RICHONNIER, Michel (5 09 73)

1. Entwicklung der Berufsbildungspolitik
Referatsleiter: CLARK, Gordon (6 29 29)

2. Durchführung des Leonardo da Vinci-Programms
Referatsleiter a.i.: DELGADO, João (6 95 37 81)

3. Verwertung und Verbreitung von Innovation
Referatsleiterin: COPETTE, Alice (6 56 97)

4. Multimedia: Kultur – Bildung – Ausbildung
Referatsleiterin: GUTIERREZ DIAZ, Maruja
(5 63 46)

Direktion C:
Kultur, Politik im audiovisuellen Bereich und Sport
Direktor: PAULGER, Gregory (9 94 34)

1. Politik im audiovisuellen Bereich
Referatsleiter: DE COCKBORNE, Jean-Eric
(6 86 32)

2. Kultur: Politik und Rahmenprogramm
Referatsleiter: HARTUNG, Harald (6 54 50)

3. Unterstützung der audiovisuellen Inhalte (MEDIA)
Referatsleiter a.i.: DASKALAKIS, Constantin
(6 35 96)

4. Sprachenpolitik
Referatsleiter: DELMOLY, Jacques (5 84 06)

5. Sport
Referatsleiterin: HILDEBRAND, Marianne
(5 53 96)

Direktion D:
Jugend, Zivilgesellschaft, Kommunikation
Direktor a.i.: MAIRESSE, Pierre (9 20 09)

1. Jugend
Referatsleiter a.i.: COVA, Philippe (9 91 30)

2. Besuche, Praktika, Partnerschaften mit der Zivilgesellschaft
Referatsleiter: KOSMOPOULOS, Antonis
(9 93 35)

3. Zentralbibliothek
Referatsleiterin: MELICH JUSTE, Ana
(9 91 72)

4. Kommunikation
Referatsleiter: ANDREU ROMEO, Jaime
(9 92 52)

Direktion E:
Ressourcen
Direktor: GASCARD, Gilbert (5 00 17)

1. Humanressourcen, Verwaltung
Referatsleiterin: BOON-FALLEUR, Christine (5 75 96)

2. Haushaltsplanung und -koordinierung
Referatsleiter: LEJEUNE, Pascal (5 08 83)

3. Finanzen und Vor-Ort-Kontrollen
Referatsleiter: KROELLER, Bruno (5 96 32)

4. Datenverarbeitung
Referatsleiter: SMITH, Simon (6 82 74)

2.2.3.3 Generaldirektion Binnenmarkt und Dienstleistungen

100, avenue de Cortenbergh, **1049 Brüssel, Belgien**;
Tel 00 32-2/29-9 11 11, 29-5 03 07
bzw. 29-(+Durchwahl);
Fax 00 32-2/29-5 65 00;
e-mail alexander.schaub@cec.eu.int
http://europa.eu.int/comm/dgs/internal_market/index_de.htm

Generaldirektor: SCHAUB, Alexander
(5 23 87)
Assistent des Generaldirektors: KLAUS, Henning (9 43 10)
Assistent des Generaldirektors: MUYLLE, Jean-Yves (9 43 10)
Stellvertretender Generaldirektor: STOLL, Thierry (5 24 38)
Hauptberaterin: BINNS, Sue (6 32 85)

Dem Generaldirektor unmittelbar unterstellt

1. Innenrevision
Referatsleiter: VAN OUTRYVE D'YDEWALLE, Pascale (6 27 40)

Direktion A:
Planung, Verwaltung und Kommunikation
Direktor: POST, Hendrik (6 66 06)

1. Personal und Mittelverwaltung
Referatsleiter: SALLES, Olivier (9 11 11)

2. Programmierung und Planung
Referatsleiter: LEARDINI, Pascal (6 13 06)

3. Informationstechnologie und
Dokumentverwaltung
Referatsleiter: TOLEDANO, Fernando
(6 81 77)
Stellvertretender Referatsleiter: VASQUEZ
SOUTO, Santiago (6 15 17)

4. Interne und externe Kommunikation
Referatsleiter: DEMPSEY, Anthony (5 73 57)

Direktion B:
Grundsatzfragen
Direktorin: HOUTMAN, Anne (5 96 28)
Berater: ANDER, Håkan (6 31 04)

1. Funktionieren des Binnenmarktes
Referatsleiter: DE GRAAF, Gerrit (6 84 66)
Stellvertretender Referatsleiter: LEAPMAN,
Nicholas (5 12 66)

2. Verbesserung der Gesetzgebung:
Folgenabschätzung und Evaluierung
Referatsleiter: CABALLERO SANZ,
Francisco de Asís (5 11 68)

3. Verbesserung der Gesetzgebung: Rechtliche
Aspekte
Referatsleiter a.i.: MILLEROT, Didier
(6 97 82)

4. Auswärtige Dimension des Binnenmarktes
Referatsleiter: HOOIJER, Jeroen (5 58 85)
Stellvertretende Referatsleiterin: WEISE-
MONTAG, Birgit (6 60 63)

Direktion C:
Vergabewesen
Direktor: CARSIN, Bertrand (5 57 95)

1. Wirtschaftliche und internationale Aspekte;
Elektronisches Vergabewesen
Referatsleiter: STAMATOPOULOS,
Panayotis (6 17 72)
Stellvertretender Referatsleiter: SERVENAY,
Christian (5 51 39)

2. Konzeption und Anwendung des
Vergaberechts I
Referatsleiter: PETSCHKE, Matthias
(6 68 67)

3. Konzeption und Anwendung des
Vergaberechts II
Referatsleiter: BASSI, Ugo (5 31 18)
Stellvertretender Referatsleiter: WIEDNER,
Klaus (6 71 25)

Direktion D:
Wissensbestimmte Wirtschaft
Direktorin: MINOR, Jacqueline (5 72 26)

1. Urheberrecht und wissensbestimmte
Branchen
Referatsleiter a.i.: LUEDER, Tilman (9 40 09)

2. Gewerbliches Eigentum
Referatsleiter: NOOTEBOOM, Erik
(6 03 48)
Stellvertretende Referatsleiterin:
SODERHOLM, Mirjam (5 93 29)

3. Reglementierte Berufe
Referatsleiterin: BRUMTER, Pamela (5 94 08)
Stellvertretender Referatsleiter: VISÉE,
Jean-Marie (5 48 38)

4. Datenschutz
Referatsleiter: RENAUDIÈRE, Philippe
(6 87 50)
Stellvertretende Referatsleiterin: RINGOU,
Niovi (6 30 37)

Direktion E:
Dienstleistungen
Direktor: BERARDIS, Guido (9 40 12)

1. Dienstleistungen I
Referatsleiterin: FRÖHLINGER, Margot
(5 93 50)

2. Dienstleistungen II
Referatsleiter: BERGEVIN, Jean (5 16 39)
Stellvertretender Referatsleiter: D'ACUNTO,
Salvatore (6 30 37)

3. Dienstleistungen III
Referatsleiter: GULDBERG, Ole (5 60 89)

4. Postdienste
Referatsleiter: REINBOTHE, Jörg (5 53 23)

Direktion F:
Freier Kapitalverkehr, Gesellschaftsrecht und Unternehmensführung
Direktor a.i.: DELSAUX, Pierre (6 54 72)

1. Freier Kapitalverkehr und Finanzintegration
Referatsleiter: THOMAS, Gerassimos (9 34 42)

2. Gesellschaftsrecht, Unternehmensführung und Finanzverbrechen
Referatsleiter: DELSAUX, Pierre (6 54 72)
Stellvertretender Referatsleiter: PELLÉ, Philippe (5 78 45)

3. Rechnungslegung und Revision
Referatsleiter: TIEDJE, Jürgen (5 05 25)

Direktion G:
Finanzdienstleistungen und Finanzmärkte
Direktor: WRIGHT, David (5 86 26)
Berater: FOMBELLIDA, José (5 18 73)

1. Finanzdienstleistungen
Referatsleiterin: SCHWIMANN, Irmfried (6 70 02)

2. Infrastruktur der Finanzmärkte
Referatsleiter: NAVA, Mario (6 42 35)
Stellvertretender Referatsleiter: ARTEGOITIA LANDA, J.M. (6 24 45)

3. Wertpapiermärkte
Referatsleiterin: DE BASALDUA, Nathalie (5 61 89)

4. Vermögensverwaltung
Referatsleiter: BOHAN, Niall (6 30 07)

Direktion H:
Finanzinstitute
Direktor a.i.: DEACON, David (5 59 05)

1. Banken und Finanzkonglomerate
Referatsleiter: PEARSON, Patrick (5 57 58)

2. Versicherungen und Renten
Referatsleiter: VAN HULLE, Karel (5 79 54)

3. Privatkundengeschäft, Verbraucherpolitik und Zahlungsverkehrssysteme
Referatsleiter: DEACON, David (5 59 05)

Stellvertretender Referatsleiter: DUCOULOMBIER, Eric (6 54 67)

2.2.3.4 Generaldirektion Fischerei

99, rue Joseph II, 1049 Brüssel, Belgien;
Tel 00 32-2/29-9 11 11, 29-5 51 92
bzw. 29-(+Durchwahl);
Fax 00 32-2/29-5 66 34;
e-mail   fisheries-info@cec.eu.int,
e-mail   jorgen.homquist@cec.eu.int
http://europa.eu.int/comm/dgs/fisheries/index_de.htm

Generaldirektor: HOLMQUIST, Jörgen (5 51 92)
Assistent des Generaldirektors: PAPAIOANNOU, Emmanouil-Georgios (6 99 88)
Hauptberater: N. N. (9 11 11)

Dem Generaldirektor unmittelbar unterstellt

1. Audit und Evaluierung
Referatsleiterin: DISCORS, Dominique (5 21 03)

Direktion A:
Bestandserhaltung
Direktor: FARNELL, John (5 63 97)
Berater: TOUGAARD, Ole (5 22 09)
Berater: N. N. (9 11 11)

1. Bestandsbewirtschaftung
Referatsleiter: PENAS LADO, Ernesto (6 37 44)

2. Flottenmanagement
Referatsleiter: CUEFF, Jean-Claude (5 12 92)

3. Umwelt und Gesundheit
Referatsleiter: ASTUDILLO, Armando (6 11 91)

4. Forschung und wissenschaftliche Analyse
Referatsleiter a.i.: FUCHS, Jacques (5 12 82)

Direktion B:
Externe Politik und Märkte
Direktor: DEBEN ALFONSO, César
(9 32 24)
Berater: N. N. (9 11 11)
Berater: N. N. (9 11 11)

1. Allgemeine Angelegenheiten der Außenbeziehungen
Referatsleiter: BESLIER, Serge (5 01 15)

2. Internationale und regionale Übereinkünfte
Referatsleiter: SPENCER, Edward (5 68 58)

3. Bilaterale Abkommen
Referatsleiter: KOSTER, Harm (5 02 35)

4. Gemeinsame Marktorganisation und Handel
Referatsleiter: WIELAND, Friedrich (6 32 05)

Direktion C:
Strukturpolitik
Direktorin: VERSTRAETE, Léa (5 45 61)
Berater: SOENENS, Jacques (5 12 67)

1. Generelle Aspekte der Strukturpolitik, Erweiterung
Referatsleiter: SAMARAS, Stéphanos
(5 88 34)

2. Belgien, Dänemark, Estland, Finnland, Deutschland, Irland, Lettland, Litauen, Niederlande, Polen, Schweden, Vereinigtes Königreich; äußere Regionen
Referatsleiter a.i.: VERBORGH, Jacques
(5 13 52)

3. Zypern, Frankreich, Griechenland, Italien, Malta, Portugal, Spanien
Referatsleiter: MALLETT, John (5 21 00)
Stellvertretender Referatsleiter: LEVIEIL, Dominique (6 61 59)

4. Aquakultur
Referatsleiter: VAMVAKAS, Constantin
(5 57 84)

Direktion D:
Regulierung und Überwachung
Direktor: LAUREC, Alain (8 66 52)
Berater: N. N. (9 11 11)

1. Überwachung und Lizenzen
Referatsleiter: GALLIZIOLI, Giorgio
(5 50 47)
Stellvertretender Referatsleiter:
ALEXANDROU, Constantin (6 94 93)

2. Fischereiinspektion
Referatsleiter: BRUGGE, Willem (5 51 37)
Stellvertretender Referatsleiter: NEWMAN, Martin (5 74 49)

3. Rechtsfragen
Referatsleiter: NEMITZ, Paul (6 91 35)
Stellvertretemder Referatsleiter: CRESPA, Aurelio (6 42 74)

Direktion E:
Dialog und Ressourcen
Direktor: MASTRACCHIO, Emilio (5 55 68)

1. Budget, öffentlicher Markt, Kontrolle
Referatsleiterin: PARIAT, Monique (5 31 88)

2. Interinstitutionelle Beziehungen und Dialog mit dem Sektor; Information und Kommunikation
Referatsleiterin: GARIAZZO, Chiara
(9 92 55)

3. Personal, IT, Dokumentenverwaltung und Logistik
Referatsleiter: N. N. (9 11 11)

4. Wirtschafts- und Finanzanalyse
Referatsleiter: N. N. (9 11 11)

2.2.3.5 Generaldirektion Forschung

8, square de Meeûs, **1049 Brüssel, Belgien**;
Tel 00 32-2/29-9 11 11, 29-5 85 60
bzw. 29-(+Durchwahl);
Fax 00 32-2/29-5 82 20;
e-mail research@cec.eu.int,
e-mail achilleas.mitsos@cec.eu.int
http://europa.eu.int/comm/dgs/research/index_de.htm

Generaldirektor: MITSOS, Achilleas (5 85 60)
Assistent des Generaldirektors:
CHATZIPANAGIOTOU, Stavros (9 39 15)

Stellvertretender Generaldirektor:
RICHARDSON, Hugh (5 90 96)
Stellvertretender Generaldirektor: N. N.
(9 11 11)
Hauptberater (zuständig für Kernfusion):
N. N. (9 11 11)
Hauptberater (zuständig für
Wirtschaftsfragen): N. N. (9 11 11)
Berater (zuständig für Fragen der
Forschungspolitik): ANDRÉ, Michel (6 07 81)

Dem Generaldirektor unmittelbar unterstellt

1. Innenrevision
Referatsleiterin: DE WOLF, Liliane (6 10 73)

Direktion A:
Koordinierung der
Gemeinschaftsmaßnahmen
Direktor: ESCRITT, Richard (5 07 25)
Beraterin (zuständig für künftige
Perspektiven): GAUDIN, Jocelyne (5 09 76)

1. Rahmenprogramm, interinstitutionelle Beziehungen
Referatsleiterin: DE LA TORRE, Clara (9 58 27)
 - Koordinierung der Ausschüsse, Arbeitsprogramme und Gruppen der verschiedenen Generaldirektoren
   HAWDON, B. (6 37 50)

2. Unterstützung bei der Umsetzung der Forschungsprogramme
Referatsleiter: STROUD, Graham (5 38 25)

3. Rechtliche und themenübergreifende Fragen
Referatsleiterin: RICHARDS, Margaret Megan (9 47 15)

4. Planung, Programmevaluierung
Referatsleiterin: DE BOISSEZON, Birgit (9 47 15)
 - Interservice Beratung
   LE QUEMENT, Joël (6 88 84)

5. Analyse der Auswirkungen von Gemeinschaftsmaßnahmen
Referatsleiter: MULDUR, Ugur (6 56 04)

Direktion B:
Europäischer Forschungsraum:
Strukturelle Aspekte
Direktor a.i.: SMITS, Robert-Jan (6 32 96)

1. Vorausschätzung wissenschaftlichen und technologischen Bedarfs; Grundlagenforschung
Referatsleiter: CANNELL, William (6 09 52)
 - Entwicklungstechnologien, Durchsetzung
   STALINS, P. (6 82 54)

2. Stärkung der Forschungszusammenarbeit und der europäischen Wissenschaftsbasis
Referatsleiter: SMITS, Robert-Jan (6 32 96)
 - Beziehungen zu den zwischenstaatlichen Kooperationsorganen
   WARRAS, M. (9 11 11)

3. Entwicklung wissenschaftlicher und technologischer Kapazitäten; Infrastrukturen in der Forschung
Referatsleiter: PERO, Hervé (6 12 32)

4. Verwaltung und Finanzen
Referatsleiter: BURES, Miroslav (5 36 57)

Direktion C:
Wissenschaft und Gesellschaft
Direktor: GEROLD, Rainer (5 27 16)

1. Strategische und politische Aspekte
Referatsleiter: MAGNIEN, Etienne (5 93 47)
 - Verwaltung und Finanzen
   DE JAEGERE, Y. (5 82 66)

2. Wissenschaftliche Politikberatung und Governance
Referatsleiterin: DEWANDRE, Nicole (9 49 25)

3. Ethik und Wissenschaft
Referatsleiter a.i.: GEROLD, Rainer (5 93 47)

4. Frauen und Wissenschaft
Referatsleiter a.i.: KLUMPERS, Johannes (6 09 11)

5. Information und Kommunikation
Referatsleiter a.i.: CLAESSENS, Michel (5 99 71)

6. Bildung und Wissenschaft
Referatsleiterin: GOFFAUX, Francine
(9 16 13)
- Jugend und Wissenschaft
  PARKER, Stephen (5 85 51)

Direktion D:
Menschlicher Faktor, Mobilität und Marie-Curie-Aktivitäten
Direktor: LIBERALI, Raffaele (5 86 73)
Berater (zuständig für die Koordinierung internationaler Aspekte): NEWMAN, Nicholas (5 59 76)

1. Strategische und politische Aspekte
Referatsleiter: BINGEN, Georges (6 94 18)

2. Gaststipendien
Referatsleiterin: SOARES DE AIRES, Maria
(5 77 78)

3. Forschungs- und Ausbildungsnetze
Referatsleiter: SCHMITZ, Bruno (5 05 14)

4. Förderung wissenschaftlicher Spitzenleistungen
Referatsleiter: MEIJER, Rudolf (6 89 54)

5. Individuelle Stipendien
Referatsleiter a.i.: HAIGH, Alan (6 57 49)

6. Verwaltung und Finanzen
Referatsleiter: HEIDER, Udo (5 18 92)

Direktion E:
Biotechnologie, Landwirtschaft und Ernährung
Direktor: PATERMANN, Christian (5 18 15)
Berater: CANTLEY, Mark (6 72 50)

1. Strategische und politische Aspekte
Referatsleiter: HALLEN, Manuel (5 74 07)

2. Lebensmittelqualität
Referatsleiter a.i.: SEARLE, Callum (6 49 15)

3. Sicherheit der Lebensmittelherstellung
Referatsleiter: BOCHEREAU, Laurent
(6 33 33)

4. Verwaltung und Finanzen
Referatsleiter a.i.: PATERMANN, Christian
(5 18 15)

Direktion F:
Gesundheit
Direktor: QUINTANA TRIAS, Octavio
(8 93 30)

1. Strategische und politische Aspekte
Referatsleiter: HALL, Timothy (5 28 08)

2. Schwere Krankheiten
Referatsleiter: VANVOSSEL, Alain (6 25 78)

2. Schwere Krankheiten
- Krebs
  VIDAL-RAGOUT, Maria-José (6 57 89)

3. Armutsbedingte Krankheiten
Referatsleiter: HOEVELER, Arnd (5 68 01)

4. Genomische Grundlagenforschung
Referatsleiter a.i.: MULLIGAN, Bernard
(6 81 72)

5. Biotechnologie und angewandte Genomik
Referatsleiter a.i.: QUINTANA TRIAS,
Octavio (8 93 30)

6. Verwaltung und Finanzen
Referatsleiterin: DELPRAT, Mireille (5 15 64)

Direktion G:
Industrietechnologien
Direktor: ANDRETA, Ezio (5 16 60)

1. Strategische und politische Aspekte
Referatsleiter: HARTLEY, Nicholas (6 01 35)

2. Produkte, Vorgehen, Organisationsformen
Referatsleiter: TOKAMANIS, Christos
(5 95 65)

3. Werkstoffe
Referatsleiter: VALLÉS BRAU, José-Lorenzo
(9 17 57)

4. Nanowissenschaft und Nanotechnologie
Referatsleiter: TOMELLINI, Renzo (6 01 36)

5. Forschungsfonds, Kohle und Stahl
Referatsleiter: VANNSON, Philippe (5 69 21)

6. Verwaltung und Finanzen
Referatsleiter: REICHERT, Bernd (5 46 17)

Direktion H:
Raumfahrt und Verkehr
Direktor: METTHEY, Jack (6 88 70)

1. Strategische und politische Aspekte des nachhaltigen Verkehrs
Referatsleiter a.i.: LARSEN, Kristiaan (6 15 98)
- Messungen und Prüfungen
  LARSEN, Kristiaan (6 07 64)

5. Raumfahrt: Forschungsaktivitäten, GMES
Referatsleiter: MALACARNE, M. (5 52 77)

2. Landverkehr
Referatsleiterin: PRISTA, Luisa (6 15 98)

3. Luftfahrt
Referatsleiter: BRESLIN, Liam (5 04 77)

4. Weltraumpolitik
Referatsleiter: TYTGAT, Luc (6 84 30)

5. Weltraum: Forschungsaktivitäten, GMES
Referatsleiter: MALACARNE, Marco (5 52 77)

6. Sicherheitsvorkehrungen
Referatsleiter: VON BOSE, H. (5 90 74)

7. Verwaltung und Finanzen
Referatsleiter: SUCKER, Michael (9 01 75)

Direktion I:
Umwelt
Direktor a.i.: VALETTE, Pierre (5 63 56)
Berater (zuständig für Erdbeobachtung): GHAZI, Anver (5 84 45)

1. Strategische und politische Aspekte der nachhaltigen Entwicklung
Referatsleiter: VALETTE, Pierre (5 63 56)
- Städtische Nachhaltigkeit und kulturelles Erbe
  PONTHIEU, Eric (6 99 45)

2. Umwelttechnologien und Vorbeugung von Umweltverschmutzung
Referatsleiter: TILCHE, Andrea (9 63 42)

3. Management natürlicher Ressourcen und Dienstleistungen
Referatsleiter: MATHY, Pierre (5 81 60)

- Biologische Vielfalt
  SHARMAN, Martin (5 97 98)

4. Umwelt und Klimasystem
Referatsleiter a.i.: TROEN, Ib (5 04 65)

5. Verwaltung und Finanzen
Referatsleiter: BOHLE CARBONELL, Martin (5 81 11)

Direktion J:
Energie
Direktor: FERNÁNDEZ RUIZ, Pablo (5 34 61)
Berater (zuständig für den Bereich thermonukleare Fusion): LALLIA, Pascal (5 69 17)

1. Strategische und politische Aspekte
Referatsleiter: POIREAU, Michel (5 14 11)

2. Energieerzeugungs- und Verteilungssysteme
Referatsleiter: PÉREZ SAINZ, Ángel (6 15 96)
- Wasserstoff
  N. N. (9 11 11)

3. Neue und erneuerbare Energiequellen
Referatsleiter: RALDOW, Wiktow (9 31 63)

4. Kernspaltung, Strahlenschutz
Referatsleiter: FORSSTRÖM, Hans (5 41 64)

5. Gemeinsame Fusionsentwicklung
Referatsleiter: GAMBIER, Didier (6 80 34)

6. Assoziationsverträge über Fusion
Referatsleiter: CAPOUET, Yvan (5 40 58)

7. Verwaltung und Finanzen
Referatsleiter: RILLE, Eduard (5 46 83)

Direktion K:
Sozial- und Geisteswissenschaften, Zukunftsforschung
Direktor: LENNON, Theodius (5 99 86)

1. Strategische und politische Aspekte
Referatsleiter: SORS, Andrew (5 76 59)

2. Wissenschaftliche und technologische Zukunftsforschung
Referatsleiter: CARACOSTAS, Paraskevas (5 08 88)

3. Forschung in den Sozial- und Geisteswissenschaften
Referatsleiter: FISCH, Peter (5 24 68)

4. Verwaltung und Finanzen
Referatsleiterin: FERNANDEZ-CANADAS, Priscila (5 59 45)

Direktion M:
Forschungsinvestitionen und Verbindungen zu den anderen Politikbereichen
Direktor a.i.: SARAGOSSI, Isi (5 55 17)
Berater für die Beziehungen zur EIB-Gruppe: N. N. (9 11 11)

1. Politische Aspekte, Privatinvestments, Beziehungen zur EIB
Referatsleiter: SARAGOSSI, Isi (5 55 17)

2. Offene Koordinierung der Forschungspolitik
Referatsleiter: GOENAGA, Xabier (6 14 34)

3. Wettbewerbsaspekte, Strukturpolitik
Referatsleiter: BURMANJER, Robert (6 89 44)

- Regionale Aspekte der Forschungspolitik CORPAKIS, D. (6 84 45)

4. Forschung und KMU
Referatsleiter: ARNOLD, Thomas (9 40 62)

- Kooperative Forschung BALL, J. (9 53 09)

- Kollektive Forschung und Förderung der KMU- Teilnahme VERACHTERT, B. (5 53 11)

5. Verwaltung und Finanzen
Referatsleiter a.i.: SABATIER, Nicolas (6 71 31)

Direktion N:
Internationale Wissenschaftskooperation
Direktor a.i.: BELLEMIN, Louis (5 36 96)
Berater (zuständig für Entwicklungsländer): MEDRANO, Gregorio (6 63 41)

1. Politik für internationale Wissenschaftskooperation
Referatsleiter: BELLEMIN, Louis (5 36 96)

2. Aktivitäten der Gemeinschaft im Bereich Kooperation
Referatsleiter: AGUILAR, Alfredo (5 36 96)

3. Aktivitäten im Bereich multilaterale Kooperation
Referatsleiterin: RHODE, Barbara (5 98 88)

4. Verwaltung und Finanzen
Referatsleiter: SPOOR, Johannes (5 74 53)

Direktion R:
Ressourcen
Direktorin: SOARES, Maria Manuela (6 21 48)

1. Personalpolitik und Chancengleichheit
Referatsleiter: PAPAGEORGIOU, Georges (6 80 49)

2. Haushalt und Finanzdienste
Referatsleiter: KRENGEL, Robert (6 38 92)

3. Fortbildung und interne Information
Referatsleiter: STAVAUX, Michel (5 46 99)

4. Externe Revision
Referatsleiter a.i.: CEUNICK, Paul (5 21 79)

5. Büro IT- Management
Referatsleiter: GOULD, David (6 97 36)

6. Arbeitsumfeld: Infrastruktur, Logistik, Büroräume
Referatsleiter a.i.: SACK, Hans-Christian (6 11 76)

7. Koordinierung und Integration interner Kontrollsysteme
Referatsleiter a.i.: LAROCHE, Gilles (9 11 22)

2.2.3.6 Gemeinsame Forschungsstelle – GFS

8, square de Meêus, **1040 Brüssel, Belgien**;
Tel 00 32-2/29-9 11 11, 29-5 76 24
bzw. 29-(+Durchwahl);
Fax 00 32-2/29-9 63 22;

e-mail jrc-info@cec.eu.int
http://www.jrc.cec.eu.int

Generaldirektor a.i.: SCHENKEL, Roland
(9 98 40)
Stellvertretender Generaldirektor:
SCHENKEL, Roland (9 98 40)
*Assistent des stellvertretenden
Generaldirektors:* OTTO, Jens (6 94 68)

1. Innenrevision
Referatsleiter: VAN OOST, Jacques (6 85 23)

2. Tätigkeiten im Nuklearbereich
Referatsleiter: FRIGOLA, Pierre (5 90 70)

3. Betriebssicherheit der wissenschaftlichen Infrastrukturen
Referatsleiter: BECQUET, Marc (9 31 81)

Direktion A:
Wissenschaftsstrategie
Direktor a.i.: FAHY, Michael (6 72 16)

1. Sekretariat des Verwaltungsrates
Referatsleiterin: GARCÍA DE LA RASILLA Y PINEDA, Piedad (5 86 35)

2. Technologietransfer und wissenschaftliche Zusammenarbeit
Referatsleiterin: BARRY, Geraldine (9 02 66)

3. Initiativen im Rahmen der Erweiterung
Referatsleiter: CARATTI DI LANZACCO, Giancarlo (6 15 16)

4. Öffentlichkeitsarbeit
Referatsleiterin: ENGELMANN, Ulla
(5 76 24)

5. Unterstützung der Verwaltung und Beziehungen zum Europäischen Parlament
Referatsleiter: FAHY, Michael (6 72 16)

6. Beziehungen zum Rat und zu den Mitgliedstaaten
Referatsleiter: FRIGOLA, Pierre (5 90 70)

Direktion B:
Programme und Ressourcenverwaltung (Ispra)
21020 Ispra (Varese), Italien;
Tel 00 39-03 32/78-91 11;
Fax 00 39-03 32/78-54 09;

Direktor a.i.: DEZEURE, Freddy (5 98 05)

1. Personal
Referatsleiterin: ROSSI, Emanuela
(00 39-03 32/78-09 36)

2. Haushalt und Planung der Ressourcen (Brüssel)
Referatsleiter: FISCHER, Eric (5 86 83)

3. Kostenrechnung und Finanzen
Referatsleiter: CHURCHILL, Peter
(00 39-03 32/78-50 31)

4. Arbeitsprogramm
Referatsleiter: MALINGREAU, Jean-Paul
(6 94 33)

5. Evaluierung
Referatsleiter: VAN NES, Pieter (6 01 91)

6. Planung, Überwachung und interne Prüfung
Referatsleiter: WEAVING, Kenneth
(00 39-03 32/78-97 70)

7. Unternehmensentwicklung
Referatsleiter: DEZEURE, Freddy (5 98 05)

8. Fortbildung
Referatsleiter a.i.: LIGER, Jean-Benoit
(00 39-03 32/78-63 79)

Direktion C:
Dem Direktor des IPSC (Ispra) unterstellte Dienste in Ispra
21020 Ispra (Varese), Italien;
Tel 00 39-03 32/78-91 11;
Fax 00 39-03 32/78-54 09;

Berater (zuständig für den Abbau kerntechnischer Anlagen und die Nutzung des Standorts Ispra): WILKINSON, David (78 09 36)

1. Stilllegung kerntechnischer Anlagen und Abfallentsorgung
Referatsleiter: TARTAGLIA, Giacinto
(00 39-03 32/78-93 38)

2. Sicherheit und Arbeitshygiene
Referatsleiter: OSIMANI, Celso
(00 39-03 32/78-98 29)

3. Soziale Maßnahmen und medizinischer Dienst
Referatsleiter: CIVILETTI, Francesco
(00 39-03 32/78-64 03)
Berater für soziale Aktivitäten: JERABEK, Albert (00 39-03 32/78-09 36)

4. Technischer Dienst
Referatsleiter: VAN HATTEM, Dolf
(00 39-03 32/78-95 41)

5. Wissensmanagement
Referatsleiter a.i.: BLOCKEEL, Erik
(00 39-03 32/78-92 34)

6. Unterstützung der Verwaltung
Referatsleiter: STROOSNIJDER, Marinus
(00 39-03 32/78-52 81)

7. Logistik und Inventar
Referatsleiter: ROSS, Richard
(00 39-03 32/78-64 50)

Direktion D:
IRMM. Institut für Referenzmaterialien und -messungen (Geel)
Retieseweg, **2440 Geel, Belgien;**
Tel 00 32-14/57 12 72;
Fax 00 32-14/58 42 73

Institutsdirektor: HERRERO MOLINA, Alejandro (00 32-14/57 12 11)
Stellvertretende Direktorin: ANKLAM, Elke
(00 32-14/57 13 16)

1. Unterstützung der Verwaltung
Referatsleiter: WELLENS, Marc
(00 32-14/57 13 27)

2. Referenzmaterialien
Referatsleiter: EMONS, Hendrik
(00 32-14/57 17 22)

3. Infrastruktur und Standortmanagement
Referatsleiter: WOODWARD, Colin
(00 32-14/57 15 85)

4. Isotopenmessungen
Referatsleiter: TAYLOR, Philip
(00 32-14/57 16 05)

5. Neutronenphysik
Referatsleiter: RULLHUSEN, Peter
(00 32-14/57 14 76)

6. Informatik und Elektronik
Referatsleiter a.i.: WOODWARD, Colin
(00 32-14/57 15 85)

7. Entwicklung des Instituts und Programmverwaltung
Referatsleiterin: FLORIAN, Doris
(00 32-14/57 12 72)

8. Lebensmittelsicherheit und -qualität
Referatsleiterin: ANKLAM, Elke
(00 32-14/57 13 16)

Direktion E:
ITU. Institut für Transurane (Karlsruhe)
Postfach 23 40, **76125 Karlsruhe, Deutschland;**
Tel 00 49-72 47/95-13 54;
Fax 00 49-72 47/95-15 91

Institutsdirektor: LANDER, Gerard
(00 49-72 47/95-13 50)

1. Unterstützung der Verwaltung
Referatsleiter: MICHEL, Jean-Pierre
(00 49-72 47/95-13 52)

2. Heißzellentechnologie
Referatsleiter: GLATZ, Jean-Paul
(00 49-72 47/95-13 21)

3. Werkstoffforschung
Referatsleiter: RONCHI, Claudio
(00 49-72 47/95-14 02)

4. Kernbrennstoffe
Referatsleiter: HAAS, Didier
(00 49-72 47/95-13 67)

5. Kernchemie
Referatsleiter: LÜTZENKIRCHEN, Klaus
(00 49-72 47/95-14 24)

6. Aktinidenforschung
Referatsleiter a.i.: REBIZANT, Jean
(00 49-72 47/95-12 28)

7. Nukleare Sicherheit und kerntechnische Infrastruktur
Referatsleiter: WAGNER, Werner
(00 49-72 47/95-13 30)

8. Nukleares Kontrollaboratorium
Referatsleiter a.i.: LÜTZENKIRCHEN, Klaus (00 49-72 47/95-14 24)

Direktion F:
IE. Institut für Energie (Petten)
Westerduinweg 3, NL-1755 LE Petten;
Postbus 2, **1755 ZG Petten, Niederlande**;
Tel 00 31-2 24/56-52 78;
Fax 00 31-2 24/56-56 21;
e-mail darren.mcgarry@cec.eu.int
http://www.jrc.nl

Institutsdirektor: TÖRRÖNEN, Kari
(00 31-2 24/56-54 01)
Berater (zuständig für Wissenschaftsstrategie: HURST, Roger (00 31-2 24/56-52 19)

1. Unterstützung der Verwaltung
Referatsleiter: LEMAITRE, Patrice
(00 31-2 24/56-53 32)

2. Saubere Energien
Referatsleiter: STEEN, Marc
(00 31-2 24/56-52 71)

3. Hochflussreaktor und Anwendungen
Referatsleiter: MAY, Roberto
(00 31-2 24/56-56 56)

4. Nukleare Sicherheit
Referatsleiter: WEISSHÄUPTL, Horst
(00 31-2 24/56-51 99)

5. Wissenschaftlich-technische Unterstützung für TACIS und PHARE
Referatsleiter: BIETH, Michel
(00 31-2 24/56-51 57)

6. Wissenschaftlich-technische Unterstützung
Referatsleiter: HIRVONEN, Juha-Pekka
(00 31-2 24/56-52 08)

Direktion G:
IPSC. Institut für Schutz und Sicherheit der Bürger (Ispra)
21020 Ispra (Varese), Italien;
Tel 00 39-03 32/78-64 50;
Fax 00 39-03 32/78-44 57

Direktor: CADIOU, Jean-Marie
(00 39-03 32/78-99 47)

1. Unterstützung der Verwaltung
Referatsleiter: GRAY, James
(00 39-03 32/78-58 75)

2. Unterstützung der äußeren Sicherheit
Referatsleiterin: AL KHUDHAIRY, Delilah
(00 39-03 32/78-56 96)

3. Landwirtschaft und Fischerei
Referatsleiter: DELINCÉ, Jacques
(00 39-03 32/78-55 79)

4. Risikoabschätzung
Referatsleiter: VOLLMER, Gerald
(00 39-03 32/78-99 83)

5. Europäisches Laboratorium für strukturmechanische Analysen
Referatsleiter: GERADIN, Michel
(00 39-03 32/78-99 89)

6. Sensoren, Radartechnologien und Internetsicherheit
Referatsleiter: SIEBER, Alois
(00 39-03 32/78-90 89)

7. Nachweisbarkeit und Einschätzung von Schwachstellen
Referatsleiter: POUCET, Andre
(00 39-03 32/78-62 32)

8. Nukleare Sicherheitsmaßnahmen
Referatsleiter a.i.: GONCALVES, João
(00 39-03 32/78-94 16)

9. Ökonometrie und statistische Unterstützung bei der Betrugsbekämpfung
Referatsleiter a.i.: SATELLI, Andrea
(00 39-03 32/78-63 91)

Direktion H:
IES. Institut für Umwelt und Nachhaltigkeit (Ispra)
21020 Ispra (Varese), Italien;
Tel 00 39-03 32/78-62 23, 78-93 93;
Fax 00 39-03 32/78-92 22

Direktor: GRASSBAUER, Manfred
(00 39-03 32/78-98 34)
Berater (zuständig für den Bereich Wechselwirkungen Gesundheit - Umwelt):
PÄRT, Peter (00 39-03 32/78-54 96)

1. Unterstützung der Verwaltung
Referatsleiter: JANSSENS, Willem
(00 39-03 32/78-50 26)

2. Klimawandel
Referatsleiter: RAES, Frank
(00 39-03 32/78-99 58)

3. Globale Vegetationsüberwachung
Referatsleiter: BELWARD, Alan
(00 39-03 32/78-92 98)

4. Emissionen und Gesundheit
Referatsleiter: DE SANTI, Giovanni
(00 39-03 32/78-94 82)

5. Binnengewässer und Meere
Referatsleiter: EISENREICH, Steven
(00 39-03 32/78-90 37)

6. Boden und Abfall
Referatsleiter: BIDOGLIO, Giovanni
(00 39-03 32/78-93 83)

7. Raumplanungsgrundlagen
Referatsleiter: SCHMUCK, Guido
(00 39-03 32/78-95 14)

8. Erneuerbare Energiequellen
Referatsleiter: OSSENBRINK, Heinz
(00 39-03 32/78-91 96)

Direktion I:
IHCP. Institut für Gesundheit und Verbraucherschutz (Ispra)
21020 Ispra (Varese), Italien;
Tel 00 39-03 32/78-62 23, 78-93 93;
Fax 00 39-03 32/78-92 22

Direktor: VAN LEEUWEN, Cornelis
(00 39-03 32/78-62 49)

1. Unterstützung der Verwaltung
Referatsleiter: CRANDON, Raymond
(00 39-03 32/78-98 28)

2. Validierung biomedizinischer Prüfverfahren
Referatsleiter: HARTUNG, Thomas
(00 39-03 32/78-59 39)

3. Toxikologie und chemische Stoffe
Referatsleiter a.i.: VAN LEEUWEN, Gerald
(00 39-03 32/78-62 49)

4. Biomedizinische Werkstoffe und Systeme
Referatsleiter: STAMM, Hermann
(00 39-03 32/78-90 30)

5. Physikalische und chemische Schadeinwirkungen
Referatsleiter: KOTZIAS, Dimitrios
(00 39-03 32/78-59 50)

6. Biotechnologie und GVO
Referatsleiter: VAN DEN EEDE, Guy
(00 34-95/4 48-09 36)

Direktion J:
IPTS. Institut für technologische Zukunftsforschung (Sevilla)
European Commission W.T.C., Isla de la Cartuja s/n, **41092 Sevilla, Spanien;**
Tel 00 34-95/4 48-83 18/48;
Fax 00 34-95/4 48-83 39

Institutsdirektor: KIND, Peter
(00 34-95/4 48-82 82)
Berater (zuständig für Forschungsnetze):
FAHRENKROG, Gustav
(00 34-95/4 48-83 61)

1. Unterstützung der Verwaltung
Referatsleiterin: RUBIRALTA CASAS, Maria Asunción (00 34-95/4 48-83 89)

2. Nachhaltigkeit in den Bereichen Industrie, Energie und Verkehr
Referatsleiter a.i.: DELGADO SANCHO, Luis (00 34-95/4 48-82 18)

3. Unterstützung zum europäischen Forschungsbereich
Referatsleiter: LAGET, Patrice
(00 34-95/4 48-83 82)

4. Informations- und Kommunikationstechnologie
Referatsleiter a.i.: BURGELMAN, Jean-Claude (00 34-95/4 48-84 96)

5. Nachhaltigkeit in den Bereichen Landwirtschaft, Lebensmittel und Gesundheit
Referatsleiter: SØRUP, Per
(00 34-95/4 48-83 20)

2.2.3.7 Generaldirektion Gesundheit und Verbraucherschutz

2 , rue Bélliard, **1049 Brüssel, Belgien**;
Tel 00 32-2/29-9 11 11; 29-6 33 38
bzw. 29-(+Durchwahl);
Fax 00 32-2/29-9 62 98;
e-mail sanco-mailbox@cec.eu.int
http://europa.eu.int/comm/dgs/
health_consumer/index_en.htm

- in Luxemburg
Euroforum, **2920 Luxemburg, Luxemburg**,
Tel 00 35-2/43 01-1, 43 01-3 34 651
bzw. 43 01-(+Durchwahl);
Fax 00 35-2/43 01-3 45 11;
e-mail william.hunter@cec.eu.int

Generaldirektor: MADELIN, Robert
(6 33 38)
Assistent des Generaldirektors:
THEVENARD, Eric (6 99 66)
Stellvertretende Generaldirektorin (zuständig für die Direktionen D, E, F und wissenschaftliche Angelegenheiten): HUSU-KALLIO, Jaana (9 68 87)
Assistent der Stellvertretenden Generaldirektorin: MOYNAGH, James (5 80 86)
Hauptberater: N. N. (9 11 11)
Berater: BELTRAN, D. Jiminez (9 11 11)
Berater (zuständig für wirtschaftliche Interessen): PAUL, Jan-Peter (9 50 64)

Dem Generaldirektor unmittelbar unterstellt:

01. Audit und Evaluierung
Referatsleiterin: HELLMAN, Anni (9 90 41)

02. Strategie und Analyse
Referatsleiter: N. N. (9 11 11)

Direktion A:
Allgemeine Angelegenheiten
Direktor: N. N. (9 11 11)

1. Koordinierung und institutionelle Beziehungen
Referatsleiter: HUDSON, Matthew (6 46 71)

2. Rechtsfragen
Referatsleiter: REMITS, Paul (9 40 52)

3. Finanzielle Ressourcen und Kontrollen
Referatsleiter: JANSSENS, Daniel (5 12 20)

4. Information, Systeme und Veröffentlichungen
Referatsleiterin: BENASSI, Marie-Paule
(6 60 94)

5. Personal
Referatsleiterin: TÖRNBLOM, Carina
(9 08 04)

Direktion B:
Verbraucherangelegenheiten
Direktor: PANTELOURI, Agne (9 01 31)

1. Analyse und Entwicklung der Verbraucherpolitik; Beziehungen zu Verbraucherorganisationen; Internationale Beziehungen
Referatsleiterin: ARNAULT, Véronique
(9 00 06)

2. Unlautere kommerzielle Praktiken und sonstige Gesetzgebungen im Bereich Verbraucherschutz
Referatsleiter: N. N. (9 11 11)

3. Produkt- und Dienstleistungssicherheit
Referatsleiter: DELOGU, Bernardo (9 03 51)

4. Rechtliche, wirtschaftliche und sonstige Interessen der Verbraucher
Referatsleiter: STAUDENMAYER, Dirk
(5 45 52)

5. Durchsetzung und Verbraucherentschädigung
Referatsleiter: N. N. (9 11 11)

Direktion C:
Öffentliche Gesundheit und Risikoeinschätzung (diese Direktion befindet sich in Luxemburg)
Direktor: SAUER, Fernand (L 3 27 19)
Berater (zuständig für Beziehungen zur WHO): N. N. (L 1)

77

1. Programmverwaltung
Referatsleiter: BRIOL, Luc (L 3 44 50)

2. Gesundheitsinformation
Referatsleiter: RYAN, John (L 3 46 58)

3. Gesundheitsgefahren
Referatsleiter: GOUVRAS, Georgios
(L 3 34 65)

4. Gesundheitsbestimmungen
Referatsleiter: RAJALA, Matti (L 3 85 02)

5. Gesundheitsstrategie
Referatsleiter: MERKEL, Bernard (L 3 80 20)

6. Gesundheitspolitische Maßnahmen
Referatsleiter: PIHA, Tapani (L 8 54 87)

7. Risikoeinschätzung
Referatsleiter: WAGSTAFFE, Peter
(L 5 74 64)

Direktion D:
Lebensmittelsicherheit; Produktions- und Verteilungskette
Direktorin: TESTORI COGGI, Paola
(5 34 30)

1. Tierernährung
Referatsleiter: PENNING, Willem (5 56 51)

2. Biologische Risiken
Referatsleiter: POUDELET, Eric (5 52 07)

3. Chemikalien, Kontaminanten und Pestizide
Referatsleiterin: BRUNKO, Patricia (6 25 87)

4. Lebensmittelrecht und Biotechnologie
Referatsleiter: N. N. (9 11 11)

5. Beziehungen zur Europäischen Behörde für Lebensmittelsicherheit, Frühwarnsystem
Referatsleiter: VANHOORDE, Robert
(5 99 28)

Direktion E:
Lebensmittelsicherheit, Pflanzenschutz, Tiergesundheit und Tierschutz, Internationale Fragen
Direktor: N. N. (9 11 11)
Beraterin (zuständig für die Bekämpfung von Tierkrankheiten): REINIUS, Saara (8 69 80)

1. Pflanzenschutz
Referatsleiter: FLÜH, Michael (7 08 02)

2. Tiergesundheit und Tierschutz, Tierzucht
Referatsleiter: VAN GOETHEM, Bernard
(5 31 43)

3. Internationale Lebensmittel, Veterinär- und Pflanzenschutz und multilaterale internationale Beziehungen
Referatsleiter: SCANNELL, Michael (9 33 64)

4. Bilaterale Beziehungen
Referatsleiter: N. N. (9 11 11)

Direktion F:
Lebensmittel- und Veterinäramt (EC Food and Veterinary Office, Grange Dunfany, County Meath,
Tel 00 35-34 6/9 06 17 00;
Fax 00 35-34 6/9 06 17 59;
e-mail: michael.gaynor@cec.eu.int

Direktor: GAYNOR, Michael
(00 35-34 6/9 06 18 58)

1. Länderprofile, Koordination der Überwachung
Referatsleiter a.i.: QUIGLEY, Hugh
(00 35-34 6/9 06 17 30)

2. Lebensmittel tierischen Ursprungs: Säugetiere
Referatsleiter: WILSON, Andrew
(00 35-34 6/9 06 17 86)

3. Lebensmittel tierischen Ursprungs: Vögel und Fische
Referatsleiter: LE GOSLES, Jacky
(00 35-34 6/9 06 17 87)

4. Lebensmittel pflanzlichen Ursprungs, Pflanzenschutz, Verarbeitung und Vertrieb
Referatsleiter: HUGHES, Beatrice
(00 35-34 6/9 06 17 59)

5. Futtermittel, Einfuhrkontrolle, Rückstände
Referatsleiter: ÁLVAREZ-ANTOLÍNEZ, Carlos (00 35-34 6/9 06 17 78)

6. Qualität, Planung und Entwicklung
Referatsleiter: ANDRIESSEN, Franciscus
(00 35-34 6/9 06 17 14)

2.2.3.8 Generaldirektion Informationsgesellschaft

BU 24 0/41, 29, avenue de Beaulieu, **1160 Brüssel, Belgien**;
Tel 00 32-2/29-9 11 11, 29-5 43 74, 29-9 93 99
bzw. 29-(+Durchwahl);
Fax 00 32-2/29-9 94 99;
e-mail infso-desk@cec.eu.int,
e-mail fabio.colasanti@cec.eu.int
http://europa.eu.int/comm/dgs/information_society/index_en.htm

- in Luxemburg
Euroforum, Rue Robert Stumper,
2920 Luxemburg, Luxemburg,
Tel 00 35-2/43 01-1, 43 01-32 12 31
bzw. 43 01-(+Durchwahl);
Fax 00 35-2/43 01-3 49 99;
e-mail serge.lustac@cec.eu.int
homepage www.cordis.lu

Generaldirektor: COLASANTI, Fabio (5 43 74)
Assistentin des Generaldirektors: ALVAREZ HIDALGO, Paloma (5 50 79)
Assistent des Generaldirektors: WATSON, John (6 41 66)
Stellvertretender Generaldirektor: ZANGL, Peter (5 41 47)
Hauptberater: N. N. (9 11 11)
Berater: WILKINSON, Christopher (6 95 38)
Berater: VERHOEF, Paul (6 86 09)
Berater: KONIDARIS, Spyros (6 34 64)
Berater: HEALY, Jean-Claude (6 35 06)
Berater: STREITENBERGER, Wolfgang (8 44 26)
Berater - ERG Sekretariat: OTRUBA, Heinrich (6 88 79)

Dem Generaldirektor unmittelbar unterstellt

Innenrevision
Referatsleiter: DUBS, Christian (5 97 77)

**Direktion R:
Ressourcen**
Direktor: LIBERTALIS, Bernard (6 89 52)

1. Personal
Referatsleiter: DI VITA, Gianmarco (6 88 46)

2. Haushaltsmittel
Referatsleiter: SCHWARZENBRUNNER, Walter (9 22 70)

3. Koordination und Planung
Referatsleiter: COTTA, José (6 64 07)

4. Infrastruktur und Dienstleistungen der Informationstechnologie
Referatsleiter: DE BRUIJN, Bastiaan (6 34 21)

5. Entwicklung und Wartung der Informationssysteme
Referatsleiter: LUCIOLLI, Massimo (5 26 17)

6. Unterstützung der Verwaltung
Referatsleiter: RAUCH, Armand (6 27 37)

**Direktion A:
Internet, Netzwerksicherheit und allgemeine Angelegenheiten**
Direktor: PAULGER, Gregory (9 18 55)

1. Internet; Netzwerk- und Informationsdienst
Referatsleiter: NIEBEL, Michael (6 07 05)

2. Internationale Beziehungen
Referatsleiter: BENASSON, Simon (6 80 66)

3. Information und Kommunikation
Referatsleiterin: PELHATE, Piorrette (6 96 33)

4. Interinstitutionelle Beziehungen
Referatsleiter: FORTI, Enrico (6 51 72)

5. Audiovisuelle Politik
Referatsleiter: DE COCKBORNE, Jean-Éric (6 86 32)

6. Audiovisueller Support (MEDIA)
Referatsleiter: DASKALAKIS, Constantin (6 35 96)

**Direktion B:
Kommunikationsdienste: Politik und Rechtsrahmen**
Direktor: LANGEHEINE, Bernd (9 18 55)

1. Politikentwicklung und Rechtsvorschriften
Referatsleiter: SCOTT, Peter (6 85 98)

2. Umsetzung von Rechtsvorschriften; Beziehungen zu den Mitgliedstaaten (I)
Referatsleiter: RODFORD, Peter (9 00 15)

3. Umsetzung von Rechtsvorschriften; Beziehungen zu den Mitgliedstaaten (II)
Referatsleiter: PAPAPAVLOU, Gorge (5 49 90)

4. Funkfrequenzpolitik
Referatsleiter: NIEPOLD, Ruprecht (6 89 55)

5. Maßnahmen im Hinblick auf nationale Regulationsmaßnahmen
Referatsleiter: MICHOU, Paraskevi (5 34 37)

Direktion C:
Miniaturisierung, integrierte Systeme, gesellschaftliche Anwendungen
Direktorin: ZOBEL, Rosalie (6 81 68)
Berater: PASCALL, Stephan (6 81 78)

1. Nano- und optoelektronische Komponenten
Referatsleiter: ZIMMERMANN, Rainer (6 81 10)

2. Integrierte Mikro- und Nanosysteme
Referatsleiter: BEERNAERT, Dirk (6 80 20)

3. Integrierte Systeme
Referatsleiter: GLINOS, Konstantinos (6 95 77)

4. Gesundheit
Referatsleiter: COMYN, Gerard (9 43 46)

5. Informations- und Kommunikationstechnologien für Verkehr und Umwelt
Referatsleiter: VITS, André (6 35 23)

6. eGovernment
Referatsleiter: TIMMERS, Paul (9 02 45)

7. Verwaltung und Finanzen
Referatsleiter: HAENDLER MAS, Ramon (6 81 24)

Direktion D:
Kommunikationsnetze; Software-Sicherheit; Anwendungen
Direktor: DA SILVA, João (9 20 05)

1. Kommunikations- und Netztechnologien
Referatsleiter: DE ALBUQUERQUE, Augusto (6 34 76)

2. Vernetzte audiovisuelle Systeme, Heimplattformen
Referatsleiter: RODRIGUEZ-ROSELLÓ, Luis (6 34 06)

3. Software-Technologien und verteilte Systeme
Referatsleiter: VILLASANTE, Jesus (6 35 21)

4. Informations- und Kommunikationstechnologien für Vertraulichkeit und Sicherheit
Referatsleiter: BUS, Jacques (6 81 16)

5. Informations- und Kommunikationstechnologien für den Geschäftsverkehr
Referatsleiter: SANTUCCI, Gérald (6 89 63)

6. Transeuropäische Telekommunikationsnetze (eTen)
Referatsleiter: BROSTER, David (6 80 21)

7. Verwaltung und Finanzen
Referatsleiter: PÉREZ ECHAGÜE, Joaquín (9 38 65)

Direktion E:
Schnittstellen, Wissens- und Inhaltstechnologien; Anwendungen; Informationsmarkt (Diese Direktion befindet sich in Luxemburg)
Direktor: FORSTER, Horst (L 3 21 23)

1. Schnittstellen
Referatsleiter: SMITH, Bernard (L 3 41 95)

2. Wissensmanagement und Produktion von Inhalten
Referatsleiter: CENCIONI, Roberto (L 3 28 59)

3. Technologiegestütztes Lernen; kulturelles Erbe
Referatsleiterin: MANSON, Patricia (L 3 32 61)

4. Informationsmarkt
Referatsleiter: HERNANDEZ-ROS, Javier
(L 3 45 33)

5. Kognition
Referatsleiterin: MALONEY, Colette
(L 6 90 82)

6. Nutzung von Forschungsergebnissen
Referatsleiter a.i.: SMITH, Bernard
(L 3 41 95)

7. Verwaltung und Finanzen
Referatsleiter: BRINKHOFF, Norbert
(L 3 26 13)

**Direktion F:
Zukunftstechnologien und Infrastruktur; Anwendungen**
Direktor: DAHLSTEN, Ulf (9 49 31)
Berater: N. N. (9 11 11)

1. Neue und Zukunftstechnologien
Referatsleiter: VAN DER PYL, Thierry
(6 81 05)

2. Rechnergittertechnologien
Referatsleiter: BOCH, Wolfgang (6 35 91)

3. Forschungsinfrastruktur
Referatsleiter: CAMPOLARGO, Mario
(6 34 79)

4. Neue Arbeitsumfelder
Referatsleiter: SALMELIN, Bror (6 95 64)

5. Digitale Integration (eInclusion)
Referatsleiter: BLIXT, Per Axel (6 80 48)

6. Verwaltung und Finanzen
Referatsleiter: MACHNIK, Johannes
(6 85 79)

**Direktion G:
Strategie für die Informationsgesellschaft und eEurope**
Direktor: DE BRUINE, Frans (6 85 38)

1. Analyse, Gesamtkonzeption und eEurope
Referatsleiterin: BUCHER, Anne (9 34 56)

2. Strategie für IKT-Forschung und -Entwicklung
Referatsleiter: ROUHANA, Khalil (5 40 77)

3. Bewertung und Beobachtung
Referatsleiter: JOHNSTON, Peter (6 34 60)

4. IST-Maßnahmen
Referatsleiter: MØLLER, Morten (6 35 26)

2.2.3.9 Generaldirektion Justiz, Freiheit und Sicherheit

46, rue du Luxembourg, **1040 Brüssel, Belgien**;
Tel 00 32-2/29-9 11 11, 29-5 86 58
bzw. 29-(+Durchwahl);
Fax 00 32-2/29-6 74 81;
e-mail   jonathan.faull@cec.eu.int
http://europa.eu.int/comm/dgs/justice_home/index_en.htm

Generaldirektor: FAULL, Jonathan (5 86 58)
Assistentin des Generaldirektors (zuständig für politische Fragen): MOCHEL, France
(6 28 14)
Assistent des Generaldirektors (zuständig für politische Fragen): NIELSEN, Henrik
(9 16 41)

Dem Generaldirektor unmittelbar unterstellt

Innenrevision
Referatsleiterin: MAGNANT, Claire (5 16 30)

**Direktion A:
Allgemeine Angelegenheiten**
Direktor: MARGUE, Tung-Laï (5 44 37)
Berater (zuständig für das lokale Sicherheitsbüro): ALDERSHOFF, Willem (6 56 47)

1. Strategieplanung, Bewertung und institutionelle Angelegenheiten
Referatsleiter: SORECA, Luigi (6 21 16)

2. Außenbeziehungen und Erweiterung
Referatsleiterin: KNUDSEN, Lotte (5 80 66)

3. Personal, Informationstechnologie, Logistik
Referatsleiter: BIANCHI, Ernesto (9 43 16)

4. Budget und Kontrolle
Referatsleiter: KNECHCIAK, Frédéric
(6 29 38)

5. Information und Kommunikation
Referatsleiter: NUSS, Jean-Jacques (6 41 34)

**Direktion B:
Immigration, Asyl und Grenzen**
Direktor: DE BROUWER, Jean-Louis
(6 19 64)

1. Grenze und Visa
Referatsleiter: DE CEUSTER, Jan (6 10 72)

2. Zuwanderung und Asyl
Referatsleiter: ANNECCHINO, Nicola
(6 18 70)

3. Großangelegte IT-Systeme
Referatsleiter: PAUL, Frank (5 48 75)

4. Finanzielle Solidarität für Asyl, Zuwanderung und Grenze
Referatsleiterin: GUIN, Muriel (6 00 13)

**Direktion C:
Zivilrecht, Rechte und Unionsbürgerschaft**
Direktor: FONSECA MORILLO, Francisco
(9 11 11)

1. Zivilrecht
Referatsleiter: TENREIRO, Mário Paulo
(5 13 67)

2. Koordinierung der Drogenbekämpfung
Referatsleiter: EDWARDS, Carel (5 95 38)

3. Unionbürgerschaft, Grundrechte
Referatsleiter: BRUN, Alain (6 53 81)

4. Finanzierungsinstrumente hinsichtlich Ziviljustiz, Grundrechte und Unionsbürgerschaft
Referatsleiter a.i.: TROUSSON, Patrick
(6 58 03)

**Direktion D:
Innere Sicherheit und Strafjustiz**
Direktorin: SORASIO, Denise (9 05 84)

1. Bekämpfung des Terrorismus, des Menschenhandels und der Ausbeutung der Menschen, Zusammenarbeit bei der Strafverfolgung
Referatsleiter: NUNES DE ALMEIDA, Joaquim (5 54 28)

2. Bekämpfung wirtschaftlicher, finanzieller und Computerkriminalität
Referatsleiter: SCHMIDT, Sönke (9 20 08)

3. Kriminalitätsrecht
Referatsleiterin: VERNIMMEN, Gisèle
(5 39 83)

4. Finanzielle Unterstützung (AGIS Programm) und Vorbeugung allgemeiner Verbrechen
Referatsleiter: O'NEILL, Joseph (6 05 06)

2.2.3.10 Generaldirektion Landwirtschaft und Entwicklung des ländlichen Raumes

130, rue de la Loi, **1040 Brüssel, Belgien;**
Tel 00 32-2/29-9 11 11, 29-5 19 10
bzw. 29-(+Durchwahl);
Fax 00 32-2/29-5 66 04, 29-5 75 40;
e-mail   agri-library@cec.eu.int,
e-mail
jose-manuel.silva-rodriguez@cec.eu.int
http://europa.eu.int/comm/dgs/agriculture/index_de.htm

Generaldirektor: SILVA RODRÍGUEZ, José Manuel (5 19 10)
Assistent des Generaldirektors: VERLET, Nicolas (6 15 08)
Stellvertretender Generaldirektor (Direktionen B, C und D): HOELGAARD, Lars
(6 33 14)
Assistent des für die Direktionen B, C und D zuständigen Stellvertretenden Generaldirektors: MICHELINI, S. (6 24 47)
Assistent des für die Direktionen B, C und D zuständigen Stellvertretenden Generaldirektors: ROTENBERG, D. (6 92 97)
Stellvertretender Generaldirektor (Direktionen E.I, E.II, F und G): AHNER, Dirk
(5 75 55)

Assistent des für die Direktionen E.I, E.II, F und G zuständigen Stellvertretenden Generaldirektors: BERKOWITZ, P. (6 20 17)
Stellvertretender Generaldirektor (Direktion H, I und J): DEMARTY, Jean-Luc (5 61 26)
Assistent des für die Direktionen H, I und J zuständigen Stellvertretenden Generaldirektors: HAENSLER, G. (6 10 82)

Dem Generaldirektor unmittelbar unterstellt

AGRI 01. Innenrevision
Referatsleiter: MICELI, Antonio (6 37 83)

Direktion A.I:
Internationale Fragen I
Direktorin: MINCH, Mary (6 16 51)

1. WTO, OECD, Vereinigte Staaten von Amerika und Kanada
Referatsleiter: NORRIS, Robert (9 01 26)

2. Europa und neue unabhängige Staaten (ausgenommen Südosteuropa und westliche Balkanländer), Afrika (ausgenommen Mittelmeerraum), Asien, Ozeanien, AKP, I.DC, APS, FAO, Konvention über Nahrungsmittelhilfe
Referatsleiter: LONGO, Aldo (5 66 90)
Stellvertretender Referatsleiter: RAMIREZ GRANADOS, Pedro (5 88 17)

Direktion A.II:
Internationale Fragen II
Direktor: PACHECO, João (6 15 28)

3. Lateinamerika, Mittelmeerländer, Golfstaaten, Arabische Halbinsel, Südosteuropa, westliche Balkanländer
Referatsleiter: ZORILLA TORRAS, Jesus (6 74 45)
Stellvertretender Referatsleiter: ASBIL, Alexandre (5 92 70)

4. Erweiterung
Referatsleiter a.i.: VAN DER STAPPEN, Rudy (5 45 09)
Stellvertretender Referatsleiter: : N. N. (9 11 11)

Direktion B:
Institutionelle Beziehungen, Kommunikation und Dokumentation
Direktor a.i.: LEGUEN DE LACROIX, Eugène (5 29 63)

1. Interne und externe Kommunikation
Referatsleiter: LEGUEN DE LACROIX, Eugene (5 29 63)
Stellvertretender Referatsleiter: SFYROERAS, Vlassios (9 11 11)

2. Dokumentenverwaltung, Sicherheit, Schutz personenbezogener Daten
Referatsleiter a.i.: KOLETSOS, Antonius (5 29 10)

3. Beziehungen zu den anderen Gemeinschaftsorganen und den in der Landwirtschaft tätigen Nichtregierungsorganisationen
Referatsleiter: KIELY, Gerard (8 74 27)

Direktion C:
Wirtschaftsfragen der Agrarmärkte
Direktor: MILDON, Russell (5 32 24)

1. Ackerkulturen, Zucker, Faserpflanzen, Futtermittel
Referatsleiter: GAZAGNES, Jean-Marc (5 80 05)
Stellvertretende Referatsleiterin: VEITS, V. (6 72 24)

2. Olivenöl, Gartenbauprodukte
Referatsleiter: GARCÍA AZCARATE, Tomás (5 33 17)

3. Wein, Alkohol, Tabak, Saatgut und Hopfen
Referatsleiter: JACQUIN, Emmanuel (5 57 98)

4. Tierische Erzeugnisse
Referatsleiter: VERSTEIJLEN, Hermanus (5 95 27)

Direktion D:
Direktbeihilfe, marktpolitische Maßnahmen, Absatzmaßnahmen
Direktor a.i.: JAFFRELOT, Jean-Jacques (5 28 36)

1. Direktbeihilfen
Referatsleiter: JAFFRELOT, Jean-Jacques
(5 28 36)

2. Durchführung marktpolitischer Maßnahmen
Referatsleiter: SCHOOFS, Willy (5 70 39)

3. Marktpolitische Instrumente
Referatsleiter: VITAL, François (5 11 75)

4. Absatzmaßnahmen für Agrarerzeugnisse und Zuschüsse zu Informationsmaßnahmen
Referatsleiterin: SUMMA, Hilkka (9 50 93)

Direktion E.I:
Programme zur Entwicklung des ländlichen Raumes I
Direktor: SOUSA UVA, José Manuel
(5 93 18)

1. Belgien, Frankreich, Luxemburg, Niederlande
Referatsleiter: TARNO, Pedro (5 93 64)

2. Zypern, Griechenland, Irland, Vereinigtes Königreich
Referatsleiter a.i.: DIVARIS, Evangelos
(6 11 63)

3. Dänemark, Litauen, Polen
Referatsleiter: LOUGHEED, John (5 73 06)

4. Ungarn, Italien, Malta
Referatsleiter: HOLZER, Markus (5 17 95)

Direktion E.II:
Programme zur Entwicklung des ländlichen Raumes II
Direktor: N. N. (9 11 11)

1. Tschechische Republik, Portugal, Slowakei, Spanien
Referatsleiter: HULOT, Jean-François
(5 29 91)
Stellvertretende Referatsleiterin: LEMASSON FLORENVILLE, M. (5 95 12)

2. Estland, Finnland, Lettland, Schweden
Referatsleiterin: LORIZ-HOFFMANN, Josefine (5 79 77)

3. Österreich, Deutschland, Slowenien
Referatsleiter: N. N. (9 11 11)

Direktion F:
Themenübergreifende Aspekte der ländlichen Entwicklung
Direktor: SIVENAS, Nikiforos (5 96 62)

1. Umwelt und Forsten
Referatsleiter: MAIER, Leopold (9 81 95)

1. Umwelt und Forsten
Stellvertretender Referatsleiter: MOREALE, Adelmo (5 96 95)

2. Finanztechnische Koordinierung der Maßnahmen für die Entwicklung des ländlichen Raums
Referatsleiter: LERBS, Joern (9 11 11)
Stellvertretender Referatsleiter: LOZANO GALLEGO, Felix (5 95 42)

3. Kohärenz der Maßnahmen für die Entwicklung des ländlichen Raums
Referatsleiter: PETERS, Robertus (6 26 24)

4. Qualitätspolitik für Agrarerzeugnisse
Referatsleiterin: PLUTZ, Isabelle (5 23 31)
Stellvertretender Referatsleiter: FAY, F.
(6 29 74)

Direktion G:
Wirtschaftsanalysen und Bewertung
Direktor: BENSTED-SMITH, John (5 74 43)

1. Analysen und Gesamtkonzept
Referatsleiter: BUFFARIA, Bruno (6 31 44)

2. Quantitative Analysen, Vorausschätzungen und Statistik
Referatsleiter: BASCOU, Pierre (5 08 46)

3. Analyse der Lage der landwirtschaftlichen Betriebe
Referatsleiter: HYVÖNEN, Keijo (6 63 35)
Stellvertretender Referatsleiter: SAEZ, Ramiro (5 07 81)

4. Bewertung der Maßnahmen für die Landwirtschaft, Studien
Referatsleiter: SCHEELE, Martin (6 39 70)

5. Analyse der Agrarhandelspolitik
Referatsleiter: HANIOTIS, Anastassios
(9 13 81)

Direktion H:
Landwirtschaftliche Rechtsvorschriften
Direktor a.i.: GENCARELLI, Fabio (5 62 76)

1. Agrarrecht, Vereinfachung
Referatsleiter: MOEGELE, Rudolf (6 29 30)

2. Wettbewerbsbedingungen
Referatsleiter: ERHART, Michael (5 96 17)

3. Kontrolle der Anwendung der landwirtschaftlichen Rechtsvorschriften; Verstöße und Beschwerden
Referatsleiter: GENCARELLI, Fabio
(5 62 76)

4. Koordinierung der Verfahren und gemeinsames Sekretariat der Verwaltungsausschüsse
Referatsleiter: VERSTRAETE, Jan (5 64 06)
Stellvertretende Referatsleiterin: BERBERS, Katrien (5 84 55)

Direktion I:
Verwaltung der Ressourcen
Direktor: DE WINNE, Prosper (5 63 94)

1. Bewirtschaftung der Haushaltsmittel
Referatsleiterin: PAPADIMITRIOU, Irini
(5 91 27)

2. Unterstützung und zentrale Finanzkontrolle
Referatsleiter: BISCONTIN, Franco (6 71 22)
Stellvertretender Referatsleiter: SALAVERT, Christian (5 55 00)

3. Datenverarbeitung
Referatsleiter: VLAHOPOULOS, Georgios
(6 23 52)

4. Bewirtschaftung der Finanzmittel des EAGFL, Abteilung Garantie
Referatsleiterin: NIKOLAJSEN, Susanne
(5 80 79)
Stellvertretender Referatsleiter:
VANDERHAEGEN, Bernard (95 39 75)

5. Personal und Verwaltung
Referatsleiter: FERNANDEZ-MARTIN, Juan Luis (6 27 50)

6. Maßnahmenbezogenes Management, Beziehungen zum Rechnungshof
Referatsleiter: KISSMEYER-NIELSEN, Soeren (5 32 95)

Direktion J:
Audit der Agrarausgaben
Direktorin: HEBETTE, Chantal (6 18 14)
Berater (zuständig für das Sekretariat der Schlichtungsstelle): VERHELST, Gerrit
(5 24 40)

1. Koordinierung horizontaler Fragen des Rechnungsabschlusses
Referatsleiter a.i.: DEVELDER, Johan
(5 58 87)

2. Audit der Ausgaben für marktpolitische Maßnahmen
Referatsleiter: BARTH, Hans-Erwin (5 63 63)

3. Audit der direkten Beihilfen
Referatsleiter: ETIEVANT, Richard (9 44 68)
Stellvertretender Referatsleiter: SLADE, Malcolm (5 71 05)

4. Audit der Ausgaben für die ländliche Entwicklung
Referatsleiter: WEBB, Paul (5 45 33)

5. Finanzprüfung
Referatsleiter: OTTATI, Michele (5 84 02)

2.2.3.11 Generaldirektion Regionalpolitik

1, cour Saint-Michel, **1040 Brüssel, Belgien**;
Tel 00 32-2/29-9 11 11, 29-5 61 81
bzw. 29-(+Durchwahl);
Fax 00 32-2/29-9 67 95;
e-mail graham.meadows@cec.eu.int
http://europa.eu.int/comm/dgs/
regional_policy/index_en.htm

Generaldirektor a.i.: MEADOWS, Graham
(5 61 81)

Assistent des Generaldirektors (zuständig für Allgemeine Angelegenheiten): GOULET, Raphaël (9 24 70)
Stellvertretender Generaldirektor: LEYGUES, Jean-Charles (5 61 47)
Stellvertretender Generaldirektor: PASQUA-RAYMONDO, Michele (5 64 47)

Dem Generaldirektor unmittelbar unterstellt:

1. Information und Kommunikation
Referatsleiter: DAMAN, Thierry (5 47 33)

2. Internes Audit und Beratung
Referatsleiter: GRONTAGE, Charles (9 10 90)

**Direktion A:
Ressourcen**
Direktor: SEYLER, Jean-Marie (5 46 81)
Berater: GARCÍA AYALA, Ricardo (6 17 24)

1. Strategisches Programm und Beziehungen zum EP, dem AdR und dem EESC
Referatsleiter a.i.: BRUNET, Olivier (5 10 61)

2. Personal und Fortbildung
Referatsleiter: TODD, Christopher (5 27 76)
Stellvertretender Referatsleiter: ROMA, Marcello (5 82 56)

3. Haushalts- und Finanzverwaltung
Referatsleiter a.i.: SEYLER, Jean-Marie (5 46 81)
Stellvertretender Referatsleiter: ESPINOSA FERNANDEZ, Andres (5 68 99)

4, Informatik
Referatsleiter: BOTMAN, Marc (6 38 95)

**Direktion B:
Konzeption und Reform der Kohäsionspolitik, Koordinierung, Solidaritätsfonds**
Direktor: HALL, Ronald (5 44 01)

1. Koordinierung, Solidaritätsfonds
Referatsleiter: HALL, Ronald (5 44 01)
Stellvertretende Referatsleiterin: SOULIER BOUGAS, Jacqueline (6 31 51)

2. Konzeption und Analyse, Beitrittsverhandlungen
Referatsleiter: BOUGAS, Anastassios (6 10 78)
Stellvertretende Referatsleiterin: DE MICHELIS, Nicola (5 52 30)

3. Rechtsfragen, Verfahren und Beziehungen zu den Ausschüssen
Referatsleiterin: ALLIATA-FLOYD, Vittoria (5 83 86)

**Direktion C:
Thematische Entwicklung, Auswirkungen, Bewertung und innovative Maßnahmen**
Direktor a.i.: LEYGUES, Jean-Charles (5 61 47)

1. Thematische Entwicklung, Auswirkungen, Lissabon-Strategie
Referatsleiter: HARTOG, Everardus (9 00 84)
Stellvertretender Referatsleiter: DURAND, Guy (5 60 20)

2. Bewertung und Zusätzlichkeit
Referatsleiter: N. N. (9 11 11)
Stellvertretende Referatsleiterin: MAIRATE, Andrea (5 02 99)

3. Innovative Maßnahmen
Referatsleiterin a.i.: HELANDER, Elisabeth (6 11 16)
Stellvertretende Referatsleiterin: FITZGERALD, Marie (5 22 82)

**Direktion D:
Territoriale Zusammenarbeit, städtepolitische Maßnahmen und Regionen in äußerster Randlage**
Direktorin: HELANDER, Elisabeth (5 03 54)

1. Territoriale Zusammenarbeit
Referatsleiter: POULSEN, Esben (5 00 07)
Stellvertretende Referatsleiterin: MEYLENS, Ann-Kerstin (6 89 77)

2. Städepolitische Maßnahmen
Referatsleiter: NIESSLER, Rudolf (9 52 80)
Stellvertretender Referatsleiter: GARCIA-PATRON, Santiago (5 23 70)

3. Koordinierung der Belange der Regionen in äußerster Randlage
Referatsleiter: WOLFCARIUS, Pascale
(9 15 38)

Direktion E:
Programme und Projekte in Österreich, Deutschland, Dänemark, Lettland, Litauen, der Slowakei, dem Vereinigten Königreich und Schweden
Direktor: PALMA ANDRES, José (5 15 31)

1. Deutschland
Referatsleiter: DUFEIL, Michel-Eric (6 04 90)
Stellvertretender Referatsleiter: RONDORF, Heinz Dieter (6 99 41)

2. Lettland und Vereinigtes Königreich
Referatsleiter: BESCHEL, Manfred (5 35 29)
Stellvertretender Referatsleiter: DENNESS, Jonathan (6 50 38)

3. Dänemark, Litauen und Schweden
Referatsleiter: GRANDA ALVA, German
(9 29 92)

4. Slowakei und Österreich
Referatsleiter: WOLFE, Colin (9 05 16)
Stellvertretende Referatsleiterin:
HERNANDEZ-MARTIN, Gabriela
(6 11 35)

Direktion F:
Programme und Projekte in Belgien, der Tschechischen Republik, Estland, Finnland, Irland, Luxemburg und Spanien
Direktor a.i.: MCKENNA, Rory (5 55 10)

1. Spanien
Referatsleiter: MCKENNA, Rory (5 55 10)
Stellvertretender Referatsleiter:
LANDABASO, Mikel (6 52 56)

2. Tschechische Republik, Belgien und Luxemburg
Referatsleiter: YANNOUSSIS, Gorgios
(5 48 64)
Stellvertretender Referatsleiter: WOLF, Michel (9 04 49)

3. Estland, Irland und Finnland
Referatsleiter: ROGGERI, Alain (5 83 68)

Direktion G:
Programme und Projekte in Zypern, Griechenland, Ungarn, Italien, Malta und den Niederlanden
Direktor: CHECCHI LANG, Alejandro
(5 68 38)

1. Italien und Malta
Referatsleiter: ENGWEGEN, Jack (5 64 49)
Stellvertretender Referatsleiter: RAINOLDI, Alessandro (5 57 99)

2. Griechenland
Referatsleiter: SHOTTON, Robert (5 69 65)
Stellvertretender Referatsleiter: SLUYTERS, Willebrordus (5 46 67)

3. Ungarn, Zypern und die Niederlande
Referatsleiter: N. N. (9 11 11)
Stellvertretender Referatsleiter: AMBLARD, Patrick (5 64 82)

Direktion H:
Programme und Projekte in Frankreich, Polen, Portugal und Slowenien, ISPA
Direktor: RIERA FIGUERAS, Luis (6 50 68)

1. Polen
Referatsleiter: ALLGAYER, Friedemann
(5 43 89)

2. Portugal und Slowenien
Referatsleiter: ORANI, Marco (5 70 86)
Stellvertretender Referatsleiter: BORIS, Luis
(5 52 71)

3. Frankreich
Referatsleiter: LANGE, Bernard (5 17 09)
Stellvertretende Referatsleiterin:
CARVALHO, Maria (5 02 73)

4. ISPA
Referatsleiter: UNTERWURZACHER, Erich
(6 67 21)
Stellvertretender Referatsleiter: WALKER, Colin (6 56 89)

Direktion I:
Audit
Direktor: MARTYN, Nicholas (6 29 41)

1. Koordinierung des Audits, Beziehungen zum Rechnungshof und zu OLAF
Referatsleiter: N. N. (9 11 11)

2. Kontrolle und Audit des EFRE
Referatsleiter: MARTYN, Nicholas (6 29 41)
Stellvertretender Referatsleiter: PINTO, Aderito (5 97 81)

3. Kontrolle und Audit des Kohäsionsfonds und von ISPA
Referatsleiterin: ANDERSSON PENCH, Lena (5 98 19)
Stellvertretender Referatsleiter: PONCET, Jacques (5 61 42)

2.2.3.12 Generaldirektion Steuern und Zollunion

59, rue Montoyer, **1000 Brüssel, Belgien**;
Tel 00 32-2/29-9 11 11, 29-5 43 76
bzw. 29-(+Durchwahl);
Fax 00 32-2/29-6 19 31;
e-mail librarian-information@cec.eu.int,
e-mail robert.verrue@cec.eu.int
http://europa.eu.int/comm/dgs/taxation_customs/index_en.htm

Generaldirektor: VERRUE, Robert (5 43 76)
Assistentin des Generaldirektors: BERTIN, Lilian (6 89 29)
Hauptberater: N. N. (9 11 11)

Dem Generaldirektor unmittelbar unterstellt

1. Personal- und Finanzwesen
Referatsleiter: KERMODE, Philip (6 13 71)

2. Audit
Referatsleiterin: GRISARD, Anne (8 41 03)

**Direktion A:
Koordinierung und Programme**
Direktor: DE GRAAFF, Marinus (5 20 25)

1. Beziehungen zu den übrigen Organen, interne Koordinierung, strategische Planung
Referatsleiter: VERGNOLLE, Jean-Louis (6 33 32)

2. Information, Fortbildung, Management und Programme
Referatsleiter: DASCALU, Iosif (5 82 67)

3. Informationstechnologie
Referatsleiter: THEUNISSEN, P.-H. (6 30 95)

**Direktion B:
Internationale und Tarifangelegenheiten**
Direktor: ARNAL MONREAL, Manuel (6 33 28)

1. Internationale Angelegenheiten und technischer Support
Referatsleiter: FAUCHERAND, Pierre (5 78 14)

2. Strategie, politische und wirtschaftliche Prognosen, Bewertung
Referatsleiter: GRAND, Bernard (5 53 47)

3. HS-Konvention, kombinierte Nomenklatur, Tarifeinreihung
Referatsleiter: CASELLA, Luigi (5 36 16)

4. Wirtschaftliche Zollaspekte, Zollbefreiung, TARIC, Gebiete
Referatsleiter a.i.: CASELLA, Luigi (5 36 16)

**Direktion C:
Zollpolitik**
Direktor a.i.: WIEDOW, Alexander (5 36 05)

1. Zollpolitik und Zollkontrolle
Referatsleiter: PULFORD, John (5 81 83)

2. Ursprungszeugnisse
Referatsleiter: VAN RAAN, Richard (6 04 31)

3. Zollgesetzgebung und Anwendungskontrolle des Gemeinschaftsrechts
Referatsleiter: LUX, Michael (5 42 57)

4. Versandverfahren, Verfahren unter Zollaussetzungen, Sicherheit der Verteilerkette
Referatsleiterin: CABRAL, Maria Manuela (5 42 59)

Direktion D:
Indirekte Steuern und Steuerverwaltung
Direktor: WIEDOW, Alexander (5 36 05)
Berater: CARROLL, Thomas (5 58 42)

1. Mehrwertsteuer und andere Umsatzsteuern
Referatsleiter a.i.: KERRIGAN, Arthur
(6 33 69)

2. Verbrauchsteuern, Steuern in den Bereichen Verkehr, Umwelt und Energie
Referatsleiter: RAPONI, Donato (6 63 07)

3. Anwendungskontrolle des Gemeinschaftsrechts und der staatlichen Beihilfen/indirekte Steuern
Referatsleiterin a.i.: WIEME, Micole (5 82 62)

4. Verwaltungskoordinierung und Bekämpfung von Steuerhinterziehung
Referatsleiter a.i.: FORVASS, Bo (9 05 96)

Direktion E:
Analysen und Steuerpolitiken
Direktor: AUJEAN, Michel (5 66 56)

1. Analyse und Koordinierung von Steuerpolitiken
Referatsleiter: MORS, Matthias (9 33 89)

2. Gesetzgebung im Bereich der direkten Steuern
Referatsleiterin a.i.: MALMER, Kerstin
(5 24 48)

3. Anwendungskontrolle des Gemeinschaftsrechts und der staatlichen Beihilfen/direkte Steuern
Referatsleiter: HEYDT, Volker (5 74 92)

4. Wirtschaftliche Aspekte der Besteuerung
Referatsleiter: DE LAET, Jean-Pierre
(6 06 05)

2.2.3.13 Generaldirektion Umwelt

5, avenue de Beaulieu, **1160 Brüssel, Belgien**;
Tel 00 32-2/29-9 11 11, 29-5 83 12
bzw. 29-(+Durchwahl);
Fax 00 32-2/29-9 11 05;
e-mail envinfo@cec.eu.int

http://europa.eu.int/comm/dgs/environment/index_de.htm

Generaldirektorin: DAY, Catherine (5 83 12)
Assistent der Generaldirektorin:
HARGADON, Malachy (6 84 50)

Der Generaldirektorin unmittelbar unterstellt

ENV-1. Strategische Planung und Evaluierung
Referatsleiterin: GOLDBERG, Elizabeth
(9 20 21)

ENV-2. Innenrevision
Berater: GROENENDAAL, Jan Julius
(9 22 71)

Direktion A:
Governance, Kommunikation und Bevölkerungsschutz
Direktor a.i.: LAWRENCE, David Grant
(5 35 37)

1. Kommunikation
Referatsleiterin: TIVEUS, Ylva (6 66 73)
Stellvertretender Referatsleiter:
KALFSBEEK, Henk (5 36 77)

2. Vertragsverletzungen
Referatsleiter a.i.: RUIZ-TOMAS, Javier
(9 10 58)

3. Rechtspolitik und Governance
Referatsleiter: KREMLIS, George (6 65 26)

4. Interinstitutionelle Angelegenheiten
Referatsleiter: BROUWER, Paulus (5 41 25)

5. Zivilschutz
Referatsleiterin: BUCELLA, Pia (5 70 99)
Stellvertretender Referatsleiter: VINCENT, Gilles (6 95 14)

Direktion B:
Umweltschutz
Direktorin a.i.: DAY, Catherine (5 83 12)

1. Landwirtschaft und Böden
Referatsleiter: HAMELL, Michael (5 98 26)
Stellvertretender Referatsleiter: BERGER, Bernhard (6 86 77)

2. Natur und biologische Vielfalt
Referatsleiter: HANLEY, Nicholas (6 87 03)
Stellvertretende Referatsleiterin: BLIN,
Marie-Claude (5 02 70)

3. Forstwirtschaft
Referatsleiter: FLIES, Robert (6 54 44)

4. Biotechnologie und Pestizide
Referatsleiter: MARTIN, Herve (6 54 44)
Stellvertretender Referatsleiter: BEREND,
Klaus (9 48 60)

Direktion C:
Luft und chemische Stoffe
Direktor: DELBEKE, Jos (6 88 04)

1. Luftreinheit und Verkehr
Referatsleiter: GAMMELTOFT, Peter
(6 86 95)
Stellvertretender Referatsleiter: VAIMO,
Matti (9 61 38)

2. Klima, Ozon und Energie
Referatsleiter a.i.: RUNGE-METZGER,
Artur (5 68 98)

3. Chemische Stoffe
Referatsleiterin: HELLSTEN, Eva (9 67 65)
Stellvertretende Referatsleiterin:
SLINGENBERG, Yvon (9 20 36)

4. Industrieemissionen
Referatsleiter a.i.: VIS, Peter (5 89 00)

Direktion D:
Wasser und Umweltprogramme
Direktor: GRANT LAWRENCE, David
(5 35 37)

1. LIFE
Referatsleiter: JULIEN, Bruno (5 61 33)
Stellvertretender Referatsleiter: SALSI,
Angelo (6 93 76)

2. Schutz der Gewässer und Meere
Referatsleiter: MURPHY, Patrick (9 83 39)
Stellvertretender Referatsleiter: BLOECH,
Helmut (9 06 72)

3. Kohäsionspolitik und
Umweltverträglichkeitsprüfungen
Referatsleiter: ROUAM, Claude (5 79 94)

Stellvertretender Referatsleiter: NYCHAS,
Anastasios (6 87 16)

4. Gesundheit und Städtepolitik
Referatsleiterin: BRUETSCHY, Chantal
(6 23 62)

Direktion E:
Internationale Angelegenheiten
Direktorin: BLANCO, Soledad (9 51 82)

1. Internationale Umweltgovernance und
Entwicklungsländer
Referatsleiterin: SCHOMAKER, Astrid
(6 96 41)
Stellvertretende Referatsleiterin: HANNA,
Jill (5 32 32)

2. Umweltpolitische Vereinbarungen und
Handel
Referatsleiter: GARCIA BURGUES, Julio
(6 87 63)

3. Erweiterung und Nachbarländer
Referatsleiterin a.i.: BARRIL, Anne (5 43 38)

Direktion F:
Ressourcen
Direktorin: GROEBNER, Viola (9 00 78)

1. Personal
Referatsleiter: DE YONG, Hans (5 13 47)

2. Finanzen
Referatsleiter: OWEN, Philip (6 55 62)

3. Informationstechnologie
Referatsleiter: GRITSCH, Martin (5 94 67)

Direktion G:
Nachhaltige Entwicklung und Integration
Direktor: MÄKELÄ, Timo (6 26 34)

1. Nachhaltige Entwicklung und
Wirtschaftsanalysen
Referatsleiter: MIEGE, Robin (5 80 43)

2. Umwelt und Industrie
Referatsleiter: AICHINGER, Herbert
(6 80 43)

3. Forschung, Wissenschaft und Innovation
Referatsleiter: CLARK, Ian (6 90 94)

4. Nachhaltige Produktion und Verbrauch
Referatsleiterin: KLINGBEIL, Marianne
(6 04 94)
Stellvertretender Referatsleiter: KOEGLER, Klaus (6 23 79)

2.2.3.14 Generaldirektion Unternehmen

15, rue de la Science, **1049 Brüssel, Belgien**;
Tel 00 32-2/29-9 11 11, 29-9 43 96
bzw. 29-(+Durchwahl);
Fax 00 32-2/29-9 10 36;
e-mail info-eic@fcis.cec.eu.int
http://europa.eu.int/comm/enterprise/
networks/eic/eic.htm

Generaldirektor: REICHENBACH, Horst (9 43 96)
Assistent des Generaldirektors: WAGNER, Peter (6 54 98)
Assistent des Generaldirektors: LUCHNER, Johannes (6 88 11)
Stellvertretender Generaldirektor: ZOUREK, Heinz (9 16 04)
Berater: SALMI, Heikki (5 79 95)
Berater: THERY, Nicolas (8 22 40)

Dem Generaldirektor unmittelbar unterstellt:

1. Audit
Referatsleiter: VAN DER ZEE, Reinder (6 57 34)

Direktion R:
Management und Ressourcen
Direktorin: PYKE, Belinda (6 16 73)

1. Finanzen
Referatsleiterin: FINETTI, Manuela (6 01 09)

2. Personal
Referatsleiter: COOMANS, Michel (6 81 48)

3. Datenverarbeitung
Referatsleiter: NONNEMANN, Stefan (8 42 62)

4. Information und Kommunikation
Referatsleiter: WRAGG, Peter (6 01 26)

5. Strategische Planung und strategisches Management
Referatsleiter: MOUTARLIER, Valère (6 21 62)

Direktion A:
Koordinierung der Wettbewerbsfähigkeit
Direktor: RUETE, Matthias (5 07 34)

1. Allgemeine Koordination
Referatsleiter: HERBERT, Didier (9 00 87)

2. Internationale Aspekte der Unternehmens- und Industriepolitik
Referatsleiter: JEAN, Philippe (5 05 39)

4. Aspekte der Wettbewerbsfähigkeit in der Wettbewerbspolitik
Referatsleiterin: PONS-DELADRIERE, Geneviève (5 64 60)

Direktion B:
Industriepolitik und Wirtschaftsreformen
Direktor: KOOPMANN, Gert-Jan (9 33 81)

2. Wettbewerbsfähigkeit und Wirtschaftsreformen
Referatsleiter: BELESSIOTIS, Tassos (9 34 10)

3. Impact Assessment und wirtschaftliche Evaluierung
Referatsleiterin: COTTER, Colette (5 96 68)

4. Aspekte der Wettbwerbsfähigkeit in der nachhaltigen Entwicklung
Referatsleiter: CATINAT, Michel (6 95 29)

Direktion C:
Regulierungspolitik
Direktor: AYRAL, Michel (5 56 43)
Berater: BRUEHANN, Ulf (5 73 77)

1. Rechtliches Umfeld des Binnenmarktes
Referatsleiter: MCMILLAN, Jacques (5 24 75)

2. Normung
Referatsleiter: ANSELMANN, Norbert
(9 56 72)

3. Notifizierung und Regelverstöße
Referatsleiterin: LECRENIER, Sabine
(5 57 38)

4. Allgemeiner Rahmen für den freien Warenverkehr
Referatsleiterin: GUISOLPHE, Ghyslaine
(5 18 60)

5. Anwendung der Art. 28-30
Referatsleiter: N. N. (9 11 11)

Direktion D:
Innovationspolitik
Direktor: WHITE, David (5 57 24)

1. Entwicklung der Innovationspolitik
Referatsleiter: BÜSCHER, Reinhard (5 99 06)

2. Unterstützung der Innovation
Referatsleiterin: WEISSENHORN, Renate
(5 20 14)

3. Finanzierung der KMU, Unternehmer und Innovatoren
Referatsleiter: DURVY, Jean-Noël (3 36 10)

4. Innovationstechnologie, IKT-Industrien und e-Business
Referatsleiter: ANDROPOULOS, Constantin (5 66 01)

Direktion E:
Förderung der Wettbewerbsfähigkeit der KMU
Direktor: SUMMA, Timo (9 16 71)
Berater: N. N. (9 11 11)

1. Förderung des Unternehmergeistes
Referatsleiter: WEINBERGER, Christian
(5 53 05)

2. Zusammenarbeit der Unternehmen und Entwicklung des Netzes zur Unterstützung von Unternehmen
Referatsleiter: ABRIVARD, Jean-Luc
(5 83 28)

3. Handwerk, Kleingewerbe, Genossenschaften und Gemeinschaftsunternehmen
Referatsleiter: MULFINGER, Albrecht
(5 39 42)

Direktion F:
Verbrauchsgüter
Direktorin: LALIS, Georgette (8 79 30)

1. Automobilindustrie
Referatsleiter: SCHULTE-BRAUCKS, Reinhard (5 58 82)

2. Arzneimittel
Referatsleiterin: MARTINEZ, Clara (6 57 30)

3. Biotechnologie, Wettbewerbsfähigkeit der Arzneimittelindustrie, Kosmetika
Referatsleiter: CARVALHO, Abraão
(5 73 97)

4. Lebensmittelindustrie
Referatsleiter: MENIDIATIS, Andreas
(5 53 88)

Direktion G:
Chemische Stoffe und Baugewerbe
Direktor: HENNESSY, Patrick (6 33 55)

1. Forschung
Referatsleiter: DANCET, Geert (6 09 93)

2. Chemische Stoffe
Referatsleiter: LEOS-ARGÜELLES, Vicente
(6 12 25)

3. Baugewerbe
Referatsleiter: KLEIN, Reinhard (6 97 00)

Direktion H:
Luftfahrt, Sicherheit, Verteidigung und Ausrüstung
Direktor: WEISSENBERG, Paul (6 33 58)

1. Luftfahrt-, Verteidigungs- und Seefahrtindustrie
Referatsleiterin: COZIGOU, Gwenole
(5 13 04)

2. Weltraumpolitik und Koordination
Referatsleiter: TYTGAT, Luc (6 84 30)

3. Weltraumforschung und Anwendungen
Referatsleiter: MALACARNE, Marco
(5 52 77)

4. Vorbereitende Maßnahmen für die Sicherheitsforschung
Referatsleiter: VON BOSE, Herbert (5 90 74)

5. Mechanische und elektrische Ausrüstung
Referatsleiter: MONTOYA, Luis (6 25 92)

6. Druckgeräte
Referatsleiter: BREKELMANS, Cornelis
(5 66 00)

**Direktion I:
Grundstoff- und Designindustrie, Tourismus, IDABC**
Direktor: ORTÚN, Pedro (5 20 84)
Berater: HOLMSTRÖM, Kim Henrik
(9 18 52)

1. Tourismus
Referatsleiter: IANELLO, Francesco (5 51 55)

2. Stahl, nichteisenhaltige Metalle und andere Werkstoffe
Referatsleiterin: BRYKMAN, Liliana
(9 00 25)

3. Holzverarbeitende Industrie
Referatsleiter: ENGELBRECHT, Per-Ove
(9 21 49)

4. Textilien, Mode und Design
Referatsleiter: GIRAO, Luis Filipe (9 22 16)

5. e-Government, Dienstleistungen
Referatsleiter: N. N. (9 11 11)

2.2.3.15 Generaldirektion Energie und Verkehr

28, rue Demot, **1040 Brüssel, Belgien**;
Tel 00 32-2/29-9 11 11, 29-5 19 92
bzw. 29-(+Durchwahl);
Fax 00 32-2/29-6 83 55;
e-mail francois.lamoureux@cec.eu.int
http://europa.eu.int/comm/dgs/
energy_transport/index_de.html

- in Luxemburg
Bâtiment Cube, **2920 Luxemburg,
Luxemburg;**
Tel 00 35-2/43 01-34 34 21
bzw. 43 01-(+Durchwahl);
Fax 00 35-2/43 01-3 00 59

Generaldirektor: LAMOUREUX, François
(5 19 92)
Assistent des Generaldirektors: MAYET, Remi
(6 46 77)
Assistent des Generaldirektors: GANTELET, Gilles (9 48 96)
Hauptberater: HENNINGSEN, Jørgen
(9 29 65)
Hauptberater: N. N. (9 11 11)
Stellvertretender Generaldirektor (zuständig für die Koordinierung des Nuklearbereichs):
DE ESTEBAN, Fernando (L 34 34 21)
Berater: LANDRESSE, Gaston (L 34 34 21)
Stellvertretender Generaldirektor (zuständig für die Koordinierung der Verkehrsbereiche):
KAZATSAY, Zoltan (5 91 72)
Berater: VAN VRECKEM, D. (6 84 39)

Dem Generaldirektor unmittelbar unterstellt:

Euratom – Versorgungsagentur
Referatsleiter a.i.: WAETERLOOS, Christian
(L 3 43 42)

– Verträge und Studien
   CARRILLO, María Dolores (L 34 34 21)

Europäische Agentur für die Sicherheit des Seeverkehrs
Referatsleiter: DE RUITER, Willem (6 82 65)

Europäische Agentur für Flugsicherheit
Referatsleiter: GOUDOU, Patrick (5 11 91)

Europäische Eisenbahnagentur
Referatsleiter: VERSLYPE, Marcel (9 11 11)

Exekutivagentur für intelligente Energie
Referatsleiter: LAMBERT, Patrick (5 05 31)

Strategie, Koordinierung, Information und Kommunikation
Referatsleiter: CASTELLETTI, Maurizio
(9 11 11)

Innenrevision
Referatsleiter: D'ATRI, Alessandro (5 93 01)

Direktion A:
Allgemeine Angelegenheiten und Ressourcen
Direktor: RISTORI, Dominique (9 24 60)

1. Finanzmittel und tätigkeitsbezogenes Management
Referatsleiter: BECKERS, Dirk (5 42 61)

2. Personal, Fortbildung und Informationstechnologie
Referatsleiter: SCHUMANN-HITZLER, Gerhard (6 24 23)

3. Interinstitutionelle Beziehungen, Erweiterung
Referatsleiter: MUSCHEL, Laurent (9 47 08)

4. Binnenmarkt und Wettbewerb
Referatsleiterin: WOLFCARIUS, Marie (5 91 20)

5. Dienste allgemeinen wirtschaftlichen Interesses, Rechte der Kunden
Referatsleiter: FAROSS, Peter (5 95 66)

Direktion B:
Transeuropäische Netze für Energie und Verkehr
Direktor: HILBRECHT, Heinz (6 81 74)
Berater: REES, Hugh (6 84 04)

1. Sektorielle Wirtschaftsanalysen
Referatsleiterin: KOSKIMÄKI, Pirjo-Liisa (5 16 40)

2. TEN-Politik und technologische Entwicklung
Referatsleiter: THIELMANN, Edgar (5 46 15)

3. Verwaltung der TEN-Vorhaben
Referatsleiter: RUDISCHHAUSER, Klaus (9 04 21)

4. Bewertung der TEN-Vorhaben und Finanzmanagement
Referatsleiter a.i.: MERICOL, Jean-Claude (5 35 04)

5. Satellitennavigationssystem (Galileo), intelligenter Verkehr
Referatsleiter a.i.: ONIDI, Oliver (5 60 40)

Direktion C:
Konventionelle Energieträger
Direktor: SCHMITT VON SYDOW, Helmut (5 42 56)
Berater: ALONSO BURGOS, Cristóbal (6 23 50)

1. Energiepolitik und Versorgungssicherheit
Referatsleiter: COMMEAU-YANNOUSSIS, Nina (6 72 49)

2. Strom und Gas
Referatsleiter a.i.: GEWALTIG, Stefan (5 29 81)

3. Kohle und Erdöl
Referatsleiter a.i.: GALANIS, Ioannis (5 93 04)

Direktion D:
Neue und erneuerbare Energieträger, Nachfragemanagement und nachhaltige Entwicklung
Direktor: GONZÁLEZ FINAT, Alfonso (6 82 87)
Berater: MOLINA, Gonzalo (5 15 24)

1. Regierungspolitik, Förderung neuer Energien und Nachfragemanagement
Referatsleiter: WERRING, Lucas (6 84 51)

2. Management der FTE-Programme für Energie
Referatsleiter: KELLNER, Karl (5 24 10)

3. Promotion und Verbreitung der Programmergebnisse
Referatsleiter a.i.: FURFARI, Samuele (5 76 71)

4. Umweltfreundlicher Verkehr und nachhaltige Entwicklung
Referatsleiter: KOPANEZOU, Eleni (9 67 68)

Direktion E:
Landverkehr
Direktor: GRILLO PASQUARELLI, Enrico
(5 62 03)

1. Landverkehrspolitik
Referatsleiterin a.i.: KARDACZ, Isabelle
(5 96 66)

2. Eisenbahnverkehr und Interoperabilität
Referatsleiter: VINOIS, Jean-Arnold (6 84 75)

3. Sicherheit des Straßenverkehrs
Referatsleiter: THEOLOGITIS, Dimitrios
(9 55 82)

Direktion F:
Luftverkehr
Direktor: CALLEJA CRESPO, Daniel
(6 13 86)

1. Luftverkehrspolitik, wirtschaftliche Regulierung und multilaterale Beziehungen
Referatsleiter: VAN HASSELT, Ludolf
(9 48 61)

2. Luftverkehrsmanagement und Flughäfen
Referatsleiter: VAN HOUTTE, Bernard
(5 04 94)

3. Umwelt und Sicherheit im Luftverkehr
Referatsleiter: SALVARANI, Roberto
(6 84 82)

4. Bilaterale Luftverkehrsabkommen
Referatsleiter: ONIDI, Oliver (5 60 40)

Direktion G:
Seeverkehr und Binnenschifffahrt, Intermodalität
Direktor: KARAMITSOS, Fotis (6 34 61)

1. Seeverkehrspolitik und Sicherheit des Seeverkehrs
Referatsleiter: BURGHELLE-VERNET, Philippe (5 17 99)

2. Kurzstreckenseeverkehr, Binnenschifffahrt und Häfen
Referatsleiter: VILA DE BENAVENT, Rodrigo (6 88 28)

3. Hochgeschwindigkeitsseewege und Intermodalität
Referatsleiter: TOSTMANN, Stefan (6 88 33)

Direktion H:
Kernenergie
Direktor: WAETERLOOS, Christian
(L 3 43 42)
Berater: TAYLOR, Derek (L 5 34 01)

1. Euratom-Koordinierung, internationale Beziehungen
Referatsleiter: GARRIBBA, Massimo
(L 3 38 61)

2. Kernenergie, Abfallwirtschaft
Referatsleiterin: BLOHM-HIEBER, Ute
(L 3 41 51)

3. Buchführung Kernmaterial
Referatsleiter: TSALAS, Stamatios (L 3 71 47)

4. Strahlenschutz
Referatsleiter: JANSSENS, Augustin
(L 3 63 95)

Direktion I:
Nukleare Überwachung
Direktor: CLEUTINX, Christian (L 3 62 36)

1. Konzeption, Planung und Evaluierung der Überprüfungen; logistische Unterstützung
Referatsleiter: BOELLA, Maurizio (L 3 71 25)

2. Überprüfung der Wiederaufbereitungsanlagen
Referatsleiter: MEYLEMANS, Paul
(L 3 27 11)

3. Überprüfung der Herstellungs- und Anreicherungsanlagen
Referatsleiter: NACKAERTS, Herman
(L 3 21 13)

4. Überprüfung der Reaktoren, der Lager und der übrigen Anlagen
Referatsleiter: SANTOS BENTO, José
(L 3 48 60)

Direktion J:
Sicherheit - Schutz von Personen, Gütern und Anlagen
Direktor a.i.: TRESTOUR, Jean (9 23 33)

1. Konzeption, Planung und Anlagen
Referatsleiter: TRESTOUR, Jean (9 23 33)

2. Schutz des Flug- und Seeverkehrs
Referatsleiter: SEEBOHM, Eckard (6 84 14)

3. Schutz von Energieanlagen und -infrastruktur
Referatsleiterin: CARRILLO, Dolores (5 12 19)

4. Transport gefährlicher Güter und intermodale Sicherheit
Referatsleiter: ELSNER, Wolfgang (6 84 76)

2.2.3.16 Generaldirektion Wettbewerb

70, rue Joseph II, **1040 Brüssel, Belgien**;
Tel 00 32-2/29-9 11 11, 29-5 23 87
bzw. 29-(+Durchwahl);
Fax 00 32-2/29-6 42 98;
e-mail infocomp@cec.eu.int,
e-mail philip.lowe@cec.eu.int
http://europa.eu.int/comm/dgs/competition/index_de.htm

Generaldirektor: LOWE, Philip (5 23 87)
Assistentin des Generaldirektors: PESARESI, Nicola (9 29 06)
Assistent des Generaldirektors: MCCALLUM, Linsey (9 01 22)
Stellvertretender Generaldirektor (zuständig für Fusionskontrolle): DRAUZ, Götz (5 86 81)
Stellvertretender Generaldirektor (zuständig für Kartellsachen): ROCCA, Gianfranco (5 11 52)
Stellvertretender Generaldirektor (zuständig für staatliche Beihilfen): N. N. (9 11 11)

Dem Generaldirektor unmittelbar unterstellt

Innenrevision
Referatsleiter: VANDROMME, Johan (9 81 14)

Chefökonom: RÖLLER, Lars-Hendrik (8 73 12)

Direktion R:
Strategische Planung und Ressourcen
Direktor: NORBERG, Sven (5 21 78)
Berater (zuständig für Beziehungen zu Verbraucherorganisationen): RIVIERE Y MARTÍ, Juan (5 11 46)

1. Strategische Planung, Personal- und Finanzmittel
Referatsleiter: MAGNIER, Michel (5 21 78)

2. Informationstechnologie
Referatsleiter: PUIG SAQUÉS, Javier Juan (6 89 99)

3. Dokumentenverwaltung, Information, Kommunikation
Referatsleiterin: DUSSART-LEFRET, Corinne (6 12 23)

Direktion A:
Politik und strategische Unterstützung
Direktor: PAULIS, Emil (6 50 33)
Berater: ROUNIS, Georgios (5 34 04)

1. Kartellpolitik und strategische Unterstützung
Referatsleiter: ALBERS, Michael (6 18 74)
Stellvertretender Referatsleiter: WOODS, Donncadh (6 15 52)

2. Fusionspolitik und strategische Unterstützung
Referatsleiter: ESTEVA MOSSO, Carles (6 97 21)

3. Prioritäten für die Durchsetzung und Kontrolle der Entscheidungen
Referatsleiter: STRAGIER, Joos (5 24 82)
Stellvertretender Referatsleiter: KJOLBYE, Lars (6 94 17)

4. Europäisches Wettbewerbsnetz
Referatsleiter: DEKEYSER, Kris (5 42 06)

5. Internationale Beziehungen
Referatsleiterin: RODRIGUEZ GALINDO, Blanca (5 29 20)

Direktion B:
Energie, Wasser, Lebensmittel und Arzneimittel
Direktor a.i.: DRAUZ, Götz (5 86 81)

1. Energie, Wasser
Referatsleiterin: REHBINDER, Maria (9 00 07)
Stellvertretender Referatsleiter: VAN ERPS, Dirk (6 60 80)

2. Lebensmittel, Arzneimittel
Referatsleiter: DE BRONETT, Georg (5 92 68)

3. Fusionen
Referatsleiter: N. N. (9 11 11)

Direktion C:
Information, Kommunikation, Multimedia
Direktor: MENSCHING, Jürgen (5 22 24)

1. Telekommunikation und Postwesen; Koordinierung Informationsgesellschaft
Referatsleiter: VAN GINDERACHTER, Eric (5 44 27)
Stellvertretender Referatsleiter: KRUEGER, Reinald (6 15 55)
 – Liberalisierungsrichtlinien, Verfahren nach Artikel 86
 HOCEPIED, Christian (6 04 27)

2. Medien
Referatsleiter: UNGERER, Herbert (6 86 23)

3. Informationsindustrien, Internet und Unterhaltungselektronik
Referatsleiter: MADERO VILLAREJO, Cecilio (6 09 49)

4. Fusionskontrolle
Referatsleiter: KLEEMANN, Dietrich (6 50 31)

Direktion D:
Dienstleistungen
Direktor: EVANS, Lowri (6 50 29)
Berater: LOMHOLT, Finn (5 56 19)

1. Finanzdienstleistungen (Banken, Versicherungen)
Referatsleiter: FRIESS, Bernhard (5 60 38)

2. Verkehr
Referatsleiter: N. N. (9 11 11)
Stellvertretende Referatsleiterin: BICHO, Maria José (6 26 65)

3. Handel, Vertrieb, sonstige Dienstleistungen
Referatsleiterin: VANNINI, Arianna (6 42 09)

4. Fusionskontrolle
Referatsleiter: LUECKING, Joachim (6 65 45)

Direktion E:
Industrie und Energie
Direktor: TRADACETE COCERA, Angel (5 24 62)

1. Chemische, mineralische und petrochemische Stoffe, nichteisenhaltige Metalle und Stahl
Referatsleiter: MALRIC-SMITH, Paul (5 96 75)

2. Bau, Papier, Glas, mechanische und andere Industrie
Referatsleiter: N. N. (9 11 11)

3. Fusionskontrolle
Referatsleiter: SJÖBLOM, Dan (9 11 11)
Stellvertretender Referatsleiter: GATTI, John (9 11 11)

Direktion F:
Konsumgüter
Direktor: MEHTA, Kirtikumar (5 73 89)

1. Konsumgüter und Landwirtschaft
Referatsleiter: DEVELLENNES, Yves (5 15 90)
Stellvertretender Referatsleiter: FONT GALARZA, Andres (5 19 48)

2. Kraftfahrzeuge, sonstige Verkehrsmittel
Referatsleiter: CESARINI, Paolo (5 12 86)

3. Fusionskontrolle
Referatsleiter: RAKOVSKY, Claude (5 53 89)

Direktion G:
Staatliche Beihilfen I: Beihilfe und Steuerregelungen
Direktor: DRABBE, Humbert (5 00 60)

1. Regionalbeihilfen: Multisektoraler Rahmen
Referatsleiter: HANKIN, Robert (5 97 73)
Stellvertretender Referatsleiter:
JUNGINGER-DITTEL, Klaus-Otto
(6 03 76)

2. Branchenübergreifende Beihilferegelungen
Referatsleiter: PIHLATIE, Jorma (5 36 07)

3. Steuerregelungen
Referatsleiter: PIEKE, Wouter (5 98 24)

Direktion H:
Staatliche Beihilfen II: Waren, Dienstleistungen; Durchsetzung
Direktorin: DORMAL-MARINO, Loretta
(5 86 03)

1. Herstellung von Waren
Referatsleiter: COLSON, Jean-Louis (6 09 95)
Stellvertretender Referatsleiter: SOUKUP, Karl (6 74 42)

2. Dienstleistungen I: Finanzdienstleistungen, Post, Energie
Referatsleiter: FERNANDEZ MARTIN, Joaquin (5 10 41)

3. Dienstleistungen II: Rundfunk, Telekommunikation, Gesundheit, Sport und Kultur
Referatsleiter: DEPYPERE, Stefaan (9 07 13)

Direktion I:
Politik im Bereich der staatlichen Beihilfen und strategischen Koordinierung
Direktor: VAN HOOF, Marc (5 06 25)

1. Politik und Koordinierung
Referatsleiter: N. N. (9 11 11)
Stellvertretender Referatsleiter: ALEXIS, Alain (5 53 03)

2. Transparenz und Scoreboard
Referatsleiter: MEDERER, Wolfgang
(5 35 84)

3. Durchsetzung
Referatsleiter: VAN DER WEE, Dominique
(6 02 16)

2.2.3.17 Generaldirektion Wirtschaft und Finanzen (ECFIN)

1, avenue de Beaulieu, **1160 Brüssel, Belgien**;
Tel 00 32-2/29-9 11 11, 29-9 43 66
bzw. 29-(+Durchwahl);
Fax 00 32-2/29-6 48 85, 29-9 33 02;
e-mail klaus.regling@cec.eu.int,
e-mail ecfin-info@cec.eu.int
http://europa.eu.int/comm/dgs/
economy_finance/index_en.htm

- in Luxemburg
Bâtiment Wagner, Plateau du Kirchberg, **2920 Luxemburg, Luxemburg**;
Tel 00 35-2/43 01-1, 43 01-3 40 671
bzw. 43 01-(+Durchwahl);
Fax 00 35-2/43 01-3 69 79;
e-mail registry@cec.eu.int

Generaldirektor: REGLING, Klaus (9 43 66)
Assistent des Generaldirektors: PFLUEGER, Stefan (9 34 13)
Stellvertretender Generaldirektor (zuständig für die Direktionen A und B und für Aspekte von Direktionen E und D): N. N. (9 11 11)
Sekretär des Wirtschafts- und Finanzausschusses und des Ausschusses für Wirtschaftspolitik: N. N. (9 11 11)
Direktor (zuständig für die Beziehungen zur EBWE): N. N. (9 11 11)
Hauptberater, zuständig für die Koordinierung der in den vom Generaldirektor spezifisch zugewiesenen Bereichen: N. N. (9 11 11)

Dem Generaldirektor unmittelbar unterstellt:

01. Interne Rechnungsprüfung
Referatsleiter: SIMONETTI, Sylvain
(L 3 63 43)

Direktion A:
Wirtschaftsstudien und -untersuchungen
Direktor: KRÖGER, Jürgen (9 34 88)

Berater (Studien): JONUNG, Lars (9 45 62)
Berater (Studien): OKSANEN, Heikki
(5 93 26)
Berater (Studien): PICHELMANN, Karl
(9 33 65)
Wirtschaftsberater: N. N. (9 11 11)
Wirtschaftsberater: N. N. (9 11 11)
Wirtschaftsberaterin: VEUGELERS,
Reinhilde (8 68 33)
Wirtschaftsberater: WATSON, Max (8 66 62)
Wirtschaftsberater: N. N. (9 11 11)

1. Ökonometrische Modelle und mittelfristige
Analysen
Referatsleiter: DRAMAIS, André Louis
(9 43 77)
Stellvertretender Referatsleiter: RÖGER,
Werner (9 33 62)

2. Wirtschaftsdatenbanken und statistische
Koordination
Referatsleiter: SCHÖNBORN, Frank
(9 33 58)

3. Konjunkturerhebungen
Referatsleiter: WEISS, Peter (5 43 50)

4. Prognosen und Wirtschaftslage
Referatsleiterin: MCCARTHY, Mary
(9 34 93)

5. Wirtschaftliche und wissenschaftliche
Informationen und Veröffentlichungen
Referatsleiter: SCHUTZ, Jean-Claude
(9 56 58)

Direktion B:
Volkswirtschaften der Mitgliedstaaten
Direktor: BUTI, Marco (6 22 46)
*Berater, zuständig für methodologische Fragen
im Zusammenhang mit der Haushaltsüberwachung:* MORISSET, Alain (9 43 81)

1. EU-Länder I: Deutschland, Estland,
Österreich, Portugal, Finnland
Referatsleiter: BUSCH, Georg (9 43 55)
Stellvertretender Referatsleiter: N. N.
(9 11 11)

2. EU-Länder II: Belgien, Frankreich,
Luxemburg, Niederlande, Ungarn
Referatsleiterin: KAUFFMANN, Barbara
(9 34 89)
Stellvertretender Referatsleiter: ABREU,
Orlando (9 34 06)

3. EU-Länder III: Griechenland, Spanien,
Irland, Italien, Zypern, Malta
Referatsleiter: MARTINEZ MONGAY,
Carlos (6 12 28)

4. EU-Länder IV: Dänemark, Irland, Lettland,
Schweden, Vereinigtes Königreich
Referatsleiter: ROBLEDO FRAGA, José
Luis (5 66 64)
Stellvertretender Referatsleiter:
WILKINSON, Ralph (6 13 43)

5. EU-Länder V: Tschechische Republik,
Litauen, Polen, Slowenien, Slowakei
Referatsleiter: KEEREMAN, Filip (9 34 90)
Stellvertretender Referatsleiter: N. N.
(9 11 11)

6. Kohärenz in der Überwachung der
Wirtschaft der Mitgliedstaaten
Referatsleiter: PENCH, Lucio (9 34 33)

Direktion C:
Wirtschaft der Euro-Zone und der Union
Direktor: DEROOSE, Servaas (9 43 75)

1. Währungsangelegenheiten in der Euro-
Zone und den übrigen Mitgliedstaaten;
EWS II
Referatsleiter: BARAS, Johan (9 19 96)

2. Öffentliche Finanzen, insbesondere in der
Euro-Zone
Referatsleiterin: FLORES GUAL, Elena
(9 34 61)

3. Koordination der Wirtschaftspolitik der
Mitgliedstaaten und der Euro-Zone
Referatsleiter: KUHLMANN, Joost (9 33 48)

4. Übergangsfragen im Zusammenhang mit
der WWU
Referatsleiter: VERHAEVEN, Johan (9 34 43)

5. Arbeitsmärkte, einschließlich der Löhne und Abgaben- und Leistungssysteme, Humankapital und Arbeitsproduktivität
Referatsleiter: COSTELLO, Declan (9 33 75)

Direktion D:
Internationale Fragen
Direktor: DE LECEA FLORES DE LEMUS, Antonio (6 14 11)
Berater, zuständig für Koordination der Finanzhilfe für Drittländer: LELAKIS, Vassili (9 44 15)

1. Wirtschaft der beitrittswilligen Länder und der westlichen Balkanländer; mit der Erweiterung zusammenhängende Wirtschaftspolitik
GRASMANN, Peter (9 34 17)
Stellvertretender Referatsleiter: PAVRET DE LA ROCHEFORDIÈRE, Christophe (9 34 30)

2. Wirtschaft der G7-Länder und damit zusammenhängende multilaterale Fragen sowie der asiatischen und lateinamerikanischen Länder; Handelspolitik; externe Aspekte der WWU
Referatsleiter: DACO, Daniel (9 41 10)
Stellvertretender Referatsleiter: TEMPRANO ARROYO, Heliodoro (6 18 58)

3. Wirtschaft der Drittländer im Mittelmeerraum sowie Russlands und der Neuen Unabhängigen Staaten
Referatsleiter: LEANDRO, José (9 54 30)
Stellvertretender Referatsleiter: PAPADOPOULOS, Andreas (9 69 19)

4. Horizontale Fragen und Koordinierung der Finanzhilfe; Entwicklungspolitik; Verbindung zu den multilateralen Banken
Referatsleiter a.i.: LELAKIS, Vassili (9 44 15)
– Horizontale Fragen und Verbindung zu den multilateralen Banken
BOUTEILLER, Didier (6 19 81)

Direktion E:
Dienst Wirtschaftliche Bewertung
Direktor: SCHMIDT, Jan Høst (5 79 04)

1. Finanzmärkte und Finanzintermediäre
Referatsleiter: BERRIGAN, John (9 35 80)

2. Binnenmarkt und nationale Produkt- und Dienstleistungsmärkte; Wettbewerbspolitik; Analyse der Wettbewerbsfähigkeit
Referatsleiter: ILZKOVITZ, Fabienne (9 33 79)
– Binnenmarkt, Unternehmenspolitik und Analysen von Wettbewerbsfähigkeit
DIERX, Adriaan (5 92 69)
– Wettbewerbspolitik
MEIKLEJOHN, Roderick (9 33 87)

3. Strukturfonds und Gemeinsame Agrarpolitik
Referatsleiterin: GARNIER, Carole (9 43 58)

4. Umwelt-, Verkehrs- und Energiepolitik
Referatsleiter: BERGMANN, Manfred (9 34 79)

Direktion L:
Finanzoperationen, Programmverwaltung und Verbindung zur EIB-Gruppe (diese Direktion befindet sich in Luxemburg)
Direktor: MC GLUE, David (L 3 40 67)

1. Neue Finanzierungsinstrumente und Verbindung zur EIB-Gruppe
Referatsleiter: MAGNETTE, Jean-Marie (L 3 62 61)
Stellvertretender Referatsleiter: VAN DER VLUGT, Henk (L 3 29 51)

2. Programmverwaltung (KMU)
Referatsleiter: MCGING, James (L 3 61 29)
Stellvertretender Referatsleiter: HAVENITH, Roger (L 3 46 56)

3. Kredit- und Infrastrukturprogramme
Referatsleiter: GARCÍA LON, Javier (L 3 63 72)

4. Rechnungsführung und Risikoverwaltung
Referatsleiter: REICHEL, Peter (L 3 64 43)

5. Vermögensverwaltung und Garantiefonds
Referatsleiter: BARTH, Herbert (L 3 61 82)
Stellvertretender Referatsleiter: STEIMER, Patrick (L 3 63 01)

6. Risikokapitaloperationen und KMU-Finanzierung zur EIB und zum EIF (Brüssel)
Referatsleiterin: RAADE, Kristina (5 16 63)

7. Koordinierung, Planung und Rechtsfragen
Referatsleiter: N. N. (L 1)

Direktion R:
Ressourcen
Direktorin: CAS GRANJE, Alexandra (5 62 69)
Berater (zuständig für Information und Kommunikation): GHYMERS, Christian (5 62 27)
Berater (zuständig für horizontale Verwaltungsfragen): JUARISTI MARTINEZ, Enrique (3 62 53)

1. Personal und Verwaltung
Referatsleiter: DICKINSON, Roy (6 20 16)

2. Finanzmanagement und -kontrolle
Referatsleiter: RAES, Jean-Pierre (5 60 56)

2. Finanzmanagement und -kontrolle
Stellvertretender Referatsleiter:
BRYNINCKX, Daniel (5 15 96)

3. Strategiemanagement und -kontrolle, interinstitutionelle Beziehungen
Referatsleiter: NAUDTS, Bernard (6 15 37)

4. Öffentlichkeitsarbeit
Referatsleiter: N. N. (9 11 11)

5. Verwaltung der Informatik-Ressourcen
Referatsleiter: HIRN, Pierre (9 43 92)
Stellvertretender Referatsleiter:
HOLLMANN, Frank (L 3 41 62)

2.2.4 Generaldirektionen (GD) und Dienste: Außenbeziehungen

2.2.4.1 Amt für humanitäre Hilfen (ECHO)

1, rue de Genève, **1140 Brüssel, Belgien**;
Tel 00 32-2/29-9 11 11, 29-5 44 00
bzw. 29-(+Durchwahl);
Fax 00 32-2/29-5 45 72;
e-mail echo-info@cec.eu.int,
e-mail antonio.cavaco@cec.eu.int
http://europa.eu.int/comm/dgs/humanitarian_aid/index_de.htm

Generaldirektor: CAVACO, António (5 94 28)
Direktor: N. N. (9 11 11)
Assistentin des Generaldirektors:
KOULAIMAH, Andrea (9 37 61)

1. AKP
Referatsleiter: STENBERG-JENSEN, Steffen (9 27 40)
Stellvertretender Referatsleiter: SPITZ, Hermann (5 99 32)
– Südafrika
BURRULL, Ignacio (6 13 20)
– Horn von Afrika
PEREZ, Javier (5 41 07)
– Zentralafrika
MAUGHAN, Philippe (9 59 83)
– Westafrika
GOFFIN, Sandra (6 55 26)

2. Mittel- und Osteuropa, GUS, Mittelmeerländer und Mittlerer Osten
Referatsleiter: WITTEBROOD, Cornelis (5 73 12)
Stellvertretender Referatsleiter: HEYRAUD, Jean-Claude (6 94 71)

3. Asien, Zentral- und Lateinamerika, Irak
Referatsleiterin: ALBUQUERQUE, Ruth (5 34 20)
Stellvertretender Referatsleiter: GOWEN, Michael Thomas (5 66 74)

4. Allgemeine Angelegenheiten und Beziehungen zu Europäischen Organen, sonstigen Spendern und Internationalen Organisationen, Katastrophenvorsorge, Krisenbewältigung, Statistik und Datenbanken
Referatsleiter: ARRION, Michel (6 67 01)

5. Personal, einschließlich Fortbildung; Unterstützung der Verwaltung, Informatik
Referatsleiter: GUTH, René (6 37 49)

6. Finanzen; Rechnungsprüfung
Referatsleiter: BHARDWAY, Vijay (9 08 89)

7. Information und Kommunikation
Referatsleiter a.i.: HORNER, Simon (9 29 96)

8. Rechtliche, behördliche und verfahrenstechnische Angelegenheiten
Referatsleiter: N. N. (9 11 11)

9. Interne Revision
Referatsleiter: SABAH, Rony (9 29 79)

2.2.4.2 Generaldirektion Auswärtige Beziehungen

Bâtiment Charlemagne, 170, rue de la Loi,
1049 Brüssel, Belgien;
Tel 00 32-2/29-9 11 11, 29-5 19 68
bzw. 29-(+Durchwahl);
Fax 00 32-2/29-9 32 19;
e-mail eneko.landaburu@cec.eu.int
http://europa.eu.int/comm/dgs/
external_relations/index_de.htm

Generaldirektor: LANDABURU, Eneko (5 19 68)
Assistent des Generaldirektors: MAVROMICHALIS, Petros (9 44 43)
Stellvertretender Generaldirektor (GASP, Multilaterale Angelegenheiten, Nordamerika, Ostasien, Australien, Neuseeland, EWR und EFTA; zuständig für die Direktionen A, B und C): VALENZUELA MARZO, Fernando (6 01 15)
Stellvertretender Generaldirektor (europäische Nachbarschaftspolitik, Beziehungen zu Osteuropa, dem Südkaukasus und Zentralasien, dem mittleren Osten und dem Südlichen Mittelmeerraum; zuständig für die Direktionen D, E und F): LEIGH, Michael (5 82 36)
Stellvertretender Generaldirektor (Asien, Lateinamerika; zuständig für die Direktionen G und H): JOUANJEAN, Hervé (9 22 10)
Hauptberater: N. N. (9 11 11)
Hauptberater: SANNINO, Stefano (5 63 52)
Beraterin: NAPOLI, Daniela (5 55 01)
Berater (zuständig für Marktanalyse): WIJNS, Willy (5 68 47)
Berater: ZINK, Richard (00 38 1/3 85 13 12 00)

Dem Generaldirektor unmittelbar unterstellt:

1. Audit
Referatsleiter: BLETSAS, Apostolos (5 86 19)

Direktion A:
GASP (Gemeinsame Außen- und Sicherheitspolitik), multilaterale Beziehungen und Nordamerika, Ostasien, Australien, Neuseeland, EWR, EFTA
Direktor: BRIET, Lodewijk (6 66 65)

1. Europakorrespondent, Koordinierung und Analyse der GASP, G8
Referatsleiter: TIRR, David (9 01 81)

2. Rechtliche und institutionelle Angelegenheiten, gemeinsame GASP-Maßnahmen, Sanktionen, Kimberly-Prozess
Referatsleiterin: FINK-HOOIJER, Florika (6 49 68)

3. Sicherheitspolitik, Bekämpfung des Terrorismus, Eindämmung der Verbreitung von Kernwaffen, Abrüstung
Referatsleiter: LUNDIN, Lars-Eric (6 50 81)

4. Konfliktprävention, Krisenmanagement und GASP in Hinblick auf die AKP-Länder
Referatsleiterin: MCLOUGHLIN, Anna-Maria (6 17 61)

Direktion B:
Multilaterale Beziehungen und Menschenrechte
Direktorin: SMADJA, Danièle (9 89 76)
Berater (zuständig für Außenkompetenzen): ALLO, Alain-Pierre (9 22 91)
Berater (Vertreter beim Europarat): CAILLOUET, Michel (8 77 28)

1. Menschenrechte und Demokratisierung
Referatsleiter: TIMANS, Rolf (8 74 04)

2. Vereinte Nationen, Vertragsamt
Referatsleiter: CHEVALLARD, Giancarlo (5 52 76)

3. OSZE und Europarat
Referatsleiter: DUBOIS, Gilbert (5 75 50)

Direktion C:
Nordamerika, Ostasien, Australien, Neuseeland, EWR, EFTA, San Marino, Andorra, Monaco
Direktor: WRIGHT, Richard (8 85 98)

1. Vereinigte Staaten von Amerika, Kanada
Referatsleiter: WIEGAND, Gunnar (6 31 10)

2. Japan, Korea, Australien, Neuseeland
Referatsleiter: GILLESPIE, Seamus (6 17 91)

3. EWR, EFTA, San Marino, Andorra, Monaco
Referatsleiter: BRINKMANN, Matthias (5 60 36)

Direktion D:
Europäische Nachbarschaftspolitik, Koordinierung
Direktor: WISSELS, Rutger (9 34 82)

1. Europäische Nachbarschaftspolitik, allgemeine Koordinierung
Referatsleiter: MACDONALD, Alistair (9 08 22)

2. Europäische Nachbarschaftspolitik, Sektor Koordinierung
Referatsleiter: HERDINA, Andreas (6 98 81)

Direktion E:
Osteuropa, Südlicher Kaukasus, Zentralasiatische Republiken
Direktor: MINGARELLI, Hughes (9 91 80)

1. Russland
Referatsleiter: LOHAN, Gerhard (9 12 64)

2. Ukraine, Belarus und Moldau
Referatsleiter: N. N. (9 11 11)

3. Südlicher Kaukasus und Zentralasien
Referatsleiter: JUUL, Kurt (8 40 57)

Direktion F:
Mittlerer Osten, Südlicher Mittelmeerraum
Direktor: LEFFLER, Christian (5 05 02)

1. Euromed und regionale Angelegenheiten
Referatsleiterin: BAEZA, Laura (6 13 39)

2. Golfstaaten, Iran, Irak und Jemen
Referatsleiter: LAURENT, Patrick (5 52 55)

3. Naher Osten
Referatsleiter: SEATTER, Alan (5 49 98)

4. Maghreb
Referatsleiter: GABRICI, Leonello (6 59 47)

Direktion G:
Lateinamerika
Direktor: DUPLA DEL MORAL, Tomas (9 23 13)

1. Horizontale Angelegenheiten
Referatsleiterin: CONINSX, Marie-Anne (5 72 97)

2. Mexiko, Mittelamerika
Referatsleiter: MALDONADO, Victor Andres (6 74 20)

3. Andenpakt
Referatsleiter: N. N. (9 11 11)

4. Mercosur, Chile
Referatsleiterin: ARGIMON-PISTRE, Laurence (6 24 77)

Direktion H:
Asien (außer Japan und Korea)
Direktor: FOTIADIS, Fokion (9 23 02)
Berater (zuständig für ASEM): BARRETT, Geoffrey (6 63 09)

1. Horizontale Angelegenheiten
Referatsleiter: DE VISSCHER, Vincent (9 98 89)

2. China, Hong Kong, Macau, Mongolei, Taiwan
Referatsleiter: MORAN, James (9 22 32)

3. Indien, Bhutan, Nepal
Referatsleiter: MARTIN PRADA, Gustavo (5 74 19)

4. Pakistan, Afghanistan, Sri Lanka, Bangladesch, Malediven
Referatsleiter: WILSON, Julian (5 56 12)

5. Südostasien
Referatsleiter: AMILHAT, Pierre (9 20 54)

Direktion I:
Ressourcen der Zentraldienste, Information und interinstitutionelle Beziehungen
Direktor: LIPMAN, David (9 07 55)

1. Personal und Verwaltung
Referatsleiterin: SERRANO, Carmen Ruiz
(9 87 08)

2. Haushalts- und Finanzfragen, Beziehungen zum Rechnungshof
Referatsleiter: JOHNSTON, Mark (6 85 13)

3. Informationstechnologie, Ressourcen
Referatsleiter: KEYMOLEN, Michael
(5 37 88)

4. Interinstitutionelle Beziehungen
Referatsleiter: HACK, Reinhold (5 13 45)

5. Information und Kommunikation
Referatsleiter: MUÑOZ GÓMEZ, Saturnino
(9 93 32)

Direktion K:
Außendienst
Direktor: DE SAINT MAURICE, Thierry
(5 47 27)
Ärztlicher Berater: N. N. (9 11 11)
Berater (zuständig für Ex-post-Kontrolle):
VAN DER SPREE, Daniel (6 17 30)
Berater: JOUSTEN, Norbert
(00 38-04 4/4 62 00 10)

1. Planung der Entwicklung des Außendienstes, Protokollangelegenheiten, Verwaltung
Referatsleiterin: GRAYKOWSKI-MASSANGIOLI, Chantal (9 26 74)

2. Rechte und Pflichten
Referatsleiter: HUBER, Stefan Alois (5 20 29)

3. Infrastruktur der Außenstellen
Referatsleiter: ROSIN, Giuseppe (5 74 32)

4. Haushalt
Referatsleiterin: MERLA, Maria (5 12 81)

5. Örtliche Bedienstete
Referatsleiterin: DEMASSIEUX, Agnés
(5 03 29)

6. Karriereentwicklung, Fortbildung, IT
Referatsleiterin: MANDLER, Anette (9 16 49)

7. Schutz der Außenstellen
Referatsleiter: N. N. (9 11 11)

Direktion L:
Strategie, Koordination und Analyse
Direktor: AVERY, Graham (9 22 02)
Berater: WILLAERT, Philippe (5 03 53)

1. Inspektion der Delegationen
Referatsleiter: TER HAAR, Johan (8 41 96)

2. Studien und Forschung
Referatsleiter: STEINEL, Helmut (5 16 92)

3. Koordination und Analyse
Referatsleiter: DOYLE, Sean (6 65 48)

2.2.4.3 Generaldirektion Entwicklung

12, rue de Genève, **1140 Brüssel, Belgien**;
Tel 00 32-2/29-9 11 11, 29-5 71 69
bzw. 29-(+Durchwahl);
Fax 00 32-2/29-9 25 25;
e-mail development@cec.eu.int,
e-mail stefano.manservisi@cec.eu.int
http://europa.eu.int/comm/dgs/development/index_de.htm

Generaldirektor: MANSERVISI, Stefano
(5 71 69)
Stellvertretender Generaldirektor:
THEODORAKIS, Athanassios (9 32 38)

Dem Generaldirektor unmittelbar unterstellt:

DEV-1. Innenrevison, Beziehungen zum Rechnungshof und zum Ombudsmann, OLAF
Referatsleiter: EHBETS, Klaas Jan (9 26 34)

DEV-2. Panafrikanische und horizontale geografische Angelegenheiten
Referatsleiter a.i.: COCCHI, Giorgio
(9 25 30)

Direktion A:
Allgemeine Angelegenheiten und Operationelle Unterstützung
Direktorin: BARREIROS, Lidia (9 32 68)
Berater: ANTONAKOPOULOS, L. (9 32 68)

1. Programmierung, Strategieplanung und Finanzierung
Referatsleiter: REYMONDET-COMMOY, Jean-Pierre (9 16 09)

2. Beziehungen zum System der VN, den Mitgliedstaaten und den anderen OECD-Geberländern
Referatsleiter: SCHALLY, Hugo (5 85 69)

3. Beziehungen zu den EU- und AKP-Institutionen, der Zivilgesellschaft und den NRO
Referatsleiter: MALIN, Paul (9 30 00)

4. Personal; EDV
Referatsleiter: CRAIG-MCQUAIDE, Peter (9 27 84)

5. Information und Kommunikation
Referatsleiter: LINDVALD-NIELSEN, Peter (6 37 48)

Direktion B:
Entwicklungspolitik und sektorale Fragen
Direktor: PETIT, Bernard (9 32 55)

1. Entwicklungspolitik, Kohärenz und Zukunftsaspekte
Referatsleiterin: MOREAU, Françoise (9 07 72)

2. Wirtschaftliche Zusammenarbeit, und PRSP-Prozess
Referatsleiter: HERVIO, Gilles (6 37 00)

3. Soziale und menschliche Entwicklung
Referatsleiterin: FRANSEN, Lieve (6 36 98)

4. Umwelt und ländliche Entwicklung
Referatsleiter: MIKOS, Philip (9 30 47)

5. Verkehr, Infrastruktur und Stadtentwicklung
Referatsleiter: GARCIA FRAGIO, Antonio (9 32 95)

Direktion C:
Horn von Afrika, Ost- und Südafrika, Indischer Ozean, Pazifischer Ozean
Direktor: HENRIKSSON, Anders (6 92 28)

1. Beziehungen zu den Ländern und der Region des Pazifiks
Referatsleiter: DIAZ, Valeriano (6 27 31)

2. Beziehungen zu den Ländern und den Regionen des Horns von Afrika, Ostafrikas und des Indischen Ozeans (einschl. COMESA)
Referatsleiter: MOORE, Roger (9 26 72)

3. Beziehungen zu den Ländern und der Region des südlichen Afrikas
Referatsleiter: DARMUZEY, Philippe (6 55 92)

Direktion D:
West- und Zentralafrika, Karibik und ÜLG
Direktor: BROUWER, Sipke (5 13 64)
Berater: FORCAT ICARDO, Miguel (9 32 81)

1. Beziehungen zu den Ländern und der Region der Karibik und zu den ÜLG
Referatsleiter: CALOGHIROU, John (9 32 81)

2. Westafrika
Referatsleiterin: PIERGROSSI, Anna Silvia (9 32 30)

3. Beziehungen zu den Ländern und der Region Zentralafrikas und der Großen Seen
Referatsleiterin: TISON, Elisabeth (9 27 66)

2.2.4.4 Generaldirektion Erweiterung

Bâtiment Charlesmagne, 170, rue de la Loi, **1040 Brüssel, Belgien;**
Tel 00 32-2/29-9 11 11, 29-5 67 39
bzw. 29-(+Durchwahl);
Fax 00 32-2/29-6 84 90;
e-mail enlargement@cec.eu.int
http://europa.eu.int/comm/dgs/enlargement/index_de.htm

Generaldirektor a.i.: BARBASO, Fabrizio
(5 67 39)
Assistentin des Generaldirektors: VERGER, Myriam (9 91 19)

Dem Generaldirektor unmittelbar unterstellt

1. Audit
Referatsleiter: BERRISFORD, Michael
(6 64 80)

Direktion A:
Beitrittsländer
Direktor: SUMMA, Timo (9 16 71)

1. Koordinierung von Verhandlungen und Beitrittsvorbereitung
Referatsleiter: PASCUAL BREMON, Ricardo (6 13 83)

2. Bulgarien
Referatsleiterin: CZARNOTA, Bridget
(6 06 04)

3. Rumänien
Referatsleiter: DE LOBKOWICZ, Wenceslas
(5 28 37)

4. Task Force Türkisch-Zypriotische Gemeinschaft
Referatsleiter.: MAURER, Leopold (9 52 28)

Direktion B:
Kandidatenländer
*Direktor:*MIREL, Pierre (5 61 72)
*Berater a.i.:*GLYNOS, Giorgos (6 71 56)

1. Türkei
Referatsleiter a.i.: HARVEY, Martin (9 56 81)

2. Kroatien
Referatsleiter: DALY, David (5 25 26)

3. Information und Kommunikation
Referatsleiter: SERVANTIE, Alain (9 89 33)

Direktion C:
Übriger Westlicher Balkan
Direktor: PRIEBE, Reinhard (5 01 61)

1. Regionale Zusammenarbeit
Referatsleiter: PERETTI, Michel (9 38 06)

2. Serbien und Montenegro
Referatsleiterin: SOBIESKI, Thérèse (9 02 25)

3. Albanien, Bosnien und Herzegowina
Referatsleiter: LANGE, Dirk (5 28 37)

4. Ehemalige jugoslawische Republik Mazedonien
Referatsleiterin a.i.: PAMPALONI, P.
(6 38 25)

Direktion D:
Koordinierung der Finanzinstrumente
Direktor: MEGANCK, Dirk (6 13 80)

1. Koordinierung der Finanzinstrumente
Referatsleiterin: DEGERT, Vincent (5 35 03)

2. Weiterführung der finanziellen Unterstützung
Referatsleiter: GARCIA-LOMBARDERO, Jaime (5 77 99)

3. Horizontale Programme, Verträge
Referatsleiter: LOHAN, Helmut (6 58 28)

4. Programme für den westlichen Balkan
Referatsleiter: SABAH, R. (9 11 11)

5. Aufbau der Verwaltungsinstitutionen, TAIEX, TWINNING
Referatsleiter: JUNG-OLSEN, Morten
(9 19 99)

Direktion E:
Allgemeine Angelegenheiten und Ressourcen
Direktor: BONUCCI, Augusto (9 31 97)
Berater: CAMOS GRAU, Manel (9 10 60)

1. Strategische Planung, interne Kontrolle, Informationstechnologie
Referatsleiter a.i.: ZILHÃO, Adriano
(9 38 73)

2. Personal
Referatsleiterin: DI BUCCI-PIPPICH, Michaela (9 62 84)

3. Finanzielle Abwicklung
Referatsleiter: FILIPE, Carlos (6 08 62)

4. Evaluierung
Referatsleiter: SEGERLUND, Göran
(9 20 55)

5. Operationeles Audit
Referatsleiter: BERRISFORD, Michael
(6 64 80)

2.2.4.5 Europe Aid – Amt für Zusammenarbeit

54, rue Joseph II, **1040 Brüssel, Belgien**;
Tel 00 32-2/29-9 11 11, 29-6 36 38
bzw. 29-(+Durchwahl);
Fax 00 32-2/29-9 64 07, 29-6 94 89;
e-mail   europeaid-info@cec.eu.int,
e-mail   koos.richelle@cec.eu.int
http://europa.eu.int/comm/europeaid

Generaldirektor: RICHELLE, Koos (6 36 38)
Assistentin des Generaldirektors:
TOLEDANO LAREDO, Emma (6 62 04)
Assistent des Generaldirektors: STAUSBOLL, Hans Christian (9 16 81)
Stellvertretender Generaldirektor:
RICHARDSON, Hugh (5 90 96)
Hauptberater: N. N. (9 11 11)

Dem Generaldirektor unmittelbar unterstellt:

01. Koordinierung und Ablauf
Referatsleiter: CERIANI SEBREGONDI, Filiberto (6 57 58)

02. Innenrevision
Referatsleiter: SABAH, Rony (9 29 79)

03. Innovation, thematische Netze, Qualitätssicherung des Amtes (Q-QSG), Finanzierungsausschüsse
Referatsleiter: N. N. (9 11 11)

Direktion A:
Europa, Kaukasus, Zentralasien (einschließlich Mongolei)
Direktor: QUINCE, Gary (5 48 59)
Berater: DOUCET, Guy (6 07 39)

1. Koordinierung Europa
Referatsleiterin: LUECKE, Barbara (6 32 23)

2. Zentral verwaltete Maßnahmen Europa
Referatsleiter: PAPADOPOULOS, Basile
(9 26 08)

3. Thematische Unterstützung – Privatsektor und Wirtschaftsreformen
Referatsleiterin: BOURGADE, Hélène
(6 54 39)

4. Thematische Unterstützung – Multisektoral
Referatsleiter: N. N. (9 11 11)

5. Nukleare Sicherheit
Referatsleiter: JOULIA, Jean-Paul (5 72 10)

6. Finanzen, Verträge und Audit
Referatsleiter: N. N. (9 11 11)

Direktion B:
Südlicher Mittelmeerraum, Nahost
Direktor: WEBER, Richard (5 30 55)

1. Koordinierung Mittelmeerraum
Referatsleiterin: GONZALO CASTELLANOS, Ana (9 09 46)

2. Zentral verwaltete Maßnahmen für den Mittelmeerraum
Referatsleiterin: MONTESI, Carla (6 14 53)

3. Thematische Unterstützung – Wirtschaftliche und handelspolitische Zusammenarbeit
Referatsleiter: DUYNHOUWER, Johannes
(9 07 21)

4. Thematische Unterstützung – soziale und menschliche Entwicklung
Referatsleiterin: FERET, Elisabeth (6 97 94)

5. Thematische Unterstützung – Multisektoral
Referatsleiter: MAZZOCCHI ALEMANNI, Marco (9 30 44)

6. Finanzen, Verträge und Audit
Referatsleiter: VILLE, Jean-Louis (6 22 56)

Direktion C:
Afrika, Karibischer Raum, Pazifischer Ozean (einschl. Südafrika und Kuba)
Direktor: N. N. (9 11 11)

1. u. 2. Koordinierung AKP
Referatsleiter: BARFOD, Mikael (5 42 78)

Referatsleiterin: KAMINARA, Androulla
(6 85 75)

3. Wirtschaftliche und handelspolitische Zusammenarbeit
Referatsleiter: LACUBE, Jean-Louis (6 91 66)

4. Regionale Integration, Unterstützung der Institutionen
Referatsleiter: DELLICOUR, Dominique
(5 59 37)

5. Soziale und menschliche Entwicklung
Referatsleiter: TRIMINÑO PEREZ, José Luis (9 08 23)

6. Nachhaltige Entwicklung des ländlichen Raums, Umwelt
Referatsleiter: N. N. (9 11 11)

7. Verkehr, Infrastruktur
Referatsleiter: HAIK, Maurice (9 32 53)

8. Finanzen, Verträge und Audit
Referatsleiter: EICH, Carlo (5 78 64)

Direktion D:
Asien
Direktor: MÜLLER, Erich (9 07 75)

1. Koordinierung Asien
Referatsleiter: MCGOVERN, Thomas
(6 73 71)

2. Zentral verwaltete Maßnahmen Asien
Referatsleiter: N. N. (9 11 11)

3. Thematische Unterstützung – Wirtschaftliche und handelspolitische Zusammenarbeit
Referatsleiter: MARIANI, Alessandro
(6 95 19)

4. Thematische Unterstützung – Multisektoral
Referatsleiterin: WENNING, Marianne
(5 59 43)

5. Finanzen, Verträge und Audit
Referatsleiterin: OSORIO, Carla (5 10 84)

Direktion E:
Lateinamerika
Direktor: CARDESA GARCIA, Fernando
(9 23 29)
Berater: NIZERY, François (9 07 78)

1. Koordinierung Lateinamerika
Referatsleiter: SALORD, Denis (5 60 47)

2. Zentral verwaltete Maßnahmen Lateinamerika
Referatsleiter: GAMBINI, Riccardo (9 17 90)

3. Thematische Unterstützung, wirtschaftliche und handelspolitische Zusammenarbeit – multisektoral
Referatsleiter: TEN BLOEMENDAL, Jan
(9 28 17)

4. Finanzen, Verträge, Audit
Referatsleiter: DE CONINCK, Michel
(6 27 99)

Direktion F:
Geographisch nicht begrenzte Maßnahmen und Verknüpfung von Soforthilfe, Rehabilitation und Entwicklung
Direktor: DE ANGELIS, Francesco (5 84 00)

1. Koordinierung
Referatsleiter: LOOP, Philippe (9 37 20)

2. Kofinanzierungen mit den NRO
Referatsleiter: BOURATSIS, Aristotelis
(9 92 44)

3. Demokratie, Menschenrechte und thematische Unterstützung
Referatsleiter: AMADO, Miguel (6 17 04)

4. Soziale und menschliche Entwicklung, Umwelt und thematische Unterstützung
Referatsleiter: PUYOL PINUELA, Javier
(5 14 66)

5. Lebensmittelsicherheit und thematische Unterstützung
Referatsleiterin: HEBBERECHT, Chantal
(9 25 77)

6. Finanz- und Vertragsverwaltung
Referatsleiter: MELENDRO ARNAIZ, Fermin J. (6 25 01)

Direktion G:
Unterstützung der Maßnahmen
Direktor: STATHOPOULOS, Constantin
(5 24 63)

1. Haushaltsfragen
Referatsleiter: IZARRA AGUADO, José
(9 28 18)

2. Finanz- und Vertragsfragen
Referatsleiter: MATEUS PAULA, Raul
(5 92 78)

3. Rechtsfragen und Streitsachen
Referatsleiter: SCOTT-LARSEN, Ole
(9 27 22)

4. Kontrolle der externen Maßnahmen
Referatsleiter: KAGEL, Michael (5 92 79)

5. Beziehungen zu den Gebern
Referatsleiter: NICORA, Franco (9 32 07)

6. Beziehungen zu den anderen Organen
Referatsleiter: PENNINGTON, Martyn
(9 25 97)

7. Programmplanung, interne und ex-post Kontrollen
Referatsleiter: REIS CONDE, Jaime (6 68 79)

Direktion H:
Allgemeine Angelegenheiten
Direktor: N. N. (9 11 11)

1. Personal
Referatsleiterin: LÊVEQUE, Martine
(8 63 50)

2. Sachverständige
Referatsleiterin: THEODROU-KALOGIROU, Catherine (5 18 33)

3. Informationssysteme und Bürotechnik
Referatsleiter: BEURMS, Wilfried (6 73 57)

4. Fortbildung
Referatsleiter: VAN BILZEN, Gerard
(6 39 91)

5. Information und Kommunikation
Referatsleiter: DELLA MONICA, Sabato
(9 42 37)

6. Evaluierung
Referatsleiter: CHOMEL, Jean-Louis
(6 29 39)

2.2.4.6 Generaldirektion Handel

79, rue Joseph II, **1049 Brüssel, Belgien**;
Tel 00 32-2/29-9 11 11, 29-5 28 88
bzw. 29-(+Durchwahl);
Fax 00 32-2/29-6 98 54;
e-mail mogens-peter.carl@cec.eu.int
http://europa.eu.int/comm/trade/index_en.htm

Generaldirektor: CARL, Mogens Peter
(9 22 05)
Assistent des Generaldirektors: DEVIGNE, Luc (9 18 73)
Stellvertretender Generaldirektor:
DEFRAIGNE, Pierre (2 22 99)
Stellvertretender Generaldirektor: N. N.
(9 11 11)
Hauptberater: N. N. (9 11 11)

Direktion A:
Ressourcen, interinstitutionelle Beziehungen, Kommunikationspolitik, IT
Direktor: N. N. (9 11 11)

1. Personal, Verwaltung und Finanzen, Außendienst und Programmierung
Referatsleiter: PRAGNELL, Bruno (9 11 00)

2. Interinstitutionelle Beziehungen und Kommunikation
Referatsleiter: DE LAROUSSILHE, Olivier
(6 85 02)
Stellvertretende Referatsleiterin: KOFLER, Silvia (9 00 28)

3. Datenverarbeitung
Referatsleiter: RUYS, Philippe (5 70 20)

Direktion B:
Handelsschutz
Direktor: WENIG, Fritz-Harald (5 86 84)

1. Handelspolitische Schutzinstrumente: Grundsatzfragen; Beschwerdestelle
Referatsleiter: KLEIN, Peter (5 74 48)
Stellvertretender Referatsleiter: MUELLER, Wolfgang (6 30 10)

2. Handelspolitische Schutzinstrumente:
Untersuchungen I, Überwachung der Maß-
nahmen der Drittländer
Referatsleiter: MACDONALD, Neil
(5 75 36)
Stellvertretender Referatsleiter: GOSPAGE,
Stephan (5 73 98)

3. Handelspolitische Schutzinstrumente:
Untersuchungen II
Referatsleiter: ADINOLFI, Bruno (9 00 04)
Stellvertretender Referatsleiter: WELGE,
Gerhard Hannes (6 81 62)

4. Handelspolitische Schutzinstrumente:
Untersuchungen III, Begleitung und Über-
wachung der Maßnahmendurchführung in der
Gemeinschaft
Referatsleiter: AVOT, Dominique (9 51 02)
Stellvertretender Referatsleiter:
IRUARRIZAGA DIEZ, Ignacio (5 28 63)

5. Handelspolitische Schutzinstrumente:
Untersuchungen IV
Referatsleiter: JAKOB, Thinan (6 29 33)
Stellvertretender Referatsleiter: DE MUNCK,
Wilhelm (9 11 11)

Direktion C:
Entwicklung und Verwaltung von Frei-
handels- und Wirtschaftspartnerschaftsabkommen mit den AKP-Ländern, Lateinamerika, den GCC-Ländern und Iran, APS
Direktor: FALKENBERG, Karl (9 22 20)

1. Aushandlung und Verwaltung der Handels-
und Freihandelsabkommen mit Lateinameri-
ka, den GCC-Ländern und Iran, APS
Referatsleiter: STANDERTSKJÖLD, Lars
Holger (5 73 59)
Stellvertretender Referatsleiterin:
GONZALEZ LAYA, Maria Aranzazu
(6 15 53)

2. Wirtschaftliche
Partnerschaftsvereinbarungen I
Referatsleiter: MAERTEN, Claude (6 11 97)
Stellvertretender Referatsleiter: N. N.
(9 11 11)

3. Wirtschaftliche
Partnerschaftsvereinbarungen II
Referatsleiter: N. N. (9 11 11)
Stellvertretender Referatsleiter: DIHM,
Martin (6 83 68)

Direktion D:
Entwicklung und Verwaltung von Handels-
beziehungen mit Nachbarländern und mit
Südostasien, bilaterale Handelsbeziehungen
I
Direktor: N. N. (9 11 11)

1. Handelsaspekte der europäischen Nachbar-
schaftspolitik, Handelsbeziehungen mit den
GUS-Ländern und den Balkanländern
Referatsleiter: N. N. (9 11 11)
Stellvertretender Referatsleiter:
RUBINACCI, Leopoldo (9 03 03)

2. Aushandlung und Verwaltung von
Handels- oder Freihandelsabkommen mit den
Mittelmeerländern und Südostasien; TREATI
Referatsleiter: MEYER, Philippe (5 18 91)
Stellvertretender Referatsleiter: N. N.
(9 11 11)

Direktion E:
Wirtschaftsbeziehungen mit den Industrie-
ländern und Marktzugang, bilaterale Han-
delsbeziehungen III, exportbezogene
Handelspolitik
Direktor: WILKINSON, Ian (8 42 74)
Berater: DALVIN, Allan (9 22 07)

1. Standards und Zertifikation, TBT
Referatsleiter: N. N. (9 11 11)
Stellvertretende Referatsleiterin: KIOUSSI,
Ioanna (9 03 82)

2. Kohle, Stahl, Kraftfahrzeuge, Schiffbau,
Chemie und andere Wirtschaftszweige
Referatsleiter: PLIJTER, Roelof (6 83 47)

3. Marktzugang, Handelsbeziehungen mit den
USA, Kanada, EFTA
Referatsleiter: BALDWIN, Matthew (8 13 04)
Stellvertretender Referatsleiter: GARZOTTI,
Paolo (5 94 88)

4. Exportbezogene Handelspolitik (Exportkredite, Kontrollen, Maßnahmen für Drittländer)
Referatsleiter: PERREAU DE PINNINCK, Fernando (6 19 32)

Direktion F:
WTO: Koordinierung der WTO- und OECD- Angelegenheiten, Streitbeilegung und Verordnung über Handelshemmnisse
Direktor: PETRICCIONE, Mauro Raffaele (6 16 66)

1. Koordinierung der WTO- und OECD-Angelegenheiten, handelsbezogene Hilfe, GATT, Ausschuss nach Art. 133
Referatsleiter: CLARKE, John (9 01 64)
Stellvertretender Referatsleiter: N. N. (9 11 11)

2. Streitbeilegung und Verordnung über Handelshemmnisse
Referatsleiter: GARCÍA BERCERO, Ignacio (5 56 61)
Stellvertretender Referatsleiter: ZAIMIS, Nikolaos (5 29 35)

Direktion G:
Dienstleistungen; Fragen des landwirtschaftlichen Handels; nachhaltige Entwicklung, bilaterale Handelsbeziehungen III
Direktor: AGUIAR MACHADO, João (9 63 10)

1. Dienstleistungsverkehr (einschließlich elektronischer Geschäftsverkehr), GATS, Investitionen
Referatsleiter: N. N. (9 11 11)
Stellvertretender Referatsleiter: JESSEN, Anders (9 24 57)

2. Landwirtschaft, Fischerei, Tier- und Pflanzengesundheit, Biotechnologie
Referatsleiter: SCHAPS, Jens (5 30 34)
Stellvertretender Referatsleiter: JONES, Owen (5 32 00)

3. Nachhaltige Entwicklung (einschließlich Handel und Umwelt), Dialog mit der Zivilgesellschaft
Referatsleiter: SCHLEGELMILCH, Rupert (8 58 48)
Stellvertretender Referatsleiter: RATCHFORD, Rodin (5 43 40)

Direktion H:
Textilien, neue Technologien, Geistiges Eigentum, öffentliche Versorgung, Handelsanalysen, Bilaterale Handelsbeziehungen IV
Direktor a.i.: VANDOREN, Paul (9 24 36)

1. Aushandlung und Verwaltung von Vereinbarungen über Textilien, Schuhe
Referatsleiter: N. N. (9 11 11)
Stellvertretender Referatsleiter: BERG SORENSEN, Benny (9 01 36)

2. Neue Technologien, geistiges Eigentum, öffentliches Auftragswesen
Referatsleiter: VANDOREN, Paul (9 24 36)
Stellvertretende Referatsleiterin: GUMAELIUS, Marianne (5 47 53)

3. Handelsanalysen
Referatsleiter: FRONTINI, Gaspar (9 26 82)
Stellvertretender Referatsleiter: N. N. (9 11 11)

2.2.5 Generaldirektionen (GD) und Dienste: Allgemeine Dienste

2.2.5.1 Amt für amtliche Veröffentlichungen der Europäischen Gemeinschaften

2, rue Mercier, **2985 Luxemburg, Luxemburg;**
Tel 00 35-2/29 29-1;
Fax 00 35-2/29 29-4 27 00, 29 29-4 27 59 (Verkauf), 29 29-4 27 58 (Information, Presse), 29 29-4 27 52 (Abonnements), 29 29-4 46 19 (Ausschreibungen);
e-mail opoce-info-info@cec.eu.int,
e-mail info-info-opoce@cec.eu.int
http://publications.eu.int

Generaldirektor: CRANFIELD, Thomas L.
(00 35-2/29 29-4 22 22)
Assistentin des Generaldirektors:
CECCARELLI, Lucia
(00 35-2/29 29-4 28 90)
Berater: BERGER, Albrecht
(00 35-2/29 29-5 75 52)

Dem Generaldirektor unmittelbar unterstellt:

1. Zentrale Management Abteilung „Central Management Services"
Referatsleiter: DOGGEN, Jacobus
(00 35-2/29 29-4 24 17)

2. Autorendienste
Referatsleiter: BRACK, Serge
(00 35-2/29 29-4 23 10)

Direktion R:
Ressourcen
Direktor: REYNOLDS, Bernard
(00 35-2/29 29-4 20 90)

1. Humanressourcen
Referatsleiter: N. N. (00 35-2/29 29-1)

2. Ausschreibungen und Verträge
Referatsleiter: CARNEIRO, Antonio
(00 35-2/29 29-4 23 10)

3. Haushalt und Buchhaltung
Referatsleiter: N. N. (00 35-2/29 29-1)

4. Informatik und Infrastruktur
Referatsleiter: DÖLL, Friedrich
(00 35-2/29 29-4 20 50)

Direktion A:
Amsblatt und Einsicht in das Gemeinschaftsrecht
Direktor: RAYBAUT, Jacques
(00 35-2/29 29-4 24 08)

1. Konzeption und Analyse
Referatsleiterin: BERTELOOT, Pascale
(00 35-2/29 29-4 21 10)

2. Produktion und Koordination
Referatsleiter: STEINITZ, Yves
(00 35-2/29 29-4 45 67)

3. Qualitätskontrolle
Referatsleiter: N. N. (00 35-2/29 29-1)

Direktion B:
Veröffentlichung und Verteilung
Direktor a.i.: REYBAUT, Jacques
(00 35-2/29 29-4 24 08)

1. Veröffentlichungen
Referatsleiter: GOLINVAUX, Richard
(00 35-2/29 29-4 26 82)

2. Multimedia
Referatsleiter: LEBAUBE, Philippe
(00 35-2/29 29-4 40 70)

3. Verteilung
Referatsleiter: LANGLAIS, Michel
(00 35-2/29 29-4 29 05)

4. Cordis
Referatsleiter: KÖNIG, K.
(00 35-2/29 29-4 40 70)

2.2.5.2 Europäisches Amt für Betrugsbekämpfung (OLAF)

30, rue Joseph II, **1040 Brüssel, Belgien**;
Tel 00 32-2/29-9 11 11, 29-6 90 63
bzw. 29-(+Durchwahl);
Fax 00 32-2/29-9 81 01;
e-mail olaf-courrier@cec.eu.int
http://europa.eu.int/comm/dgs/olaf

Direktor: BRÜNER, Franz-Hermann
(6 90 63)
Assistent (zuständig für politische Fragen):
SPITZER, Harald (9 16 33)
Assistentin (zuständig für operative Aktivitäten): HEINKELMANN, Bärbel (6 08 53)
Berater (zuständig für Audit und Evaluierung): O'CONNOR, Brendan (6 77 36)
Beauftragter für Datenschutz: N. N. (9 11 11)

Dem Generaldirektor unmittelbar unterstellt:

1. Verwaltung, Personal und Haushalt
Referatsleiter: MILLICH, Paolo (5 44 10)

2. Kommunikation, Öffentlichkeitsarbeit, Pressesprecher
Referatsleiter: BUTTICÉ, Alessandro (6 54 25)

3. Unterstützung der Kandidatenländer, Koordinierung der Fortbildung
Referatsleiter: BEULLENS, François (5 79 11)

4. Richter und Staatsanwälte, juristische Beratung und gerichtliche Folgemaßnahmen
Referatsleiter: GONZÁLEZ-GONZÁLEZ, Joaquin (9 14 66)

Direktion A:
Politik, Gesetzgebung und juristische Angelegenheiten
Direktor: LECOU, Claude (5 77 36)
Berater (zuständig für allgemeine Koordinierung): N. N. (9 11 11)

1. Gesetzgebung, Rechtsfragen, Beziehungen zu den anderen Organen; Einrichtungen, Ämter und Agenturen
Referatsleiter: KUHL, Lothar (6 39 25)

2. Strategische Programmierung, Berichte, Beratender Ausschuss, Außenbeziehungen
Referatsleiter: SCHAERLAEKENS, Luc (6 50 59)

3. Zölle, Koordinierung der Eigenmittel und der Folgemaßnahmen
Referatsleiter: GERALDES PINTO, Joaquim (5 26 29)

4. Landwirtschaft und strukturpolitische Maßnahmen, Folgemaßnahmen
Referatsleiter: WEYNS, Eddy (5 11 34)

5. Direktausgaben, Folgemaßnahmen, Einziehung
Referatsleiter: KHOUW, Johan (5 59 46)

6. Schutz des Euro
Referatsleiter a.i.: XENAKIS, Yannis (5 26 29)

Direktion B:
Untersuchungen und operationelle Aktivitäten
Direktor: PERDUCA, Alberto (5 85 08)

1. Interne Untersuchungen: Eurostat
Referatsleiter a.i.: ULLMANN, Phillippe (8 40 36)

2. Interne Untersuchungen
Referatsleiter a.i.: BAADER, Peter (8 42 00)

3. Externe Hilfe, ausschließlich PHARE und TACIS
Referatsleiter a.i.: VLOGAERT, Johan (9 87 66)

4. Direkte Ausgaben, einschließlich PHARE und TACIS
Referatsleiter a.i.: CRETIN, Thierry (9 87 68)

5. Gemeinsame Ermittlungen mit anderen Organismen
Referatsleiter a. i.: ROBERTS, Paul Lachal (5 85 14)

6. Landwirtschaft
Referatsleiterin: SPERBER, Elisabeth (5 95 74)

7. Zölle
Referatsleiter: WALTON-GEORGE, Ian (9 52 47)

8. Strukturmaßnahmen
Referatsleiterin: SÀ, Rosa Maria (5 30 61)

Direktion C:
Intelligence, operationelle Strategie und Informationsdienst
Direktor: ILETT, Nick (8 49 86)
Berater a.i. (zuständig für Koordinierung und Unterstützung der operationellen Aktivitäten): REVILL, Nick (5 01 88)

1. Intelligence; strategische Analyse und Evaluierung
Referatsleiter a.i.: HETZER, Wolfgang (8 49 92)

2. Informationsdienst
Referatsleiter a. i.: SONNBERGER, Harald (5 52 45)

3. Operative Intelligence: Information und technische Unterstützung
Referatsleiter: MÄKELÄ, Mika (5 87 85)

OLAF – Überwachungsausschuss
Vorsitzender: BRUTI-LIBERATI, Edmundo (9 11 11)
Mitglied: DE SOUSA, Alfredo José (9 11 11)
Mitglied: DELMAS-MARTY, Mireille (9 11 11)
Mitglied: KENDALL, Raymond (9 11 11)

2.2.5.3 Statistisches Amt der Europäischen Gemeinschaften – Eurostat

Bâtiment Jean Monnet, Rue Alcide de Gasperi, **2920 Luxemburg, Luxemburg**;
Tel 00 35-2/43 01-1, 43 01-3 76 98
bzw. 43 01-(+Durchwahl);
Fax 00 35-2/43 01-3 30 15;
e-mail eurostat-infodesk@cec.eu.int
http://europa.eu.int/comm/eurostat

Generaldirektor: HANREICH, Günther (L 3 76 98)
Hauptberater: CALÒ, Giuseppe (L 3 72 10)
Berater: REEH, Klaus (L 3 35 23)

Dem Generaldirektor unmittelbar unterstellt:
- Interne Evaluierung
  KARLBERG, M. (L 3 59 34)
- Qualitätsmanagement
  N. N. (L 1)
- Verträge
  N. N. (L 1)

1. Innenrevision
Referatsleiterin: WASBAUER, Veronique (L 3 81 02)

Direktion A:
Ressourcen
Direktor: KAISER, Stephen (L 3 30 73)
Berater: SOBRINO, F. (L 3 49 19)

1. Verwaltung und Personal
Referatsleiter: LANE, Roland H. (L 3 46 75)
- Verwaltung und Personal, Verwaltung der Räumlichkeiten
  LIMPACH, S. (L 3 45 70)

- Individuelle Aspekte und Beratung
  SCHNEIDER, S. (L 3 34 47)
- Dokumentenverwaltung
  CHRISSANTHAKI, A. (L 3 20 87)

2. Arbeitsprogramm, Beziehungen zu den Mitgliedstaaten
Referatsleiter: DECAND, Gilles (L 3 34 11)

3. Haushalt
Referatsleiter: VAN DER STAR, Robert (L 3 63 74)

4. Rechtsfragen, Beziehungen zum Europäischen Parlament
Referatsleiter: CHATZIDOUKAKIS, Efstratios (L 3 61 97)

5. Information und Verbreitung
Referatsleiter: SCHAEFER, G. (L 3 35 66)
- Information
  BAUTIER, P. (L 3 35 56)

Direktion B:
Methoden und statistische Instrumente
Direktor: MUÑOZ, Pedro Diaz (L 3 54 74)

1. Koordinierung der Methodik
Referatsleiter: DEFAYS, Daniel (L 3 28 54)

2. Rechnergestützte Verwaltung von Informationssystemen
Referatsleiter: HELLER, Jean (L 3 28 03)
- Architektur der Informationssystemen
  PONGAS, G. (L 3 39 17)

3. Statistische Informationstechnologie
Referatsleiter: ALLEN, John (L 3 72 91)

4. Referenzdatenbanken
Referatsleiter: KNÜPPEL, Wolfgang (L 3 20 08)

5. Forschung
Referatsleiterin: RIBAILLE, Sylvie (L 3 29 53)
- Wissenschafts-Technologie- und Innovationsstatistik
  GÖTZFRIED, A. (L 3 44 32)

Direktion C:
Wirtschafts- und Währungsstatistik
Direktor: MEGANCK, Bart (L 3 35 33)

1. Volkswirtschaftliche Gesamtrechnungen
Referatsleiter: NEWSON, Brian (L 3 20 86)

2. Wirtschaftsrechnungen
Referatsleiter: RECKTENWALD, Joachim
(L 3 41 03)

3. Öffentliche Finanzen und Steuern
Referatsleiter a.i.: ASCOLI, Luca (L 3 27 07)
- Staatstatistiken
  ASCOLI, Luca (L 3 27 07)
- Währungs- und Finanzindikatoren
  AMERINI, G. (L 3 41 22)

4. Zahlungsbilanz
Referatsleiterin: FIGUEIRA, Maria Helena
(L 3 47 30)

5. Preise
Referatsleiter: ROMAN, Jean-Claude
(L 3 35 48)
- Gehälter und Pensionen in den EU-Institutionen
  LIOTTI, A. (L 3 20 95)
- Kaufkraftparitäten
  STAPEL, S. (L 3 22 63)
- Harmonisierung der Verbraucherpreisindizes (HVPI)
  MAKARONIDIS, A. (L 3 47 92)

6. Konjunkturindikatoren der Eurozone
Referatsleiter a.i.: MAZZI, Gian Luigi
(L 3 43 51)

Direktion D:
Binnenmarkt, Beschäftigung und Soziales
Direktor: GLAUDE, Michel (L 3 68 48)

1. Arbeitsmarkt
Referatsleiter: BAIGORRI MATAMALA,
Antonio (L 3 55 64)
- Beschäftigung; Arbeitslosigkeit
  FRANCO LOPEZ, A. (L 3 32 09)
- Verdienste und Arbeitskosten
  GRÜNEWALD, W. (L 3 32 80)

2. Lebensbedingungen und Sozialschutz
Referatsleiterin: CLEMENCEAU, Anne
(L 3 48 80)
- Sozialschutz (ESSPROS)
  BENTO, T. (L 3 20 56)

3. Unternehmen
Referatsleiterin: OEHMAN, Inger (L 3 72 86)
- Strukturstatistik
  HULT, M. (L 3 53 62)
- Konjunkturstatistiken
  BEHRENS, A. (L 3 51 42)
- PRODCOM, Statistik der Erzeugnisse
  WILLIAMS, B. (L 3 35 93)

4. Energie und Verkehr
Referatsleiter: CROCICCHI, Ovidio
(L 3 36 08)
- Produktion und Entwicklung von Statistiken für die wichtigsten Verkehrsarten
  MAHIEU, Y. (L 3 76 56)
- Verkehrsindikatoren, Glossar und Verbreitung
  PASI, S. (L 3 20 35)

5. Bildung und Kultur
Referatsleiter: MERCY, Jean-Louis
(L 3 48 62)

6. Gesundheit und Ernährungssicherheit
Referatsleiterin: DE SMEDT, Marleen
(L 3 36 73)

7. Informationsgesellschaft und Dienstleistungen
Referatsleiterin: KNAUTH, Bettina
(L 3 29 69)

Direktion E:
Agrar-, Fischerei-, Strukturfonds- und Umweltstatistik
Direktor: NØRLUND, Laurs (L 3 68 50)

1. Strukturelle Agrarstatistik
Referatsleiter: CHARLIER, Hubert
(L 3 29 74)

2. Statistik der Agrarerzeugnisse
Referatsleiter: ERNENS, Marcel (L 3 41 15)
- Pflanzliche Erzeugnisse
  BRUYAS, P. (L 3 24 77)
- Tierische Erzeugnisse
  WEILER, F. (L 3 72 18)
- Milchstatistik und Nomenklaturen
  N. N. (L 3 50 48)

- Datensammlung, Datenverarbeitung und Modellbildung
  WEBER, G. (L 3 74 44)
- Nomenklaturen
  ANGELINI, A. (L 3 72 07)

3. Fischerei, Entwicklung des ländlichen Raums und Forstwirtschaft
Referatsleiter: TAVOULARIDIS, Peter (L 3 30 23)
- Fischereistatistik
  CROSS, D. (L 3 72 49)

4. Strukturfonds
Referatsleiter: CUBITT, Roger (L 3 30 88)
- Regionale Volkswirtschaftliche Gesamtrechnungen und Indikatoren
  FELDMANN, B. (L 3 44 01)
- Geografisches Informationssystem
  RIZZI, D. (L 3 82 01)

5. Umwelt und nachhaltige Entwicklung
Referatsleiter: MUTHMANN, Rainer (L 3 72 60)

Direktion F:
Statistik der Außenbeziehungen
Direktor: EVERAERS, Pieter (L 3 68 47)
Berater: LANCETTI, Marco (L 3 23 88)

1. Demographie, Wanderung
Referatsleiter: SKALIOTIS, Michail (L 3 20 11)
- Demographie und Volkszählung
  BOVAGNET, F. (L 3 35 27)
- Bevölkerungsvorausschätzungen
  LANZIORI, G. (L 3 53 36)
- Migration und Asyl
  THOROGOOD, D. (L 3 54 87)

2. Internationaler Handel
Referatsleiterin: COIN, Marguerite Christine (L 3 37 22)
- Makro-ökonomische Analyse, Qualität und Verbreitung
  TYRMAN, H. (L 1)
- Methodik, Nomenklaturen und Koordinierung des Edicom-Programms
  LANNELUC, J. (L 3 40 94)

- Erstellung und Verarbeitung der Daten, COMTEXT-Datenbank
  PONGAS, E. (L 3 47 23)

3. Technische Zusammenarbeit mit europäischen Drittländern
Referatsleiter: WURM, Nikolaus (L 3 35 89)
- Technische Zusammenarbeit mit den Kandidatenländern
  JUNKER, C. (L 3 57 74)
- Technische Zusammenarbeit mit den CARDS-Ländern
  JUNKER, C. (L 3 57 74)
- Technische Zusammenarbeit mit den TACIS-Ländern
  SELENIUS, J. (L 3 73 22)

4. Technische Zusammenarbeit mit außereuropäischen Drittländern
Referatsleiter: MINGUEZ, Ernesto Azorin (L 3 35 36)

5. Zusammenarbeit mit internationalen Institutionen
Referatsleiter: WHITWORTH, James (L 3 68 57)

2.2.5.4 Generalsekretariat der Europäischen Kommission

Breydel Building, 45, avenue d'Auderghem, **1040 Brüssel, Belgien**;
Tel 00 32-2/29-9 11 11, 29-5 09 48 bzw. 29-(+Durchwahl);
Fax 00 32-2/29-9 32 29;
e-mail sg-info@cec.eu.int
http://europa.eu.int/comm/dgs/secretariat_general/index_de.htm

Generalsekretär: O'SULLIVAN, David (5 09 48)
Assistent des Generalsekretärs: ONESTINI, Cesare (5 75 71)
Stellvertretender Generalsekretär (insbesondere zuständig für die Direktionen A, B, C, D und E): MOAVERO-MILANESI, Enzo (5 34 27)
Stellvertretender Generalsekretär (insbesondere zuständig für die Direktionen F, G und H): GUTH, Eckhart (9 22 17)

Berater (zuständig für „Audit Capability"):
DEWALEYNE, Christian (5 94 05)
Dem für die Direktionen A, B, C, D und E zuständigen Stellvertretenden Generalsekretär unmittelbar unterstellt:
Datenschutzbeauftragter: KOENIG, Dieter (L 3 25 62)
Schlichtungsstelle: N. N. (9 11 11)
Dem für die Direktionen F, G und H zuständigen Stellvertretenden Generalsekretär unmittelbar unterstellt:

Protokolldienst
Protokollchef: DE BAENST, Jacques (5 23 25)
Stellvertretender Protokollchef: SAGRADO, Antonio Menduina (5 60 46)

Direktion A:
Kanzlei und Organisation des Entscheidungsprozesses der Kommission
Direktorin: BUGNOT, Patricia (5 07 31)

1. Mündliche Verfahren und Verteilung der Dokumente
Referatsleiter: KERSTING, Henrik (6 49 00)

2. Schriftliche Verfahren, Ermächtigungen und Übertragung von Befugnissen
Referatsleiter: VON KEMPIS, Karl (5 88 09)

3. Elektronische Dokumentenübermittlung
Referatsleiter: JOELS, Richard Keith (5 91 05)

Direktion B:
Beziehungen zur Zivilgesellschaft
Direktor: NYMAND-CHRISTENSEN, Jens (9 33 17)

1. Anwendung des Gemeinschaftsrechts
Referatsleiter: STOODLEY, Jonathan (6 93 35)

2. Transparenz und Zivilgesellschaft
Referatsleiterin: BENÍTEZ SALAS, María Ángeles (9 54 72)

3. Archivierungspolitik und Dokumentenverwaltung
Referatsleiter: BRADY, Frank (5 20 62)

4. Deontologie
Referatsleiterin a.i.: BENÍTEZ SALAS, María Ángeles (9 54 72)

Direktion C:
Planung und Koordinierung der Verwaltung
Direktor a.i.: SERVOZ, Michel (5 68 91)

1. Strategische Planung und Koordinierung
Referatsleiter: SERVOZ, Michel (5 68 91)

2. Koordinierung der Verwaltungs- und Haushaltspolitik
Referatsleiter: HANDLEY, Peter (6 24 30)

3. Veröffentlichungen und Gesamtbericht
Referatsleiter: LEGRIS, Gérard (9 94 06)

4. Sekretariat des Auditbegleitausschusses
Referatsleiter: BRAEUER, Friedrich (9 60 70)

Direktion D:
Koordinierung der Politiken
Direktor: BISARRE, Sylvain (5 46 95)

1. Task Force Lissabon-Strategie
Referatsleiter a.i.: BISARRE, Sylvain (5 46 95)

2. Koordinierung der Politiken I
Referatsleiter a.i.: AYET PUIGARNAU, Jordi (5 15 28)

3. Koordinierung der Politiken II
Referatsleiter: AYET PUIGARNAU, Jordi (5 15 28)

Direktion E:
Ressourcen und allgemeine Angelegenheiten
Direktorin: HARFORD, Marleen (5 35 18)
Berater (zuständig für die Umsetzung von Audit-Empfehlungen im Bereich der Informatik): KODECK, François (5 74 35)

1. Planung und Ressourcen
Referatsleiterin: BELLAN, Emanuela (5 31 34)

2. Post und Verwaltung der Dokumente
Referatsleiter: POOLEY, Arthur (5 68 06)

3. Informatik
Referatsleiter: MULLER, Eric (5 22 57)

4. Datenverarbeitung und Datenbanken
Referatsleiterin a.i.: ROZET, Martine
(5 47 91)

Direktion F:
Beziehungen zum Rat
Direktor: BORCHARDT, Gustaaf (6 65 83)

1. Coreper I
Referatsleiterin: RUSSO, Maria-Cristina
(5 59 75)

2. Coreper II, G7/G8
Referatsleiter: GENISSON, François (5 80 36)

3. Mitentscheideverfahren
Referatsleiterin: O'DWYER, Una (6 09 56)

Direktion G:
Beziehungen zum Europäischen Parlament, zum Europäischen Bürgerbeauftragten, zum Europäischen Wirtschafts- und Sozialausschuss, zum Ausschuss der Regionen und zu den nationalen Parlamenten
Direktor: MASSANGIOLI, Guiseppe
(5 07 46)

1. Beziehungen zum Europäischen Parlament I
Referatsleiter: ANASTOPOULOS, Panayotis
(5 81 41)

2. Beziehungen zum Europäischen Parlament II
Referatsleiterin: PRESTON, Mary (5 58 62)

3. Beziehungen zum Europäischen Wirtschafts- und Sozialausschuss, zum Ausschuss der Regionen, zum europäischen Bürgerbeauftragten und zu den nationalen Parlamenten
Referatsleiter: PIERUCCI, Andrea (6 02 23)

Direktion H:
Institutionelle Angelegenheiten
Direktor: PONZANO, Paolo (5 19 34)
Berater: LAU, Rainer (5 97 76)

1. Europäische Verfassung
Referatsleiter: LEARDINI, Pascal (6 13 06)

2. Institutionelle Fragen und verbesserte Regulierung
Referatsleiter: MITEK PEDERSEN, Lars
(5 49 24)

3. Governance
Referatsleiter: CANDELA CASTILLO, José
(5 20 90)

2.2.5.5 Generaldirektion Presse und Kommunikation

45, avenue d'Auderghem, **1040 Brüssel, Belgien;**
Tel 00 32-2/29-9 11 11, 29-6 03 93
bzw. 29-(+Durchwahl);
Fax 00 32-2/29-6 02 27;
e-mail press-web@cec.eu.int
http://europa.eu.int/comm/dgs/press_communication/index_de.htm

Generaldirektor und Sprecher:
DE OLIVEIRA E SOUSA, Jorge (6 03 93)
Assistent des Generaldirektors: ROUDIÉ, François (6 68 98)
Stellvertretende Generaldirektorin a.i.: LE BAIL, Françoise (9 22 43)
Hauptberaterin: LE BAIL, Françoise (9 22 43)

Der Stellvertretenden Generaldirektorin unmittelbar unterstellt:

1. Gruppe der Sprecher und Mitarbeiter
Referatsleiter: N. N. (9 11 11)

Dem Generaldirektor unmittelbar unterstellt:

2. Audit
Referatsleiter: CROONEN, Edwin (6 18 67)

3. Inspektion
Referatsleiter: CHAMLA, Jean-Jacques
(5 78 23)

Direktion A:
Interinstitutionelle Beziehungen, Informationspolitik, Vertretungen
Direktor: CARVOUNIS, Panayotis (5 21 73)

1. Beziehungen zum Europäischen Parlament und anderen Organen sowie Informationspolitik
Referatsleiterin: WORINGER, Benoît (6 34 98)

2. Vertretungen: Informationen, Kampagnen, Relais und Netzwerke
Referatsleiterin: DE ROSA, Fabrizia (9 37 39)

3. Vertretungen: Koordierung und Analysen
Referatsleiterin: CORUGEDO STENEBERG, Linda (9 63 83)

Direktion B:
Kommunikation, Medien und Dienste
Direktor: THØGERSEN, Niels Jorgen (9 90 99)

1. Meinungsumfragen, Pressemeldungen, „Europe Direct"
Referatsleiter: PAPACOSTAS, Antonis (5 99 67)

2. Europa, SCAD+ und Veröffentlichungen
Referatsleiterin: ARMSTRONG, Lindsay (9 90 17)

3. Audiovisuelle Dienste und Produktionen
Referatsleiter: DUMORT, Alain (5 38 49)

Direktion C:
Ressourcen
Direktor: VANDERSTEEN, Jean-Pierre (8 61 70)

1. Personal und Verwaltung
Referatsleiter: HASSON, Alberto (5 58 00)

2. Haushalt und Finanzen
Referatsleiter: MENCHI, Giuseppe (6 11 93)

3. Informatik
Referatsleiter: TORCATO, José (6 35 37)

2.2.6 Generaldirektionen (GD) und Dienste: Interne Dienste

2.2.6.1 Generaldirektion Datenverarbeitung

rue Alcide de Gasperi, **2920 Luxemburg, Luxemburg;**
Tel 00 35-2/43 01-1, 43 01-3 45 61 bzw. 43 01-(+Durchwahl);
Fax 00 35-2/43 01-3 53 39;
e-mail digit-europa@cec.eu.int
http://europa.eu.int/comm/dgs/informatics/index_de.htm

- in Brüssel
34, rue Montoyer, **1040 Brüssel, Belgien,**
Tel 00 32 2/29-9 11 11, 29-6 35 83 bzw. 29-(+Durchwahl);
Fax 00 32 2/29-5 94 32

Generaldirektor a.i.: GARCÍA MORÁN, Francisco (L 3 45 61)
Stellvertretender Generaldirektor: GARCÍA MORÁN, Francisco (L 3 45 61)

Direktion A:
Infrastruktur
Direktor a.i.: GARCÍA MORÁN, Francisco (L 3 45 61)

1. Anwenderunterstützung
Referatsleiter: LAMBOT, Jean-Pierre (6 02 01)

2. Telekommunikation und Netzwerke
Referatsleiter: JORTAY, Marcel (L 3 42 35)

3. Rechenzentrum
Referatsleiter: DEASY, Declan (L 3 20 60)

4. Lösungen im Bereich von Technik und Bürokommunikation
Referatsleiter: NAVARRO, José Marin (L 3 45 13)

Direktion B:
Informationssysteme
Direktor a.i.: GARCÍA MORÁN, Francisco (L 3 45 61)

1. Beratung und Kontakt mit den Diensten, Institutionen und anderen Einheiten der Gemeinschaft
Referatsleiter: WEIDERT, Jean-Pierre
(L 3 36 43)

2. Interoperabilität, Architektur und Methoden
Referatsleiter: VASSILIADIS, Theodoros
(6 17 39)

3. Informationssysteme für die Personalverwaltung
Referatsleiter: BIERLAIRE, Philippe (9 46 82)

4. Informationssysteme für Planung, Finanz- und Dokumentenverwaltung
Referatsleiter: DE VRIENDT, Karel (6 85 63)

Direktion R:
Ressourcen und Logistik
Direktor a.i.: GARCÍA MORÁN, Francisco
(L 3 45 61)

1. Planung und Ressourcen
Referatsleiter: FEIDT, Marc (L 3 31 04)

2. Finanzen und Verträge
Referatsleiter: PELTGEN, Francis (5 09 07)

3. Logistik
Referatsleiter a.i.: PELTGEN, Francis
(5 09 07)

2.2.6.2 Generaldirektion Dolmetschen

24, rue Demot, **1040 Brüssel, Belgien**;
Tel 00 32-2/29-9 11 11, 29-5 70 58
bzw. 29-(+Durchwahl);
Fax 00 32-2/29-6 62 63;
e-mail   scic@cec.eu.int,
e-mail   marco.benedetti@cec.eu.int
http://europa.eu.int/comm/scic/

Generaldirektor: BENEDETTI, Marco
(5 70 58)
Assistent des Leiters: BAKER, David (8 50 78)
Berater: DELAVA, Jean-Pierre (9 37 70)

Dem Generaldirektor unmittelbar unterstellt:

1. Audit
Referatsleiter: LÓPEZ SÁNCHEZ, José Antonio (9 01 05)

2. Kommunikation und Information
Referatsleiter: ANDERSEN, Ian (5 40 24)

Direktion A:
Dolmetschen
Direktor: ALEGRÍA, Carlos (6 33 94)

Abteilung Dometschen I
Leiterin der Sprachabteilung: CASTELLANI, Luisa (9 82 65)

1. Tschechisch
Referatsleiter: N. N. (9 11 11)

2. Französisch
Referatsleiterin: JANSEN, Irène (5 29 14)

3. Litauisch
Referatsleiter: N. N. (9 11 11)

4. Schwedisch
Referatsleiterin: ÖSTLUND, Annica (9 52 12)

Abteilung Dometschen II
Leiterin der Sprachabteilung: COLPAERT-LUX, Marie-Christine (5 84 63)

1. Deutsch
Referatsleiterin: PAULINI, Ursula (8 70 38)

2. Estnisch
Referatsleiter: N. N. (9 11 11)

3. Ungarisch
Referatsleiter: N. N. (9 11 11)

4. Finnisch
Referatsleiter: KRUTH, Veijo (5 37 86)

Abteilung Dolmetschen III
Leiterin der Sprachabteilung:
FREUDENSTEIN-WEIJER, Elisabeth
(6 71 78)

1. Englisch
Referatsleiter: MIDGLEY, Peter (8 70 27)

2. Lettisch
Referatsleiter: N. N. (9 11 11)

3. Portugiesisch
Referatsleiter: MACHADO, Luís (6 65 18)

4. Slowakisch
Referatsleiter: N. N. (9 11 11)

Abteilung Dolmetschen IV
Leiter der Sprachabteilung: CLOUGH, Terence (5 66 31)

1. Dänisch
Referatsleiter: SAUGSTRUB, Preben (9 06 50)

2. Italienisch
Referatsleiterin a.i.: CASTELLANI, Luisa (9 82 65)

3. Niederländisch
Referatsleiterin: DE MEY, Annechiene (8 70 31)

4. Slowenisch
Referatsleiter: N. N. (9 11 11)

Abteilung Dolmetschen V
Leiter der Sprachabteilung: SCOTT, Antony (6 22 91)

1. Griechisch
Referatsleiterin: PANAGAKOU, Alexandra (5 93 19)

2. Spanisch
Referatsleiter: VALDIVIA BENZAL, Manuel (9 54 12)

3. Maltesisch
Referatsleiter: N. N. (9 11 11)

4. Polnisch
Referatsleiter: N. N. (9 11 11)

Direktion B:
Verwaltung und Ressourcen
Direktor: WALKER, David (9 93 00)

1. Arbeitsprogramm und Evaluierung, Interinstitutionelle Beziehungen, Informatik
Referatsleiter a.i.: BODDIN, Johan (8 44 94)

2. Haushalt und Finanzen
Referatsleiter: CURRAN, Christopher (6 24 07)

3. Personal und allgemeine Verwaltung
Referatsleiterin: EGELUND, Elizabeth (5 90 57)

4. Berufliche Fortbildung
Referatsleiter: DURAND, Claude (6 91 96)

Direktion C:
Dolmetscheinsätze
Direktorin: D'HAEN-BERTIER, Ann (5 09 93)

1. Vielsprachigkeit und Förderung der Dolmetscherausbildung
Referatsleiter: FOX, Brian (5 54 16)

2. Planung der Dolmetscheinsätze
Referatsleiter: WITTEVEEN, Wolter (5 30 87)

3. Dokumentation und Sitzungsvorbereitung, Kommunikationssensibilisierung
Referatsleiter a.i.: CAUSO, José Esteban (9 05 62)

Direktion D:
Konferenzen
Direktor: HAMACHER, Jupp (5 25 55)

1. Konferenzorganisation
Referatsleiter a.i.: HAMACHER, Jupp (5 25 55)

2. Infrastruktur der Sitzungen
Referatsleiter a.i.: HAMACHER, Jupp (5 25 55)

3. Konferenztechnologien
Referatsleiter: CAUSO, José Esteban (9 05 62)

2.2.6.3 Amt für Gebäude, Anlagen und Logistik – Brüssel (OIB)

Office 7/53, GUIM, **1049 Brüssel, Belgien**;
Tel 00 32-2/29-9 11 11, 29-5 73 49
bzw. 29-(+Durchwahl);
Fax 00 32-2/29-6 20 02;
e-mail   oib-info@cec.eu.int
http://europa.eu.int/comm/oib/index_de.htm

Direktor: VERLEYSEN, Piet (5 73 49)

1. Umsetzung der Gebäudepolitik
Abteilungsleiter: KONSTANTINOU, Konstantin (6 38 18)

2. Raumbewirtschaftung und Wartung
Abteilungsleiter: LANNEAU, Reinier (6 16 32)

3. Beschaffung und Inventar
Abteilungsleiter: CAPOGROSSI, Roberto
(5 19 98)

4. Vervielfältigungsdienste und Post
Abteilungsleiter a.i.: GERMAIN, Daniel
(5 25 01)

5. Ressourcen
Abteilungsleiterin: SAÚDE, Mariana (6 32 04)

6. Soziale Einrichtungen
Abteilungsleiter: VINNOIS, Thierry (6 30 91)

7. Verwaltung und Schutz der Gebäude
Abteilungsleiter: TSCHISMAROV, Franz
(5 72 84)

8. Immobilienprojekte
Abteilungsleiter a.i.: LANNEAU, Reinier
(6 16 32)

9. Transport und Mobilität
Abteilungsleiter a.i.: GERMAIN, Daniel
(5 25 01)

2.2.6.4 Generaldirektion Haushalt

19, avenue d'Auderghem, **1040 Brüssel, Belgien**;
Tel 00 32-2/29-9 11 11, 29-9 51 50
bzw. 29-(+Durchwahl);
Fax 00 32-2/29-9 18 41;
e-mail budget@cec.eu.int,
e-mail luis.romero-requena@cec.eu.int
http://europa.eu.int/comm/dgs/budget/index_de.htm

Generaldirektor: ROMERO REQUENA, Luis (9 51 50)
Assistent des Generaldirektors: MAMER, Eric (9 40 73)
Stellvertretender Generaldirektor: GRAY, Brian (5 46 27)

Dem Generaldirektor unmittelbar unterstellt:

1. Beziehungen zum Parlament, zum Rechnungshof und zu den Mitgliedstaaten
Referatsleiter: VONTHRON, Jacques
(5 29 83)

2. Allgemeine Koordinierung; Personal- und Finanzressourcen
Referatsleiter: DALPOZZO, Luca (5 17 71)

3. Finanzinformationssysteme
Referatsleiter: BUISSERET, Jean-Pierre
(5 48 03)

4. DV-Infrastrukturen und Unterstützungsleistungen für Benutzer
Referatsleiter: NAHON, Claude (9 93 07)

5. Innenrevision
Referatsleiter: LOBERA ARGUELLES, Enrique (6 30 85)

Direktion A:
Ausgaben
Direktor: BRÜCHERT, Fritz (5 66 88)

1. Haushaltsverfahren und -übersicht, ABB und Beziehungen zum Haushaltsausschuss
Referatsleiter: PARADIS, Eric (5 98 11)

2. GAP und Strukturpolitik
Referatsleiter: LEHNER, Stefan (9 33 83)

3. Interne Politikbereiche
Referatsleiter: SANT'ANA CALAZANS, Jaques (5 63 00)

4. Externe Politikbereiche
Referatsleiter: VANDERMOSTEN, René
(5 05 36)

5. Verwaltungsmittel und Zuteilung der DV-Ressourcen
Referatsleiter: BERTRAND, Philippe
(6 18 23)

6. Zuweisung der Personalressourcen
Referatsleiter: JOURET, Philippe (6 57 68)

7. Ausführung des Haushaltsplans (Begleitung und Berichte)
Referatsleiter: LAURSON, Peter (5 55 88)

Direktion B:
Eigenmittel, Evaluierung und Finanzplanung
Direktor: BACHE, Jean-Pierrre (5 16 79)

1. Mehrjähriger Finanzierungsrahmen, Finanzregelung und -vorausschau, Haushaltsfragen der Erweiterung
Referatsleiter: PRESA, Silvano (5 22 21)

2. Verwaltung der Einnahmen
Referatsleiter: SUORTTI, Antti (6 72 58)

3. Kontrolle der traditionellen Eigenmittel und Unterstützung der Beitrittsländer
Referatsleiter: GIELISSE, Robert (5 96 49)

4. Kontrolle der Mehrwertsteuer- und BSP-Eigenmittel; Sekretariat des BAEM
Referatsleiter: CONDON, Richard (5 78 15)

5. Evaluierung
Referatsleiter: JAKOBSEN, Svend (6 07 74)

Direktion C:
Ausführung des Haushaltsplans
Direktor: OOSTENS, Mark (5 91 14)

1. Kasse und Verwaltung der Zahlungsmittel
Referatsleiter: MAGNUSSON, Lars Jorgen (5 16 14)

2. Allgemeine Rechnungsführung
Referatsleiterin: ALDEA BUSQUETS, Maria Rosa (5 08 48)

3. Buchmäßige Erfassung und Ausführung
Referatsleiter: HOEBEECK, Willy (5 40 75)

4. Rechnungsführung des Europäischen Entwicklungsfonds und der Gemeinsamen Forschungsstelle
Referatsleiter: MURRAN, Joseph (5 83 38)

5. Einziehung von Forderungen
Referatsleiter: EKELMANS, Marc (5 68 73)

Direktion D:
Zentraler Finanzdienst
Direktor: TAVERNE, Philippe (5 35 90)

1. Finanzregelungen
Referatsleiter: GILCHRIST, Paraskevi (5 10 18)

2. Ausschreibungen, Verträge und Finanzhilfen
Referatsleiter: BILBAO ZABALA, José-Martin (5 25 44)

3. Finanzverfahren und Kontrollsysteme
Referatsleiter: MOSSELMANS, Hermann (5 67 04)

4. Help Desk, Information und Fortbildungsmaßnahmen im Bereich der Finanzen
Referatsleiter: COLLINS, Stephen (9 84 36)

5. Anwenderbezogene Verwaltung der Finanzinformationssysteme
Referatsleiter: WINDOW, Adrian (5 22 71)

2.2.6.5 Interner Auditdienst

Commission Européenne, 7, rue Belliard, **1040 Brüssel, Belgien;**
Tel 00 32-2/29-9 11 11, 29-5 77 52 bzw. 29-(+Durchwahl)
Fax 00 32-2/29-5 41 40;
e-mail ias-europa@cec.eu.int
http://europa.eu.int/comm/dgs/internal_audit/

Generaldirektor und Interner Rechnungsprüfer der Kommission: DEFFAA, Walter (5 77 52)
Assistent des Generaldirektors: MAGENHANN, Bernard (9 94 82)
Hauptberater: N. N. (9 11 11)

Direktion A:
Horizontale Angelegenheiten
Direktor: HÜNKE, Horst (6 85 72)

1. Ressourcen
Referatsleiter: ZIOLKOWSKI, Thomas (5 07 67)

2. Koordination und Kommunikation
Referatsleiterin: LEVY, Fabienne (9 40 02)

Direktion B:
Durchführung der Audits
Direktor: MERCHÁN CANTOS, Francisco (9 67 30)
Auditleiter: CABALLERO BASSEDAS, Arturo (5 39 74)
Auditleiter: CAVALHEIRO, Américo (6 25 12)

Auditleiter: HADZIDAKIS, Panayotis
(9 92 89)
Auditleiter: HALLEZ, Pascal (5 29 48)
Auditleiter: MULLER, Christian (6 11 72)
Auditleiter: VERMEERSCH, Benoît (8 58 10)

2.2.6.6 Juristischer Dienst

105, avenue des Nerviens, **1040 Brüssel, Belgien**;
Tel 00 32-2/29-9 11 11, 29-5 25 21
bzw. 29-(+Durchwahl);
Fax 00 32-2/2 96 76 80;
e-mail michel.petite@cec.eu.int
http://europa.eu.int/comm/dgs/legal_service/index_de.htm

Generaldirektor: PETITE, Michel (5 25 21)
Assistent des Generaldirektors (Management der Finanz- und Humanressourcen):
O'LEARY, William (6 62 21)
Stellvertretender Generaldirektor:
MARENCO, Giuliano (5 17 75)

Dem Generaldirektor unmittelbar unterstellt:

Juristische Koordination
HETSCH, Patrick (5 11 51)

Rechnungsprüfung, Reform
JAKOBSSON, Lena (9 85 84)

Dem Stellvertretenden Generaldirektor unmittelbar unterstellt

Juristische Revisoren
CLARKE-SMITH, Bevis (5 28 28)

Kodifizierung
CROSSLAND, Hans Gerald (5 57 46)

Dokumentation und Information
ARNOLD-WOERTZ, Brigitte (5 08 47)

Informatik
GINESTE, Pascal (5 00 52)

Stäbe

Binnenmarkt
DURAND, Claire-Françoise (5 11 92)

Beschäftigung und Soziales
JONCZY, Marie-Jose (5 29 74)

Wettbewerb und Ballung
WAINWRIGHT, Richard (5 38 07)

Wirtschaftsrecht
BENYON, Frank (5 82 41)

Haushalt, Personal und Verwaltung
GRUNWALD, Jürgen (5 82 63)

Außenbeziehungen
KUIJPER, Pieter Jan (6 12 73)

Recht, Freiheit und Sicherheit, Zivil- und Strafrecht
IGLESIAS BUHIGUES, Jose Luis (6 27 76)

Landwirtschaft und Fischerei
VAN RIJN, Thomas (5 18 18)

Institutionen
HARTVIG, Hans-Peter (5 10 65)

Staatsbeihilfen und Dumping
SANTAOLALLA GADEA, Francisco
(6 19 56)

2.2.6.7 Generaldirektion Personal und Verwaltung

11, rue de la Science, **1040 Brüssel, Belgien**;
Tel 00 32-2/29-9 11 11, 29-5 24 37
bzw. 29-(+Durchwahl);
Fax 00 32-2/29-9 31 32;
e-mail reform@cec.eu.int
http://europa.eu.int/comm/dgs/personnel_administration/index_de.htm

- in Luxemburg
Bâtiment Jean Monnet, Rue Alcide de Gasperi, **2920 Luxemburg, Luxemburg**;
Tel 00 35-2/43 01-1, 43 01-3 21 87
bzw. 43 01-(+Durchwahl);
Fax 00 35-2/43 01-3 37 89

Generaldirektor: CHÊNE, Claude (5 24 37)
Assistent des Generaldirektors: LEVASSEUR, Christian (6 55 80)
Assistent des Generaldirektors: LINDER, Christian (8 69 17)

Ständige Berichterstatterin des Beratenden Ausschusses für Ernennungen:
MANFREDI-MAGILLO, Marina (8 49 91)
Hauptberater (Brüssel): BYK, Daniel (5 64 03)
Hauptberaterin (Brüssel):
PETTERSSON, Margareta (8 56 39)
Hauptberater (zuständig für die Koordination in ISPRA): TANZILLI, Rocco (6 10 11)
Hauptberater (zuständig für Sicherheitsfragen): ASBECK, Frank (9 83 11)
Hauptberater (zuständig für Verwaltungsreform): NANOPOULOS, Photius (L 3 24 43)
Berater (zuständig für Organisation und Kontrolle): BRANDT, Eberhardt (5 99 69)
Berater (Sozialer Dialog): N. N. (9 11 11)
Sonderberater: GOMEZ REINO, Santiago (9 63 12)

Dem Generaldirektor unmittelbar unterstellt

1. Audit
Referatsleiter: BELLENS, Marc (5 09 42)

Direktion IDOC – Untersuchungs- und Disziplinaramt
Direktor: VAN LIER, Hendrik (5 75 95)

1. Untersuchungen und Disziplin: Respekt der finanziellen Pflichten
Referatsleiter: SLOOTJES, René (5 65 59)

2. Untersuchungen und Disziplin: Respekt der statutären Pflichten nicht finanzieller Art
Referatsleiterin: SUPERTI PIRSON, Valentina (6 54 03)

**Direktion A:
Personal und Laufbahnen**
Direktorin: SOUKA, Irène (5 72 06)
Berater: DENUIT, Renaud (5 66 07)
Berater (zuständig für neue Laufbahnstrukturen): SANUDO, José Luis (5 60 60)

1. Allgemeine horizontale Fragen; Politik und Einstellung des externen Personals
Referatsleiter: TERBERGER, Martin (5 39 86)

2. SCOP. Laufbahnberatung und -entwicklung
Referatsleiter: GARCÍA FERREIRO, Fernando (5 02 83)
– abgeordnete Inlandsexperten
   DICORRADO, Tanino (6 91 47)

3. Fortbildung
Referatsleiter: VERVAET, Guido (5 92 24)
– Koordinierung
   TUITE, M. (5 35 67)
– Allgemeine Ausbildung 1
   GALVEZ VIA, R. (9 52 22)
– Allgemeine Ausbildung 2
   DEBATY, P. (9 35 50)
– Allgemeine Ausbildung 3
   JARDINE, N. (9 28 52)

4. Beamte und Bedienstete auf Zeit: Einstellung und verwaltungsrechtliche Stellung
Referatsleiter: ARMANI, Enrico Maria (9 33 71)

5. Organisationsplan und Führungskräfte
Referatsleiterin: KENT, Gail (9 19 45)

6. Laufbahnstruktur, Bewertung und Beförderungen
Referatsleiter: MOULIGNEAU, Marc (5 67 31)

**Direktion B:
Statut: Politik, Verwaltung und Beratung**
Direktor: JACOB, Daniel (5 98 70)
Rechtsberater: BARNETT, Adrian (5 21 90)
Berater (zuständig für die Beziehungen zum nationalen öffentlichen Dienst): N. N. (9 11 11)
Berater (zuständig für die Koordinierung): LATOUCHE, Luc (9 36 90)

1. Rechts- und Statusfragen, Methode für die Dienst- und Versorgungsbezüge
Referatsleiter a.i.: PASTOR MATUT, Julio (6 07 43)

2. Rechtsbehelfe
Referatsleiter a.i.: RATING, Stefan (9 68 20)

3. Beschäftigungsbedingungen, Rechte und Pflichten nicht finanzieller Art
Referatsleiter: GRILLO, Jean-Pierre (5 13 25)

4. Nichtdiskriminierung und Chancengleichheit
Referatsleiter a.i.: LATOUCHE, Luc
(5 32 58)

5. Sozialer Dialog, Beziehungen zu nationalen öffentlichen Dienststellen und horizontale Fragen in Bezug auf die Erweiterung
Referatsleiter: GERSTENLAUER, Hans-Georg (8 40 58)

Direktion C:
Sozialpolitik, Personal in Luxemburg, Arbeitssicherheit und -hygiene
Direktorin: DE SOLA DOMINGO, Mercedes (5 62 72)

1. Sozialpolitik und soziale Maßnahmen, Beziehungen zu den ehemaligen Bediensteten
Referatsleiter: FRACCHIA, Giovanni
(5 50 06)
- Adminfo
  MERLETTI, G. (5 10 04)

2. Personal, Statut und Sozialpolitik – Luxemburg
Referatsleiter a.i.: LITTLEJOHN, Martin
(L 3 21 87)
- Laufbahnen
  UNTEREINER, I. (L 3 77 00)
- Fortbildung und Begrüßung
  LITTLEJOHN, Martin (L 3 21 87)

3. Ärztlicher Dienst Luxemburg
Referatsleiter: JADOT, Thierry (L 3 25 92)

4. Ärztlicher Dienst Brüssel
Referatsleiter: MARTINEAU, Gabriel
(9 23 36)
Ärztlicher Berater: DOLMANS, Serve
(5 39 06)

5. Arbeitssicherheit und -hygiene
Referatsleiter: TSCHISMAROV, Franz
(5 72 84)

Direktion D:
Ressourcen
Direktorin: DALY, Emer (6 05 03)
Berater (zuständig für Datenschutz und Datensicherheit): MARCELLI, Patrice
(5 25 56)

1. Haushalt und Unterstützung in vertraglichen Angelegenheiten
Referatsleiter: VANTILBORGH, Hendrik
(5 55 21)
Stellvertretende Referatsleiterin:
VAN DRIESSCHE, M. (5 01 82)

2. Beziehungen zu den Organen, ABM und Dokumentenverwaltung
Referatsleiter: OTTO, Daniele (6 27 01)

3. Humanressourcen ADMIN, interne Reformen
Referatsleiter: SCRIBAN, Alain (6 33 43)

4. Koordination und Beziehungen zu den Ämtern; europäische Schulen
Referatsleiterin: TACHMINTZIS, Joanna
(9 04 28)

5. Interne Kommunikation und Information
Referatsleiter: BEARFIELD, Nicholas David
(5 41 26)

Direktion DS:
Sicherheit
Direktor a.i.: HUTCHINS, Stephen (5 61 68)
Berater: N. N. (9 11 11)

1. Schutzmaßnahmen und Krisenmanagement
Referatsleiter: HYVÄRINEN, Hannu
(8 56 85)

2. Information und Vorbeugung
Referatsleiter: CANO ROMERA, Eduardo
(6 15 02)

3. Inspektion und Beratung
Referatsleiter: HUTCHINS, Stephen (5 61 68)

4. Sicherheit der technischen Anlagen, Computer- und Telekommunikationssicherheit
Referatsleiter a.i.: HUTCHINS, Stephen
(5 61 68)

5. Koordination
Referatsleiterin a.i.: DI BUCCI, Michaela
(9 62 84)

2.2.6.8 Gruppe der politischen Berater

Breydel, 45, avenue d'Auderghem,
1040 Brüssel, Belgien;
Tel 00 32-2/29-9 11 11, 29-2 08 91
bzw. 29-(+Durchwahl);
Fax 00 32-2/29-5 23 05;
e-mail group-advisers@cec.eu.int
http://europa.eu.int/comm/dgs/
policy_advisers

- Büro der Gruppe Ethik, Wissenschaft und Technologie
10/128 Brey, **1049 Brüssel, Belgien;**
Tel. 00 32 2/29-5 06 41,
Fax 00 32 2/29-9 45 65,
e-mail gopa-ethics-group@cec.eu.int

Direktor: TAVARES, Carlos (2 08 91)
Assistent: FLOYD, William (6 03 92)

Gruppe der Berater

Öffentliche Meinungsforschung, politische Soziologie, Informations- und Kommunikationspolitik, Wertesysteme, Identitätsaufbau
Berater: MELICH-JUSTE, Anna (9 91 72)

Auswärtige Angelegenheiten
Berater: CLAIRET, Paul (6 67 89)

Geschlechterfragen, Grundrechte, Beschäftigung und Sozialpolitik, interne und externe Kohärenz
Beraterin: HUBERT, Agnès (5 88 89)

Wirtschaftspolitik
Berater: LEVIN, Mattias (5 18 11)

Internationale Wirtschaftsbeziehungen
Berater: SAPIR, André (9 43 68)

Beschäftigung, Arbeitsmarkt und Regionen
Berater: SARACENO, Elena (5 03 44)

Globalisierung, Unternehmen, Innovation und Unternehmertum
Berater: SMITH, Peter M. (5 39 94)

Wissenschaft, Technologie und Gesellschaft
Berater: ROGERS, Michael (5 06 41)

Dialog mit Religionen, Kirchen und Weltanschauungsgemeinschaften
Berater: WENINGER, Michael (9 85 43)

Europäische Gruppe Ethik, Wissenschaft und Technologie
Präsident: HERMERÉN, Göran (5 06 41)
Vizepräsidentin: NIELSEN, Linda (5 06 41)
Berater: ALIVIZATOS, Nicos C. (5 06 41)
Berater: CAPURRO, Rafael (5 06 41)
Beraterin: DE BEAUFORT, Inez (5 06 41)
Berater: ENGLERT, Yvon (5 06 41)
Beraterin: LABRUSSE-RIOU, Catherine (5 06 41)
Beraterin: MCLAREN, Anne (5 06 41)
Berater: PUIGDOMENECH ROSELL, Pere (5 06 41)
Berater: RODOTA, Stefano (5 06 41)
Berater: VIRT, Günter (5 06 41)
Berater: WHITTAKER, Peter (5 06 41)

2.2.6.9 Generaldirektion Übersetzung

1, avenue de Cortenbergh, **1040 Brüssel, Belgien;**
Tel 00 32-2/29-9 11 11, 29-6 78 25, 29-5 79 27
bzw. 29-(+Durchwahl);
Fax 00 32-2/29-6 97 69;
e-mail dgt-webmaster@cec.eu.int
http://europa.eu.int/comm/dgs/translation/
index_de.htm

- in Luxemburg
Bâtiment Jean Monnet, rue Alcide de Gasperi,
2920 Luxemburg, Luxemburg;
Tel 00 35-2/43 01-1, 43 01-3 78 25
bzw. 43 01-(+Durchwahl);
Fax 00 35-2/43 01-3 37 69,
e-mail dgt-webmaster@cec.eu.int,
http://europa.eu.int/comm/dgs/translation/
index_de.htm

Generaldirektor: LÖNNROTH, Juhani
(6 78 25)
Assistentin des Generaldirektors: ORY, Carole
(5 19 30)

Berater: N. N. (9 11 11)
Berater: N. N. (9 11 11)

Dem Generaldirektor unmittelbar unterstellt:

1. Audit
Referatsleiter a.i.: LOPEZ SANCHEZ, José Antonio (9 01 05)

2. Kommunikation und Information
Referatsleiter: DE OLIVEIRA BARATA, Manuel (6 04 76)

3. Interinstitutionelle Beziehungen und allgemeine Angelegenheiten
Referatsleiter: AHREND, Klaus (5 66 10)

Direktion A:
Übersetzung – Luxemburg
Direktorin: O'LEARY, Marian (L 3 42 29)
Berater (zuständig für Beziehungen zu den Außenstellen): VAN DER HORST, Cornelis (L 3 23 97)

CS. Tschechische Sprachabteilung
Leiter der Sprachabteilung a.i.: ZACHARIS, Konstantinos (L 3 34 60)

CS 1. Recht, Wirtschaft, Finanzen, Wettbewerb
Referatsleiter a.i.: ZACHARIS, Konstantinos (L 3 34 60)

CS 2. Außenbeziehungen, Handel, Steuern, Regionalpolitik, Landwirtschaft, Fischerei; Forschung, Energie und Verkehr, Umwelt, Informationsgesellschaft
Referatsleiter a.i.: ZACHARIS, Konstantinos (L 3 34 60)

CS 3. Beschäftigung, Gesundheits- und Verbraucherschutz, Bildung, Binnenmarkt, Unternehmen, Verwaltung
Referatsleiter a.i.: ZACHARIS, Konstantinos (L 3 34 60)

DE. Deutsche Sprachabteilung
Leiterin der Sprachabteilung: HEIMBECK, Margaret (L 3 23 41)

DE 1. Recht, Wirtschaft, Finanzen, Wettbewerb
Referatsleiter: MEYER-KOEKEN, Klaus (5 22 34)

DE 2. Außenbeziehungen, Handel, Steuern
Referatsleiter: BERNERS, Raymund (9 46 26)

DE 3. Landwirtschaft, Fischerei, Regionalpolitik, Verwaltung
Referatsleiterin: LEMBKE, Angela (5 16 20)

DE 4. Forschung, Energie und Verkehr, Umwelt, Informationsgesellschaft
Referatsleiter: REGH, Raymond (5 09 13)

DE 5. Beschäftigung, Gesundheits- und Verbraucherschutz, Bildung
Referatsleiterin: DE LANNOIS, Angela (L 3 23 95)

DE 6. Unternehmen, Binnenmarkt, Statistik
Referatsleiterin a.i.: KUHL-BOSETTI, Sigrid (L 3 24 81)

ET. Estnische Sprachabteilung
Leiter der Sprachabteilung a.i.: VAN DER HORST, Cornelis (L 3 23 97)

ET 1. Recht, Wirtschaft, Finanzen, Wettbewerb
Referatsleiter a.i.: VAN DER HORST, Cornelis (L 3 23 97)

ET 2. Außenbeziehungen, Handel, Steuern, Regionalpolitik, Landwirtschaft, Fischerei; Forschung, Energie, Verkehr, Umwelt, Informationsgesellschaft
Referatsleiter a.i.: VAN DER HORST, Cornelis (L 3 23 97)

ET 3. Beschäftigung, Gesundheits- und Verbraucherschutz, Bildung, Binnenmarkt, Unternehmen, Verwaltung
Referatsleiter a.i.: VAN DER HORST, Cornelis (L 3 23 97)

HU. Ungarische Sprachabteilung
Leiterin der Sprachabteilung a.i.: CONSTANT, Elisabeth (L 3 24 71)

HU 1. Recht, Wirtschaft, Finanzen, Wettbewerb
Referatsleiterin a.i: CONSTANT, Elisabeth (L 3 24 71)

HU 2. Außenbeziehungen, Handel, Steuern, Regionalpolitik, Landwirtschaft, Fischerei; Forschung, Energie, Verkehr, Umwelt, Informationsgesellschaft
Referatsleiterin a.i.: CONSTANT, Elisabeth (L 3 24 71)

HU 3. Beschäftigung, Gesundheits- und Verbraucherschutz, Bildung, Binnenmarkt, Unternehmen, Verwaltung
Referatsleiterin a.i.: CONSTANT, Elisabeth (L 3 24 71)

LT. Litauische Sprachabteilung
Leiterin der Sprachabteilung a.i.:
HEIMBECK, Margaret (L 3 23 41)

LT 1. Recht, Wirtschaft, Finanzen, Wettbewerb
Referatsleiterin a.i.: HEIMBECK, Margaret (L 3 23 41)

LT 2. Außenbeziehungen, Handel, Steuern, Regionalpolitik, Landwirtschaft, Fischerei; Forschung, Energie und Verkehr, Umwelt, Informationsgesellschaft
Referatsleiterin a.i.: HEIMBECK, Margaret (L 3 23 41)

LT 3. Beschäftigung, Gesundheits- und Verbraucherschutz, Bildung, Binnenmarkt, Unternehmen, Verwaltung
Referatsleiterin a.i.: HEIMBECK, Margaret (L 3 23 41)

LV. Lettische Sprachabteilung
Leiter der Sprachabteilung a.i.: FRANSSEN, Bodil (L 3 23 03)

LV 1. Recht, Wirtschaft, Finanzen, Wettbewerb
Referatsleiter a.i.: FRANSSEN, Bodil (L 3 23 03)

LV 2. Außenbeziehungen, Handel, Steuern, Regionalpolitik, Landwirtschaft, Fischerei; Forschung, Energie und Verkehr, Umwelt, Informationsgesellschaft
Referatsleiter a.i.: FRANSSEN, Bodil (L 3 23 03)

LV 3. Beschäftigung, Gesundheits- und Verbraucherschutz, Bildung, Binnenmarkt, Unternehmen, Verwaltung
Referatsleiter a.i.: FRANSSEN, Bodil (L 3 23 03)

MT. Maltesische Sprachabteilung
Leiter der Sprachabteilung a.i.:
VALERI COBO, Francisco Javier (L 3 47 12)

MT 1. Recht, Wirtschaft, Finanzen, Wettbewerb
Referatsleiter a.i.: VALERI COBO, Francisco Javier (L 3 47 12)

MT 2. Außenbeziehungen, Handel, Steuern, Regionalpolitik, Landwirtschaft, Fischerei; Forschung, Energie und Verkehr, Umwelt, Informationsgesellschaft
Referatsleiter a.i.: VALERI COBO, Francisco Javier (L 3 47 12)

MT 3. Beschäftigung, Gesundheits- und Verbraucherschutz, Bildung, Binnenmarkt, Unternehmen, Verwaltung
Referatsleiter a.i.: VALERI COBO, Francisco Javier (L 3 47 12)

NL. Niederländische Sprachabteilung
Leiter der Sprachabteilung: DE PRINS, Ludovicus (L 3 25 39)

NL 1. Recht, Wirtschaft, Finanzen, Wettbewerb
Referatsleiter: STERCK, Jean-Pierre (5 81 63)

NL 2. Außenbeziehungen, Handel, Steuern, Regionalpolitik
Referatsleiter: HUIZING, Derk (5 18 34)

NL 3. Landwirtschaft, Fischerei, Forschung, Energie und Verkehr, Umwelt, Informationsgesellschaft
Referatsleiter: VERDEGEM, Luc (5 95 54)

NL 4. Beschäftigung, Gesundheits- und Verbraucherschutz, Bildung, Binnenmarkt, Unternehmen, Verwaltung
Referatsleiter: STOCKMANS, Dirk (L 3 26 10)

PL. Polnische Sprachabteilung
Leiter der Sprachabteilung a.i.: ZACHARIS, Konstantinos (L 3 34 60)

PL 1. Recht, Wirtschaft, Finanzen, Wettbewerb
Referatsleiter a.i.: ZACHARIS, Konstantinos
(L 3 34 60)

PL 2. Außenbeziehungen, Handel, Steuern, Regionalpolitik, Landwirtschaft, Fischerei; Forschung, Energie und Verkehr, Umwelt, Informationsgesellschaft
Referatsleiter a.i.: ZACHARIS, Konstantinos
(L 3 34 60)

PL 3. Beschäftigung, Gesundheits- und Verbraucherschutz, Bildung, Binnenmarkt, Unternehmen, Verwaltung
Referatsleiter a.i.: ZACHARIS, Konstantinos
(L 3 34 60)

SK. Slowakische Sprachabteilung
Leiterin der Sprachabteilung a.i.:
CONSTANT, Elisabeth (L 3 24 71)

SK 1. Recht, Wirtschaft, Finanzen, Wettbewerb
Referatsleiterin a.i.: CONSTANT, Elisabeth
(L 3 24 71)

SK 2. Außenbeziehungen, Handel, Steuern, Regionalpolitik, Landwirtschaft, Fischerei; Forschung, Energie und Verkehr, Umwelt, Informationsgesellschaft
Referatsleiterin a.i.: CONSTANT, Elisabeth
(L 3 24 71)

SK 3. Beschäftigung, Gesundheits- und Verbraucherschutz, Bildung, Binnenmarkt, Untenehmen, Verwaltung
Referatsleiterin a.i.: CONSTANT, Elisabeth
(L 3 24 71)

SL. Slowenische Sprachabteilung
Leiter der Sprachabteilung a.i.: DE PRINS, Ludovicus (L 3 25 39)

SL 1. Recht, Wirtschaft, Finanzen, Wettbewerb
Referatsleiter a.i.: DE PRINS, Ludovicus
(L 3 25 39)

SL 2. Außenbeziehungen, Handel, Steuern, Regionalpolitik, Landwirtschaft, Fischerei; Forschung, Energie und Verkehr, Umwelt, Informationsgesellschaft
Referatsleiter a.i.: DE PRINS, Ludovicus
(L 3 25 39)

SL 3. Beschäftigung, Gesundheits- und Verbraucherschutz, Bildung, Binnenmarkt, Unternehmen, Verwaltung
Referatsleiter a.i.: DE PRINS, Ludovicus
(L 3 25 39)

Direktion B:
Übersetzung – Brüssel
Direktor: VLACHOPOULOS, George
(5 86 18)

DA. Dänische Sprachabteilung
Leiter der Sprachabteilung: BECH, Sven
(5 65 63)

DA 1. Recht, Wirtschaft und Finanzen, Wettbewerb
Referatsleiterin: WALDSTRØM, S. (5 65 82)

DA 2. Außenbeziehungen, Handel, Steuern, Regionalpolitik
Referatsleiter: BLÅBJERG, Tove (5 65 76)

DA 3. Landwirtschaft, Fischerei, Forschung, Energie und Verkehr, Umwelt, Informationsgesellschaft
Referatsleiter: FINK-JENSEN, Preben
(5 65 64)

DA 4. Beschäftigung, Gesundheits- und Verbraucherschutz, Bildung, Binnenmarkt, Unternehmen, Verwaltung
Referatsleiter: FRANSSEN, Bodil (L 3 23 03)

EL. Griechische Sprachabteilung
Leiter der Sprachabteilung: KOUTSIVITUS, Basile (5 84 78)
Berater: CARATZICOS, Jean (5 83 77)

EL 1. Recht, Wirtschaft, Finanzen, Wettbewerb
Referatsleiter: HANIOTAKIS, Georgios
(6 75 12)

EL 2. Außenbeziehungen, Handel, Steuern
Referatsleiter: ANTOULAS, Athanassios
(5 83 81)

EL 3. Landwirtschaft, Fischerei, Forschung,
Energie und Verkehr, Umwelt, Informationsgesellschaft
Referatsleiter: CHRONOPOULOS,
Dimitrios (6 00 95)

EL 4. Beschäftigung, Gesundheits- und
Verbraucherschutz, Bildung, Binnenmarkt,
Unternehmen, Verwaltung
Referatsleiter: BOCOLINIS, Spiridon
(L 3 23 28)

EN. Englische Sprachabteilung
Leiterin der Sprachabteilung: COLLEDGE,
Gillian (6 20 69)

EN 1. Recht, Wirtschaft, Finanzen,
Wettbewerb
Referatsleiter: BYTHELL, William (5 65 08)

EN 2. Außenbeziehungen, Handel, Steuern,
Regionalpolitik
Referatsleiterin: BRICK, Linda (5 87 87)

EN 3. Landwirtschaft, Fischerei,
Regionalpolitik, Verwaltung
Referatsleiter: FRASER, William (6 10 31)

EN 4. Forschung, Energie und Verkehr,
Umwelt, Informationsgesellschaft
Referatsleiterin: SUTHERLAND, Diana
(5 09 36)

EN 5. Beschäftigung, Gesundheits- und
Verbraucherschutz, Bildung
Referatsleiter: CROWTHER, David
(L 3 24 30)

EN 6. Unternehmen, Binnenmarkt, Statistik
Referatsleiter: FINN, Niall (L 3 24 33)

ES. Spanische Sprachabteilung
Leiterin: FERNÁNDEZ-MIRANDA, María
Elena (5 98 93)

ES 1. Recht, Wirtschaft, Finanzen,
Wettbewerb
Referatsleiter: MARTÍNEZ GARCIA, Jesús
Manuel (9 11 11)

ES 2. Außenbeziehungen, Handel, Steuern,
Regionalpolitik
Referatsleiterin: MANTÉ BARTRA, Marta
(6 31 26)

ES 3. Landwirtschaft, Fischerei, Forschung,
Energie und Verkehr, Umwelt,
Informationsgesellschaft
Referatsleiter: HUGUET, Xavier (6 08 77)

ES 4. Beschäftigung, Gesundheits- und
Verbraucherschutz, Bildung, Binnenmarkt,
Unternehmen, Verwaltung
Referatsleiter: VALERI COBO, Francisco
Javier (L 3 47 12)

FI. Finnische Sprachabteilung
Leiter a.i. der Sprachabteilung: NIEMINEN,
Risto (5 91 35)

FI 1. Recht, Wirtschaft, Finanzen,
Wettbewerb
Referatsleiterin: LOHIKKO, Tina (9 52 79)

F I 2. Außenbeziehungen, Handel, Steuern,
Regionalpolitik
Referatsleiter: NIEMINEN, Risto (5 91 35)

F I 3. Landwirtschaft, Fischerei, Forschung,
Energie und Verkehr, Umwelt, Informationsgesellschaft
Referatsleiterin: OVASKA-ROMANO, Paula
(5 24 03)

FI 4. Beschäftigung, Gesundheits- und
Verbraucherschutz, Bildung, Binnenmarkt,
Unternehmen, Verwaltung
Referatsleiterin: KALLIOPUSKA, Marja
(L 3 21 66)

FR. Französische Sprachabteilung
Leiter der Sprachabteilung: FOUCART, René
(L 3 39 94)

FR 1. Recht, Wirtschaft, Finanzen,
Wettbewerb
Referatsleiterin: JABON, Eliane (5 43 98)

FR 2. Außenbeziehungen, Handel, Steuern
Referatsleiter: MASSCHELEIN, Alain
(5 20 10)

FR 3. Landwirtschaft, Fischerei,
Regionalpolitik, Verwaltung
Referatsleiter: SCOCARD, Christian
(5 46 68)

FR 4. Forschung, Energie und Verkehr,
Umwelt, Informationsgesellschaft
Referatsleiter a.i.: DEMEYRE, Georges
(5 08 10)

FR 5. Beschäftigung, Gesundheits- und
Verbraucherschutz, Bildung
Referatsleiter: SPODEN, Armand (L 3 39 61)

FR 6. Unternehmen, Binnenmarkt, Statistik
Referatsleiter a.i.: VOGEL, N. (L 3 33 47)

IT. Italienische Sprachabteilung
Leiter der Sprachabteilung: VESENTINI,
Luigi (5 33 73)

IT 1. Recht, Wirtschaft, Finanzen,
Wettbewerb
Referatsleiter: RUBINO, Italo (6 25 93)

IT 2. Außenbeziehungen, Handel, Steuern,
Regionalpolitik
Referatsleiter: MAGI, Luigi (5 30 83)

IT 3. Landwirtschaft, Fischerei, Forschung,
Energie und Verkehr, Umwelt, Informationsgesellschaft
Referatsleiterin: RANUCCI-FISCHER, Elisa
(5 73 45)

IT 4. Beschäftigung, Gesundheits- und Ver-
braucherschutz, Bildung, Binnenmarkt,
Unternehmen, Verwaltung
Referatsleiter: GAMBARI, Christiano Maria
(L 3 28 81)

PT. Portugiesische Sprachabteilung
Leiter der Sprachabteilung: DE OLIVEIRA
BARATA, Manuel (6 04 76)

PT 1. Recht, Wirtschaft, Finanzen,
Wettbewerb
Referatsleiterin: DE PRETER, Maria
Christina (5 93 23)

PT 2. Außenbeziehungen, Handel, Steuern,
Regionalpolitik
Referatsleiterin: ODETE MACHADO, Maria
Cecília (6 10 25)

PT 3. Landwirtschaft, Fischerei, Forschung,
Energie und Verkehr, Umwelt, Informationsgesellschaft
Referatsleiter: SOARES PINTO, Peter
(6 04 73)

PT 4. Beschäftigung, Gesundheits- und
Verbraucherschutz, Bildung, Binnenmarkt,
Unternehmen, Verwaltung
Referatsleiter: HOMEM, Jorge (L 3 25 46)

SV. Schwedische Sprachabteilung
Leiterin der Sprachabteilung: ROTH, M.
(5 92 15)
Berater: LARSSON, Kenneth (5 20 70)

SV 1. Recht, Wirtschaft, Finanzen,
Wettbewerb
Referatsleiterin: ROSSING, Ewa (L 3 27 72)

SV 2. Außenbeziehungen, Handel, Steuern,
Regionalpolitik
Referatsleiterin: WALLÉN, Anna (6 15 12)

SV 3. Landwirtschaft, Fischerei, Forschung,
Energie und Verkehr, Umwelt, Informations-
gesellschaft
Referatsleiter: LARSSON, Andreas (5 91 51)

SV 4. Beschäftigung, Gesundheits- und
Verbraucherschutz, Bildung, Binnenmarkt,
Unternehmen, Verwaltung
Referatsleiterin: NORDÉN, Katharina
(L 3 52 28)

Direktion C:
Ressourcen
Direktor a.i.: KOUTSIVITUS, Basile (5 84 78)

1. Personalverwaltung
Referatsleiterin: INGESTAD, Gertrud
(9 05 15)

2. Verwaltung der finanziellen Mittel
Referatsleiter: TACHELET, Marc (6 78 27)

3. Verwaltung der IT-Mittel
Referatsleiter: COBBAERT, Jean-Louis
(L 3 53 42)
Stellvertretender Referatsleiter: BASTIEN, C.
(L 3 46 88)

4. Fortbildung
Referatsleiterin: CAO, Rosanna (5 48 58)

5. Interne Verwaltung
Referatsleiter a.i.: WALTZING, Raymond
(5 56 83)

Direktion D:
Übersetzungsstrategie
Direktor: DE VICENTE, Francisco (5 65 63)
Berater: PAESMANS, Hubert (L 3 25 51)

1. Nachfragelenkung
Referatsleiter a.i.: DE VICENTE, Francisco
(5 65 63)
Stellvertretender Referatsleiter: PITKANEN,
R. (9 36 21)

2. Externe Übersetzung
Referatsleiter: MARTÍNEZ-GUILLÉN, Juan
José (6 27 10)
Stellvertretender Referatsleiter: AHREND,
Klaus (5 66 10)

3. Mehrsprachigkeit und
Terminologiekoordination
Referatsleiter: BONET HERAS, Josep
(L 3 47 59)
Stellvertretender Referatsleiter:
REICHLING, A. (L 3 23 35)

4. Evaluierung und Analyse
Referatsleiter a.i.: STOCKMANS, Dirk
(L 3 26 10)

3 Das Europäische Parlament (EP)

Rue Wiertz, **1047 Brüssel, Belgien**;
PA: BP 1047, 1047 Brüssel, Belgien;
Tel 00 32-2/2 84-21 11
bzw. 2 84-(+Durchwahl);
Fax 00 32-2/2 84-90 75/77
bzw. 2 84-(+Durchwahl);
http://www.europarl.eu.int

Centre Européen, Plateau du Kirchberg,
2929 Luxemburg, Luxemburg;
PA: BP 1601, 2929 Luxemburg, Luxemburg;
Tel 00 35-2/43 00-1
bzw. 43 00-(+Durchwahl);
Fax 00 35-2/43 00-2 92 92, 43 00-2 93 93,
43 00-2 94 94 bzw. 43 00-(+Durchwahl);

Allée du Printemps, **67070 Straßburg,
Frankreich**;
PA: BP 1024 F, 67070 Straßburg cedex,
Frankreich;
Tel 00 33-3/88 17-40 01
bzw. 88 17-(+Durchwahl);
Fax 00 33-3/88 25-65 01
bzw. 88 25-(+Durchwahl).

Informationsbüros des Europäischen Parlaments
http://www.europarl.eu.int/addresses/offices/default.htm

Athen
Leof. Amalias 8, 10557 Athen, Griechenland;
Tel 00 30 2-1 0/3 31 15 41-47;
Fax 00 30 2-1 0/3 31 15 40;
e-mail epathinai@europarl.eu.int
http://www.europarl.gr

Barcelona
Passeig de Gràcia, 90, 1a planta, 08008
Barcelona, Spanien;
Tel 00 34-93/2 72 20 44;
Fax 00 34-93/2 72 20 45;
e-mail epbarcelona@europarl.eu.int
http://www.europarl.es

Berlin
Unter den Linden 78, 10117 Berlin,
Deutschland;
Tel 00 49-30/22 80 10 00;
Fax 00 49-30/22 80 11 11;
e-mail epberlin@europarl.eu.int
http://www.europarl.de

Bratislava
Zupue námestie 12, 81103 Bratislava,
Slowakei;
Tel 00 42 1-2/54 64 11 67,
(00 42 1) 9 08 50 21 83 (mobil);
Fax 00 42 1-2/54 64 11 65;
e-mail epbratislava@europarl.eu.int

Brüssel
60, rue Wiertz, 1047 Brüssel, Belgien;
Tel 00 32-2/2 84 20 05;
Fax 00 32-2/2 30 75 55;
e-mail epbrussels@europarl.eu.int
http://www.europarl.eu.int/brussels

Budapest
Országház, Kossuth Lajos tr 1-3,
13 57 Budapest, Ungarn;
Tel 00 36-1/4 41 66 02;
Fax 00 36-1/4 41 66 03;
e-mail epbudapest@europarl.eu.int

Den Haag
Korte Vijverberg 6, 2513 AB Den Haag,
Niederlande;
Tel 00 31-70/3 62 49 41;
Fax 00 31-70/3 64 70 01;
e-mail epdenhaag@europarl.eu.int
http://www.europeesparlement.nl

Dublin
European Union House, 43 Molesworth
Street, Dublin 2, Irland;
Tel 00 35 3-1/6 05 79 00;
Fax 00 35 3-1/6 05 79 99;
e-mail epdublin@europarl.eu.int
http://www.europarl.ie

Edinburgh
The Tune, 4 Jackson's Entry, Holyrood Road,
Edinburgh EH8 8PJ, Großbritannien;
Tel 00 44-13 1/5 57 78 66;
Fax 00 44-13 1/5 57 49 77;
e-mail epedinburgh@europarl.eu.int
http://www.europarl.org.uk

Helsingfors
Norra esplanaden 31, 00131 Helsingfors,
Finnland;
Tel 00 35 8-9/6 22 04 50;
Fax 00 35 8-9/6 22 26 10;

Helsinki
Pohjoisesplanadi 31, 00131 Helsinki,
Finnland;
Tel 00 35 8-9/6 22 04 50;
Fax 00 35 8-9/6 22 26 10;
e-mail ephelsinki@europarl.eu.int
http://www.europarl.fi

Kopenhagen K
Christian IX's Gade 2, 2, 1111 Kopenhagen K,
Dänemark;
Tel 00 45/33 14 33 77;
Fax 00 45/33 15 08 05;
e-mail epkobenhavn@europarl.eu.int
http://www.europarl.dk

Lissabon
Centro Europeu Jean Monnet, Largo Jean
Monnet, 1-6, 1269-070 Lissabon, Portugal;
Tel 00 35 1-2 1/3 50 49 00;
Fax 00 35 1-2 1/3 54 00 04;
e-mail eplisboa@europarl.eu.int
http://www.parleurop.pt

Ljubljana
Trg republike 3, SL-1000 Ljubljana,
Slowenien;
Tel 00 38 6-1/4 26 98 87;
Fax 00 38 6-1/4 26 99 06;
e-mail epljubljana@europarl.eu.int
http://www.europarl.si

London
2 Queen Anne's Gate, London SW1H 9AA,
Großbritannien;
Tel 00 44-20/72 27 43 00;
Fax 00 44-20/72 27 43 02;
e-mail eplondon@europarl.eu.int
http://www.europarl.org.uk

Luxemburg
Bâtiment Robert Schuman, Place de l'Europe,
2929 Luxemburg, Luxemburg;
Tel 00 35-2/4 30 02 25 97;
Fax 00 35-2/4 30 02 24 57;
e-mail epluxembourg@europarl.eu.int

Madrid
Paseo de la Castellana, 46, 28046 Madrid,
Spanien;
Tel 00 34-91/4 36 47 47;
Fax 00 34-91/5 77 13 65,
5 78 31 71(Documentación);
e-mail epmadrid@europarl.eu.int
http://www.europarl.es

Mailand
Corso Magenta, 59, 20123 Mailand, Italien;
Tel 00 39-02/4 34 41 71;
Fax 00 39-02/4 34 41 75 00;
e-mail epmilano@europarl.eu.int
http://www.europarl.it

Marseille
2, rue Henri Barbusse,
13241 Marseille cedex 01, Frankreich;
Tel 00 33-4/91 91 46 00;
Fax 00 33-4/91 90 95 03;
e-mail epmarseille@europarl.eu.int
http://www.europarl.eu.int/marseille

München
Erhardtstraße 27, 80331 München,
Deutschland;
Tel 00 49-89/20 20 87 90;
Fax 00 49-89/2 02 08 79 73;
e-mail epmuenchen@europarl.eu.int
http://www.europarl.de

Nikosia
5A Demophoontos Str., 1683 Nikosia,
Zypern;
Tel 00 35-7/22 46 06 94;
Fax 00 35-7/22 76 77 33;
e-mail epnicosia@europarl.eu.int
http://www.europarl.eu.int/nicosia

Paris
288, boulevard St. Germain,
75341 Paris cedex 07, Frankreich;
Tel 00 33-1/40 63 40 00;
Fax 00 33-1/45 51 52 53;
e-mail epparis@europarl.eu.int
http://www.europarl.eu.int/paris

Prag
Rytířska 31, 11000 Prag, Tschechien;
Tel 00 42-0/2 21 61 91 27;
Fax 00 42-0/2 21 61 01 28;
e-mail eppraha@europarl.eu.int

Riga
Basteja Boulevard 14, 1050 Riga, Lettland;
Tel 00 37-1/7 22 51 77;
Fax 00 37-1/7 22 30 63;
e-mail epriga@europarl.eu.int
http://www.europarl.lv

Rom
Via IV Novembre, 149, 00187 Rom, Italien;
Tel 00 39-06/69 95 01;
Fax 00 39-06/69 95 02 00;
e-mail eproma@europarl.eu.int

Stockholm
Nybrogatan 11, 3 tr, 114 39 Stockholm,
Schweden;
Tel 00 46-8/56 24 44 55;
Fax 00 46-8/56 24 44 99;
e-mail info@europarl.se
http://www.europarl.se

Straßburg
Bâtiment Louise Weiss, Allée du Printemps,
67070 Straßburg cedex, Frankreich;

Tel 00 33-3/88 17 40 01;
Fax 00 33-3/88 17 51 84;
e-mail epstrasbourg@europarl.eu.int

Tallin
Swiss House, Roosikrantsi 11, 10119 Tallin, Estland;
Tel 00 37-2/6 67 63 20;
Fax 00 37-2/6 67 63 22;
e-mail eptallin@europarl.eu.int

Valletta
280 Republic Street, Valletta VLT 04, Malta;
Tel 00 35-6/21 23 50 75;
Fax 00 35-6/21 22 75 80;
e-mail epvalletta@europarl.eu.int

Vilnius
Naugarduko 10, 2001 Vilnius, Litauen;
Tel 00 37-0/52 61 92 20;
Fax 00 37-0/52 61 98 28;
e-mail epvilnius@europarl.eu.int

Warschau
c/o Warszawskie Centrum Finansowe, Ulica Emilii Plater 53, 19 pitro, 00113 Warschau, Polen;
Tel 00 48-22/5 20 66 55;
Fax 00 48-22/5 20 66 59;
e-mail epwarszawa@europarl.eu.int

Wien
Kärntner Ring 5-7, 1010 Wien, Österreich;
Tel 00 43-1/51 61 70;
Fax 00 43-1/5 13 25 15;
e-mail epwien@europarl.eu.int
http://www.europarl.at

3.1 Rechtsgrundlage und Zuständigkeiten

Das Europäische Parlament ist entstanden aus der »Versammlung« die mit den Gründungsverträgen der damals drei Europäischen Gemeinschaften eingesetzt wurde. Nach Artikel 1 ff. des Abkommens über gemeinsame Organe für die Europäischen Gemeinschaften vom 25. 3. 1957 trat mit Wirkung vom 1. 1. 1958 eine gemeinsame »Versammlung« an die Stelle der drei unabhängigen Institutionen. Die gemeinsame Versammlung, die aus 142 von den damals sechs Mitgliedstaaten ernannten Abgeordneten bestand, trat erstmals im März 1958 zusammen.

Zum »Europäischen Parlament« wurde die Versammlung aufgrund eines Beschlusses des Ministerrats vom 20. 9. 1976. Die erste Direktwahl fand im Juni 1979 statt; die Zahl der in den damals neun Mitgliedstaaten gewählten Abgeordneten betrug 410.

Mit der schrittweisen Erweiterung der EU hat sich auch die Zahl der Abgeordneten auf nunmehr 732 erhöht. Der größte Mitgliedstaat (Deutschland) stellt 99 Abgeordnete, die nächstgrößten Mitgliedstaaten (Frankreich, Italien und das Vereinigte Königreich) stellen jeweils 78 Abgeordnete; Spanien und Polen stellen jeweils 54 Abgeordnete, die Niederlande 27, Belgien, Griechenland, Portugal, Tschechien und Ungarn jeweils 24 Abgeordnete, Schweden 19, Österreich 18, Dänemark, Finnland und die Slowakei jeweils 14, Irland und Litauen jeweils 13, Lettland 9, Slowenien 7, Estland, Luxemburg und Zypern jeweils 6 und Malte 5 Abgeordnete. Ab 2009 (also für die nächste Legislaturperiode) wird die Gesamtzahl der Abgeordneten und die Sitzverteilung zwischen den einzelnen Mitgliedstaaten durch einstimmigen Beschluss des Europäischen Rates festgelegt. Nach dem Verfassungsvertrag darf diese Zahl die Obergrenze von 750 Abgeordneten nicht überschreiten.

Die Stellung des Europäischen Parlaments im institutionellen Gefüge wurde seit der Einheitlichen Europäischen Akte schrittweise gestärkt. Es besitzt zwar nach wie vor keine den nationalen Parlamenten vergleichbaren vollständigen legislativen Befugnisse und vor allem auch kein Recht der Steuerfindung. Allerdings hat es inzwischen weitgehende Rechte:

– Das Parlament *wirkt an der Gesetzgebung der EU mit*. In den meisten Bereichen gilt nunmehr das »Verfahren der Mitentscheidung«; in den meisten anderen Bereichen ist vor einer endgültigen Entscheidung des Rates zumindest die Stellungnahme des

Parlaments einzuholen. Nach dem »Verfahren der Zusammenarbeit« erlassen Parlament und Rat Gesetze (in Form von Richtlinien oder Verordnungen) auf Vorschlag der Kommission gemeinsam in zwei Lesungen (eventuell gefolgt von einem Vermittlungsverfahren, siehe dazu näher oben unter I. 9).
- Erhebliche Mitentscheidungsbefugnisse hat das EP auch im Bereich des Haushalts. Parlament und Rat bilden seit 1975 zusammen die sog. *Haushaltsbehörde*, die den Haushalt aufstellt. Bezüglich der sog. »nichtobligatorischen Ausgaben« (d. h. solcher Ausgaben, die nicht aufgrund der Verträge oder darauf gestützter Rechtsvorschriften zwingend feststehen) hat das EP dabei einen erheblichen eigenen Gestaltungsspielraum, den es zunehmend auch auf die sog. »obligatorischen Ausgaben« (vor allem die Agrarausgaben, die knapp 50% der Gesamtausgaben darstellen) auszudehnen versucht. Mit der Interinstitutionellen Vereinbarung vom 6. 5. 1993 (ABl. Nr. C 172/1) haben sich EP, Rat und Kommission über ein Verfahren zur einvernehmlichen Klassifizierung von Angaben als obligatorisch oder nichtobligatorisch verständigt.
Wie bisher erst einmal (für den Haushalt 1980) geschehen, kann das EP einen Haushaltsentwurf des Rates insgesamt ablehnen und diesen so zwingen, einen neuen Entwurf vorzulegen. Haben sich EP und Rat nach dem Verfahren der Zusammenarbeit auf den Haushalt geeinigt, ist es der Präsident des EP, der ihn mit seiner Unterschrift förmlich feststellt und damit das Haushaltsverfahren abschließt (vgl. dazu näher oben unter I. 10).
- Das EP *kontrolliert die Kommission und den Rat*. Als neues Instrument hat der Vertrag über die Europäische Union dazu dem EP das Recht zur Einsetzung von nichtständigen Untersuchungsausschüssen eingeräumt (Art. 193 EG-Vertrag). Untersuchungsausschüsse können auf Antrag eines Viertels der Abgeordneten eingesetzt werden. Sie haben einen zeitlich begrenzten Auftrag, behauptete Verstöße gegen das Gemeinschaftsrecht oder Missstände bei der Anwendung desselben zu prüfen. Die Einzelheiten der Ausübung des Untersuchungsrechts sind in einem gemeinsamen Beschluss von Parlament, Rat und Kommission vom 19. 4. 1995 (ABl. Nr. 113/95) geregelt. Mit der Möglichkeit der Einsetzung eines Bürgerbeauftragten (Art. 195 EG-Vertrag), der dem EP jährlich einen Bericht über die Ergebnisse seiner Untersuchung der Beschwerden von Unionsbürgern vorlegen muss, sind die Kontrollbefugnisse zusätzlich gestärkt worden. Die Aufgaben des Bürgerbeauftragten sind in einem Beschluss des EP vom 9. 3. 1994 (ABl. Nr. L 113/94) näher geregelt.
Politisch für die Kontrollfunktion des EP bisher am wichtigsten ist das Verfahren der Entlastung zur Durchführung des Haushaltsplans (Art. 276 EG-Vertrag). Die zunehmende Verschiebung derartiger Beschlüsse zur Erzwingung der Umsetzung der Entlastungsempfehlungen des EP durch die Kommission hat sich als wirkungsvolles Instrument erwiesen.
Das EP spielt eine maßgebliche Rolle bei der Ernennung der Kommission, wie es bei der Ernennung der derzeitigen Kommission eindrucksvoll bestätigt hat, indem es die Mitgliedstaaten und den designierten Kommissionspräsidenten zu einer Nachbenennung neuer Kommissionsmitglieder bzw. einer neuen Ressortverteilung gezwungen hat. Der von den Mitgliedstaaten designierte Präsident der Kommission und die weiteren Kommissionsmitglieder können ohne die Zustimmung des Parlaments nicht ernannt werden. Nach dem Vorbild des amerikanischen Kongress führt das Parlament Anhörungen der Kandidaten durch, bevor es ihrer Ernennung zustimmt. Daneben hat das EP die Möglichkeit, bei Vorliegen gewichtiger politischer Gründe einen Misstrauensantrag gegen die Kommission (gegen das Kollegium, nicht gegen ein einzelnes Kommissionsmitglied) einzubringen. Derartige Misstrauensanträ-

ge hat es im Lauf der letzten Jahre mehrfach gegeben, jedoch hat keiner von ihnen die erforderliche qualifizierte Mehrheit (absolute Mehrheit der Mitglieder des Parlaments und zwei Drittel der abgegebenen Stimmen) erhalten. Jedoch hat im März 1999 allein die Drohung mit einem Misstrauensvotum ausgereicht, die Kommission unter Jacques Santer geschlossen zum Rücktritt zu veranlassen.

Allgemein übt das EP die Kontrolle der Exekutive durch die Prüfung der Monats- und Jahresberichte aus, die die Kommission dem Parlament und seinen Ausschüssen vorlegt. Daneben können die Abgeordneten mündliche und schriftliche Anfragen an die Kommission und den Rat richten. Davon macht das Parlament reichlich Gebrauch (mehr als 5.000 Anfragen pro Jahr). Die Anfragen und die Antworten werden im Amtsblatt der EG veröffentlicht.

Am 5. 7. 2000 haben das EP und die Kommission ein Rahmenabkommen über die Beziehungen zwischen beiden Institutionen abgeschlossen. Es regelt insbesondere die Übermittlung von Informationen im Rahmen des Gesetzgebungs- und des Haushaltsverfahrens (vor allem im jährlichen Entlastungsverfahren).

3.2 Organisation und Arbeitsweise

3.2.1 Allgemeine Darstellung

Das Europäische Parlament ist die einzige Institution der Europäischen Union, die öffentlich tagt und berät. Die Entschließungen, Stellungnahmen und Debatten des Parlaments werden im Amtsblatt der Europäischen Gemeinschaften veröffentlicht.

Die Arbeiten des Europäischen Parlaments werden von seinem *Präsidenten* geleitet, der von 14 Vizepräsidenten unterstützt wird. Er leitet die Sitzungen des Plenums, des Präsidiums und der Konferenz der Präsidenten. Der Präsident vertritt das Parlament nach außen.

Der Präsident und die 14 Vizepräsidenten bilden zusammen das *Präsidium* im engeren Sinn. Das Präsidium ist das administrative Leitungsorgan des EP, das zuständig ist für den Haushalt sowie für Personal- und Organisationsfragen. Dem Präsidium im weiteren Sinn gehören außerdem fünf *Quästoren* an, die nur beratende Funktion haben und mit administrativen und finanziellen Aufgaben betraut sind, die die Abgeordneten unmittelbar betreffen. Bei Beschlüssen des Präsidiums gibt im Fall der Stimmengleichheit die Stimme des Präsidenten den Ausschlag.

Die *Konferenz der Präsidenten* ist das politische Leitungsorgan des EP. Ihr gehören der Präsident des Parlaments und die Vorsitzenden der Fraktionen an. Sie beschließt über die Arbeitsorganisation des Parlaments sowie über die Fragen im Zusammenhang mit der Planung der Gesetzgebung. Weiter ist sie für Fragen im Zusammenhang mit den Beziehungen zu den anderen Organen und Institutionen der EU sowie zu den nationalen Parlamenten der Mitgliedstaaten und die Beziehungen zu Drittländern zuständig. Die Konferenz der Präsidenten beschließt die Tagesordnung für die Plenarsitzungen des Parlaments. Außerdem ist sie zuständig für die Zusammensetzung und die Kompetenz der Ausschüsse, der nichtständigen Untersuchungsausschüsse sowie der gemischten parlamentarischen Ausschüsse, der ständigen und der ad-hoc-Delegationen. Die Konferenz der Präsidenten ist schließlich zuständig für die Genehmigung zur Ausarbeitung von Initiativberichten.

Weitere Gremien sind die *Konferenz der Ausschussvorsitzenden*, der die Vorsitzenden aller ständigen und nicht-ständigen Ausschüsse angehören, sowie die *Konferenz der Delegationsvorsitzenden*, die aus den Vorsitzenden aller ständigen interparlamentarischen Delegationen angehören. Beide Konferenzen können der Konferenz der Präsidenten Vorschläge für die Arbeit der Ausschüsse bzw. der Delegation unterbreiten.

Die Verwaltungsaufgaben des Parlaments werden von einem Generalsekretariat mit Sitz in Luxemburg wahrgenommen, das circa 3 500 Bedienstete hat und in sieben Generaldirektionen sowie zwei Querschnittsdienste gegliedert ist.

Die parlamentarische Arbeit vollzieht sich in 12 *Plenartagungen*, einschließlich der Haushaltstagungen, die in Straßburg stattfinden; zusätzliche Plenartagungen finden in Brüssel statt. Die Plenartagungen werden vorbereitet in 20 ständigen Ausschüssen und einem nichtständige Ausschuss, die jeweils für einen bestimmten Bereich der Gemeinschaftspolitik zuständig sind. Die Ausschüsse tagen zwei Wochen pro Monat in Brüssel. Sie führen, soweit sie dies für nützlich halten, öffentliche Anhörungen durch, bei denen Sachverständige die erforderliche Sachkenntnis vermitteln sollen.

Die parlamentarische Arbeit verläuft in der Regel wie folgt: Der zuständige Ausschuss wählt einen Berichterstatter und beauftragt diesen, einen Bericht zu dem jeweiligen Thema (z. B. einen Gesetzgebungsvorschlag der Kommission) auszuarbeiten. Dieser Bericht wird in dem zuständigen Ausschuss beraten, nachdem gegebenenfalls mitbetroffene Ausschüsse Gelegenheit zur Äußerung erhalten haben. Nach Abschluss der Aussprache und Abstimmung im federführenden Ausschuss wird der Bericht in der letztlich beschlossenen Fassung zum Gegenstand einer Debatte im Plenum. Erst durch die Abstimmung in der Plenarsitzung legt das EP seinen Standpunkt definitiv fest.

Daneben bildet das Parlament auf Antrag eines Viertels seiner Mitglieder nicht-ständige Untersuchungsausschüsse, die behauptete Verstöße gegen das Gemeinschaftsrecht oder Missstände bei der Anwendung des Gemeinschaftsrechts prüfen. Die Ausübung des Untersuchungsrechts ist EP näher geregelt in einem Beschluss des EP, des Rats und der Kommission vom 6. 3. 1995 (ABl. Nr. L 78).

Die Willensbildung der Abgeordneten vollzieht sich im wesentlichen innerhalb der *Fraktionen*. Die Mindestzahl von Abgeordneten, die zur Bildung einer Fraktion erforderlich ist, beträgt 29, wenn sie alle aus einem Mitgliedstaat stammen; sie beträgt 23 Abgeordnete, wenn sie aus zwei Mitgliedstaaten stammen und 18, wenn sie aus mindestens drei Mitglied-

staaten stammen. Im Europäischen Parlament gibt es derzeit sieben Fraktionen sowie die Gruppe der Fraktionslosen (s. unten unter 3.2.4.1).

An der Spitze der Fraktion steht das *Fraktionspräsidium*, das für die laufenden Angelegenheiten zuständig ist. Das Präsidium wird unterstützt vom Fraktionsvorstand. Die parlamentarische Arbeit der Fraktion wird in Arbeitskreisen koordiniert, die jeweils die Kompetenzbereiche von mehreren ihnen zugeordneten Parlamentsausschüssen umfassen und während jeder Fraktionssitzungswoche zusammentreten. Die derselben Fraktion angehörenden Mitglieder eines Parlamentsausschusses bilden unter dem Vorsitz des zuständigen Obmanns eine Arbeitsgruppe, in der Arbeiten für den Ausschuss fraktionsintern abgestimmt werden.

3.2.2 Das Generalsekretariat des Europäischen Parlaments

Kabinett des Präsidenten
Generaldirektor: VERGER, Christine
(B 46 61)
Direktor des Kabinetts: AGUIRIANO NALDA, Luis Marco (B 30 36, S 24 33)
Kabinettchef: TORRELL, Ricard
(B 11 29, S 31 27)
Sprecher des Präsidenten: NANCY, Jacques
(B 24 85, S 40 82)
Presseattaché: KEARNS, Helen
(B 16 50, S 31 25)
Berater: SAMPER, Ignacio (B 48 95, S 24 27)
Beraterin: OBERHAUSER, Susanne
(B 14 15, S 48 37)
Berater: DRAGONI, Doriano
(B 35 18, S 37 63)
Berater: COSTELLO, Patrick
(B 11 37, S 39 99)
Verwaltungsrätin: SENK, Daniela
(B 10 33, S 31 24)
Berater: MIGO, Monika (B 30 35, S 44 12)
Beraterin: FAY, Ester (B 10 52, S 43 53)
Generalsekretär: PRIESTLEY, Julian
(L 2 24 83, B 26 13, S 45 31)

Kabinett des Generalsekretärs
Direktor des Kabinetts: STRATIGAKIS,
Constantin (L 2 28 74, B 39 28, S 45 51)
Berater: MASUR, Walter (B 26 98, S 50 36)
Berater: CLARK, Stephen
(L 2 25 02, B 32 81, S 43 99)
Berater: PITT, Janet
(L 2 31 96, B 45 21, S 41 65)

Dienststelle für die Beziehungen zu den Fraktionssekretariaten
Direktorin: RATTI, Olivia
(B 33 77, S 58 39)
Verwaltungsrat: BUGALHO, Eduardo
(B 24 66)

Juristischer Dienst
Direktor: PENNERA, Christian
(L 2 22 72, B 33 14, S 40 52)
Direktor: SCHOO, Johann
(L 2 24 39, B 39 43, S 70 07)
Rechtsberater: GARZÓN CLARIANA,
Gregorio (L 2 26 26, B 27 24, S 46 26)
Referatsleiter: BRADLEY, Kieran
(L 2 02 07, B 32 80, S 36 87)
Referatsleiter: DUINTJER TEBBENS, Harry
(L 2 02 07, B 37 37, S 33 85)
Referatsleiter: KRÜCK, Hans
(L 2 42 94, B 24 14, S 36 57)
Referatsleiter: PASSOS, Ricardo
(L 2 27 20, B 17 57, S 41 64)
Referatsleiter: PETERSHEIM, Didier
(L 2 36 08, B 63 02, S 36 08)
Referatsleiter: VON HERTZEN, Hannu
(L 2 23 30, B 39 74, S 70 39)
Abteilungsleiter (Jurist-Überprüfer):
HÉRVAS DEMPSTER, Fernando (B 62 07)
Hauptverwaltungsrat:
CAISOU-ROUSSEAU, Olivier
(L 2 01 03, S 45 50)
Hauptverwaltungsrat: DE WAECHTER, Jan
Frans (L 2 39 09, S 33 05)
Hauptverwaltungsrat: KARAMARCOS,
Christos (L 2 20 51, S 36 50)
Hauptverwaltungsrat: POILVACHE,
Francois (B 62 30, S 49 48)
Hauptverwaltungsrat: RICCI, Guido
(B 62 31, S 36 49)

Verwaltungsrat: LORENZ, Norbert
(L 2 03 64, S 36 50)
Verwaltungsrat: BAAS, Aùke
(B 23 69, S 24 18)
Verwaltungsrat: CAIOLA, Antonio
(L 2 48 18, S 29 06)
Verwaltungsrätin: ECKER, Monique
(L 2 43 48, S 49 48)
Verwaltungsrätin: GÓMEZ-LEAL, María
(B 32 09, S 36 49)
Verwaltungsrätin: CASTILLO DEL
CARPIO, Carmen
(B 05 38, S 29 06)
Verwaltungsrätin: KNUDSEN, Lisbeth
(L 2 40 66, S 33 05)
Verwaltungsrat: MOORE, Matthew
(B 65 94, S 33 06)
Verwaltungsrat: BENCOMO WEBER,
Adalberto
(L 2 37 01, S 33 05)
Verwaltungsrat: NEERGAARD, Anders
(B 39 70, S 33 06)
Verwaltungsrat: TROUPIOTIS, Athanassios
(B 32 54, S 33 07)
Verwaltungsrätin: WALDHERR, Evelyn
(B 23 45, S 36 11)
Verwaltungsreferendar: MOORE, Dominique
(B 06 25, S 36 50)
Verwaltungsreferendar: RÖSSLEIN, Ulrich
(B 26 18, S 33 07)

GENERALDIREKTION I:
Präsidentschaft
Stellv. Generalsekretär: RØMER, Harald
(L 2 25 53, B 30 28, S 48 84)

Zentralsekretariat
Abteilungsleiter: N. N. (L 1)

Direktion A:
Präsidialdienst
Direktorin: VERGER, Christine
(B 46 61)

Abteilung Sekretariat des Präsidiums, der
Konferenz der Präsidenten und der Quästoren
Abteilungsleiter: KYST, Hans Peder
(L 2 28 89, B 22 81, S 28 89)

Hauptverwaltungsrat: CALINOGLOU,
Neophytos (B 36 37, S 70 04)
Hauptverwaltungsrätin: DEAN, Margaret
(B 27 42, S 39 96)
Hauptverwaltungsrätin: LINNUS, Leena
Maria (B 28 25, S 67 75)
Verwaltungsrat: HUBER, Andreas
(B 24 18, S 25 72)
Verwaltungsrat: PRODE, Patrizia
(B 35 10, S 40 02)

Protokolldienst
Abteilungsleiter: BRUNAGEL, François
(B 28 86, S 41 66)
Verwaltungsrat: O'NEILL, Niall
(B 39 44, S 40 06)

Abteilung Sicherheitsdienst
Abteilungsleiter: CONDOMINES
BERAUD, Jonas (B 60 33, B 60 33, S 60 33)
Hauptverwaltungsrat: CAROZZA, Elio
(B 09 36, S 40 06)
Verwaltungsrat: HEYMANS, Pascal (B 10 60)
Verwaltungsrat: IDE-KOSTIC, Peter
(S 29 10)
Verwaltungsrat: THOMANN, Mathieu
(B 37 73, S 20 59)

Dienststelle „Amtliche Post"
Hauptverwaltungsrat: CLAUSEN, Svend
Leon (L 2 28 15, B 45 45, S 25 18)

Direktion B:
Plenarsitzung
Direktorin: STENSBALLE, Birgitte
(L 2 28 47, B 40 65, S 45 05)

Organisation und Ablauf der Tagungen
Hauptverwaltungsrätin:
GALLEGO PERONA, Emilia
(L 2 22 16, B 40 61, S 46 79)
Verwaltungsrat: PEYRÓ LLOPIS, Francisco
(L 2 11 37, B 40 63, S 46 79)
Verwaltungsrat: SCOTT, Philip
(L 2 43 63, B 40 64, S 45 05)
Verwaltungsrätin: INSON, Caroline
(B 36 03)

Abteilung Plenarsitzungsakte
Abteilungsleiter: DE BUYST, Robert
(L 2 34 07, S 40 24)

Stellv. Abteilungsleiter: BANDIERI, Carlo
(L 2 22 96, B 40 20, S 25 29)

Abteilung Tätigkeit der Abgeordneten
Abteilungsleiter: CORREA, João
(L 2 22 89, B 40 27, S 47 97)
Verwaltungsrat: MANNELLI, Lorenzo
(B 24 35, S 40 13)

Abteilung Planung und Koordinierung der
parlamentarischen Arbeit
Abteilungsleiter:
SÁNCHEZ RODRÍGUEZ, Gabriel
(B 36 51, S 47 77)
Verwaltungsrat: URBIETA GANDIAGA,
Juan (B 23 53, S 20 54)

Direktion C:
Tabling Office
Direktor: PORTA FRIGERI, Vittorio
(L 2 20 35, B 36 61, S 46 18)

Tabling Desk
Abteilungsleiter: DUNSTAN, Paul
(L 2 25 32, B 40 64, S 45 05)
Verwaltungsrat: SALMINEN, Aino
(L 2 43 61, B 42 27, S 20 14)
Verwaltungsrat: WICKER, Steven
(B 24 20, S 41 21)

Überprüfung der Texte
Abteilungsleiter: DUDZINSKA, Eva
(L 2 34 47, B 40 20, S 25 29)
Stellvertretender Abteilungsleiter: TUCKER,
Anne (L 2 48 77, S 29 72)

Zentralsekretariat
LEMMENS, Alexander
(L 2 34 36, B 40 37, S 25 23)
STEFANSSON, Kristina
(L 2 70 05, B 42 33)
KNUDSEN, Kristian, Koordinator der
Gruppe A (Sektionen CS, DA, EN, FR, LT,
LV, NL, PL, SK, SV)
(L 2 31 97, B 17 31, S 41 38)

Dänische Sektion
KRISTENSEN, Peter (L 2 30 11, S 43 10)
RYOM, Steffen (B 40 24)
SPANGGAARD, Brigitte (B 65 59, S 36 98)

Deutsche Sektion
KALB, Inke (B 30 90, S 44 67)
REIFENRATH, Philipp (B 40 13, S 38 14)
WEBER, Thomas (B 40 35, S 38 14)

Englische Sektion
BENN, James Hamilton (B 40 16, S 43 30)
DAVIS, Jeffrey (B 06 64, S 38 06)
DUMBLETON, Katherine (B 11 69, S 38 06)
LESIRE, Joyce (L 2 47 20)
WILKINSON, Rupert (B 40 39, S 43 30)

Estnische Sektion
KALAUS, Martti (B 17 29, S 49 67)
MILT, Kristina (B 17 27, S 23 77)
PARIS, Kadri (B 17 55)

Finnische Sektion
AULAMO, Pekka (L 2 27 36, S 23 76)
ERIKSSON, Eeva (B 20 33)
RAUTIAINEN-MURIAS, Sointu
(L 2 28 66, S 23 78)

Französische Sektion
DEBROUX, Xavier (B 07 08, S 47 88)
DELASNERIE, Alix (B 07 07, S 47 88)
JACOBS, Michel (B 46 25, S 46 57)
MEUNIER, Vincent (B 37 26, S 46 57)

Griechische Sektion
CHRISTODOULOU, Perikles
(B 14 20, S 38 03)
MAGNIS, Vasilis, (Sektionen ES, GR, LT,
LV, NL, PL, PT) (B 62 06, S 47 48)
TSILONI, Nadja (B 06 59, S 38 03)
VLASTARA, Eleana (B 40 09, S 49 10)

Italienische Sektion
BUSON, Ornella (L 2 44 18, S 58 27)
FORSINGDAL, Luisa (L 2 34 22, S 38 23)
MARTINELLO, Barbara (B 14 23, S 38 23)
PANIZZA, Roberta (B 14 33)

Lettische Sektion
BRIZGO, Maris (B 14 79)
GATAVS, Laura (B 17 54, S 38 38)
PARFJONOVA, Anna (B 17 52)

Litauische Sektion
CERNIAUSKAITE, Dalia (L 2 50 10)
MACKEVICIUTE, Asta (B 13 94)
VASCEGA, Marius (B 17 48, S 38 34)

Maltesische Sektion
ATTARD, Lucienne (B 07 26, S 25 19)
DALLI, Hubert (B 17 20, S 32 03)

Niederländische Sektion
CORTHOUT, Sven (B 40 17, S 48 81)
DENEYS, Lutgart (B 62 13, S 36 94)
SIFFERT, Jan (B 07 52, S 48 81)
VAN DE PEER, Patricia (B 40 37, S 36 94)

Polnische Sektion
DEMBOWSKI, Grzegorz (B 17 17, S 41 81)
RUDZIECKI, Michal (B 17 18, S 47 11)
SWIDRAK, Jacek Marek (B 17 19, S 41 81)
ZOLNIERCZYK, Dorota (B 06 65, S 47 11)

Portugiesische Sektion
CARVAHLO, Carla (B 40 25, S 48 49)
GONCALVES, Antonio (L 2 23 15, S 48 49)
MENDES BRANCO, Henrique
(B 40 26, S 40 88)
PIMENTA, Antonio (B 63 39, S 40 88)

Schwedische Sektion
FÖH, Kristina (B 42 23, S 23 75)
NORDANSKOG, Magnus (B 14 75)
NORMAN, Peter (B 13 66, S 24 58)
HEINEMANN, Ellen, Koordinator der
Gruppe B (Sektionen DE, GR, ES, Et, FI,
HU, IT MT, PT, SL),
(L 2 41 22, B 17 16, S 47 46)

Slowakische Sektion
CUNDERLIKOVA, Zuzana
(B 17 38, S 38 37)
MRAZIKOVA, Tatiana (B 17 39, S 38 37)
SOMOROVA, Miriam (B 17 25, S 25 15)
VAVRIK, Peter (B 17 26, S 38 36)

Slowenische Sektion
LUTAR, Vasja (B 17 24, S 49 49)
BALAZIC, Sabina (B 06 37)
ERBEZNIK, Anze (L 2 50 13)

Spanische Sektion
GONZALEZ HOLGUERA, José
(L 2 42 50, S 32 02)
NAVARRO, Juan (L 2 43 23, S 38 07)
RUBIO PELLUS, Natalia (L 2 42 35, S 32 02)
RUEDA BUESO, Amparo (B 40 18, S 38 07)

Tschechische Sektion
BOHAC, Libor (B 17 36, S 47 45)

GRMELOVA, Nicole (B 17 33, S 25 21)
PILAR, Radek (B 17 37)

Ungarische Sektion
BORZSAK, Levente (B 17 22)
LUKACSI, Tamas (B 17 14, S 57 31)
SZENTMARY, Kinga (B 17 15, S 29 19)
TAPASZTO, Szabolcs (B 17 21, S 29 18)

Entgegennahme und Weiterleitung von
Dokumenten (Kanzlei und Befassungen)
Abteilungsleiter: NATSCHERADETZ, Karl
(B 34 88, S 20 13)

**Direktion
Informationstechnologien**
Direktor: LORA-TONET, Pierre
(L 2 45 61, B 36 92, S 45 30)
Hauptverwaltungsrat: KOHNER, Michel
(L 2 20 20)

Dienststelle Haushalt und Finanzen
Hauptverwaltungsrat: BARBIN-VIEGAS,
Florence (L 2 28 34)

Abteilung Engineering und
Projektunterstützung
Abteilungsleiter: FACCHIN, Patrick
(L 2 45 00, B 45 00, S 45 00)
Verwaltungsrat: PARIDANS, Pascal
(L 2 30 80, B 30 80, S 30 80)
Verwaltungsrat: WEISSLINGER, Claude
(L 2 02 26, S 35 88)

Zentrale Aufgaben
Verwaltungsrat: KOHNER, Michel
(L 2 20 20)

Abteilung Management von
Informationsinfrastruktur und -technik
(MIIT)
Abteilungsleiter: JEGU, Pierre
(L 2 22 85, S 22 85)
Verwaltungsrat: ALTENHOVEN, Olivier
(L 2 03 70)
Verwaltungsrat: BENOÎT, Éric (L 2 49 10)
Verwaltungsrätin: PUCCIO, Antonella
(B 23 60)
Verwaltungsrat: SCHILT, Gilbert
(L 2 70 70, S 47 71)
Verwaltungsrat: VERHEYDEN, Claude
(L 2 40 49)

Verwaltungsreferendar: DAUTREMONT,
Michel (L 2 45 51, S 45 22)

Abteilung Unterstützung der Nutzung von
Informationstechnologien (UNIT)
Abteilungsleiter: BIANCHESSI, Pietro
(L 2 21 85)
Verwaltungsrat: MARIOTTI, Jean-Marc
(L 2 20 17, B 35 69)
Verwaltungsrat: NAEGEL, François
(B 24 49)
Verwaltungsrat: DE BECKER, Erik
(L 2 42 71, B 34 46, S 23 96)
Verwaltungsreferendar: OFFEREINS,
Wouter (B 25 23, S 36 80)

Abteilung Aufbau und Beherrschung von
Informationssystemen (ABIS)
Abteilungsleiter: KLOTZBÜCHER, Rainer
(L 2 21 45)
Hauptverwaltungsrat: PINTON, Ennio
(L 2 48 61)
Hauptverwaltungsrat: THORPE, Roland
(L 2 28 51)
Hauptverwaltungsrat: URQUARDT, Iain
(L 2 11 26)
Verwaltungsrätin: SARIDAKI, Alexandra
(L 2 27 02)
Verwaltungsrat: SORENSEN, Flemming
(B 14 29)
Verwaltungsrat: SPRENGER, Joachim
(L 2 70 38)

**GENERALDIREKTION
Interne Politikbereiche der Union**
Generaldirektor: WELLE, Klaus
(B 62 42, S 48 31)
Berater: DREXLER, Freddy
(B 36 20, S 40 56)

Administrative Koordinierung
Abteilungsleiter: COOLEGEM, Sjef
(B 28 48, S 70 01)

Büroautomatisierung und
Informationstechnologien
Verwaltungsrat: ESKELINEN, Juho
(B 22 67, S 43 03)

Direktion A:
Wirtschafts- und Wissenschaftspolitik
Direktorin: LEPOUTRE-DUMOULIN,
Thérèse (B 43 74, S 25 56)

Ausschuss für Beschäftigung
Abteilungsleiter: KONSTANTOPOULOS,
Panos (B 45 50, S 50 55)
Verwaltungsrätin: AULEHLA, Vanessa
(B 06 70)
Verwaltungsrätin: MARGARITOPOULOU,
Hélène (B 27 55, S 45 56)
Verwaltungsrätin: BALLON, Elke
(B 06 49, S 40 37)
Verwaltungsrat: PEREZ NAVAS, Juan
Carlos (B 28 15, S 26 16)
Verwaltungsrat: SAVA, Aurel (B 43 46)
Verwaltungsrätin: SMITH, Stella
(B 07 55, S 40 37)

Ausschuss für Wirtschaft und Währung
Abteilungsleiter: REPPLINGER, Karl-Peter
(B 22 35)
Verwaltungsrätin: AGATHONOS-MÄHR,
Bettina (B 21 53, S 33 31)
Verwaltungsrätin: MEYER, Suzanne
(B 31 01, S 25 80)
Verwaltungsrat: DRYDEN, John-Paul
(B 22 58, S 25 80)
Verwaltungsrätin: MUÑOZ CABEZÓN,
Amelia (B 14 50, S 49 50)
Verwaltungsrat: PUENTE PATTISON,
Miguel (B 34 40, S 49 68)
Verwaltungsrat: JEUDY, Bruno-Philippe
(B 10 65, S 33 28)
Verwaltungsrat: HAUPTMANN, Manica
(B 14 88, S 27 22)
Verwaltungsrat: LITZELMANN, Johannes
(B 22 19)

Ausschuss für Industrie
Abteilungsleiter: MARTÍN OAR, Luis
(B 36 29, S 70 69)
Verwaltungsrätin: CALATOZZOLO, Rita
(B 48 94, S 70 41)
Verwaltungsrätin: CARAVELIS, Georges
(B 35 02, S 45 29)
Verwaltungsrat: PEGAZZANO, Eric
(B 07 36, S 37 13)
Verwaltungsrat: HANSEN, Sune
(B 26 42, S 45 29)

Verwaltungsrat: ZOLLINO, Giuseppe
(B 20 32, S 45 38)
Verwaltungsrätin: KOWALD, Karoline
(B 30 93, S 50 49)
Verwaltungsrat: MAURIN DE FARINA,
Christian (B 27 87, S 30 41)
Verwaltungsrat: OREN, Gai (B 10 26)
Verwaltungsrätin: COSTA, Ana (B 20 44)

Ausschuss für Umweltfragen
Abteilungsleiterin: GONÇALVES, Maria
Conceição (B 37 06, S 43 17)
Abteilungsleiter: JACOBS, Francis
(B 26 95, S 22 41)
Verwaltungsrat: BLASZAUER, Jozsef
(B 06 09)
Verwaltungsrat: DEREGNAUCOURT, Guy
(B 46 03, S 43 22)
Verwaltungsrätin: KÖYKKÄ, Virpi
(B 62 22, S 21 04)
Verwaltungsrätin: MAGNANO, Sabina
(B 36 85, S 70 58)
Verwaltungsrätin: MALMROS, Christina
(B 62 29, S 25 86)
Verwaltungsrat: PFEIFER, Georg
(B 43 14, S 40 57)
Verwaltungsreferendarin: SCHULZE, Jutta
(B 26 15, S 25 86)
Verwaltungsrätin: SUNDBERG, Cecilia
(B 09 93, S 40 57)

Referat Wissenschafts-, Wirtschaftspolitik und
Qualität
Verwaltungsrat: DUBOIS, Roger-Marie
(B 33 56, S 46 60)
Verwaltungsrat: SOSA IUDICISSA, Marcelo
(B 17 76, S 26 45)
Verwaltungsrat: KARAPIPERIS, Theodoros
(B 38 12, S 25 79)
Verwaltungsrat: BÖHNE, Thomas (B 07 99)
Verwaltungsrätin: BURSI, Camilla (B 22 33)
Verwaltungsrat: CHLOUPKOVA, Jarka
(B 06 06)
Verwaltungsrat: MENEGHINI, Gianpaolo
(S 29 20)
Verwaltungsrätin: BAHR, Christine
(B 07 22, S 26 77)
Verwaltungsrätin: SILVEIRA DA CUNHA,
Patricia (B 30 69, S 37 89)

Ausschuss für Binnenmarkt
Abteilungsleiter: DUNNE, Joe
(B 24 91, S 41 92)
Verwaltungsrat: BRAY, Robert
(B 63 37, S 44 91)
Verwaltungsrätin: HOMOLOVA, Irena
(B 35 83, S 43 19)
Verwaltungsrat: JIMÉNEZ LOZANO,
Patricia (B 41 74, S 66 71)
Verwaltungsrat: RICHTER, Jochen
(B 07 94, S 24 88)

Direktion B:
Struktur- und Kohäsionspolitik
Direktor: OLIVARES MARTÍNEZ, Ismael
(B 32 97, S 43 16)

Ausschuss für Landwirtschaft und ländliche
Entwicklung
Abteilungsleiter: KALB, Gerhard
(B 36 55, S 21 38)
Verwaltungsrat: ADLER, Peter
(B 39 86, S 43 26)
Verwaltungsrat: BARAGIOLA, Patrick
(B 32 51, S 21 38)
Verwaltungsrat: MASSOT MARTI, Albert
(B 36 16, S 43 26)

Ausschuss für Fischerei
Abteilungsleiter: RODAS, Alberto
(B 35 14, S 44 05)
Verwaltungsrat: CLINTON, Peter
(B 28 08, S 70 02)
Verwaltungsrat: PARDO LOPEZ, Jésus
(B 36 75, S 70 02)
Verwaltungsrätin: CRESPO, Marilia
(B 37 02, S 42 73)
Verwaltungsrat: EVERS, Ronald
(B 30 14, S 42 73)

Ausschuss für regionale Entwicklung
Abteilungsleiter: REICH, Charles
(B 22 17, S 21 19)
Verwaltungsrat: CHOPIN, Christian
(B 29 20, S 49 70)
Verwaltungsrat: TOPPING, Michael
(B 39 60, S 70 16)
Verwaltungsrätin: HERCEGFALVI, Judit
(B 32 24, S 44 47)

Verwaltungsrat: LUTZ, Felix Alexander
(B 13 29, S 66 70)

Ausschuss für Verkehr und Fremdenverkehr
Abteilungsleiter: KASSNITZ, Ute
(B 42 69, S 43 55)
Verwaltungsrat: DARMIS, Ioannis
(B 38 16, S 70 53)
Verwaltungsrat: MEEHAN, Gérard
(L 2 29 16, B 25 46, S 26 75)
Verwaltungsrat: VERVLOET, Joseph
(L 2 41 16, B 47 32, S 40 41)
Verwaltungsrat: HAUCK, Hans-Joachim
(L 2 23 22, B 21 99)
Verwaltungsrat: DAMEN, Mario
(B 36 17, S 47 65)
Verwaltungsrat: PREAT, Jean
(B 07 53, S 47 65)

Ausschuss für Kultur und Bildung
Abteilungsleiter: BOUMANS, Étienne
(B 23 99, S 28 81)
Verwaltungsrätin: LEMANCZYK, Daika
(B 41 66, S 22 81)
Verwaltungsrat: PIANTINI, Marco
(B 06 12, S 28 80)
Verwaltungsrat: SALTER, Stephen
(B 27 72, S 28 81)
Verwaltungsrat: KEFALOPOULOU,
Artemissia (B 27 76, S 44 80)

Fachabteilung B - Struktur- und
Kohäsionspolitik
Berater: ANGELIDIS, Angel
(L 2 41 13, B 48 58, S 49 02)
Verwaltungsrätin: OLIVEIRA-GOUMAS,
Beatriz (B 29 36, S 30 62)
Veraltungsrätin: TROUVE-TEYCHENNE,
Odile (B 34 89, S 27 43)
Verwaltungsrat: IBORRA MARTÍN, Jesús
(B 45 66, S 41 42)
Verwaltungsrat: MACEDO, Goncalo
(B 13 61, S 58 25)

Direktion C:
Bürgerrechte und Verfassungsfragen
Direktor: LAPRAT, Gérard (B 37 57, S 50 52)

Ausschuss für bürgerliche Freiheiten, Justiz und Inneres
Abteilungsleiter: DE CAPITANI, Emilio
(B 35 08, S 40 22)
Verwaltungsrätin: BULTENA, Anje
(B 25 32, S 40 38)
Verwaltungsrätin: CASTAGNOLI, Christina
(B 35 20, S 50 70)
Verwaltungsrätin: HUBER, Katrin
(B 46 92, S 22 56)
Verwaltungsrat: MARTÍNEZ SÁNCHEZ, Ramón (B 20 24, S 25 77)
Verwaltungsrätin: PONDEVILLE, Fabienne
(B 48 48, S 27 52)
Verwaltungsrat: BUZATU, Razvan (B 14 02)
Verwaltungsrat: CAHEN, Antoine (B 06 60)
Verwaltungsrat: SUDOVA, Martina (B 14 76)

Ausschuss für Recht
Abteilungsleiter: MARTINEZ IGLESIAS, Maria José (B 31 50, S 40 54)
Verwaltungsrat: TELL CREMADES, Miguel
(B 24 33, S 43 19)
Verwaltungsrätin: KRETSCHMER, Elfriede
(B 05 17)
Verwaltungsrat: TYMOWSKI, Jan (B 20 59)

Ausschuss für konstitutionelle Fragen
Abteilungsleiter: SCHIFFAUER, Hans-Peter
(B 31 92, S 31 92)
Verwaltungsrat: LEONHARDT, Wolfgang
(B 24 78, S 21 09)
Verwaltungsrat: NÉMOZ-HERVENS, François (B 06 05, S 49 32)
Verwaltungsrat: PACHECO, José Luís
(B 34 54, S 49 32)
Verwaltungsrätin: BERDEN, Simona
(B 20 42)

Ausschuss für die Rechte der Frau und Chancengleichheit
Abteilungsleiterin: SVENNERSTAL, Elvy
(B 62 23, S 49 26)
Verwaltungsrat: GUZEVICIUTE, Gintare
(B 21 30)
Verwaltungsrat: MAMELI, Sandro (B 22 39)
Verwaltungsrat: VERDINS, Rudolfs (B 10 83)

Petitionsausschuss
Abteilungsleiter: LOWE, David
(B 39 65, S 42 78)

Verwaltungsrätin: CHIOTI, Karen
(L 2 31 81, S 50 53)
Verwaltungsrat: SOAVE, Piero
(B 33 78, S 50 83)
Verwaltungsrat: KUGI, Hannes (B 29 89)
Verwaltungsrat: TOMFORDE, Tina
(B 14 77)

Fachabteilung C: Bürgerrechte und Verfassungsfragen
Verwaltungsrat: ANTOINE-GRÉGOIRE, Jean-Louis (B 27 53, S 26 62)
Verwaltungsrat: BATTA, Denis
(B 10 89, S 26 62)
Verwaltungsrat: LEHMANN, Wilhelm
(L 2 35 88, B 27 11, S 26 53)
Verwaltungsrätin: RECHARD, Danièle
(B 37 30, S 29 91)
Verwaltungsrätin: APAP, Joanna (B 21 05)
Verwaltungsrat: WARASIN, Markus
(B 10 74)

**Direktion D:
Haushaltsfragen**

Dienststelle Unterstützung in Haushaltsfragen
Verwaltungsrätin: VITREY, Anne
(B 47 05, S 70 72)
Verwaltungsrat: WERNER, Helmut
(B 37 50, S 26 68)

Haushaltsausschuss
Abteilungsleiterin: FIALHO, Maria
(B 35 24, S 70 73)
Verwaltungsrat: BUX, Udo (B 14 68, S 43 19)
Verwaltungsrätin: STRASSER, Monika
(B 06 23, S 25 30)
Verwaltungsrätin: JEDRZEJEWSKA, Sidonia
(B 20 16)
Verwaltungsrätin: OLLIKAINEN, Minna
(B 37 12, S 70 62)
Verwaltungsrätin: STRASSER, Monika
(B 06 23, S 25 30)
Verwaltungsrätin: WEST, Rebecca
(B 05 39, S 66 89)
Verwaltungsrat: WESTER, Richard
(B 24 32, S 20 67)

Ausschuss für Haushaltskontrolle
Abteilungsleiter: RUFAS QUINTANA, José Luis (B 39 56, S 49 16)

Verwaltungsrat: ADAMSEN, Bent
(B 37 07, S 43 90)
Verwaltungsrat: BRAWN, Roger
(B 20 96, S 41 94)
Verwaltungsrat: EHLERS, Christian
(B 33 79, S 22 57)
Verwaltungsrat: GHIATIS, Georgios
(B 22 16, S 45 48)
Verwaltungsrätin: TITTOR, Lotte (B 07 85)
Verwaltungsrat: JONES, Fabia
(B 12 80, S 22 86)

Direktion E:
Legislative Koordinierung und Vermittlung
Direktor: RIBERA D´ALCALA, Riccardo
(B 39 23, S 44 32)

Sekretariat Vermittlung
Verwaltungsrat: BAIER, Klaus
(B 48 73, S 43 69)
Verwaltungsrätin: DAVIES, Alison
(B 39 67, S 42 68)
Verwaltungsrat: TZIORKAS, Nikolaos
(B 23 41, S 43 57)

Legislative Koordinierung, Konferenz der Ausschussvorsitzenden
Abteilungsleiter: VANDENBOSCH, Els
(B 27 36, S 36 79)
Verwaltungsrätin: LEMPEREUR, Christine
(B 38 13, S 34 18)
Verwaltungsrätin: DE VICENTE, Raquel
(B 10 40, S 24 26)
Verwaltungsrat: CHIOCCHETTI, Alessandro (B 07 54, S 34 61)
Verwaltungsrätin: ZSILINSKY, Eszter
(B 33 00)

Direktion F:
Beziehungen zu den einzelnen Parlamenten
Direktor: JENSEN, Bo Manderup
(B 20 86, S 42 04)

Beziehungen zu den einzelstaatlichen Parlamenten
Verwaltungsrat: BARREAU, Alain
(B 23 83, S 24 52)
Verwaltungsrat: HOCHEL, Dionyz
(B 31 33, S 27 75)

Verwaltungsrätin: POPESCU-BLACK, Aneta (B 22 91, S 24 56)
Verwaltungsrat: MATEI, Ciprian (B 12 63)
Verwaltungsrat: SCHRÖDER, Maximilian
(B 22 50)
Verwaltungsrat: PERRONI, Francesco
(B 24 73, S 24 55)
Verwaltungsrat: BANKA, Tomasz
(B 14 84, S 66 69)

GENERALDIREKTION III:
Externe Politikbereiche
Generaldirektor: NICKEL, Dietmar
(B 27 59, S 40 79)

Allgemeine Koordinierung
Abteilungsleiter: DEMPSEY, Cliodhna
(B 37 15, S 40 47)

Direktion A:
Ausschüsse und multilaterale Gremien
Direktor: PERILLO, Ezio (B 63 36, S 43 87)

Ausschuss für auswärtige Angelegenheiten
Abteilungsleiter: HUBER, Christian
(B 17 56, S 40 59)
Verwaltungsrat: FERNANDEZ FERNANDEZ, José Javier (B 23 81, S 49 50)
Verwaltungsrätin: OPACIC, Rosemary
(B 24 98, S 22 34)
Verwaltungsrat: SOURANDER, Dag
(B 65 92, S 49 50)
Verwaltungsrat: STUTZMANN, Alexandre
(B 34 39, S 47 69)
Verwaltungsrätin: JARECKA-GOMEZ, Joanna (B 33 93, S 30 44)
Verwaltungsrat: RUPP, Michael
(B 20 78, S 70 03)

Ausschuss für Entwicklung
Abteilungsleiter: WOOD, Michael
(B 60 60, S 60 60)
Verwaltungsrat: VAN HECKEN, Guido
(B 37 40, S 46 80)
Verwaltungsrat: BASSOT, Etienne
(B 47 41, S 33 38)
Verwaltungsrat: HERZIG, Wolfgang
(B 65 48, S 70 56)
Verwaltungsrätin: MCLAUCHLAN, Anne
(B 13 27, S 41 05)

Verwaltungsrätin: CAPRILE, Anna
(B 25 50, S 41 80)

Ausschuss für internationalen Handel
Abteilungsleiter: CONDOMINES, Jonas
(B 07 31, S 39 04)
Verwaltungsrätin: ECKER, Judith (B 26 29)
Verwaltungsrätin: PRIBAZ, Donatella
(B 07 23, S 39 05)
Verwaltungsrat: CASTRO
ZUZUARREGUI, Pelayo (B 07 27)
Verwaltungsrätin: FINANA, Celia (B 10 84)

Wahlbeobachtung
Verwaltungsrat: DUCCI, Pietro
(B 66 56, S 24 91)

Menschenrechte
Verwaltungsrätin: SUBHAN, Andrea
(B 36 84, S 49 62)
Verwaltungsrätin: BAUSCH, Ursula
(B 25 84, S 22 36)

Direktion B:
Interparlamentarische Delegationen und fachspezifische Unterstützung
Direktor: SILVESTRO, Massimo
(L 2 29 02, B 29 79, S 27 58)

Interparlamentarische Delegationen –
Europäische Länder
Abteilungsleiter: HARRIS, Geoff
(B 36 08, S 20 20)
Hauptverwaltungsrat: OLSEN, Henrik
(B 27 79, S 44 77)
Verwaltungsrätin: MAZZI-ZISSIS, Sabina
(B 26 43, S 44 77)
Verwaltungsrat: BODEN, Timothy
(B 34 59, S 24 59)
Verwaltungsrätin: VON BETHLENFALVY, Daniela (B 33 73, S 34 40)

Interparlamentarische Delegationen –
Nichteuropäische Länder
Abteilungsleiter: QUEMENER, Daniel
(B 21 86, S 50 40)
Hauptverwaltungsrat: KRAUS,
Hans-Hermann (B 37 21, S 44 71)
Hauptverwaltungsrat: CHICCO, Carlo
(B 27 08, S 70 61)

Hauptverwaltungsrat: MARTÍNEZ
GUILLÉN, Luis (B 34 03, S 23 80)
Hauptverwaltungsrat: JACOB, Thierry
(B 22 77, S 25 32)

Fachabteilung – Auswärtige Beziehungen
Koordinator: ROSE, John Bryan
(B 27 40, S 49 17)
Hauptverwaltungsrat: PABST, Reinhart
(L 2 20 21, B 43 41)
Hauptverwaltungsrat: CAMENEN,
François-Xavier (L 2 21 07, B 48 54)
Hauptverwaltungsrat: MC AVOY, Robert
Francis (B 21 30)
Hauptverwaltungsrat: COMFORT, Antony
(L 2 21 67)
Hauptverwaltungsrat: LENSEN, Anton
(L 2 37 07, B 47 50)
Verwaltungsrat: NEVES, Pedro
(L 2 25 48, B 37 52)
Verwaltungsrat: EFTHYMIOU, Maria Elena
(L 2 24 01, B 45 20)
Verwaltungsrätin: KAUFFELD, Karin
(L 2 32 63)
Verwaltungsrat: BENEDEK, Marton
(B 06 72)

GENERALDIREKTION IV:
Information und Öffentlichkeitsarbeit
Generaldirektoinr: RATTI, Francesca
(L 2 21 88, B 39 21, S 39 13)
Berater: LANE, Nikolas (B 24 86, S 70 20)

Sekretariat Haushalt, EDV
Hauptverwaltungsrat: BRETNACHER,
Roger (B 18 75, S 28 88)

Humanressourcen
RAVACCHIOLI, Luigi
(L 2 37 03, B 47 52, S 51 88)

Planung - Agenda
LANVERT, Hélène (B 22 39, S 45 20)

Direktion A:
Medien
Direktor: LIBERATO, José Manuel
(B 44 37, S 70 32)
Berater: SOLARI, Saverio (B 34 53, S 20 86)

Dienststelle Pressesaal und Webpublishing
Hauptverwaltungsrat: DUCH GUILLOT, Jaime (B 30 00, S 40 82)

Redaktion - Verbreitung
FERNÁNDEZ-HERVÁS, Paula
(B 25 35, S 47 68)

Dänischer Sektor
JENSEN, Jens (B 25 30, S 47 13)

Deutscher Sektor
BECKERHOFF, Constanze
(B 43 02, S 37 80)

Englischer Sektor
FREEDMAN, Richard (B 14 48, S 37 85)

Estnischer Sektor
JALVI, Jana (B 12 50, S 47 94)

Finnischer Sektor
SIITONEN, Pia (B 14 98, S 36 12)

Französischer Sektor
GUTMANN, Fabienne (B 38 06, S 47 79)

Griechischer Sektor
SALLIARELIS, Nikos (B 20 17, S 40 76)

Italienischer Sektor
ROSSETTO, Frederico (B 09 55, S 41 33)

Lettischer Sektor
ARMANOVICA, Marika (B 10 56, S 46 51)

Litauischer Sektor
POGORILIS, Robertas (B 20 06, S 46 42)

Maltesischer Sektor
CORDINA, Corinne (B 10 82, S 45 88)

Niederländischer Sektor
DE PAEPE, Danny (B 25 31, S 36 05)

Polnischer Sektor
SANDERSKI, Andrzej (B 10 51, S 34 79)

Portugiesischer Sektor
NADKARNI, Isabel (B 21 86, S 58 25)

Schwedischer Sektor
JOURDE, Pernilla (B 34 11, S 34 20)

Spanischer Sektor
FERNANDEZ-HERVAS, Paula
(B 25 35, S 47 68)

Tschechischer Sektor
ZELINGER, David (B 48 99, S 34 77)

Ungarischer Sektor
PERGER, Istvan (B 09 24, S 44 85)

Abteilung Audiovisuelle Medien
Abteilungsleiterin: WACHTMEISTER, Anne-Margarete (B 07 13, S 45 82)
Verwaltungsrätin: ESPEJO VERDÚ, Elena
(B 29 21, S 20 23)
Planungsleiter: DEN HERTOG, Eugénie
(B 34 18, S 20 79)
Produktionsleiter: OROBITG ROSELLO, Antonio (B 39 75, S 24 49)
Leitender Ingenieur: MASSON, Philippe
(B 48 13, S 39 91)

**Direktion B:
Kommunikation**
Direktorin: LAHOUSSE, Juana
(L 2 28 93, B 34 79, S 70 50)

Dienststelle EUV-Programm für die Besucher der Europäischen Union
Verwaltungsrat: VAN KOOLWIJK, Eduardus (B 2 95-03 26, S 20 86)

Infopoint für die Öffentlichkeit
DE MUNTER, André (B 28 02)

Koordination der Informationsbüros
VAN HOOF, Johannes
(L 2 46 99, B 33 72, S 59 67)
D´AMBROGIO, Enrico (B 25 91, S 27 95)
KLEMENCIC, Nastja (B 46 42, S 44 22)

Informationsbüro Athen
Abteilungsleiter: KASIMATIS, George
(S 20 68)
Hauptverwaltungsrat: COCCALAS, Ioannis
(S 43 88)

Informationsbüro Berlin
Abteilungsleiter: LOEFFLER, Klaus (S 46 05)
Hauptverwaltungsrat: KUNZMANN, Bernd
(S 46 05)
Verwaltungsrätin: FUCHS-KOENIG, Anja
(S 46 05)
Verwaltungsreferendarin: LERCH, Monika
(S 46 05)

III Die Institutionen der EU   Tel B 00 32-2/2 84-21 11 · L 00 35-2/43 00-1 · S 00 33-3/88 17-40 01

Verwaltungsrat, Nebenstelle München:
PIPLAT, Frank (S 41 08)

Informationsbüro in Brüssel
Abteilungsleiter: THOMAS, Peter
(B 20 06, S 41 26)

Informationsbüro Kopenhagen
Abteilungsleiter: SØNDERGAARD, Søren
(S 57 67)
Hauptverwaltungsrat: HANSEN, Henrik Gerner (S 55 67)

Informationsbüro Dublin
Abteilungsleiter: O'BRIEN, James (S 41 02)

Informationsbüro Helsinki
Abteilungsleiter: HERKUEL, Kadi (S 23 49)

Informationsbüro Den Haag
Verwaltungsrat: VAN DER VAART, Sjerp
(S 56 96)

Informationsbüro Lissabon
Abteilungsleiter: SANDE, Paulo (S 42 51)

Informationsbüro London
Abteilungsleiter: SCOTT, William Dermot
(S 42 56)

Außenstelle Edingburgh
Abteilungsleiter: EDWARD, John (S 46 47)

Informationsbüro Luxemburg
Abteilungsleiterin: SCHUMACHER, Monique (L 2 25 96, S 45 96)

Informationsbüro Madrid
Abteilungsleiter: CARBAJO, Fernando
(S 47 37)
Verwaltungsrat, Außenstelle Barcelona: N. N.
(S 40 98)

Informationsbüro Paris
Abteilungsleiter: GIRAUD, Jean-Guy
(S 41 12)
Verwaltungsrätin, Außenstelle Marseille:
COUSTET, Isabelle (S 41 12)
Abteilungsleiter, Außenstelle Straßburg:
FRITZ, Jean-Jacques (S 44 99)

Informationsbüro Rom
Abteilungsleiter: SALIMBENI, Giovanni
(S 44 55)

Verwaltungsrätin, Außenstelle Mailand:
CAVENAGHI-SMITH, Maria Grazia
(S 22 55)

Informationsbüro Stockholm
Abteilungsleiter: KJELLSTROM, Björn
(S 23 90)

Informationsbüro Wien
Abteilungsleiter: HAJSEL, Robert (S 49 46)

Informationsbüro in Bratislava
Abteilungsleiter: HAJSEL, Robert (S 49 46)

Informationsbüro in Budapest
Abteilungsleiter: SZUCS, Gyorgyi (S 44 61)

Informationsbüro in Prag
Abteilungsleiter: N. N. (S 44 79)

Informationsbüro in Warschau
Abteilungsleiter: SAFUTA, Jacek (S 44 96)

Informationsbüro in Riga
Abteilungsleiter: GRANDINS, Maris
(S 45 14)

Informationsbüro in Tallin
Abteilungsleiter: HERKUEL, Kadi (S 45 18)

Informationsbüro in Vilnius
Abteilungsleiter: N. N. (S 45 12)

Informationsbüro in Valetta
Abteilungsleiter: GEORGIOU, Tasos
(S 45 68)

Informationsbüro in Ljubljana
Abteilungsleiter: ZUPANCIC, Mihaela
(S 44 66)

Informationsbüro in Nikosia
Abteilungsleiter: GEORGIOU, Tasos
(S 45 68)

Referat Besuchergruppen und Seminare
Referatsleiterin: MC AVOY, Helen
(B 21 03, S 44 39)
Bereich Deutschland: BEHMER, Joachim
(B 40 34, S 46 07)
Bereich Dänemark: JANTZEN, Anne Margrete (B 15 22, S 22 37)
Bereich Griechenland: KAILIS, Antonios
(B 42 90, S 22 63)
Bereich Spanien: RODRÍGUEZ, Juan
(B 09 32, S 42 48)

Bereich Frankreich: THOMAS, Jean-Claude
(B 27 18, S 40 84)
Bereich Portugal: CARVALHO, Daniela
(B 32 34, S 22 50)
Bereich Vereinigtes Königreich: FORDHAM,
John (B 38 41)
Bereich Österreich: KLAAS, Dirk
(B 34 94, S 38 59)
Bereich Schweden: PRIES, Olaf
(B 48 35, S 38 60)
Bereich Italien: SCRIMALI, Andrea
(B 43 66, S 40 81)
Bereich Finnland: OIKARINEN, Jarno
(B 43 11, S 40 77)
Bereich Niederlande: SCHNEIDER, Olaf
(B 09 38, S 38 61)

Referat für Bürgeranfragen
Referatsleiter: COUGNON, Jean-Louis
(L 2 39 40, S 48 16)

Direktion C:
Parlamentarische Dokumentation
Direktor: TOORNSTRA, Dirk
(B 21 38, S 56 85)

Bibliothek – Legislative Planung und
Unterstützung
BACKLUND, Sven (B 62 05, S 25 84)
REBRINA, Jan (B 05 34)
BAJTAY, Peter (B 60 86)
ERBACH, Gregor (B 22 59)
KUNGLE, Tarvo (B 21 75)

Bibliothek – Operationen
WATT, Iain (B 31 13, S 24 84)
LATEK, Marta (B 21 46)

GENERALDIREKTION V:
Personal
Generaldirektor: WILSON, Barry
(L 2 20 68, B 20 68, S 43 07)

Referat Haushaltskoordinierung
Referatsleiter: GORDON, Michael
(L 2 32 85, S 46 54)
Verwaltungsrätin: BABILON-HARRISON,
Gabriele (L 2 24 48)

Referat Datenverarbeitung
Hauptverwaltungsrat: POULLET, Pierre
(L 2 48 39, B 46 25, S 29 36)

Ärztlicher Dienst
COLANTONIO, Sandro (L 2 25 90, S 42 82)
DE WILDE, Harry (B 33 96, S 42 82)
DI PAOLANTONIO, Giampiero
(B 21 23, S 42 82)
ESCH-HAMACHER, Regina
(B 15 35, S 42 82)
VANDENITTE, Luc (L 2 25 92, S 42 82)

Dienststelle Rechtsfragen
Verwaltungsrat: NIELSEN, Poul Runge
(L 2 44 14)
Verwaltungsrätin: ROZENKRANZ,
Veronique (L 2 26 17)
Hauptverwaltungsrätin: PFUSCH, Caterina
(L 2 44 15)

Referat Schutz personenbezogener Daten
STEELE, Jonathan (L 2 48 64)

Direktion
Planung der Humanressourcen
Direktor: QUITIN, Yves
(L 2 01 16, B 35 12, S 22 87)

Dienststelle Chancengleichheit
Leiterin: BRIGNONE, Rosa Maria
(L 2 38 22)

Referat Interne Organisation und Planung der
Humanressourcen
Referatsleiter: N. N.
Verwaltungsrätin: KOENIG, Suzanne
(L 2 70 34)
Verwaltungsrat: PEDERSEN, Robert
(L 2 49 64, B 38 43, S 40 11)

Referat Auswahl- und Ausleseverfahren
Referatsleiterin: JANKOWITZ-PERES,
Gloria (L 2 38 04)
MÜLLER-RECK, Brigitte (L 2 43 54)

Referat Berufliche Fortbildung
Referatsleiterin: CHARRIOT, Martine
(L 2 29 08, B 20 62, S 26 28)
Verwaltungsrat, Dienststelle Sprachkurse:
MORGAN, Tom (L 2 41 01)

Hauptverwaltungsrat, Dienststelle IT-Kurse:
EVANS, Richard (L 2 20 61)
Hauptverwaltungsrätin, Dienststelle Humanressourcen: DE SIMONE DIEHL, Ildegarda (L 2 34 41, S 58 37)
Dienststelle Haushaltskoordinierung:
GRAFFIEDI, Hilde (L 2 28 03)
Dienststelle Berufliche Fortbildung in Brüssel:
MORO, Cecilia (B 32 85)

Abteilung Beziehungen zum Personal in Brüssel
Abteilungsleiter: BRUNETTI, Gianluca (B 28 46, S 28 46)
Abteilungsleiter: MANTZOURATOS, Andreas (B 13 55)

Direktion
Personalverwaltung
Direktorin: PITT, Janet
(L 2 31 96, B 45 21, S 41 65)

Dienststelle Risikovermeidung
Leiter: LOMMEL, André (L 2 45 21)

Referat Einstellungen und Dienstantritt
Referatsleiter: CRANFIELD, Mairéad
(L 2 25 19, B 39 14, S 49 28)

Referat Verwaltung der dienstrechtlichen Stellungen
Referatsleiter: ROSETTI, Alberto
(L 2 20 32, S 26 32)
KOUTSAKOU, Maria (L 2 37 47)

Referat Individuelle Rechte
Referatsleiter: KALENTZIS, Vassilios
(L 2 40 45)

Referat Abrechnungsstelle
Referatsleiter: HELL, Wolfdieter
(L 2 25 70)
DI LUCIA, Hervé (L 2 28 42)

Referat Soziale Angelegenheiten
Referatsleiterin: PUECH, Hélène
(L 2 45 16)
Hauptverwaltungsrat, Dienststelle Sozialversicherungen: WEIGEL, Hans-Jürgen
(L 2 48 48)
Hauptverwaltungsrätin, Soziale Dienste:
IVERSEN, Hannah Suzy (L 2 24 05)

Hauptverwaltungsrat, Kinderkrippe: VAN ARUM, Rinse Johannes (L 2 11 25)
Hauptverwaltungsrat, Dienststelle Unterstützung und soziale Präventivmaßnahmen:
CANDIDI, Gino (L 2 33 58)

GENERALDIREKTION VI:
Infrastrukturen und Dolmetschen
Generaldirektor: RIEFFEL, Nicolas-Pierre
(L 2 27 34, B 34 93, S 45 91)

Zentralsekretariat
Verwaltungsrat: GALATIOTO, Fabio
(L 2 34 23, B 13 10, S 25 25)

Verwaltung der Außenbüros
Abteilungsleiter: GLASS, Roger
(L 2 35 00, B 23 49, S 59 88)

Direktion
Gebäude
Direktor: GAVRIIL, Stavros
(L 2 22 78, B 39 05, S 56 89)
Rechtsberaterin: SCHAAL, Catherine
(B 13 70, S 21 06)

Abteilung Gebäudeverwaltung der Außenbüros
Abteilungsleiter: GLASS, Roger
(L 2 35 00, B 23 49, S 59 88)
Hauptverwaltungsrat, Rechtsangelegenheiten und Versicherungen: NYS, Luc (L 2 03 21)

Referat Verwaltung der Gebäude an den drei Arbeitsorten
Referatsleiter. QUINTELA, Diogo
Hauptverwaltungsrat, Brüssel:
PARTHOENS, Pierre (B 24 03, S 34 11)
Verwaltungsrat, Brüssel: EKER, Vedat
(B 24 01, S 28 49)
Verwaltungsrat, Brüssel: CONSORTI, Marco
(B 36 22, S 22 89)
Verwaltungsrat, Brüssel: LACROIX, Xavier
(B 13 52)
Verwaltungsrat, Brüssel: DE BACKER, Pascal (B 46 53)
Verwaltungsrat, Luxemburg: PESESSE, Olivier (L 2 45 27, S 34 12)
Verwaltungsrat, Luxemburg: LIPPERT, Bernd (L 2 51 54)

Verwaltungsrat, Straßburg: HOOGEWIJS, Stephane (S 70 74)
Verwaltungsrat, Straßburg: TENEZAKIS, Dimitrios (S 44 26)

Direktion
Infrastrukturen und Logistik
Direktor: GUILLEN ZANON, Angel
(L 2 24 86, B 40 80, S 44 97)
Berater: VENTUJOL, Philippe
(L 2 25 20, B 23 42, S 49 34)

Referat Ankäufe und Dienstleistungsverträge
Referatsleiter: DEMPSEY, Cliodhna
(L 2 39 13, B 21 26, S 70 23)
Hauptverwaltungsrätin: COERMAN, Joan
(L 2 31 36)

Referat Beförderung und Umzüge
Referatsleiter: WILS, Dieter
(L 2 28 14, B 39 41, S 46 84)
Hauptverwaltungsrat: BEETS, Joseph
(B 21 97, S 52 53)

Referat Konferenztechniker und Amtsboten
Referatsleiter: PEDERSEN, Robert
(L 2 49 64, B 46 15, S 40 11)
Hauptverwaltungsrat: LENSEN, Anton
(L 2 37 07, S 30 18)

Referat Möbelverwaltung
Referatsleiter: KATIFORIS, Dimitrios
(L 2 29 49, B 34 25, S 25 66)

Referat Möbelverwaltung
Referatsleiter: ALABART, Gonzalo
(L 2 40 74, B 23 95, S 26 74)

Direktion
Dolmetschen und Konferenzen, Interinstitutioneller Dienst
Direktorin: COSMIDOU, Olga
(L 2 28 92, B 34 33, S 34 33)
Verwaltung und Haushalt: MICHA, Lambert
(B 46 18, S 20 43)
– Sitzungen und Konferenzen, Organisation
Sprachberater: COLOMBO, Mario
(L 2 27 84, S 23 12)

– Dolmetschen-Erweiterung
Hauptdolmetscher: TWIDLE, Patrick
(B 46 36, S 46 73)

Dänische Dolmetscherabteilung
Leiter der Dolmetscherabteilung: HANSEN, Torben Bagge (B 24 44, S 24 44)

Deutsche Dolmetscherabteilung
Leiter der Dolmetscherabteilung: JIMENEZ MARIN, Juan Carlos (B 64 27, S 48 36)

Griechische Dolmetscherabteilung
Leiter der Dolmetscherabteilung:
MASTOROS, Konstantinos (B 34 82, S 22 93)

Englische Dolmetscherabteilung
Leiter der Dolmetscherabteilung: CLEARY, Kenneth (B 33 01, S 29 48)

Spanische Dolmetscherabteilung
Leiterin der Dolmetscherabteilung:
PRADOS TORREIRA, Dolores
(B 48 42, S 28 93)

Französische Dolmetscherabteilung
Leiterin de Dolmetscherabteilung:
WIDLUND-FANTINI, Anne-Marie
(B 34 04, S 27 23)

Italienische Dolmetscherabteilung
Leitrin der Dolmetscherabteilung: TROIAN, Marie-Claire (B 46 22, S 27 01)

Niederländische Dolmetscherabteilung
Leiterin der Dolmetscherabteilung: VAN LEEUWEN, Bernardus (B 21 12, S 20 45)

Portugiesische Dolmetscherabteilung
Leiterin der *Dolmetscherabteilung:* SILVA, Joaquina Rita (B 35 42, S 20 46)

Finnische Dolmetscherabteilung
Leiter der Dometscherabteilung:
MEHTO-DAHAN, Outi (B 27 19, S 22 46)

Schwedische Dolmetscherabteilung
Leiter der Dolmetscherabteilung: ABERG, Cecilia (B 34 35, S 22 81)

GENERALDIREKTION VII:
Übersetzung und Allgemeine Dienste
Generaldirektor: BOKANOWSKI, Gérard
(L 2 77 99, B 23 50, S 47 31)

Berater: DESROCHES, Gérard
(L 2 22 92, B 64 21, S 70 65)

Referat Humanressourcen
Beraterin: N. N.

Finanzressort
Beraterin: OLSSEN, Irène (L 2 70 04)

Referat Planung
BETTINI, Alessandro (L 2 21 76)

Direktion A:
Veröffentlichungen und Auslieferung
Direktor: LAFOREST, Jean-Marc
(L 2 25 15, B 31 16, S 42 70)

Ressourcen, Methoden und Koordinierung
NETO, Carlos (L 2 57 81, S 41 20)

Internet-Veröffentlichungen
Hauptverwaltungsrat, Europarl:
AUGUSTIN, Christian
(L 2 24 40, B 38 35, S 47 18)
Hauptverwaltungsrat, Amtsblatt, LSU:
BROGARD, Michel (L 2 24 80, S 70 05)

Dienststelle Verteilung
DEPUYDT, Franky
(L 2 40 44, B 35 23, S 49 57)

Abteilung Veröffentlichungen
Druck: N. N.

Direktion B:
Übersetzung
Direktor: SPINDLER, Helmut
(L 2 31 45, B 64 23, S 42 86)
Berater: GARCIA FERNANDEZ, Ramon
(L 2 35 86)

Dänische Übersetzungsabteilung
Leiter der Übersetzungsabteilung:
DRANGSFELDT, Hans (L 2 31 65)
Stellvertreter Abteilungsleiter: HJORTSØ,
Peter (L 2 33 13)

Deutsche Übersetzungsabteilung
Leiter der Übersetzungsabteilung: RYBOL,
Dieter (L 2 32 91)
Stellvertretende Abteilungsleiterin:
DHYVERT, Dagmar (L 2 32 94)

Griechische Übersetzungsabteilung
Leiterin der Übersetzungsabteilung:
IKONOMOPOULOU, Maria (L 2 35 81)
Stellvertretende Abteilungsleiterin: BALI,
Maria (L 2 38 57)

Englische Übersetzungsabteilung
Leiter der Übersetzungsabteilung:
LOYDALL, John (L 2 32 01)
Stellvertretender Abteilungsleiter: COLE,
Phillip (L 2 32 40)

Spanische Übersetzungsabteilung
Leiterin der Übersetzungsabteilung: WEBER
AMOREAU, Maite (L 2 42 61)
Stellvertretender Abteilungsleiter:
GIL CATALINA, Gonzalo (L 2 43 37)

Estnische Übersetzungsabteilung
Leiter der Übersetzungsabteilung: N. N.

Finnische Übersetzungsabteilung
Leiterin der Übersetzungsabteilung:
KOPONEN, Kaija (L 2 77 86)
Stellvertretende Abteilungsleiterin:
RAUTALA, Helena (L 2 48 05)

Französische Übersetzungsabteilung
Leiter der Übersetzungsabteilung: DELMÉE,
Daniel (L 2 31 47)
Stellvertretender Abteilungsleiter: SWUINE,
Christian (L 2 34 30)

Italienische Übersetzungsabteilung
Leiter der Übersetzungsabteilung: MAGRI,
Sergio (L 2 33 49)
Stellvertretender Abteilungsleiter: PRECHT,
Paul (L 2 33 51)

Lettische Übersetzungsabteilung
Leiter der Übersetzungsabteilung: ULDIS
(L 2 20 38)

Litauische Übersetzungsabteilung
Leiter der Übersetzungsabteilung: N. N.

Maltesische Übersetzungsabteilung
Leiter der Übersetzungsabteilung: CARMEL
(L 2 77 79)

Niederländische Übersetzungsabteilung
Leiter der Übersetzungsabteilung:
LOOGMAN, Johan (L 2 30 04)

Polnische Übersetzungsabteilung
Leiter der Übersetzungsabteilung: DARIUSZ
(L 2 21 80)

Portugiesische Übersetzungsabteilung
Leiter der Übersetzungsabteilung: BASTOS,
Victor (L 2 37 98)
Stellvertretender Abteilungsleiter:
PINGUELO, João José (L 2 35 74)

Schwedische Übersetzungsabteilung
Leiterin der Übersetzungsabteilung: ANN,
Christine (L 2 46 77)

Slowakische Übersetzungsabteilung
Leiter der Übersetzungsabteilung: PAVOL
(L 2 53 21)

Slowenische Übersetzungsabteilung
Leiter der Übersetzungsabteilung: VALTER
(L 2 51 58)

Tschechische Übersetzungsabteilung
Leiter der Übersetzungsabteilung: KAREL
(L 2 23 88)

Ungarische Übersetzungsabteilung
Leiter der Übersetzungsabteilung: N. N.

Unterstützung in den Bereichen Informatik,
Linguistik und Dokumentation
GRASS, Philippe (L 2 33 99)

GENERALDIREKTION VIII:
Finanzen
Generaldirektor: VANHAEREN, Roger
(L 2 51 00, B 51 00, S 51 00)
Hauptverwaltungsrat: KLETHI, Didier
(L 2 27 91, S 23 08)

Abteilung Internes Audit
Abteilungsleiter: GALVIN, Robert
(L 2 28 75, S 49 71)
Hauptverwaltungsrat: HENTGEN, Étienne
(L 2 28 31)
Verwaltungsrätin: BALLANTINE-SMITH,
Alison (L 2 28 36)
Verwaltungsrätin: NICOLEI, Corinne
(L 2 28 65)

Direktion A:
Finanzen
Direktor: COLLING, Karl
(L 2 27 62, B 35 84, S 47 62)
Verwaltungsrat: THOUVENIN, Xavier
(L 2 26 57)

Abteilung Zahlungsverkehr und Buchhaltung
Abteilungsleiter: YOUNG, David
(L 2 26 29, S 42 45)
Hauptverwaltungsrat: DE POORTERE,
Pascal (L 2 24 98, S 42 45)
Verwaltungsrat: TIMBERG, Ville-Veikko
(L 2 51 30)

Abteilung Haushalt
Abteilungsleiter: HELLOT, Bernard
(L 2 21 15, B 25 48, S 70 40)
Hauptverwaltungsrätin: QUERE, Yvette
(L 2 28 67)

Abteilung Bestandsverzeichnis und
Vermögensverwaltung
Abteilungsleiter: WATTIAU, Francis
(L 2 23 92, S 23 92)

Abteilung Finanzielle Angelegenheiten der
Mitglieder
Abteilungsleiter: HENTGES-NEIENS, Renée
(L 2 26 16, S 50 42)

Vergütungen der Mitglieder
Verwaltungsrat: SNIJDERS, Koenrad
(B 21 93, S 46 29)

Direktion B:
Wirtschaftlichkeitsprüfung und
Finanzkontrolle
Direktorin: WELLS-SHADDAD, Clare
(L 2 20 28, B 48 40, S 44 18)

3.2.3 Präsidium
Rue Wiertz, **1047 Brüssel, Belgien**;
Tel 00 32-2/2 84-21 11
bzw. 2 84-(+Durchwahl);
Fax 00 32-2/2 84-90 75/77
bzw. 2 84-(+Durchwahl);

Allée du Printemps, **67070 Strasburg, Frankreich**
PA : BP 1024 67070 Strasburg cedex, Frankreich;
Tel 00 33-3/88 17-40 01
bzw. 88 17-(+ Durchwahl);
Fax 00 33-3/88 25-65 01
bzw. 88 25-(+ Durchwahl);

Centre Européen, Plateau du Kirchberg, **2929 Luxemburg, Luxemburg**;
PA: BP 1601, 2929 Luxemburg, Luxemburg;
Tel 00 35-2/43 00-1
bzw. 43 00-(+Durchwahl);
Fax 00 35-2/43 00-2 92 92, 43 00-2 93 93, 43 00-2 94 94 bzw. 43 00-(+Durchwahl);

http://www.europarl.eu.int/president/en/default.htm

Hinweis
Das Präsidium, alle Mitglieder des Parlaments, die Fraktionen, Ausschüsse usw. sind über die Anschrift des Parlaments zu erreichen. Die Angaben zu den Abgeordneten sind wie folgt zu lesen: Name, Vorname, Abkürzungen für Fraktion und Partei sowie bei den Mitgliedern, die nicht aus Deutschland bzw. Österreich kommen, das Kürzel des Mitgliedstaats. Bei deutschen und österreichischen Parlamentsmitgliedern folgt die Brüsseler Büroanschrift in der Rue Wiertz, die so genannte LEO-Adresse. Die Telefon- und Fax-Durchwahl sind für Brüssel und Straßburg gleich und stehen in Klammern, sofern vorhanden folgt die Email- sowie die Homepage-Adresse. Bei den Abgeordneten aus Deutschland, Österreich geben wir des weiteren die Büro- bzw. und/oder die Privatanschrift im Heimatstaat an. Am Schluss stehen die Ausschüsse, Unterausschüsse und Delegationen, denen die Abgeordneten angehören.

Präsident: BORRELL FONTELLES, Josep

Vizepräsidenten:
COCILOVO, Luigi
COSTA, António
FRIEDRICH, Ingo
KAUFMANN, Sylvia-Yvonne
MAURO, Mario
MCMILLAN-SCOTT, Edward H.C.
MOSCOVICI, Pierre
ONESTA, Gérard
ONYSZKIEWICZ, Janusz
OUZKÝ, Miroslav
ROTH-BEHRENDT, Dagmar
SARYUSZ-WOLSKI, Jacek Emil
TRAKATELLIS, Antonios
VIDAL-QUADRAS ROCA, Alejo

Quästoren:
DE VITS, Mia
GRABOWSKA, Genowefa
LULLING, Astrid
NICHOLSON, James
QUISTHOUDT-ROWOHL, Godelieve

3.2.4 Mitglieder des Europäischen Parlaments

3.2.4.1 Abkürzungen

Mitgliedstaaten

Belgien	B
Dänemark	DK
Deutschland	D
Estland	EST
Finnland	FIN
Frankreich	F
Griechenland	GR
Irland	IRL
Italien	I
Lettland	LETT
Litauen	LIT
Luxemburg	L
Malta	M
Niederlande	NL
Österreich	A
Polen	PL
Portugal	P
Schweden	S
Slowakische Republik	SR
Slowenien	SLO
Spanien	E
Tschechische Republik	TR
Ungarn	UNG
Vereinigtes Königreich	GB
Zypern	ZYP

Fraktionen

PSE Groupe socialiste au Parlement européen
(Fraktion der Sozialdemokratischen Partei Europas SPE)

PPE-DE Groupe du parti populaire européen (démocrate-chrétien) et des démocrates Européens
(Fraktion der Europäischen Volkspartei (Christdemokraten) und europäischer Demokraten EVP-ED)

ALDE Groupe Alliance des démocrates et des libéraux pour l´Europe
(Fraktion der Liberalen und Demokratischen Partei Europas LIBE)

Verts/ALE Groupe des verts/Alliance libre européenne
(Fraktion DIE GRÜNEN/Freie Europäische Allianz Grüne/EFA)

GUE/NGL Groupe confédéral de la gauche unitaire européenne/gauche verte nordique
(Konföderale Fraktion der Vereinigten Europäischen Linken/Nordische Grüne Linke KVEL/NGL)

IND/DEM Groupe Indépendance/Démocratie
(Fraktion Unabhängigkeit/Demokratie)

UEN Groupe Union pour l'Europe des nations
(Fraktion Union für das Europa der Nationen UEN)

NI Non inscrits
(Fraktionslose FL)

Parteien

Belgien
CD&V-N.VA		Christen-Democratisch & Vlaams – Nieuw-Vlaamse Alliantie
cdH		Centre Démocrate Humaniste
CSP		Christlich Soziale Partei

ECOLO	Ecologistes Condédérés pour l´Organisation de Luttes Originales
GROEN	Groen
MR	Mouvement Réformateur
PS	Parti Socialiste
SP.A-SPIRIT	Socialistische Partij.Anders-Sociaal, Progressief, Internationaal, Regionaal, Integral Democratisch, Toekomstgericht Vlaams Belang
VLD-Vivant	Vlaamse Liberale en Democraten – Vivant
VU	Volksunie

Dänemark
A	Socialdemokratiet
B	Det Radikale Venstre
C	Det Konservative Folkeparti
F	Socialistisk Folkeparti
J	JuniBevægelsen
N	Folkebevægelsen mod EU
O	Dansk Folkeparti
V	Ventre, Danmarks Liberale Parti

Deutschland
CDU	Christlich Demokratische Union Deutschlands
CSU	Christlich-Soziale Union in Bayern e.V.
FDP	Freie Demokratische Partei – Die Liberalen
GRÜNE	Bündnis 90/Die Grünen
PDS	Partei des Demokratischen Sozialismus
SPD	Sozialdemokratische Partei Deutschlands

Estland
ER	Eesti Reformierakond
IL	Erakond Isamaaliit (Pro Patria Union)
K	Eesti Keskerakond
SDE	Sotsiaaldemokraatlik Erakond

Finnland
KESK — Suomen Keskusta
KOK — Kansallinen Kokoomus
SDP — Suomen Sosialidemokraattinen Puolue/Finlands Socialdemokratiska Parti
SFP — Svenska Folkpartiet
VAS — Vasemmistoliitto
VIHR — Vihreä liitto

Frankreich
FN — Front national
Les Verts — Les Verts-Europa-Ecologie
MPF — Mouvement pour la France
PCF — Parti communiste français
PS — Parti socialiste
UDF — Union pour la démocratie française
UMP — Union pour un Mouvement Populaire

Griechenland
KKE — Kommounistiko Komma Elladas
LA.O.S. — Laikos Orthodoxos Synagermos – G. Karatzaferis
N.D. — Nea Dimokratia
PASOK — Panellinio Socialistiko Kinima
SYN — Synaspismos tis Aristeras kai tis Proodou

Irland
FFFianna — Fáil Party
FG — Fine Gael Party
Lab. — Labour Party
SF — Sinn Féin

Italien
Popolare-U.D.EUR — Alleanza Popolare – Unione Democratici per l'Europa
AN — Alleanza nazionale
DS — Democratici di Sinistra
Fed. Verdi — Federazione dei Verdi
 — Forza Italia
IdV — Italia dei Valori
Ind — Indipendente
 — La Margherita
Lista Bonino — Lista Emma Bonino
Lista Mussolini — Alternativa sociale: Lista Mussolini
LN — Lega Nord per l'indipendenza della Padania
MSFT — Movimento Sociale Fiamma tricolore
NPSI — Partito Socialista Nuovo PSI
PdCI — Partito dei Comunisti Italiani
Pensionati — Partito Pensionati
PRC-SE — Partito della rifondazione comunista – Sinistra Europea
SVP — Südtiroler Volkspartei (Partito popolare sudtirolese)
UDC — Unione dei Democratici cristiani e dei Democratici di Centro
 — Uniti nell'Ulivo

Lettland
JL — Jaunais laiks
LC — Savienība »Latvijas Celš«
PCTVL — Politisko organizāciju savienība »Par cilvēka tiesībām vienotā Latvijā «
TB/LNNK — Tēvzemei un Brīvībai/LNNK
TP — Tautas partija

Litauen
DP — Darbo partija
LCS — Liberalų ir centro sajunga
LDP — Liberalų demokratų partija
LSDP — Lietuvos socialdemokratai
TS — Tévynés sajunga
VNDPS — Valstiečių ir Naujosios demokratijos partijų sajunga

Luxemburg
DP — Parti démocratique
Déi Gréng — Les Verts
PCS — Parti chrétien social
POSL — Parti ouvrier socialiste luxembourgeois

Malta
MLP — Partit Laburista
PN — Partit Nazzjonalista

3 Das Europäische Parlament (EP)

Niederlande
CDA — Christen Democratisch Appèl
ChristenUnie-SGP — ChristenUnie – Staatkundig Gereformeerde
D 66 — Democraten 66
ET — Europa Transparant Groen Links
PvdA — Partij van de Arbeid
SP — Socialistiese Partij
VVD — Volkspartij voor Vrijheid en Democratie

Österreich
FPÖ — Freiheitliche Partei Österreichs
GRÜNE — Die Grünen – Die Grüne Alternative
MARTIN — Liste Dr. Hans-Peter Martin – Für echte Kontrolle in Brüssel
ÖVP — Österreichische Volkspartei – Liste Ursula Stenzel
SPÖ — Sozialdemokratische Partei Österreichs

Polen
LPR — Liga Polskich Rodzin
PiS — Prawo i Sprawiedliwość
PO — Platforma Obywatelska
PSL — Polskie Stronnictwo Ludowe
SDPL — Socjaldemocracja Polska
SLD-UP — Sojusz Lewicy Demokratycznej – Unia Pracy
SO — Samoobrona RP
UP — Unia Pracy
UW — Unia Wolności

Portugal
B.E. — Bloco de Esquerda
CDU — Coligação Democrática Unitária (PCP-PEV)
Coligação Força Portugal — Coligação Força Portugal (PPD/PSD.CDS-PP)
PS — Partido Socialista

Schweden
C — Centerpartiet
FP — Folkpartiet liberalerna
Junilistan
KD — Kristdemokraterna
M — Moderata samlingspartiet
MP — Miljöpartiet
SAP — Arbetarepartiet-, Socialdemokraterna
V — Vänsterpartiet

Slowenien
LDS — Liberala Demokracija Slovenije
NSi — Nova Slovenija
SDS — Slovenska demokratska stranka
ZLSD — Združena lista socialnih demokratov

Slowakei
HZDS — Hnutie za demokratické Slovensko
KDH — Krest'anskodemokratické hnutie
SDKÚ — Slovenská demokratická a krest'anská únia
SMER — Smer
SMK-MPK — Strana mad'arskej koalície – Magyar Koalíció Pártja

Spanien
CDC — Convergència Democràtica Catalunya
Europa de los Pueblos
IU — Izquierda Unida
Los Verdes
PNV — Partido Nacionalista Vasco
PP — Partido Popular
PSC-PSOE — Partit dels Socialistes de Catalunya
PSOE — Partido Socialista Obrero Español
UPN — Unión del Pueblo Navarro

Tschechische Republik
KDU-ČSL — Křestanská a demokratická unie – Československá strana lidová

KSČM	Komunistická strana Čech a Moravy
ODS	Občanská demokratická strana
SNK	SNK sdruženi nezávislých a Evropšti demokraté
ČSSD	Česká strana sociálně demokratická

Ungarn

FIDESZ-MPSZ	Fidesz-Magyar Polgári Szövetség
MDF	Magyar Demokrata Fórum
MSZP	Magyar Szocialista Párt
SZDSZ	Szabad Demokraták Szövetsége

Vereinigtes Königreich

Cons.	Conservative and Unionist Party
DUP	Democratic Unionist Party (Northern Ireland)
GP	Green Party
GSLP	Labour and the Gibraltarian Socialist Labour Party
Lab	Labour Party
LDP	Liberal Democrat Party
PL-PW	Plaid Cymru – Parti of Wales
SCUP	Scottish Conservative and Unionist Party
SF	Sinn Féin
SNP	Scottish National Party
UKIP	UK Independence Party
UUP	Ulster Unionist Party

Zypern

AKEL-ARIST	Anorthotiko Komma Ergazomenou Laou – Aristera – Nees Dinameis
DI.KO.	Dimokratiko Komma
DI.SY	DI.SY.
Gia tin EV	Gia tin Evropi

3.2.4.2 Mitglieder aus Deutschland

ALVARO, Alexander Nuno, ALDE, FDP
LEO 10G146
(53 28; Fax 93 28)
Büro Junge Liberale e.v., Ackerstraße 3b,
10115 Berlin, Deutschland;
Tel 00 49-30 28/38 87 91;
Fax 00 49-30 28/38 87 99;
e-mail   apickartalvaro@europarl.eu.int
http://www.alexander-alvaro.de
LIBE, (JURI), D10, (D25)

BEER, Angelika, Verts/ALE,
Bündnis 90/Die Grünen
LEO 08H242
(51 35; Fax 9135)
Deutscher Bundestag, Büro 1.043, Unter den Linden 50, 11011 Berlin, Deutschland;
Tel 00 49-30/22 77 00 21;
Fax 00 49-30/22 77 60 17;
e-mail   abeer@europarl.eu.int
http://www.angelika-beer.de
AFET, D14, (DM04), D27

BEREND, Rolf, PPE-DE, CDU
LEO 10E169
(54 13; Fax 94 13)
Lindeistraße 17, 37339 Gernrode/Eichsfeld, Deutschland;
Tel 00 49-3 60 76/5 25 93;
Fax 00 49-3 60 76/5 35 65;
e-mail   rberend@europarl.eu.int
http://www.rolf-berend.de,
http://www.cdu-csu-ep.de
REGI, (CULT), (D06)

BÖGE, Reimer, PPE-DE, CDU
LEO 15E169
(53 26; Fax 93 26)
CDU-Landesverband/Europabüro,
Sophienblatt 44-46, 24114 Kiel, Deutschland;
Tel 00 49-4 31/6 60 99 25;
Fax 00 49-4 31/6 60 99 27;
e-mail   info@reimerboege.de,
e-mail   rboege@europarl.eu.int
http://www.reimerboege.de
BUDG, (INTA), (PECH), D25, (D16)

BREYER, Hiltrud, Verts/ALE,
Bündnis 90/Die Grünen
LEO 08G265
(52 87; Fax 92 87)

Regionalbüro, Ormesheimer Straße 3, 66399
Mandelbachtal, Deutschland;
Tel 00 49-68 03/33 36;
Fax 00 49-68 03/33 36;
e-mail hiltrud.breyer@berlin.de,
e-mail hbreyer@europarl.eu.int
http://www.hiltrud-breyer.de
ENVI, (JURI), FEMM, (DM01), D20

BRIE, André, GUE/NGL, PDS
LEO 06F343
(54 03; Fax 94 03)
PDS-Europabüro, Martinstraße 1,
19053 Schwerin, Deutschland;
Tel 00 49-3 85/5 81 57 33;
Fax 00 49-3 85/5 81 57 34;
e-mail abrie@europarl.eu.int,
e-mail brie.europabuero@t-online.de
http://www.andrebrie.de,
http://www.pds-europaservice.de
AFET, (IMCO), (PETI), DM07, (D09)

BROK, Elmar, PPE-DE, CDU
LEO 10E130
(53 23; Fax 93 23)
CDU-Europabüro, Turnerstrasse 5-9,
33602 Bielefeld, Deutschland;
Tel 00 49-5 21/5 20 87 23;
Fax 00 49-5 21/5 20 87 24;
e-mail ebrok@t-online.de,
e-mail ebrok@europarl.eu.int
http://www.cdu-csu-ep.de
AFET, (AFCO), D15

BULLMANN, Hans Udo, PPE, SPD
LEO 12G169
(53 42; Fax 93 42)
SPD-Europabüro Hessen-Süd,
Fischerfeldstraße 7-11, 60311 Frankfurt a. M.,
Deutschland;
Tel 00 49-69/2 99 88 85 20;
Fax 00 49-69/2 99 88 85 11;
e-mail udo.bullmann@spd.de,
e-mail ubullmann@europarl.eu.int
http://www.udobullmann.de
ECON, (EMPL), (D26), (D17)

CASPARY, Daniel, PRE-DE, CDU
LEO 15E103

(59 78; Fax 99 78)
Belchenstraße 27, 76297 Stutensee,
Deutschland;
Tel 00 49-7 21/3 84 80 10;
Fax 00 49-7 21/3 84 80 11;
e-mail daniel@caspary.de
http://www.caspary.de
INTA, (ITRE), (CONT), D10, (D07), (D12)

CHATZIMARKAKIS, Yorgo, ALDE, FDP
LEO 10G116
(51 49; Fax 91 49)
Mühlenstraße 49, 66706 Perl, Deutschland;
Tel 00 49-68 65/18 56 90;
Fax 00 49-68 65/18 56 91;
e-mail jorgo@chatzi.de
http://www.chatzi.de
ITRE, (ECON), (INTA), DM02, (D02),
(D21)

COHN-BENDIT, Daniel-Marc, Verts/ALE,
Bündnis 90/Die Grünen
LEO 08G205
(54 98; Fax 94 98)
Europäisches Parlament, 60, rue Wiertz,
ASP08G205, 1047 Brüssel, Belgien;
Tel 00 32-2/2 84 54 98;
Fax 00 32-2/2 84 94 98;
ECON, AFCO, (DM05), (D26), (D27)

CRAMER, Michael, Verts/ALE,
Bündnis 90/Die Grünen
LEO 08H247
(57 79; 97 79)
Europäisches Parlament, 60, rue Wiertz,
ASP08H247, 1047 Brüssel, Belgien;
Tel 00 32-2/2 84 57 79;
Fax 00 32-2/2 84 97 79;
e-mail mcramer@europarl.eu.int
http://www.michael-cramer.de
TRAN, (CULT), D25

DESS, Albert, PPE-DE, CDU
LEO 15E246
(52 31; Fax 92 31)
CSU-Europabüro Oberpfalz,
Weinbergerstr. 18,
92318 Neumark i. d. Oberpfalz, Deutschland;

Tel 00 49-91 81/2 26 41;
Fax 00 49-91 81/2 17 61;
e-mail   adess@europarl.eu.int
http://www.albert-dess.de
AGRI, (INTA), D19

DUIN, Garrelt, PSE, SPD
LEO 12G154
(54 31; Fax94 31)
SPD-Europabüro Weser-Ems, Ringstraße 44,
26721 Emden, Deutschland;
Tel 00 49-49 21/4 50 91 14;
Fax 00 49-49 21/4 50 91 15;
e-mail   gduin@europarl.eu.int,
e-mail   gduin@garreltduin.de
http://www.garreltduin.de
ITRE, (REGI), D20, (D27)

EHLER, Jan Christian, PPE-DE, CDU
LEO 15E153
(53 25; Fax 93 25)
Neuendorferstraße 16a, 16761 Henningsdorf,
Deutschland;
Tel 00 32-2/2 84 53 25;
Fax 00 32-2/2 84 93 25;
e-mail   wahlkreisbüro@christian-ehler.de
http://www.christian-ehler.de
ECON, (ITRE), D22, (D15)

FERBER, Markus, PPE-DE, CSU
LEO 15E242
(52 30; Fax 92 30)
CSU-Europabüro, Peutinger Straße 11,
86152 Augsburg, Deutschland;
Tel 00 49-8 21/3 49 21 10;
Fax 00 49-8 21/3 49 30 21;
e-mail   mferber@europarl.eu.int,
e-mail   mferber@mail.rmc.de
http://www.marcus-ferber.de
BUDG, CONT, (TRAN), D09

FLORENZ, Karl-Heinz, PPE-DE, CDU
LEO 15E206
(53 20; Fax93 20)
Europabüro Niederrhein, Groß-Opholt I 4,
47506 Neukirchen-Vluyn, Deutschland;
Tel 00 49-28 45/7 71 71;
Fax 00 49-28 45/1 09 95;
e-mail
europabuero.niederrhein@t-online.de,

e-mail   kflorenz@europarl.eu.int
http://www.karl-heinz-florenz.de,
http://www.cdu-csu-ep.de
ENVI, (REGI), D18, (D19)

FRIEDRICH, Ingo, PPE-DE, CSU
LEO 15E102
(53 24; Fax 93 24)
CSU-Europabüro, Bühringer Straße 12,
91710 Gunzenhausen, Deutschland;
Tel 00 49-98 31/83 73;
Fax 00 49-98 31/43 30;
e-mail   ifriedrich@europarl.eu.int
http://www.ingo-friedrich.de,
http://www.csu-europagruppe.de
AFCO, D14

GAHLER, Michael, PPE-DE, CDU
LEO 10E217
(59 77; Fax 99 77)
Wahlkreisbüro, Am Marktplatz 19,
64521 Groß-Gerau, Deutschland;
Tel 00 49-61 52/93 25 94;
Fax 00 49-61 52/93 25 93;
e-mail   mgahler@europarl.eu.int
http://www.michael-gahler.de,
http://www.cdu-csu-ep.de
DEVE, (D14), (D26)

GEBHARDT, Evelyne, PSE, SPD
LEO 12G346
(54 66; Fax 94 66)
Europabüro, Lehmgrubengasse 1,
74653 Künzelsau, Deutschland;
Tel 00 49-79 40/5 91 22;
Fax 00 49-79 40/5 91 44;
e-mail   egebhardt.mdep@t-online.de,
e-mail   egebhardt@europarl.eu.int
http://www.gebhardt-mdep.de
IMCO, (LIBE), D21, (D24)

GLANTE, Norbert, PSE, SPD
LEO 12G242
(53 56; Fax 93 56)
SPD-Europabüro, Friedrich-Ebert-Straße 61,
14469 Potsdam, Deutschland;
Tel 00 49-3 31/2 70 80 45;
Fax 00 49-3 31/2 70 80 46;
e-mail   nglante@europarl.eu.int,

e-mail info@glante.de
http://www.brandenburg.de, www.glante.de
ENVI, (ITRE), DM07, (D19)

GOEPEL, Lutz, PPE-DE, CDU
LEO 10E210
(57 60; Fax 97 60)
Europabuero, Zwingerstraße 2a,
04720 Döbeln, Deutschland;
Tel 00 49-34 31/71 00 68;
Fax 00 49-34 31/70 08 49;
e-mail lgoepel@europarl.eu.int
http://www.lutz-goepel.de,
http://www.cdu-csu-ep.de
AGRI, (TRAN), D01, (DM04)

GOMOLKA, Alfred, PPE-DE, CDU
LEO 10E157
(53 07; Fax 93 07)
Europabüro, Am Markt 1, 17489 Greifswald,
Deutschland;
Tel 00 49-38 34/89 92 29;
Fax 00 49-38 34/89 92 29;
e-mail agomolka@europarl.eu.int
http://www.alfred-gomolka.de
AFET, PECH, (BUDG), (DM02), D05, D06,
(D04)

GRAEFE ZU BARINGDORF, Friedrich-Wilhelm, Verts/ALE, Bündnis 90/Die Grünen
LEO 08G351
(51 54; Fax 91 54)
Europäisches Parlament, rue Wiertz 60,
ASP8G351, 1047 Brüssel, Belgien;
Tel 00 32-2/2 84 51 54;
Fax 00 32-2/2 84 91 54;
e-mail fgraefe@europarl.eu.int
http://www.graefezubaringdorf.de
AGRI, (BUDG), DM07, (D17)

GRÄSSLE, Ingeborg, PPE-DE, CDU
LEO 15E130
(58 68; Fax 98 68)
Bürgerbüro, Brenzstraße 21,
89518 Heidenheim, Deutschland;
Tel 00 49-73 21/2 00 71;
Fax 00 49-73 21/2 00 73;
e-mail heidenheim@graessle-europa.de
http://www.graessle-europa.de
BUDG, CONT, (CULT), D18

GRAF LAMBSDORFF, Alexander,
ALDE, FDP
LEO 10G158
(51 18; Fax 91 18)
FDP Europacenter Bonn, Lennéstraße 51,
53113 Bonn, Deutschland;
Tel 00 49-2 28/2 67 19 25;
Fax 00 49-2 28/2 67 19 59;
e-mail europa2004@fdp.de
http://www.lambsdorffdirekt.de
IMCO, (AFET), D15, (D20)

GRÖNER, Lissy, PSE, SPD
LEO 12G218
(54 12; Fax 94 12)
Europabüro, Parkstraße 15,
91413 Neustadt a. d. Aisch, Deutschland;
Tel 00 49-91 61/10 76;
Fax 00 49-91 61/10 68;
e-mail lgroener@europarl.eu.int,
e-mail l.groener.mep@t-online.de
http://www.lissy-groener.de
CULT, FEMM, (BUDG), (D22)

HÄNSCH, Klaus, PSE, SPD
LEO 06A033
(54 67; Fax 94 67)
Europabüro, Kavalleriestraße 16/II,
40213 Düsseldorf, Deutschland;
Tel 00 49-2 11/13 62 22 53/54;
Fax 00 49-2 11/13 62 22 51;
e-mail klaus.haensch@spd.de
http://www.klaus-haensch.de
AFET, (AFCO), D25, (D21)

HARMS, Rebecca, Verts/ALE,
Bündnis 90/Die Grünen
LEO 08G306
(56 95; Fax 96 95)
Europäisches Parlament, 60, rue Wiertz ,
ASP08G306, 1040 Brüssel, Belgien;
Tel 00 32-2/2 84 56 95;
Fax 00 32-2/2 84 96 95;
e-mail rharms@europarl.eu.int
http://www.rebecca-harms.de
ITRE, (ENVI), D04, (D03)

HAUG, Jutta D., PSE, SPD
LEO 12G254
(55 95; Fax 95 95)

Europabüro, 45, Paulusstraße,
45657 Recklinghausen, Deutschland;
Tel 00 49-23 61/1 40 07;
Fax 00 49-23 61/1 40 18;
e-mail   europabuero@jutta-haug.de,
e-mail   jhaug@europarl.eu.int
http://www.jutta-haug.de
BUDG, (ENVI), (DM04)

HIERONYMI, Ruth, PPE-DE, CDU
LEO 15E261
(58 59; Fax 98 59)
Europabüro Mittelrhein, Marienstraße 8,
53225 Bonn, Deutschland;
Tel 00 49-2 28/47 30 01;
Fax 00 49-2 28/47 74 99;
e-mail   hieronymi@t-online.de,
e-mail   rhieronymi@europarl.eu.int
http://www.hieronymi.de
CULT, (EMPL), D16, (D10)

HOPPENSTEDT, Karsten Friedrich,
PPE-DE, CDU
LEO 15E142
(56 60; Fax 96 60)
CDU-Hannover-Land, Walderseestraße 21,
30177 Hannover, Deutschland;
Tel 00 49-5 11/39 79 60;
Fax 00 49-5 11/3 97 96 60;
e-mail   khoppenstedt@europarl.eu.int
http://www.cdu-hannover-land.de/
karsten-hoppenstedt
ECON, (ENVI), D21, (D18)

HORÁCEK, Milan, Verts/ALE,
Bündnis 90/Die Grünen
LEO 08H255
(51 96; Fax 91 96)
Thüringer Büro der EU-Abgeordneten Gisella
Kallenbach und Milan Horácek, Anger 14,
99084 Erfurt, Deutschland;
Tel 00 49-3 45/2 03 86 06;
Fax 00 49-3 45/2 03 86 07;
e-mail   mhoracek@europarl.eu.int
(AFET), (AGRI), DM03, (DM02), (D04)

JARZEMBOWSKI, Georg, PPE-DE, CDU
LEO 10E205
(53 06; Fax 93 06)

CDU-Europabüro, Poststraße 11,
20354 Hamburg, Deutschland;
Tel 00 49-40/35 31 35;
Fax 00 49-40/4 28 31 25 27;
e-mail   gjarzembowski@compuserve.com
http://www.gjarzembowski.de,
http://www.cdu-csu-ep.de
TRAN, PECH, (AFET), D24

JEGGLE, Elisabeth, PPE-DE, CDU
LEO 10E209
(53 51; Fax 93 51)
Europabüro, Bahnhofstraße 8,
88250 Weingarten, Deutschland;
Tel 00 49-7 51/5 57 77 14;
Fax 00 49-7 51/5 35 81;
e-mail   kontakt@eurojeggle.de,
e-mail   ejeggle@europarl.eu.int
http://www.eurojeggle.de
AGRI, (FEMM), (TRAN), D07, (D08)

JÖNS, Karin, PSE, SPD
LEO 12G142
(55 35; Fax 95 35)
SPD-Europabüro, Findorffstraße 106,
28215 Bremen, Deutschland;
Tel 00 49-4 21/3 50 18 17;
Fax 00 49-4 21/35 31 21;
e-mail   kjoens@europarl.eu.int,
e-mail   karin.joens@t-online.de
http://www.joens.de
EMPL, (FEMM), (ENVI), D07, (D08)

KALLENBACH, Gisela, Verts/ALE,
Bündnis 90/Die Grünen
LEO 08H154
(53 39; Fax 93 39)
Kreisverband Leipzig, Hohe Straße 58,
04107 Leipzig, Deutschland;
Tel 00 49-3 41/2 15 59 30;
Fax 00 49-3 41/2 15 59 29;
e-mail   gisela.kallenbach@gruene-leipzig.de
http://www.gruene-leipzig.de
REGI, (IMCO), D02, (D24)

KAUFMANN, Sylvia-Yvonne,
GUE/NGL, PDS
LEO 06F365
(57 56; Fax 97 56)

PDS-Europabüro, Unter den Linden 50,
10117 Berlin, Deutschland;
Tel 00 49-30/22 77 14 06;
Fax 00 49-30/22 77 68 19;
e-mail   skaufmann@europarl.eu.int,
e-mail   europabuero.pds@bundestag.de
http://www.sylvia-yvonnekaufmann.de
AFCO, (LIBE), D20, (D24)

KINDERMANN, Heinz, PSE, SPD
LEO 12G354
(50 60; Fax 90 60)
Falkenberger Str. 36, 17335 Strasburg,
Deutschland;
Tel 00 49-3 97 53/2 23 00;
Fax 00 49-3 97 53/2 22 99;
e-mail   hkindermann@europarl.eu.int,
e-mail   dr.heinz.kindermann@t-online.de
PECH, AGRI, DM03, (D02)

KLAMT, Ewa, PPE-DE, CDU
LEO 15E146
(59 71; Fax 99 71)
Europabüro, Hamburger Straße 37,
38518 Gifhorn, Deutschland;
Tel 00 49-53 71/72 80 35;
Fax 00 49-53 71/72 80 36;
e-mail   eklamt@wolfsburg.de,
e-mail   eklamt@europarl.eu.int
http://www.ewa-klamt.de,
http://www.cdu-csu-ep.de
LIBE, (BUDG), (PECH), D25, (D22)

KLAß, Christa B., PPE-DE, CDU
LEO 10E165
(53 13; Fax 93 13)
Seizstraße 11, 54290 Trier, Deutschland;
Tel 00 49-6 51/9 94 43 50;
Fax 00 49-6 51/9 94 43 51;
e-mail   cklass@europarl.eu.int
http://www.christa-klass.de
ENVI, (FEMM), (AGRI)

KLINZ, Wolf, ALDE, FDP
LEO 10G154
(56 41; Fax 96 41)
Meisenweg 8a, 61462 Königstein,
Deutschland;

Tel 00 49-61 74/93 18 12;
Fax 00 49-61 74/93 18 13;
e-mail   mail@wolf-klinz.de,
e-mail   wklinz@europarl.cec.eu.int
http://www.wolf-klinz.de
ECON, (ITRE), DM06, (D01), (D10)

KOCH, Dieter-Lebrecht, PPE-DE, CDU
LEO 10E258
(57 61; Fax 97 61)
Europabüro, Goetheplatz 9b, 99423 Weimar,
Deutschland;
Tel 00 49-36 43/50 10 07;
Fax 00 49-36 43/50 10 71;
e-mail   info@europaabgeordneter.de (Büro
Weimar), dkoch@europarl.eu.int (Büro
Brüssel), d.koch@europaabgeordneter.de
(Büro Straßburg)
http://www.europaabgeordneter.de,
http://www.cdu-csu-ep.de
TRAN, (EMPL), DM01, DM04, (D02)

KOCH-MEHRIN, Silvana, ALDE, FDP
LEO 10G130
(51 12; Fax 91 12)
Europäisches Parlament, 60, rue Wiertz,
ASP10G130, 1047 Brüssel, Belgien;
Tel 00 32-2/2 84 51 12;
Fax 00 32-2/2 84 91 12;
BUDG, (CONT), D11, (D12)

KONRAD, Christoph Werner,
PPE-DE, CDU
LEO 10E115
(53 33; Fax 93 33)
Hauptstadtbüro, Platz der Republik 1,
11011 Berlin, Deutschland;
Tel 00 49-30/22 77 90 43;
Fax 00 49-30/22 77 62 35;
e-mail   berlin@dr-kristoph-konrad.de,
e-mail   ckonrad@europarl.eu.int
http://www.dr-christoph-konrad.de
ECON, (AFET), DM01

KRAHMER, Holger, ALDE, FDP
LEO 10G142
(53 44; Fax 93 44)
Dresdner Hof, Kupfergasse 2, 04109 Leipzig,
Deutschland;

Tel 00 49-3 41/2 53 55 80;
Fax 00 49-3 41/2 53 55 81;
e-mail   info@holger-krahmer.de,
e-mail   fdp@holger-krahmer.de
http://www.holger-krahmer.de
ENVI, (REGI), D17, D27, (D03), (D08)

KREHL, Constanze Angela, PSE, SPD
LEO 12G258
(51 34; Fax 91 34)
Europabüro, Rosa-Luxemburg-Straße 19/21,
04103 Leipzig, Deutschland;
Tel 00 49-3 41/9 61 63 47;
Fax 00 49-3 41/9 61 63 48;
e-mail   ckrehl@europarl.eu.int,
e-mail   krehl.europabuero@t-online.de
http://www.constanze-krehl.de
REGI, (BUDG), D03, (D04)

KREISSL-DÖRFLER, Wolfgang, PSE, SPD
LEO 12G318
(51 10; Fax 91 10)
Europabüro, Oberanger Straße 38III,
80331 München, Deutschland;
Tel 00 49-89/23 17 11 54;
Fax 00 49-89/23 17 11 46;
e-mail   europa@kreissl-doerfler.de
http://www.kreissl-doerfler.de
LIBE, DEVE, (AGRI), D19, (D18)

KUHNE, Helmut, PSE, SPD
LEO 12G217
(54 28; Fax 94 28)
Europabüro, Ulricherstraße 26-28,
59494 Soest, Deutschland;
Tel 00 49-29 21/36 47 13;
Fax 00 49-29 21/36 47 14;
e-mail   hkuhne@europarl.eu.int,
e-mail   info@helmut-kuhne.de
http://www.helmut-kuhne.de
AFET, D15

LANGEN, Werner, PPE-DE, CDU
LEO 15E158
(53 85; Fax 93 85)
Europabüro, Im Steinreich 1,
56332 Oberfell/Mosel, Deutschland;
Tel 00 49-26 05/12 07;
Fax 00 49-26 05/21 30;

e-mail   wlangen@europarl.eu.int
http://www.euinfo.de, www.cdu-csu-ep.de
ITRE, (ECON), DM05, (D21)

LAUK, Kurt Joachim, PPE-DE, CDU
LEO 10E254
(57 72; Fax 97 72)
CDU-Kreisverband Stuttgart,
Theodor-Heuss-Straße 34, 70174 Stuttgart,
Deutschland;
Tel 00 49-7 11/23 87 30;
Fax 00 49-7 11/2 38 73 50;
e-mail   info@prof-lauk.de
http://www.prof.lauk.de
ECON, (AFET), D15, (D14)

LECHNER, Kurt, PPE-DE, CDU
LEO 15E253
(58 26; Fax 98 26)
Merianstraße 2, 67657 Kaiserslautern,
Deutschland;
Tel 00 49-63 31/7 50 10 71;
Fax 00 49-63 31/7 50 10 72;
e-mail   post@kurt-lechner.de,
e-mail   klechner@europarl.eu.int
http://www.kurt-lechner.de
IMCO, (JURI), DM02

LEHNE, Klaus-Heiner, PPE-DE, CDU
LEO 10E103
(50 47; Fax 90 47)
Kaiserswerther Straße 93, 40476 Düsseldorf,
Deutschland;
Tel 00 49-2 11/49 33 20;
Fax 00 49-2 11/4 93 32 10;
e-mail   klehne@europarl.eu.int
http://www.cdu-csu-ep.de
JURI, (IMCO), D03, (D20)

LEINEN, Jo, PSE, SPD
LEO 12G205
(58 42; Fax 98 42)
Europabüro, Talstraße 58, 66119 Saarbrücken,
Deutschland;
Tel 00 49-6 81/5 89 13 31;
Fax 00 49-6 81/5 89 13 32;
e-mail   jleinen@europarl.eu.int,
e-mail   europa-buero@joleinen.de
http://www.joleinen.de
AFCO, (AFET), D22

LIESE, Hans-Peter, PPE-DE, CDU
LEO 10E153
(59 81; Fax 99 81)
CDU-Europabüro, Le Puy Straße 17,
59872 Meschede, Deutschland;
Tel 00 49-2 91/99 59 13;
Fax 00 49-2 91/99 59 26;
e-mail pliese@europarl.eu.int
http://www.peter-liese.de,
http://www.cdu-csu-ep.de
ENVI, (ITRE), (DM06), D17

MANN, Erika, PSE, SPD
LEO 12G342
(51 91; Fax 91 91)
Europabüro, Odeonstraße 15/16,
30159 Hannover, Deutschland;
Tel 00 49-5 11/1 67 42 68;
Fax 00 49-5 11/1 67 42 63;
e-mail emann@europarl.eu.int
http://www.erikamann.com
INTA, (ITRE), (CONT), DM06, (D15)

MANN, Thomas, PPE-DE, CDU
LEO 15E107
(53 18; Fax 93 18)
Württemberger Straße 11, 65824 Schwalbach
am Taunus, Deutschland;
Tel 00 49-61 96/8 52 79;
Fax 00 49-61 96/88 80 10;
e-mail tmann@europarl.eu.int
http://www.mann-europa.de
EMPL, (ECON), D22

MARKOV, Helmuth, GUE/NGL, PDS
LEO 06F349
(59 80; Fax 99 80)
Europabüro, Straßburger Straße 24,
16515 Oranienburg, Deutschland;
Tel 00 49-33 01/20 09 93;
Fax 00 49-33 01/20 09 99;
e-mail hmarkov@europarl.eu.int,
e-mail helmuthmarkov@t-online.de
INTA, (TRAN), D04, (D05)

MAYER, Hans-Peter, PPE-DE, CDU
LEO 15E154
(59 94; Fax 99 94)
Europabüro, Bahnhofstraße 1, 49377 Vechta,
Deutschland;
Tel 00 49-44 41/90 99 09;
Fax 00 49-44 41/90 99 10;
e-mail hmayer@europarl.eu.int
http://www.cdu-csu-ep.de
JURI, (AGRI), (DM04), (D23)

NASSAUER, Hartmut, PPE-DE, CDU
LEO 15E205
(53 61; Fax 93 61)
Europabüro, Königstor 16, 34117 Kassel,
Deutschland;
Tel 00 49-5 61/7 81 61 13;
Fax 00 49-5 61/7 81 61 28;
e-mail hnassauer@europarl.eu.int,
e-mail hnassauermep@t-online.de
http://www.cdu-csu-ep.de,
http://www.hartmut-nassauer.de
LIBE, (IMCO), D23, (D19), (D22)

NIEBLER, Angelika, PPE-DE, CSU
LEO 15E254
(53 90; Fax 93 90)
Bürgerbüro CSU Kreisgeschäftsstelle,
Münchener Straße 2, 85560 Ebersberg,
Deutschland;
Tel 00 49-80 92/86 57 70;
Fax 00 49-80 92/25 69 20;
e-mail angelika.niebler@t-online.de,
e-mail aniebler@ebe-online.de
http://www.angelika-niebler.de,
http://www.cdu-csu-ep.de,
http://www.csu-europagruppe.de
ITRE, FEMM, (IMCO), D13, (D26)

ÖGER, Vural, PSE, SPD
LEO 12G158
(54 11; Fax 94 11)
Europabüro Hamburg, Sportallee 4,
22335 Hamburg, Deutschland;
Tel 00 49-40/30 38 11 06;
Fax 00 49-40/51 49 18 93;
e-mail eu-office@oeger.de,
e-mail voeger@europarl.eu.int
http://www.vural-oeger.de
AFET, (TRAN), DM05, D24, (D07)

ÖZDEMIR, Cem, Verts/ALE,
Bündnis 90/Die Grünen
LEO 08H246
(54 46; Fax 94 46)
Europabüro Berlin, Unter den Linden 50,
11011 Berlin, Deutschland;
Tel 00 49-30/22 77 31 36;
Fax 00 49-30/22 77 63 92;
e-mail   cozdemir@europarl.eu.int
http://www.oezdemir.de
AFET, (LIBE), DM05

PACK, Doris, PPE-DE, CDU
LEO 10E102
(53 10; Fax 93 10)
Bei der Weiß Eich 1, 66129 Saarbrücken,
Deutschland;
Tel 00 49-68 05/16 54;
Fax 00 49-68 05/2 15 80;
e-mail   info@dorispack.de,
e-mail   dpack@europarl.eu.int
http://www.dorispack.de, www.cdu-csu-ep.de
CULT, FEMM, (AFET), (DM03), D02

PFLÜGER, Tobias, GUE/NGL, PDS
LEO 06F266
(55 55; Fax 95 55)
Regionalbüro Pflüger, Hechingerstr. 203,
72072 Tübingen, Deutschland;
Tel 00 49-70 71/7 95 69 80;
Fax 00 49-70 71/2 39 46;
e-mail
mep-regionalbuero@tobias-pflueger.de
http://www.tobias-pflueger.de
AFET, (ECON), (DM03), D13, D27

PIECYK, Wilhelm Ernst, PSE, SPD
LEO 12G310
(55 02; Fax 95 02)
Kleiner Kuhberg 28-30, 24103 Kiel,
Deutschland;
Tel 00 49-4 31/9 06 06 22;
Fax 00 49-4 31/9 06 06 57;
e-mail   info@piecyk.de,
e-mail   wpiecyk@europarl.eu.int
http://www.piecyk.de
TRAN, PECH, (BUDG), DM04

PIEPER, Markus, PPE-DE, CDU
LEO 15E217
(53 05; Fax 93 05)
Europabüro Münster, Mauritzstraße 4-6,
48143 Münster, Deutschland;
Tel 00 49-2 51/4 18 42 41;
Fax 00 49-2 51/4 18 42 42;
e-mail   info@pieper-fuer-europa.de,
e-mail   mpieper@europarl.eu.int
http://www.pieper-fuer-europa.de
REGI, (AGRI), D11, (D25)

PÖTTERING, Hans-Gert, PPE-DE, CDU
LEO 05H361
(57 69; Fax 97 69)
Europabüro, Niedersachsenstraße 16,
49134 Wallenhorst, Deutschland;
Tel 00 49-54 07/8 57 59 15;
Fax 00 49-54 07/8 57 59 16;
e-mail   hpoettering@europarl.eu.int,
e-mail   flatau@cdu-lkos.de
http://www.cdu-lkos.de/poettering,
http://www.cdu-csu-ep.de
AFCO, (AFET)

POSSELT, Bernd, PPE-DE, CSU
LEO 10E261
(52 32; Fax 92 32)
Paneuropa-Union, Dachauer Straße 17,
80335 München, Deutschland;
Tel 00 49-89/55 46 83;
Fax 00 49-89/59 47 68;
e-mail   mail@bernd-posselt.de
http://www.cdu-csu-ep.de,
http://www.csu-europagruppe.de,
http://www.bernd-posselt.de
AFET, (CULT), DM03, (D02)

QUISTHOUDT-ROWOHL, Godelieve,
PPE-DE, CDU
LEO 08B003
(53 38; Fax 93 38)
Senkingstraße 9c, 31137 Hildesheim,
Deutschland;
Tel 00 49-51 21/1 42 92;
Fax 00 49-51 21/3 97 48;
e-mail   gquisthoudt@europarl.eu.int
http://www.europabrief.de,
http://www.cdu-csu-ep.de
INTA, (DEVE), D24, (D15)

RADWAN, Alexander, PPE-DE, CSU
LEO 15E218
(55 38; Fax 95 38)
CSU-Europabüro, Valepper Straße 28,
83700 Rottach/Egern, Deutschland;
Tel 00 49-80 22/67 04 46;
Fax 00 49-80 22/67 07 27;
e-mail   aradwan@europarl.eu.int,
e-mail   europabuero@alexander-radwan.de
http://www.alexander-radwan.de,
http://www.cdu-csu-ep.de,
http://www.csu-europagruppe.de
ECON, (JURI), D12, (D21)

RAPKAY, Bernhard, PSE, SPD
LEO 12G130
(55 93; Fax 95 93)
Europabüro Dortmund, Brüderweg 10-12,
44135 Dortmund, Deutschland;
Tel 00 49-2 31/58 56 16;
Fax 00 49-2 31/58 56 28;
e-mail   brapkay@europarl.eu.int,
e-mail   ulla.jander-thiemann.nrw@spd.de
http://www.rapkay.de
ECON, (ITRE), D04, (D23)

REUL, Herbert Otto, PPE-DE, CDU
LEO 10E142
(52 44; Fax 92 44)
Hauptstraße 164b, 51465 Bergisch Gladbach,
Deutschland;
Tel 00 49-22 02/9 36 95 55;
Fax 00 49-22 02/9 36 95 61;
e-mail   h.reul@herbert-reul.de
http://www.herbert-reul.de
ITRE, (LIBE), D21, (D09)

ROTH-BEHRENDT, Dagmar, PSE, SPD
LEO 12G102
(54 53; Fax 94 53)
Europabüro, Müllerstraße 163, 13353 Berlin,
Deutschland;
Tel 00 49-30/46 60 79 11;
Fax 00 49-30/4 62 88 42;
e-mail   drothbehrendt@europarl.eu.int,
e-mail   roth-behrendt@spd-berlin.de
http://www.dagmarrothbehrendt.de
ENVI, (IMCO), (JURI), D01, (D16)

ROTHE, Mechtild, PSE, SPD
LEO 12G206
(54 14; Fax 94 14)
Europabüro, Kirchplatz 3,
33175 Bad Lippspringe, Deutschland;
Tel 00 49-52 52/5 18 88;
Fax 00 49-52 52/10 99;
e-mail   info@rothe-europa.de,
e-mail   mrothe@europarl.eu.int
http://www.rothe-europa.de
ITRE, (AFET), D02, (DM05)

RÜHLE, Heide, Verts/ALE,
Bündnis 90/Die Grünen
LEO 08G165
(56 09; Fax 96 09)
Forststraße 93, 70176 Stuttgart, Deutschland;
Tel 00 49-7 11/9 93 59 90;
Fax 00 49-7 11/9 93 59 99;
e-mail   hruehle@europarl.eu.int
http://www.eurogruene.de,
http://www.heide-ruehle.de
IMCO, (CONT), DM01, (DM03)

SCHMIDT, Frithjof, Verts/ALE,
Bündnis 90/Die Grünen
LEO 08G218
(52 15; Fax 92 15)
Schmechtlingerstraße 26, 44809 Bochum,
Deutschland;
Tel 00 49-2 34/51 37 63;
Fax 00 49-2 34/51 37 63;
e-mail   fschmidth@gruene.nrw.de
DEVE, (INTA), D23

SCHMITT, Ingo, PPE-DE, CDU
LEO 10E246
(54 42; Fax 94 42)
Deutscher Bundestag 1.47, Wilhelmstraße 60,
10117 Berlin, Deutschland;
Tel 00 49-30/22 77 93 62;
Fax 00 49-30/22 77 00 41;
e-mail   ischmitt@europarl.eu.int
http://www.cdu-csu-ep.de,
http://www.ingo-schmitt.de
TRAN, (JURI), D26

SCHNELLHARDT, Horst, PPE-DE, CDU
LEO 15E115

(56 18; Fax 96 18)
Hegelstraße 23, 39104 Magdeburg,
Deutschland;
Tel 00 49-3 91/5 66 68 66;
Fax 00 49-3 91/5 66 68 67;
e-mail   hschnellhardt@europarl.eu.int
http://www.cdu-csu-ep.de,
http://www.schnellhardt-europa.de
ENVI, (DEVE), (D05), (D07)

SCHRÖDER, Jürgen, PPE-DE, CDU
LEO 15E157
(55 60; Fax 95 60)
Europabüro Dresden, Rähnitzgasse 10,
01097 Dresden, Deutschland;
Tel 00 49-3 51/8 29 66 66;
Fax 00 49-3 51/8 29 66 67;
e-mail   jschroeder@europarl.eu.int,
e-mail   info@schroeder-europa.de
http://www.cdu-csu-ep.de,
http://www.schroeder-europa.de
DEVE, (REGI), DM06, (D17)

SCHROEDTER, Elisabeth, Verts/ALE,
Bündnis 90/Die Grünen
LEO 08G310
(52 34; Fax 92 34)
Unter den Linden 50, 11011 Berlin,
Deutschland;
Tel 00 49-30/22 77 15 08;
Fax 00 49-30/22 77 65 13;
e-mail   eschroedter@europarl.eu.int,
e-mail   info@elisabeth-schroedter.de
http://www.elisabeth-schroedter.de
REGI, (EMPL), D05, D06

SCHULZ, Martin, PSE, SPD
LEO 05K002
(55 03; Fax 95 03)
Europabüro, Willy-Brandt-Ring 1,
52477 Alsdorf, Deutschland;
Tel 00 49-24 04/98 62 15;
Fax 00 49-24 04/98 61 16;
e-mail   mschulz@europarl.eu.int,
e-mail   mail@martin-schulz.info
http://www.martin-schulz.info
(LIBE)

SCHUTH, Willem, ALDE, FDP
LEO 10G242
(52 91; Fax 92 91)
Norddeutsches Europabüro,
Walter-Gieseking-Straße 22, 30159 Hannover,
Deutschland;
Tel 00 49-5 11/2 80 71 29;
Fax 00 49-5 11/2 80 71 25;
e-mail   willem.schuth@fdp.de,
e-mail   wschuth@europarl.eu.int,
e-mail   sandra.schilder@fdp.de
http://www.willem-schuth.de
AGRI, (TRAN), D01, (DM05), (D27)

SCHWAB, Andreas, PPE-DE, CDU
LEO 10E116
(59 38; Fax 99 38)
Wahlkreisbüro, Eisenbahnstraße 64,
79098 Freiburg i. B. , Deutschland;
Tel 00 49-7 61/2 17 13 13;
Fax 00 49-7 61/2 17 13 14;
e-mail   post@andreas-schwab.de
http://www.andreas-schwab.de
IMCO, PETI, (ECON), (D01)

SOMMER, Renate, PPE-DE, CDU
LEO 10E154
(53 83; Fax 93 83)
Europabüro Ruhrgebiet, Schulstraße 28,
44623 Herne, Deutschland;
Tel 00 49-23 23/91 85 11;
Fax 00 49-23 23/91 85 12;
e-mail   rsommer@europarl.eu.int,
e-mail   renate.sommer@t-online.de
http://www.renate-sommer.de,
http://www.cdu-csu-ep.de
TRAN, (ENVI), DM05, (D11)

STOCKMANN, Ulrich, PSE, SPD
LEO 12G265
(56 87; Fax 96 87)
SPD-Europabüro, Bürgelstraße 1,
39104 Magdeburg, Deutschland;
Tel 00 49-3 91/5 41 12 92;
Fax 00 49-3 91/5 41 33 26;
e-mail   ustockmann@europarl.eu.int,
e-mail   europabuero@ulrich-stockmann.de
http://www.ulrich-stockmann.de
TRAN, (ENVI), (DM07), D09

TRÜPEL, Helga, Verts/ALE,
Bündnis 90/Die Grünen
LEO 08H243
(51 40; Fax 91 40)
Gustav-Heinemann-Straße 78, 28215 Bremen,
Deutschland;
Tel 00 49-4 21/3 01 12 33;
Fax 00 49-4 21/3 01 12 50;
e-mail helga.truepel@gruene-bremen.de,
e-mail helga.truepel@t-online.de
CULT, BUDG, (PECH), D21

UCA, Feleknas, GUE/NGL, PDS
LEO 06F361
(54 19; Fax 94 19)
Europabüro, Bergstraße 50, 29221 Celle,
Deutschland;
Tel 00 49-51 41/9 01 30 40;
Fax 00 49-51 41/9 01 30 41;
e-mail eu-pds-celle@t-online.de,
e-mail fuca@europarl.eu.int
http://www.feleknasuca.de
DEVE, (FEMM), DM05, (D14)

ULMER, Thomas, PPE-DE, CDU
LEO 15E116
(53 14; Fax 93 14)
Thaunusstraße 21, 74821 Mosbach,
Deutschland;
Tel 00 49-62 61/89 39 91;
Fax 00 49-62 61/89 30 69;
e-mail info@thomas-ulmer.de
http://www.thomas-ulmer.de
ENVI, (REGI), (D01), D24

VON WOGAU, Karl, PPE-DE, CDU
LEO 10E206
(53 01; Fax 93 01)
Europabüro, Kaiser-Joseph-Straße 284,
79098 Freiburg im Breisgau, Deutschland;
Tel 00 49-7 61/2 18 08 41;
Fax 00 49-7 61/2 18 08 71;
e-mail info@wogau.de,
e-mail kwogau@europarl.eu.int
http://www.wogau.de, www.cdu-csu-ep.de
AFET, (ECON), D27, (D23)

WAGENKNECHT, Sahra, GUE/NGL, PDS
LEO 06F258
(56 19; Fax 96 19)
Europabüro Sahra Wagenknecht, Unter den
Linden 50, 10117 Berlin, Deutschland;
Tel 00 49-30/22 77 04 19;
Fax 00 49-30/22 77 68 19;
e-mail
europabuero.berlin@sahra-wagenknecht.de
http://www.sahra-wagenknecht.de
ECON, (ITRE), D18, (D19)

WALTER, Ralf, PSE, SPD
LEO 11G246
(54 26; Fax 94 26)
Enderstraße 54, 56812 Cochem, Deutschland;
Tel 00 49-26 71/6 07 70;
Fax 00 49-26 71/60 77 29;
e-mail ralf.walter.mdep@t-online.de,
e-mail rwalter@europarl.eu.int
http://ralf-walter-mdep.de
BUDG, (DEVE), (CONT), D20

WEBER, Manfred, PPE-DE, CSU
LEO 15E209
(58 90; Fax 98 90)
Finkenweg 22, 93359 Wildenberg,
Deutschland;
Tel 00 49-94 44/8 70 97 52;
Fax 00 49-94 44/8 70 97 51;
e-mail buero@weber-manfred.de,
e-mail info@weber-manfred.de
http://www.weber-manfred.de
LIBE, (REGI), DM02, (DM05), (D03)

WEILER, Barbara, PSE, SPD
LEO 12G269
(54 39; Fax 94 39)
Humboldtstraße 8a, 34117 Kassel,
Deutschland;
Tel 00 49-5 61/1 25 95;
Fax 00 49-5 61/1 26 82;
e-mail bweiler@europarl.eu.int,
e-mail b.weiler.mdep@t-online.de
http://www.barbara-weiler.de
IMCO, (EMPL), D23, (D20)

WEISGERBER, Anja, PPE-DE, CSU
LEO 15E210
(53 37; Fax 93 37)

Karl-Götz-Straße 17, 97424 Schweinfurt, Deutschland;
Tel 00 49-97 23/93 85 29;
Fax 00 49-97 23/93 85 69;
e-mail anja@weisgerber.com,
e-mail aweisgerber@europarl.eu.int
http://www.anja-weisgerber.de
ENVI, (EMPL), (DM07)

WIELAND, Rainer, PPE-DE, CDU
LEO 10E242
(55 45; Fax 95 45)
Dornierstraße 17, 70469 Stuttgart, Deutschland;
Tel 00 49-7 11/8 06 07 48 80;
Fax 00 49-7 11/8 06 07 48 94;
e-mail rwieland@europarl.eu.int
http://www.mdep.de
JURI, PETI, (LIBE), (DM01)

WUERMELING, Joachim, PPE-DE, CSU
LEO 15E258
(57 11; Fax 97 11)
CSU-Europabüro Oberfranken,
Wölfelstraße 6, 95444 Bayreuth, Deutschland;
Tel 00 49-9 21/5 60 69 11;
Fax 00 49-9 21/5 60 69 12;
e-mail jwuermeling@europarl.eu.int,
e-mail
csu-europabuero-oberfranken@t-online.de
http://www.cdu-csu-ep.de,
http://www.wuermeling.net
IMCO, (AFCO), DM02, (D04), (D13)

ZIMMER, Gabriele, GUE/NGL, PDS
LEO 06F353
(51 01; Fax 91 01)
Am Alten Sportplatz 6a,
98553 Nahetal-Waldau, Deutschland;
Tel 00 49-30/24 00 93 92;
Fax 00 49-30/24 00 97 77;
e-mail zimmer.zimmer@t-online.de
EMPL, (DEVE), D21, (D03)

ZIMMERLING, Jürgen, PPE-DE, CDU
LEO 10E153
(55 67; Fax 95 67)
(ECON)

3.2.4.3 Mitglieder aus Österreich

BERGER, Maria, PSE, SPÖ
LEO 15G346
(57 21; Fax 97 21)
Europabüro, Zeitling 9, 4320 Perg, Österreich;
Tel 00 43-72 62/5 26 99;
Fax 00 43-72 62/52 69 93;
e-mail maria.berger@europarl.eu.int
http://www.spe.at/berger
JURI, (AFCO), D22, D16

BÖSCH, Herbert, PSE, SPÖ
LEO 15G254
(56 77; Fax 96 77)
EU-Büro der SPÖ, Schenkenstraße 8/5,
1017 Wien, Österreich;
Tel 00 43-1/4 01 10 36 19;
Fax 00 43-1/4 01 10 37 37;
e-mail hboesch@europarl.eu.int
http://www.herbertboesch.at
CONT, BUDG, DM07, (D04)

ETTL, Harald, PSE, SPÖ
LEO 15G354
(57 26; Fax 97 26)
Gewerkscahft Textil-Bekleidung-Leder,
Plößlgasse 15, 1041 Wien, Österreich;
Tel 00 43-1/50 14 64 01;
e-mail hettl@europarl.eu.int
http://www.harald-ettl.at
EMPL, (ECON), DM02, (D12)

KARAS, Othmar, PPE-DE, ÖVP
LEO 09E258
(56 27; Fax 96 27)
Schenkenstraße 8-10, 1017 Wien, Österreich;
Tel 00 43-1/4 01 10 47 03;
Fax 00 43-1/4 01 10 47 10;
ECON, (IMCO), D20, (D21)

LEICHTFRIED, Jörg, PSE, SPÖ
LEO 15G265
(54 36; Fax 94 36)
Europabüro, Koloman-Wallisch-Platz 3,
8600 Bruck an der Mur, Österreich;
Tel 00 43-38 62/5 14 92 15;
Fax 00 43-38 62/51 49 27;
e-mail jleichtfried@europarl.eu.int
TRAN, (INTA), D18, (D17)

LICHTENBERGER, Evelin, Verts/ALE,
Grüne
LEO 08G157
(51 39; Fax 91 39)
Grüner Klub im Palament, 1017 Wien,
Österreich;
Tel 00 43-1/4 01 10 66 62;
Fax 00 43-1/4 01 10 68 82;
e-mail eva.lichtenberger@gruene.at
TRAN, (JURI), DM06, (D21)

MARTIN, Hans-Peter, NI, MARTIN
LEO 07F362
(51 57; Fax 91 57)
Boecklinstraße 90/7, 1020 Wien, Österreich;
Tel 00 43-6 64/2 01 80 91;
e-mail hpmartin@europarl.eu.int,
e-mail hpm.martin@eunet.at
ECOCN, CONT, (BUDG), D14, D21

MÖLZER, Andreas, NI, FPÖ
LEO 08E266
(51 41; Fax 91 41)
Seeuferstraße 8, 9520 Annenheim, Österreich;
Tel 00 43-1/7 12 10 57 16;
Fax 00 43-1/7 12 10 57 20;
e-mail amolzer@europarl.eu.int
AFCO, (CULT), DM05

PRETS, Christa, PSE, SPÖ
LEO 15G258
(55 91; Fax 95 91)
Technologiezentrum Eisenstadt,
Marktstraße 3, 7000 Eisenstadt, Österreich;
Tel 00 43-26 82/70 44 50;
Fax 00 43-26 82/70 44 51;
e-mail cprets@europarl.eu.int
http://www.christaprets.at
CULT, FEMM, (REGI), (DM01), D14

RACK, Reinhard, PPE-DE, ÖVP
LEO 08F143
(57 73; Fax 97 73)
Obere Teichstraße 19, 8010 Graz, Österreich;
Tel 00 43-3 16/4 66 81 70;
Fax 00 43-3/4 66 81 74;
e-mail rrack@europarl.eu.int
http://www.mep.at
TRAN, (AFCO), D25, (D20)

RESETARITS, Karin, NI, MARTIN
LEO 02F255
(55 13; Fax 95 13)
Beckgasse 17/1/2, 1130 Wien, Österreich;
Tel 00 43-6 64/4 22 03 76
e-mail kresetarits@europarl.eu.int
http://www.karinresetarits.at
CULT, (FEMM), (AGRI), D15, (DM05)

RÜBIG, Paul, PPE-DE, ÖVP
LEO 08F167
(57 49; Fax 97 49)
Dr.-Koss-Straße 1, 4600 Wels, Österreich;
Tel 00 43-72 42/6 75 28;
Fax 00 43-72 42/ 6 75 28 11;
e-mail pruebig@europarl.eu.int
http://www.ruebig.at
ITRE, (BUDG), D01, (D25)

SCHEELE, Karin, PSE, SPÖ
LEO 15G246
(53 97; Fax 93 97)
Schenkenstraße 8/5, 1017 Wien, Österreich;
Tel 00 43-1/4 01 10 36 02;
Fax 00 43-1/4 01 10 37 37;
e-mail kscheele@europarl.eu.int
http://www.karinscheele.at
ENVI, (DEVE), D07

SCHIERHUBER, Agnes, PPE-DE, ÖVP
LEO 08F243
(57 41; Fax 97 41)
Lugendorf 2, 3525 Sallingberg, Österreich;
Tel 00 43-6 64/4 42 93 70;
e-mail aschierhuber@europarl.eu.int
http://www.agnes-schierhuber.at
AGRI, (LIBE), D16

SEEBER, Richard, PPE-DE, ÖVP
LEO 08F163
(54 68; Fax 94 68)
Europäisches Parlament, Rue Wirtz,
ASP 08F163, 1047 Brüssel, Belgien;
Tel 00 32-2/2 84 54 68;
Fax 00 32-2/2 84 94 68;
e-mail rseeber@europarl.eu.int
ENVI, PETI, (REGI), D03, (DM05)

STENZEL, Ursula, PPE-DE, ÖVP
LEO 08F136
(57 66; Fax 97 66)
Schenkenstraße 8-10, 1017 Wien, Österreich;
Tel 00 43-1/4 01 10 46 99;
Fax 00 43-1/4 01 10 47 13;
e-mail ustenzel@europarl.eu.int
AFET, (CONT), (EMPL), D24

SWOBODA, Johannes, PSE, SPÖ
LEO 15G342
(57 16; Fax 97 16)
Europabüro der SPÖ, Schenkenstraße 8,
5. Stock, 1017 Wien, Österreich;
Tel 00 43-1/4 01 10 37 69;
Fax 00 43-1/4 01 10 37 37;
e-mail hannes.swoboda@spoe.at
http://www.hannes-swoboda.at
AFET, (ITRE), D02, D08, (D10)

VOGGENHUBER, Johannes, Verts/ALE,
GRÜNE
LEO 08G153
(52 72; Fax 92 72)
Grüner Klub im Parlament;
Tel 00 43-1/4 01 10 65 60;
Fax 00 43-1/4 01 10 68 82;
AFCO, (LIBE), D09, (D10)

3.2.4.4 Mitglieder aus den übrigen Mitgliedstaaten

ADAMOU, K. Adamos, GUE/NGL,
AKEL, **CY**
(59 64; Fax 99 64);
e-mail adamosad@spidernet.com.cy
ENVI, (CULT), D10, (DM07)

AGNOLETTO, Vittorio Emanuele,
GUE/NGL, RC, **I**
(54 44; Fax 94 44);
AFET, (INTA), D10, (D15)

ALBERTINI, Gabriele, PPE-DE, FI, **I**
(53 66; Fax 93 66);
e-mail galbertini@europarl.eu.int
TRAN, (ITRE), D27, (D15)

ALLISTER, James Hugh, NI, DUP, **GB**
(52 75; Fax 92 75);
AFCO, PECH, (INTA)

ANDERSSON, Jan, PSE, S, **S**
(55 54; Fax 95 54);
e-mail jandersson@europarl.eu.int.
EMPL, (ECON), D20

ANDREJEVS, Georgs, ALDE/ADLE,
LC, **LV**
(55 48; Fax 95 48);
e-mail lasma@lc.lv
ENVI, D08, (DM03)

ANDRIA, Alfonso, ALDE/ADLE, MRE, **I**
(51 09; Fax 92 81);
REGI, (ENVI), D15, (D01)

ANDRIKIENÈ, Laima Liucija, PPE-DE,
TS, **LT**
(58 58; Fax 98 58);
BUDG, (AFET), D05, (D03)

ANGELILLI, Roberta, UEN, AN, **I**
(59 02; Fax 99 02);
LIBE, (REGI), D13, (D01)

ANTONIOZZI, Alfredo, PPE-DE, FI, **I**
(55 16; Fax 95 16);
LIBE, (REGI), (DM06), D17, (D03)

ARIF, Kader, PSE, PS, **F**
(51 70; Fax 91 70);
INTA, (ENVI), DM05

ARNAOUTAKIS, Stavros, PSE, PSK, **GR**
(55 68; Fax 95 68);
e-mail sarnaoutakis@europarl.eu.int
REGI, PECH, (ENVI), DM01, (D04)

ASHWORTH, Richard James, PPE-DE,
Conservative, **GB**
(53 09; Fax 93 09);
e-mail rashworth@europarl.eu.int
BUDG, (EMPL), DM06, (DM01)

ASSIS, Francisco, PSE, PS, **P**
(57 70; Fax 97 70);
INTA, (AFET), DM07, (D17)

ATKINS, Robert, PPE-DE,
Conservative, **GB**
(53 73; Fax 93 73);
e-mail ratsmep@sir-robertatkins.org
TRAN, PETI, (ENVI), D21, (D26)

ATTARD-MONTALTO, John, PSE,
MLP, **M**
(51 16; Fax 91 16);
e-mail jattard@europarl.eu.int
ITRE, (TRAN), D13, (D25)

ATTWOOLL, Elspeth, ALDE/ADLE,
LD, **GB**
(57 95; Fax 97 95);
REGI, PECH, (EMPL), D16

AUBERT, Marie-Hélene, Verts/ALE,
Verts, **F**
(54 75; Fax 94 75);
e-mail mhaubert@europarl.eu.int
PECH, AGRI, (DEVE), (DM05)

AUDY, Jean-Pierre, PPE-DE, UMP, **F**
(51 26; Fax 91 26);
INTA, (ITRE), (D23)

AUKEN, Margrete, Verts/ALE, SF, **DK**
(53 27; Fax 93 27);
e-mail mauken@europarl.eu.int
DEVE, TRAN, (ENVI), D10, (D09)

AYALA SENDER, Inés, PSE, PSOE, **E**
(55 08; Fax 95 08);
e-mail iayalasender@europarl.eu.int
TRAN, CONT, (REGI), D17, (D21)

AYLWARD, Liam, UEN, FF, **IRL**
(57 82; Fax 97 82);
e-mail laylward@europarl.eu.int
ENVI, (PECH), (AGRI), (D23)

AYUSO GONZÁLEZ, Maria del Pilar,
PPE-DE, PP, **E**
(53 98; Fax 93 98);
e-mail mayuso@europarl.eu.int
(ITRE), (ENVI), (AGRI), D19

BACHELOT-NARQUIN, Roselyne,
PPE-DE, UMP, **F**
(56 30; Fax 96 30);
e-mail roselyne.bachelot@wanadoo.fr
EMPL, (ITRE), D10, (D09)

BACO, Peter, NI, LS-HZDS, **SK**
(52 47; Fax 92 47);
AGRI, (REGI), DM03

BADÍA I CUTCHET, Maria, PSE, PSOE, **E**
(56 82; Fax 96 82);
e-mail mbadia@psc.es
CULT, (BUDG), D20, (D26)

BARÓN CRESPO, Enrique, PSE, PSOE, **E**
(54 90; Fax 94 90);
INTA, (ECON), D15, (D22)

BARSI PATAKY, Etelka, PPE-DE,
FIDESZ-MPP, **H**
(55 82; Fax 95 82);
TRAN, (ITRE), D26, D01

BATTEN, Gerard Joseph, IND/DEM,
UKIP, **GB**
(59 20; Fax 99 20);
(AFET)

BATTILOCCHIO, Alessandro, NI, NPSI, **I**
(54 96; Fax 94 96);
e-mail abattilocchio@europarl.eu.int
DEVE, PETI, (TRAN), DM01, D08

BATZELI, Katerina, PSE, PSK, **GR**
(53 62; Fax 93 62);
e-mail kbatz@otenet.gr
AGRI, (ECON), (FEMM), D21, (DM03)

BAUER, Edit, PPE-DE, SMK, **SK**
(56 73; Fax 96 73);
LIBE, FEMM, (EMPL), DM01, (D20)

BEAUPUY, Jean Marie, ALDE/ADLE,
UDF, **F**
(53 54; Fax 93 54);
e-mail jmbeaupuy@europarl.eu.int
REGI, (EMPL), D25, (D18), (D22)

BEAZLEY, Christopher J. P., PPE-DE,
Conservative, **GB**
(52 26; Fax 92 26);
CULT, DM01, (D04), (DM02)

BECSEY, Zsolt László, PPE-DE,
FIDESZ-MPP, **H**
(58 88; Fax 98 88);
e-mail becsey.zsolt@axelero.hu
ECON, (TRAN), (DM03), D02

BEGLITIS, Panagiotis, PSE, PSK, **GR**
(52 02; Fax 92 02);
e-mail beglitis@politicalforum.gr
AFET, (INTA), DM05, (D09)

BELDER, Bastiaan, IND/DEM,
CU/SGP, **NL**
(52 70; Fax 92 70);
e-mail bbelder@europarl.eu.int
AFET, (INTA), (AFCO), (REGI), D09,
(D15), (DM02)

BELET, Ivo, PPE-DE, CD&V-N-VA, **B**
(56 23; Fax 96 23);
e-mail ibelet@europarl.eu.int
ITRE, (CULT), (PETI), D22, (D23)

BELOHORSKÁ, Irena, NI, LS-HZDS, **SK**
(52 51; Fax 92 51);
ENVI, (AFET), D17

BENNAHMIAS, Jean-Luc, Verts/ALE,
Verts, **F**
(55 74; Fax 95 74);
EMPL, (CULT), (PETI), D26, (D16)

BEŇOVÁ, Monika, PSE, SMER, **SK**
(51 60; Fax 91 60);
e-mail asistent.benova@strana-smer.sk
AFET, (LIBE), D09

BERÈS, Pervenche, PSE, PS, **F**
(57 77; Fax 97 77);
e-mail pberes@europarl.eu.int
ECON, (AFCO), D21

BERLATO, Sergio, UEN, AN, **I**
(52 13; Fax 92 13);
e-mail info@sergioberlato.it
AGRI, (ENVI), D25, (D21)

BERLINGUER, Giovanni, PSE, DS, **I**
(51 07; Fax 91 07);
e-mail gberlinguer@europarl.eu.int
CULT, (ENVI), DM06, (D19)

BERMAN, Thijs, PSE, PvdA, **NL**
(54 79; Fax 94 79);
e-mail tberman@europarl.eu.int
AGRI, (REGI), D04

BERSANI, Pier Luigi, PSE, DS, **I**
(58 81; Fax 98 81);
e-mail plbersani@europarl.eu.int
ECON, (IMCO), D07, (D06)

BERTINOTTI, Fausto, GUE/NGL, RdCI, **I**
(51 19; Fax 91 19);
ECON, (JURI), DM04

BIELAN, Adam Jerzy, UEN, PiS, **PL**
(59 25; Fax 99 25);
e-mail adam.bielan@sejm.pl
REGI, (TRAN), D19

BIRUTIS, Šarūnas, ALDE/ADLE, DP, **LT**
(56 71; Fax 96 71);
ITRE, (IMCO), D04, (D22)

BLOKLAND, Johannes, IND/DEM,
GU/SGP, **NL**
(58 20; Fax 98 20);
ENVI, LIBE, (TRAN), D07, D08, (D21)

BLOOM, Godfrey William, IND/DEM,
UKIP, **GB**
(54 69; Fax 94 69);
IMCO, (FEMM)

BOBOŠÍKOVÁ, Jana, NI, Nezavisli, **CZ**
(52 84; Fax 92 84);
e-mail tvozabova@euparlament.com
REGI, (ECON), D04

BONDE, Jens-Peter, IND/DEM, Juni B., **DK**
(51 67; Fax 91 67);
AFCO, (CONT), D01

BONINO, Emma, ALDE/ADLE,
L. Bonino, **I**
(52 88; Fax 92 88);
e-mail   ebonino@europarl.eu.int
AFET, (BUDG), D12, (DM05)

BONO, Guy, PSE, PS, **F**
(54 24; Fax 94 24);
e-mail   gbono@europarl.eu.int
CULT, (TRAN), DM06, (D17)

BONSIGNORE, Vito, PPE-DE, UDC, **I**
(53 82; Fax 93 82);
BUDG, CONT, D15

BOOTH, Graham H., IND/DEM,
UKIP, **GB**
(57 63; Fax 97 63);
e-mail   mrgrahamboot@aol.com
REGI

BORGHEZIO, Mario, IND/DEM, LN, **I**
(57 04; Fax 97 04);
LIBE, PETI, (IMCO), (ITRE), DM01

BORRELL FONTELLES, Josep, PSE,
PSOE, **E**
(53 41; Fax 93 41);

BOSSI, Umberto, IND/DEM, LN, **I**
(57 35; Fax 97 35);
REGI, (EMPL)

BOURLANGES, Jean-Louis, ALDE/ADLE,
UDF, **F**
(58 76; Fax 98 76);
INTA, (AFCO), D13, (D15)

BOURZAI, Bernadette, PSE, PS, **F**
(54 32; Fax 94 32);
e-mail   bbourzai@europarl.eu.int
REGI, (AGRI), D07, (DM05)

BOWIS, John, PPE-DE, Conservative, **GB**
(57 80; Fax 97 80);
ENVI, (DEVE), D10, (D22)

BOWLES, Sharon Margaret, ALDE/ADLE,
LDP, **GB**
(52 21; Fax 92 21);
e-mail   sbowles@europarl.eu.int
ECON, D23

BOZKURT, Emine, PSE, PvdA, **NL**
(59 40; Fax 99 40);
e-mail   ebozkurt@europarl.eu.int
EMPL, FEMM, (CULT), DM05

BRADBOURN, Philip Charles, PPE-DE,
Conservative, **GB**
(54 07; Fax 94 07);
e-mail   pbradbourn@europarl.eu.int
TRAN, (IMCO), (INTA), D15, D26, (D16),
(D22)

BREJC, Mihael, PPE-DE, SDS, **SI**
(56 36; Fax 96 36);
e-mail   mbrejc@europarl.eu.int
LIBE, (EMPL), D26

BREPOELS, Frederika M. J., PPE-DE,
CD&V-N-VA, **B**
(58 62; Fax 98 62);
e-mail   fbrepoels@europarl.eu.int
ENVI, (LIBE), D08, (D18)

BŘEZINA, Jan, PPE-DE, KDU-CSKL, **CZ**
(54 84; Fax 94 84);
ITRE, (REGI), D02,

BRUNETTA, Renato, PPE-DE, FI, **I**
(53 93; Fax 93 93);
e-mail   rbrunetta@europarl.eu.int
ITRE, (ECON), D21, (DM03), (DM05)

BUDREIKAITÈ, Danute, ALDE/ADLE,
DP, **LT**
(56 35; Fax 96 35);
DEVE, (ENVI), (INTA), D18, (D01)

BUITENWEG, Kathalijne Maria, Verts/ALE,
GroenLinks, **NL**
(52 66; Fax 92 66);
e-mail   kbuitenweg@europarl.eu.int
LIBE, (BUDG), D15, (D21)

BUSHILL-MATTHEWS, Philip, PPE-DE,
Conservative, **GB**
(51 14; Fax 91 14);
EMPL, (AFET), D14, D22, (D05), (D21)

BUSK, Niels, ALDE/ADLE, V, **DK**
(53 65; Fax 93 65);
e-mail nbusk@europarl.eu.int
PECH, AGRI, (ENVI)

BUSQUIN, Philippe, PSE, PS, **B**
(55 14; Fax 95 14);
e-mail pbusquin@europarl.eu.int
ITRE, (ENVI), D03

BUSUTTIL, Simon, PPE-DE, PN, **M**
(56 86; Fax 96 86);
BUDG, CONT, (REGI), D11

BUZEK, Jerzy, PPE-DE, PO, **PL**
(56 31; Fax 96 31);
e-mail jbuzek@europarl.eu.int
ITRE, (ENVI), D04, (D17)

CABRNOCH, Milan, PPE-DE, ODS, **CZ**
(53 78; Fax 93 78);
e-mail cabrnoch@cabrnoch.cz
EMPL, (CONT), D03,

CALABUIG RULL, Joan, PSE, PSOE, **E**
(58 93; Fax 98 93);
http://www.psoe-pe-org
ITRE, (BUDG), (PETI), D21, (D23)

CALLANAN, Martin, PPE-DE,
Conservative, **GB**
(57 01; Fax 97 01);
ENVI, (EMPL), (D04), (D07)

CAMRE, Mogens N. J., UEN, DF, **DK**
(52 05; Fax 92 05);
e-mail mcamre@europarl.eu.int
EMPL, (AFCO), CONT, DM05, (DM07)

CAPOULAS SANTOS, Luis Manuel, PSE,
PS, **E**
(59 91; Fax 99 91);
PECH, AGRI, (ENVI), D13, (DM06)

CARLOTTI, Marie-Arlette, PSE, PS, **F**
(57 89; Fax 97 89);
DEVE, (AFET), (D11)

CARLSHAMRE, Maria, ALDE/ADLE,
Fp, **S**
(56 20; Fax 96 20);
LIBE, FEMM, (CULT), D05, (D04)

CARNERO GONZÁLEZ, Carlos, PSE,
PSOE, **E**
(59 69; Fax 99 69);
AFCO, (AFET), D12, (DM05)

CAROLLO, Giorgio, PPE-DE, FI, **I**
(51 78; Fax 91 78);
PECH, JURI, (INTA), (AGRI), (DM01),
DM07, (D07)

CASA, David, PPE-DE, PN, **M**
(54 45; Fax 94 45);
ECON, PECH, (ENVI), DM02, (DM05)

CASACA, Paulo, PSE, PS, **P**
(53 36; Fax 93 36);
e-mail pcasaca@europarl.eu.int
PECH, BUDG, CONT, D14, D27, (D25)

CASHMAN, Michael, PSE, LAB, **GB**
(57 59; Fax 97 59);
PETI, LIBE, (ENVI), DM01, (D25)

CASTEX, Francoise, PSE, PS, **F**
(51 29; Fax 91 29);
e-mail frcastex@wanadoo.fr
INTA, (EMPL), (DEVE), D10

CASTIGLIONE, Giuseppe, PPE-DE, FI, **I**
(58 66; Fax 98 66);
e-mail gcastiglione@europarl.eu.int
AGRI, (ENVI), D14, (D21)

CATANIA, Giusto, GUE/NGL, RC, **I**
(58 74; Fax 98 74);
e-mail giustocatania@libero.it
LIBE, (REGI), D14, (D11)

CAVADA, Jean-Marie, ALDE/ADLE, UDF, **F**
(53 67; Fax 93 67);
LIBE, (ECON), DM01

CEDERSCHIÖLD, Charlotte, PPE-DE, M, **S**
(58 23; Fax 98 23);
e-mail   charlotte.cederschiold@moderat.se
LIBE, (IMCO), D19, (D15)

CERCAS, Alejandro, PSE, PSOE, **E**
(54 55; Fax 94 55);
e-mail   acercas@europarl.eu.int
EMPL, (CULT), D09, (D15)

CESA, Lorenzo, PPE-DE, UDC, **I**
(54 18; Fax 94 18);
ITRE, CONT, (LIBE), (DM05), (D11)

CHICHESTER, Giles Bryan, PPE-DE, Conservative, **GB**
(52 96; Fax 92 96);
e-mail   gchichester@europarl.eu.int
ITRE, (IMCO), D25, (D15)

CHIESA, Giulietto, ALDE/ADLE, S.C.D.P., **I**
(56 02; Fax 96 02);
e-mail   gchiesa@europarl.eu.int
INTA, (CULT), D03, (D07)

CHMIELEWSKI, Zdzislaw Kazimierz, PPE-DE, PO, **PL**
(53 29; Fax 93 29);
PECH, (ITRE), (D20), (DM07)

CHRISTENSEN, Ole, PSE, SD, **DK**
(54 64; Fax 94 64);
e-mail   ochristensen@europarl.eu.int
EMPL, (REGI), DM01

CHRUSZCZ, Sylwester, IND/DEM, LPR, **PL**
(55 71; Fax 95 71);
TRAN, (REGI), D16

CIRINO POMICINO, Paolo, PPE-DE, AP-UDEUR, **I**
(53 02; Fax 93 02);
ECON, D07, (D11)

CLAEYS, Philip, NI, Vlaams Blok, **B**
(52 81; Fax 92 81);
AFET, (CULT), D25

CLARK, Derek Roland, IND/DEM, UKIP, **GB**
(55 52; Fax 95 52);
EMPL

COCILOVO, Luigi, ALDE/ADLE, DL Margh, **I**
(58 54; Fax 98 54);
EMPL, (TRAN), (REGI), D19

COELHO, Carlos, PPE-DE, PPD-PSD, **P**
(55 51; Fax 95 51);
LIBE, (ITRE)

CORBETT, Richard, PSE, LAB, **GB**
(55 04; Fax 95 04);
AFCO, (LIBE), D20, (D18)

CORBEY, Dorette, PSE, PvdA, **NL**
(52 36; Fax 92 36);
ENVI, (ITRE), D21

CORNILLET, Thierry, ALDE/ADLE, UDF, **F**
(55 79; Fax 95 79);
DEVE, (ITRE)

CORREIA, Fausto, PSE, PS, **P**
(57 68; Fax 97 68);
e-mail   pwb@netcabo.pt
LIBE, (TRAN), D07, (D19)

COSTA, Paolo, ALDE/ADLE, DL Margh, **I**
(55 37; Fax 95 37);
e-mail   demcosta@tin.it
TRAN, (IMCO), (PECH), D22, (D19)

COTTIGNY, Jean Louis, PSE, PS, **F**
(51 56; Fax 97 03);
EMPL, (TRAN), D17

COÛTEAUX, Paul Marie, IND/DEM, MPF, **F**
(52 06; Fax 92 06);
e-mail pcouteaux@europarl.eu.int
AFET, (DEVE), D11

COVENEY, Simon, PPE-DE, FG, **IRL**
(54 17; Fax 94 17);
AFET, (IMCO), (PECH), D15, (D14)

CROWLEY, Brian, UEN, FF, **IRL**
(57 51; Fax 97 51);
e-mail briancrowleymep@eircom.net
AFCO, (PECH), (JURI), D15, (D11)

CZARNECKI, Marek Aleksander, NI, SO, **PL**
(51 94; Fax 91 94);
e-mail czarnecki@medianet.pl
JURI, (LIBE), D09

CZARNECKI, Ryszard, NI, SO, **PL**
(54 41; Fax 94 41);
e-mail kontakt@RyszardCzarnecki.pl
AFET, (AFCO), D02

D'ALEMA, Massimo, PSE, DS, **I**
(52 49; Fax 92 49);
e-mail d.massimo@dol.it
AFET, PECH, D19, (D11)

DAUL, Joseph, PPE-DE, UMP, **F**
(55 25; Fax 95 25);
e-mail jdaul@europarl.eu.int
AGRI, (INTA)

DAVIES, Chris, ALDE/ADLE, LD, **GB**
(53 53; Fax 93 53);
e-mail chrisdaviesmep@cix.co.uk
ENVI, (PECH), (CONT), D10, (D25)

DE BRÚN, Bairbre, GUE/NGL, SF, **GB**
(52 22; Fax 92 22);
REGI, (ENVI), D15, (D17)

DE GRANDES PASCUAL, Luis, PPE-DE, PP, **E**
(55 12; Fax 95 12);
e-mail luisdegrandes@telefonica.net
TRAN, (JURI), DM07, (D07), (D17)

DE GROEN-KOUWENHOVEN, Elly, Verts/ALE, EurTrans, **NL**
(54 80; Fax 94 80);
LIBE, PETI, DM02, (D02)

DE KEYSER, Véronique, PSE, PS, **B**
(57 74; Fax 97 74);
e-mail vdekeyser@europarl.eu.int
AFET, (IMCO), (FEMM), D12

DE MICHELIS, Gianni, NI, NPSI, **I**
(54 54; Fax 94 54);
ITRE, (JURI), D21

DE ROSSA, Proinsias, PSE, Lab., **IRL**
(56 81; Fax 96 81);
e-mail pderossa@europarl.eu.int
EMPL, PETI, (AFET), D10

DE SARNEZ, Marielle, ALDE/ADLE, UDF, **F**
(52 97; Fax 92 97);
CULT, (AFET), D26, (DM07)

DE VEYRAC, Christine, PPE-DE, UMP, **F**
(57 39; Fax 97 39);
TRAN, (JURI), (LIBE), D10, (D09)

DE VITS, Mia, PSE, SPA-SPIRIT, **B**
(57 15; Fax 97 15);
e-mail mdevits@europarl.eu.int
IMCO, (ECON), DM02

DEGUTIS, Arūnas, ALDE/ADLE, DP, **LT**
(56 04; Fax 96 04);
TRAN, (EMPL), (ENVI), D18, D24, (D03), (D04)

DEHAENE, Jean-Luc, PPE-DE, CD&V-N-VA, **B**
(58 67; Fax 98 67);
e-mail jldehaene@europarl.eu.int
AFCO, (AFET), D21

DEL CASTILLO VERA, Pilar, PPE-DE, PP, **E**
(59 82; Fax 99 82);
e-mail pdelcastillo@europarl.eu.int
ITRE, (ECON), D21, (D11)

DEMETRIOU, Panayiotis, PPE-DE, DS, **CY**
(55 58; Fax 95 58);
e-mail   p.demetriou@avacom.net
AFCO, (LIBE), D08, (D02)

DEPREZ, Gérard, ALDE/ADLE, MR, **B**
(52 23; Fax 92 23);
e-mail   gdeprez@europarl.eu.int
BUDG, (LIBE), DM05, (D19)

DESCAMPS, Marie-Hélène, PPE-DE, UMP, **F**
(57 30; Fax 97 30);
e-mail   mhdescamps@europarl.eu.int
CULT, (PETI), D15

DÉSIR, Harlem, PSE, PS, **F**
(58 53; Fax 98 53);
e-mail   harlem.desir@free.fr
EMPL, (INTA)

DEVA, Nirj, PPE-DE, Conservative, **GB**
(52 45; Fax 92 45);
DEVE, (AFET), D22, (D23)

DI PIETRO, Antonio, ALDE/ADLE, LDP, **I**
(58 56; Fax 98 56);
e-mail   adipietro@europarl.eu.int
JURI, (LIBE), D26

DÍAZ DE MERA GARCÍA CONSUEGRA, Agustin, PPE-DE, PP, **E**
(56 24; Fax 96 24);
LIBE, (AGRI), D08, D14, (D21)

DIČKUTÉ, Jolanta, ALDE/ADLE, DP, **LT**
(56 32; Fax 96 32);
CULT, D01, (D16)

DIDŽIOKAS, Gintaras, UEN, VNDPS, **LT**
(55 46; Fax 95 46);
e-mail   gdidziokas@europarl.eu.int
AGRI, (EMPL), D23, (D07)

DÍEZ GONZÁLEZ, Rosa M., PSE, PSOE, **E**
(58 64; Fax 98 64);
e-mail   rdiez@europarl.eu.int
LIBE, (DEVE), DM06, (D20)

DILLEN, Koenraad, NI, Vlaams Blok, **B**
(52 82; Fax 92 82);
e-mail   koen.dillen@skynet.be
DEVE, (LIBE)

DIMITRAKOPOULOS, Giorgos, PPE-DE, ND, **GR**
(59 41; Fax 99 41);
e-mail   gdimitrakopoulos@europarl.eu.int
AFET, (LIBE), D12

DIONISI, Armando, PPE-DE, UDC, **I**
(53 30; Fax 93 30);
e-mail   info@armandodionisi.it
TRAN, (AGRI), D12, (D11)

DOBOLYI, Alexandra, PSE, MSZP, **H**
(53 70; Fax 93 70);
e-mail   adobolyi@europarl.eu.int
DEVE, PETI, (AFET), (DM02)

DOMBROVSKIS, Valdis, PPE-DE, JL, **LV**
(23 35; Fax 93 35);
e-mail   vdombrovskis@europarl.eu.int
BUDG, (ECON), (CONT), (D07)

DOORN, Bert, PPE-DE, CDA, **NL**
(55 43; Fax 95 43);
e-mail   ldoorn@europarl.eu.int
IMCO, JURI, D23, (D24)

DOS SANTOS, Manuel António, PSE, PS, **P**
(58 69; Fax 98 69);
e-mail   mdossantos@europarl.eu.int
ECON, (ITRE), (CONT), D11

DOUAY, Brigitte, PSE, PS, **F**
(57 86; Fax 97 86);
e-mail   bdouay@europarl.eu.int
BUDG, (REGI), D20, (DM06)

DOVER, Den, PPE-DE, Conservative, **GB**
(57 87; Fax 97 87);
e-mail   ddover@europarl.eu.int
ITRE, (REGI), (TRAN), D16, (D25)

DOYLE, Avril, PPE-DE, FG, **IRL**
(57 84; Fax 97 84);
e-mail   adoyle@europarl.eu.int
ENVI, (ITRE), D13, (D21)

DRČAR MURKO, Mojca, ALDE/ADLE, SI
(53 68; Fax 93 68);
e-mail d.murko@siol.net
ENVI, (REGI), DM04, (DM03)

DUCHOŇ, Petr, PPE-DE, ODS, CZ
(53 75; Fax 93 75);
CONT, TRAN, (ECON), D15

DUFF, Andrew Nicholas, ALDE/ADLE, LAB, GB
(59 98; Fax 99 98);
e-mail aduff@europarl.eu.int
AFCO, DM05

DÜHRKOP DÜHRKOP, Bárbara, PSE, PSOE, E
(54 78; Fax 94 78);
BUDG, (AGRI), (CONT), D16, (D01)

DUKA-ZÓLYOMI, Árpád, PPE-DE, SMK, SK
(52 38; Fax 92 38);
(AFET), D08, (D06)

DUQUESNE, Antoine, ALDE/ADLE, MR, B
(52 16; Fax 92 16);
LIBE, (AFCO), D19, (D11), (DM02)

EBNER, Michl, PPE-DE, SVP, I
(54 60; Fax 94 60);
e-mail mebner@europarl.eu.int
AGRI, (AFET), DM03

EK, Lena, ALDE/ADLE, C, S
(57 14; Fax 97 14);
ITRE, (ENVI), (FEMM)

EL KHADRAOUI, Saïd, PSE, SPIRIT, B
(55 64; Fax 95 64);
e-mail said.elkhadraoui@skynet.be
TRAN, (INTA), D08, (D15)

ELLES, James E. M., PPE-DE, Conservative, GB
(59 51; Fax 99 51);
BUDG, CONT, (AFET)

ESTEVES, Maria da Assunção, PPE-DE, PPD-PSD, P
(55 66; Fax 95 66);
e-mail assumpta@clix.pt
AFCO, (LIBE), D03, D22

ESTRELA, Edite, PSE, PS, P
(55 15; Fax 95 15);
FEMM, ENVI, D17, (D21)

EURLINGS, Camiel, PPE-DE, CDA, NL
(55 09; Fax 95 09);
e-mail ceurlings@europarl.eu.int
AFET, (LIBE), D03, (D09)

EVANS, Jillian, Verts/ALE, CYMRU, GB
(51 03; Fax 91 03);
ENVI, (FEMM), (REGI), D10, (D05), (D13)

EVANS, Jonathan, PPE-DE, Conservative, GB
(55 28; Fax 95 28);
ECON, (AFET), D15, (D20)

EVANS, Robert J. E., PSE, LAB, GB
(52 98; Fax 92 98);
e-mail rjeevans@europarl.eu.int
TRAN, (ECON), (DM01), D22, (D08)

FAJMON, Hynek, PPE-DE, ODS, CZ
(58 06; Fax 98 06);
e-mail hfajmon@europarl.eu.int
BUDG, (AGRI), D21

FALBR, Richard, PSE, CSSD, CZ
(54 70; Fax 94 70);
e-mail asistent@falbr.cz
EMPL, (REGI), D17, (D19)

FARAGE, Nigel Paul, IND/DEM, UKIP, GB
(58 55; Fax 98 55);
INTA, (PECH)

FATUZZO, Carlo, PPE-DE, P. Pensionati, I
(52 19; Fax 92 19);
e-mail cfatuzzo@europarl.eu.int
EMPL, (AFET), D15, (D20)

FAVA, Giovanni Claudio, PSE, DS, **I**
(52 03; Fax 92 03);
REGI, (AFET), (LIBE), (PECH), D18

FAZAKAS, Szabolcs, PSE, MSZP, **H**
(58 18; Fax 98 18);
e-mail szabolcs.fazakas@parlament.hu
BUDG, CONT, DM03, (DM05)

FERNANDES, Emanuel Vasconcelos Jardim,
PSE, PS, **P**
(56 49; Fax 96 49);
TRAN, (REGI), (DM07)

FERNÁNDEZ MARTÍN, Fernando,
PPE-DE, PP, **E**
(56 05; Fax 96 05);
e-mail astrid@thors.pp.fi
DEVE, (REGI), (D18)

FERREIRA, Anne, PSE, PS, **F**
(51 93; Fax 91 93);
e-mail anferreira@europarl.eu.int
ENVI, (LIBE), D26, (D07)

FERREIRA, Elisa, PSE, PS, **P**
(51 64; Fax 91 64);
e-mail eferreira@europarl.eu.int
ECON, (INTA), (D23)

FIGUEIREDO, Ilda, GUE/NGL,
CDU-PCP/PEV, **P**
(54 65; Fax 94 65);
e-mail ifigueiredo@europarl.eu.int
EMPL, FEMM, (AGRI), D19, (DM01)

FJELLNER, Christofer, PPE-DE, M, **S**
(55 36; Fax 95 36);
INTA, CONT, (ENVI), D06, (D14)

FLASAROVÁ, Věra, GUE/NGL,
KSCM, **CZ**
(59 13; Fax 99 13);
CULT, FEMM, (REGI), D06, (DM06)

FLAUTRE, Hélène, Verts/ALE, Verts, **F**
(53 64; Fax 93 64);
(TRAN), (AFET), D11

FOGLIETTA, Alessandro, UEN, AN, **I**
(51 81; Fax 91 81);
e-mail afoglietta@europarl.eu.int
ENVI, (ECON), (CONT), DM07, (D16)

FONTAINE, Nicole, PPE-DE, UMP, **F**
(52 25; Fax 92 25);
ITRE, FEMM, (AFET), D13

FORD, Glyn, PSE, LAB, **GB**
(55 18; Fax 95 18);
e-mail gford@europarl.eu.int
INTA, (AFET), D24, (D20)

FOTYGA, Anna Elzbieta, UEN, PiS, **PL**
(55 33; Fax 95 33);
AFET, (INTA), D03, (DM02)

FOURTOU, Janelly, ALDE/ADLE, UDF, **F**
(51 50; Fax 91 50);
IMCO, PETI, (JURI), DM07, (D17)

FRAGA ESTÉVEZ, Carmen, PPE-DE, PP, **E**
(52 39; Fax 92 39);
PECH, AGRI, D11

FRASSONI, Monica, Verts/ALE,
Fed. Verdi, **I**
(59 32; Fax 99 32);
e-mail mfrassoni@europarl.eu.int
JURI, (ITRE), (AFCO), D19, (D14)

FREITAS, Duarte, PPE-DE, PPD-PSD, **P**
(57 90; Fax 97 90);
e-mail dfreitas@europarl.eu.int
AGRI, (PECH), D16, (D19)

FRUTEAU, Jean-Claude, PSE, PS, **F**
(57 45; Fax 97 45);
AGRI, (IMCO)

GÁL, Kinga, PPE-DE, FIDESZ-MPP, **H**
(55 99; Fax 95 99);
LIBE, (AFET), DM01

GAL'A, Milan, PPE-DE, SDKÚ, **SK**
(56 43; Fax 96 43);
CULT, (ENVI), (DEVE), D13, (D03)

GALEOTE QUECEDO, Gerardo, PPE-DE, PP, **E**
(58 92; Fax 98 92);
REGI, (AFET), D15, (D19)

GARCÍA PÉREZ, Iratxe, PSE, PSOE, **E**
(56 46; Fax 96 46);
REGI, (EMPL), (FEMM), DM02, DM04

GARCÍA-MARGALLO Y MARFIL, José Manuel, PPE-DE, PP, **E**
(59 04; Fax 99 04);
ECON, (INTA), D17, (D18)

GARGANI, Giuseppe, PPE-DE, FI, **I**
(51 68; Fax 91 68);
e-mail ggargani@europarl.eu.int
JURI, D17

GARRIGA POLLEDO, Salvador, PPE-DE, PP, **E**
(53 03; Fax 93 03);
BUDG, (ECON), (CONT), D03, (DM06)

GAUBERT, Patrick, PPE-DE, UMP, **F**
(51 56; Fax 91 56);
LIBE, (AFET), D09

GAUZÈS, Jean-Paul, PPE-DE, UMP, **F**
(57 00; Fax 97 00);
ECON, (JURI), D14, DM01

GAWRONSKI, Jas, PPE-DE, FI, **I**
(52 92; Fax 92 92);
e-mail jgawronski@europarl.eu.int
AFET, (TRAN), D23, (D24)

GENTVILAS, Eugenijus, ALDE/ADLE, LCS, **LT**
(54 93; Fax 94 93);
REGI, D06, (DM01)

GEREMEK, Bronislaw, ALDE/ADLE, UW, **PL**
(58 41; Fax 98 41);
e-mail biuro@unia-wolnosci.pl
AFCO, D03, (D05)

GERINGER DE OEDENBERG, Lidia Joanna, PSE, SLD-UP, **PL**
(58 09; Fax 98 09);
e-mail lgeringer@europarl.eu.int
REGI, (BUDG), D22, (DM03)

GIBAULT, Claire, ALDE/ADLE, UDF, **F**
(56 13; Fax 96 13);
e-mail claire.gibault@wanadoo.fr
CULT, FEMM, DM02, (D20)

GIEREK, Adam, PSE, SLD-UP, **PL**
(57 81; Fax 97 81);
ITRE, (CULT), D07

GIERTYCH, Maciej Marian, IND/DEM, LPR, **PL**
(52 37; Fax 92 37);
e-mail mgiertych@europarl.eu.int
AFET, (ENVI), D15, (D20)

GILL, Neena, PSE, LAB, **GB**
(51 25; Fax 91 25);
BUDG, (ITRE), D22

GKLAVAKIS, Ioannis, PPE-DE, ND, **GR**
(54 09; Fax 94 09);
PECH, AGRI, DM06

GLATTFELDER, Béla, PPE-DE, FIDESZ-MPP, **H**
(58 89; Fax 98 89);
INTA, (PECH), (AGRI), D03, D19

GOEBBELS, Robert, PSE, LSAP, **L**
(56 48; Fax 96 48);
e-mail rgoebbels@europarl.eu.int
ECON, (INTA), (CONT), D22, (D23)

GOLIK, Bogdan, NI, SO, **PL**
(51 97; Fax 91 97);
e-mail bgolik@europarl.eu.int
e-mail bgolik@europarl.eu.int
AGRI, D22

GOLLNISCH, Bruno, NI, FN, **F**
(52 65; Fax 92 65);
ECON, (TRAN), D20

GOMES, Ana Maria R. M., PSE, PS, **P**
(58 24; Fax 98 24);
AFET, (FEMM), (DEVE), (D15), (D27)

GOUDIN, Hélène, IND/DEM, Junilistan, **S**
(56 74; Fax 96 74);
e-mail   helene.goudin@telia.com
DEVE, (ENVI)

GRABOWSKA, Genowefa, PSE, SdPL, **PL**
(52 60; Fax 92 60);
AFCO, (D07)

GRABOWSKI, Dariusz Maciej, IND/DEM, LPR, **PL**
(55 80; Fax 95 80);
BUDG, (ECON), (CONT), D23

GRAÇA MOURA, Vasco, PPE-DE, PPD-PSD, **P**
(53 69; Fax 93 69);
e-mail   vgraca@europarl.eu.int
CULT, (ENVI), D15, (D19), (D27)

GRECH, Louis, PSE, MLP, **M**
(52 35; Fax 92 35);
BUDG, (REGI), (D24), (DM03)

GRIESBECK, Nathalie, ALDE/ADLE, UDF, **F**
(53 91; Fax 93 91);
BUDG, (TRAN), D19, (D23)

GROSCH, Mathieu, PPE-DE, CSP-EVP, **B**
(52 29; Fax 92 29);
e-mail   mgrosch@europarl.eu.int
TRAN, (REGI), DM06, (D20)

GROSSETÊTE, Françoise, PPE-DE, UMP, **F**
(59 52; Fax 99 52);
e-mail   fgrossetete@europarl.eu.int
ENVI, (ITRE), D13

GRUBER, Lilli, PSE, Ind, **I**
(51 74; Fax 91 74);
e-mail   lgruber@europarl.eu.int
LIBE, (AFET), D13, (D14)

GUARDANS CAMBÓ, Ignasi, ALDE/ADLE, CiU, **E**
(56 08; Fax 96 08);
e-mail   iguardans@europarl.eu.int
AFCO, (CULT), (LIBE), D02, (D15)

GUELLEC, Ambroise, PPE-DE, UMP, **F**
(55 20; Fax 95 20);
REGI, (PECH), DM06, (D19)

GUERREIRO, Pedro, KVEL/NGL, PCP, **P**
(59 63; Fax 99 63);
REGI, PECH, (TRAN), DM06

GUIDONI, Umberto, GUE/NGL, PdCI, **I**
(57 22; Fax 97 22);
ITRE, CONT, (ENVI), D15, (D20)

GURMAI, Zita, PSE, MSZP, **H**
(58 19; Fax 98 19);
e-mail   zgurmai@europarl.eu.int
FEMM, REGI, (TRAN), D16, D20

GUTIÉRREZ-CORTINEZ, Cristine, PPE-DE, PP, **E**
(55 94; Fax 95 94);
e-mail   cgutierrez@europarl.eu.int
ENVI, (CONT), (ITRE), D09, (D21), (DM05)

GUY-QUINT, Catherine, PSE, PS, **F**
(59 31; Fax 99 31);
e-mail   c.guyquint@wanadoo.fr
BUDG, (ECON), DM02

GYÜRK, Anrdrás, PPE-DE, FIDESZ-MPP, **H**
(57 27; Fax 97 27);
e-mail   agyurk@europarl.eu.int
ITRE, (CULT), (PETI), DM04, (D25)

HALL, Fiona Jane, ALDE/ADLE, LD, **GB**
(55 61; Fax 95 61);
e-mail   fiona_jane_hall@btopenworld.com
ITRE, (DEVE)

HAMMERSTEIN MINTZ, David, Verts/ALE, Los Verdes, **E**
(57 54; Fax 97 54);
e-mail dhammerstein@europarl.eu.int
ITRE, PETI, (AGRI), D09, (D10)

HAMON, Benoît, PSE, PS, **F**
(54 76; Fax 94 76);
e-mail bhamon@europarl.eu.int
ECON, (IMCO), (D09), (D15)

HANDZLIK, Malgorzata, PPE-DE, PO, **PL**
(53 19; Fax 93 19);
IMCO, (CULT), D19, (D13), (D18)

HANNAN, Daniel J., PPE-DE, Conservative, **GB**
(51 37; Fax 91 37);
e-mail dhannan@europarl.eu.int
AFCO, (LIBE), D19, (D18)

HARANGOZÓ, Gábor, PSE, MSZP, **H**
(58 73; Fax 98 73);
e-mail gabor.harangozo@mszp.hu
REGI, (AGRI), DM01, (D15)

HARBOUR, Malcolm, PPE-DE, Conservative, **GB**
(51 32; Fax 91 32);
e-mail manor_cottage@compuserve.com
IMCO, (JURI), (ITRE), D20

HARKIN, Marian, ALDE/ADLE, Ind, **IRL**
(57 97; Fax 97 97);
e-mail mharkin@europarl.eu.int
REGI, (EMPL), D16, (D15)

HASSE FERREIRA, Joel, PSE, PS, **P**
(53 99; Fax 93 99);
EMPL, (IMCO), DM05, (D03)

HASSI, Satu, Verts/ALE, VIHR, **FIN**
(54 37; Fax 94 37);
ENVI, (ITRE), (ECON), (FEMM), D07, (D03)

HATZIDAKIS, Konstantinos, PPE-DE, ND, **GR**
(51 92; Fax 91 92);
e-mail khatzidakis@ath.forthnet.gr
REGI, (IMCO), DM05

HAZAN, Adeline, PSE, PS, **F**
(51 58; Fax 91 58);
e-mail ahazan@europarl.eu.int
LIBE, (JURI), D12, (D11)

HEATON-HARRIS, Christopher, PPE-DE, Conservative, **GB**
(55 23; Fax 95 23);
IMCO, (CULT), (CONT), D17, (DM02)

HEDH, Anna, PSE, S, **S**
(55 27; Fax 95 27);
e-mail anna.hedh@telia.com
IMCO, (FEMM), D10

HEDKVIST PETERSEN, Ewa, PSE, S, **S**
(52 62; Fax 92 62);
e-mail ehedkvist@europarl.eu.int
TRAN, (REGI), D01

HEGYI, Gyula, PSE, MSZP, **H**
(58 29; Fax 98 29);
e-mail gyula.hegyi@parlament.hu
ENVI, (CULT), DM04, (D02)

HELMER, Roger, PPE-DE, Conservative, **GB**
(57 64; Fax 97 64);
e-mail rhelmer@europarl.eu.int
EMPL, PETI, (ENVI), D24, (D23)

HENIN, Jacky, GUE/NGL, PC, **F**
(51 80; Fax 91 80);
INTA, (ITRE), (D06)

HENNICOT-SCHOEPGES, Erna, PPE-DE, CSV, **L**
(58 36; Fax 98 36);
CULT, (ENVI), (ITRE), D19, (D21)

HENNIS-PLASSCHAERT, Jeanine, ALDE/ADLE, VVD, **NL**
(58 17; Fax 98 17);
TRAN, (LIBE), DM01, (DM05)

HERCZOG, Edit, PSE, MSZP, **H**
(55 96; Fax 95 96);
e-mail edit.herczog@axelero.hu
IMCO, (ITRE), (CONT), D04, (D01)

HERRANZ GARCÍA, Maria Esther,
PPE-DE, **PP**, **E**
(52 74; Fax 92 74);
e-mail eherranz@europarl.eu.int
FEMM, AGRI, (ENVI), (DM07)

HERRERO-TEJEDOR, Luis Francisco,
PPE-DE, **PP**, **E**
(56 44; Fax 96 44);
CULT, (LIBE), D17, (DM06)

HIGGINS, Jim, PPE-DE, FG, **IRL**
(58 43; Fax 98 43);
e-mail jhiggins@europarl.eu.int
REGI, (TRAN), D16, (D20)

HÖKMARK, Gunnar, PPE-DE, **M**, **S**
(58 22; Fax 98 22);
e-mail gunnar@moderat.se
ECON, (ITRE), DM05, (D09)

HONEYBALL, Mary, PSE, LAB, **GB**
(52 09; Fax 92 09);
e-mail mhoneyball@europarl.eu.int
ENVI, (CULT), (FEMM), DM04, (DM05)

HOWITT, Richard, PSE, LAB, **GB**
(54 77; Fax 94 77);
e-mail rhowitt@europarl.eu.int
AFET, (EMPL), DM05, (D03)

HUDACKÝ, Ján, PPE-DE, KDH, **SK**
(52 86; Fax 92 86);
ITRE, (ECON), D19, (D01)

HUDGHTON, Ian Stewart, Verts/ALE,
SNP, **GB**
(54 99; Fax 94 99);
e-mail ihudghton@europarl.eu.int
ECON, PECH, (IMCO), D16, (D25)

HUGHES, Stephen, PSE, LAB, **GB**
(54 08; Fax 94 08);
e-mail sthughes@europarl.eu.int
EMPL, (IMCO), D17, (D21)

HUTCHINSON, Alain, PSE, PS, **B**
(54 51; Fax 94 51);
e-mail ahutchinson@europarl.eu.int
REGI, (DEVE), D11

HYBÁŠKOVÁ, Jana, PPE-DE, SH/ED, **CZ**
(55 19; Fax 95 19);
e-mail jana@hybaskova.cz
DEVE, (BUDG), D09, (D10)

IBRISAGIC, Anna, PPE-DE, **M**, **S**
(57 75; Fax 97 75);
e-mail aibrisagic@europarl.eu.int
AFET, (EMPL), (FEMM), DM02, (DM03)

ILVES, Toomas Hendrik, PSE, SDE, **EE**
(51 48; Fax 91 48);
AFET, (BUDG), D15, (D03)

ISLER BÉGUIN, Marie Anne, Verts/ALE,
Verts, **F**
(55 72; Fax 95 72);
e-mail maisler@europarl.eu.int
ENVI, (AFET), D08

ITÄLÄ, Ville, PPE-DE, KOK, **FIN**
(56 47; Fax 96 47);
e-mail ville.itala@ssi-law.fi
BUDG, (LIBE), D20, (D03)

ITURGAIZ ANGULO, Carlos José,
PPE-DE, **PP**, **E**
(59 65; Fax 99 65);
e-mail regional2.pv@pp.es
REGI, PETI, (LIBE), D20, (D22)

JÄÄTTEENMÄKI, Anneli, ALDE/ADLE,
KESK, **FIN**
(56 14; Fax 96 14);
e-mail ajaatteenmaki@europarl.eu.int
IMCO, FEMM, (AFET), D15

JACKSON, Caroline F., PPE-DE, **GB**
(52 55; Fax 92 55);
ENVI, (D21)

JALOWIECKI, Stanislaw, PPE-DE, PO, **PL**
(59 73; Fax 99 73);
TRAN, (REGI), DM05

JANOWSKI, Mieczyslaw Edmund, UEN,
PiS, **PL**
(52 63; Fax 92 63);
e-mail senator@janowski.rzeszow.pl
REGI, (ITRE), (PETI), D01, (D04)

JÁRÓKA, Lívia, PPE-DE, FIDESZ-MPP, **H**
(52 18; Fax 92 18);
LIBE, FEMM, (CULT), D22, (DM01)

JENSEN, Anne Elisabet, ALDE/ADLE,
V, **DK**
(57 98; Fax 97 98);
BUDG, (EMPL), (TRAN), D03, (D06)

JOAN I MARÍ, Bernat, Verts/ALE, ERC, **E**
(52 99; Fax 92 99);
e-mail bjoan@europarl.eu.int
CULT, (DEVE), D11

JONCKHEER, Pierre, Verts/ALE, Ecolo, **B**
(58 96; Fax 98 96);
IMCO, (INTA)

JORDAN CIZELJ, Romana, PPE-DE,
SDS, **SI**
(52 80; Fax 92 80);
e-mail rjordancizelj@europarl.eu.int
ITRE, (BUDG), D15

JØRGENSEN, Dan, PSE, SD, **DK**
(57 71; Fax 97 71);
ENVI, CONT, (TRAN), D21

JUKNEVIČIENÈ, Ona, ALDE/ADLE,
DP, **LT**
(58 30; Fax 98 30);
EMPL, CONT, (ECON), D07, (D16)

KACIN, Jelko, ALDE/ADLE, **SI**
(57 48; Fax 97 48);
e-mail mcappato@hotmail.com
AFET, (TRAN), (DM04), D05, (D02), (D14),
(D24)

KACZMAREK, Filip Andrzej, PPE-DE,
PO, **PL**
(53 17; Fax 93 17);
DEVE, (INTA), (D13), (D17)

KAMALL, Syed Salah, PPE-DE, Cons., **GB**
(57 92; Fax 97 92);
JURI, (IMCO), (ECON), (D16)

KAMIŃSKI, Michal Tomasz, UEN, PiS, **PL**
(59 27; Fax 99 27);
e-mail michal.kaminski@sejm.pl
IMCO, (AFET), (D17)

KARATZAFERIS, Georgios, IND/DEM,
LOS, **GR**
(57 24; Fax 97 24);
e-mail gkaratzaferis@europarl.eu.int
AFET, D19, DM02, DM04

KARIM, Sajjad Haider, ALDE/ADLE,
LD, **GB**
(56 40; Fax 96 40);
e-mail shkarim@europarl.eu.int
INTA, (AFET), (REGI), D13, (D22)

KASOULIDES, Ioannis, PPE-DE, DISY, **CY**
(51 55; Fax 91 55);
e-mail ikasoulides@europarl.eu.int
AFET, (TRAN), D10

KAUPPI, Pila-Noora, PPE-DE, KOK, **FIN**
(58 94; Fax 98 94);
e-mail pkauppi@europarl.eu.int
ECON, FEMM, JURI, D21, (DM05)

KELAM, Tunne, PPE-DE, IL, **EE**
(52 79; Fax 92 79);
e-mail tkelam@europarl.eu.int
http://www.kelam.ee
REGI, (AFET), D03

KILROY-SILK, Robert, IND/DEM,
UKIP, **GB**
(51 95; Fax 91 95);

KINNOCK, Glenys, PSE, LAB, **GB**
(54 02; Fax 94 02);
e-mail gkinnock@welshlabourmeps.org.uk
DEVE, (AFET)

KIRKHOPE, Timothy, PPE-DE,
Conservative, **GB**
(53 21; Fax 93 21);
e-mail timothy.kirkhope@btinternet.com
http://www.kirkhope.org.uk
LIBE, (AFCO), D21, (D01)

KLICH, Bogdan Adam, PPE-DE, PO, **PL**
(57 33; Fax 97 33);
e-mail bklich@europarl.eu.int
AFET, (LIBE), D06

KNAPMAN, Roger Maurice, IND/DEM, UKIP, **GB**
(55 59; Fax 95 59);

KOHLÍČEK, Jaromír, GUE/NGL, KSCM, **CZ**
(54 97; Fax 94 97);
TRAN, (AFET), D22

KORHOLA, Eija-Ritta Anneli, PPE-DE, KOK, **FIN**
(54 72; Fax 94 72);
e-mail ekorhola@europarl.eu.int
http://www.korhola.com
ENVI, (AFET), (CONT)

KÓSÁNÉ KOVÁCS, Magda, PSE, MSZP, **H**
(58 31; Fax 98 31);
e-mail gyorgyne.mezofi@parlament.hu
LIBE, (EMPL), D12, (DM06)

KOTEREC, Miloš, PSE, SMER, **SK**
(51 75; Fax 91 75);
e-mail mkoterec@europarl.eu.int
REGI, D25, D27

KOZLÍK, Sergej, NI, LS-HZDS, **SK**
(52 57; Fax 92 57);
e-mail sergej_kozlik@nrsr.sk
BUDG, (ECON)

KRARUP, Ole, GUE/NGL, Folk B., **DK**
(51 52; Fax 91 52);
e-mail Ole.Krarup@jur.ku.dk
http://www.OleKrarup.dk
LIBE, CONT, (AFCO), D26

KRASTS, Guntars, IND/DEM, TB/LNNK, **LV**
(59 09; Fax 99 09);
ECON, (IMCO), D04, (D15)

KRATSA-TSAGAROPOULOU, Rodi, PPE-DE, ND, **GR**
(53 08; Fax 93 08);
e-mail rkratsa@europarl.eu.int
TRAN, FEMM, CONT

KRISTENSEN, Henrik Dam, PSE, SD, **DK**
(54 91; Fax 94 91);
e-mail hdkristensen@europarl.eu.int
IMCO, PECH, (ITRE), D02

KRISTOVSKIS, Girts Valdis, UEN, TB/LNNK, **LV**
(57 44; Fax 97 44);
DEVE, (AFET), D11, (D20)

KRUPA, Urszula, IND/DEM, LPR, **PL**
(55 83; Fax 95 83);
ENVI, FEMM, D26, (DM06), (D16)

KUC, Wieslaw Stefan, NI, SO, **PL**
(51 98; Fax 91 98);
e-mail wisla.c@wp.pl
BUDG, (AGRI), DM02

KUDRYCKA, Barbara, PPE-DE, PO, **PL**
(57 29; Fax 97 29);
e-mail barbara@kudrycka.pl
http://www.kudrycka.pl
LIBE, (JURI), D06

KULAKOWSKI, Jan Jerzy, ALDE/ADLE, UW, **PL**
(58 48; Fax 98 48);
e-mail magdanetzel@hotmail.com
EMPL, (DEVE), (D18)

KUŠKIS, Aldis, PPE-DE, JL, **LV**
(54 10; Fax 94 10);
e-mail akuskis@europarl.eu.int
ENVI, (TRAN), D06, (D04)

KUSSTATSCHER, Sepp, Verts/ALE, Fed. Verdi, **I**
(51 43; Fax 91 43);
e-mail skusstatscher@europarl.eu.int
http://www.kusstatscher.net
EMPL, (TRAN), DM04

KUZMIUK, Zbigniew Krzysztof, PPE-DE, PSL, **PL**
(52 54; Fax 92 54);
BUDG, (ECON), DM02

LA RUSSA, Romano Maria, UEN, AN, **I**
(59 14; Fax 99 14);
LIBE, (ECON), D14, (D13)

LAGENDIJK, Joost, Verts/ALE, Groen Links, **NL**
(51 76; Fax 91 76);
AFET,(TRAN), DM05, D13

LAIGNEL, André, PSE, PS, **F**
(59 35; Fax 99 35);
CULT, (REGI), D11, (D10)

LAMASSOURE, Alain, PPE-DE, UMP, **F**
(57 06; Fax 97 06);
http://www.alainlamassoure.com
BUDG, (AFCO), D22

LAMBERT, Jean-Denise, Verts/ALE, Greens, **GB**
(55 07; Fax 95 07);
e-mail   jelambert@europarl.eu.int
http://www.jeanlambertmep.org.uk
EMPL, (LIBE), D22, (D20)

LAMBRINIDIS, Stavros, PSE, PSK, **GR**
(55 29; Fax 95 29);
e-mail   stala@politicalforum.gr
LIBE, (AFCO), D15, (D10)

LANDSBERGIS, Vytautas, PPE-DE, TS, **LT**
(55 50; Fax 95 50);
AFET, (ENVI), D08

LANG, Carl, NI, FN, **F**
(52 61; Fax 92 61);
EMPL, (ITRE), (PECH), D06, (DM01)

LANGENDRIES, Raymond, PPE-DE, CDH, **B**
(56 15; Fax 96 15);
e-mail   raymond.langendries@tubize.be
EMPL, (DEVE), (D21)

LAPERROUZE, Anne, ALDE/ADLE, UDF, **F**
(54 50; Fax 94 50);
http://laperrouzeanne@aol.com
ITRE, (AGRI), D21, (D17)

LAVARRA, Vincenzo, PSE, DS, **I**
(51 62; Fax 91 62);
e-mail   vlavarra@europarl.eu.int
ITRE, (AGRI), D23, (D21)

LAX, Henrik, ALDE/ADLE, SFP, **FIN**
(58 28; Fax 98 28);
e-mail   hlax@europarl.eu.int
LIBE, (ENVI), D03, (D05)

LE FOLL, Stéphane, PSE, PS, **F**
(54 95; Fax 94 95);
AGRI, (ENVI), D10

LE PEN, Jean-Marie, NI, FN, **F**
(57 20; Fax 97 20);
INTA, (AFET), D03,

LE PEN, Marine, NI, FN, **F**
(57 09; Fax 97 09);
CULT, (IMCO), D09

LE RACHINEL, Fernand, NI, FN, **F**
(51 83; Fax 91 83);
TRAN, (ITRE), D24

LEHIDEUX, Bernard, ALDE/ADLE, UDF, **F**
(55 47; Fax 95 47);
EMPL, (ENVI), (DEVE), (DM07)

LEHTINEN, Lasse Antero, PSE, SDP, **FIN**
(51 89; Fax 91 89);
e-mail   riitta.aarrevuo@brutto.inet.fi
IMCO, (EMPL), D16, (D22)

LETTA, Enrico, ALDE/ADLE, DL Margh, **I**
(55 85; Fax 95 85);
e-mail   e.letta@tiscali.it
ECON, D11

LÉVAI, Katalin, PSE, MSZP, **H**
(58 34; Fax 98 34);
JURI, (LIBE), D01, (D09)

LEWANDOWSKI, Janusz, PPE-DE, PO, **PL**
(57 42; Fax 97 42);
e-mail   jlewandowski@europarl.eu.int
http://www.januszlewandowski.pl
BUDG, (ECON), D20

LIBERADZKI, Boguslaw Marian, PSE,
SLD-UP, **PL**
(54 23; Fax 94 23);
TRAN, (IMCO), D03, (D15)

LIBICKI, Marcin, UEN, PiS, **PL**
(59 34; Fax 99 34);
e-mail   mlibicki@europarl.eu.int
http://www.libicki.pl
PETI, JURI, (REGI), D21, (D14)

LIENEMANN, Marie-Noëlle, PSE, PS, **F**
(51 02; Fax 91 02);
e-mail   mn.lienemann@nordpasdecalais.fr
ENVI, (ITRE), DM01

LIOTARD, Kartika Tamara, GUE/NGL,
SP, **NL**
(57 78; Fax 97 78);
AGRI, (ENVI), (FEMM), D11, (D23)

LIPIETZ, Alain, Verts/ALE, Verts, **F**
(52 07; Fax 92 07);
INTA, JURI, (ECON), (D19)

LOCATELLI, Pia Elda, PSE, SDI, **I**
(54 43; Fax 94 43);
ITRE, FEMM, (EMPL), D14, (D21)

LOMBARDO, Raffaele, PPE-DE, UDC, **I**
(54 33; Fax 94 33);
e-mail   raffaele.lombardo@provincia.ct.it
LIBE, (ENVI), D11, (D16)

LÓPEZ-ISTÚRIZ WHITE, Antonio,
PPE-DE, PP, **E**
(57 13; Fax 97 13);
e-mail   alopez@evppe.be
JURI, (TRAN), (D02)

LOUIS, Patrick, IND/DEM, MPF, **F**
(59 61; Fax 99 61);
e-mail   patrick-louis@wanadoo.fr
TRAN, (INTA), D12, D13

LUCAS, Caroline, Verts/ALE, Greens, **GB**
(51 53; Fax 91 53);
e-mail   clukas@europarl.eu.int
http://www.carolinelucasmep.org.uk
INTA, (ENVI), D10, (D09)

LUDFORD, Baroness Sarah, ALDE/ADLE,
LD, **GB**
(51 04; Fax 91 04);
e-mail   sludford@europarl.eu.int
http://www.sarahludfordmep.org.uk
LIBE, (ECON), D02,

LULLING, Astrid, PPE-DE, CSV, **L**
(53 86; Fax 93 86);
e-mail   alulling@europarl.eu.int
ECON, FEMM, (AGRI), D17

LUNDGREN, Nils, IND/DEM, Junilistan, **S**
(57 25; Fax 97 25);
e-mail   lundgren@veraciter.se
CONT, ITRE, (ECON), DM05

LYNNE, Elizabeth, ALDE/ADLE, LD, **GB**
(55 21; Fax 95 21);
e-mail   elynne@europarl.eu.int
http://www.lizlynne.org.uk
EMPL, D22

MAAT, Albert Jan, PPE-DE, CDA, **NL**
(59 54; Fax 99 54);
e-mail   amaat@europarl.eu.int
http://www.ajmaat.nl
PECH, AGRI, (BUDG), (CONT), D07,
(DM07)

MAATEN, Jules, ALDE/ADLE, VVD, **NL**
(56 06; Fax 96 06);
e-mail   europa@maaten.net
http://www.julesmaaten.nl
ENVI, (ECON), (AFCO), D23, (D03)

MADEIRA, Jamila, PSE, PS, **P**
(58 98; Fax 98 98);
REGI, (EMPL), D12, (D10)

MALMSTRÖM, Cecilla, ALDE/ADLE,
FP, S
(55 41; Fax 95 41);
e-mail cmalmstrom@europarl.eu.int
http://www.cecilia.nu
AFET, (IMCO), DM03, (D06)

MANDERS, Toine, ALDE/ADLE,
VVD, NL
(56 29; Fax 96 29);
e-mail tmanders@europarl.eu.int
IMCO, (ITRE), (JURI), D21

MAŇKA, Vladimir, PSE, SMER, **SK**
(54 49; Fax 94 49);
e-mail vmanka@europarl.eu.int
http://www.europoslanec.sk
BUDG, (ECON), (D23)

MANOLAKOU, Diamanto, GUE/NGL,
KKE, GR
(51 63; Fax 91 63);
e-mail dmanolakou@europarl.eu.int
AGRI, (ECON), D08, (DM04)

MANTOVANI, Mario, PPE-DE, FI, **I**
(54 22; Fax 94 22);
(DEVE), EMPL, D05

MARQUES, Sérgio, PPE-DE, PPD-PSD, **P**
(54 04; Fax 94 04);
REGI, (ECON), D26, (D18)

MARTENS, Maria, PPE-DE, CDA, **NL**
(58 57; Fax 98 57);
e-mail mmartens@europarl.eu.int
http://www.mariamartens.nl
DEVE, (FEMM), (INTA), D17

MARTIN, David W., PSE, LAB, **GB**
(55 39; Fax 95 39);
INTA, (AGRI), (PETI), D25, (DM02)

MARTINEZ, Jean-Claude, NI, FN, **F**
(59 68; Fax 99 68);
AGRI, (BUDG), (D17)

MARTÍNEZ MARTÍNEZ, Miguel Angel,
PSE, PSOE, **E**
(52 69; Fax 92 69);
e-mail mimartinez@europarl.eu.int
DEVE, PETI, (AFET), (DM01)

MASIEL, Jan Tadeusz, NI, SO, **PL**
(52 11; Fax 92 11);
e-mail masiel.jan@skynet.be
EMPL, (ENVI), (PETI), DM01

MASIP HIDALGO, Antonio, PSE, PSOE, **E**
(54 74; Fax 94 74);
e-mail amasipeuropa@yahoo.es
JURI, (LIBE), D10, (D18)

MAŠTÁLKA, Jiří, GUE/NGL, KSCM, **CZ**
(59 05; Fax 99 05);
EMPL, (ENVI), D05, (D21)

MASTENBROEK, Edith, PSE, PvdA, **NL**
(59 92; Fax 99 92);
LIBE, CONT, (JURI), D09

MATHIEU, Véronique, PPE-DE, UMP, **F**
(52 20; Fax 92 20);
CONT, (AGRI), D23

MATO ADROVER, Ana, PPE-DE, PP, **E**
(54 27; Fax 94 27);
EMPL, (REGI), DM06

MATSAKIS, Marios, ALDE/ADLE,
DIKO, **CY**
(58 16; Fax 98 16);
ENVI, DM05, (DM02)

MATSIS, Ioannis, PPE-DE, **CY**
(51 28; Fax 91 28);
e-mail imatsis@europarl.eu.int
REGI, (AFET), DM05, (DM01)

MATSOUKA, Maria, PSE, PSK, **GR**
(55 22; Fax 95 22);
PETI, EMPL, (IMCO), DM04, (D19)

MAURO, Mario, PPE-DE, FI, **I**
(53 87; Fax 93 87);
BUDG, (CULT), (D16)

MAVROMMATIS, Manolis, PPE-DE,
ND, **GR**
(53 34; Fax 93 34);
e-mail mmavrommatis@europarl.eu.int
CULT, PETI, (DEVE), D21

MAYOR OREJA, Jaime, PPE-DE, PP, **E**
(56 01; Fax 96 01);
e-mail mirenaguirre@pp.es
LIBE, (AFET)

MCAVAN, Linda, PSE, LAB, **GB**
(54 38; Fax 94 38);
e-mail lmcavan@europarl.eu.int
ENVI, (DEVE), (D10)

MCCARTHY, Arlene, PSE, LAB, **GB**
(55 01; Fax 95 01);
e-mail lmcavan@europarl.eu.int
IMCO, (JURI), D15, (D22)

MCDONALD, Mary Lou, GUE/NGL,
SF, **IRL**
(59 45; Fax 99 45);
EMPL, (LIBE), D01, (D08)

MCGUINNESS, Mairead, PPE-DE, FG, **IRL**
(52 14; Fax 92 14);
e-mail info@mcguinness4europe.ie
AGRI, PETI, (BUDG), DM01, (D25)

MCMILLAN-SCOTT, Edward H. C.,
PPE-DE, Conservative, **GB**
(59 59; Fax 99 59);
e-mail emcmillanscott@callnetuk.com
http://www.edwardmcmillanscott.com
AFET, D22, (D11)

MEDINA ORTEGA, Manuel, PSE, PSOE, **E**
(58 82; Fax 98 82);
e-mail mmedina@europarl.eu.int
IMCO, (JURI), D18, (D16)

MEIJER, Erik, GUE/NGL, SP, **NL**
(54 92; Fax 94 92);
e-mail emeijer@sp.nl
http://europa.sp.nl
TRAN, (AFET), DM03, (D02)

MÉNDEZ DE VIGO, Iñigo, PPE-DE, PP, **E**
(57 55; Fax 97 55);
e-mail imendezdevigo@europarl.eu.int
AFCO, (JURI), DM02

MENÉNDEZ DEL VALLE, Emilio, PSE,
PSOE, **E**
(57 52; Fax 97 52);
AFET, (IMCO), D18, (D19)

MEYER PLEITE, Willy, GUE/NGL, IU, **E**
(55 57; Fax 95 57);
AFET, PETI, PECH, (DEVE), D17, (D27)

MIGUÉLEZ RAMOS, Rosa, PSE, PSOE, **E**
(55 32; Fax 95 32);
AGRI, PECH, (TRAN), DM07, (DM06)

MIKKO, Marianne, PSE, SDE, **EE**
(51 22; Fax 91 22);
e-mail mmikko@europarl.eu.int
CULT, (EMPL), D05, (D22)

MIKOLÁŠIK, Miroslav, PPE-DE, KDH, **SK**
(52 89; Fax 92 89);
e-mail mmikolasik@europarl.eu.int
http://www.mikolasik.sk
REGI, (ENVI), (D09)

MILLÁN MON, Francisco José, PPE-DE,
PP, **E**
(54 30; Fax 94 30);
AFET, (DEVE)

MITCHELL, Gay, PPE-DE, FG, **IRL**
(52 28; Fax 92 28);
ECON, DEVE, (D21)

MOHÁCSI, Viktória, ALDE/ADLE,
SZDSZ, **H**
(56 28; Fax 96 28);
e-mail vmohacsi@euoparl.eu.int
JURI, (BUDG), D07

MONTORO ROMERO, Cristóbal Ricardo,
PPE-DE, PP, **E**
(59 49; Fax 99 49);
e-mail cmontororomero@europarl.eu.int
ECON, (BUDG), D18

MORAES, Claude, PSE, LAB, **GB**
(55 53; Fax 95 53);
e-mail cmoraes@europarl.eu.int
LIBE, (EMPL), D26, (D13)

MORENO SÁNCHEZ, Javier, PSE, PSOE, **E**
(51 65; Fax 91 65);
e-mail jmorenosanchez@europarl.eu.int
INTA, (LIBE), D19, (D18)

MORGAN, Eluned, PSE, LAB, **GB**
(54 57; Fax 94 57);
e-mail emorgan@europarl.eu.int
ITRE, (REGI), (CONT), DM02

MORGANTINI, Luisa, GUE/NGL, RC, **I**
(51 51; Fax 91 51);
e-mail lmorgantini@europarl.eu.int
http://www.luisamorgantini.net
DEVE, (IMCO), (FEMM), D10

MORILLON, Philippe, ALDE/ADLE, UDF, **F**
(55 06; Fax 95 06);
PECH, AFET

MOSCOVICI, Pierre, PSE, PS, **F**
(59 93; Fax 99 93);
e-mail pierre.moscovici@parti-socialiste.fr
AFET, (ITRE), D15

MOTE, Ashley, NI, UKIP, **GB**
(57 47; Fax 97 47);
e-mail amote@europarl.eu.int
TRAN, (AFCO), (CONT)

MULDER, Jan, ALDE/ADLE, VVD, **NL**
(56 07; Fax 96 07);
e-mail jmulder@europarl.eu.int
http://www.janmulder.net
BUDG, CONT, (PECH), (AGRI), D22, (D26)

MUSACCHIO, Roberto, GUE/NGL, PdCI, **I**
(56 64; Fax 96 64);
ENVI, (EMPL), D02, (D12), (D25)

MUSCARDINI, Cristiana, UEN, AN, **I**
(52 77; Fax 92 77);
e-mail c.muscardini@tin.it
INTA, (ENVI), (FEMM), D07

MUŠCAT, Joseph, PSE, MLP, **MT**
(53 76; Fax 93 76);
e-mail joseph@josephmuscat.com
http://www.josephmuscat.com
ECON, (IMCO), D06, (D02)

MUSOTTO, Francesco, PPE-DE, FI, **I**
(55 97; Fax 95 97);
REGI, (TRAN), (PECH), D12, (D11)

MUSSOLINI, Alessandra, NI, A.S. - Mussolini., **I**
(55 17; Fax 95 17);
LIBE, (DEVE), D12

MUSUMECI, Sebastiano, UEN, AN, **I**
(57 65; Fax 97 65);
e-mail m.musumeci@inwind.it
http://www.nellomusumeci.it
ITRE, PECH, (AGRI), D12, (DM05)

MYLLER, Riitta, PSE, SDP, **FIN**
(57 38; Fax 97 38);
e-mail rmyller@europarl.eu.int
http://www.riittamyller.net
ENVI, (REGI), D13

NAPOLETANO, Pasqualina, PSE, DS, **I**
(51 30; Fax 91 30);
e-mail pnapoletano@europarl.eu.int
INTA, (AFET), D11, (D12)

NATTRASS, Michael Henry, IND/DEM, UKIP, **GB**
(51 33; Fax 91 33);
TRAN

NAVARRO, Robert, PSE, PS, **F**
(54 21; Fax 94 21);
TRAN, (BUDG), D19, (D18)

NEWTON DUNN, Bill, ALDE/ADLE, LD, **GB**
(57 12; Fax 97 12);
e-mail wnewton@europarl.eu.int
http://www.newton-dunn.com
IMCO, (LIBE), (CONT), D20

NEYTS-UYTTEBROECK, Annemie, ALDE/ADLE, VVD, **B**
(56 61; Fax 96 61);
http://www.annemie.org
AFET, (AGRI), D15

NICHOLSON, James, PPE-DE, UUP, **GB**
(59 33; Fax 99 33);
REGI, (PECH), (AGRI), D25, (D15), (D22), (D24)

NICHOLSON OF WINTERBOURNE, Baroness, ALDE/ADLE, LD, **GB**
(56 25; Fax 96 25);
e-mail enicholson@europarl.eu.int
http://www.emmanicholson.org.uk
AFET, D14, (D12)

NOVAK, Ljudmila, PPE-DE, NSI, **SI**
(53 95; Fax 93 95);
e-mail lnovak@europarl.eu.int
CULT, (REGI), (D19)

Ó NEACHTAIN, Seán, UEN, FF, **IRL**
(56 11; Fax 96 11);
http://www.o.neachtain.com
TRAN, PECH, (BUDG), D16, (D26)

OBIOLS I GERMÀ, Raimon, PSE, PSOE, **E**
(55 92; Fax 95 92);
e-mail robiols@psc.es
http://www.catalunyaeuropa.org
AFET, (AFCO), D17, (D11)

OLAJOS, Péter, PPE-DE, MDF, **H**
(53 15; Fax 93 15);
ENVI, (IMCO), D07, (DM01)

OLBRYCHT, Jan Marian, PPE-DE, PO, **PL**
(55 11; Fax 95 11);
e-mail jolbrycht@europarl.eu.int
http://www.janolbrycht.pl
REGI, (TRAN), D21, (DM02)

ONESTA, Gérard, Verts/ALE, Verts, **F**
(55 05; Fax 95 05);
BUDG, (AFCO), D24, (D22)

ONYSZKIEWICZ, Janucz, ALDE/ADLE, UW, **PL**
(58 72, Fax 98 72);
e-mail biuro@unia-wolnosci.pl
TRAN, (AFET), D06, (D08)

OOMEN-RUIJTEN, Ria G. H. C., PPE-DE, CDA, **NL**
(58 63; Fax 98 63);
e-mail roomen@europarl.eu.int
EMPL, (ENVI), (FEMM), D21, (D15)

ORTUONDO LARREA, Josu, ALDE/ADLE, PNV, **E**
(52 67; Fax 92 67);
e-mail jortuondo@europarl.eu.int
TRAN, (ITRE), (PECH), D17, (D19)

ÖRY, Csaba, PPE-DE, FIDESZ-MPP, **H**
(58 33; Fax 98 33);
e-mail csaba.ory@parlament.hu
EMPL, (DEVE), DM04, D23

OUZKÝ, Miroslav, PPE-DE, ODS, **CZ**
(58 10; Fax 98 10);
e-mail miroslav@ouzky.cz
http://www.ouzky.cz
ENVI, (AFET), (D26)

OVIIR, Siiri, ALDE/ADLE, K, **EE**
(58 15; Fax 98 15);
EMPL, FEMM, (LIBE), D08, (D20)

PAASILINNA, Reino, PSE, SDP, **FIN**
(57 34; Fax 97 34);
e-mail rpaasilinna@europarl.eu.int
http://www.rpaasilinna.net
ITRE, (CULT), (D03), (D17)

PAFILIS, Athanasios, GUE/NGL, KKE, **GR**
(59 91; Fax 99 91);
LIBE, (AFET), D23, (D18)

PAHOR, Borut, PSE, ZLSD, **SI**
(52 40; Fax 92 40);
e-mail borut.pahor@zlsd.si
http://www.zlsd.si
AFCO, CONT, (AFET), DM03

PALECKIS, Justas Vincas, PSE, LSDP, **LT**
(59 21; Fax 99 21);
e-mail jpaleckis@europarl.eu.int
http://www.paleckis.lt
AFET, (ENVI), D03, (DM02), (DM04)

PÁLFI, István, PPE-DE, FIDESZ-MPP, **H**
(57 02; Fax 97 02);
REGI, CONT, (BUDG), D04, (D03)

PANAYOTOPOULOS-CASSIOTOU,
Marie, PPE-DE, ND, **GR**
(54 47; Fax 94 47);
e-mail mpanayotopoulos@europarl.eu.int
PETI, EMPL, FEMM, (JURI), D01

PANNELLA, Marco, ALDE/ADLE, L.
Bonino, **I**
(51 20; Fax 91 20);
e-mail mpannella@europarl.eu.int
(ENVI), (AFET), (LIBE), (CONT), D09, (D23)

PANZERI, Pier Antonio, PSE, SDI, **I**
(53 49; Fax 93 49);
ITRE, (TRAN), EMPL, (AGRI), D15, (D20)

PAPADIMOULIS, Dimitrios, GUE/NGL, SAKO, **GR**
(57 19; Fax 97 19);
ENVI, (EMPL), D21

PAPASTAMKOS, Georgios, PPE-DE, ND, **GR**
(54 48; Fax 94 48);
e-mail gpapastamkos@europarl.eu.int
INTA, (AFCO), DM04

PARISH, Neil, PPE-DE, Conservative, **GB**
(93 92; Fax 93 92);
PECH, AGRI, D25, (D01), (D13)

PATRIE, Béatrice, PSE, PS, **F**
(58 83; Fax 98 83);
e-mail aquitaine@beatrice-patrie.org
IMCO, (AGRI), D12

PAVILIONIS, Rolandas, UEN, LDP, **LT**
(55 75; Fax 95 75);
e-mail rolandas.pavilionis@lrs.lt
CULT, (LIBE), D17, (D06)

PEILLON, Vincent, PSE, PS, **F**
(53 12; Fax 93 12);
e-mail vpeillon@europarl.eu.int
ITRE, (LIBE)

PEK, Bogdan Marek, IND/DEM, LPR, **PL**
(55 84; Fax 95 84);
LIBE, (AGRI), D21, (D06)

PETERLE, Alojz, PPE-DE, NSi, **SI**
(56 38; Fax 96 38);
e-mail apeterle@europarl.eu.int
http://www.peterle.si
AFET, (ENVI), D23, (D03)

PĪKS, Rihards, PPE-DE, TP, **LV**
(52 93; Fax 92 93);
AFCO, (AFET), (BUDG), D21, (D03)

PINHEIRO, João de Deus, PPE-DE, PPD-PSD, **P**
(53 74; Fax 93 74);
AFET, (INTA), D19

PINIOR, Józef, PSE, SdPL, **PL**
(58 75; Fax 98 75);
e-mail jpinior@europarl.eu.int
DEVE, (AFET), D15, (D25)

PIOTROWSKI, Miroslaw Mariusz, IND/DEM, LPR, **PL**
(55 88; Fax 95 88);
AFET, (REGI), D22, D25, (D15)

PIRILLI, Umberto, UEN, AN, **I**
(59 79; Fax 99 79);
e-mail upirilli@europarl.eu.int
ITRE, (AFET), DM01, (DM02)

PISKORSKI, Pawel Bartlomiej, PPE-DE, PO, **PL**
(55 31; Fax 95 31);
e-mail pbpiskorski@europarl.eu.int
AFET, (IMCO), D27

PISTELLI, Lapo, ALDE/ADLE,
DL Margh, **I**
(55 87; Fax 95 87);
LIBE, (AFET), D17, (D13)

PITTELLA, Giovanni, PSE, Ind, **I**
(51 59; Fax 91 59);
e-mail gpittella@europarl.eu.int
http://www.giannipittella.org
BUDG, (ECON), D05, (DM01)

PLEGUEZUELOS AGUILAR, Francisca, PSE, PSOE, **E**
(58 97; Fax 98 97);
e-mail gpsocialista@psoe-granada.com
REGI, (ITRE), (DM07)

PLEŠTINSKÁ, Zita, PPE-DE, SDKÚ, **SK**
(52 04; Fax 92 04);
e-mail plestinska@stonline.sk
IMCO, (TRAN), D04, (D25)

PODESTÁ, Guido, PPE-DE, FI, **I**
(53 40; Fax 93 40);
e-mail gpodesta@europarl.eu.int
IMCO, (AGRI), (ENVI), DM01

PODKAŃSKI, Zdzislaw Zbigniew, PPE-DE, PSL, **PL**
(52 48; Fax 92 48);
CULT, (AGRI), D05

POIGNANT, Bernard, PSE, PS, **F**
(54 05; Fax 94 05);
REGI, PECH, (CONT), D23, (D07)

POLFER, Lydie, ALDE/ADLE, DP, **L**
(56 21; Fax 96 21);
AFET, (INTA), (D11), (D13)

POLI BORTONE, Adriana, UEN, AN, **I**
(57 07; Fax 97 07);
ENVI, (REGI), D02, (D12)

POMÉS RUIZ, José Javier, PPE-DE, PP, **E**
(58 99; Fax 98 99);
DEVE, CONT, (BUDG), D23, (DM07)

PORTAS, Miguel, GUE/NGL, BE, **P**
(51 23; Fax 91 23);
CULT, (AFET), D12, (D10)

PRODI, Vittorio, ALDE/ADLE,
DL Margh, **I**
(55 81; Fax 95 81);
e-mail vprodi@europarl.eu.int
http://www.vittorioprodi.it
ENVI, (ITRE), DM03, (D10)

PROTASIEWICZ, Jacek, PPE-DE, PO, **PL**
(57 43; Fax 97 43);
e-mail jprotasiewicz@europarl.eu.int
http://protasiewicz.pl
EMPL, (AFCO), D02, D12, D14

PURVIS, John, PPE-DE, CP, **GB**
(56 84; Fax 96 84);
e-mail jpurvis@europarl.eu.int
ECON, (ITRE), D12, D14, (D13)

QUEIRÓ, Luís, PPE-DE, PP, **P**
(52 27; Fax 92 27);
e-mail lqueiro@netcabo.pt
TRAN, (AFET), D17, (D19)

RANSDORF, Miloslav, GUE/NGL, KSCM, **CZ**
(59 07; Fax 99 07);
ITRE, (DEVE), D07, (D22)

RASMUSSEN, Poul Nyrup, PSE, SD, **DK**
AFET, (ECON), D19

REMEK, Vladimír, GUE/NGL, KSCM, **CZ**
(51 31; Fax 91 31);
ITRE, (TRAN), D03, (D26)

REYNAUD, Marie-Line, PSE, PS, **F**
(53 60; Fax 93 60);
FEMM, AFCO, (LIBE), D13, (D24)

RIBEIRO E CASTRO, José, PPE-DE,
PPD/PSD, **P**
(57 83; Fax 97 83);
e-mail   jcastro@europarl.eu.int
DEVE, (IMCO)

RIERA MADURELL, Teresa, PSE, PSOE, **E**
(54 15; Fax 94 15);
e-mail   trieramadurell@europarl.eu.int
ITRE, FEMM, (AGRI), D23, (D22), (D27)

RIES, Frédérique, ALDE/ADLE, MR, **B**
(55 49; Fax 95 49);
e-mail   fries@europarl.eu.int
ENVI, (AFET), D09, (D16)

RIIS-JØRGENSEN, Karin, ALDE/ADLE,
V, **DK**
(57 94; Fax 97 94);
ECON, (IMCO), D21, (D15)

RIVERA, Giovanni, NI, Uniti nell'Ulivo, **I**
IMCO

RIZZO, Marco, GUE/NGL, PdCI, **I**
(52 52; Fax 92 52);
IMCO, (AFET), D17, (D13)

ROCARD, Michel, PSE, PS, **F**
(57 85; Fax 97 85);
e-mail   mrocard@europarl.eu.int
AFET, (JURI), (D15)

ROGALSKI, Boguslaw, IND/DEM,
LPR, **PL**
(56 16; Fax 96 16);
INTA, (AFET), D03, D18

ROITHOVÁ, Zuzana, PPE-DE, CDH, **CZ**
(54 85; Fax 94 85);
e-mail   zroithova@europarl.eu.int
IMCO, (INTA), (FEMM), D17

ROMAGNOLI, Luca, NI, F, **I**
(55 30; Fax 95 30);
TRAN, (EMPL), D19

ROMEVA RUEDA, Raül, Verts/ALE,
IC-V, **E**
(56 45; Fax 96 45);
e-mail   rromeva@europarl.eu.int
AFET, FEMM, D17, (DM07)

ROSATI, Dariusz Kajetan, PSE, SdPL, **PL**
(51 82; Fax 91 82);
ECON, (AFET), (DM01)

ROSZKOWSKI, Wojciech, UEN, PiS, **PL**
(55 73; Fax 95 73);
e-mail   wojciech@roszkowski.pl
BUDG, (CULT), D20, (D22)

ROUČEK, Libor, PSE, CSSD, **CZ**
(52 59; Fax 92 59);
e-mail   lroucek@europarl.eu.int
AFET, (BUDG), D14, D21, (D03)

ROURE, Martine, PSE, PS, **F**
(51 38; Fax 91 38);
LIBE, (BUDG), D21

RUDI UBEDA, Luisa Fernanda, PPE-DE,
PP, **E**
(52 68; Fax 92 68);
IMCO, (ITRE), D11, (DM06)

RUTOWICZ, Leopold Józef, NI, SO, **PL**
(52 17; Fax 92 17);
e-mail   amackowka@op.pl
IMCO, (EMPL), D25

RYAN, Eoin, UEN, FF, **IRL**
(56 12; Fax 96 12);
ECON, (DEVE), D22

SACCONI, Guido, PSE, DS, **I**
(57 76; Fax 97 76);
ENVI, (AGRI), D21, (D02)

SAÏFI, Tokia, PPE-DE, UMP, **F**
(55 62; Fax 95 62);
e-mail   tsaifi@europarl.eu.int
INTA, (DEVE), D13

SAKALAS, Aloyzas, PSE, LSDP, **LT**
(55 42; Fax 95 42);
JURI, (AFET), D06

SALINAS GARCIÁ, María Isabel, **E**
(53 48; Fax 93 48);
AGRI, (ENVI), (PECH), D19, (D13)

SALVINI, Matteo, IND/DEM, LN, **I**
(51 21; Fax 91 21);
CULT, (ENVI), D20, DM07

SAMARAS, Antonis, PPE-DE, ND, **GR**
(52 42; Fax 92 42);
BUDG, (ECON), D03,

SAMUELSEN, Anders, ALDE/ADLE,
RV, **DK**
(59 16; Fax 99 16);
e-mail rvansa@ft.dk
BUDG, (AFET), D14, (D17), (D21)

SÁNCHEZ PRESEDO, Antolín, PSE,
PSOE, **E**
(54 71; Fax 94 71);
ECON, (INTA), D20, (D15)

SANTORO, Michele, PSE, Ind, **I**
(55 65; Fax 95 65);
LIBE, (CULT), D03, (DM03)

SARTORI, Amalia, PPE-DE, FI, **I**
(55 56; Fax 95 56);
e-mail asartori@europarl.eu.int
LIBE, FEMM, (ENVI), (TRAN), (D19)

SARYUSZ-WOLSKI, Jacek Emil, PPE-DE,
PO, **PL**
(53 71; Fax 93 71);
e-mail jsaryuszwolski@europarl.eu.int
(BUDG), AFET, D03,

SAVARY, Gilles, PSE, PS, **F**
(54 20; Fax 94 20);
e-mail gsavary@europarl.eu.int
TRAN, (ECON), D14

SAVI, Toomas, ALDE/ADLE, ER, **EE**
(58 14; Fax 98 14);
e-mail tsavi@europarl.eu.int
DEVE, (REGI), D16

SBARBATI, Luciana, ALDE/ADLE, MRE, **I**
(59 10; Fax 99 10);
e-mail lsbarbati@europarl.eu.int
LIBE, PETI, (BUDG), DM01, (D09)

SCHAPIRA, Pierre, PSE, PS, **F**
(57 91; Fax 97 91);
e-mail pierre.schapira@mairie-paris.fr
DEVE, (AFET), D09, (DM02)

SCHENARDI, Lydia, NI, FN, **F**
(52 56; Fax 92 56);
ITRE, FEMM, (AGRI), D11

SCHLYTER, Carl, Verts/ALE, Mp, **S**
(52 73; Fax 92 73);
e-mail carl.schlyter@mp.se
ENVI, (PECH), (CONT), (D23)

SCHMITT, Pál, PPE-DE, FIDESZ-MPP, **H**
(55 44; Fax 95 44);
CULT, (ENVI), DM03, (D20)

SCHÖPFLIN, György, PPE-DE,
FIDESZ-MPP, **H**
(58 84; Fax 98 84);
e-mail schopflingy@hotmail.com
AFET, (AFCO), DM05

SEEBERG, Gitte, PPE-DE, KF, **DK**
(52 43; Fax 92 43);
e-mail Gitte.Seeberg@ft.dk
AFET, (LIBE), (CONT), (DM05), (D12)

SEGELSTRÖM, Inger, PSE, S, **S**
(51 99; Fax 91 99);
LIBE, (AFET), (D03)

SEPPÄNEN, Esko Olavi, GUE/NGL,
VAS, **FIN**
(52 71; Fax 92 71);
e-mail eseppanen@europarl.eu.int
BUDG, (ITRE), (CONT), D03, (D07)

SIEKIERSKI, Czesław Adam, PPE-DE,
PSL, **PL**
(57 93; Fax 97 93);
e-mail csiekierski@interia.pl
AGRI, (PECH), DM03

SIFUNAKIS, Nikolaos, PSE, PSK, **GR**
(52 90; Fax 92 90);
e-mail ni.si@mail.gr
CULT, (TRAN), D08, (D03)

SILVA PENEDA, José Albino, PPE-DE,
PPD-PSD/CDS-PP, **P**
(53 81; Fax 93 81);
EMPL, (BUDG), D17, D11

SINNOT, Kathy, IND/DEM, Ind, **IRL**
(56 92; Fax 96 92);
ENVI, EMPL, (TRAN), (AFCO), D15

SIWIEC, Marek Maciej, PSE, PS, **PL**
(56 53; Fax 96 53);
AFET, D04, (D09)

SJÖSTEDT, Jonas, GUE/NGL, V, **S**
(55 63; Fax 95 63);
e-mail jsjostedt@europarl.eu.int
ENVI, (INTA), (CONT), (D01)

SKINNER, Peter William, PSE, LAB, **GB**
(54 58; Fax 94 58);
e-mail pskinner@europarl.eu.int
ECON, (ITRE), D15, (D01)

ŠKOTTOVÁ, Nina, PPE-DE, **CZ**
(53 58; Fax 93 58);
e-mail ris.olonz.ods@volny.cz
BUDG, (CULT), D01

SMITH, Alyn, Verts/ALE, SNP, **GB**
(51 87; Fax 91 87);
REGI, (ITRE), D01

SONIK, Boguslaw, PPE-DE, PO, **PL**
(56 90; Fax 96 90);
e-mail bsonik@europarl.eu.int
ENVI, (LIBE), D11, (D12)

SORNOSA MARTÍNEZ, María, PSE,
PSOE, **E**
(59 74; Fax 99 74);
e-mail msornosa@europarl.eu.int
ENVI, (EMPL), (D17)

SOUSA PINTO, Sérgio, PSE, PS, **P**
(54 86; Fax 94 86);
e-mail ssousa@europarl.eu.int
AFCO, (LIBE), D19, (D14)

SPAUTZ, Jean, PPE-DE, CSV, **L**
(57 37; Fax 97 37);
EMPL, (AFET), D08

SPERONI, Francesco Enrico, IND/DEM,
LN, **I**
(57 05; Fax 97 05);
e-mail fsperoni@europarl.eu.int
JURI, (AFET), DM06, D24, (D18), (D19)

STAES, Bart, Verts/ALE, GROEN, **B**
(56 42; Fax 96 42);
e-mail bstaes@europarl.eu.int
CONT, (ENVI), D03, (D07)

STANISZEWSKA, Grazyna, ALDE/ADLE,
UW, **PL**
(58 49; Fax 98 49);
e-mail
gstaniszewska-assistant@europarl.eu.int
REGI, (CULT), D04, (DM02)

STARKEVIČIŪTĖ, Margarita,
ALDE/ADLE, LCS, **LT**
(56 10; Fax 96 10);
ECON, CONT, (BUDG), D20, (D14)

ŠŤASTNÝ, Peter, PPE-DE, SDKU, **SK**
(56 83; Fax 96 83);
INTA, (BUDG), D09, (D15)

STERCKX, Dirk, ALDE/ADLE,
VLD/Vivant, **B**
(51 11; Fax 91 11);
e-mail dsterckx@europarl.eu.int
TRAN, PECH, (ITRE), D21, (D07)

STEVENSON, Struan, PPE-DE, UUP, **GB**
(57 10; Fax 97 10);
e-mail struanmep@aol.com
EMPL, PECH, (AGRI), DM07, (D21)

STIHLER, Catherine, PSE, LAB, **GB**
(54 62; Fax 94 62);
e-mail cstihler@cstihlermep.freeserve.co.uk
REGI, PECH, (TRAN), D01, (DM07)

STREJČEK, Ivo, PPE-DE, ODS, **CZ**
(56 67; Fax 96 67);
ECON, (INTA), DM03

STROZ, Daniel, GUE/NGL, KSCM, **CZ**
(54 56; Fax 94 56);
JURI, (CULT), DM01, (DM02)

STUBB, Alexander, PPE-DE, KOK, **FIN**
(52 64; Fax 92 64);
e-mail astubb@europarl.eu.int
AFCO, CONT, (IMCO), (AFET), DM02, (D15)

STURDY, Robert William, PPE-DE, Conservative, **GB**
(52 94; Fax 92 94);
e-mail rsturdy@tory.org
INTA, (ENVI), (AGRI), D14, (D25)

SUDRE, Margie, PPE-DE, UMP, **F**
(54 73; Fax 94 73);
REGI, PECH, D03, (D23)

SUMBERG, David, PPE-DE, Conservative, **GB**
(53 72; Fax 93 72);
AFET, (EMPL), D15, (D26)

SURJÁN, László, PPE-DE, FIDESZ-MPP, **H**
(58 35; Fax 98 35);
e-mail lsurjan@europarl.eu.int
BUDG, (REGI), DM07, (DM01)

SVENSSON, Eva-Britt, GUE/NGL, V, **S**
(51 05; Fax 91 05);
e-mail e-b.svensson@bredband.net
FEMM, IMCO, (EMPL), D09, (D04)

SZÁJER, József, PPE-DE, FIDESZ-MPP, **H**
(58 71; Fax 98 71);
e-mail jszajer@europarl.eu.int
IMCO, (JURI), D20, (D19)

SZEJNA, Andrzej Jan, PSE, SLD-UP, **PL**
(56 52; Fax 96 52);
e-mail aszejna@europarl.eu.int
JURI, (BUDG), D06, (D24)

SZENT-IVÁNYI, István, ALDE/ADLE, SZDSZ, **H**
(55 78; Fax 95 78);
e-mail iszent-ivanyi@europarl.eu.int
AFET, (INTA), D24, (DM01)

SZYMAŃSKI, Konrad Krzysztof, UEN, PiS, **PL**
(51 36; Fax 91 36);
e-mail redakcja@mpp.org.pl
AFET, FEMM, (LIBE), D06, (D19)

TABAJDI, Csaba Sándor, PSE, MSZP, **H**
(58 21; Fax 98 21);
e-mail csaba.tabajdi@parlament.hu
AGRI, (AFET), D03, (D21)

TAJANI, Antonio, PPE-DE, FI, **I**
(53 96; Fax 93 96);
e-mail atajani@europarl.eu.int
AFET, (LIBE), D09, (D15)

TAKKULA, Hannu, ALDE/ADLE, KESK, **FIN**
(58 51; Fax 98 91);
e-mail htakkula@europarl.eu.int
CULT, (TRAN), D25, (D09)

TANNOCK, Charles, PPE-DE, Conservative, **GB**
(58 70; Fax 98 70);
e-mail ctannock@europarl.eu.int
AFET, (ECON), D04, (D03), (D09)

TARABELLA, Marc, PSE, PS, **B**
(57 40; Fax 97 40);
e-mail mtarabella@europarl.eu.int
AGRI, (EMPL), D23

TARAND, Andres, PSE, SDE, **EE**
(54 29; Fax 94 29);
e-mail andres.tarand@riigikogu.ee
ITRE, (ENVI), D24, (D25)

TATARELLA, Salvatore, UEN, AN, **I**
(52 76; Fax 92 76);
e-mail statarella@europarl.eu.int
REGI, (TRAN), DM01, (D02)

THOMSEN, Britta, PSE, SD, **DK**
(54 52; Fax 94 52);
ITRE, FEMM, (DEVE), D26

THYSSEN, Marianne, PPE-DE,
CD&V-N-VA, **B**
(59 18; Fax 99 18);
e-mail mthyssen@europarl.eu.int
IMCO, (INTA), D04, (DM05)

TITFORD, Jeffrey William, IND/DEM,
UKIP, **GB**
(57 58; Fax 97 58);
e-mail eastern@ukip.org
CONT, AGRI

TITLEY, Gary, PSE, LAB, **GB**
(52 12; Fax 92 12);
e-mail gtitley@europarl.eu.int
TRAN, (IMCO), DM03, (D16)

TOIA, Patrizia, ALDE/ADLE, Margh, **I**
(51 27; Fax 91 27);
e-mail ptoia@europarl.eu.int
ITRE, (EMPL), DM06, DM07

TOMCZAK, Witold, IND/DEM, LPR, **PL**
(52 41; Fax 92 41);
e-mail wtomczak@europarl.eu.int
AGRI, (CULT), DM03

TOUBON, Jacques, PPE-DE, UMP, **F**
(51 66; Fax 91 66);
IMCO, (AFCO), DM05

TOUSSAS, Georgios, GUE/NGL, KKE, **GR**
(52 78; Fax 92 78);
TRAN, (EMPL), DM02, (D10)

TRAKATELLIS, Antonios, PPE-DE,
ND, **GR**
(57 62; Fax 97 62);
e-mail atrakatellis@europarl.eu.int
ENVI, (ITRE), D02

TRAUTMANN, Catherine, PSE, PS, **F**
(54 25; Fax 94 25);
ITRE, (CULT), D16, (D20)

TRIANTAPHYLLIDES, Kyriacos,
GUE/NGL, AKEL, **CY**
(59 58; Fax 99 58);
REGI, (LIBE), D25, (DM05)

TURMES, Claude, Verts/ALE, Déi Greng, **L**
(52 46; Fax 92 46);
e-mail cturmes@europarl.eu.int
ITRE, (EMPL), (ENVI), D21, (D15)

TZAMPAZI, Evangelia, PSE, PSK, **GR**
(53 45; Fax 93 45);
e-mail etzampazi@europarl.eu.int
ENVI, (EMPL), DM02

VAIDERE, Inese, UEN, TB/LNNK, **LV**
(56 39; Fax 96 39);
e-mail inese@leaf.lv
AFET, (ENVI), D26, (D03)

VAKALIS, Nikolaos, PPE-DE, ND, **GR**
(59 37; Fax 99 37);
e-mail nvakalis@europarl.eu.int
ITRE, (REGI), DM01

VALENCIANO MARTÍNEZ-OROZCO,
María Elena, PSE, PSOE, **E**
(54 40; Fax 94 40);
e-mail evalenciano@europarl.eu.int
DEVE, (AFET), (D12)

VAN BUITENEN, Paul K. T. J.,
ALDE/ADLE, ET, **NL**
(59 72; Fax 99 72);
CONT, (PETI), (D01)

VAN DEN BERG, Margrietius J., PSE,
PvdA, **NL**
(56 69; Fax 96 69);
e-mail mvandenberg@europarl.eu.int
DEVE, (INTA), D18

VAN DEN BURG, Ieke, PSE, PvdA, **NL**
(53 94; Fax 93 94);
e-mail ivandenburg@europarl.eu.int
ECON, (IMCO), D25

VAN HECKE, Johan, ALDE/ADLE,
VLD/VIVANT, **B**
(51 90; Fax 91 90);
e-mail jvanhecke@europarl.eu.int
INTA, (D26)

VAN LANCKER, Anne, PSE,
SPA-SPIRIT, **B**
(54 94; Fax 94 94);
e-mail avanlancker@europarl.eu.int
EMPL, FEMM, (DEVE)

VAN NISTELROOIJ, Lambert, PPE-DE,
CDA, **NL**
(54 34; Fax 94 34);
e-mail lnist@home.nl
http://www.lambertvannistelrooij.nl
REGI, (ITRE), D18, (DM01)

VAN ORDEN, Geoffrey, PPE-DE,
Conservative, **GB**
(53 32; Fax 93 32);
AFET, (TRAN), D27, DM05, (D02), (D22)

VANHECKE, Frank, NI, Vlaams blok, **B**
(51 08; Fax 91 08);
LIBE, (DEVE), D01

VARELA SUANZES-CARPEGNA, Daniel,
PPE-DE, PP, **E**
(59 50; Fax 99 50);
e-mail dvarela@europarl.eu.int
INTA, PECH, (REGI), D25

VARVITSIOTIS, Ioannis, PPE-DE,
ND, **GR**
(56 80; Fax 96 80);
LIBE, (CULT), DM02

VATANEN, Ari, PPE-DE, UMP, **F**
(59 95; Fax 99 95);
e-mail avatanen@europarl.eu.int
AFET, (TRAN), (D03), (D15)

VAUGRENARD, Yannick, PSE, PS, **F**
(51 13; Fax 91 13);
BUDG, (EMPL), DM01, (DM02)

VÄYRYNEN, Paavo, ALDE/ADLE,
KESK, **FIN**
(58 50; Fax 98 50);
e-mail pvayrynen@europarl.eu.int
AFET, (REGI), (D03)

VENTRE, Riccardo, PPE-DE, **I**
(54 61; Fax 94 61);
AFCO, (REGI), D12

VERGES, Paul, GUE/NGL, PCR, **F**
(51 24; Fax 91 24);
DEVE, (REGI), D17

VERGNAUD, Bernadette, PSE, PS, **F**
(52 10; Fax 92 10);
IMCO, (AGRI), (FEMM), (D12), (D19)

VERNOLA, Marcello, PPE-DE,
Forza Italia, **I**
(53 04; Fax 93 04);
ENVI, (AFET), D18, (DM01)

VIDAL-QUADRAS ROCA, Alejo,
PPE-DE, PP, **E**
(53 22; Fax 93 22);
ITRE, (CULT), (DM05)

VINCENZI, Marta, PSE, DS, **I**
(53 31; Fax 93 31);
TRAN, (FEMM), (REGI), D12, (D13)

VIRRANKOSKI, Tapio, ALDE, KESK, **FIN**
(58 47; Fax 98 47);
AGRI, BUDG, CONT, (DM01), (D20)

VLASÁK, Oldřich, PPE-DE, ODS, **TR**
(53 57; Fax 93 57);
REGI, (TRAN), (DM03), D18

VLASTO, Dominique, PPE-DE, UMP, **F**
(51 61; Fax 91 61);
ITRE, (TRAN)

WALLIS, Diana, ALDE/ADLE, LDP, **GB**
(52 01; Fax 92 01);
PETI, JURI, (IMCO), D01

WATSON, Graham, ALDE/ADLE,
LDP, **GB**
(56 26; Fax 96 26);
ECON, D24, (D21)

WEBER, Henri, PSE, PS, **F**
(57 88; Fax 97 88);
CULT, (ECON), D03, (D20)

WESTLUND, Asa, PSE, S, **S**
(55 86; Fax 95 86);
ENVI; (CULT); (DM05)

WHITEHEAD, Phillip, PSE, LAB, **GB**
(54 59; Fax 94 59);
e-mail pwhitehead@europarl.eu.int
IMCO, (ENVI), (DM01)

WHITTAKER, John, IND/DEM, UKIP, **GB**
(51 69; Fax 91 69);
ECON

WIERSMA, Jan Marinus, PSE, PvdA, **NL**
(54 35; Fax 94 35);
e-mail jwiersma@europarl.eu.int
AFET, (TRAN), D05, (DM01)

WIERZEJSKI, Wojciech, IND/DEM,
LPR, **PL**
(56 59; Fax 96 59);
AFCO, (CULT), D06

WIJKMAN, Anders, PPE-DE, Kd, **S**
(54 01; Fax 94 01);
e-mail anders@wijkman.nu
ENVI, (DEVE), (D15)

WISE, Thomas Harold, IND/DEM,
UKIP, **GB**
(55 98; Fax 95 98);
e-mail tomwise@ukip.org
CULT

WOHLIN, Lars, IND/DEM, Junilistan, **S**
(56 79; Fax 96 79);
e-mail lars.wohlin@telia.com
ECON, (BUDG), D23

WOJCIECHOWSKI, Janusz Czeslaw,
PPE-DE, PSL, **PL**
(58 02; Fax 98 02);
e-mail biuronkw@nkw.psl.org.pl
AGRI, (CONT), D07

WORTMANN-KOOL, Corien M.,
PPE-DE, CDA, **NL**
(55 70; Fax 95 70);
e-mail cwortmann@europarl.eu.int
TRAN, FEMM, (ECON), D20, (D13)

WURTZ, Francis, GUE/NGL, PCR, **F**
(51 06; Fax 91 06);
e-mail fwurtz@europarl.eu.int
AFET, (BUDG), (D15)

WYNN, Terence, PSE, LAB, **GB**
(55 10; Fax 95 10);
e-mail twynn@europarl.eu.int
CONT, AGRI, (BUDG), D25, (D26)

XENOGIANNAKOPOULOU, Marilisa,
PSE, PSK, **GR**
(53 43; Fax 93 43);
BUDG, CONT, (ITRE), D02; (D11)

YAÑEZ-BARNUEVO GARCÍA, Luis, PSE,
PSOE, **E**
(57 18; Fax 97 18);
AFET, (TRAN), D11, (D14)

ZÁBORSKÁ, Anna, PPE-DE, KDH, **SK**
(59 23; Fax 99 23);
e-mail azaborska@europarl.eu.int
FEMM, DEVE, (D11)

ZAHRADIL, Jan, PPE-DE, ODS, **CZ**
(56 66; Fax 96 66);
e-mail jzahradil@europarl.eu.int
DEVE, (LIBE), D12, (DM05)

ZALESKI, Zbigniew Franciszek, PPE-DE,
PO, **PL**
(54 81; Fax 94 81);
e-mail zzaleski@europarl.eu.int
INTA, (DEVE), D09

ZANI, Mauro, PSE, DS, **I**
(55 26; Fax 95 26);
DEVE, (AFCO), (D10)

ZAPPALA´, Stefano, PPE-DE, FI, **I**
(52 08; Fax 92 08);
e-mail szappala@europarl.eu.int
LIBE, (IMCO), D10, (D07)

ZATLOUKAL, Tomáš, PPE-DE,
SN/ED, **CZ**
(55 34; Fax 95 34);
e-mail tzatloukal@europarl.eu.int
CULT, (BUDG), D07

ŽDANOKA, Tatjana, Verts/ALE,
PCTVL, **LV**
(59 12; Fax 99 12);
e-mail tat-zhdanok@yandex.ru
LIBE, (AFET), D03, (D08)

ŽELEZNÝ, Vladimír, IND/DEM,
Nezavisli, **CZ**
(52 95; Fax 92 95);
e-mail vladimir.zelezny@centrum.cz
REGI, (AGRI), D03, (D09)

ZIELENIEC, Josef, PPE-DE, SN/ED, **CZ**
(55 40; Fax 95 40);
AFET, (ECON), (D27)

ZĪLE, Roberts, UEN, TB/LNNK, **LV**
(52 24; Fax 92 24);
TRAN, (ITRE), (D25)

ZINGARETTI, Nicola, PSE, DS, **I**
(53 88; Fax 93 88);
JURI, (DEVE), (INTA), D24, D27, (D03), (D09)

ZVĚŘINA, Jaroslav, PPE-DE, ODS, **CZ**
(54 83; Fax 94 83);
e-mail zverina@mbox.vol.cz
JURI, (CULT), D20

ZWIEFKA, Tadeusz, PPE-DE, PO, **PL**
(52 58; Fax 92 58);
JURI, (EMPL), D08, (DM02), (D05), (D12)

3.2.5 Fraktionen im Europäischen Parlament

Fraktion der Sozialdemokratischen Partei Europas – SPE
(Groupe du Parti des Socialistes Européens – PSE)
Mitglieder: 201
Vorsitzender: SCHULZ, Martin
Tel 00 32-2/2 84 54 90; Fax 00 32-2/2 84 95 03;

Fraktion der Europäischen Volkspartei (Christdemokraten) und der europäischer Demokraten – EVP-ED
(Groupe du Parti Populaire Européen (Démocrates-Chrétiens) et Démocrates Européens – PPE-DE)
Mitglieder: 268
Vorsitzender: POETTERING, Hans-Gert
Tel 00 32-2/2 84 57 69; Fax 00 32-2/2 84 97 69;
e-mail hpoettering@europarl.eu.int

Fraktion der Liberalen und Demokratischen Partei Europas – LIBE
(Groupe du Parti Européen des Libéraux, Démocrates et Réformateurs – ALDE)
Mitglieder: 88
Vorsitzender: WATSON, Graham R.
Tel 00 32-2/2 84 56 26; Fax 00 32-2/2 84 96 26;
e-mail euro_office@cix.co.uk

Konföderale Fraktion der Vereinigten Europäischen Linken/Nordische Grüne Linke – KVEL/NGL
(Groupe Confédéral de la Gauche Unitaire Européenne/Gauche Verte Nordique – GUE/NGL)
Mitglieder: 41
Vorsitzender: WURTZ, Francis
Tel 00 32-2/2 84 51 06; Fax 00 32-2/2 84 91 06;
e-mail fwurtz@europarl.eu.int

III Die Institutionen der EU

Fraktion Union für das Europa der Nationen – UEN
(Groupe Union pour l'Europe des Nations – UEN)
Mitglieder: 27
Vorsitzender: CROWLEY, Brian
Tel 00 32-2/2 84 59 14; Fax 00 32-2/2 84 97 51;
Vorsitzende: MUSCARDINI, Cristiana
Tel 00 32-2/2 84 59 14; Fax 00 32-2/2 84 97 51;

Fraktion der Grünen/Freie Europäische Allianz – Grüne/EFA
(Groupe des Verts/Alliance Libre Européenne – Verts/ALE)
Mitglieder: 42
Vorsitzender: COHN-BENDIT, Daniel Marc
Tel 00 32-2/2 84 54 98; Fax 00 32-2/2 84 94 98;
e-mail dcohn-bendit@europarl.eu.int
Vorsitzende: FRASSONI, Monica

Tel 00 32-2/2 84 58 96; Fax 00 32-2/2 84 98 96;
e-mail mfrassoni@europarl.eu.int

Fraktion Unabhängigkeit/Demokratie
(Groupe Indépendance/Démocratie – IND/DEM)
Mitglieder: 36
Vorsitzender: BONDE, Jens-Peter
Tel 00 32-2/2 84 51 67; Fax 00 32-2/2 84 91 67;
e-mail jbonde@europarl.eu.int, jp@bonde.dk

Fraktionslos – FL
(Non Inscrits – NI)
Mitglieder: 28
Koordinator: BUGALHO, Eduardo
Tel 00 32-2/2 84 56 99; Fax 00 32-2/2 84 96 99;
e-mail ebugalho@europarl.eu.int

Ausschüsse
http://www.europarl.eu.int/committees/home_de.htm

3.2.6 Ausschüsse

Ausschuss für Auswärtige Angelegenheiten **AFET**
154 Mitglieder

Vorsitzender: Brok
Stellv. Vorsitzende: Ilves, Nicholson of Winterbourne, van Orden

Mitglieder:			
Agnoletto	De Keyser	Kasoulides	Neyts-Uyttebroeck
Beer	Dimitrakopoulos	Klich	Obiols i Germà
Beglitis	Eurlings	Kuhne	Öger
Belder	Fotyga	Lagendijk	Özdemir
Beňová	Gawronski	Landsbergis	Paleckis
Bonino	Giertych	Laschet	Peterle
Brie	Gomes	Malmström	Pflüger
Claeys	Gomolka	McMillan-Scott	Pinheiro
Coûteaux	Hänsch	Menéndez del Valle	Piotrowski
Coveney	Howitt	Meyer Pleite	Piskorski
Czarnecki	Ibrisagic	Millán Mon	Polfer
D'Alema	Kacin	Morillon	Posselt
	Karatzaferis	Moscovici	Rasmussen

3 Das Europäische Parlament (EP)

Rocard	*Stellvertreter:*	Gruber	Pannella
Romeva Rueda	Andrikienè	Horáček	Pīks
Rouček	Assis	Isler Béguin	Pinior
Salafranca Sánchez-Neyra	Batten	Jäätteenmäki	Pirilli
	Belohorská	Jarzembowski	Pistelli
Saryusz-Wolski	Bushill-Matthews	Kamiński	Portas
Schöpflin	Carlotti	Karim	Pöttering
Seeberg	Carnero González	Kelam	Queiró
Siwiec	De Rossa	Kinnock	Ries
Stenzel	De Sarnez	Kohlíček	Rizzo
Sumberg	Dehaene	Konrad	Rogalski
Swoboda	Deva	Korhola	Rosati
Szent-Iványi	Dobolyi	Kristovskis	Rothe
Szymański	Duka-Zólyomi	Lauk	Sakalas
Tajani	Ebner	Le Pen	Samuelsen
Tannock	Elles	Leinen	Schapira
Vaidere	Evans	Martínez Martínez	Segelström
Vatanen	Fatuzzo	Matsis	Spautz
Väyrynen	Fava	Mayor Oreja	Speroni
von Wogau	Flautre	Meijer	Stubb
Wiersma	Fontaine	Napoletano	Tabajdi
Wurtz	Ford	Onyszkiewicz	Valenciano
Yañez-Barnuevo	Gál	Ouzký	Martínez-Orozco
García	Galeote Quecedo	Pack	Vernola
Zieleniec	Gaubert	Pafilis	Ždanoka
	Graf Lambsdorff	Pahor	

Entwicklungsausschuss   **DEVE**
68 Mitglieder

Vorsitzender: Morgantini
Stellv. Vorsitzende: Budreikaitè, Gahler, van den Berg

Mitglieder:	Martens	Zahradil	Langendries
Auken	Martínez Martínez	Zani	Lehideux
Battilocchio	Mitchell		Mantovani
Carlotti	Pinior	*Stellvertreter:*	Mavrommatis
Cornillet	Pomés Ruiz	Aubert	McAvan
Deva	Ribeiro e Castro	Bowis	Meyer Pleite
Dillen	Savi	Castex	Millán Mon
Dobolyi	Schapira	Coûteaux	Mussolini
Fernández Martín	Schmidt	Díez González	Öry
Goudin	Schröder	Gal'a	Quisthoudt-Rowohl
Hybášková	Uca	Gomes	Ransdorf
Kaczmarek	Valenciano	Hall	Ryan
Kinnock	Martínez-Orozco	Hutchinson	Saïfi
Kreissl-Dörfler	Verges	Joan i Marí	Scheele
Kristovskis	Záborská	Kulakowski	Schnellhardt

| Thomsen | Vanhecke | Wijkman | Zimmer |
| Van Lancker | Walter | Zaleski | Zingaretti |

Ausschuss für Internationalen Handel — INTA
65 Mitglieder

Vorsitzender: Barón Crespo
Stellv. Vorsitzende: Chiesa, Štastný, Varela Suanzes-Carpegna

Mitglieder:	Markov	Belder	Leichtfried
Arif	Martin	Böge	Louis
Assis	Moreno Sánchez	Bradbourn	Martens
Audy	Muscardini	Budreikaitè	Pinheiro
Bourlanges	Napoletano	Carollo	Polfer
Caspary	Papastamkos	Chatzimarkakis	Roithová
Castex	Quisthoudt-Rowohl	Daul	Sánchez Presedo
Farage	Rogalski	Désir	Schmidt
Fjellner	Saïfi	Dess	Sjöstedt
Ford	Sturdy	El Khadraoui	Strejček
Glattfelder	Van Hecke	Ferreira	Szent-Iványi
Henin	Zaleski	Fotyga	Thyssen
Karim		García-Margallo Y	van den Berg
Le Pen	*Stellvertreter:*	Marfil	Zingaretti
Lipietz	Agnoletto	Goebbels	
Lucas	Allister	Jonckheer	
Mann	Beglitis	Kaczmarek	

Haushaltsausschuss — BUDG
88 Mitglieder

Vorsitzender: Lewandowski
Stellv. Vorsitzende: Böge, Mulder, Walter

Mitglieder:	Garriga Polledo	Maňka	*Stellvertreter:*
Andrikienè	Gill	Mauro	Badía i Cutchet
Ashworth	Grabowski	Onesta	Bonino
Bonsignore	Grässle	Pittella	Buitenweg
Bösch	Grech	Roszkowski	Calabuig Rull
Busuttil	Griesbeck	Samaras	Geringer de
Casaca	Guy-Quint	Samuelsen	Oedenberg
Deprez	Haug	Seppänen	Gomolka
Dombrovskis	Itälä	Škottová	Graefe zu
Douay	Jensen	Surján	Baringdorf
Dührkop Dührkop	Koch-Mehrin	Trüpel	Gröner
Elles	Kozlík	Vaugrenard	Hybášková
Fajmon	Kuc	Virrankoski	Ilves
Fazakas	Kuzmiuk	Xenogiannako-	Jordan Cizelj
Ferber	Lamassoure	poulou	Klamt

Krehl	Montoro Romero	Rouček	Štastný
Laschet	Navarro	Roure	Szejna
Maat	Ó Neachtain	Rübig	Wohlin
Martin	Pálfi	Saryusz-Wolski	Wurtz
Martinez	Piecyk	Sbarbati	Wynn
McGuinness	Pīks	Silva Peneda	Zatloukal
Mohácsi	Pomés Ruiz	Starkevičiūtè	

Ausschuss für Haushaltskontrolle **CONT**
66 Mitglieder

Vorsitzender: Fazakas
Stellv. Vorsitzende: Bösch, Duchoň, Lundgren

Mitglieder:	Martin	*Stellvertreter:*	Maat
Ayala Sender	Mastenbroek	Bonde	Mann
Bonsignore	Mathieu	Cabrnoch	Morgan
Busuttil	Mulder	Caspary	Mote
Camre	Pahor	Davies	Newton Dunn
Casaca	Pálfi	Dombrovskis	Pannella
Cesa	Pomés Ruiz	dos Santos	Poignant
Elles	Staes	Dührkop Dührkop	Rühle
Ferber	Starkevičiūtè	Foglietta	Schlyter
Fjellner	Stubb	Garriga Polledo	Seeberg
Grässle	Titford	Goebbels	Seppänen
Guidoni	van Buitenen	Grabowski	Sjöstedt
Jørgensen	Virrankoski	Gutiérrez-Cortines	Stenzel
Juknevičienè	Wynn	Heaton-Harris	Walter
Krarup	Xenogiannako-	Herczeg	Wojciechowski
Kratsa-Tsagaropoulou	poulou	Koch-Mehrin	
		Korhola	

Ausschuss für Wirtschaft und Währung **ECON**
94 Mitglieder

Vorsitzende: Berès
Stellv. Vorsitzende: García-Margallo y Marfil, Krasts, Purvis

Mitglieder:	Ehler	in 't Veld	Montoro Romero
Becsey	Evans	Karas	Muşcat
Bersani	Ferreira	Kauppi	Radwan
Bertinotti	Gauzès	Klinz	Rapkay
Bowles	Goebbels	Konrad	Riis-Jørgensen
Bullmann	Gollnisch	Lauk	Rosati
Casa	Hamon	Letta	Ryan
Cirino Pomicino	Hökmark	Lulling	Sánchez Presedo
Cohn-Bendit	Hoppenstedt	Martin	Skinner
dos Santos	Hudghton	Mitchell	Starkevičiūtè

Strejček
van den Burg
Wagenknecht
Watson
Whittaker
Wohlin

Stellvertreter:
Andersson
Barón Crespo
Batzeli
Bobošíková
Brunetta
Cavada

Chatzimarkakis
De Vits
del Castillo Vera
Dombrovskis
Duchoň
Ettl
Evans
Foglietta
Garriga Polledo
Grabowski
Guy-Quint
Hassi
Hudacký
Juknevičienè

Kamall
Kozlík
Kuzmiuk
Langen
La Russa
Lewandowski
Lipietz
Ludford
Lundgren
Maaten
Maňka
Mann
Manolakou
Marques

Pflüger
Pittella
Rasmussen
Samaras
Savary
Schwab
Tannock
von Wogau
Weber
Wortmann-Kool
Zieleniec
Zimmerling

Ausschuss für Beschäftigung und soziale Angelegenheiten **EMPL**
92 Mitglieder

Vorsitzender: Andersson
Stellv. Vorsitzende: Figueiredo, Mann, Panzeri

Mitglieder:
Bachelot-Narquin
Bennahmias
Bozkurt
Bushill-Matthews
Cabrnoch
Camre
Cercas
Christensen
Clark
Cocilovo
Cottigny
De Rossa
Désir
Ettl
Falbr
Fatuzzo
Hasse Ferreira
Helmer
Hughes
Jöns
Juknevičienè
Kulakowski
Kusstatscher
Lambert
Lang

Langendries
Lehideux
Lynne
Mantovani
Masiel
Maštálka
Mato Adrover
Matsouka
McDonald
Oomen-Ruijten
Öry
Oviir
Panayotopoulos-
 Cassiotou
Protasiewicz
Silva Peneda
Sinnot
Spautz
Stevenson
Van Lancker
Zimmer

Stellvertreter:
Ashworth
Attwooll
Bauer

Beaupuy
Bossi
Brejc
Bullmann
Callanan
Castex
Degutis
Didžiokas
García Pérez
Harkin
Hieronymi
Howitt
Ibrisagic
Jensen
Koch
Kósáné Kovács
Lehtinen
Locatelli
Madeira
Mikko
Moraes
Musacchio
Papadimoulis
Romagnoli
Rutowicz
Schroedter

Sornosa Martínez
Stenzel
Sumberg
Svensson
Tarabella
Toia
Toussas
Turmes
Tzampazi
Vaugrenard
Weiler
Weisgerber
Zwiefka

Ausschuss für Umweltfragen, Volksgesundheit und Lebensmittelsicherheit   ENVI
122 Mitglieder

Vorsitzender: Florenz
Stellv. Vorsitzende: Andrejevs, Blokland, Hassi

Mitglieder:	Kuškis	Stellvertreter:	Hoppenstedt
Adamou	Lienemann	Andria	Jöns
Andrejevs	Liese	Arif	Landsbergis
Aylward	Maaten	Arnaoutakis	Lax
Belohorská	Matsakis	Atkins	Le Foll
Blokland	McAvan	Auken	Lehideux
Bowis	Musacchio	Ayuso González	Liotard
Brepoels	Myller	Berlato	Lombardo
Breyer	Olajos	Berlinguer	Lucas
Callanan	Ouzký	Budreikaitè	Masiel
Corbey	Papadimoulis	Busk	Maštálka
Davies	Poli Bortone	Busquin	Mikolášik
Doyle	Prodi	Buzek	Muscardini
Drčar Murko	Ries	Capoulas Santos	Oomen-Ruijten
Estrela	Roth-Behrendt	Casa	Paleckis
Evans	Sacconi	Cashman	Pannella
Ferreira	Scheele	Castiglione	Peterle
Foglietta	Schlyter	de Brún	Podestá
Glante	Schnellhardt	Degutis	Salinas Garcia
Grossetête	Seeber	Ek	Salvini
Gutiérrez-Cortines	Sinnot	Fjellner	Sartori
Hassi	Sjöstedt	Gal'a	Schmitt
Hegyi	Sonik	Giertych	Sommer
Honeyball	Sornosa Martínez	Goudin	Staes
Isler Béguin	Trakatellis	Graça Moura	Stockmann
Jackson	Tzampazi	Guidoni	Sturdy
Jørgensen	Ulmer	Harms	Tarand
Klaß	Vernola	Haug	Turmes
Korhola	Weisgerber	Helmer	Vaidere
Krahmer	Westlund	Hennicot-Schoepges	Whitehead
Krupa	Wijkman	Herranz García	

Ausschuss für Industrie, Forschung und Energie   ITRE
102 Mitglieder

Vorsitzende: Chichester
Stellv. Vorsitzende: Brunetta, Ransdorf, Thomsen

Mitglieder:	Busquin	De Michelis	Fontaine
Attard-Montalto	Buzek	del Castillo Vera	Gierek
Belet	Calabuig Rull	Dover	Guidoni
Birutis	Cesa	Duin	Gyürk
Březina	Chatzimarkakis	Ek	Hall

Hammerstein Mintz	Schenardi	dos Santos	Manders
Harms	Tarand	Doyle	Mann
Hudacký	Toia	Ehler	Moscovici
Jordan Cizelj	Trautmann	Frassoni	Ortuondo Larrea
Langen	Turmes	Gill	Pleguezuelos Aguilar
Laperrouze	Vakalis	Glante	Prodi
Lavarra	Vidal-Quadras Roca	Grossetête	Purvis
Locatelli	Vlasto	Gutiérrez-Cortines	Rapkay
Lundgren		Harbour	Rudi Ubeda
Morgan	*Stellvertreter:*	Hassi	Seppänen
Musumeci	Albertini	Henin	Skinner
Niebler	Audy	Hennicot-Schoepges	Smith
Paasilinna	Ayuso González	Herczog	Sterckx
Panzeri	Bachelot-Narquin	Hökmark	Swoboda
Peillon	Barsi Pataky	Janowski	Trakatellis
Pirilli	Borghezio	Klinz	van Nistelrooij
Remek	Caspary	Kristensen	Wagenknecht
Reul	Chmielewski	Lang	Xenogiannako-
Riera Madurell	Coelho	Le Rachinel	poulou
Rothe	Corbey	Lienemann	Zīle
Rübig	Cornillet	Liese	

Ausschuss für Binnenmarkt und Verbraucherschutz IMCO
78 Mitglieder

Vorsitzender: Whitehead
Stellv. Vorsitzende: Rizzo, Roithová

Mitglieder:	Medina Ortega	Birutis	Lehne
Bloom	Newton Dunn	Borghezio	Liberadzki
De Vits	Patrie	Bradbourn	Malmström
Doorn	Pleštinská	Brie	Matsouka
Fourtou	Podestá	Cederschiöld	Menéndez del Valle
Gebhardt	Rivera	Chichester	Morgantini
Graf Lambsdorff	Rudi Ubeda	Costa	Muscat
Handzlik	Rühle	Coveney	Nassauer
Harbour	Rutowicz	De Keyser	Niebler
Heaton-Harris	Schwab	Fruteau	Olajos
Hedh	Svensson	Hamon	Piskorski
Herczog	Szájer	Hasse Ferreira	Ribeiro e Castro
Jäätteenmäki	Thyssen	Hatzidakis	Riis-Jørgensen
Jonckheer	Toubon	Hudghton	Roth-Behrendt
Kamiński	Vergnaud	Hughes	Stubb
Kristensen	Weiler	Kallenbach	Titley
Lechner	Wuermeling	Kamall	van den Burg
Lehtinen		Karas	Wallis
Manders	*Stellvertreter:*	Krasts	Zappala´
McCarthy	Bersani	Le Pen	

Ausschuss für Verkehr und Fremdenverkehr   TRAN
101 Mitglieder

Vorsitzender: Costa
Stellv. Vorsitzende: Chruszcz, Queiró, Savary

Mitglieder:
Albertini
Atkins
Auken
Ayala Sender
Barsi Pataky
Bradbourn
Cramer
de Grandes Pascual
De Veyrac
Degutis
Dionisi
Duchoň
El Khadraoui
Evans
Fernandes
Grosch
Hedkvist Petersen
Hennis-Plasschaert
Jalowiecki
Jarzembowski
Koch
Kohlíček
Kratsa-Tsagaropoulou
Le Rachinel

Leichtfried
Liberadzki
Lichtenberger
Louis
Meijer
Mote
Nattrass
Navarro
Ó Neachtain
Onyszkiewicz
Ortuondo Larrea
Piecyk
Rack
Romagnoli
Schmitt
Sommer
Sterckx
Stockmann
Titley
Toussas
Vincenzi
Wortmann-Kool
Zīle

Stellvertreter:
Attard-Montalto

Battilocchio
Becsey
Bielan
Blokland
Bono
Cocilovo
Correia
Cottigny
Dover
Ferber
Flautre
Gawronski
Goepel
Gollnisch
Griesbeck
Guerreiro
Gurmai
Higgins
Jeggle
Jensen
Jørgensen
Kacin
Kasoulides
Kuškis
Kusstatscher
Lagendijk

López-Istúriz White
Markov
Miguélez Ramos
Musotto
Öger
Olbrycht
Panzeri
Pleštinská
Remek
Sartori
Schuth
Sifunakis
Sinnot
Stihler
Takkula
Tatarella
van Orden
Vatanen
Vlasák
Vlasto
Wiersma
Yañez-Barnuevo García

Ausschuss für regionale Entwicklung   REGI
100 Mitglieder

Vorsitzender: Galeote Quecedo
Stellv. Vorsitzende: Attwooll, Fava, Olbrycht

Mitglieder:
Andria
Arnaoutakis
Beaupuy
Berend
Bielan
Bobošíková
Booth
Bossi

Bourzai
de Brún
García Pérez
Gentvilas
Geringer de
Oedenberg
Guellec
Guerreiro
Gurmai

Harangozó
Harkin
Hatzidakis
Higgins
Hutchinson
Iturgaiz Angulo
Janowski
Kallenbach
Kelam

Koterec
Krehl
Madeira
Marques
Matsis
Mikolášik
Musotto
Nicholson
Pálfi

Pieper	Ayala Sender	Fernández Martín	Prets
Pleguezuelos Aguilar	Baco	Flasarová	Savi
Poignant	Belder	Florenz	Schröder
Schroedter	Berman	Grech	Seeber
Smith	Březina	Grosch	Surján
Staniszewska	Busuttil	Hedkvist Petersen	Ulmer
Stihler	Catania	Jalowiecki	Vakalis
Sudre	Christensen	Karim	Varela Suanzes-Carpegna
Tatarella	Chruszcz	Krahmer	
Triantaphyllides	Cocilovo	Laignel	Väyrynen
van Nistelrooij	Douay	Libicki	Ventre
Vlasák	Dover	Mato Adrover	Verges
Železný	Drčar Murko	Morgan	Vincenzi
	Duin	Myller	Weber
Stellvertreter:	Evans	Novak	
Angelilli	Falbr	Piotrowski	
Antoniozzi	Fernandes	Poli Bortone	

Landwirtschaftsausschuss AGRI
83 Mitglieder

Vorsitzender: Daul
Stellv. Vorsitzende: Fruteau, Graefe zu Baringdorf, Wojciechowski

Mitglieder:	Manolakou	Dionisi	Pek
Aubert	Martinez	Dührkop Dührkop	Pieper
Baco	McGuinness	Fajmon	Podestá
Batzeli	Miguélez Ramos	Figueiredo	Podkański
Berlato	Parish	Glattfelder	Resetarits
Berman	Salinas Garciá	Hammerstein Mintz	Riera Madurell
Busk	Schierhuber	Harangozó	Sacconi
Capoulas Santos	Schuth	Horáček	Schenardi
Castiglione	Siekierski	Klaß	Stevenson
Dess	Tabajdi	Kreissl-Dörfler	Sturdy
Didžiokas	Tarabella	Kuc	Vergnaud
Ebner	Titford	Laperrouze	Železný
Fraga Estévez	Tomczak	Lavarra	
Freitas	Virrankoski	Lulling	
Gklavakis	Wynn	Martin	
Goepel		Mathieu	
Golik	*Stellvertreter:*	Mayer	
Herranz García	Aylward	Mulder	
Jeggle	Ayuso González	Musumeci	
Kindermann	Bourzai	Neyts-Uyttebroeck	
Le Foll	Carollo	Nicholson	
Liotard	Díaz De Mera	Panzeri	
Maat	García Consuegra	Patrie	

Ausschuss für Fischerei
56 Mitglieder

PECH

Vorsitzender: Morillon
Stellv. Vorsitzende: Miguélez Ramos

Mitglieder:	Gomolka	Stevenson	Fava
Allister	Guerreiro	Stihler	Freitas
Arnaoutakis	Hudghton	Sudre	Glattfelder
Attwooll	Jarzembowski	Varela Suanzes-	Guellec
Aubert	Kindermann	Carpegna	Klamt
Busk	Kristensen		Lang
Capoulas Santos	Maat	*Stellvertreter:*	Mulder
Carollo	Meyer Pleite	Aylward	Musotto
Casa	Musumeci	Böge	Nicholson
Casaca	Ó Neachtain	Costa	Ortuondo Larrea
Chmielewski	Parish	Coveney	Salinas Garciá
D'Alema	Piecyk	Crowley	Schlyter
Fraga Estévez	Poignant	Davies	Siekierski
Gklavakis	Sterckx	Farage	Trüpel

Ausschuss für Kultur und Bildung
70 Mitglieder

CULT

Vorsitzender: Sifunakis
Stellv. Vorsitzende: Mavrommatis, Schmitt, Trüpel

Mitglieder:	Novak	Cercas	Staniszewska
Badía i Cutchet	Pack	Chiesa	Stroz
Beazley	Pavilionis	Claeys	Tomczak
Berlinguer	Podkański	Cramer	Trautmann
Bono	Portas	Gierek	Varvitsiotis
De Sarnez	Prets	Grässle	Vidal-Quadras Roca
Descamps	Resetarits	Guardans Cambó	Westlund
Dičkuté	Salvini	Gyürk	Wierzejski
Flasarová	Takkula	Handzlik	Zvěřina
Gal'a	Weber	Heaton-Harris	
Gibault	Wise	Hegyi	
Graça Moura	Zatloukal	Honeyball	
Gröner		Járóka	
Hennicot-Schoepges	*Stellvertreter:*	Mauro	
Herrero-Tejedor	Adamou	Mölzer	
Hieronymi	Belet	Paasilinna	
Joan i Marí	Bennahmias	Posselt	
Laignel	Berend	Roszkowski	
Le Pen	Bozkurt	Santoro	
Mikko	Carlshamre	Škottová	

215

Rechtsausschuss
50 Mitglieder

JURI

Vorsitzender: Gargani
Stellv. Vorsitzende: Lévai, Szejna, Wieland

Mitglieder:	Masip Hidalgo	Bertinotti	Lichtenberger
Berger	Mayer	Breyer	Manders
Carollo	Mohácsi	Crowley	Mastenbroek
Czarnecki	Sakalas	de Grandes Pascual	McCarthy
Di Pietro	Speroni	De Michelis	Medina Ortega
Doorn	Stroz	De Veyrac	Méndez De Vigo
Frassoni	Wallis	Doorn	Panayotopoulos-
Kamall	Zingaretti	Fourtou	Cassiotou
Kauppi	Zvěřina	Gauzès	Radwan
Lehne	Zwiefka	Harbour	Rocard
Libicki		Hazan	Roth-Behrendt
Lipietz	*Stellvertreter:*	Kudrycka	Schmitt
López-Istúriz White	Alvaro	Lechner	Szájer

Ausschuss für bürgerliche Freiheiten, Justiz und Inneres
102 Mitglieder

LIBE

Vorsitzender: Cavada
Stellv. Vorsitzende: Gaubert, Lambrinidis, Zappala

Mitglieder:	Gruber	Santoro	Eurlings
Alvaro	Hazan	Sartori	Fava
Angelilli	Jároka	Sbarbati	Ferreira
Antoniozzi	Kirkhope	Segelström	Gebhardt
Bauer	Klamt	Vanhecke	Guardans Cambó
Blokland	Kósáné Kovács	Varvitsiotis	Hannan
Borghezio	Krarup	Weber	Hennis-Plasschaert
Brejc	Kreissl-Dörfler	Ždanoka	Herrero-Tejedor
Buitenweg	Kudrycka		in 't Veld
Carlshamre	La Russa	*Stellvertreter:*	Itälä
Cashman	Lax	Beňová	Iturgaiz Angulo
Catania	Lombardo	Brepoels	Kaufmann
Cederschiöld	Ludford	Cesa	Klich
Coelho	Mastenbroek	Corbett	Lambert
Correia	Mayor Oreja	Czarnecki	Lévai
de Groen-	Moraes	de Veyrac	Masip Hidalgo
Kouwenhoven	Mussolini	Demetriou	McDonald
Díaz De Mera	Nassauer	Deprez	Moreno Sánchez
García Consuegra	Pafilis	Di Pietro	Newton Dunn
Díez González	Pek	Dillen	Oviir
Duquesne	Pistelli	Dimitrakopoulos	Özdemir
Gál	Roure	Esteves	Pannella

Pavilionis	Schierhuber	Sousa Pinto	Voggenhuber
Peillon	Schulz	Szymański	Wieland
Reul	Seeberg	Tajani	Zahradil
Reynaud	Sonik	Triantaphyllides	

Ausschuss für konstitutionelle Fragen AFCO
56 Mitglieder

Vorsitzender: Leinen
Stellvertreter: Guardans Cambó, Ventre, Voggenhuber

Mitglieder:	Hannan	Berès	Mote
Allister	Kaufmann	Berger	Obiols i Germà
Bonde	Méndez De Vigo	Bourlanges	Onesta
Carnero González	Mölzer	Brok	Papastamkos
Cohn-Bendit	Pahor	Camre	Protasiewicz
Corbett	Pīks	Czarnecki	Rack
Crowley	Pöttering	Duquesne	Salafranca Sánchez-Neyra
Dehaene	Reynaud	Frassoni	
Demetriou	Sousa Pinto	Hänsch	Schöpflin
Duff	Stubb	Kirkhope	Sinnot
Esteves	Wierzejski	Krarup	Toubon
Friedrich		Lamassoure	Wuermeling
Geremek	*Stellvertreter:*	Lambrinidis	Zani
Grabowska	Belder	Maaten	

Ausschuss für die Rechte der Frau u. die Gleichberechtigung der Geschlechter FEMM
60 Mitglieder

Vorsitzender Záborská
Stellv. Vorsitzende: Estrela, Gurmai, Svensson

Mitglieder:	Kratsa-	Sartori	Gomes
Bauer	Tsagaropoulou	Schenardi	Hassi
Bozkurt	Krupa	Szymański	Hedh
Breyer	Locatelli	Thomsen	Honeyball
Carlshamre	Lulling	Van Lancker	Ibrisagic
Figueiredo	Niebler	Wortmann-Kool	in 't Veld
Flasarová	Oviir		Jeggle
Fontaine	Pack	*Stellvertreter:*	Jöns
Gibault	Panayotopoulos-Cassiotou	Batzeli	Klaß
Gröner		Bloom	Liotard
Herranz García	Prets	De Keyser	Martens
Jäätteenmäki	Reynaud	Ek	Morgantini
Jaróka	Riera Madurell	Evans	Muscardini
Kauppi	Romeva Rueda	García Pérez	Oomen-Ruijten

Resetarits	Uca	Vincenzi	
Roithová	Vergnaud		

Petitionsausschuss **PETI**
34 Mitglieder

Vorsitzender: Libicki
Stellv. Vorsitzender: Cashman, Matsouka, Panayotopoulos-Cassiotou

Mitglieder:	Hammerstein Mintz	Seeber	Descamps
Atkins	Helmer	Wallis	Gyürk
Battilocchio	Iturgaiz Angulo	Wieland	Janowski
Borghezio	Martínez Martínez		Martin
de Groen-	Mavrommatis	*Stellvertreter:*	Masiel
Kouwenhoven	McGuinness	Belet	van Buitenen
De Rossa	Meyer Pleite	Bennahmias	
Dobolyi	Sbarbati	Brie	
Fourtou	Schwab	Calabuig Rull	

3.2.7 Delegationen

3.2.7.1 Delegationen in den Gemischten Parlamentarischen Ausschüssen EU

Delegation im Gemischten Parlamentarischen Ausschuss EU – Rumänien **DM01**
47 Mitglieder

Vorsitzender: Podestá
Stellv. Vorsitzende: Gál, Lienemann

Mitglieder:	McGuinness	Gentvilas	Whitehead
Arnaoutakis	Rühle	Járóka	Wieland
Battilocchio	Sbarbati	Lang	
Bauer	Stroz	Martínez Martínez	
Beazley	Tatarella	Matsis	
Borghezio	Vakalis	Olajos	
Cashman	Vaugrenard	Pirilli	
Cavada	Wiersma	Pittella	
Christensen		Prets	
Gauzès	*Stellvertreter:*	Rosati	
Harangozó	Ashworth	Surján	
Hennis-Plasschaert	Breyer	Szent-Iványi	
Koch	Carollo	van Nistelrooij	
Konrad	Evans	Vernola	
Masiel	Figueiredo	Virrankoski	

Delegation im Parlamentarischen Ausschuss EU – Bulgarien DM02
40 Mitglieder

Vorsitzender: Guy-Qunint
Stellv. Vorsitzende: Väyrinen, Toussas

Mitglieder:	Karatzaferis	Wuermeling	Matsakis
Belder	Kuc		Olbrycht
Casa	Kuzmiuk	*Stellvertreter:*	Paleckis
Chatzimarkakis	Lechner	Beazley	Schapira
De Vits	Méndez de Vigo	Dobolyi	Staniszewska
Ettl	Morgan	Duquesne	Stroz
García Pérez	Pirilli	Fotyga	Vaugrenard
Gibault	Stubb	Gomolka	Zwiefka
De Groen-	Tzampazi	Heaton-Harris	
Kouwenhoven	Varvitsiotis	Horáček	
Ibrisagic	Weber	Martin	

Delegation im Gemischten Parlamentarischen Ausschuss EU – Kroatien DM03
28 Mitglieder

Vorsitzender: : Schmitt
Stellv. Vorsitzende: Malmström, Pahor

Mitglieder:	Prodi	Batzeli	Pack
Baco	Siekierski	Becsey	Pflüger
Ebner	Strejček	Brunetta	Rühle
Fazakas	Titley	Drčar Murko	Santoro
Horáček	Tomczak	Geringer de	Vlasák
Kindermann		Oedenberg	
Meijer	*Stellvertreter:*	Grech	
Posselt	Andrejevs	Ibrisagic	

Delegation im Gemischten Parlamentarischen Ausschuss EU DM04
– Ehemalige Jugoslawische Republik Mazedonien 20 Mitglieder

Vorsitzender: Papastamkos
Stellv. Vorsitzende: Bertinotti, Karatzaferis, Hegyi

Mitglieder:	Matsouka	Haug
Drčar Murko	Öry	Kacin
García Pérez	Piecyk	Manolakou
Gyürk		Mayer
Honeyball	*Stellvertreter:*	Paleckis
Koch	Beer	
Kusstatscher	Goepel	

Delegation im Gemischten Parlamentarischen Ausschuss EU – Türkei   DM05
49 Mitglieder

Vorsitzende: Lagendijk
Stellv. Vorsitzende: Duff, Toubon, Sommer, Beglitis

Mitglieder:	Matsakis	Bonino	Musumeci
Arif	Matsis	Bourzai	Resetarits
Bozkurt	Mölzer	Brunetta	Rothe
Camre	Öger	Carnero González	Schuth
Deprez	Özdemir	Casa	Seeber
Hasse Ferreira	Schöpflin	Cesa	Seeberg
Hatzidakis	Uca	Cohn-Bendit	Thyssen
Hökmark	van Orden	Fazakas	Triantaphyllides
Howitt	Vidal-Quadras Roca	Gutiérrez-Cortines	Weber
Jalowiecki		Hennis-Plasschaert	Westlund
Langen	*Stellvertreter:*	Honeyball	Zahradil
Lundgren	Aubert	Kauppi	

Delegation im Gemischten Parlamentarischen Ausschuss EU – Mexiko   DM06
27 Mitglieder

Vorsitzender: Mann
Stellv. Vorsitzende: Gklavakis, Schröder

Mitglieder:	Guerreiro	Capoulas Santos	Liese
Ashworth	Klinz	Douay	Miguélez Ramos
Berlinguer	Lichtenberger	Flasarová	Rudi Ubeda
Bono	Mato Adrover	Garriga Polledo	Salafranca Sánchez-
Díez Gonzáles	Speroni	Herrero-Tejedor	Neyra
Grosch		Kósáné Kovács	Toia
Guellec	*Stellvertreter:*	Krupa	
	Antoniozzi		

Delegation im Gemischten Parlamentarischen Ausschuss – EU-Chile   DM07
29 Mitglieder

Vorsitzender: Brie
Stellv. Vorsitzende: Surján, Klass

Mitglieder:	Graefe zu	*Stellvertreter:*	Pleguezuelos Aguilar
Assis	Baringdorf	Adamou	Pomés Ruiz
Bösch	Miguélez Ramos	Camre	Romeva i Rueda
Carollo	Salvini	Chmielewski	Stihler
de Grandes Pascual	Stevenson	De Sarnez	Fernandes
Foglietta	Toia	Herranz García	Stockmann
Fourtou		Lehideux	Weisgerber
Glante		Maat	

3.2.7.2 Interparlamentarische Delegationen

Delegation für die Beziehungen zu der Schweiz, Island und Norwegen sowie zum Gemischten Parlamentarischen Ausschuss Europäischer Wirtschaftsraum (EWR) **D01**
32 Mitglieder

Vorsitzender: Wallis
Stellv. Vorsitzende: Bonde, Hedkvist Petersen

Mitglieder:		*Stellvertreter:*	
Barsi Pataky	Roth-Behrendt	Andria	Parish
Dičkutė	Rübig	Angelilli	Schwab
Goepel	Schuth	Budreikaitè	Sjöstedt
Janowski	Škottová	Dührkop Dührkop	Skinner
Lévai	Smith	Herczog	Ulmer
McDonald	Stihler	Hudacký	van Buitenen
Panayotopoulos-Cassiotou	Vanhecke	Kirkhope	
		Klinz	

Delegation für die Beziehungen zu Albanien, Bosnien-Herzegowina sowie Serbien und Montenegro (einschließlich Kosovo) **D02**
29 Mitglieder

Vorsitzende: Pack
Stellv. Vorsitzende: Poli Bortone, Swoboda

Mitglieder:		*Stellvertreter:*	
Becsey	Protasiewicz	Chatzimarkakis	Koch
Březina	Rothe	de Groen-Kouwenhoven	Meijer
Czarnecki	Trakatellis	Demetriou	Muscat
Guardans Cambó	Xenogiannako-poulou	Hegyi	Posselt
Kallenbach		López-Istúriz White	Sacconi
Kristensen		Kacin	Tatarella
Ludford		Kindermann	van Orden
Musacchio			

Delegation im Parlamentarischen Kooperationsausschuss EU – Russland **D03**
57 Mitglieder

Vorsitzender: Eurlings
Stellv. Vorsitzende: Paasilinna, Seppänen

Mitglieder:			
Busquin	Cabrnoch	Esteves	Garriga Polledo
	Chiesa	Fotyga	Geremek

III Die Institutionen der EU *Tel B 00 32-2/2 84-21 11 · S 00 33-3/88 17-40 01*

Glattfelder	Saryusz-Wolski	Gal'a	Rouček
Jensen	Seeber	Harms	Segelström
Kelam	Staes	Hasse Ferreira	Sifunakis
Krehl	Sudre	Hassi	Tannock
Lax	Tabajdi	Howitt	Vaidere
Le Pen	Weber	Ilves	Väyrynen
Lehne	Ždanoka	Itälä	Vatanen
Liberadzki	Železný	Krahmer	Weber
Paleckis		Laschet	Zimmer
Remek	*Stellvertreter:*	Maaten	Zingaretti
Rogalski	Andrikienè	Pálfi	
Samaras	Antoniozzi	Peterle	
Santoro	Degutis	Pīks	

Delegation im Parlamentarischen Kooperationsausschuss EU – Ukraine   **D04**
29 Mitglieder

Vorsitzender: Siwiec
Stellv. Vorsitzende: Tannock

Mitglieder:	Markov	*Stellvertreter:*	Horáček
Berman	Pálfi	Arnaoutakis	Janowski
Birutis	Pleštinská	Beazley	Krehl
Bobošíková	Rapkay	Bösch	Kuškis
Buzek	Staniszewska	Callanan	Svensson
Harms	Thyssen	Carlshamre	Wuermeling
Herczog		Degutis	
Krasts		Gomolka	

Delegation im Parlamentarischen Kooperationsausschuss EU – Moldawien   **D05**
17 Mitglieder

Vorsitzender: Mikko
Stellv. Vorsitzende: Kacin, Podkański

Mitglieder:	Pittella	*Stellvertreter:*	Markov
Andrikienè	Schroedter	Bushill-Matthews	Mantovani
Carlshamre	Wiersma	Evans	Schnellhardt
Gomolka		Geremek	Zwiefka
Maštálka		Lax	

Delegation für die Beziehungen zu Belarus   **D06**
23 Mitglieder

Vorsitzender Klich
Stellv. Vorsitzende: Kuškis, Muščat

Mitglieder:
Fjellner
Flasarová
Gentvilas
Gomolka
Kudrycka

Lang
Onyszkiewicz
Sakalas
Schroedter
Szejna
Szymański

Wierzejski

Stellvertreter:
Berend
Bersani
Duka-Zólyomi

Henin
Jensen
Malmström
Pavilionis
Pek

Delegation in den Parlamentarischen Kooperationsausschüssen EU-Kasachstan, EU-Kirgistan und EU-Usbekistan sowie für die Beziehungen zu Tadschikistan, Turkmenistan und der Mongolei   **D07**
35 Mitglieder

Vorsitzender: : Juknevičienè
Stellv. Vorsitzende: Bourzai, Maat

Mitglieder:
Bersani
Blokland
Cirino Pomicino
Correia
Gierek
Hassi
Jeggle
Jöns

Mohácsi
Muscardini
Olajos
Ransdorf
Wojciechowski
Zatloukal

Stellvertreter:
Callanan

Carollo
Caspary
Chiesa
de Grandes Pascual
Didžiokas
Dombrovskis
Ferreira
Grabowska
Öger

Poignant
Scheele
Schnellhardt
Seppänen
Staes
Sterckx
Zappala

Delegation in den Parlamentarischen Kooperationsausschüssen EU-Armenien, EU-Aserbaidschan und EU-Georgien   **D08**
24 Mitglieder

Vorsitzender: Isler Béguin
Stellv. Vorsitzende: Andrejevs, Landsbergis, Duka-Zólyomi

Mitglieder:
Battilocchio
Blokland
Brepoels
Demetriou
Diáz de Mera Garcá
Consuegra

El Khadraoui
Laschet
Manolakou
Oviir
Sifunakis
Spautz
Swoboda

Zwiefka

Stellvertreter:
Evans
Jeggle
Jöns
Krahmer

McDonald
Onyskiewicz
Ždankoka

Delegation für die Beziehungen zu Israel   **D09**
38 Mitglieder

Vorsitzender: Hybášková
Stellv. Vorsitzende: Belder, Beňová

Mitglieder: Cercas   Czarnecki   Ferber

Gaubert	Stockmann	Beglitis	Reul
Gutiérrez-Cortines	Svensson	Brie	Sbarbati
Hammerstein Mintz	Tajani	de Veyrac	Siwiec
Le Pen	Voggenhuber	Eurlings	Takkula
Mastenbroek	Zaleski	Hamon	Tannock
Pannella		Hökmark	Železný
Ries	*Stellvertreter:*	Lévai	Zingaretti
Schapira	Auken	Lucas	
Štastný	Bachelot-Narquin	Mikolášik	

Delegation für die Beziehungen zu dem Palästinensischen Legislativrat   **D10**
33 Mitglieder

Vorsitzender: Adamou
Stellv. Vorsitzende: De Rossa, Kasoulides

Mitglieder:	De Veyrac	*Stellvertreter:*	McAvan
Alvaro	Evans	Hammerstein Mintz	Portas
Auken	Hedh	Hieronymi	Prodi
Bachelot-Narquin	Le Foll	Hybášková	Swoboda
Bowis	Lucas	Klinz	Toussas
Caspary	Masip Hidalgo	Laignel	Voggenhuber
Castex	Morgantini	Lambrinidis	Zani
Davies	Zappala	Madeira	

Delegation für die Beziehungen zu den Maghreb-Ländern und   **D11**
der Union des Arabischen Maghreb (einschließlich Libyen)
38 Mitglieder

Vorsitzender: Rudi Ubeda
Stellvertreter: Busuttil, Hutchinson

Mitglieder:	Napoletano	*Stellvertreter:*	Joan i Marí
Coûteaux	Pieper	Carlotti	McMillan-Scott
dos Santos	Schenardi	Catania	Musotto
Flautre	Silva Penada	Cesa	Obiols i Germà
Fraga Estévez	Sonik	Cirino Pomicino	Polfer
Koch-Mehrin	Yañez-Barnuevo	Crowley	Sommer
Kristovskis	García	D'Alema	Xenogiannako-
Laignel		del Castillo Vera	poulou
Letta		Dionisi	Záborská
Liotard		Duquesne	
Lombardo		Hazan	

Delegation für die Beziehungen zu den Maschrik-Ländern D12
32 Mitglieder

Vorsitzende: Patrie
Stellv. Vorsitzende: Bonino, Radwan

Mitglieder:		*Stellvertreter:*	
Carnero González	Madeira	Seeberg	
De Keyser	Musotto	Caspary	Sonik
Dimitrakopoulos	Mussolini	Ettl	Valenciano
Dionisi	Musumeci	Koch-Mehrin	Martínez-Orozco
Hazan	Portas	Musacchio	Vergnaud
In't Veld	Purvis	Napoletano	Zwiefka
Kósáné Kovács	Ventre	Nicholson of	
Louis	Vincenzi	Winterbourne	
	Zahradil	Poli Bortone	

Delegation für die Beziehungen zu den Golfstaaten, einschließlich Jemen D13
31 Mitglieder

Vorsitzende: Gruber
Stellv. Vorsitzender: Pflüger, Doyle

Mitglieder:		*Stellvertreter:*	
Angelilli	Karim		Polfer
Attard-Montalto	Lagendijk	Evans	Purvis
Bourlanges	Louis	Handzlik	Rizzo
Capoulas Santos	Myller	Kaczmarek	Salinas García
Fontaine	Niebler	La Russa	Vincenzi
Gal'a	Reynaud	Moraes	Wortmann-Kool
Grossetête	Saïfi	Parish	Wuermeling
		Pistelli	

Delegation für die Beziehungen zu Iran D14
30 Mitglieder

Vorsitzende: Beer
Stellv. Vorsitzender: La Russa, Prets

Mitglieder:		*Stellvertreter:*	
Bushill-Matthews	Locatelli		Sousa Pinto
Casaca	Martin	Coveney	Starkevičiūtė
Castiglione	Nicholson of	Fjellner	Sturdy
Catania	Winterbourne	Frassoni	Uca
Díaz de Mera García	Purvis	Gahler	Yañez-Barnuevo
Consuegra	Rouček	Gruber	García
Friedrich	Samuelsen	Kacin	
Gauzès	Savary	Lauk	
		Libicki	

III Die Institutionen der EU   Tel B 00 32-2/2 84-21 11 · S 00 33-3/88 17-40 01

Delegation für die Beziehungen zu den Vereinigten Staaten — D15
65 Mitglieder

Vorsitzender: Evans
Stellv. Vorsitzender: Hamon, Bonsignore

Mitglieder:		*Stellvertreter:*	
Andria	Ilves	Agnoletto	Mann
Barón Crespo	Jäätteenmäki	Albertini	Nicholson
Bradbourn	Jordan Cizelj	Belder	Oomen-Ruijten
Brok	Kuhne	Bourlanges	Piotrowski
Buitenweg	Lambrinidis	Cederschiöld	Quisthoudt-Rowohl
Coveney	Lambsdorff	Cercas	Riis-Jørgensen
Crowley	Lauk	Chichester	Rocard
de Brún	McCarthy	Ehler	Sánchez Presedo
Descamps	Moscovici	El Khadraoui	Štastný
Duchoň	Neyts-Uyttebroeck	Gomes	Stubb
Fatuzzo	Panzeri	Guardans Cambó	Tajani
Galeote Quecedo	Pinior	Harangozó	Turmes
Giertych	Resetarits	Harkin	Vatanen
Graça Moura	Sinnot	Krasts	Wijkman
Guidoni	Skinner	Liberadzki	Wurtz
	Sumberg		

Delegation für die Beziehungen zu Kanada — D16
32 Mitglieder

Vorsitzender: Ó Neachtain
Stellv. Vorsitzende: Lehtinen, Savi

Mitglieder:		Berger	Lombardo
Attwooll	Hieronymi	Böge	Mauro
Chruszcz	Higgins	Bradbourn	Medina Ortega
Dover	Hudghton	Dičkuté	Ries
Dührkop Dührkop	Schierhuber	Foglietta	Roth-Behrendt
Freitas	Trautmann	Juknevičienė	Titley
Gurmai		Kamall	
Harkin	*Stellvertreter:*	Krupa	
	Bennahmias		

Delegation für die Beziehungen zu den Ländern Mittelamerikas — D17
44 Mitglieder

Vorsitzender: Obiols i Germà
Stellv. Vorsitzende: García-Margallo y Marfil, Rizzo, Romeva i Rueda

Mitglieder:	Cottigny	Heaton-Harris	Liese
Antoniozzi	Estrela	Herrero-Tejedor	Meyer Pleite
Ayala Sender	Falbr	Hughes	Ortuondo Larrea
Belohorská	Gargani	Krahmer	Pavilionis

Pistelli
Queiró
Roithová

Stellvertreter:
Assis
Bono
Bullmann

Buzek
de Brún
de Grandes Pascual
Fourtou
Graefe zu
Baringdorf
Kaczmarek
Kamiński

Laperrouze
Leichtfried
Lulling
Martens
Martinez
Paasilinna
Salafranca Sánchez-
Neyra

Samuelsen
Schröder
Silva Peneda
Sornosa Martínez
Verges

Delegation im für die Beziehungen zu den Ländern der Anden-Gemeinschaft D18
33 Mitglieder

Vorsitzender: Liepietz
Stellv. Vorsitzende: Fernández Martín, van den Berg

Mitglieder:
Budreikaitè
Degutis
Fava
Florenz
Grässle
Leichtfried
Medina Ortega
Menéndez del Valle

Montoro Romero
Rogalski
van Nistelrooij
Vernola
Vlasák
Wagenknecht

Stellvertreter:
Beaupuy

Brepoels
Corbett
García-Margallo y Marfil
Handzlik
Hannan
Hoppenstedt
Kreissl-Dörfler
Kulakowski

Marques
Masip Hidalgo
Moreno Sánchez
Navarro
Pafilis
Salafranca Sánchez-
Neyra
Speroni

Delegation für die Beziehungen zu dem Mercosur D19
49 Mitglieder

Vorsitzender: D'Alema
Stellv. Vorsitzende: Duquesne, Salafranca Sánchez-Neyra

Mitglieder:
Ayuso González
Bielan
Cederschiöld
Cocilovo
Dess
Figueiredo
Frassoni
Glattfelder
Griesbeck
Handzlik
Hannan
Hennicot-Schoepges
Hudacký
Karatzaferis
Kreissl-Dörfler

Moreno Sánchez
Navarro
Pinheiro
Rasmussen
Romagnoli
Salinas García
Sousa Pinto

Stellvertreter:
Berlinguer
Correia
Costa
Deprez
Falbr
Florenz
Freitas

Galeote Quecedo
Glante
Graça Moura
Guellec
Lipietz
Matsouka
Menéndez del Valle
Nassauer
Novak
Ortuondo Larrea
Queiró
Sartori
Speroni
Szájer
Szymański
Vergnaud

Wagenknecht

Delegation für die Beziehungen zu Japan   D20
47 Mitglieder

Vorsitzender: Jarzembowsky
Stellv. Vorsitzende: Virrankoski, Zvěřina

Mitglieder:		*Stellvertreter:*	
Andersson	Lewandowski	Bauer	Kristovskis
Badía i Cutchet	Newton Dunn	Chmielewski	Lambert
Breyer	Roszkowski	Díez González	Lambsdorff
Corbett	Salvini	Evans	Lehne
Douay	Sánchez Presedo	Fatuzzo	Oviir
Duin	Starkevičiūtè	Ford	Panzeri
Gollnisch	Szájer	Gibault	Rack
Harbour	Walter	Giertych	Schmitt
Itälä	Wortmann-Kool	Grosch	Trautmann
Iturgaiz Angulo		Guidoni	Weber
Karas		Gurmai	Weiler
Kaufmann		Higgins	

Delegation für die Beziehungen zu der Volksrepublik China   D21
63 Mitglieder

Vorsitzender: Sterckx
Stellv. Vorsitzende: Dehaene, Roure

Mitglieder:		*Stellvertreter:*	
Atkins	Mavrommatis	Ayala Sender	in't Veld
Batzeli	Olbrycht	Berès	Jackson
Brunetta	Oomen-Ruijten	Berlato	Karas
Calabuig Rull	Papadimoulis	Blokland	Langen
Corbey	Pek	Buitenweg	Langendries
de Michelis	Pīks	Bushill-Matthews	Lavarra
del Castillo Vera	Reul	Castiglione	Lichtenberger
Fajmon	Riis-Jørgensen	Chatzimarkakis	Locatelli
Gebhardt	Rouček	Díaz de Mera García	Martin
Hoppenstedt	Sacconi	Consuegra	Maštálka
Jørgensen	Trüpel	Doyle	Mitchell
Kauppi	Turmes	Estrela	Radwan
Kirkhope	Zimmer	Gutiérrez-Cortines	Samuelsen
Laperrouze		Hänsch	Stevenson
Libicki		Hennicot-Schoepges	Tabajdi
Manders		Hughes	Watson

Delegation für die Beziehungen zu den Ländern Südasiens und der Südasiatischen Vereinigung für regionale Zusammenarbeit (SAARC)   D22
42 Mitglieder

Vorsitzende: Gill
Stellv. Vorsitzende: Kohlíček, Mulder

Mitglieder:		*Stellvertreter:*	
Belet	Goebbels	Barón Crespo	McCarthy
Berger	Golik	Beaupuy	McMillan-Scott
Bushill-Matthews	Jaróka	Birutis	Mikko
Costa	Lamassoure	Bowis	Nassauer
Deva	Lambert	Bradbourn	Nicholson
Ehler	Leinen	Gröner	Onesta
Esteves	Lynne	Iturgaiz Angulo	Ransdorf
Evans	Mann	Karim	Riera Madurell
Geringer de Oedenberg	Piotrowski	Klamt	Roszkowski
	Ryan	Lehtinen	van Orden

Delegation für die Beziehungen zu den Ländern Südostasiens und der Vereinigung südostasiatischer Nationen (ASEAN)   **D23**
36 Mitglieder

Vorsitzender: Nassauer
Stellv. Vorsitzender: Tarabella, Mathieu

Mitglieder:		Aylward	Mayer
Bowles	Peterle	Belet	Pannella
Didžiokas	Poignant	Calabuig Rull	Poettering
Doorn	Pomés Ruiz	Deva	Rapkay
Gawronski	Riera Madurell	Ferreira	Schlyter
Grabowski	Schmidt	Goebbels	Sudre
Lavarra	Weiler	Griesbeck	von Wogau
Maaten	Wohlin	Helmer	
Öry	*Stellvertreter:*	Liotard	
Pafilis	Audy	Maňka	

Delegation für die Beziehungen zu der Koreanischen Halbinsel   **D24**
25 Mitglieder

Vorsitzende: Stenzel
Stellv. Vorsitzende: Grech, Szent-Iványi

Mitglieder:	Ulmer	Kacin
Ford	Watson	Kallenbach
Helmer	Zingaretti	Kaufmann
Jarzembowski		Nicholson
le Rachinel	*Stellvertreter:*	Öger
Onesta	Degutis	Reynaud
Quisthoudt-Rowohl	Doorn	Szejna
Speroni	Gawronski	
Tarand	Gebhardt	

Delegation für die Beziehungen zu Australien und Neuseeland — D25
37 Mitglieder

Vorsitzender: Parish
Stellv. Vorsitzende: Piotrowski, Wynn

Mitglieder:		*Stellvertreter:*	
Beaupuy	Martin	Alvaro	Musacchio
Berlato	Nicholson	Attard-Montalto	Pieper
Böge	Rack	Casaca	Pinior
Chichester	Rutowicz	Cashman	Pleštinská
Claeys	Takkula	Davies	Rübig
Cramer	Triantaphyllides	Dover	Šturdy
Hänsch	van den Burg	Gyürk	Tarand
Klamt	Varela Suanzes-	Hudghton	Zīle
Koterec	Carpegna	McGuinness	

Delegation für die Beziehungen zu Südafrika — D26
27 Mitglieder

Vorsitzender: Di Pietro
Stellv. Vorsitzende: Marques, Thomsen

Mitglieder:		*Stellvertreter:*	
Barsi Pataky	Krupa	Atkins	Ó Neachtain
Bennahmias	Moraes	Badía i Cutchet	Ouzký
Bradbourn	Schmitt	Bullmann	Remek
Brejc	Vaidere	Cohn-Bendit	Sumberg
De Sarnez		Gahler	van Hecke
Ferreira		Mulder	Wynn
Krarup		Niebler	

Delegation für die Beziehungen zur Parlamentarischen Versammlung der NATO — D27
20 Mitglieder

Vorsitzender: Casaca

Stellv. Vorsitzende: Albertini, Piskorski

Mitglieder:			
Beer	von Wogau	Gomes	Salafranca Sánchez-Neyra
Koterec	Zingaretti	Graça Moura	Schuth
Krahmer	*Stellvertreter:*	Laschet	Zieleniec
Pflüger	Cohn-Bendit	Meyer-Pleite	
van Orden	Duin	Riera Madurell	

3.3 Europäischer Bürgerbeauftragter

1, avenue du Président Robert Schuman,
67001 Straßburg cedex, Frankreich;
Tel 00 33-3/88 17 23 13;
Fax 00 33-3/88 17 90 62;
e-mail euro-ombudsman@europarl.eu.int
http://www.euro-ombudsman.eu.int

3.3.1 Rechtsgrundlage und Zuständigkeiten

Das Amt des Bürgerbeauftragten wurde mit dem »Vertrag über die Europäische Union« (Art. 195 EG-Vertrag) geschaffen. Es folgt der vor allem in den skandinavischen Ländern verbreiteten Praxis der Stärkung der Rechte der Bürger gegenüber dem Gemeinwesen.
Der Europäische Bürgerbeauftragte wird vom Europäischen Parlament nach jeder Wahl neu ernannt. Seine Amtszeit entspricht der Wahlperiode. Jeder Bürger der Union sowie alle natürlichen oder juristischen Personen mit Sitz in der Union können sich mit Beschwerden an ihn richten. Der Bürgerbeauftragte kann aufgrund einer Beschwerde oder von Amts wegen alle erforderlichen Untersuchungen durchführen, um den Verdacht von Missständen bei der Tätigkeit der Organe oder Institutionen der EU aufzuklären. Zu diesem Zweck hat er einen umfassenden Auskunftsanspruch gegenüber den Organen und Institutionen der EU sowie den Mitgliedstaaten. Von der Zuständigkeit des Bürgerbeauftragten ausgenommen sind jedoch Sachverhalte, die bereits Gegenstand eines Gerichtsverfahrens waren oder sind sowie alle Entscheidungen des Europäischen Gerichtshofs und des Gerichts der Ersten Instanz. Ebenso sind Handlungen rein politischer Natur (z. B. des EP) nicht seiner Kontrolle unterworfen.
Der Bürgerbeauftragte ist kein Richter. Er hat nicht die Befugnis, Verwaltungsentscheidungen abzuändern. Kommt er nach Abschluss seiner Untersuchungen zu dem Ergebnis, dass tatsächlich ein Missstand vorlag (z. B. ein fehlerhaftes Verhalten der Verwaltung, eine Form der ungerechtfertigten Diskriminierung oder des Vorenthaltens von Informationen), kann er nur Vorschläge für eine Abhilfe (in der Form einer gütlichen Einigung) machen. Über das Ergebnis unterrichtet er das EP, das betroffene Organ der EU sowie den Beschwerdeführer. Die Tätigkeit des Bürgerbeauftragten ist näher geregelt in einem Beschluss des EP vom 9. 3. 1994 (ABl. Nr. L 113 vom 4. 5. 1994).

3.3.2 Organisation und Arbeitsweise

Der Europäische Bürgerbeauftragte wird unterstützt von einem Sekretariat mit Sitz in Straßburg, das von einem Generalsekretär geleitet wird.
Die Arbeitsmethoden wie die Behandlung von Beschwerden, die Durchführung von Untersuchungen sowie der Zugang zu Dokumenten sind näher geregelt in den Durchführungsbestimmungen, die der Europäische Bürgerbeauftragte am 16. 10. 1997 erlassen hat. Über die Tätigkeiten des Bürgerbeauftragten geben die von ihm veröffentlichten Jahresberichte Auskunft.
Da die Durchführung des Gemeinschaftsrechts vielfach nicht den EU-Instanzen, sondern Stellen obliegt, arbeitet der Europäische Bürgerbeauftragte eng mit den nationalen Bürgerbeauftragten und anderen Organen (wie z. B. Petitionsausschüssen) zusammen. Dafür wurde ein Netzwerk von Verbindungspersonen eingerichtet, das dem Informationsaustausch über die Umsetzung des Gemeinschaftsrechts dient und dafür sorgen soll, dass die Beschwerden der Bürger von der kompetentesten Stelle behandelt werden.

Bürgerbeauftragter:
DIAMANDOUROS, Nikiforos
Assistent des Bürgerbeauftragten:
CATEPHORES, Nicholas
Leiter der Rechtsabteilung:
HARDEN, Ian
Leiter der Verwaltungs- und Finanzabteilung:
SANT'ANNA, João
Hauptberaterin, Leiterin der Außenstelle Brüssel:
BROMS, Benita

4 Der Europäische Wirtschafts- und Sozialausschuss (EWSA)

99, rue Belliard, 1040 Brüssel, Belgien;
Tel 00 32-2/5 46-92 13
bzw. 5 46-(+Durchwahl);
Fax 00 32-2/5 13 48 93;
e-mail info@esc.eu.int
http://www.esc.eu.int, www.ces.eu.int

4.1 Rechtsgrundlage und Zuständigkeiten

Der Europäische Wirtschafts- und Sozialausschuss (EWSA) wurde durch Artikel 193 ff. des Vertrags zur Gründung der Europäischen Wirtschaftsgemeinschaft vom 25. 3. 1957 (nunmehr Artikel 257 ff. EG-Vertrag) und Artikel 165 ff. des Vertrags zur Gründung der Europäischen Atomgemeinschaft vom 25. 3. 1957 eingesetzt. Nach Artikel 5 des Abkommens über die gemeinsamen Organe für die Europäischen Gemeinschaften vom 25. 3. 1957 trat er von Anfang an als gemeinsame Institution beider Gemeinschaften mit damals 144 Mitgliedern zusammen.

Der EWSA ist ein beratendes Organ, in dem Arbeitgeber, Arbeitnehmer und sonstige Interessengruppen vertreten sind. Er versteht sich als Brücke zwischen der Europäischen Union und der Zivilgesellschaft. Der EWSA gibt Stellungnahmen zu Vorschlägen für die Rechtsetzung der Gemeinschaft ab (pro Jahr circa 120) und veröffentlicht Informationsberichte zu wichtigen Themenkreisen (pro Jahr circa 10). Die Einholung der Stellungnahme des EWSA vor der abschließenden Entscheidung des Rates ist zwingend vorgeschrieben bei Rechtsetzungsakten in den Bereichen Landwirtschaft, Freizügigkeit und freier Dienstleistungsverkehr, Verkehr, Rechtsangleichung (insbesondere im Gesellschaftsrecht, Urheberrecht und Medienrecht), Sozialpolitik einschließlich des Europäischen Sozialfonds sowie in Teilbereichen der Nuklearpolitik. Durch die Einheitliche Europäische Akte wurde das Erfordernis der Stellungnahme des EWSA auch auf die darin erstmals ausdrücklich genannten Gemeinschaftspolitiken (Forschungspolitik, Umweltpolitik, Regionalpolitik) erstreckt. Kommission und Rat können den EWSA aber auch in anderen Bereichen um eine Stellungnahme bitten. Seit 1975 hat der EWSA außerdem das Recht, aus eigener Initiative Stellungnahmen abzugeben. Schließlich erarbeitet der EWSA auf Ersuchen der Kommission auch Stellungnahmen mit Sondierungscharakter, die gegebenenfalls in einen späteren Gesetzgebungsvorschlag der Kommission einmünden können, und kann eine seiner Fachgruppen beauftragen, zu Fragen von allgemeinem Interesse oder mit aktuellem Bezug einen Informationsbereicht auszuarbeiten.

Der EWSA sieht darüber hinaus seine Aufgabe darin, den Beitrag der Zivilgesellschaft zur europäischen Integration zu organisieren, für ein bürgernäheres Europa einzutreten und die Beitrittskandidaten bzw. Drittstaaten darin zu unterstützen, vergleichbare Strukturen einer organisierten Zivilgesellschaft aufzubauen.

4.2 Organisation und Arbeitsweise

4.2.1 Allgemeine Darstellung

Seit der letzten Erweiterung hat der EWSA 317 Mitglieder, die vom Rat auf Vorschlag der Mitgliedstaaten für die Dauer von vier Jahren ernannt werden. Deutschland, Frankreich, Italien und das Vereinigte Königreich stellen jeweils 24, Spanien und Polen je 21, Belgien, Griechenland, die Niederlande, Österreich, Portugal, Schweden, Tschechien und Ungarn jeweils 12, Dänemark, Finnland, Irland, Litauen und die Slowakei jeweils 9, Estland, Lettland und Slowenien jeweils 7, Luxemburg und Zypern jeweils 6 und Malta 5 Mitglieder. Die Mitglieder des EWSA sind bisher in folgende drei Gruppen eingeteilt:
– Arbeitgeber (Gruppe I)
– Arbeitnehmer (Gruppe II)
– Verschiedene Interessen (Landwirtschaft, Verbraucher, Mittelstand, Freie Berufe, Wissenschaft usw.) (Gruppe III).

Im Hinblick auf die künftige Erweiterung der EU - und um den EWSA arbeitsfähig zu erhalten - wird im Vertrag von Nizza eine

Obergrenze von 344 Mitgliedern festgeschrieben. Dafür soll sich die Zusammensetzung ändern, damit der Ausschuss künftig eine Vertretung der gesamten organisierten Zivilgesellschaft darstellen kann.

Auch wenn die Mitglieder des EWSA bestimmten Organisationen angehören und von ihnen den Mitgliedstaaten vorgeschlagen werden, sind sie bei ihrer Tätigkeit im Rahmen des EWSA an keine Weisungen gebunden.

Unter den Mitgliedern des EWSA wird für die Dauer von zwei Jahren ein Präsident gewählt, der den EWSA nach außen vertritt. Der Präsident, zwei Vizepräsidenten und jeweils 7 Mitglieder aus jeder der drei Gruppen bilden zusammen das Präsidium des EWSA, das die Arbeiten des Ausschusses organisiert und die Fachgruppen mit der Erarbeitung von Stellungnahmen beauftragt.

Der EWSA hat sechs Fachgruppen, die jeweils für bestimmte Bereiche der Gemeinschaftspolitik zuständig sind:
- Wirtschafts- und Währungsunion, wirtschaftlicher und sozialer Zusammenhalt
- Binnenmarkt, Produktion und Verbrauch
- Verkehr, Energie, Infrastruktur, Informationsgesellschaft
- Beschäftigung, Sozialfragen, Unionsbürgerschaft
- Landwirtschaft, ländliche Entwicklung, Umweltschutz
- Außenbeziehungen

Zur Vorbereitung einer Stellungnahme bilden die Fachgruppen unter Einbeziehung von Sachverständigen Studiengruppen zur Unterstützung des Berichterstatters, die sich mit einem konkreten Gesetzgebungsvorschlag oder Thema befassen. Von Fall zu Fall werden Vorschläge anstelle einer Fachgruppe auch einem Unterausschuss zugewiesen. Die Stellungnahmen des EWSA werden in den Studiengruppen vorbereitet, in den Fachgruppen ausgearbeitet, in den Plenartagungen des EWSA, die in Brüssel in der Regel einmal pro Monat stattfinden, verabschiedet und mit dem Bericht der Fachgruppe dem Rat, der Kommission und dem Europäischen Parlament übermittelt.

Für die interne Organisation seiner Arbeit steht dem EWSA ein Generalsekretariat mit Sitz in Brüssel zur Verfügung, das circa 550 Beschäftigte hat. Das Generalsekretariat umfasst mehrere Direktionen, die die Fachgruppen betreuen, sowie einen »Gemeinsamen Organisatorischen Unterbau des Europäischen Wirtschafts- und Sozialausschusses und des Ausschusses der Regionen« für Querschnittsdienste. Er wird als gemeinsame Organisationsstruktur auch für den Ausschuss der Regionen (s. unter 5) tätig.

4.2.2 Das Präsidium des Europäischen Wirtschafts- und Sozialausschusses

Die nachstehenden Angaben sind wie folgt zu lesen:
Name, Vorname, Gruppe (I = Arbeitgeber, II = Arbeitnehmer, III = Verschiedene Interessen), Staatszugehörigkeit

Präsidentin: SIGMUND, Anne-Marie, **III, A**
Vizepräsident: BRIESCH, Roger, **II, F**
Vizepräsident: DIMITRIADIS, Dimitrios, **I, GR**
Deutsches Mitglied des Präsidiums: GRAF VON SCHWERIN, Alexander, **II, D**

Mitglieder des Präsidiums:
ATTARD, Grace, **III, MT**
BEDOSSA, Adrien, **III, FR**
CARR, Liina, **II, EE**
DANUSEVICS, Henriks, **III, LV**
DASSIS, Georgios, **II, EL**
DAVISON, Ann, **III, UK**
DONNELLY, John, **III, IE**
ESPUNY MOYANO, José María, **I, ES**
EWERT, Joseph, **III, LU**
FRERICHS, Göke, **I, D**
GRAF VON SCHWERIN, Alexander-Michael, **II, D**
HAMRO DROTZ, Filip, **I, FI**
HERNANDEZ BATALLER, Bernardo, **III, E**
HOFFELT, Jean-François, **III, B**
HUNTER, Derek (92 42), **II, UK**
KARGAARD, Søren, **II, DK**

KITTENIS, Demetris, **II, CY**
KLEEMANN, Johannes, **I, A**
MALOSSE, Henri, **I, F**
MIHÓK, Peter, **I, SK**
MORKIS, Gintaras, **I, LI**
MULEWICZ, Jaroslaw, **I, PL**
NILSSON, Staffan, **III, SE**
NOSE, Martin, **III, SL**
PEGADO LIZ, Jorge, **III, PT**
PIETTE, Josly, **II, B**
REGALDO, Giacomo, **I, I**
ROKSANDIC, Metka, **II, SK**
SEPI, Mario, **II, I**
STECHOVA, Dana, **II, CZ**
TÓTH, Janos, **III, HU**
VAN IERSEL, Joost, **I, NL**
WILKINSON, Clive, **I, UK**
ZUFIAUR, José Maria, **II, S**

4.2.3   Das Generalsekretariat des Europäischen Wirtschafts- und Sozialausschusses

Kabinett des Präsidenten
Kabinettchef: LERNHART, Andreas (97 41)

Gruppensekretariate

Gruppe I: Arbeitgeber
THYSSEN, Marco (95 67)

Gruppe II: Arbeitnehmer
STRAETEMANS, Leonard (95 66)

Gruppe III: Verschiedene Interessen
BEFFORT, Marc (95 47)

Generalsekretariat
Generalsekretär: VENTURINI, Patrick (93 52)
- Sekretariat des Generalsekretärs
  Hauptverwaltungsrätin: FULAR, Birgit (93 52)
- Interne Prüfung
  Hauptverwaltungsrat: SMET, Freddy (94 03)

Kommunikation
Referatsleiter: WESTLAKE, Martin (92 26)
- Presse
  N. N.
- Online-Information
  SEPPÄNEN, Päivi (96 54)
- Veröffentlichungen
  CHIQUE, Cécile (98 00)

Direktion
Allgemeine Angelegenheiten
Direktor: ALEXOPOULOS, Nicolas (93 70)

Kanzlei, Protokoll, Post/Archive
RATH HORBURGER, Fritz (92 50)

Beziehungen zu den Institutionen und zu den nationalen WSA
Abteilungsleiter: OLIVEIRA, Vasco (81 81)

Beziehungen zu den zivilgesellschaftlichen Organisationen, Zukunft von Europa
Abteilungsleiter: FÈVE, Patrick (96 16)

Konferenzen, Information und Besuchergruppen
Abteilungsleiterin: PARR, Vera (92 57)

Rechtsfragen
Justizrat: BERMEJO, Moisés (98 14)

Direktion A:
Beratende Arbeiten
Direktor: HULL, Robert (93 16)

Binnenmarkt, Produktion und Verbrauch
Abteilungsleier: PEREIRA DOS SANTOS, João (92 45)

Verkehr, Energie, Infrastruktur und Informationsgesellschaft
Abteilungsleiter: DEL BINO, Luigi (93 53)

Landwirtschaft, ländliche Entwicklung, Umweltschutz
Abteilungsleiterin: GRILLENZONI-CALAMANDREI, Silvia (96 57)
Hauptverwaltungsrat: FAURE, Jean-Pierre (96 15)

- Industrieller Wandel
Hauptverwaltungsrat: ANDERSEN,
Jakob Juhler (92 58)

Direktion B:
Beratende Arbeiten
Direktor: JUNGK, Wolfgang (96 23)

Wirtschafts- und Währungsunion,
wirtschaftlicher und sozialer Zusammenhalt
(ECO)
Hauptverwaltungsrat: ALLENDE, Alberto
(96 79)

Beschäftigung, Sozialfragen,
Unionsbürgerschaft (SOC)
Referatsleiter: HICK, Alan (93 02)

Außenbeziehungen (REX)
Abteilungsleiter: BENCE, Jean-François
(93 99)

Direktion
Human- und Finanzressourcen
Direktor: BENTVELSEN, Cornelius (98 13)

Personalpolitik
- Einstellung, Mobilität und Erweiterung
Hauptverwaltungsrat: MADSEN, Erik
(90 39)
- Statut, Einweisung und soziale Dienste
Hauptverwaltungsrat: BARETH,
Dominique-François (90 89)

Finanzen
- Haushalt, Unterstützung der Mitglieder,
Gehälter und Zulagen
Hauptverwaltungsrat: LIEMANS, Pol
(82 15)

Rechnungswesen
Verwaltungsrat: BERMAN, Claus (98 72)

4.2.4 Gemeinsamer Organisatorischer Unterbau des Europäischen Wirtschafts- und Sozialausschusses und des Ausschusses der Regionen

Direktion
Logistik und Übersetzung
Direktor: SCIANCA, Geremia (90 01)

Programmierung und Verwaltung
Berater: PHILLIPS, Steven (94 61)

Planung
Verwaltungsrat: KANKALA, Satu (91 35)

Logistikkoordination
Arzt: MATTEI, Noelle (98 68)

Sitzungen und interne Dienste
Verwaltungsrätin: KESTELOOT, Claudine
(94 22)

IT und Telekommunikation
Hauptverwaltungsrat: O'HIGGINS, Niall
(96 68)
- Telekommunikation
Verwaltungsrat: DEBRUE, Jean-Marc
(95 15)

Druck, Verwaltung
Hauptverwaltungsrat: BAUMGARTL, Jan
(98 51)

Infrastruktur und neue Gebäude
Hauptverwaltungsrat: SINGELSMA, Sybren
(93 62)

Produktionskoordination
Abteilungsleiterin: HAUSCHILDT, Gurli
(2 35 92 51)

Übersetzung und Schreibdienst

Spanische Abteilung
Abteilungsleiter: PAREDES, Miguel
(2 35-95 91)

Dänische Abteilung
Abteilungsleiter: FINK-JENSEN, Steen
(2 35-93 79)

Deutsche Abteilung
Abteilungsleiter: DI CARLO, Giovanni
(2 35-95 02)

Griechische Abteilung
Abteilungsleiter: TSARNAVAS, Nicolas
(2 35-95 94)

Englische Abteilung
Abteilungsleiter: PATTERSON, Francis
(2 35-95 22)

Finnische Abteilung
Abteilungsleiter: UUSITALO, Erja
(2 35-90 51)

Französische Abteilung
Abteilungsleiterin: HESS, Catherine
(2 35-93 59)

Italienische Abteilung
Abteilungsleiterin: PONZONI, Eugenia
(2 35-92 44)

Niederländische Abteilung
Abteilungsleiter: WANDEWAETERE, Jacques (2 35-93 12)

Portugiesische Abteilung
Abteilungsleiter: SABINO, Luís Filipe
(2 35-97 87)

Schwedische Abteilung
Abteilungsleiter: KELLERMANN, Hans
(2 35-91 44)

Polnische Abteilung
Abteilungsleiter: WISNIEWSKA-CAREN-GREEN, Rabella (2 35-81 48)

Tschechische Abteilung
Abteilungsleiter: FRANKOVC, Markéta
(2 35-97 42)

Ungarische Abteilung
Abteilungsleiter: SAJGO, Apor (2 35-84 84)

Slowakische Abteilung
Abteilungsleiter: UKROPEC, Slavomir
(2 35-84 89)

Lettische Abteilung
Abteilungsleiter: STRAUTINA, Ineta
(2 35-82 43)

Litauische Abteilung
Abteilungsleiter: DREVINSKIENE, Jurate
(5 46-81 64)

Slowenische Abteilung
Abteilungsleiter: RANT, Anica (5 46-81 54)

Estnische Abteilung
Abteilungsleiter: NAKKURT, Sirje
(2 35-95 32)

4.2.5 Die Vorsitzenden der Gruppen des Europäischen Wirtschafts- und Sozialausschusses

4.2.5.1 Gruppe I: Arbeitgeber

Vorsitzender: REGALDO, Giacomo
(90 11), I
Sekretariat: THYSSEN, Marco (90 11)

4.2.5.2 Gruppe II: Arbeitnehmer

Vorsitzender: SEPI, Mario (90 11), I
Sekretariat: STRAETEMANS, Leonard
(90 11)

4.2.5.3 Gruppe III: Verschiedene Interessen

Vorsitzende: NILSSON, Staffan (90 11), S
Sekretariat: BEFFORT, Marc (90 11)

4.2.5.4 Ohne Gruppenzugehörigkeit

CARBONE, Giuseppe (90 11), I
MAURO, Rosa Angela (90 11), I

4.2.6 Die Fachgruppen des Europäischen Wirtschafts- und Sozialausschusses

Fachgruppe Wirtschafts- und Währungsunion, wirtschaftlicher und sozialer Zusammenhalt (ECO)
Vorsitzender: DASSIS, Georgios (90 11), II, GR
Sekretariat: ALLENDE, Alberto (94 99)

Fachgruppe Binnenmarkt, Produktion und Verbrauch (INT)
Vorsitzender: HERNÃNDEZ BATALLER, Bernardo (90 11), **III, E**
Sekretariat: PEREIRA DOS SANTOS, Joao (95 98)

Fachgruppe Landwirtschaft, ländliche Entwicklung und Umweltschutz (NAT)
Vorsitzender: ESPUNY MOYANO, José María (90 11), **I, E**
Sekretariat: CALAMANDREI, Silvia (96 57)

Fachgruppe für Verkehr, Energie, Infrastrukturen, Informaitonsgesellschaft (TEN)
Vorsitzender: GRAF VON SCHWERIN, ALexander-Michael (90 11), **II, D**
Sekretariat: DEL BINO, Luigi (96 11)

Fachgruppe für Außenbeziehungen
Vorsitzende: DAVISON, Ann (90 11), **III, UK**
Sekretariat: BENCE, Jean-François (91 37)

Fachgruppe für Beschäftigung, Sozialfragen, Unionsbürgerschaft (SOC)
Vorsitzender: MALOSSE, Henri (90 11), **I, F**
Sekretariat: HICK, Alan (92 15)

Beratende Kommission für den industriellen Wandel
Vorsitzender: JOSLY, Piette (90 11)

5 Der Ausschuss der Regionen (AdR)

101, rue Belliard, **1040 Brüssel, Belgien**;
Tel 00 32-2/2 82-23 12
bzw. 2 82-(+Durchwahl);
Fax 00 32-2/2 82-23 25;
e-mail info@cor.eu.int
http://www.cor.eu.int

5.1 Rechtsgrundlage und Zuständigkeiten

Der Ausschuss der Regionen (AdR) wurde eingesetzt durch Artikel 198 a des Vertrags über die Europäische Gemeinschaft (nunmehr Artikel 263 EG-Vertrag). Der Ausschuss ist ein beratendes Organ, das in seinen wesentlichen Grundzügen dem Europäischen Wirtschafts- und Sozialausschuss (s. oben unter 4) nachgebildet ist. Mit ihm sollen die regionalen und lokalen Gebietskörperschaften an den Meinungsbildungs- und Entscheidungsprozessen auf Gemeinschaftsebene beteiligt werden. Dem Ausschuss ist vor einer Entscheidung in den Bereichen wirtschaftlicher und sozialer Zusammenhalt (»Kohäsion«), transeuropäische Netze, Beschäftigung, Sozialpolitik, Gesundheitswesen, Umwelt, Verkehr, Berufsbildung, Bildung und Jugend sowie Kultur Gelegenheit zur Stellungnahme zu geben; darüber hinaus kann der Ausschuss von Rat oder Kommission auch auf anderen Gebieten konsultiert werden oder aus eigener Initiative eine Stellungnahme abgeben.

5.2 Organisation und Arbeitsweise

5.2.1 Allgemeine Darstellung

Der AdR hat 317 Mitglieder, die – wie eine gleiche Anzahl von Stellvertretern – vom Rat auf Vorschlag der jeweiligen Mitgliedstaaten auf vier Jahre ernannt werden. Die Mitglieder müssen ein auf Wahlen beruhendes Mandat einer regionalen oder lokalen Gebietskörperschaft innehaben oder gegenüber einer gewählten Versammlung politisch verantwortlich sein; sie sind jedoch nicht weisungsabhängig. Deutschland, Frankreich, Italien und das Vereinigte Königreich stellen jeweils 24, Spanien und Polen je 21, Belgien, Griechenland, die Niederlande, Österreich, Portugal, Schweden, Tschechien und Ungarn jeweils 12, Dänemark, Finnland, Irland, Litauen und die Slowakei jeweils 9, Estland, Lettland und Slowenien jeweils 7, Luxemburg und Zypern jeweils 6 und Malta 5 Mitglieder. Sie gehören vier Fraktionen an.

Die 24 Vertreter Deutschlands werden von den Ländern (21) und den drei kommunalen Spitzenverbänden gestellt. Die fünf einwohnerreichsten Länder (Bayern, Baden-Württemberg, Hessen, Niedersachsen und Nordrhein-Westfalen) stellen einen weiteren Vertreter.

Die Struktur und Arbeitsweise des AdR ist in seiner Geschäftsordnung geregelt, die im ABl. der EU Nr. L 18 vom 22. 1. 2000 veröffentlicht ist. Die Organe des Ausschusses sind das Präsidium, die Fachkommissionen und das Plenum. Dem Präsidium gehören seit der Erweiterung der EU 40 Mitglieder an; es ist für die Umsetzung des politischen Programms des AdR zuständig. Die sechs Fachkommissionen befassen sich mit den Bereichen Kohäsionspolitik, Wirtschafts- und Sozialpolitik, nachhaltige Entwicklung, Kultur und Bildung, konstitutionelle Fragen und Regieren in Europa sowie Außenbeziehungen; sie arbeiten jeweils Stellungnahmen zu einschlägigen Gesetzgebungsvorschlägen bzw. die sonstigen Entschließungen aus. Das Plenum tagt in der Regel sechsmal pro Jahr. Eine »institutionelle Arbeitsgruppe« befasst sich mit den institutionellen Fragen des AdR. Bei seiner Arbeit richtet sich der AdR an den Grundsätzen der Subsidiarität, der Bürgernähe und der Partnerschaft aus.

Der Ausschuss verfügt über ein eigenes Generalsekretariat. Gemeinsam mit dem Europäischen Wirtschafts- und Sozialausschuss sind ihm nach dem Protokoll zum Maastrichter Vertrag technische Dienste wie Übersetzungs- und Dolmetscherdienste zugeordnet. Ein Dienst- oder Tagungsort wurde für den AdR bislang nicht bestimmt; seine Plenartagungen finden derzeit in Brüssel statt.

5.2.2 Das Generalsekretariat des Ausschusses der Regionen

Kabinett des Präsidenten
Kabinettchef: BERG, Jean-Pierre (23 12)
Verwaltungsrat: WILLEMS, Paul (23 08)
Verwaltungsrätin: QUINN, Victoria (21 67)
Assistent: NORDMEYER, Jens (23 47)

Generalsekretariat
Generalsekretär: STAHL, Gerhard (20 05)
Kabinettchef: COLLINS, Michael (21 05)
Verwaltungsrat: GNAN, Reinhold (23 35)

Juristischer Dienst
Referatsleiter: CERVILLA, Pedro (21 89)
Verwaltungsrätin: KARLSSON, Petra (21 96)

Interne Prüfung
Interner Prüfer: MCCOY, Robert (23 05)

Parti Populaire Européen – PPE
KNAPP, Heinz-Peter (22 21)
TERRUSO, Filippo (21 91)
ZEMANOVICOVA, Livia (21 32)

Parti des Socialistes Européens – PSE
HARRISSON, Jordi (22 24)
MALAGODI, Chiara (22 43)

Parti des Libéraux, Democrates er Réformateurs – ELDR
IN'T VELD, Sophie (22 79)

Alliance Européenne – AE
O CONCHUIR, Michael (22 51)

Direktion
Verwaltung
Direktor: BESCOS FERRAZ, Gonzalo (21 56)

Haushalt
Verwaltungsrat: LEURQUIN, Eric (22 86)

A1. Budget und Finanzen
Rechnungsführer: ASSUNCÃO, Pedro
(22 72)

A2. Personal
Referatsleiter: KYRIAKOS, Tsirimiagos
(21 22)

Direktion
Beratende Arbeiten
Direktor: N. N. (22 11)

B1. Arbeiten der Kommission
Referatsleiter: CASTILLON, Thierry (22 03)

B2. Legislative Planung; Außen- und interinstitutionelle Beziehungen und Studien
Referatsleiterin: GAROSI, Elisa (22 46)

Abteilung Kanzlei und Presse
Abteilungsleiter: ILLEBORG, Steen (21 84)

C1. Kanzlei, Protokoll, Assistenz für die nationalen Delegationen
Referatsleiter: BANIOTOPOULOS, Stergios
(21 86)

C2. Presse und Kommunikation
Referatsleiter: THIEULE, Laurent (21 99)

5.2.3 Gemeinsamer Unterbau des Europäischen Wirtschafts- und Sozialausschusses und des Ausschusses der Regionen

Hier abgedruckt unter 4.2.4 Seite 235 f.

5.2.4 Das Präsidium des Ausschusses der Regionen

Präsidium des Ausschusses der Regionen
Präsident: STRAUB, Peter, **D**
Erster Vizepräsident: BORE, Albert, **UK**

Vizepräsidenten:
ANDERSEN, Knud, **DK**
BAKOGIANNI, Theodora, **GR**
BARTKEVICS, Edvins, **LV**
BAUER, Rudolf, **SK**
BEISSEL, Simone, **FIN**
BEM, Pavel, **CZ**
BODFISH, Kenneth, **UK**
HERTOG, Fons, **NL**
IGLESIAS RICOU, Marcelino, **E**
JOSEPH, Jean-Louis, **F**
KALIFF, Roger, **S**
KALLASVEE, Teet, **EE**
KARSKI, Karol, **PL**
KOIVISTO, Risto, **FIN**
MARZIANO, Bruno, **I**
MESIS, Christos, **CY**
MICALLEF, Ian, **M**
MESQUITA MACHADO, Francisco, **P**
MURRAY, Seamus, **IRL**
PAVIRZIS, Gediminas Adolfas, **LT**
SANZ ALONSO, Pedro, **E**
SERTO-RADICS, Istvan, **H**
SINNER, Eberhard, **D**
SOVIC, Boris, **SI**
VAN CAUWENBERGHE, Jean-Claude, **B**
VAN STAA, Herwig, **A**

Mitglieder:
ALVAREZ ARECES, Vicente, **E**
BIHARY, Gabor, **H**
BLANC, Jacques, **F**
BROWN, Keith, **UK**
BUTLER, Rosemary, **UK**
CZARSKI, Michal, **PL**
DELEBARRE, Michel, **F**
DUTKIEWICZ, Rafal, **PL**
ERVELA, Risto, **FIN**
FONTANELLI, Pado, **I**
FORMIGONI, Roberto, **I**
GENNIMATA, Fofi, **GR**
GOTTARDO, Isidoro, **I**
GUSTAV, Anders, **S**
HANNIFFY, Constance, **IRL**
HANNINGFIELD OF CHELMSFORD, **UK**
JANSEN, Geert, **NL**
JARDIM, Alberto, **P**
JENSEN, Henning, **DK**
JOHANSSON, Kent, **S**
KLÄR, Karl-Heinz, **D**
PAVEL, Josef, **CZ**
PUECH, Jean, **F**
SLAFKOVSKY, Alexander, **SK**

239

VAISNORA, Aidas, **LT**
VAN DEN BRANDE, Luc, **B**
ZIMPER, Walter, **A**

5.2.5 Die Fachkommissionen des Ausschusses der Regionen

COTER – Fachkommission für Kohäsionspolitik
Vorsitzender: VAN CAUWENBERGHE, Jean-Claude, **B**

ECOS – Fachkommission für Wirtschafts- und Sozialpolitik
Vorsitzender: GUSTAV, Anders, **S**

DEVE – Fachkommission für nachhaltige Entwicklung
Vorsitzender: BERTRAND, Olivier, **F**

EDUC – Fachkommission für Kultur und Bildung
Vorsitzende: MURRAY, Seamus, **IRL**

CONST – Fachkommission für konstitutionelle Fragen und Regieren in Europa
Vorsitzender: SCHAUSBERGER, Franz, **A**

RELEX – Fachkommission für Außenbeziehungen
Vorsitzender: VALCÁRCEL SISO, Ramón Luis, **E**

KFV – Fachkommission für Finanz- und Verwaltungsfragen
Vorsitzender: SINNER, Eberhard, **D**

6 Der Gerichtshof der Europäischen Gemeinschaften (EuGH)

Palais de la Cour de Justice, Boulevard Konrad Adenauer, **2925 Luxemburg,** Luxemburg;
Tel 00 35-2/43 03-1, 43 03-33 55;
Fax 00 35-2/43 03-26 00
bzw. 43 03-(+Durchwahl)
e-mail info@curia.eu.int
http://www.curia.eu.int

Da die EG eine Rechtsgemeinschaft ist, unterliegen die Handlungen der Gemeinschaftsorgane einer unabhängigen richterlichen Kontrolle. Diese Kontrolle erfolgt einerseits durch die nationalen Gerichte der Mitgliedstaaten und andererseits durch die Gerichte auf Gemeinschaftsebene, nämlich den Gerichtshof der Europäischen Gemeinschaften (EuGH) und das Gericht der ersten Instanz (GEI) und das Gericht für den öffentlichen Dienst der Europäischen Union. Da das Gemeinschaftsrecht den Vorrang vor dem nationalen Recht beansprucht und damit in die nationale Rechtsordnung hineinwirkt, sind auch die nationalen Gerichte verpflichtet, dem Gemeinschaftsrecht innerstaatlich Geltung zu verschaffen (vgl. oben unter I.9). Hat ein nationales Gericht Zweifel an der Gültigkeit eines Rechtsakts der Gemeinschaft oder an der richtigen Auslegung des Gemeinschaftsrechts, kann es das anhängige Verfahren aussetzen und die Frage dem EuGH zur Entscheidung vorlegen (so genanntes »Vorabentscheidungsverfahren« nach Art. 234 EGV). Entscheidet das nationale Gericht in letzter Instanz, muss es Zweifelsfragen dem EuGH vorlegen.

6.1 Rechtsgrundlage und Zuständigkeiten

Der EuGH wurde eingesetzt durch die Gründungsverträge der zunächst drei Europäischen Gemeinschaften. Nach Artikel 3 f. des Abkommens über gemeinsame Organe für die

Europäischen Gemeinschaften vom 25. 3. 1957 trat mit Wirkung vom 1. 1. 1958 ein gemeinsamer Gerichtshof an die Stelle der in den drei Gründungsverträgen vorgesehenen getrennten Gerichtshöfe. Rechtsgrundlage sind nunmehr Artikel 220 ff. EG-Vertrag und Artikel 136 ff. EAG-Vertrag. Der Gerichtshof ist für die Auslegung und Anwendung des gesamten Gemeinschaftsrechts zuständig, sieht sich aber insbesondere auch zur Fortbildung des Gemeinschaftsrechts berufen. Er kann von den Institutionen der EU, den Mitgliedstaaten, natürlichen und juristischen Personen sowie den Gerichten der Mitgliedstaaten angerufen werden. Je nach Klageart hat der EuGH dabei die Funktion eines Verfassungs-, Verwaltungs- oder Zivilgerichts.

Der Gerichtshof entscheidet über:

- Vorabentscheidungsersuchen und
- Vertragsverletzungsverfahren gegen einen Mitgliedstaat)
- Nichtigkeits- oder Untätigkeitsklagen eines Organs der EU, oder, in bestimmten Fällen, eines Mitgliedstaats
- Rechtsmittel gegen die Entscheidungen des Gerichts der ersten Instanz bzw. des Gerichts für den öffentlichen Dienst der EU.

Mit dem *Vorabentscheidungsersuchen* können (bzw. müssen) sich die nationalen Gerichte an den EuGH wenden, um eine wirksame und einheitliche Anwendung des Gemeinschaftsrechts sicherzustellen. Dies ist die Konsequenz der Tatsache, dass es in erster Linie den nationalen Gerichten obliegt, die korrekte Anwendung des Gemeinschaftsrechts sicherzustellen, da es in die nationale Rechtsordnung hineinwirkt. Gegenstand des Vorabentscheidungsersuchens kann auch die Prüfung der Gültigkeit eines Gemeinschaftsrechtsaktes sein. Die Entscheidung des EuGH bindet nicht nur das Gericht, das die Frage vorgelegt hat, sondern alle nationalen Gerichte, die mit derselben Rechtsfrage befasst werden.

Im *Vertragsverletzungsverfahren* prüft der Gerichtshof auf Antrag der Kommission oder eines Mitgliedstaats, ob ein (anderer) Mitgliedstaat gegen die Gründungsverträge oder darauf gestütztes Sekundärrecht verstoßen hat. Der Anrufung des Gerichtshofs geht ein von der Kommission betriebenes Vorverfahren voraus, in dem der Mitgliedstaat Gelegenheit hat, sich zu den gegen ihn erhobenen Vorwürfen zu äußern. Stellt der Gerichtshof die behauptete Vertragsverletzung fest, so ist der betreffende Staat verpflichtet, sie unverzüglich abzustellen. Tut er dies nicht, kann der Gerichtshof auf Antrag der Kommission gegen den betreffenden Mitgliedstaat finanzielle Sanktionen verhängen.

Mit der *Nichtigkeitsklage* beantragt der Kläger (ein Mitgliedstaat, ein Organ der EU oder eine natürliche oder juristischen Person), einen Rechtsakt (Richtlinie, Verordnung) oder Einzelfallentscheidung für nichtig zu erklären. Dem Gerichtshof zur Entscheidung vorbehalten sind derartige Nichtigkeitsklagen, wenn sie von einem Organ der EU erhoben werden oder, falls ein Mitgliedstaat klagt, wenn sich die Klage gegen das Parlament oder den Rat richtet (ausgenommen Beihilfeentscheidungen, handelspolitische Schutzmaßnahmen und Durchführungsmaßnahmen des Rates), oder sich gegen die Kommission richtet, soweit diese im Rahmen der verstärkten Zusammenarbeit tätig geworden ist (siehe Artikel 51 der Satzung des Gerichtshofes).

Mit der *Untätigkeitsklage* beantragt der Kläger (ein Mitgliedstaat, ein Organ der EU oder eine natürliche oder juristischen Person) die Feststellung, dass das Parlament, der Rat oder die Kommission dadurch gegen Gemeinschaftsrecht verstoßen hat, dass er/sie einen bestimmten verbindlichen Rechtsakt (Richtlinie, Verordnung, Einzelfallentscheidung) nicht erlassen hat. Vorher muss das Organ zum Handeln aufgefordert worden sein.

6.2 Organisation und Arbeitsweise

6.2.1 Allgemeine Darstellung

Der EuGH hat seinen Sitz in Luxemburg. Er besteht aus einem Richter pro Mitgliedstaat, derzeit also aus 25 *Richtern*, die von den Mitgliedstaaten im gegenseitigen Einvernehmen auf sechs Jahre ernannt werden. Die Richter wählen aus ihrer Mitte auf jeweils drei Jahre den *Präsidenten* des Gerichtshofs. Die Richter werden von acht *Generalanwälten* »unterstützt«, die ebenfalls von den Mitgliedstaaten auf sechs Jahre ernannt werden. Die Generalanwälte geben in völliger Unabhängigkeit Rechtsgutachten zu anhängigen Rechtsstreitigkeiten ab (so genannte *Schlussanträge*), die den Gericht nicht binden. Jedem Richter und jedem Generalanwalt arbeiten drei *Rechtsreferenten* zu. Nach jeweils drei Jahren wird der Gerichtshof teilweise neu besetzt.

Der Gerichtshof kann als *Plenum*, als *Große Kammer* mit dreizehn Richtern oder in *Kammern*, die mit drei oder fünf Richtern besetzt sind, entscheiden. Er tagt als Große Kammer, wenn ein Mitgliedstaat oder ein Gemeinschaftsorgan als Partei des Verfahrens dies beantragt, sowie in besonders komplexen oder bedeutsamen Rechtssachen. Die Präsidenten der Kammern mit fünf Richtern werden für drei Jahre gewählt, die Präsidenten der Kammern mit drei Richtern für ein Jahr. Die Generalanwälte sind nicht einer bestimmten Kammer, sondern dem Gerichtshof insgesamt zugeordnet.

Das *Verfahren* vor dem EuGH gliedert sich in einen schriftlichen und einen mündlichen Teil. Das Verfahren wird eingeleitet durch die Einreichung der Antragsschrift beim Kanzler des EuGH. Der Präsident des EuGH weist die Rechtssache gegebenenfalls einer Kammer zu und bestimmt einen Berichterstatter; der Erste Generalanwalt weist die Rechtssache einem Generalanwalt zu. Den am Rechtsstreit Beteiligten wird zweimal Gelegenheit gegeben, sich schriftlich zu äußern (Klage und Replik bzw. Klageerwiderung und Duplik). In der anschließenden mündlichen Verhandlung tragen die Beteiligten ihre Rechtsauffassung nochmals mündlich vor. Etwa drei Monate danach werden die Schlussanträge des Generalanwalts verlesen. Er nimmt an der anschließenden Urteilsberatung nicht teil. Die Urteile des Gerichtshofs ergehen mit Stimmenmehrheit; abweichende Minderheitsvoten werden nicht veröffentlicht. Die Urteile und die Schlussanträge des Generalanwalts werden in der Sammlung der Rechtsprechung des Gerichtshofs und des Gerichts erster Instanz in allen Amtssprachen der Gemeinschaft veröffentlicht.

Verfahrenssprache ist eine der 20 Amtssprachen der EU sowie Gälisch (Irisch); in der Regel ist dies die Sprache des Mitgliedstaats oder der natürlichen oder juristischen Person, gegen die sich die Klage richtet. Interne Arbeitssprache des Gerichtshofs, auch in den Urteilsberatungen, ist jedoch ausschließlich Französisch.

Die *Verwaltung* des Gerichtshofs ist in vier Direktionen gegliedert. Sie umfasst ca. 1600 Bedienstete und wird geleitet vom *Kanzler*, der vom Gerichtshof auf sechs Jahre ernannt wird.

6.2.2 Die Verwaltung des Europäischen Gerichtshofs

Kanzlei des Gerichtshofes

Kanzler: GRASS, Roger (Fax 26 00)
Hilfskanzler: VAN HOSTEIN, Henrik
(Fax 37 66)

Referat interne Prüfung und Haushaltsfragen
Finanzkontrolleur: WOHLFAHRT, Jürgen
(Fax 26 00)

Protokoll
LOUTERMAN-HUBEAU, Denise
(Fax 20 30)

Abteilung Presse und Information
KÄTER, Hatto (Fax 25 00)

Dolmetscherabteilung
BAVIERA-BETSON, Caren (Fax 36 97)

Bibliothek, wissenschaftlicher Dienst und Dokumentation
Direktorin: MAGGIONI, Luigia (Fax 24 24)
Stellvertretender Direktor: KOHLER, Christian (Fax 40 03 24 24)

Abteilung Bibliothek
STREIL, Jochen (Fax 40 03 24 24)

Abteilung Wissenschaftlicher Dienst und
Dokumentation
N. N. (Fax 40 03 34 00)
 Referat A
 LIEROW, Niels (Fax 25 94)
 Referat B
 SINGER, Philippe (Fax 34 00)
 Referat C
 BARENTS, René (Fax 34 00)

Verwaltung
Hilfskanzler: N. N. (Fax 34 00)
*Juristischer Berater (zuständig für
Verwaltungsangelegenheiten):* SCHAUSS,
Marc (Fax 36 96)

Direktion Personal und Verwaltung
Direktor: POMMIS, Bernard (Fax 27 20)
- Abteilung Personal
 Abteilungsleiter: RONAYNE, Mark
 (Fax 27 20)
- Abteilung Haushalt und
 Rechnungsführung
 SPILLANE, Ciaran (Fax 27 20)

Direktion Infrastruktur
Direktor: SCHAFF, Francis (Fax 27 20)
- Abteilung Innere Dienste
 Abteilungsleiter: DEUSS, Henk (Fax 26 50)
Abteilung Informatik und neue Technologien
Abteilungsleiter: KROMMES, Reinhard
(Fax 27 20)

Übersetzung
Direktor: CALOT ESCOBAR, Alfredo
(Fax 27 20)
Berater: DELAVAL, Jean-Yves (Fax 27 20)
Deutsche Übersetzungsabteilung
 BARNER, Gisela (Fax 36 96)
Englische Übersetzungsabteilung
 WRIGHT, Susan (Fax 26 00)
Dänische Übersetzungsabteilung
 FRAUSING, Jens (Fax 36 96)
Estländische Übersetzungsabteilung
 N. N. (Fax 36 96)
Spanische Übersetzungsabteilung
 GUTIÉRREZ, Adolfo (Fax 36 96)

Finnische Übersetzungsabteilung
 LIIRI, Kari (Fax 36 96)
Französische Übersetzungsabteilung
 VERNIER, Jean-Pierre (Fax 36 96)
Griechische Übersetzungsabteilung
 VLACHOS, Aristides (Fax 36 96)
Ungarische Übersetzungsabteilung
 N. N. (Fax 36 96)
Italienische Übersetzungsabteilung
 GALLO, Giovanni (Fax 36 96)
Lettische Übersetzungsabteilung
 N. N. (Fax 36 96)
Litauische Übersetzungsabteilung
 ANCIUVIENE, Marije (Fax 36 96)
Maltesische Übersetzungsabteilung
 IZZO CLARKE, Joseph (Fax 36 96)
Niederländische Übersetzungsabteilung
 MULDERS, Leo (Fax 36 96)
Polnische Übersetzungsabteilung
 N. N. (Fax 36 96)
Portugiesische Übersetzungsabteilung
 NUNES DE CARVALHO, José
 (Fax 36 96)
Schwedische Übersetzungsabteilung
 LINDBLOM, Ingalill (Fax 36 96)
Slowakische Übersetzungsabteilung
 N. N. (Fax 36 96)
Slowenische Übersetzungsabteilung
 N. N. (Fax 36 96)
Tschechische Übersetzungsabteilung
 SMEJKAL, Martin (Fax 36 96)
Abteilung Allgemeine Dienste
 MORELLO, Alberto (Fax 36 96)

6.2.3 Die Richter und Generalanwälte

Protokollarische Rangfolge
SKOURIS, Vassilios, **GR,** *Präsident*
JANN, Peter, **A,** *Präsident der 1. Kammer*
TIMMERMANS, Christiaan W.A., **NL,**
Präsident der 2. Kammer
ROSAS, Allan, **FIN,**
Präsident der 3. Kammer
GEELHOED, Leendert A., **NL,**
Erster Generalanwalt

SILVA DE LAPUERTA, Rosario, **E**,
Präsidentin der 5. Kammer
LENAERTS, Koen, **B**,
Präsident der 4. Kammer
BORG BARTHET, Anthony **M**,
Präsident der 6. Kammer
JACOBS, Francis G., **GB**, *Generalanwalt*
GULMANN, Claus C., **DK**, *Richter*
LA PERGOLA, Antonio Mario, **I**, *Richter*
PUISSOCHET, Jean-Pierre, **F**, *Richter*
LÉGER, Philippe, **F**, *Generalanwalt*
RUIZ-JARABO COLOMER, Dámaso, **E**, *Generalanwalt*
SCHINTGEN, Romain, **L**, *Richter*
COLNERIC, Ninon, **D**, *Richterin*
VON BAHR, Stig, **S**, *Richter*
TIZZANO, Antonio, **I**, *Generalanwalt*
DA CUNHA RODRIGUES, José Narcisco, **P**, *Richter*
STIX-HACKL, Christine, **A**, *Generalanwältin*
KOKOTT, Juliane, **D**, *Generalanwältin*
POIARES PESSOA MADURO, Luís Miguel, **P**, *Generalanwalt*
SCHIEMANN, Konrad, **D**, *Richter*
MAKARCZYK, Jerzy, **PL**, *Richter*
KŪRIS, Pranas, **LT**, *Richter*
JUHÁSZ, Endre, **HU**, *Richter*
ARESTIS, George, **GR**, *Richter*
ILEŠIČ, Marco, **SI**, *Richter*
MALENOVSKÝ, Jirí, **CZ**, *Richter*
KLUČKA, Ján, **SK**, *Richter*
LÕHMUS, Uno, **EE**, *Richter*
LEVITS, Egils, **LV**, *Richter*
Ó CAOIMH, Aindrias, **IRL**, *Richter*

Zusammensetzung der Kammern des EuGH

1. Kammer
Kammerpräsident: JANN, P.
Richter:
COLNERIC, N.
CUNHA RODRIGUES, J.N.
ILEŠIČ, M.
JUHÁSZ, M.
LENAERTS, K.
LEVITS, E.
SCHIEMANN, K.

2. Kammer
Kammerpräsident: TIMMERMANS, C.W.A.
Richter:
ARESTIS, G.
GULMANN, C.
KLUČKA, J.
KŪRIS, P.
MAKARCZYK, J.
SCHINTGEN, R.
SILVA DE LAPUERTA, R.

3. Kammer
Kammerpräsident: ROSAS, A.
Richter:
BORG BARTHET, A.
LA PERGOLA, A.M.
LÕHMUS, U.
MALENOVSKY, J.
Ó CAOIMH, A.
PUISSOCHET, J.-P.
VON BAHR, S.

4. Kammer
Kammerpräsident: LENAERTS, K.
Richter:
COLNERIC, N.
CUNHA RODRIGUES, J.N.
ILEŠIČ, M.
JUHÁSZ, E.
LEVITS, E.
SCHIEMANN, K.

5. Kammer
Kammerpräsidentin: SILVA DE LAPUERTA, R.
Richter:
ARESTIS, G.
GULMANN, C.
KLUČKA, J.
KŪRIS, P.
MAKARCZYK, J.
SCHINTGEN, R.

6. Kammer
Kammerpräsident: BORG BARTHET, A.
Richter:
LA PERGOLA, A.M.
LÕHMUS, U.
MALENOVSKY, J.
Ó CAOIMH, A.
PUISSOCHET, J.-P.
VON BAHR, S.

7 Das Gericht Erster Instanz

Palais de la Cour de Justice, Boulevard Konrad Adenauer, **2925 Luxemburg, Luxemburg;**
Tel 00 35-2/43 03-1, 43 03-33 55;
Fax 00 35-2/43 03-26 00, 43 03-21 00 (Kanzlei Gericht Erster Instanz)
e-mail   info@curia.eu.int
http://www.curia.eu.int

7.1 Rechtsgrundlagen und Zuständigkeiten

Das Gericht erster Instanz wurde mit Beschluss des Rates vom 24. 10. 1988 (ABl. Nr. L 319 vom 25. 11. 1988) eingesetzt. Da die Gründungsverträge nur den Gerichtshof ausdrücklich vorgesehen hatten, bedurfte es der Einheitlichen Europäischen Akte (vgl. dazu oben unter I. 3), um die Einsetzung des Gerichts erster Instanz zu ermöglichen. Rechtsgrundlage sind nunmehr Artikel 225 EG-Vertrag und Artikel 140a EAG.

Das Gericht erster Instanz entscheidet im ersten Rechtszug über alle direkten Klagen von Mitgliedstaaten sowie natürlichen und juristischen Personen, soweit diese nicht dem EuGH oder dem Gericht für den öffentlichen Dienst der EU vorbehalten sind. Es sind dies neben den oben unter 6.1 genannten Klagearten vor allem noch Schadenersatzklagen, die auf den Ersatz des durch ein rechtswidriges Verhalten eines Gemeinschaftsorgans verursachten Schadens abzielen, sowie auf eine Schiedsklausel gestützte Klagen.

Gegen Entscheidungen des Gerichts erster Instanz kann beim EuGH ein auf Rechtsfragen beschränktes Rechtsmittel eingelegt werden.

7.2 Organisation und Arbeitsweise

7.2.1 Allgemeine Darstellung

Das Gericht erster Instanz hat seinen Sitz beim EuGH in Luxemburg. Es besteht aus mindestens einem Mitglied pro Mitgliedstaat, derzeit 25 Richtern, die jeweils für die Dauer von sechs Jahren ernannt werden. Nach jeweils drei Jahren wird das Gericht teilweise neu besetzt. Die Mitglieder wählen aus ihrer Mitte den Präsidenten des Gerichts und die Präsidenten der Kammern für die Dauer von drei Jahren. Anders als beim EuGH gibt es beim Gericht der ersten Instanz keine ständigen Generalanwälte, jedoch kann in einzelnen Rechtssachen einem Richter die Rolle des Generalanwalts übertragen werden.

Das Gericht tagt in *Kammern* mit drei oder fünf Richtern, in bestimmten Fällen entscheidet auch ein Einzelrichter. Bei besonders bedeutsamen Rechtssachen kann es als *Große Kammer* oder als *Plenum* tagen.

Das Gericht verfügt über seine eigene *Verfahrensordnung*. Das Verfahren vor dem Gericht gliedert sich grundsätzlich in ein schriftliches Verfahren und ein mündliches Verfahren. Verfahrenssprache ist eine der 20 Amtssprachen der EU sowie Gälisch (Irisch).

7.2.2 Die Verwaltung des Gerichts Erster Instanz

Kanzler: JUNG, Hans H

Für die Verwaltung des Gerichts erster Instanz ist ein eigener Kanzler zuständig. Im Übrigen ist die Verwaltung jedoch zusammengefasst mit der Verwaltung des EuGH (s. dazu oben unter 6).

7.2.3 Die Mitglieder des Gerichts Erster Instanz

Protokollarische Rangfolge
VESTERDORF, Bo, **DK**,
Präsident des Gerichts
JAEGER, Marc, **L**, *Kammerpräsident*
PIRRUNG, Jörg, **D**, *Kammerpräsident*
VILARAS, Mihalis, **GR**, *Kammerpräsident*
LEGAL, Hubert, **L**, *Kammerpräsident*
COOKE, John D., **IRL**, *Kammerpräsident*
GARCÍA-VALDECASAS, Rafael **E**, *Richter*
TIILI, Virpi E., **FIN**, *Richter*

LINDH, Pernilla, **S**, *Richterin*
AZIZI, Joseph, **A**, *Richter*
MENGOZZI, Paolo, **I**, *Richter*
MEIJ, Arjen W.H., **NL**, *Richter*
FORWOOD, Nicholas James, **GB**, *Richter*
MARTINS DE NAZARÉ RIBEIRO, M.E.,
P, *Richterin*
DEHOUSSE, Franklin, **B**, *Richter*
CREMONA, Ena, **M**, *Richterin*
CZÚCZ, Ottó, **HU**, *Richter*
WISZNIEWSKA-BIALECKA, Irena, **PL**,
Richterin
PELIKÁNOVÁ, Irena, **CZ**, *Richterin*
ŠVÁBY, Daniel, **SK**, *Richter*
VADAPALAS, Vilenas, **LT**, *Richter*
JÜRIMÄE, Küllike, **EE**, *Richterin*
LABUCKA, Ingrida, **LV**, *Richterin*
PAPASAVVAS, Savvas S., **CY**, *Richter*
TRSTENJAK, Verica, **SI**, *Richterin*

Zusammensetzung der Kammern des Gerichts der ersten Instanz

1. Kammer
Kammerpräsident: COOKE, J.D.
Richter:
GARCÍA-VALDECASAS, R.
LABUCKA, I.
TRSTENJAK, V.

1. Kammer – erweitert
Kammerpräsident: VESTERDORF, B.
Richter:
COOKE, J.D.
GARCÍA-VALDECASAS, R.
LABUCKA, I.
TRSTENJAK, V.

2. Kammer
Kammerpräsident: PIRRUNG, J.
Richter:
FORWOOD, N.J.
MEIJ, A.
PAPASAVVAS, S.S.
PELIKÁNOVÁ, I.

2. Kammer – erweitert
Kammerpräsident: PIRRUNG, J.
Richter:
FORWOOD, N.J.
MEIJ, A.
PAPASAVVAS, S.S.
PELIKÁNOVÁ, I.

3. Kammer
Kammerpräsident: JAEGER, M.
AZIZI, J.
CREMONA, E.
CZÚCZ, O.
TIILI, V. E.

3. Kammer – erweitert
Kammerpräsident: JAEGER, M.
AZIZI, J.
CREMONA, E.
CZÚCZ, O.
TIILI, V. E.

4. Kammer
Kammerpräsident: LEGAL, H.
Richter:
LINDH, P.
MENGOZZI, P.
VADAPALAS, V.
WISZNIEWSKA-BIALECKA, I.

4. Kammer – erweitert
Kammerpräsident: LEGAL, H.
Richter:
LINDH, P.
MENGOZZI, P.
VADAPALAS, V.
WISZNIEWSKA-BIALECKA, I.

5. Kammer
Kammerpräsident: VILARAS, M.
Richter:
DEHOUSSE, F.
JÜRIMÄE, K.
MARTINS DE NAZARÉ RIBEIRO, M.E.
ŠVÁBY, D.

5. Kammer – erweitert
Kammerpräsident: VILARAS, M.
Richter:
DEHOUSSE, F.
JÜRIMÄE, K.
MARTINS DE NAZARÉ RIBEIRO, M.E.
ŠVÁBY, D.

8 Das Gericht für den öffentlichen Dienst der Europäischen Union

8.1 Rechtsgrundlagen und Zuständigkeiten

Das Gericht für den öffentlichen Dienst der Europäischen Union wurde zur Entlastung des Gerichts der ersten Instanz mit Beschluss des Rates vom 2. 11. 2004 (ABl. Nr. L 333 vom 9. 11. 2004) eingesetzt. Es handelt sich dabei um eine gerichtliche Kammer, die dem Gericht der ersten Instanz beigeordnet und in institutioneller und organisatorischer Hinsicht Teil des EuGH ist. Das Gericht ist ausschließlich zuständig für Entscheidungen über Streitsachen im Bereich des öffentlichen Dienstes der Europäischen Union. Gegen die Entscheidungen des Gerichts kann vor dem Gericht der ersten Instanz ein auf Rechtsfragen beschränktes Rechtsmittel eingelegt werden.

8.2 Organisation und Arbeitsweise

8.2.1 Allgemeine Darstellung

Das Gericht für den öffentlichen Dienst hat seinen Sitz beim Gericht der ersten Instanz. Es besteht aus sieben Richtern, die für die Dauer von sechs Jahren ernannt werden. Die Richter wählen aus ihrer Mitte den Präsidenten des Gerichts für die Dauer von drei Jahren.

Das Gericht für den öffentlichen Dienst tagt in der Regel in *Kammern* mit drei Richtern. Es kann jedoch auch als Plenum, als Kammer mit fünf Richtern oder als Einzelrichter tagen. Bis zum Inkrafttreten seiner *Verfahrensordnung* wendet das Gericht die Verfahrensordnung des Gerichts der ersten Instanz entsprechend an.

8.2.2 Die Verwaltung des Gerichts für den öffentlichen Dienst

Das Gericht für den öffentlichen Dienst ernennt seinen eigenen Kanzler. Im Übrigen stützt es sich auf die Verwaltung des Gerichtshofs und des Gerichts der ersten Instanz (s. dazu oben unter 6).

9 Der Europäische Rechnungshof (ERH)

12, rue Alcide de Gasperi, **1615 Luxemburg,** Luxemburg;
Tel 00 35-2/43 98-1, 43 98-4 54 10
bzw. 43 98-(+Durchwahl);
Fax 00 35-2/43 98-4 64 30;
e-mail euraud@eca.eu.int
http://www.eca.eu.int

Büro Brüssel
Bâtiment Eastman, 135, rue Belliard,
1040 Brüssel, Belgien;
Tel 00 32-2/2 30-50 90;
Fax 00 32-2/2 30-64 83;
e-mail euraud@eca.eu.int
http://www.eca.eu.int

9.1 Rechtsgrundlage und Zuständigkeiten

Der Europäische Rechnungshof wurde eingesetzt durch den Vertrag zur Änderung bestimmter Finanzvorschriften der Verträge zur Gründung der Europäischen Gemeinschaften und des Vertrags zur Einsetzung eines gemeinsamen Rates und einer gemeinsamen Kommission der Europäischen Gemeinschaften vom 22. 7. 1975, der am 1. 1. 1977 in Kraft getreten ist (ABl. Nr. L 359 vom 31. 12. 1977). Er ist an die Stelle des ursprünglich im EG- und EAG-Vertrag vorgesehenen »Kontrollausschusses« und des ursprünglich im EGKS-Vertrag vorgesehenen »Rechnungsprüfers« getreten. Die konstituierende Sitzung des Rechnungshofs fand am 25. 10. 1977 in Luxemburg statt. Mit dem Vertrag über die Europäische Union wurde der Europäische Rechnungshof in den Rang einer Institution der Europäischen Union erhoben. Rechtsgrundlage sind nunmehr die Artikel 246 ff. EG-Vertrag.

Der Rechnungshof ist zuständig für die externe Kontrolle des Gesamthaushalts der EG (früher auch des Funktionshaushalts der EGKS). Er prüft alle Einnahmen und Ausgaben der Gemeinschaft, kontrolliert die finanziellen Transaktionen auf ihre Rechtmäßigkeit und Ordnungsmäßigkeit und überzeugt sich von der Wirtschaftlichkeit der Haushaltsführung. In Verbindung mit den nationalen Prüfungsbehörden kann er seine Prüfungen auch in den Mitgliedstaaten vornehmen und dazu die erforderlichen Unterlagen anfordern. Er legt jährlich einen Bericht vor. Die einzelnen Institutionen der EU können zu den darin enthaltenen Bemerkungen und Beanstandungen Stellungnahmen abgeben, die zusammen mit dem Jahresbericht im Amtsblatt veröffentlicht werden. Der Rechnungshof kann außerdem jederzeit, also auch vor Abschluss eines Haushaltsjahres, zu besonderen Fragen Stellung nehmen und noch nicht abgeschlossene Rechnungsvorgänge aus besonderem Anlass einer Prüfung oder Sonderanalyse unterziehen. Er erstellt darüber zahlreiche Sonderberichte, die er zum Teil auch veröffentlicht. Außerdem gibt der Rechnungshof auf Antrag einer der Institutionen der EU Stellungnahmen zu Entwürfen von finanzwirksamen Rechtsakten ab.

Mit dem Vertrag über die Europäische Union wurde dem Rechnungshof zusätzlich die Aufgabe übertragen, jedes Jahr eine zusammenfassende Beurteilung über die Zuverlässigkeit der Rechnungsführung der Kommission sowie die Rechtmäßigkeit und Ordnungsmäßigkeit der zugrunde liegenden Vorgänge abzugeben. Diese »Erklärung« stellt ein umfassendes Testat dar, das dem Europäischen Parlament die Entscheidung darüber erleichtern soll, ob der Kommission für die Ausführung des Haushalts in einem Haushaltsjahr die Entlastung erteilt werden kann. Diese zusammenfassende Beurteilung geht über die mehr punktuellen detaillierten Feststellungen des Rechnungshofs im Jahresbericht hinaus und wird durch einen eigenen Sonderbericht untermauert.

9.2 Organisation und Arbeitsweise

9.2.1 Allgemeine Darstellung

Der Rechnungshof hat seinen Sitz in Luxemburg. Er ist ein Kollegialorgan, das aus einem Mitglied pro Mitgliedstaat besteht, die vom Rat auf sechs Jahre ernannt werden. Die Mitglieder des Rechnungshofs wählen aus ihrer Mitte den Präsidenten, dessen Amtszeit drei Jahre beträgt. Die Mitglieder des Rechnungshofs üben ihre Tätigkeit in voller Unabhängigkeit zum Wohl der Gemeinschaft aus und unterliegen keinen Weisungen der Mitgliedstaaten.

Der Rechnungshof führt seine Prüfungen anhand der Rechnungsunterlagen der Institutionen der EU bzw. der Behörden der Mitgliedstaaten durch. Soweit erforderlich, erfolgen die Prüfungen vor Ort. Prüfungen in den Mitgliedstaaten werden in Verbindung mit den jeweiligen nationalen Rechnungsprüfungsorganen bzw. den zuständigen nationalen Dienststellen vorgenommen.

9.2.2 Die Organisation des Europäischen Rechnungshofes

9.2.2.1 Die Mitglieder des Rechnungshofes

Aufsicht über die Durchführung des Auftrags des Hofes, Beziehungen zu den Organen und Einrichtungen der EU und anderen Institutionen, Rechtsfragen, Informationspolitik, Interne Revision

Präsident: WEBER, Hubert
(4 59 51; Fax 4 69 57)

Kabinettchefin: SPINDELEGGER, Margit
(4 59 55; Fax 4 69 57)

Attaché: CONSTANZER, Joel
(4 51 27; Fax 4 61 27)

Prüfungsgruppe I: Agrarpolitische Bereiche: Märkte für tierische und pflanzliche Erzeugnisse, Entwicklung des ländlichen Raums, Fischerei und Seepolitik, Landwirtschaftliche Kulturpflanzen, Märkte für Milch und Milcherzeugnisse, Rindfleisch

Mitglied des Hofes: BERNICOT, Jean François (4 52 03; Fax 4 68 17)

Kabinettchef: PAUWELS, Dirk
(4 52 29; Fax 4 68 17)

Attaché: DANIELE, Jean-Marc
(4 53 12; Fax 4 68 17)

Mitglied des Hofes: BOSTOCK, David
(4 53 72; Fax 4 68 10)
Kabinettchef: WELCH, Peter
(4 52 75; Fax 4 68 10)
Attaché: ROSS, Gerhard (4 59 88; Fax 4 68 10)
Mitglied des Hofes: HALÁSZ, Gejza
(4 72 21; Fax 4 88 02)
Kabinettchef: TRENCSÉNYI, Tibor
(4 72 22; Fax 4 88 02)
Attaché: SÖVEGES, Erika Katalin
(4 72 23; Fax 4 88 02)
Mitglied des Hofes: VON WEDEL, Hedda
(4 52 71; Fax 4 68 16)
Kabinettchef: LEVENTAKOS, Gregory
(4 54 83; Fax 4 68 16)
Attaché: LUPLOW, Lars
(4 58 98; Fax 4 68 16)
Mitglied des Hofes: MOLNÁR, Július
(4 72 01; Fax 4 88 00)
Kabinettchef: PERRON, Christophe
(4 72 02; Fax 4 88 00)
Attaché: CÍSAR, Vladimir
(4 72 03; Fax 4 88 00)
Mitglied des Hofes: KAZAMIAS, Kikis
(4 72 41; Fax 4 88 04)
Kabinettchef: OSETE, François
(4 72 42; Fax 4 88 04)
Attaché: NEOPHYTOU, Neophytos
(4 72 43; Fax 4 88 04)

Prüfungsgruppe II: Strukturelle und interne Regionalpolitik und Kohäsionspolitik, Interne Politikbereiche einschließlich Forschung; Beschäftigungspolitik u. Sozialpolitik
Mitglied des Hofes: ANTONČIČ, Vojko Anton (4 72 11; Fax 4 88 01)
Kabinettchef: BÖCKEM, Dieter
(4 53 50; Fax 4 88 01)
Attaché: HENDERSEN, Kate
(4 72 13; Fax 4 88 01)
Mitglied des Hofes: BONNICI, Josef
(4 72 31; Fax 4 88 03)
Kabinettchef: CACHIA-ZAMMIT, Ray
(4 72 32; Fax 4 88 03)
Attaché: DÜRRWANGER, Andreas
(4 51 47; Fax 4 88 03)
Mitglied des Hofes: CLEMENTE, Giorgio
(4 53 74; Fax 4 68 15)
Kabinettchefin: RUCIRETA, Maria Annunziata (4 52 18; Fax 4 68 15)

Attaché: COLONERUS, Marion
(4 52 37; Fax 4 68 15)
Mitglied des Hofes: COLLING, François
(4 53 76; Fax 4 68 19)
Kabinettchef: WEBER, Martin
(4 51 51; Fax 4 61 51)
Attaché: GONZÁLEZ BASTERO, Juan Ignacio (4 51 17; Fax 4 61 17)
Mitglied des Hofes: KALJULAID, Kersti
(4 72 91; Fax 4 88 09)
Kabinettchef: LÄTTI, Peeter
(4 72 92; Fax 4 88 09)
Attaché: POTTONEN, Markku
(4 59 69; Fax 4 88 09)
Mitglied des Hofes: TOBISSON, Lars
(4 59 58; Fax 4 69 64)
Kabinettchef: MERCADE, Fabrice
(4 54 86; Fax 4 69 64)
Attaché: WERGE, Niklas
(4 59 62; Fax 4 69 64)

Prüfungsgruppe III: Externe Politikbereiche: Entwicklungszusammenarbeit (EU-Gesamthaushaltsplan), Ausgaben im Bereich der Länder (Mittel- und Osteuropas und der Gemeinschaft Unabhängiger Staaten, Europäische Entwicklungsfonds (Staaten in Afrika, im Karibischen Raum und im Pazifischen Ozean)
Mitglied des Hofes: ENGWIRDA, Maarten E.
(4 52 36; Fax 4 62 02)
Kabinettchef: LINGEN, Jan Pieter
(4 57 46; Fax 4 62 02)
Attaché: FISCHER, Horst
(4 51 22; Fax 4 62 02)
Mitglied des Hofes: KINŠT, Jan
(4 72 81; Fax 4 88 08)
Kabinettchef: MICHOVSKY, Michael
(4 72 82; Fax 4 88 08)
Attaché: STEINIER-KARADJOVA, Anna
(4 55 81; Fax 4 88 08)
Mitglied des Hofes: REYNDERS, Robert
(4 52 95; Fax 4 63 33)
Kabinettchef: N. N. (4 59 14; Fax 4 63 33)
Attaché: POTTIER, Danielle
(4 59 14; Fax 4 63 33)
Mitglied des Hofes: UCZKIEWICZ, Jacek
(4 72 51; Fax 4 88 05)
Kabinettchef: KOLASINKSI, Jacek
(4 56 39; Fax 4 88 05)

Attaché: RADECKA, Katarzyna
(4 72 53; Fax 4 88 05)
Mitglied des Hofes: FABRA VALLÉS, Juan Manuel (4 55 92; Fax 4 68 18)
Kabinettchefin: HIERNAUX-FRITSCH, Sabine (4 54 54; Fax 4 68 18)
Attaché: GARRIDO-LESTACHE, Alvaro (4 52 25; Fax 4 68 18)

Prüfungsgruppe IV: Eigenmittel, Bankaktivitäten, Verwaltungsausgaben, Organe und Einrichtungen der Gemeinschaft: Traditionelle Eigenmittel, MwSt.- und BNE-Eigenmittel, Verwaltungsausgaben der Organe und Einrichtungen der Europäischen Union, Anleihe- und Darlehenstätigkeiten, Bankwesen, Agenturen und sonstige dezentrale Einrichtungen der Gemeinschaft
Mitglied des Hofes: LEVYSOHN, Morten Louis (4 52 64; Fax 4 68 11)
Kabinettchef: KOCK, Peter
(4 52 23; Fax 4 68 11)
Attaché: MATTFOLK, Katja
(4 55 68; Fax 4 68 11)
Mitglied des Hofes: LUDBORŽS, Igors
(4 72 71; Fax 4 88 07)
Kabinettchef: MOONEN, Gaston
(4 57 16; Fax 4 88 07)
Attaché: MOYA, Bernard
(4 59 16; Fax 4 88 07)
Mitglied des Hofes: PETRUŠKEVIČIENE, Irena (4 72 61; Fax 4 88 06)
Kabinettchef: SCHÖNBERGER, Peters
(4 72 62; Fax 4 88 06)
Attaché: MACYS, Gediminas
(4 72 63; Fax 4 88 06)
Mitglied des Hofes: SALMI, Aunus
(4 59 65; Fax 4 69 71)
Kabinettchefin: FRANCO, Elisabeth
(4 54 84; Fax 4 69 71)
Attaché: HEISKANEN, Tiina
(4 54 67; Fax 4 69 71)
Mitglied des Hofes: SARMAS, Ioannis
(4 52 58; Fax 4 68 14)
Kabinettchef: KOLIAS, Zacharias
(4 59 07; Fax 4 68 14)
Attaché: LEBRUN, Didier
(4 57 04; Fax 4 68 14)

Gruppe CEAD: Koordinierung, Evaluierung, Qualitätssicherung, DAS, ADAR, Entwicklung

Sektor ADAR
Mitglied des Hofes: GEOGHEAN-QUINN, Máire (4 53 70; Fax 4 64 93)
Kabinettchef: JOHNSTON, Gilbert
(4 53 07; Fax 4 64 93)
Attaché: MADDEN, Gerard
(4 55 16; Fax 4 64 93)

Sektor DAS
Mitglied des Hofes: DA SILVA CALDEIRA, Vítor Manuel (4 55 86; Fax 4 68 13)
Kabinettchef: DE OLIVEIRA, Manuel Lourenço (4 53 07; Fax 4 64 93)
Attaché: BETENCOURT, Paula
(4 50 59; Fax 4 68 13)

9.2.2.2 Dienste des Präsidenten

Institutionelle Außenbeziehungen, Öffentlichkeitsarbeit und Juristischer Dienst
- Außenbeziehungen, Rechtsfragen, Informationspolitik
  Direktor: KOK, Chris
  (4 58 12; Fax 4 64 30)
- Juristischer Dienst
  Abteilungsleiter: KENNEDY, Thomas
  (4 57 66; Fax 4 63 46)
- Interner Prüfer
  FARIA VIEGAS, Helder
  (4 52 49; Fax 4 62 49)

9.2.2.3 Generalsekretariat

Generalsekretär: HERVÉ, Michel
(4 55 22; Fax 4 66 66)
Assistent des Generalsekretärs: BRUNEAU, Denis (4 54 92; Fax 4 66 66)
Assistentin des Generalsekretärs: PERREUR-LLOYD, Torielle (4 53 49; Fax 4 66 66)

Personalressourcen, Informationstechnologie und Telekommunikation
Direktor: SPEED, John (4 55 83; Fax 4 61 64)
- Personalressourcen
  WEGNEZ, Rose-Marie
  (4 54 31; Fax 4 68 91)

- Informationstechnologie und Telekommunikation
  Abteilungsleiterin: PELTONEN, Raija
  (4 57 84; Fax 4 69 63)
  Stellv. Leiter: ZAJKOWSKI, Richard
  (4 52 47; Fax 4 69 63)
- Berufliche Fortbildung
  Hauptverwaltungsrat: ALBUGUES, Bertrand

Finanzen und Verwaltung
Direktor: BEUROTTE, Jean-Jack
(4 53 87; Fax 4 65 17)

- Finanzen und Gebäudepolitik
  Abteilungsleiter: USHER, Neil
  (4 52 81; Fax 4 65 17)
- Verwaltung
  Dienststellenleiter: SCHMITT, Vital
  (4 57 05; Fax 4 66 84)
- Sekretariat des Hofes und Bibliothek
  Dienststellenleiterin: CALVO, Pilar
  (4 57 87; Fax 4 62 32)
- Rechnungsführer des Hofes
  Dienststellenleiter: WELDON, Patrick
  (4 53 35; Fax 4 61 88)

Datenschutz
Interner Beauftragter: KILB, Jan
(4 55 62; Fax 4 64 50)

Übersetzungsdienst
Abteilungsleiterin: GUBIAN, Ulla
(4 55 30; Fax 4 66 44)

- Koordinierungseinheit
  Abteilungsleiter: ORTZITZ PINTOR, José
  (4 53 21; Fax 4 66 44)
- Spanische Sektion
  Dienststellenleiterin: CANO DE GARDOQUI, Pilar (4 56 70; Fax 4 66 44)
- Dänische Sektion
  Abteilungsleiterin: DICKMEISS, Agnete
  (4 52 19; Fax 4 66 44)
- Deutsche Sektion
  Abteilungsleiter: FACKLER, Renata
  (4 55 44; Fax 4 66 44)
- Griechische Sektion
  Abteilungsleiter: KLAPANARIS, Zisis
  (4 54 57; Fax 4 66 44)
- Englische Sektion
  Abteilungsleiter: HARRISON, Stephen
  (4 55 32; Fax 4 66 44)
- Französische Sektion
  Abteilungsleiter: VERKAEREN, Alain
  (4 55 12; Fax 4 66 44)
- Italienische Sektion
  Dienststellenleiterin: PALLA, Elisabetta
  (4 55 09; Fax 4 66 44)
- Niederländische Sektion
  Abteilungsleiter: LOOS, Maurice
  (4 55 73; Fax 4 66 44)
- Portugiesische Sektion
  Abteilungsleiter: CALLIXTO, Antonio
  (4 55 27; Fax 4 66 44)
- Finnische Sektion
  Dienststellenleiterin: RAITTINEN, Eija
  (4 56 75; Fax 4 66 44)
- Schwedische Sektion
  Dienststellenleiterin: ASK, Caroline
  (4 59 39; Fax 4 66 44)

9.2.2.4 Prüfungsgruppe I

Direktor: HUBL, Walter (4 52 26; Fax 4 62 26)

- Zuverlässigkeitserklärung - Agrarpolitische Bereiche
  Abteilungsleiter: BLOCMAN, Philippe
  (4 54 27; Fax 4 62 61)
- Landwirtschaftliche Kulturpflanzen, Märkte für Milch und Milcherzeugnisse sowie Rindfleisch
  Abteilungsleiter: KIRSCH, Léon
  (4 52 98; Fax 4 65 00)
- Entwicklung des ländlichen Raums, Fischerei und Seepolitik
  Abteilungsleiter: N. N.
  (4 55 00; Fax 4 65 00)
- Rechnungsabschluss, Ausfuhrerstattungen
  Abteilungsleiter: RICHARDSON, David
  (4 54 45; Fax 4 64 45)
- Märkte für tierische und pflanzliche Erzeugnisse
  Abteilungsleiter: STAVRAKIS, Bernard
  (4 52 61; Fax 4 62 61)

9.2.2.5 Prüfungsgruppe II

Direktorin: CIPRIANI, Gabriele
(4 55 56; Fax 4 65 56)
- Regional- und Kohäsionspolitik
  Abteilungsleiter: TIMMERMANS, Jacques
  (4 52 41; Fax 4 62 41)
- Interne Politikbereiche, einschließlich Forschung
  Abteilungsleiter: FEHR, Hendrik
  (4 55 03; Fax 4 65 03)
- Beschäftigungs- und Sozialpolitik
  Abteilungsleiter: VAN DER HOOFT, Willem (4 52 11; Fax 4 62 11)

9.2.2.6 Prüfungsgruppe III

Direktor: MAYNARD, Colin
(4 54 15; Fax 4 64 15)
- Entwicklungszusammenarbeit (EU-Gesamthaushaltsplan)
  Abteilungsleiter: ROZEMA, Harm
  (4 55 37; Fax 4 65 37)
- Ausgaben im Bereich der Länder Mittel- und Osteuropas und der Gemeinschaft Unabhängiger Staaten
  Abteilungsleiter: LOUKO, Ossi
  (4 55 46; Fax 4 65 46)
- Europäische Entwicklungsfonds (Staaten in Afrika, im Karibischen Raum und im Pazifischen Ozean)
  Abteilungsleiter: GABOLDE, Emmanuel
  (4 52 13; Fax 4 62 13)

9.2.2.7 Prüfungsgruppe IV

Direktor: GAVANIER, Jean-Michel
(4 54 28; Fax 4 64 28)
Berater: KOEHLER, Peter
(4 55 99; Fax 4 65 99)
- MwSt.- und BNE-Eigenmittel
  Abteilungsleiter: GROENEVELD, Cornelis (4 52 43; Fax 4 62 43)
- Traditionelle Eigenmittel
  Abteilungsleiter: LOESEL, Bernard
  (4 52 82; Fax 4 62 82)

- Verwaltungsausgaben der Organe und Einrichtungen der Europäischen Union
  Abteilungsleiter: LINGUA, Davide
  (4 55 55; Fax 4 62 43)
- Anleihe- und Darlehenstätigkeiten, Bankwesen
  Abteilungsleiter: WERNER, Klaus
  (4 52 57; Fax 4 65 55)
- Agenturen und sonstige dezentrale Einrichtungen der Gemeinschaft
  Abteilungsleiter: HUGÉ, Pierre
  (4 55 60; Fax 4 65 60)

9.2.2.8 Gruppe CEAD

Direktor: LÁZARO CUENCA, Jesús
(4 57 04; Fax 4 68 14)
- ADAR: Prüfungsmethodik und Fortbildung, Qualitätssicherung, Koordinierung des Verfahrens zur Erstellung der Berichte, sonstige fachspezifische Unterstützungsleistungen, Beziehungen zu OLAF
  Abteilungsleiter: FENNESSY, Edward
  (4 52 14; Fax 4 62 14)
  Abteilungsleiter: RUIZ GARCÍA, Eduardo
  (4 56 20; Fax 4 62 14)
- DAS: Koordinierung im Bereich Zuverlässigkeitserklärung
  Abteilungsleiter: KRAFF, Manfred
  (4 53 48; Fax 4 63 48)

10 Die Europäische Zentralbank (EZB)

Postfach 16 03 19, 60066 Frankfurt a. M.,
Deutschland
Eurotower, Kaiserstraße 29,
60311 Frankfurt a. M., Deutschland;
Tel 00 49-69/13 44-0;
Fax 00 49-69/13 44-60 00;
e-mail   info@ecb.int
http://www.ecb.int

10.1 Rechtsgrundlage und Zuständigkeiten

Die Europäische Zentralbank (EZB) wurde durch den Vertrag über die Europäische Union (s. oben unter I. 7) geschaffen. Sie bildet zusammen mit den nationalen Zentralbanken das Europäische System der Zentralbanken (ESZB). Mit Beginn der dritten Stufe der Währungsunion am 1. 1. 1999 hat die EZB im Wesentlichen die Aufgaben der Notenbanken der 12 teilnehmenden Mitgliedstaaten übernommen. Die EZB hat eigene Rechtspersönlichkeit. Sie hat ihre Tätigkeit am 1. 6. 1998 aufgenommen.

Rechtsgrundlage der EZB sind Artikel 8 EG-Vertrag und die »Satzung des Europäischen Zentralbanksystems und der Europäischen Zentralbank«, die Bestandteil des EG-Vertrags ist. Die Aufgaben und Zuständigkeiten der EZB ergeben sich aus Artikel 98 ff. EG-Vertrag. Danach wirkt die EZB zum einen an der Koordinierung der Wirtschafts- und Haushaltspolitik der Mitgliedstaaten mit, die vor allem dem Ziel der Vermeidung übermäßiger Defizite der öffentlichen Haushalte verpflichtet ist. Hauptaufgabe der EZB ist jedoch,
– die Geldpolitik der EU festzulegen und auszuführen
– Devisengeschäfte durchzuführen
– die offiziellen Währungsreserven der Mitgliedstaaten zu halten
– das reibungslose Funktionieren der Zahlungssysteme zu fördern.

Primäres Ziel ist die Sicherung der Geldwertstabilität der gemeinsamen Währung Euro.

Außerdem wirkt die EZB an der Bankenaufsicht durch die nationalen Instanzen mit.

10.2 Organisation und Arbeitsweise

10.2.1 Allgemeine Darstellung

Die EZB hat ihren Sitz in Frankfurt/Main. Sie verfügt über zwei Beschlussorgane, den *Rat* und das *Direktorium*. Bei ihren Entscheidungen ist die EZB unabhängig gegenüber den Institutionen der EU und den nationalen Regierungen. Sie verfügt über ein Grundkapital von 5 Mrd. Euro.

Der *Rat* setzt sich zusammen aus den Mitgliedern des Direktoriums sowie den Präsidenten der nationalen Zentralbanken der (derzeit 12) an der Währungsunion teilnehmenden Mitgliedstaaten. Die Hauptaufgaben des Rats sind die Festlegung der allgemeinen Leitlinien für die Tätigkeiten der EZB sowie die Entscheidungen über die Geldpolitik der EU (z. B. in der Form der Festlegung mittelfristiger Geldmengenziele, der Schlüsselzinssätze und der Währungsreserven).

Da derzeit noch nicht alle Mitgliedstaaten an der dritten Stufe der Währungsunion teilnehmen, verfügt das ESZB außerdem über einen *Erweiterten Rat*, in dem neben den Mitgliedern des Direktoriums die Präsidenten der Zentralbanken aller Mitgliedstaaten der EU vertreten sind, unabhängig davon, ob diese Staaten an der Währungsunion teilnehmen oder nicht. Aufgabe dieses Erweiterten Rats ist es vor allem,
– die früher vom Europäischen Währungsinstitut wahrgenommenen Aufgaben fortzuführen, solange noch nicht alle Mitgliedstaaten an der Währungsunion teilnehmen
– statistische Informationen zu sammeln
– einheitliche Regeln für die Rechnungslegung und die Berichtspflichten der nationalen Zentralbanken auszuarbeiten
– die endgültige Festlegung des Wechselkurses zwischen dem Euro und den Währungen der nicht teilnehmenden Mitgliedstaaten vorzubereiten.

Das *Direktorium* setzt sich zusammen aus dem Präsidenten der EZB, seinem Vizepräsidenten sowie vier weiteren Mitgliedern, die auf Empfehlung des Rates im gegenseitigen Einvernehmen der Staats- und Regierungschefs jeweils für eine Amtszeit von 8 Jahren bestellt werden. Um die Kontinuität der Arbeiten des Direktoriums sicherzustellen, wurden die ersten Mitglieder des Direktoriums jedoch für eine gestaffelte Amtszeit von 4–8 Jahren bestellt. Aufgabe des Direktoriums ist es,
- die Geldpolitik entsprechend den Vorgaben des EZB-Rates auszuführen und dazu den nationalen Zentralbanken die erforderlichen Weisungen zu erteilen
- die ihm vom EZB-Rat übertragenen Befugnisse auszuüben.

Die Verwaltung der EZB baut auf der Verwaltung des Europäischen Währungsinstituts (EWI) auf, das während der zweiten Stufe der Währungsunion die Einrichtung der EZB vorbereitete.

10.2.2 Die Organisation der Europäischen Zentralbank

EZB-Rat

CARUANA, Jaime, Banco de España
FAZIO, Antonio, Banca d'Italia
GARGANAS, Nicholas C., Bank of Greece
HURLEY, John, Central Bank of Ireland
LIEBSCHER, Klaus, Österreichische Nationalbank
LIIKANEN, Erkki, Suomen Pankki
MERSCH, Yves, Banque Central du Luxemburg
NOYER, Christian, Banque de France
QUADEN, Guy, Nationale Bank van België/Banque Nationale de Belgique
RIBEIRO CONSTÂNCIO, Vítor Manuel, Banco de Portugal
WEBER, Axel A., Deutsche Bundesbank
WELLINK, Nout, De Nedelandsche Bank

Erweiterter Rat

BALCEROWICZ, Leszek, Narodowy Bank Polski
BONELLO, Michael C., Bank Centrali ta' Malta
CARUANA, Jaime, Banco de España
CHRISTODOULOU, Christodoulos, Central Bank of Cyprus
FAZIO, Antonio, Banca d'Italia
GARGANAS, Nicholas C., Bank of Greece
GASPARI, Mitja, Banka Slovenije
HEIKENSTEN, Lars, Sveriges Riksbank
HURLEY, John, Bank of Ireland
JÁRAI, Zsigmond, Magyar Nemzeti Bank
KING, Mervyn, Bank of England
LIEBSCHER, Klaus, Österreichische Nationalbank
LIIKANEN, Erkki, Suomen Pankki
LIPSTOK, Andres, Eesti Pank
MERSCH, Yves, Banque centrale du Luxemburg
NOYER, Christian, Banque de France
NYBOE ANDERSEN, Bodil, Danmarks Nationalbank
QUADEN, Guy, Bank van België/Banque Nationale de Belgique
RIBEIRO CONSTÂNCIO, Vítor Manuel, Banco de Portugal
RIMSÉVICS, Ilmárs, Latvigas Banka
SARKINAS, Reinoldijus, Lietuvos bankas
SRAMKO, Ivan, Národná banka Slovenska
TUMA, Zdenek, Ceská národní banka
WEBER, Axel A., Deutsche Bundesbank
WELLINK, Nont, De Nedelandsche Bank

Direktorium

Präsident: TRICHET, Jean-Claude
Vizepräsident: PAPADEMOS, Lucas D.
Mitglieder des Direktoriums:
GONZÁLEZ-PÁRAMO, José-Manuel
ISSING, Otmar
TUMPEL-GUGERELL, Gertrude

Dem Präsidenten unterstellte Direktionen

Berater des Direktoriums
Koordinator: SLEIJPEN, Olaf

Dem Vizepräsidenten unterstellte
Generaldirektionen

**Generaldirektion
Verwaltung**
Generaldirektor: GRISSE, G.
- Bürodienste und Sicherheit
  SCHUSTER, W.
- Voraussetzungen
  RINDERSPACHER, T.
- Sicherheit und Transport
  NIEDERDORFER, E.

**Direktion
Personalwesen**
Direktor: VAN BAAK, B.
- Recruitment und Personalentwicklung
  RIEMKE, K.
- Ausgleich und Personalbeziehungen
  CAROLL, M.

**Direktion
Interne Finanzen**
Direktor: INGRAM, I.
- Rechnungswesen
  STRIEGL, M.
- Berichtswesen und Grundsatzfragen
  MERRIMAN, N.

**Generaldirektion
Banknoten**
Direktor: HEINONEN, A.
- Banknotendruck
  DENNIS, B.
- Banknoten-Angelegenheiten
  SCHWEIKART, T.

**Direktion
Kommunikation**
Direktor: ARDAILLON-POIRIER, E.
- Amtliche Veröffentlichungen, Archiv und Bibliothek
  FREYTAG, D.

- Presse und Information
  SCHÜLLER, R.
- Protokoll und Konferenzen
  MEISTER, H.

**Generaldirektion
Sekretariat und Sprachendienst**
Direktor: MOSS, F.
- Sekretariat
  SCHREMSER, R.
- Übersetzung
  JOHNS, S.
- Linguistik-Dienst
  CROASDALE, S.A.

**Direktion
Interne Revision**
Direktor: CAPARELLO, M.
- EZB-Revision
  DUBOIS, D.

**Generaldirektion
Rechtsdienste**
Generaldirektor: SÁINZ DE VICUÑA, A.
- Finanzmarktrecht
  NIEROP, B.
- Institutionelles Recht
  ZILIOLI, C.

**Generaldirektion
Informationstechnik**
Generaldirektor: ETHERINGTON, J.
- Managementfunktionen
  LAURENT, F.
- IT-Betrieb und Kundenservice
  GÉRARDY, J.-L.

**Direktion
IT**
- Projekte
  Direktor: N. N.

Den Direktoriumsmitgliedern unmittelbar
unterstellte Direktionen

Generaldirektion
Statistik
Direktor: KEUNING, S.
- Externe Statistik
  ISRAEL, J.-M.
- Eurogebiet Konten und Wirtschaftsstatistik
  N. N.
- Geld, Finanzinstitutionen- und
  Marktstatistik
  STUBBE, M.
- Statistikentwicklung und Koordination
  N. N.
- Statistische Informationsverwaltung und
  Kundenservice
  SALOU, G.

Generaldirektion
Operative Aufgaben
Generaldirektor: PAPADIA, F.
- Front Office
  SILVONEN, T.
- Operationsanalysen
  BLENCK, D.
- Back Office
  VERMEIR, E.
- Portfolio Managementsystem
  FRIED, M.
- Investment
  SCHIAVI, R.

Direktion
Planung und Controlling
Direktor: GRESSENBAUER, K.
- Budget und Projekte
  ROLLI, A.
- Organisatorische Planung
  GROSS, F.

Generaldirektion
Volkswirtschaft
Generaldirektor: HOGEWEG, G.J.

- Fiskalpolitik
  MARIN, J.

Direktion
Geldpolitik
KLÖCKERS, H.-J.
- Geldpolitische Strategie
  MASUCH, K.
- Geldpolitische Lage
  PILL, H.
- Kapitalmärkte und Finanzstruktur
  DRUDI, F.

Direktion
Wirtschaftliche Entwicklung
Direktor: SCHILL, W.
- Volkswirtschaftliche Entwicklung im
  Eurogebiet
  KORTEWEG, G.
- EU-Länder
  VAN RIET, A.
- Außenwirtschaftliche Entwicklung
  DI MAURO, F.

Generaldirektion
Forschung
Generaldirektor: GASPAR, V.
- Geldpolitikforschung
  SMETS, F.
- Ökonometrie
  FAGAN, G.
- Finanzforschung
  HARTMANN, P.

Generaldirektion
Internationale und europäische
Beziehungen
Generaldirektor: VAN DER HAEGEN, P.
- Multilaterale Beziehungen: Asien/Pazifik
  und Westliche Hemisphere
  THIMANN, C.
- Europäische Institutionen und Fora
  MARTENS, T.

- EU-Nachbarregione
  MAZZAFERRO, F.

**Generaldirektion
Zahlungsverkehrssysteme**
Generaldirektor: GODDEFROY, J.-M.
- Fragen der Zahlungsverkehrssysteme
  PRIESEMANN, J.
- TARGET
  BECKER, H.-D.
- Fragen der Wertpapierabrechnungssysteme
  RUSSO, D.

Ständige Vertretung der EZB in Washington D.C.
DE BEAUFORT WIJNHOLDS, O.

Berater des EZB-Rats
NOBLET, G.

**Direktion
Finanzstabilität und Überwachung**
Direktor: GRANDE, M.
- Finanzstabilität
  FELL, J.
- Finanzüberwachung
  EURIA, A.

11 Die Europäische Investitionsbank (EIB)

100, boulevard Konrad Adenauer,
2950 **Luxemburg, Luxemburg**;
Tel 00 35-2/4 37 91;
Fax 00 35-2/43 77 04, 43 79 31 91;
e-mail info@eib.org
http://www.eib.org, www.bei.org

Büros in:

Belgien, Brüssel
227, rue de la Loi, **1040 Brüssel, Belgien**;
Tel 00 32-2/2 35 00 70;
Fax 00 32-2/2 30 58 27;
http://www.eib.org, www.bei.org

Deutschland, Berlin
Lennéstraße 11, **10785 Berlin, Deutschland**;
Tel 00 49-30/59 00 47 90;
Fax 00 49-30/59 00 47 99;
e-mail berlinoffice@eib.org
http://www.eib.org, www.bei.org

Frankreich, Paris
21, rue des Pyramides, **75001 Paris, Frankreich**;
Tel 00 33-1/55 04 74 55;
Fax 00 33-1/42 61 63 02;

Griechenland, Athen
Kifissias Avenue 81, Delfon, **15233 Halandri, Athen, Griechenland**;
Tel 00 30-21 0/6 82 45 17;
Fax 00 30-21 0/6 82 45 20;
http://www.eib.org, www.bei.org

Italien, Rom
Via Sardegna, 38, **00187 Rom, Italien**;
Tel 00 39-06/4 71 91;
Fax 00 39-06/42 87 34 38;
http://www.eib.org, www.bei.org

Portugal, Lissabon
Regus Business Center, Avenida da
Liberdade, 110, 2 piso, **1269-046 Lissabon,
Portugal;**
Tel 00 35 1-2 1/3 42 89 89;
Fax 00 35 1-2 1/3 47 04 87;
http://www.eib.org, www.bei.org

Spanien, Madrid
Calle José Ortega y Gasset, 29, 5,
28006 Madrid, Spanien;
Tel 00 34-91/4 31 13 40;
Fax 00 34-91/4 31 13 83;
http://www.eib.org, www.bei.org

Vereinigtes Königreich, London
2 Royal Exchange Buildings, 3rd floor,
London EC3V 3LF, Großbritannien;
Tel 00 44-20/73 75 96 60;
Fax 00 44-20/79 75 96 99;
http://www.eib.org, www.bei.org

11.1 Rechtsgrundlage und Zuständigkeiten

Die Europäische Investitionsbank (EIB) wurde 1958 errichtet. Rechtsgrundlage ist nunmehr Artikel 9 EG-Vertrag. Die EIB besitzt eigene Rechtspersönlichkeit und ist innerhalb der Gemeinschaft finanziell autonom. Die Grundsätze für ihre Tätigkeit sind in der Satzung der EIB geregelt, die Bestandteil des EG-Vertrags ist.

Die EIB ist das Bankinstitut der Europäischen Union für langfristige Finanzierungen. Ihre Aufgabe besteht darin, durch die Gewährung von Darlehen zur Durchführung von Investitionen beizutragen, die die europäische Integration und die wirtschaftliche Entwicklung strukturschwacher Gebiete fördern. Die EIB finanziert Projekte in allen Wirtschaftsbereichen.

Als Prioritäten wurden festgelegt:
- Umsetzung der »Innovation-2000-Initiative«, in deren Rahmen Investitionsvorhaben gefördert werden sollen, die zur Entwicklung einer wissens- und innovationsbasierten Gesellschaft beitragen;
- Ausweitung der Darlehensvergabe für Vorhaben zur Verbesserung des Umweltschutzes und der Lebensqualität;
- Unterstützung des wirtschaftlichen und sozialen Zusammenhalts und der Regionalentwicklung vor allem in den neuen Mitgliedstaaten;
- Unterstützung der Entwicklungshilfe- und Kooperationspolitik der EU gegenüber den Partnerländern (Beitrittskandidaten, Balkanstaaten, Mittelmeeranrainer-Staaten, AKP-Staaten...).

In Ergänzung dieser Prioritäten sieht der Gesamtplan ebenfalls die Förderung kleiner und mittlerer Unternehmen sowie die Unterstützung der Verkehrs-, Telekommunikations- und Energienetze vor. Darüber hinaus ist eine schrittweise Ausweitung der Tätigkeit im Bereich Humankapital außerhalb der EU vorgesehen.

Die EIB ist auf Projektfinanzierung ausgerichtet. Die Laufzeit der Darlehen variiert nach dem Gegenstand der finanzierten Projekte (in der Regel 7–12 Jahre für Industrieprojekte und 15–20 Jahre für Infrastruktur- und Energieprojekte). Jedes Projekt wird dabei auf seine volks- und/oder betriebswirtschaftliche sowie technische Tragfähigkeit geprüft. Die für ihre Darlehensgewährung erforderlichen Mittel beschafft sich die Bank überwiegend durch die Aufnahme von Anleihen auf den Kapitalmärkten innerhalb und außerhalb der Gemeinschaft. Dank ihrem ausgezeichneten Kreditstanding (»AAA«) nimmt sie ihre Anleihen zu den günstigsten Bedingungen auf. Da sie ohne eigene Gewinnerzielungsabsicht arbeitet, gibt sie diese günstigen Bedingungen (erhöht lediglich um eine geringe Kostenpauschale) an ihre Darlehensnehmer, d. h. die Projektträger, weiter.

Im Rahmen der Entwicklungs- und Kooperationspolitik der EU ist die EIB in über 150 Ländern außerhalb der Union tätig: in den Beitrittsländern, den Balkanländern, den Ländern der Partnerschaft Europa-Mittelmeer, in Afrika, im Karibischen Raum und im Pazifischen Ozean sowie in Asien und Lateinamerika.

Im März 2000 hat der Europäische Rat die EIB auf seiner Tagung in Lissabon aufgefordert, ihre Tätigkeit zugunsten von KMU auszuweiten. Der Rat der Gouverneure hat daraufhin die Bildung der aus der Europäischen Investitionsbank und dem Europäischen Investitionsfonds bestehenden EIB-Gruppe genehmigt. Die EIB wurde mehrheitlicher Anteilseigner des Europäischen Investitionsfonds, wobei die Dreiparteienstruktur des Fonds erhalten blieb: Sein Kapital wird von der EIB (59,15 %), der Europäischen Kommission (30 %) sowie von europäischen Banken und Finanzinstituten (10,85 %) gehalten. Sämtliche Risikokapitaloperationen der Gruppe werden künftig bei EIF konzentriert, der damit zu einer der wichtigsten Einrichtungen für Risikokapitalfinanzierungen in der Union geworden ist. Durch die Spezialisierung des EIF innerhalb der EIB-Gruppe können die Operationen in diesem Bereich noch gezielter und effizienter durchgeführt werden.

11.2 Organisation und Arbeitsweise

11.2.1 Allgemeine Darstellung

Die EIB hat ihren Sitz in Luxemburg. Mitglieder der EIB sind die Mitgliedstaaten der EU. Jeder Mitgliedstaat ist im *Rat der Gouverneure* der EIB durch einen Minister (in der Regel den Finanzminister) vertreten. Der Vorsitz im Rat der Gouverneure wechselt turnusmäßig jedes Jahr. Der Rat der Gouverneure erlässt die allgemeinen Richtlinien für die Kreditpolitik, genehmigt den Jahresabschluss und Jahresbericht, entscheidet über Kapitalerhöhungen und bestellt die Mitglieder des Verwaltungsrats, des Direktoriums und des Prüfungsausschusses.

Der *Verwaltungsrat* der EIB besteht aus ihrem Präsidenten, 8 Vizepräsidenten, 26 ordentlichen Mitgliedern und 16 stellvertretenden Mitgliedern. Je ein ordentliches und ein stellvertretendes Mitglied wird von der Kommission benannt, die übrigen Mitglieder (in der Regel hohe Beamte der Wirtschafts- und Finanzministerien sowie Vorstandsmitglieder von Kreditinstituten mit Sonderaufgaben) werden von den Mitgliedstaaten benannt. Die Amtszeit der Verwaltungsratsmitglieder beträgt fünf Jahre. Der Verwaltungsrat trifft die Entscheidung über die Gewährung von Darlehen und Bürgschaften, die Aufnahme von Anleihen und die Festsetzung der Zinssätze der EIB. Seit dem 01. Mai 2004 ist für Beschlüsse eine Mehrheit von mindestens einem Drittel der stimmberechtigten Mitglieder erforderlich, wobei diese Mitglieder mindestens 50 % des gezeichneten Kapitals vertreten müssen.

Das *Direktorium* der EIB besteht aus dem Präsidenten der Bank und acht Vizepräsidenten. Es führt als ständiges Gremium die laufenden Geschäfte der Bank, unterbreitet dem Verwaltungsrat Empfehlungen für seine Beschlüsse und sorgt für die Durchführung dieser Beschlüsse. Der Präsident (bzw. bei seiner Verhinderung einer der Vizepräsidenten) führt den Vorsitz in den Sitzungen des Verwaltungsrates. Das Direktorium ist die Spitze der Verwaltung der EIB, die in mehrere Direktionen gegliedert ist.

Dem *Prüfungsausschuss* gehören drei Mitglieder an, die aufgrund ihrer besonderen Befähigung ernannt werden (in der Regel hohe Beamte aus den Rechnungshöfen der Mitgliedstaaten). Er prüft die Ordnungsmäßigkeit der Geschäfte und der Buchführung der EIB.

Die EIB bietet je nach Art der zu finanzierenden Vorhaben und Förderungswürdigkeit verschiedene Finanzierungsprodukte:

- Darlehen für mittelständische Unternehmen, die über zwischengeschaltete Finanzinstitute bereitgestellt werden (Globaldarlehen),
- Direkte Darlehen (auch Einzeldarlehen genannt),
- Fazilität für strukturierte Finanzierungen (FSF).

Anträge für Finanzierungen aus Globaldarlehen sind an die auf nationaler, regionaler oder lokaler Ebene tätigen zwischengeschalteten Banken bzw. Finanzinstitute zu richten. Anträge für Risikokapitalfinanzierungen sollen direkt bei einem zwischengeschalteten Partnerinstitut eingereicht werden. (Eine Liste der Partnerinstitute kann unter www.eif.org eingesehen werden.) Anträge für Einzeldarlehen können von den Projektträgern direkt und formlos bei der EIB gestellt werden.

Die EIB ist mit 3% am Kapital der Europäischen Bank für Wiederaufbau und Entwicklung (EBWE) beteiligt und arbeitet eng mit ihr zusammen.

11.2.2 Direktorium der Europäischen Investitionsbank

Direktorium

Präsident: MAYSTADT, Philippe
Vizepräsidenten:
CASTELLÁ, Isabel Martín
DE FONTAINE VIVE CURTAZ, Philippe
GENUARDI, Gerlando
GERSFELT, Torsten
NIINSTÖ, Sauli
PILIP, Ivan
ROTH, Wolfgang
SEDGWICK, Peter

11.2.3 Die Struktur der Europäischen Investitionsbank

Generalsekretariat und Direktion für Rechtsfragen
Generalsekretär und Direktor mit Generalvollmacht der Direktion für Rechtsfragen: UHLMANN, Eberhard

Interinstitutionelle Angelegenheiten und Büro Brüssel
Direktor: DE CRAYENCOUR, Dominique
- Führungsgremien, Sekretariat, Protokoll
  Referatsleiter, Beigeordneter Direktor: WOESTMANN, Hugo
- Umsetzung von Prüfungsempfehlungen, Entwicklung der EIB-Gruppe
  Referatsleiter: KUHRT, Helmut
- Ressourcenverwaltung und Erweiterung
  Referatsleiter: SASSEN, Ferdinand
- Institutionelle Angelegenheiten
  Referatsleiterin, Beigeordnete Direktorin: POURTEAU, Evelyne

Juristische Unterstützung der Finanzierungsoperationen
Direktor: QUEREJETA, Alfonso
- Operationelle Grundsatzfragen, Balkanländer und Kroatien
  Referatsleiter, Beigeordneter Direktor: DUNNETT, Roderick
- Deutschland, Österreich, Polen, Tschechische Republik, Ungarn, Slowakei, Slowenien, Litauen, Lettland, Estland, Bulgarien, Rumänien, Russland
  Referatsleiter, Beigeordneter Direktor: HÜTZ, Gerhard
- Spanien, Portugal
  Referatsleiter: LACORZANA, Ignacio
- Vereinigtes Königreich, Schweden, Dänemark, Finnland, Irland, EFTA-Länder
  Referatsleiter: CHAMBERLAIN, Patrick Hugh
- Frankreich, Belgien, Niederlande, Luxemburg
  Referatsleiter: ALBOUZE, Pierre
- Italien, Griechenland, Zypern, Malta
  Referatsleiter, Beigeordneter Direktor: TONCI OTTIERI, Manfredi
- Mittelmeerraum (FEMIP), Afrika, Karibik, Pazifik (Investitionsfazilität Cotonou), Asien und Lateinamerika
  Referatsleiter: WYLIE-OTTE, Regan

Juristische Dienste – Gemeinschafts- und Finanzangelegenheiten
Direktor: DUFRESNE, Marc
Datenschutzbeauftragter: MINNAERT, Jean-Philippe
- Juristische Aspekte – Finanzangelegenheiten
  Referatsleiterin: BARR, Nicola
- Juristische Aspekte – Institutionelle und Personalangelegenheiten
  Referatsleiter: GOMEZ DE LA CRUZ, Carlos

Allgemeine Verwaltung
Direktor: JACOB, Rémy
- Controlling
  Finanzcontroller: BOTELLA MORALES, Luis

- Allgemeines Rechnungswesen
  Referatsleiter: SEERDEN, Henricus
- Mandatenbuchführung und Verwaltungsaufwendungen
  Referatsleiter: TASSONE, Frank
- Planung, Budget und Kontrolle
  Referatsleiter, Beigeordneter Direktor:
  GRAMMATIKOS, Theoharry
- Organisation
  TIBBELS, Patricia

Kommunikation
Direktor: N.N.
- Presse
  Referatsleiter: LÖSER, Paul Gerd
- Interne Kommunikation
  Referatsleiter: VAN DER ELST, Éric
- Produkt Marketing
  Referatsleiter: MCDONAUGH, Adam
- Bibliotheksdienst, Kontakte, Kundendatenbanken
  Referatsleiter: LEVER, Duncan

Allgemeine Angelegenheiten
- Büro Paris: Kontakte zu den in Paris ansässigen oder vertretenen internationalen Organisationen
  Direktor: MARTY-GAUQUIÉ, Henry
- Einkauf und Verwaltungsdienste
  Referatsleiter, Beigeordneter Direktor:
  PAULUCCI DE CALBOLI, Manfredo
- Facility Management
  Referatsleiter, Beigeordneter Direktor:
  AURÍA, Agustin
- Übersetzung
  Referatsleiter, Beigeordneter Direktor:
  AIGNER, Georg

**Direktion
Finanzierungen in Europa**
Direktor mit Generalvollmacht: BROWN, Terence

Unterstützung der Operationen
Chefkoordinator Operationen: MOEHRKE, Jürgen
- Koordination
  Referatsleiter: COURBIN, Dominique

- Informatik und Managementinformationen
  Referatsleiter: FAHRTMANN, Thomas
- Unterstützung der Finanzierungstätigkeit
  Referatsleiter: DENIS, Bruno

Vereinigtes Königreich, Irland, Dänemark, EFTA-Länder
Direktor: BARRETT, Thomas
- Kreditinstitute, Industrie und Forderungsverbriefung
  Referatsleiter: SCHOFIELD, Robert
- Infrastruktur
  Referatsleiter: SEIBERT, Tilman
- Strukturierte Finanzierungen und öffentlich-private Partnerschaften
  Referatsleiterin: FISHER, Cheryl

Spanien, Portugal
Direktor: GUILLE, Carlos
- Spanien: Öffentlich-private Partnerschaften, Infrastruktur, Gesundheit, Bildung und Stadterneuerung
  Referatsleiter, Beigeordneter Direktor:
  KNOWLES, Christopher
- Spanien: Kreditinstitute, Industrie, Energie und Telekommunikation
  Referatsleiter, Beigeordneter Direktor:
  DE LA FUENTE, Fernando
- Büro in Madrid
  Leiter: TINAGLI, Andrea
- Portugal
  Referatsleiter: MARTINS, Rui Artur
- Büro in Lissabon
  Leiter: EIRAS ANTUNES, Pedro

Frankreich, Benelux-Länder
Direktor: DE MAUTORT, Laurent
- Infrastruktur Frankreich
  Referatsleiter, Beigeordneter Direktor:
  DIOT, Jacques
- Unternehmen Frankreich
  Referatsleiter: CHALINE, Jean-Christophe
- Belgien, Luxemburg, Niederlande
  Referatsleiter, Beigeordneter Direktor:
  DELSING, Henk

Deutschland, Tschechische Republik,
Slowakei
Direktor: LINK, Joachim
- Nördliche Bundesländer Deutschlands
  Referatsleiterin: NYCUND GREEN,
  Peggy
- Büro in Berlin
  Leiterin: QUEHENBERGER, Margarethe
- Südliche Bundesländer Deutschlands
  Referatsleiter: KREILGAARD, Kim
- Tschechische Republik, Slowakei
  Referatsleiter: VRLA, Jean

Italien, Malta
Direktor: PUGLIESE, Antonio
- Infrastruktur
  Referatsleiter, Beigeordneter Direktor:
  LAGO, Bruno
- Energie, Umweltschutz und
  Telekommunikation
  Referatsleiter: MUNINI, Paolo
- Industrie, Kreditinstitute
  Referatsleiter: ANDÒ, Alexander

Mitteleuropa
Direktor: MARAVIC, Emanuel
- Österreich, Kroatien
  Referatsleiter: VETTER, Franz-Josef
- Ungarn, Slowenien
  Referatsleiter: MURPHY, Cormac
- Bulgarien, Rumänien
  Referatsleiter: SAERBECK, Rainer

Südosteuropa
Direktor: TSINGOU-PAPADOPETROU,
Grammatiki
- Griechenland
  Referatsleiter: KOUVARAKIS,
  Themistoklis
- Büro Athen
  Leiter: KONTOGEORGOS, Christos
- Balkanländer, Zypern
  Referatsleiter: MASSA BERNUCCI,
  Romualdo
- Türkei
  Referatsleiter, Beigeordneter Direktor:
  WALSH, Patrick

Ostsee
Stellvertretender Direktor mit
Generalvollmacht: HACKETT, Thomas
- Polen, Euratom
  Referatsleiter: OLBERS, Heinz
- Baltische Staaten, Russland
  Referatsleiter: SYNADINO, Constantin
- Finnland, Schweden
  Referatsleiter: O'HALLORAN, Michael

Direktion
Finanzierungen außerhalb Europas
Direktor mit Generalvollmacht:
BIANCARELLI, Jean-Louis
- Beratungsdienst für Fragen der
  volkswirtschaftlichen Entwicklung
  Referatsleiter, Beigeordneter Direktor:
  OTTOLENGHI, Daniel

Mittelmeerraum
Direktor: CORTESE, Claudio
- Maghreb
  Referatsleiter: GORDON, Bernard
- Maschrik, Naher Osten
  Referatsleiterin: MACPHERSON, Jane
- Büro Kairo
  MARCON, Luigi
- Unterstützung des Privatsektors
  Referatsleiter, Beigeordneter Direktor:
  SÈVE, Alain

Afrika, Karibik, Pazifik (Investitionsfazilität
Cotonou)
Direktor: CURWEN, Martin
- Westafrika und Sahelzone
  Referatsleiter: HEIM, Gustaaf
- Zentral- und Ostafrika
  Referatsleiter: HENDUS, Tassilo
- Südliches Afrika und Indischer Ozean
  Referatsleiter, Beigeordneter Direktor:
  LOASBY, Justin
- Karibik und Pazifik
  Referatsleiter: CRUSH, David
- Ressourcen und Entwicklung
  Referatsleiter, Beigeordnete Direktorin:
  NOËL, Jacqueline

- Portfoliomanagement und Strategie
  PALANZA, Flavia

Asien und Lateinamerika
Direktor: DE PAULA COELHO, Francisco
- Asien
  Referatsleiter: ZÖLLNER, Matthias
- Lateinamerika
  Referatsleiter: BARRAGAN, Alberto

**Direktion
Finanzen**
Direktor mit Generalvollmacht: KARSENTI, René

Kapitalmärkte
Direktorin: BARGAGLI PETRUCCI, Barbara
- Euro
  Referatsleiter: FERREIRA DA SILVA, Carlos
- Europa (ausser Euro), Afrika
  Referatsleiter: CLARK, David
- Amerika, Asien, Pazifik
  Referatsleiter: KREIVI, Eila
- Investor Relations und Marketing
  Referatsleiter: MUNRO, Peter

Treasury
Direktorin: PESHKOFF, Anneli
- Liquiditätsmanagement
  Referatsleiter: ZEGHERS, Francis
- Aktiv-Passiv-Management
  Referatsleiter: POTOCKI, Jean-Dominique
- Portfoliomanagement
  Referatsleiter: RANAIVOSON, James
- Financial Engineering und Beratungsleistungen
  Referatsleiter: BICHISAO, Guido

Planung und Abwicklung
Direktor: MUSELLA, Gianmaria
- Back Office und operative Unterstützung Darlehen
  Referatsleiter: BAST, Ralph
- Back Office Treasury
  Referatsleiter: KIRPACH, Yves
- Back Office Anleihen
  Referatsleiter: CRONQVIST, Erling
- Systeme und Verfahren
  Referatsleiter, Beigeordneter Direktor: HUBER, Georg
- Koordination und Finanzpolitik
  Referatsleiter: SAMPIETRO, Maria Luce

**Direktion
Projekte**
Direktor mit Generalvollmacht: DELEAU, Michael
Beigeordneter Direktor (Transeuropäische Netze und PPP): TURRÓ CALVET, Mateo
- Wirtschafts- und Finanzstudien
  PERÉE, Eric

Strategische Unterstützung
Direktor: GÉRAUD, Patrice
- Darlehenspolitik
  Referatsleiter, Beigeordneter Direktor: CLAUSSE, Guy
- Büro Brüssel
  BAIRD, Guy
- Qualitätsmanagement
  Referatsleiter: BOIOLI, Angelo
- Ressourcenverwaltung
  Referatsleiterin, Beigeordnete Direktorin: VENTURAS, Daphné
- Umwelt-Referat
  Referatsleiter, Beigeordneter Direktor: CARTER, Peter

Infrastruktur
Direktor: HURST, Christopher
- Auftragsvergabe
  Referatsleiter, Beigeordneter Direktor: OSTENC, Philippe
- Balkanländer und Koordination volkswirtschaftlicher Fragen
  HÖRHAGEL, Axel
- Luft- und Seeschifffahrt, städtischer Verkehr
  Referatsleiter: ALLEN, Andrew
- Schienen- und Straßenverkehr
  Referatsleiter: ALFARO, José Luis

- Wasser und Abwasser
  Referatsleiter: FRADE, José

Energie, Telekommunikation,
Abfallwirtschaft
Direktor: WESTERMANN, Günter

- Elektrische Energie, erneuerbare Energien und Abfallwirtschaft
  Referatsleiter: VAN ZONNEVELD, René
- Informationstechnik, Telekommunikation
  Referatsleiter: ROVERE, Carillo
- Erdöl und Erdgas
  Referatsleiter: NICOLSON, Angus

Industrie und Dienstleistungen
Direktor: CHRISTOFIDIS, Constantin

- Primärressourcen und Life Sciences
  Referatsleiter, Beigeordneter Direktor:
  MERTENS, Jean-Jacques
- Verarbeitende Industrie und Dienstleistungen
  Referatsleiter: JAHN, Hans-Harald
- Humankapital
  Referatsleiter: WRIGHT, Stephen

**Direktion
Risikomanagement**
Direktor mit Generalvollmacht: GILIBERT, Pierluigi

Kreditrisiken
Direktor: JEDEFORS, Per

- Unternehmen, öffentlicher Sektor, Infrastruktur
  Referatsleiter: ROWLANDS, Stuart
- Finanzinstitute
  Referatsleiter: N. N.
- Projektfinanzierungsrisiken, Europäischer Investitionsfonds (EIF)
  Referatsleiter, Beigeordneter Direktor:
  TRÖMEL, Klaus

Finanzielle und operative Risiken
Direktor: GODARD, Alain

- Aktiv-Passiv-Management und Steuerung der Marktrisiken
  Referatsleiter: SARDELLI, Giancarlo

- Derivate
  Referatsleiter: GONZALES-PACHECO, Luis
- Operative Risiken
  Referatsleiter: ROCA IGLESIAS, Antonio
- Koordination
  Referatsleiterin, Beigeordnete Direktorin:
  MATIZ, Elisabeth

Personal
Direktor: VERYKIOS, Andreas

- Managementsysteme
  Referatsleiter, Beigeordneter Direktor:
  ZACHARIADIS, Zacharias
- Personalressourcen
  Referatsleiter, Beigeordneter Direktor:
  UEBBING, Jörg-Alexander
- Personalentwicklung
  Referatsleiter: GARRIDO, Luis
- Personalverwaltung
  Referatsleiter: GRILLI, Michel

Evaluierung der Operationen
Direktor: FEUERSTEIN, Horst
Beigeordneter Direktor: ALARIO GASULLA, Juan

Innenrevision
Leiter der Innenrevision: MAERTENS, Peter

Berater des Direktoriums für strategische und andere die EIB-Gruppe betreffende Fragen
Direktor mit Generalvollmacht:
CARPENTER, Francis

Informationstechnik
Direktor: KLAEDTKE, Patrick

- Planung, Unterstützung und Compliance
  Referatsleiter: FOY, Joseph
- Business Applications
  Referatsleiter: NORCROSS, Simon
- Infrastruktur und Technologie
  Referatsleiter: GRINCHO, José

12 Der Europäische Investitionsfonds (EIF)

43, avenue John F. Kennedy,
2968 Luxemburg, Luxemburg;
Tel 00 35-2/42 66 88-3 15;
Fax 00 35-2/42 66 88-2 00;
e-mail info@eif.org, m.schublin@eif.org
http://www.eif.org

12.1 Rechtsgrundlage und Zuständigkeiten

Der Europäische Investitionsfonds (EIF) wurde am 14. 6. 1994 von der Europäischen Gemeinschaft, der Europäischen Investitionsbank (EIB) und Banken aus den Mitgliedstaaten der EU gegründet.

Die Gründung des EIF geht zurück auf einen Beschluss des Europäischen Rats in Edinburgh vom Dezember 1992. Im Rahmen des damals beschlossenen Maßnahmenpakets zur Förderung des Wachstums und der Beschäftigung in der Union soll der EIF den Ausbau der Transeuropäischen Netze (TEN), die Entwicklung kleiner und mittlerer Unternehmen sowie die regionale Entwicklung unterstützen. Zu diesem Zweck stellt der Fonds Garantien für Darlehen bereit und beteiligt sich an Unternehmen. Dabei sollen die Verwirklichung der Ziele der Gemeinschaft und kommerzielle Grundsätze in einem ausgewogenen Verhältnis stehen.

Am Kapital des EIF sind die EIB mit 59,15 % und die Europäische Kommission mit 30 % beteiligt. Die restlichen 10,85 % sind für Finanzinstitute aus den Mitgliedstaaten der EU reserviert.

12.2 Organisation und Arbeitsweise

12.2.1 Allgemeine Darstellung

Der EIF hat seinen Sitz in Luxemburg. Er verfügt über eine von der EIB unabhängige Geschäftsführung und Rechnungslegung. Die Zusammenarbeit zwischen dem EIF und der EIB wurde im Dezember 2000 in einem Rahmenabkommen neu geregelt. In der EIB-Gruppe ist der EIF nunmehr der alleinige Ansprechpartner für Wagniskapital und Bürgschaften für mittelständische Unternehmen, während er sich aus der Finanzierung von Infrastrukturprojekten zurückzieht.

Der Fonds wird geleitet von der *Generalversammlung*, die u. a. die allgemeinen Richtlinien für die Tätigkeit des Fonds erlässt und über die Aufnahme neuer Mitglieder beschließt. Der Präsident des Hauptaktionärs (EIB) ist der Vorsitzende der Generalversammlung.

Der *Verwaltungsrat* legt die Leitlinien für die operative Tätigkeit des Fonds fest, beschließt über sämtliche Operationen des Fonds und bestellt den *geschäftsführenden Direktor*. Dieser ist im Rahmen der vom Verwaltungsrat beschlossenen Leitlinien und Weisungen zuständig für die laufende Geschäftsführung. Der Verwaltungsrat besteht aus 7 Mitgliedern. Die EIB benennt 4 Mitglieder, die Kommission benennt 2 Mitglieder und die Finanzinstitute benennen 1 Mitglied.

12.2.2 Die Organisation des Europäischen Investitionsfonds

Verwaltungsrat

Vorsitzender: RAVASIO, Giovanni, **I**,
Europäische Kommission

Aufsichtsrat

Mitglied: LEINBERGER, Detlef, **D**,
Kreditanstalt für Wiederaufbau
Mitglied: MÜLLER, Ralph, **D**, Leiter des Referates Haushalt der EU,
Bundesministerium der Finanzen
Mitglied: NINISTÖ, Sauli, **L**, European Investment Bank
Mitglied: PÉREZ RIBES, María, **E**,
Ministerio de Economia
Mitglied: SEDGWICK, Peter, **L**, European Investment Bank
Mitglied: ZOUREK, Heinz, **B**, Europäische Kommission
Stellvertreter: ARNOLDI, Jean-Pierre, **B**
Stellvertreter: BROWN, Terry, **L**
Stellvertreter: CICCHINE, Mauro, **I**

Stellvertreterin: TOMOROWICZ, Jacek, **PL**
Stellvertreter: JACOB, Rémy, **L**
Stellvertreter: MCGLUE, David, **L**
Stellvertreter: MESDOWS, Graham, **B**

Vorstand

Vorstandsvorsitzender: CARPENTER, Francis

Generalsekretariat

Generalsekretär: WAGENER, Robert

Operationen

Direktor: HOLLOWAY, John

Rechnungsprüfer

Rechnungsprüferin: SCHEPENS, Frédérique

Wagniskapital 1 (Belgien, Frankreich, Griechenland, Italien, Luxemburg, Niederlande, Spanien, Vereinigtes Königreich)

BURCKLEN, J. Ph.

Wagniskapital 2 (Dänemark, Deutschland, Estland, Finnland, Irland, Lettland, Litauen, Malta, Österreich, Polen, Portugal, Schweden, Slowakei, Slowenien, Tschechische Republik, Ungarn, Zypern, Beitrittsländer und -kandidaten)

GRABENWARTER, Ulrich

Garantien, MAP und Sicherheiten

TAPPI, Alessandro

IV Sonstige Einrichtungen der EU

1 Das Amt für Personalauswahl der Europäischen Gemeinschaften (EPSO)

Info-Einstellungen, Büro: C80 0/48,
1049 Brüssel, Belgien;
Tel 00 32-2/2 99 31 31;
Fax 00 32-2/2 95 74 88;
http://europa.eu.int/epso/index_de.htm

Das Amt für Personalauswahl der Europäischen Gemeinschaften (EPSO) wurde durch Beschluss des Europäischen Parlaments, des Rates, der Kommission, des Gerichtshofs, des Wirtschafts- und Sozialausschusses, des Ausschusses der Regionen und des Europäischen Bürgerbeauftragten vom 25. 7. 2002 (ABl. Nr. L 197 vom 26. 7. 2002) als interinstitutionelle Einrichtung gegründet. Seine Aufgabe besteht darin, hochqualifiziertes Personal für die beteiligten Institutionen der Europäischen Union auszuwählen. Dazu führt es allgemeine oder spezialisierte Auswahlverfahren durch und stellt ein Verzeichnis der am besten geeigneten Kandidaten auf, auf das die einzelnen Institutionen für die Einstellung von Beamten und sonstigen Bediensteten zurückgreifen können. Durch die Zentralisierung dieser Aufgaben soll die Durchführung der Auswahlverfahren (an denen teilweise mehrere Zehntausend Kandidaten teilnehmen) beschleunigt und kostengünstiger gestaltet werden.

Die interne Organisation des EPSO ist geregelt in einem Beschluss der Generalsekretäre der beteiligten Institutionen vom 25. 7. 2002 (ABl. Nr. L 197 vom 26. 7. 2002). Maßgebliches Organ ist der *Leitungsausschuss*, der aus je einem Vertreter der beteiligten Institutionen sowie drei Personalvertretern besteht. Die Geschäfte des Amtes führt ein *Direktor (Leiter)*, der von der Kommission

nach Zustimmung des Leitungsausschusses ernannt wird.
Das EPSO hat seine Tätigkeit im Januar 2003 aufgenommen. Es veröffentlich unter anderem Listen laufender bzw. geplanter Auswahlverfahren und erteilt sonstige Auskünfte über berufliche Perspektiven bei den Institutionen der EU.
Direktor: HALSKOV, Erik

2 Die Vertretung (Büros) der Kommission in den Mitgliedstaaten

Die EU unterhält in allen Mitgliedstaaten sowie in einigen Drittländern Vertretungen (Büros). Ihre Aufgabe ist es, die Öffentlichkeit, die Medien und andere Multiplikatoren des jeweiligen Landes für das Ziel der europäischen Einigung zu gewinnen und sie insbesondere über die Politik der Europäischen Union (insbesondere die Tätigkeit der Kommission) zu informieren. Die Büros veröffentlichen dazu spezielle Publikationen, halten Seminare und andere Informationsveranstaltungen ab, erteilen Auskünfte und verteilen Informationsmaterial der Kommission. Im Gegenzug haben sie die Aufgabe, die Kommission über die politisch relevanten Vorgänge und Entwicklungen in dem jeweiligen Land auf dem Laufenden zu halten. Organisatorisch unterstehen die Vertretungen (Büros) dem Presse- und Informationsdienst der Kommission.

Europäische Kommission, Vertretung in

Belgien
73, rue Archimède, **1000 Brüssel, Belgien**;
Tel 00 32-2/2 95 38 44;
Fax 00 32-2/2 95 01 66;
e-mail represent-bel@cec.eu.int
http://europa.eu.int/comm/represent/be
Leiter der Vertretung: N. N.

Dänemark
Højbrohus, Østergade 61, **1004 Kopenhagen K, Dänemark**;
Tel 00 45/33 14 41 40;
Fax 00 45/33 11 12 03;
e-mail eu@europa-kommissionen.dk
http://www.europa-kommissionen.dk
Leiter der Vertretung: LINDVALD NIELSEN, Peter

Deutschland
Unter den Linden 78, **10117 Berlin, Deutschland**;
Tel 00 49-30/22 80 20 00;
Fax 00 49-30/22 80 22 22;
e-mail eu-de-kommission@cec.eu.int
http://www.eu-kommission.de
Leiter der Vertretung: SABATHIL, Gerhard

Bertha-von-Suttner-Platz 2-4, **53111 Bonn, Deutschland**;
Tel 00 49-2 28/53 00 90;
Fax 00 49-2 28/5 30 09 50;
e-mail eu-de-bonn@cec.eu.int
http://www.eu-kommission.de
Leiter der Vertretung: GESSLER, Barbara

Erhardtstraße 27, **80331 München, Deutschland**;
Tel 00 49-89/2 42 44 80;
Fax 00 49-89/24 24 48 15;
e-mail eu-de-muenchen@cec.eu.int
http://www.eu-kommission.de
Leiter der Vertretung: KUBOSCH, Jochen

Finnland
Pohjoísesplanidi 31, **Helsinki, Finnland**;
PA: Pl 12 50, ;
Tel 00 35 8-9/6 22 65 44;
Fax 00 35 8-9/65 67 28;
e-mail burhel@cec.eu.int
http://www.europa.eu.int/finland
Leiter der Vertretung: PESONEN, Timo

Frankreich
2, rue Henri-Barbusse,
13241 Marseille cedex 01, Frankreich;
Tel 00 33-4/91 91 46 00;
Fax 00 33-4/91 90 98 07;

IV Sonstige Einrichtungen der EU

e-mail jacques.huchet@cec.eu.int,
e-mail antmar@cec.eu.int
http://europa.eu.int/france
Leiter der Vertretung: HUCHET, Jacques

288, boulevard Saint-Germain, **75007 Paris, Frankreich;**
Tel 00 33-1/40 63 38 00;
Fax 00 33-1/45 56 94 17, -19;
e-mail burpar@cec.eu.int
http://europa.eu.int/france
Leiter der Vertretung: GAZZO, Yves

Griechenland
Vasilissis Sofias 2, **10674 Athen, Griechenland;**
Tel 00 30-21 0/7 27 21 00;
Fax 00 30-21 0/7 24 46 20;
e-mail burath@cec.eu.int,
e-mail eu-gr-press@cec.eu.int
http://www.ee.gr, www.europa.eu.int/hellas
Leiter der Vertretung: MARKOPOULIOTIS, George

Großbritannien und Nordirland (Vereinigtes Königreich)
Windsor House, 9-15 Bedford Street, **Belfast BT2 7EG, Großbritannien;**
Tel 00 44-28/90 24 07 08;
Fax 00 44-28/90 24 82 41;
e-mail eddie.mcveigh@cec.eu.int
http://www.cec.org.uk
Leiter der Vertretung: MCVEIGH, Eddie

2 Caspian Point, Caspian Way, **Cardiff CF104QQ, Großbritannien;**
Tel 00 44-29/20 89 50 20;
Fax 00 44-29/20 89 50 35;
e-mail janet.royall@cec.eu.int
http://www.cec.org.uk
Leiter der Vertretung: ROYALL, Janet

9 Alva Street, **Edinburgh EH2 4PH, Großbritannien;**
Tel 00 44-13 1/2 25 20 58;
Fax 00 44-13 1/2 26 41 05;
e-mail elizabeth.holt@cec.eu.int
http://www.cec.org.uk
Leiter der Vertretung: HOLT, Elizabeth

Jean Monnet House, 8 Storey's Gate, **London SW1 P3 AT, Großbritannien;**
Tel 00 44-20/79 73 19 92, /71;
Fax 00 44-20/79 73 19 00, /10;
e-mail eu-uk-press@cec.eu.int,
e-mail ian.barber@cec.eu.int
http://www.cec.org.uk
Leiter der Vertretung: BARBER, Ian

Irland
European Union House, 18 Dawson Street, **Dublin 2, Irland;**
Tel 00 35 3-1/6 34 11 11;
Fax 00 35 3-1/6 34 11 12;
e-mail eu-ie-info-request@cec.eu.int
http://www.euireland.ie
Leiter der Vertretung: DOYLE, Peter

Italien
Corso Magenta, 59, **20123 Mailand, Italien;**
Tel 00 39-02/4 67 51 41;
Fax 00 39-02/4 81 85 43;
e-mail antmil@cec.eu.int
http://www.uemilano.it
Leiter der Vertretung: SANTANIELLO, Roberto

Via IV Novembre, 149, **00187 Rom, Italien;**
Tel 00 39-06/69 99 91;
Fax 00 39-06/6 79 16 58, 6 79 36 52;
e-mail eu-it-info@cec.eu.int
http://europa.eu.int/italia
Leiter der Vertretung: DASTOLI, Pier Virgilio

Lettland
Jacob´s Barracks, Tornu street 4-1c, **1050 Riga, Lettland;**
Tel 00 37-17/32 52 70;
Fax 00 37-17/32 52 79;
e-mail delegation-latvia-news@cec.eu.int,
e-mail stepina.inese@cec.eu.int,
e-mail dace.kozule@cec.eu.int
http://www.eiropainfo.lv
Leiter der Vertretung: RASBASH, Andrew

Litauen
Naugarduko 10, **01141 Vilnius, Litauen;**

Tel 00 37-05/2 31 31 91;
Fax 00 37-05/2 31 31 92;
e-mail delegation-lithuania@cec.eu.int
Leiter der Vertretung: GRAHAM, Michael

Naugarduko 10, **01141 Vilnius, Litauen**;
Tel 0037-05/2 31 47 07;
Fax 0037-05/2 31 47 08;
e-mail infocentre@eudel.lt
Leiter der Vertretung: N. N.

Luxemburg

Bâtiment Jean Monnet, Rue Alcide de Gasperi, **2920 Luxemburg, Luxemburg**;
Tel 00 35-2/4 30 13 29 25;
Fax 00 35-2/4 30 13 44 33;
e-mail alphonse.theis@cec.eu.int
http://europa.eu.int/luxembourg
Leiter der Vertretung: THEIS, Alphonse

Malta

Villa "The Vines", 51 Ta´Xbiex Sea FrontTa´Xbiex, MSD 11, **Ta´Xbiex MSD 11, Malta**;
Tel 00 35 6-2 1/34 51 11, 34 48 91/3/5;
Fax 00 35 6-2 1/34 48 97;
e-mail delegation-malta@cec.eu.int
Leiter der Vertretung: GALLIMORE, Ronald

280 Republic Street, **Valletta, VLT 04, Malta**;
Tel 00 35 6-21/23 50 75;
Fax 00 35 6-21/22 75 80;
e-mail epvalletta@europarl.eu.int
http://www.europarl.eu.int
Leiter der Vertretung: N. N.

Niederlande

Korte Vijverberg 5, **2513 AB Den Haag, Niederlande**;
Tel 00 31-70/3 13 53 00;
Fax 00 31-70/3 64 66 19;
e-mail burhay@cec.eu.int
http://www.eu.nl
Leiter der Vertretung: WEGKER, Nico

Österreich

Kärntner Ring 5-7, **1010 Wien, Österreich**;
Tel 00 43-1/51 61 83 15;
Fax 00 43-1/5 13 42 25;
e-mail karl.doutlik@cec.eu.int
http://europa.eu.int/austria
Leiter der Vertretung: DOUTLIK, Karl Georg

Polen

Warsaw Financial Center, ul. Emilii Plater 53, **00113 Warschau, Polen**;
Tel 00 48-22/5 20 82 00;
Fax 00 48-22/5 20 82 82;
Leiter der Vertretung: DETHOMAS, Bruno

Portugal

Largo Jean Monnet, 1-10, **1069-068 Lissabon, Portugal**;
Tel 00 35 1-2 1/3 50 98 00;
Fax 00 35 1-2 1/3 50 98 01, -03;
e-mail burlis@cec.eu.int
http://euroinfo.ce.pt
Leiter der Vertretung: CHARTERS D'AZEVEDO, Ricardo

Schweden

Nybrogatan 11, **103 90 Stockholm, Schweden**;
Tel 00 46-8/56 24 44 11;
Fax 00 46-8/56 24 44 12;
e-mail bursto@cec.eu.int
http://www.eukomm.se
Leiter der Vertretung: ALLDÉN, Hans

Slowakei

Palisády 29, **81106 Bratislava, Slowakei**;
Tel 00 42 1-2/54 43 17 18;
Fax 00 42 1-2/54 43 29 80;
e-mail mailto@delsvk.cec.eu.int,
e-mail relex-administration-svk@cec.eu.int
Leiter der Vertretung: VAN DER LINDEN, Eric

Slowenien

Trg republike 3/XI, **1000 Ljubljana, Slowenien**;
Tel 00 38 6-1/2 52 88 00;
Fax 00 38 6-1/4 25 20 85;
e-mail press-rep-slovenia@cec.eu.int
Leiter der Vertretung: FONÉRÉ, Erwan

IV Sonstige Einrichtungen der EU

Spanien
Passeig de Gràcia, 90, **08008 Barcelona**, Spanien;
Tel 00 34-93/4 67 73 80;
Fax 00 34-93/4 67 73 81;
e-mail burbar@cec.eu.int
http://europa.eu.int/spain/relais/cde.htm
Leiter der Vertretung: COLL I CARBÓ, Josep

Paseo de la Castellana, 46, **28046 Madrid**, Spanien;
Tel 00 34-91/4 23 80 00;
Fax 00 34-91/5 76 03 87;
e-mail eu-es-docu@cec.eu.int
http://europa.eu.int/spain
Leiter der Vertretung: VALLVÉ, José Luis González

Tschechische Republik
Rytirská 31, **11000 Prag 1, Tschechien**;
Tel 00 42 0-2 21/6 10 14 23;
Fax 00 42 0-2 21/61 01 44;
e-mail info@iceu.cz
Leiter der Vertretung: N. N.

Pod Hradbami 17, **16000 Prag 6, Tschechien**;
PA: PA 192, ;
Tel 00 42 0-2 24/31 28 35;
Fax 00 42 0-2 24/31 28 50, 32 08 10;
e-mail press-rep-czech@cec.eu.int
Leiter der Vertretung: BOURGÍN, Christian

Ungarn
Bérc Utca 23, **1016 Budapest, Ungarn**;
Tel 00 36-1/2 09 97 00, 2 09 97 10;
Fax 00 36-1/4 66 42 21;
e-mail mailto@cec.eu.int
http://www.eudelegation.hu
Leiter der Vertretung: KÖPPEN, Jürgen

Zypern
Iris Tower, 2 Agapinor Street, 8th Floor, **Nicosia 1076, Zypern**;
PA: PA 23480, ;
Tel 00 35 7-2 2/81 77 70;
Fax 00 35 7-2 2/76 89 26;
e-mail adriaan.van-der-meer@cec.eu.int
Leiter der Vertretung: VAN DER MEER, Adriaan

3 Die EU-Vertretungen in Drittstaaten

Die Kommission unterhält in den wichtigsten Staaten außerhalb der Gemeinschaft Vertretungen mit diplomatischem Status. Aufgabe dieser Vertretungen ist es, ständigen Kontakt insbesondere zu der jeweiligen Regierung, den Vertretern von Wirtschaft und Wissenschaft sowie den Medien zu halten. Sie sollen einerseits die Politik und die Interessen der EU in dem jeweiligen Sitzland darstellen und andererseits die Kommission über die politisch relevanten Vorgänge und Entwicklungen in diesem Land auf dem laufenden halten. Organisatorisch unterstehen die EU-Vertretungen der Generaldirektion Auswärtige Beziehungen der Kommission.

3.1 Delegationen außerhalb der Europäischen Union

Ägypten
37 Gameat El Dowal, El-Fouad Office Building, 11th floor, **Mohandessin, Giza, Al Arabia Al Misriya**;
Tel 00 20-2/7 49 46 80;
Fax 00 20-2/7 49 53 63;
e-mail delegation-egypt@cec.eu.int
Leiter der Vertretung: BOAG, Ian

Albanien
Villa n 42, Rruga Doniks Kastrioti, **Tirana, Shqiperia**;
Tel 00 35 5-4/22 83 20, 22 84 79;
Fax 00 35 5-4/23 07 52;
e-mail delegation-albania@cec.eu.int
http://www.delalb.cec.eu.int
Leiter der Vertretung: SALZMANN, Lutz

Algerien
Domaine Benouadah, Chemin du val d'Hydra, **El-Biar, Algérie**;
Tel 00 21 3-2 1/92 36 40/41, 92 35 20, 92 63 41;
Fax 00 21 3-2 1/92 36 81;
e-mail mailto@deldza.cec.eu.int,

e-mail delegation-algerie@cec.eu.int
http://www.deldza.cec.eu.int
Leiter der Vertretung: GUERRATO, Lucio

Angola
Rua Rainha Ginga, 45-3 andar, **Luanda, Angola**;
Tel 00 24 4-2/39 13 39, 39 12 77, 39 30 38;
Fax 00 24 4-2/39 25 31, 39 30 38;
e-mail delago@uniao-europeia.netangola.com
http://www.delago.cec.eu.int
Leiter der Vertretung: CALZUOLA, Glauco

Anguilla
s. Barbados

Antigua und Barbuda
Alpha Building, 2nd floor, Upper St. George's Street, **St. John's, Antigua, W.I., Antigua, Barbuda**;
Tel 00 12 68/4 62 29 70;
Fax 00 12 68/4 62 26 70;
e-mail mailto:delbrb.cec.eu.int
Nebenstelle der Delegation auf Barbados
Leiter der Vertretung: OKORN, Hans

Äquatorialguinea
Route de l'Aéroport, **Malabo, Equatorial Guinea**;
Tel 00 24 0-9/29 44;
Fax 00 24 0-9/32 75;
e-mail cemalab@intnet.gq
Nebenstelle der Delegation in Kamerun
Leiter der Vertretung: SENAN LLARENA, Rafael

Argentinien
Ayacucho, 1537, **C1112 AAA Buenos Aires, Argentina**;
Tel 00 54-11/48 05 37 59;
Fax 00 54-11/48 01 15 94;
e-mail delegation-argentina@cec.eu.int
http://www.delarg.cec.eu.int
Leiter der Vertretung: PAGKRATIS, Angelos

Armenien
s. Georgien

Äthiopien
Addis Abeba, Ethiopia;
PA: POB 5570, ;
Tel 00 25 1-1/61 34 25, 61 25 11;
Fax 00 25 1-1/61 28 77;
e-mail mailto@deleth.cec.eu.int
Als Beauftragter auch zuständig für Dschibouti.
Leiter der Vertretung: N. N.

Aruba
s. Guyana

Australien
18 Arkana Street,, **Yarralumla, ACT, Canberra 2600, Australia**;
Tel 00 61-2/62 71 27 77;
Fax 00 61-2/62 73 44 45;
e-mail australia@delaus.cec.eu.int
Als Beauftragter auch zuständig für Neuseeland
Leiter der Vertretung: MAZZOCCHI, Piergiorgio

Bahamas
s. Jamaika

Bangladesch
House 7, Road 84, Gulshan, **Dhaka 12, Bangladesh**;
PA: POB GN 6086, Gulshan;
Tel 00 88 0-2/8 82 47 30;
Fax 00 88 0-2/8 88 31 18, 9 88 86 22;
e-mail mailto@delbgd.cec.eu.int, delegation-bangladesh@cec.eu.int
Leiter der Vertretung: KENTRSCHYNSKY, Esko

Barbados
Mervue House, Marine Gardens, Hastings, **Christ Church, Barbados, W.I.**;
Tel 00 12 46/4 27 43 62;
Fax 00 12 46/4 27 86 87;
e-mail delegation-barbados@cec.eu.int
http://www.delbrb.cec.eu.int
Als Beauftragter auch zuständig für die ULG von Anguilla, Antigua und Barbuda, Dominica, Grenada, Goudeloupe, St. Lucia,

St. Vincent und die Grenadinen, die Britischen Jungferninseln, Martinique,Montserrat, St. Christopher und Nevis
Leiter der Vertretung: CALOGHIROU, John

Belarus
s. Ukraine

Belize
s. Jamaika

Benin
Bâtiment Administratif, Avenue Clozel, **Cotonou, Bénin**;
Tel 00 22 9/31 26 17;
Fax 00 22 9/31 53 28;
e-mail delegation-benin@cec.eu.int
http://www.delben.cec.eu.int
Leiter der Vertretung: NULLI, Franco

Bolivien
Calle 15 Obrajes, #406, **La Paz, Bolivia**;
PA: Casilla Postal 10747, ;
Tel 00 59 1-2/2 78 22 44;
Fax 00 59 1-2/2 78 45 50;
e-mail delegation-bolivia@cec.eu.int
Leiter der Vertretung: STANDLEY, Andrew

Bosnien und Herzegowina
Union Bank Building, 4th floor, Dubrovacka 6, **71000 Sarajevo**, **Bosna i Hercegovina**;
Tel 00 38 7-3 3/3 25 47 00;
Fax 00 38 7-3 3/3 66 60 37;
e-mail delegation-bih@cec.eu.int
http://www.delbih.ce.eu.int
Leiter der Vertretung: HUMPHREYS, Michael

Botsuana
Plot 758, Robinson Road, Extension 2, **Gaborone, Botswana**;
Tel 00 26 7/3 91 44 55, 3 61 00 07;
Fax 00 26 7/3 91 36 26;
e-mail eudelbwa@delbwa.cec.eu.int,
e-mail delegation-botswana@cec.eu.int
Leiter der Vertretung: WIEDEY-NIPPOLD, Claudia

Brasilien
SHIS QI 07, Bloco „A", Lago Sul, **71615-570 Brasilia, DF, Brasil**;
Tel 00 55-61/2 48 31 22;
Fax 00 55-61/2 48 07 00;
e-mail delegation-brazil@cec.eu.int
http://www.delbra.cec.eu.int
Leiter der Vertretung: FERREIRA, João Gabriel

Britische Jungferninseln
s. Barbados

Bulgarien
Moskovska Street 9, **1000 Sofia, Bulgarija**;
Tel 00 35 9-2/9 33 52 52;
Fax 00 35 9-2/9 33 52 33;
e-mail delegation-bulgaria@cec.eu.int,
e-mail guest@europa.bg
http://www.evropa.bg
Leiter der Vertretung: KOURKOULAS, Dimitris

Burkina Faso
Avenue Kwame N'Krumah, en face de la Sonatur, **Ouagadougou, Burkina Faso**;
Tel 00 22 6/50 30 73 85;
Fax 00 22 6/50 30 89 66, 50 30 89 66;
e-mail delegation-burkina-faso@cec.eu.int
Leiter der Vertretung: SUOMALAINEN, Sari

Burundi
Avenue du 13 Octobre, **Bujumbura, Burundi**;
Tel 00 25 7/22 34 26;
Fax 00 25 7/22 46 12;
e-mail hdel@delbdi.cec.eu.int
Leiter der Vertretung: ANDRE, Georges-Marc

Chile
Ricardo Lyon, 222, 3rd floor, Providencia, **Santiago de Chile, Chile**;
PA: Casilla 10093;
Tel 00 56-2/3 35 24 50, 3 35 22 17;
Fax 00 56-2/3 35 17 79;
e-mail ellen.maigre@cec.eu.int,

e-mail   delegation-chile@cec.eu.int
http://www.delchl.cec.eu.int
Leiter der Vertretung: PLASA, Wolfgang

China
15 Dongzhimenwai Dajie Sanlitun.
Chaoyang., **Beijing 100600,**
Zhonghua Renmin Gongheguo (VRC);
Tel 00 86-10/65 32 44 43;
Fax 00 86-10/65 32 43 42;
e-mail   delegation-china@cec.eu.int
http://www.delchn.cec.eu.int,
http://www.delmng.cec.eu.int
Als Beauftragter auch zuständig für die Mongolei.
Leiter der Vertretung: EBERMANN, Klaus-Dieter

China, Hongkong
19/F St. John's Building, 33 Garden Road, Central Hong Kong, **Zhonghua Renmin Gongheguo, Hong Kong;**
Tel 00 85 2/25 37 60 83;
Fax 00 85 2/25 22 13 02;
e-mail   delegation-hong-kong@cec.eu.int
http://www.delhkg.cec.eu.int
Als Beauftragter auch zuständig für Macau.
Leiter der Vertretung: N. N.

Cook Islands
s. Fidschi

Costa Rica
Ofiplaza del Este, Edificio D, piso 3, 50 metros oeste de la Rotonda de la Bandera, **1007 San José, Costa Rica;**
PA:Apartado Postal 836-1007, Centro Colón;
Tel 00 50 6/2 83 29 59;
Fax 00 50 6/2 83 29 60/61;
e-mail   delegation-costa-rica@cec.eu.int
http://www.delcri.cec.eu.int
Als Beauftragter auch zuständig für Panama.
Leiter der Vertretung: ABADIA, Tomas

Côte d'Ivoire (Elfenbeinküste)
18, rue du Dr. Crozet, **Abidjan,** Côte d'Ivoire;

Tel 00 22 5/20 31 83 50;
Fax 00 22 5/20 21 40 89;
e-mail   delegation-ivory-coast@cec.eu.int
Als Beauftragter auch zuständig für Liberia.
Leiter der Vertretung: NAGEL, Friedrich

Dominica
s. Barbados

Dominikanische Republik
Edificio Plaza J. R., piso 8, Avenida Tiradentes esg. Roberto Pastoriza, Ensanche Naco, **Santo Domingo, Dominicana;**
Tel 00 18 09/2 27 05 25;
Fax 00 18 09/2 27 05 10;
e-mail   eudeldom@codetel.net.do
http://www.deldom.cec.eu.int
Leiter der Vertretung: SINGALLIA, Diria

Dschibuti
11, boulevard du Maréchal Joffre, **Djibouti,** Djibouti;
Tel 00 25 3/35 26 15/19;
Fax 00 25 3/35 00 36;
e-mail   eudeldj@intnet.dj;
e-mail   delegation-djibouti@cec.eu.int
Leiter der Vertretung: PHILIPPE, Pierre

Ecuador
s. Kolumbien

El Salvador
s. Nicaragua

Eritrea
192 Street Marsa Teklai, Maise no. 20, **Asmara, Eritrea;**
Tel 00 29 1-1/12 65 66;
Fax 00 29 1-1/12 65 78;
e-mail   delegation-eritrea@cec.eu.int
Leiter der Vertretung: HEIKENS, Geert

Fidschi
Development Bank Centre, 4th floor, Victoria Parade, **Suva, Viti Levu;**
PA: Private Mail Bag, GPO;
Tel 00 67 9/3 31 36 33;

Fax 00 67 9/3 31 59 32;
e-mail eudelfiji@eu.org.fj
Als Beauftragter auch zuständig für Cook Islands, Marschallinseln, Nauru, Niue, Palau, Samoa, Tonga, Tuvalu, Pitcairn, Kiribati, Neukaledonien, Mikronesien und abhängige Gebiete, Französisch-Polynesien, Wallis und Futuna.
Leiter der Vertretung: N. N.

Gabun
Bas de Gué-Gué, Lotissement des Cocotiers, **Libreville, Gabon**;
Tel 00 24 1/73 22 50/28, 73 65 53;
Fax 00 24 1/73 65 54;
e-mail delegation-gabon@cec.eu.int
Als Beauftragter auch zuständig für São Tomé und Príncipe.
Leiter der Vertretung: KREBS, Jochen

Gambia
10 10th Street South, Fajara, **Banjul, Gambia**;
Tel 00 22 0/4 49 78 46, 4 49 78 47, 4 49 51 46;
Fax 00 22 0/4 49 78 48;
e-mail ec@qanet.gm,
e-mail thierry.mathisse@cec.eu.int
Nebenstelle der Delegation im Senegal
Leiter der Vertretung: MATHISSE, Thierry

Georgien
38 Nino Chkheidze Street, **Tbilisi, Grusija**;
Tel 00 99 5-3 2/94 37 63;
Fax 00 99 5-3 2/94 37 68;
e-mail mailto@delgeo.cec.eu.int
http://www.delgeo.cec.eu.int
Als Beauftragter zuständig für Armenien.
Leiter der Vertretung: HOLTZE, Torben

Ghana
The Round House, 24 Cantonments Road, **Accra, Ghana**;
Tel 00 23 3-2 1/77 42 01/02/36;
Fax 00 23 3-2 1/77 41 54;
e-mail mail@delcomgh.org,
e-mail stefan.frowein@delcomgh.org
Leiter der Vertretung: FROWEIN, Stefan

Grenada
s. Barbados

Guatemala
Edificio Euro Plaza, , Torre II, 17 nivel, **Guatemala Ciudad, Guatemala**;
Tel 00 50 2/3 84 25 00;
Fax 00 50 2/3 84 25 96;
e-mail delegation-guatemala@cec.eu.int
http://www.ueguate.org
Nebenstelle der Delegation in Nicaragua
Leiter der Vertretung: MELO DE SAMPAIO, João

Guinea
752, Immeuble Le Golfe, Dixinn, **Conakry, Guinea**;
Tel 00 22 4/13 40 48 70;
Fax 00 87 4/7 62 38 87 89;
e-mail delegation-guinee-conakry@cec.eu.int
Leiter der Vertretung: DAVID, Dominique

Guinea-Bissau
Bairro da Penha, **1113 Bissau cedex, Guiné-Bissau**;
PA: Caixa postal 359;
Tel 00 24 5/25 10 27;
Fax 00 24 5/25 10 44;
e-mail delegation-guine-bissau@cec.eu.int
Leiter der Vertretung: MOREIRA MARTINS, Antonio

Guyana
11 Sendal Place, **Stabroek Georgetown, Guyana**;
Tel 00 59 22-26/40 04, 54 24, 28 69, 26 67;
e-mail delegation-guyana@cec.eu.int,
e-mail mailto@delguy.cec.eu.int
Leiter der Vertretung: EKLUND, Per

Haiti
Delmas 60, 1, Impasse Brave (par rue Mercier-Laham), **6140 Pétion-Ville, Haiti**;
Tel 00 50 9-2/49 01 41/42;
Fax 00 50 9-2/60 05 44;
e-mail mailto@delhti.cec.eu.int
http://www.delhti.cec.eu.int
Leiter der Vertretung: VAN OPSTAL, Marcel

Honduras
s. Nicaragua

Indien
65 Golf Links, **New Delhi 110001, India**;
Tel 00 91-11/24 62 92 37/38;
Fax 00 91-11/24 62 92 06;
e-mail   delegation-india@cec.eu.int,
e-mail   rakesh.singh@cec.eu.int
http://www.delind.cec.eu.int
Als Beauftragter auch zuständig für Bhutan, die Malediven, Sri Lanka und Nepal.
Leiter der Vertretung: DA CÂMARA GOMES, Francisco

Indonesien
Wisma Dharmala Sakti, 16th floor, 32 Jalan Jend Sudirman, **Jakarta 10220, Indonesia**;
PA: POB 6454 JKPDS;
Tel 00 62-21/5 70 60 76;
Fax 00 62-21/5 70 60 75;
e-mail   delegation-indonesia@cec.eu.int
http://www.delidn.cec.eu.int
Als Beauftragter auch zuständig für Brunei Darussalam und Timor-Leste.
Leiter der Vertretung: DELLA MONICA, Sabato

Island
s. Norwegen

Israel
Paz Tower, 15th floor, 31-35 Betzalel Street, **Ramat Gan 52521, Yisrael**;
PA: P.O.Box 3513;
Tel 00 97 2-3/6 13 77 99;
Fax 00 97 2-3/6 13 77 70;
e-mail   eudelisl@netvision.net.il,
e-mail   delegation-israel@cec.eu.int
http://www.eu-del.org.il
Leiter der Vertretung: CHEVALLARD, Giancarlo

Jamaika
8 Olivier Road, **Kingston 8, Jamaica**;
Tel 00 18 76/9 24 63 33/37;
Fax 00 18 76/9 24 63 39;
e-mail   delegation-jamaica@cec.eu.int
http://www.deljam.cec.eu.int

Als Beauftragter auch zuständig für Belize, die Bahamas, die Kaimaninseln sowie die Turks- und Caicosinseln.
Leiter der Vertretung: JARCHOW, Gerd

Japan
Europa House, 9-15 Sanban-cho, Chiyoda-ku, **Tokyo 102-0075, Nippon**;
Tel 00 81-3/32 39 04 41;
Fax 00 81-3/32 61 51 94;
e-mail   deljapan@cec.eu.int
Leiter der Vertretung: ZEPTER, Bernhard

Jordanien
15 AC-Jahiz Street, **Shmeisani, Amman 11110, Al Urduniya Al Hashimiya**;
PA: POB 926794;
Tel 00 96 2-6/5 66 81 91/92;
Fax 00 96 2-6/5 68 67 46;
e-mail   mailto@deljo.cec.eu.int,
e-mail   delegation-jordan@cec.eu.int
http://www.deljor.cec.eu.int
Als Beauftragter auch zuständig für den Jemen.
Leiter der Vertretung: VAN DER MEULEN, Robert

Kaimaninseln
s. Jamaika

Kambodscha
s. Thailand

Kamerun
PA: B.P. 847, **Yaoundé, Cameroon**;
Tel 00 23 7-2/20 33 67, 20 13 87;
Fax 00 23 7-2/20 21 49;
e-mail   delegation-cameroun@cec.eu.int
http://www.delcmr.cec.eu.int
Leiter der Vertretung: HUGHES, Peter

Kanada
45 O'Connor Street, Suite 1900, **Ottawa, Ontario K1P 1A4, Canada**;
Tel 00 1-6 13/2 38 64 64;
Fax 00 1-6 13/2 38 51 91;
e-mail   mailto@delcan.cec.eu.int,
e-mail   marta.grandpierre@delcan.cec.eu.int
http://www.delcan.cec.eu.int
Leiter der Vertretung: HAYES, Eric

275

Kap Verde
CP 122, Achada de Santo António, **Praia,
Cape Verde;**
Tel 00 23 8/2 62 13 92-94;
Fax 00 23 8/2 62 13 91;
e-mail delegation-cape-verde@cec.eu.int
http://www.delcpv.cec.eu.int
Nebenstelle der Delegation im Senegal.
Leiter der Vertretung: SORRIBES
MANZANA, Eduardo

Kasachstan
Kazibek bi Strada 20 A, **480100 Almaty,
Kasachskaja;**
Tel 00 7-3 27 2/91 76 76;
Fax 00 7-3 27 2/91 07 49;
e-mail eudel@delkaz.cec.eu.int,
e-mail delegation-kazakhstan@cec.eu.int
http://www.delkaz.cec.eu.int
Als Beauftragter zuständig für Kirgisistan und Tadschikistan.
Leiter der Vertretung: WADDAMS, Alan

Kenia
Union Insurance Building, Ragati Road,
Upper Hill, **00100 Nairobi, Kenya;**
Tel 00 25 42-2/71 30 20/21, 71 29 05/06;
Fax 00 25 42-2/71 64 81;
e-mail kenya@cec.eu.int
http://www.deken.cec.eu.int
Leiter der Vertretung: QUINCE, Gary

Kolumbien
Calle 97, No. 22-44,
94046 Santafé de Bogotá, Colombia;
Tel 00 57-1/6 21 60 43;
Fax 00 57-1/6 10 00 59;
e-mail delegation-colombia@cec.eu.int
http://www.delcol.cec.eu.int
Als Beauftragter auch zuständig für Ecuador.
Leiter der Vertretung: KOETSENRUIJTER, Adrianus

Komoren
s. Mauritius

Kongo, Demokratische Republik
71, avenue Roi Baudoin, **Kinshasa-Gombe,
Kongo, Democrat;**
Tel 00 24 3/8 84 18 78;
Fax 00 24 3/1 23 45 49;
e-mail mailto@delcod.eu.int
Leiter der Vertretung: DE FILIPPI, Carlo

Kongo, Republik
Avenue Lyautey (face à l'Ambassade d'Italie),
Brazzaville, Congo;
Tel 00 24 2/81 31 34, (00 87 17) 7 61 48 02 59 (Satellit);
Fax 00 24 2/81 18 45, (00 87 1) 7 61 48 02 61;
e-mail eudelcog@congonet.cg
Leiter der Vertretung: HOLZAPFEL, Jean-Eric

Korea
SEAN Building, 16th floor, 116 Shinmoonro 1-ga, Chongro-gu, **Seoul 110-700,
Dae Han Min Guk;**
Tel 00 82-2/7 35 11 01;
Fax 00 82-2/7 39 35 14;
e-mail mailto@delkor.cec.eu.int
http://www.delkor.cec.eu.int
Leiter der Vertretung: PRINCE, Dorian F.

Kroatien
Masarykova 1, **10000 Zagreb, Hrvatska;**
Tel 00 38 5-1/4 89 65 00;
Fax 00 38 5-1/4 89 65 55;
e-mail mailto@delhrv.cec.eu.int
http://www.delhrv.cec.eu.int
Leiter der Vertretung: WUNENBURGER, Jacques

Kuba
5ta avenida, 1405, **E14416 Miramar,
Ciudad de la Habana, Cuba;**
Tel 00 53-7/2 04 02 43;
Fax 00 53-7/2 04 03 28;
e-mail sven.burgdorff@euro.sld.cu
Nebenstelle der Delegation in der Dominikanischen Republik
Leiter der Vertretung: N. N.

3 Die EU-Vertretungen in Drittstaaten

Laos
s. Thailand

Lesotho
167 Constitution Road, **Maseru West, Lesotho;**
Tel 00 26 6/22 31 37 26;
Fax 00 26 6/22 31 01 93;
e-mail   delegation-lesotho@cec.eu.int
Als Beauftragter auch zuständig für Swaziland.
Leiter der Vertretung: BECK CHRISTIANSEN, Peter

Libanon
Harbor Drive Building, 490 Avenue Charles Helou, **Saifi, Beyrouth, Libanon;**
Tel 00 96 1-1/56 94 00;
Fax 00 96 1-1/56 94 15;
e-mail   delegation-lebanon@cec.eu.int
http://www.dellbn.cec.eu.int
Leiter der Vertretung: RENAULD, Patrick

Liberia
s. Côte d'Ivoire

Macau
s. China, Hongkong

Madagaskar
Tour Zital, 9ième étage, **Ankorondrano, Madagaskar;**
Tel 00 26 1-2 02/22 42 16;
Fax 00 26 1-2 02/26 45 62;
e-mail   delegation-madagascar@cec.eu.int,
e-mail   pierre.protar@cec.eu.int
Leiter der Vertretung: PROTAR, Pierre

Malawi
Europa House, **Lilongwe, Malawi;**
Tel 00 26 5/77 31 99/24/28;
Fax 00 26 5/77 35 34;
e-mail   delegation-malawi@cec.eu.int
http://www.delmwi.cec.eu.int
Leiter der Vertretung: VAN DER GOOT, Wiepke

Malaysia
s. Thailand

Malediven
s. Sri Lanka

Mali
Immeuble UATT, Quartier du Fleuve, **Bamako, Mali;**
Tel 00 22 3/ 22 11 03;
Fax 00 22 3/ 22 36 70;
e-mail   delegation-mali@cec.eu.int
Leiter der Vertretung: GOSETTI DI STURMECK, Francesco

Marokko
Riad Business Center, Aile Sud, Boulevard Er-Riad Quartier Hay Riad, **Rabat, Maghrebia;**
Tel 00 21 2-3 7/57 98 00;
Fax 00 21 2-3 7/57 98 10;
e-mail   delegation-morocco@cec.eu.int
http://www.delmar.cec.eu.int
Leiter der Vertretung: DOYLE, Sean

Mauretanien
rue 42-163, **Terragh Zeira, Mauritanie;**
Tel 00 22 2/5 25 27 24;
Fax 00 22 2/5 25 35 24;
e-mail   delegation-mauretania@cec.eu.int
Leiter der Vertretung: PAQUET, Jean-Eric

Mauritius
St. James Court Building, 8th floor, St. Denis Street, **Port Louis, Mauritius;**
Tel 00 23 0/2 07 15 15;
Fax 00 23 0/2 11 66 24;
e-mail   delegation-mauritius@cec.eu.int
http://www.delmus.cec.eu.int
Als Beauftragter auch zuständig für das Departement Réunion, Mayotte, die Komoren, Seychellen und für die Region Indischer Ozean.
Leiter der Vertretung: REY, Juan Carlos

Mazedonien
Palata Makedonia, Marsal Tito 12, **1000 Skopje, Makedonija;**

Tel 00 38 9-2/3 12 20 32;
Fax 00 38 9-2/3 12 62 13;
e-mail   delegation-fyrmacedonia@cec.eu.int
http://www.delmkd.cec.eu.int
Leiter der Vertretung: CHIARINI, Donato

Mexiko
Lomas de Chapultepec, Ave. Paseo de la Reforma, N 1675, **11000 México, D.F., Mexicanos;**
Tel 00 52-55/55 40 33 45;
Fax 00 52-55/55 40 65 64;
e-mail   delegation-mexico@cec.eu.int,
e-mail   andrea.ampudia@cec.eu.int
http://www.delmex.cec.eu.int
Leiter der Vertretung: EVANS, Nigel

Mongolei
s. China

Montserrat
s. Barbados

Mosambik
Avenida Julyus Nyerere, 2820, **Maputo, Moçambique;**
Tel 00 25 8-1/49 49 49, 48 00 00;
Fax 00 25 8-1/49 18 66;
e-mail   mailto:delmoz.cec.eu.int
http://www.delmoz.cec.eu.int
Leiter der Vertretung: PINTO TEIXEIRA, José Manuel

Myanmar
s. Thailand

Namibia
Europe House, Newton Street 2, **Windhoek 9000, Namibia;**
Tel 00 26 4-6 1/2 02 60 00;
Fax 00 26 4-6 1/2 02 62 24;
e-mail   delegation.namibia@cec.eu.int
http://www.delnam.cec.eu.int
Leiter der Vertretung: BRUESER, Antonius

Nauru
s. Fidschi

Neu-Kaledonien
s. Fidschi

Neuseeland
s. Australien

Nicaragua
Carretera a Masaya, del Colegio Teresiano una cuadra al Este, Frente a Clinica Tiscapa, **Managua, Nicaragua;**
Tel 00 50 5/2 70 44 99;
Fax 00 50 5/2 70 44 84;
e-mail   delegation-nicaragua@cec.eu.int
http://www.delnic.cec.eu.int
Als Beauftragter auch zuständig für Honduras, Guatemala und El Salvador.
Leiter der Vertretung: MAMBERTO, Giorgio

Niederländische Antillen
s. Guyana

Niger
Immeuble BIA, rue du Commerce, **Niamey, Niger;**
Tel 00 22 7/73 23 60, 73 27 73, 73 85 83/84, 73 85 48, 73 45 08;
Fax 00 22 7/73 23 22, 73 55 42;
e-mail   delegation-niger@cec.eu.int
Leiter der Vertretung: N. N.

Nigeria
Plot 63, Usuma Street, Maitama District, **Abuja, Nigeria;**
Tel 00 23 4-9/4 13 31 44/46/48;
Fax 00 23 4-9/4 13 31 47;
e-mail   delegation-nigeria@cec.eu.int,
e-mail   europakommisjonen@cec.eu.int
http://www.delnga.cec.eu.int
Leiter der Vertretung: MILLAR, Tom

Norwegen
Haakon VIIIs Gate 10, 9th floor, **0161 Oslo, Norge;**
Tel 00 47/22 83 35 83;
Fax 00 47/22 83 40 55;
e-mail   europakommisjonen@cec.eu.int
http://www.europakommisjonen.no,
http://www.eung.no

Als Beauftragter auch zuständig für Island.
Leiter der Vertretung: WESTERLUND, Percy

Pakistan
House No. 9, Street No. 88, Sector G-6/3, **Islamabad, Pakistan**;
Tel 00 92-51/2 27 18 28;
Fax 00 92-51/2 82 26 04;
e-mail delegation-pakistan@cec.eu.int
http://www.delpak.cec.eu.int
Leiter der Vertretung: UUSITALO, Ilkka

Palau
s. Fidschi

Panama
s. Fidschi

Papua-Neuguinea
The Lodge, 3rd floor, Bampton Street, **Port Moresby, Papua-Niugini**;
Tel 00 67 5/3 21 35 44;
Fax 00 67 5/3 21 78 50;
e-mail admin@eudelpng.org
http://www.delpng.cec.eu.int
Als Beauftragter auch zuständig für Vanuatu.
Leiter der Vertretung: CRASNER, Anthony

Paraguay
Calle Americana , 404, **Ascuncion, Paraguay**;
Tel 00 59-5/21 20 60 69;
Fax 00 59-5/21 21 39 75;
e-mail eudelpry@delpry.webmail.com.py
Leiter der Vertretung: N. N.

Peru
San Isidro, Avenida Comandante Espinar 719, **Miraflores, Perú**;
PA: Casilla Postal 18-0792, ;
Tel 00 51-1/4 15 08 00;
Fax 00 51-1/4 22 87 78;
e-mail delegation-peru@cec.eu.int
http://www.delper.cec.eu.int
Leiter der Vertretung: GOLDSTEIN, Mendel

Philippinen
Salustiana Dee. Ty Tower, 7th floor, 104 Paseo de Roxas, Corner Perea Street, Legaspi Village, **Makati City, Metro Manila 1200, Filipinas**;
Tel 00 63-2/8 12 64 21-25;
Fax 00 63-2/8 12 66 87;
e-mail delegation-philippines@cec.eu.int
http://www.delphl.cec.eu.int
Leiter der Vertretung: DE KOK, Jan

Pitcairn
s. Fidschi

Réunion
s. Mauritius

Ruanda
14, avenue Député Kamuzinzi, **Kigali, Rwanda**;
Tel 00 25 0/57 55 86/89, 51 92 26;
Fax 00 25 0/7 43 13;
e-mail delegation-rwanda@cec.eu.int
Leiter der Vertretung: LESTER, Jeremy

Rumänien
Str. Jules Michelet 18, sector 1, **010463 Bucuresti sector 1, România**;
Tel 00 40-21/2 03 54 00;
Fax 00 40-21/2 12 88 08;
e-mail delegation-romania@cec.eu.int
http://www.infoeuropa.ro
Leiter der Vertretung: SCHEELE, Jonathan

Russische Föderation
Kanadashevskaya Nab. 14/1, **109017 Moskva, Rossija**;
Tel 00 7-0 95/7 21 20 01;
Fax 00 7-0 95/7 21 20 20;
e-mail delegation-russia@cec.eu.int,
e-mail vuokko.keranen@cec.eu.int
http://www.delrus.cec.eu.int
Leiter der Vertretung: FRANCO, Marc

Salomonen
City Centre Building, 2nd floor, **Honiara, Salomon Islands**;

Tel 00 67 7/2 27 65;
Fax 00 67 7/2 33 18;
e-mail   henry.prankerd@cec.eu.int
Nebenstelle der Delegation in Papua-
Neuguinea
Leiter der Vertretung: PRANKERD, Henry

Sambia
Plot 4899, Los Angeles Boulevard, **Lusaka, Zambia**;
Tel 00 26 01/25 07 11, 25 11 40;
Fax 00 26 01/25 09 06, 25 23 36;
e-mail   henry.sprietsma@cec.eu.int
http://www.delzmb.cec.eu.int
Leiter der Vertretung: SPRIETSMA, Henry

Samoa
Joane Villiamu Building, 4th floor, **Apia, Samoa I Sisfo**;
Tel 00 68 5/2 00 70;
Fax 00 68 5/2 46 22;
e-mail   delegation-samoa@cec.eu.int
Nebenstelle
Leiter der Nebenstelle: ROGERS, Stephen

Sao Tomé und Principe
s. Gabun

Senegal
12, avenue Albert Sarraut, **Dakar, Sénégal**;
Tel 00 22 1/8 89 11 00;
Fax 00 22 1/8 23 68 85;
e-mail   delegation-senegal@cec.eu.int
http://www.delsen.cec.eu.int
Als Beauftragter auch zuständig für Gambia und Kap Verde
Leiter der Vertretung: LOPEZ BLANCO, M. Manuel

Serbien und Montenegro
Krunska 73, **11000 Beograd, Srbija i Crna Gora**;
Tel 00 38 1-1 1/3 08 32 00;
Fax 00 38 1-1 1/3 08 32 01;
e-mail   delscg@cec.eu.int
http://www.delscg.eu.int
Leiter der Vertretung: LLOVERAS, Joseph M.

Seychellen
s. Mauritius

Sierra Leone
Wesley House, 4 George Street, **Freetown, Sierra Leone**;
Tel 00 23 2-2 2/22 73 19;
Fax 00 23 2-2 2/22 52 12;
e-mail   delegation-sierra-leone@cec.eu.int
Leiter der Vertretung: TUNNACLIFFE, Jeremy

Simbabwe
E.U. House, 1 Norfolk Road, **Mount Pleasant, Zimbabwe**;
Tel 00 26 3-4/33 81 58;
Fax 00 26 3-4/33 81 65;
e-mail   delegation-zimbabwe-hod@cec.eu.int
http://www.delzwe.cec.eu.int
Leiter der Vertretung: MOSCA, Francesca

Singapur
Raffles City Tower, 38-03 North bridge road, **Singapore 179101, Majulah Singapura**;
Tel 00 65/63 36 79 19;
Fax 00 65/63 36 33 94;
Leiter der Vertretung: BONTOSOGLOU, Vassilis

Somalia
Union Insurance House, 1st floor, Ragati Road, **Nairobi 00100, Kenya**;
Tel 00 25 4-2/2 71 32 50/51, 2 71 28 30;
Fax 00 25 4-2/2 71 09 97;
e-mail   somalia@delken.cec.eu.int
Leiter der Vertretung: MACHARIA, Joyce

Sri Lanka
26 Avenue Sir Marcus Fernando Mawatha, **Colombo 7, Sri Lanka**;
Tel 00 94 1-1/2 67 44 13, 2 66 20 65;
Fax 00 94 1-1/2 66 58 93;
e-mail   delegation-sri-lanka@cec.eu.int
http://www.dellka.cec.eu.int/en/index.htm
Als Beauftragter auch zuständig für die Malediven.
Leiter der Vertretung: WILTON, Wouter

St. Christopher und Nevis
s. Barbados

St. Lucia
s. Barbados

St. Vincent und die Grenadinen
s. Barbados

Südafrika
1-2 Green Park Estate, 27 George Storrer Drive, **Groenkloof, Pretoria 0181,**
Suid Afrika;
Tel 00 27-12/4 52 52 00;
Fax 00 27-12/4 60 99 24;
e-mail delegation-s-africa@cec.eu.int
http://www.eusa.org.za
Leiter der Vertretung: LAKE, Michael

Sudan
Block 1B, Gamhoria StreetPlot 10,
Khartoum, Sudan;
Tel 00 24 9-1 1/77 51 48, 77 50 54, 77 31 02;
Fax 00 24 9-1 1/77 53 93;
e-mail delegation-soudan@cec.eu.int
Leiter der Vertretung: DEGERFELT, Kent

Suriname
239 Dr. Sophie Redmondstraat, **Paramaribo,**
Suriname;
Tel 00 59 7/49 93 22, 49 21 85;
Fax 00 59 7/49 30 76;
e-mail delsur@sr.net
http://www.delsur.cec.eu.int
Nebenstelle der Delegation in Guyana
Leiter der Vertretung: ROMAN, Jacques

Syrien
3, Wahab Bin Sa'ad Street, **Damascus,**
Souriya;
Tel 00 96 3-1 1/3 32 76 40/41;
Fax 00 96 3-1 1/3 32 06 83;
e-mail delegation-syria@cec.eu.int
http://www.delsyr.cec.eu.int
Leiter der Vertretung: HESSKE, Frank

Tansania
38 Mirambo Street, **Dar es Salaam, Tansania;**

Tel 00 25 5-2 2/2 11 74 73/76;
Fax 00 25 5-2 2/21 13 20 77;
e-mail mailto@deltza.cec.eu.int,
e-mail hdel@deltza.cec.eu.int
http://www.deltza.cec.eu.int
Leiter der Vertretung: KNOTT, Anthony

Thailand
Kian Gwan House II, 19th floor, 140/1 Wireless Road, **Bangkok 10330,** T'ai;
Tel 00 66-2/2 55 91 00;
Fax 00 66-2/2 55 91 13/14;
e-mail delegation-thailand@cec.eu.int
http://www.deltha.cec.eu.int
Als Beauftragter auch zuständig für Kambodscha, Laos, Malaysia und Myanmar.
Leiter der Vertretung: SCHMALLENBACH, Klauspeter

Togo
37, avenue Nicolas Grunitzky, **Lomé, Togo;**
Tel 00 22 8/2 21 08 32;
Fax 00 22 8/2 21 13 00;
e-mail eu@deltgo.cec.eu.int
http://www.deltgo.cec.eu.int
Leiter der Vertretung: FROWEIN, Stefan

Tonga
s. Fidschi

Trinidad und Tobago
The Sagicor Financial Centre,
16 Queen's Park West,
Port of Spain, Trinidad and Tobago;
Tel 00 18 68/6 22 66 28;
Fax 00 18 68/6 22 63 55;
e-mail mailto@deltto.cec.eu.int
http://www.delguy.cec.eu.int
Leiter der Vertretung: SMALLWOOD, Anthony

Tschad
Concession Caisse Coton, Route de Farcha,
N'Djamena, Chad;
Tel 00 23 5/52 72 76, 52 89 77;
Fax 00 23 5/52 71 05;
e-mail delegation-tchad@cec.eu.int
Leiter der Vertretung: KREMER, Robert

Tunesien
Centre de Documentation, Europe Building,
Rue du Lac Malaren, Les Berges du Lac,
1053 Tunis, Tunousiya;
Tel 00 21 6-7 1/96 03 30;
Fax 00 21 6-7 1/96 03 02;
e-mail delegation-tunisia@cec.eu.int
http://www.deltun.cec.eu.int
Leiter der Vertretung: BELKHODJA,
Yamina

Türkei
Ugur Mumcu Cadessi 88, 4th floor,
06700 Garziomanpasa, Ankara, Türkiye;
Tel 00 90-31 2/4 46 55 11;
Fax 00 90-31 2/4 46 67 37;
e-mail delegation-turkey@cec.eu.int
http://www.deltur.cec.eu.int
Leiter der Vertretung: KRETSCHMER,
Hansjörg

Turks- und Caicosinseln
s. Jamaika

Tuvalu
s. Fidschi

Uganda
Crested Towers Building, Hannington Road,
15 th floor, Plot 17-23, **Kampala, Uganda**;
Tel 00 25 6-4 1/23 33 03/04;
Fax 00 25 6-4 1/23 37 08;
e-mail delegation-uganda@cec.eu.int
http://www.deluga.cec.eu.int
Leiter der Vertretung: ILLING, Sigurd

Ukraine
Kruglo-Universitetska 10, **01024 Kyiv,
Ukrajina/Ukraiana**;
Tel 00 38 0-4 4/4 62 00 10;
Fax 00 38 0-4 4/2 30 23 90, 4 62 09 20;
e-mail delegation-ukraine@cec.eu.int
http://www.delukr.cec.eu.int
Als Beauftragter zuständig für Weißrussland
und Moldau.
Leiter der Vertretung: BOOG, Ian

Uruguay
Boulevard Artigas, 1300, **11300 Montevideo,
Uruguay**;
Tel 00 59 8-2/1 94 40;
Fax 00 59 8-2/19 44 01 22;
e-mail delegation-uruguay@cec.eu.int
http://www.delury.cec.eu.int
Als Beauftragter auch zuständig für Paraguay
Leiter der Vertretung: ZERVOUDAKI,
Styliani

Vanuatu
s. Papua-Neuguinea

Venezuela
Edificio Comisión Europea, Avenida
Orinoco, Las Mercedes, **1060 Caracás,
Venezuela**;
Tel 00 58-21 2/9 91 51 33;
Fax 00 58-21 2/9 93 55 73;
e-mail delegation-venezuela-
documentacion@cec.eu.int
http://www.comisioneuropea.org.ve
Leiter der Vertretung: DE MONTIS, Cesare

Vereinigte Staaten von Amerika
2300 M Street, NW, 3rd floor, **Washington,
D.C. 20037, United States of America**;
Tel 00 1-2 02/8 62 95 00;
Fax 00 1-2 02/4 29 17 66;
e-mail delegation-washington@cec.eu.int
http://www.eurunion.org
Leiter der Vertretung: BURGHARDT,
Günter

Vietnam
The Metropole Centre, 56 Ly Thai To Street,
Suite 703, **Hanoi, Công Hòa Xã Hôi Chu
Nghîa Viêt Nam**;
Tel 00 84-4/9 34 13 00;
Fax 00 84-4/9 34 13 61;
e-mail delegation-vietnam@cec.eu.int
http://www.delvnm.cec.eu.int
Leiter der Vertretung: CORNARO, Markus

Westjordanland und Gazastreifen
5 George Adam Smith Street, **Jerusalem,
Israel**;

Tel 00 97 2-2/5 41 58 88;
Fax 00 97 2-2/5 41 58 48;
e-mail
delegation-west-bank/gaza@cec.eu.int
http://www.delwbg.cec.eu.int
Leiter der Vertretung: BRÉTÉCHÉ, Jean

Zentralafrikanische Republik
avenue Boganda, **B.P. 1298 Bangui,
Centrafricaine;**
Tel 00 23 6/61 30 53, 05 75 63;
Fax 00 23 6/61 65 35;
e-mail
delegation-central-african-rep@cec.eu.int
http://www.delcra.cec.eu.int
Leiter der Vertretung: LLOVERAS, Josep

3.2 Delegationen bei Internationalen Organisationen

Genf
Rue de Vermont 37-39, **1202 Genf, Schweiz;**
Tel 00 41-22/9 18 22 27;
Fax 00 41-22/7 34 22 36;
e-mail   delegation-geneva@cec.eu.int,
e-mail   carlo.trojan@cec.eu.int
Leiter der Vertretung: TROJAN, Carlo

New York, Vereinte Nationen
222 East 41st Street, 22nd floor, **New York, N.Y. 10017, United States of America;**
Tel 00 1-2 12/3 71 38 04;
Fax 00 1-2 12/7 58 27 18;
e-mail   delegation-new-york@cec.eu.int
Leiter der Vertretung: RICHARDSON, John

Paris, OCDE/UNESCO
12, avenue d'Eylau, **75116 Paris, France;**
Tel 00 33-1/44 05 31 60;
Fax 00 33-1/44 05 31 79;
e-mail   delegation-paris@cec.eu.int
Leiter der Vertretung: MADDISON, John

Rom, FAO
Via IV Novembre, 149, **00187 Rom, Italien;**
Tel 00 39-06/6 79 37 29;
Fax 00 39-06/6 79 78 30;
e-mail   delegation-roma@cec.eu.int
Leiter der Vertretung: RITTO, Luis

Wien
Argentinierstraße 26/10, **1040 Wien,**
Österreich;
Tel 00 43-1/5 05 84 11;
Fax 00 43-1/50 58 41 17;
e-mail   delegation-vienna@cec.eu.int
Leiter der Vertretung: KNÜPPEL, Ulrich

4 Das Europäische Zentrum für die Förderung der Berufsbildung (Cedefop)

POB 22427 (Finikas), GR-55102 Thessaloniki
Europe 123, **57001 Thessaloniki, Pylea,**
Griechenland;
Tel 00 30-23 10/49 01-11;
Fax 00 30-23 10/49 01-02;
e-mail   info@cedefop.eu.int
http://www.cedefop.eu.int,
http://www.trainingvillage.gr

Büro Brüssel
20, avenue d'Auderghem, **1040 Brüssel,**
Belgien;
Tel 00 32-2/2 30-19 78;
Fax 00 32-2/2 30-58 24;
e-mail   info@cedefop.be

Vorsitzender des Verwaltungsrates: THIELE, Peter
Direktor: VAN RENS, Johan
Stellvertretender Direktor: STAVROU, Stavros
Assistent des Direktors: MCCULLOUGH, Colin

Das Europäische Zentrum zur Förderung der Berufsbildung wurde durch die Verordnung (EWG) Nr. 337/75 des Rates vom 10. 2. 1975 (ABl. Nr. L 39 vom 13. 2. 1975) geschaffen. Das Zentrum hat eigene Rechtspersönlichkeit. Sein Haushalt wird im Wesentlichen durch

einen Zuschuss der EG finanziert.
Aufgaben des Zentrums sind,
- die Kommission dabei zu unterstützen, die Berufsbildung und die ständige Weiterbildung auf Gemeinschaftsebene zu fördern und weiterzuentwickeln,
- eine Dokumentation über die aktuellen Entwicklungen und Forschungsarbeiten zu erstellen,
- zur Weiterentwicklung und Koordinierung der Forschung beizutragen,
- den Informations- und Erfahrungsaustausch zu fördern,
- alle Initiativen zu fördern und zu unterstützen, durch die eine konzertierte Lösung der Probleme der Berufsbildung erleichtert wird.

Zur Erfüllung dieser Aufgaben veranstaltet das Zentrum Kurse und Seminare, schließt es Studienverträge ab, lässt es Modellvorhaben durchführen und gibt es eine eigene Dokumentation heraus. Dabei arbeitet das Zentrum eng mit privaten und staatlichen Institutionen und Stellen sowie mit Arbeitnehmer- und Arbeitgeberorganisationen zusammen.

Das Zentrum wird von einem *Verwaltungsrat* geleitet, dem je ein Vertreter der Regierung, der Arbeitgeberverbände und der Arbeitnehmerorganisationen pro Mitgliedstaat sowie drei Vertreter der Kommission angehören. Die Amtszeit der Mitglieder des Verwaltungsrats beträgt drei Jahre. Die laufenden Geschäfte des Zentrums führt der Direktor, der auf Vorschlag des Verwaltungsrats von der Kommission auf die Dauer von fünf Jahren ernannt wird. Der Direktor bereitet die Arbeiten des Verwaltungsrats vor, führt das Sekretariat, führt die Beschlüsse des Verwaltungsrates aus, koordiniert die Tätigkeit der Arbeitsgruppen und vertritt das Zentrum nach außen.

5 Die Europäische Stiftung zur Verbesserung der Lebens- und Arbeitsbedingungen

Loughlinstown House, Wyattville Road, **Dublin 18, Irland;**

Tel 00 35 3-1/2 04 31 24 (Presse);
Fax 00 35 3-1/2 82 42 09, 2 82 64 56;
e-mail postmaster@eurofound.eu.int,
e-mail press.officer@eurofound.eu.int
http://www.eurofound.ie

Vorsitzende des Verwaltungsrates:
VALKONEN, Marjaana
Direktor: BUSCHAK, Willy
Berater der Direktion: KÖHLER, Eberhard
Stellvertretender Direktor: O'SHEA, Barry

Die Europäische Stiftung zur Verbesserung der Lebens- und Arbeitsbedingungen wurde gegründet durch die Verordnung (EWG) Nr. 1365/75 des Rates vom 26. 5. 1975 (ABl. Nr. L 139 vom 30. 5. 1975). Sie hat eigene Rechtspersönlichkeit. Ihr Haushalt wird im wesentlichen durch einen Zuschuss der EG finanziert.

Aufgaben der Stiftung sind,
- durch die Förderung und Verbreitung von entsprechenden Kenntnissen zur Konzipierung und Schaffung besserer Lebens- und Arbeitsbedingungen beizutragen und dazu insbesondere
- aufgrund praktischer Erfahrungen Konzeptionen für eine mittel- und langfristige Verbesserung der Lebensverhältnisse und der Arbeitsbedingungen zu entwickeln und zu vertiefen sowie Änderungsfaktoren festzustellen.

Zur Erfüllung dieser Aufgaben fördert die Stiftung den Informations- und Erfahrungsaustausch zwischen Hochschulen, Forschungseinrichtungen, Behörden sowie wirtschaftlichen und sozialen Organisationen, veranstaltet sie Kurse, Kongresse und Seminare, schließt sie Studienverträge ab, fördert sie Modellvorhaben und führt sie allein oder mit anderen Einrichtungen Studien durch. Dabei arbeitet die Stiftung eng mit privaten und öffentlichen Institutionen und Stellen zusammen.

Die Stiftung wird von einem *Verwaltungsrat* geleitet, dem je ein Vertreter der Regierung, der Arbeitgeberverbände und der Arbeitnehmerorganisationen pro Mitgliedstaat sowie drei Vertreter der Kommission angehören.

Die Amtszeit der Mitglieder des Verwaltungsrats beträgt drei Jahre. Die laufenden Geschäfte der Stiftung führt der Direktor, der auf Vorschlag des Verwaltungsrats von der Kommission auf die Dauer von fünf Jahren ernannt wird. Der Direktor bereitet die Arbeiten des Verwaltungsrats vor und führt dessen Beschlüsse aus. Verwaltungsrat und Direktor werden beraten von einem *Sachverständigenausschuss* mit Mitgliedern, die vom Rat auf Vorschlag der Kommission auf drei Jahre ernannt werden. Die Mitglieder dieses Ausschusses sind Persönlichkeiten aus dem Bereich der Wissenschaft und aus sonstigen von der Tätigkeit der Stiftung berührten Bereichen.

6 Die Europäische Umweltagentur (EUA)

Kongens Nytorv 6, **1050 Kopenhagen K, Dänemark**;
Tel 00 45/33 36 71-00;
Fax 00 45/33 36 71-99;
e-mail tony.carritt@eea.eu.int
http://www.eea.eu.int

Vorsitzender des Verwaltungsrates:
LILJELUND, Lars-Erik
Vorsitzender des Wissenschaftlichen Beirats:
MOLDAN, Bedrich
Exekutivdirektorin: MCGLADE, Jacqueline
Stellvertretender Direktor: MCINNES, Gordon

CAF – Interne Angelegenheiten
Abteilungsleiter a.i.: HUNTINGTON, Jeff

ADS – Verwaltung
MAES, Jef

IDS – Informations- und Datendienste
Abteilungsleiter: BJARNASON, Sigfus

AIR – Analyse, Integration und Berichterstattung
Abteilungsleiter: MARTIN, Jock

EAS – Umweltbewertung
Abteilungsleiter: BOSCH, Peter

SKI – Strategisches Wissen und Innovation
Abteilungsleiter: STANNERS, David

Die Europäische Umweltagentur begleitet die Entwicklung der Umweltpolitik und sammelt vergleichbare Daten über die Entwicklung der Umweltpolitik in den Mitgliedstaaten, der Europäischen Union und den Nachbarstaaten. Sie hat folgende Aufgaben:
– ein europäisches Umweltnetzwerk einzurichten,
– objektive Umwelt-Informationen bereitzustellen,
– Berichte über die Umweltsituation zu erstellen,
– Kosten von Umweltschäden zu berechnen,
– einheitliche Messkriterien für die Mitgliedstaaten zu entwickeln.

7 Die Europäische Agentur für die Beurteilung von Arzneimitteln (EMEA)

Canary Wharf, 7 Westferry Circus,
London E14 4HB, Großbritannien;
Tel 00 44-20/74 18 84-00;
Fax 00 44-20/74 18 84-16;
e-mail mail@emea.eudra.org,
e-mail noel.wathion@emea.eudra.org
http://www.emea.eu.int

Die Europäische Agentur für die Beurteilung von Arzneimitteln hat ihre Arbeit im Januar 1995 aufgenommen. Sitz der Agentur ist London. Aufgabe der Agentur ist es, pharmazeutische Produkte auf wissenschaftlicher Grundlage einer unabhängigen Bewertung zu unterziehen, damit sie in allen Mitgliedstaaten unter einheitlichen Bedingungen für den Vertrieb freigegeben werden können.
Die Agentur setzt die europäischen Verfahren für die Zulassung und Überwachung medizinischer Produkte für den menschlichen und tierischen Gebrauch um.

Vorsitzender des Verwaltungsrates:
WAHLROOS, Hannes

Ausschuss für Arzneimittel in der Humanmedizin
Vorsitzender: BRASSEUR, Daniel

Ausschuss für Tierarzneimittel
Vorsitzender: MOULIN, Gérard

Ausschuss für pflanzliche Arzneimittel
Vorsitzender: KELLER, Konstantin

Exekutivdirektor: LÖNNGREN, Thomas

Dem Direktor unmittelbar unterstellt

Integriertes Qualitätsmanagement und Audit
KORTEWEG, Marijke

Unterstützung des Direktors
ALLCHURCH, Martin Harvey

Kommunikation und Netzwerke
WAGNER, Hans-Georg

Verwaltung
POTT, Andreas

Post-Ermächtigung der Bewertung von Humanarzneimitteln
LE COURTOIS, Patrick

Tierarzneimittel und Inspektionen
JONES, Peter

8 Das Harmonisierungsamt für den Binnenmarkt (Marken, Muster und Modelle) (HABM)

Avenida de Europa, 4, 03008 Alicante, Spanien;
Tel 00 34-96/5 13 88 00;
Fax 00 34-96/5 13 91 73, 5 13 13 44;
e-mail   information@oami.eu.int
http://oami.eu.int

Präsident: DE BOER, Wubbo
Vizepräsident (zuständig für technische und Verwaltungsangelegenheiten): CASADO CERVIÑO, Alberto

Vizepräsident (zuständig für Rechtsangelegenheiten): VON MÜHLENDAHL, Alexander

Verwaltungsrat
Präsident: IFARSSON, Carl-Anders

Haushaltsausschuss
Präsident: LAWRENCE, Peter

Beschwerdekammern
Präsident: MACHADER, Bruno
  Erste Beschwerdekammer
  Vorsitzende: MANDEL, Sylvie
  Zweite Beschwerdekammer
  Vorsitzende: SUNDSTRÖM, Kerstin
  Dritte Beschwerdekammer
  Vorsitzende: MANDEL, Sylvie
  Vierte Beschwerdekammer
  Vorsitzende: HOFFRICHTER-DAUNICHT, Christiane

Geschäftsstelle
Abteilungsleiter: GASTINEL, Eric

Wissenschaftlicher Dienst
Abteilungsleiter: KLÜPFEL, Karin

Hauptabteilung Geschmacksmuster
Direktor: MAIER, Paul

Hauptabteilung Finanzen
Direktor: RADINGER, Peter

Hauptabteilung Marken- und Musterverwaltung
Direktor: O'REILLY, Vincent

Hauptabteilung allgemeine Angelegenheiten und Außenbeziehungen
Direktor: MIRANDA DE SOUSA, João

Hauptabteilung Humanressourcen
Direktor: MUÑOZ, Juan Ramón Rubio

Hauptabteilung Informationstechnologien und Gebäudeverwaltung
Direktor: VANAEKEN, Marc

Hauptabteilung Qualitätsmanagement
Direktor: COPINE, William

Hauptabteilung Marken
Direktor: JAKOBSEN, Hans

Abteilung Gerichtsverfahren im Bereich gewerblicher Rechtsschutz
Direktor: MONTALTO, Oreste

Das Amt hat seine Tätigkeit am 1. 4. 1996 aufgenommen. Es ist zuständig für das Verfahren zur Eintragung von Marken nach der Verordnung (EG) Nr. 40/94 des Rats vom 20. 12. 1993 über die Gemeinschaftsmarke (ABl Nr. L 11 vom 14. 1. 1994). Anträge auf Eintragung einer Marke können in einer der elf Amtssprachen gestellt werden; die Anmeldungen werden von dem Amt in allen Amtssprachen veröffentlicht.

Nach Schaffung der entsprechenden Rechtsgrundlage soll dem Amt auch die Zuständigkeit für die Registrierung von Geschmacksmustern übertragen werden.

9 Die Europäische Stiftung für Berufsbildung (ETF)

Villa Gualino, Viale Settimo Severo, 65, **10133 Torino, Italien;**
Tel 00 39-01 1/6 30 22-22;
Fax 00 39-01 1/6 30 22-00;
e-mail info@etf.eu.int
http://www.etf.eu.int

Vorsitzender des Vorstandes: VAN DER PAS, Klaus
Vertreter der Kommission: RUETE, Matthias
Direktorin: DUNBAR, Muriel
Stellvertretender Direktor: HILLENKAMP, Ulrich

Die Stiftung unterstützt die Schaffung berufsbegleitender Bildungsmaßnahmen in den mittel- und osteuropäischen Ländern, die im Programm TACIS gefördert werden.

10 Die Europäische Beobachtungsstelle für Drogen und Drogensucht (EMCDDA)

Palacete Mascarenhas, Rua da Cruz de Santa Apolónia, 23-25, **1149-045 Lissabon, Portugal;**
Tel 00 35 1-2 1/8 11 30 00;
Fax 00 35 1-2 1/8 13 17 11;
e-mail info@emcdda.org
http://www.emcdda.org

Vorsitzender des Vorstandes: REIMEN, Marcel
Direktor: ESTIEVENART, Georges

Die Beobachtungsstelle sammelt vergleichbare Statistiken zu Drogen und zur Drogensucht in den Mitgliedstaaten.

11 Das Übersetzungszentrum für die Einrichtungen der Europäischen Union (CDT)

Bâtiment Nouvel Hémicycle, rue du Fort Thüngen, **1499 Luxemburg, Luxemburg;**
Tel 00 35 2/42 17 11-1;
Fax 00 35 2/42 17 11-2 20;
e-mail cdt@cdt.eu.int
http://www.cdt.eu.int

Vorsitzender des Verwaltungsrates: LÖNNROTH, Karl-Johan
Direktor: DE VICENTE, Francisco

Übersetzung
Abteilungsleiterin: FERNÁNDEZ, Marie-Anne

Allgemeine Verwaltung
Abteilungsleiter: RODRÍGUEZ, Isidoro

IT-Abteilung
Abteilungsleiter: HAWES, Bernard

Das Übersetzungszentrum übernimmt für alle dezentralisierten Gemeinschaftsorgane die Übersetzung in alle 11 Amtssprachen.

12 Die Europäische Agentur für Gesundheitsschutz und Sicherheit am Arbeitsplatz

Gran Via, 33, **48009 Bilbao, Spanien**;
Tel 00 34-94/4 79 43-60;
Fax 00 34-94/4 79 43-83;
e-mail information@osha.eu.int
http://www.agency.osha.eu.int

Direktor: KONKOLEWSKY, Hans-Horst

Die Einrichtung der Agentur wurde per Verordnung am 20. Juni 1994 beschlossen. Sie soll den Informationsaustausch und die Zusammenarbeit zwischen den Mitgliedstaaten unterstützen. Ausbildungskurse und weitere Maßnahmen zum Gesundheitsschutz und der Sicherheit am Arbeitsplatz sollen entwickelt werden.

13 Das Gemeinschaftliche Sortenamt (CPVO)

BP 2141, 49021 Angers cedex 02
3, boulevard Marechal Foch, **49100 Angers**, Frankreich;
Tel 00 33-2/41 25 64-00;
Fax 00 33-2/41 25 64-10;
e-mail cpvo@cpvo.eu.int
http://www.cpvo.eu.int

Präsident des Verwaltungsrates: GODINHO, Carlos
Vizepräsident des Verwaltungsrates: ZACH, Heinz-Peter
Präsident des Amtes: KIEWIET, Bart P.
Vizepräsident des Amtes: ELENA, José

Technische Abteilung
Abteilungsleiter: THEOBALD, Dirk

Verwaltungs- und Finanzabteilung
Abteilungsleiter: WALLERSEN, Martin

Personalabteilung
Abteilungsleiterin: ISGREN, Anna

Juristische Abteilung
Abteilungsleiter: EKVAD, Martin

Datenverarbeitung
Informatiker: CURNIER, Jean-Louis
Informatiker: LECOQ, Patrick

Die Agentur wurde durch die Verordnung (EG) Nr. 2100/94 vom 27. Juli 1994 geschaffen. Sie hat ihre Arbeit am 27. 4. 1995 aufgenommen und erteilt gemeinschaftsweit geltende gewerbliche Schutzrechte für Pflanzensorten, die unterscheidbar, homogen und beständig sein müssen. Anträge auf Sortenschutz können direkt beim Gemeinschaftlichen Sortenamt oder bei einer der beauftragten nationalen Einrichtungen eines Mitgliedstaates eingereicht werden. Die technischen Prüfungen werden nach den vom Amt erlassenen Richtlinien von den Prüfungsämtern der Mitgliedstaaten durchgeführt.

14 Europäische Stelle zur Beobachtung von Rassismus und Fremdenfeindlichkeit

Rahlgasse 3, **1060 Wien, Österreich**;
Tel 00 43-1/5 80 30-0;
Fax 00 43-1/5 80 30-99;
e-mail office@eumc.eu.int
http://www.eumc.eu.int

Die Europäische Stelle zur Beobachtung von Rassismus und Fremdenfeindlichkeit wurde eingerichtet durch die Verordnung (EG) Nr. 1035/97 vom 2. 6. 1997 (ABl. Nr. L 151 vom 10. 6. 1997). Diese Stelle hat im wesentlichen die Aufgabe, der EU und ihren Mitgliedstaaten objektive, zuverlässige und vergleichbare Daten über Rassismus, Fremdenfeindlichkeit und Antisemitismus auf europäischer Ebene zur Verfügung zu stellen, Ausmaß und Entwicklung dieser Erscheinungen zu untersuchen, ihre Ursachen, Folgen und Auswirkungen zu analysieren und geeignete Gegenmaßnahmen beispielhaft darzustellen. Die Stelle hat ihre Tätigkeit 1998 aufgenommen. Sie veröffentlicht jährlich einen Bericht über ihre Feststellungen und Analysen.
Direktor: WINKLER, Beate

15 Europäische Agentur für den Wiederaufbau (EAR)

Egnatia 4, **54626 Thessaloniki, Griechenland**;
Tel 00 30-23 10/50 51-00;
Fax 00 30-23 10/50 51-72;
e-mail info@ear.eu.int
http://www.ear.eu.int

Die Europäische Agentur für den Wiederaufbau wurde nach dem Ende des Bürgerkrieges im Kosovo mit der Verordnung (EG) Nr. 2454/99 vom 15. 11. 1999 (ABl. Nr. L 299 vom 20. 11. 1999) geschaffen. Die Agentur soll den Wiederaufbau im Kosovo und die Rückkehr der Flüchtlinge durch konkrete Projekte unterstützen. Sie bereitet dazu die entsprechenden Programme vor und führt sie im Namen der Europäischen Kommission aus. Sobald die politischen Voraussetzungen vorliegen und der Rat eine entsprechende Entscheidung getroffen hat, soll die Tätigkeit der Agentur auf andere Gebiete der Bundesrepublik Jugoslawien ausgedehnt werden.

Die Agentur besitzt eigene Rechtspersönlichkeit und einen eigenen Haushalt. Sie hat einen Verwaltungsrat, der sich aus einem Vertreter pro Mitgliedstaat und zwei Vertretern der Kommission zusammensetzt. Der Direktor der Agentur wird vom Verwaltungsrat auf Vorschlag der Kommission für 30 Monate ernannt.

Die erste Einsatzzentrale der Agentur wurde in Pristina (Kosovo) eingerichtet. Sie nimmt die Infrastruktur der Agentur an deren Sitz in Thessaloniki in Anspruch. Weitere Einsatzzentralen sollen eingerichtet werden, sobald der Rat die Ausweitung der Wiederaufhilfe auf weitere Gebiete der Bundesrepublik Jugoslawien beschlossen hat.

Direktor: ZINK, Richard

16 Europäische Behörde für Lebensmittelsicherheit (EFSA)

1, rue de Genf, **1140 Brüssel, Belgien**;
Tel 00 32-2/3 37 21 11;
Fax 00 32-2/7 26 68 13;
e-mail info@efsa.eu.int
http://www.efsa.eu.int/index_de.html

Die Europäische Behörde für Lebensmittelsicherheit wurde nach einer Reihe von Futtermittelskandalen mit der Verordnung (EG) Nr. 178/2002 vom 28. 1. 2002 (ABl. Nr. L 31 vom 1. 2. 2002) geschaffen. Die Behörde soll einerseits den Verbraucherschutz stärken und andererseits die Bedingungen für ein reibungsloses Funktionieren des Binnenmarktes verbessern. Sie soll als unabhängige wissenschaftliche Referenzstelle für alle Fragen der Lebensmittel- und Futtermittelsicherheit fungieren und die Zusammenarbeit zwischen den auf nationaler oder regionaler Ebene für Risikoanalysen und Risikomanagement zuständigen Stellen fördern. Aufgabe der Behörde ist es, alle einschlägigen Daten zu sammeln und auszuwerten, im Auftrag der Kommission, des Europäischen Parlaments oder der Mitgliedstaaten wissenschaftliche Gutachten zu erstellen oder selbst wissenschaftliche Studien in Auftrag zu geben. Dabei kann sie sich auf ein Netz von Spitzenlabors in den Mitgliedstaaten stützen.

Die Behörde wird geleitet von einem auf die Dauer von 5 Jahren ernannten Geschäftsführenden Direktor sowie einem Verwaltungsrat, dessen 14 Mitglieder alle Glieder der "Lebensmittelkette" repräsentieren und der das Arbeitsprogramm der Behörde aufstellt. Die gutachterliche Tätigkeit erfolgt im Wissenschaftlichen Ausschuss und in Wissenschaftlichen Gremien. Ein Beirat aus Vertretern der entsprechenden Stellen der Mitgliedstaaten sorgt für die enge Zusammenarbeit mit den nationalen und regionalen Stellen und berät den Geschäftsführenden Direktor.

Leitender Direktor: PODGER, Geoffrey

17 Europäisches Organ zur Stärkung der justiziellen Zusammenarbeit (EUROJUST)

Maanweg 174, **2516 AB Den Haag, Niederlande**;
Tel 00 31-70/41 25-0 00;
Fax 00 31-70/41 25-5 55;
e-mail info@eurojust.eu.int
http://www.eurojust.eu.int

Präsident: KENNEDY, Michael

18 Europäische Agentur für Flugsicherheit

PA: 10 12 53, 50452 Köln, Deutschland
Ottoplatz 1, **50679 Köln, Deutschland**;
Tel 00 49-2 21/8 99 90-00 00;
Fax 00 49-2 21/8 99 90-99 99;
e-mail tren-easa-info@cec.eu.int
http://www.easa.eu.int

Die Europäische Agentur für Flugsicherheit wurde eingerichtet durch die Verordnung (EG) Nr. 1592/2002 vom 15. 7. 2002 (ABl. Nr. L 240 vom 7. 9. 2002). Sie hat ihre Arbeit im September 2003 aufgenommen.

Die Agentur unterstützt die Europäische Kommission bei der Festlegung und Anwendung neuer gemeinsamer Vorschriften für die Sicherheit und die Umweltverträglichkeit in der Zivilluftfahrt. Sie soll ein einheitliches und hohes Schutzniveau gewährleisten und ist zuständig für die Durchführung eines einheitlichen, EU-weiten Zulassungsverfahrens für luftfahrttechnische Erzeugnisse (Flugzeuge und Komponenten). Entscheidungen in Sicherheitsfragen werden vom Exekutivdirektor der Agentur getroffen, der wiederum einer unabhängigen Beschwerdekammer untersteht, die überprüft, ob die Verordnung und die von der Kommissioin angenommenen entsprechenden Durchführungsmaßnahmen ordnungsgemäß angewendet wurden.

Organe der Agentur sind der *Verwaltungsrat*, der sich aus einem Vertreter pro Mitgliedstaat und einem Vertreter der Kommission zusammensetzt, und der *Exekutivdirektor*, der vom Verwaltungsrat für die Dauer von fünf Jahren ernannt wird. Er stellt unter Aufsicht der Kommission den Haushalt auf, sorgt für einen reibungslosen Arbeitsablauf innerhalb der Agentur und erläßt insbesondere Einzelfallentscheidungen in Sicherheitsfragen. Außerdem verfügt die Agentur über eine oder mehrere Beschwerdekammern, die die vom Exekutivdirektor getroffenen Entscheidungen überprüfen.

Direktor: GOUDOU, Patrick

19 Europäische Agentur für die Sicherheit des Seeverkehrs (EMSA)

12, rue de Genf, **1049 Brüssel, Belgien** (vorläufige Anschrift);
Tel 00 32-2/2 98 58 12;
Fax 00 32-2/2 99 80 59;
e-mail maritime-safety@cec.eu.int
http://www.emsa.eu.int

Die Europäische Agentur für die Sicherheit des Seeverkehrs wurde als Reaktion auf die Havarie des Öltankers »Erika« durch die Verordnung (EG) Nr. 1406/2002 vom 27. 6. 2002 (ABl. Nr. L 208 vom 5. 8. 2002) eingerichtet. Sie hat ihre Tätigkeit Anfang 2003 in Brüssel aufgenommen. Ihr endgültiger Sitz wird in Lissabon sein.

Die Agentur leistet einen Beitrag zur Verbesserung der Seeverkehrssicherheit in den Gewässern der Gemeinschaft insgesamt, um das Risiko von Unfällen, der Meeresverschmutzung durch Schiffe und des Verlusts von Menschenleben auf See zu verringern. Sie berät die Kommission technisch und wissenschaftlich in Fragen der Seeverkehrssicherheit sowie im Bereich Verhütung der Verschmutzung durch Schiffe und unterstützt sie somit bei der fortlaufenden Erarbeitung und Aktualisierung von Rechtsakten, bei der Überwachung ihrer Umsetzung und bei der Evaluierung der Effizienz bestehender Maßnahmen. Um das ordnungsgemäße Funktionieren des Sicherheitssystems der Gemeinschaft im Seeverkehr und die Verhütung der Verschmu-

tzung durch Schiffe zu überprüfen, führen Vertreter der Agentur Inspektionen in den Mitgliedstaaten durch.
Ferner leistet die EMSA aktive Unterstützung bei der Verstärkung des Gemeinschaftssystems der Hafenstaatkontrolle, bei der Kontrolle der auf europäischer Ebene anerkannten Klassifikationsgesellschaften, bei der Erarbeitung eines gemeinsamen Vorgehens bei der Untersuchung von Seeunfällen sowie bei der Einrichtung eines europäischen Informationssystems für den Schiffsverkehr. Darüber hinaus arbeitet die Agentur eng mit den Mitgliedstaaten zusammen.

Leitender Direktor: DE RUITER, Willem

20 Institut der Europäischen Union für Sicherheitsstudien (EUISS)

43, avenue du Président Wilson,
75775 Paris cedex 16, Frankreich;
Tel 00 33-1/5 68 91 93-0;
Fax 00 33-1/5 68 91 93-1;
e-mail institute@iss-eu.org
http://www.iss.eu.org

Direktorin: GNESOTTO, Nicole

21 Satellitenzentrum der Europäischen Union (EUSC)

Apdo.de Correos, 511,
28850 Torrejón de Ardoz, Spanien;
Tel 00 34-9/1 67 86 00-0;
Fax 00 34-9/1 67 86 00-6;
e-mail info@eusc.org
http://www.eusc.org

Direktor: DAVARA, Fernando

22 Europäische Eisenbahnagentur (ERA)

Immeuble Philippe de Hainaut, Boulevard Harpignies, **59300 Valenciennes, Frankreich**;

Die Europäische Eisenbahnagentur wurde geschaffen durch die Verordnung (EG) Nr. 881/2004 vom 29. 4. 2004 (ABl. Nr. L 164 vom 30. 4. 2004). Sie soll die Schaffung eines einheitlichen europäischen Eisenbahnraums fördern, indem sie die Wettbewerbsfähigkeit der Eisenbahnunternehmen durch verbindliche technische Spezifikationen für die Interoperabilität der verschiedenen Systeme und die Entwicklung eines gemeinsamen Sicherheitskonzepts stärkt. Die Agentur führt dazu die bisher von der Europäischen Vereinigung für die Interoperabilität im Bereich der Bahn (AEIF) geleisteten Arbeiten zur technischen Harmonisierung weiter, geht jedoch im Interesse einer Förderung der Innovation im Bereich der Sicherheit und Interoperabilität im Eisenbahnverkehr über den bisherigen Rahmen hinaus.
Die Agentur hat eigene Rechtspersönlichkeit und verfügt über einen eigenen Haushaltsplan, der im Wesentlichen auf einem Beitrag der Gemeinschaft beruht. Die Agentur wird geleitet von einem Direktor, der in seinen Stellungnahmen und Empfehlungen ebenso unabhängig ist wie in der Führung der Tagesgeschäfte der Agentur. Der Direktor wird ernannt vom Verwaltungsrat, in dem die Mitgliedstaaten und die Kommission vertreten sind.
Die Agentur nimmt ihre Arbeiten im ersten Halbjahr 2005 auf.

Exekutivdirektor: VERSLYPE, Marcel

23 Europäische Agentur für Netz- und Informationssicherheit (ENISA)

Avenue de Beaulieu 33, **1049 Brüssel, Belgien**
(vorläufige Anschrift)
Fax 00 32-2/299 43 74
e-mail enisa-info@cec.eu.int
http://www.enisa.eu.int

Die Europäische Agentur für Netz- und Informationssicherheit wurde geschaffen durch die Verordnung (EG) Nr. 460/2004 vom 10. 3. 2004 (ABl. Nr. 77 vom 13. 3. 2004). Sie soll die Gemeinschaft dabei unterstützen, die Netz- und Informationssicherheit auf einem besonders hohen Niveau zu gewährleisten. Die Agentur soll zur Entwicklung einer Kultur der Netz- und Informationssicherheit und damit mittelbar zum reibungslosen Funktionieren des Binnenmarkts beitragen.

Die Agentur hilft der Kommission, den Mitgliedstaaten und der Wirtschaft, die Anforderungen an die Netz- und Informationssicherheit – einschließlich der in geltenden und künftigen Rechtsvorschriften der Gemeinschaft – zu erfüllen. Sie soll als Fachzentrum für die Mitgliedstaaten und die EU-Organe dienen, an das sie sich mit Fragen der Netz- und Informationssicherheit wenden können. Dazu wird die Agentur folgende Aufgaben wahrnehmen:
- Erhebung von Informationen zur Analyse der derzeitigen und absehbaren Risiken;
- Zusammenarbeit zwischen verschiedenen Akteuren insbesondere durch öffentlich-private Partnerschaften mit der Industrie in der EU und/oder auf weltweiter Ebene;
- Sensibilisierung und Förderung von Risikobewertungsmaßnahmen und bewährten Verfahren für interoperable Lösungen für das Risikomanagement;
- Überwachung der Entwicklung von Standards für Produkte und Dienstleistungen im Bereich der Netz- und Informationssicherheit.

ENISA wird ihren Sitz in Heraklion (Griechenland) haben.

24 Exekutiv-Agentur für Intelligente Energie

Rue De Mot 24, **1040 Brüssel, Belgien**
(vorläufige Anschrift)
http://europa.eu.int/comm/energy/intelligent/intelligent_energy_executive_agency

Die Exekutiv-Agentur für Intelligente Energie wurde eingesetzt durch die Entscheidung Nr. 2004/20/EG. Sie ist verantwortlich für die Durchführung des mehrjährigen Programms für Maßnahmen im Energiebereich »Intelligente Energie – Europa«.

Direktor: LAMBERT, Patrick

V Zwischenstaatliche Einrichtungen auf der Ebene der EU

1 EUROPOL

Postbus 90850, NL-2509 LW Den Haag, Niederlande
Raamweg 47, **2596 HN Den Haag, Niederlande;**
Tel 00 31-70/3 02 50 00;
Fax 00 31-70/3 45 58 96;
e-mail info@europol.eu.int
http://www.europol.eu.int
Direktor: RATZEL, Max-Peter
Stellv. Direktor: BRUGGEMAN, Willy
Stellv. Direktor: VALLS RUSSEL, David
Stellv. Direktor: MAROTTA, Emanuelle
Stellv. Direktor: LECLAIR, Gilles

Das Europäische Polizeiamt (EUROPOL) ist eine zwischenstaatliche Einrichtung zur Verbesserung der Leistungsfähigkeit der nationalen Polizeibehörden bei der Verhütung und Bekämpfung des Terrorismus, des illegalen Drogenhandels und sonstiger schwerer Formen der internationalen Kriminalität. Rechtsgrundlage sind Artikel 30 des Vertrags über die Europäische Union sowie das Übereinkommen vom 26. 7. 1995 (ABl. Nr. C 316 vom 27. 11. 1995), das zum 1. 9. 1998 in Kraft getreten ist.

Die Aufgaben von EUROPOL liegen in der Sammlung und der Analyse von Daten, im Austausch von Informationen mit den nationalen Polizeibehörden und anderen Stellen wie zum Beispiel Interpol sowie in der Bereitstellung von Expertenwissen und der technischen Unterstützung bei Ermittlungen und operativen Einsätzen der zuständigen Ermittlungsbehörden der Mitgliedstaaten. Dagegen führt EUROPOL selbst keine polizeilichen Ermittlungen durch und arbeitet auch nicht den Staatsanwaltschaften oder Justizbehörden zu.

Die Zuständigkeitsbereiche von EUROPOL wurden schrittweise ausgeweitet. Mit Beschluss des Rates vom 6. 12. 2001 wurde festgelegt, dass EUROPOL sich mit allen Aspekten der internationalen organisierten Kriminalität befassen kann (Betrug, Korruption, Geldfälschung, Drogenschmuggel, organisierter Diebstahl und Raub, Menschenschmuggel, Bekämpfung des Terrorismus und der Nuklearkriminalität). Im Rahmen dieses weit gefassten Aufgabenbereichs legt der Rat jeweils auf Vorschlag des EUROPOL-Verwaltungsrats Prioritäten fest.

Im Rahmen von EUROPOL arbeiten Verbindungsbüros der nationalen Polizeibehörden, die jeweils Zugang zu den nationalen Datenbanken haben. Ein übergreifendes Datenverarbeitungssystem von EUROPOL ist im Aufbau.

EUROPOL hat derzeit etwa 250 Mitarbeiter, darunter 45 Verbindungsbeamte der nationalen Polizeibehörden. Seine Aktivitäten werden überwacht von einem Verwaltungsrat, der sich aus je einem Vertreter der EU-Mitgliedstaaten zusammensetzt.

Im Rahmen seines Mandats arbeitet EUROPOL u. a. mit dem Europäischen Amt für Betrugsbekämpfung (OLAF) und der Europäischen Zentralbank (EZB) zusammen.

2 Das Europäische Hochschulinstitut

European University Institute – IUE
Badia Fiesolana
Via dei Roccettini, 9
50016 San Domenico di Fiesole, Firenze, Italien;
Tel 00 39-05 5/4 68 51;
Fax 00 39-05 5/4 68 52 98, 59 98 87;
e-mail webmaster@iue.it, tele-site@iue.it
http://www.iue.it
Präsident: MÉNY, Yves

Das Europäische Hochschulinstitut ist eine zwischenstaatliche Einrichtung, die von den Mitgliedstaaten der EU gegründet wurde, und keine Einrichtung der EU selbst. Der Gründungsvertrag wurde am 19. 4. 1972 von den damaligen EU-Mitgliedstaaten Belgien, Bundesrepublik Deutschland, Frankreich, Italien,

Luxemburg und den Niederlanden unterzeichnet. In der Zwischenzeit sind auch die anderen Mitgliedstaaten beigetreten. Das Europäische Hochschulinstitut hat seine Arbeiten im Herbst 1976 aufgenommen. Sitz des Instituts ist Fiesole bei Florenz. Seine Aufgabe ist es, durch postuniversitäre Forschung und Lehre auf dem Gebiet der Geistes- und Gesellschaftswissenschaften zur Entwicklung und Förderung des kulturellen wissenschaftlichen Erbes der Europäischen Union in ihrer Einheit und in ihrer Vielfalt beizutragen. Das Institut wird im Wesentlichen durch Beiträge der Mitgliedstaaten sowie durch einen Zuschuss der Kommission finanziert.

Das Europäische Hochschulinstitut hat folgende vier Fakultäten:
- Geschichte und Zivilisation,
- Wirtschaftswissenschaften,
- Rechtswissenschaften,
- Politik- und Sozialwissenschaften.

Die Studiengänge sind auf ein Jahr (Studenten, die den Grad eines LL.M. erwerben wollen) bzw. auf drei Jahre (für Studenten, die den Doktorgrad erwerben wollen) angelegt. Die Studenten erhalten ein Stipendium ihres Herkunftsstaates oder des Hochschulinstituts.

Organe des Hochschulinstituts sind:
- Der *Oberste Rat*, der sich aus Vertretern der Mitgliedstaaten zusammensetzt. Er legt die generelle Politik und die interne Ordnung des Instituts fest, verabschiedet den Haushalt und ernennt den Präsidenten sowie den Generalsekretär.
- Der *Präsident*, der das Institut leitet.
- Der *Generalsekretär*, der den Präsidenten unterstützt.
- Der *Akademische Rat*, der für alle Fragen von Forschung und Lehre zuständig ist, den Lehrkörper ernennt und die Studenten zulässt.

3   Das Europakolleg Brügge

Collège d'Europe
11, Dijver
8000 Brügge, Belgien;

Tel 00 32-50/4 77 11-1;
Fax 00 32-50/4 77 11-0;
e-mail info@coleurop.be
http://www.coleurop.be
Rektor: DEMARET, Paul

Das Europakolleg Brügge wurde 1949 von den Mitgliedstaaten des Europarats gegründet. Es bietet Studenten mit Hochschulabschluss die Möglichkeit, sich in einem einjährigen Aufbaustudium vertiefend mit den Problemen der Einheit und Integration Europas zu befassen und ein Diplom zu erwerben. Jedes Jahr werden etwa 200 Studenten zugelassen, die zum größten Teil Stipendien der Mitgliedstaaten des Europarats oder anderer Institutionen erhalten. Zugelassen werden können junge Akademiker, die einen Abschluss in den Bereichen Rechtswissenschaften, Wirtschaftswissenschaften oder Politikwissenschaften haben und ausreichende Englisch- und Französischkenntnisse haben. Ein spezieller Zugang wird jungen Akademikern aus den Staaten Mittel- und Osteuropas eröffnet, um den Reformprozess in diesen Ländern zu fördern. Das Studienprogramm umfasst fachspezifische Studien mit den Schwerpunkten Europäische Verwaltung, Europäisches Recht oder Europäische Wirtschaft sowie pluridisziplinäre Studien. Die Arbeitssprachen des Europakollegs sind ausschließlich Englisch und Französisch.

Das Europakolleg wird organisatorisch geleitet von einem *Verwaltungsrat*, der sich aus Vertretern der Mitgliedstaaten und der Institutionen zusammensetzt, die seinen Haushalt finanzieren. Die Studienprogramme werden von einem *Akademischen Rat* festgelegt, in dem unter dem Vorsitz des *Rektors* Professoren, Assistenten und Studenten vertreten sind. Der Lehrkörper besteht aus Professoren und Praktikern aus den Mitgliedstaaten des Europarats und Institutionen der EU.

Bewerbungen für die Zulassung zum Studium sind an die nationalen Auswahlorganisationen zu richten (mit einem Duplikat an das Rektorat des Europakollegs), Bewerbungen für ein Stipendium an die nationalen Auswahlorganisationen.

VI Die Vertretungen der Mitgliedstaaten bei der EU

1 Rechtsgrundlage und Zuständigkeiten

Nach Artikel 207 EG-Vertrag hat ein Ausschuss, der sich aus den Ständigen Vertretern der Mitgliedstaaten zusammensetzt (AStV, französisch COREPER, vgl. oben unter III. 1) die Aufgabe, die Arbeiten des Rates vorzubereiten und die ihm vom Rat übertragenen Aufträge auszuführen. Diese Bestimmung ist an die Stelle von inhaltlich gleichlautenden Bestimmungen in den drei Gründungsverträgen getreten, die ebenfalls bereits eine Beteiligung der Ständigen Vertreter der Mitgliedstaaten an den Arbeiten des Rates vorsahen. Die Einsetzung dieses Ausschusses ist die Konsequenz daraus, dass der Ministerrat nur periodisch tagt und die zu entscheidenden Fragen vielfach technischer Art sind, so dass die Ratstagungen auf Beamtenebene vorbereitet werden müssen.

Da die Ständigen Vertreter bei der Fülle der Aufgaben und Zuständigkeiten der EU die Arbeiten des Rates nicht allein vorbereiten bzw. die vom Rat übertragenen Aufträge ausführen könnten, stehen ihnen als Verwaltungsapparat eigene Behörden zur Verfügung, eben die Ständigen Vertretungen. Die Ständigen Vertretungen sind die EU-Botschaften der Mitgliedstaaten. Sie sind das Bindeglied zwischen der EU und den Mitgliedstaaten. Ihre Aufgabe ist es, einerseits die Mitgliedstaaten über Entwicklungen auf der Ebene der EU auf dem Laufenden zu halten und andererseits die Mitwirkung der Mitgliedstaaten an der Meinungsbildung auf der Ebene der EU, die sich im Wesentlichen im Rat vollzieht, sicherzustellen. Sie stehen dazu im ständigen Kontakt mit den Institutionen der EU (vor allem mit dem Generalsekretariat des Rates und den Dienststellen der Kommission) und den zuständigen Behörden ihres Heimatlandes (vor allem den zuständigen Ministerien). Sie bereiten die Verhandlungen des Rates auf der Ebene der Ratsgruppen und des AStV sowie die Ratstagungen selbst vor, nehmen an der Meinungsbildung auf der Ebene der nationalen Regierung teil und nehmen allgemeine diplomatische Aufgaben (wie z. B. die Vorbereitung und Betreuung des Besuchs von Regierungsmitgliedern bei den Institutionen der EU) wahr.

2 Organisation und Arbeitsweise

Die Ständigen Vertretungen unterstehen den Außenministern, die – soweit sie ihre Befugnisse nicht auf die Fachminister delegiert haben – die allgemein zuständigen Vertreter ihrer Mitgliedstaaten im Ministerrat sind (vgl. oben unter I. 1). Sie sind diplomatische Vertretungen und genießen entsprechende, im Protokoll über die Vorrechte und Befreiungen der Europäischen Wirtschaftsgemeinschaft näher geregelte diplomatische Rechte. Sie werden geleitet von einem Ständigen Vertreter (»Botschafter«) und dessen ständigem Stellvertreter. Da ihre Aufgabe die Vorbereitung und Begleitung der Arbeiten des Rates auf allen Gebieten umfasst, setzt sich das Personal der Ständigen Vertretungen aus Mitarbeitern nicht nur der Außenministerien, sondern auch aus Mitarbeitern der anderen mit EU-Fragen befassten Ministerien zusammen. Die Ständigen Vertretungen stellen damit ein Spiegelbild der nationalen Regierungen dar. Je nach der Größe der Ständigen Vertretungen (die der größeren Mitgliedstaaten haben ca. 100 Mitarbeiter) schlägt sich die Vielfalt der berührten fachlichen Bereiche in einer unterschiedlich tiefen Gliederung der inneren Organisationsstruktur nieder.

Die Mitarbeiter der Ständigen Vertretungen führen die Verhandlungen in den Ratsgruppen allein oder gemeinsam mit den von den Regierungen der Mitgliedstaaten dazu speziell entsandten Fachbeamten; bei sehr speziellen Fragen, für die in den mehr auf Querschnittsaufgaben eingerichteten Ständigen Vertretungen ein fachlich zuständiger Mitarbeiter fehlt, führen die Beamten aus den nationalen Ministerien die Verhandlungen jedoch auch allein. Auf der Ebene des Ausschusses der Ständigen

Vertreter (AStV) sind nur die Ständigen Vertretungen vertreten. Die Delegationen werden im AStV-Teil 2, der sich mit der Vorbereitung der im Rat »Allgemeine Angelegenheiten und Außenbeziehungen«, im Rat der Wirtschafts- und Finanzminister (ECO/FIN), sowie im Rat der »Justiz- und Inneres« behandelten Themen befasst, von den Ständigen Vertretern selbst geleitet. Im AStV-Teil 1, der sich mit der Vorbereitung der übrigen Themen befasst, werden die Delegationen von den Stellvertretern der Ständigen Vertreter geleitet. Ist ein Mitgliedstaat bei einer Ratstagung nicht durch ein Regierungsmitglied vertreten, übernehmen die Ständigen Vertreter die Delegationsleitung. Sie haben jedoch kein Stimmrecht (vgl. oben unter III.1.2.1). Auf allen drei Ebenen der Beratungen sind die Ständigen Vertreter und ihre Mitarbeiter an die Weisungen der jeweiligen Regierung gebunden.

3 Die Ständige Vertretung Deutschlands

Ständige Vertretung der Bundesrepublik Deutschland bei der Europäischen Union
19-21, rue Jacques de Lalaing, **1040 Brüssel, Belgien;**
Tel 00 32-2/2 38 18 11;
Fax 00 32-2/2 38 19 78;
e-mail info@eu-vertretung.de
http://www.eu-vertretung.de
Außerordentlicher und bevollmächtigter Botschafter, Ständiger Vertreter: S. E.
SCHÖNFELDER, Wilhelm

WITT, Peter, Stellvertreter des Ständigen Vertreters, Botschafter

Politik
SCHÄFERS, Reinhard, Botschafter, Ständiger Vertreter bei der WEU, Vertreter im Interims-PSK
KNOOP, Claas, Gesandter
LÖPER, Friedrich, Gesandter-Botschaftsrat, Leiter Inneres I
MEYER, Wolfgang, Gesandter-Botschaftsrat, Leiter Militärpolitik
ROELL, Peter, Gesandter-Botschaftsrat, GASP
SCHWALL, Ernst, Erster Botschaftsrat
BLÖINK, Thomas, Erster Botschaftsrat, Leiter Rechtspolitik
KITSCHELT, Friedrich, Erster Botschaftsrat, Leiter WZ
KNACKSTEDT, Dorothee, Erste Botschaftsrätin, Leiterin Inneres II
BONER, Gabriele, Botschaftsrätin, Zusammenarbeit der EU mit Drittstaaten und internationalen Organisationen
VON USLAR-GLEICHEN, Tanja, Erste Botschaftsrätin, WEU, Ziviles Krisenmanagement
BECKMANN, Andreas, Botschaftsrat, Asyl, Flüchtlingsfragen, Migration
BINDER, Axel-Georg, Botschaftsrat, Militärpolitik
BISCHOFF, Gabriele, Botschaftsrätin, sozialer Dialog und Beziehungen zu WSA
BOECKLE, Hardy, Botschaftsrat, Antici
MEYER, Klaus-Jörg, Botschaftsrat, justizielle Zusammenarbeit, Zivilrecht/Strafrecht
NAGANO, Barbara, Botschaftsrätin, Kultur, EU-Sprachen
PFEIFFER, Ulrich, Botschaftsrat, Militärpolitik
SCHIEB, Thomas, Botschaftsrat, GASP
SCHOOF, Peter, Botschaftsrat, Leiter Presse
SCHUMACHER, Andrea, Botschaftsrätin, Europol, Organisierte Kriminalität, Schengen
SÜDBECK, Hans-Ulrich, Botschaftsrat, Westbalkan, Südamerika
VON SCHROETER, Helmut, Botschaftsrat, Militärpolitik
FRICKE, Corinna, Erste Botschaftssekretärin, Presse
GEIER, Karsten, Erster Sekretär, Politisch-militärische Gruppe
HOCHMÜLLER, Tilman, Erster Botschaftssekretär, Institutionelle Fragen, ESVP, Sprache, Presse
HÖGER, Andreas, Erster Botschaftssekretär, Asyl, Flüchtlingsfragen, Migration
LORENTZ, Jens, Erster Botschaftssekretär, Europäisches Parlament
POHL, Thomas, Erster Botschaftssekretär, Drogen, Terrorismus

SCHMIEDCHEN, Frank, Erster Botschaftssekretär, Entwicklungszusammenarbeit
SIMON, Henning, Erster Botschaftssekretär, Beziehungen zu RUS/NUS, USA, Kanada
BÖHNKE, Barbara, Zweite Botschaftssekretärin, Gleichstellung, Jugend, Senioren, Familie, Wohlfahrtsverbände
MICHEL, Thomas, Zweiter Botschaftssekretär, Visa, Außengrenzen
BECKER, Dieter, Dritter Botschaftssekretär, GASP
EICK, Caroline, Dritte Botschaftssekretärin, Presse
BARTELMESS, Ursula, Botschaftsattaché, GASP-Sekretäriat
GRAF, Karolin, Botschaftsattaché, Büroleiterin
EICH, Elmar, Oberamtsrat, Erweiterung, Afrika
GILLHOFF, Nikola, Oberamtsrätin, EU-Personalfragen, Protokoll, Asien
KAUFMANN-BÜHLER, Ines, Oberamtsrätin, rechtliche Aspekte Binnenmarkt
NÜNKE, Manfred, Oberamtsrat, Entwicklungszusammenarbeit

Wirtschaft
HETMEIER, Heinz, Gesandter-Botschaftsrat, Leiter Abteilung Wirtschaft
SCHOLLMEYER, Eberhard, Botschaftsrat, Wirtschaftsrecht und anderes Geistiges Eigentum, Gesellschaftsrecht
WETZEL, Frank, Botschaftsrat, Wettbewerbsfähigkeit, Industriepolitik, KMU, Wettbewerb
BÖHLER, Wolfdieter, Erster Botschaftssekretär, öffentliche Aufträge, Post, Technologie, EURATOM
SCHULTZ, Michael, Erster Botschaftssekretär, Energie, Binnenmarkt, Wettbewerbsrecht
WISTUBA, Christine, Erste Botschaftssekretärin, Leiterin Referat Umwelt
ENGELS, Ulrike, Zweite Botschaftssekretärin, wirtschaftliche Beziehungen zu Zentraleuropa, Asien

MEYER, Michael, Zweiter Botschaftssekretär, Zollangelegenheiten
RADDE, Frank-Michael, Zweiter Botschaftssekretär, Mertens-Gruppe, Koordinierung/Vorbereitung AStV-1
ROHM, Jürgen, Zweiter Botschaftssekretär, Telekommunikation, Infogesellschaft
HOFMANN, Ina, Dritte Botschaftssekretärin, Büroleiterin
LANGHALS, Werner, Dritter Botschaftssekretär, Textil, APS, Antidumping
LUXEM, Monika, Zweite Botschaftssekretärin, Umwelt

Finanzen
GLOMB, Wolfgang, Gesandter-Botschaftsrat, Leiter Referat Finanzdienstleistungen
RIßMANN, Wilhelm, Gesandter-Botschaftsrat, Leiter Abteilung Finanzen
ARNOLDI, Gabriele, Botschaftsrätin, EU-Versicherungswesen
HAVERKAMP, Christina, Botschaftsrätin, Beihilfen-, Struktur- und Kohäsionspolitik
HEUSER, Günther, Botschaftsrat, Wirtschafts- und Währungsunion
KERKLOH, Werner, Botschaftsrat, EU-Finanzmarktharmonisierung, insbesondere im Bankenbereich
SAILER-SCHUSTER, Adelheid, Erste Botschaftsrätin, EP-Angelegenheiten der Finanzmarktintegration
TEN EICKEN, Ulrike, Botschaftsrätin, Steuern
WETZ, Clemens, Botschaftsrat, Haushalt, EU-Beamtenstatut
KOLASSA, Doris, Erste Botschaftssekretärin, EU-Wertpapier- und Investmentwesen
ROMEIS, Andrea, Botschaftsattaché, PHARE, TACIS

Arbeit und Soziales
HAGEN, Eckehart, Gesandter-Botschaftsrat, Leiter Referat Arbeit und Soziales
BARTH, Bruno, Botschaftsrat, Arbeits- und Sozialpolitik
HEIDRICH, Werner, Dritter Botschaftssekretär, Büroleiter

Verkehr
SCHIMMIG, Stefan, Erster Botschaftsrat, Leiter Referat Verkehr
BÜRKHOLZ, Katja, Oberamtsrätin, Verkehr

Wissenschaft, Forschung und Technologie
MÖNIG, Walter, Leiter Referat Bildung und Forschung
MADDERS, Susanne, Erste Botschaftssekretärin, Bildungspolitik
VON PREUSCHEN, Rüdiger, Botschaftsrat, EU-Forschungspolitik
FAAS, Manfred, Zweiter Botschaftssekretär, Büroleiter

Gesundheit
NIGGEMEIER, Frank, Botschaftsrat, Leiter Referat Gesundheit
HEIN, Roland, Zweiter Botschaftssekretär

Verbraucherschutz, Ernährung, Landwirtschaft
JEUB, German, Gesandter-Botschaftsrat, Leiter Referat Verbraucherschutz, Ernährung und Landwirtschaft
TRUNK, Wolfgang, Erster Botschaftsrat, nachhaltige Landwirtschaft: Sicherheit von Lebens- und Futtermitteln, Pflanzenbau, Pflanzenschutz, Tierschutz und Veterinärwesen
LÖHE, Wolfgang, Erster Botschaftssekretär, gemeinsame Agrarpolitik, gemeinsame Fischereipolitik, Agrarhandelsfragen
INTEMANN, Hermann, Zweiter Botschaftssekretär, Büroleiter, Forstpolitik
O'SULLIVAN, Simone, Zweite Botschaftssekretärin, Verbraucherschutz, Ernährung, Lebensmittelrecht und Bedarfsgegenstände

4 Die Ständige Vertretung Österreichs

Ständige Vertretung Österreichs bei der Europäischen Union
30, avenue de Cortenbergh, **1040 Brüssel, Belgien**;
Tel 00 32-2/2 34 51 00;
Fax 00 32-2/2 35 61 00;
e-mail bruessel-ov@bmaa.gv.at
Außerordentlicher und bevollmächtigter Botschafter: S. E. WOSCHNAGG, Gregor

GEBETSROITHNER, Judith, Stellvertreterin des Ständigen Vertreters, Gesandte

Politische Abteilung
BERTAGNOLI, Elisabeth, Gesandte
KOBLER, Renate, Gesandte-Botschaftsrätin
KLEIN, Sigrid, Botschaftsrätin
OBERREITER, Thomas, Botschaftsrat
HERMGES, Marie-Thérèse, 1. Botschaftssekretärin
DESMEDT-TONCIC-SORINJ, Yvonne, 1. Botschaftssekretärin
KLÖSCH, Bernadette, 1. Botschaftssekretärin
HERMGES, Martin, 2. Botschaftssekretär
SCHNÖLL, Thomas, 2. Botschaftssekretär

Rechtsabteilung
SCHALLENBERG, Alexander, 1. Botschaftssekretär

Presse und Information
POSSANNER, Hans-Georg, Botschaftsrat, Pressesprecher

Besucherdienst
KARAMAT, Elisabeth, Botschaftsattaché

Verwaltung
MÜLLER-FEMBECK, Monika, Botschaftsrätin
POKORNY, Fritz, 1. Botschaftssekretär
GOLATZ, Gerald, 2. Botschaftssekretär

Bundeskanzleramt
WAHSNER, Ulrike, Botschaftsattaché
BIRKLBAUER, Lorenz, Botschaftsattaché

Bildung, Wissenschaft und Kultur
PICHLER, Franz, Gesandter
RINDERER, Mirjam, Botschaftsattaché

Finanzen
LERCHBAUMER, Gerhard, Gesandter

BINDER, Andrea, Botschaftsrätin
PAUL, Rudolf, Botschaftsattaché
SCHAMP, Helmut, Botschaftsattaché

Inneres
ZIEGLER, Gerhard, Gesandter
FELLNER, Andreas, Botschaftsattaché

Justiz
TSCHÜTSCHER, Birgit, Botschaftsrätin
EPPICH, Gertraud, Botschaftsattaché

Land- und Forstwirtschaft, Umwelt und Wasserwirtschaft
STIMMEDER-KIENESBERGER, Botschaftsrat
FLADL, Maria, Botschaftsattaché
HAGG, Verena, Botschaftsattaché
MÜLLER, Christoph, Botschaftsattaché
SEBANZ, Michael, Botschaftsattaché
WALKNER, Günter, Botschaftsattaché

Soziale Sicherheit, Generationen und Konsumentenschutz
URLESBERGER, Franz, Gesandter
SACHSE, Charlotte, Botschaftsrätin

Gesundheit und Frauen
FISCHINGER, Gertraud, Botschaftsrätin
HAAS, Aziza, Botschaftsattaché

Verkehr, Innovation und Technologie
GLÖCKEL, Thomas, Botschaftsattaché
EGERMAIER, Thomas, Botschaftsattaché

Wirtschaft und Arbeit
PREGLAU, Herbert, Gesandter
KRENN, Johannes, Botschaftsrat
ACHBERGER, Susanne, Botschaftsrätin
IGLER, Wolfgang, Botschaftsrat
PROCHAZKA, Robert, 2. Botschaftssekretär
HOFER, Peter, Botschaftsattaché

Verbindungsstelle der Österreichischen Länder
FISCHER, Klemens, Gesandter-Botschaftsrat

Österreichischer Städtebund
WOHLESER, Simona, Botschaftsattaché

Österreichischer Gemeindebund
PETZ, Michaela, Leiterin

Österreichische Nationalbank
PETSCHNIGG, Reinhard, Botschaftsattaché
MASCHEK, Wolfgang, Botschaftsattaché

Wirtschaftskammer Österreich
PISTAUER, Stefan, Gesandter-Botschaftsrat
ÖSER, Victoria, Botschaftsattaché
FOIDL, Alexander, Botschaftsattaché
KNITTEL, Edda, Botschaftsattaché
STOCK, Markus, Botschaftsattaché
SCHENNACH, Barbara, Botschaftsattaché

Bundesarbeitskammer
AUFHEIMER, Elisabeth, Botschaftsrätin
BRENNER, Susanne, Botschaftsattaché
GREIL, Franz, Botschaftsattaché

Präsidentenkonferenz der Österreichischen Landwirtschaftskammern
LÄNGAUER, Martin, Botschaftsrat

Österreichischer Gewerkschaftsbund
REGNER, Evelyn, Botschaftsattaché
RÖPKE, Olivier, Botschaftsattaché

Vereinigung der österreichischen Industrie
BERGER-HENOCH, Berthold, Botschaftsrat
LAMEZAN-SALINS, Dominik, Botschaftsattaché
POGLITSCH, Marion, Botschaftsattaché

Der österreichische Vertreter im politischen und sicherheitspolitischen Komitee
KUGLITSCH, Franz-Josef, Botschafter, Österreichischer Vertreter im politischen und sicherheitspolitischen Komitee
DOCZY, Michael, 1. Botschaftssekretär

Militärausschuss der Europäischen Union
JILKE, Wolfgang, Generalleutnant, Militärischer Vertreter
HOHENWARTER, Manfred, Oberst, Militärischer Berater
TRUMMER, Johann, Oberstleutnant, Militärischer Berater

WIESER, Walter, Oberstleutnant
PREINEDER, Alois, Major, Militärischer
Berater

5 Die Ständigen Vertretungen der übrigen Mitgliedstaaten

Ständige Vertretung Belgiens bei der Europäischen Union
6 A, Rond-Point Schuman, 1040 Brüssel, Belgien;
Tel 00 32-2/2 33 21 11;
Fax 00 32-2/2 31 10 75;
e-mail belrep@belgoeurop.diplobel.fgov.be
Außerordentlicher und bevollmächtigter Botschafter, Ständiger Vertreter:
S. E. DE BOCK, Jan
Stellvertreterin des Ständigen Vertreters:
TUTS, Geneviève

Ständige Vertretung Dänemarks bei der Europäischen Union
73, rue d'Arlon, 1040 Brüssel, Belgien;
Tel 00 32-2/2 33 08 11;
Fax 00 32-2/2 30 93 84;
e-mail eu-rep@brubee.um.dk
http://www.ambassade.dk/dkeu.php3
Außerordentlicher und bevollmächtigter Botschafter, Ständiger Vertreter:
S. E. GRUBE, Claus
Stellvertreter des Ständigen Vertreters,
Botschafter: TRANHOLM-MIKKELSEN, Jeppe

Ständige Vertretung Estlands bei der Europäischen Union
11/13, rue Guimard, 1040 Brüssel, Belgien;
Tel 00 32-2/22 27 39 10;
Fax 00 32-2/2 27 39 25;
e-mail mission@estemb.be
http://www.eu.estemb.be
Außerordentlicher und bevollmächtigter Botschafter, Ständiger Vertreter:
S. E. REINART, Väino
Stellvertreter des Ständigen Vertreters,
Gesandter-Botschaftsrat: NABER, Tiit

Ständige Vertretung Finnlands bei der Europäischen Union
100, rue de Trèves, 1040 Brüssel, Belgien;
Tel 00 32-2/2 87 84 11;
Fax 00 32-2/2 87 84 00;
e-mail press.eue@formin.fi
http://www.eu.finland.fi
Außerordentlicher und bevollmächtigter Botschafter, Ständiger Vertreter:
S. E. KOSONEN, Eikka
Stellvertreterin des Ständigen Vertreters,
Botschafterin: VASKUNLAHTI, Nina

Ständige Vertretung Frankreichs bei der Europäischen Union
14, place de Louvain, 1000 Brüssel, Belgien;
Tel 00 32-2/2 29 82 11;
Fax 00 32-2/2 29 82 82;
http://www.rpfrance-ue.org
Außerordentlicher und bevollmächtigter Botschafter, Ständiger Vertreter:
S. E. SELLAL, Pierre
Stellvertreter des Ständigen Vertreters,
Gesandter: MASSET, Christian

Ständige Vertretung Griechenlands bei der Europäischen Union
25, rue Montoyer, 1000 Brüssel, Belgien;
Tel 00 32-2/5 51 56 11;
Fax 00 32-2/5 51 56 51;
e-mail mea.bruxelles@rp.grece.be
Außerordentlicher und bevollmächtigter Botschafter, Ständiger Vertreter:
S. E. KASKARELIS, Vassilis
Stellvertreter des Ständigen Vertreters,
Gesandter: RALLIS, Dimitrios

Ständige Vertretung Irlands bei der Europäischen Union
89-93, rue Froissart, 1040 Brüssel, Belgien;
Tel 00 32-2/2 30 85 80;
Fax 00 32-2/2 30 32 03;
e-mail anne.anderson@iveagh.gov.ie
Außerordentliche und bevollmächtigte Botschafterin, Ständige Vertreterin:
I. E. ANDERSON, Anne
Stellvertreter des Ständigen Vertreters,
Gesandter: GUNNING, Peter

5 Die Ständigen Vertretungen der übrigen Mitgliedstaaten

Ständige Vertretung Italiens bei der Europäischen Union
7-15, rue du Marteau, 1000 Brüssel, Belgien;
Tel 00 32-2/2 20 04 11;
Fax 00 32-2/2 19 34 49, 2 20 04 26;
e-mail rpue@rpue.it
http://www.italiaue.it
Außerordentlicher und bevollmächtigter Botschafter, Ständiger Vertreter:
S. E. CANGELOSI, Rocco Antonio
Stellvertreter des Ständigen Vertreters, Gesandter: MEROLA, Alessandro
Stellvertreter des Ständigen Vertreters. Gesandter: PIGNATTI MORANO DI CUSTOZA, Alessandro

Ständige Vertretung Lettlands bei der Europäischen Union
39-41, rue d'Arlon, 1000 Brüssel, Belgien;
Tel 00 32-2/2 82 03 60;
Fax 00 32-2/2 82 03 69;
e-mail missioneu@mfa.gov.lv
Außerordentlicher und bevollmächtigter Botschafter, Ständiger Vertreter:
S. E. KESTERIS, Andris
Stellvertreter des Ständigen Vertreters, Botschafter: STIPRAIS, Eduards

Ständige Vertretung Litauens bei der Europäischen Union
6, rue Belliard, 1000 Brüssel, Belgien;
Tel 00 32-2/ 7 71 01 40;
Fax 00 32-2/ 7 71 45 97;
e-mail oskaras.jusys@lt-mission-eu.be
Außerordentlicher und bevollmächtigter Botschafter, Ständiger Vertreter: JUSYS, Oskaras
Stellvertreter des Ständigen Vertreters:
SVEDAS, Romas

Ständige Vertretung des Großherzogtums Luxemburg bei der Europäischen Union
75, avenue de Cortenbergh, 1000 Brüssel, Belgien;
Tel 00 32-2/7 37 56 00;
Fax 00 32-2/7 37 56 10;
e-mail secretariat@rpue.etat.lu

Außerordentliche und bevollmächtigte Botschafterin, Ständige Vertreterin:
I. E. SCHOMMER, Martine
Stellvertreter des Ständigen Vertreters, Gesandter-Botschaftsrat: BRAUN, Christian

Ständige Vertretung Maltas bei der Europäischen Union
65-67, rue Belliard, 1040 Brüssel, Belgien;
Tel 00 32-2/3 43 01 95;
Fax 00 32-2/3 43 01 06;
e-mail maltarep@gov.mt
Außerordentlicher und bevollmächtigter Botschafter, Ständiger Vertreter:
S. E. CACHIA CARUANA, Richard
Stellvertreter des Ständigen Vertreters:
GRIMA, Chris

Ständige Vertretung der Niederlande bei der Europäischen Union
48, avenue Herrmann Debroux, 1160 Brüssel, Belgien;
Tel 00 32-2/6 79 15 11;
Fax 00 32-2/6 79 17 75;
e-mail bru@minbuza.nl
http://www.nederlandseambassade.be
Außerordentlicher und bevollmächtigter Botschafter, Ständiger Vertreter:
S. E. DE BRUIJN, T.J.A.M.
Stellvertreter des Ständigen Vertreters, Gesandter: SCHUWER, H.J.J.

Ständige Vertretung Polens bei der Europäischen Union
282-284, avenue de Tervueren, 1150 Brüssel, Belgien;
Tel 00 32-2/7 77 72 00;
Fax 00 32-2/7 77 72 97;
e-mail mail@pol-mission-eu.be
http://www.polrepeu.be
Außerordentlicher und bevollmächtigter Botschafter: S. E. GRELA, Marek
Stellvertreterin des Ständigen Vertreters:
SYNOWIEC, Ewa

Ständige Vertretung Portugals bei der Europäischen Union
12, avenue de Cortenbergh, 1040 Brüssel, Belgien;

Tel 00 32-2/2 86 42 11;
Fax 00 32-2/2 31 00 26/36;
e-mail reper@reper-portugal.be
http://www.reper-portugal.be
*Außerordentlicher und bevollmächtigter
Botschafter, Ständiger Vertreter:*
S. E. MENDOÇA E MOURA, Álvaro
*Stellvertreter des Ständigen Vertreters,
Gesandter:* FEZAS VITAL, Domingos

Ständige Vertretung Schwedens bei der Europäischen Union
30, square de Meeûs, 1000 Brüssel, Belgien;
Tel 00 32-2/2 89 56 11;
Fax 00 32-2/2 89 56 00;
e-mail
representationen.bryssel@foreign.ministry.se
*Außerordentlicher und bevollmächtigter
Botschafter, Ständiger Vertreter:*
S. E. PETTERSSON, Sven-Olof
*Stellvertreterin des Ständigen Vertreters,
Gesandte:* HJELT AF TROLLE, Ingrid

Ständige Vertretung der Slowakei bei der Europäischen Union
79, avenue de Cortenbergh, 1000 Brüssel, Belgien;
Tel 00 32-2/7 43 68 11;
Fax 00 32-2/7 43 68 88;
e-mail slovakmission@pmsreu.be
http://www.eubrussels.mfa.sk
*Außerordentlicher und bevollmächtigter
Botschafter, Ständiger Vertreter:*
S. E. SEFCOVIC, Maros
*Stellvertreter des Ständigen Vertreters,
Botschaftsrat:* NOCIAR, Jurai

Ständige Vertretung Sloweniens bei der Europäischen Union
30, avenue Marnix, 1000 Brüssel, Belgien;
Tel 00 32-2/ 5 12 44 66;
Fax 00 32-2/ 5 12 09 97;
*Außerordentlicher und bevollmächtigter
Botschafter, Ständiger Vertreter:* STOKELJ, Ciril
Stellvertreterin des Ständigen Vertreters:
JAGER, Marjeta

Ständige Vertretung Spaniens bei der Europäischen Union
52-54, boulevard du Régent, 1000 Brüssel, Belgien;
Tel 00 32-2/5 09 86 11;
Fax 00 32-2/5 11 19 40;
e-mail carlos.bastarreche@reper.mae.es
http://www.es-ue.org
*Außerordentlicher und bevollmächtigter
Botschafter, Ständiger Vertreter:*
S. E. SAGÜES BASTARRECHE, Carlos
*Stellvertreter des Ständigen Vertreters,
Gesandter:* GONZALEZ-ALLER, Cristóbal

Ständige Vertretung der Tschechischen Republik bei der Europäischen Union
15, rue Caroly, 1050 Brüssel, Belgien;
Tel 00 32-2/2 13 01 11;
Fax 00 32-2/2 13 01 85;
e-mail eu.brussels@embassy.mzv.cz
http://www.mzv.cz/missioneu
*Außerordentlicher und bevollmächtigter
Botschafter, Ständiger Vertreter:*
S. E. KOHOUT, Jan
Stellvertreter des Ständigen Vertreters:
STAVINOHA, Ludek

Ständige Vertretung Ungarns bei der Europäischen Union
92-98, rue de Trèves, 1040 Brüssel, Belgien;
Tel 00 32-2/2 34 12 00;
Fax 00 32-2/3 72 07 84;
e-mail sec@hunrep.be
http:// www.hunrep.be
*Außerordentlicher und bevollmächtigter
Botschafter, Ständiger Vertreter:* KISS, Tibor
Stellvertreter des Ständigen Vertreters:
DIENES-OEHM, Egon

Ständige Vertretung des Vereinigten Königreichs bei der Europäischen Union
10, avenue d'Auderghem, 1040 Brüssel, Belgien;
Tel 00 32-2/2 87 82 11;
Fax 00 32-2/2 87 83 98;
e-mail angie.marshall@fco.gov.uk
http://www.ukrep.be

*Außerordentlicher und bevollmächtigter
Botschafter, Ständiger Vertreter:*
S. E. GRANT CMG, John
*Stellvertreterin des Ständigen Vertreters,
Gesandte:* LAMBERT, Anne

**Ständige Vertretung Zyperns bei der
Europäischen Union**
2, square Ambiorix, **1000 Brüssel, Belgien**;
Tel 00 32-2/7 35 35 10;
Fax 00 32-2/7 35 45 52;
e-mail be.cydelegation.eu@mfa.gov.cy
*Außerordentlicher und bevollmächtigter
Botschafter, Ständiger Vertreter:*
S. E. EMILIOU, Nicholas
Stellvertreter des Ständigen Vertreters:
KORNELIOU, Kornelios

VII Die Einrichtungen der deutschen und österreichischen Bundesländer auf EU-Ebene

Mitglieder der Europäischen Gemeinschaften sind formal nur die Mitgliedstaaten als solche, nicht aber ihre Untergliederungen, selbst soweit diese eigene Staatsqualität haben. Dies gilt auch für die Mitgliedstaaten mit föderalem Staatsbau wie der Bundesrepublik Deutschland und der Republik Österreich.
Die Tätigkeit der Europäischen Gemeinschaften beschränkt sich jedoch nicht auf die Gebiete, die nach der internen Zuständigkeitsverteilung in die Kompetenz des Bundes fallen. In weiten Bereichen wird darüber hinaus das von der EU gesetzte Recht von den Ländern vollzogen. Es ist für die Länder daher von großer Bedeutung, möglichst rasch und unmittelbar über die Entwicklungen auf EU-Ebene informiert zu sein, diese Entwicklungen frühzeitig in Entscheidungen auf Landesebene einfließen zu lassen und ihrerseits landesspezifische Informationen und ihre besondere Sach- und Verwaltungskompetenz in den Entscheidungsprozeß einzubringen.
Die Länder haben daher besondere Einrichtungen auf EU-Ebene geschaffen, die diese Aufgaben wahrnehmen sollen. Andere Mitgliedstaaten mit einem zumindest teilweise föderativen Staatsbau (Belgien, Spanien) sind diesem Beispiel inzwischen teilweise gefolgt.

1 Der Beobachter der deutschen Bundesländer bei der Europäischen Union

Beobachter der Länder bei der EU
45, rue de Trèves, **1040 Brüssel, Belgien**;
Tel 00 32-2/2 35 02 70;
Fax 00 32-2/2 30 35 55;
e-mail laenderbeobachter@bruessel.eu-lb.be
Beobachter der Länder: BOHLE, Martin
Stellvertretender Länderbeobachter:
HERWIG, Klaus

Der Beobachter der Länder bei den Europäischen Gemeinschaften (»Länderbeobachter«) wurde durch eine Vereinbarung zwischen der Bundesregierung und den Landesregierungen von Januar 1959 als ständige Einrichtung eingesetzt. Seine Rechtsstellung und Aufgaben wurden neu definiert und auf eine formelle Rechtsgrundlage gestellt durch das Abkommen über den Beobachter der Länder bei den Europäischen Gemeinschaften vom 26. 10. 1988. Der Länderbeobachter ist eine gemeinsame Einrichtung der Länder. Er ist organisatorisch dem Landesminister unterstellt, der Vorsitzender des Bundesrats-Ausschusses für EU-Fragen ist.

Der Länderbeobachter hat die Aufgabe, den Bundesrat bei der Wahrnehmung seiner Rechte auf Information und Beteiligung an den Entscheidungsprozessen auf EU-Ebene nach Art. 2 des Zustimmungsgesetzes zu den Gründungsverträgen der EWG und der EAG und nach Art. 2 des Zustimmungsgesetzes zur EEA sowie des Gesetzes zur Ausführung des Art. 23 Abs. 7 GG zu unterstützen und die Länder über für sie bedeutsame Vorgänge im Bereich der EU zu informieren. Der Länderbeobachter nimmt dazu als Mitglied der deutschen Ratsdelegation (allerdings nur als Beobachter und ohne Stimmrecht) an allen Ratstagungen teil und beschafft auf Grund offizieller unmittelbarer Kontakte zu den Institutionen und Gremien der EU sowie zur Ständigen Vertretung der Bundesrepublik Deutschland bei der EU ergänzende Informationen. Er kann außerdem als bestellter Vertreter der Länder an den Beratungen in den Arbeitsgruppen des Rates teilnehmen, soweit die Länder nach Art. 2 des Gesetzes zur EEA eigene Delegationsmitglieder entsenden können und kein Fachvertreter benannt ist.

2 Die Informationsbüros der deutschen Bundesländer in Brüssel

Neben dem Länderbeobachter, der als gemeinsame Einrichtung für alle Länder tätig ist, haben die Länder in den Jahren seit 1985 schrittweise eigene Informationsbüros in Brüssel eingerichtet. Den Anstoß dazu gab insbesondere die Diskussion um die Ratifizierung der EEA in Deutschland, die zu einem verstärkten Interesse der Landesregierung an EU-Fragen führte.

Die Informationsbüros der Länder unterstehen in der Regel dem für EU- und/oder Bundesangelegenheiten zuständigen Landesminister. Zu ihren Aufgaben zählt insbesondere die Sammlung und Weiterleitung von Informationen, die Herstellung direkter Kontakte zwischen Landesparlament und Landesregierung einerseits und den Institutionen der EU andererseits, die Betreuung hochrangiger Politiker bei Besuchen in Brüssel sowie die Beratung und Unterstützung von Unternehmen, Verbänden und Forschungseinrichtungen vor allem im Zusammenhang mit der Vollendung des Binnenmarkts und der EU-Forschungsförderung. Außerdem verstehen sich die Länderbüros als die Repräsentanten der regionalen Kultur und Vielfalt.

Im Gegensatz zu den Ständigen Vertretungen der Mitgliedstaaten und dem Beobachter der Länder sind die Länderbüros nicht offiziell akkreditiert, sondern werden auf privatrechtlicher Basis tätig.

Vertretung des Landes Baden-Württemberg bei der EU
60-62, rue Belliard, **1040 Brüssel, Belgien**;
Tel 00 32-2/7 41 77 11;
Fax 00 32-2/7 41 77 99;
e-mail poststelle@bruessel.bwl.de,
e-mail richard.arnold@bruessel.bwl.de
http://www.stm.baden-wuerttemberg.de
Leiter: ARNOLD, Richard

Vertretung des Freistaates Bayern bei der EU
77, rue Wiertz, **1000 Brüssel, Belgien**;
Tel 00 32-2/23 74 88 11;
Fax 00 32-2/23 74 89 43;
e-mail bayern.buero@stk.bayern.de
http://www.bayern.de
Leiterin: BÖHM-AMTMANN, Edeltraud

2 Die Informationsbüros der deutschen Bundesländer in Brüssel

Büro des Landes Berlin in Brüssel
71, avenue Michel-Ange, **1000 Brüssel,**
Belgien;
Tel 00 32-2/7 38 00 70;
Fax 00 32-2/7 32 47 46;
e-mail   gert.hammer@lvbe.verwalt-berlin.de,
e-mail   berliner.buro@skynet.be
http://www.berlin.de
Leiter: HAMMER, Gert

Vertretung des Landes Brandenburg bei der
Europäischen Union
47, rue Père Eudore Devroye, **1040 Brüssel,**
Belgien;
Tel 00 32-2/73 77 45 31, 7 37 74 52;
Fax 00 32-2/7 37 74 69;
e-mail   poststelle@mdjebrx.brandenburg.de
http://www.mdje.brandenburg.de
Leiter: BALINT, Wolfgang

Vertretung der Freien Hansestadt Bremen
bei der Europäischen Union
22, avenue Palmerston, **1000 Brüssel, Belgien;**
Tel 00 32-2/2 30 27 65;
Fax 00 32-2/2 30 36 58;
e-mail   vertretung@bremen.be
http://www.europa-bremen.de
Leiter: BRUNS, Christian

Gemeinsames Büro der Länder Hamburg
und Schleswig-Holstein in Brüssel
20, avenue Palmerston, **1000 Brüssel, Belgien;**
Tel 00 32-2/2 85 46 40;
Fax 00 32-2/2 85 46 57;
e-mail   hanse.office@infomaco.com
http://www.hanse-office.de
Leiter Schleswig-Holstein: SCHULZ, Günther
Leiter Hamburg: PETERSCHECK, Lutz

Vertretung des Landes Hessen bei der
Europäischen Union
19, avenue de l'Yser, **1040 Brüssel, Belgien;**
Tel 00 32-2/7 32 42 20;
Fax 00 32-2/7 32 48 13;
e-mail   hessen.eu@lv-bruessel.hessen.de
http://www.hessen.de
Leiter: BACHMANN, Hanns-Martin

Informationsbüro Mecklenburg-
Vorpommern bei der Europäischen Union
87, boulevard Louis Schmidt, **1040 Brüssel,**
Belgien;
Tel 00 32-2/7 41 60 00;
Fax 00 32-2/7 41 60 09;
e-mail   post@mv.bei-der-eu.de
http://mv.bei-der-eu.de
Leiter: BOEST, Reinhard

Vertretung des Landes Niedersachsen bei
der Europäischen Union
24, Avenue Palmerston, **1000 Brüssel,**
Belgien;
Tel 00 32-2/2 30 00 17;
Fax 00 32-2/2 30 13 20;
e-mail   eu.vertretung@niedersachsen.be
http://www.niedersachsen.de
Leiter: BERTRAM, Michael

Vertretung des Landes Nordrhein-
Westfalen bei der Europäischen Union
8-10, avenue Michel-Ange, **1000 Brüssel,**
Belgien;
Tel 00 32-2/7 39 17 75;
Fax 00 32-2/7 39 17 07, /08;
e-mail   poststelle@lv-eu.nrw.de
http://www.nrw.de/bruessel
Leiter: SCHREIBER, Folker

Vertretung des Landes Rheinland-Pfalz bei
der Europäischen Union
60, avenue de Tervuren, **1040 Brüssel,**
Belgien;
Tel 00 32-2/7 36 97 29;
Fax 00 32-2/7 37 13 33;
e-mail   vertretungbruessel@lv.rlp.de
http://www.landesvertretung.rlp.de
Leiter: GÜNTHER, Hans-Joachim

Verbindungsbüro Saarland in Brüssel
46, avenue de la Renaissance, **1000 Brüssel,**
Belgien;
Tel 00 32-2/7 43 07 90;
Fax 00 32-2/7 32 73 70;
e-mail   office@saarlandbuero.be
Leiterin: ADAM, Herta

Verbindungsbüro Sachsen in Brüssel
78, boulevard Saint-Michel, **1040 Brüssel, Belgien;**
Tel 00 32-2/7 41 09 20;
Fax 00 32-2/7 41 09 29;
e-mail ulrich.beyer@bxl.sk.sachsen.de
Leiter: BEYER, Ulrich

Verbindungsbüro Sachsen-Anhalt
78, boulevard Saint-Michel, **1040 Brüssel, Belgien;**
Tel 00 32-2/7 41 09 31;
Fax 00 32-2/7 41 09 39;
e-mail post@vb-bruessel.stk.sachsen-anhalt.de
Leiter: WOBBEN, Thomas

Vertretung des Freistaats Thüringen in Brüssel
111, rue Frédéric Pelletier, **1030 Brüssel, Belgien;**
Tel 00 32-2/7 36 20 60;
Fax 00 32-2/7 36 53 79;
e-mail postbox@tskbxl.thueringen.de
http://www.thueringen-in-bruessel.de
Leiter: N. N.

3 Die Europabüros der deutschen Kommunen

Die kommunalen Spitzenverbände Deutschlands haben 1990 ebenfalls ein Verbindungsbüro in Brüssel eingerichtet. Der Deutsche Städtetag, der Deutsche Landkreistag, der Deutsche Städte- und Gemeindebund sowie die deutsche Sektion des Rates der Gemeinden und Regionen Europas sind die Träger dieses Büros.
Die bayerischen kommunalen Spitzenverbände, der Bayerische Städtetag, der Bayerische Gemeindetag, der Bayerische Landkreistag, der Verband der Bayerischen Bezirke haben gemeinsam mit dem Bayerischen Kommunalen Prüfungsverband 1992 das Europabüro der bayerischen Kommunen in Brüssel eröffnet.
Die Aufgabe der Kommunalbüros ist es, frühzeitig Informationen über Vorhaben der Europäischen Union zu erhalten und diese an die kommunalen Spitzenverbände weiterzuleiten. Des weiteren werden die kommunalen Spitzenverbände über Fördermöglichkeiten informiert, werden Fachgespräche mit Vertretern der europäischen Institutionen organisiert sowie die kommunalen Vertreter im Ausschuss der Regionen vor Ort betreut.

Europabüro der baden-württembergischen Kommunen
7, rue Guimard, **1040 Brüssel, Belgien;**
Tel 00 32-2/5 13 65 46, 5 13 64 08;
Fax 00 32-2/5 13 88 20;
e-mail sekretariat@europabuero-bw.de
Leiter: GLIETSCH, Carsten

Europabüro der bayerischen Kommunen
7, rue Guimard, **1040 Brüssel, Belgien;**
Tel 00 32-2/5 49 07 00;
Fax 00 32-2/5 12 24 51;
e-mail info@ebbk.de
Leiterin: STUBER, Kerstin

Europabüro der deutschen kommunalen Selbstverwaltung
9-31, avenue des Nerviens, bte. 3,
1040 Brüssel, Belgien;
Tel 00 32-2/74 16 40/41;
Fax 00 32-2/7 32 40 91;
e-mail eurocommunalle@arcadis.be
http://www.dstgb.de/
Leiter: NUTZENBERGER, Klaus
Stellvertretender Leiter: ZIMMERMANN, Uwe

Europabüro der sächsischen Kommunen
7, rue Guimard, **1040 Brüssel, Belgien;**
Tel 00 32-2/5 13 64 08;
Fax 00 32-2/5 13 88 20;
e-mail post.europabuero@kin-sachsen.de
Leiter: TIMM, Jörn

4 Die Verbindungsstelle der österreichischen Bundesländer

Die Länder sind berechtigt, im Einvernehmen mit dem Bundesministerium für auswärtige Angelegenheiten auf ihre Kosten Vertreter und sonstiges Personal in die Ständige Vertretung Österreichs bei der Europäischen

Union zu entsenden (Art. 9 der Bund-Länder-Vereinbarung). Die Landeshauptmännerkonferenz hat am 9. November 1989 den Beschluss gefasst, für die Wahrnehmung von Länderinteressen gegenüber den europäischen Gemeinschaften einen gemeinsamen Ländervertreter auf Beamtenebene in die Österreichische Mission bei der EG in Brüssel abzuordnen.
Für die Funktion des gemeinsamen Ländervertreters wurde ein Mitarbeiter der Verbindungsstelle der Bundesländer nominiert, der am 22. Mai 1990 seine Arbeit in Brüssel aufnahm. Durch die Mitgliedschaft Österreichs bei der Europäischen Union wurde die Österreichische Mission zur Ständigen Vertretung Österreichs bei der Europäischen Union. Die gemeinsame Ländervertretung besteht aus zwei Akademikern und einem Sekretariat. Der gemeinsame Ländervertreter hat die gemeinsamen öffentlich-rechtlichen Interessen aller Länder wahrzunehmen und insbesondere alle Länder gleichmäßig zu informieren. Er gehört dem diplomatischen Personalstand der Ständigen Vertretung an, wird von den zuständigen Sachbearbeitern in den die Länder interessierenden Fragen informiert und bringt die Interessen der Länder in die Ständige Vertretung ein.

Verbindungsstelle der Österreichischen Bundesländer bei der Europäischen Union
30, avenue de Cortenbergh, **1040 Brüssel, Belgien;**
Tel 00 32-2/2 34 52 34;
Fax 00 32-2/2 30 25 44;
e-mail klemens.fischer@bruessel.vst.gv.at
Leiter: FISCHER, Klemens

5 Die Verbindungsbüros der österreichischen Bundesländer in Brüssel

Neben dem Ländervertreter in der Ständigen Vertretung Österreichs bei der Europäischen Union haben sich – mit Ausnahme Vorarlbergs – auch sämtliche österreichischen Bundesländer mit eigenen Verbindungsbüros in Brüssel niedergelassen. Vergleichbar den deutschen Länderbüros verfolgen sie gezielt die Interessen ihres Bundeslandes und setzen dabei unterschiedliche Schwerpunkte. Mit der Etablierung der Vertretung kommunaler und regionaler Gebietskörperschaften im Ausschuss der Regionen übernehmen die Länderbüros häufig auch die Betreuung und Koordinierung der Mitglieder im AdR.

Verbindungsbüro Burgenland
39, rue Montoyer, **1000 Brüssel, Belgien;**
Tel 00 32-2/5 14 30 11;
Fax 00 32-2/5 14 23 91;
e-mail andrea.krainer@bgld.gv.at,
e-mail post.bruessel@bgld.gv.at
Leiterin: KRAINER, Andrea

Verbindungsbüro Kärnten
50/28, rue Wiertz, **1050 Brüssel, Belgien;**
Tel 00 32-2/2 82 49 10;
Fax 00 32-2/2 80 43 80;
e-mail sekretariat@vbb-kaernten.com
Leiter: RATTINGER, Martina

Verbindungsbüro Niederösterreich
20-22, rue de Commerce,
1000 Brüssel, Belgien;
Tel 00 32-2/5 49 06 60;
Fax 00 32-2/5 02 60 09;
e-mail post.noevbb@noel.gv.at
Leiter: LANGTHALER, Roland
Stellvertretender Leiter: PLANITZER, Christof

Verbindungsbüro Oberösterreich
36, rue Joseph II, **1000 Brüssel, Belgien;**
Tel 00 32-2/2 23 14 04;
Fax 00 32-2/2 19 20 87;
e-mail eub.post@ooe.gv.at
Leiter: LONAUER, Gerald

Verbindungsbüro Salzburg
107, rue Frédéric Pelletier, **1030 Brüssel, Belgien;**
Tel 00 32-2/7 43 07 60;
Fax 00 32-2/7 43 07 61;
e-mail gritlind.kettl@salzburg.gv.at
Leiterin: KETTL, Gritlind

Steiermark Büro Brüssel
8, place de Gueux, 1000 Brüssel, Belgien;
Tel 00 32-2/7 32 03 61;
Fax 00 32-2/7 32 12 63;
e-mail   fa3b-bxn@stmk.gv.at
Leiter: RADER, Ludwig
Stellvertretender Leiter: KORCIENEK, Erich

Tirol Büro
52, avenue de Cortenbergh, 1040 Brüssel, Belgien;
Tel 00 32-2/7 43 27 00;
Fax 00 32-2/7 42 09 80;
e-mail   info@alpeuregio.org
Leiter: SEEBER, Richard
(Südtirol): QUARANTA, Claudio
(Trentino): RODARO, Vitorino

Verbindungsbüro Stadt Wien
58, avenue de Tervuren, 1040 Brüssel, Belgien;
Tel 00 32-2/7 43 85 00;
Fax 00 32-2/7 33 56 78;
e-mail   post@be.magwien.gv.at
Leiterin: PRETSCHER, Eva

Österreichischer Städtebund
30, avenue de Cortenbergh, 1040 Brüssel, Belgien;
Tel 00 32-2/2 82 06 80;
Fax 00 32-2/2 82 06 82;
e-mail   stb-bxl@wanadoo.be
Leiterin: WOHLESER, Simona

Österreichischer Gemeindebund
30, avenue de Cortenbergh, 1040 Brüssel, Belgien;
Tel 00 32-2/2 82 06 80;
Fax 00 32-2/2 82 06 88;
e-mail   oegemeindebund@compuserve.com
Leiterin: FRAIß, Daniela

6 Die Europabüros der österreichischen Kommunen

Der Österreichische Städtebund und der Österreichische Gemeindebund sind seit 1995 formell als Interessensvertretung in der österreichischen Verfassung verankert. Dies umfasst auch konkrete Mitwirkungsrechte in europäischen Angelegenheiten. Wie die österreichischen Länder sind sie von der Regierung in die Entscheidungsfindung eingebunden. Sie müssen frühzeitig über alle Vorhaben informiert werden und geben ihre Stellungnahme ab (Art. 23 d Abs. 1 B-VG.).

Die Büros der beiden Kommunalverbände befinden sich – wie der Ländervertreter – in der Ständigen Vertretung Österreichs bei der EU in Brüssel. Die beiden Vertreterinnen gehören dem diplomatischen Personal der Vertretung an und sind in die interne Zusammenarbeit eingebunden.

VIII EU-weite Informationsnetze

1 Die EU-Beratungsstellen für Unternehmen

Kontaktstelle bei der EU-Kommission:
Generaldirektion Unternehmen,
Unit B2: Business cooperation and Community business support network development,
Euro Info Centres
SC 27, **1049 Brüssel, Belgien**;
Tel 0032-2/2 95 24 75;
e-mail   jean-luc.abrivard@cec.eu.int
http://europa.eu.int/comm/enterprise/networks/eic/eic.html

Ansprechpartner: ABRIVARD, Jean-Luc

Die Kommission hat 1987 damit begonnen, schrittweise ein Netz von EG-Beratungsstellen in allen Mitgliedstaaten aufzubauen, das den europäischen Unternehmen Hilfestellung bei der grenzüberschreitenden Betätigung geben und sie in die Lage versetzen soll, die Vorteile des Binnenmarktes zu nutzen und sich mit Erfolg an den Forschungs- und Entwicklungsprogrammen der Gemeinschaft zu beteiligen. Die EG-Beratungsstellen werden von der Generaldirektion Unternehmen der Kommission mit allen unternehmensrelevanten Informationen aus dem Bereich der EU versorgt und haben direkten Zugriff auf die EU-Datenbanken (s. dazu unten unter IX).
Die EU-Beratungsstellen erteilen Auskünfte über den Stand der Gemeinschaftsgesetzgebung, über laufende Ausschreibungen im Rahmen der Forschungs- und Entwicklungsprogramme und über die bestehenden Finanzierungsinstrumente der Gemeinschaft. Aufgrund ihrer Zusammenarbeit mit den Beratungsstellen in den anderen Mitgliedstaaten können sie auch Auskünfte zum jeweiligen nationalen Recht in anderen Mitgliedstaaten geben. Über das ebenfalls von der Generaldirektion Unternehmen der Kommission organisierte Business Corporation Network (BC-Net) und seine annähernd 400 Mitgliederorganisationen können die EG-Beratungs stellen den Unternehmen außerdem bei der Suche nach Kooperationspartnern in anderen Mitgliedstaaten behilflich sein.

1.1 Euro Info Centres in Deutschland

Euro Info Centre
Industrie- und Handelskammer für Schwaben
Stettenstraße 1 u. 3, **86150 Augsburg, Deutschland**;
Tel 00 49-8 21/3 16 22 51;
Fax 00 49-8 21/3 16 21 71;
e-mail   axel.sir@schwaben.ihk.de
http://www.schwaben.ihk.de

Euro Info Centre
Bundesverband der Deutschen Industrie e.V. BDI
Breite Straße 29, **10178 Berlin, Deutschland**;
Tel 00 49-30/20 28 16 21/23;
Fax 00 49-30/20 28 23/26;
e-mail   eic@bdi-online.de
http://www.bdi-online.de

Euro Info Centre
Deutscher Industrie- und Handelskammertag – DIHK, Abteilung Außenwirtschaft
Breite Straße 29, **10178 Berlin, Deutschland**;
Tel 00 49-30/2 03 08 23 06;
Fax 00 49-30/2 03 08 23 33;
e-mail   muenker.jochen@berlin.dihk.de
http://www.dihk.de

Euro Info Centre
Deutscher Sparkassen- und Giroverband – DSGV
Charlottenstraße 47, **10117 Berlin, Deutschland**;
Tel 00 49-30/20 22 53 11/12;
Fax 00 49-30/20 22 53 13;
e-mail   eic@dsgv.de
http://www.dsgv.de/europaservice

Euro Info Centre
Industrie- und Handelskammer Dresden
Langer Weg 4, **1239 Dresden, Deutschland**;

Tel 00 49-3 51/2 80 21 74/85;
Fax 00 49-3 51/2 80 21 13;
e-mail reissaus.rainer@dresden.ihk.de
http://www.dresden.ihk.de

Euro Info Centre
Landesbank Hessen-Thüringen
Bonifaciusstraße 16, **99084 Erfurt,
Deutschland**;
Tel 00 49-3 61/2 17 72 29-31;
Fax 00 49-3 61/2 17 72 33;
e-mail eicerfurt@t-online.de
http://www.helaba.de

Euro Info Centre
Kreditanstalt für Wiederaufbau – KFW
Palmengartenstraße 5-9,
60325 Frankfurt a.M., Deutschland;
Tel 00 49-69/74 31 35 73;
Fax 00 49-69/74 31 35 03;
e-mail stephan.opitz@kfw.de
http://www.kfw.de

Euro Info Centre
Industrie- und Handelskammer
Frankfurt/Oder
Puschkinstraße 12 b, **15236 Frankfurt/Oder,
Deutschland**;
Tel 00 49-3 35/5 62 12 80;
Fax 00 49-3 35/5 62 12 85/86;
e-mail anders@ffo.ihk24.de,
e-mail kutschke@ffo.ihk24.de,
e-mail trusch@ffo.ihk24.de
http://www.ffo.ihk24.de/eic

Euro Info Centre Hannover
N Bank
Günther-Wagner-Allee 12-14,
30177 Hannover, Deutschland;
Tel 00 49-5 11/9 35 71 21/22;
Fax 00 49-5 11/9 35 74 39;
e-mail uda.ouakidi@eic-hannover.de
http://www.eic-hannover.de

Euro Info Centre Kassel
BFU Dr. Poppe mbH
Teichstraße 16, **34130 Kassel, Deutschland**;
Tel 00 49-5 61/9 78 97 70;
Fax 00 49-5 61/9 78 97 80;
e-mail info@eic-kassel.de
http://www.eic-kassel.de

Euro Info Centre
Investitionsbank Schleswig-Holstein
Fleethörn 29-31, **24103 Kiel, Deutschland**;
Tel 00 49-4 31/99 05 34 97/99;
Fax 00 49-4 31/99 05 32 07;
e-mail eic@ib-sh.de
http://www.ib-sh.de/eic

Euro Info Centre
Investitionsbank Schleswig-Holstein
Fleethörn 29-31, **24103 Kiel, Deutschland**;
Tel 00 49-4 31/99 05 34 97/99;
Fax 00 49-4 31/99 05 32 07;
e-mail eic@ib-sh.de
http://www.ib-sh.de/eic

Euro Info Centre
AiF – Arbeitsgemeinschaft industrieller
Forschungsvereinigung "Otto von Guericke"
e.V.
Bayenthalgürtel 23, **50968 Köln,
Deutschland**;
Tel 00 49-2 21/3 76 80 38;
Fax 00 49-2 21/3 76 80 27;
e-mail eu@aif.de
http://www.aif.de

Euro Info Centre
Bfai Bundesagentur für Außenwirtschaft
Agrippastraße 87/93, **50676 Köln,
Deutschland**;
Tel 00 49-2 21/2 05 72 73;
Fax 00 49-2 21/2 05 72 75;
e-mail westeuropa@bfai.de
http://www.bfai.de

Euro Info Centre
Industrie- und Handelskammer Südlicher
Oberrhein
Lotzbeckstraße 31,
77905 Lahr/Schwarzwald, Deutschland;
Tel 00 49-78 21/2 70 36 90;
Fax 00 49-78 21/2 70 37 77;
e-mail petra.steck@freiburg.ihk.de
http://www.suedlicher-oberrhein.ihk.de

Euro Info Centre
Industrie- und Handelskammer zu Leipzig
Goerdelerring 5, **04109 Leipzig, Deutschland**;
Tel 00 49-3 41/12 67 13 25;
Fax 00 49-3 41/12 67 14 25;

1 Die EU-Beratungsstellen für Unternehmen

e-mail friedrich@leipzig.ihk.de
http://www.leipzig.ihk.de

Euro Info Centre
Handwerkskammer Magdeburg – H.K.
Domplatz 10, **39005 Magdeburg,
Deutschland**;
Tel 00 49-3 91/56 50 00;
Fax 00 49-3 91/5 65 00 99;
e-mail info@eic-magdeburg.de
http://www.eic-magdeburg.de

Euro Info Centre
Industrie- und Handelskammer Rhein-Neckar
L 1, 2, **68161 Mannheim, Deutschland**;
Tel 00 49-6 21/1 70 92 27;
Fax 00 49-6 21/1 70 92 19/29;
e-mail eic@mannheim.ihk.de
http://www.rhein-neckar.ihk24.de

Euro Info Centre
Zenit GmbH – Zentrum für Innovation und Technik in Nordrhein-Westfalen
Dohne 54, **45468 Mülheim a. d. Ruhr,
Deutschland**;
Tel 00 49-2 08/3 00 04 21;
Fax 00 49-2 08/3 00 04 29;
e-mail eic@zenit.de
http://www.zenit.de

Euro Info Centre
Industrie-, Handels- und Handwerkskammer
für München und Oberbayern
Max-Joseph-Straße 2, **80333 München,
Deutschland**;
Tel 00 49-89/5 11 66 14;
Fax 00 49-89/5 11 66 15;
e-mail info@eic-muenchen.de
http://www.eic-muenchen.de

Euro Info Centre
LGA Train Consult GmbH
Tillystraße 2, **90431 Nürnberg, Deutschland**;
Tel 00 49-9 11/6 55 49 33;
Fax 00 49-9 11/6 55 49 35;
e-mail eic@lga.de
http://www.eic.lga.de

Euro Info Centre
Fachhochschule Osnabrück – FH
Albrechtstraße 30, **49009 Osnabrück,
Deutschland**;

Tel 00 49-5 41/9 69 29 24;
Fax 00 49-5 41/9 69 29 90;
e-mail egbuero@fh-osnabrueck.de
http://www.fh-osnabrueck.de

Euro Info Centre
Zukunftsagentur Brandenburg – ZAB
Steinstraße 104-106, **14480 Potsdam,
Deutschland**;
Tel 00 49-3 31/6 60 32 24;
Fax 00 49-3 31/6 60 32 35;
e-mail
stefan.vonsenger@zab.brandenburg.de
http://www.zab-brandenburg.de

Euro Info Centre
Industrie- und Handelskammer Rostock
Ernst-Barlach-Straße 1-3, **18055 Rostock,
Deutschland**;
Tel 00 49-3 81/33 82 60;
Fax 00 49-3 81/33 86 17;
e-mail deiss@rostock.ihk.de
http://www.rostock.ihk.de,
http://www.rostock.ihk24.de

Euro Info Centre
Handwerkskammer Region Stuttgart
Heilbronner Straße 43, **70191 Stuttgart,
Deutschland**;
Tel 00 49-7 11/1 65 72 80;
Fax 00 49-7 11/1 65 73 00;
e-mail eic@hwk-stuttgart.de
http://www.hwk-stuttgart.de

Euro Info Centre
Euro Info Centre im Deutschen
Genossenschafts-Verlag eG
Leipziger Straße 35, **65191 Wiesbaden,
Deutschland**;
Tel 00 49-6 11/50 66 13 88;
Fax 00 49-6 11/50 66 15 50;
e-mail mail@eic-vr.de
http://www.eic-vr.com

Euro Info Centre
InvestitionsBank Hessen AG – IBH
Abraham-Lincoln-Straße 38-42,
65189 Wiesbaden, Deutschland;
Tel 00 49-6 11/77 42 57;
Fax 00 49-6 11/77 43 85;
e-mail eic@ibh-hessen.de
http://www.eic.ibh-hessen.de

1.2 Euro Info Centres in Österreich

Euro Info Centre
Regionalmanagement Burgenland GmbH
Technologiezentrum, 7000 **Eisenstadt**,
Österreich;
Tel 00 43-26/82 70 42 40;
Fax 00 43-26/8 27 04 24 10;
e-mail   office@rmb.co.at
http://www.rmb.co.at

Euro Info Centre
Wirtschaftskammer Steiermark
Koerblergasse 111-113, **8021 Graz**,
Österreich;
Tel 00 43-31 6/60 16 00;
Fax 00 43-31 6/60 15 35;
e-mail   eic@wkstmk.at
http://wko.at/stmk/eic

Euro Info Centre
Wirtschaftskammer Tirol
Meinhardstraße 14, **6021 Innsbruck**,
Österreich;
Tel 00 43-90/9 05 12 25;
Fax 00 43-90/9 05 12 75;
e-mail   eic@wktirol.at
http://www.wko.at/tirol/eic

Euro Info Centre
Wirtschaftskammer Oberösterreich
Mozartstraße 20, **4020 Linz**, Österreich;
Tel 00 43-59 0/9 09 34 52;
Fax 00 43-59 0/9 09 34 59;
e-mail   eic@wkooe.at
http://www.wko.at/ooe/eic

Euro Info Centre
Wiener Wirtschaftsförderungsfonds
Rathausplatz 2, **1010 Wien**, Österreich;
Tel 00 43-1/4 00 08 61 73;
Fax 00 43-1/40 00 70 71;
e-mail   eic@wwff.gv.at
http://www.europaservice.ce

Euro Info Centre
Wirtschaftskammer Österreich
Wiedner Hauptstraße 63, **1045 Wien**,
Österreich;
Tel 00 43-1/5 01 05 42 06;
Fax 00 43-1/50 10 52 97;

e-mail   euroinfo@wko.at
http://www.wko/at/eu/

1.3 Euro Info Centres in den übrigen Mitgliedstaaten

Belgien

Euro Info Centre
Kamer van Koophandel en Nijverheid van Antwerpen
12, Markgravestraat, **2000 Antwerpen**, Belgien;
Tel 00 32-3/2 32 22 19;
Fax 00 32-3/2 33 64 42;
e-mail   eic@kknaw.be
http://www.kknaw.be

Euro Info Centre
Assemblée des Chambres Françaises de Commerce et d'Industrie – ACFCI
1, avenue des Arts, **1210 Brüssel**, Belgien;
Tel 00 32-2/2 21 04 40;
Fax 00 32-2/2 17 69 87;
e-mail   eic@acfci.cci.fr
http://www.acfci.cci.fr

Euro Info Centre
Chambre de Commerce et d'Industrie de Brüssel
500, avenue Louise, **1050 Brüssel**, Belgien;
Tel 00 32-2/6 48 58 73;
Fax 00 32-2/6 40 93 28;
e-mail   eic@eic.irisnet.be
http://www.ccib.be

Euro Info Centre
Cobaty International
16, avenue Boileau, **1040 Brüssel**, Belgien;
Tel 00 32-2/7 39 15 30;
Fax 00 32-2/7 39 15 39;
e-mail   mail@cobaty-international.org
http://www.cobaty-international.org

Euro Info Centre
Délégation des Barreaux de France
Association Internationale – DBF
1, avenue de la Joyeuse Entrée, **1040 Brüssel**, Belgien;

Tel 00 32-2/2 30 83 31;
Fax 00 32-2/2 30 62 77;
e-mail   dbf@dbfBrüssel.com
http://www.dbfBrüssel.com

Euro Info Centre
European Business and Innovation Centre Network – EBN
168, avenue de Tervuren, bte 25, **1150 Brüssel, Belgien;**
Tel 00 32-2/7 72 89 00;
Fax 00 32-2/7 72 95 74;
e-mail   pva@ebn.be
http://www.ebn.be

Euro Info Centre
Eurochambres – Association des Chambres de Commerce et d'Industrie Européenes
19/A-D, avenue des Arts, **1000 Brüssel, Belgien;**
Tel 00 32-2/2 82 08 81;
Fax 00 32-2/2 30 00 38;
e-mail   hertsens@eurochambres.be
http://www.eurochambres.be

Euro Info Centre
Fédération de l'Industrie Européenne de la Construction – FIEC
66, avenue Louise, **1050 Brüssel, Belgien;**
Tel 00 32-2/5 14 55 35;
Fax 00 32-2/5 11 02 76;
e-mail   info@fiec.org
http://www.fiec.org

Euro Info Centre
Intergraf International Confederation for Printing and Allied Industries – INTERGRAF
18, square Marie Louise, bte 27, **1000 Brüssel, Belgien;**
Tel 00 32-2/2 30 86 46;
Fax 00 32-2/3 31 14 64;
e-mail   intergraf@intergraf.org
http://www.intergraf.org

Euro Info Centre
Ministerie van de Vlaamse Gemeenschap – Administratie Economie
1, Markiesstraat, **1000 Brüssel, Belgien;**
Tel 00 32-2/5 53 38 77;
Fax 00 32-2/5 02 47 02;
e-mail   euroinfocentre@vlaanderen.be

http://www.vlaanderen.be/ned/sites/economie/euroinfo.htm

Euro Info Centre
Union Européenne de l'Artisanat et des Petites et Moyennes Entreprises – UEAPME
4, rue Jaques de Lalaing, **1040 Brüssel, Belgien;**
Tel 00 32-2/2 30 75 99;
Fax 00 32-2/2 30 78 61;
e-mail   ueapme@euronet.com
http://www.ueapme.com

Euro Info Centre
Euro Info Centre van de Vlaamse GOM's
Huis van de Economie, 2, Seminariestraat, **9000 Gent, Belgien;**
Tel 00 32-9/2 67 86 30;
Fax 00 32-9/2 67 86 96;
e-mail   eic@gomov.be
http://www.gom.cost-vlaanderen.be

Euro Info Centre
Euro Info Center Limburg
51, Gouverneur Roppesingel, **3500 Hasselt, Belgien;**
Tel 00 32-11/56 02 32;
Fax 00 32-11/56 02 09;
e-mail   eic@kvklimburg.voka.be
http://www.kvklimburg@voka.be

Euro Info Centre
UNIZO Internationaal
10, Lange Steenstraat, **8500 Kortrijk, Belgien;**
Tel 00 32-56/26 44 88;
Fax 00 32-56/26 44 89;
e-mail   eic.kortrijk@unizo.be
http://www.unizo.be

Euro Info Centre
Chambre de Commerce et d'Industrie du Luxembourg Belge
1, Grand Rue, **6800 Libramont, Belgien;**
Tel 00 32-61/29 30 40;
Fax 00 32-61/29 30 69;
e-mail   am.barbette@ccilb.be
http://www.ccilb.be

Euro Info Centre
SPIT
11, rue du Vertbois, **4000 Liège, Belgien;**

Tel 00 32-42/30 11 11;
Fax 00 32-42/30 11 20;
e-mail   eic@spi.be
http://www.eicliege.be

Euro Info Centre
Euro Info Centre - Hainaut
4, rue P.J. Duménil, 7000 **Mons, Belgien**;
Tel 00 32-65/22 03 60;
Fax 00 32-65/22 03 88;
e-mail   eic.secretariat@hainaut.be

Euro Info Centre
Bureau Economique de la Province de Namur
– B.E.P.N.
2, avenue Sergent Vrithoff, 5000 **Namur, Belgien**;
Tel 00 32-81/71 71 44;
Fax 00 32-81/71 71 00;
e-mail   mdh@bep.be
http://www.bepentreprises.be

Euro Info Centre Brussels Airport
Kamer voor Handel en Nijverheid Halle-Vilvoorde
Brussels Airport, 26, Medialaan,
1800 **Vilvoorde, Belgien**;
Tel 00 32-2/2 55 20 21;
Fax 00 32-2/2 55 20 30;
e-mail   eic@kvkhv.voka.be
http://www.kvkhv.voka.be/eic

Dänemark

Euro Info Centre
Sønderjyllands ErhvervsCenter
Bjerggade 4C, **6200 Aabenraa, Dänemark**;
Tel 00 45/73 62 10 10;
Fax 00 45/73 62 10 11;
e-mail   eicdk053@sjec.dk
http://www.sjec.dk/eic.htm

Euro Info Centre Herning
Birk Centerpark 40, **7400 Herning, Dänemark**;
Tel 00 45/96 26 11 11;
Fax 00 45/96 26 11 13;
e-mail   euc@eu-center.dk
http://www.eu-center.dk

Euro Info Centre
Aarhus County - International Department
Lyseng Allé, **8270 Hoejbjerg, Dänemark**;
Tel 00 45/89 44 69 17;
Fax 00 45/89 44 69 96;
e-mail   kcp@ag.aaa.dk
http://www.cvu.dk

Euro Info Centre
Handelskammerer
Børsen, **1217 Kopenhagen, Dänemark**;
Tel 00 45/70 13 12 00;
Fax 00 45/70 13 12 01;
e-mail   eic@hts.dk
http://www.eic-commerce.dk

Euro Info Centre Fyn
Fyns Erhvervsråd TIC
Blangstedgaardsvej 1, **5220 Odense SØ, Dänemark**;
Tel 00 45/70 21 18 50;
Fax 00 45/70 21 18 51;
e-mail   ehh@fec.dk
http://www.eufyn.dk

Euro Info Centre
PA: Postfach 141, 2630 Taastrup;
c/o Teknologisk Institut Gregersensvej,
2630 Taastrup, Dänemark;
Tel 00 45/72 20 29 00;
Fax 00 45/72 20 29 79;
e-mail   ec@eurocenter.info
http://www.eurocenter.info

Euro Info Centre Viborg
Håndværksrådet International A/S
Nytorv 1, **8800 Viborg, Dänemark**;
Tel 00 45/87 27 47 47;
Fax 00 45/87 27 47 57;
e-mail   eic@hvri.dk
http://www.hvri.dk

Euro Info Centre Storstrøms
Marienbergvej 132, **4760 Vordingborg, Dänemark**;
Tel 00 45/55 35 30 30;
Fax 00 45/55 34 03 55;
e-mail   eic@eic-storstrom.dk
http://www.eic-storstom.dk

Estland

Euro Info Centre
Narva Business Advisory Services Foundation
Peetri 1, **20308 Narva, Estland**;
Tel 00 37 2-35/9 92 59;
Fax 00 37 2-35/9 92 55;
e-mail   eic.narva@nbas.ee
http://www.nbas.ee

Euro Info Centre
Estonian Chamber of Commerce and Industry
Toom-Kooli 17, **10130 Tallinn, Estland**;
Tel 00 37 2/6 44 80 79;
Fax 00 37 2/6 46 02 45;
e-mail   euroinfo@koda.ee
http://www.koda.ee/euroinfokeskus

Finnland

Euro Info Centre
Helsinki Chamber of Commerce, EIC-HCC
Kalevankatu 12, **00100 Helsinki, Finnland**;
Tel 00 35 8-9/22 86 03 06;
Fax 00 35 8-9/22 86 02 47;
e-mail   taisto.sulonen@helsinki.chamber.fi
http:// www.euroneuvontakeskus.fi

Euro Info Centre North Finland
Employment and Economic Development Center for Northern Finland
Vistikatu 1, **90101 Oulu, Finnland**;
Tel 00 35 8-8/5 36 80 07;
Fax 00 35 8-8/5 36 80 31;
e-mail   riitta.lumiaho@te-keskus.fi
http://www.euroneuvontakeskus.com

Euro Info Centre Turku
Employment and Economic Development Centre for Varsinais – Suomi, Business Department
Ratapihankatu 36, **20100 Turku, Finnland**;
Tel 00 35 8-2/2 10 04 00;
Fax 00 35 8-2/2 10 05 21;
e-mail   timo.metsa-tokila@te-keskus.fi
http://www.euroneuvontakeskus.com

Euro Info Centre Botnia
Ostrobothnia Chamber of Commerce
Raastuvankatu 20, **65100 Vaasa, Finnland**;
Tel 00 35 8-6/3 18 64 00;
Fax 00 35 8-6/3 18 64 90;
e-mail   eicbotnia@multi.fi
http://www.ostro.chamber.fi

Frankreich

Euro Info Centre
Euro Info Centre de Picardie
36, rue des Otages, **80037 Amiens cedex 01, Frankreich**;
Tel 00 33-3/22 82 80 93;
Fax 00 33-3/22 82 80 65;
e-mail   eic@picardie.cci.fr
http://www.picardie.net

Euro Info Centre Pointe-à-Pitre
Complexe World Trade Center
Boulevard de la Pointe Jarry,
97122 Baie-Mahault, Guadeloupe, Frankreich;
Tel 00 59 0/25 06 16;
Fax 00 59 0/25 06 06;
e-mail   eic@pointe-a-pitre.cci.fr
http://www.euroinfocentre.org

Euro Info Centre Bordeaux-Aquitaine
185, cours du Médoq Bc 143,
33042 Bordeaux, Frankreich;
Tel 00 33-5/56 11 28 14;
Fax 00 33-5/56 11 28 11;
e-mail sperignon@aquitaineinternational.com
http://www.aquitaineinternational.com/eic

Euro Info Centre
Chambre de Commerce et d'Industrie de Guyane Française
Place de l'Esplanade, BP 49,
97321 Cayenne cedex, Frankreich;
Tel 00 59 4/29 86 67;
Fax 00 59 4/29 97 27;
e-mail   ag.habran@guyane.cci.fr

Euro-Info Centre Champagne-Ardenne,
10, rue de Chastillon, BP 537,
51011 Châlons en Champagne, Frankreich;
Tel 00 33-3/26 69 33 65;
Fax 00 33-3/26 69 33 69;
e-mail   masee@champagne-ardenne.cci.fr
http://www.champagne-ardenne.cci.fr

Euro Info Centre Auvergne
Chambre de Commerce et d'Industrie de
Clermont-Ferrand/Issoire
148, boulevard Lavoisier,
63037 Clermont-Ferrand, Frankreich;
Tel 00 33-4/73 43 43 32;
Fax 00 33-4/73 43 43 25;
e-mail   eic@clermont-fd.cci.fr
http://www.clermont-fd.cci.fr/
europe/infocentre/infocentre.php

Euro Info Centre
Chambre Régionale de Commerce et
d'Industrie de Bourgogne
Parc de l'Europe, Place des Nations Unies,
BP 87009, **21070 Dijon cedex, Frankreich**;
Tel 00 33-3/80 60 40 63;
Fax 00 33-3/80 60 40 21;
e-mail   eic@bourgogne.cci.fr

Euro Info Centre
Chambre de Commerce et d'Industrie de la
Martinique
50, rue Ernest Deproge,
**97241 Fort de France, Martinique,
Frankreich**;
Tel 00 59 6/55 28 25;
Fax 00 59 6/71 66 80;
e-mail   moutoucaumaro@martinique.cci.fr
http://www.martinique.cci.fr

Euro Info Centre
Association Poitou-Chareutes Europe
Téléport 4-Antares, Avenue du Téléport,
**86961 Futuroscope Chasseneuil cedex,
Frankreich**;
Tel 00 33-5/49 49 63 30;
Fax 00 33-5/49 49 07 70;
e-mail   apce@apce.org
http://www.apce.org

Euro Info Centre Grenoble
GREX
5, place Robert Schuman, BP 1509,
38025 Grenoble cedex 1, Frankreich;
Tel 00 33-4/76 28 28 40/43;
Fax 00 33-4/76 28 28 35;
e-mail   olivier.bozon@grex.fr
http://www.grex.fr

Euro Info Centre
Chambre Régionale de Commerce et
d'Industrie „Centre"
6, rue Pierre et Marie Curie, **45140 Ingre,
Frankreich**;
Tel 00 33-2/38 25 25 25;
Fax 00 33-2/38 43 00 39;
e-mail   info@centre.cci.fr
http://www.centre.cci.fr

Euro Info Centre
Chambre Régionale de Commerce et
d'Industrie Limousin/Poitou-Charentes
Boulevard des Arcades, BP 61268,
87055 Limoges, Frankreich;
Tel 00 33-5/55 04 40 24;
Fax 00 33-5/55 04 40 40;
e-mail   eic.limousin@lpc1.cci.fr
http://www.eiclimousin.com.fr

Euro Info Centre Lyon Rhône-Alpes
Chambre de Commerce et d'Industrie de
Lyon
3, Place de la Bourse, **69289 Lyon cedex 02,
Frankreich**;
Tel 00 33-4/72 40 57 46;
Fax 00 33-4/78 37 94 00;
e-mail   fr251.lyon@fcis.cec.eu.int

Euro Info Centre
Union Inter-entreprises Textile Lyon et
Région – UNITEX
Villa Créatis, 2, rue des Mûriers C.P. 601,
69258 Lyon Cedex 09, Frankreich;
Tel 00 33 4/72 53 72 04;
Fax 00 33 4/72 53 72 09;
e-mail   unitex@textile.fr

Euro Info Centre Nord-Pas de Calais
Centre de Documentation
40, rue Eugène Jacquet, S. P. n°15
59708 Marcq-en-Baroeul, Frankreich;
Tel 00 33-3/20 99 45 08;
Fax 00 33-3/20 99 47 59;
e-mail   dchaussec@citeonline.org

Euro Info Centre Marceille Provence
2, rue Henri-Barbusse,
13241 Marseille cedex 01, Frankreich;
Tel 00 33-4/91 39 33 77;
Fax 00 33-4/91 39 33 60;

e-mail euro-info-centre@marseille-provence.cci.fr

Euro Info Centre
Conseil Régional de Lorraine
Place Gabriel Hocquard, BP 81004,
57036 Metz cedex 1, Frankreich;
Tel 00 33-3/87 33 60 80;
Fax 00 33-3/87 33 60 40;
e-mail   eic@cr-lorraine.fr
http://www.cr-lorraine.fr/eic.htm

Euro Info Centre Languedoc-Roussillon
Residence "Majestic", Bat 1 273, avenue de la Pompignane (entree 49, rue Doris),
34961 Montpellier Cedex 2, Frankreich;
Tel 00 33 4/67 13 68 51;
Fax 00 33 4/67 13 68 22;
e-mail   contact@eic-lr.org
http://www.eic-lr.org

Euro Info Centre Pays de la Loire
16, quai Ernest Renaud, BP 70515,
44105 Nantes cedex 4, Frankreich;
Tel 00 33-2/40 44 63 75;
Fax 00 33-2/40 44 63 20;
e-mail   eic@paysdelaloire.cci.fr

Euro Info Centre Nice Côte d'Azur
20, boulevard Carabacel, BP 1259,
06005 Nice cedex 1, Frankreich;
Tel 00 33-4/93 13 73 05;
Fax 00 33-4/93 13 75 71;
e-mail   delphine.foucaud@cote-azur.cci.fr
http://www.cci-services-entreprises.com

Euro Info Centre
Agence francaise pour le développement international des entrepises
14, avenue d'Eylau, **75116 Paris, Frankreich;**
Tel 00 33-1/44 34 50 00;
e-mail   orientation@ubifrance.com
http://www.ubifrance.com

Euro Info Centre
Assemblée Permanente des Chambres de Métiers
12, avenue Marceau, **75008 Paris, Frankreich;**
Tel 00 33-1/44 43 10 14;
Fax 00 33-1/47 20 34 48;
e-mail   eic@apcm.fr
http://www.apcm.com

Euro Info Centre
Centre Français du Commerce Extérieur
10, avenue d'Iéna, **75783 Paris, Frankreich;**
Tel 00 33-1/40 73 32 20;
Fax 00 33-1/40 73 37 48;
e-mail   fr272.paris@fcis.cee.eu.int
http://www.ubifrance.com

Euro Info Centre de Paris
Chambre de Commerce et d'Industrie de Paris – CCIP
27, avenue de Friedland, **75382 Paris cedex 08, Frankreich;**
Tel 00 33 1-55/65 73 13;
Fax 00 33 1-55/65 73 06;
e-mail   eicfr274@ccip.fr
http://www.ccip.fr/eic/

Euro Info Centre
DARPMI-DITR-Mission Europe EIC
20, avenue de Ségur, **75353 Paris, Frankreich;**
Tel 00 33-1/43 19 28 16;
Fax 00 33-1/43 19 60 37;
e-mail   denis.lagniez@industrie.gouv.fr
http://www.industrie.gouv.fr/eic/

Euro Info Centre MEDEF International
55, avenue Bosquet, **75330 Paris cedex 07, Frankreich;**
Tel 00 33-1/53 59 16 16;
Fax 00 33-1/45 55 04 01;
e-mail   claloux@medef.fr

Euro Info Centre
Group Bangues Populaires
5, Le Ponant de Paris, **75511 Paris cedex 15, Frankreich;**
Tel 00 33-1/40 39 69 48;
Fax 00 33-1/40 39 60 16;
e-mail   jacques.framboisier@bfbp.banguepopulaire.fr
http://www.banquepopulaire.fr

Euro Info Centre Bretagne
1, rue du Général de Guillaudot, CS 14422,
35046 Rennes, Frankreich;
Tel 00 33-2/99 25 41 57;
Fax 00 33-2/99 25 41 10;
e-mail   eic@bretagne.cci.fr
http://www.bretagne.cci.fr

Euro Info Centre de Haute Normandie
9, rue Robert Schuman, **76000 Rouen,
Frankreich;**
Tel 00 33-2/35 88 44 42;
Fax 00 33-2/35 88 06 52;
e-mail   fr277.rouen@fcis.cec.eu.int
http://www.drakkaronline.com

Euro Info Centre Basse-Normandie
C.R.C.I. Basse-Normandie
1, rue René Cassin,
**14911 Saint Contest - Caen cedex 9,
Frankreich;**
Tel 00 33-23/54 40 38/39
Fax 00 33-23/54 40 4;
e-mail   eic-fr260@basse-normandie.cci.fr
http://www.basse-normandie.cci.fr

Euro Info Centre
Chambre de Commerce et d'Industrie de la
Réunion
Maison de l'Entreprise, 13, rue Pasteur,
**97400 Sainte-Denis, La Réunion,
Frankreich;**
Tel 00 26 2/2 62 94 21 63;
Fax 00 26 2/2 62 94 21 99;
e-mail   eci@reunion.cci.fr
http://www.reunion.cci.fr

Euro Info Centre
Maison du Commerce International de
Straßburg – MCIS
4, quai Kléber, **67080 Straßburg cedex,
Frankreich;**
Tel 00 33-3/88 76 42 24;
Fax 00 33-3/88 76 42 00;
e-mail   u.gori.kaminski@Straßburg.cci.fr
http://www.Straßburg.cci.fr/web/services/
international/eic/index_eic.html

Euro Info Centre Toulouse-Blagnac
Chambre Régionale de Commerce et
d'Industrie Midi-Pyrénées
5, rue Dieudonné Costes, BP 32,
31701 Toulouse-Blagnac, Frankreich;
Tel 00 33-5/62 74 20 32;
Fax 00 33-5/62 74 20 20;
e-mail   eic@midi-pyrenees.cci.fr
http://www.midi-pyrenees.cci.fr

Euro Info Centre
Chambre Régionale de Commerce et
d'Industrie de Franche-Comté Valparc
Zac de Valentin, **25042 Valparc, Frankreich;**
Tel 00 33-3/81 47 42 00;
Fax 00 33-3/81 80 70 94;
e-mail   eic@franche-comte.cci.fr

Euro Info Centre Île de France
23, avenue de Paris, **78000 Versailles,
Frankreich;**
Tel 00 33-1/30 84 79 95;
Fax 00 33-1/30 84 73 87;
e-mail   eicfr271@versailles.cci.fr
http://www.versailles.cci.fr

Griechenland

Euro Info Centre
Athens Chamber of Small and Medium Sized
Industries
Academias St. 18, **10671 Athen,
Griechenland;**
Tel 00 30 21-0/3 68 07 72;
Fax 00 30 21-0/3 68 07 05;
e-mail   bcnetvea@acsmi.gr
http://www.acsmi.gr

Euro Info Centre Eommex
Odos Xenia 16, **11528 Athen, Griechenland;**
Tel 00 30-21 0/7 79 42 29;
Fax 00 30-21 0/7 77 86 94;
e-mail   eicgr152@eommex.gr
http://www.eommex.gr

Euro Info Centre
Prefecture of Corfu
Odos Samara 13, **49100 Corfu, Griechenland;**
Tel 00 30-26 61 0/8 91 79;
Fax 00 30-26 61 0/4 45 15;
e-mail   eic@kerkyra.gr
http://www.kerkyra.gr

Euro Info Centre
Chamber of Commerce of Ioannina
Odos X. Trikoupi & O. Poutetsi 14,
45333 Ioannina, Griechenland;
Tel 00 30 26-51 0/7 65 89;
Fax 00 30 26-51 0/2 51 79;
e-mail   eigr163@otenet.gr
http://www.eic.gr

Euro Info Centre
Chamber of Commerce and Industry of
Iraklion
Odos Koronaeou 9, **71202 Iraklion, Kritis**,
Griechenland;
Tel 00 30 2-8 10/28 58 29;
Fax 00 30 2-8 10/22 57 30;
e-mail   eicm156@ebeh.gr

Euro Info Centre
Chamber of Kavala
Odos Omonias 50, **65302 Kavala**,
Griechenland;
Tel 00 30-25 10/83 39 64;
Fax 00 30-25 10/83 59 46;
e-mail   eic157@mail.otenet.gr
http://www.chamberofkavala.gr/eic/index.html

Euro Info Centre
Perfectural Local Government of Rodopi-Evros
Ap Souzou 14, **69100 Komotini**,
Griechenland;
Tel 00 30 25-31 0/3 70 31;
Fax 00 30 25-31 0/3 70 61;

Euro Info Centre
Regional Development Agency West Macedonia
Odos Fon Karayanni 1-3, **50340 Kozani**,
Griechenland;
Tel 00 30 24-61 0/2 40 22;
Fax 00 30 24-61 0/4 92 10;
e-mail   eic_gr167@anko.gr
http://www.anko.gr/eic

Euro Info Centre
Hellenic Organisation of small and medium sized enterprices and handicraft (EOMMEX)
Akti Dymaion 5b, **26222 Patras**,
Griechenland;
Tel 00 30-26 10/36 23 30;
Fax 00 30-26 10/36 23 32;
e-mail   eicgr957@psp.org.gr
http://www.dytikiellada.gr

Euro Info Centre
Piraeus Chamber of Commerce and Industry
Odissos Square, Odos Loudovikou 1,
18531 Piraeus, Griechenland;

Tel 00 30-21 0/4 17 05 29;
Fax 00 30-21 0/4 17 46 01;
e-mail   evepeic@ath.forthnet.gr

Euro Info Centre
Chamber of Dodecanese
Odos Gr. Lambraki 8, **85100 Rodos**,
Griechenland;
Tel 00 30-22 41 0/4 42 16;
Fax 00 30-22 41 0/4 42 42;
e-mail   eic164@ebed.gr
http://www.ebed.gr/eic

Euro Info Centre
Federation of Industries of Northern Greece
Morihovou Square 1, 7th floor,
54625 Thessaloniki, Griechenland;
Tel 00 30-23 10/53 98 17;
Fax 00 30-23 10/54 14 91;
e-mail   eic153@the.forthnet.gr
http://www.enlargement.gr

Euro Info Centre
Chamber of Arkadia
Panos & 25th March 21,
22100 Tripolis Arkadia, Griechenland;
Tel 00 30-27 10/22 71 41/42;
Fax 00 30-27 10/23 37 38;
e-mail   info@arcadianet.gr
http://www.arcadianet.gr

Euro Info Centre
Association of Industries in Thessaly and in Central Greece
El. Venizelou Road 4, **38221 Volos**,
Griechenland;
Tel 00 30-24 21 0/2 81 11, 2 94 07;
Fax 00 30-24 21 0/2 63 94;
e-mail   sbtke@otenet.gr
http://www.sbtke.gr

Irland

Euro Info Centre
Cork Chamber of Commerce
Fitzgerald House, Summerhill North, **Cork, Irland**;
Tel 00 35 3-21/4 50 90 44;
Fax 00 35 3-21/4 50 85 68;
e-mail   eic@corkchamber.ie
http://www.eic.ie

Euro Info Centre Dublin
28 Merrion Square, **Dublin 2, Irland**;
Tel 00 35 3-1/6 61 21 82;
Fax 00 35 3-1/6 61 23 15;
e-mail   eic@irishexporters.ie
http://www.irishexporters.ie/eic

Euro Info Centre
Galway Chamber of Commerce and Industry
Commerce House, Merchants Road, **Galway, Irland**;
Tel 00 35 3-91/56 26 24;
Fax 00 35 3-91/56 19 63;
e-mail   carol@galwaychamber.com
http://www.galwaychamber.com

Euro Info Centre
Sligo Chamber of Commerce and Industry
16 Quay Street, **Sligo, Irland**;
Tel 00 35 3-71/9 16 12 74, 94 00 17;
Fax 00 35 3-71/9 16 09 12;
e-mail   sligoeic@eiroom.net
http://www.eic.ie

Euro Info Centre
Waterford Chamber of Commerce and Industry
George's Street, **Waterford, Irland**;
Tel 00 35 3-51/31 11 38;
Fax 00 35 3-51/87 60 02;
e-mail   eic@indigo.ie
http://www.eic.ie

Italien

Euro Info Centre
Centro Sviluppo S.p.A.
Vittimr del Col du Mont, Via Lavoratori, **11100 Aosta, Italien**;
Tel 00 39-01 65/30 55 11;
Fax 00 39-01 65/30 55 40;
e-mail   eic@centrosviluppo.it
http://www.centrosviluppo.it

Euro Info Centre
Camera di Commercio Industria Artigianato e Agricoltura di Ascoli Piceno
Via L. Mercantini, 23/25, **63100 Ascoli Piceno, Italien**;
Tel 00 39-07 36/27 92 69/03/68/48;
Fax 00 39-07 36/24 64 06;

e-mail   info@eic356.it
http://www.eic356.it

Euro Info Centre
Comitato Impressa Donna
Viale Aldo Moro, 22, **40127 Bologna, Italien**;
Tel 00 39-05 1/6 09 94 28;
Fax 00 39-05 1/6 09 94 74;
e-mail   comp.imp.donna@er.cna.it
http://www.cid.er.cna.it

Euro Info Centre
Handels-, Industrie-, Handwerks- und Landwirtschaftskammer Bozen – CCIAA Bolzano
Via Perathoner, 10, **39100 Bolzano/Bozen, Italien**;
Tel 00 39-04 71/94 56 45;
Fax 00 39-04 71/94 55 00;
e-mail   international@hk-ccia.bz.it
http://www.handelskammer.bz.it/eic

Euro Info Centre
Coofcooperative Sardegna
Viale Bonaria, 98, **09127 Cagliari, Italien**;
Tel 00 39-07 0/67 30 42;
Fax 00 39-07 0/6 40 38 42;
e-mail   floris@economicasociale.it
http://www.economiasociale.it

Euro Info Centre
Unione Regionale delle Camere di Commercio del Molise
Piazza della Vittoria, 1, **86100 Campobasso, Italien**;
Tel 00 39-08 74/47 12 20, 47 12 02;
Fax 00 39-08 74/9 00 34, 41 81 44;
e-mail   fai@cb.camcom.it
http://www.mol.camcom.it

Euro Info Centre
Osservatorio Europeo della Provincia Regionale di Cantania
Via Minoriti, 10, **95128 Catania, Italien**;
Tel 00 39-09 5/31 51 24;
Fax 00 39-09 5/31 51 24;
e-mail   eicit386.catania@provincia.ct.it
http://www.provincia.ct.it/euroinfocentre

Euro Info Centre
Bic Calabria
Via Alberto Serra, 46, **87100 Cosenza, Italien**;

Tel 00 39-09 84/39 14 55;
Fax 00 39-09 84/39 15 07;
e-mail biccal@diemme.it,
e-mail info@viluppoitaliacalabria.it
http://www.biccal.it

Euro Info Centre
Consorzio Eurosportello Confesercenti
Via Pistoiese, 155, **50145 Florenz, Italien**;
Tel 00 39-05 5/31 52 54;
Fax 00 39-05 5/31 09 22;
e-mail info@infoeuropa.it
http://www.infoeuropa.it

Euro Info Centre Promofirenze
International Business Centre
Palazzo Borsa Merci, Via Por Santa Maria,
50122 Florenz, Italien;
Tel 00 39-05 5/2 67 16 20;
Fax 00 39-05 5/2 67 14 04;
e-mail promofirenze@promofirenze.com
http://www.promofirenze.com

Euro Info Centre Liguria
Via Garibaldi, 6, **16124 Genua, Italien**;
Tel 00 39-01 0/2 70 42 51, 2 70 43 24;
Fax 00 39-01 0/2 70 42 97;
e-mail euroinfo@lig.camcom.it
http://www.lig.camcom.it/eicliguria

Euro Info Centre Friuli
Venezia Giulia c/o INFORMEST
Via Cadorna, 3 b, **34170 Gorizia, Italien**;
Tel 00 39-04 81/59 74 11;
Fax 00 39-04 81/53 72 04;
e-mail eicit388@informest.it
http://www.informest.it

Euro Info Centre Puglia
Via Libertini, ex Conservatorio di Sant'Anna,
73100 Lecce, Italien;
Tel 00 39-08 32/30 25 14;
Fax 00 39-08 32/33 37 66;
e-mail eicpuglia@eicpuglia.it
http://www.eicpuglia.it

Euro Info Centre
Azienda Speciale – CCIAA Mailand
Via Camperio, 1, **20123 Mailand, Italien**;
Tel 00 39-02/85 15 52 44;
Fax 00 39-02/85 15 53 08;

e-mail eic@mi.camcom.it
http://www.eurosportello.com

Euro Info Centre
Centro Estero Camere di Commercio della
Basilicata
Via Lucana, 82, **75100 Matera, Italien**;
Tel 00 39-08 35/33 84 23;
Fax 00 39-08 35/33 06 89;
e-mail
euroinfocentre@centroestero.basilicata.it
http://www.centroestero.basilicata.it

Euro Info Centre
Camera di Commercio Industria Artigianato e
Agricoltura di Napoli
Corso Meridionale, 58, **80143 Neapel, Italien**;
Tel 00 39-08 1/5 53 61 06, 28 42 17;
Fax 00 39-08 1/28 76 75;
e-mail eicna@tin.it
http://www.eurosportello.napoli.it

Euro Info Centre
Mondimpresa/Unioncamere
Sicilia/Confindustria Sicilia
Via Emerico Amari, 11, **90139 Palermo,
Italien**;
Tel 00 39-09 1/6 09 00 64;
Fax 00 39-09 1/6 05 03 53, 58 04 44;
e-mail palermo@mondimpresa.it,
e-mail eic.it380palermo@mondimpresa.it
http://www.eic380.mondimpresa.org

Euro Info Centre
Centro Estero Umbria – Camera di
Commercio di Perugia
Via Settevalli, 131f, **06129 Perugia, Italien**;
Tel 00 39-07 5/50 67 61;
Fax 00 39-07 5/5 06 76 50;
e-mail f.micci@eurostrategie.it

Euro Info Centre
Associazione „Compagnia delle Opere"
Via Barignani, 30, **61100 Pesaro, Italien**;
Tel 00 39-07 21/37 62 87;
Fax 00 39-07 21/37 07 13;
e-mail euro@cdopesaro.com
http://www.cdo.it/europostello

Euro Info Centre
Azienda Speciale „Sportello di Informazione e
Documentazione per le Imprese"

Viale L. C. Farini, 14, **48100 Ravenna, Italien**;
Tel 00 39-05 44/48 14 43;
Fax 00 39-05 44/21 87 31;
e-mail   euroinfo@ra.camcom.it
http://www.ra.camcom.it/eurosportello

Euro Info Centre
Confederazione Generale Italiana del
Commercio e del Turismo
Piazza G. Gioacchino Belli, 2, **00153 Rom,
Italien**;
Tel 00 39-06/5 89 89 73, 5 86 61;
Fax 00 39-06/5 81 49 84;
e-mail   eic@confcommercio.it
http://www.confcommercio.it

Euro Info Centre Lazio
Via Casilina, 3/T, **00182 Rom, Italien**;
Tel 00 39-06/9 78 45 01;
Fax 00 39-06/97 84 50 01;
e-mail   eicit389@biclazio.it
http://www.lazioeuropa.it

Euro Info Centre
Instituto per la Promozione Industriale
Viale Maresciallo Pilsudski, 124, **00197 Rom,
Italien**;
Tel 00 39-06/80 97 22 16;
Fax 00 39-06/80 97 22 12;
e-mail   martini@ipi.it
http://www.ipi.it

Euro Info Centre
Instituto per la Promozione industriale – IPI
Viale Maresciallo Pilsudski, 124, **00197 Rom,
Italien**;
Tel 00 39-06/80 97 22 16;
Fax 00 39-06/80 97 22 12;
e-mail   martini@ipi.it
http://www.ipi.it

Euro Info Centre
Rete Artigianato per l'Europa
Via di S. Giovanni in Laterano, 152,
00184 Rom, Italien;
Tel 00 39-06/7 72 67 55 07;
Fax 00 39-06/77 20 28 72;
e-mail   rae@euroinfopmi.org
http://www.euroinfopmi.org

Euro Info Centre
Unioncamere-Mondimpresa

Viale Manzoni, 22, **00185 Rom, Italien**;
Tel 00 39-06/77 71 31, 77 74 56/57
Fax 00 39-06/77 71 34 09;
e-mail   eic374.unioncamere@mondimpresa.it
http://www.eic374.unioncamere.
mondimpresa.org

Euro Info Centre
c/o Promocamera
Via Predda Niedda, 18, **07100 Sassari, Italien**;
Tel 00 39-07 9/2 63 88 13;
Fax 00 39-07 9/2 63 88 10;
e-mail   eicss@ss.nettuno.it
http://www.promocamera.it/eicss

Euro Info Centre
Unione Regionale delle Camera di
Commercio Industria Artigianato Agricoltura
d'Abruzzo
Via F. Savini, 50, **64100 Teramo, Italien**;
Tel 00 39-08 61/33 52 12;
Fax 00 39-08 61/24 61 42;
e-mail   cciaa@webzone.it
http://www.eicabruzzo.com

Euro Info Centre
Camera di Commercio Industria Artigianato e
Agricoltura di Torino
Via San Francesco da Paola, 24, **10123 Turin,
Italien**;
Tel 00 39-01 1/5 71 63 42/43;
Fax 00 39-01 1/5 71 63 46;
e-mail   eic@to.camcom.it
http://www.to.camcom.it/eic

Euro Info Centre
Federazione delle Associazioni Industriali del
Piemonte (Federpiemonte)
Corso Vittorio Emanuelle II, 103,
10128 Turin, Italien;
Tel 00 39-01 1/54 92 46;
Fax 00 39-01 1/5 17 52 04;
e-mail
euroinfocentre@confindustria.piemonte.it

Euro Info Centre Sprint
Internationalisation Services, EIC SPRINT
Via Calepina, 13, **38100 Trento, Italien**;
Tel 00 39-46 1/88 71 11;
Fax 00 39-46 1/98 30 69;
e-mail   sprint@tn.camcom.it
http://trentinosprint.it

Euro Info Centre Veneto
Eurosportello Veneto
Via Sansovino, 9 d, **30173 Venedig Mestre,**
Italien;
Tel 00 39-04 1/0 99 94 11;
Fax 00 39-04 1/0 99 94 01;
e-mail   eropa@eicveneto.it,
e-mail   europa@eurosportelloveneto.it
http://www.eicveneto.it,
http://eurosportelloveneto.it

Lettland

Euro Info Centre Latgale, EIC Latgale
Rigas iela 2-38, **5403 Daugavpils, Lettland;**
Tel 00 37-1/5 42 09 08;
Fax 00 37-1/5 42 09 08;
e-mail   eic@latgale.lv
http://www.eic.latgale.lv

Euro Info Centre
Latvian Investment and Development Agency,
LIDA
Perses iela 2, **1042 Riga, Lettland;**
Tel 00 37-1/7 03 94 00;
Fax 00 37-1/7 03 94 01;
e-mail   eic@liaa.gov.lv
http://www.liaa.gov.lv

Litauen

Euro Info Centre Kaunas –
Kaunas Chamber of Commerce, Industry and Crafts
K. Donelaicio st. 8, **44213 Kaunas, Litauen;**
Tel 00 37 0-37/20 14 91;
Fax 00 37 0-37/20 83 30;
e-mail   eic@chamber.lt
http://www.eic.lt

Euro Info Centre Klaipedo LT 804
POB 148, Danes 17, **92117 Klaipeda, Litauen;**
Tel 00 37 0-46/39 08 63;
Fax 00 37 0-46/41 06 26;
e-mail   marina.skripnik@chambers.lt
http://www.klaipeda-eic.lt

Euro Info Centre
Lithunian Development Agency
Sv. Jono 3, **01123 Vilnius, Litauen;**

Tel 00 37 0-85/2 64 90 71/72;
Fax 00 37 0-85/2 12 01 60;
e-mail   audram@lda.lt
http://www.eic-vilnius.lt

Luxemburg

Euro Info Centre
Chambre des Métiers du Grand-Duché de Luxemburg
2, circuit de la Foire Internationale,
1016 Luxemburg, Luxemburg;
Tel 00 35 2/4 26 76 72 30/66
Fax 00 35 2/42 67 87;
e-mail   eic@cdm.lu
http://www.eic.lu

Euro Info Centre
Chambre de Commerce du Grand-Duché du Luxemburg – PME/PMI
7, rue Alcide de Gasperi,
2981 Luxemburg-Kirchberg, Luxemburg;
Tel 00 35 2/4 23 93 93 33;
Fax 00 35 2/43 83 26;
e-mail   eic@cc.lu
http://www.eicLuxemburg.lu

Malta

Euro Info Centre Malta
POB 8, Trade Centre, **SGN 01 San Gwann, Malta;**
Tel 00 35-6/25 42 34 40;
Fax 00 35-6/25 42 34 01;
e-mail   eic@maltaenterprise.com
http://www.maltaenterprise.com

Niederlande

Euro Info Centre
Kamer van Koophandel Amsterdam
De Ruyterrade 5, **1013 Amsterdam,**
Niederlande;
Tel 00 31-20/5 31 44 39;
Fax 00 31-20/5 31 44 97;
e-mail   eic@amsterdam.kvk.nl
http://www.kvk.nl

Euro Info Centre
Center-EG Liaison
PA 93144, Juliana van Stolberglaan 43,
2509 AC Den Haag, Niederlande;
Tel 00 31-70/3 73 52 50;
Fax 00 31-70/3 73 56 50;
e-mail info@egl.nl
http://www.egl.nl

Euro Info Centrum Oost Nederland, EIC
Oost Nederland
Boulevard 1945 326 a, **7511 AJ Enschede,
Niederlande**;
Tel 00 31-53/4 81 44 29;
Fax 00 31-53/4 81 44 03;
e-mail eic@activa.nl
http://www.activa.nl

Euro Info Centre
Stichting EG-adviescentrum Zuid-Nederland
Pettelaarpark 10, **5201 DZ 's-Hertogenbosch,
Niederlande**;
Tel 00 31-73/6 80 66 00;
Fax 00 31-73/6 12 32 10;
e-mail info@egadvies.nl
http://www.egadvies.nl

Euro Info Centre
Stichting Euro Info Centrum Nee-Nederland
Postbus 97, **9350 AB Leek, Niederlande**;
Tel 00 31-59 4/55 50 55;
Fax 00 31-59 4/55 50 59;
e-mail info@eic.nl
http://www.eic.nl

Polen

Euro Info Centre
Podlaska Fundacja Rozwoju Regionalnego –
Podlaska Regional Development Foundation
Ulica Starobojarska 15, **15-073 Bialystok,
Polen**;
Tel 00 48-85/7 40 86 78;
Fax 00 48-85/7 40 86 85;
e-mail euroinfo@pfrr.bialystok.pl
http://www.pfrr.bialystok.pl

Euro Info Centre
Association „Free Entrepreneurship" Gdansk
Regional Department
Ulica Matejki 6, **80-232 Danzig, Polen**;

Tel 00 48-58/3 47 03 40;
Fax 00 48-58/3 47 03 41;
e-mail hutyra@euroinfo.gda.pl
http://www.euroinfo.gda.pl

Euro Info Centre
Fundacja Kaliski Inkubator
„Przedsiebiorczosci"
Ulica Czestochowska 25, **62-800 Kalisz,
Polen**;
Tel 00 48-62/7 67 23 43;
Fax 00 48-62/7 67 23 43;
e-mail euroinfo@kip.kalisz.pl
http://www.kip.kalisz.pl

Euro Info Centre
The Upper Silesian Regional Development
Agency Co
Ulica Wita Stwosza 31, **40-042 Katowice,
Polen**;
Tel 00 48-32/2 57 95 40;
Fax 00 48-32/2 57 95 29;
e-mail euroinfo@garr.com.pl
http://www.euroinfo.garr.pl

Euro Info Centre
Chamber of Industry and Commerce
„Staropolska"
Ulica Sienkiewicza 53, **25-002 Kielce, Polen**;
Tel 00 48-41/3 68 02 78;
Fax 00 48-41/3 68 02 78;
e-mail eickielce@siph.com.pl
http://www.siph.com.pl

Euro Info Centre
Izba Przemyslowo-Handlowa – Krakow
Chamber of Commerce and Industry
Ulica Florianska 3, **31-019 Krakau, Polen**;
Tel 00 48-12/4 22 89 07;
Fax 00 48-12/2 92 05 53;
e-mail eicpl413@iph.krakow.pl
http://www.euroinfo.org.pl

Euro Info Centre
Lublin-Chelm-Zamosc Development
Foundation
Rynek 7, **20-111 Lublin, Polen**;
Tel 00 48-81/5 34 50 02;
Fax 00 48-81/5 34 50 02;
e-mail eic@lfr.lublin.pl
http://www.lfr.lublin.pl/eic

Euro Info Centre
The Associatin of Entrepreneurship
Promotion
Ulica Stowackiego 7a, **35-060 Rzeszów,
Polen;**
Tel 00 48-17/8 52 49 75;
Fax 00 48-17/8 52 49 75;
e-mail   euro@intertele.pl
http://www.euroinfo.org.pl

Euro Info Centre
West Pomerania Economic Development
Association
Ulica Kolumba 86, **71-035 Szczecin, Polen;**
Tel 00 48-91/4 33 02 20;
Fax 00 48-91/4 33 02 66;
e-mail   euroinfo@aci.com.pl
http://www.zsrg.szczecin.pl

Euro Info Centre
Torunska Agencja Rozwoju Regionalego S.A.
– Torun Regional Development Agency
Ulica Kopernika 4, **87-100 Torun, Polen;**
Tel 00 48-56/6 58 89 50;
Fax 00 48-56/6 58 89 51;
e-mail   eic@tarr.org.pl
http://www.euroinfo.org.pl

Euro Info Centre
Dolnoslaska Agencja Rozwoju Regionalego
S.A.
Ulica Wysockiego 10, **58-300 Walbrzych,
Polen;**
Tel 00 48-74/8 43 49 12;
Fax 00 48-74/8 43 49 12;
e-mail   eic@darr.pl
http://www.darr.pl

Euro Info Centre
The Cooperation Fund
Gornoslaska 4 a, **00-444 Warschau, Polen;**
Tel 00 48-22/6 22 84 05;
Fax 00 48-22/6 22 03 78;
e-mail   euroinfo@cofund.org.pl
http://www.euroinfo.org.pl

Portugal

Euro Info Centre
Associação Industrial do Distrito de Aveiro

Cais da Fonte Nova (Antigo Edif. Fáb.
Jeronimo P. Campos), Rua da Buavista-Zona
Industrial de Taboeia Alagoas Apartado 3184,
38000 - 115 Aveiro, Portugal;
Tel 00 35 1-2 34/30 24 93;
Fax 00 35 1-2 34/31 23 66;
e-mail   c.vieira@aida.pt
http://www.aida.pt

Euro Info Centre
Comissão de Coordenação da Região Centro
Rua Coronel Julio Veiga Simão,
3025 - 307 Coimbra, Portugal;
Tel 00 35 1-23 9/49 71 61/10;
Fax 00 35 1-23 9/49 40 66;
e-mail   geral@eicentro.org
http://www.eicentro.org

Euro Info Centre
Instituto de Apoio às Pequenas e Médias
Empresas e ao Investimento PME
Rua de Valasco, 19 C, **7000-878 Évora,
Portugal;**
Tel 00 35 1-26 6/73 97 00;
Fax 00 35 1-26 6/73 97 01;
e-mail   eicpme@iapmei.pt
http://www.eicpme.iapmei.pt

Euro Info Centre
Comissão de Coordenação da Região do
Algarve
Edificio Ninho de Empresas, Horta das
Laranjeiras, **8000-489 Faro, Portugal;**
Tel 00 35 1-289 /88 08 40;
Fax 00 35 1-28 9/80 66 87;
e-mail   euroalgarve@mail.telepac.pt
http://www.ccr-alg.pt/eic

Euro Info Centre de ACIF/CCIM
Rua dos Aranhas, 24-26, **9000-044 Funchal,
Portugal;**
Tel 00 35 1-29 1/20 68 00;
Fax 00 35 1-29 1/20 68 68;
e-mail   eic@acif-ccim.pt
http://www.acif-ccim.pt

Euro Info Centre
Associação Empresarial de Portugal
Avenue Dr. António Macedo,
4450-617 Leça da Palmeira, Porto, Portugal;

325

Tel 00 35 1-22/9 98 15 80;
Fax 00 35 1-22/9 98 17 74;
e-mail   EICPT501@aeportugal.pt

Euro Info Centre
Associação Industrial Portuguesa
Praça das Indústrias, Apartado 3200,
1301 - 965 Lissabon, Portugal;
Tel 00 35 1-21/3 60 11 27;
Fax 00 35 1-21/3 64 67 86;
e-mail   eic@aip.pt
http://www.eic.aip.pt

Euro Info Centre
Caixa Geral de Depósitos
Avenida João XXI, 63, 3- 5 andar,
1000-300 Lissabon, Portugal;
Tel 00 35 1-21/7 90 53 89;
Fax 00 35 1-21/7 90 50 97;
e-mail   euroglis@mail.telepac.pt
http://www.cgd.pt/empresas/eic

Euro Info Centre
Instituto António d Sector Cooperation
(INSCOOP)
Rua D. Carles Mascarenhas, 46,
1070-083 Lissabon, Portugal;
Tel 00 35 1-21/7 95 85 85;
Fax 00 35 1-21/7 95 85 88;
e-mail   inscoop@mail.telepae.pt
http://www.inscoop.pt

Euro Info Centre
SILICON- Electrónica e Telemática
Polo Technologico de LissabonEdificio
Empresarial 3, Estrada do Paço do Lumiar,
1600-546 Lissabon, Portugal;
Tel 00 35 1-21/7 10 17 85;
Fax 00 35 1-21/7 10 16 18;
e-mail   silicon@silicon-et.pt
http://www.silicon-et.pt

Euro Info Centre
Câmara do Comércio e Indústria dos Açores
Rua Ernesto do Canto, 13, **9500 Ponta
Delgada, Portugal;**
Tel 00 35 1-29 6/30 50 00;
Fax 00 35 1-29 6/30 50 50;
e-mail   eurogab.acores@telepac.pt

Euro Info Centre
associacao Nacional de Jovens Empresáripos
(ANJE)
Casa do Farol, Rua Paulo da Gama,
4150 Porto, Portugal;
Tel 00 35 1-22/0 10 80 00;
Fax 00 35 1-22/0 10 80 10;
e-mail   ricardolavrador@anje.pt, anje@anje.pt
http://www.anje.pt

Euro Info Centre
Associaçao Industrial Minho do Minho
Centro Empresarial de Viana do Castelo,
Campo N. Sra. Agonia,
4900 - 360 Viana do Castelo, Portugal;
Tel 00 35 1-25 3/20 25 00;
Fax 00 35 1-25 3/27 66 01;
e-mail   eicminho@aiminho.pt
http://www.aiminho.pt

Schweden

Euro Info Centre
Almi Företagspartner Dalarna AB
Box 282, Nybrogatan 23, **791 26 Falun,
Schweden;**
Tel 00 46-23/79 49 30;
Fax 00 46-23/79 49 10;
e-mail   eic@falun.euroinfo.se
http://www.euroinfo.se

Euro Info Centre West Sweden
c/o Buisiness Region Göteborg AB
Norra Hamngatan 14, **411 14 Göteborg,
Schweden;**
Tel 00 46-31/61 24 18;
Fax 00 46-31/61 24 01;
e-mail   info@brg.goteborg.se
http://www.euroinfo.se/kontor/gbg/gbg.htm

Euro Info Centre Nord – Härnösand, EIC
Nord
Box 84, **871 22 Härnösand, Schweden;**
Tel 00 46-61 1/2 67 60;
Fax 00 46-61 1/55 78 01;
e-mail   eic.vnorr@almi.se
http://www.euroinfo.se

Euro Info Centre
Jönköping Zän AB
Elmiavägen 11, **554 54 Jönköping, Schweden;**

Tel 00 46-36/30 14 60;
Fax 00 46-36/30 14 69;
e-mail   eic@euroinfocentre.se
http://www.euroinfocentre.se

Euro Info Centre SYD
Skeppsbron 2, 211 20 Malmö, Schweden;
Tel 00 46-40/6 90 24 00;
Fax 00 46-40/6 90 24 90;
e-mail   eicsyd@handelskammaren.com
http://www.eicsyd.se

Euro Info Centre East & Central Sweden
Almi Företagspartner Örebro AB – ALMI
PA: Box 8023, 700 08 Örebro, Schweden;
Tel 00 46-19/17 48 80;
Fax 00 46-19/17 48 85;
e-mail   info@orebro.euroinfo.se
http://www.euroinfo.se

Euro Info Centre Nutek
Liljeholmsvägen 32, 117 86 Stockholm, Schweden;
Tel 00 46-8/6 81 91 00;
Fax 00 46-8/7 44 40 45;
e-mail   se958.nutek@fcis.cec.eu.int
http://www.nutek.se/eic

Euro Info Centre-Mälar Region
Europa Institutet i Västerås
Stora Gatan 16, 722 12 Västerås, Schweden;
Tel 00 46-21/10 78 60;
Fax 00 46-21/10 78 69;
e-mail   christina@eiv.u.se
http://www.euroinfo.se

Euro Info Centre Almi
Almi Företagspartner Kronoberg AB
Västra Esplanaden 5, 351 15 Växjö, Schweden;
Tel 00 46-47 0/2 30 44;
Fax 00 46-47 0/2 79 57;
e-mail   eic@almi.se

Slowakei

Euro Info Centre
National Agency for Development of SMEs
Zahordnicka 153, 82108 Bratislava 2, Slowakei;

Tel 00 42 1-2/55 57 16 10;
Fax 00 42 1-2/55 57 16 02;
e-mail   eicsk672@nadsme.sk
http://www.eic.sk

Euro Info Centre
Regional Advisory and Information Center Presov
Reimanouva 9, 08001 Presov, Slowakei;
Tel 00 42 1-51/7 56 03 30, 7 56 03 29;
Fax 00 42 1-51/7 73 35 52;
e-mail   eicsk673@rpicpo.sk
http://www.rpicpo.sk

Slowenien

Euro Info Centre Koper
POB 738, Garibaldijeva 18, 6000 Koper, Slowenien;
Tel 00 38 6-5/6 27 96 10;
Fax 00 38 6-5/6 27 96 15;
e-mail   eic.kp@zrs-kp.si
http://www.zrs-kp.si

Euro Info Centre Ljubljana
Dunajska 156, 1000 Ljubljana, Slowenien;
Tel 00 38 6-1/5 89 18 90;
Fax 00 38 6-1/5 89 18 85;
e-mail   eic@pcmg.si
http://eic.pcmg.si

Euro Info Centre Maribor
Glavni trg. 17, 2000 Maribor, Slowenien;
Tel 00 38 6-2/2 34 50 72;
Fax 00 38 6-2/2 34 50 77;
e-mail   eic@mra.si
http://eic.mra.si

Spanien

Euro Info Centre
Confederación Regional de Empresarios de Castilla la Mancha
Calle Rosario, 29, 02001 Albacete, Spanien;
Tel 00 34-96 7/21 73 00/01/04;
Fax 00 34-96 7/24 02 02
e-mail   fedaeuro@feda.es
http://www.feda.es

VIII EU-weite Informationsnetze

Euro Info Centre
Confederación Empresarial de la Provincia de Alicante
Plaza de Ruperto Chapi, 3, **03001 Alicante**, Spanien;
Tel 00 34-96 5/14 02 67;
Fax 00 34-96 5/21 35 81;
e-mail   eic@coepa.es
http://www.coepa.es

Euro Info Centre CIDEM
Agence Catalane de la Petite Entreprise
Passeig de Gràcia, 129, **08008 Barcelona**, Spanien;
Tel 00 34-93/4 76 72 10;
Fax 00 34-93/4 76 72 15;
e-mail   eic@cidem.gencat.net
http://www.cidem.com

Euro Info Centre
Cámara Oficial de Comercio, Industria y Navegación
Avenida Diagonal, 452-454, **08006 Barcelona**, Spanien;
Tel 00 34-93/4 16 93 91;
Fax 00 34-93/4 16 07 35;
e-mail   pcoboc@mail.cambrabcn.es
http://www.cambrabcn.es/euroinfo

Euro Info Centre
Consortium for Trade Promotion of Catalonia – COPCA, Barcelona
Passeig de Gràcia, 94, **08008 Barcelona**, Spanien;
Tel 00 34-93/4 84 96 05;
Fax 00 34-93/4 84 96 09;
e-mail   cooperacio@copca.com
http://www.copca.com

Euro Info Centre
Cámara de Comercio, Industria y Navegación de Bilbao
Gran Via, 13, **48001 Bilbao, Bizkaia, Spanien**;
Tel 00 34-94/4 70 65 04;
Fax 00 34-94/4 44 63 24;
e-mail   coopeic@ue-empresas.org
http://www.camarabilbao.com

Euro Info Centre
Castilla y León – CEEI
Parque Tecnológico de Boecillo,
47151 Boecillo (Valladolid), Spanien;

Tel 00 34-98 3/54 80 15;
Fax 00 34-98 3/54 80 57;
e-mail   eic@ceical.cict.jcyl.es
http://www.ceeiemopa.com

Euro Info Centre
Euro Info Centre de Navarra
San Cosme y San Damían, s/n,
31191 Cordovilla-Pamplona, Spanien;
Tel 00 34-94 8/42 11 09/34/41;
Fax 00 34-94 8/42 11 00;
e-mail   mherias@ain.es
http://www.ain.es

Euro Info Centre
Gobierno de Canarias Consejería de Economía, Hacienda y Cmercio
Calle Leon y Castillo, 431, 2pta,
35007 Las Palmas de Gran Canaria, Spanien;
Tel 00 34-92 8/30 71 67;
Fax 00 34-92 8/30 71 81;
e-mail   eiclpa@gobernodecanarias.org
http://www.gobiernodecanarias.org

Euro Info Centre
Instituto de Fomento Regional
Parque Tecnológico de Asturias,
33420 Llanera-Asturias, Spanien;
Tel 00 34-98 5/98 00 20;
Fax 00 34-98 5/26 44 55;
e-mail   euro@idepa.es
http://www.idepa.es

Euro Info Centre
Federación de Empresarios de la Rioja
Calle Hermanos Moroy, 8-4, **26001 Logroño**, Spanien;
Tel 00 34-94 1/27 12 71;
Fax 00 34-94 1/26 25 37;
e-mail   eva.euroventanilla@fer.es
http://www.fer.es

Euro Info Centre
Cámara de Comercio e Industria de Madrid
Calle Ribera del Coira, 56-58, **28042 Madrid**, Spanien;
Tel 00 34-91/5 38 36 10;
Fax 00 34-91/5 38 36 43;
e-mail   euroventanilla@camaramadrid.es
http://www.camaramadrid.es

1 Die EU-Beratungsstellen für Unternehmen

Euro Info Centre
Centro Europeo de Información Empresarial
Dirección General de Politica de la PYME
Maria de Molina, 50, **28006 Madrid, Spanien;**
Tel 00 34-91/5 45 09 02;
Fax 00 34-91/5 45 09 30;
e-mail   erivera@ipyme.org
http://www.ipyme.org

Euro Info Centre
Confederación Española de la Economia
Social š CEPES
Calle Vallehermoso, 15, 1 apt, **28015 Madrid,
Spanien;**
Tel 00 34-91/5 93 04 12/79;
Fax 00 34-91/4 48 73 93;
e-mail   cepes@cepes.es
http://www.cepes.es

Euro Info Centre
Confederación Española de Organisaciones
Empresariales
Diego de León, 50, **28006 Madrid, Spanien;**
Tel 00 34-91/5 66 34 00;
Fax 00 34-91/5 64 01 35;
e-mail   eic@ceoe.es
http://www.ceoe.es

Euro Info Centre
Consejo General de Colegios Oficiales de
Graduados Sociales de España
Calle Rafael Calvo, n7, **28010 Madrid,
Spanien;**
Tel 00 34-90/2 15 20 18;
Fax 00 34-91/4 48 85 71;
e-mail   info@graduadosocial.com
http://www.graduadosocial.com

Euro Info Centre
Consejo Superior de Cámaras Oficiales de
Comercio, Industria y Navegación de España
Calle Velázquez, 157, 1a planta,
28002 Madrid, Spanien;
Tel 00 34-91/5 90 69 00;
Fax 00 34-91/5 90 69 08;
e-mail   euroinfocentre@cscamaras.es
http://www.camaras.org

Euro Info Centre Madrid-IMADE
Jóse Abascal, 57, **28003 Madrid, Spanien;**
Tel 00 34-91/3 99 74 68;
Fax 00 34-91/3 99 74 59;
e-mail   eic@imade.es
http://www.madrid.org/eic-imade

Euro Info Centre
Federación Española de Organizaciones
Empresariales de la Indústria de Mueble –
FEOEIM
Calle Sagasta, 24-3, Izqda, **28004 Madrid,
Spanien;**
Tel 00 34-91/5 94 44 04;
Fax 00 34-91/5 94 44 64;
e-mail   info@confemadera.es
http://www.confemadera.es

Euro Info Centre
Proyeto Europa - Banesto Centro Europeo de
Infomación
Plaza de la Constitución, 9, **29008 Málaga,
Spanien;**
Tel 00 34-95/2 22 09 59;
Fax 00 34-95/2 22 09 36;
e-mail   eicmalaga@eicmalaga.info
http://www.eicmalaga.info

Euro Info Centre
Instituto de Fomento de la Región de Murcia
Avenida de la Fama, 3, **30003 Murcia,
Spanien;**
Tel 00 34-96 8/36 28 18;
Fax 00 34-96 8/36 28 68;
e-mail   eic-murcia@info.carm.es
http://www.euroinfo-murcia.com

Euro Info Centre
Centre Balears Europa
Cenhe Balears Europa, Palaw Reial, 17,
07001 Palma de Mallorca, Spanien;
Tel 00 34-97 1/7 77 37;
Fax 00 34-97 1/7 67 37;
e-mail   ffeliu@cbe.caib.es
http://www.cbe.es

Euro Info Centre
Fundación Euroventanilla del País Vasco
P Ramón Made Lili, 6,
20008 San Sebastián Donostia, Spanien;
Tel 00 34-94 3/29 18 77;
Fax 00 34-94 3/29 31 05;
e-mail   eic@camaragipuzkoa.com

Euro Info Centre Sodercan
Sociedad para el Desarollo Regional

Hernàn Cortés, 39, **39003 Santander, Spanien;**
Tel 00 34-94/2 31 21 00;
Fax 00 34-94/2 21 70 11;
e-mail   eic@cantabria.org
http://www.eic.cantabria.org

Euro Info Centre
Confederación de Empresarios de Galicia
Rúa do Vilar, 54,
15705 Santiago de Compostela, Spanien;
Tel 00 34-98 1/55 58 88;
Fax 00 34-98 1/55 58 82;
e-mail   euroinfo@ceg.es
http://www.ceg.es/quines/index.htm

Euro Info Centre
Confederación de Empresarios de Andalucía
Isla de la Cartuja s/n, **41092 Sevilla, Spanien;**
Tel 00 34-95/4 48 89 00;
Fax 00 34-95/4 48 89 11/14;
e-mail   internacional@cea.es
http://www.cea.es/cgi-bin/asp/internacional/default.asp

Euro Info Centre Toledo-Castilla la Mancha,
Plaza San Vicente, 3, **45001 Toledo, Spanien;**
Tel 00 34-92 5/28 01 12;
Fax 00 34-92 5/28 00 07;
e-mail   eictoledo@camaratoledo.com
http://www.camaratoledo.com

Euro Info Centre
Cámara Oficial de Comercio, Industria y Navegación de Valencia
Calle Poeta Querol, 15, **46002 Valencia, Spanien;**
Tel 00 34-96 3/10 39 00;
Fax 00 34-96 3/51 63 49, 51 35 58;
e-mail   vmompo@camaravalencia.com
http://www.camaravalencia.com

Euro Info Centre
Confederación Regional de Empresarios de Aragón
Edificio CREA, Avenida Ranillas, 16,
50015 Zaragoza, Spanien;
Tel 00 34-97 6/46 00 66;
Fax 00 34-97 6/32 75 08;
e-mail   joalonso@crea.es, eborobio@crea.es
http://www.crea.es

Tschechische Republik

Euro Info Centre
Chamber of Commerce Brno
Výstavisté 1, Areál BVV, **64804 Brno, Tschechien;**
Tel 00 42 0/5 41 15 90 82;
Fax 00 42 0/5 41 15 30 55;
e-mail   eicbrno@ohkbro.cz
http://www.ohkbrno.cz

Euro Info Centre
Agentura Regionálního Rozvoje Spol. sro – ARR
Trida 1. Maje 856/26, **46001 Liberec 3, Tschechien;**
Tel 00 42 0/4 85 34 09 78;
Fax 00 42 0/4 85 34 09 77;
e-mail   t.samal@arr-nisa.cz
http://www.arr-nisa.cz

Euro Info Centre
RRA – Regionální rozvojová agentura
Budovatelu 2830, **43437 Most, Tschechien;**
Tel 00 42 0/4 76 20 65 38;
Fax 00 42 0/4 76 70 63 31;
e-mail   eic@rra.cz
http://www.rra.cz

Euro Info Centre
ARR – Agentura pro Regionální Rozvoj
Na Jizdarne 7, **70200 Ostrava, Tschechien;**
Tel 00 42 0/5 95 69 12 32;
Fax 00 42 0/5 95 69 12 04;
e-mail   eic@rdaova.cz
http://www.rdaova.cz

Euro Info Centre Pardubice
East Bohemia, EIC Pardubice
Karla IV. 42, **53002 Pardubice, Tschechien;**
Tel 00 42 0/4 66 05 39 17;
Fax 00 42 0/4 66 05 39 10;
e-mail   eic.pardubice@rrapk.cz
http://www.rrapk.cz

Euro Info Centre
Business Innovation Centre Plzen, Spol. s.r.o.
Riegrova 1, **30625 Plzen, Tschechien;**
Tel 00 42 0/3 77 23 53 79;
Fax 00 42 0/3 77 23 53 20;
e-mail   eic@bic.cz
http://www.bic.cz/eic

1 Die EU-Beratungsstellen für Unternehmen

Euro Info Centre
Centre for Regional Development of the
Czech Republic
Vinohradska 46, **12000 Praha 2, Tschechien**;
Tel 00 42 0/2 21 58 02 03;
Fax 00 42 0/2 21 58 02 92;
e-mail   pavlu@crr.cz, euroinfo@ccr.cz
http://www.crr.cz, www.euroinfocentrum.cz

Ungarn

Euro Info Centre
The Hungarian Investment and Trade
Development Agency – I.T.D.H.
Abdrássy út 12, **1061 Budapest, Ungarn**;
Tel 00 36-1/4 72 81 30;
Fax 00 36-1/4 72 81 31;
e-mail   euroinfo@itd.hu
http://www.eicbudapest.hu

Euro Info Centre
PRIMOM Foundation Consultancy and
Information Network
Viz út 21/B, **4400 Nyiregyháza, Ungarn**;
Tel 00 36-42/41 41 88;
Fax 00 36-42/41 41 88;
e-mail   primomth@chello.hu
http://www.users.broadband.hu/primomth

Euro Info Centre
Chamber of Commerce and Industry of Pécs-
Baranya
Majorossy I. út 36, **7625 Pécs, Ungarn**;
Tel 00 36-72/50 71 62;
Fax 00 36-72/50 71 70;
e-mail   eic@pbkik.hu
http://www.pbkik.hu/eic

Euro Info Centre
Chamber of Commerce and Industry in
Nógrád County
Alkotmány út 9/A, **3100 Salgótarján,
Ungarn**;
Tel 00 36-32/52 08 66;
Fax 00 36-32/52 08 66;
e-mail   eurocenter@nkik.hu
http://www.ccinograd.com

Euro Info Centre
Csongrád County Chamber of Commerce
and Industry
Tisza Lajos körút 2-4, **6721 Szeged, Ungarn**;
Tel 00 36-62/48 69 87, 48 61 46
Fax 00 36-62/42 61 49;
e-mail   eicszeged@csmkik.hu
http://www.csmkik.hu/eic

Euro Info Centre – Székesfehérvár,
Euro Info Centre Fejér County Chamber of
Commerce and Industry
Hosszúsétatér 4-6, **8000 Székesfehérvár,
Ungarn**;
Tel 00 36-22/51 03 16;
Fax 00 36-22/51 03 33;
e-mail   eic@mail.fmkik.hu
http://www.fmkik.hu

Euro Info Centre
Tolna County Chamber of Commerce and
industry
Arany János út 23-25, **7100 Szekszárd,
Ungarn**;
Tel 00 36-74/41 16 61;
Fax 00 36-74/41 14 56;
e-mail   eic@tmkik.hu
http://www.tmkik.hu

Euro Info Centre
Jász-Nagykun-Szolnok County Chamber of
Commerce and Industry
Verseghy Park 8, **5000 Szolnok, Ungarn**;
Tel 00 36-56/51 06 10;
Fax 00 36-56/37 00 05;
e-mail   eic@jnszmkik.hu
http://www.jnszmkik.hu

Euro Info Centre Zalaegerszeg – West
Pannon, WPannonEIC
Köztársaság u. 17, **8900 Zalaegerszeg,
Ungarn**;
Tel 00 36-92/31 08 00;
Fax 00 36-92/31 08 00;
e-mail   zmva@zalaszam.hu
http://www.zalaszam.hu/zmva

Vereinigtes Königreich

Euro Info Centre
Local Enterprise Development Unit –
L.E.D.U.
LEDU House, Upper Galwally,
Belfast BT8 6TB, Großbritannien;

331

Tel 00 44-12 90/23 90 90;
Fax 00 44-12 90/49 04 90;
e-mail   clair.gadd@investni.com
http://www.investni.com

Euro Info Centre
European Business Centre
Chamber of Commerce House, 75 Harborne Road, **Birmingham B15 3DH, Großbritannien**;
Tel 00 44-12 1/4 55 02 68;
Fax 00 44-12 1/4 55 86 70;
e-mail   c.davies@birminghamchamber.org.uk

West Yorkshire Euro Info Centre, Euro Info Centre
The Bradford Design Exchange, 34 Peckover, **Bradford BD1 5BD, Großbritannien**;
Tel 00 44-12 74/43 42 62;
Fax 00 44-12 74/43 21 36;
e-mail   eic@bradford.gov.uk
http://www.bradford.gov.uk/euroinfocentre

Euro Info Centre
Bristol Chamber of Commerce and Initiative Business Link West Limited
16 Clifton Park, **Bristol BS8 3BY, Großbritannien**;
Tel 00 44-11 7/9 73 73 73;
Fax 00 44-11 7/9 23 80 24;
e-mail   eic@businesswest.co.uk

Wales Euro Info Centre
PA: POB 430, UK-Cardiff CF10 3XT;
Cardiff University Guest Building, **Cardiff, Großbritannien**;
Tel 00 44-29 20/22 95 25;
Fax 00 44-29 20/22 97 40;
e-mail   brianm@weicltd.demon.co.uk
http://www.waleseic.org.uk

Euro Info Centre Essex
Essex County Council, Environmental Services Directorate, Enterprise Division
Aquila House Waterloo Lane, **Chelmsford CM1 1BN, Großbritannien**;
Tel 00 44-12 45/70 24 60;
Fax 00 44-12 45/70 24 61;
e-mail   eic@essexcc.gov.uk
http://www.essexeic.org.uk

Euro Info Centre Staffordshire
Enterprises Ltd Coventry University
Techno Centre Puma Way, **Coventry CV1 2TT, Großbritannien**;
Tel 00 44-24/76 23 65 93;
Fax 00 44-24/76 24 68 13;
e-mail   a.mauser@cad.coventry.ac.uk
http://www.epi-centre.org.uk

Euro Info Centre
Small Buisiness Gateway Scottish Enterprise
150 Broomielaw Atlantic Quay, **Glasgow G2 8LU, Großbritannien**;
Tel 00 44-14 1/2 28 27 97;
Fax 00 44-14 1/2 28 23 27;
e-mail   euroinfocentre@scotent.co.uk
http://www.scottish-enterprise.com/euroinfocentre

Euro Info Centre Humberside
Brynmor Jones Library
The University of Hull Brynmor Jones, Library Cottingham Road, **Hull HU6 7RX, Großbritannien**;
Tel 00 44-14 82/46 59 40/35;
Fax 00 44-14 82/46 64 88;
e-mail   euro-info-centre@hull.ac.uk
http://www.hull.ac.uk/euroinfo

Euro Info Centre
Inverness European Business Service
81 A Castle Street, **Inverness IV2 3EA, Großbritannien**;
Tel 00 44-14 63/70 25 60, 71 54 00;
Fax 00 44-14 63/71 56 00;
e-mail   eic@euro-info.co.uk
http://www.euro-info.co.uk

Euro Info Centre
The Forum of Private Business – FPB
Ruskin Chambers Drury Lane, **Knutsford, Cheshire WA 16 6HA, Großbritannien**;
Tel 00 44/15 65 63 44 67;
Fax 00 44/87 07 87 75 44;
e-mail   neil.marrs@fpb.co.uk
http://www.fpb.co.uk

Euro Info Centre North West
House Old Churchyard, St Nicholas 4th floor, **Liverpool L2 8TX, Großbritannien**;

Tel 00 44-15 1/2 43 96 09;
Fax 00 44-15 1/6 49 45 98;
e-mail   eic@gme.org.uk
http://www.eicnw.co.uk

Euro Info Centre
London Chamber of Commerce and Industry
33 Queen Street, **London EC4R 1AP**,
Großbritannien;
Tel 00 44-20/74 89 19 92;
Fax 00 44-20/72 03 18 12;
e-mail   europe@londonchamber.co.uk
http://www.londonchamber.co.uk/europe

Greater Manchester Euro Info Centre
Chamber Buisiness Enterprises
Churchgate House, 56 Oxford Street,
Manchester M60 7HJ, Großbritannien;
Tel 00 44-16 1/2 37 40 20;
Fax 00 44-16 1/2 36 13 41;
e-mail   euroinfo@c-b-e.co.uk
http://www.c-b-e.co.uk/eic

Euro Info Centre East Anglia
Millennium Libarary, 1 Millennium Plain,
Norwich NR2 1AW, Großbritannien;
Tel 00 44-16 03/77 47 09;
Fax 00 44-16 03/77 47 79;
e-mail   eic.lib@norfolk.gov.uk
http://library.norfolk.gov.uk/eic.htm;
http://www.euro-info.org.uk

Euro Info Centre
Nottingham Chamber of Commerce and Industry
309 Haydn Road, **Nottingham NG5 1DG**,
Großbritannien;
Tel 00 44-11 5/9 62 46 24;
Fax 00 44-11 5/9 85 66 12;
e-mail   info@nottschamber.co.uk
http://www.nottschamber.co.uk/gettingadvice/euroinfo.shtml

Euro Info Centre
Southern Area Northguild
Civic Centre, **Southampton SO14 7LW**,
Großbritannien;
Tel 00 44-23/80 83 28 66;
Fax 00 44-23/80 23 17 14;
e-mail   southarea.eic@southampton.gov.uk
http://www.euro-info-centre.co.uk

Euro Info Centre Hertfordshire
Business Link Hertfordshire
45 Grosvenor Road,
St Albans, Herts AL1 3AW,
Großbritannien;
Tel 00 44-17 27/81 36 93;
Fax 00 44-17 27/81 34 04;
e-mail   info@hertseic.co.uk
http://www.hertseic.co.uk

Kent Euro Info Centre
26 Kings Hill Avenue, Kings Hill,
West Malling Kent ME19 4AE,
Großbritannien;
Tel 00 44-17 32/87 80 44;
Fax 00 44-17 32/84 11 09;
e-mail   eic@businesslinkkent.com
http://www.euro-info.org.uk/centre/kent/

Zypern

Euro Info Centre – Cyprus
Chamber of Commerce and Industry, CCCI
38 Grivas Dhigenis Avenue, **Nicosia 1066**,
Zypern;
Tel 00 35 7-22/88 97 52;
Fax 00 35 7-22/66 10 44;
e-mail   stalo@ccci.org.cy
http://www.eiccyprus.com.cy

2   EURYDICE – Das Informationsnetz zum Bildungswesen in Europa

Europäische Informationsstelle
240, Avenue Louise, **1050 Brüssel, Belgien**;
Tel 00 32-2/6 00 53-53;
Fax 00 32-2/6 00 53-63;
email   info@eurydice.org
http://www.eurydice.org/

Das EURYDICE-Netz ist ein institutionelles Netz, das verlässliche und vergleichbare Daten zu den Bildungssystemen und –politiken in Europa sammelt, aktualisiert und verbreitet. Eurydice richtet sich insbesondere an all jene, die auf nationaler, wie auch auf örtlicher oder europäischer Ebene am Prozess der politischen Entscheidungsfindung im Bildungsbereich mitwirken. Die Ergebnisse der Arbeiten des Netzes sind jedoch einer breiteren Öffentlichkeit zugänglich und seine Veröffentlichungen stehen sowohl als Druckfassung als auch auf der Eurydice-Website zur Verfügung. Sie beziehen sich vor allem auf den Aufbau und die Organisation des Bildungswesens in Europa. Die Veröffentlichungen bieten nationale Beschreibungen der Bildungssysteme, vergleichende Analysen zu spezifischen Themen, Indikatoren und Statistiken.

Das EURYDICE-Netz wurde 1980 auf die Initiative der Europäischen Kommission eingerichtet und setzt sich zusammen aus einer Europäischen Informationsstelle, die in Brüssel angesiedelt ist, und nationalen Informationsstellen, die von den Bildungsministerien in allen Staaten, die am gemeinschaftlichen Aktionsprogramm im Bildungsbereich, Sokrates, teilnehmen, eingerichtet werden. Das Netz trägt zur Förderung der Zusammenarbeit im Bildungswesen durch den Austausch von Informationen über die Bildungssysteme und -politiken und durch die Veröffentlichung von Studien zu Themen von gemeinsamem Interesse bei.

Eurydice ist ein dynamisches und interdependentes Netz, an dessen Arbeiten alle Informationsstellen mitwirken. Die Europäische Informationsstelle koordiniert die Aktivitäten des Netzes, verfasst und verbreitet den überwiegenden Teil der Veröffentlichungen des Netzes, leistet die Konzeption und Verwaltung der Datenbanken und der Web-Site des Netzes. Die nationalen Informationsstellen sammeln die Daten, tragen zu deren Analyse bei und sorgen dafür, dass die Ergebnisse der Arbeiten des Netzes bei den Zielgruppen auf nationaler Ebene bekannt gemacht werden. In den meisten Staaten ist die nationale Informationsstelle im Bildungsministerium angesiedelt. In einigen Fällen ist die Informationsstelle in einem Zentrum für Dokumentationsressourcen oder in einer Abteilung für Verwaltung und Forschung angesiedelt.

Nationale Informationsstellen in der EU:

Belgien

Unité francophone D'Eurydice
Ministère de la Communauté française
Direction des Relations internationales,
boulevard Leopold II, 44 Bureau 6 A/002,
1080 Brüssel, Belgien

Vlaamse Eurydice-Eenheid
Ministerie van de Vlaamse Gemeenschap,
Departement Onderwijs, Afdeling
Beleidscoördinatie, Hendrik
Consciencegebouw 5C11,
Koning Albert II-Laan 15, **1010 Brüssel,
Belgien**

Agentur für Europäische Bildungsprogramme
Ministerium der Deutschsprachigen
Gemeinschaft, Gospertstr. 1, **4700 Eupen,
Belgien**

Bulgarien

Equivalence and Information Centre
International Relations Department, Ministry
of Education and Science, Eurydice Unit 2A,
Kniaz Dondukov Bld, **1000 Sofia, Bulgarien**

Dänemark

CIRIUS
Danish Centre for the Assessment of Foreign
Qualifications, Danish Eurydice Unit
Fiolstræde 44, **1171 Kopenhagen K,
Dänemark**

Deutschland

Eurydice Informationsstelle des
Bundesministeriums für Bildung und
Forschung (BMBF), EU-Büro des BMBF
Königswinterer Str. 522-524, **53227 Bonn,
Deutschland**

Eurydice Informationsstelle der Länder im
Sekretariat der Kultusministerkonferenz
Lennéstraße 6, **53113 Bonn, Deutschland**

Estland

Estonion Ministry of Education and Research
Tallinn Office, Eurydice Unit, 11 Tönismägi,
15192 Tallinn, Estland
Tel 00372-628/1238;
Fax 00372-628/1390;
e-mail kersti.kaldma@hmb.ee

Finnland

Eurydice Finland
National Board of Education, P.O. Box 380,
00531 Helsinki, Finnland;
e-mail eurydice@oph.fi

Frankreich

Unité française d'Eurydice
Ministère de l'Éducation nationale, de
l'Enseignement supérieur et de la Recherche
Direction de l'Evaluation et de la Propective,
61-65, rue Dutot, **75732 Paris Cedex 15,
Frankreich**

Griechenland

Ministry of National Education and Religious Affairs
Direction CEE - Section C - Eurydice Unit
Mitropoleos 15, **10185 Athen, Griechenland**

Irland

Eurydice Unit
International Section
Department of Education and Science
Marlborough Street, **Dublin 1, Irland**

Island

Ministry of Education, Science and Culture
Division of Evaluation and Supervision,
Eurydice Unit, Sölvholsgata 4, **150 Reykjavik,
Island**

Italien

Ministero dell'Istruzione, dell'Università e della Ricerca
c/o INDIRE – Istituto Nazionale di
Documentazione per l'Innovazione e la
Ricerca Educativa (ex BDP), Unità di
Eurydice, Via M. Buonarroti 10,
50122 Firenze, Italien

Lettland

Socrates NA – Academic Programmes Agency
Blaumana iela 28, **1011 Riga, Lettland**;
Tel 00371-7/244442;
e-mail eurydice@apa.lv

Liechtenstein

Nationale Eurydice-Informationsstelle
Schulamt, Austr. 79, **9490 Vaduz,
Liechtenstein**

Litauen

Ministry of Education and Science
Eurydice Unit, A. Volano 2/7, **2691 Vilnius,
Litauen**

Luxemburg

Unité d'Eurydice
Ministère de l'Education nationale et de la
Formation professionnelle (MENFP),
29, rue Aldringen, **2926 Luxemburg,
Luxemburg**

Malta

Education Officer (Statistics)
Eurydice Unit, Department of Planning and
Development, Education Division,
Floriana CMR 02, Malta

Niederlande

Eurydice Nederland
Ministerie van Onderwijs, Cultuur en Wetenschap, IPC: 2300 kamer: 10.086,
Postbus 16375, **2500 BJ Den Haag,
Niederlande**

Norwegen

Ministry of Education and Research
Department for Policy Analysis and
International Affairs, Eurydice Unit,
P.O. Box 8119 Dep., Akersgaten 44,
0032 Oslo, Norwegen

Österreich

Bundesministerium für Bildung, Wissenschaft
und Kultur
Abt. I/6b, Eurydice-Informationsstelle,
Minoritenplatz, 5, **1014 Wien, Österreich**

Polen

Foundation for the Development of the
Education System
Socrates Agency, Eurydice unit,
Mokotowska 43, **00-551 Warsaw, Polen**

Portugal

Unidade de Eurydice
Ministério da Educação, Gabinete de
Informação e Avaliação do Sistema Educativo
(GIASE), Av. 24 de Julho 134;
1399-029 Lisboa, Portugal

Rumänien

Socrates National Agency
Eurydice Unit, 1 Schitu Măgureanu, 2 ndFloor;
70626 Bucharest, Rumänien

Schweden

Eurydice Unit
Ministry for Education, Research and Culture,
Drottninggatan 16, **10333 Stockholm,
Schweden**

Slowakei

Slovenská akdemická asociácia pre
medzinárodnú spoluprácu
Slovak Academic Association for
International Cooperation, Eurydice Unit,
Staré grunty 52; **84244 Bratislave, Slowakei**

Slowenien

Ministry of Education, Science and Sport
Office for Development of Education (ODE),
Kotnikova 38; **1000 Ljubljana, Slowenien**

Spanien

Unidad española de Eurydice
CIDE-Centro de Investigación y
Documentación Educativa (MECD),
c/General Oráa, 55, **28006 Madrid, Spanien**

Tschechische Republik

Institute for Information on Education
Eurydice Unit, Senovázné nám. 26,
P.O. Box c. 1; **11006 Praha 06, Tschechien**

Türkei

MEB, APK, Eurydice Birimi
Bakanliklar; **06100 Ankara, Türkei**

Ungarn

Ministry of Education
Eurydice Unit, Szalay u. 10-14;
1054 Budapest, Ungarn

Vereinigtes Königreich

Eurydice Unit for England, Wales and
Northern Ireland
National Foundation for Educational
Research (NFER)
The Mere, Upton Park, **Slough SL 1 2DQ,
Großbritannien**

Eurydice Scotland Unit
International Relations Unit
Information, Analysis & Communication
Division, Scottish Executive Education
Department (SEED)
Area 1-B South, Mailpoint 25, Victoria Quay,
Edinburgh EH6 6QQ, Großbritannien

Zypern

Ministry of Education and Culture
Eurydice Unit, Kimonos and Thoukydidou;
1434 Nicosia, Zypern

3 Die Europäischen Dokumentationszentren, Depot-Bibliotheken und Referenzzentren

Die EU hat seit 1963 ein dezentralisiertes Dokumentationsnetz aufgebaut, über das die Veröffentlichungen der EU insbesondere für Unterrichts- und Forschungszwecke, aber auch zur Information der breiteren Öffentlichkeit zugänglich sind.

Dieses Netz umfasst nicht nur die Mitgliedstaaten der EU und der EFTA, sondern auch Drittstaaten in allen Kontinenten.

Das Dokumentationsnetz wird von der Generaldirektion Bildung und Kultur der EU-Kommission betreut. Es umfasst drei Kategorien von Dokumentationsstellen:

- Die *Europäischen Dokumentationszentren* (EDZ) sind bei Universitäten und anderen höheren Bildungseinrichtungen, deren Lehrplan die europäische Integration umfasst, eingerichtet. Die EDZ erhalten eine allgemeine Grunddokumentation (die alle Veröffentlichungen der EU von allgemeinem Interesse umfasst) sowie auf Wunsch eine weitergehende Dokumentation zu ausgewählten Interessenschwerpunkten in einer der Amtssprachen der EU. EDZ sind in den Mitgliedstaaten der EU an den meisten Universitäten und Hochschulen eingerichtet.
- Die *Depot-Bibliotheken* (DEP) erhalten eine vollständige Dokumentation aller periodischen und nicht-periodischen Veröffentlichungen der EU (Amtsblatt, Jahresberichte, Tätigkeitsberichte, Bulletins usw.). Sie verpflichten sich, diese Dokumente einer breiteren Öffentlichkeit zugänglich zu machen und entsprechende bibliographische Auskünfte zu erteilen. DEP sind in der Regel die Staatsbüchereien oder größere Universitätsbibliotheken.
- Die *Europäischen Referenzzentren* (ERZ) erhalten lediglich eine Grunddokumentation aus periodischen Veröffentlichungen der EU (Jahresberichte, Tätigkeitsberichte, Bulletins, Statistische Berichte, Newsletters usw.) sowie weiterführendes Referenzmaterial zu allen anderen Veröffentlichungen der EU. ERZ sind bei Bildungseinrichtungen, Bibliotheken, Kammern, Stellen der nationalen Verwaltung usw. eingerichtet.

Nachfolgend eine Auswahl wichtiger Europäischer Dokumentationszentren, Depositarbibliotheken und Europäischer Referenzzentren in Deutschland und Österreich. Eine vollständige Übersicht über die Dokumentationszentren in Deutschland, Österreich und den übrigen Mitgliedstaaten bietet die juristische Fakultät der Universität Catania. Das EDZ Mannheim stellt Listen deutscher Depositarbibliotheken und Referenzzentren bereit.

3.1 Deutschland

Europäisches Dokumentationszentrum
RWTH Aachen, Fachbereichsbibliothek
Wirtschaftswissenschaften
Ahornstraße 55, **52056 Aachen, Deutschland**;
Tel 00 49-2 41/8 02 41 53;
Fax 00 49-2 41/8 02 22 02;
e-mail biblio2@wiwi.rwth-aachen.de
http://www.rwth-aachen.de/fiz

Europäisches Dokumentationszentrum
Universität Augsburg, Teilbibliothek
Sozialwissenschaften
Universitätsstraße 22, **86159 Augsburg, Deutschland**;
Tel 00 49-8 21/5 98 43 71;
Fax 00 49-8 21/5 98 43 69;
e-mail
sybille.meier@bibliothek.uni-augsburg.de
http://www.bibliothek.uni-augsburg.de/sonder/edz.html

Europäisches Dokumentationszentrum
Universität Bamberg, Universitätsbibliothek
Bamberg (Spezialisiertes Europäisches Dokumentationszentrum)
Feldkirchenstraße 21, **96052 Bamberg, Deutschland**;
Tel 00 49-9 51/8 63 15 03;
Fax 00 49-9 51/8 63 15 65;

e-mail unibibliothek.bamberg@unibib.
uni-bamberg.de
http://www.uni-bamberg.de/unibib

Europäisches Dokumentationszentrum
Universität Bayreuth, Zentralbibliothek
(Spezialisiertes Europäisches
Dokumentationszentrum)
Universitätsstraße 30, **95440 Bayreuth,
Deutschland (Briefe), 95447 Bayreuth,
Deutschland (Pakete, Päckchen)**;
Tel 00 49-9 21/55 34 20;
Fax 00 49-9 21/55 58 01;
e-mail detlev.gassong@ub.uni-bayreuth.de
http://www.ub.uni-bayreuth.de

Europäisches Dokumentationszentrum
Bibliothek und Dokumentationsstelle der
Deutschen Gesellschaft für Auswärtige Politik
(Spezialisiertes Europäisches
Dokumentationszentrum)
Rauchstraße 18, **10787 Berlin, Deutschland**;
Tel 00 49-30/2 54 23 10;
Fax 00 49-30/25 42 31 16;
e-mail bidok@dgap.org
http://www.dgap.org/BiDok/

Europäisches Dokumentationszentrum
Europäische Akademie Berlin, Bibliothek
Bismarckallee 46-48, **14193 Berlin,
Deutschland**;
Tel 00 49-30/89 59 51 23;
Fax 00 49-30/89 59 51 95;
e-mail pz@eab-berlin
http://www.eab-berlin.de

Europäisches Dokumentationszentrum
Freie Universität Berlin, Universitäts-
bibliothek
Garystraße 39, **14195 Berlin, Deutschland**;
Tel 00 49-30/83 85 23 99;
Fax 00 49-30/83 85 20 67;
e-mail uneu-dok@ub.fu-berlin.de
http://www.ub.fu-berlin.de

Europäisches Dokumentationszentrum
Stiftung Wissenschaft und Politik – SWP,
Deutsches Institut für Internationale Politik
und Sicherheit (Spezialisiertes Europäisches
Dokumentationszentrum)
Ludwigkirchplatz 3-4, **10719 Berlin,
Deutschland**;
Tel 00 49-30/88 00 70;
Fax 00 49-30/88 00 71 00;
e-mail swp@swp-berlin.org
http://www.swp-berlin.org

Europäisches Dokumentationszentrum
Universitätsbibliothek Bielefeld,
Fachbibliothek Rechtswissenschaft
Universitätsstraße 25, **33502 Bielefeld,
Deutschland**;
Tel 00 49-5 21/1 06 38 06;
Fax 00 49-5 21/1 06 40 52;
e-mail schipper-koch@ub.uni-bielefeld.de
http://www.ub.uni-bielefeld.de

Europäisches Dokumentationszentrum
Ruhr-Universität Bochum,
Universitätsbibliothek (Spezialisiertes
Europäisches Dokumentationszentrum)
Universitätsstraße 150, **44801 Bochum,
Deutschland**;
Tel 00 49-2 34/3 22 64 61, 3 22 69 45;
Fax 00 49-2 34/3 21 42 13, 3 21 47 36;
e-mail michaela.donaj@ruhr-uni-bochum.de,
e-mail regina.wuestefeld@ruhr-uni-bochum.de
http://www.ub.ruhr-uni-bochum.de/
informationen/eu_dokumentationszentrum.htm

Europäisches Dokumentationszentrum
Universität Bonn, Zentrum für Europäische
Integrationsforschung (ZEI) (Spezialisiertes
Europäisches Dokumentationszentrum)
Walter-Flex-Straße 3, **53113 Bonn,
Deutschland**;
Tel 00 49-2 28/73 17 23;
Fax 00 49-2 28/73 50 97;
e-mail v.merx@uni-bonn.de
http://www.zei.de, www.zef.de

Europäisches Dokumentationszentrum
Universität Bremen, Juridicum der Staats- und
Universitätsbibliothek – EDZ/CDE
Universitätsallee GW 1, **28359 Bremen,
Deutschland**;
Tel 00 49-4 21/2 18 31 30;
Fax 00 49-4 21/2 18 90 32;
e-mail juridicum.edz@suub.uni-bremen.de
http://www.suub.uni-bremen.de

Europäisches Dokumentationszentrum
Technische Universität Darmstadt
(Spezialisiertes Europäisches
Dokumentationszentrum)
Gebäude S1_02/38, Hochschulstraße 3,
64289 Darmstadt, Deutschland;
Tel 00 49-61 51/16 49 99, 16 45 99;
Fax 00 49-61 51/16 60 78;
e-mail edz@pg.tu-darmstadt.de
http://www.tu-darmstadt.de/edz

Europäisches Dokumentationszentrum
Sächsische Landesbibliothek, Staats- und
Universitätsbibliothek Dresden,
Zweigbibliothek Rechtswissenschaft/EDZ
Bergstraße 53, **01054 Dresden, Deutschland**;
Tel 00 49-3 51/46 33 74 24/20/30;
Fax 00 49-3 51/46 33 74 46;
e-mail edz@rcs.urz.tu-dresden.de
http://www.tu-dresden.de/slub/edzinter/
home/home.htm

Europäisches Dokumentationszentrum
Universität Duisburg-Essen, Standort
Duisburg, Universitätsbibliothek
Gebäude LK, Lotharstraße 65,
47048 Duisburg, Deutschland;
Tel 00 49-2 03/3 79 20 10;
Fax 00 49-2 03/3 79 20 66;
e-mail ub@ub.uni-duisburg.de
http://www.ub.uni-duisburg-essen.de

Europäisches Dokumentationszentrum
Universität Erlangen-Nürnberg, Institut für
Europäisches Wirtschaftsrecht, Bibliothek
(Spezialisiertes Europäisches
Dokumentationszentrum)
Schillerstraße 1, **91054 Erlangen,
Deutschland**;
Tel 00 49-91 31/8 52 28 17;
Fax 00 49-91 31/8 52 24 81;
e-mail sonja.rotter@jura.uni-erlangen.de
http://www.ewr.jura.uni-erlangen.de/edz.htm

Europäisches Dokumentationszentrum
Universität Frankfurt a. M., Institut für
Ausländisches und Internationales
Wirtschaftsrecht (AIW), Bibliothek
(Spezialisiertes Europäisches
Dokumentationszentrum)
Senckenberganlage 31, **60054 Frankfurt a. M.,
Deutschland**;
Tel 00 49-69/79 82 31 93;
Fax 00 49-69/79 82 84 46;
e-mail janine.koch@jur.uni-frankfurt.de
http://www.uni-frankfurt.de/fb01/aiw

Europäisches Dokumentationszentrum
Europa Universität Viadrina Frankfurt/Oder
(Spezialisiertes Europäisches
Dokumentationszentrum)
Große Scharrnstraße 59,
15230 Frankfurt/Oder, Deutschland;
Tel 00 49-3 35/55 34 33 30, 55 34 33 66;
Fax 00 49-3 35/55 34 32 34;
e-mail hertz@euv-frankfurt-o.de
http://www.euv-frankfurt-o.de/benutzung/
bestand/medienaufstellung/sonderstandorte/
he/edz.html

Europäisches Dokumentationszentrum
Universität Freiburg, Institut für Öffentliches
Recht (Spezialisiertes Europäisches
Dokumentationszentrum)
Kollegiengebäude II,
Platz der alten Synagoge 1,
79098 Freiburg im Breisgau, Deutschland;
Tel 00 49-7 61/2 03 22 51;
Fax 00 49-7 61/2 03 22 34;
e-mail
juergen.schwarze@jura.uni-freiburg.de
http://www.jura.uni-freiburg.de/
ioeffr1/edz.html

Europäisches Dokumentationszentrum
Fachhochschule Fulda, Hochschul- und
Landesbibliothek (Spezialisiertes
Europäisches Dokumentationszentrum)
Marquardstraße 35, **36039 Fulda,
Deutschland**;
Tel 00 49-6 61/9 64 09 61;
Fax 00 49-6 61/9 64 09 69;
e-mail hlb@hlb.fh-fulda.de,
e-mail dietrich.haselbach@hlb.fh-fulda.de
http://www.fh-fulda.de/hlb/fh-fachinfo.de

Europäisches Dokumentationszentrum
am Fachbereich Rechtswissenschaften der
Justus-Liebig-Universität Gießen,
Fachbereich Rechtswissenschaft, Abteilung

Öffentliches Recht IV (Spezialisiertes
Europäisches Dokumentationszentrum)
Licher Straße 76, **35394 Gießen, Deutschland;**
Tel 00 49-6 41/9 92 11 50/56;
Fax 00 49-6 41/9 92 11 59;
e-mail edz@recht.uni-giessen.de,
e-mail
konstantin.meljnik@recht.uni-giessen.de
http://www.uni-giessen.de/edz

Europäisches Dokumentationszentrum
Universität Göttingen, Bibliothek der
Wirtschafts- und Sozialwissenschaftlichen
Seminare (Spezialisiertes Europäisches
Dokumentationszentrum, Mikrofiche, CD-Rom)
Platz der Göttinger Sieben 3,
37073 Göttingen, Deutschland;
Tel 00 49-5 51/39 72 52;
Fax 00 49-5 51/39 21 63;
e-mail ulws@gwdg.de
http://www.gwdg.de/~ulws

Europäisches Dokumentationszentrum
Fernuniversität Hagen, Universitätsbibliothek
(Spezialisiertes Europäisches
Dokumentationszentrum)
Universitätsstraße 23, **58097 Hagen,
Deutschland;**
Tel 00 49-23 31/9 87 29 19;
Fax 00 49-23 31/98 73 46;
e-mail sekretariat.ub@fernuni-hagen.de
http://www.ub.fernuni-hagen.de/edz

Europäisches Dokumentationszentrum
Martin Luther-Universität Halle-Wittenberg,
Universitätbibliothek
Universitätsring 2, **06108 Halle/Saale,
Deutschland;**
Tel 00 49-3 45/5 52 31 69;
Fax 00 49-3 45/5 52 70 68;
e-mail edz@jura.uni-halle.de
http://www.jura.uni-halle.de/edz

Europäisches Dokumentationszentrum
HWWA-Hamburgisches Welt-Wirtschafts-Archiv
Neuer Jungfernstieg 21, **20347 Hamburg,
Deutschland;**
Tel 00 49-40/42 83 40;
Fax 00 49-40/42 83 44 51;

e-mail bib.auskunft@hwwa.de
http://www.hwwa.de

Europäisches Dokumentationszentrum
Universität Hamburg, Zentralbibliothek
Recht, Abteilung Europarecht (Mikrofiche, CD-Rom)
Schlüterstraße 28, **20146 Hamburg,
Deutschland;**
Tel 00 49-40/4 28 38 45 68, 4 28 38 40 81;
e-mail edz@jura.uni-hamburg.de
http://www2.jura.uni-hamburg.de/europa

Europäisches Dokumentationszentrum
Technische Informationsbibliothek und
Universitätsbibliothek Hannover,
Fachbereichsbibliothek
Wirtschaftswissenschaften (Spezialisiertes
Europäisches Dokumentationszentrum)
Königsworther Platz 1 b, **30167 Hannover,
Deutschland;**
Tel 00 49-5 11/7 62 55 98;
Fax 00 49-5 11/7 62 29 24;
e-mail edz.fbw@tib.uni-hannover.de
http://www.tib.uni-hannover.de

Europäisches Dokumentationszentrum
Max-Planck-Institut für ausländisches
öffentliches Recht und Völkerrecht,
Bibliothek
Im Neuenheimer Feld 535, **69120 Heidelberg,
Deutschland;**
Tel 00 49-62 21/48 22 24;
Fax 00 49-62 21/48 24 94;
e-mail edz-fb@mpiv-hd.mpg.de,
e-mail bmueller@mpiv-hd.mpg.de
http://www.mpil.de,
http://www.mpil.de/de/bibl/edz.cfm

Europäisches Dokumentationszentrum
Katholische Universität Eichstätt-Ingolstadt,
Wirtschaftswissenschaftliche Zweigbibiliothek
(Spezialisiertes Europäisches
Dokumentationszentrum, Mikrofiche,
Referenzzentrum)
Auf der Schanz 49, **85049 Ingolstadt,
Deutschland;**
Tel 00 49-8 41/9 37 18 06/09;
Fax 00 49-8 41/1 73 71;
e-mail ubwfi@ku-eichstaett.de
http://www.ub.ku-eichstaett.de

3 Die Europäischen Dokumentationszentren, Depot-Bibliotheken und Referenzzentren

Europäisches Dokumentationszentrum
Friedrich-Schiller-Universität Jena,
Teilbibliothek Rechtswirtschafts- und
Sozialwissenschaften
Carl-Zeiss-Straße 3, **07740 Jena**,
Deutschland;
Tel 00 49-36 41/94 04 26;
Fax 00 49-36 41/94 00 32;
e-mail rosenkranz@thulb.uni-jena.de
http://www.uni-jena.de/
content_page_1743.html

Europäisches Dokumentationszentrum
Euro-Institut, GÖZ, Grenzüberschreitender
örtlicher Zweckverband (Spezialisiertes
Europäisches Dokumentationszentrum)
Villa Rehfus, Rehfusplatz 11, **77694 Kehl**,
Deutschland;
Tel 00 49-78 51/74 07 30;
Fax 00 49-78 51/74 07 33;
e-mail euroinstitut@euroinstitut.fh-kehl.de
http://www.euro-institut.fh-kehl.de

Europäisches Dokumentationszentrum
Deutsche Zentralbibliothek für
Wirtschaftswissenschaften, Bibliothek der
Institut für Weltwirtschaft (EDZ)
Düsternbrooker Weg 120, **24105 Kiel**,
Deutschland;
Tel 00 49-4 31/8 81 43 50/86, 8 81 44 36;
Fax 00 49-4 31/8 81 45 20;
e-mail edz-kiel@zbw.ifw-kiel.de,
e-mail e.seusing@zbw.ifw-kiel.de
http://www.zbw-kiel.de

Europäisches Dokumentationszentrum
Universität Köln, Universitäts- und
Stadtbibliothek
Universitätsstraße 33, **50931 Köln**,
Deutschland;
Tel 00 49-2 21/4 70 33 12;
Fax 00 49-2 21/4 70 51 66;
e-mail edz@ub.uni-koeln.de,
e-mail linnartz@ub.uni-koeln.de
http://www.ub.uni-koeln.de/ub/Abteilungen/
edz/edzindex.htm

Europäisches Dokumentationszentrum
Universität Köln, Institut für das Recht der
Europäischen Gemeinschaften (Spezialisiertes
Europäisches Dokumentationszentrum)
Gottfried-Keller-Straße 2, **50931 Köln**,
Deutschland;
Tel 00 49-2 21/4 70 38 23;
Fax 00 49-2 21/4 70 50 36;
e-mail eurecht@uni-koeln.de
http://www.uni-koeln.de/jur-fak/eurecht/
index.html

Europäisches Dokumentationszentrum
Universität Konstanz, Bibliothek
Universitätsstraße 10, **78457 Konstanz**,
Deutschland;
Tel 00 49-75 31/88 28 45;
Fax 00 49-75 31/88 30 82;
e-mail gudrun.schwarz@uni-konstanz.de
http://www.ub.uni-konstanz.de/fi/edz

Europäisches Dokumentationszentrum
Universität Leipzig, Juristenfakultät
(Mikrofiche, Referenzzentrum, CD-Rom)
Otto-Schill-Straße 1, **04109 Leipzig**,
Deutschland;
Tel 00 49-3 41/9 73 52 96/97;
Fax 00 49-3 41/9 73 52 98;
e-mail haucke@rz.uni-leipzig.de
http://www.uni-leipzig.de/edz

Europäisches Dokumentationszentrum
Johannes-Gutenberg-Universität Mainz,
Fachbereich 03/Rechts- und
Wirtschaftswissenschaften,
Fachbereichsbibliothek (Referenzzentrum,
CD-Rom)
Jakob-Welder-Weg 9, **55099 Mainz**,
Deutschland;
Tel 00 49-61 31/3 92 26 46;
Fax 00 49-61 31/3 92 54 89;
e-mail pullig@mail.uni-mainz.de
http://www.fbb03.wiwi.uni-mainz.de

Europäisches Dokumentationszentrum
Universität Mannheim
Gebäudeteil A, A 5, 6, **68131 Mannheim**,
Deutschland;
Tel 00 49-6 21/1 81 32 15;
Fax 00 49-6 21/1 81 32 12;
e-mail edzma@bib.uni-mannheim.de
http://www.uni-mannheim.de/edz

Europäisches Dokumentationszentrum
Philipps-Universität Marburg, Fachbereich
Gesellschaftswissenschaften und Philosophie,
Bibliothek Politikwissenschaft
Wilhelm-Röpke-Straße 6, Block G,
35032 Marburg, Deutschland;
Tel 00 49-64 21/2 82 43 66;
Fax 00 49-64 21/2 82 89 91;
e-mail edz@mailer.uni-marburg.de
http://staff.www.uni-marburg.de/~edz

Europäisches Dokumentationszentrum
Centrum für angewandte Politikforschung -
CAP an der Ludwig-Maximilians-Universität
München, Bertelsmann-Forschungsgr. Politik,
Forschungsgr. Europa, Forschungsgr. Jugend
und Europa, Forschungsgr. Zukunftfragen,
Forschungsgr. Deutschland
Maria-Theresia-Straße 21, **81675 München,
Deutschland;**
Tel 00 49-89/21 80 13 00;
Fax 00 49-89/21 80 13 29;
e-mail cap.office@lrz.uni-muenchen.de
http://www.cap.uni-muenchen.de

Europäisches Dokumentationszentrum
Ludwig-Maximilians-Universität München,
Institut für Internationales Recht,
Europäisches und Internationales
Wirtschaftsrecht (Spezialisiertes Europäisches
Dokumentationszentrum)
Ludwigstraße 29/III, **80539 München,
Deutschland;**
Tel 00 49-89/21 80 32 68;
Fax 00 49-89/21 80 29 04;
e-mail eu.dokumentationszentrum@
jura.uni-muenchen.de

Europäisches Dokumentationszentrum
Westfälische Wilhelms-Universität, Institut
für Politikwissenschaft (Mikrofiche,
Referenzzentrum)
Scharnhorststraße 103, **48151 Münster,
Deutschland;**
Tel 00 49-2 51/8 32 93 58;
Fax 00 49-2 51/8 32 93 52;
e-mail edz@uni-muenster.de
http://www.uni-muenster.de/
europeandoccentre

Europäisches Dokumentationszentrum
Universität Osnabrück, European Legal
Studies Institute
Heger-Tor-Wall 14, **49078 Osnabrück,
Deutschland;**
Tel 00 49-5 41/9 69 45 01;
Fax 00 49-5 41/9 69 45 09;
e-mail elsi.public.law@uos.de
http://www.elsi.uos.de/publiclaw/

Europäisches Dokumentationszentrum
Universität Passau, Universitätsbibliothek
(Referenzzentrum)
Innstraße 39, **94032 Passau, Deutschland;**
Tel 00 49-8 51/5 09 16 05;
Fax 00 49-8 51/5 09 16 02;
e-mail michael.strupp@uni-passau.de
http://www.ub.uni-passau.de

Europäisches Dokumentationszentrum
Universität Regensburg,
Universitätsbibliothek, Teilbibliothek Recht
(Spezialisiertes Europäisches
Dokumentationszentrum)
Universitätsstraße 31-33, **93053 Regensburg,
Deutschland;**
Tel 00 49-9 41/9 43 25 61;
Fax 00 49-9 41/9 43 32 85;
e-mail barbara.leiwesmeyer@bibliothek.
uni-regensburg.de
http://www.bibliothek.uni-regensburg.de/
edz/edz.htm

Europäisches Dokumentationszentrum
Universität Rostock, Juristische Fakultät
Möllner Straße 10, **18109 Rostock,
Deutschland;**
Tel 00 49-3 81/4 98 56 65;
Fax 00 49-3 81/4 98 80 02;
http://www.uni-rostock.de/fakult/jurfak

Europäisches Dokumentationszentrum
Universität des Saarlandes, Saarländische
Universitäts- und Landesbibliothek
Gebäude 3, **66123 Saarbrücken,
Deutschland;**
Tel 00 49-6 81/3 02 20 70, 3 02 30 76;
Fax 00 49-6 81/3 02 27 96;
e-mail sulb@sulb.uni-saarland.de
http://www.sulb.uni-saarland.de

Europäisches Dokumentationszentrum
Universität des Saarlandes, Europa-Institut,
Bibliothek
PA: Postfach 151150, Gebäude 9.1., Zi 0.05,
66123 Saarbrücken, Deutschland (für Pakete);
Gebäude 9.1, **66041 Saarbrücken,
Deutschland (für Briefe)**;
Tel 00 49-6 81/3 02 25 43;
Fax 00 49-6 81/3 02 66 98;
e-mail rw72eibb@rz.uni-sb.de,
e-mail i.rurain@mx.uni-saarland.de
http://www.europainstitut.de/euin/institut/
index_biblio.html

Europäisches Dokumentationszentrum
Universität Siegen, Universitätsbibliothek
(Mikrofiche)
Hölderlinstraße 3, **57076 Siegen,
Deutschland**;
Tel 00 49-2 71/7 40 3134, 7 40 42 54;
Fax 00 49-2 71/7 40 28 40;
e-mail edz@ub.uni-siegen.de
http://www.ub.uni-siegen.de/ueberub/
edz.htm

Europäisches Dokumentationszentrum
Deutsche Hochschule für
Verwaltungswissenschaften Speyer, Lehrstuhl
für Öffentliches Recht, insbesondere Völker-
und Europarecht
Freiherr-vom-Stein-Straße 2, **67324 Speyer,
Deutschland**;
Tel 00 49-62 32/65 43 92;
Fax 00 49-62 32/65 44 15;
e-mail edz@dhv-speyer.de
http://www.dhv-speyer.de

Europäisches Dokumentationszentrum
Universität Trier, Universitätsbibliothek
Universitätsring 15, **54286 Trier,
Deutschland**;
Tel 00 49-6 51/2 01 24 55;
Fax 00 49-6 51/2 01 39 77;
e-mail straub@ub.uni-trier.de
http://www.uni-trier.de/infos/ew/index.htm

Europäisches Dokumentationszentrum
Universität Tübingen, Universitätsbibliothek
Wilhelmstraße 32, **72016 Tübingen,
Deutschland**;

Tel 00 49-70 71/2 97 28 46, 2 97 25 77;
Fax 00 49-70 71/29 31 23;
e-mail info-zentrum@ub.uni-tuebingen.de
http://www.ub.uni-tuebingen.de

Europäisches Dokumentationszentrum
Universität Würzburg
Domerschulstraße 16, **97070 Würzburg,
Deutschland**;
Tel 00 49-9 31/31 26 68;
Fax 00 49-9 31/31 27 92;
e-mail l-europarecht@jura.uni-wuerzburg.de
http://www.jura.uni-wuerzburg.de/lst/
scheuing/edz.htm

3.2 Österreich

Europäisches Dokumentationszentrum
Forschungsinstitut für Europarecht
(Spezialisiertes Europäisches
Dokumentationszentrum)
ReSoWi-Zentrum, Universitätsstraße 15/C.1,
8010 Graz, Österreich;
Tel 00 43-31 6/3 80 36 30;
Fax 00 43-31 6/3 80 94 70;
e-mail elfi.eissner@unigraz.ac.at
http://www.kfunigraz.ac.at/eurwww/
edz2.htm

Europäisches Dokumentationszentrum
Institut für Völkerrecht, Europarecht und
Internationale Beziehungen (Spezialisiertes
Europäisches Dokumentationszentrum)
Innrain 52, **6020 Innsbruck, Österreich**;
Tel 00 43-51 2/5 07 83 23/01;
Fax 00 43-51 2/5 07 26 51;
e-mail c31000@uibk.ac.at
http://www.uibk.ac.at/c/c3/c310

Europäisches Dokumentationszentrum
Universität Klagenfurt, Universitätsbibliothek
(Spezialisiertes Europäisches
Dokumentationszentrum)
Universitätsstraße 65-67, **9020 Klagenfurt,
Österreich**;
Tel 00 43-46 3/27 00 95 02;
Fax 00 43-46 3/27 00 95 99;
e-mail evelyn.zmuzk@uni-klu.ac.at
http://www.uni-klu.ac.at/ub

Europäisches Dokumentationszentrum
Zentrum für Europäische Integration –
Donau-Universität Krems (Spezialisiertes
Europäisches Dokumentationszentrum)
Dr.-Karl-Dorrek-Straße 30, **3500 Krems,
Österreich**;
Tel 00 43-27 32/8 93 22 35;
Fax 00 43-27 32/8 93 52 35;
e-mail   georg.winter@donau-uni.ac.at,
e-mail   info@donau-uni.ac.at
http://www.donau-uni.ac.at/edz

Europäisches Dokumentationszentrum
Institut für Europarecht
Keplergebäude, Altenbergerstraße 69, Stiege
D, 1. Stock, **4040 Linz-Auhof, Österreich**;
Tel 00 43-73 2/24 68 84 14;
Fax 00 43-73 2/24 68 83 68;
e-mail   europarecht@jku.at
http://www.europarecht.jku.at

Europäisches Dokumentationszentrum
Dr.-Herbert-Batliner Europainstitut in
Salzburg, Forschungsinstitut für Europäische
Politik und Geschichte (Depositarbibliothek)
Griesgasse 17, **5020 Salzburg, Österreich**;
Tel 00 43-66 2/84 10 12;
Fax 00 43-66 2/84 12 00;
e-mail   batliner.europainstitut@sbg.ac.at
http://www.sbg.ac.at/whbib/doc/evi.htm

Europäisches Dokumentationszentrum
Institut für Europarecht (Spezialisiertes
Europäisches Dokumentationszentrum)
Churfürststraße 1, **5020 Salzburg,
Österreich**;
Tel 00 43-66 2/80 44 35 09;
Fax 00 43-66 2/63 89 35 09;
e-mail   martina.ullrich@sbg.ac.at
http://www.sbg.ac.at/ffe/home.htm

Europäisches Dokumentationszentrum
Universität Wien, Bibliothek, Information,
Dokumentation
Teinfaltstrasse 8, **1010 Wien, Österreich**;
Tel 00 43-1/4 27 71 63 60;
Fax 00 43-1/4 27 71 63 66;
e-mail   susanne.slama@univie.ac.at,
e-mail   susanne_slama@gmx.net
http://www.univie.ac.at/edz

Europäisches Dokumentationszentrum
Wirtschaftsuniversität Wien, Europainstitut
(Spezialisiertes Europäisches
Dokumentationszentrum)
Althanstraße 39-45, **1090 Wien, Österreich**;
Tel 00 43-1/3 13 36 41 33/34/35;
Fax 00 43-1/31 33 67 58;
e-mail   europafragen@recht.wu-wien.ac.at
http://fgr.wu-wien.ac.at/institut/ef/
ief-home.htm

Europäisches Dokumentationszentrum
Zentrale Verwaltungsbibliothek und
Dokumentation für Wirtschaft und Technik
(Depositarbibliothek)
Stubenring 1, **1011 Wien, Österreich**;
Tel 00 43-1/7 11 00 54 83;
Fax 00 43-1/7 11 00 23 84;
e-mail   postIK4@bmwa.gv.at,
e-mail   kohlertwiendisch@bmwa.gv.at,
e-mail   service@bmwa.gv.at
http://www.bmwa.gv.at

IX Die EU im Zeichen der Informationstechnologie

1 e-Europe

Der Europäische Rat von Lissabon hat im März 2000 das Ziel vorgegeben, die EU zum wettbewerbsstärksten und dynamischsten Wirtschaftsraum der Welt zu machen. Dazu sei vor allem erforderlich, dass Europa die Möglichkeiten der Informationstechnologie, insbesondere das Internet, so schnell und so breit wie möglich nutzt. Zur Erreichung dieses Ziels hat der Europäische Rat von Feira im Juni 2000 den »e-Europe Aktionsplan« beschlossen. Der Aktionsplan bezieht sich auf die zügige Schaffung der erforderlichen rechtlichen Rahmenbedingungen und die Förderung neuer Infrastrukturen und Dienste auf der Grundlage eines internationalen Leistungsvergleichs. Konkrete Ziele sind die Schaffung der Rahmenbedingungen für billigeren, schnelleren und sicheren Internet-Zugang, die Vermittlung der Fähigkeiten für eine möglichst breite Teilnahme aller Kreise der EU-Bevölkerung an der wissensgestützten Wirtschaft, sowie die Förderung der Nutzung des Internets.

Als wesentlichen Beitrag sehen die Institutionen der EU ihre eigene Anbindung an das Internet. Die Kommission hat im Rahmen ihrer internen Reform einen Aktionsplan »e-Kommission« beschlossen. Danach sollen der verstärkte Einsatz der Informationstechnologie die internen Verwaltungsabläufe vereinfachen und effizienter machen, eine bessere und schnellere Interaktion mit den anderen EU-Institutionen und öffentlichen Stellen der Mitgliedstaaten ermöglichen und durch leichteren Zugang der Bürger zu Informationen die Transparenz und die Qualität der Dienstleistung erhöhen. Der Rat und das Europäische Parlament sind dazu übergegangen, Tagesordnungen, Sitzungsdokumente, Beschlüsse und Materialien zeitnah ins Internet zu stellen. Damit können weite Bereiche der politischen Meinungsbildung und der Gesetzgebungsaktivitäten auf EU-Ebene wesentlich leichter als früher verfolgt werden.

2 Datenbanken und Homepages

Die Datenbanken der Europäischen Institutionen wurden inzwischen weitgehend von den Homepages abgelöst, die wiederum Zugriffe auf weitere relevante Informationsquellen ermöglichen. In den vorausgegangenen Kapiteln wurde bei den Institutionen im Adressteil jeweils die betreffende Homepage genannt.

Die wichtigsten Portale und Server sind:

EUROPA-Server
http://europa.eu.int

Der EUROPA-Server enthält u. a. aktuelle Informationen wie Pressemitteilungen, Terminkalender für bevorstehende Ereignisse, neueste Statistiken sowie Links zu den Startseiten der europäischen Institutionen. Außerdem ermöglicht er den direkten Zugang zu amtlichen Dokumenten, Rechtstexten und Gesetzgebungsvorschlägen sowie zu einer Reihe weiterer Datenbanken.

EUR-Lex

EUR-Lex bietet Zugang zu den Amtsblättern der Europäischen Gemeinschaft, zu den geltenden Verträgen (Primärrecht), zum geltenden Gemeinschaftsrecht, zu den laufenden Gesetzgebungsarbeiten, zur Rechtsprechung sowie zu sonstigen Dokumenten, die für die Öffentlichkeit von Interesse sind. Die Datenbank besteht in 20 Sprachen.
http://europa.eu.int/eur-lex/de/index.html

Homepage des Rates
http://ue.eu.int/de/summ.htm

Die Homepage des Rates enthält aktuelle Informationen und eröffnet den Zugang zu den Tagesordnungen und den Protokollen der Ratstagungen sowie insbesondere dem öffentlichen Register der Ratsdokumente. Außerdem enthält sie nützliche Links zu den Homepages der nationalen Regierungen.

IX Die EU im Zeichen der Informationstechnologie

Homepage des Europäischen Parlaments
http://www.europarl.eu.int/home/default_de.htm

Die Homepage des EP enthält allgemeine Informationen, aktuelle Informationen zu den parlamentarischen Aktivitäten, Informationen zu zentralen Themen der EU, Zugang zu einem Archiv sowie weitere nützliche Links.

Datenbanken

Archisplus (Datenbank des Historischen Archivs)

Archisplus ist die Datenbank des Historischen Archivs der Europäischen Kommission. Sie enthält Angaben zu den Akten und zur Organisation der europäischen Einrichtungen (Europäische Gemeinschaft für Kohle und Stahl, Europäische Wirtschaftsgemeinschaft, Europäische Atomgemeinschaft) und den derzeitigen Europäischen Gemeinschaften von Anfang bis heute. Die Datenbank dient der historischen Forschung anhand der Dokumente und Akten, die aus den verschiedenen Dienststellen der Organe hervorgegangen sind.
http://europa.eu.int/comm/secretariat_general/archisplus/htdocs/de/htm/home.htm

CELEX (Automatisiertes Dokumentationssystem für das europäische Gemeinschaftsrecht)
CELEX ist die umfassende und wesentliche Informationsquelle zum Gemeinschaftsrecht und enthält ca. 200.000 Dokumentationseinheiten. Zur Verfügung stehen Materialien der Rechtsetzung (Verträge, Internationale Übereinkünfte, abgeleitetes Recht und Komplementärrecht), Rechtsprechung des EuGH, vorbereitende Rechtsakte und parlamentarische Anfragen. Seit dem 01. 07. 2004 ist die Benutzeroberfläche »Menu search« frei und kostenlos zugänglich. Die CELEX-Internetseiten werden seit dem 01. 01. 2005 nicht mehr aktualisiert; Dokumente mit Datum bis zum 31. 12. 2004 einschließlich sind jedoch weiterhin dort zu finden. Die aktuellen Dokumente ab 01. 01. 2005 finden Sie in der EUR-Lex Datenbank (siehe oben).
http://europa.eu.int/celex/htm/celex_de.htm

CORDIS (Community Research and Development Information Service)
Informationsdienst im Bereich Forschung und Entwicklung. CORDIS umfasst mehrere Datenbanken mit Informationen zu den Forschungs- und Entwicklungsaktivitäten der EU. Die Datenbanken betreffen Sonderberichte, aktuelle Forschungsinformationssysteme, Aktivitäten im Rahmen der FTE-Rahmenprogramme und Innovationsaktivitäten der EU sowie Websites der CORDIS-Korrespondenten und Links zu den einschlägigen Informationen im Bereich Forschung und Entwicklung (ESPRIT, ELFI, EUREKA, ICBLAB, WISE etc.). Die Datenbanken sind nur in Englisch verfügbar.
http://www.cordis.lu/de/home.html

ECLAS (Automatisiertes Bibliothekssystem der Kommission)
ECLAS ist eine bibliographische Datenbank, die von der Zentralbibliothek der Europäischen Kommission eingerichtet wurde. Sie enthält insbesondere Berichte und nichtjuristische Dokumente der Kommission und des Europäischen Parlaments, Veröffentlichungen und Dokumente anderer Organisationen (UNO, OECD und ILO), Monographien, Abhandlungen sowie statistische Veröffentlichungen. ECLAS wird zweimal im Monat auf den neuesten Stand gebracht. Die Daten sind jeweils in der Sprache des Originaldokuments enthalten.
http://europa.eu.int/eclas/

EUDOR (European Union Document Delivery Service)
Datenbank zur Beschaffung europäischer Dokumente, z. B. Amtsblatt, KOM-Dokumente, Konsolidierte Rechtsakte, Entscheidungen über Unternehmenszusammenschlüsse. Das Amtsblatt des Tages ist ab sofort verfügbar. Die früheren Jahrgänge (bis 1952) werden nach und nach zur Verfügung gestellt, sobald die Seiten für die Öffentlichkeit zugänglich werden.
http://www.eudor.com/

2 Datenbanken und Homepages

EURODICAUTOM (European Terminology Database)
Es handelt sich um eine Terminologie-Datenbank, die über 400 000 wissenschaftliche und technische Fachausdrücke und über 100 000 Abkürzungen in zwölf Sprachen enthält.
http://europa.eu.int/eurodicautom

EUROSTAT (Statistisches Amt der Europäischen Gemeinschaften)
EUROSTAT stellt harmonisierte und referenzierte statistische Daten aus allen Mitgliedstaaten der EU zur Verfügung. Die Themenkreise beinhalten allgemeine Statistiken, Wirtschaft, Finanzen, Bevölkerung und soziale Bedingungen, Energie und Industrie, Land- und Forstwirtschaft, Fischerei, Außenhandel, Handel, Dienstleistungen und Verkehr, Umwelt sowie Forschung und Entwicklung. Die EUROSTAT-Datenbanken sind u. a. New-Cronos, Comext, REGIO, Europroms.
http://epp.eurostat.cec.eu.int

IDEA
Wer ist wer in der EU? IDEA ist das elektronische interinstitutionelle Verzeichnis und hilft, die zuständigen Personen in den europäischen Institutionen zu finden.
http://europa.eu.int/idea/de/

ISPO (Information Society Project Office)
Amt für Vorhaben der Informationsgesellschaft. ISPO wurde 1994 im Rahmen des Aktionsplans der Kommission »Europas Weg in die Informationsgesellschaft« eingerichtet, um öffentlichen und privaten Stellen Hilfe und Orientierung bei der Beteiligung an der Informationsgesellschaft zu geben. ISPO hilft den Teilnehmern, Ressourcen zu nutzen und vermittelt Informationen und innovative Ideen.
http://europa.eu.int/ISPO/welcome.html

MARKET ACCESS DATABASE
Datenbank über sektorielle und Handelshemmnisse, Zolltarife, WTO-gebundene Zölle, allgemeine Handelsvereinbarungen, Terminpläne, Fristen über Vereinbarungen.
http://mkaccdb.eu.int/

ORTELIUS
Eine Datenbank über Hochschulen, Colleges, Akademien und Lehrstellen in Europa. Umfangreiche Informationen über Kooperationsprogramme zwischen Universitäten, Europäische Aktionsprogramme, Beschreibung der weiterführenden Ausbildungssysteme, eine Bibliographie.
Tel 00 39-55/2 34 15 14
Fax 00 39-55/2 34 15 16
email ortelius@vm.bdp.fi.it

PRELEX
Mit Hilfe der Datenbank Prelex, der Datenbank der interinstitutionellen Verfahren, können Sie die einzelnen Etappen des gemeinschaftlichen Gesetzgebungsprozesses zwischen der Kommission und den anderen Institutionen verfolgen. Sie erfahren etwas über den Stand der Verfahren, die Entscheidungen, die Namen der Personen und die verantwortlichen Dienste. Ebenfalls erhalten Sie bibliographische Angaben und eine Einsicht in die Arbeiten der verschiedenen Institutionen.
http://europa.eu.int/prelex/rech_simple.cfm?CL=de&

RAPID (Sprecherdienst der Europäischen Kommission)
RAPID ermöglicht den schnellen Zugang zu den Pressemitteilungen und Informationen, die der Sprecherdienst der Europäischen Kommission herausgibt. Alle vom Sprecherdienst veröffentlichten Dokumente werden in vollem Wortlaut wiedergegeben. Dies beinhaltet Presseveröffentlichungen, Informationsnotizen, Hintergrund und Zusammenfassungen von Vorschlägen und Berichten der Kommission, Memos (Hintergrundfakten zu bestimmten Ereignissen), Reden von Kommissionsmitgliedern sowie Schlüsseldokumente (z. B. Schlussfolgerungen des Europäischen Rates). Der abgedeckte Zeitraum beginnt 1985. Die Informationen sind in den Amtssprachen der Gemeinschaft (ab 1993) erhältlich. Ca. zwei Stunden nach der Veröffentlichung einer Pressemitteilung ist sie über RAPID erhältlich.
http://europa.eu.int/en/comm/spp/rapid.html

SCADplus (Système communautaire d'accès à la documentation)
Die Datenbank SCADplus bietet nach erfolgter Fusion von INFO 92 und SCAD databases Hintergrundinformationen, die ein

IX Die EU im Zeichen der Informationstechnologie

besseres Verständnis der Unionspolitiken ermöglichen. Sie finden folgende Themenbereiche:
- Kalender (Daten der Sitzungen der Europäischen Institutionen)
- Politiken der Europäischen Union (aktuelle Gesetzgebung, Agenda 2000, Erweiterung)
- Merkblätter und Leitfäden Gesetzgebung und Veröffentlichungen der Gemeinschaft
- Zeitschriftenartikel;
- Stellungnahmen der Sozialpartner
- Glossar
- Vertrag von Amsterdam

http://europa.eu.int/scadplus/scad_de.htm

Homepages

Europäische Union
http://europa.eu.int

Europa für Sie
http://europa.eu.int/youreurope/index_de.html

Offizielle Dokumente der Europäischen Union
http://europa.eu.int/documents/index_de.htm

Verträge der Europäischen Union
http://europa.eu.int/eur-lex/de/treaties/index.htm

Bulletin der Europäischen Union
http://europa.eu.int/abc/doc/off/bull/de/welcome.htm

ABC der Europäischen Union
http://europa.eu.int/abc/index_de.htm

Gesamtbericht über die Tätigkeit der Europäischen Union
http://europa.eu.int/abc/doc/off/rg/de/welcome.htm

Geschichte der Europäischen Union
http://europa.eu.int/abc/history/index_de.htm

Erweiterung
http://europa.eu.int/comm/enlargement/index.htm

Zukunft der Europäischen Union
http://europa.eu.int/constitution/futurum/index_de.htm

Europäisches Parlament
http://www.europarl.eu.int/home/default_de.htm

Parlamentspräsident
http://www.europarl.eu.int/president/defaulten.htm

Fraktionen
http://www.europarl.eu.int/groups/default.htm

Delegationen
http://www.europarl.eu.int/delegations/default_en.htm

Ausschüsse und Unterausschüsse
http://www.europarl.eu.int/committees/home_de.htm

Europäische Kommission
http://europa.eu.int/comm/index_de.htm

Generaldirektionen allgemein
http://europa.eu.int/comm/dgs_de.htm

Offizielle Dokumente der Europäischen Kommission
http://europa.eu.int/documents/comm/index_de.htm

Grünbücher der Europäischen Kommission
http://europa.eu.int/comm/off/green/index_de.htm

Weißbücher der Europäischen Kommission
http://europa.eu.int/comm/off/white/index_de.htm

Mediathek
http://europa.eu.int/comm/mediatheque/index_en.html

Unternehmen und Industrie
http://europa.eu.int/comm/enterprise/index_de.htm

Nationale Parlamente und Regierungen

Nationale Parlamente
http://www.ecprd.org/ipex/index.asp

Deutscher Bundestag
http://www.bundestag.de/

Österreichisches Parlament
http://www.parlinkom.gv.at/

Nationale Regierungen
http://europa.eu.int/abc/governments/index_de.html

Deutsche Bundesregierung
http://www.bundesregierung.de/

Österreichische Bundesregierung
http://www.austria.gv.at/

X Der europäische öffentliche Dienst

1 Allgemeine Darstellung

Die Institutionen der EU stützen sich für ihre Verwaltung auf einen eigenständigen europäischen öffentlichen Dienst, der bisher weitgehend von französischen Verwaltungstraditionen geprägt ist, im Rahmen der von der Kommission eingeleiteten umfassenden internen Reform jedoch in den Jahren 2000-2004 wesentlich umgestaltet wurde und der sich nicht unerheblich von den nationalen öffentlichen Diensten der Mitgliedstaaten unterscheidet.

Die Strukturen des europäischen öffentlichen Dienstes, die Voraussetzungen und die Verfahren für eine Einstellung bei den verschiedenen EU-Institutionen (Kommission, Rat, Parlament usw.) sowie die Rechte und Pflichten der Beschäftigten sind geregelt im Statut der Beamten der Europäischen Gemeinschaften und den Beschäftigungsbedingungen für die sonstigen Bediensteten dieser Gemeinschaften (Verordnung Nr. 259/68 des Rates, ABl. Nr. L 56 vom 4. 3. 1968, zuletzt geändert durch Verordnung Nr. 723/2004 des Rates vom 22. 3. 2004, ABl. Nr. L 124 vom 27. 4. 2004); die Neufassung des Statuts ist am 1. 5. 2004 in Kraft getreten. Dabei wird unterschieden zwischen den Lebenszeit-*Beamten* (die auf eine Dauerplanstelle eingestellt werden) und den *Angestellten* oder »sonstigen Bediensteten«, deren wichtigste Gruppe die »Bediensteten auf Zeit« bilden; weitere Kategorien sind die »Hilfskräfte« und die »Vertragsbediensteten«.

Die zahlenmäßig größte Gruppe ist die der *Beamten*. Die Beamten (und in Analogie auch die Bediensteten auf Zeit) waren in der Vergangenheit in vier Laufbahnen sowie eine Sonderlaufbahn für den Sprachendienst eingeordnet: *A-Beamte* (Beamte mit abgeschlossener Hochschulausbildung, vergleichbar dem Höheren Dienst), *B-Beamte* (Beamte mit höherer Schulbildung, vergleichbar dem Gehobenen Dienst), *C-Beamte* (Beamte mit mittlerer Reife) und *D-Beamte* (für manuelle oder Hilfstätigkeiten). Seit dem 1. 5. 2004 gilt übergangsweise eine neue Struktur, nach der der mittlere, der gehobene und der höhere Dienst in drei Gruppen insgesamt 16 Besoldungsstufen eingeteilt sind; diese Besoldungsstufen reichen von C*1 (Verwaltungssekretär) bis zu A*16 (Generaldirektor). Nach Ende der Übergangszeit am 30. 4. 2006 wird es eine einheitliche Laufbahn für alle Beamten mit insgesamt 16 Besoldungsstufen geben, die zwei Funktionsgruppen umfassen: die Gruppe »Assistenten« (Besoldungsstufen 1 – 11) und die Gruppe »Administration« (Besoldungsstufen 5 – 16).

Geeignete Kandidaten für die Rekrutierung als Beamte oder Bedienstete auf Zeit (Angestellte) werden (von wenigen Ausnahmen abgesehen) auf der Grundlage von öffentlichen Auswahlwettbewerben vorselektiert; die Einstellung erfolgt dann durch die jeweilige Institution, doch ist ein Wechsel zwischen den Institutionen möglich. Seit 2003 erfolgt die Vorselektion zentral durch das neu geschaffene – interinstitutionelle – *Amt für Personalauswahl der Europäischen Gemeinschaften* (EPSO, siehe oben unter IV.1).

Alle Institutionen verfügen über ihre eigene (zentrale und – soweit sie auf mehrere Arbeitsorte verteilt sind – lokale) Personalvertretungen. Die Gewerkschaften sind institutionenübergreifend organisiert.

2 Besoldung

Die Besoldung der Mitarbeiter der Institutionen erfolgt nach einheitlichen Regeln jeweils aus den Einzelhaushaltsplänen. Die Besoldung der Beamten und der Bediensteten auf Zeit setzt sich zusammen aus dem Grundgehalt und einer Reihe von Zulagen und Zuschlägen, von denen die wichtigste der so genannte Auslandszuschlag (16 %) ist, den die Beschäftigten erhalten, die von außerhalb des Landes ihrer dienstlichen Verwendung (also vor allem Belgiens und Luxemburgs) eingestellt wurden. Im Zuge der Reform wurden die Zulagen und Zuschläge zum Teil abgeschafft oder in der Höhe begrenzt. Auch die Bezüge der Kommissionsmitglieder sind an die Bezüge der

Beamten gekoppelt. Die einfachen Kommissionsmitglieder erhalten 112,5 % des Gehalts eines A*16-Beamten in der Endstufe, die Vizepräsidenten 125 % und der Präsident 138 %, zuzüglich einer Aufwandsentschädigung.

An Stelle der nationalen Einkommensteuer zahlen die Beamten und Bediensteten auf Zeit eine Gemeinschaftsabgabe, die nach Einkommenstranchen gestaffelt ist und zwischen 8 und 45 % beträgt. Außerdem leisten sie Sozialabgaben in Höhe von 11,55 % und eine befristete »Krisenabgabe« von durchschnittlich 2,9 %. Die von den Mitarbeitern entrichtete Einkommensteuer fließt direkt wieder dem EU-Haushalt zu. Die Personalausgaben aller Institutionen zusammen belaufen sich einschließlich der Pensionen auf weniger als 5 % des Haushalts.

Die Gehälter werden vom Rat halbjährlich an die Entwicklung der Nettoeinkommen im öffentlichen Dienst in den Mitgliedstaaten angepasst. Sie werden seit Januar 1999 in Euro ausgedrückt und ausbezahlt. Für die Bediensteten, die nicht in Belgien oder Luxemburg Dienst tun, sowie für die – eingeschränkt mögliche - Überweisung eines Teiles der Bezüge in das jeweilige Heimatland gilt ein Koeffizient, der das unterschiedlichen Niveau der Lebenshaltungskosten ausgleichen soll. Nach mehreren vergleichenden Untersuchungen sind die Netto-Dienstbezüge der Mitarbeiter der EU-Institutionen niedriger als die Bezüge vergleichbarer Mitarbeiter multinationaler Unternehmen bzw. der ständigen Vertretungen der Mitgliedstaaten in Brüssel, höher als die Besoldungen in ihrem Heimatstaat tätiger nationaler Beamter und mit den Gehältern, die von anderen internationalen Organisationen gezahlt werden, vergleichbar. Die derzeit geltende Tabelle der Grundgehälter ist festgelegt in der Verordnung des Rates (EG, Euratom) Nr. 2182/2003 vom 8. 12. 2003. Als Folge der Reform des Statuts gilt für neu eingestellte Mitarbeiter der europäischen Institutionen ein anderes Gehaltsschema als für die Mitarbeiter, die bereits am 30. 4. 2004 in Dienst waren. Grundsätzlich werden neue Mitarbeiter in einer niedrigeren Besoldungsstufe eingestellt, erhalten dann aber die vollen in der Gehaltstabelle ausgewiesenen Bezüge, während für die vor der Reform eingestellten Mitarbeiter lediglich das frühere Einkommensniveau garantiert wird und auf die in der Gehaltstabelle ausgewiesenen Bezüge ein Koeffizient angewendet wird, der die Bezüge nach unten anpasst; dieser Koeffizient wird nur bei Beförderungen schrittweise abgebaut.

Mit Wirkung vom 1. Januar 2004 wird die Tabelle der Monatsgrundgehälter in Artikel 63 der Beschäftigungsbedingungen für die sonstigen Bediensteten durch folgende Tabelle ersetz.

Kategorie	Gruppe	Klasse			
		1	2	3	4
A	I	5.970,70	6.710,28	7.449,86	8.189,44
	II	4.333,44	4.755,70	5.177,96	5.600,22
	III	3.641,57	3.803,78	3.965,99	4.128,20
B	IV	3.498,21	3.840,67	4.183,13	4.525,59
	V	2.747,79	2.928,92	3.110,05	3.291,18
C	VI	2.613,34	2.767,19	2.921,04	3.074,89
	VII	2.339,03	2.418,62	2.498,21	2.577,80
D	VIII	2.114,12	2.238,63	2.363,14	2.487,65
	IX	2.035,98	2.064,34	2.092,70	2.121,06

Tabelle der Monatsgrundgehälter für jede Besoldungsgruppe und jede Dienstaltersstufe ab dem 1. Mai 2004:

Alte Besoldungsgruppe	und neue vorübergehende Besoldungsgruppe	Dienstaltersstufe							
		1	2	3	4	5	6	7	8
A 1	A*16	14.822,86	15.455,74	16.094,79	16.094,79	16.094,79	16.094,79		
A 2	A*15	13.100,93	13.651,45	14.225,11	14.620,87	14.822,86	15.445,74	14.225,11	14.822,86
A 3	A*14	11.579,04	12.065,60	12.572,62	12.922,41	13.100,93	13.651,45		
A 4	A*12	10.233,93	10.663,98	11.112,09	11.421,25	11.579,04	10.663,98	11.112,09	11.579,04
A 5	A*11	9.045,09	9.425,17	9.821,23	10.094,47	10.233,93	9.425,17	9.821,23	10.233,93
A 6	A*10	7.994,35	8.330,28	8.680,33	8.921,83	9.045,09	8.330,28	8.680,33	9.045,09
	A*9	7.065,67	7.362,57	7.671,96	7.885,41	7.994,35			
A 7	A*8	6.244,87	6.507,29	6.780,73	6.969,38	7.065,67	6.507,29		
A 8	A*7	5.519,42	5.751,35	5.993,03	6.159,77	6.244,87			
	A*6	4.878,24	5.083,24	5.296,84	5.444,21	5.519,42			
	A*5	4.311,55	4.492,73	4.681,52	4.811,77	4.878,24			
	A*5	3.810,69	3.970,82	4.137,68	4.252,80	4.311,55			
B 1	B*11	7.994,35	8.330,28	8.680,33	8.921,83	9.045,09			
	B*10	7.065,67	7.362,57	7.671,96	7.885,41	7.994,35	8.330,28	8.680,33	9.045,09
	B*9	6.244,87	6.507,29	6.780,73	6.969,38	7.065,67			
B 2	B*8	5.519,42	5.751,35	5.993,03	6.159,77	6.244,87	6.507,29	6.780,73	7.065,67
B 3	B*7	4.878,24	5.083,24	5.296,84	5.444,21	5.519,42	5.751,35	5.993,03	6.244,87
B 4	B*6	4.311,55	4.492,73	4.681,52	4.811,77	4.878,24	5.083,24	5.296,84	5.519,42
B 5	B*5	3.810,69	3.970,82	4.137,68	4.252,80	4.311,55	4.492,73	4.681,52	4.878,24
	B*4	3.368,02	3.509,54	3.657,02	3.758,76	3.810,69			
	B*3	2.976,76	3.101,85	3.232,19	3.368,02	3.519,42			
	C*7	4.878,24	5.083,24	5.296,84	5.444,21	5.519,42			
C 1	C*6	4.311,55	4.492,73	4.681,52	4.811,77	4.878,24	5.083,24	5.296,84	5.519,42
C 2	C*5	3.810,69	3.970,82	4.137,68	4.252,80	4.311,55	4.492,73	4.681,52	4.878,24
C 3	C*4	3.368,02	3.509,54	3.657,02	3.758,76	3.810,69	3.970,82	4.137,68	4.311,55
C 4	C*3	2.976,76	3.101,85	3.232,19	3.322,12	3.368,02	3.509,54	3.657,02	3.810,69
C 5	C*2	2.630,96	2.741,52	2.856,72	2.936,20	2.976,76			
	C*1	2.325,33	2.423,04	2.524,86	2.595,11	2.630,96			
	D*5	3.810,69	3.970,82	4.137,68	4.252,80	4.311,55			
D 1	D*4	3.368,02	3.509,54	3.657,02	3.758,76	3.810,69	3.970,82	4.137,68	4.311,55
D 2	D*3	2.976,76	3.101,85	3.232,19	3.322,12	3.368,02	3.509,54	3.657,02	3.810,69
D 3	D*2	2.630,96	2.741,52	2.856,72	2.936,20	2.976,76			
D 4	D*1	2.325,33	2.423,04	2.524,86	2.595,11	2.630,96	3.101,85	3.232,19	3.368,02

B   Koordinierte Zwischenstaatliche Organisationen

I Der Europarat

Avenue de l'Europe,
67075 Straßburg Cedex, Frankreich;
Tel Infopoint: 00 33-3/88 41 20-33;
Fax 00 33-3/88 41 27 45;
e-mail   PressUnit@coe.int (Presse-Abteilung)
e-mail   infopoint@coe.int
http://www.coe.int

Büro in Paris:
55, avenue Kléber, **75784 Paris Cedex 16, Frankreich**;
Tel 00 33-1/44 05 33 60;
Fax 00 33-1/47 27 36 47

Büro in Brüssel:
Résidence Palace
12, avenue de Tervuren, **1000 Brüssel, Belgien**;
Tel 00 32-2/2 30 41 70/2 30 47 21;
Fax 00 32-2/2 30 94 62
e-mail   brux.coe@euronet.be

1   Rechtsgrundlage und Zielsetzungen

Das Statut des Europarats – Londoner Vertrag – (BGBl. 1954 II, S. 1128) wurde am 5. 5. 1949 von 10 Staaten unterzeichnet (Belgien, Dänemark, Frankreich, Irland, Italien, Luxemburg, den Niederlanden, Norwegen, Schweden und dem Vereinigten Königreich). Damit war der Europarat die erste europäische politische Organisation, die nach dem 2. Weltkrieg gegründet wurde. Seit seiner Gründung sind dem Europarat weitere 36 europäische Staaten beigetreten (Albanien, Andorra, Armenien, Aserbaidschan, Bosnien-Herzegowina, Bulgarien, Deutschland, Estland, Finnland, Georgien, Griechenland, Island, Kroatien, Lettland, Liechtenstein, Litauen, Malta, Mazedonien, Moldawien, Monaco, Österreich, Polen, Portugal, Rumänien, Russland, San Marino, Schweiz, Serbien-Montenegro, Slowakei, Slowenien, Spanien, Tschechische Republik, Türkei, Ukraine, Ungarn, Zypern). Weißrussland hat einen Aufnahmeantrag gestellt, der aber seit 1998 nicht mehr weiter behandelt wurde.

Nach seinem Statut kann dem Europarat jeder europäische Staat beitreten, der demokratisch und rechtsstaatlich verfasst ist und die Menschenrechte beachtet.

Der Europarat wurde mit dem Ziel gegründet,
– die Menschenrechte und die parlamentarische Demokratie zu schützen und die Rechtsstaatlichkeit sicherzustellen,
– europaweit Abkommen zur Harmonisierung der sozialen und rechtlichen Praktiken der Mitgliedstaaten abzuschließen,
– das Bewusstsein für die »europäische Dimension« zu wecken, die sich auf die gemeinsamen und über die kulturellen Unterschiede hinausgehenden Werte gründet.
– Weitere Maßnahmen zur Herstellung einer größeren Einheit unter den Mitgliedstaaten herzustellen.

Seit 1989 besteht eine weitere wesentliche Aufgabe darin,
– in den postkommunistischen Demokratien Mittel- und Osteuropas politische und rechtliche Stabilität zu bringen und die Menschenrechte zu schützen,
– die mittel- und osteuropäischen Länder durch spezielle Kooperatoins-Programme bei ihren politischen Reformen und der Verwirklichung des Rechtsstaats zu unterstützen.

Ziel des Europarates ist es, die Politiken seiner Mitgliedstaaten zu harmonisieren und gemeinsame Standards und Praktiken anzuregen. Um dies zu erreichen, bringt der Europarat Vertreter der verschiedenen Ebenen des öffentlichen Lebens (Parlamentarier, Minister, Regierungssachverständige, Regional-und Gemeindevertreter, Jugendbewegungen, NROs) zusammen um Erfahrungen und Erkenntnisse auszutauschen und in bestimmten Bereichen enger zusammenzuarbeiten.

Die Aktivitäten des Europarates finden ihren Niederschlag in fast 200 euro zusammenzuarbeiten.päischen Konventionen und Abkommen, von denen viele auch für den Beitritt von nicht europäischen Staaten offen stehen, sowie in einer Serie von Programmen und Kampagnen. Die Konventionen und Abkommen dienen der Reform und Harmonisierung der nationalen Regelungen in so verschiedenen Bereichen wie Datenschutz, Naturschutz, grenzüberschreitendes Fernsehen, kulturelle Zusammenarbeit, Minderheitenschutz und Verhinderung von Folter. In Bereichen, in denen keine Notwendigkeit für die Annahme von Konventionen besteht, verabschiedet das Ministerkomitee Resolutionen und Empfehlungen an die Regierungen der Mitgliedstaaten, die politische Leitlinien enthalten, oder auf spezielle Missstände in dem Adressatenland eingehen (z.B. Nichtumsetzung der Vorschriften der Europäischen Sozialcharta)

Der Europarat hat eine Reihe von institutionellen Mechanismen eingeführt, die den Abkommen Wirkung verleihen, bzw. die Umsetzung der übernommenen Verpflichtungen in den Mitgliedstaaten sicherstellen sollen. Neben dem Europäischen Menschenrechtsgerichtshof sind insbesondere das Sekretariat der Europäischen Sozialcharta, das Europäische Anti-Folterkomitee und die Europäische Kommission gegen Rassismus und Intoleranz und seit 1999 der Kommissar für Menschenrechte des Europarates zu nennen.

Die zwischenstaatliche Arbeit des Europarats erstreckt sich vor allem auf folgende fünf Schwerpunktgebiete:
– Schutz der Menschenrechte
– Soziale Kohäsion
– Demokratische Stabilität
– Rechtsstaatlichkeit
– Kultur, Erziehung und Jugend

Unter diesen Aufgabengebieten nimmt der Schutz der Menschenrechte einen besonderen Stellenwert ein. Auf diesem Gebiet hat die Europäische Konvention zum Schutze der Menschenrechte und Grundfreiheiten zur Einsetzung einer besonderen Institution geführt, die die Einhaltung der Verpflichtungen der Mitgliedstaaten aus dieser Konvention garantieren soll: der Europäische Gerichtshof für Menschenrechte (vgl. dazu näher unten unter 3.). Seit 1999 wird seine Arbeit durch den Menschenrechtskommissar des Europarates ergänzt. Er hat vor allem die Aufgabe, komplementär zu den anderen Menschenrechtsmechanismen des Europarates, Menschenrechtsverletzungen zu verhindern. Er ist auch für eine verstärkte Wahrnehmung und Achtung der Menschenrechte in den Mitgliedstaaten zuständig.

Der Europarat hat spezielle Programme entwickelt, um den Ländern Mittel- und Osteuropas bei ihren Verfassungs-, Rechts- und Verwaltungsreformen zu helfen. In jüngster Zeit wurde eine Reihe von Programmen ausgearbeitet (wie Octopus, PACO, CARDS, LARA, MOLI), zum Teil mit der EU und Partner-Länder. Sie dienen der Bekämpfung von Korruption, organisiertem Verbrechen, Geldwäsche, Menschenhandel und weiteren Formen der Kriminalität in Mittel-, Ost- und Südosteuropa. Seit 1993 führt der Europarat daneben ein Programm für vertrauensbildende Maßnahmen durch, das auf die Mehrheit-Minderheit-Situation und die Stärkung der Zivilgesellschaft abzielt und mit Hilfe von NGOs durchgeführt wird.

Auf dem zweiten Gipfeltreffen der Staats- und Regierungschefs der Mitgliedstaaten des Europarates im Oktober 1997 wurden als Reaktion auf die grundlegenden Veränderungen in Europa seit 1989 eine politische Deklaration und ein konkreter Aktionsplan verabschiedet. Im Zentrum der Aktivitäten des Europarates stehen vier Bereiche:

– *Demokratie und Menschenrechte*: Rassismus und Fremdenhass sollen bekämpft werden und nationale Minderheiten verstärkten Schutz genießen. Die Arbeiten des Anti-Folter-Komitees sollen intensiviert werden. Eine besondere Bedeutung kommt der effizienten Umsetzung der Urteile des Europäischen Gerichtshofes für Menschenrechte zu. Die Konvention über Menschenrechte und Biomedizin stellt die Interessen des Menschen vor die der Wissenschaft und Gesellschaft.

- *Sozialer Zusammenhalt*: Die in der Europäischen Sozialcharta verankerten Rechte sollen verstärkt umgesetzt werden, ein Programm zum Schutz von Kindern soll erstellt und der Sozialentwicklungsfonds des Europarates gestärkt werden.
- *Innere Sicherheit*: Im Mittelpunkt der Aktivitäten stehen der Kampf gegen Terrorismus, Drogenmissbrauch, Korruption und organisiertes Verbrechen. In diesem Zusammenhang wurde die Gruppe von Staaten gegen Korruption (GRECO) 1998 ins Leben gerufen. Ein Aktionsplan sieht Leitlinien für die Korruptionsbekämpfung sowie die Verstärkung und Schaffung von Rechtsinstrumenten vor.
- *Demokratische Werte und kulturelle Vielfalt*: Eine Ausbildungsinitiative soll das Konzept der Beteiligung und Verantwortung der Bürger in einem demokratischen Staat und das Bewusstsein für demokratische Werte schon im Schulalter entwickeln und fördern.

Auf dem dritten Gipfel der Staats- und Regierungschefs der Mitgliedstaaten des Europarates im Mai 2005 in Warschau ist die wichtige Rolle des paneuropäischen Staatenbundes als Wegbereiter und Förderer der Demokratie, Garant der Rechtsstaatlichkeit und Hüter der Menschenrechte erneut nachdrücklich bestätigt worden. Das geht aus der Warschauer Erklärung und dem verabschiedeten Aktionsplan hervor. Demnach lautet das politische Mandat für den Europarat, einen noch größeren Beitrag zur gemeinsamen Stabilität und Sicherheit in Europa für ein geeintes Europa ohne Trennlinien zu leisten. Vier konkrete Aktionen sind in diesem Zusammenhang zu nennen:
- Um die langfristige Wirksamkeit der Europäischen Menschenrechtskonvention auch in der Zukunft sicherzustellen, wird eine Gruppe der Weisen eingesetzt, die eine umfassende Strategie erarbeiten soll, um der wachsenden Arbeitslast – in 2005 waren 80.000 Beschwerden am Gerichtshof anhängig – entgegenzuwirken.
- Um die Demokratie zu stärken, Good Governance und die Rechtsstaatlichkeit in den Mitgliedstaaten zu stärken, wird das Europäische Forum für die Zukunft der Demokratie, das ein Mal im Jahr zusammentrifft, eingesetzt. In den Mitgliedstaaten soll es noch wirksamere, transparentere und demokratisch verantwortlichere Institutionen bei aktiver Teilnahme der Zivilgesellschaft begünstigen.
- Eine Task Force für den sozialen Zusammenhalt unserer Gesellschaft wird eingesetzt, um solidarische Gesellschaften aufzubauen, in denen alle Bürger dieselben sozialen Rechte in Anspruch nehmen können, Ausgrenzungen bekämpft und sozial benachteiligte Gruppen geschützt werden.
- Eine Anti-Rassismus-Kampagne gegen alle Formen der Intoleranz und Diskriminierung wird lanciert. Insbesondere wird die Diskriminierung aufgrund des Geschlechts, der Rasse und der Religion verurteilt, vor allem wenn sich letztere auf Antisemitismus oder auf Islamophobie gründet. Die Staats- und Regierungschefs sind deshalb entschlossen, innerhalb des Europarates Regeln und einen wirksamen Mechanismus zu schaffen, um diese Formen der Diskriminierung zu verhindern und endgültig auszulöschen.
- Zudem haben sich die Staats- und Regierungschefs – zur besseren Nutzung der bestehenden Institutionen, ihrer jeweiligen Kompetenzen und möglichen Synergien – auf eine noch engere Zusammenarbeit zwischen dem Europarat und der Europäischen Union, der OSZE und den Vereinten Nationen verständigt.

2 Organisation und Arbeitsweise

2.1 Überblick

Der Europarat hat seinen Sitz in Straßburg. Amtssprachen sind Englisch und Französisch, Arbeitssprachen sind auch Deutsch, Italienisch und Russisch. In den Sitzungen der Parlamentarischen Versammlung sind jedoch auch Niederländisch, Portugiesisch, Spanisch und Türkisch zugelassen, allerdings auf Kosten dieser Delegationen. Der Haushalt des Europarats (im Jahre 2005 185 Mio. Euro) wird finanziert durch Beiträge der Mitgliedstaaten. Der Europarat hat sehr weite Zielsetzungen. Obwohl er nur die Handlungsmöglichkeiten einer klassischen internationalen Organisation besitzt, hat er durch verschiedene innovative Aktionen wie die Erweiterung der politischen Beitrittsbedingungen, die Einführung eines Monitoringsystems für die Einhaltung der Verpflichtungen der Mitgliedstaaten und konkrete Aktionen vor Ort seine Wirksamkeit erheblich verbessert. Außerdem leisten verschiedene Sondereinrichtungen des Europarates wie die Venedig-Kommission – Demokratie durch Recht – besonders in Verfassungs-, sowie Wahlrechts- und Wahlverfahrens-Fragen, die ECRI-Kommission (gegen Rassismus), der Anti-Folter-Ausschuss, der Menschenrechtskommissar (Überwachung der Einhaltung der Menschenrechte und Erziehung zu Menschenrechten) und GRECO (Kampf gegen Korruption) effiziente Arbeit.

Der Europarat ist das umfassendste Forum, auf dem alle Staaten des Kontinents gleichberechtigt alle Fragen von europäischer Bedeutung – mit Ausnahme rein militärischer Fragen – diskutieren und gemeinsame Aktionen beschließen können.

Der Europarat hat keine direkte Rechtsetzungsbefugnis wie die EU, sondern stellt eine institutionalisierte Form der Zusammenarbeit zwischen souveränen Staaten dar. Das Ergebnis seiner Arbeiten sind Entschließungen oder Erklärungen, Empfehlungen an die Regierungen der Mitgliedstaaten sowie internationale Abkommen und Konventionen, die von den Regierungen der Mitgliedstaaten unterzeichnet und den Parlamenten der Mitgliedstaaten ratifiziert werden müssen. Danach sind die Abkommen und Konventionen für die jeweiligen Staaten völkerrechtlich verbindlich. Um die Effizienz der Rechtsinstrumente des Europarates zu erhöhen, wird festgelegt, dass die meisten Konventionen bereits dann in Kraft treten, wenn sie nur von einer bestimmten Mindestzahl von Mitgliedstaaten ratifiziert wurden.

Im Bereich Menschenrechte, soziale Grundrechte, Folter, Rassismus und bzgl. des Europäischen Arzneibuches hat der Europarat über das Niveau der klassischen Instrumente des internationalen Rechts hinaus Kontrollbefugnisse. 4.463 Urteile (1. November 1998 bis 30. Juni 2005) des Europäischen Gerichtshofs für Menschenrechte sind unmittelbar für die jeweiligen Staaten bindend.

Offizielle Organe des Europarats sind das *Ministerkomitee*, die *Parlamentarische Versammlung* und der Kongress der Gemeinden und Regionen Europas (KGRE). In der Praxis haben sich daneben eine Reihe von Untergliederungen und Nebenorganen herausgebildet, denen erhebliche Bedeutung zukommt. Auch aus dem ursprünglich als reines Hilfsorgan konzipierten *Generalsekretariat* hat sich in der Praxis ein Organ mit vielfältigen Aufgaben entwickelt. Es wurde 1999 umfassend reorganisiert.

2.2 Das Ministerkomitee des Europarats
http://www.coe.int/t/cm

Das Ministerkomitee ist das Entscheidungsorgan des Europarats. Dem Ministerkomitee gehören die Außenminister der 46 Mitgliedstaaten an, die sich durch ein anderes Regierungsmitglied oder einen Staatssekretär vertreten lassen können. Der Vorsitz im Ministerkomitee wechselt turnusmäßig alle sechs Monate zwischen den Mitgliedstaaten. Die Außenminister treten mindestens einmal pro Jahr in nichtöffentlicher Sitzung zusammen.

Das Ministerkomitee stellt das Arbeitsprogramm des Europarats auf und genehmigt seinen Haushalt. Es entscheidet darüber, ob und welche Maßnahmen aufgrund der Empfehlungen der Parlamentarischen Versammlung, des Kongresses der Gemeinden und Regionen des Europarats, der Vorschläge der verschiedenen Ausschüsse oder aufgrund eigener Initiative getroffen werden sollen, um die Ziele des Europarats zu verwirklichen. Es entscheidet in Fragen der internen Organisation und dient den Mitgliedstaaten als ständiges Forum für politische Diskussion.

Zwischen Tagungen des Ministerkomitees werden die Mitgliedstaaten von ihren *Stän-*

digen Vertretern repräsentiert, die sich zu wöchentlichen Sitzungen treffen. Dieses Gremium der Ministerdelegierten gewährleistet den kontinuierlichen Fortgang der Arbeiten des Europarats. Es hat in der Praxis dieselben Entscheidungsbefugnisse wie das Ministerkomitee.

Die Entscheidungen des Ministerkomitees ergehen entweder in Form von *Empfehlungen* an die Regierungen der Mitgliedstaaten, die Richtlinien für die nationale Gesetzgebung oder Verwaltungspraxis enthalten, oder in Form europäischer *Abkommen* und *Konventionen*, die nach Ratifizierung rechtsverbindlich sind. Oft ist zu ihrer Umsetzung die Annahme nationaler Rechtsnormen nötig. Daneben fasst das Ministerkomitee *Entschließungen* und gibt *Erklärungen* zu bestimmten politischen Themen ab. In den letzten Jahren hat das Ministerkomitee seine politische Rolle verstärkt durch ein aktives Engagement in den Beitrittsverfahren zum Europarat, aber auch durch den Ausbau seines Monitoringsystems zur Einhaltung der Verpflichtungen der Mitgliedsstaaten.

Politisch bedeutsame Beschlüsse und Empfehlungen an die Regierungen der Mitgliedstaaten sind grundsätzlich einstimmig zu verabschieden. Haushaltsentscheidungen erfordern eine Zweidrittelmehrheit, während Entscheidungen über das Arbeitsprogramm und Verfahrensfragen mit einfacher Mehrheit gefasst werden können. Die Entwürfe über Empfehlungen und Konventionen werden von Lenkungs- und Experten-Ausschüssen ausgearbeitet, in denen Regierungssachverständige aus den Mitgliedstaaten vertreten sind und meist der Parlamentarischen Versammlung und in einigen Fällen dem Kongress zur Konsultation vorgelegt. Die Entscheidung über die Auflage einer Konvention zur Zeichnung ergeht mit einer 2/3 Mehrheit. Daneben finden in regelmäßigen Abständen Konferenzen der Fachminister der Mitgliedstaaten statt, von denen vielfach politische Initiativen ausgehen.

Beobachterstatus beim Europarat (im zwischenstaatlichen Bereich) haben: der Heilige Stuhl, Japan, Kanada, Mexiko und die Vereinigten Staaten von Amerika.

2.3 Die Parlamentarische Versammlung des Europarats
http://assembly.coe.intstars.coe.fr

Die Parlamentarische Versammlung, nach dem Statut ein beratendes Organ, ist inzwischen zum politischen Motor des Europarates geworden. Seit 1974 ist an die Stelle der im Statut des Europarats verwendeten Bezeichnung »Beratende Versammlung« die Bezeichnung »Parlamentarische Versammlung« getreten, um die Rolle und Legitimation dieses Organs zu unterstreichen. Der Versammlung gehören 315 Mitglieder sowie eine gleiche Zahl stellvertretender Mitglieder an, die von den Parlamenten der Mitgliedstaaten gewählt oder aus ihrer Mitte entsandt werden. Die Zahl der Mitglieder ist nach der Größe und Bedeutung der Mitgliedstaaten gestaffelt; sie beträgt zwischen 2 und 18.

Die Parlamentarische Versammlung wählt den Generalsekretär des Europarates, die Richter des Europäischen Menschenrechtsgerichtshofs und den Menschenrechtskommissar des Europarats. Die Parlamentarische Versammlung spielt eine wichtige Rolle bei der Kontrolle der Beachtung der Menschenrechte und der Umsetzung anderer Verpflichtungen der Mitgliedstaaten. Seit 1999/2000 hält sie regelmäßig Debatten über die Umsetzung der Urteile des Europäischen Gerichtshofes für Menschenrechte in den Mitgliedstaaten ab. Außerdem interveniert die Versammlung seit 1989 verstärkt vor Ort (Behandlung der Beitrittsgesuche, Wahlbeobachtung, parlamentarischer Beitrag zum Krisenmanagement in europäischen Konfliktregionen, Kooperationsprogramme mit verschiedenen nationalen Parlamenten).

Die Versammlung tagt viermal pro Jahr in Straßburg. Sie erörtert Themen und Ereignisse, berät über alle Fragen aus dem weitgespannten Aufgabenbereich des Europarates und gibt auf Anforderung des Ministerkomitees oder aus eigener Initiative Empfehlungen für ein Handeln des Ministerkomitees ab. Die Versammlung spielt seit 1989 eine besondere Rolle bei der Osterweiterung des Europarates und bei der institutionellen Reform der Organisation. Sie muss zu allen Konventionsentwürfen eine Stellungnahme an das Ministerkomitee abgeben und hat ein Mitspracherecht bei der Entscheidung über den Teil der Haushaltsmittel des Europarats, die sie selbst betreffen.

Zwischen den Sitzungsperioden gewährleistet ein *Ständiger Ausschuss* die Kontinuität der Arbeiten der Parlamentarischen Versammlung. Er tagt mindestens dreimal pro Jahr.

Die Plenartagungen der Parlamentarischen Versammlung werden vorbereitet von zehn fachlich spezialisierten Ausschüssen, die regelmäßig während des gesamten Jahres in Straßburg oder Paris tagen. Diese Ausschüsse sind:
- Politischer Ausschuss
- Ausschuss für Recht und Menschenrechte
- Ausschuss für Wirtschaft und Entwicklung
- Ausschuss für Sozialordnung, Gesundheit und Familie
- Ausschuss für Wanderbewegung, Flüchtlings- und Bevölkerungsfragen
- Ausschuss für Kultur, Wissenschaft und Bildung
- Ausschuss für Umwelt, Landwirtschaft und kommunale und regionale Angelegenheiten
- Ausschuss für die Gleichstellung von Frauen und Männern
- Ausschuss für die Geschäftsordnung und Immunitäten
- Ausschuss für die Einhaltung der von den Mitgliedsstaaten des Europarates eingegangenen Verpflichtungen (Monitoringausschuss)

Darüber hinaus ist eine Reihe von Unter-Ausschüssen tätig.

Die Koordinierung der Arbeiten des Ministerkomitees und der Parlamentarischen Versammlung erfolgt in einem *Gemischten Ausschuss (Joint Comittee)*. Ihm gehören jeweils ein Vertreter pro Mitgliedstaat sowie eine gleich große Anzahl von Parlamentariern an.

Die in die Parlamentarische Versammlung entsandten Abgeordneten arbeiten nicht in nationalen Delegationen, sondern in politischen Gruppierungen (Fraktionen) zusammen. Die Fraktionen müssen mindestens 20 Abgeordnete aus mindestens sechs verschiedenen Mitgliedstaaten umfassen. Jeder Abgeordnete, der an der Teilnahme an einer der Sitzungen der Versammlung verhindert ist, kann sich durch einen Stellvertreter vertreten lassen, der demselben Mitgliedstaat angehört. Die Stellvertreter werden nach demselben Verfahren bestimmt wie die Abgeordneten. Im Plenarsaal sitzen die Abgeordneten nicht nach Fraktionen oder Nationalitäten geordnet, sondern in alphabetischer Reihenfolge. Damit soll zum Ausdruck gebracht werden, dass sie jeweils im eigenen Namen und nicht für eine Partei oder einen Mitgliedstaat intervenieren.

Seit 1989 haben Länder, die dem Europarat beitreten wollen, bei der Versammlung einen Sondergaststatus. Dieser wurde für Weißrussland im Januar 1997 suspendiert. Die Parlamente Kanadas, Mexikos und Israels haben bei der Parlamentarischen Versammlung einen Beobachterstatus.

2.4 Der Kongress der Gemeinden und Regionen in Europa (KGRE)

Palais de l'Europe
Avenue de l'Europe
67075 Straßburg cedex, Frankreich;
Tel 00 33-3/88 41 20 00, 88 41 22 39;
Fax 00 33-3/88 41 27 51, 88 41 37 47;
e-mail webcplre@coe.fr
http://www.coe.int/t/d/KGRE/

Der Kongress der Gemeinden und Regionen des Europarats (KGRE) ist ein beratendes Organ, das vom Ministerkomitee 1994 eingesetzt wurde, um der seit 1957 bestehenden Ständigen Konferenz der Gemeinden und Regionen mehr Gewicht zu geben.

Der Kongress besteht aus zwei Kammern, der Kammer der Gemeinden und der Kammer der Regionen. Die Zwei-Kammer-Versammlung setzt sich aus 315 Mitgliedern und ebenso vielen Stellvertretern zusammen. Sie alle sind gewählte Vertreter aus der einen oder anderen der rund 200.000 kommunalen und regionalen Gebietskörperschaften der Staaten, die dem Europarat angehören. Der Kongress wählt abwechselnd aus einer der beiden Kammern

seinen Präsidenten für die Dauer von zwei ordentlichen Sitzungen.
Der Kongress tritt einmal jährlich in Straßburg zusammen. Vertreter offiziell anerkannter europäischer Organisationen sowie einiger Nichtmitgliedstaaten sind als Sondergäste oder Beobachter zugelassen. Ein Ständiger Ausschuss, in dem jede Landesdelegation vertreten ist, sichert im Rahmen von Herbst- und Frühjahrssitzungen mit den einzelnen Fachausschüssen die Kontinuität der Arbeit zwischen den Plenarsitzungen.
Der Kongress arbeitet im Rahmen von vier statutarischen Ausschüssen:
- dem Ausschuss für institutionelle Fragen, der für die Abfassung von Berichten über den Fortschritt der Kommunal- und Regionaldemokratie in Europa zuständig ist, und dem ein unabhängiges Expertenkomitee zur Seite steht;
- dem Ausschuss für Kultur und Erziehung, zuständig für Medien, Jugend, Sport und Kommunikation;
- dem Ausschuss für nachhaltige Entwicklung, zuständig für Umwelt-Angelegenheiten und Raum- und Stadtplanung;
- dem Ausschuss für sozialen Zusammenhalt, zuständig für Fragen der Beschäftigung, der staatsbürgerlichen Verantwortung, der Beziehungen zwischen den Gemeinden, des Gesundheitswesens, der Gleichstellung von Frau und Mann und der Solidarität.
- darüber hinaus gibt es in der Kammer der Regionen eine Sonderarbeitsgruppe für Regionen, die über gesetzgebende Gewalt verfügen.
Der Exekutivsekretär des Kongresses verwaltet das Budget und die 40 Beamten des Kongress-Sekretariats.

2.5 Das Generalsekretariat des Europarats

2.5.1 Allgemeine Darstellung

Zur Vorbereitung und praktischen Durchführung ihrer Arbeiten steht dem Ministerkomitee und der Parlamentarischen Versammlung, dem Europäischen Gerichtshof für Menschenrechte, dem Kongress der Gemeinden und Regionen des Europarates, ein Sekretariat mit über 1 800 Bediensteten zur Verfügung. Das Sekretariat wird geleitet von einem Generalsekretär, der auf Vorschlag des Ministerkomitees von der Parlamentarischen Versammlung auf 5 Jahre gewählt wird; Er kann wieder gewählt werden, jedoch ist das in der Praxis noch nie vorgekommen. Der Generalsekretär ist gegenüber dem Ministerkomitee verantwortlich. Dem Generalsekretär stehen ein stellvertretender Generalsekretär der Parlamentarischen Versammlung zur Seite, der ebenfalls den Rang eines stellvertretenden Generalsekretärs des Europarates hat. Der Generalsekretär leitet die Verwaltung und vertritt den Europarat nach außen. Er bereitet die Arbeiten des Ministerkomitees und der Parlamentarischen Versammlung vor und stellt die verfahrensmäßige Verbindung zwischen beiden Organen sicher. Er nimmt – mit beratender Stimme – an den Sitzungen des Ministerkomitees, der Parlamentarischen Versammlung, des Gemischten Ausschusses und der fachlich spezialisierten Ausschüsse teil. Außerdem legt er der Parlamentarischen Versammlung jährlich einen Gesamtbericht über die europäische Kooperation vor, der eine Zusammenfassung der vom Europarat erstellten Einzelberichte darstellt.
Das Generalsekretariat ist in vier Generaldirektionen eingeteilt, die die Tätigkeitsgebiete aus dem Arbeitsprogramm des Europarats betreuen sowie in zwei Generaldirektionen für Querschnittsdienste. Ihm gehören außerdem die Europäischen Jugendzentren und das Europäische Jugendwerk sowie die Kanzlei des Europäischen Gerichtshofs für Menschenrechte und die Dienste mehrerer Teilabkommen an.

2.5.2 Organisationsplan des Sekretariats

Generalsekretär: DAVIS, Terry
Stellv. Generalsekretär: DE BOER-BUQUICCHIO, Maud
Kabinettsdirektorin: RUOTANEN, Marja

Sprecher des Generalsekretärs:
MARCHENKOV, Dimitri

Sekretariat der Parlamentarischen Versammlung
Generalsekretär: HALLER, Bruno
Direktor: SORINAS, Matteo.

Sekretariat des Ministerkomitees
DAVIES, Leonard

Direktion der Strategischen Planung
Direktor: LAURENS, Jean-Louis

**Generaldirektion
Politische Fragen**
Generaldirektor: LAURENS, Jean-Louis

**Generaldirektion
Rechtsfragen**
Generaldirektor: DE VEL, Guy

**Generaldirektion
Menschenrechte**
Generaldirektor: IMBERT, Pierre-Henri

**Generaldirektion
Sozialfragen**
Generaldirektor: VLADYCHENKO, Alexander

**Generaldirektion
Bildung, Kultur, Sport, Jugend und Umwelt**
Generaldirektorin: BATTAINI-DRAGONI, Gabriella

**Generaldirektion
Verwaltung und Logistik**
Generaldirektor: MARTINS, Mario

Kongress der Gemeinden und Regionen des Europarates
Direktor: BOHNER, Ulrich

Direktion Kommunikation
Direktorin: PUMPYANSKAYA, Seda

Kanzlei des Europäischen Gerichtshofs für Menschenrechte:
Kanzler: MAHONEY, Paul

Teilabkommen (nicht alle 46 Länder sind Mitglied)

Europäisches Arzneibuch
Direktorin: ARTIGES, Agnès

Venedig-Kommission
Sekretär der Kommission: BUQUICCHIO, Gianni

Nord-Süd-Zentrum
Exekutivdirektor: CORREIRA NUNES, José Carlos

Eurimages
Exekutivsekretärin: ROGINAS, Renate

Sekretariat der Europäischen Entwicklungsbank
Direktorin: PAJARDI, Giusi

Europäische Audiovisuelle Informationsstelle
Direktor: CLOSS, Wolfgang

EUR-OPA Major Hazards
Exekutivsekretär: THEROND, Daniel

Staatengruppe gegen Korruption (GRECO)
Exekutivsekretär: RAU, Wolfgang

3 Die Europäische Menschenrechtskonvention

Einer der Schwerpunkte der Tätigkeiten des Europarats war von Beginn an der Schutz der Menschenrechte. Am 4. 11. 1950 wurde die Konvention zum Schutze der Menschenrechte und Grundfreiheiten (Europäische Menschenrechtskonvention, BGBl. 1952 II, S. 686) unterzeichnet, die ein komplexes System des internationalen Schutzes der Menschenrechte einführte und besondere internationale Institutionen einsetzte, die über die Durchsetzung des Anspruchs der Bürger Europas auf Wahrung ihrer Menschenrechte wachen sollen. Es waren dies die Europäische Kommission für Menschenrechte des Europarats und der Europäische Gerichtshof für Menschenrechte, an deren Stelle ab November 1998 ein Ständiger Europäischer Gerichtshof für Menschenrechte getreten ist. Die Menschenrechtskonvention trat mit der Hinterlegung der zehnten Ratifizierungsurkunde am 3. 9. 1953 in Kraft. Ihre Bestimmungen wurden ergänzt durch vierzehn Zusatzprotokolle, von denen fünf weitere Grundrechte und Freiheiten garantieren. (Nr. 1, 4, 6, 7 und 12, 13)

3.1 Der Europäische Gerichtshof für Menschenrechte

http://www.echr.coe.int

3.1.1 Allgemeine Darstellung

Der Europäische Gerichtshof für Menschenrechte konstituierte sich am 20. 4. 1959. Er war ursprünglich nach der Europäischen Kommission für Menschenrechte die zweite Instanz in dem damals zweizügigen Verfahren. Mit Inkrafttreten des Zusatzprotokolls Nr. 11 zur Menschenrechtskonvention am 1. 11. 1998 wurde der Gerichtshof als Ständiger Gerichtshof zur einzigen Instanz. Er ist heute für fast 800 Millionen in den 46 Mitgliedsstaaten lebenden Menschen zuständig. Der Gerichtshof hat seinen Sitz in Straßburg und besteht aus einem Richter pro Mitgliedstaat. Die Richter werden auf Vorschlag der Mitgliedstaaten von der Parlamentarischen Versammlung auf die Dauer von sechs Jahren gewählt; eine Wiederwahl ist zulässig. Für die erstmaligen Wahlen durch Los zu gleichen Teilen wurden die Richter für eine dreijährige und eine sechsjährige Amtszeit gewählt. Der Gerichtshof ist in vier nach Rechtstraditionen, geographischem Hintergrund und Geschlecht möglichst ausgewogene »Sektionen« aufgeteilt. Die beiden Vizepräsidenten sind zugleich »Sektionspräsidenten«. Die Richter unterliegen bei ihrer Tätigkeit keinen Weisungen der Mitgliedstaaten.

Die Zuständigkeit des Gerichtshofs erstreckt sich auf alle Fragen der Auslegung und der Anwendung der Menschenrechtskonvention. Der Gerichtshof kann von den Mitgliedstaaten und von Einzelpersonen angerufen werden. Generelle Voraussetzung für die Zulässigkeit einer Beschwerde sind die Erschöpfung des innerstaatlichen Rechtswegs sowie die Einhaltung einer Beschwerdefrist von sechs Monaten. Für Beschwerden einzelner Personen gelten darüber hinaus folgende Voraussetzungen: sie dürfen nicht anonym eingereicht werden, sie dürfen – vorbehaltlich neuer Tatsachen – nicht bereits beim Gerichtshof oder einer anderen internationalen Instanz anhängig gewesen sein, sie müssen den Bestimmungen der Menschenrechtskonvention entsprechen und dürfen nicht offensichtlich unbegründet oder missbräuchlich sein.

Der Gerichtshof tagt in der Regel in Kammern mit sieben Richtern, zu denen Kraft Amtes der Präsident bzw. der Vizepräsident sowie der »nationale« Richter des betroffenen Mitgliedstaates gehören, während die übrigen Richter durch das Los bestimmt werden. Über die Zulässigkeit einer Beschwerde entscheidet ein richterliches Dreierkomitee. Erklärt es eine Beschwerde einstimmig für nicht zulässig, ist sie endgültig abgelehnt. Ist sich das Dreierkomitee in der Frage der Zulässigkeit nicht einig, entscheidet die siebenköpfige Kammer sowohl über die Zulässigkeit als auch die Begründetheit der Beschwerde. Die Kammer kann die Entscheidung über Fragen von grundsätzlicher Bedeutung der aus 17 Richtern bestehenden Großen Kammer vorlegen. In eng begrenzten Ausnahmefällen kann die Große Kammer auch zur Überprüfung einer von der normalen Kammer getroffenen Entscheidung angerufen werden. Parteien in dem Rechtsstreit sind der oder die betroffene(n) Mitgliedstaat(en). Das Verfahren vor dem Gerichtshof gliedert sich in der Regel in ein schriftliches Verfahren und eine anschließende mündliche Verhandlung.

Im Hinblick auf die weiterhin stark ansteigende Zahl der eingereichten Einzelbeschwerden (pro Jahr mehr als 14.000) ist in Bezug auf eine Reform des Gerichtshofs das Protokoll 14

aufgelegt worden. Beim dritten Gipfel der Staats- und Regierungschefs in Warschau am 16. und 17. Mai 2005 ist beschlossen worden, eine Gruppe der Weisen einzusetzen, die sich im Einzelnen mit der Reform beschäftigt.
In seiner Entscheidung stellt der Gerichtshof fest, ob die Menschenrechtskonvention in dem anhängigen Fall verletzt wurde. Die Entscheidung ist für die Parteien bindend, die – unter der Aufsicht des Ministerkomitees – alle erforderlichen Maßnahmen zu treffen haben, um sie umzusetzen. Gegebenenfalls kann der Gerichtshof den in ihren Rechten verletzten Personen einen »angemessenen Schadenersatz« zusprechen. Gegen die Entscheidungen des Gerichtshofs findet kein Rechtsmittel statt.
Der Gerichtshof wählt einen Kanzler, sowie zwei stellvertretende Kanzler, deren Amtszeit sieben Jahre beträgt; Wiederwahl ist zulässig. Der Kanzler ist direkt dem Gerichtshof verantwortlich.

3.1.2 Die Richter des Europäischen Gerichtshofs für Menschenrechte

Präsident: WILDHABER, Luzius (Schweiz)
Vizepräsidenten: ROZAKIS, Christos L. (Griechenland), COSTA, Jean-Paul (Frankreich)
Sektionspräsidenten:
BAKA, András B. (Ungarn)
BÎRSAN, Corneliu (Rumänien)
BJÖRGVINSSON, David Thór (Island)
BONELLO, Giovanni (Malta)
BORREGO BORREGO, Javier (Polen)
BOTOUCHAROVA, Snejana (Bulgarien)
SIR BRATZA, Nicolas (Großbritannien)
BUTKEVYCH, Volodymyr (Ukraine)
CABRAL BARRETO, Ireneu (Portugal)
CAFLISCH, Lucius Conrad (Liechtenstein)
CASADEVALL MEDRANO, Josep (Andorra)
FURA-SANDSTRÖM, Elisabet (Schweden)
GARLICKI, Lech (Polen)
GYULUMYAN, Alvina (Armenien)
HAJIYEV, Khanlar (Aserbaidschan)
HEDIGAN, John (Irland)
JAEGER, Renate (Deutschland)
JEBENS, Sverre Erik (Norwegen)
JOČIENĖ, Danutė (Litauen)
JUNGWIERT, Karel (Tschechische Republik)
KOVLER, Anatoly (Russland)
LORENZEN, Peer (Dänemark)
LOUCAIDES, Loukis (Zypern)
MARUSTE, Rait (Estland)
MIJOVIĆ, Ljiljana (Bürger von Bosnien und Herzegowina)
MULARONI, Antonella (San Marino)
MYJER, Egbert (Niederlande)
PAVLOVSCHI, Stanislav (Moldawien)
PELLONPÄÄ, Matti Paavo (Finnland)
POPOVIĆ, Dragoljub (Bürger von Serbien-Montenegro)
ŠIKUTA, Jánikuta (Slowakei)
SPIELMANN, Dean (Luxemburg)
STEINER, Elisabeth (Österreich)
TRAJA, Kristaq (Albanien)
TSATSA-NIKOLOVSKA, Margarita (»Bürgerin der ehemaligen jugoslawischen Republik Mazedonien«)
TÜRMEN, Riza (Türkei)
TULKENS, Françoise (Belgien)
UGREKHELIDZE, Mindia (Georgien)
VAJIC, Nina (Kroatien)
ZAGREBELSKY, Vladimiro (Italien)
ZIEMELE, Ineta (Lettland)
ZUPANČIČ, Bostjan M. (Slowenien)

Kanzler: MAHONEY, Paul (Großbritannien)
Stellvertretender Kanzler: FRIBERGH, Erik (Schweden)

4 Die Ständigen Vertretungen der Mitgliedstaaten beim Europarat

Albanien
ÇAUSHI, Shpëtim
67, allée de la Robertsau, **67000 Straßburg, Frankreich**;
Tel 00 33/3 88 36 02 06;
Fax 00 33/3 88 35 15 79
e-mail   rpalbanie@noos.fr

Andorra
SALA SANSA, Carme
10, avenue du Président Robert Schumann, **67000 Straßburg Cedex, Frankreich;**

Tel 00 33/3 88 35 61 55;
Fax 00 33/3 88 36 85 77
e-mail   rpand@andorra.ad

Armenien
TER STEPANIAN, Christian
40, allée de la Robertsau,
67000 Straßburg, Frankreich;
Tel 00 33/3 88 24 27 17;
Fax 00 33/3 88 24 22 41
e-mail   rep.armenie-coe@wanadoo.fr

Aserbaidschan
MEHDIYEV, Agshin
2, rue Westercamp, 67000 Straßburg, Frankreich;
Tel 00 33/3 90 22 20 90;
Fax 00 33/3 90 22 20 99
e-mail   azrepcoe@wanadoo.fr

Belgien
GHISLAIN, Charles
41, allée de la Robertsau,
67000 Straßburg, Frankreich;
Tel 00 33/3 88 76 61 00;
Fax 00 33/3 88 36 32 71
e-mail   beleuro-Straßburg@wanadoo.fr

Bosnien und Herzegowina
SIDRAN, Miranda
16, allée Spach, 67000 Straßburg, Frankreich;
Tel 00 33/3 90 22 92 59;
Fax 00 33/3 88 35 58 60
e-mail   representationbosnie@wanadoo.fr

Bulgarien
STERK, Yuri
22, rue Fischart, 67000 Straßburg, Frankreich;
Tel 00 33/3 88 61 95 29;
e-mail   bulgarie@noos.fr

Dänemark
NEHRING, Niels-Jørgen
20, avenue de la Paix, 67000 Straßburg, Frankreich;
Tel 00 33/3 88 35 69 49;
Fax 00 33/3 88 25 54 19
e-mail   sxbrep@um.dk

Deutschland
WEGENER, Roland
12, boulevard du Président Edwards,
67000 Straßburg, Frankreich;
Tel 00 33/3 88 37 85 50;
Fax 00 33/3 88 25 50 41
e-mail   reg2-io@stra.auswaertiges-amt.de

Estland
STREIMANN, Alar
16, allée Spach, 67000 Straßburg, Frankreich;
Tel 00 33/3 88 36 25 71;
Fax 00 33/3 88 24 02 65
e-mail   ENEsindus@ceest.sdv.fr

Finnland
NYROOS, Ann-Marie
31, quai Mullenheim, 67000 Straßburg, Frankreich;
Tel 00 33/3 88 15 44 44;
Fax 00 33/3 88 15 44 40
e-mail   sanomat.ene@formin.fi

Frankreich
CHOURAQUI, Gilles
40, rue de Verdun, 67000 Straßburg, Frankreich;
Tel 00 33/3 88 45 34 00;
Fax 00 33/3 88 45 34 48/49
e-mail   rp.Straßburg-dfra@diplomatie.gouv.fr

Georgien
GOGOBERIDZE, Lana
3, rue Salzmann, 67000 Straßburg, Frankreich;
Tel 00 33/3 90 22 20 10;
Fax 00 33/3 90 22 20 11
e-mail   geomission.strasb@mfa.gov.ge

Griechenland
YEROCOSTOPOULOS, Constantin
21, place Broglie, 67000 Straßburg, Frankreich;
Tel 00 33/3 88 32 88 18;
Fax 00 33/3 88 23 12 46
e-mail   greekdelegce@wanadoo.fr

Irland
SHARKEY, James
15, avenue de la Liberté, **67000 Straßburg,**
Frankreich;
Tel 00 33/3 88 14 49 20/21;
Fax 00 33/3 88 14 49 25
e-mail   irlprcoe@noos.fr

Island
BJARNASON, Hörður H. Sveinn
16, allée Spach, **67000 Straßburg, Frankreich;**
Tel 00 33/3 88 24 76 90;
Fax 00 33/3 88 24 76 99
e-mail   icedel.strasb@utn.stjr.is

Italien
LONARDO, Pietro
3, rue Schubert, **67000 Straßburg,**
Frankreich;
Tel 00 33/3 88 60 20 88;
Fax 00 33/3 88 60 65 64
e-mail   rappresentanza.strasburgo@esteri.it

Kroatien
BUČAN, Daniel
70, allée de la Robertsau, **67000 Straßburg,**
Frankreich;
Tel 00 33/3 88 37 07 06;
Fax 00 33/3 88 37 09 31
e-mail   rpcro@noos.fr

Lettland
ELFERTS, Peteris Karlis
67, allée de la Robertsau, **67000 Straßburg,**
Frankreich;
Tel 00 33/3 88 24 70 80;
Fax 00 33/3 88 24 70 85
e-mail   rplatvia@mfa.gov.lv

Liechtenstein
OSPELT, Daniel
17, rue Twinger, **67000 Straßburg,**
Frankreich;
Tel 00 33/3 88 37 11 77;
Fax 00 33/3 88 24 22 77
e-mail   liechtenstein.coe@sxb.rep.llv.li

Litauen
GERMANAS, Neris

42, rue Schweighaeuser, **67000 Straßburg,**
Frankreich;
Tel 00 33/3 90 41 17 50;
Fax 00 33/3 90 41 17 59
e-mail   rplituan@noos.fr

Luxemburg
MAYER, Ronald
65, allée de la Robertsau, **67000 Straßburg,**
Frankreich;
Tel 00 33/3 88 15 26 36;
Fax 00 33/3 88 15 26 37;
e-mail   ronald.mayer@mae.etat.lu
(Sekretariat)
e-mail   Straßburg.rp@mae.etat.lu

Malta
LICARI, Joseph
70, allée de la Robertsau,
67000 Straßburg Cedex, Frankreich;
Tel 00 33/3 88 24 76 10
Fax 00 33/3 88 24 76 11
e-mail   malta-coe.Straßburg@gov.mt

Ehemalige jugoslawische Republik Mazedonien
PETROVA-MITEVSKA, Eleonora
13, rue André Jung, **67000 Straßburg,**
Frankreich;
Tel 00 33/3 88 37 17 00;
Fax 00 33/3 88 37 19 04
e-mail   mastras@noos.fr

Moldawien
TULBURE, Alexei
16, allée Spach,
67000 Straßburg, Frankreich;
Tel 00 33/3 88 36 55 64;
Fax 00 33/3 88 36 48 96
e-mail   moldova.rpce@noos.fr

Monaco
BOISSON, Jacques
Résidence de l'Aar, 9, rue des Arquebusiers,
67000 Straßburg, Frankreich;
Tel 00 33/3 90 22 97 50;
Fax 00 33/3 88 35 26 87
e-mail   rpcde@gouv.mo

Niederlande
LANDMAN, Johannes C.
3, place Sébastien Brant,
67000 Straßburg, Frankreich;
Tel 00 33/3 88 36 20 48;
Fax 00 33/3 88 36 70 10
e-mail str@minbuza.nl

Norwegen
FRØYSNES, Torbjørn
42, rue Schweighaeuser, **67000 Straßburg, Frankreich;**
Tel 00 33/3 88 25 09 65;
Fax 00 33/3 88 25 10 44
e-mail coe.Straßburg@mfa.no

Österreich
ETTMAYER, Wendelin
29, avenue de la Paix, **67000 Straßburg, Frankreich;**
Tel 00 33/3 88 36 64 04;
Fax 00 33/3 88 25 19 88
e-mail strassburg-ov@bmaa.gv.at

Polen
KOCEL, Krzysztof
2, rue Geiler, **67000 Straßburg, Frankreich;**
Tel 00 33/3 88 37 23 00;
Fax 00 33/3 88 37 23 10
e-mail rep.perm@coe-poland.org

Portugal
CAIMOTO-DUARTE, Joaquim
11, rue Fischart, **67000 Straßburg, Frankreich;**
Tel 00 33/3 88 60 16 77;
Fax 00 33/3 88 60 70 42
e-mail reporcde@wanadoo.fr

Rumänien
MAGHERU, Gheorghe
64, allée de la Robertsau, **67000 Straßburg, Frankreich;**
Tel 00 33/3 88 37 01 60, 3 88 37 92 21;
Fax 00 33/3 88 37 16 70
e-mail reprocoe@fr.oleane.com

Russische Föderation
ORLOV, Alexandre K.
75, allée de la Robertsau, **67000 Straßburg, Frankreich;**
Tel 00 33/3 88 24 20 15;
Fax 00 33/3 88 24 19 74
e-mail representationpermderussie@wanadoo.fr

San Marino
BELLATTI CECCOLI, Guido
18, rue Auguste Lamey, **67000 Straßburg, Frankreich;**
Tel 00 33/3 88 36 09 44;
Fax 00 33/3 88 25 17 25
e-mail rp.sanmarino@wanadoo.fr

Schweden
SJÖGREN, Per
67, allée de la Robertsau, **67000 Straßburg, Frankreich;**
Tel 00 33/3 88 24 60 50;
Fax 00 33/3 88 36 01 83
e-mail rpsuede@yahoo.fr

Schweiz
JOSEPH, Jean-Claude
23, rue Herder, **67083 Straßburg Cedex, Frankreich;**
Tel 00 33/3 88 35 00 72;
Fax 00 33/3 88 36 73 54
e-mail vertretung-ER@stc.rep.admin.ch

Serbien und Montenegro
PRICA, Sladjana
26, avenue de la Forêt Noire,
67000 Straßburg, Frankreich;
Tel 00 33/3 90 22 15 88;
Fax 00 33/3 88 36 09 49
e-mail mis.scg.coe@fr.oleane.com

Slowakische Republik
LAMPEROVA, Anna
1, rue Ehrmann, **67000 Straßburg, Frankreich;**
Tel 00 33/3 88 36 57 17;
Fax 00 33/3 88 36 54 44
e-mail pmsrce@Straßburg.mfa.sk

Slowenien
BOLE, Marjetica
40, allée de la Robertsau, **67000 Straßburg,**
Frankreich;
Tel 00 33/3 88 36 60 25;
Fax 00 33/3 88 37 14 44
e-mail   msb@mzz-dkp.gov.si

Spanien
DE GRANDES PASCUAL, Estanislao
24, allée de la Robertsau, **67000 Straßburg,**
Frankreich;
Tel 00 33/3 88 36 36 20;
Fax 00 33/3 88 36 70 63
e-mail   spain.coe@wanadoo.fr

Tschechische Republik
ŠTĚPOVÁ, Vlasta
53, allée de la Robertsau, **67000 Straßburg,**
Frankreich;
Tel 00 33/3 88 25 76 77;
Fax 00 33/3 88 37 33 62
e-mail   rptcheque@wanadoo.fr,
e-mail   coe.Straßburg@embassy.mzv.cz

Türkei
BATIBAY, Daryal
23, boulevard de l'Orangerie,
67000 Straßburg, Frankreich;
Tel 00 33/3 88 36 50 94;
Fax 00 33/3 88 24 03 73
e-mail   turkdel@fr.oleane.com

Ukraine
SHEVCHUK, Anatolii
21, rue Trubner,
67000 Straßburg, Frankreich;
Tel 00 33/3 88 61 44 51;
Fax 00 33/3 88 60 01 78
e-mail   eu_fr@mfa.gov.ua

Ungarn
TAUBNER, Zoltan
4, rue Richard Brunck, **67000 Straßburg,**
Frankreich;
Tel 00 33/3 88 61 22 11;
Fax 00 33/3 88 60 36 14
e-mail
titkarsag@ambassade-hongrie-Straßburg.com

Vereinigtes Königreich
HOWARTH, Stephen
18, rue Gottfried, **67000 Straßburg,**
Frankreich;
Tel 00 33/3 88 35 00 78;
Fax 00 33/3 88 36 74 39
e-mail   kelly.strutt2@fco.gov.uk

Zypern
LYSSIOTIS, Marios
20, avenue de la Paix, **67000 Straßburg,**
Frankreich;
Tel 00 33/3 88 24 98 70;
Fax 00 33/3 88 36 90 56

Der Europarat im Web:

Aktuelle Informationen und Dossiers auf Deutsch:

News-Website des Europarates
http://www.coe.int/de

Europarat – kurzer Überblick
http://www.coe.int/T/D/Com/
Europarat_kurz/

Institutionen - leicht zu verwechseln
http://www.coe.int/T/D/Com/Europarat_kurz/whatswhat.asp

Mitgliedsstaaten und Landkarte
http://www.coe.int/T/D/Com/
Europarat_kurz/Mitgliedslaender/
default.asp

Fahne, Hymne und Logo: Symbole des Europarates
http://www.coe.int/T/D/Com/Europarat_kurz/Emblems/Emblemes.asp

Besuchen Sie den Europarat – Praktische Infos
http://www.coe.int/T/D/Com/Europarat_kurz/visits.asp

Informationszentren in Europa
http://www.coe.int/T/D/Com/Europarat_kurz/Informationszentren/

Info-Broschüren
http://www.coe.int/T/D/Com/
Europarat_kurz/Broschueren/

Themen-Dossiers
http://www.coe.int/T/d/Com/Dossiers/
Themen/default.asp

Ausgewählte Websites

Liste der Konventionen des Europarates
http://conventions.coe.int/Treaty/GER/
v3DefaultGER.asp

3. Gipfel der Staats- und Regierungschefs am 16. und 17. Mai 2005 in Warschau
http://www.coe.int/t/dcr/summit/
default_DE.asp

Gemeinsame Programme – EU und Europarat
http://jp.coe.int/

Publikationen des Europarates
http://book.coe.int

Struktur des Europarates

Ministerkomitee
http://www.coe.int/t/d/Ministerkomitee/

Vorsitz und Sitzungen
http://www.coe.int/t/d/Com/Dossiers/
Ministerkomitee/

Parlamentarische Versammlung
http://www.coe.int/t/d/
Parlamentarische_Versammlung/

Sitzungen der Parlamentarischen Versammlung
http://www.coe.int/t/d/Com/Dossiers/
PV-Sitzungen/

Europäischer Gerichtshof für Menschenrechte (EGMR)
http://www.coe.int/T/D/
Menschenrechtsgerichtshof/

Dokumente auf Deutsch
http://www.coe.int/T/D/
Menschenrechtsgerichtshof/
Dokumente_auf_Deutsch/

Reform des EGMR
http://www.coe.int/T/d/Com/Dossiers/
Themen/gerichtshof/

Menschenrechtskommissar
http://www.coe.int/T/D/
Menschenrechtskommissar/

http://www.coe.int/t/d/KGRE/

Kongress der Gemeinden und Regionen Europas
Sitzungen des Kongresses
http://www.coe.int/t/d/Com/Dossiers/
KGRE-Sitzungen/

Internationale NGOs mit partizipativem Status beim Europarat
http://www.coe.int/T/E/NGO/Public/

Teilabkommen, an denen nicht alle Mitgliedsstaaten beteiligt sind

Nord-Süd-Zentrum, Lissabon
http://www.coe.int/T/E/
North-South_Centre/

Europäische Audiovisuelle Informationsstelle
http://www.obs.coe.int/index.html.de

Dossier
http://www.coe.int/T/d/Com/Dossiers/
Themen/Kino-audiovisuell/default.asp

Europäisches Fremdsprachenzentrum, Graz
http://www.ecml.at/

Filmfonds Eurimages
http://www.coe.int/T/E/
Cultural_Co-operation/Eurimages/

Dossier
http://www.coe.int/T/d/Com/Dossiers/
Themen/Kino-audiovisuell/default.asp

Europäische Kommission für Demokratie durch Recht (Venedig-Kommission)
http://venice.coe.int/site/dynamics/ N_Calendar_ef.asp?L=E

Dossier
http://www.coe.int/T/d/Com/Dossiers/ Themen/Venedig-Kommission/

EDQM/Europäische Pharmakopöe
http://www.pheur.org/site/page_628.php

Dossier
http://www.coe.int/T/d/Com/Dossiers/ Themen/Pharmakopoee/

Pompidou-Gruppe
http://www.coe.int/T/dg3/pompidou/ default_en.asp

Dossier
http://www.coe.int/T/d/Com/Dossiers/ Themen/drogen/

Staatengruppe gegen Korruption (GRECO)
http://www.greco.coe.int/Default.htm

Dossier
http://www.coe.int/T/d/Com/Dossiers/ Themen/Organisierte-Kriminalitaet/

Entwicklungsbank des Europarates
http://www.coe.int/ceb/default.asp

Vollständige Liste der Teilabkommen
http://conventions.coe.int/Treaty/EN/ fullListAP.asp

II Die Organisation für Wirtschaftliche Zusammenarbeit und Entwicklung (OECD)

2, rue André Pascal, **75775 Paris Cedex 16, Frankreich;**
Tel 00 33-1/45 24 82 00;
Fax 00 33-1/45 24 85 00;
e-mail   webmaster@oecd.org
e-mail   news.contact@oecd.org
http://www.oecd.org

OECD Berlin Centre
Schumannstr. 10, **10117 Berlin-Mitte, Deutschland;**
Tel 00 49-30/2 88 83 53;
Fax 00 49-30/28 88 35 45;
e-mail   berlin.contact@oecd.org
http://www.oecd.org/deutschland

1 Rechtsgrundlage und Zielsetzungen

Die Organisation für Wirtschaftliche Zusammenarbeit und Entwicklung (OECD = Organisation for Economic Cooperation and Development) wurde gegründet durch ein Übereinkommen vom 14. 12. 1960, das am 30. 9. 1961 in Kraft trat. Sie ging aus der 1948 gegründeten Organisation für europäische wirtschaftliche Zusammenarbeit (OEEC = Organisation for European Economic Cooperation) hervor. Im Gegensatz zur OEEC ist die OECD jedoch keine europäische, sondern eine überregionale Organisation mit globaler Reichweite. Ihr gehören 30 westliche Industrieländer aus vier Kontinenten an (Australien, Belgien, Dänemark, Deutschland, Finnland, Frankreich, Griechenland, Großbritannien, Irland, Island, Italien, Japan, Kanada, Korea, Luxemburg, Mexiko, Neuseeland, Niederlande, Norwegen, Österreich, Polen, Portugal, Schweden, Schweiz, Slowakische Republik, Spanien, Tschechische Republik, Türkei, Ungarn, Vereinigte Staaten von Nordamerika). Gleichzeitig hat die OECD ihre

Zusammenarbeit mit anderen Teilen der Welt ausgedehnt. Insgesamt unterhält die OECD heute Arbeitsbeziehungen mit über 70 Nicht-OECD-Ländern, darunter Kooperationsprogramme mit einigen der größten Volkswirtschaften der Welt wie China, Russland und Brasilien.

Die OECD ist ein Instrument der zwischenstaatlichen Zusammenarbeit in wirtschaftlichen Fragen. Sie ist ein Frorum, in dem sich die Regierungen konkret mit den Herausforderungen der Globalisierung auseinander setzen. Zu ihren Aufgaben gehört das Sammeln, Verarbeiten und Verteilen von ökonomischen Daten, die Analyse von Problemen, die Ausarbeitung innovativer Politikvorschläge, die Festlegung von Benchmarks und die Koordinierung der Wirtschafts- und Sozialpolitik im weitesten Sinn. Die OECD nimmt die Funktion eines Wegbereiters für die Regierungen ihrer Mitgliedsländer wahr, indem sie wirtschaftliche und soziale Trends aufspürt, sich um die Früherkennung neuer Politikfragen bemüht und zugleich ihr sektorübergreifendes Fachwissen möglichst optimal einzusetzen sucht. Gemäß dem Gründungsübereinkommen fördert die Organisation für wirtschaftliche Zusammenarbeit und Entwicklung (OECD) eine Politik, die darauf gerichtet ist:
- in den Mitgliedstaaten unter Wahrung der finanziellen Stabilität eine optimale Wirtschaftsentwicklung und Beschäftigung sowie einen steigenden Lebensstandard zu erreichen und dadurch zur Entwicklung der Weltwirtschaft beizutragen;
- in den Mitglied- und Nichtmitgliedstaaten, die in wirtschaftlicher Entwicklung begriffen sind, zu einem gesunden wirtschaftlichen Wachstum beizutragen;
- im Einklang mit internationalen Verpflichtungen auf multilateraler und nichtdiskriminierender Grundlage zur Ausweitung des Welthandels beizutragen.

Vor dem Hintergrund der politischen und weltwirtschaftlichen Entwicklungen der jüngsten Zeit hat die OECD ihre Prioritäten neu ausgerichtet. Die Arbeiten sollen sich vor allem auf folgende Themenbereiche konzentrieren, auf denen der Mehrwert zwischenstaatlicher Zusammenarbeit gegenüber einer Aktion auf nationaler Ebene am deutlichsten erkennbar wird:

– *Globalisierung der Wirtschaft*
Die Globalisierung der Wirtschaft ist das herausragende Charakteristikum des ausgehenden 20. Jahrhunderts. Sie hat erhebliche Auswirkungen auf die wirtschaftliche und soziale Entwicklung der Mitgliedstaaten und macht als Antwort eine Stärkung der multilateralen Systeme erforderlich. Außerdem impliziert sie, dass die OECD den Entwicklungen in der restlichen Welt größere Aufmerksamkeit schenkt.
Unter den verschiedenen Aspekten der Globalisierung sollen der Entwicklung und Verbreitung neuer Technologien (insbesondere der Informationstechnologien) und ihren Auswirkungen, der Organisation und Führung von Unternehmen, dem Funktionieren der Märkte und ihrer Strukturen (insbesondere der Arbeits- und Finanzmärkte) sowie der Interaktion zwischen den Industriestaaten, den entstehenden Industriestaaten und den übrigen Staaten besondere Aufmerksamkeit geschenkt werden.

– *Wirtschaftliche und soziale Entwicklung in den Mitgliedstaaten*
Unter diesem Stichwort sollen die ursprünglichen Aufgaben der OECD weitergeführt werden, nämlich die makroökonomische Überwachung, das Monitoring der im Gefolge der Globalisierung erforderlichen Strukturreformen sowie die Analysen der durch die wirtschaftlichen Veränderungen ausgelösten gesellschaftlichen Veränderungen (vor allem des Problems der Arbeitslosigkeit, der demographischen Veränderungen und der Anpassungen der Bildungs- und Sozialsysteme).

– *Stärkung des multilateralen Systems*
Die OECD hat sich zum Ziel gesetzt, in der Komplementarität mit anderen internationalen Organisationen wie der Welthandelsorganisation (WTO) und dem Internationalen Währungsfonds (IWF) zur Stärkung multilateraler Problemlösungen beizutragen. Im Verhältnis zur WTO ver-

steht sich die OECD als »Pfadfinder«, der Aktionen durch multidisziplinäre Analysen und Studien vorbereitet.

Die OECD wird finanziert durch Beiträge der Mitgliedstaaten, die nach dem jeweils erwirtschafteten Bruttosozialprodukt gestaffelt sind. Größter Beitragszahler sind mit 25 % die Vereinigten Staaten, gefolgt von Japan (23,13 %) und Deutschland (9,47 %). Der gesamte Haushalt beträgt ca. 310 Mio. Euro pro Jahr.

Die OECD unterhält formelle Beziehungen zu etwa 15 zwischenstaatlichen Organisationen (darunter dem Europarat und der EFTA sowie der WTO, der ILO, dem IWF und der Weltbank) sowie informelle Beziehungen zu etwa einem Dutzend weiterer zwischenstaatlicher Organisationen. Besonders enge Beziehungen bestehen außerdem zu zwei nichtstaatlichen Organisationen, dem Business and Industry Advisory Committee to the OECD (Vertretung der Unternehmerverbände) BIAC und dem Trade Union Advisory Committee to the OECD (Vertretung der Gewerkschaften) TUAC.

Die Beziehungen zwischen der EU und der OECD sind – ansatzweise – geregelt im Zusatzprotokoll 1 vom 14. 12. 1960. Danach ist die EU-Kommission berechtigt – allerdings ohne Stimmrecht –, an den Sitzungen der OECD-Gremien teilzunehmen und Vorschläge zu unterbreiten. Probleme wirft die Beschlussfassung in der OECD auf Gebieten auf, für die nach EU-Recht eine Zuständigkeit der Gemeinschaft (und nicht der Mitgliedstaaten) begründet ist. Nach einem Vorschlag der EU-Kommission sollen die EU-Mitgliedstaaten in einem solchen Fall bei der Annahme eines OECD-Rechtsaktes einen Vorbehalt einlegen, während die Kommission in einer einseitigen Erklärung die Verpflichtungen aus dem Rechtsakt übernimmt.

2 Organisation und Arbeitsweise

2.1 Allgemeine Darstellung

Oberstes Organ der OECD ist der Rat der OECD. Er ist zuständig für die Gesamtpolitik, stellt den Haushalt auf und erlässt Rechtsakte mit Außenwirkung in Form von Beschlüssen, Empfehlungen an die Mitgliedstaaten und Abkommen mit Nichtmitgliedstaaten sowie internationalen Organisationen. Der Rat setzt sich aus je einem Vertreter pro Mitgliedstaat sowie dem Vertreter der EU-Kommission zusammen. Er tagt in der Regel einmal pro Jahr auf Ministerebene unter Vorsitz eines Ministers eines Mitgliedstaats. Als *Ständiger Rat* tagt er regelmäßig unter dem Vorsitz des Generalsekretärs. Im Ständigen Rat sind die Mitgliedstaaten durch Ständige Vertreter (Botschafter) vertreten. Entscheidungen über Beschlüsse, Empfehlungen und Abkommen, die für die Mitgliedstaaten bindend sind, sind einstimmig zu treffen. Jeder Mitgliedstaat hat eine Stimme.

Dem Rat vorgeschaltet ist ein *Exekutivausschuss*, der aus 14 Vertretern der Mitgliedstaaten besteht, die vom Rat jeweils für ein Jahr benannt werden; die großen Mitgliedstaaten sind ständige Mitglieder des Ausschusses. Der Exekutivausschuss der OECD bereitet die Arbeit des Rates nach dessen Weisungen und Richtlinien vor.

Zur Behandlung spezieller Fragen und Probleme kann der Rat *Fachausschüsse* und *Arbeitsgruppen* einsetzen. In den Ausschüssen der OECD kommen Vertreter aus 30 Mitgliedsländern und anderen internationalen Organisationen wie auch aus Ländern mit Beobachterstatus zusammen, um Probleme von gemeinsamem Interesse anzugehen und ihre Meinungen über »empfehlenswerte Verfahrensweisen« in vielen Bereichen der öffentlichen Politik auszutauschen. Die Beratungen in den Ausschüssen stützen sich auf die analytischen Arbeiten des Sekretariats und Beiträge der Ländervertreter. Vereinbarungen werden nach dem Konsensprinzip getroffen und finden ihren Niederschlag in Leitsätzen und Verhaltenskodizes. Die Regierungen verpflichten sich, Fortschritte bei der Einhaltung der Normen und Standards zu erzielen, wobei sie durch das System der gegenseitigen Prüfungen (*Peer Reviews*) unterstütz werden. In einer Welt globaler Interdependenzen ist diese Vorgehensweise wohl der effizienteste Weg, Ein-

fluss auf das Verhalten souveräner Staaten auszuüben. In besonderen Fällen tagen die Ausschüsse auch auf Ministerebene. Die wichtigsten der derzeit insgesamt rund 200 Ausschüsse und Arbeitsgruppen sind:
- Wirtschaftspolitischer Ausschuss
- Prüfungsausschuss für Wirtschafts- und Entwicklungsfragen
  -*Vorsitzender:* THYGESEN, Niels (DK)
- Ausschuss für Entwicklungshilfe (DAC)
  -*Vorsitzender:* MANNING, Richard (F)
- Ausschuss für die Zusammenarbeit mit Nichtmitgliedsländern
- Versicherungsausschuss
- Handelsausschuss
- Ausschuss für Kapitalverkehr und unsichtbare Transaktionen
- Kapitalmarktausschuss
- Ausschuss für Steuerfragen
- Ausschuss für Wettbewerbsrecht und -politik
- Ausschuss für Verbraucherpolitik
- Seeverkehrsausschuss
- Ausschuss für internationale Investitionen und multinationale Unternehmen
- Industrieausschuss
- Stahlausschuss
- Tourismusausschuss
- Ausschuss für Wissenschafts- und Technologiepolitik
- Ausschuss für Informations-, Computer- und Kommunikationspolitik
- Ausschuss für Bildungsfragen
- Ausschuss für Beschäftigung, Arbeitskräfte und Sozialfragen
- Ausschuss für Umweltpolitik
- Ausschuss für öffentliche Governance
- Ausschuss für Raumentwicklungspolitik
- Landwirtschaftsausschuss
- Fischereiausschuss

Die Arbeiten der OECD beziehen sich im Wesentlichen auf die Sammlung und Analyse von Daten sowie die Diskussion von politischen Handlungsalternativen. Diese Diskussionen können in rechtlich verbindliche Abkommen münden, führen jedoch häufiger in rechtlich nicht bindende Instrumente z. B. in der Form von Richtlinien (*soft law*). Ein wesentlicher Teil der von der OECD gesammelten und ausgewerteten Daten, das Ergebnis ihrer Analysen und weitere Informationen sind über die Internetseite www.oecd.org dem breiten Publikum zugänglich. Außerdem veröffentlicht die OECD pro Jahr ca. 250 neue Publikationen.

Die Vorbereitung der Arbeiten des Rates und der Ausschüsse sowie der Vollzug der Beschlüsse des Rates ist einem Sekretariat mit ca. 2 000 Beschäftigten übertragen, das seinen Sitz in Paris hat. Das Sekretariat wird geleitet von einem Generalsekretär, der auf die Dauer von 5 Jahren gewählt wird.

Die Amtssprachen der OECD sind Englisch und Französisch.

2.2 Organisationsplan des Sekretariats der OECD

Generalsekretär: JOHNSTON, Donald J.
Stellv. Generalsekretäre:
HECKLINGER, Richard,
AKASAKA, Kiyotaka,
SCHLÖGL, Herwig,
ÁSGEIRSDÓTTIR, Berglind

Kabinett des Generalsekretärs
Leiterin: CUTTS, Stephen

Hauptabteilung Volkswirtschaft
COTIS, Jean-Philippe

Direktion Statistik
GIOVANNINI, Enrico

Direktion Ernährung, Landwirtschaft und Fischerei
Direktor: TANGERMANN, Stefan

Abteilung Informationstechnologie und Kommunikationsnetze
Direktor: MACCARI, Guido

Direktion Entwicklungszusammenarbeit
Direktor: RÖSKAU, Michael G.,
MANNING, Richard (Vorsitzender des DAC)

Direktion Umwelt
Direktor a.i.: LORENTSEN, Lorents

Direktion Finanz- und Unternehmensfragen
Direktor: WITHERELL, William H.

Direktion Wissenschaft, Technologie und Industrie
Direktor: TANAKA, Nobue

Direktion Beschäftigung, Arbeitskräfte und Sozialfragen
Direktor: MARTIN, John P.

Direktion Handel
Direktor: METZGER, Jean-Marie

Direktion Öffentlichkeitsarbeit und Kommunikation
Direktor: BROOKS, Christopher W.

Direktion Öffentliche Verwaltung und räumliche Entwicklung
Direktor: SALLARD, Odile

Direktion Bildungswesen
Direktor: MCGAW, Barry

Zentrum für Steuerpolitik und -verwaltung
Direktor: OWENS, Jeffrey

Zentrum für Unternehmertum, KMUs und lokale Entwicklung
Direktor: ARZENI, Sergio

Exekutivdirektorat
Exekutivdirektor: HUTTON, Anthony

Ratssekretariat und Exekutivausschuss
Leiter: HARMEL, Roger

3 Autonome und halbautonome Organe

Neben der OECD im engeren Sinne gibt es im Rahmen dieser Organisation einige autonome und halbautonome Organe, denen nur die daran speziell interessierten Staaten angehören.

3.1 Die Internationale Energie-Agentur (IEA)

9, rue de la Féderation,
75739 Paris Cedex 15, Frankreich;
Tel 00 33-1/40 57 65 00;
Fax 00 33-1/40 57 65 09;
e-mail info@iea.org
http://www.iea.org

Exekutivdirektor: MANDIL, Claude

Die IEA wurde 1974 als autonomes Organ im Rahmen der OECD gegründet, mit dem Ziele der Koordinierung der energiewirtschaftlichen Planung seiner Teilnehmerstaaten. Diese umfassen 26 Mitgliedstaaten der OECD, nämlich Australien, Belgien, Dänemark, Deutschland, Finnland, Frankreich, Griechenland, Großbritannien, Irland, Italien, Japan, Kanada, Korea, Luxemburg, Neuseeland, Niederlande, Norwegen, Österreich, Portugal, Schweden, Schweiz, Spanien, Tschechische Republik, Türkei, Ungarn und Vereinigte Staaten von Nordamerika. Die EU-Kommission beteiligt sich ebenfalls an den Arbeiten der IEA.

Nach dem Übereinkommen über ein internationales Energieprogramm (BGBl. II 1975, S. 701) hat die IEA zur Aufgabe die Verbesserung des Gleichgewichts zwischen Angebot und Nachfrage auf dem Energiesektor, die Erreichung einer rationelleren Verbrauchsstruktur, die Entwicklung alternativer Energiequellen zwecks Verringerung der Abhängigkeit vom Energieträger »Öl« sowie die Pflege der Zusammenarbeit zwischen ölproduzierenden und ölverbrauchenden Ländern. Überdies existiert im Rahmen der Agentur ein Krisenmechanismus, der – im Fall einer akuten Versorgungskrise durch den Exekutivdirektor in Kraft gesetzt – eine Reihe Maßnahmen, einschließlich einer Verteilung der verfügbaren Ölvorräte (an Land und auf hoher See), vorsieht.

Das oberste Gremium der IEA ist der Verwaltungsrat (bestehend aus je einem Vertreter der Teilnehmerländer), dem mehrere Fachausschüsse unterstehen. Das Sekretariat der Agentur, das in das OECD-Sekretariat integriert ist, wird von einem Exekutivdirektor geleitet, der zugleich den Rang eines Koordinators für die Energiepolitik der OECD hat.

3.2 Die Kernenergie-Agentur (NEA)

Le Seine St. Germain
12, boulevard des Iles,
92130 Issy-les-Moulineaux, Frankreich;
Tel 00 33-1/44 45 24 10 10;
Fax 00 33-1/45 24 11 10;
e-mail nea@nea.fr
http://www.nea.fr

Generaldirektor: ECHAVARRI, Luis
Stellv. Generaldirektor: MARCUS, Gail

Die Kernenergie-Agentur wurde 1958 gegründet. Ihr gehören mit Ausnahme von Neuseeland und Polen alle Mitgliedstaaten der OECD an.

Das Hauptziel der Agentur ist es, im räumlichen Geltungsbereich der OECD die internationale Zusammenarbeit bei der friedlichen Entwicklung und Nutzung der Kernenergie zu fördern. Zu diesem Zweck führt sie internationale Forschungs- und Entwicklungsprojekte durch und organisiert einen wissenschaftlichen und technischen Informations- und Erfahrungsaustausch. In Zusammenarbeit mit anderen Organisationen, insbesondere der Internationalen Energie-Agentur (s. unter 3.1) führt sie ein aktuelles Verzeichnis der weltweiten Uranvorräte sowie der Produktion und Nachfrage nach Uran und erforscht die wirtschaftlichen und technischen Aspekte des Kernbrennstoff-Kreislaufs. Ein zunehmender Teil der Aktivitäten der Agentur ist den Fragen der Sicherheit und der Reglementierung der Kernenergie einschließlich der Aufstellung von Regeln für die Sicherheit und den Gesundheitsschutz sowie der Erarbeitung von Vorschlägen für eine einheitliche Gesetzgebung auf den Gebieten des Haftungs- und Versicherungsrechts gewidmet.

3.3 Das Entwicklungszentrum der OECD

Präsident: KATSELI, Louka

Das Entwicklungszentrum der OECD wurde 1962 durch Beschluss des Rats der OECD gegründet. Ihm gehören mit Ausnahme von Australien, Ungarn, Polen, Dänemark, Kanada, Neuseeland, Türkei, Großbritannien, Japan und den USA alle Mitgliedstaaten der OECD sowie Brasilien, Chile, Indien, Rumänien und die EU an.

Aufgabe des Entwicklungszentrums ist es, die in den Mitgliedstaaten vorhandenen Kenntnisse und Erfahrungen auf dem Gebiet der Wirtschaftspolitik und der Entwicklungshilfe zusammenzufassen und auszutauschen, sie den spezifischen Bedürfnissen konkreter Entwicklungsländer oder -regionen anzupassen und den betroffenen Ländern in geeigneter Form zur Verfügung zu stellen. Das Entwicklungszentrum soll die Kontakte mit den Entwicklungsländern pflegen und die Zusammenarbeit zwischen den mit der Entwicklungshilfe befassten Stellen fördern.

Das Zentrum ist in die Verwaltung der OECD integriert, genießt jedoch wissenschaftliche Unabhängigkeit. Seine Fähigkeiten umfassen insbesondere die Erforschung grundlegender Probleme der Entwicklung wie Beschäftigung, Technologie und Industrialisierung, Bevölkerungsentwicklung und soziales Netz. Das Zentrum arbeitet eng mit anderen Stellen der OECD sowie anderen internationalen Organisationen zusammen, die sich mit Fragen der Entwicklungshilfe befassen.

3.4 Das Zentrum für Forschung und Innovation im Bildungswesen (CERI)

Direktor: SCHULLER, Tom

Das Zentrum für Forschung und Innovation im Bildungswesen wurde 1968 gegründet. Ihm gehören alle Mitgliedstaaten der OECD an. Das Zentrum hat die Aufgabe, die Forschungsaktivitäten im Bildungsbereich zu unterstützen, Erfahrungen mit der Einführung von Innovationen im Bildungssystem zu sammeln und die Zusammenarbeit zwischen den Mitgliedsstaaten auf dem Gebiet der pädagogischen Forschung und Innovation zu fördern.

3.5 Das Zentrum für die Zusammenarbeit mit Nicht-Mitgliedsländern (CCNM)

Direktor: BURGEAT, Eric

Das Zentrum für die Zusammenarbeit mit Nicht-Mitgliedsländern wurde im Januar 1998 geschaffen, um als Ansprechpartner für alle Nicht-Mitgliedsländer zu fungieren, die an der Aufnahme von Kontakten zur OECD interessiert sind. Das CCNM dient als zentrale Stelle für den Dialog zwischen der OECD und den Nicht-Mitgliedsvolkswirtschaften auf der ganzen Welt. Es koordiniert eine Reihe von Programmen, die mit den Schlüsselthemen der OECD-Arbeit verknüpft sind wie z. B. die *Globalen Foren* der OECD, welche sich mit nachhaltiger Entwicklung, wissensbasierter Wirtschaft einschließlich Biotechnologie und elektronischer Handel, Governance, Handel, internationale Investitionen, Landwirtschaft, Wettbewerb sowie Besteuerung befassen. Das Zentrum koordiniert auch regionale Programme (Mittel- und Osteuropa, Asien, Südamerika) sowie länderspezifische Programme für große Nicht-Mitgliedsvolkswirtschaften wie z. B. China, Brasilien und Russland. Das Zentrum ist auch am Stabilitätspakt für Südosteuropa beteiligt, in dessen Rahmen die OECD eine tragende Rolle hinsichtlich der Schaffung vernünftiger Rahmenbedingungen für den wirtschaftlichen Wiederaufbau der Region und der Verbesserung des Investitionsklimas für Auslandsinvestoren innehat. In der Erledigung dieser Aufgaben stützt sich das Zentrum auf die Fachabteilungen des OECD-Sekretariats.

4 Die Ständigen Vertretungen der Mitgliedstaaten bei der OECD

Australien
INGRAM, Veronique
4, rue Jean-Rey, **75724 Paris Cedex 15, Frankreich;**
Tel 00 33/1 40 59 33 68;
Fax 00 33/1 40 59 33 94

Belgien
VAN HAUTE, Patrick
14, rue Octave-Feuillet, **75116 Paris, Frankreich;**
Tel 00 33/1 45 24 99 18;
Fax 00 33/1 45 24 99 25

Dänemark
BRÜCKNER, Peter
77, avenue Marceau, **75116 Paris, Frankreich;**
Tel 00 33/1 44 31 21 50;
Fax 00 33/1 44 31 21 66

Deutschland
KRUSE, Hans-Stefan
9, rue Maspéro, **75116 Paris, Frankreich;**
Tel 00 33/1 55 74 57 00;
Fax 00 33/1 55 74 57 40

Finnland
JULIN, Jorma
6, rue de Franqueville, **75116 Paris, Frankreich;**
Tel 00 33/1 45 24 71 71;
Fax 00 33/1 45 20 63 04

Frankreich
PERREAU, Dominique
5, rue Oswaldo Cruz, **75116 Paris, Frankreich;**
Tel 00 33/1 43 17 57 50;
Fax 00 33/1 43 17 58 02

Griechenland
COURAKIS, Anthony
15, Villa Said, **75116 Paris, Frankreich;**

Tel 00 33/1 45 02 24 10;
Fax 00 33/1 45 00 71 55

Irland
ROWAN, John
12, avenue Foch, **75116 Paris, Frankreich;**
Tel 00 33/1 44 17 67 13;
Fax 00 33/1 44 17 67 70

Island
OLRICH, Tómas Ingi
8, avenue Kléber, **75116 Paris, Frankreich;**
Tel 00 33/1 44 17 32 85;
Fax 00 33/1 40 67 99 96

Italien
OLIVIERI, Francesco
50, rue de Varenne, **75007 Paris, Frankreich;**
Tel 00 33/1 44 39 21 50;
Fax 00 33/1 42 84 08 59

Japan
KITAJIMA, Shinichi
11, avenue Hoche, **75008 Paris, Frankreich;**
Tel 00 33/1 53 76 61 00;
Fax 00 33/1 45 63 05 44

Kanada
BOURGON, Jocelyne
15 bis, rue de Franqueville, **75116 Paris, Frankreich;**
Tel 00 33/1 44 43 20 90;
Fax 00 33/1 44 43 20 99

Korea
KWON, O-kyu
2/4, rue Louis David, **75016 Paris, Frankreich;**
Tel 00 33/1 44 05 20 50;
Fax 00 33/1 47 55 86 70

Luxemburg
WURTH, Hubert
33, avenue Rapp, **75007 Paris, Frankreich;**
Tel 00 33/1 45 55 13 37;
Fax 00 33/1 45 51 72 29

Mexiko
ELIZONDO MAYER-SERRA, Carlos
8, rue de Berri, **75008 Paris, Frankreich;**
Tel 00 33/1 56 59 29 29;
Fax 00 33/1 45 63 03 63

Neuseeland
MACEY, Adrian H.
7 ter, rue Léonard-de-Vinci, **75116 Paris, Frankreich;**
Tel 00 33/1 45 01 43 40;
Fax 00 33/1 45 01 43 44

Niederlande
BOER, Joan
12-14, rue Octave-Feuillet, **75116 Paris, Frankreich;**
Tel 00 33/1 45 24 99 31;
Fax 00 33/1 45 24 99 75

Norwegen
STORM, Tanja H.
19, rue de Franqueville, **75116 Paris, Frankreich;**
Tel 00 33/1 45 24 97 84;
Fax 00 33/1 45 20 08 82

Österreich
STACHER, Ulrich
3, rue Albéric Magnard, **75116 Paris, Frankreich;**
Tel 00 33/1 53 92 23 30;
Fax 00 33/1 40 50 87 05

Polen
BIELAWSKI, Jan
136, rue de Longchamp, **75016 Paris, Frankreich;**
Tel 00 33/1 56 28 58 81;
Fax 00 33/1 56 28 94 66

Portugal
HORTA, Basilio,
10 bis, rue Edouard Fournier, **75116 Paris, Frankreich;**
Tel 00 33/1 45 03 31 00;
Fax 00 33/1 45 03 22 03

Schweden
ANDERSSON, Gun-Britt

2, rue Conseiller Collignon, **75116 Paris**,
Frankreich;
Tel 00 33/1 45 24 98 60;
Fax 00 33/1 45 24 18 34

Schweiz
JAGGI, Wilhelm B.
28, rue de Martignac, **75007 Paris**,
Frankreich;
Tel 00 33/1 49 55 74 50;
Fax 00 33/1 45 51 01 49

Spanien
BALLESTERO DIAZ, Fernando
22,avenue Marceau, **75008 Paris**, Frankreich;
Tel 00 33/1 44 43 30 00;
Fax 00 33/1 47 20 45 41

12, Avenue Raphael, **75016 Paris**, Frankreich;
Tel 00 33/1 45 24 74 77;
Fax 00 33/1 45 24 74 80

Vereinigtes Königreich
LYSCOM, David
140, Avenue Victor Hugo, **75116 Paris**,
Frankreich;
Tel 00 33/1 53 70 45 70;
Fax 00 33/1 53 70 45 86

EU-Kommission
VANDEN ABEELE, Michel
12, avenue d'Eylau, **75116 Paris**, Frankreich;
Tel 00 33/1 44 05 31 60;
Fax 00 33/1 44 05 31 79

Slowakische Republik
BELLA, Dusan
28, avenue d'Eylau, **75016 Paris**, Frankreich;
Tel 00 33/1 56 26 50 90;
Fax 00 33/1 56 26 50 92

Tschechische Republik
MACESKA, Jiri
40, rue Boulainvilliers, **75016 Paris**,
Frankreich;
Tel 00 33/1 40 50 13 31;
Fax 00 33/1 45 20 35 54

Türkei
ÖZSOY, Sencar
9, rue Alfred-Dehodencq, **75116 Paris**,
Frankreich;
Tel 00 33/1 42 88 50 02;
Fax 00 33/1 45 27 28 24

Ungarn
LOTZ, Károly
140, avenue Victor-Hugo, **75116 Paris**,
Frankreich;
Tel 00 33/1 53 65 65 00;
Fax 00 33/1 47 55 80 60

Vereinigte Staaten von Amerika
MORELLA, Constance A.

III Die Wirtschaftskommission der Vereinten Nationen für Europa (UNECE)

Palais des Nations, 8-14, avenue de la Paix,
1211 Genf 10, Schweiz;
Tel 00 41-22/9 17-44 44;
Fax 00 41-22/9 17-05 05;
e-mail info.ece@unece.org
http://www.unece.org

1 Rechtsgrundlage und Zielsetzung

Die Wirtschaftskommission für Europa (ECE = Economic Commission for Europe) ist ein regionaler Ausschuss des Wirtschafts- und Sozialrats der Vereinten Nationen (ECOSOC). Sie wurde am 28. 3. 1947 gegründet und erhielt 1951 permanenten Status. Die Wirtschaftskommission, der inzwischen 55 Staaten, darunter die Mitgliedstaaten der EU und der EFTA sowie die Länder Osteuropas und Zentralasiens, die USA, Kanada und Israel, angehören, hat insbesondere folgende Aufgaben:
- Förderung der wirtschaftlichen Integration und technischen Zusammenarbeit der Mitgliedsländer
- Erarbeitung von Konventionen, Normen und Standards auf den Gebieten Umwelt, internationaler Handel, Statistik, Transport und Energie
- Regelmäßige Veröffentlichungen auf dem Gebiet der internationalen Wirtschaftsanalyse (*Economic Survey of Europe*)

Ihre Arbeit vollzieht sich vor allem in Tagungen, Studien und Seminaren, die dem wirtschaftlichen und technischen Informationsaustausch, der Vorbereitung von Richtlinien, Konventionen und Normen sowie von Maßnahmen zur Erleichterung des Handels, des Verkehrs und des Umweltschutzes dienen. Bisher hat die ECE mehr als 30 Konventionen und Protokolle sowie mehr als 250 Richtlinien und Normen verabschiedet.

2 Organisation und Arbeitsweise

2.1 Allgemeine Darstellung

Die Wirtschaftskommission tritt einmal jährlich zu einer Jahresversammlung zusammen. Auf dieser Versammlung werden der wirtschaftliche Lagebericht und der Bericht über die künftigen Aktivitäten der Exekutivsekretärin entgegengenommen und die kurz- und langfristigen Arbeitsprogramme beschlossen. Die Arbeitsprogramme werden von »ständigen Hilfsorganen« ausgeführt, die in der Regel jährlich zusammentreten und an deren Arbeiten nationale Sachverständige teilnehmen können. Es bestehen derzeit folgende Ausschüsse und Konferenzen:
- Ausschuss für Energie
- Ausschuss für Wohnungsbau und Städteplanung
- Ausschuss für Holz
- Ausschuss für Binnenverkehr
- Ausschuss für die Entwicklung des Handels, Industrie und Unternehmensentwicklung
- Konferenz europäischer Statistiker
- Ausschuss für Umweltentwicklung

Der Wirtschaftskommission steht für ihre Arbeiten ein in sieben Abteilungen gegliedertes internationales Sekretariat mit ca. 210 Mitarbeitern zur Seite, das im Rahmen des Europäischen Büros der Vereinten Nationen in Genf arbeitet und an dessen Spitze eine Exekutivsekretärin im Rang eines Untergeneralsekretärs der Vereinten Nationen steht. Das Sekretariat arbeitet die Berichte für die Jahresversammlungen aus und führt technische Forschungsarbeiten und Studien durch.
Die Amtssprachen der Wirtschaftskommission sind Englisch, Französisch und Russisch.

2.2 Organisationsplan des Sekretariats

Exekutivsekretärin: SCHMÖGNEROVÁ, Brigita
Hauptberater: ROBINEAU, Patrice
Assistent der Exekutivsekretärin und Sekretärin der Kommission: BARTOLO, Susan
- Handel: COSGROVE-SACKS, Carol

- Technical Cooperation Unit: VASILYEV, Andrey
- Umwelt und Städtebau: BÄRLUND, Kaj
- Energie: KOWALSKI, George
- Statistik: BRÜNGGER, Heinrich
- Verkehr: CAPEL-FERRER, José
- Wirtschaftliche Analyse: CHOWDHURY, Abdur
- Information: JAKOBOWICZ, Jean Michel

IV Die Europäische Freihandelsassoziation (EFTA)

EFTA Generalsekretariat
9-11, rue de Varembé, **1211 Genf 20, Schweiz**;
Tel 00 41-22/3 32-26 26;
Fax 00 41-22/3 32-26 99;
e-mail mail.gva@efta.int

Büro des EFTA-Sekretariats Brüssel
74, rue de Trèves, **1040 Brüssel, Belgien**;
Tel 00 32-2/2 86 17 11;
Fax 00 32-2/2 86 17 50;
e-mail mail.bxl@efta.int
http://www.efta.int/

Büro des EFTA Sekretariats Luxemburg
Bâtiment Jean Monnet, (C5-903) Rue Alcide de Gaspari, **2920 Luxemburg, Luxemburg**;
Tel 00 35-2/43 01-3 38 94;
Fax 00 35-2/43 01-3 21 45;
e-mail mail.lux@efta.int

EFTA-Überwachungsbehörde
74, rue de Trèves, **1040 Brüssel, Belgien**;
Tel 00 32-2/2 86 18 11;
Fax 00 32-2/2 86 18 00;
e-mail registry@surv.efta.be

1 Rechtsgrundlage und Zielsetzungen

Die Europäische Freihandelsassoziation wurde gegründet durch die »Stockholmer Konvention« vom 4. 1. 1960, die am 3. 5. 1960 in Kraft getreten ist. Gründungsmitglieder der EFTA waren Dänemark, Norwegen, Österreich, Portugal, Schweden, Schweiz und das Vereinigte Königreich. Dänemark, Portugal und das Vereinigte Königreich sind vor ihrem Beitritt zur EU aus der EFTA ausgeschieden, während 1970 Island, 1986 Finnland, das zunächst assoziiertes Mitglied war, und 1991 Liechtenstein als neue Mitglieder beigetreten sind. Durch den Beitritt der Länder Österreich, Schweden und Finnland zur Europäischen Union verbleiben noch vier Mitglieder in der EFTA: Island, Liechtenstein, Norwegen und die Schweiz. Gegenstand der »Stockholmer Konvention« war die Schaffung eines rechtlichen Rahmens für die Verfolgung gemeinsamer wirtschaftlicher Ziele, insbesondere des freien Handels mit industriellen Erzeugnissen. Kernpunkt waren der Abbau der Zölle sowie die Beseitigung mengenmäßiger Handelsbeschränkungen und technischer Handelshemmnisse.

Aufgrund der starken wirtschaftlichen Verflechtung in Westeuropa besteht seit langem eine enge Zusammenarbeit zwischen EFTA und EU. Mit den Freihandelsabkommen von 1972 konnten Zölle und mengenmäßige Beschränkungen für Industrieerzeugnisse im gegenseitigen Handel abgebaut werden. Bei einem Treffen im April 1984 in Luxemburg verabschiedeten EU- und EFTA-Minister eine gemeinsame Erklärung, in der Richtlinien für eine verstärkte Zusammenarbeit, auch auf Gebieten, die über den Handel hinausgehen, festgelegt wurden. Diese Zusammenarbeit führte schließlich zu Verhandlungen, um einen gemeinsamen Europäischen Wirtschaftsraum (EWR) zu schaffen, in dem nicht nur der freie Verkehr von Waren, Kapital, Dienstleistungen und Personen, sondern auch eine vermehrte Zusammenarbeit in Bereichen wie Bildung, Forschung, Umwelt etc. verwirklicht werden soll. Das EWR-Abkommen wurde im Mai 1992 unterzeichnet ist am 1. 4. 1994 bzw. 1. 5. 1995 (Liechtenstein) für 18 EU- und EFTA-Länder (ohne Schweiz) in Kraft getreten (s. oben unter A. I. 14).

Mit dem Inkrafttreten des EWR und dem Beitritt der meisten früheren Mitgliedstaaten hat sich der Schwerpunkt der Tätigkeiten der EFTA verschoben. Anstelle der Verwirklichung des freien Handels zwischen den Mitgliedern der EFTA und der Erstreckung dieses freien Handels auf einzelne Handelspartner im Wege bilateraler Vereinbarungen steht nunmehr das Funktionieren des EWR im Vordergrund. Dem entsprechend wurde die EFTA-Konvention 2001 überarbeitet (»Konvention von Vaduz«), um einerseits die Zusammenarbeit zwischen den verbliebenen Mitgliedstaaten zu verstärken, andererseits die Tätigkeiten der EFTA stärker auf die Mitarbeit im EWR auszurichten.

Einen Schwerpunkt der praktischen Arbeiten bildet der Aktionsplan zur Umsetzung der von der EU im März 2000 beschlossenen »Strategie von Lissabon«, mit der Europa bis 2010 zum wettbewerbsfähigsten und dynamischsten Wirtschaftsraum der Welt gemacht werden soll. Dieser Aktionsplan umfasst die Binnenmarktstrategie, die arbeitsmarkt- und sozialpolitische Agenda sowie die Strategie für dauerhafte Entwicklung.

Die zweite wesentliche Entwicklung ist die intensivierte geographische Ausdehnung des vertraglichen Netzes von Freihandelsbeziehungen, so dass die EFTA heute nach der EU über das weltweit zweitgrößte Netz von Freihandelsvereinbarungen verfügt. Zunächst erfolgte eine verstärkte Ausrichtung auf die Staaten Mittel- und Osteuropas, die sich im wirtschaftlichen Umbruch befinden und sich der EU annähern. Seit 1995 steht der Mittelmeerraum im Zentrum, und 1999 wurde mit dem Auftakt von Verhandlungen zu einem Freihandelsabkommen mit Kanada ein erster transatlantischer Brückenschlag über die engeren Grenzen Europas hinaus getan. Während die Verhandlungen mit Kanada noch andauern, wurden die Verhandlungen über ein Freihandelsabkommen mit Mexiko im November 2000 erfolgreich abgeschlossen. Freihandelsabkommen bestehen inzwischen mit 18 Staaten, darunter den mittel- und osteuropäischen Ländern, die jüngst der EU beigetreten sind oder aktuell Beitrittskandidaten zur EU sind, ebenso mit Mazedonien, Israel, Marokko und der Palästinensischen Verwaltungsbehörde. Sie sollen die wirtschaftliche Entwicklung in diesen Staaten fördern und enthalten eine asymmetrische Öffnung der gegenseitigen Märkte, d. h. den Partnerstaaten wird der Zugang zu den Märkten der EFTA-Staaten früher eröffnet als umgekehrt den EFTA-Staaten der Zugang zu den Märkten der Partner-Staaten. Ferner bestehen Kooperationsvereinbarungen der EFTA Staaten mit Albanien, Ägypten, Jordanien, Libanon, und Tunesien, zu denen im Jahr 2000 Vereinbarungen mit Kroatien, der Ukraine, dem Golf-Kooperationsrat, Jugoslawien und dem Mercosur hinzukamen. Diese Vereinbarungen beziehen sich auf die Bereiche Wirtschaft, Handel, Umwelt, Verkehr und Tourismus.

2 Organisation und Arbeitsweise

2.1 Allgemeine Darstellung

Die EFTA hat ihren Sitz in Genf. Durch die »Stockholmer Konvention« wurde als einziges Organ der EFTA der Rat geschaffen, der umfassende Befugnisse hat und dem auch die Entscheidung über die Einsetzung weiterer Organe übertragen wurde. Der Rat bildet das Forum für die Beratungen und die Zusammenarbeit der Regierungen der Mitgliedstaaten der EFTA. Er tritt in der Regel zweimal jährlich auf Ministerebene und zweimal monatlich auf Beamtenebene zusammen. Jeder Mitgliedstaat verfügt im Rat über eine Stimme. Entscheidungen des Rates ergehen als »Beschlüsse« oder als »Empfehlungen«. Beschlüsse des Rates sind für die Mitgliedstaaten verbindlich. Bringen Beschlüsse des Rates neue Verpflichtungen für die Mitgliedstaaten mit sich, ist Einstimmigkeit erforderlich. Betreffen die Beschlüsse die Auslegung bestehender Verpflichtungen oder die Entbindung von derartigen Verpflichtungen, können sie mit Mehrheit gefasst werden. In der Praxis sind förmliche Abstimmungen jedoch selten. Die mit der Arbeit der EFTA verbundenen Probleme werden in der Regel durch Konsultationen im Rat geklärt. In den seltenen Fällen, in denen dieser Weg nicht zum Ziele führt, kann der betroffene Mitgliedstaat eine formelle Beschwerde einreichen, über die der Rat entscheidet.

Zur Durchführung der technischen Arbeit und Vorbereitung seiner Entscheidungen hat der Rat eine Reihe von Komitees und Arbeitsgruppen eingesetzt:
- Komitee der Handelsexperten
- Komitee für technische Handelshemmnisse
- Komitee der Ursprungs- und Zollexperten
- Gruppe der Rechtsexperten
- Wirtschaftskomitee
- Konsultativkomitee
- Komitee für Drittländerbeziehungen
- Parlamentarierkomitee
- Haushaltskomitee.

Die Komitees bestehen in der Regel aus sachverständigen Beamten der Mitgliedstaaten der EFTA. Die Mitglieder des Konsultativkomitees sind jedoch ad personam berufene repräsentative Persönlichkeiten aus den Wirtschaftsorganisationen der Mitgliedstaaten. Dem Parlamentarierkomitee gehören Abgeordnete der nationalen Parlamente der EFTA-Mitgliedstaaten an.

Zur Überwachung der Anwendung der Freihandelsabkommen besteht jeweils ein gemischter Ausschuss aus Vertretern der Vertragsparteien.

Mit dem EWR Abkommen nehmen die beteiligten EFTA Länder Norwegen, Island und Liechtenstein (die Schweiz lehnte die Teilnahme 1992 ab und schloss seither ein Paket bilateraler Abkommen mit der EU ab, das noch der Ratifikation bedarf) am EG-Binnenmarkt teil, d. h. sie übernehmen die maßgebenden Rechtsbestimmungen (Richtlinien, Verordnungen der EG) nach einem bestimmten Verfahren und gegebenenfalls mit besonderen Anpassungen in die nationale Gesetzgebung. Im Gegenzug sind diese EFTA Länder durch ausgedehnte Konsultationsmechanismen im Rahmen des Gemischten EWR Ausschusses an der Gestaltung der maßgebenden EG Rechtsbestimmungen beteiligt. Für die Leitung und Koordination dieser Aufgaben wurde ein Ständiger EFTA-Ausschuss eingesetzt. Er bereitet die gemeinsame Position der EFTA-Staaten im Gemeinsamen Ausschuss des EWR sowie die Tagungen des EWR-Rates vor. Außerdem erfüllt er Verwaltungsaufgaben nach dem EWR-Vertrag. Er wird unterstützt durch fünf Unterausschüsse, die für die Bereiche freier Warenverkehr, freier Dienstleistungsverkehr, Freizügigkeit, flankierende Bereiche sowie rechtliche und institutionelle Fragen zuständig sind. Eine EFTA Überwachungsbehörde (Sitz in Brüssel) und ein EFTA Gerichtshof (Sitz in Luxemburg) vervollstän-

digen den institutionellen Rahmen zur Durchführung des EWR-Abkommens.
Die Arbeiten der EFTA werden organisiert und vorbereitet von einem Sekretariat mit Sitz in Genf und Niederlassungen in Brüssel und Luxemburg als Arbeitsorten. Das Sekretariat wird geleitet von einem Generalsekretär und zwei stellvertretenden Generalsekretären.
An den Arbeiten der OECD (s. dazu oben unter II) und der ECE (s. dazu oben unter III) nimmt die EFTA als Beobachter teil. Neben OECD und ECE nimmt die EFTA auch als Beobachter an den Arbeiten der WTO teil.

2.2 Organisationsplan des Sekretariats

Generalsekretär: ROSSIER, William
Stellv. Generalsekretäre:
THORSTEINSSON, Pétur G. (Genf)
HOVDKINN, Øystein (Brüssel)
Berater für Statistik:
GAMEZ, Gabriel (Luxemburg)

V Das Europäische Patentamt (EPA)

Erhardtstraße 27, **80331 München, Deutschland;**
Tel 00 49-89/23 99-0;
Fax 00 49-89/23 99-44 65;
e-mail infowien@epo.e-mail.com
http://www.european-patent-office.org/index_d.htm

Zweigstelle Den Haag
Patentlaan 2, **2280 HV Rijswijk, Niederlande;**
Postbus 5818; Tel 00 31-70/3 40-20 40;
Fax 00 31-70/3 40-30 16;
e-mail infohague@epo.e-mail.com

Dienststelle Berlin
Gitschiner Straße 103, **10969 Berlin, Deutschland;**
Tel 00 49-30/2 59 01-0;
Fax 00 49-30/2 59 01-8 40

Dienststelle Wien
Rennweg 12, Postfach 90,
1031 Wien, Österreich;
Tel 00 43-1/5 21 26-0;
Fax 00 43-1/5 21 26-35 91

1 Rechtsgrundlage und Zuständigkeiten

Das Europäische Patentorganisation (EPO) wurde gegründet mit dem Europäischen Patentübereinkommen (EPÜ) vom 5. 10. 1973, das am 7. 10. 1975 in Kraft getreten ist. Mit diesem Abkommen wurde ein zentrales System der Erteilung eines europäischen Patents geschaffen, das in allen vom Anmelder benannten Vertragsstaaten des EPÜ jeweils die Wirkung eines dort erteilten nationalen Rechts hat. Die EPO besteht aus einem rechtsetzenden Organ, dem Verwaltungsrat, einem ausführenden Organ, dem Europäischen Patentamt (EPA). Dem Übereinkommen, das allen europäischen Staaten offen steht, sind bisher 30 Staaten beigetreten (die Mitgliedstaaten der EU sowie die Schweiz, Liechtenstein, Monaco, Türkei und Zypern). Die Staaten Mittel-

und Osteuropas, mit denen die EU so genannte »Europäische Abkommen« abgeschlossen hat, haben sich zu einem Beitritt verpflichtet. Die Schutzwirkung europäischer Patentanmeldungen kann auch auf folgende Staaten erstreckt werden: Albanien, Bosnien und Herzegowina, Kroatien, Lettland, die »ehemalige jugoslawische Republik Mazedonien«, und Serbien und Montenegro (früher: Bundesrepublik Jugoslawien). Mit dem Inkrafttreten des im Dezember 1975 im Rahmen der EU geschlossenen Gemeinschaftspatentübereinkommens (GPÜ) wird das EPA auch zuständig werden für die Erteilung des Gemeinschaftspatents. Das EPA ist finanziell autonom und trägt die bei Erfüllung seiner Aufgabe anfallenden Ausgaben selbst. Diese Ausgaben werden durch eigene Einnahmen gedeckt, die im wesentlichen aus von den Anmeldern und Patentinhabern erhobenen Gebühren stammen.

2 Organisation und Arbeitsweise

2.1 Allgemeine Darstellung

Das EPA hat seinen Hauptsitz in München, eine Zweigstelle in Den Haag und ihr unterstellte Dienststellen in Berlin und Wien. Die Amtssprachen des EPA sind Deutsch, Englisch und Französisch. Das EPA ist in fünf Generaldirektionen gegliedert, von denen sich vier in München befinden. Es wird geleitet von einem Präsidenten und fünf Vizepräsidenten, denen jeweils eine Generaldirektion untersteht. Insgesamt beschäftigt das EPA ca. 5 000 Mitarbeiter.

Die Tätigkeit des EPA unterliegt der Aufsicht durch den Verwaltungsrat, dem die Vertreter der Vertragsstaaten angehören. Der Verwaltungsrat tritt zweimal pro Jahr zusammen. Er stellt u. a. den Haushalt der EPO fest und ist befugt, die Bestimmungen des Europäischen Patentübereinkommens zu ändern. Zur Vorbereitung der Beratungen des Verwaltungsrats sind mehrere Ausschüsse eingesetzt.

Das EPA steht in einem engen Meinungs- und Erfahrungsaustausch mit den Benutzerkreisen.

Laufende Konsultationen finden statt mit dem Institut der beim EPA zugelassenen Vertreter sowie dem Ständigen Beratenden Ausschuss beim EPA (SACEPO), dem Vertreter des EPI, der europäischen Industrie, zweier auf dem Gebiet des gewerblichen Rechtsschutzes spezialisierter Institute sowie weitere vom Präsidenten des EPA ad personam berufene Mitglieder angehören.

Das Verfahren zur Erteilung des Europäischen Patents erfolgt in folgenden drei Verfahrensstufen:

- Einreichung der Patentanmeldung, technische Patentrecherche und Veröffentlichung der Anmeldung. Für diese Verfahrensstufe sind die Zweigstelle in Den Haag und die Dienststelle in Berlin zuständig.
- Sachprüfung der Anmeldung auf Patentierbarkeit. Diese Sachprüfung wird in München von einer Prüfungsabteilung aus drei technisch vorgebildeten Prüfern durchgeführt. (In einem Pilotprojekt wird derzeit das Zusammenlegen von Recherche und Prüfung erprobt.)
- (Gegebenenfalls) Einspruchsverfahren. Über die Einsprüche entscheidet eine dreiköpfige Einspruchsabteilung.

In jeder dieser drei Verfahrensstufen kann gegen die Entscheidung des EPA Beschwerde bei den mit drei bzw. fünf Mitgliedern besetzten Beschwerdekammern des EPA eingereicht werden. Die Beschwerdekammern sind zwar organisatorisch in das EPA eingegliedert, genießen jedoch hinsichtlich ihrer Sachentscheidung richterliche Unabhängigkeit. Gegen die von den Beschwerdekammern erlassenen Entscheidungen ist kein Rechtsmittel gegeben. Zur Wahrung der Einheitlichkeit der Spruchpraxis der Beschwerdekammern und zur Klärung von Rechtsfragen von grundsätzlicher Bedeutung wird eine auf sieben Mitglieder erweiterte Große Beschwerdekammer tätig. Die Vorsitzenden und Mitglieder der Beschwerdekammern werden vom Verwaltungsrat der EPO ernannt.

Das EPA arbeitet eng mit der Weltorganisation für geistiges Eigentum (WIPO) zusammen und zeichnet gemeinsam mit der WIPO für die Durchführung des EU-Programms für

Patente und Marken in den ASEAN-Staaten (ECAP) verantwortlich.
Informationen über das europäische Patentverfahren, über Neuerungen in den Patentinformationszentren und die bestehenden Patentdatenbanken sind über eine Internet-Adresse abrufbar (http://www.european-patent-office.org).

2.2 Organisationsplan des Europäischen Patentamts

Präsident: POMPIDOU, Alain
   Generaldirektion I: Operative Tätigkeit
Vizepräsident: HAMMER, Thomas
   Generaldirektion II: Operative Unterstützung
Vizepräsident: KYRIAKIDES, Pantelis
   Generaldirektion III: Beschwerde
Vizepräsident: MESSERLI, Peter
   Generaldirektion IV: Verwaltung
Vizepräsident: EDFJÄLL, Curt
   Generaldirektion V: Recht/Internationale Angelegenheiten
Vizepräsident: DESANTES, Manuel

VI Europäische Bank für Wiederaufbau und Entwicklung (EBWE)

One Exchange Square,
London EC2A 2JN, Großbritannien;
Tel 00 44-20/73 38 60 00;
Fax 00 44-20/73 38 61 00;
e-mail nixb@ebrd.com
http://www.ebrd.com

1 Rechtsgrundlage und Zuständigkeiten

Die Europäische Bank für Wiederaufbau und Entwicklung (EBWE) wurde mit Übereinkommen vom 29. 5. 1990 (ABl. Nr. L 372 vom 31. 12. 1990) geschaffen. Gründungsmitglieder waren die Mitgliedstaaten der EU, die EIB sowie 28 weitere europäische und nichteuropäische Länder. Inzwischen hat die EBWE insgesamt 62 Mitglieder (60 Länder, die Europäische Gemeinschaft und die Europäische Investitionsbank). Die EBWE hat eigene Rechtspersönlichkeit.

Zweck der EBWE ist es, den Übergang der mittel- und osteuropäischen Staaten zu einer marktwirtschaftlichen Wirtschaftsordnung und zu einer demokratischen Staatsform zu unterstützen und dabei insbesondere die private und unternehmerische Initiative zu fördern. Zu diesem Zweck unterstützt die Bank die Durchführung struktureller und sektoraler Wirtschaftsreformen in den Empfängerstaaten, gewährt technische Hilfe bei der Vorbereitung, Finanzierung und Durchführung von Investitionsprogrammen, unterstützt die Entwicklung freier Kapitalmärkte und fördert produktive Investitionen. Der Einsatz ihrer Mittel im staatlichen Sektor ist auf 40 % begrenzt.

Im Rahmen ihrer Tätigkeit gewährt die EBWE den öffentlichen oder privaten Empfängern Darlehen oder übernimmt Bürgschaften für die von ihnen aufgenommenen Darlehen. Das genehmigte Stammkapital der Bank beträgt 20 Mrd. Euro. Jedes Jahr genehmigt der Verwaltungsrat etwa 100 neue Projekte in den Ländern Mittel- und Osteuropas und der früheren Sowjetunion.

2 Organisation und Arbeitsweise

2.1 Allgemeine Darstellung

Die EBWE hat ca. 1 200 Mitarbeiter. Sie hat ihren Sitz in London und verfügt über lokale Büros in allen 27 Empfängerländern.

Jedes Mitglied ist im *Gouverneursrat* vertreten und ernennt jeweils einen Gouverneur und einen Stellvertreter. Der Gouverneursrat ist das oberste Entscheidungsorgan der EBWE; er entscheidet insbesondere über die Aufnahme neuer Mitglieder, die Erhöhung oder Herabsetzung des Stammkapitals sowie die Wahl des Präsidenten und der Direktoren der Bank und hat Weisungsbefugnis gegenüber dem Direktorium, auf das er seine weiteren Befugnisse ganz oder teilweise übertragen kann.

Das *Direktorium* besteht aus 23 Mitgliedern, die nicht dem Gouverneursrat angehören dürfen. 11 Mitglieder werden von den Gouverneuren gewählt, die die Mitgliedstaaten der EU, die EG und die EIB vertreten; jeweils werden 4 von den Gouverneuren gewählt, die die drei Ländergruppen (mittel- und osteuropäische Empfängerländer, andere europäische Länder, nichteuropäische Länder) vertreten. Das Direktorium ist unter der Aufsicht des Gouverneursrats für die Leitung der allgemeinen Geschäftstätigkeit der Bank zuständig.

Der *Präsident* der EBWE wird vom Gouverneursrat für eine Amtszeit von 4 Jahren gewählt. Der Präsident ist der gesetzliche Vertreter der EBWE und führt nach den Weisungen des Direktoriums die laufenden Geschäfte der Bank.

Die EBWE stimmt ihre Geschäftstätigkeit insbesondere mit der EU sowie anderen Geberländern ab. Auf der Grundlage einer 1991 abgeschlossenen Vereinbarung (»Bangkok-Agreement«) stellt die Europäische Kommission der EBWE Mittel aus den Programmen PHARE und TACIS für Projekte der technischen Hilfe in den entsprechenden Empfängerländern zur Verfügung. Eine enge Koordinierung erfolgt insbesondere mit den Tätigkeiten der EIB, die ihrerseits mit 3 % am Kapital der EBWE beteiligt ist und über einen Sitz im Direktorium verfügt.

2.2 Die Verwaltung der Europäischen Bank für Wiederaufbau und Entwicklung

Präsident: LEMIERRE, Jean
Erster Vizepräsident: DOYLE, Noreen
Stellv. Vizepräsident: HEXTER, David
Vorsitzender des Gouverneursrats: JUNCKER, Jean-Claude
Stellv. Vorsitzende des Gouverneursrats: EICHEL, Hans,
TANASESCU, Mihai N.
Generalsekretär: CARTER, Nigel

VII Organisation für Sicherheit und Zusammenarbeit in Europa (OSZE)

1 Rechtsgrundlage und Zielsetzungen

Die Organisation für Sicherheit und Zusammenarbeit in Europa (OSZE) begann ihre Arbeiten am 3. 7. 1973 in Helsinki als internationale Konferenz. Diese Konferenz wurde abgeschlossen mit der »*Schlussakte von Helsinki*«, die am 1. 8. 1975 von 35 Teilnehmerstaaten unterzeichnet wurde. In drei »Körben« wurden darin Vereinbarungen zum Thema Sicherheit und Abrüstung, wirtschaftliche Zusammenarbeit sowie Menschenrechte getroffen. Außerdem wurden Folgetreffen vereinbart, die alle zwei Jahre verbunden mit einem Treffen der Staats- und Regierungschefs der Teilnehmerstaaten stattfinden sollen.
Mit der am 21. 11. 1990 unterzeichneten »*Charta von Paris für ein neues Europa*« wurde die damalige Konferenz für Sicherheit und Zusammenarbeit in Europa - KSZE zu einer ständigen Organisation. Sie hat die Aufgabe,
– einen Beitrag zur europäischen Einigung zu leisten
– die wirtschaftliche Zusammenarbeit zu fördern und die Durchsetzung der Marktwirtschaft zu unterstützen
– die politische Stabilität und Sicherheit in Europa zu fördern
– als Forum für Verhandlungen im Bereich der Sicherheitspolitik zu dienen
– friedensbewahrende Aktivitäten zu entfalten und sich um Konfliktverhütung und Krisenbewältigung zu bemühen
– die Demokratie zu festigen und die Respektierung der Menschenrechte und Grundfreiheiten sowie der Minderheitenrechte zu überwachen.
Mit dem im Rahmen des Gipfeltreffens der Staats- und Regierungschefs am 10. 7. 1992 unterzeichneten »*Helsinki-Dokument 1992*« wurden die Möglichkeiten für konzertierte Aktionen der Mitgliedstaaten gestärkt. Damit trat die KSZE in ihre operationelle Phase ein.

Auf dem fünften Folgetreffen, das am 5. und 6. 12. 1994 in Budapest stattfand, wurde die KSZE in »Organisation für Sicherheit und Zusammenarbeit in Europa – OSZE« umbenannt. Damit sollte der permanente und operationelle Charakter dieser Organisation unterstrichen werden. Das Gipfeltreffen von Lissabon 1996 baute die Schlüsselrolle der OSZE für die Förderung von Sicherheit und Stabilität in all ihren Dimensionen weiter aus. Es gab auch den Anstoß zur Entwicklung einer *Europäischen Sicherheitscharta* der OSZE, die auf dem Gipfeltreffen von Istanbul 1999 verabschiedet wurde und die Verbesserung der operativen Fähigkeiten der Organisation zum Ziel hatte.
Der OSZE gehören inzwischen 55 Staaten Europas, Zentralasiens und Nordamerikas an. Die Arbeiten der OSZE werden finanziert durch Beiträge der Mitgliedstaaten, soweit die Mitgliedstaaten die Kosten nicht selbst durch zur Verfügungstellung von diplomatischem Personal bzw. Organisation von Arbeitstagungen und Konferenzen tragen. Der Haushalt der OSZE betrug 2003 circa 186 Mio. Euro; der weitaus größte Teil der Ausgaben entfällt auf die Einsatzmissionen.
Die OSZE arbeitet eng mit anderen internationalen Organisationen wie der EU, dem Europarat, der OECD, der ECE, den Vereinten Nationen, der NATO und der WEU zusammen. Die EU ist Mitglied der OSZE und hat die »Charta von Paris« mit unterzeichnet. Die OSZE hat sich als »regionale Organisation« nach Kapitel VIII der Charta der Vereinten Nationen erklärt, die regionale Konflikte in ihrem Bereich selbständig lösen kann. EU, NATO und WEU können von der OSZE ersucht werden, ihren Einfluss und ihre Mittel zur Unterstützung von friedenbewahrenden Aktivitäten zur Verfügung zu stellen.

2 Organisation und Arbeitsweise

2.1 Allgemeine Darstellung

Der *Ständige Rat* ist das reguläre Gremium der OSZE für politische Konsultationen und

Beschlussfassung. Seine Mitglieder, die Ständigen Vertreter der OSZE-Teilnehmerstaaten, treten einmal wöchentlich im Wiener Kongresszentrum Hofburg zusammen, um alle für die OSZE relevanten Themen zu erörtern und Beschlüsse dazu zu fassen.

Die OSZE-Aussenminister halten regelmäßige *Ministerratstreffen* ab, und im Abstand mehrerer Jahre treten die Staats- und Regierungschefs zu einem *Gipfeltreffen* zusammen.

Die Gesamtverantwortung für alle Fragen der Durchführung liegt beim *Amtierenden Vorsitzenden* der OSZE. Der Vorsitz wechselt jährlich nach dem Rotationsprinzip – im Jahr 2005 führt Slowenien den Vorsitz. Der Amtierende Vorsitzende - der Außenminister des Landes, das den Vorsitz innehat - wird in seiner Tätigkeit von seinem Vorgänger und seinem Nachfolger unterstützt; zu dritt bilden sie die *Troika*.

Begleitet werden die Arbeiten des Rates und des Ausschusses hoher Beamter durch die parlamentarische Versammlung. Ihr gehören mehr als 300 Abgeordnete aus den nationalen Parlamenten der Teilnehmerstaaten an.

Als ständige Organe verfügt die OSZE über ein Sekretariat in Wien, in das das *Konfliktverhütungszentrum (KVZ)* integriert ist, sowie das *Büro für demokratische Institutionen und Menschenrechte (BDIM)* in Warschau, den *Hohen Kommissar für Nationale Minderheiten* in Den Haag und den *Beauftragten für Medienfreiheit* in Wien. Außerdem verfügt die OSZE über ein eigenes *Schiedsgericht*, das Meinungsverschiedenheiten zwischen den Mitgliedstaaten schlichten soll, die auch der Konvention über die Streitschlichtung beigetreten sind.

2.2 OSZE-Sekretariat

Kärntner Ring 5–7, **1010 Wien, Österreich**;
Tel 00 43-1/5 14 36-1 80;
Fax 00 43-1/5 14 36-1 05;
e-mail info@osce.org
http://www.osce.org

Generalsekretär: KUBIŠ, Ján

Der Generalsekretär der OSZE wird für eine dreijährige Amtszeit gewählt. Der Generalsekretär fungiert als Vertreter des Amtierenden Vorsitzenden, den er in allen seinen Agenden in Verfolgung der Ziele der OSZE unterstützt. Zu seinen Aufgaben gehört auch die Verwaltung der OSZE-Strukturen und -Operationen. Das OSZE-Sekretariat mit Sitz in Wien ist für die administrative und operative Unterstützung der Organisation zuständig. Es umschließt außer dem Büro des Generalsekretärs und anderen administrativen Büros das *Konfliktverhütungszentrum (KVZ)*, das für die übergreifende Unterstützung des Amtierenden Vorsitzenden und anderer OSZE-Entscheidungsgremien in der Umsetzung der OSZE-Ziele verantwortlich ist. Um diese Aufgaben zu erfüllen, unterhält das KVZ ein Operationszentrum, das potentielle Krisenherde identifizieren und für zukünftige Missionen und Feldaktivitäten planen soll. Außerdem führt das KVZ Informationen über alle OSZE-Missionen und Feldaktivitäten und eine allen Teilnehmerstaaten zugängliche Datenbank mit militärischen Informationen, die im Rahmen der vertrauens- und sicherheitsbildenden Maßnahmen ausgetauscht werden.

2.3 Büro für demokratische Institutionen und Menschenrechte (BDIM)

19, Ujazdowskie Avenue,
00-557 Warschau, Polen;
Tel 00 48-22/5 20 06 00;
Fax 00 48-22/5 20 06 05;
e-mail office@odihr.pl
http://www.osce.org/odihr
Direktor: STROHAL, Christian

Das Büro soll die Einhaltung der von den Teilnehmerstaaten insbesondere mit der Unterzeichnung der »Schlussakte von Helsinki« übernommenen Verpflichtungen zum Schutz der Menschenrechte und Grundfreiheiten und der Minderheitenrechte überwachen. Im Rahmen seiner Überwachungstätigkeit kann es Experten und Berichterstatter in Krisengebiete entsenden. Eines seiner Hauptaufgaben ist die

Entsendung von Wahlbeobachtern in die OSZE Staaten, um dort auf Einladung der Regierungen zu beobachten, ob die Wahlprozesse den demokratischen Standards des 1990 unterzeichneten *Kopenhagen-Dokuments* entsprechen. Jeder Teilnehmerstaat kann außerdem das Büro mit einer Frage in seinem Zuständigkeitsbereich befassen.

2.4 Hoher Kommissar für Nationale Minderheiten

P.O. Box 20062, **2500 EB Den Haag, Niederlande;**
Tel 00 31-70/3 12 55 00;
Fax 00 31-70/3 63 59 10;
e-mail hcnm@hcnm.org
http://www.osce.org/hcnm

Hoher Kommissar: EKÉUS, Rolf

Mit dem »Helsinki-Dokument 1992« wurde die Einsetzung eines *Hohen Kommissars für nationale Minderheiten* beschlossen. Die Aufgabe soll einer hervorragenden internationalen Persönlichkeit jeweils für die Dauer von maximal zwei mal drei Jahren übertragen werden. Der Hohe Kommissar soll die Risiken eines potentiellen Konflikts wegen Minderheitenfragen möglichst frühzeitig durch eigene Inspektionen und Sammeln von Informationen aus erster Hand aufdecken. Er kann sich bei seinen Arbeiten auf das Büro für demokratische Institutionen und Menschenrechte stützen. Der Hohe Kommissar legt seine Berichte und Empfehlungen dem betroffenen Staat und anschließend dem Ständigen Rat vor. Er stellt eine Art »Frühwarnsystem« dar und soll die Beschlussorgane der OSZE rechtzeitig warnen, falls Spannungen in Minderheitenfragen ein derartiges Ausmaß erreichen, dass er sie mit seinen informellen Mitteln nicht begrenzen kann. Das Mandat des Hohen Kommissars schließt ausdrücklich seine Intervention zugunsten von Einzelpersonen aus, die einer nationalen Minderheit angehören.

2.5 OSZE-Beauftragter für Medienfreiheit

Kärntnerring 5-7, Top 14, 2. DG.,
1010 Wien, Österreich;
Tel 00 43-1/5 12 21 45-0;
Fax 00 43-1/5 12 21 45-9;
e-mail pm-fom@osce.org
http://www.osce.org/fom

Medienbeauftragter: HARASZTI, Miklos

Seit 1997 gibt es einen OSZE-Beauftragten für Medienfreiheit, der die Aufgabe hat, maßgebliche Entwicklungen im Medienbereich zu beobachten und bei schweren Verstößen von Teilnehmerstaaten gegen OSZE-Prinzipien und Verpflichtungen in Bezug auf freie Meinungsäußerung und Medienfreiheit rasch zu reagieren. Der Beauftragte hat sein Büro in Wien.

VIII Europäische Weltraumorganisation (ESA)

8-10 rue Mario Nikis, **75738 Paris, Frankreich**;
Tel 00 33-1/53 69 71 55;
Fax 00 33-1/53 69 76 90;
http://www.esa.int

Die Europäische Weltraumorganisation ESA wurde 1973 gegründet. Ihr gehören derzeit 15 Mitgliedstaaten an (Belgien, Dänemark, Deutschland, Finnland, Frankreich, Großbritannien, Irland, Italien, die Niederlande, Norwegen, Österreich, Portugal, Schweden, die Schweiz und Spanien). Griechenland und Luxemburg werden der ESA aller Voraussicht nach noch 2004 beitreten. An bestimmten Projekten arbeiten im Rahmen entsprechender Kooperationsverträge auch Kanada und Ungarn mit.

Aufgabe der ESA ist es, das gemeinsame europäische Weltraumprogramm zu konzipieren und umzusetzen. Ihrer Projekte reichen von der Erforschung der Erde, ihres unmittelbaren Umfelds, des Sonnensystems und des Universums über die Entwicklung Satelliten gestützter Technologien und Dienstleistungen bis hin zur Förderung verschiedener europäischer High-Tech-Industrien. Bei der Entwicklung Satelliten gestützter Technologien arbeitet die ESA im Rahmen des Projekts „Galileo" eng mit der Europäischen Kommission zusammen. Außerdem arbeitet die ESA auch intensiv mit außereuropäischen Weltraumorganisationen zusammen.

ESA hat mehr als 1900 Mitarbeiter und verfügt über einen jährlichen Haushalt von ca. 2,7 Mrd. Euro. Neben ihrem Hauptsitz in Paris hat die ESA in drei weiteren europäischen Staaten spezialisierte Zentren mit konkreten Aufgabenbereichen:

- Das Europäische Weltraumforschungs- und -technologiezentrum ESTEC (European Space Research and Technology Centre) mit Sitz in Noordwijk in den Niederlanden ist die Konstruktionszentrale für die meisten ESA-Raumfahrzeuge.
- Das Europäische Operationszentrum für Weltraumforschung ESOC (European Space Operations Centre) ist für die Überwachung der ESA-Satelliten in erdnahem oder interplanetarem Orbit verantwortlich und befindet sich in Darmstadt in Deutschland.
- Das Europäische Astronautenzentrum EAC (European Astronauts Centre) trainiert Astronauten für künftige Missionen und liegt in Köln in Deutschland.
- Das Europäische Raumfahrtforschungsinstitut ESRIN (European Space Research Institute) befindet sich in Frascati bei Rom in Italien. Zu seinen Aufgaben gehören das Sammeln, Speichern und Verteilen von Satellitendaten an die ESA-Partner und die Funktion als Informationstechnologie-Zentrale der Organisation.

Das Lenkungsgremium der ESA ist der ESA-Rat. Dieser trifft die Grundsatzentscheidungen, die den Rahmen für die Entwicklung des europäischen Weltraumprogramms abstecken. Unabhängig von der Größe und dem geleisteten Beitrag ist jeder Mitgliedsstaat mit einer Stimme im ESA-Rat vertreten. An der Spitze der ESA steht ein Generaldirektor, der alle vier Jahre vom ESA-Rat gewählt wird.

Generaldirektorr: DORDAIN, Jean-Jacques

IX Weitere europäische und internationale Institutionen bei der EU

1. Europäische Institutionen

Assemblée des Régions d'Europe – ARE
(Versammlung der Regionen Europas – VRE)
Immeuble Europe
20, place des Halles
67000 Straßburg, Frankreich;
Tel 00 33-3/88 22 07 07;
Fax 00 33-3/88 75 67 19;
e-mail secretariat@a-e-r.org
http://www.a-e-r.org
Präsidentin: PROKOP, Liese

Central European Initiative – CEI
(Zentraleuropäische Initiative – ZEI)
Via Genova, 9
34121 Trieste, Italien;
Tel 00 39-04 0/7 78 67 77;
Fax 00 39-04 0/36 06 40;
e-mail cei-es@cei-es.org
http://www.ceinet.org
Direktor: KREID, Harald

Centre pour le Développement de l'Entreprise – CDE (Zentrum für Industrielle Entwicklung)
52, avenue Herrmann Debroux
1160 Brüssel, Belgien;
Tel 00 32-2/6 79 18 11;
Fax 00 32-2/6 75 26 03;
e-mail director@cde.int
http://www.cde.int
Direktor: MATOS ROSA, Fernando

Commission du Danube – CD
(Donaukommission)
Benczúr utca 25
1068 Budapest, Ungarn;
Tel 00 36-1/4 61 80 15;
Fax 00 36-1/3 62 18 39, 4 61 80 19;
e-mail secretariat@danubecom-intern.org
http://www.danubecom-intern.org
Generaldirektor: NEDIALKOV, Danail

Conseil des Communes et Régions d'Europe – CCRE (Rat der Gemeinden und Regionen Europas – RGRE)
15, rue de Richelieu
75001 Paris, Frankreich;
Tel 00 33-1/44 50 59 59;
Fax 00 33-1/44 50 59 60;
e-mail cemrpar@ccre.org
http://www.ccre.org
Generalsekretär: SMITH, Jeremy

Council of the Baltic Sea States – CBSS
(Ostseerat)
Box 2010
103 11 Stockholm
Strömsborg
103 11 Stockholm, Schweden;
Tel 00 46-8/4 40 19 20, /36;
Fax 00 46-8/4 40 19 44;
e-mail cbss@cbss.st
http://www.cbss.st
Direktor: HALINEN, Hannu

Eureka Secrétariat (Eureka Sekretariat)
107, rue Neerveld, 5ième étage
1200 Brüssel, Belgien;
Tel 00 32-2/7 77 09 71;
Fax 00 32-2/7 70 74 95;
e-mail eureka.secretariat@es.eureka.be
http://www.eureka.be
Leiter des Sekretariats: VIEILLEFOSSE, Michel

EUROMET – A European Collaboration on Measure and Standards (Europäische Zusammenarbeit für Maße und Standards)
c/o National Metrology Laboratory (NMG)
Enterprise Ireland Campus, Glasnevin
Dublin 9, Irland;
Tel 00 35-31/8 08 20 62;
Fax 00 35-31/8 08 80 26;
e-mail seton.bennett@enterprise-ireland.com,
e-mail brian.sheridan@enterprise-ireland.com
http://www.euromet.org
Vorsitzender: BENNETT, Seton

B Koordinierte Zwischenstaatliche Organisationen

Europäische Rechtsakademie Trier – ERA
Metzer Allee 4
54295 Trier, Deutschland;
Tel 00 49-6 51/93 73 70;
Fax 00 49-6 51/9 37 37 90;
e-mail   info@era.int, rwhiteley@era.int,
e-mail   wheusel@era.int
http://www.era.int
Direktor: HEUSEL, Wolfgang

Europäisches Operationszentrum für Weltraumforschung – ESOC
Robert-Bosch-Straße 5
64293 Darmstadt, Deutschland;
Tel 00 49-61 51/9 00;
Fax 00 49-61 51/9 04 95;
e-mail   gaele.winters@esa.int
http://www.esoc.esa.int
Direktor: WINTERS, Gaele

European Association of Development Agencies – EURADA (Europäische Vereinigung der Entwicklungsgesellschaften)
12, avenue des Arts, boîte 7
1210 Brüssel, Belgien;
Tel 00 32-2/2 18 43 13;
Fax 00 32-2/2 18 45 83;
e-mail   info@eurada.org
http://www.eurada.org
Direktor: SAUBLENS, Christian

European Centre for Medium-Range Weather Forecasts (Europäisches Zentrum für mittelfristige Wettervorhersage)
Shinfield Park
Reading
Berkshire RG2 9AX, Vereinigtes Königreich;
Tel 00 44-11 8/9 49 90 00/01;
Fax 00 44-11 8/9 86 94 50;
e-mail   dominique.marbouty@ecmwf.int
http://www.ecmwf..int/
Direktor: MARBOUTY, Dominique

European Institute of Public Administration – EIPA (Europäisches Institut für Verwaltungswissenschaften)
PA 1229
NL-6201 Maastricht
O.L. Vrouweplein 22
6211 HE Maastricht, Niederlande;
Tel 00 31-43/3 29 62 22;
Fax 00 31-43/3 29 62 96;
e-mail   eipa@eipa-nl.com,
e-mail   g.druesne@eipa-nl.com
http://www.eipa.nl
Generaldirektor: DRUESNE, Gérard

European Organisation for the Exploitation of Meteorological Satellites (Europäische Organisation für die Nutzung von Meteorologischen Satelliten – EUMETSAT)
Am Kavalleriesand 31
64295 Darmstadt, Deutschland;
Tel 00 49-61 51/80 76 00/01/02;
Fax 00 49-61 51/80 78 30, 80 75 55;
e-mail   prahm@eumetsat.de
http://www.eumetsat.de
Generaldirektor: PRAHM, Lars

European Organisation for the Safety of Air Navigation – Eurocontrol (Europäische Organisation für Flugsicherung)
96, rue de la Fusée
1130 Brüssel, Belgien;
Tel 00 32-2/7 29 90 11;
Fax 00 32-2/7 29 90 44;
e-mail   victor.aguado@eurocontrol.int
http://www.eurocontrol.int
Geeraldirektor: AGUADO, Victor

European Space Agency – ESA (Europäische Weltraumorganisation)
8-10, rue Mario Nikis
75738 Paris cedex 15, Frankreich;
Tel 00 33-1/53 69 76 54;
Fax 00 33-1/53 69 75 60;
e-mail   contactesa@esa.int
http://www.esa.int
Generaldirektor: DORDAIN, Jean-Jacques

Nordisk Ministerråd (Nordischer Ministerrat – NMR)
Store Strandstræde 18
1255 Kopenhagen K, Dänemark;
Tel 00 45/33 96 02 00;
Fax 00 45/33 96 02 02;

e-mail nmr@norden.org
http://www.norden.org
Generalsekretär: UNCKEL, Per

Organisation Européenne pour la Recherche Nucléaire – CERN (Europäische Organisation für Kernforschung)
Route de Meyrin
1211 Genf 23, Schweiz;
Tel 00 41-22/7 67 61 11, 7 67 23 00, 7 67 25 11;
Fax 00 41-22/7 67 65 55, 7 67 89 95;
e-mail robert.aymar@cern.ch,
e-mail james.gallies@cern.ch
http://www.cern.ch
Direktor: AYMAR, Robert

Union de l'Europe Occidentale – UEO (Westeuropäische Union – WEU)
15, rue de l'Association
1000 Brüssel, Belgien;
Tel 00 32-2/5 00 44 11;
Fax 00 32-2/5 00 44 70;
e-mail ueo.secretariatgeneral@skynet.be
http://www.weu.int
Generalsekretär: SOLANA MADARIAGA, Javier

Union Economique Benelux (Wirtschaftsunion Benelux)
39, rue de la Régence
1000 Brüssel, Belgien;
Tel 00 32-2/5 19 38 11;
Fax 00 32-2/5 13 42 06;
e-mail r.vanimpe@benelux.be
http://www.benelux.be
Generalsekretär: HENNEKAM, B.M.J.

2 Internationale Institutionen

ACP General Secretariat (AKP-Generalsekretariat)
451, avenue Georges Henri
1200 Brüssel, Belgien;
Tel 00 32-2/7 43 06 00;
Fax 00 32-2/7 35 55 73;

e-mail info@acp.int
http://www.acp.int
Generalsekretär: GOULONGANA, Jean-Robert

Food and Agriculture Organization of the United Nations – FAO (Ernährungs- und Landwirtschaftsorganisation der Vereinten Nationen)
Via delle Terme di Caracalla
00100 Rom, Italien;
Tel 00 39-06/5 70 51;
Fax 00 39-06/57 05 31 52;
e-mail webmaster@fao.org
http://www.fao.org
Generaldirektor: DIOUF, Jacques

International Atomic Energy Agency – IAEA (Internationale Atom-Energie-Organisation – IAEO)
Wagramer Straße 5
1400 Wien, Österreich;
Tel 00 43-1/2 60 00;
Fax 00 43-1/2 60 07;
e-mail official.mail@iaea.org
http://www.iaea.org
Generalsekretär: ELBARADEI, Mohamed

International Bank for Reconstruction and Development – IBRD (Banque Internationale pour la Reconstruction et le Développement – BIRD) (Internationale Bank für Wiederaufbau und Entwicklung)
66, avenue d'Iéna
75116 Paris, Frankreich;
Tel 00 33-1/40 69 30 00/21;
Fax 00 33 1/47 23 74 36;
e-mail paris@worldbank.org
http://www.worldbank.org/europe
Vizepräsident Europa: RISCHARD, Jean-François

International Bank for Reconstruction and Development – IBRD (Banque Internationale pour la Reconstruction et le Développement – BIRD) (Internationale Bank für Wiederaufbau und Entwicklung)
1818 H Street, NW
Washington, D.C. 20433, USA;

Tel 00 1-2 02/4 77 12 34, 4 73 10 00;
Fax 00 1-2 02/4 77 63 91;
http://www.worldbank.org
Präsident: WOLFENSOHN, James D.

International Finance Corporation – IFC
Bockenheimer Landstraße 109
60325 Frankfurt a. M., Deutschland;
Tel 00 49-69/74 34 82 30;
Fax 00 49-69/74 34 82 39;
e-mail   webmaster@ifc.org
http://www.ifc.org, www.worldbank.org
Repräsentant der Weltbankgruppe:
SIEMENS, Oltmann

International Finance Corporation – IFC
2121 Pennsylvania Avenue, N.W.
Washington, D.C. 20433, USA;
Tel 00 1-2 02/4 73 10 00;
Fax 00 1-2 02/9 74 43 84;
e-mail   webmaster@ifc.org
http://www.ifc.org, www.worldbank.org
Präsident: WOLFENSOHN, James D.

International Labour Organization – ILO
(Internationale Arbeitsorganisation)
40, rue Aimé Smekens
1030 Brüssel, Belgien;
Tel 00 32-2/7 36 59 42;
Fax 00 32-2/7 35 48 25;
e-mail   brussels@ilo-org.be
http://www.ilo.org/brussels
Direktor: LAURIJSSEN, Eddy

International Labour Organization – ILO
(Internationale Arbeitsorganisation)
Route des Morillons 4
1211 Genf 22, Schweiz;
Tel 00 41-22/7 99 61 11;
Fax 00 41-22/7 98 86 85;
e-mail   ilo@ilo.org
http://www.ilo.org
Generaldirektor: SOMAVIA, Juan

International Monetary Fund – IMF
(Internationaler Währungsfond)
64-66, avenue d'Iéna
75116 Paris, Frankreich;

Tel 00 33-1/40 69 30 70;
Fax 00 33-1/47 23 40 89;
http://www.imf.org
Direktor: LARSEN, Flemming

International Monetary Fund – IMF
(Internationaler Währungsfond)
700 19th Street, N.W.
Washington, D.C. 20431, USA;
Tel 00 1-2 02/6 23 70 00, 6 23 73 00;
Fax 00 1-2 02/6 23 46 61;
e-mail   publicaffairs@imf.org
http://www.imf.org
Direktor: DE RATOY FIGARADO,
Rodrigo

**North Atlantic Treaty Organisation –
NATO** (Nordatlantisches
Verteidigungsbündnis)
Boulevard Leopold III
1110 Brüssel, Belgien;
Tel 00 32-2/7 07 41 11;
Fax 00 32-2/7 07 41 17;
e-mail   natodoc@hq.nato.int
http://www.nato.int
Generalsekretär: DE HOOP SCHEFFER,
Jaap

**Organisation de Coopération et de
Développement Economiques – OCDE**
(Organisation für Entwicklung und
Zusammenarbeit – OECD)
2, rue André Pascal
75775 Paris cedex 016, Frankreich;
Tel 00 33-1/45 24 82 00;
Fax 00 33-1/45 24 85 00;
e-mail   webmaster@oecd.org
http://www.oecd.org
Generalsekretär: JOHNSTON, Donald

Organisation des Nations Unies – ONU
(Organisation der Vereinten Nationen – VN)
14, rue Montoyer
1000 Brüssel, Belgien;
Tel 00 32-2/5 05 46 20;
Fax 00 32-2/5 03 47 29;
e-mail   undp.brussels@undp.be
Leiter: BAKHET, Omar

Organisation des Nations Unies – ONU
(Organisation der Vereinten Nationen – VN)
Palais des Nations
avenue de la Paix 8
1211 Genf 10, Schweiz;
Tel 00 41-22/9 17 21 00;
Fax 00 41-22/9 17 00 02;
http://www.unog.ch
Generaldirektor: ORDZHONIKIDZE, Sergei

United Children's Fund – UNICEF
(Weltkinderhilfswerk)
Palais des Nations
1211 Genf 10
Avenue de la Paix 5-7
1202 Genf, Schweiz;
Tel 00 41-22/9 09 51 11;
Fax 00 41-22/9 09 59 00;
http://www.unicef.org
Generaldirektor: O`BRIAN, Phillip

The World Bank (Weltbank)
10, rue Montoyer
1000 Brüssel, Belgien;
Tel 00 32-2/5 52 00 52;
Fax 00 32-2/5 52 00 25;
e-mail   pdejond@worldbank.org
http://www.worldbank.org
Direktor: BRIDI, Haleh

The World Bank (Weltbank)
Bockenheimer Landstraße 109
60325 Frankfurt a. M., Deutschland;
Tel 00 49-69/74 34 82 30;
Fax 00 49-69/74 34 82 39;
e-mail   webmaster@ifc.org
http://www.worldbank.org, www.ifc.org
Direktor: SIEMENS, Oltmann

The World Bank (Weltbank)
66, avenue d'Iéna
75116 Paris, Frankreich;
Tel 00 33-1/40 69 30 00, /21;
Fax 00 33-1/47 23 74 36;
e-mail   paris@worldbank.org/europe
http://www.worldbank.org/europe
Vice President Europe: RISCHARD, Jean-François

The World Bank (Weltbank)
1818 H Street, N.W.
Washington, D.C. 20433, USA;
Tel 00 1-2 02/4 73 10 00;
Fax 00 1-2 02/4 77 63 91;
http://www.worldbank.org
Präsident: WOLFOWITZ, Paul

United Nations Development Programme – UNDP (Entwicklungsprogramm der Vereinten Nationen)
Chemin des Anémones 11-13
1219 Chatelaine, Genf, Schweiz;
Tel 00 41-22/9 17 85 36, /37;
Fax 00 41-22/9 17 80 01;
e-mail   registry.ch@undp.org
http://www.undp.org
Direktor: SORGHO-MOULINIER, Odile

United Nations Development Programme – UNDP (Entwicklungsprogramm der Vereinten Nationen)
1 United Nations Plaza
New York, N.Y. 10017, USA;
Tel 00 1-2 12/9 06 52 95;
Fax 00 1-2 12/9 06 53 64, 9 06 56 34;
e-mail   hq@undp.org
http://www.undp.org
Direktor: THAPA, Rekha

United Nations Economic Commission for Europe – UN/ECE
Palais des Nations
Avenue de la Paix 8-14
1211 Genf 10, Schweiz;
Tel 00 41-22/9 17 27 27, 9 17 44 44 (Info);
Fax 00 41-22/9 17 05 05;
e-mail   info.ece@unece.org
http://www.unece.org
Ausführende Sekretärin:
SCHMÖGNEROVÁ, Brigita

World Health Organization – WHO
(Weltgesundheitsorganisation)
Avenue Appia 20
1211 Genf 27, Schweiz;
Tel 00 41-22/7 91 21 11;
Fax 00 41-22/7 91 31 11;

e-mail   registry@who.int
http://www.who.int
Generaldirektor: LEE, John-wook

World Health Organization – WHO
(Weltgesundheitsorganisation)
Scherfigsvej 8
2100 Kopenhagen Ø, Dänemark;
Tel 00 45/39 17 17 17;
Fax 00 45/39 17 18 18;
e-mail   postmaster@euro.who.int
http://www.euro.who.int
Regionaldirektor: DANZON, Marc

World Trade Organisation – WTO
(Welthandelsorganisation)
Centre William Rappard
Rue de Lausanne 154
1211 Genf 21, Schweiz;
Tel 00 41-22/7 39 51 11;
Fax 00 41-22/7 31 42 06;
e-mail   enquiries@wto.org,
e-mail   webmaster@wto.org
http://www.wto.org
Generaldirektor: PANITCHPAKDI, Supachai

C   Organisationen und Verbände der Wirtschaft[*]

---

[*] Nach einer Erhebung der EU-Kommission gibt es circa 3 000 Interessengruppen, die bei der EU Lobbying betreiben, davon mehr als 500 europäische und internationale Verbände der Wirtschaft. Es würde den Rahmen des vorliegenden Werkes sprengen, sie auch nur aufzuzählen. Im folgenden sind daher nur Europäische Verbände sowie die Europabüros deutscher und österreichischer Verbände aufgeführt, die für einen größeren Kreis von Interesse sein können oder die besonders enge Berührungspunkte zur EU aufweisen. Zur Vereinfachung der Kontaktaufnahme wird jeweils ein Ansprechpartner angegeben.

I Europäische Verbände

1 Landwirtschaft, Nahrungs- und Genussmittelgewerbe

1.1 Getreide, Saatgut, Obst, Gemüse

Comité du Commerce des Céréales et des Aliments de Bétail, Oléagineux, Huile d'Olive, Huiles et Graisses et Agrofournitures de l'UE – COCERAL (Komitee des Getreide-, Futtermittel-, Ölsaaten- und Olivenölhandels, des Handels mit Ölen und Fetten und des landwirtschaftlichen Betriebsmittelhandels in der EU)
18, square de Meeûs, boîte 1
1050 Brüssel, Belgien;
Tel 00 32-2/5 02 08 08;
Fax 00 32-2/5 02 60 30;
e-mail secretariat@coceral.com
http://www.coceral.com
FAUTH, Chantal

Confédération Générale des Planteurs de Betteraves – CGB (Internationale Vereinigung europäischer Rübenbauer)
43-45, rue de Naples
75008 Paris, Frankreich;
Tel 00 33-1/44 69 39 00;
Fax 00 33-1/42 93 42 37;
e-mail contact@cgb-france.fr
http://www.cgb-france.fr
JEANROY, Alain

European Community Banana Trade Association – E.C.B.T.A. (Verband der Bananenhändler der Europäischen Gemeinschaft)
272, avenue de Broqueville, boîte 17
1200 Brüssel, Belgien;
Tel 00 32-2/7 77 15 85;
Fax 00 32-2/7 77 15 86;
e-mail secretariat@ecbta.com
BINARD, Philippe

European Seed Association – ESA (Europäische Saatgutverbände)
23, rue de Luxemburg
1000 Brüssel, Belgien;
Tel 00 32-2/7 43 28 60;
Fax 00 32-2/7 43 28 69;
e-mail secretariat@euroseeds.org
http://www.euroseeds.org
WINTER, Joachim

European Seed Growers Group – ESGG (Europäische Gruppe der Saatgutzüchter)
74, rue Jean-Jacques Rousseau
75020 Paris, Frankreich;
Tel 00 33-1/44 82 73 33;
Fax 00 33-1/44 82 73 40;
e-mail esgg@wanadoo.fr,
snaps.paris@wanadoo.fr
PRIN, Sebastien

EUVEPRO – European Vegetal Protein Federation (Europäische Vereinigung für pflanzliches Protein)
30, avenue de Roodenbeek
1030 Brüssel, Belgien;
Tel 00 32-2/7 43 87 47;
Fax 00 32-2/7 36 81 75;
e-mail euvepro@sia-dvi.be
http://www.euvepro.org
N. N.

Fédération Européenne du Commerce en Fruits Secs, Conserves, Epices et Miel – FRUCOM (Europäische Vereinigung des Handels mit Trockenfrüchten, Konserven, Gewürzen, Honig und verwandten Waren)
c/o Waren-Verein der Hamburger Börse e.V.
Große Bäckerstraße 4
20095 Hamburg, Deutschland;
Tel 00 49-40/3 74 71 90;
Fax 00 49-40/37 47 19 26;
e-mail frucom@waren-verein.de
http://www.frucom.org
TAILLIE, Jack

FRESHFEL Europe – The Forum for the Fresh Produce Industry (Europäischer Verband der Frischobst- und Gemüse-Vertriebsorganisation)
272, avenue de Broqueville, bte 4
1200 Brüssel, Belgien;

Tel 00 32-2/7 77 15 80;
Fax 00 32-2/7 77 15 81;
e-mail info@freshfel.org
http://www.freshfel.org
BINARD, Philippe

International Pulse and Industry Confederation – IPTIC (Internationaler Verband der Frischobst- und Gemüse-Vertriebsorganisation)
2, rue de Viarmes, Bureau 273 Bourse de Commerce
75040 Paris cedex 01, Frankreich;
Tel 00 33-1/42 36 84 35;
Fax 00 33-1/42 36 44 93;
e-mail guy.coudert@cicilsiptic.org
http://www.cicilsiptic.org
LAMBERT, Paul

Organisation Européenne des Industries transformatrices de fruits et légumes – OEITFL (Europäische Organisation der obst- und gemüseverarbeitenden Industrie)
30, avenue de Roodebeek
1030 Brüssel, Belgien;
Tel 00 32-2/7 43 87 30;
Fax 00 32-2/7 36 81 75;
e-mail oeitfl@sia-dvi.be
http://www.oeitfl.org
KEPENNE, Pascale

Union des Associations des Sémouliers des Pays de l'UE – SEMOULIERS (Union der Grießmüllerverbände der EU)
Via dei Crociferi, 44
00187 Rom, Italien;
Tel 00 39-06/6 78 54 09;
Fax 00 39-06/6 78 30 54;
e-mail semouliers@semouliers.org
http://www.semouliers.org
PIANÚ, Piero Luigi

Union Européenne du Commerce des Pommes de Terre – EUROPATAT
(Europäische Union des Kartoffelgroßhandels)
8, rue de Spa
1000 Brüssel, Belgien;

Tel 00 32-9/3 39 12 52/50/49;
Fax 00 32-9/3 39 12 51;
e-mail europatat@fvphouse.be
http://www.europatat.org
COOLS, Romain

1.2 Fleisch, Milchprodukte, Eier, Fisch

Association des Industries des Glaces Alimentaires de l'UE – EUROGLACES
(Verband der Speiseeishersteller der Europäischen Union)
3, rue de Copenhague
75008 Paris, Frankreich;
Tel 00 33-1/53 42 13 38;
Fax 00 33-1/53 42 13 39;
e-mail b-dufrene@wanadoo.fr
DUFRÈNE, Barbara

Association des Industries du Poisson de l'UE – AIPCEE (Verband der Fischindustrie der EU)
c/o SIA, 30, avenue de Roodebeek
1030 Brüssel, Belgien;
Tel 00 32-2/7 43 87 30;
Fax 00 32-2/7 36 81 75;
e-mail aipcee@sia-dvi.be,
e-mail sia01@sia-dvi.be
COENEN, Michel

Association des Organisations Nationales d'Entreprises de Pêche de l'UE – EUROPECHE (Verband der nationalen Verbände von Fischereiunternehmen in der EU)
23, rue Montoyer
1000 Brüssel, Belgien;
Tel 00 32-2/20 48 48;
Fax 00 32-2/20 26 80;
e-mail europeche@skynet.be
http://www.europeche.org
VERNAEVE, Guy

Association des professionnels de la pêche des pays riverains de la Méditerranée – MEDISAMAK (Verband der Fischereiorganisationen aus dem Mittelmeerraum)
39, rue de la Loge
13002 Marseille, Frankreich;

Tel 00 33 4-9 1/56 78 33, (00 32 4) 7 60 56 50;
Fax 00 33 4-9 1/91 96 05, (00 32 2) 7 84 33 74;
KAHOUL, Mourad

Centre de Liason des Industries Transformatrices de Viandes de l'UE – CLITRAVI (Verbindungszentrum für die Fleischverarbeitungsindustrien in der EU)
18, boulevard Baudouin, 4ième étage
1000 Brüssel, Belgien;
Tel 00 32-2/2 03 51 41;
Fax 00 32-2/2 03 32 44;
e-mail devries@skypro.be
DOBBELAERE, Dirk

Comité des Organisations Nationales des Importateurs et Exportateurs de Poisson de l'UE – CEP (Komitee der nationalen Organisationen der Fischimporteure und -exporteure)
30, avenue de Roodebeek
1030 Brüssel, Belgien;
Tel 00 32-2/7 43 87 30;
Fax 00 32-2/7 36 81 75;
e-mail sia01@sia-dvi.be
COENEN, Michel

Confédération des Détaillants en Volaille et Gibier des Pays de l'UE (Verband der Geflügel- und Wildhändler der Länder der EU)
26, rue Melsius
1000 Brüssel, Belgien;
Tel 00 32-2/5 12 61 78;
Fax 00 32-2/5 12 03 74;
N. N.

European Dairy Association – EDA (Europäischer Milchindustrieverband)
14, rue Montoyer, 4ième étage
1000 Brüssel, Belgien;
Tel 00 32-2/5 49 50 40/43;
Fax 00 32-2/5 49 50 49;
e-mail eda@euromilk.org,
e-mail kleibeuker@euromilk.org
http://eda.euromilk.org
KLEIBEUKER, Joop

European Meat Association – EMA (Europäische Vereinigung für Fleisch)
25, square de Meeûs
1000 Brüssel, Belgien;
Tel 00 32-2/5 02 64 23;
Fax 00 32-2/5 02 64 33;
MARITATO, Mario

European Minced Meat Association – EMMA (Europäische Vereinigung für Hackfleisch)
9-31, avenue des Nerviens
1040 Brüssel, Belgien;
Tel 00 44-19 08/66 54 31;
Fax 00 44-19 08/67 46 21;
e-mail peterm@mckey.co.uk
MITCHELL, Peter

European Union of Poultry, Egg and Game Association – EPEGA (Europäischer Verband der Eier-, Wild und Geflügelwirtschaft e.V.)
Hochkreuzallee 72
53175 Bonn, Deutschland;
Tel 00 49-2 28/95 96 00;
Fax 00 49-2 28/9 59 60 50;
e-mail info@epega.org
http://www.epega.org
VON DER CRONE, Caspar

European Union of wholesale with eggs, egg products, poultry and game – EUWEP (Europäischer Verband des Großverkaufs von Eiern, Ei-Produkten und Geflügel)
89 Charterhouse Street
London EC1M 6HR, Großbritannien;
Tel 00 44-20/76 08 37 60;
Fax 00 44-20/76 08 38 60;
e-mail mark.williams@britisheggindustrycouncil.com
WILLIAMS, Mark

International Dairy Federation – IDF (Internationaler Verband der Milchwirtschaft)
Building Diamant, 41, Square Vergote
1030 Brüssel, Belgien;
Tel 00 32-2/7 33 98 88;
Fax 00 32-2/7 33 04 13;
e-mail info@fil-idf.org, ehopkein@fil-idf.org
http://www.fil-idf.org
HOPKIN, Edward

Union Européenne du Commerce des
Produits Laitiers et Dérivés – EUCOLAIT
(Europäische Union des Handels mit Milcherzeugnissen)
26, avenue Livingstone
1000 Brüssel, Belgien;
Tel 00 32-2/2 30 44 48;
Fax 00 32-2/2 30 40 44;
e-mail   dairy.trade@eucolait.de
http://www.eucolait-dairytrade.org
RANDLES, Anne

Union Européenne du Commerce du Bétail
et de la Viande – UECBV (Europäische Vieh-
und Fleischhandelsunion)
81a, rue de la Loi, boîte 9, 4ième étage
1040 Brüssel, Belgien;
Tel 00 32-2/2 30 46 03;
Fax 00 32-2/2 30 94 00;
e-mail   uecbv@pophost.eunet.be
http://www.uecbv.be
MÉRIAUX, Jean-Luc

1.3   Alkohol, Kaffee, Kakao, Tee

Association de l'Industrie des Jus et Nectars
de Fruits et de Légumes de l'Union
Européenne – AIJN (Verband der Hersteller
von Frucht- und Gemüsesäften unnektaren in
der EU)
221, rue de la Loi, boîte 5
1040 Brüssel, Belgien;
Tel 00 32-2/2 35 06 20;
Fax 00 32-2/2 82 94 20;
e-mail   aijn@ajin.org
http://www.aijn.org
HERMANS, Jan

Association des Industries des Cidres et Vins
de Fruits de l'Union Européenne – AICV
(Vereinigung der Obst- und Fruchtwein-
industrie der EU)
221, rue de la Loi, boîte 5
1040 Brüssel, Belgien;
Tel 00 32-2/2 35 06 20;
Fax 00 32-2/2 82 94 20;
e-mail   aicv@ajn.org
http://www.aicv.org
HERMANS, Jan

Comité Européen des Entreprises de Vins –
CEV (Europäisches Weinkomitee)
43, avenue des Arts
1040 Brüssel, Belgien;
Tel 00 32-2/2 30 99 70;
Fax 00 32-2/25 13 02 18;
e-mail   ceev@ceev.be
http://www.ceev.be
WOLFERS, Marion

Committee of European Coffee Associations
– CECA (Komitee der europäischen
Kaffeeverbände)
Tournairestraat 3
1065 KK Amsterdam, Niederlande;
Tel 00 31-20/5 11 38 75;
Fax 00 31-20/5 11 38 10;
e-mail   informatie@koffiethee.nl
http://www.coffee-associations.org
KRIETEMEIJER, Cornelie

Confédération Européenne des Producteurs
de Spiritueux – CEPS (Europäischer Verband
der Spirituosenhersteller)
192, avenue de Tervueren, bte 3
1150 Brüssel, Belgien;
Tel 00 32-2/7 79 24 23;
Fax 00 32-2/7 72 98 20;
e-mail   ceps1@skynet.be
http://www.europeanspirits.org
BOUYAT, Jean-Paul

European Coffee Federation – ECF
(Europäischer Kaffeeverband)
Tourniairestraat 3
1065 BK Amsterdam, Niederlande;
Tel 00 31-20/5 11 38 15;
Fax 00 31-20/5 11 38 92;
e-mail   ecf@coffee-associations.org,
e-mail   afcasole@coffee-associations.org
http://www.ecf-coffee.org
VAESSEN, J.A.J. Roland

European Federation of Associations of
Coffee Roasters' – EUCA (Europäische
Vereinigung der Kaffeeröster)
Tourniairestraat 3
1065 BK Amsterdam, Niederlande;

Tel 00 31-20/5 11 38 14;
Fax 00 31-20/5 11 38 92;
e-mail euca@coffee-associations.org
VAESSEN, J. A. J.

European Tea Committee/European Herbal Infusions Association – ETC/EHIA
(Europäisches Teekomitee/Europäischer Kräuterteeverband)
Gotenstraße 21
20097 Hamburg, Deutschland;
Tel 00 49-40/23 60 16 14;
Fax 00 49-40/23 60 16 10;
e-mail etc@wga-hh.de
BEUTGEN, Monika

European Wine and Spirit Association – WSA (Europäische Vereinigung des Wein- und Spirituosenimports und -vertriebs)
Five Kings House, 1 Queen Street Place
London EC 4R1XX, Großbritannien;
Tel 00 44-20/72 48 53 77;
Fax 00 44-20/74 89 03 22;
e-mail info@wsa.org.uk,
qroppoport@wsa.org.uk
http://www.wsa.org.uk
RAPPOPORT, Quentin

Fédération Internationale des Vins et Spiritueux – FIVS (Internationaler Wein- und Spirituosenverband)
18, rue d'Aguesseau
Paris, Frankreich;
Tel 00 33-1/42 68 82 48;
Fax 00 33-1/40 06 06 98;
e-mail fivs@wanadoo.fr
http://www.fivs.org
FINKLE, James P.

The Brewers of Europe (Verband der Brauer des Gemeinsamen Marktes)
23-25, rue Caroly
1050 Brüssel, Belgien;
Tel 00 32-2/6 72 23 92;
Fax 00 32-2/6 60 94 02;
e-mail info@brewersofeurope.org
http://www.brewersofeurope.org
DE LOOZ-CORSWAREM, Rodolphe

Union Européenne des Producteurs d'Alcool – UEPA (Europäische Union der Alkoholhersteller)
65, avenue des Nerviens, boîte 24
1040 Brüssel, Belgien;
Tel 00 32-2/7 72 98 30;
Fax 00 32-2/7 72 98 24;
e-mail uepa@skynet.be
CORRE, Valérie

1.4 Zucker, Gewürze, Öl, Tabak

Comité Européen des Fabricants de Sucre – CEFS (Europäischer Verband der Zuckerfabrikanten)
182, avenue de Tervuren
1150 Brüssel, Belgien;
Tel 00 32-2/7 62 07 60;
Fax 00 32-2/7 71 00 26;
e-mail cefs@euronet.be, info@cefs.org
http://www.cefs.org
BARJOL, Jean-Louis

ESA – European Spice Association
(Europäische Gewürzvereinigung)
Reuterstraße 151
53113 Bonn, Deutschland;
Tel 00 49-2 28/21 61 62;
Fax 00 49-2 28/22 94 60;
e-mail weber@verbaendebuero.de
MÜRAU, Hans-Joachim

European Salt Producers' Association – EUSALT (Verband europäischer Salzproduzenten)
4, avenue de l'Yser
1040 Brüssel, Belgien;
Tel 00 33-2/7 37 10 90;
Fax 00 33-2/7 37 10 99;
e-mail info@eusalt.com
http://www.eu-salt.com
SPEISER, Robert

Federation of the Condiment and Sauce Industries – FIC Europe (Ausschuss der Senfindustrien der EU)
30, avenue de Roodebeek
1030 Brüssel, Belgien;

Tel 00 32-2/7 43 87 46;
Fax 00 32-2/7 36 81 75;
e-mail   fic.europe@sia-dvi.be
COENEN, Michel

FEDIOL – EU Seed Crusher's & Oil Processor's Federation (Europäische Vereinigung der Saatgutverarbeiter und Ölproduzenten)
168, avenue de Tervuren, bte 12
1150 Brüssel, Belgien;
Tel 00 32-2/7 71 53 30;
Fax 00 32-2/7 71 38 17;
e-mail   fediol@fediol.be
COGELS, Pascal

Groupement des Industries Européennes du Tabac – GITES (Vereinigung europäischer Tabakindustrien)
143, avenue de Tervuren
1150 Brüssel, Belgien;
Tel 00 32-2/7 42 05 00;
Fax 00 32-2/7 42 05 01;
e-mail   seita.bxl@skynet.be
MARTINEZ-PASTOR, Maria-Angeles

1.5   Sonstige

Association des Industries de la Chocolaterie, Biscuiterie et Confiserie de l'UE – CAOBISCO (Verband der Schokoladen-, Dauerbackwaren- und Zuckerwarenindustrien in der EU)
1, rue Defacqz
1000 Brüssel, Belgien;
Tel 00 32-2/5 39 18 00;
Fax 00 32-2/5 39 15 75;
e-mail   caobisco@caobisco.be
http://www.caobisco.com
ZIMMER, David

Association des Industries des Aliments Diététiques de l'UE – IDACE (Verband der Hersteller von Diätlebensmitteln in der EU)
194, rue de Rivoli
75001 Paris, Frankreich;
Tel 00 33-1/53 45 87 87;
Fax 00 33-1/53 45 87 80;
e-mail   info@idace.org,

andree.bronner@wanadoo.fr
http://www.idace.org
BRONNER, Andrée

Association des Organisations professionelles du commerce des sucre pour les pays de la UE – ASSUC (Verband der Berufsorganisationen für Zuckerhandel innerhalb der EU-Länder)
29, rue Jenneval
1000 Brüssel, Belgien;
Tel 00 32-2/7 36 79 97;
Fax 00 32-2/7 32 67 66;
e-mail   sacar@linkline.be
http://www.sugartraders.co.uk
ROUHIER, Pascale

Comité des Organisations Professionnelles Agricoles de l'UE (Ausschuss der berufsständischen landwirtschaftlichen Organisationen der EU)
23-25, rue de la Science
1040 Brüssel, Belgien;
Tel 00 32-2/2 87 27 11;
Fax 00 32-2/2 87 27 00;
e-mail   mail@copa-cogeca.be,
e-mail   franz.josef.feiter@copa-cogeca.be
http://www.cogeca.be/de
FEITER, Franz-Josef

Comité Européen de Liaison des Commerces Agro-Alimentaires – CELCAA (Europäischer Verbindungsausschuss des Landwirtschafts- und Nahrungsmittelhandels)
18, square de Meeûs
1050 Brüssel, Belgien;
Tel 00 32-2/2 30 03 70;
Fax 00 32-2/2 30 43 23;
e-mail   celcaa@schuman9.com
http://www.schuman9.com/celcaa.htm
GRUNER, Bernd

Confédération Internationale du Commerce et de l'Industrie des Pailles, Fourrages, Tourbes et Dérivés – CIPF (Internationale Handels- und Industrievereinigung für Stroh, Futter, Torf und abgeleitete Produkte)

Bourse de Commerce
2, rue de Viarmes
75040 Paris cedex 01, Frankreich;
Tel 00 33-1/42 36 84 35;
Fax 00 33-1/42 36 44 93;
e-mail   ucipf@mageos.com
COUDERT, Guy

**European Crop Protection Association –
ECPA** (Europäische
Pflanzenschutzvereinigung)
6, avenue E. Van Nieuwenhuyse
1160 Brüssel, Belgien;
Tel 00 32-2/6 63 15 50;
Fax 00 32-2/6 63 15 60;
e-mail   ecpa@ecpa.be
http://www.ecpa.be
SCHMIDER, Friedhelm

**European Federation of Food Science and
Technology – EFFoST** (Europäischer Verband für Nahrungsmittelwissenschaft und -technologie)
c/o A&F, Bornsesteeg 59
6700 AA Wageningen, Niederlande;
Tel 00 31-31 7/47 50 00;
Fax 00 31-31 7/47 53 47;
e-mail   info@effost.org
http://www.effost.org
GOODACRE, C.

**European Network of Engineering for
Agriculture and Environment – ENGAGE**
(Europäisches Netzwerk für Landtechnik und
Umweltforschung)
MTT/Vakola,
Vakolantie 55
03400 Vihti, Finnland;
Tel 00 35-89/22 42 51;
Fax 00 35-89/2 24 62 10;
e-mail   hannu.haapala@mtt.fi
http://www.fal.de/engage
KAUSTELL, Kim

**Fédération des Associations de Fabricants de
Produits Alimentaires Surgelés de l'UE –
FAFPAS** (Vereinigung der Verbände von
Tiefkühlkostproduzenten in der EU)

30, avenue de Roodebeek
1030 Brüssel, Belgien;
Tel 00 32-2/7 43 87 46;
Fax 00 32-2/7 36 81 75;
e-mail   fafpas@sia-dvi.be
COENEN, Michel

**Fédération Européenne des Fabricants
d'Aliments Composés – FEFAC**
(Europäischer Verband der
Mischfutterindustrie)
223, rue de la Loi, boîte 3
1040 Brüssel, Belgien;
Tel 00 32-2/2 85 00 50;
Fax 00 32-2/2 30 57 22;
e-mail   fefac@fefac.org
http://www.fefac.org
DÖRING, Alexander

**Fédération Européenne des Syndicats des
Secteurs de l'Alimentation, de l'Agriculture
et du Tourisme et des Branches Connexes –
EFFAT** (Europäischer Verband der Gewerkschaften des Lebensmittel-, Genussmittel-,
Landwirtschafts- und Tourismussektors und
verwandter Branchen)
38, rue Fossé-Aux-Loups, boîte 3
1000 Brüssel, Belgien;
Tel 00 32-2/2 18 77 30;
Fax 00 32-2/2 18 30 18;
e-mail   effat@effat.org
http://www.effat.org
WIEDENHOFER, Harald

**Fédération Européenne du Commerce
International des Machines Agricoles et
Activités Connexes – FECIMA**
(Europäischer Verband des internationalen
Handels landwirtschaftlicher Maschinen und
damit verbundene Aktivitäten)
46, boulevard de la Woluwe, boîte 9
1200 Brüssel, Belgien;
Tel 00 32-2/7 78 62 00;
Fax 00 32-2/7 78 62 22;
e-mail   agrimadis@federauto.be
http://www.fecima.org
PONCELET, Albert

Federation of European Union Manufactures and Supplies of Ingredients to Bakery, Confectionary and Patisserie Industries - FEDIMA (Verband der EU-Manufakturen und des Zubehörs für Back- und Konditorwaren sowie für die Teigwarenindustrie)
21A/12, Nolet De Brauwere Straat
1800 Vilvoorde, Belgien;
Tel 00 32-2/3 06 79 34;
Fax 00 32-2/3 06 94 18;
e-mail   vanhecke@pandora.be
http://www.fedima.org
VAN HECKE, Arnold

International Flowers Trade Association – UNION FLEURS (Internationale Union des Blumengroßhandels)
Storgatan 63
36051 Hovmantorp, Schweden;
Tel 00 46-47/84 11 88;
Fax 00 46-47/84 04 88;
e-mail   info@unionfleurs.com
http://www.unionfleurs.com
PERSSON, Rolf

Syndicat Général de Constructeurs de Tracteurs et Machines Agricoles – SYGMA (Berufsverband der französischen Hersteller von Traktoren und Landmaschinen)
19, rue Jacques Bingen
75017 Paris, Frankreich;
Tel 00 33-1/42 12 85 90;
Fax 00 33-1/40 54 95 60;
e-mail   infos@sygma.org
http://www.sygma.org
DEHOLLAIN, Jacques

2   Industrie

2.1   Chemische, pharmazeutische und medizinische Produkte

Association des Producteurs de Produits Pétroléochimiques en Europe – APPE (Verband der Hersteller von Petrochemikalien in Europa)
4, avenue E. van Nieuwenhuyse
1160 Brüssel, Belgien;
Tel 00 32-2/6 76 72 11;
Fax 00 32-2/6 76 72 00;
e-mail   fhu@cefic.be
http://www.petrochemistry.net
AUTIN, Jacques

Association Européenne des Spécialités Pharmaceutiques Grand Public – AESGP (Europäischer Fachverband der Arzneimittelhersteller)
7, avenue de Tervueren
1040 Brüssel, Belgien;
Tel 00 32-2/7 35 51 30;
Fax 00 32-2/7 35 52 22;
e-mail   info@aesgp.be
http://www.aesgp.be
CRANZ, Hubertus

Association Europénne de la Parfumerie, des Produits Cosmetiques et de Toilette – COLIPA (Europäischer Kosmetika- und Körperpflegeverband)
15A, avenue Herrmann De Broux
1160 Brüssel, Belgien;
Tel 00 32-2/2 27 66 10;
Fax 00 32-2/2 27 66 27;
e-mail   colipa@colipa.be
http://www.colipa.com
HEERINK, Bertil

Association Internationale de la Savonnerie, de la Détergence et des Produits d'Entretien – AISE (Internationaler Verband der Seifen-, Waschmittel- und Pflegemittelindustrie)
49, square Marie-Louise
1000 Brüssel, Belgien;
Tel 00 32-2/2 30 83 71;
Fax 00 32-2/2 30 82 88;
e-mail   aise.main@aise-net.org
http://www.aise-net.org
LABBERTON, Maarten G.

Conseil Européen de l'Industrie Chimique – CEFIC (Europäischer Rat der Verbände der chemischen Industrie)
4, avenue E. van Nieuwenhuyse
1160 Brüssel, Belgien;

Tel 00 32-2/6 76 72 11;
Fax 00 32-2/6 76 73 00;
e-mail mail@cefic.be
http://www.cefic.be
PERROY, Alain

Conseil Européene de l'Industrie des Peintruies, des Encres d'Imprimerie et des Couleurs d'Art – CEPE (Europäische Vereinigung der Lack-, Druckfarben-, und Künstlerfarbenindustrie)
4, avenue E. van Nieuwenhuyse, boîte 10
1160 Brüssel, Belgien;
Tel 00 32-2/6 76 74 80;
Fax 00 32-2/6 76 74 90;
e-mail secreteriat@cepe.org
http://www.cepe.org
SCHODER, Jean

Ecological and Toxicological Association of Dyes and Organic – ETAD (Umwelt- und Toxikologieverband der Hersteller von Farbstoffen und organischen Pigmenten)
Clarastraße 4
4005 Basel, Schweiz;
Tel 00 41-61/6 90 99 66;
Fax 00 41-61/6 91 42 78;
e-mail info@etad.com
http://www.etad.com
CLARKE, Eric A.

European Federation of Pharmaceutical Industries and Associations – EFPIA
(Europäische Vereinigung der Verbände der pharmazeutischen Industrie)
108, rue du Trône
1050 Brüssel, Belgien;
Tel 00 32-2/6 26 25 55;
Fax 00 32-2/6 26 25 66;
e-mail info@efpia.org
http://www.efpia.org
AGER, Brian

European Fertilizer Manufacturers Association – EFMA (Verband der europäischen Düngemittelhersteller)
4, avenue E. van Nieuwenhuyse
1160 Brüssel, Belgien;
Tel 00 32-2/6 75 35 50;
Fax 00 32-2/6 75 39 61;
e-mail main@efma.be
http://www.efma.org
ALDINGER, Helmuth

European Flavour and Fragrance Association/International Fragrance Association – EFFA/IFRA (Europäischer Verband der Essenzen- und Riechstoffhersteller, Internationaler Verband der Riechstoffhersteller)
49, square Marie-Louise
1000 Brüssel, Belgien;
Tel 00 32-2/2 38 99 05/04;
Fax 00 32-2/2 30 02 65;
e-mail secretariat@effaorg.org,
e-mail secretariat@ifra.org
http://www.ifraorg.org, www.effa.be
DILS, Dan

European Mines, Chemical Energy Workers' Federation – EMCEF (Europäische Vereinigung der Bergbau- und Chemie-Gewerkschaften)
109, rue Emile de Béco
1050 Brüssel, Belgien;
Tel 00 32-2/6 26 21 80;
Fax 00 32-2/6 46 06 85;
e-mail info@emcef.org
http://www.emcef.org
REIBSCH, Reinhard

Fédération de l'Industrie Dentaire en Europe – FIDE (Verband der europäischen Dental-Industrie)
Kirchweg 2
50858 Köln, Deutschland;
Tel 00 49-2 21/50 06 87 12;
Fax 00 49-2 21/50 06 87 21;
e-mail info@fide-online.org,
e-mail h.russegger@fide-online.org
http://www.fide-online.org
RUSSEGGER, Harald

Fédération Européenne des Industries de Colles et Adhésifs – FEICA (Europäischer Verband der Klebstoffindustrien)

Ivo-Belcker-Straße 43
40237 Düsseldorf, Deutschland;
Tel 00 49-2 11/6 79 31 30;
Fax 00 49-2 11/6 79 31 88;
e-mail info@feica.com
http://www.feica.com
VAN HALTEREN, Ansgar

Fédération Européenne du Commerce
Chimique – FECC (Europäischer Verband
des Chemiehandels)
1519, chaussée de Wavre
1160 Brüssel, Belgien;
Tel 00 32-2/6 79 02 60;
Fax 00 32-2/6 72 73 55;
e-mail vle@fecc.org
http://www.fecc.org
OUT, H.

Union Européenne de l'Hospitalisation
Privée – UEHP (Europäische Union der
Privatkliniken)
5, avenue Alfred Solvay
1170 Brüssel, Belgien;
Tel 00 32-2/6 60 35 50;
Fax 00 32-2/6 72 90 62;
e-mail genevieve.robin@uehp.org
http://www.uehp.org
ANDRYS, H.

2.2 Baugewerbe

Association Européenne du Ciment –
CEMBUREAU (Europäischer
Zementverband)
55, rue d'Arlon
1040 Brüssel, Belgien;
Tel 00 32-2/2 34 10 11;
Fax 00 32-2/2 30 47 20;
e-mail general.secretariat@cembureau.be
http://www.cembureau.be
VAN DER VAET, Alain

Association of European Building Surveyors
– AEEBC (Verband der europäischen
Vermessungsingenieure)
RIGO Research
De Ruyterkade 139
1000 CV Amsterdam, Niederlande;

Tel 00 31-20/5 22 11 22;
Fax 00 31-20/6 27 68 40;
e-mail rob@rigo.nl
http://www.rigo.nl/aeebc
DE WILDT, Rob

Association of European Gypsum Industries
– EUROGYPSUM (Verband der
Europäischen Gipsindustrien)
98/7, Gulledelle
1200 Brüssel, Belgien;
Tel 00 32-2/7 75 84 90;
Fax 00 32-2/7 71 30 56;
e-mail eurogypsum@skynet.be
http://www.eurogypsum.org
BENNETT, Philip

Bureau International du Béton
Manufacturé – BIBM (Internationales Büro
der Beton- und Fertigteilindustrie)
12, rue Volta
1050 Brüssel, Belgien;
Tel 00 32-2/7 35 60 69;
Fax 00 32-2/7 34 77 95;
e-mail info@bibm.org
http://www.bibm.org
DANO, Eddy

Comité Européen des Constructeurs
d'Instruments de Pesage – CECIP
(Europäisches Komitee der Waagenhersteller)
4, Impasse François Coli, domaine
d'Armainvilliers
77330 Ozoir La Ferrière, Frankreich;
Tel 00 33-1/60 02 89 58;
Fax 00 33-1/60 02 89 58;
e-mail turpain.cecip@wanadoo.fr
http://www.cecip.de
TURPAIN, Michel

Comité Européen des Economistes de la
Construction – CEEC (Europäischer
Ausschuss der Bauökonomen)
12 Great George Street
London SW1P 3AD, Großbritannien;
Tel 00 44-20/73 34 37 33;
Fax 00 44-20/73 34 38 44;
e-mail info@ceec.org, e.howlett@rics.org
DEPREZ, Christian

I Europäische Verbände

Comité Européen des Equipements
Techniques du Bâtiment – CEETB
(Europäischer Verband der technischen
Gebäudeausrüstung)
4, rue Jacques de Lalaing
1040 Brüssel, Belgien;
Tel 00 32-2/2 85 07 27;
Fax 00 32-2/2 30 78 61;
e-mail contact@ceetb.org
http://www.ceetb.org
LOEBEL, Oliver

Coopération de FAECF (Fédération des
Associations Européennes des Constructeurs de Fenêtres) et de FEMIB (Association
des Fédérations Européennes de l'Industrie
de bois) – EUROWINDOOR (Vereinigung
der europäischen Fensterherstellerverbände
(FAECF) und der europäischen Verbände der
Holzindustrie im Baubereich (FEMIB))
Walter-Kolb-Straße 1-7
60594 Frankfurt a. M., Deutschland;
Tel 00 49-69/9 55 05 40;
Fax 00 49-69/95 50 54 11;
e-mail eurowindoor-gs@window.de
http://www.eurowindoor.org
HERBERT, Karl Heinz

Council of European Producers of Materials
for Construction – CEPMC (Vereinigung
Europäischer Baustoffhersteller)
98/7, Gulledelle
1200 Brüssel, Belgien;
Tel 00 32-2/7 75 84 91;
Fax 00 32-2/7 71 30 56;
e-mail info@cepmc.org
http://www.cepmc.org
BENNETT, Philip

European Asphalt Pavement Association –
EAPA (Europäischer Asphalt-Verband)
P.O.B. 175
3620 AD Breukelen, Niederlande;
Tel 00 31-34 6/26 68 68;
Fax 00 31-34 6/26 35 05;
e-mail info@eapa.org
http://www.eapa.org
REMMER, Niels

European Builders' Confederation – EBC
(Europäischer Bauunternehmerverband)
4, rue J. de Lalaing
1040 Brüssel, Belgien;
Tel 00 32-2/5 14 23 23;
Fax 00 32-2/5 14 00 15;
e-mail secretariat@eubuilders.org
http://www.eubuilders.org
THIBAULT, Agnès

European Council of Civil Engineers –
ECCE (Europäischer Bauingenieurrat)
ECCE Secretariat
3 Springfield
Amersham-Bucker HP6 5JU,
Großbritannien;
Tel 00 44-14/94 72 33 69;
e-mail eccesecretariat@hotmail.com
http://www.eccenet.org
MAXWELL, Diana E.

European Demolition Association – EDA
(Europäischer Abbruchverband)
Wilhelminalaan 3
3743 DB Baarn, Niederlande;
Tel 00 31-35/5 42 75 05;
Fax 00 31-35/5 42 76 05;
e-mail eda@eda-demolition.com
http://www.eda-demolition.com
THEUNISSEN, Dick

European Federation of Building and
Woodworkers – EFBWW (Europäische
Vereinigung der Bau- und Holzarbeiter)
45, rue Royale, boîte 3
1000 Brüssel, Belgien;
Tel 00 32-2/2 27 10 40;
Fax 00 32-2/2 19 82 28;
e-mail info@efbh.be
http://www.efbww.org/DE
BIJEN, Harrie

European Group of Official Laboratories
for Fire Testing – EGOLF (Europäische
Gruppe der amtlichen Brandtestlaboratorien)
1 Vernon Drive
Marple-Stockport 6K6 6JH,
Großbritannien;

Tel 00 44-16 1/4 27 54 72;
Fax 00 44-16 1/4 27 80 45;
e-mail ruth.boughey@egolf.org.uk
http://www.egolf.org.uk
BOUGHEY, Ruth

European Insulation Manufacturers' Association – EURIMA (Verband der europäischen Isoliermaterialhersteller)
375, avenue Louise, boîte 4
1050 Brüssel, Belgien;
Tel 00 32-2/6 26 20 90/95;
Fax 00 32-2/6 36 20 99;
e-mail info@eurima.org,
e-mail horst.biedermann@eurima.org
http://www.eurima.org
BIEDERMANN, Horst

European Mortar Industry Organization – EMO (Verband der europäischen Mörtelindustrie)
Düsseldorfer Straße 50
47051 Duisburg, Deutschland;
Tel 00 49-2 03/99 23 90;
Fax 00 49-2 03/9 92 39 97;
e-mail hans-peter.braus@baustoffverbaende.de
http://www.euromortar.com
BRAUS, Hans Peter

Fédération de l'Industrie Européenne de la Construction – FIEC (Verband der Europäischen Bauwirtschaft)
66, avenue Louise
1050 Brüssel, Belgien;
Tel 00 32-2/5 14 55 35;
Fax 00 32-2/5 11 02 76;
e-mail info@fiec.org
http://www.fiec.org
PAETZOLD, Ulrich

Fédération Européenne des Fabricants de Tuiles et de Brique – TBE (Europäischer Verband der Ziegelindustrie)
18-24, rue des Colonies, boîte 17
1000 Brüssel, Belgien;
Tel 00 32-2/5 11 30 12;
Fax 00 32-2/5 11 51 74;
e-mail sec@cerameunie.org
WELLER, W.P.

Genie Climatique International – Union Internationale des Associations d'Installations de Chauffage, Ventilation et Conditionnement d'Air – GCI (Internationaler Verband für Heizung und Klimatechnik)
4, rue Jacques de Lalaing
1040 Brüssel, Belgien;
Tel 00 32-2/2 85 07 27;
Fax 00 32-2/2 30 78 61;
e-mail contact@ceetb.org
http://www.ceetb.org/fr/gci.htm
LOEBEL, Oliver

Groupement des Fabricants de Matériel de chauffage central pour l'eau chaude et de production d'eau chaude sanitaire (Europäische Vereinigung der Hersteller von Zentralheizkörpern für Warmwasser)
La Défense cedex
92038 Paris, Frankreich;
Tel 00 33-1/47 17 61 64;
Fax 00 33-1/47 17 60 03;
e-mail gfcc@gfcc.fr
TOLÉDANO, Pierre

International Association for Bridge and Structural Engineering – IABSE (Internationale Vereinigung für Brückenbau und Hochbau)
ETH Hönggerberg
8093 Zürich, Schweiz;
Tel 00 41-1/6 33 26 47;
Fax 00 41-1/6 33 12 41;
e-mail secretariat@iabse.ethz.ch
http://www.iabse.ethz.ch
GOLAY, Alain

Internationale Föderation des Dachdeckerhandwerks e.V. – IFD
Fritz-Reuter-Straße 1
50968 Köln, Deutschland;
Tel 00 49-2 21/3 98 03 80;
Fax 00 49-2 21/39 80 38 99;
e-mail info@ifcologne.de
http://www.ifcologne.de
JOBKE, Klaus

Union Européenne des Promoteurs-
Constructeurs – UEPC (Europäische Union
der freien Wohnungsunternehmen)
43, rue de la Violette
1000 Brüssel, Belgien;
Tel 00 32-2/5 11 25 26;
Fax 00 32-2/2 19 71 99;
e-mail info@uepc.org
http://www.uepc.org
SOUGNÉ, André

2.3 Kunststoffe und Gummi

Association des Producteurs de Matières
Plastiques en Europe – APME (Verband der
Kunststoffhersteller in Europa)
4, avenue E. van Nieuwenhuyse, boîte 3
1160 Brüssel, Belgien;
Tel 00 32-2/6 76 17 32;
Fax 00 32-2/6 75 39 35;
e-mail info@plasticseurope.org
http://www.apme.org
RUSSOTTO, Nancy

Association Européenne des Rubans,
Tresses, Tissus Elastiques – AERTEL
(Europäischer Verband für Bänder, Tressen
und Elastikgewebe)
Reedham House, 31, King Street West
M3 ZPF Manchester, Großbritannien;
Tel 00 44-16 1/8 34 78 71;
Fax 00 44-16 1/8 35 35 01;
N. N.

European Association of the Rubber
Industry – BLIC (Verbindungsstelle der
Kautschukindustrie in der europäischen
Union)
2, avenue des Arts, boîte 12
1210 Brüssel, Belgien;
Tel 00 32-2/2 18 49 40;
Fax 00 32-2/2 18 61 62;
e-mail info@blic.be
http://www.blic.be
CINARALP, Fazilet

European Composites Industry Association
– EUCIA (Europäische Industriegruppe
verstärkte Kunststoffe/Verbundkunststoffe)

Diamant Building
80, boulevard A. Reyerslaan
1030 Brüssel, Belgien;
Tel 00 32-2/7 06 79 60;
Fax 00 32-2/7 06 79 66;
e-mail gustaaf.bos@agoria.be
http://www.eucia.org
BOS, Gustaaf

European Plastics Converters – EUPC
(Verband europäischer Kunststoffverarbeiter)
66, avenue de Cortenbergh, Box 4
1000 Brüssel, Belgien;
Tel 00 32-2/7 32 41 24;
Fax 00 32-2/7 32 42 18;
e-mail info@eupc.org
http://www.eupc.org
DANGIS, A.

European Synthetic Rubber Association –
ESRA (Europäischer Synthesekautschuk-
verband)
4, avenue E. van Nieuwenhuyse
1160 Brüssel, Belgien;
Tel 00 32-2/6 76 72 11;
Fax 00 32-2/6 76 73 00;
e-mail mail@cefic.be
http://www.cefic.be
PERROY, Alain

Groupement Européen des Fabricants de
Pièces Techniques Plastiques –
PLASTEUROTEC (Gesamtverband
kunststoffverarbeitende Industrie e. V.)
Am Hauptbahnhof 12
60329 Frankfurt a. M., Deutschland;
Tel 00 49-69/2 71 05 20;
Fax 00 49-69/23 27 99;
e-mail info@gkv.de
http://www.gkv.de
KELDERBORN, Ulf

2.4 Energie

Comité International de la Rayonne et des
Fibres Synthétiques – CIRFS (Internationale
Chemiefaservereinigung)
4, avenue E. van Nieuwenhuyse
1160 Brüssel, Belgien;

Tel 00 32-2/6 76 74 55/60;
Fax 00 32-2/6 76 74 54;
e-mail info@cirfs.org
http://www.cirfs.org
PURVIS, Colin

Confédération Européenne des Distributeurs d'Energie Publics Communaux – CEDEC (Europäischer Dachverband der öffentlichen kommunalen Energieversorgungsunternehmen)
55, rue Royale, boîte 10
1000 Brüssel, Belgien;
Tel 00 32-2/2 18 86 40, 2 17 86 17;
Fax 00 32-2/2 19 20 56;
e-mail info@cedec.com
http://www.cedec.com
DE BLOCK, Gert

European Association for Coal and Lignite – EURACOAL (Europäischer Verband für Brennstoffe)
168, avenue de Tervuren, bte 11B
1150 Brüssel, Belgien;
Tel 00 32-2/7 75 31 70;
Fax 00 32-2/7 71 41 04;
e-mail euracoal@euracoal.org
http://www.euracoal.org
JANSSENS, Léopold

European Union of National Associations of Water Services – EUREAU (Europäische Union der nationalen Vereinigungen der Wasserversorger)
127, Colonel Bourg
1140 Brüssel, Belgien;
Tel 00 32-2/7 06 40 80;
Fax 00 32-2/7 06 40 81;
e-mail eureau@skynet.be
http://www.eureau.org
RILLAERTS, Francis

European Union of the Natural Gas Industry – EUROGAS (Europäische Vereinigung der Erdgaswirtschaft)
4, avenue Palmerston
1040 Brüssel, Belgien;
Tel 00 32-2/2 37 11 27;
Fax 00 32-2/2 30 62 91;

e-mail eurogas@eurogas.org
http://www.eurogas.org
DEVOS, Jean-Marie

Européen Forum Atomique – FORATOM (Europäisches Atomforum)
15-17, rue Belliard
1040 Brüssel, Belgien;
Tel 00 32-2/5 02 45 95;
Fax 00 32-2/5 02 39 02;
e-mail foratom@foratom.org
http://www.foratom.org
HAUG, Peter

Fédération des Agences Régionales de l'Energie et de l'Environnement – FEDARENE (Europäische Dachorganisation regionaler Energie- und Umweltbehörden)
11, rue du Beau-Site
1000 Brüssel, Belgien;
Tel 00 32-2/6 46 82 10;
Fax 00 32-2/6 46 89 75;
e-mail info@fedarene.org,
e-mail fedarene@euronet.be
http://www.fedarene.org
GEISSLER, Michael

Union des Industries Gazières du Marché Commun – MARCOGAZ (Union der Gaswirtschaften des gemeinsamen Marktes)
4, avenue Palmerston
1000 Brüssel, Belgien;
Tel 00 32-2/2 37 11 11;
Fax 00 32-2/2 30 44 80;
e-mail marcogaz@marcogaz.org
http://www.marcogaz.org
HEC, D.

Union of the Electricity Industry – EURELECTRIC (Europäische Vereinigung der Elektrizitätsversorgung)
66, boulevard de l'Imperatrice, boîte 2
1000 Brüssel, Belgien;
Tel 00 32-2/5 15 10 00/02;
Fax 00 32-2/5 15 10 10;
e-mail pbulteel@eurelectric.org,
e-mail euroelectric@euroelectric.org
http://www.public.euroelectric.org
BULTEEL, Paul

2.5 Metalle

Association des Constructeurs Européens de Moteurs a Combustion Interne – EUROMOT (Verband der europäischen Verbrennungsmotorenhersteller)
Lyoner Straße 18
60528 Frankfurt a. M., Deutschland;
Tel 00 49-69/66 03 13 54, 66 03 14 57;
Fax 00 49-69/66 03 23 54;
e-mail euromot@vdma.org
http://www.euromot.org
MAYER, Hartmut

Association Européenne de la Sidérurgie (Europäische Wirtschaftsvereinigung der Eisen- und Stahlindustrie)
211, rue du Noyer
1000 Brüssel, Belgien;
Tel 00 32-2/7 38 79 20;
Fax 00 32-2/7 36 30 01;
e-mail mail@eurofer.be
http://www.eurofer.org/home.htm
VON HÜLSEN, Dietrich

Eurometal (Europäischer Stahlhandelsverband)
Regus Buisness Center-Brussel Schumann
6, Rond Point Schumann
1040 Brüssel, Belgien;
Tel 00 34-91/4 11 06 98;
Fax 00 34-91/4 11 18 34;
e-mail contact@eurometal.net
http://www.eurometal.net
FERNANDEZ, Sonia

European Aluminium Association – EAA (Europäischer Aluminiumverband)
12, avenue de Broqueville
1150 Brüssel, Belgien;
Tel 00 32-2/7 75 63 63;
Fax 00 32-2/7 79 05 31;
e-mail eaa@eaa.be
http://www.eaa.net, www.aluminium.org
DE SCHRYNMAKERS, Patrick

European Association of Metals – EUROMETAUX (Europäischer Metallverband)
12, avenue de Broqueville
1150 Brüssel, Belgien;
Tel 00 32-2/7 75 63 11;
Fax 00 32-2/7 79 05 23;
e-mail eurometaux@eurometaux.be
http://www.eurometaux.org
THIRAN, Guy

European Convention for Construction Steelwork – ECCS (Europäische Konvention für Stahlbau)
32, avenue des Ombrages, base 20
1200 Brüssel, Belgien;
Tel 00 32-2/7 62 04 29;
Fax 00 32-2/7 62 09 35;
e-mail eccs@steelconstruct.com
http://www.steelconstruct.com
GENDEBIEN, Georges

European Metal Union – EMU (Europäische Metall-Union)
Einsteinbaan 1
3430 GA Nieuwegein, Niederlande;
Tel 00 31-30/6 05 33 44;
Fax 00 31-30/6 05 31 22;
e-mail info@metaalunie.nl
http://www.metaalunie.nl
KEIJER, Harm Jan

European Metallizers Association – EMA (Europäischer Metallisierungsverband)
POB 85612, 2508 Den Haag
Laan Copes van Cattenburch 79
2585 EW Den Haag, Niederlande;
Tel 00 31-70/3 12 39 17;
Fax 00 31-70/3 63 63 48;
e-mail mail@eurometallizers.org
http://www.eurometallizers.org
KIENJET, Manon

European Steel Tube Association – ESTA (Verbindungsausschuss der Stahlrohrindustrie der Europäischen Union)
130, rue de Silly
92100 Boulogne, Frankreich;
Tel 00 33-1/41 31 56 40/45;
Fax 00 33-1/41 31 00 24;
e-mail sitel.cl@wanadoo.fr
BODINEAU, Marc

International Council of Sheet Metal Presswork Associations – ICOSPA
(Internationaler Rat der Verbände der Blechumformung)
39/41, rue Louis Blanc
92400 Courbevoie, Frankreich;
Tel 00 33-1/47 17 64 10/13;
Fax 00 33-1/47 17 63 60;
e-mail icospa@ufimo.com
http://www.icospa.com
DELMOTTE, Thierry

Liaison Group of the European Mechanical, Electrical, Electronic and Metalworking Industries – ORGALIME (Verbindungsbüro der europäischen Metallindustrien)
Diamant Building
80, boulevard Auguste Reyers
1030 Brüssel, Belgien;
Tel 00 32-2/7 06 82 35;
Fax 00 32-2/7 06 82 50;
e-mail secretariat@orgalime.org
http://www.orgalime.org
HARRIS, Adrian

Syndicat Nationale de la Chaudronnerie, de la Tolerie et de la Tuyauterie – SNCT
(Europäisches Syndikat für den Dampfkessel-, Behälter- und Rohrleitungsbau)
39-41, rue Louis Blanc
92038 Paris la Défense, Frankreich;
Tel 00 33-1/47 17 62 71;
Fax 00 33-1/47 17 62 77;
e-mail g.fabiani@snct.org, snct@snct.org
http://www.snct.org
FABIANI, Gérard

The European Foundry Association – CAEF
(Vereinigung europäischer Gießereiverbände)
Sohnstraße 70
40237 Düsseldorf, Deutschland;
Tel 00 49-2 11/6 87 10, 6 87 12 15;
Fax 00 49-2 11/6 87 12 05;
e-mail info@caef-eurofoundry.org
http://www.caef-eurofoundry.org
URBAT, Klaus

2.6 Automobilindustrie und Verkehrsausrüstungshersteller

Association des Constructeurs Européens de Motocycles – ACEM (Verband der europäischen Motorradhersteller)
1, avenue de la Joyeuse Entrée
1040 Brüssel, Belgien;
Tel 00 32-2/2 30 97 32;
Fax 00 32-2/2 30 16 83;
e-mail acembike@acembike.org,
e-mail f.galliano@acembike.org,
e-mail r.sterckx@acembike.org
http://www.acembike.org
GALLIANO, Federico

Bureau Internationale Permanent des Associations de Vendeurs et Réchapeurs de Pneumatiques – BIPAVER (Internationale Vereinigung der nationalen Reifenfachhandel- und Vulkanisierungbetriebsverbände)
Elsinore House, Buckingham Street
Aylesbury HP20 2NQ, Großbritannien;
Tel 00 44-12 96/48 24 63;
Fax 00 44-12 96/(00 44 87 0) 9 00 06 10;
e-mail bipaver@ntda.co.uk
http://www.ntda.co.uk
EDY, Richard

Comité de Liaison de la Construction de Carrosseries et de Rémorques – CLCCR
(Verbindungsausschuss der Anhänger- und Aufbautenindustrie)
PA 170563, 60079 Frankfurt a. M.
Westendstraße 61
60325 Frankfurt a. M., Deutschland;
Tel 00 49-69/97 50 70;
Fax 00 49-69/97 50 72 61;
e-mail heibach@vda.de
http://www.vda.de
SCHMIDT, Kunibert

Conseil Européen du Commerce et de la Réparation Automobiles – CECRA
(Europäischer Verband des Kraftfahrzeuggewerbes)
46, boulevard de la Woluwe, boîte 17
1200 Brüssel, Belgien;
Tel 00 32-2/7 71 96 56;
Fax 00 32-2/7 72 65 67;

e-mail   mail@cecra.org,
e-mail   rita.soetaert@cecra.org
http://www.cecra.org
SOETAERT, Rita

European Committee of Associations of Manufacturers of Gears and Transmission Parts – EUROTRANS (Europäisches Komitee der Fachverbände der Hersteller von Getrieben und Antriebselementen)
c/o Fachverband Antriebstechnik im VDMA
Lyoner Straße 18
60528 Frankfurt a. M., Deutschland;
Tel 00 49-69/66 03 15 26;
Fax 00 49-69/66 03 14 59;
e-mail   klaus.wuestenberg@vdma.org
http://www.euro-trans.org
WÜSTENBERG, Klaus

European Council for Automotive R&D – EUCAR (Europäischer Rat für Automobilforschung und -entwicklung)
211, rue du Noyer
1000 Brüssel, Belgien;
Tel 00 32-2/7 38 73 53/50/52;
Fax 00 32-2/7 38 73 12;
e-mail   eucar@acea.be, ce@acea.be
http://www.eucar.be
VAN ZYL, Arnold

Union of European Railway Industries – UNIFE (Union der Europäischen Eisenbahnindustrien)
bte 11, 221, avenue Louise
1050 Brüssel, Belgien;
Tel 00 32-2/6 26 12 60;
Fax 00 32-2/6 26 12 61;
e-mail   mail@unife.org
http://www.unife.org
NIEUWENHUIS, Drewin

2.7   Holz und Möbel

European Confederation of Woodworking Industries – CEI-BOIS (Zentralverband der europäischen Holzindustrie)
5/4, allée Hof-ter-Vleest
1070 Brüssel, Belgien;
Tel 00 32-2/5 56 25 85;
Fax 00 32-2/5 56 25 95;
e-mail   info@cei-bois.org
http://www.cei-bois.org
DE JAEGER, Filip

European Union of Tapestries and Sadlers – E.U.T.D.S (Europäische Union der Tapezierer und Sattler)
Gurzelngasse 27
4500 Solothurn, Schweiz;
Tel 00 41-32/6 22 50 50;
Fax 00 41-32/6 23 46 09;
e-mail   info@psp-law.ch
PLATZER, Peter

Fédération Européenne de la Construction en Bois – F.E.C.B. (Europäische Vereinigung des Holzbaus)
2, circuit de la Foire Internationale
1347 Luxemburg-Kirchberg, Luxemburg;
Tel 00 35-2/4 24 51 11;
Fax 00 35-2/42 45 25;
e-mail   j.franck@fda.lu, info@fda.lu
http://www.federation-des-artisans.lu
FRANCK, Jeannot

L'Union Européenne de l'Ameublement – UEA (Europäische Möbelunion)
163, rue Royale
1210 Brüssel, Belgien;
Tel 00 32-2/2 18 18 89;
Fax 00 32-2/2 19 27 01;
e-mail   secretariat@uea.be
http://www.ueanet.com
FRANCE, Hennebois

Organisation Européenne des scieries – OES (Organisation der Sägewerke)
5, allée Hof-ter-Vleest, boîte 4
1070 Brüssel, Belgien;
Tel 00 32-2/5 56 25 97;
Fax 00 32-2/5 56 25 95;
e-mail   eos@cei-bois.org,
e-mail   filip.de.jaeger@cei-bois.org
OFFNER, Hans Michael

2.8 Papier und Holzbe- und -verarbeitung

Confederation of European Paper Industries – CEPI (Verband der europäischen Papierindustrie)
250, avenue Louise, box 80
1050 Brüssel, Belgien;
Tel 00 32-2/6 27 49 11/12;
Fax 00 32-2/6 46 81 37;
e-mail   mail@cepi.org
http://www.cepi.org, www.paperonline.org,
http://www.paperrecovery.org
PRESAS, Teresa

Envelope Manufactures Association – EMA (Verband der Umschlaghersteller und Schreibwarenproduzenten)
Church View
7a Church lane, Arrington, Royston
Herts SG8 0BD, Großbritannien;
Tel 00 44-12 23/20 86 65;
Fax 00 44-12 23/20 86 65;
e-mail   kmoses@envelope.org
http://www.envelope.wego.net
DELLAR, Michael J.

European Carton Makers' Association – ECMA (Europäischer Verband der Kartonagenhersteller)
POB 85612
2508 Den Haag, Niederlande;
Tel 00 31-70/3 12 39 11;
Fax 00 31-70/3 63 63 48;
e-mail   mail@ecma.org, lejeune@lejeune.nl
http://www.ecma.org
LEJEUNE, Jules

Fédération Européenne des Fabricants d'Enveloppes – FEPE (Europäische Vereinigung der Briefumschlagfabrikanten)
Bergstraße 110
8032 Zürich, Schweiz;
Tel 00 41-1/2 66 99 22;
Fax 00 41-1/2 66 99 49;
e-mail   info@fepe.de
http://www.fepe.de
HÄBERLI, Martin

Fédération Européenne des Fabricants de Carton Ondulé – FEFCO (Europäische Vereinigung der Wellpappefabrikanten)
250, avenue Louise
1050 Brüssel, Belgien;
Tel 00 32-2/6 46 40 70;
Fax 00 32-2/6 46 64 60;
e-mail   information@fefco.org
http://www.fefco.org
HOEBERT, Wim

2.9 Textilien, Bekleidung und Leder

Association Européenne des Organisations Nationales des Détaillants en Textiles – AEDT (Europäische Vereinigung der Spitzenverbände des Textileinzelhandels)
9-31, avenue de Nerviens
1040 Brüssel, Belgien;
Tel 00 32-2/2 30 32 39;
Fax 00 32-2/2 30 36 22;
e-mail   info@aedt.org
http://www.aedt.org
SOENENS, Renaat

Comité de l'Industrie Textile Cotonnière Européenne de l'UE (Komitee der Baumwolltextilindustrien der EU)
24, rue Montoyer
1000 Brüssel, Belgien;
Tel 00 32-2/2 30 32 39;
Fax 00 32-2/2 30 36 22;
e-mail   michele.anselme@eurocoton.org
ANSELME, Michèle

Comité International de la Rayonne et des Fibres Synthétiques I CIRFS (Internationale Chemiefaservereinigung)
4, avenue E. van Nieuwenhuyse
1160 Brüssel, Belgien;
Tel 00 32-2/6 76 74 55;
Fax 00 32-2/6 76 74 54;
e-mail   info@cirfs.org
http://www.cirfs.org
PURVIS, Colin

Committe of the Wool Textile Industries in the EU – INTERLAINE (Ausschuss der Wollindustrien der EU)

I Europäische Verbände

24, rue Montoyer, boîte 12
1000 Brüssel, Belgien;
Tel 00 32-2/2 85 48 99;
Fax 00 32-2/2 30 60 54;
e-mail   gmercier.interlaan@euratex.org,
e-mail   maupertius.pascale@euratex.org
http://www.interlaine.org
MERCIER, Guy

European Apparel and Textile Organization – EURATEX (Europäische Bekleidungs- und Textilorganisation)
24, rue Montoyerbte 10
1000 Brüssel, Belgien;
Tel 00 32-2/2 85 48 80;
Fax 00 32-2/2 30 60 54;
e-mail   info@euratex.org
http://euratex.org
LAKIN, William H.

European Carpet Association – ECA
(Europäischer Teppichverband)
24, rue Montoyer
1000 Brüssel, Belgien;
Tel 00 32-2/2 80 18 13;
Fax 00 32-2/2 80 18 09, (00 31 1) 35 13 28 88;
e-mail   paulette.de.wilde@euratex.be
VAN DE VRANDE, Simon

European Committee of Textile Machinery Manufacturers – CEMATEX (Europäisches Komitee der Hersteller von Textilmaschinen)
Boerhaavelaan 40
2713 HX Zoetermeer, Niederlande;
Tel 00 31-79/3 53 13 51;
Fax 00 31-79/3 53 13 65;
e-mail   cematex@fme.nl
http://www.fme.nl/gtm
VONKEMAN, A.G.

Fédération Syndicale Européenne Textile, Habillement et Cuir – FSETHC
(Europäischer Gewerkschaftsverband Textil, Bekleidung und Leder)
8, rue Joseph Stevens
1000 Brüssel, Belgien;
Tel 00 32-2/5 11 54 77;
Fax 00 32-2/5 11 81 54;

e-mail   fse.thc@skynet.be
http://www.euroleather.com/ccfrench.htm
ITSCHERT, Patrick

2.10   Glas und Keramik

Comité permanent des Industries du Verre de l'Union Européenne – CPIV (Ständiges Komitee der Glasindustrie der Europäischen Union)
89, avenue Louise
1050 Brüssel, Belgien;
Tel 00 32-2/25 38 44 46;
Fax 00 32-2/25 37 84 69;
e-mail   info@cpive.be
VAN HOUTE, F.

European Ceramic Tile Manufacturers' Federation (Verband der europäischen Hersteller von Keramikfliesen)
18-24, rue des Colonies, bte 17
1000 Brüssel, Belgien;
Tel 00 32-2/5 11 30 12, 5 11 70 25;
Fax 00 32-2/5 11 51 74;
e-mail   sec@cerameunie.net
http://www.cerameunie.net
CHORUS, Rogier

European Technical Ceramics Federation – EuTeCer (Europäischer Industrieverband der technischen Keramik)
18-24, rue des Colonies
1000 Brüssel, Belgien;
Tel 00 32-2/5 11 30 12, 5 11 70 25;
Fax 00 32-2/5 11 51 74;
e-mail   sec@cerameunie.net
http://www.cerameunie.net
CHORUS, Rogier

Fédération Européenne des Fabricants de Céramique Sanitaire – FECS (Europäische Vereinigung der Sanitärkeramikhersteller)
3, rue La Bóche
75008 Paris, Frankreich;
Tel 00 33-1/58 18 30 40;
Fax 00 33-1/42 66 09 00;
e-mail   sanitaire@ceramique.org
http://www.fecs.web.at.it
DE LA TOUR, François

Fédération Européenne des Fabricants de Produits Réfractaires – PRE (Europäischer Industrieverband der Feuerfestkeramik)
18-24, rue des Colonies
1000 Brüssel, Belgien;
Tel 00 32-2/5 11 30 12;
Fax 00 32-2/5 11 51 74;
e-mail   sec@cerameunie.org
http://www.cerameunie.org
CHORUS, Rogier

Fédération Européenne du Verre d'Emballage (Europäischer Verband für Verpackungsglas)
89, avenue Louise
1050 Brüssel, Belgien;
Tel 00 32-2/25 39 34 34;
Fax 00 32-2/25 39 37 52;
SOMOGYI, Andrew

Fédération Européenne du Verre d'Emballage – FEVE (Europäischer Behälterglasindustrie-Verband)
89, avenue Louise, boîte 4
1050 Brüssel, Belgien;
Tel 00 32-2/5 39 34 34;
Fax 00 32-2/5 39 37 52;
e-mail   info@feve.org, secretariat@feve.org
SOMOGYI, Andrew

Federation of European Tile Fixers Associations – FETFA (Europäische Union der Fliesenfachverbände)
Kolbenholz 21
66121 Saarbrücken, Deutschland;
Tel 00 49-6 81/98 90 60;
Fax 00 49-6 81/9 89 06 60;
ZIEGLER, Klaus

Groupement Européen des Producteurs de Verre Plat – GEPVP (Europäische Vereinigung der Produzenten von Flachglas)
89, avenue Louise
1050 Brüssel, Belgien;
Tel 00 32-2/25 38 43 77;
Fax 00 32-2/25 37 84 69;
e-mail   gepvp@linkline.be
BULLEN, Edwina

2.11 Spielzeug und Freizeitzubehör

Confederation of European Music Industries – CAFIM (Vereinigung der europäischen Musikinstrumentenherstellerverbände)
Tennelbachstraße 25
65193 Wiesbaden, Deutschland;
Tel 00 49-6 11/9 54 58 86;
Fax 00 49-6 11/9 54 58 85;
e-mail   info@cafim.de,
e-mail   info@musikinstrumente.org
http://www.cafim.org/de
BAUMBACH, Winfried

European Association for Sports Management – EASM (Europäischer Verband für Sport-Management)
Viuzzo di Gattaia, 9
50125 Firenze, Italien;
Fax 00 39-05 5/24 17 99;
e-mail   easm@cesitl.unifi.it
MADELLA, Alberto

Fédération Européenne de l'Industrie du Sport – FESI (Europäischer Verband der Sportindustrie)
3, avenue de Janvier
1200 Brüssel, Belgien;
Tel 00 32-2/7 62 86 48;
Fax 00 32-2/7 71 87 46;
e-mail   info@fesi-sport.org
http://www.fesi-sport.org
BICHI, Alberto

Institut Européen des Armes de Chasse et de Sport – IEACS (Europäisches Institut für Jagd und Sportwaffen)
6, Cap de Bos
33430 Gajac, Frankreich;
Tel 00 33-5/56 25 24 46;
Fax 00 33-5/56 25 24 49;
e-mail   eldwjnn@aol.com
HEIDEBROEK, Henri

Toy Industries of Europe – TIE (Spielzeughersteller Europas)
20, Tweekerkenstraat / rue des Deux Eglises
1000 Brüssel, Belgien;

Tel 00 32-2/2 27 53 01;
Fax 00 32-2/2 50 00 19;
e-mail   tie@tietoy.org
http://www.tietoy.org
LESTER, Charlotte

2.12 Elektrisches und elektronisches Zubehör und Maschinenbau

Comité Européen de Constructeurs de Machines Electriques et d'Electrique de Puissance – CEMEP (Europäischer Ausschuss der Hersteller von Elektromaschinen und Leistungselektronik)
17, rue Hamelin
75783 Paris cedex 16, Frankreich;
Tel 00 33-1/45 05 71 40;
Fax 00 33-1/47 55 66 97;
e-mail   gcyoung@gambica.org.uk
http://www.cemep.org
YOUNG, Geoff

Comité Européen des Constructeurs d'Appareillage Electrique d'Installation – CECAPI (Europäische Kommission der Hersteller von elektrischen Installationsgeräten)
1, avenue de la Joyeuse Entrée
1040 Brüssel, Belgien;
Tel 00 32-2/2 86 12 34;
Fax 00 32-2/2 30 69 08;
e-mail   cecapi@cecapi.org
SCHILLING, Reiner

Conseil Européen de la Construction d'Appareils Domestiques – CECED (Europäischer Verband der Hersteller von Haushaltsgeräten)
Diamant Building
80, boulevard Auguste Reyers
1030 Brüssel, Belgien;
Tel 00 32-2/7 06 82 90;
Fax 00 32-2/7 06 82 89;
e-mail   secretariat@ceced.be
http://www.ceced.org
MELI, Luigi

European Association of Electrical Contractors – AIE (Europäische Vereinigung der Unternehmungen für elektrische Anlagen)
1, J. Chantraineplantsoen
3070 Kortenberg, Belgien;
Tel 00 32-2/2 53 42 22;
Fax 00 32-2/2 53 67 63;
e-mail   info@aie-elec.org
http://www.aie-elec.org
SCHELLEKENS, Evelyne

European Electronic Component Manufacturers Association – EECA-ESIA (Europäischer Verband der Hersteller von elektronischen Bauteilen)
Diamant Building
80, boulevard Auguste Reyers
1030 Brüssel, Belgien;
Tel 00 32-2/7 06 86 00/03;
Fax 00 32-2/7 06 86 05;
e-mail   secreariat@eeca.be
http://www.eeca.org
SPÄT, Martin

European Fluid Power – CETOP (Europäischer Verband für Hydraulik und Fluidtechnik)
Lyoner Straße 18
60528 Frankfurt a. M., Deutschland;
Tel 00 49-69/66 03 13 19;
Fax 00 49-69/66 03 14 59;
e-mail   info@cetop.org
http://www.cetop.org
GROHMANN-MUNDSCHENK, Sylvia

European Power Tool Association – EPTA (Verband der europäischen Elektrowerkzeughersteller)
Postfach 70 12 61
60591 Frankfurt a. M.
Frankfurt a. M., Deutschland;
Tel 00 49-69/6 30 22 44/70;
Fax 00 49-69/6 30 23 06;
e-mail   werkzeug@zvei.org
GREEFE, Klaus

Groupement des Industries du Groupe Electrogène – GIGREL (Verband der

europäischen Hersteller von Stromerzeugungsaggregaten)
11/17, rue Hamelin
75783 Paris cedex 16, Frankreich;
Tel 00 33-1/45 05 71 38;
Fax 00 33-1/45 05 16 79;
e-mail   gigrel@gigrel.fr
DE FLEURIEU, Antoine

Standardizing Information and Communication Systems – ECMA-International (Systeme zur Standardisierung von Information und Kommunikation)
Rue du Rhône 114
1204 Genf, Schweiz;
Tel 00 41-22/8 49 60 00;
Fax 00 41-22/8 49 60 01;
e-mail   helpdesk@ecma-international.org,
e-mail   jan@ecma-international.org
http://www.ecma-international.org
VAN DEN BELD, Jan

The European Information, Communications and Consumer Electronics Technology Industry Association – EICTA (Europäische Vereinigung der Industrie für Informations- und Kommunikationstechnologie)
Diamant Building
80, boulevard Auguste Reyers
1030 Brüssel, Belgien;
Tel 00 32-2/7 06 84 70/80;
Fax 00 32-2/7 06 84 79;
e-mail   info@eicta.org
http://www.eicta.org
MACGANN, Mark

2.13   Grundstoffindustrie

Association of European Gypsum Industries – EUROGYPSUM (Verband der Europäischen Gipsindustrien)
98, rue Gulledelle, Box 7
1200 Brüssel, Belgien;
Tel 00 32-2/7 75 84 90;
Fax 00 32-2/7 71 30 56;
e-mail   eurogypsum@skynet.be
http://www.eurogypsum.org
BENNETT, Philip

Calcium Carbonate Association Europe – CCA-EUROPE (Kalziumkarbonatverband Europa)
233, boulevard S. Dupuis
1070 Brüssel, Belgien;
Tel 00 32-2/5 24 55 00;
Fax 00 32-2/5 24 45 75;
e-mail   secretariat@ima-eu.org
http://www.ima-eu.org/cca.html
WYART-REMY, Michelle

European Aluminium Association – EAA (Europäische Aluminium-Vereinigung)
12, avenue de Broqueville
1150 Brüssel, Belgien;
Tel 00 32-2/7 75 63 53;
Fax 00 32-2/7 79 05 31;
e-mail   eaa@eaa.be
http://www.eaa.net
SCHRYNMAKERS, Patrick

European Autoclaved Aerated Concrete Association – EAACA (Europäischer Porenbetonverband)
Dostojewskistraße 10
65187 Wiesbaden, Deutschland;
Tel 00 49-6 11/8 50 86;
Fax 00 49-6 11/80 97 07;
e-mail   info@bv-porenbeton.de
http://www.eaaca.org
N. N.

European Calcium Silicate Producers Association – ECSPA (Europäischer Verband der Hersteller von Kalziumkieselsäureverbindungen)
Entenfangweg 15
30419 Hannover, Deutschland;
Tel 00 49-5 11/27 95 40;
Fax 00 49-5 11/2 79 54 54;
e-mail   info@kalksandstein.de
N. N.

European Copper Institute – ECI (Europäisches Kupfer-Institut)
168, avenue de Tervueren
1150 Brüssel, Belgien;
Tel 00 32-2/7 77 70 70;
Fax 00 32-2/7 77 70 79;

e-mail   eic@eurocopper.org
http://www.eurocopper.org
N. N.

European Lime Association – EULA
(Europäischer Kalkverband)
61, rue de Trône
1050 Brüssel, Belgien;
Tel 00 32-2/5 11 31 28;
Fax 00 32-2/5 11 09 23;
e-mail   oppermann@kalk.de,
e-mail   secretariat@eula.be
http://www.eula.be
OPPERMANN, Bernhard

European Mine, Chemical and Energy Workers' Federation – EMCEF (Europäische Vereinigung der Bergbau-, Chemie- und Energiegewerkschaften)
109, avenue Emile de Béco
1050 Brüssel, Belgien;
Tel 00 32-2/6 26 21 80;
Fax 00 32-2/6 46 06 85;
e-mail   info@emcef.org
http://www.emcef.org
REIBSCH, Reinhard

Federation of European Rigid Polyurethane Foam Associations – BING (Vereinigung der europäischen Verbände für Polyurethan-Festschaumgummi)
6, avenue E. van Nieuwenhuyse
1160 Brüssel, Belgien;
Tel 00 32-2/6 76 72 71;
Fax 00 32-2/6 76 74 79;
e-mail   secretariat@bing-europe.com
http://www.bing-europe.com
N. N.

Industrial Minerals Association Europe – IMA (Industriemineralienverband Europa)
233/124, boulevard S. Dupuis
1070 Brüssel, Belgien;
Tel 00 32-2/5 24 55 00;
Fax 00 32-2/5 24 45 75;
e-mail   secretariat@ima-eu.org
http://www.ima-eu.org
WYART-REMY, Michelle

Scientific Association of the European Talc Industry – EUROTALC (Wissenschaftlicher Verband der europäischen Talkindustrie)
233/124, boulevard S. Dupuis
1070 Brüssel, Belgien;
Tel 00 32-2/5 24 55 00;
Fax 00 32-2/5 24 45 75;
e-mail   secretariat@ima-eu.org
http://www.ima-eu.org/eurotalc.html
WYART-REMY, Michelle

The European Cement Association – CEMBUREAU (Europäischer Zementverband)
55, rue d'Arlon
1040 Brüssel, Belgien;
Tel 00 32-2/2 34 10 11/39;
Fax 00 32-2/2 30 47 20;
e-mail   general.secretariat@cembureau.be
http://www.cembureau.be
VAN DER VAET, Alain

2.14   Informationstechnologiezubehör

Graphic Arts Information Network – GAIN (Informationsnetzwerk für Grafik-Kunst)
Via Augusta, 317
08017 Barcelona, Spanien;
Tel 00 34-93/2 04 65 63;
Fax 00 34-93/2 80 57 27;
e-mail   general@rccsa.org
http://www.gain-europe.com, www.rccsa.org
CASALS, Ricard

2.15   Raumfahrt und Verteidigung

European Association of Aerospace Industries – AECMA (Europäischer Verband der Luft- und Raumfahrtindustrie)
94, Gulledelle, boîte 5
1200 Brüssel, Belgien;
Tel 00 32-2/7 75 81 10;
Fax 00 32-2/7 75 81 11;
e-mail   info@aseurope.org
http://www.aecma.org
HAWKSWORTH, Roger

European Cockpit Association – ECA
(Europäischer Cockpit-Verband)
39, rue du Commerce, boîte 9
1000 Brüssel, Belgien;
Tel 00 32-2/7 05 32 93;
Fax 00 32-2/7 05 08 77;
e-mail   eca@eca.skynet.be
http://www.eurocockpit.be
PLAZA, Ignazio

European Community Shipowners' Associations – ECSA
(Reederverbände der EU)
45, rue Ducale
1000 Brüssel, Belgien;
Tel 00 32-2/5 11 39 40, 5 10 61 26;
Fax 00 32-2/5 11 80 92;
e-mail   mail@ecsa.be
http://www.ecsa.be
GUINIER, Alfons

European Defence Industries' Group – EDIG (Gruppe der europäischen Verteidigungsindustrien)
94, Gulledelle, boîte 5
1200 Brüssel, Belgien;
Tel 00 32-2/7 75 81 10;
Fax 00 32-2/7 75 81 31;
e-mail   edig@skynet.be, edig2@skynet.be
http://www.edig.org
WESENER, Jean-Ernest

European Organisation for Civil Aviation Equipment – EUROCAE (Europäische Organisation für die elektronische Ausrüstung der Zivilluftfahrt)
17, rue Hamelin
75116 Paris, Frankreich;
Tel 00 33-1/45 05 71 88;
Fax 00 33-1/45 05 72 30;
e-mail   eurocae@eurocae.com
http://www.eurocae.org
AMATO, Gilbert

International Council of Marine Industry Associations – ICOMIA (Internationale Vereinigung der Bootsindustrieverbände)
Marine House, Thorpe Lea Road
Egham TW20 8BF, Großbritannien;
Tel 00 44-17 84/22 37 00;
Fax 00 44-17 84/22 37 05;
e-mail   info@icomia.com
http://www.icomia.com
RICE, Tony

2.16   Sonstige

Association des Industries de Marque – AIM
(Europäischer Markenverband)
9, avenue des Gaulois
1040 Brüssel, Belgien;
Tel 00 32-2/7 36 03 05;
Fax 00 32-2/7 34 67 02;
e-mail   brand@aim.be
http://www.aim.be
GALASKI, Alain

Association of European Candle Manufactures (Europäischer Verband der Kerzenhersteller)
118, avenue Achille Peretti
92200 Neuilly-Sur-Seine, Frankreich;
Tel 00 33-1/46 37 22 06;
Fax 00 33-1/46 37 15 60;
e-mail   bougies@fncg.fr
http://www.europecandles.com
BARSACQ, Jean-Claude

European Brushware Federation
(Europäische Bürsten- und Pinselvereinigung)
Kaiserswerther Str. 137
40474 Düsseldorf, Deutschland;
Tel 00 49-2 11/60 25 34 30;
Fax 00 49-2 11/6 02 53 43 15;
e-mail   info@euro-brush.de
http://www.eurobrush.com
MIETH, Stephan

European Private Equity and Venture Capital Association – EVCA (Europäischer Privatkapital und Venture Capital Verband)
4, Minervastraat
1930 Zaventem, Belgien;
Tel 00 32-2/7 15 00 20;
Fax 00 32-2/7 25 07 04;
e-mail   evca@evca.com
http://www.evca.com
ECHARRI, Javier

I Europäische Verbände

Fédération de l'Industrie Européenne de la
Coutellerie et des Couverts de table – FEC
(Vereinigung der europäischen Schneidwaren-
und Tafelgeräteindustrie)
39-41, rue Louis Blanc
92400 Courbevoie, Frankreich;
Tel 00 33-1/42 33 61 33;
Fax 00 33-1/40 26 29 51;
e-mail   unitam@mail.fimeca.com
DESCHEEMAEKER, Emmanuel

3   Dienstleistungen

3.1   Kultur, Freizeit , Unterhaltung

Association de Producteurs de Cinéma et de
Télévision – EUROCINEMA (Verband der
Kino- und Fernsehproduzenten)
212, rue Stévin
1000 Brüssel, Belgien;
Tel 00 32-2/7 32 58 30;
Fax 00 32-2/7 33 36 57;
e-mail   eurocinema@euronet.be
http://www.eurocinema.com
THIEC, Yvon

European Confederation of Conservator-
Restorer's Organizations – ECCO
(Europäischer Verband der Konservatoren-
und Restauratorenorganisationen)
18, Diepestraat
3061 Leefdaal, Belgien;
Tel 00 32-2/7 67 97 80;
Fax 00 32-2/7 67 97 80;
e-mail   y.m.t.playerdahnsjo@dundee.ac.uk
http://www.ecco-eu.info
PLAYER-DAHNSJÖ, Ylva

European Federation of Leisure Parks –
EUROPARKS (Europäische Vereinigung der
Freizeitparks)
50/28, rue Wiertz
1050 Brüssel, Belgien;
Tel 00 32-2/4 01 61 62;
Fax 00 32-2/4 01 68 68;
e-mail   pam.cornelissen@europarks.org
http://www.europarks.org
CORNELISSEN, P.A.M.

European Forum for the Arts and Heritage
– EFAH (Europäisches Forum für Kunst und
Kulturgut)
10, rue de la Science
1000 Brüssel, Belgien;
Tel 00 32-2/5 34 40 00;
Fax 00 32-2/5 34 11 50;
e-mail   efah@efah.org
http://www.efah.org
KISH, Iona

European Gaming and Amusement
Federation – EUROMAT (Europäische
Vereinigung der Verbände der Unter-
haltungsautomatenwirtschaft)
214 d, chaussée de Wavre
1050 Brüssel, Belgien;
Tel 00 32-2/6 26 19 93;
Fax 00 32-2/6 26 95 01;
e-mail   secretariat@euromat.org
http://www.euromat.org
ANTOJA, Eduardo

European Youth Exchange Eye Network –
EYE (Netzwerk für den europäischen
Jugendaustausch)
Czerningasse 8
1020 Wien, Österreich;
Tel 00 43-1/9 14 36 71;
Fax 00 43-1/9 14 36 71;
e-mail   eye@eyenetwork.org
http://www.eyenetwork.org
BOCK, Damon

Fédération Internationale des Acteurs – FIA
(Internationaler Schauspielerverband)
Guild House, Upper St. Martin's Lane
London WC2H 9EG, Großbritannien;
Tel 00 44-20/73 79 09 00;
Fax 00 44-20/73 79 82 60;
e-mail   info@fia-actors.com
http://www.fia-actors.com
SAND, Katherine

3.2   Verkehr

Airports Council International – European
Region – ACI Europe (Internationaler
Flughafenrat – Region Europa)

6, square de Meeûs
1000 Brüssel, Belgien;
Tel 00 32-2/5 52 09 71;
Fax 00 32-2/5 13 26 42;
e-mail info@aci-europe.org,
e-mail philippe.hamon@aci-europe.org
http://www.aci-europe.org
HAMON, Philippe

Association Internationale de Navigation – AIPCN (Ständiger internationaler Verband der Schiffahrtkongresse)
Graaf de Ferraris Building
20, boulevard du Roi Albert II, boîte 3
1000 Brüssel, Belgien;
Tel 00 32-2/5 53 71 60;
Fax 00 32-2/5 53 71 55;
e-mail info@pianc-aipcn.org
http://www.pianc-aipcn.org
VAN SCHEEL, Louis

Association of European Airlines – AEA (Verband Europäischer Fluggesellschaften)
350, avenue Louise, boîte 4
1050 Brüssel, Belgien;
Tel 00 32-2/6 39 89 89;
Fax 00 32-2/6 39 89 99;
e-mail aea.secretariat@aea.be
http://www.aea.be
SCHULTE-STRATHAUS, Ulrich

Community of European Railways – CER (Gemeinschaft der Europäischen Bahnen)
53, avenue des Arts
1000 Brüssel, Belgien;
Tel 00 32-2/2 13 08 70;
Fax 00 32-2/5 12 52 31;
e-mail contact@cer.be
http://www.cer.be
LUDEWIG, Johannes

European Barge Union – EBU (Europäische Binnenschifffahrtsunion)
Vasteland 12e
3011 BL Rotterdam, Niederlande;
Tel 00 31-10/4 11 60 70;
Fax 00 31-10/4 12 90 91;
e-mail info@ebu-uenf.org
http://www.ebu-uenf.org
ROOS, Anton N.

European Car and Truck Rental Association – ECATRA (Europäischer Verband der Pkw- und Lkw-Vermietungen)
402, avenue de Tervuren
1150 Brüssel, Belgien;
Tel 00 32-2/7 61 66 14;
Fax 00 32-2/7 77 05 05;
e-mail do@ecatra.org
http://www.ecatra.org
OVERATH, Danièle

European Express Association – EEA (Organisation der europäischen Expresskuriere)
118, avenue de Cortenbergh, boîte 8
1000 Brüssel, Belgien;
Tel 00 32-2/7 37 95 76;
Fax 00 32-2/7 37 95 01;
e-mail info@euroexpress.org,
e-mail r.patten@hillandknowlton.com
http://www.euroexpress.org
PATTEN, Russel

European Federation of Inland Ports – EFIP (Europäischer Verband der Binnenhäfen)
6, place des Armateurs
1000 Brüssel, Belgien;
Tel 00 32-2/4 20 70 37;
Fax 00 32-2/4 20 03 71;
e-mail efip@skynet.be
http://www.inlandports.be
STURM, Jürgen

European Organisation for Forwarding and Logistics – CLECAT (Verbindungskomitee des Speditions- und Lagereigewerbes)
31, rue Montoyer, bte 10
1000 Brüssel, Belgien;
Tel 00 32-2/5 03 47 05;
Fax 00 32-2/5 03 47 52;
e-mail info@clecat.org
http://www.clecat.org
SORGETTI, Marco

European Regions Airline Association – ERA (Verband europäischer Regionalfluggesellschaften)

I Europäische Verbände

The Baker Suite, Fairoaks Airport
**Chobham, Woking GU24 8HX,
Großbritannien;**
Tel 00 44-12 76/85 64 95;
Fax 00 44-12 76/85 70 38, 85 94 85;
e-mail info@eraa.org
http://www.eraa.org
AMBROSE, Michael

European Sea Ports Organisation – ESPO
(Organisation der europäischen Seehäfen)
6, Treurenberg
1000 Brüssel, Belgien;
Tel 00 32-2/7 36 34 63;
Fax 00 32-2/7 36 63 25;
e-mail mail@espo.be
http://www.espo.be
VERHOEVEN, Patrick

**European Transport Workers Federation –
ETF** (Europäischer Verband der
Verkehrsgewerkschaften)
165, rue du Midi
1000 Brüssel, Belgien;
Tel 00 32-2/2 85 46 60;
Fax 00 32-2/2 80 08 17;
e-mail etf@etf-europe.org
http://www.itf.org.uk/ETF
ZINKE, Dorothee

**European Union Federation of Youth
Hostel Associations – EUFED**
(Jugendherbergsverband der Europäischen
Union)
25, rue Haute
1000 Brüssel, Belgien;
Tel 00 32-2/5 02 80 66;
Fax 00 32-2/5 02 55 78;
e-mail info@eufed.org
http://www.eufed.org
CASSELL, Sue

Europese Schipperorganisatie – ESO
(Europäische Schifferorganisation)
36, boulevard de Bischoffsheim
1000 Brüssel, Belgien;
Tel 00 32-2/2 17 22 08;
Fax 00 32-2/2 19 54 86;
e-mail johnny.conings@belgacom.net
CONINGS, J.

**Federation of European Private Port
Operators – FEPORT** (Europäischer
Verband privater Seehafenbetriebe)
6, Teurenberg
1000 Brüssel, Belgien;
Tel 00 32-2/7 36 75 52;
Fax 00 32-2/7 32 31 49;
e-mail info@feport.be
http://www.feport.be
DE LEEUW, Hanneke

**Union Internationale des Chemins de Fer –
UIC** (Internationale Eisenbahnunion)
16, rue Jean Rey
75015 Paris, Frankreich;
Tel 00 33-1/44 49 20 20;
Fax 00 33-1/44 49 20 29;
e-mail info@uic.asso.fr
http://www.uic.asso.fr
ROUMEGUÈRE, Philippe

**Union Internationale des Transports Publics
– UITP** (Internationaler Verband des
öffentlichen Verkehrswesens)
6, rue Sainte-Marie
1080 Brüssel, Belgien;
Tel 00 32-2/6 73 61 00;
Fax 00 32-2/6 60 10 72;
e-mail administration@uitp.com
http://www.uitp.com
RAT, Hans

**Union of European Railway Engineer
Associations – UEEIV** (Union Europäischer
Eisenbahn-Ingenieur-Verbände e. V.)
Kaiserstraße 61
60329 Frankfurt a. M., Deutschland;
Tel 00 49-69/25 93 29;
Fax 00 49-69/25 92 20;
e-mail ueeiv@t-online.de
http://www.ueeiv.com
BRINKMANN, Peter

3.3 Reisen, Tourismus

**Confédération des Associations Nationales
de l'Hotellerie et de la Restauration de l'UE
– HOTREC** (Bund der nationalen Verbände

C Organisationen und Verbände der Wirtschaft

des Gaststätten- und Hotelgewerbes in der Europäischen Union)
111, boulevard Anspach, boîte 4
1000 Brüssel, Belgien;
Tel 00 32-2/5 13 63 23;
Fax 00 32-2/5 02 41 73;
e-mail main@hotrec.org
http://www.hotrec.org
SEQUARIS, Marguerite

European Federation of Conference Towns – EFCT (Europäische Vereinigung der Kongressstädte)
287, avenue Louise
1050 Brüssel, Belgien;
Tel 00 32-2/6 43 20 44;
Fax 00 32-2/6 45 26 71;
e-mail secretariat@efct.com
http://www.efct.com
CÉRAU, Henri

European Tourism Trade Fairs Association – ETTFA (Europäischer Fremdenverkehrsmessenverband)
POB 585
UK-Richmond, Surrey TW9 1YQ, Großbritannien;
Tel 00 44-20 8/9 39 90 00;
Fax 00 44-20 8/9 39 90 90;
e-mail secretariat@ettfa.org
http://www.ettfa.org
NUTLEY, Tom

European Travel Commission – ETC (Europäische Tourismuskommission)
19 A, avenue Marnix
1000 Brüssel, Belgien;
Tel 00 32-2/5 02 01 13;
Fax 00 32-2/5 14 18 43;
e-mail info@etc-corporate.org
http://www.etc-europe-travel.org,
http://www.visiteurope.com,
http://www.etc-corporate.org
FRANKLIN, Rob

Fédération Internationale de Camping et Caravaning – FICC (Internationaler Verband für Camping und Caravanning)

44, rue d'Arenberg, boîte 34
1000 Brüssel, Belgien;
Tel 00 32-2/5 13 87 82;
Fax 00 32-2/5 13 87 83;
e-mail ficc@skynet.be
http://www.ficc.be
DAHLBERG, Lars

Groupement des Unions Nationales des Agences et Organisateurs de Voyages de l'UE – ECTAA (Gruppe der nationalen Reisebüro- und Reiseveranstalterverbände in der EU)
36, rue Dautzenberg, bte 6
1050 Brüssel, Belgien;
Tel 00 32-2/6 44 34 50;
Fax 00 32-2/6 44 24 21;
e-mail secretariat@ectaa.org
http://www.ectaa.org
DE BLUST, Michel

International Road Transport Union – IRU (Internationale Straßenverkehrsunion)
Centre International, Rue de Varembé 3
1211 Genf 20, Schweiz;
Tel 00 41-22/9 18 27 00;
Fax 00 41-22/9 18 27 41;
e-mail iru@iru.org
http://www.iru.org
MARMY, Martin

World Travel and Tourism Council – WTTC (Internationaler Reise- und Fremdenverkehrsrat)
1-2 Queen Victoria Terrace
London E1W 3HA, Großbritannien;
Tel 00 44-20/74 81 80 07;
Fax 00 44-20/74 88 10 08;
e-mail enquiries@wttc.org
http://www.wttc.org
BAUMGARTEN, Jean-Claude

3.4 Finanzdienstleistungen

Comité Européen des Assurances – CEA (Europäisches Versicherungskomitee)
3 bis, rue de la chaussée d'Antin
75009 Paris, Frankreich;

Tel 00 33-1/44 83 11 83/60;
Fax 00 33-1/47 70 03 75;
e-mail   schante@cea.assur.org
http://www.cea.assur.org
SCHANTÉ, Daniel

Credit Local of Europe – CLE (Lokalkredit Europa)
44, boulevard Pacheco
1000 Brüssel, Belgien;
Tel 00 32-2/2 22 33 32;
Fax 00 32-2/2 22 33 49;
e-mail   info@dexia.be
http://www.dexia.com
RICHARD, Pierre

European Federation for Retirement Provision – EFRP (Europäischer Verband für betriebliche Altersvorsorge)
97, rue Royale
1000 Brüssel, Belgien;
Tel 00 32-2/2 89 14 14;
Fax 00 32-2/2 89 14 15;
e-mail   efrp@efrp.org
http://www.efrp.org
VERHAEGEN, Chris

European Federation of Accountants and Auditors for SME's – EFAA (Europäischer Verband der Wirtschafts- und Rechnungsprüfer für KMU)
4, rue Jaques de Lelaing
1040 Brüssel, Belgien;
Tel 00 32-2/7 36 88 86;
Fax 00 32-2/7 36 29 64;
e-mail   info@efaa.com
http://www.efaa.com
POULSEN, Peter

European Federation of Building Societies – EFBS (Europäische Bausparkassen-vereinigung)
bte 6, avenue de la Joyeuse 1-5
1040 Brüssel, Belgien;
Tel 00 32-2/2 31 03 71;
Fax 00 32-2/2 30 82 45;
e-mail   info@efbs.org
http://www.efbs.org
ZEHNDER, Andreas J.

European Federation of Equipment Leasing Companies Associations – LEASEUROPE (Europäische Vereinigung der Verbände von Leasing-Gesellschaften)
267, avenue de Tervuren
1150 Brüssel, Belgien;
Tel 00 32-2/7 78 05 60;
Fax 00 32-2/7 78 05 79;
e-mail   leaseurope@leaseurope.org
http://www.leaseurope.org
BAERT, Marc

European Franchise Federation – EFF (Europäische Franchise-Vereinigung)
179/14 , avenue Louise
1050 Brüssel, Belgien;
Tel 00 32-2/5 20 16 07;
Fax 00 32-2/5 20 17 35;
e-mail   info@eff-franchise.com
http://www.eff-franchise.com
CHOPRA, Carol

European Mortgage Federation – EMF (Europäischer Hypothekenverband)
14/2 B, avenue de la Joyeuse entrée
1040 Brüssel, Belgien;
Tel 00 32-2/2 85 40 30;
Fax 00 32-2/2 85 40 31;
e-mail   emfinfo@hypo.org
http://www.hypo.org
HARDT, Judith

European Savings Banks Group – ESBG (Europäische Sparkassenvereinigung)
11, rue Marie-Thérèse
1000 Brüssel, Belgien;
Tel 00 32-2/2 11 11 11;
Fax 00 32-2/2 11 11 99;
e-mail   info@savings-banks.org
http://www.savings-banks.com
DE NOOSE, Chris

Fédération Bancaire de l'UE – FBE (Bankenvereinigung der EU)
10, rue Montoyer
1000 Brüssel, Belgien;
Tel 00 32-2/5 08 37 26;
Fax 00 32-2/5 11 23 28;

e-mail fbe@fbe.be
http://www.fbe.be
BÖMCKE, Nikolaus

Fédération Européenne des Associations des
Instituts de Credit – EUROFINAS
(Europäische Vereinigung der Verbände von
Finanzierungsbanken)
267, avenue de Tervuren
1150 Brüssel, Belgien;
Tel 00 32-2/7 78 05 60;
Fax 00 32-2/7 78 05 79;
e-mail eurofinas@eurofinas.org
http://www.eurofinas.org
BAERT, Marc

Fédération Européenne des Fonds et
Sociétés d'Investissement – FEFSI
(Europäische Investmentvereinigung)
18, square de Meeûs
1050 Brüssel, Belgien;
Tel 00 32-2/5 13 39 69;
Fax 00 32-2/5 13 26 43;
e-mail info@fefsi.be
http://www.fefsi.org
MATTHIAS, Steffen

Federation of European Securities
Exchanges – FESE (Vereinigung des
europäischen Wertpapierhandels)
41, rue du Lombard
1000 Brüssel, Belgien;
Tel 00 32-2/5 51 01 80;
Fax 00 32-2/5 12 49 05;
e-mail paul.arlman@fese.org
http://www.fese.org
ARLMAN, Paul

Groupement Européen des Banques
Cooperatives – GEBC (Europäische
Vereinigung der Genossenschaftsbanken)
26-38, rue de l'Industrie
1040 Brüssel, Belgien;
Tel 00 32-2/2 30 11 24;
Fax 00 32-2/2 30 06 49;
e-mail secretariat@eurocoopbanks.coop
http://www.eurocoopbanks.coop
GUIDER, Hervé

The European Federation of Insurance
Intermediaries – BIPAR (Internationaler
Verband der Versicherungs- und Rückver-
sicherungsvermittler)
40, avenue Albert-Elisabeth
1200 Brüssel, Belgien;
Tel 00 32-2/7 35 60 48;
Fax 00 32-2/7 32 14 18;
e-mail bipar@skynet.be
http://www.biparweb.org
KRAUSS, Harald

3.5 Telekommunikation, Postdienstleistungen

Association des Opérateurs Postaux Publics
Européens – POSTEUROP (Vereinigung der
öffentlichen europäischen Postdienstbetreiber)
44, avenue du Bourget
1130 Brüssel, Belgien;
Tel 00 32-2/7 24 72 80/82;
Fax 00 32-2/7 26 30 08;
e-mail posteurop@posteurop.org
http://www.posteurop.org
POUW, Johannes Martin

European Group of Television Advertising –
EGTA (Europäischer Verband der
Fernsehwerbung)
50, rue Wiertz
1050 Brüssel, Belgien;
Tel 00 32-2/2 90 31 31;
Fax 00 32-2/2 90 31 39;
e-mail info@egta.com
http://www.egta.com
GRÉGOIRE, Michel

European Telecommunication Services
Association – ETSA (Verband der
europäischen Telekommunikations-
dienstleister)
4, rue Jaques de Lelaing
1040 Brüssel, Belgien;
Tel 00 32-2/2 30 23 88;
Fax 00 32-2/2 80 17 55;
e-mail dcm@etsa.org
http://www.etsa.org
DE BURLET, Michel

I Europäische Verbände

European Telecommunications Network Operators' Association - ETNO (Verband der europäischen Betreiber von Telekommunikationsnetzen)
54, avenue Louise
1050 Brüssel, Belgien;
Tel 00 32-2/2 19 32 42;
Fax 00 32-2/2 19 64 12;
e-mail   etno@etno.be
http://www.etno.be
BARTHOLOMEW, Michael

Union Network International - UNI
(Internationale Netzwerk-Vereinigung)
Avenue Reverdil 8-10
1260 Nyon, Schweiz;
Tel 00 41-22/3 65 21 00;
Fax 00 41-22/3 65 21 21;
e-mail   contact@union-network.org
http://www.union-network.org
JENNINGS, Philip

3.6   Medien, Werbung, Marketing

Association Européenne des Services d'Information - EUSIDIC (Europäischer Verband der Informationsdienste)
c/o CAOS, WG Plein 475
1054 SH Amsterdam, Niederlande;
Tel 00 31-20/5 89 32 32;
Fax 00 31-20/5 89 32 30;
e-mail   eusidic@caos.nl
http://www.eusidic.org
TOMLINSON, Daphne

Association of Commercial Television - ACT (Verband des kommerziellen Fernsehens)
9-13, rue Joseph II, boîte 4
1000 Brüssel, Belgien;
Tel 00 32-2/7 36 00 52;
Fax 00 32-2/7 35 41 72;
e-mail   info@acte.be
http://www.acte.be
BIGGAM, Ross

Association of European Journalists - AEJ
(Vereinigung europäischer Journalisten)
Panská 19
81101 Bratislava, Slowakei;

Tel 00 42 1-2/54 43 37 97;
Fax 00 42 1-2/54 43 37 97;
e-mail   aej@aej.sk
http://www.aej.org
ALNER, Juraj

Association of European Radios - AER
(Verband europäischer Rundfunkstationen)
76, avenue d'Auderghem
1040 Brüssel, Belgien;
Tel 00 32-2/7 36 91 31;
Fax 00 32-2/7 32 89 90;
e-mail   aer@aereurope.org
http://www.aereurope.org
STUCKI, Frederik

European Association of Animation Film - EAAF (Europäischer Verband des Zeichentrickfilms)
314, boulevard Lambermont
1030 Brüssel, Belgien;
Tel 00 32-2/2 45 12 00;
Fax 00 32-2/2 45 46 89;
e-mail   info@cartoon.skynet.be
http://www.cartoon-media.be
VANDEWEYER, Marc

European Association of Communications Agencies - EACA (Europäischer Kommunikationsverband)
152, boulevard Brand Whitlock
1200 Brüssel, Belgien;
Tel 00 32-2/7 40 07 10;
Fax 00 32-2/7 40 07 17;
e-mail   communications@eaca.be
http://www.eaca.be
LYLE, Dominic

European Broadcasting Union - EBU
(Union der europäischen Rundfunkorganisationen)
Ancienne Route 17A
1218 GranSaconnex, Genf, Schweiz;
Tel 00 41-22/7 17 21 11;
Fax 00 41-22/7 47 40 00;
e-mail   ebu@ebu.ch
http://www.ebu.ch
RÉVEILLON, Jean

European Federation of Associations of
Market Research Organisations –
EFAMRO (Europäische Vereinigung der
Marktforschungsinstitute)
26 Chester Close North, Regents Park
London NW1 4JE, Großbritannien;
Tel 00 44-20/72 24 38 73;
Fax 00 44-20/72 24 38 73;
e-mail   efamro@aol.com
http://www.efamro.org
BATES, Bryan A.

European Information Association – EIA
(Europäischer Informationsverband)
Central Library, St. Peter's Square
Manchester M2 5PD, Großbritannien;
Tel 00 44-16 1/2 28 36 91;
Fax 00 44-16 1/2 36 65 47;
e-mail   cwebb@libraries.manchester.gov.uk
http://www.eia.org.uk
WEBB, Catherine

European Marketing Confederation – EMC
(Europäische Marketing-Vereinigung)
20, place des Chasseurs Ardennais
1030 Brüssel, Belgien;
Tel 00 32-2/7 42 17 80;
Fax 00 32-2/7 42 17 85;
e-mail   infodesk@emc.be
http://www.emc.be
RIDSDALE-SAW, Julia

Federation of European Direct Marketing –
FEDMA (Europäische Direktmarketing-
vereinigung)
439, avenue de Tervuren
1150 Brüssel, Belgien;
Tel 00 32-2/7 79 42 68;
Fax 00 32-2/7 79 42 69;
e-mail   atempest@fedma.org,
e-mail   info@fedma.org
http://www.fedma.org
TEMPEST, Alastair

International Communications
Consultancy Organisation – ICCO
(Internationale Organisation für
Kommunikationsberatung)

ICCO Mortlake Buisness Centre
20 Mortlake High Street
London SW14 JN, Großbritannien;
Tel 00 44-75 50/61 84 18;
e-mail   simon@icopr.com
http://www.iccopmr.com
MCDOWALL, Chris

World Federation of Advertisers – WFA
(Werbeverband – Europäischer Zweig)
120, avenue Louise
1050 Brüssel, Belgien;
Tel 00 32-2/5 02 57 40;
Fax 00 32-2/5 02 56 66;
e-mail   info@wfanet.org
http://www.wfanet.org
CAROTHERS, Paul

3.7   Abfallwirtschaft, Umwelt

Association for the Sustainable Use and
Recovery of Resources in Europe –
ASSURRE (Europäischer Verband für
Wiederverwertung und Recycling)
19-21, rue du Luxemburg
1000 Brüssel, Belgien;
Tel 00 32-2/7 72 52 52;
Fax 00 32-2/7 72 54 19;
e-mail   management@assurre.org
http://www.assurre.org
DUNCAN, William R.

Association of Cities and Regions for
Recycling – ACRR (Verband der Städte und
Körperschaften für Abfalltrennung und
Recycling)
100, Gulledelle
1200 Brüssel, Belgien;
Tel 00 32-2/7 75 75 85;
Fax 00 32-2/7 75 76 35;
e-mail   acrr@ibgebim.be
http://www.acrr.org
RADERMAKER, Francis

European Ferrous Recovery and Recycling
Federation – EFR (Europäischer Recycling-
Verband für Eisen und Stahl)

c/o BIR Legerlaan
24, avenue Franklin Roosevelt
1050 Brüssel, Belgien;
Tel 00 32-2/6 27 57 71;
Fax 00 32-2/6 27 57 73;
e-mail   bir@bir.org
http://www.efr2.org
RUBACH, Christian

European Organization for Packaging and the Environment – EUROPEN
(Europäische Vereinigung für Verpackung und Umwelt)
Le Royal Tervuren, 6, avenue de l'Armée
1040 Brüssel, Belgien;
Tel 00 32-2/7 36 36 00;
Fax 00 32-2/7 36 35 21;
e-mail   packaging@europen.be
http://www.europen.be
CARROLL, Julian

Fédération Européenne des Activités du Déchet et de l'Environnement – FEAD
(Europäische Vereinigung der Entsorgungswirtschaft)
19, avenue des Gaulois
1040 Brüssel, Belgien;
Tel 00 32-2/7 32 32 13;
Fax 00 32-2/7 34 95 92;
e-mail   info@fead.be
http://www.fead.be
VERAS, Vanya

3.8   Handel

Association Internationale de la Distribution – AIDA (Internationale Vereinigung des Handels)
34, rue Marianne
1180 Brüssel, Belgien;
Tel 00 32-2/3 45 99 23;
Fax 00 32-2/3 46 02 04;
e-mail   info@aida.int.org
WEGNEZ, Léon F.

Confederation of International Trading Houses Associations – CITHA (Vereinigung der Exporthandelsverbände)

A. Goekooplaan 5
2502 LV Den Haag, Niederlande;
Tel 00 31-70/3 54 68 11;
Fax 00 31-70/3 51 27 77;
e-mail   citha@verbondgroothandel.nl
ANTONINI, L.

EuroCommerce – FEWITA (Verband des europäischen Groß- und Außenhandels)
9-31, avenue de Nerviens
1040 Brüssel, Belgien;
Tel 00 32-2/2 30 58 74;
Fax 00 32-2/2 30 00 78;
e-mail   lobby@eurocommerce.be
http://www.eurocommerce.be
DURIEU, Xavier R.

European Mail Order Traders' Association – EMOTA (Europäischer Versandhandelsverband)
50/28, rue Wiertz
1050 Brüssel, Belgien;
Tel 00 32-2/24 01 61 95;
Fax 00 32-2/24 01 68 68;
e-mail   info@emota-aevpc.org
http://www.emota-aevpc.org
WEENING, Aad

European Vending Association – EVA
(Europäischer Automatenverkaufsverband)
44, rue Van Eyck
1000 Brüssel, Belgien;
Tel 00 32-2/5 12 00 75;
Fax 00 32-2/5 02 23 42;
e-mail   vending@eva.be
http://www.eva.be
PIANA, Catherine

Federation of European Direct Selling Associations – FEDSA (Vereinigung der europäischen Direktvertriebsverbände)
14, avenue de Tervueren, bte 1
1040 Brüssel, Belgien;
Tel 00 32-2/7 36 10 14;
Fax 00 32-2/7 36 34 97;
e-mail   fedsa@fedsa.be
http://www.fedsa.be
N. N.

Foreign Trade Association – FTA
(Außenhandelsvereinigung)
5, avenue de Janvier, Boite 3
1200 Brüssel, Belgien;
Tel 00 32-2/7 62 05 51;
Fax 00 32-2/7 62 75 06;
e-mail info@fta-eu.org
http://www.fta-eu.org
EGGERT, Jan

Junior Achievement Young enterprise
(Junge Unternehmer Europa)
263 G, boulevard General Jacques
1050 Brüssel, Belgien;
Tel 00 32-2/6 26 60 11, 6 26 61 74;
Fax 00 32-2/6 40 85 78;
e-mail caroline@ja-ye.org
http://www.ja-ye.org
JENNER, Caroline

Union des Foires Internationales – UFI
(Verband internationaler Messen)
35 bis, rue Jouffroy-d'Abbans
75017 Paris, Frankreich;
Tel 00 33-1/42 67 99 12;
Fax 00 33-1/42 27 19 29;
e-mail info@ufi.org
http://www.ufinet.org
GERARD, Vincent

Union des Groupements de Détaillants Indépendants de l'Europe – UGAL (Union der Verbundgruppen selbstständiger Einzelhändler Europas)
3, avenue des Gaulois, boîte 3
1040 Brüssel, Belgien;
Tel 00 32-2/7 32 46 60;
Fax 00 32-2/7 35 86 23;
e-mail info@ugal.org
http://www.ugal.org
LABATUT, Denis

3.9 Industrie- und Handelskammern

Association of European Chambers of Commerce and Industry – EUROCHAMBRES (Vereinigung der europäischen Industrie- und Handelskammern)
19 A/D, avenue des Arts
1000 Brüssel, Belgien;
Tel 00 32-2/2 82 08 50;
Fax 00 32-2/2 30 00 38;
e-mail eurochambres@eurochambres.be
http://www.eurochambres.be
ABRUZZINI, Arnaldo

EU Committee of the American Chamber of Commerce in Belgium (EU-Ausschuss, Amerikanische Handelskammer in Belgien)
50, avenue des Arts, box 5
1000 Brüssel, Belgien;
Tel 00 32-2/5 13 68 92;
Fax 00 32-2/5 13 79 28;
e-mail amchameu@amcham.be
http://www.eucommittee.be
DANGER, Susan

3.10 Berufsverbände

Architect's Council of Europe – ACE
(Europäischer Architektenrat)
29, rue Paul Emile Janson
1050 Brüssel, Belgien;
Tel 00 32-2/5 43 11 40;
Fax 00 32-2/5 43 11 41;
e-mail info@ace-cae.org
http://www.ace-cae.org
SAGNE, Alain

Confédération Internationale des Entreprises de Travail Temporaire – CIETT (Internationale Vereinigung von Zeitarbeitsunternehmen)
2, place de Luxemburg
1050 Brüssel, Belgien;
Tel 00 32-2/7 33 04 27;
Fax 00 32-2/7 33 54 44;
e-mail info@ciett.org
http://www.ciett.org
CASADO ALARCÓN, Eva

Conference des Notariats de l'UE – CNUE
(Konferenz der Notariate der EU)
52, avenue de Cortenbergh
1000 Brüssel, Belgien;
Tel 00 32-2/5 13 95 29;
Fax 00 32-2/5 13 93 82;

e-mail info@cnue.be
http://www.cnue.be
MARTIN, Clarisse

Conseil des Barreaux de l'Union Européenne – CCBE (Rat der Anwaltschaften der europäischen Gemeinschaft)
1-5, avenue de la Joyeuse Entreé
1040 Brüssel, Belgien;
Tel 00 32-2/2 34 65 10;
Fax 00 32-2/2 34 65 11/12;
e-mail ccbe@ccbe.org
http://www.ccbe.org
GOLDSMITH, Jonathan

Conseil des Cadres Européens – EUROCADRES (Rat der europäischen Fach- und Führungskräfte)
5, boulevard du Roi Albert II
1210 Brüssel, Belgien;
Tel 00 32-2/2 24 07 30;
Fax 00 32-2/2 24 07 33;
e-mail sat@eurocadres.org
http://www.eurocadres.org
AMEEL, Dirk

Conseil Européen des Professions Libérales – CEPLIS (Europäischer Rat der freien Berufe)
4, rue Jacques de Lalaing
1040 Brüssel, Belgien;
Tel 00 32-2/5 11 44 39;
Fax 00 32-2/5 11 01 24;
e-mail ceplis@pi.be
http://www.ceplis.org
KOUTROUBAS, Theodoros

European Company Lawyers' Association – ECLA (Europäischer Verband der Syndikus-Anwälte)
Marina Park
Sundkrogsgade 4
2100 Kopenhagen, Dänemark;
Tel 00 45/39 17 61 30;
Fax 00 45/39 17 59 55;
e-mail evi@pfa.dk
http://www.ecla.org
VILEN, Erik

European Council of Town Planners – ECTP (Europäischer Rat der Stadtplaner)
c/o Royal Town Planning Institute
41 Botolph Lane
London EC3R 8DL, Großbritannien;
Tel 00 44-20/79 29 94 94;
Fax 00 44-20/79 29 81 99;
e-mail secretariat@ceu-ectp.org
http://www.ceu-ectp.org
UPTON, Robert

European Federation of Journalists – EFJ (Europäische Journalisten-Vereinigung)
155, rue de la Loi
1040 Brüssel, Belgien;
Tel 00 32-2/2 35 22 00;
Fax 00 32-2/2 35 22 19;
e-mail efj@ifj.org
http://www.ifj-europe.org
WHITE, Aidan

European Federation of Professional Florist Associations – FEUPF (Vereinigung der europäischen Fachverbände der Floristen)
Zandlaan 18
6717 LP Ede, Niederlande;
Tel 00 31-31 8/52 75 68;
Fax 00 31-31 8/54 22 66;
e-mail info@vbw-groenplein.nl
http://www.vbw-groenplein.nl
ZWISTERLOOD, Toine

European Lawyers' Union – ELU (Europäischer Anwaltsverein)
31, Grand Rue
Luxemburg, Luxemburg;
Tel 00 35-2/46 73 46;
Fax 00 35-2/46 73 48;
e-mail jlemmer@pt.lu
http://www.uae.lu
LEMMER, Joë

European Trade Union Institute – ETUI (Europäisches Gewerkschaftsinstitut)
5, boulevard du Roi Albert II, boîte 4
1210 Brüssel, Belgien;
Tel 00 32-2/2 24 04 70;
Fax 00 32-2/2 24 05 02;

e-mail etui@etuc.org
http://www.etuc.org/etui
JØRGENSEN, Henning

Fédération des Experts Comptables Européens – FEE (Vereinigung der europäischen Buchhalter)
83, rue de la Loi
1040 Brüssel, Belgien;
Tel 00 32-2/2 85 40 85;
Fax 00 32-2/2 31 11 12;
e-mail   secretariat@fee.be
http://www.fee.be
OLIVIER, Henri

International Bar Association – IBA (Internationaler Rechtsanwaltsverband)
271 Regent Street
London W1B 2AQ, Großbritannien;
Tel 00 44-20/76 29 12 06;
Fax 00 44-20/74 09 04 56;
e-mail   sibylle.duell@int-bar.org
http://www.ibanet.org
PELAEZ-PIER, Fernando

International Union of Commercial Agents and Brokers – IUCAB (Internationale Union der Handelsvertreter und Handelsmakler)
de Lairessestraat 158
1075 HM Amsterdam, Niederlande;
Tel 00 31-20/4 70 01 77;
Fax 00 31-20/6 71 09 74;
e-mail   info@iucab.nl
http://www.iucab.nl
VAN TILL, JWB Baron

3.11 Wissenschaft, Technologie, Forschung

Action Européenne pour l'Education, l'Invention et l'Innovation – AEI (Europäische Aktionsgemeinschaft für Bildung, Erfindung und Innovation)
2, rue Gutenberg
57200 Sarreguemines, Frankreich;
Tel 00 33-3/87 95 14 77;
Fax 00 33-3/87 95 14 67;
e-mail
espace-entreprise@espace-entreprise.fr
http://www.espace-entreprise.fr
PIERRON, M. J. M.

Association Européenne pour le Transfert des Technologies, de l'Innovation et de l'Information Industrielle – TII (Europäischer Verband für den Transfer von Technologie, Innovation und technischen Informationen)
3, rue Aldringen
1118 Luxemburg, Luxemburg;
Tel 00 35-2/4 63 03 51;
Fax 00 35-2/46 21 85;
e-mail   tii@tii.org
http://www.tii.org
ROBINSON, Christine

Association of European Space Industry – EUROSPACE (Europäischer Verband der Raumfahrtindustrie)
15-17, avenue de Ségur
75007 Paris, Frankreich;
Tel 00 33-1/44 42 00 70;
Fax 00 33-1/44 42 00 79;
e-mail   letterbox@eurospace.org
http://www.eurospace.org
GAUBERT, Alain

Centre de Recherches sur l'Epidemiologie des Desastres – CRED (Zentrum der Katastrophenepidemiologieforschung)
30-94, Clos Chapelle-aux-Champs
1200 Brüssel, Belgien;
Tel 00 32-2/7 64 33 27;
Fax 00 32-2/7 64 34 41;
e-mail   cred@epid.ucl.ac.be
http://www.cred.be
GUHA-SAPIR, Debarati

Council of European Professional Informatics Societies – CEPIS (Europäischer Dachverband der professionellen Informatikgesellschaften)
Stresemannallee 15
60596 Frankfurt a. M., Deutschland;
Tel 00 49-69/6 30 83 92;
Fax 00 49-69/96 31 52 33;
e-mail   secretary@cepis.org
http://www.cepis.org
http://www.cepis-upgrade.org
BUMANN, Peter

European Business Angel Network – EBAN
(Europäisches Business Angel Netzwerk)
12, avenue des Arts, bte 7
1210 Brüssel, Belgien;
Tel 00 32-2/2 18 43 13;
Fax 00 32-2/2 18 45 83;
e-mail   info@eban.org
http://www.eban.org
MUNCK, Claire

European Science Foundation – ESF
(Europäische Wissenschaftsstiftung)
1, quai Lezay-Marnesia
67080 Strasbourg cedex, Frankreich;
Tel 00 33-3/88 76 71 00;
Fax 00 33-3/88 37 05 32;
e-mail   esf@esf.org
http://www.esf.org
ANDERSSON, Bertil

**The European Association for Bioindustries
– EUROPA BIO** (Europäischer Verband für Bioindustrie)
6, avenue de l'Armée
1040 Brüssel, Belgien;
Tel 00 32-2/7 35 03 13;
Fax 00 32-2/7 35 49 60;
e-mail   info@europabio.org
http://www.europabio.org
VANHEMELRIJCK, Johan

3.12   Gesundheitswesen

**Association of European Cancer Leagues –
ECL** (Vereinigung der europäischen Krebsverbände)
33, rue de Pascale
1040 Brüssel, Belgien;
Tel 00 32-2/2 30 20 27;
Fax 00 32-2/2 31 18 58;
e-mail   hayes@globalink.org
http://ecl.uicc.org
HAYES, Andrew

**Comité Européen de Coordination des
Industries Radiologiques et Electro-
médicales – COCIR** (Europäischer Koordinierungsausschuss der Röntgen- und Elektromedizinischen Industrie)
Stresemannallee 19
60596 Frankfurt a. M., Deutschland;
Tel 00 49-69/6 30 22 07;
Fax 00 49-69/6 30 23 90;
e-mail   office@cocir.org
http://www.cocir.org
BURSIG, Hans-Peter

**Comité Permanent des Hôpitaux de l'Union
Européenne – CHCE** (Ständiger Ausschuss der Krankenhäuser der europäischen Union)
207-209, Bd. A. Reyers
1030 Brüssel, Belgien;
Tel 00 32-2/7 42 13 20;
Fax 00 32-2/7 42 13 25;
e-mail   sg@hope.be
http://www.hope.be
GAREL, Pascal

**Comité Permanent des Médicins Européens
– CPME** (Ständiger Ausschuss europäischer Ärzte)
41, rue de la Science, boîte 2
1040 Brüssel, Belgien;
Tel 00 32-2/7 32 72 02;
Fax 00 32-2/7 32 73 44;
e-mail   secretariat@cpme.be
http://www.cpme.be
TIDDENS-ENGWIRDA, Lisette

Dental Liaison Committee in the EU – DLC
(Zahnärztlicher Verbindungsausschuss in der EU)
1, avenue de la Renaissance
1000 Brüssel, Belgien;
Tel 00 32-2/7 36 34 29;
Fax 00 32-2/7 32 54 07;
e-mail   dlc@bzak.be
http://www.eudental.org
RITTER, Claudia

European Brain Injury Society – E.B.I.S.
(Europäische Gesellschaft für Hirnverletzungen)
17, rue de Londres
1050 Brüssel, Belgien;
Tel 00 33-5 53/22 56 68;
Fax 00 33-5 53/22 56 68;

e-mail ebis2@wanadoo.fr
http://www.ebissociety.org
MAZZUCCHINI, Anna

European Centre for Ecotoxicology and Toxicology of Chemicals – ECETOC (Europäisches Zentrum für Ökotoxikologie und Toxikologie von Chemikalien)
4, avenue E. van Nieuwenhuyse, bte 6
1160 Brüssel, Belgien;
Tel 00 32-2/6 75 36 00;
Fax 00 32-2/6 75 36 25;
e-mail info@ecetoc.org
http://www.ecetoc.org
GRIBBLE, M.

European Council of Optometry and Optics – ECOO (Europäischer Rat für Optometrie und Optik)
61 Southwark Street
London SE1 0HL, Großbritannien;
Tel 00 44-20/72 61 02 28;
Fax 00 44-20/72 61 96 61;
e-mail postbox@aop.org.uk
http://www.assoc-optometrics.org
HUNTER, Ian

European Dialysis and Transplant Nurses' Association/European Rental Care Association – EDTNA/ERCA (Verband des europäischen Dialyse- und Transplantationspersonals/Verband des europäischen Nierenpflegepersonals)
Head Office, Pilatusstraße 35
6002 Luzern, Schweiz;
Tel 00 41-41/7 66 05 80;
Fax 00 41-41/7 66 05 85;
e-mail info@edtna-erca.org
http://www.edtna-erca.org
THANASA, Georgia

European Federation of Allergy and Airways Diseases Patients Associations – EFA (Europäische Vereinigung der Asthma- und Allergievereine)
327, avenue Louise, 11th floor
1050 Brüssel, Belgien;
Tel 00 32-2/6 46 99 45;
Fax 00 32-2/6 46 41 16;

e-mail efaoffice@skynet.be
http://www.efanet.org
MYRSETH, Svein-Erik

European Health Management Association – EHMA (Europäische Vereinigung für Management im Gesundheitswesen)
Vergemount Hall, Clonskeagh
Dublin 6, Irland;
Tel 00 35 3-1/2 83 92 99;
Fax 00 35 3-1/2 83 86 53;
e-mail slogstrup@skynet.be
http://www.ehma.org
BERMAN, Philip C.

European Heart Network – EHN (Europäisches Herz-Netzwerk)
31, rue Montoyer
1000 Brüssel, Belgien;
Tel 00 32-2/5 12 91 74;
Fax 00 32-2/5 03 35 25;
e-mail ehn@skynet.de
http://www.ehnheart.org
LOGSTRUP, Susanne

European Medical Association – EMA (Europäischer Medizinerverband)
12, place de Jambline de Meux
1030 Brüssel, Belgien;
Tel 00 32-2/7 34 29 80;
Fax 00 32-2/7 34 21 35;
e-mail contact@emanet.org
http://www.emanet.org
KETELAER

European Network for Smoking Prevention – ENSP (Europäisches Netzwerk für Vorbeugung gegen das Rauchen)
144, chaussée d'Ixelles
1050 Brüssel, Belgien;
Tel 00 32-2/2 30 65 15;
Fax 00 32-2/2 30 75 07;
e-mail info@ensp.org
http://www.ensp.org
KAZAN, Sophie

European Organization for Research and Treatment of Cancer – EORTC

(Europäische Organisation für Erforschung und Behandlung von Krebserkrankungen)
83/11, avenue E. Mounierlaan
1200 Brüssel, Belgien;
Tel 00 32-2/7 74 16 11;
Fax 00 32-2/7 72 62 33;
e-mail   sro@eortc.be
http://www.eortc.be
MEUNIER, Françoise

European Public Health Alliance – EPHA
(Europäisches Bündnis für öffentliche Gesundheit)
39-41, rue d'Arton
1000 Brüssel, Belgien;
Tel 00 32-2/2 30 30 56;
Fax 00 32-2/2 33 38 80;
e-mail   epha@epha.org
http://www.epha.org
ROSE, Tamsin

European Region World Confederation for Physical Therapy – ER-WCPT (Ständiger Verbindungsausschuss für Physiotherapie in der EU)
119/2, boulevard Louis Schmidt
1040 Brüssel, Belgien;
Tel 00 32-2/7 43 82 32;
Fax 00 32-2/7 36 82 51;
e-mail   physia.europe@tiscali.be
http://www.physio-europe.org
GORRIA, David

European Society of Cataract and Refractive Surgeons – ESCRS (Europäische Gesellschaft von Katarakt- und Refraktions-ärzten)
Tempel Road, Blackrock Country
Dublin 2, Irland;
Tel 00 35 3-1/2 09 11 00;
Fax 00 35 3-1/2 09 11 12;
e-mail   escrs@agenda-comm.ie
http://www.escrs.org
GÜELL, José

European Union of Dentists – EUD
(Europäische Union der Zahnärzte)
62b North Gate
London NW8 7EH, Großbritannien;

Tel 00 44-17 1/5 86 40 96;
e-mail   secgen@europeandentists.org
http://www.europeandentists.org
LUPIN, Alec

European Union of General Practitioners – EUGP (Europäische Vereinigung der Allgemeinärzte)
POB 5610
11486 Stockholm, Schweden;
Swedish Medical Association
Tel 00 46-8/7 90 34 52;
Fax 00 46-8/20 57 18;
e-mail   info@uemo.org
http://www.uemo.org
THORS, Carl-Eric

European Union of Independent Hospitals – UEHP (Europäische Union der Privatkliniken)
5, avenue Alfred Solvay
1170 Brüssel, Belgien;
Tel 00 32-2/6 60 35 50;
Fax 00 32-2/6 72 90 62;
e-mail   henri.anrys@uehp.org
http://www.uehp.org
ANRYS, Henri

European Union of Medical Specialists – UEMS (Europäische Vereinigung der Fachärzte)
20, avenue de la Couronne
1050 Brüssel, Belgien;
Tel 00 32-2/6 49 51 64;
Fax 00 32-2/6 40 37 30;
e-mail   secretarygeneral@uems.net
http://www.uems.net
MAILLET, Bernard

International Diabetes Federation – IDF
(Internationale Diabetes-Vereinigung)
19, avenue Emile de Mot
1000 Brüssel, Belgien;
Tel 00 32-2/5 38 55 11;
Fax 00 32-2/5 38 51 14;
e-mail   info@idf.org
http://www.idf.org
HENDRICKS, Luc

International Federation of Health Practioners – IFOH (Internationale Vereinigung der Heilpraktiker e.v.)
Max-Planck-Straße 47
53340 Meckenheim, Deutschland;
Tel 00 49-22 25/94 55 36;
Fax 00 49-22 25/94 55 37;
e-mail int-fect-hp@web.de
SCHWARZBACH, Klaus

Freie Heilpraktiker e. V.
Benrather Schloßallee 49-53
40597 Düsseldorf, Deutschland;
Tel 00 49-2 11/90 17 29-0;
Fax 00 49-2 11/3 98 27 10;
e-mail BRSFH@t-online.de
http://www.freieheilpraktiker.com
SCHMIDT, Bernd R.

Orthoptistes de la Communauté Européenne – OCE (Orthoptisten der Europäischen Gemeinschaft)
22, rue Richer
75009 Paris, Frankreich;
Tel 00 33-1/40 22 03 04;
Fax 00 33-1/40 22 03 12;
e-mail snao@club-internet.fr
VAN LAMMEREN, Mirjam

The European Medical Technology Industry Association – EUCOMED (Europäische Vereinigung der Medizin-Technologie-Industrie)
14, place St. Lambert
1200 Woluwe St. Lambert, Belgien;
Tel 00 32-2/7 72 22 12;
Fax 00 32-2/7 71 39 09;
e-mail eucomed@eucomed.com
http://www.eucomed.com
WAGNER, Maurice

3.13 Standardisierung, Prüfverfahren, Qualitätsverbesserung

Comité Européen de Normalisation – CEN (Europäisches Komitee für Normung)
36, rue de Stassart
1050 Brüssel, Belgien;
Tel 00 32-2/5 50 08 11;
Fax 00 32-2/5 50 08 19;
e-mail infodesk@cenorm.be
http://www.cenorm.be
MICHAUD, Gaston

Comité Européen de Normalisation Electrotechnique – CENELEC (Europäisches Komitee für elektrotechnische Normung)
35, rue de Stassart
1050 Brüssel, Belgien;
Tel 00 32-2/5 19 68 71;
Fax 00 32-2/5 19 69 19;
e-mail general@cenelec.org,
e-mail info@cenelec.org
http://www.cenelec.org
SANTIAGO, Elena

European Confederation of Organisations for Testing, Inspection, Certification and Prevention – CEOC (Europäische Vereinigung der Überwachungs-, Prüf- und Präventivorganisationen)
20-22, rue du Commerce
1000 Brüssel, Belgien;
Tel 00 32-2/5 11 50 65;
Fax 00 32-2/5 02 50 47;
e-mail voelzow@ceoc.com
http://www.ceoc.com
VÖLZOW, Michael

European Foundation for Quality Management – EFQM (Europäische Stiftung für Qualitätsmanagement)
15, avenue des Pléiades
1200 Brüssel, Belgien;
Tel 00 32-2/7 75 35 11;
Fax 00 32-2/7 75 35 35;
e-mail info@efqm.org
http://www.efqm.org
DE DOMMARTIN, Alain

European Organisation for Conformity Assessment – EOTC (Europäische Organisation für Tests und Zertifizierungen)
363, avenue de Tervueren
1150 Brüssel, Belgien;

Tel 00 32-2/5 02 41 41;
Fax 00 32-2/5 02 42 39;
e-mail   helpdesk@eotc.be
http://www.eotc.be
DRAELANTS, Carine

European Organisation for Technical Approvals – EOTA (Europäische Organisation für technische Zulassungen)
40, avenue des Arts
1040 Brüssel, Belgien;
Tel 00 32-2/5 02 69 00;
Fax 00 32-2/5 02 38 14;
e-mail   info@eota.be
http://www.eota.be
CALUWAERTS, P.

International Federation of Inspection Agencies – IFIA (Internationaler Verband der Inspektionsagenturen)
22-23 Great Tower Street
London EC3R 5HE, Großbritannien;
Tel 00 44-20/72 83 10 01;
Fax 00 44-20/76 26 44 16;
e-mail   secretariat@ifia-federation.org
http://www.ifia-federation.org
BROCKWAY, R.

3.14   Ausbildung, Fortbildung

Academic Cooperation Association – ACA (Verband für akademische Zusammenarbeit)
15, rue d'Egmontstraat
1000 Brüssel, Belgien;
Tel 00 32-2/5 13 22 41;
Fax 00 32-2/5 13 17 76;
e-mail   info@aca-secretariat.be
http://www.aca-secretariat.be
WÄCHTER, Bernd

Association Européenne des Enseignants – AEDE/EAT (Europäischer Erzieherbund)
68, rue du Faubourg-National
67000 Strasbourg, Frankreich;
Tel 00 33-3/88 32 63 67;
Fax 00 33-3/88 22 48 34;
e-mail   aede.sgeurope@wanadoo.fr
http://www.aede.org
GONON, Jean-Claude

Association for Teacher Education in Europe – ATEE (Vereinigung für Lehrerbildung in Europa)
Vrije Universiteit Brussel, Dept. of Educational Sciences, 2, Pleinlaan
1050 Brüssel, Belgien;
Tel 00 32-2/6 29 26 27;
Fax 00 32-2/6 29 26 23;
e-mail   atee@euronet.be,
e-mail   arno.libotton@vub.ac.be
http://www.atee.org
LIBOTTON, Arno

Association of Students and Young Specialists interested in Management and Business – AIESEC (Verband der an Management und Business interessierten Studenten)
Teilingerstraat 126
3032-AW Rotterdam, Niederlande;
Tel 00 31-10/4 43 43 83;
Fax 00 31-10/2 65 13 86;
e-mail   info@ai.aiesec.org
http://www.aiesec.org
CHANDNA, Rajiv

Consortium of European Research and Development Institutes of Adult Education – ERDI (Konsortium der europäischen Forschungs- und Entwicklungsinstitute für Erwachsenenbildung)
VOCB, 1, Kardinaal Mercierplein
2800 Mechelen, Belgien;
Tel 00 32-15/44 65 00;
Fax 00 32-15/44 65 01;
e-mail   lattke@die-bonn.de
http://www.die-frankfurt.de/erdi
LATTKE, Susanne

European Educational Exchanges - Youth for Understanding – EEE-YFU (Youth for Understanding - Europäischer Bildungsaustausch)
47/4, Regastraat
3000 Leuven, Belgien;
Tel 00 32-16/29 08 55;
Fax 00 32-16/29 06 97;
e-mail   office@eee-yfu.org
http://www.eee-yfu.org
BOREK, Thomasz

European Federation for Intercultural Learning – EFIL (Europäischer Verband für interkulturelles Lernen)
150, avenue Emile Max
1030 Brüssel, Belgien;
Tel 00 32-2/5 14 52 50;
Fax 00 32-2/5 14 29 29;
e-mail   info@efil.be
http://efil.afs.org
HARDT, Elisabeth

European Foundation for Management Development – EFMD (Europäische Management-Entwicklungsstiftung)
88, rue Gachard
1050 Brüssel, Belgien;
Tel 00 32-2/6 29 08 10;
Fax 00 32-2/6 29 08 11;
e-mail   info@efmd.be
http://www.efmd.be
CORNUEL, Eric

European Trade Union College – ETUCO (Europäische Gewerkschaftsakademie)
5, boulevard du Roi Albert II, boîte 7
1210 Brüssel, Belgien;
Tel 00 32-2/2 24 05 30;
Fax 00 32-2/2 24 05 20;
e-mail   etuco@etuc.org
http://www.etuc.org/etuco
BRIDGFORD, Jeff

European University Association – EUA (Verband der europäischen Universitäten)
13, rue d'Egmont
1000 Brüssel, Belgien;
Tel 00 32-2/2 30 55 44;
Fax 00 32-2/2 30 57 51;
e-mail   info@eua.be
http://www.eua.be
WILSON, Lesley

Société Européenne pour la Formation des Ingénieurs – SEFI (Europäische Gesellschaft für Ingenieursausbildung)
119, rue de Stassart
1050 Brüssel, Belgien;
Tel 00 32-2/5 02 36 09;
Fax 00 32-2/5 02 96 11;

e-mail   francoise.come@sefi.be, info@sefi.be
http://www.sefi.be
CÔME, Françoise

The National Unions of Students in Europe – ESIB (Die nationalen Studentenvereinigungen in Europa)
17a, avenue de la Toison d'Or
1050 Brüssel, Belgien;
Tel 00 32-2/5 02 23 62;
Fax 00 32-2/5 11 78 06;
e-mail   secretariat@esib.org
http://www.esib.org
BAGGE, Karin

Trans European Policy Studies Association – TEPSA (Verband für Transeuropäische Politologie)
11, rue d'Egmont
1000 Brüssel, Belgien;
Tel 00 32-2/5 11 34 70, 5 14 12 33;
Fax 00 32-2/5 11 67 70;
e-mail   tepsa@tepsa.be
http://www.tepsa.be
FRANCK, Christian

3.15 Printmedien

European Association of Directory and Database Publishers – EADP (Europäischer Verband der Adressbuch- und Datenbankverleger)
127, avenue Franklin Roosevelt
1050 Brüssel, Belgien;
Tel 00 32-2/6 46 30 60;
Fax 00 32-2/6 46 36 37;
e-mail   mailbox@eadp.org
http://www.eadp.org
LERAT, Anne

European Bureau of Library, Information and Documentation Associations – EBLIDA (Europäisches Büro der Bücherei-, Informations- und Dokumentationsverbände)
POB 16395
2500 BJ Den Haag, Niederlande;
Tel 00 31-70/3 09 05 51;
Fax 00 31-70/3 09 05 58;

e-mail eblida@debibliotheken.nl
http://www.eblida.org
GONZÁLEZ PEREIRA, Maria Pia

European Newspaper Publishers' Association – ENPA (Verband europäischer Zeitungsverleger)
29, rue des Pierres, boîte 8
B-1000 Brüssel;
Tel 00 32-2/5 51 01 90;
Fax 00 32-2/5 51 01 99;
e-mail enpa@enpa.be
http://www.enpa.be
VANGOIDSENHOVEN, Josiane

European Publishers' Council – EPC
(Europäischer Verlegerrat)
49 Park Town
Oxford OX2 6SL, Großbritannien;
Tel 00 44-18 65/31 07 32;
Fax 00 44-18 65/31 07 39;
e-mail angela.mills@epceurope.org
http://www.epceurope.org
MILLS, Angela

International Confederation for Printing and Allied Industries – INTERGRAF
(Internationale Vereinigung der Druck- und verwandten Industrien)
18, square Marie-Louise, bte 27
1000 Brüssel, Belgien;
Tel 00 32-2/2 30 86 46;
Fax 00 32-2/2 31 14 64;
e-mail intergraf@intergraf.org
http://www.intergraf.org
KLOSE, Beatrice

3.16 Beratung

Association des Experts Européens Agrées – AEXA (Arbeitsgemeinschaft der europäischen anerkannten Sachverständigen)
49, rue Lamantine
78000 Versailles, Frankreich;
Tel 00 33-1/39 51 48 71;
Fax 00 33-1/39 51 04 74;
NEGRIER DORMONT, Lygia

Confédération Fiscale Européenne – CFE
(Europäische Steuervereinigung)
Neue Promenade 4
10178 Berlin, Deutschland;
Tel 00 49-30/2 40 08 70;
Fax 00 49-30/24 00 87 99;
e-mail generalsecretary@cfe-eutax.org
http://www.cfe-eutax.org
WEILER, Heinrich

Conseil Européen des Professions Immobilières – CEPI (Europäischer Immobilienrat)
36, avenue de Tervueren, boîte 2
1040 Brüssel, Belgien;
Tel 00 32-2/7 35 49 90;
Fax 00 32-2/7 35 99 88;
e-mail cepi@cepi.be
http://www.cepi.be
MERELLO, Andrea

European Federation of Engineering Consultancy Associations – EFCA
(Europäische Vereinigung der Verbände beratender Ingenieure)
3-5, avenue des Arts
1210 Brüssel, Belgien;
Tel 00 32-2/2 09 07 70;
Fax 00 32-2/2 09 07 71;
e-mail efca@efca.be
http://www.efcanet.org
VAN DER PUTTEN, Jan

European Federation of Management Consultancies Associations – FEACO
(Fachverband europäischer Unternehmensberaterverbände)
3-5, avenue des Arts
1210 Brüssel, Belgien;
Tel 00 32-2/2 50 06 50;
Fax 00 32-2/2 50 06 51;
e-mail feaco@feaco.org
http://www.feaco.org
GROEN, Else

European Real Estate Confederation – EREC (Europäische Maklervereinigung)
11/12, Sainctelette Square
1000 Brüssel, Belgien;

Tel 00 32-2/2 19 40 08;
Fax 00 32-2/2 17 88 41;
MATTHEEUWS, Christine

The European Group of Valuers' Associations – TEGoVA (Europäische Gruppe der Sachverständigen)
28, place de la vieille halle aux Blés
1000 Brüssel, Belgien;
Tel 00 32-2/5 11 68 08;
Fax 00 32-2/5 11 67 03;
e-mail   tegova@skynet.be
http://www.tegova.org
BENEDETTI, Alexander

3.17 Sonstige

Fédération Européenne des Moyennes et Grandes Entreprises de Distribution – FEMGED (Europäische Vereinigung der Mittel- und Großunternehmen des Einzelhandels)
5, avenue de Vaillaints, bte 7
1200 Brüssel, Belgien;
Tel 00 32-2/7 34 32 89;
Fax 00 32-2/7 34 32 89;
e-mail   femged@pi.be
DROULANS, Claude

Institution for a European Environmental Policy – IEEP (Institut für europäische Umweltpolitik)
18, avenue des Gaulois
1040 Brüssel, Belgien;
Tel 00 32-2/7 38 74 71/74;
Fax 00 32-2/7 32 40 04;
e-mail   central@ieeplondon.org.uk
http://www.ieep.org.uk
BALDOCK, David

4   Verschiedene

4.1   Regionalpolitik

Assembly of European Regions – AER (Versammlung der Regionen Europas)

20, place des Halles
67000 Strasbourg, Frankreich;
Tel 00 33-3/88 22 07 07;
Fax 00 33-3/88 75 67 19;
e-mail   secretariat@a-e-r.org
http://www.a-e-r.org
KLIPP, Klaus

Association of European Border Regions – AEBR (Arbeitsgemeinschaft Europäischer Grenzregionen)
Enscheder Straße 362
48599 Gronau, Deutschland;
Tel 00 49-25 62/7 02 19;
Fax 00 49-25 62/7 02 59;
e-mail   info@aebr.net, c.pandary@aebr.net
http://www.aebr.net
GABBE, Jens

Council of European Municipalities and Regions – CEMR (Rat der Gemeinden und Regionen Europas)
15, rue de Richelieu
75001 Paris, Frankreich;
Tel 00 33-1/44 50 59 59;
Fax 00 33-1/44 50 59 60;
e-mail   cemr@ccre.org
http://www.ccre.org
SMITH, Jeremy

European Foundation for Landscape Architecture – EFLA (Europäische Stiftung für Landschaftsgestaltung)
38-40, rue Washington
1050 Brüssel, Belgien;
Tel 00 32-2/3 46 38 62;
Fax 00 32-2/3 46 98 76;
e-mail   efla.feap@skynet.be
http://www.efla.org
SUNDT, Trygve

International Network for Urban Development – INTA (Internationale Städtische Entwicklungsgesellschaft)
Nassau Dillenburgstraat 44
2596 AE Den Haag, Niederlande;
Tel 00 31-70/3 24 45 26;
Fax 00 31-70/3 28 07 27;
e-mail   info@inta-net.org
SUDARSKIS, Michel

I Europäische Verbände

Régions Européenne de Technologie
Industrielle – RETI (Europäische Industrie-
und Technologieregionen)
36-38, rue Joseph II
1000 Brüssel, Belgien;
Tel 00 32-2/2 30 91 07;
Fax 00 32-2/2 30 27 12;
e-mail   secretariat@eira.org
http://www.eira.org
STONE, Roger

4.2   Politische Interessen

Democrat Youth Community of Europe –
DEMYC (Demokratischer Jugendverband
Europas)
Danasvej 4-6
1910 Frederiksberg C, Dänemark;
Tel 00 45/33 23 40 95;
Fax 00 45/33 31 40 68;
e-mail   demyc@demyc.org
http://www.demyc.org
KRULL, Lasse

European Affairs Forum – AEF (Forum für
Europäische Angelegenheiten)
33, avenue Livingstone
1040 Brüssel, Belgien;
Tel 00 32-2/2 30 04 10;
Fax 00 32-2/2 30 56 01;
VAN DEN HEUVEL, Marcel

European League for Economic
Cooperation – ELEC (Europäische Liga für
wirtschaftliche Zusammenarbeit)
2, place de Champs de Mars, boîte 8
1050 Brüssel, Belgien;
Tel 00 32-2/2 19 82 50;
Fax 00 32-2/2 19 06 63;
e-mail   elec@easynet.be
KOEURE, Jean-Claude

Fédération Internationale des Maisons de
l'Europe – FIME (Internationale Föderation
der Europa-Häuser)
Pestelstraße 2
66119 Saarbrücken, Deutschland;
Tel 00 49-6 81/9 54 52 22;
Fax 00 49-6 81/9 54 52 50;
e-mail   info@fime.org
JUNGFLEISCH, Roswitha

Institut Européen de Recherche sur la
Coopération Méditerranéenne et Euro-
Arabe avec le soutien de la Commission
Européenne (Europäisches Forschungsinstitut für die Mittelmeer- und euro-ara-
bische Zusammenarbeit mit der Unterstützung der Europäischen Kommission)
287, avenue Louise
1050 Brüssel, Belgien;
Tel 00 32-2/2 31 13 00;
Fax 00 32-2/2 31 06 46;
e-mail   medea@medea.be
http://www.medea.be
VANDENBEGINE, J.P. Robert

International Fellowship of Reconciliation –
IFOR (Internationaler Versöhnungsbund)
Spoorstraat 38
1815 BK Alkmaar, Niederlande;
Tel 00 31-72/5 12 30 14;
Fax 00 31-72/5 15 11 02;
e-mail   office@ifor.org
http://www.ifor.org
MUMFORD, David

4.3   Verbraucherschutz

Bureau Européen des Unions de
Consommateurs – BEUC (Europäischer
Verbraucherverband)
36, avenue de Tervuren, boîte 4
1040 Brüssel, Belgien;
Tel 00 32-2/7 43 15 90;
Fax 00 32-2/7 40 28 02;
e-mail   consumers@beuc.org
http://www.beuc.org
MURRAY, Jim

European Community of Consumers
Cooperatives – Euro Coop (Europäische
Gemeinschaft der Verbrauchergenossen-
schaften)
17, rue Archimède
1000 Brüssel, Belgien;

Tel 00 32-2/2 85 00 70;
Fax 00 32-2/2 31 07 57;
e-mail info@eurocoop.org
http://www.eurocoop.org
WALSHE, Donal

European Consumer Safety Association – ECOSA (Europäischer Verbrauchersicherheitsverband)
c/o Consumer Safety Institute
Rijswijkstraat 2
1059 GK Amsterdam, Niederlande;
Tel 00 31-20/5 11 45 00;
Fax 00 31-20/5 11 45 10;
e-mail secretariat@ecosa.org
http://www.ecosa.org
ROGMANS, Wim

International Federation of Industrial Energy Consumers – IFIEC-Europe (Internationale Vereinigung industrieller Energiekonsumenten)
119, chaussée de Charleroi
1060 Brüssel, Belgien;
Tel 00 32-2/5 42 06 87;
Fax 00 32-2/5 42 06 92;
e-mail goffin@hscbel.be
http://www.ifiec-europe.be
GOFFIN, Roger

4.4 Tier- und Naturschutz

Birdlife International (Internationaler Vogelschutzbund)
81a, rue de la Loi
1040 Brüssel, Belgien;
Tel 00 32-2/2 80 08 30;
Fax 00 32-2/2 30 38 02;
e-mail bleco@birdlifeeco.net
http://www.birdlife.net
BALIN, Pamela

Climate Network Europe – CNE (Klima-Netzwerk Europa)
48, rue de la Charité
1210 Brüssel, Belgien;
Tel 00 32-2/2 29 52 20;
Fax 00 32-2/2 29 52 29;
e-mail info@climnet.org, karla@climnet.org
http://www.climnet.org
SCHOETERS, Karla

Environmental Law Network International – ELNI (Internationales Netzwerk Umweltrecht)
Elisabethenstraße 55-57
64283 Darmstadt, Deutschland;
Tel 00 49-61 51/81 91 31;
Fax 00 49-61 51/81 91 33;
e-mail h.unruh@oeko.de
http://www.oeko.de/elni
UNRUH, Heike

European Association of Zoos and Aquaria – EAZA (Verband europäischer Zoos und Aquarien)
POB 20164
1000 HD Amsterdam, Niederlande;
Tel 00 31-20/5 20 07 50/53;
Fax 00 31-20/5 20 07 52/54;
e-mail info@eaza.net
http://www.eaza.net
PERSANYI, Miklés

European Bureau for Conservation and Development – EBCD (Europäisches Büro für Naturschutz und Entwicklung)
10, rue de la Science
1000 Brüssel, Belgien;
Tel 00 32-2/2 30 30 70;
Fax 00 32-2/2 30 82 72;
e-mail ebcinfo@ebcd.org
http://www.ebcd.org
SYMONS, Despina

European Coalition to End Animal Experiments – ECEAE (Europäische Koalition zur Beendigung von Tierversuchen)
16a Crane Grove
London N7 8NN, Großbritannien;
Tel 00 44-20/77 00 48 88;
Fax 00 44-20/77 00 02 52;
e-mail info@eceae.org
http://www.eceae.org
SANSOLINI, Adolfo

I Europäische Verbände

European Environmental Bureau – EEB
(Europäisches Umweltbüro)
34, boulevard de Waterloo
1000 Brüssel, Belgien;
Tel 00 32-2/2 89 10 90;
Fax 00 32-2/2 89 10 99;
e-mail info@eeb.org
http://www.eeb.org
HONTELEZ, John

**European Nature Heritage Fund –
Euronatur** (Stiftung Europäisches Naturerbe
– Euronatur)
Konstanzer Straße 22
78315 Radolfzell, Deutschland;
Tel 00 49-77 32/9 27 20;
Fax 00 49-77 32/92 72 22;
e-mail info@euronatur.org
http://www.euronatur.org
N. N.

**European Partners for the Environment –
EPE** (Europäische Partner für die Umwelt)
67, avenue de la Toison d'Or
1060 Brüssel, Belgien;
Tel 00 32-2/7 71 15 34;
Fax 00 32-2/5 39 48 15;
e-mail info@epe.be
http://www.epe.be
VAN ERMEN, Raymond

**European Society for Environment and
Development – ESED** (Europäische
Gesellschaft für Umwelt und Entwicklung)
47, rue de Meuse
5541 Hastière-par-delà, Belgien;
Tel 00 32-82/64 45 80;
Fax 00 32-82/64 45 11;
e-mail m.dubrelle@worldonline.be
HALLS, Steve

**Fédération des Associations de Chasseurs de
l'UE – FACE** (Zusammenschluss der
Jagdschutzverbände in der EU)
82, rue Frédéric Pelletier
1030 Brüssel, Belgien;
Tel 00 32-2/7 32 69 00;
Fax 00 32-2/7 32 70 72;
e-mail communication@face-europe.org,

e-mail info@face-europe.org
http://www.face-europe.org
LECOCQ, Yves

Greenpeace International – European Unit
159, chaussée de Haecht
1030 Brüssel, Belgien;
Tel 00 32-2/2 74 19 00;
Fax 00 32-2/2 74 19 10;
e-mail european.unit@diala.greenpeace.org
http://www.greenpeace.org
RISS, Jorgo

**International Federation of Animal Health
– IFAH** (Internationale Vereinigung für
Tiergesundheit)
1, rue Defacqz, boîte 8
1000 Brüssel, Belgien;
Tel 00 32-2/5 41 01 11;
Fax 00 32-2/5 41 01 19;
e-mail info@ifahsec.org
http://www.ifahsec.org
DELFORGE, Jean-Louis

World Wide Fund for Nature – WWF
36/12, avenue de Tervuren
1040 Brüssel, Belgien;
Tel 00 32-2/7 43 88 00;
Fax 00 32-2/7 43 88 19;
e-mail wwf-epo@wwfepo.org
http://www.panda.org/epo
MARTIN, Claude

4.5 Entwicklungshilfe

Care International (Care International)
58, boulevard du Régent, PO Box 10
1000 Brüssel, Belgien;
Tel 00 32-2/5 02 43 33;
Fax 00 32-2/5 02 82 02;
e-mail info@care.org
http://www.care-international.org,
http://www.care.org
CAILLAUX, Denis

**Coopération Internationale pour le
Développement et la Solidarité – CIDSE**
(Internationale Arbeitsgemeinschaft für
Entwicklung und Solidarität)

447

16, rue Stévin
1000 Brüssel, Belgien;
Tel 00 32-2/2 30 77 22;
Fax 00 32-2/2 30 70 82;
e-mail postmaster@cidse.org
http://www.cidse.org
OVERKAMP, Christiane

European Economic Interest Group of Regional Financial Association – EEIG Eurodevelopment (Europäische Interessengruppe der regionalen Finanzgesellschaften)
32, rue de Stassart
1050 Brüssel, Belgien;
Tel 00 32-2/5 48 22 11;
Fax 00 32-2/5 11 59 09;
e-mail d.caron@europemail.com
http://www.eurodev.be
CARON, Danielle

European Network on Debt and Development – EURODAD (Europäisches Netz bezüglich Verschuldung und Entwicklung)
176/8, avenue Louise
1050 Brüssel, Belgien;
Tel 00 32-2/5 43 90 60;
Fax 00 32-2/5 44 05 59;
e-mail message@eurodad.org
http://www.eurodad.org
WILKS, Alex

European Solidarity Towards Equal Participation of People – EUROSTEP (Europäische Solidarität für die Gleichberechtigung aller Menschen)
115, rue Stévin
1000 Brüssel, Belgien;
Tel 00 32-2/2 31 16 59;
Fax 00 32-2/2 30 37 80;
e-mail admin@eurostep.org
http://www.eurostep.org
STOCKER, Simon

Irish National Organisation of the Unemployed – INOU (Irische Organisation der Arbeitslosen)
8 North Richmond Street
Dublin 1, Irland;

Tel 00 35 3-1/8 56 00 88;
Fax 00 35 3-1/8 56 00 90;
e-mail info@inou.ie, welfareinfo@inou.ie
http://www.inou.ie
CONROY, Eric

4.6 Soziale Interessen

Association Internationale des Charités – AIC-Europe (Internationaler Verband wohltätiger Organisationen)
23, rampe des Ardennais
1348 Louvain-la-Neuve, Belgien;
Tel 00 32-10/45 63 53;
Fax 00 32-10/45 80 63;
e-mail info@aic-international.org
http://www.aic-international.org
DANDOIS, Gnes

Caritas Europa (Caritas Europa)
4, rue de Pascale
1040 Brüssel, Belgien;
Tel 00 32-2/2 80 02 80;
Fax 00 32-2/2 30 16 58;
e-mail info@caritas-europa.org
http://www.caritas.org
WANDERS, Marius

Euro Citizen Action Service – ECAS (Europa Bürger Dienstleistungsstelle)
53, rue de la Concorde
1050 Brüssel, Belgien;
Tel 00 32-2/5 48 04 90;
Fax 00 32-2/5 48 04 99;
e-mail admin@ecas.org
http://www.ecas.org
DOUNIOL, Pierre

European Anti Poverty Network – EAPN (Europäisches Netzwerk gegen Armut)
37-41, rue du Congrès, boîte 2
1000 Brüssel, Belgien;
Tel 00 32-2/2 30 44 55;
Fax 00 32-2/2 30 97 33;
e-mail team@eapn.skynet.be
http://www.eapn.org
AIRES, Sergio

I Europäische Verbände

European Association for Aged Persons –
EURAG (Europäischer Verband für ältere
Menschen)
Wielandgasse 9
8010 Graz, Österreich;
Tel 00 43-31 6/81 46 08;
Fax 00 43-31 6/81 46 08;
e-mail   office@eurag-europe.org
http://www.eurag-europe.org
DAYÉ, Gertraud

European Federation of National
Organisations Working with the Homeless
– EFNOWH (Europäischer Verband
nationaler Vereinigungen, die mit Obdach-
losen arbeiten)
194, chausseé de Louvain
1210 Brüssel, Belgien;
Tel 00 32-2/5 38 66 69;
Fax 00 32-2/5 39 41 74;
e-mail   office@feantsa.org,
e-mail   freek.spinnewijn@feantsa.org
http://www.feantsa.org
SPINNEWIJN, Freek

European Round Table of Charitable Social
Welfare Associations – ETWELFARE
(Europäischer Runder Tisch der
gemeinnützigen Wohlfahrtsverbände)
4-6, rue de Pascale
1040 Brüssel, Belgien;
Tel 00 32-2/2 30 45 00;
Fax 00 32-2/2 30 57 04;
e-mail   euvertretung@bag-wohlfahrt.de
http://www.etwelfare.com
KUPER, BernOtto

European Social Insurance Partners – ESIP
(Europäische Sozialversicherungspartner)
50, rue d' Arlon
1000 Brüssel, Belgien;
Tel 00 32-2/2 82 05 60;
Fax 00 32-2/2 30 77 73;
e-mail   esip@esip.org
http://www.esip.org
TERWEY, Franz

European Women's Lobby – EWL
(Europäische Frauenlobby)

18, rue Hydraulique
1210 Brüssel, Belgien;
Tel 00 32-2/2 17 90 20;
Fax 00 32-2/2 19 84 51;
e-mail   ewl@womenlobby.org
http://www.womenlobby.org
MCPHAIL, Mary

European Women's Management
Development Network – EWMD
(Europäisches Netz für die Förderung von
Frauen in führenden Positionen)
EWMD International Office
88, rue Gachard, box 6
1050 Brüssel, Belgien;
Tel 00 32-2/6 26 95 57;
Fax 00 32-2/6 29 08 11;
e-mail   international-office@ewmd.org
http://www.ewmd.org
HANTSCHEL, Gabriele

European Youth Forum EYF (Europäisches
Jugendforum)
120, rue Joseph II
1000 Brüssel, Belgien;
Tel 00 32-2/2 30 64 90;
Fax 00 32-2/2 30 21 23;
e-mail   youthforum@youthforum.org
http://www.youthforum.org,
http://www.forumjeunesse.org
FILIBECK, Giacomo

International Council of Social Welfare –
ICSW (Internationaler Rat der Sozialen
Wohlfahrt)
16 Hatton Wall
London EC1N 8XQ, Großbritannien;
Tel 00 44-20/74 04 97 80;
Fax 00 44-20/74 04 95 27;
e-mail   icsw@icsw.org, aletts@icsw.org
http://www.icsw.org
CORRELL, Denys

International Federation of Social Workers
– IFSW (Internationale Vereinigung der
Sozialarbeiter)
Schwarztorstraße 20
3001 Bern, Schweiz;

449

Tel 00 41-31/3 82 60 15;
Fax 00 41-31/3 81 12 22;
e-mail   secr.gen@ifsw.org
http://www.ifsw.org
JOHANNESEN, Tom

L'Association Européenne des Personnes Handicapées Mentales et de leurs Familles – Inclusion Europe (Verband der europäischen Organisationen für Personen mit geistigen Behinderungen und ihre Familien)
Galerie de la Toison d'Or
29, chaussée d'Ixelles, 393-32
1050 Brüssel, Belgien;
Tel 00 32-2/5 02 28 15;
Fax 00 32-2/5 02 80 10;
e-mail   secretariat@inclusion-europe.org
http://www.inclusion-europe.org
HEDDELL, Fred

Rainbow International Association Against Drugs – RIAAD (Internationaler Verband gegen Drogen)
Via San Patrignano, 53
47852 Coriano Rimini, Italien;
Tel 00 39-05 4/1 36 21 11;
Fax 00 39-05 4/1 75 61 08;
e-mail   vale@sanpatrignano.org
http://www.rainbow-network.org
MUCCIOLI, Andrea

Red Cross – RC (Rotes Kreuz)
65, rue Belliard, boîte 7
1040 Brüssel, Belgien;
Tel 00 32-2/2 35 06 80;
Fax 00 32-2/2 30 54 64;
e-mail   infoboard@redcross-eu.net
http://www.redcross-eu.net
HENSKENS, Luc

4.7 Religiöse Interessen

Churches' Commission for Migrants in Europe – CCME (Kommission der Kirchen für Migranten in Europa)
174, rue Joseph II
1000 Brüssel, Belgien;
Tel 00 32-2/2 34 68 00;
Fax 00 32-2/2 31 14 13;
e-mail   info@ccme.be
PESCHKE, Doris

Commission des Episcopats de la Communauté Européenne – COMECE (Kommission der Bischofskonferenzen der EG)
42, rue Stévin
1000 Brüssel, Belgien;
Tel 00 32-2/2 35 05 10;
Fax 00 32-2/2 30 33 34;
e-mail   comece@comece.org
http://www.comece.org
TREANOR, Noël

Commission Eglise et Societé de la Conférence des Eglises Européennes (Kommission Kirche und Gesellschaft der Konferenz europäischer Kirchen)
174, rue Joseph II
1000 Brüssel, Belgien;
Tel 00 32-2/2 30 17 32;
Fax 00 32-2/2 31 14 13;
e-mail   csc-bru@cec-kek.be
http://www.cec-kek.org
NOLL, Rüdiger

Ecumenical Youth Council in Europe – EYCE (Ökumenischer Jugendrat in Europa)
5, rue du Champs de Mars
1050 Brüssel, Belgien;
Tel 00 32-2/5 10 61 87;
Fax 00 32-2/5 10 61 72;
e-mail   info@eyce.org,
e-mail   general.secretary@eyce.org
http://www.eyce.org
MÜLLER, Daniel

European Union of Jewish Students – EUJS (Europäische Union jüdischer Studenten)
3, avenue Antoine Depage
1000 Brüssel, Belgien;
Tel 00 32-2/6 47 72 79;
Fax 00 32-2/6 48 24 31;
e-mail   info@eujs.org
http://www.eujs.org
SCHREIBER, Lionel

Fédération Internationale des Mouvements
Catholiques d'Action Paroissiale – FIMCAP
(Internationaler Bund der katholischen
Pfarrjugendorganisationen)
30, Kipdorp
2000 Antwerpen, Belgien;
Tel 00 32-3/2 31 07 95;
Fax 00 32-3/2 32 51 62;
e-mail   info@fimcap.org
http://www.chiro.be/fimcap
DE MOL, Corno

Jesuit Refugee Service – JRS (Jesuitischer
Flüchtlingsdienst)
8, chaussée d'Haecht
1210 Brüssel, Belgien;
Tel 00 32-2/2 50 32 20;
Fax 00 32-2/2 50 32 29;
e-mail   web.keep@mail04.jrs.net
http://www.jesref.org, www.jrseurope.org
STUYT, Jan

**Quaker Council for European Affairs –
QCEA** (Quäkerrat für Europäische
Angelegenheiten)
Quaker House, 50, square Ambiorix
1000 Brüssel, Belgien;
Tel 00 32-2/2 30 49 35;
Fax 00 32-2/2 30 63 70;
e-mail   info@qcea.org
http://www.quaker.org/qcea
SCURFIELD, Liz

4.8   Menschenrechte

Amnesty International – AI
39-41, rue d'Arlon
1000 Brüssel, Belgien;
Tel 00 32-2/5 02 14 99;
Fax 00 32-2/5 02 56 86;
e-mail   amnesty-eu@aieu.be
http://www.amnesty-europe.org
OOSTING, Dick

Eurochild AISBL (Europäisches Forum für
Kinderhilfe)
53, rue de la Concorde
1050 Brüssel, Belgien;

Tel 00 32-2/5 11 70 83;
Fax 00 32-2/5 11 72 98;
e-mail   secretarygeneral@eurochild.org,
e-mail   info@eurochild.org
http://www.eurochild.org
WILLIAMS, Catriona

**European Council on Refugees and Exiles –
ECRE** (Europäischer Rat für Flüchtlinge und
im Exil Lebende)
205, rue Belliard, box 14
1040 Brüssel, Belgien;
Tel 00 32-2/5 14 59 39;
Fax 00 32-2/5 14 59 22;
e-mail   euecre@ecre.be
http://www.ecre.org
BANEKE, Peer

**Fédération Internationale des Ligues des
Droits de l'Homme – FIDH** (Internationale
Liga für Menschenrechte)
91, rue de l'enseignement
1000 Brüssel, Belgien;
Tel 0032-2/2 09 62 80;
Fax 0032-2/2 09 63 80;
e-mail   fidh.bruxelles@skynet.be
http://www.fidh.org
KABA, Sidiki

Handicap International – HI (Internationaler
Bund für die Behinderten)
67, rue de Spa
1000 Brüssel, Belgien;
Tel 00 32-2/2 80 16 01;
Fax 00 32-2/2 30 60 30;
e-mail   headoffice@handicap.be
http://www.handicapinternational.be
SIMONAZZI, Angelo

Human Rights Watch – HRW
15, rue van Campenhout
1000 Brüssel, Belgien;
Tel 00 32-2/7 32 20 09;
Fax 00 32-2/7 32 04 71;
e-mail   hrwatcheu@skynet.be
http://www.hrw.org
LEICHT, Lotte

International Save the Children Alliance –
ISCA-EU (Internationale Kinderschutzallianz
EU)
39, rue Montoyer
1000 Brüssel, Belgien;
Tel 00 32-2/5 12 78 51;
Fax 00 32-2/5 13 49 03;
e-mail   savechildbru@skynet.be
http://www.savethechildren.net
SUTTON, Diana

International Society for Threatened
Peoples – ISTP (Internationale Gesellschaft
für bedrohte Völker)
Stumpfebiel 11-13
37073 Göttingen, Deutschland;
Tel 00 49-5 51/4 99 06 24;
Fax 00 49-5 51/5 80 28;
e-mail   info@gfbv.de, politik@gfbv.de
http://www.gfbv.de
ZÜLCH, Tilman

The European Region of the International
Lesbian and Gay Association – ILGA
Europe (Internationaler Lesben- und
Schwulenverband in Europa)
94, avenue de Tervueren
1040 Brüssel, Belgien;
Tel 00 32-2/6 09 54 10;
Fax 00 32-2/6 09 54 19;
e-mail   info@ilga-europe.org
http://www.ilga-europe.org
SPINDLER, Ailsa

4.9 Kleine und mittlere Unternehmen

Bureau Européen de l'Artisanat et des
Petites et Moyennes Entreprises pour la
Normalisation – NORMAPME
(Europäisches Büro des Handwerks und der
Klein- und Mittelbetriebe für Normung)
4, rue Jacques de Lalaing
1040 Brüssel, Belgien;
Tel 00 32-2/2 82 05 30;
Fax 00 32-2/2 82 05 35;
e-mail   info@normapme.com
http://www.normapme.com
GOURTSOYANNIS, Loucas

Comité de Coordination des Associations
Coopératives Européennes – CCACE
(Koordinierungsausschuß der europäischen
Genossenschaftsverbände)
59b, rue Guillaume Tell
1060 Brüssel, Belgien;
Tel 00 32-2/5 43 10 33;
Fax 00 32-2/5 43 10 37;
e-mail   cecop@cecop.org
http://www.ccace.org
SCHLÜTER, Rainer

Comité Européen de la Petite et Moyenne
Entreprise Indépendente – EUROPMI
(Europäisches Komitee für kleine und mittlere
selbständige Unternehmen)
43, rue de Toulouse, boîte J
1040 Brüssel, Belgien;
Tel 00 32-2/2 30 64 77;
Fax 00 32-2/2 30 67 04;
e-mail   europmi@skynet.be
CAPPELLINI, Claudio

Confédération Européenne des
Coopératives de Production et de Travbail
Associé, des Coopératives Sociales et des
Entreprises Participatives – CECOP
(Europäischer Verband der Arbeitergenossen-
schafte, sozialen Genossenschaften und mit-
bestimmenden Unternehmen)
59, rue Guillaume Tell/b
1060 Brüssel, Belgien;
Tel 00 32-2/5 43 10 33;
Fax 00 32-2/5 43 10 37;
e-mail   cecop@cecop.org
http://www.cecop.org
SCHLÜTER, Rainer

Confédération Européenne des
Indépendants – CEDI (Europaverband der
Selbständigen)
Hüttenbergstraße 38-40
66538 Neunkirchen, Deutschland;
Tel 00 49-68 21/30 62 40, 1 49 12 25/26;
Fax 00 49-68 21/30 62 41;
e-mail   info@bvcedi.de
http://www.bvcedi.de
SCHÄFER, Hans-Dieter

I Europäische Verbände

European Confederation of Associations of Small and Medium-Sized Enterprises – ECA-PME (Europäische Vereinigung der Verbände kleiner und mittlerer Unternehmen)
1, avenue de la Renaissance
1000 Brüssel, Belgien;
Tel 00 32-2/7 39 63 59;
Fax 00 32-2/7 36 05 71;
e-mail   info@cea-pme.org
http://www.ceapme.org
GRUPP, Walter G.

Femmes Européennes des Moyennes et Petites Entreprises – FEM (Frauen europäischer Mittel- und Kleinbetriebe)
4, rue Jacques de Lalaing
1040 Brüssel, Belgien;
Tel 00 32-2/2 85 07 14;
Fax 00 32-2/2 30 78 61;
e-mail   info@fem-pme.com
ARNAU, Miriam

Jeunes Entrepreneurs de l'Union Européenne – JEUNE (Junge Unternehmer der EU)
4, rue Jacques de Lalaing
1040 Brüssel, Belgien;
Tel 00 32-2/2 30 75 99;
Fax 00 32-2/2 30 78 61;
e-mail   l.fischer@ueapme.com
http://www.jeune-entrepreneurs.org
FISCHER, Ludger

Union Européenne de l'Artisanat et des Petites et Moyennes Entreprises – UEAPME (Europäische Union des Handwerks und der Klein- und Mittelbetriebe)
4, rue Jacques de Lalaing
1040 Brüssel, Belgien;
Tel 00 32-2/2 30 75 99;
Fax 00 32-2/2 30 78 61;
e-mail   ueapme@euronet.be
http://www.ueapme.com
MÜLLER, Hans-Werner

4.10 Sonstige

American European Community Association – AECA (Amerikanischer EU-Verband)
208, avenue du Messidor, boîte 1
1180 Brüssel, Belgien;
Tel 00 32-2/3 44 59 49;
Fax 00 32-2/3 44 53 43;
e-mail   info@aeca.org
ROBERTS, Ann

Centre Européen des Entreprises à Participation Publique et des Entreprises d'Intérêt Economique Géneral – CEEP (Europäischer Zentralverband der öffentlichen Wirtschaft)
15, rue de la Charité, boîte 12
1210 Brüssel, Belgien;
Tel 00 32-2/2 19 27 98;
Fax 00 32-2/2 18 12 13;
e-mail   ceep@ceep.org
http://www.ceep.org
PLASSMANN, Reiner

Coordinating Committee for International Voluntary Service – CCIVS (Koordinierungskomitee des Internationalen Freiwilligendienstes)
Unesco House, 31, rue Françoise Bonvin
75732 Paris cedex 15, Frankreich;
Tel 00 33-1/45 68 49 36;
Fax 00 33-1/42 73 05 21;
e-mail   ccivs@unesco.org
http://www.unesco.org/ccivs
ORSINI, Gianni

European Federation of Employees in Public Services – EUROFEDOP (Europäische Vereinigung der öffentlichen Bediensteten)
39, rue Montoyer
1000 Brüssel, Belgien;
Tel 00 32-2/2 30 38 65;
Fax 00 32-2/2 31 14 72;
e-mail   info@infedop-eurofedop.com
http://www.eurofedop.org
VAN CAELENBERG, Bert

European Forum for Renewable Energy Sources – EUFORES (Europäisches Forum für erneuerbare Energien)
26, rue du Trône
1000 Brüssel, Belgien;
Tel 00 32-2/5 46 19 48;
Fax 00 32-2/5 46 19 34;
e-mail eufores@eufores.org
http://www.eufores.org
TIMMER, R.A. Marc

European Foundation Centre – EFC (Europäisches Stiftungszentrum)
51, rue de la Concorde
1050 Brüssel, Belgien;
Tel 00 32-2/5 12 89 38;
Fax 00 32-2/5 12 32 65;
e-mail efc@efc.be
http://www.efc.be
RICHARDSON, John

European Public Services Federation – EPSU (Europäischer Gewerkschaftsverband für den öffentlichen Dienst)
45, rue Royale, box 1
1000 Brüssel, Belgien;
Tel 00 32-2/2 50 10 80;
Fax 00 32-2/2 50 10 99;
e-mail epsu@epsu.org
http://www.epsu.org
FISCHBACH-PYTTEL, Carola

Fédération des Associations Internationales Etablies en Belgique – FAIB (Verband der in Belgien niedergelassenen internationalen Vereinigungen)
40, rue Washington
1050 Brüssel, Belgien;
Tel 00 32-2/6 40 16 65, 6 41 11 95;
Fax 00 32-2/6 41 11 93;
e-mail faib@faib.org
http://www.faib.org
DE CONINCK, Ghislaine

Society of European Affairs Pofessionals – SEAP (Gesellschaft der Sachverständigen für Europaangelegenheiten)
77-79, boulevard Saint-Michel
1040 Brüssel, Belgien;
Tel 00 32-2/7 40 29 69;
Fax 00 32-2/7 32 51 02;
e-mail seap@agep.be
http://www.seap.nu
CHORUS, Rogier

Taxpayers Association of Europe – TAE (Bund der Steuerzahler Europa)
1, avenue de la Renaissance
B-1000 Brüssel;
Tel 00 32-2/7 38 71 12;
Fax 00 32-2/7 36 05 71;
e-mail taebdst@aol.com
http://www.taxpayers-europe.org
JÄGER, Michael

Union of Industrial and Employers' Confederations of Europe – UNICE (Union der Industrie- und Arbeitgeberverbände Europas)
168, avenue de Cortenbergh
1000 Brüssel, Belgien;
Tel 00 32-2/2 37 65 11;
Fax 00 32-2/2 31 14 45;
e-mail main@unice.be
http://www.unice.org
DE BUCK, Philippe

II Europabüros deutscher Verbände und Institutionen

ABDA – Bundesvereinigung Deutscher Apothekerverbände
1, rue Newton
1000 Brüssel, Belgien;
Tel 00 32-2/7 35 30 57;
Fax 00 32-2/7 35 02 68;
e-mail abda-buero.bruessel@aponet.de
http://www.abda.de
HOF, Susanne

Arbeitsgemeinschaft Berufsständischer Versorgungseinrichtungen - ABV
50, rue d'Arlon
1030 Brüssel, Belgien;
Tel 00 32-2/2 82 05 66;
Fax 00 32-2/2 82 05 99;
PROSSLINER, Michael

Arbeitsgemeinschaft Selbständiger Unternehmer, Bundesverband Junger Unternehmer
21, avenue Milcamps
1030 Brüssel, Belgien;
Tel 00 32-2/7 34 11 02;
Fax 00 32-2/7 37 95 95;
ROHARDT, Klaus

Ausstellungs- und Messe-Ausschuss der Deutschen Wirtschaft e.V. – AUMA
56, rue Gravelines
1000 Brüssel, Belgien;
Tel 00 32-2/2 80 12 90;
Fax 00 32-2/2 80 12 90;
e-mail a.heidenreich@auma.de
http://www.auma.de
HEIDENREICH, Anne-Marie

Bundesarbeitsgemeinschaft der Mittel- und Großbetriebe des Einzelhandels e.V. – BAG
17, avenue Edouard Lacomblé
1040 Brüssel, Belgien;
Tel 00 32-2/7 34 32 89;
Fax 00 32-2/7 34 32 96;
e-mail femged.bag@euronet.be
http://www.bag.de/indexb.htm
HELLWEGE, Johann

Bundesarchitektenkammer
142-144, avenue de Tervueren, bte 2
1150 Brüssel, Belgien;
Tel 00 32-2/2 19 77 30;
Fax 00 32-2/2 19 24 94;
e-mail bak.brussels@skynet.be
http://www.bingk.de
SIERSCH, Frank

Bundesingenieurkammer
142-144, avenue de Tervueren, bte 2
1150 Brüssel, Belgien;
Tel 00 32-2/2 19 77 30;
Fax 00 32-2/2 19 24 94;
e-mail bak.brussels@skynet.be
http://www.bingk.de
SIERSCH, Frank

Bundesnotarkammer
1, rue Newton
1000 Brüssel, Belgien;
Tel 00 32-2/7 37 90 00;
Fax 00 32-2/7 37 90 09;
e-mail buero.bruessel@bnotk.de
http://www.bnotk.de
SCHLEIFENBAUM, Thekla

Bundesrechtsanwaltskammer
142-144, avenue de Tervueren
1150 Brüssel, Belgien;
Tel 00 32-2/7 43 86 46;
Fax 00 32-2/7 43 86 56;
e-mail brak.bxl@brak.be
http://www.brak.de
LÖRCHER, Heike

Bundesverband der Deutschen Industrie e.V. – BDI
31, rue du Commerce
1000 Brüssel, Belgien;
Tel 00 32-2/5 48 90 20;
Fax 00 32-2/5 48 90 29;
e-mail b.dittmann@bdi-online.de
http://www.bdi-online.de
DITTMANN, Bernd

Bundesverband mittelständische Wirtschaft – BVMW
1, avenue de la Renaissance
1000 Brüssel, Belgien;
Tel 00 32-2/7 39 63 59;
Fax 00 32-2/7 36 05 71;
e-mail ceapme@skynet.be
http://www.bvmwonline.org
GRUPP, Walter G.

Bundesverband öffentlicher Banken Deutschlands – VÖB
1-5, avenue de la Joyeuse Entrée
B-1040 Brüssel;
Tel 00 32-2/2 86 90 60;
Fax 00 32-2/2 31 03 47;
e-mail info@eapb.be
http://www.eapb.be
SCHOPPMANN, Henning

Bundesvereinigung der Deutschen Arbeitgeberverbände – BDA
31, rue du Commerce
1000 Brüssel, Belgien;
Tel 00 32-2/2 90 03 00;
Fax 00 32-2/2 90 03 19;
e-mail buero_bruessel@bda-online.de
http://www.bda-online.de
PRINZESSIN ZU SCHOENAICH-CAROLATH, Alexandra Friederike

Bundeszahnärztekammer
1, avenue de la Renaissance
1000 Brüssel, Belgien;
Tel 00 32-2/7 32 84 15;
Fax 00 32-2/7 35 56 79;
e-mail info@bzak.be
VAN DRIEL, Mary

Deutsche Bank AG
17, avenue Marnix
1000 Brüssel, Belgien;
Tel 00 32-2/5 51 60 06/14;
Fax 00 32-2/5 51 61 08;
e-mail rainer-w.boden@db.com
BODEN, Rainer W.

Deutsche Gesellschaft für Technische Zusammenarbeit – GTZ
66, avenue de Cortenbergh
1000 Brüssel, Belgien;
Tel 00 32-2/2 30 91 50;
Fax 00 32-2/2 30 87 50;
e-mail gtz.brussels@skynet.be
http://www.gtz.de
ANDRIKOPOULOU, Eleni

Deutscher Anwaltverein
1, avenue de la Joyeuse Entrée
1040 Brüssel, Belgien;
Tel 00 32-2/2 80 28 12;
Fax 00 32-2/2 80 28 13;
e-mail bruessel@anwaltverein.de
http://www.anwaltverein.de/bruessel
SCHRIEVER, Eva

Deutscher Bauernverband e.V.
47-51, rue de Luxemburg
B-1050 Brüssel;
Tel 00 32-2/2 85 40 50;
Fax 00 32-2/2 85 40 59;
KAMPMANN, Willi

Deutscher Gewerkschaftsbund – DGB
24, boulevard de l'Empereur
1000 Brüssel, Belgien;
Tel 00 32-2/5 48 36 90;
Fax 00 32-2/5 48 36 99;
e-mail dgb.brux@skynet.be
MÜLLER, Gloria

Deutscher Industrie- und Handelskammertag – DIHK
19A-B, avenue des Arts
1000 Brüssel, Belgien;
Tel 00 32-2/2 86 16 11;
Fax 00 32-2/2 86 16 05;
e-mail korn.peter@bruessel.dihk.de,
e-mail dihk@bruessel.dihk.de
http://www.dihk.de
KORN, Peter

Deutscher Sparkassen- und Giroverband
9-31, avenue des Nerviens, bte 3
1040 Brüssel, Belgien;

Tel 00 32-2/7 40 16 10;
Fax 00 32-2/7 40 16 17;
e-mail brussels_office@dsgv.de
http://www.dsgv.de
BLATT-VAN-RACZEK, Lothar

Die Deutschen Bausparkassen
1-5, avenue de la Joyeuse Entrée
B-1040 Brüssel;
Tel 00 32-2/2 30 74 90;
Fax 00 32-2/2 30 82 45;
KOLLER, Michaela

Europabüro der deutschen kommunalen Selbstverwaltung
9-31, avenue des Nerviens
1040 Brüssel, Belgien;
Tel 00 32-2/7 40 16 40;
Fax 00 32-2/7 40 16 41;
e-mail dstgb@eurocommunalle.org
http://www.dstgb.de/index_inhalt/homepage/index.html
NUTZENBERGER, Klaus

Europavertretung der deutschen Sozialversicherung
50, rue d'Arlon
1000 Brüssel, Belgien;
Tel 00 32-2/2 30 75 22;
Fax 00 32-2/2 30 77 73;
e-mail dsv@esip.org
http://www.esip.org
TERWEY, Franz

Gesamtverband der Deutschen Versicherungswirtschaft e.V. – GDV
60, avenue de Cortenbergh
1000 Brüssel, Belgien;
Tel 00 32-2/2 82 47 30/31;
Fax 00 32-2/2 82 47 39;
e-mail bruessel@gdv.org
http://www.gdv.de
LEMOR, Ulf

Kreditanstalt für Wiederaufbau – KfW
50, rue Wiertz
1050 Brüssel, Belgien;
Tel 00 32-2/2 33 38 50/52;
Fax 00 32-2/2 33 38 59;

e-mail kfw.brussels@skynet.be
http://www.kfw.de
KIEHL, Kerstin

Verband der Chemischen Industrie e.V. – VCI
31, rue du Commerce
1000 Brüssel, Belgien;
Tel 00 32-2/5 48 06 90;
Fax 00 32-2/5 48 06 99;
e-mail quick@bruessel.vci.de
http://www.vci.de
QUICK, Reinhard

Verband der Technischen Überwachungsvereine e.V.
Maison de l'Economie européenne
4, rue Jacques de Lalaing
1040 Brüssel, Belgien;
Tel 00 32-2/5 34 82 77;
Fax 00 32-2/5 34 31 10;
e-mail bruessel@vdtuev.de,
e-mail daniel.pflumm@vdtuev.de
http://www.vdtuev.de
PFLUMM, Daniel

Verband Deutscher Maschinen- und Anlagenbau e.V. – VDMA
Diamant Building
80, boulevard Auguste Reyers
1030 Brüssel, Belgien;
Tel 00 32-2/7 06 82 05;
Fax 00 32-2/7 06 82 10;
e-mail european.office@vdma.org
http://www.vdma.org/europa
VON STEIN, Henning

Zentralverband des Deutschen Handwerks – ZDH
4, rue Jacques de Lalaing
1040 Brüssel, Belgien;
Tel 00 32-2/2 30 85 39;
Fax 00 32-2/2 30 21 66;
e-mail infobrussels@zdh.de
http://www.zdh.de
RÖGGE, Karin

III Europabüros österreichischer Verbände

Bundesarbeitskammer
30, avenue de Cortenbergh
1040 Brüssel, Belgien;
Tel 00 32-2/2 30 62 54;
Fax 00 32-2/2 30 29 73;
e-mail office@akeu.at
AUFHEIMER, Elisabeth

Industriellenvereinigung – IV
30, avenue de Cortenbergh
1040 Brüssel, Belgien;
Tel 00 32-2/2 31 18 47;
Fax 00 32-2/2 30 95 91;
e-mail iv.brussels@iv-net.at
BERGER-HENOCH, Berthold

Österreichische Nationalbank – OENB/REPB
30, avenue de Cortenbergh
1040 Brüssel, Belgien;
Tel 00 32-2/2 85 48 41;
Fax 00 32-2/2 85 48 48;
e-mail marlies.stubits@oenb.at
http://www.oenb.at
STUBITS, Marlies

Österreichische Notariatskammer
1, rue de Newton
1000 Brüssel, Belgien;
Tel 00 32-2/7 37 90 00;
Fax 00 32-2/7 37 90 09;
e-mail notar@arcadis.be
MATYK, Stephan

Österreichischer Gewerkschaftsbund – OEGB
30, avenue de Cortenbergh
1040 Brüssel, Belgien;
Tel 00 32-2/2 30 74 63;
Fax 00 32-2/2 31 17 10;
e-mail europabuero@oegb-eu.at
REGNER, Evelyn

Präsidentenkonferenz der Landwirtschaftskammern Österreichs
30, avenue de Cortenbergh
1040 Brüssel, Belgien;
Tel 00 32-2/2 85 46 70, 2 34 51 85;
Fax 00 32-2/2 85 46 71;
e-mail pkbrux@pklwk.at
http://www.lk-austria.at, www.pklwk.at
LÄNGAUER, Martin

Wirtschaftskammer Österreich
30, avenue de Cortenbergh
1040 Brüssel, Belgien;
Tel 00 32-2/2 86 58 80;
Fax 00 32-2/2 86 58 99;
e-mail eu@eu.austria.be
PISTAUER, Stefan

Namensregister

A

Abad Menéndez, Mariano 45
Abadia, Tomas 273
Aberg, Cecilia 153
Abreu, Orlando 99
Abrivard, Jean-Luc 92, 309
Abruzzini, Arnaldo 434
Achberger, Susanne 299
Adakauskiene, Lina 61
Adam, Herta 305
Adamis, Miroslav 60
Adamou, K. Adamos 174
Adamsen, Bent 147
Adelbrecht, Georges 44
Adinolfi, Bruno 110
Adler, Peter 145
Adserballe, Anne Cecilie 40
Agathonos-Mähr, Bettina 144
Ager, Brian 409
Agius, Peter 40
Agnoletto, Vittorio Emanuele 174
Aguado, Victor 394
Aguiar Machado, João 111
Aguilar, Alfredo 72
Aguiriano Nalda, Luis Marco 139
Ahern, Giles 47, 48
Ahner, Dirk 82
Ahrend, Klaus 128, 133
Aichinger, Herbert 90
Aigner, Georg 261
Aires, Sergio 448
Akasaka, Kiyotaka 375
Al Khudhairy, Delilah 75
Alabart, Gonzalo 153
Alario Gasulla, Juan 264
Albers, Michael 96
Albertini, Gabriele 174
Albouze, Pierre 260
Albugues, Bertrand 251
Albuquerque, Ruth 101
Alcantud, Francisco Díaz 48
Aldea Busquets, Maria Rosa 123
Aldershoff, Willem 81
Aldinger, Helmuth 409
Alegría, Carlos 120

Alexandrou, Constantin 68
Alexis, Alain 98
Alexopoulos, Nicolas 234
Alfaro, José Luis 263
Alhadeff, Jan 47
Aliberti, Giorgio 37, 47
Alivizatos, Nicos C. 127
Allchurch, Martin Harvey 286
Alldén, Hans 269
Allen, Andrew 263
Allen, John 114
Allen, Oliver 49
Allende, Alberto 235, 236
Allgayer, Friedemann 87
Alliata-Floyd, Vittoria 86
Allister, James Hugh 174
Allo, Alain-Pierre 102
Almeida, Alexandra 50
Almgren, Ola 48
Almunia, Joaquín 60
Alner, Juraj 431
Alonso Burgos, Cristóbal 94
Alteköster, Elisabeth 45
Altenhoven, Olivier 143
Alvarez Areces, Vicente 239
Alvarez Barthe, Antonió 37, 47
Alvarez Hidalgo, Paloma 79
Álvarez-Antolínez, Carlos 78
Alvaro, Alexander Nuno 160
Amado, Miguel 108
Amato, Gilbert 424
Amblard, Patrick 87
Ambrose, Michael 427
Ameel, Dirk 435
Amerini, G. 115
Amilhat, Pierre 103
Amorim, Luis 50
Amri, Mohammed 38
Anastopoulos, Panayotis 118
Anciuviene, Marije 243
Ander, Håkan 66
Andersen, Ian 120
Andersen, Jakob Juhler 235
Andersen, Knud 239
Anderson, Anne 300
Andersson, Bertil 437
Andersson, Jan 174
Andersson Pench, Lena 88

Andò, Alexander 262
Andre, Georges-Marc 272
André, Michel 69
Andrejevs, Georgs 174
Andreta, Ezio 70
Andreu Romeo, Jaime 65
Andria, Alfonso 174
Andriessen, Franciscus 78
Andrikienè, Laima Liucija 174
Andrikopoulou, Eleni 456
Andropoulos, Constantin 92
Andrys, H. 410
Angelidis, Angel 145
Angelilli, Roberta 174
Angelini, A. 116
Angelopoulos, Georgios 40
Anklam, Elke 74
Ann, Christine 155
Annecchino, Nicola 82
Annerberg, Rolf 60
Anrys, Henri 439
Anselmann, Norbert 92
Anselme, Michèle 418
Antoine-Grégoire, Jean-Louis 146
Antoja, Eduardo 425
Anton, Frédéric 39
Antonakopoulos, L. 105
Antončič, Vojko Anton 249
Antonini, L. 433
Antoniozzi, Alfredo 174
Antoulas, Athanassios 131
Antunes, Filipa Melo 45
Apals, Gints 37
Apap, Joanna 146
Ardaillon-Poirier, E. 255
Arestis, George 244
Argimon-Pistre, Laurence 103
Arif, Kader 174
Arlman, Paul 430
Armani, Enrico Maria 125
Armanovica, Marika 149
Armstrong, Lindsay 119
Arnal Monreal, Manuel 88
Arnaoutakis, Stavros 174
Arnau, Miriam 453
Arnault, Véronique 77
Arnold, Richard 304
Arnold, Thomas 72
Arnold-Woertz, Brigitte 124
Arnoldi, Gabriele 297
Arnoldi, Jean-Pierre 265
Arnould, Claude-France 47
Arpio Santacruz, Marta 39
Arrion, Michel 101
Artegoitia Landa, J.M. 67
Artiges, Agnès 364

Arzeni, Sergio 376
Asanger, Peter 45
Asbeck, Frank 125
Asbil, Alexandre 83
Ascoli, Luca 115
Ásgeirsdóttir, Berglind 375
Ashworth, Richard James 174
Ask, Caroline 251
Assis, Francisco 174
Assuncão, Pedro 239
Astudillo, Armando 67
Ataide, Pedro 48
Ataz, Antonio 44
Athanasopoulou, Anna 49
Atkins, Robert 175
Attard, Grace 233
Attard, Lucienne 142
Attard-Montalto, John 175
Attwooll, Elspeth 175
Aubert, Marie-Hélene 175
Audy, Jean-Pierre 175
Aufheimer, Elisabeth 299, 458
Augustin, Christian 154
Aujean, Michel 89
Auken, Margrete 175
Aulamo, Pekka 142
Aulehla, Vanessa 144
Auría, Agustin 261
Ausejo Martinez, Blanca 46
Autin, Jacques 408
Avery, Graham 104
Avot, Dominique 110
Ayala Sender, Inés 175
Ayet Puigarnau, Jordi 117
Aylward, Liam 175
Aymar, Robert 395
Ayral, Michel 91
Ayuso González, Maria del Pilar 175
Azizi, Joseph 246

B

Baader, Peter 113
Baas, Aùke 140
Babilon-Harrison, Gabriele 151
Bacchielli, Paolo 63
Bache, Jean-Pierrre 122
Bachelot-Narquin, Roselyne 175
Bachmann, Hanns-Martin 305
Backlund, Sven 151
Baco, Peter 175
Badía i Cutchet, Maria 175
Baert, Marc 429, 430
Baes, Hendrik 42
Baeza, Laura 103

Bagge, Karin 442
Bahr, Christine 144
Baier, Klaus 147
Baigorri Matamala, Antonio 115
Baird, Guy 263
Bajtay, Peter 151
Baka, András B. 366
Baker, David 120
Bakhet, Omar 396
Bakogianni, Theodora 239
Balazic, Sabina 142
Balcerowicz, Leszek 254
Baldock, David 444
Baldwin, Matthew 110
Bali, Maria 154
Balin, Pamela 446
Balint, Wolfgang 305
Ball, J. 72
Ballantine-Smith, Alison 155
Ballestero Diaz, Fernando 380
Ballon, Elke 144
Balsells Traver, Luisa 50
Balta, Maria 39
Bandieri, Carlo 141
Baneke, Peer 451
Baniotopoulos, Stergios 239
Banka, Tomasz 147
Bankier, Daniela 62
Baragiola, Patrick 145
Baras, Johan 99
Barbaso, Fabrizio 106
Barber, Ian 268
Barbin-Viegas, Florence 143
Barents, René 243
Bareth, Dominique-François 235
Barfod, Mikael 107
Bargagli Petrucci, Barbara 263
Barjol, Jean-Louis 405
Bärlund, Kaj 382
Barner, Gisela 243
Barnett, Adrian 125
Barón Crespo, Enrique 175
Barr, Nicola 260
Barragan, Alberto 263
Barreau, Alain 147
Barreiros, Lidia 105
Barrett, Geoffrey 103
Barrett, Thomas 261
Barril, Anne 90
Barroso, José Manuel 60
Barroso Simoes, Paolo 47
Barrot, Jacques 60
Barry, Geraldine 73
Barsacq, Jean-Claude 424
Barsi Pataky, Etelka 175
Bartelmess, Ursula 297

Barth, Bruno 297
Barth, Hans-Erwin 85
Barth, Herbert 100
Bartholomew, Michael 431
Bartkevics, Edvins 239
Bartol, Agnieszka 50
Bartolo, Susan 381
Barwinkel, Wolfgang 47
Bascou, Pierre 84
Bassi, Ugo 66
Bassot, Étienne 147
Bast, Ralph 263
Bastien, C. 132
Bastos, Victor 155
Bates, Bryan A. 432
Batibay, Daryal 370
Batta, Denis 146
Battaini-Dragoni, Gabriella 364
Batten, Gerard Joseph 175
Battilocchio, Alessandro 175
Battistotti, Lucio 63
Batzeli, Katerina 175
Bauer, Edit 175
Bauer, Friedrich 117
Bauer, Martin 39
Bauer, Rudolf 239
Baumbach, Winfried 420
Baumgarten, Jean-Claude 428
Baumgartl, Jan 235
Bausch, Ursula 148
Bautier, P. 114
Baviera-Betson, Caren 242
Bearfield, Nicholas David 126
Beaupuy, Jean Marie 175
Beazley, Christopher J. P. 176
Bech, Sven 130
Beck Christiansen, Peter 277
Becker, Dieter 297
Becker, Gred 37
Becker, H.-D. 257
Beckerhoff, Constanze 149
Beckers, Dirk 94
Beckmann, Andreas 296
Becquet, Marc 73
Becsey, Zsolt László 176
Bedossa, Adrien 233
Beer, Angelika 160
Beernaert, Dirk 80
Beernaerts, Sophie 63
Beets, Joseph 153
Beffort, Marc 234, 236
Beglitis, Panagiotis 176
Behmer, Joachim 150
Behrens, A. 115
Beissel, Simone 239
Bekx, Peter 60

461

Bel, Jacques 46
Belder, Bastiaan 176
Belessiotis, Tassos 91
Belet, Ivo 176
Belkhodja, Yamina 282
Bella, Dusan 380
Bellan, Emanuela 117
Bellatti Ceccoli, Guido 369
Bellemin, Louis 72
Bellens, Marc 125
Belohorská, Irena 176
Beltran, D. Jiminez 77
Belward, Alan 76
Bem, Pavel 239
Benassi, Marie-Paule 77
Benasson, Simon 79
Bence, Jean-François 235, 237
Bencomo Weber, Adalberto 140
Bender, Thomas 64
Benedek, Marton 148
Benedetti, Alexander 444
Benedetti, Marco 120
Benhamou, Laurent 49
Benítez Salas, María Ángeles 117
Benn, James Hamilton 142
Bennahmias, Jean-Luc 176
Bennett, Philip 410, 411, 422
Bennett, Seton 393
Benoît, Éric 143
Bénoliel, Isabelle 60
Beňová, Monika 176
Bensted-Smith, John 84
Bento, T. 115
Bentvelsen, Cornelius 235
Benyon, Frank 124
Berardis, Guido 66
Berbers, Katrien 85
Berden, Simona 146
Berend, Klaus 90
Berend, Rolf 160
Berès, Pervenche 176
Berg, Jean-Pierre 238
Berg Sorensen, Benny 111
Berger, Albrecht 112
Berger, Bernhard 89
Berger, Hartmut 39
Berger, Maria 172
Berger-Henoch, Berthold 299, 458
Bergevin, Jean 66
Bergmann, Manfred 100
Bergqvist, Ulla 43
Berkowitz, P. 83
Berlato, Sergio 176
Berlinguer, Giovanni 176
Berman, Claus 235
Berman, Philip C. 438

Berman, Thijs 176
Bermejo Garde, Moisés 234
Berners, Raymund 128
Bernicot, Jean François 248
Berrigan, John 100
Berrisford, Michael 106, 107
Bersani, Pier Luigi 176
Bertacca, Maria Cristina 50
Bertagnoli, Elisabeth 298
Berteloot, Pascale 112
Bertin, Lilian 88
Bertinotti, Fausto 176
Bertram, Michael 305
Bertrand, Olivier 240
Bertrand, Philippe 122
Beschel, Manfred 87
Bescos Ferraz, Gonzalo 238
Beslier, Serge 68
Betencourt, Paula 250
Bettini, Alessandro 154
Beullens, François 113
Beurms, Wilfried 109
Beurotte, Jean-Jack 251
Beutgen, Monika 405
Beyer, Ulrich 306
Bhardway, Vijay 101
Biancarelli, Jean-Louis 262
Bianchessi, Pietro 143
Bianchi, Ernesto 81
Bianchi, Massimo 46
Bichi, Alberto 420
Bichisao, Guido 263
Bicho, Maria José 97
Bidoglio, Giovanni 76
Biedermann, Horst 412
Bielan, Adam Jerzy 176
Bielawski, Jan 379
Bierkholz, Katja 298
Bierlaire, Philippe 120
Bieth, Michel 75
Biggam, Ross 431
Bihary, Gabor 239
Bijen, Harrie 411
Bilbao Zabala, José-Martin 123
Bill, Stephen 61
Binard, Philippe 401, 402
Binder, Andrea 299
Binder, Axel-Georg 296
Bingen, Georges 70
Binns, Sue 65
Biosca de Sagastuy, José Ramon 63
Birklbauer, Lorenz 298
Bîrsan, Corneliu 366
Birutis, Šarūnas 176
Bisarre, Sylvain 117
Bischoff, Gabriele 296

Biscontin, Franco 85
Bishop, Michael 39
Bizjak, Ivan 50
Bjarmason, Hörður H. 368
Bjarnason, Sigfus 285
Björgvinsson, David Thór 366
Björklund, Jan-Erik 40
Blåbjerg, Tove 130
Blanc, Jacques 239
Blanchet, Thérèse 38
Blanco, Soledad 90
Blaszauer, Jozsef 144
Blatt-van-Raczek, Lothar 457
Blenck, D. 256
Bletsas, Apostolos 102
Bleyaert, Éric 38
Blin, Marie-Claude 90
Bliss, Sally 50
Blitzkovsky, Petr 50
Blixt, Per Axel 81
Blockeel, Erik 74
Blocman, Philippe 251
Bloech, Helmut 90
Blohm-Hieber, Ute 95
Blöink, Thomas 296
Blokland, Johannes 176
Bloom, Godfrey William 176
Boag, Ian 270
Bobošíková, Jana 176
Boch, Wolfgang 81
Bochereau, Laurent 70
Bock, Damon 425
Böckem, Dieter 249
Bocolinis, Spiridon 131
Boddin, Johan 121
Boden, Rainer W. 456
Boden, Timothy 148
Bodfish, Kenneth 239
Bodineau, Marc 415
Boe Pedersen, William 37
Boeckle, Hardy 296
Boella, Maurizio 95
Boer, Joan 379
Boest, Reinhard 305
Bogaardt, Maarten 41
Böge, Reimer 160
Bohac, Libor 142
Bohan, Niall 67
Bohle, Martin 303
Bohle Carbonell, Martin 71
Böhler, Wolfdieter 297
Böhm-Amtmann, Edeltraud 304
Böhne, Thomas 144
Bohner, Ulrich 364
Böhnke, Barbara 297
Boioli, Angelo 263

Boisson, Jacques 368
Boixareu Carrera, Ángel 44
Bokanowski, Gérard 153
Bole, Marjetica 370
Bömcke, Nikolaus 430
Bonde, Jens-Peter 177, 206
Bonello, Giovanni 366
Bonello, Michael C. 254
Boner, Gabriele 296
Bonesire, Eddie 42
Bonet Heras, Josep 133
Bonino, Emma 177
Bonnici, Josef 249
Bono, Guy 177
Bonsignore, Vito 177
Bonte, Christian 42
Bontosoglou, Vassilis 280
Bonucci, Augusto 106
Boog, Ian 282
Boon-Falleur, Christine 65
Booth, Graham H. 177
Borchardt, Gustaaf 118
Borchardt, Klaus-Dieter 61
Borchers, Klaus 39
Bore, Albert 239
Borek, Thomasz 441
Borg Barthet, A. 244
Borg, Joe 60
Borg Barthet, Anthony 244
Borges, Paulo 40
Borghezio, Mario 177
Boris, Luis 87
Borrego Borrego, Javier 366
Borrell Fontelles, Josep 156, 177
Borzsak, Levente 143
Bos, Gustaaf 413
Bösch, Herbert 172
Bosch, Peter 285
Bossi, Umberto 177
Bostock, David 249
Bot, Laetitia 51
Botella Morales, Luis 260
Botman, Marc 86
Botoucharova, Snejana 366
Boucher, Thierry 44
Bougas, Anastassios 86
Boughey, Ruth 412
Boumans, Étienne 145
Bouratsis, Aristotelis 108
Bourgade, Hélène 107
Bourgín, Christian 270
Bourgon, Jocelyne 379
Bourlanges, Jean-Louis 177
Bourzai, Bernadette 177
Bouteiller, Didier 100
Bouyat, Jean-Paul 404

Bovagnet, F. 116
Bowis, John 177
Bowles, Sharon Margaret 177
Bozkurt, Emine 177
Bracic, Ana 40
Brack, Serge 112
Bracke, Niels 51
Bradbourn, Philip Charles 177
Bradley, Kieran 140
Brady, Frank 117
Branco, Paulo 38
Brandnanska, Beata 40
Brandt, Eberhardt 125
Brandtner, Thomas 45
Brännström, Tomas 50
Brasseur, Daniel 286
Braun, Christian 301
Braus, Hans Peter 412
Brawn, Roger 147
Bray, Robert 145
Brejc, Mihael 177
Brekelmans, Cornelis 93
Brenner, Susanne 299
Brepoels, Frederika M. J. 177
Breslin, Liam 71
Brétéché, Jean 283
Bretnacher, Roger 148
Breyer, Hiltrud 160
Březina, Jan 177
Brick, Linda 131
Bridgford, Jeff 442
Bridi, Haleh 397
Brie, André 161
Briesch, Roger 233
Briet, Lodewijk 102
Brignone, Rosa Maria 151
Brinkhoff, Norbert 81
Brinkmann, Matthias 103
Brinkmann, Peter 427
Briol, Luc 78
Brismez, André 44
Brizgo, Maris 142
Brockway, R. 441
Brodin, Jacques 48
Brogard, Michel 154
Brok, Elmar 161
Broms, Benita 231
Bronner, Andrée 406
Brooks, Christopher W. 376
Brooks, Stephanie 45
Broster, David 80
Brouwer, Paulus 89
Brouwer, Sipke 105
Brown, Keith 239
Brown, Terence 261
Brown, Terry 265

Brüchert, Fritz 122
Brückner, Peter 378
Bruehann, Ulf 91
Brueser, Antonius 278
Bruetschy, Chantal 90
Brugge, Willem 68
Bruggeman, Willy 293
Brumter, Pamela 66
Brun, Alain 82
Brunagel, François 141
Bruneau, Denis 250
Brüner, Franz-Hermann 112
Brunet, Jean-Claude 48
Brunet, Olivier 86
Brunet, Philippe 61
Brunetta, Renato 177
Brunetti, Gianluca 152
Brüngger, Heinrich 382
Brunko, Patricia 78
Brunmayr, Hans 49
Bruns, Christian 305
Bruns, Joachim 47
Bruti-Liberati, Edmundo 114
Bruyas, P. 115
Bruzzese del Pozzo, Francesco 48
Bryan-Kinns, Merrick 50
Brykman, Liliana 93
Bryninckx, Daniel 101
Bučan, Daniel 368
Bucella, Pia 89
Bucher, Anne 81
Buck, Karl 47
Budrekaitè, Danute 177
Buffaria, Bruno 84
Bugalho, Eduardo 140, 206
Bugnot, Patricia 117
Buisseret, Jean-Pierre 122
Buitenweg, Kathalijne Maria 177
Bullen, Edwina 420
Bullmann, Hans Udo 161
Bulteel, Paul 414
Bultena, Anje 146
Bumann, Peter 436
Buquicchio, Gianni 364
Burcklen, J. Ph. 266
Burdon, Christopher 42
Bures, Miroslav 69
Burgeat, Eric 378
Burgelman, Jean-Claude 76
Burgers, Johan 42
Burghardt, Günter 282
Burghelle-Vernet, Philippe 95
Burmanjer, Robert 72
Burrull, Ignacio 101
Bursi, Camilla 144
Bursig, Hans-Peter 437

Bury, Claire 61
Bus, Jacques 80
Busch, Georg 99
Buschak, Willy 284
Büscher, Reinhard 92
Bushill-Matthews, Philip 178
Busk, Niels 178
Buson, Ornella 142
Busquin, Philippe 178
Busuttil, Simon 178
Buti, Marco 99
Butkevych, Volodymyr 366
Butler, Rosemary 239
Butticé, Alessandro 113
Bux, Udo 146
Buyssens, Erwin 51
Buzatu, Razvan 146
Buzek, Jerzy 178
Byk, Daniel 125
Bythell, William 131

C

Caballero Bassedas, Arturo 123
Caballero Sanz, Francisco de Asís 66
Cabral, Maria Manuela 88
Cabral Barreto, Ireneu 366
Cabrnoch, Milan 178
Cachia Caruana, Richard 301
Cachia-Zammit, Ray 249
Cadiou, Jean-Marie 75
Caflisch, Lucius 366
Cahen, Antoine 146
Caillaux, Denis 447
Caillouet, Michel 102
Caimoto-Duarte, Joaquim 369
Caiola, Antonio 140
Caisou-Rousseau, Olivier 140
Calabuig Rull, Joan 178
Calamandrei, Silvia 237
Calatozzolo, Rita 144
Calinoglou, Neophytos 141
Callanan, Martin 178
Calleja Crespo, Daniel 95
Callixto, Antonio 251
Calò, Giuseppe 114
Caloghirou, John 105, 272
Calot Escobar, Alfredo 243
Caluwaerts, P. 441
Calvo, Pilar 251
Calzuola, Glauco 271
Camacho Trenado, Jesus 37
Camenen, François-Xavier 148
Camino Yoldi Erice, María 39
Camos Grau, Manel 106

Campolargo, Mario 81
Campos Valls, Manuel 43
Camre, Mogens N. J. 178
Candela Castillo, José 118
Candidi, Gino 152
Canga Fano, Diego 39
Cangelosi, Rocco Antonio 301
Cannell, William 69
Cano de Gardoqui, Pilar 251
Cano Romera, Eduardo 126
Cantley, Mark 70
Cao, Rosanna 132
Caparello, M. 255
Capel-Ferrer, José 382
Capogrossi, Roberto 122
Capouet, Yvan 71
Capoulas Santos, Luis Manuel 178
Cappellini, Claudio 452
Caprile, Anna 148
Capurro, Rafael 127
Caracostas, Paraskevas 72
Caratti di Lanzacco, Giancarlo 73
Caratzicos, Jean 130
Caravelis, Georges 144
Carbajo, Fernando 150
Carbone, Giuseppe 236
Cardesa Garcia, Fernando 108
Carl, Mogens Peter 109
Carlotti, Marie-Arlette 178
Carlshamre, Maria 178
Carmel 154
Carmona-Nuñez, Jesus 49
Carneiro, Antonio 112
Carnero González, Carlos 178
Caroll, M. 255
Carollo, Giorgio 178
Caron, Danielle 448
Carothers, Paul 432
Carozza, Elio 141
Carparelli, Antonia 60
Carpenter, Francis 264, 266
Carr, Liina 233
Carrillo, Dolores 96
Carrillo, María Dolores 93
Carroll, Julian 433
Carroll, Thomas 89
Carsin, Bertrand 66
Carter, Nigel 388
Carter, Peter 263
Caruana, Jaime 254
Carvahlo, Carla 142
Carvalho, Abraão 92
Carvalho, Daniela 151
Carvalho, Maria 87
Carvounis, Panayotis 119
Cas Granje, Alexandra 101

Casa, David 178
Casaca, Paulo 178
Casadevall Medrano, Josep 366
Casado Alarcón, Eva 434
Casado Cerviño, Alberto 286
Casals, Ricard 423
Casella, Luigi 88
Cashman, Michael 178
Caspary, Daniel 161
Cassell, Sue 427
Castagnoli, Christina 146
Castellá, Isabel Martín 260
Castellani, Luisa 120, 121
Castelletti, Maurizio 93
Castex, Francoise 178
Castiglione, Giuseppe 178
Castillo del Carpio, Carmen 140
Castillon, Thierry 239
Castro Zuzuarregui, Pelayo 148
Catania, Giusto 178
Catephores, Nicholas 231
Catinat, Michel 91
Çaushi, Shpëtim 366
Causo, José Esteban 121
Cavaco, António 101
Cavada, Jean-Marie 179
Cavalheiro, Américo 123
Cavenaghi-Smith, Maria Grazia 150
Ceccarelli, Lucia 112
Cecilio, Aurelio 62
Cederschiöld, Charlotte 179
Cencioni, Roberto 80
Cérau, Henri 428
Cercas, Alejandro 179
Ceriani Sebregondi, Filiberto 107
Cerniauskaite, Dalia 142
Cernoia, Claudio 43
Cervilla, Pedro 238
Cesa, Lorenzo 179
César das Neves, Jorge 37
Cesarini, Paolo 97
Ceunick, Paul 72
Chabanski, Rosemary 47, 48
Chaline, Jean-Christophe 261
Chamberlain, Patrick Hugh 260
Chamla, Jean-Jacques 118
Chandna, Rajiv 441
Charboureau, Éric 39
Charlat, Pascal 37
Charlier, Hubert 115
Charriot, Martine 151
Charters d'Azevedo, Ricardo 269
Chatzidoukakis, Efstratios 114
Chatzimarkakis, Yorgo 161
Chatzipanagiotou, Stavros 68
Chavrier, Matthieu 41

Checchi Lang, Alejandro 87
Chêne, Claude 124
Chevallard, Giancarlo 102, 275
Chiarini, Donato 278
Chicco, Carlo 148
Chichester, Giles Bryan 179
Chiesa, Giulietto 179
Child, Patrick 61
Chiocchetti, Alessandro 147
Chioti, Karen 146
Chique, Cécile 234
Chloupkova, Jarka 144
Chmielewski, Zdzislaw Kazimierz 179
Chomel, Jean-Louis 109
Chopin, Christian 145
Chopra, Carol 429
Chorus, Rogier 419, 420, 454
Chouraqui, Gilles 367
Chowdhury, Abdur 382
Chrenek, D. 48
Chrissanthaki, A. 114
Christensen, Ole 179
Christodoulou, Christodoulos 254
Christodoulou, Perikles 142
Christofidis, Constantin 264
Chronopoulos, Dimitrios 131
Chruszcz, Sylwester 179
Churchill, Peter 73
Cicchine, Mauro 265
Cinaralp, Fazilet 413
Cipriani, Gabriele 252
Cirino Pomicino, Paolo 179
Císar, Vladimir 249
Civiletti, Francesco 74
Claessens, Michel 69
Claeys, Carine 45
Claeys, Philip 179
Clairet, Paul 127
Clark, David 263
Clark, Derek Roland 179
Clark, Gordon 64
Clark, Helene 63
Clark, Ian 91
Clark, Stephen 140
Clarke, Eric A. 409
Clarke, John 111
Clarke-Smith, Bevis 124
Clarotti, Giorgio 63
Clausen, Lars 37
Clausen, Svend Leon 141
Clauss, Jan-Friedemann 37
Clausse, Guy 263
Cleary, Kenneth 153
Clemenceau, Anne 115
Clemente, Giorgio 249
Cleutinx, Christian 95

Clinton, Peter 145
Cloos, Jim 46
Closs, Wolfgang 364
Clough, Terence 121
Coates, Simon 51
Cobbaert, Jean-Louis 132
Coccalas, Ioannis 149
Cocchi, Giorgio 104
Cochi, Stefano 41
Cocilovo, Luigi 156, 179
Cody, Veronica 48
Coelho, Carlos 179
Coelho, Henrique 42
Coenen, Michel 402, 403, 406, 407
Coerman, Joan 153
Cogels, Pascal 406
Cohn-Bendit, Daniel-Marc 161, 206
Coin, Marguerite Christine 116
Colaert, Anna-Maria 39
Colantonio, Sandro 151
Colasanti, Fabio 79
Cole, Phillip 154
Coll i Carbó, Josep 270
Colledge, Gillian 131
Colling, François 249
Colling, Karl 155
Collins, Michael 238
Collins, Stephen 123
Colneric, Ninon 244
Colombo, Mario 153
Colonerus, Marion 249
Colot, André 41
Colpaert-Lux, Marie-Christine 120
Colson, Jean-Louis 98
Comamala, Margarita 46
Côme, Françoise 442
Comfort, Antony 148
Commeau-Yannoussis, Nina 94
Comyn, Gerard 80
Condomines, Jonas 148
Condomines Beraud, Jonas 141
Condon, Richard 123
Conings, J. 427
Coninsx, Marie-Anne 103
Conroy, Eric 448
Consorti, Marco 152
Constant, Elisabeth 128, 129, 130
Constanzer, Joel 248
Cooke, John D. 245 f.
Coolegem, Sjef 143
Cools, Romain 402
Coomans, Michel 91
Cooper, Robert 46
Copette, Alice 64
Copine, William 287
Corbett, Richard 179

Corbey, Dorette 179
Cordina, Corinne 149
Corliano, Salvatore 42
Cornaro, Markus 282
Cornelissen, P.A.M. 425
Cornelissen, Rob 63
Cornillet, Thierry 179
Cornuel, Eric 442
Corpakis, D. 72
Corre, Valérie 405
Correa, João 141
Correia, Fausto 179
Correira Nunes, José Carlos 364
Correll, Denys 449
Cortes, César 38
Cortese, Claudio 262
Cortez, João 40
Corthout, Sven 142
Corugedo Steneberg, Linda 119
Cosgrove-Sacks, Carol 381
Cosmidou, Olga 153
Cossé, Didier 48
Cossu, Paolo Martino 51
Costa, Alice 46
Costa, Ana 144
Costa, António 156
Costa, Jean-Paul 366
Costa, Paolo 179
Costello, Declan 100
Costello, Patrick 139
Cotis, Jean-Philippe 375
Cotta, José 79
Cotter, Colette 91
Cottigny, Jean Louis 179
Coudert, Guy 407
Cougnon, Jean-Louis 151
Courakis, Anthony 378
Courbin, Dominique 261
Coustet, Isabelle 150
Coûteaux, Paul Marie 180
Cova, Luigi 42
Cova, Philippe 65
Coveney, Simon 180
Coyne, David 64
Cozigou, Gwenole 92
Craig-McQuaide, Peter 105
Cramer, Michael 161
Crandon, Raymond 76
Cranfield, Mairéad 152
Cranfield, Thomas L. 112
Cranz, Hubertus 408
Cras, Steven 45
Crasner, Anthony 279
Cremona, Ena 246
Crespa, Aurelio 68
Crespo, Marilia 145

467

Creste, Nathalie 39
Crétien, Yves 41
Cretin, Thierry 113
Croasdale, S.A. 255
Crocicchi, Ovidio 115
Cronqvist, Erling 263
Croonen, Edwin 118
Cross, D. 116
Crossland, Hans Gerald 124
Crowley, Brian 180, 206
Crowther, David 131
Crush, David 262
Cubitt, Roger 116
Cueff, Jean-Claude 67
Culley, Paul 44
Cunderlikova, Zuzana 142
Cunha Rodrigues, J.N. 244
Curell, Jordi 62
Curioni, Donato 42
Curnier, Jean-Louis 288
Curran, Christopher 121
Curwen, Martin 262
Cutts, Stephen 375
Cygan, Marta 61
Czarnecki, Marek Aleksander 180
Czarnecki, Ryszard 180
Czarnota, Bridget 106
Czarski, Michal 239
Czúcz, Ottó 246

D

d'Ambrogio, Enrico 149
d'Acunto, Salvatore 66
d'Alema, Massimo 180
d'Almeida, Kalenga 42
d'Atri, Alessandro 94
d'Haen-Bertier, Ann 121
da Câmara Gomes, Francisco 275
da Cunha Rodrigues, José Narciso 244
da Silva Caldeira, Vítor Manuel 250
da Silva, João 80
Daalder, Hessel 40
Daco, Daniel 100
Dahlberg, Lars 428
Dahlsten, Ulf 81
Daidone, Gerda 50
Dalli, Hubert 142
Dalmonte, Emilio 62
Daloze, Thierry 41
Dalpozzo, Luca 122
Dalvin, Allan 110
Daly, David 106
Daly, Emer 126
Daman, Thierry 86

Damen, Mario 145
Dancet, Geert 92
Dandois, Gnes 448
Danger, Susan 434
Dangis, A. 413
Daniele, Jean-Marc 248
Daniello, Cesira 46
Danielsson, Christian 60
Dano, Eddy 410
Danusevics, Henriks 233
Danzon, Marc 398
Dariusz 155
Darmis, Ioannis 145
Darmuzey, Philippe 105
Dascalu, Iosif 88
Daskalakis, Constantin 65, 79
Dassis, Georgios 233, 236
Dastoli, Pier Virgilio 268
Daul, Joseph 180
Dautremont, Michel 143
Dautzenberg, Robert 44
Davara, Fernando 291
David, Dominique 274
Davies, Alison 147
Davies, Chris 180
Davies, Justin 48
Davies, Leonard 364
Davis, Jeffrey 142
Davis, Terry 363
Davison, Ann 233, 237
Day, Catherine 89
Dayé, Gertraud 449
de Albuquerque, Augusto 80
de Angelis, Francesco 108
de Backer, Pascal 152
de Baenst, Jacques 117
de Basaldua, Nathalie 67
de Beaufort, Inez 127
de Beaufort Wijnholds, O. 257
de Becker, Erik 143
de Block, Gert 414
de Blust, Michel 428
de Bock, Jan 300
de Boer, Wubbo 286
de Boer-Buquicchio, Maud 363
de Boissezon, Birgit 69
de Boissieu, Pierre 37
de Bronett, Georg 97
de Brouwer, Jean-Louis 82
de Bruijn, Bastiaan 79
de Bruijn, T.J.A.M. 301
de Bruine, Frans 81
de Brún, Bairbre 180
de Buck, Philippe 454
de Burlet, Michel 430
de Bustamante Tello, Rafael 50

de Buyst, Robert 141
de Capitani, Emilio 146
de Ceuster, Jan 82
de Cockborne, Jean-Éric 65, 79
de Coninck, Ghislaine 454
de Coninck, Michel 108
de Crayencour, Dominique 260
de Crocq, Isabelle 51
de Dommartin, Alain 440
de Doncker, Carina 43
de Esteban, Fernando 93
de Filippi, Carlo 276
de Fleurieu, Antoine 422
de Fontaine Vive Curtaz, Philippe 260
de Graaf, Gerrit 66
de Graaff, Marinus 88
de Grandes Pascual, Estanislao 370
de Grandes Pascual, Luis 180
de Groen-Kouwenhoven, Elly 180
de Hoop Scheffer, Jaap 396
de Jaeger, Filip 417
de Jaegere, Y. 69
de Kerchove D'Ousselghem, Gilles 51
de Keyser, Véronique 180
de Kok, Jan 279
de la Fuente, Fernando 261
de la Torre, Clara 69
de la Tour, François 419
de Laet, Jean-Pierre 89
de Lannois, Angela 128
de Laroussilhe, Olivier 109
de Lecea Flores de Lemus, Antonio 100
de Leeuw, Hanneke 427
de Lobkowicz, Wenceslas 106
de Looz-Corswarem, Rodolphe 405
de Mautort, Laurent 261
de Mey, Annechiene 121
de Michelis, Gianni 180
de Michelis, Nicola 86
de Mol, Corno 451
de Montis, Cesare 282
de Munck, Wilhelm 110
de Munter, André 149
de Noose, Chris 429
de Oliveira, Manuel Lourenço 250
de Oliveira Barata, Manuel 128, 132
de Oliveira e Sousa, Jorge 118
de Paepe, Danny 249
de Paula Coelho, Francisco 263
de Poortere, Pascal 155
de Preter, Maria Christina 132
de Prins, Ludovicus 129, 130
de Puifferrat, Muriel 50
de Ratoy Figarado, Rodrigo 396
de Rosa, Fabrizia 119
de Rossa, Proinsias 180

de Ruiter, Willem 93, 291
de Saint Maurice, Thierry 104
de Santi, Giovanni 76
de Sarnez, Marielle 180
de Schrynmakers, Patrick 415
de Simone Diehl, Ildegarda 152
de Smedt, Marleen 115
de Sola Domingo, Mercedes 126
de Sousa, Alfredo José 114
de Vel, Guy 364
de Veyrac, Christine 180
de Vicente, Francisco 133, 287
de Vicente, Raquel 147
de Visscher, Vincent 103
de Vits, Mia 156, 180
de Vriendt, Karel 120
de Vries, Gijs 38
de Waechter, Jan Frans 140
de Wilde, Harry 151
de Wildt, Rob 410
de Winne, Prosper 85
de Wolf, Liliane 69
de Yong, Hans 90
Deacon, David 67
Dean, Margaret 141
Deasy, Declan 119
Debaty, P. 125
Deben Alfonso, César 68
Debroux, Xavier 142
Debrue, Jean-Marc 235
Decaestecker, Jean-Paul 45
Decand, Gilles 114
Defays, Daniel 114
Deffaa, Walter 123
Defraigne, Pierre 109
Degerfelt, Kent 281
Degert, Vincent 106
Degutis, Arūnas 180
Dehaene, Jean-Luc 180
Dehollain, Jacques 408
Dehousse, Franklin 246
Dekeyser, Kris 96
del Bino, Luigi 234, 237
del Castillo Vera, Pilar 180
Delaney, Nessa 38
Delasnerie, Alix 142
Delava, Jean-Pierre 120
Delaval, Jean-Yves 243
Delbeke, Jos 90
Deleau, Michael 263
Delebarre, Michel 239
Delforge, Jean-Louis 447
Delgado, João 64
Delgado Sancho, Luis 76
Delincé, Jacques 75
della Monica, Sabato 109, 275

469

Namensregister

della Torre, Constantino 40
Dellar, Michael J. 418
Dellicour, Dominique 108
Delmas-Marty, Mireille 114
Delmée, Daniel 154
Delmoly, Jacques 65
Delmotte, Thierry 416
Delogu, Bernardo 77
Delpeuch, Bertrand 64
Delprat, Mireille 70
Delsaux, Pierre 67
Delsing, Henk 261
Demaret, Paul 294
Demarty, Jean-Luc 83
Demassieux, Agnès 104
Dembowski, Grzegorz 142
Demetriou, Panayiotis 181
Demeyre, Georges 132
Demonceau, Philippe 41
Dempsey, Anthony 66
Dempsey, Cliodhna 147, 153
Den Hertog, Eugénie 149
Deneys, Lutgart 142
Denis, Bruno 261
Denness, Jonathan 87
Dennis, B. 255
Denuit, Renaud 125
Deprez, Christian 410
Deprez, Gérard 181
Depuydt, Franky 154
Depypere, Stefaan 98
Deregnaucourt, Guy 144
Derelou, Monique 50
Dermience, Pascal 41
Deroose, Servaas 99
Desantes, Manuel 387
Descamps, Marie-Hélène 181
Descheemaeker, Emmanuel 425
Désir, Harlem 181
Desmedt-Toncic-Sorinj, Yvonne 298
Desroches, Gérard 154
Dess, Albert 161
Dethier, Jean-Claude 41
Dethomas, Bruno 269
Deuss, Henk 243
Deva, Nirj 181
Develder, Johan 85
Devellennes, Yves 97
Devigne, Luc 109
Devonic, Fay 63
Devos, Jean-Marie 414
Devroedt, Marie-Pierre 47
Dewaleyne, Christian 117
Dewandre, Nicole 69
Dezeure, Freddy 73
Dhaeyer, Guy 38

Dhyvert, Dagmar 154
di Bucci, Michaela 127
di Bucci-Pippich, Michaela 106
di Carlo, Giovanni 235
di Fiore, Alain 41
di Lucia, Hervé 152
di Lullo, Maurizio 51
di Mauro, F. 256
di Paolantonio, Giampiero 151
di Pietro, Antonio 181
di Rosa, Laura 41
di Vita, Gianmarco 79
Diamandouros, Nikiforos 231
Díaz De Mera García Consuegra, Agustín 181
Diaz, Valeriano 105
Dickinson, Roy 101
Dickmeiss, Agnete 251
Dičkuté, Jolanta 181
Dicorrado, Tanino 125
Didžiokas, Gintaras 181
Dienes-Oehm, Egon 302
Dierx, Adriaan 100
Díez González, Rosa M. 181
Díez Parra, Ignacio 39
Dihm, Martin 110
Dillen, Koenraad 181
Dils, Dan 409
Dimas, Stavros 60
Dimitrakopoulos, Giorgos 181
Dimitriadis, Dimitrios 233
Dionisi, Armando 181
Diot, Jacques 261
Diouf, Jacques 395
Discors, Dominique 67
Dittmann, Bernd 455
Divaris, Evangelos 84
Dobbelaere, Dirk 403
Dobolyi, Alexandra 181
Doczy, Michael 299
Doens, Koen 61
Doggen, Jacobus 112
Döll, Friedrich 112
Dolmans, Serve 126
Dombrovskis, Valdis 181
Donnelly, John 233
Donnelly, Marie 62
Doorn, Bert 181
Dordain, Jean-Jacques 392, 394
Doré, Frédéric 47
Döring, Alexander 407
Dormal-Marino, Loretta 98
dos Santos, Manuel Antonio 181
Douay, Brigitte 181
Doucet, Guy 107
Douniol, Pierre 448

Doutlik, Karl Georg 269
Dover, Den 181
Doyle, Avril 181
Doyle, Noreen 388
Doyle, Peter 268
Doyle, Sean 104, 277
Drabbe, Humbert 98
Draelants, Carine 441
Dragoni, Doriano 139
Dramais, André Louis 99
Drangsfeldt, Hans 154
Drauz, Götz 96, 97
Drčar Murko, Mojca 182
Drevinskiene, Jurate 236
Drexler, Freddy 143
Driessen, Bart 39
Dröll, Peter 61
Droulans, Claude 444
Drudi, F. 256
Druesne, Gérard 394
Dryden, John-Paul 144
Dubois, D. 255
Dubois, Gilbert 102
Dubois, Roger-Marie 144
Dubs, Christian 79
Ducci, Pietro 148
Duch Guillot, Jaime 149
Duchoň, Petr 182
Ducoulombier, Eric 67
Dudzinska, Eva 141
Dufeil, Michel-Eric 87
Duff, Andrew Nicholas 182
Dufrène, Barbara 402
Dufresne, Marc 260
Dührkop Dührkop, Bárbara 182
Duin, Garrelt 162
Duintjer Tebbens, Harry 140
Duka-Zólyomi, Árpád 182
Dulbecco, Daniel 41
Dumbleton, Katherine 142
Dumort, Alain 119
Dunbar, Muriel 287
Duncan, William R. 432
Dunne, Joe 145
Dunnett, Roderick 260
Dunstan, Paul 141
Dupla del Moral, Tomas 103
Duquesne, Antoine 182
Durand, Claire-Françoise 124
Durand, Claude 121
Durand, Guy 86
Durieu, Xavier R. 433
Dürrwanger, Andreas 249
Durvy, Jean-Noël 92
Dussart-Lefret, Corinne 96
Dutkiewicz, Rafal 239

Duym, Frederik 41
Duynhouwer, Johannes 107

E

Ebermann, Klaus-Dieter 273
Ebner, Gerolf 37
Ebner, Michl 182
Echarri, Javier 424
Echavarri, Luis 377
Ecker, Judith 148
Ecker, Monique 140
Edfjäll, Curt 387
Edward, John 150
Edwards, Carel 82
Edy, Richard 416
Efthymiou, Maria Elena 148
Egelund, Elizabeth 121
Egermaier, Thomas 299
Eggert, Jan 434
Eglite, Ilze 40
Eguren Secades, Santiago 48
Ehbets, Klaas Jan 104
Ehler, Jan Christian 162
Ehlers, Christian 147
Eich, Carlo 108
Eich, Elmar 297
Eichel, Hans 388
Eick, Caroline 297
Eiras Antunes, Pedro 261
Eisenreich, Steven 76
Ek, Lena 182
Ekelmans, Marc 123
Eker, Vedat 152
Ekéus, Rolf 391
Ekfeldt, Fredrik 37
Eklund, Per 274
Ekvad, Martin 288
El Khadraoui, Saïd 182
Elbaradei, Mohamed 395
Elena, José 288
Elferts, Peteris Karlis 368
Elizondo Mayer-Serra, Carlos 379
Elles, James E. M. 182
Ellis, Donald 45
Ellis, Stephen 41
Elsner, Wolfgang 96
Emiliou, Nicholas 303
Emons, Hendrik 74
Engelbrecht, Per-Ove 93
Engell-Hansen, Johnny 37
Engelmann, Ulla 73
Engels, Ulrike 297
Englert, Yvon 127
Engwegen, Jack 87

471

Engwirda, Maarten E. 249
Enqvist, Mauritz 46
Eppich, Gertraud 299
Erbach, Gregor 151
Erbeznik, Anze 142
Erdlenbruch, Hans 42
Erhart, Michael 85
Eriksson, Eeva 142
Ernens, Marcel 115
Erno, Heikki 40
Ervela, Risto 239
Esch-Hamacher, Regina 151
Escritt, Richard 69
Eskelinen, Juho 143
Espejo Verdú, Elena 149
Espinosa Fernandez, Andres 86
Espuny Moyano, José María 233, 237
Esteva Mosso, Carles 96
Esteves, Maria da Assunção 182
Estievenart, Georges 287
Estrela, Edite 182
Etherington, J. 255
Etievant, Richard 85
Ettl, Harald 172
Ettmayer, Wendelin 369
Euria, A. 257
Eurlings, Camiel 182
Evans, Jillian 182
Evans, Jonathan 182
Evans, Lowri 97
Evans, Nigel 278
Evans, Philip 44
Evans, Richard 152
Evans, Robert J. E. 182
Everaers, Pieter 116
Evers, Ronald 145
Ewert, Joseph 233

F

Faas, Manfred 298
Faber, Walter 64
Fabiani, Gérard 416
Fabra Vallés, Juan Manuel 250
Facchin, Patrick 143
Fackler, Renata 251
Fagan, G. 256
Fahrenkrog, Gustav 76
Fahrtmann, Thomas 261
Fahy, Michael 73
Fajmon, Hynek 182
Falbr, Richard 182
Falkenberg, Karl 110
Faltys, Jan 40
Farage, Nigel Paul 182

Faria Viegas, Helder 250
Farnell, John 67
Faross, Peter 94
Fasanella, Angelo 37
Fatuzzo, Carlo 182
Faucherand, Pierre 88
Faull, Jonathan 81
Faure, Gianluigi 46
Faure, Jean-Pierre 234
Fauth, Chantal 401
Fava, Giovanni Claudio 183
Fay, Ester 139
Fay, F. 84
Fazakas, Szabolcs 183
Fazio, Antonio 254
Feeney, Aidan 38
Fehr, Hendrik 252
Feidt, Marc 120
Feiter, Franz-Josef 406
Feith, Pieter Cornelius 46
Feldmann, B. 116
Felkaij Janssen, Zsuzsanna 40
Fell, J. 257
Fellner, Andreas 299
Fennessy, Edward 252
Ferber, Markus 162
Feret, Elisabeth 107
Ferm, Anders 379
Fernandes, Ana 43
Fernandes, Emanuel Vasconcelos Jardim 183
Fernández, Marie-Anne 287
Fernandez, Sonia 415
Fernandez Fernandez, José Javier 147
Fernández Martín, Fernando 183
Fernandez Martin, Joaquin 98
Fernández Ruiz, Pablo 71
Fernandez-Canadas, Priscila 72
Fernández-Hervás, Paula 149
Fernandez-Martin, Juan Luis 85
Fernández-Miranda, María Elena 131
Ferreira, Anne 183
Ferreira, Elisa 183
Ferreira, João Gabriel 272
Ferreira da Silva, Carlos 263
Ferreira Lourenco, Marta Maria 64
Ferrero-Waldner, Benita 61
Feuerstein, Horst 264
Fève, Patrick 234
Feyaerts, Guido 42
Fezas Vital, Domingos 302
Fialho, Maria 146
Fichtelmann, Arved 40
Figel', Ján 60
Figueira, Maria Helena 115
Figueiredo, Ilda 183

Namensregister

Filibeck, Giacomo 449
Filipe, Carlos 106
Filippini, Jean-Luc 50
Finana, Celia 148
Finetti, Manuela 91
Fink-Hooijer, Florika 102
Fink-Jensen, Preben 130
Fink-Jensen, Steen 235
Finkle, James P. 405
Finn, Niall 131
Finnegan, Emer 39
Fisch, Peter 72
Fischbach-Pyttel, Carola 454
Fischer, Eric 73
Fischer, Georg 63
Fischer, Horst 249
Fischer, Klemens 299, 307
Fischer, Ludger 453
Fischer Boel, Mariann 61
Fischinger, Gertraud 299
Fisher, Cheryl 261
Fitzgerald, Marie 86
Fjellner, Christofer 183
Fladl, Maria 299
Flasarová, Věra 183
Flautre, Hélène 183
Flies, Robert 90
Florenz, Karl-Heinz 162
Flores Gual, Elena 99
Florian, Doris 74
Floyd, William 127
Flüh, Michael 78
Foglietta, Alessandro 183
Föh, Kristina 142
Foidl, Alexander 299
Fombellida, José 67
Fonéré, Erwan 269
Fonseca Morillo, Francisco 82
Font Galarza, Andres 97
Fontaine, Nicole 183
Fontanelli, Pado 239
Forcat Icardo, Miguel 105
Ford, Glyn 183
Fordham, John 151
Forejtová, Dita 40
Formigoni, Roberto 239
Forsingdal, Luisa 142
Forsström, Hans 71
Forster, Horst 80
Forti, Enrico 79
Forvass, Bo 89
Forwood, Nicholas James 246
Fotakis, Constantinos 63
Fotiadis, Fokion 103
Fotyga, Anna Elzbieta 183
Foucart, René 131

Fourtou, Janelly 183
Fox, Brian 121
Foy, Joseph 264
Fracchia, Giovanni 126
Frade, José 264
Fraga Estévez, Carmen 183
Fraiß, Daniela 308
France, Hennebois 417
Franck, Christian 442
Franck, Jeannot 417
Franco, Elisabeth 250
Franco, Marc 279
Franco Lopez, A. 115
Franklin, Rob 428
Frankovc, Markéta 236
Fransen, Lieve 105
Franssen, Bodil 129, 130
Fraser, Simon 61
Fraser, William 131
Frassoni, Monica 183, 206
Frattini, Franco 60
Frausing, Jens 243
Frediani, Carlo 51
Freedman, Richard 149
Freitas, Duarte 183
Frerichs, Göke 233
Fresneña Pérez, Raul 51
Freudenstein-Weijer, Elisabeth 120
Freytag, D. 255
Fribergh, Erik 366
Fricke, Corinna 296
Fried, M. 256
Friedrich, Ingo 156, 162
Frier, Laure 47
Friess, Bernhard 97
Frigola, Pierre 73
Fritz, Jean-Jacques 150
Fröhlinger, Margot 66
Frohn, Rainer 39
Frøik, Christian 45
Frontini, Gaspar 111
Frowein, Stefan 274, 281
Frøysnes, Torbjørn 369
Fruteau, Jean-Claude 183
Frutuoso de Melo, Fernando 62
Fuchs, Jacques 67
Fuchs-Koenig, Anja 149
Fular, Birgit 234
Fura-Sandström, Elisabet 366
Furfari, Samuele 94

G

Gabbe, Jens 444
Gabolde, Emmanuel 252

473

Gabrici, Leonello 103
Gahler, Michael 162
Gál, Kinga 183
Gal'a, Milan 183
Galanis, Ioannis 94
Galaski, Alain 424
Galatioto, Fabio 152
Galeote Quecedo, Gerardo 184
Galeros, Themistoklis 63
Galiani, Daniela 43
Gallach, Christina 50
Gallas, Tito 39
Gallego Perona, Emilia 141
Galler, Kyle 50
Galliano, Federico 416
Gallimore, Ronald 269
Gallizioli, Giorgio 68
Gallo, Giovanni 243
Galloway, David 38
Galvez Via, R. 125
Galvin, Robert 155
Gambari, Christiano Maria 132
Gambier, Didier 71
Gambini, Riccardo 108
Gameiro, Margarida 60
Gamez, Gabriel 385
Gammeltoft, Peter 90
Ganslandt, Clara 46, 47
Gantelet, Gilles 93
Ganzini, Maria-Elisa 41
Garabello, Roberta 39
García Ayala, Ricardo 86
García Azcarate, Tomás 83
García Bercero, Ignacio 111
Garcia Burgues, Julio 90
García de la Rasilla y Pineda, Piedad 73
Garcia Fernandez, Ramon 154
García Ferreiro, Fernando 125
Garcia Fragio, Antonio 105
García Lon, Javier 100
García Morán, Francisco 119, 120
García Pérez, Iratxe 184
García Pérez, Manuel 41
García Pérez, Maria Mercedes 46
García Torregrosa, Luis 37
Garcia-Lombardero, Jaime 106
García-Margallo Y Marfil, José Manuel 184
Garcia-Patron, Santiago 86
García-Valdecasas, Rafael 245 f.
Gardmark, Johanna 47
Garel, Pascal 437
Garganas, Nicholas C. 254
Gargani, Giuseppe 184
Gariazzo, Chiara 68
Garnier, Carole 100

Garosi, Elisa 239
Garribba, Massimo 95
Garrido, Luis 264
Garrido-Lestache, Alvaro 250
Garriga Polledo, Salvador 184
Garzón Clariana, Gregorio 140
Garzotti, Paolo 110
Gascard, Gilbert 65
Gaspar, V. 256
Gaspari, Mitja 254
Gastinel, Eric 286
Gatavs, Laura 142
Gatti, John 97
Gaubert, Alain 436
Gaubert, Patrick 184
Gaudin, Jocelyne 69
Gauzès, Jean-Paul 184
Gavanier, Jean-Michel 252
Gavriil, Stavros 152
Gawronski, Jas 184
Gaynor, Michael 78
Gazagnes, Jean-Marc 83
Gazzo, Yves 268
Gebetsroithner, Judith 298
Gebhardt, Evelyne 162
Geelhoed, Leendert A. 243
Geier, Karsten 296
Geissler, Michael 414
Gencarelli, Fabio 85
Gendebien, Georges 415
Gendron, Sabine Ehmke 51
Genisson, François 118
Gennimata, Fofi 239
Gentvilas, Eugenijus 184
Genuardi, Gerlando 260
Geoghean-Quinn, Máire 250
George, Andrew 50
Georgiou, Tasos 150
Geradin, Michel 75
Geraldes Pinto, Joaquim 113
Gerard, Vincent 434
Gérardy, J.-L. 255
Géraud, Patrice 263
Geremek, Bronislaw 184
Geringer de Oedenberg, Lidia Joanna 184
Germain, Daniel 122
Germanas, Neris 368
Gerold, Rainer 69
Gersfelt, Torsten 260
Gerstenlauer, Hans-Georg 126
Gessler, Barbara 267
Gewaltig, Stefan 94
Ghazi, Anver 71
Gherus, Maria 41
Ghiatis, Georgios 147

Ghignone, Piera 50
Ghislain, Charles 367
Ghymers, Christian 101
Giannella, Annalisa 38, 47, 48
Giannopoulos, Nikos 42
Gibault, Claire 184
Gibert-Morin, Nicolas 64
Gielisse, Robert 123
Gierek, Adam 184
Giertych, Maciej Marian 184
Giglio, Giovanna 39
Gijón, Fernando Florindo 39
Gil Catalina, Gonzalo 154
Gilabert, Joyce 43
Gilbers, Johannes 44
Gilchrist, Paraskevi 123
Gilibert, Pierluigi 264
Gill, Neena 184
Gillespie, Seamus 103
Gillhoff, Nikola 297
Gillissen, André 38
Gilot-Köhler, Margarete 50
Gineste, Pascal 124
Giorgi, Maria-Cristina 38
Giovannini, Enrico 375
Girao, Luis Filipe 93
Giraud, Jean-Guy 150
Gissi, Luciano 42
Gitona, Anastasia 45
Gklavakis, Ioannis 184
Glante, Norbert 162
Glass, Roger 152
Glattfelder, Béla 184
Glatz, Jean-Paul 74
Glaude, Michel 115
Glietsch, Carsten 306
Glindová, Nikoleta 40
Glinos, Konstantinos 80
Glöckel, Thomas 299
Glomb, Wolfgang 297
Glynn, Paul 63
Glynos, Giorgos 106
Gnan, Reinhold 238
Gnesotto, Nicole 291
Godard, Alain 264
Goddefroy, J.-M. 257
Godinho, Carlos 288
Goebbels, Robert 184
Goebel, Pia 42, 43
Goelen, Wallis 64
Goenaga, Xabier 72
Goepel, Lutz 163
Goffaux, Francine 70
Goffin, Roger 446
Goffin, Sandra 101
Gogoberidze, Lana 367

Golatz, Gerald 298
Golay, Alain 412
Goldberg, Elizabeth 89
Goldsmith, Jonathan 435
Goldstein, Mendel 279
Golik, Bogdan 184
Golinvaux, Richard 112
Gollnisch, Bruno 184
Gomes, Ana Maria R. M. 185
Gomez de la Cruz, Carlos 260
Gómez de Mayor Rojas, Helio 38
Gomez Reino, Santiago 125
Gómez-Leal, María 140
Gomez-Reino, Sara 40
Gomolka, Alfred 163
Goncalves, Antonio 142
Goncalves, João 75
Gonçalves, Maria Conceição 144
Gonon, Jean-Claude 441
Gonzáles Sancho, Emilio 45
Gonzales-Hernandez, Augusto 64
Gonzales-Pacheco, Luis 264
González Bastero, Juan Ignacio 249
González Finat, Alfonso 94
Gonzalez Holguera, José 142
Gonzalez Laya, Maria Aranzazu 110
González Pereira, Maria Pia 443
González Sanchez, Enrique 51
Gonzalez-Aller, Cristóbal 302
González-González, Joaquin 113
González-Páramo, José-Manuel 254
Gonzalo Castellanos, Ana 107
Goodacre, C. 407
Goodburn, Joanna 51
Gordebeke, Paul 42
Gordon, Bernard 262
Gordon, Michael 151
Gorria, David 439
Gosalbo Bono, Ricardo 39
Gosetti di Sturmeck, Francesco 277
Gospage, Stephan 110
Gottardo, Isidoro 239
Götztried, A. 114
Goudin, Hélène 185
Goudou, Patrick 93, 290
Gould, David 72
Goulet, Raphaël 86
Goulongana, Jean-Robert 395
Gourtsoyannis, Loucas 452
Gouvras, Georgios 78
Gowen, Michael Thomas 101
Grabenwarter, Ulrich. 266
Grabowska, Genowefa 156, 185
Grabowski, Dariusz Maciej 185
Graça Moura, Vasco 185

Graefe zu Baringdorf, Friedrich-Wilhelm 163
Graf, Karolin 297
Graffiedi, Hilde 152
Graham, Michael 269
Grammatikos, Theoharry 261
Grand, Bernard 88
Granda Alva, German 87
Grande, M. 257
Grandins, Maris 150
Grant CMG, John 303
Grant Lawrence, David 90
Grasmann, Peter 100
Grass, Philippe 155
Grass, Roger 242
Grasserbauer, Manfred 76
Grässle, Ingeborg 163
Gray, Brian 122
Gray, James 75
Graykowski-Massangioli, Chantal 104
Grech, Louis 185
Greefe, Klaus 421
Grégoire, Michel 430
Greil, Franz 299
Grela, Marek 301
Grenzhäuser, Hans-Werner 41
Gressenbauer, K. 256
Gretschmann, Klaus 45
Gribble, M. 438
Griesbeck, Nathalie 185
Griffo, Vittorio 40
Grillenzoni-Calamandrei, Silvia 234
Grilli, Michel 264
Grillo, Jean-Pierre 126
Grillo Pasquarelli, Enrico 95
Grima, Chris 301
Grincho, José 264
Grisard, Anne 88
Grisse, G. 255
Gritsch, Martin 90
Grmelova, Nicole 143
Groebner, Viola 90
Groen, Else 443
Groenendaal, Jan Julius 89
Groeneveld, Cornelis 252
Grohmann-Mundschenk, Sylvia 421
Gröner, Lissy 163
Grontage, Charles 86
Grosch, Mathieu 185
Grosjean, Gérard 40
Gross, F. 256
Grossetête, Françoise 185
Grossir, Jean-Paul 50
Grözinger, Hilmar 37
Grube, Claus 300
Gruber, Lilli 185

Gruner, Bernd 406
Grünewald, W. 115
Grunwald, Jürgen 124
Grupp, Walter G. 453, 456
Grybauskaite, Dalia 61
Guardans Cambó, Ignasi 185
Gubian, Ulla 251
Güell, José 439
Guellec, Ambroise 185
Guerrato, Lucio 271
Guerreiro, Pedro 185
Guersent, Olivier 61
Guggeis, Manuela 40
Guha-Sapir, Debarati 436
Guichard, Jérôme 40
Guider, Hervé 430
Guidoni, Umberto 185
Guille, Carlos 261
Guillen Zanon, Angel 153
Guin, Muriel 82
Guinier, Alfons 424
Guisolphe, Ghyslaine 92
Guldberg, Ole 66
Gulmann, Claus C. 244
Gumaelius, Marianne 111
Gunning, Peter 300
Günther, Hans-Joachim 305
Gurmai, Zita 185
Gustav, Anders 239, 240
Guth, Eckhart 116
Guth, René 101
Gutiérrez, Adolfo 243
Gutierrez Diaz, Maruja 65
Gutiérrez-Cortines, Cristine 185
Gutmann, Fabienne 149
Guy-Quint, Catherine 185
Guzeviciute, Gintare 146
Gyulumyan, Alvina 366
Gyürk, Ánrdrás 185

H

Haas, Aziza 299
Haas, Didier 74
Häberli, Martin 418
Hack, Reinhold 104
Hackett, Thomas 262
Hadzidakis, Panayotis 124
Haendler Mas, Ramon 80
Haensler, G. 83
Hagen, Eckehart 297
Hagg, Verena 299
Haigh, Alan 70
Haik, Maurice 108
Hajiyev, Khanlar 366

Hajsel, Robert 150
Halász, Gejza 249
Halinen, Hannu 393
Hall, Fiona Jane 185
Hall, Ronald 86
Hall, Timothy 70
Hallen, Manuel 70
Hallergard, Carl 47
Hallez, Pascal 124
Halls, Steve 447
Halskov, Erik 267
Hamacher, Jupp 121
Hamell, Michael 89
Hammer, Gert 305
Hammer, Thomas 387
Hammerstein Mintz, David 186
Hamon, Benoît 186
Hamon, Philippe 426
Hamro Drotz, Filip 233
Handley, Peter 117
Handzlik, Malgorzata 186
Haniotakis, Georgios 130
Haniotis, Anastassios 85
Hankin, Robert 98
Hanley, Nicholas 90
Hanna, Jill 90
Hannan, Daniel J. 186
Hanniffy, Constance 239
Hanningfield of Chelmsford, 239
Hanreich, Günther 114
Hänsch, Klaus 163
Hansen, Henrik Gerner 150
Hansen, Sune 144
Hansen, Torben Bagge 153
Hantschel, Gabriele 449
Harangozó, Gábor 186
Haraszti, Miklos 391
Harbour, Malcolm 186
Harden, Ian 231
Hardt, Elisabeth 442
Hardt, Judith 429
Harford, Marleen 117
Hargadon, Malachy 89
Harkin, Marian 186
Harmel, Roger 376
Harms, Rebecca 163
Harms, Uwe 47
Harris, Adrian 416
Harris, Geoff 148
Harrison, Stephen 251
Harrisson, Jordi 238
Hartley, Nicholas 70
Hartmann, P. 256
Hartog, Everardus 86
Hartung, Harald 65
Hartung, Thomas 76

Hartvig, Hans-Peter 124
Hartzell, Carl 37
Harvey, Martin 106
Hasse Ferreira, Joel 186
Hassi, Satu 186
Hasson, Alberto 119
Hatt, Philippe 62
Hatzidakis, Konstantinos 186
Hatzopoulos, Konstantinos 42
Hauck, Hans-Joachim 145
Haug, Jutta D. 163
Haug, Peter 414
Hauptmann, Manica 144
Hauschildt, Gurli 235
Havenith, Roger 100
Haverkamp, Christina 297
Hawdon, B. 69
Hawes, Bernard 287
Hawksworth, Roger 423
Hayes, Andrew 437
Hayes, Eric 275
Hazan, Adeline 186
Hazelzet, Hadewych 47
Head, François 49
Healy, Jean-Claude 79
Heaton-Harris, Christopher 186
Hebberecht, Chantal 108
Hebette, Chantal 85
Hec, D. 414
Hecklinger, Richard 375
Heddell, Fred 450
Hedh, Anna 186
Hedigan, John 366
Hedkvist Petersen, Ewa 186
Hedling, Peter 48
Heerink, Bertil 408
Hegyi, Gyula 186
Heidebroek, Henri 420
Heidenreich, Anne-Marie 455
Heider, Udo 70
Heidrich, Werner 297
Heikens, Geert 273
Heikensten, Lars 254
Heim, Gustaaf 262
Heimbeck, Margaret 128, 129
Hein, Roland 298
Heinemann, Ellen 142
Heinkelmann, Bärbel 112
Heinonen, A. 255
Heiskanen, Tiina 250
Heiting, Christine 43
Helander, Elisabeth 86
Hell, Wolfdieter 152
Helle, Risto 43
Heller, Jean 114
Hellman, Anni 77

Hellot, Bernard 155
Hellsten, Eva 90
Hellwege, Johann 455
Hellwig, Dirk 40
Helmer, Roger 186
Hempel, Inés 46
Hendersen, Kate 249
Hendricks, Luc 439
Hendus, Tassilo 262
Henin, Jacky 186
Hennekam, B.M.J. 395
Hennessy, Patrick 92
Hennicot-Schoepges, Erna 186
Henningsen, Jørgen 93
Hennis-Plasschaert, Jeanine 186
Henriksen, John 48
Henriksson, Anders 105
Henskens, Luc 450
Hentgen, Étienne 155
Hentges-Neiens, Renée 155
Herbert, Didier 91
Herbert, Karl Heinz 411
Hercegfalvi, Judit 145
Herczog, Edit 186
Herdina, Andreas 103
Herkuel, Kadi 150
Hermans, Jan 404
Hermerén, Göran 127
Hermges, Marie-Thérèse 298
Hermges, Martin 298
Hernández Bataller, Bernardo 233, 237
Hernandez-Martin, Gabriela 87
Hernandez-Ros, Javier 81
Herranz García, Maria Esther 187
Herrero Molina, Alejandro 74
Herrero-Tejedor, Luis Francisco 187
Herreweghe, Jean-Perre 37
Hertog, Fons 239
Hérvas Dempster, Fernando 140
Hervé, Michel 250
Hervio, Gilles 105
Herwig, Klaus 303
Herzig, Wolfgang 147
Hess, Catherine 236
Hesske, Frank 281
Hetmeier, Heinz 297
Hetsch, Patrick 124
Hetzer, Wolfgang 113
Heusel, Wolfgang 394
Heuser, Günther 297
Heusgen, Christoph 37
Hexter, David 388
Heydt, Volker 89
Heymans, Pascal 141
Heyraud, Jean-Claude 101
Hick, Alan 235, 237

Hiernaux-Fritsch, Sabine 250
Hieronymi, Ruth 164
Hietanen, Mervi 50
Higgins, Jim 187
Hilbrecht, Heinz 94
Hildebrand, Marianne 65
Hillenkamp, Ulrich 287
Hingel, Anders 64
Hirn, Pierre 101
Hirvonen, Juha-Pekka 75
Hivonnet, Joelle 51
Hix, Jan Peter 39
Hjelt Af Trolle, Ingrid 302
Hjortsø, Peter 154
Hladik, Petr 37, 47
Hocepied, Christian 97
Hochel, Dionyz 147
Hochmüller, Tilman 296
Hoebeeck, Willy 123
Hoebert, Wim 418
Hoehn, Christiane 46
Hoelgaard, Lars 82
Hoeveler, Arnd 70
Hof, Susanne 455
Hofer, Peter 299
Hoffelt, Jean-François 233
Hoffmann, Viviane 62
Hoff-Nielsen, Bjarne 38
Hoffrichter-Daunicht, Christiane 286
Hofmann, Bert 46
Hofmann, Ina 297
Höger, Andreas 296
Hogeweg, G.J. 256
Hohenwarter, Manfred 299
Hökmark, Gunnar 187
Hollister, David 44
Hollman, Jean-Marie 44
Hollmann, Frank 101
Holloway, John 266
Holm-Pedersen, Helene 47
Holmquist, Jörgen 67
Holmström, Kim Henrik 93
Hololei, Henrik 60
Holstein, Hans Joachim 44
Holt, Elizabeth 268
Holtby, Christopher 37
Holtze, Torben 274
Holzapfel, Jean-Eric 276
Holzer, Markus 84
Holzhauer, Gerd 41
Homem, Jorge 132
Homolova, Irena 145
Honeyball, Mary 187
Hontelez, John 447
Hoogervorst, Frank 42
Hoogewijs, Stephane 153

Hooijer, Jeroen 66
Hope, Mandy 47
Hopkin, Edward 403
Hoppenstedt, Karsten Friedrich 164
Horácek, Milan 164
Hörhagel, Axel 263
Horner, Simon 102
Horta, Basilio 379
Horváth, Krisztina 40
Houtman, Anne 66
Houttuin, Guus 48, 49
Hovdkinn, Øystein 385
Hove, Lene 48
Howarth, Stephen 370
Howitt, Richard 187
Huaux, Jean-Claude 42
Huber, Andreas 141
Huber, Christian 147
Huber, Georg 263
Huber, Jürgen 38
Huber, Katrin 146
Huber, Stefan Alois 104
Hubert, Agnès 127
Hubl, Walter 251
Hübner, Danuta 61
Huchet, Jacques 268
Hudacký, Ján 187
Hudghton, Ian Stewart 187
Hudson, Matthew 77
Hugé, Pierre 252
Hughes, Beatrice 78
Hughes, Peter 275
Hughes, Stephen 187
Huguet, Xavier 131
Huizing, Derk 129
Hull, Robert 234
Hulot, Jean-François 84
Hult, M. 115
Humphreys, Michael 272
Humphreys Zwart, Barbara 45
Hünke, Horst 123
Hunter, Derek 233
Hunter, Ian 438
Huntington, Jeff 285
Hurley, John 254
Hurst, Christopher 263
Hurst, Roger 75
Husu-Kallio, Jaana 77
Hutchins, Stephen 126
Hutchinson, Alain 187
Hutton, Anthony 376
Hütz, Gerhard 260
Huybreghts, Gerrit 51
Hybášková, Jana 187
Hyvärinen, Hannu 126
Hyvönen, Keijo 84

I

Ianello, Francesco 93
Iborra Martín, Jesús 145
Ibrisagic, Anna 187
Ide-Kostic, Peter 141
Ifarsson, Carl-Anders 286
Igler, Wolfgang 299
Iglesias Buhigues, Jose Luis 124
Iglesias Ricou, Marcelino 239
Ikonomopoulou, Maria 154
Ilešič, Marco 244
Ilett, Nick 113
Ilja, Merit-Ene 42
Illeborg, Steen 239
Illing, Sigurd 282
Ilves, Toomas Hendrik 187
Ilzkovitz, Fabienne 100
Imbert, Pierre-Henri 364
In't Veld, Sophie 238
Ingestad, Gertrud 132
Ingram, I. 255
Ingram, Veronique 378
Inson, Caroline 141
Intemann, Hermann 298
Iruarrizaga Diez, Ignacio 110
Isgren, Anna 288
Isler Béguin, Marie Anne 187
Israel, J.-M. 256
Issing, Otmar 254
Itälä, Ville 187
Italianer, Alexander 60
Itschert, Patrick 419
Iturgaiz Angulo, Carlos José 187
Iversen, Hannah Suzy 152
Izarra Aguado, José 109
Izzo Clarke, Joseph 243

J

Jäätteenmäki, Anneli 187
Jabon, Eliane 131
Jackson, Caroline F. 187
Jacob, Daniel 125
Jacob, Rémy 260, 266
Jacob, Thierry 148
Jacobs, Francis G. 144, 244
Jacobs, Michel 142
Jacobsen, Ida 44
Jacqué, Jean-Paul 38
Jacquin, Emmanuel 83
Jadot, Thierry 126
Jaeger, Marc 245 f.
Jaeger, Renate 366
Jaffrelot, Jean-Jacques 83 f.

479

Jager, Marjeta 302
Jäger, Michael 454
Jaggi, Wilhelm B. 380
Jahn, Hans-Harald 264
Jakob, Thinan 110
Jakobowicz, Jean Michel 382
Jakobsen, Hans 287
Jakobsen, Svend 123
Jakobsson, Lena 124
Jalowiecki, Stanislaw 187
Jalvi, Jana 149
Jankowitz-Peres, Gloria 151
Jann, Peter 243 f.
Janowski, Mieczyslaw Edmund 187
Jansen, Bernhard 63
Jansen, Geert 239
Jansen, Irène 120
Janssen, Micheline 39
Janssens, Augustin 95
Janssens, Daniel 77
Janssens, Léopold 414
Janssens, Willem 76
Jantzen, Anne Margrete 150
Járai, Zsigmond 254
Jarchow, Gerd 275
Jardim, Alberto 239
Jardine, N. 125
Jarecka-Gomez, Joanna 147
Járóka, Lívia 188
Jarzembowski, Georg 164
Jean, Philippe 91
Jeanroy, Alain 401
Jebens, Sverre Erik 366
Jedefors, Per 264
Jedrzejewska, Sidonia 146
Jeggle, Elisabeth 164
Jegu, Pierre 143
Jemaa, Colette 49
Jenner, Caroline 434
Jennings, Philip 431
Jensen, Anne Elisabet 188
Jensen, Bo Manderup 147
Jensen, Henning 239
Jensen, Jens 149
Jensen, John 42
Jerabek, Albert 74
Jespers, Edgard 42
Jessen, Anders 111
Jeub, German 298
Jeudy, Bruno-Philippe 144
Jilke, Wolfgang 299
Jiménez Fraile, Ramón 50
Jiménez Lozano, Patricia 145
Jimenez Marin, Juan Carlos 153
Joan i Marí, Bernat 188
Jobke, Klaus 412

Jočiene Danutė 366
Joels, Richard Keith 117
Johannesen, Tom 450
Johansson, Kent 239
Johns, David 46
Johns, S. 255
Johnston, Donald J. 375, 396
Johnston, Gilbert 250
Johnston, Mark 104
Johnston, Peter 81
Jokubauskaite, Jurgita 40
Jonckheer, Pierre 188
Jonczy, Marie-Jose 124
Jones, Fabia 147
Jones, Owen 111
Jones, Peter 286
Jöns, Karin 164
Jonung, Lars 99
Jordan Cizelj, Romana 188
Jørgensen, Dan 188
Jørgensen, Henning 436
Jorna, Kerstin 60
Jortay, Marcel 119
Joseph, Jean-Claude 369
Joseph, Jean-Louis 239
Josly, Piette 237
Jouanjean, Hervé 102
Joulia, Jean-Paul 107
Jourde, Pernilla 149
Jouret, Philippe 122
Jousten, Norbert 104
Juaristi Martinez, Enrique 101
Juhász, Endre 244
Juhász, M. 244
Juknevičienė, Ona 188
Julien, Bruno 90
Julin, Jorma 378
Juncker, Jean-Claude 388
Jungfleisch, Roswitha 445
Junginger-Dittel, Klaus-Otto 98
Jungk, Wolfgang 235
Jung-Olsen, Morten 106
Jungwiert, Karel 366
Junker, C. 116
Jürimäe, K. 246
Jürimäe, Küllike 246
Jusys, Oskaras 301
Juul, Kurt 103

K

Kaba, Sidiki 451
Kacin, Jelko 188
Kaczmarek, Filip Andrzej 188
Kaessner, Ralph 38

Namensregister

Kagel, Michael 109
Kahoul, Mourad 403
Kailis, Antonios 150
Kaiser, Stephan 114
Kalaus, Martti 142
Kalb, Gerhard 145
Kalb, Inke 142
Kalbe, Anna Katharina 40
Kalentzis, Vassilios 152
Kalfsbeek, Henk 89
Kaliff, Roger 239
Kaljulaid, Kersti 249
Kallas, Siim 60
Kallasvee, Teet 239
Kallenbach, Gisela 164
Kalliopuska, Marja 131
Kamall, Syed Salah 188
Kaminara, Androulla 108
Kamiński, Michal Tomasz 188
Kampmann, Willi 456
Kampouroglou, Gavriil 51
Kanaras, Vassilios 51
Kankala, Satu 235
Kapnopoulou, Elissavet 41
Karadimitropoulos, Ioannis 38
Karamarcos, Christos 140
Karamat, Elisabeth 298
Karamitsos, Fotis 95
Karamountzos, Leonidas 45
Karapiperis, Theodoros 144
Karas, Othmar 172
Karatzaferis, Georgios 188
Kardacz, Isabelle 95
Karel 155
Kargaard, Søren 233
Karim, Sajjad Haider 188
Karlberg, M. 114
Karlsson, Eva 38
Karlsson, Petra 238
Karlsson, Ulf 46
Karras, Achilleas 42
Karsenti, René 263
Karski, Karol 239
Kasimatis, George 149
Kaskarelis, Vassilis 300
Kasoulides, Ioannis 188
Kassnitz, Ute 145
Kastrissianakis, Antonis 62
Käter, Hatto 242
Katharios, Christos 46
Katiforis, Dimitrios 153
Katseli, Louka 377
Kauffeld, Karin 148
Kauffmann, Barbara 99
Kaufmann, Sylvia-Yvonne 156, 164
Kaufmann-Bühler, Ines 297

Kaufmann-Bühler, Ruth 47
Kauppi, Pila-Noora 188
Kaustell, Kim 407
Kavcova, Adriana 40
Kazamias, Kikis 249
Kazan, Sophie 438
Kazatsay, Zoltan 93
Kealen, Antoinette 42
Kearns, Helen 139
Keereman, Filip 99
Kefalopoulou, Artemissia 145
Keijer, Harm Jan 415
Kelam, Tunne 188
Kelderborn, Ulf 413
Keller, Konstantin 286
Keller-Noëllet, Max J. 37
Kellermann, Hans 236
Kellner, Karl 94
Kendall, Raymond 114
Kennedy, Michael 290
Kennedy, Thomas 250
Kent, Gail 125
Kentrschynsky, Esko 271
Kepenne, Pascale 402
Kerkloh, Werner 297
Kerleroux, Nicolas 49
Kermode, Philip 88
Kerrigan, Arthur 89
Kersting, Henrik 117
Kesteloot, Claudine 235
Kesteris, Andris 61, 301
Ketelaer 438
Kettl, Gritlind 307
Keuning, S. 256
Keymolen, Michael 104
Khamal, Silvia 43
Khouw, Johan 113
Kiehl, Kerstin 457
Kiely, Gerard 83
Kienjet, Manon 415
Kiewiet, Bart P. 288
Kilb, Jan 251
Kilroy-Silk, Robert 188
Kind, Peter 76
Kindermann, Heinz 165
King, Mervyn 254
Kinnock, Glenys 188
Kinšt, Jan 249
Kintzelé, Georges 63
Kioussi, Ioanna 110
Kirkhope, Timothy 188
Kirpach, Yves 263
Kirsch, Léon 251
Kish, Iona 425
Kisling, Sophie 47
Kiss, Tibor 302

481

Kissmeyer-Nielsen, Soeren 85
Kitajima, Shinichi 379
Kitschelt, Friedrich 296
Kittenis, Demetris 234
Kivelä, Pirjo 42
Kjellgren, Anders 46
Kjellstrom, Björn 150
Kjellström, Sven 63
Kjolbye, Lars 96
Klaas, Dirk 151
Klaedtke, Patrick 264
Klamt, Ewa 165
Klapanaris, Zisis 251
Klär, Karl-Heinz 239
Klaß, Christa B. 165
Klaus, Henning 65
Kleemann, Dietrich 97
Kleemann, Johannes 234
Kleibeuker, Joop 403
Klein, Hélène 51
Klein, Peter 109
Klein, Reinhard 92
Klein, Sigrid 298
Klemencic, Nastja 149
Klement, Stephan 48
Klepandy, Anne Marie 41
Klethi, Didier 155
Klich, Bogdan Adam 189
Klingbeil, Marianne 91
Klinz, Wolf 165
Klipp, Klaus 444
Klöckers, H.-J. 256
Klösch, Bernadette 298
Klose, Beatrice 443
Klotzbücher, Rainer 143
Klučka, Jan 244
Klumpers, Johannes 69
Klüpfel, Karin 286
Klynge, Kaspar 48
Knackstedt, Dorothee 296
Knapman, Roger Maurice 189
Knapp, Heinz-Peter 238
Knauth, Bettina 115
Knechciak, Frédéric 81
Knittel, Edda 299
Knoop, Claas 296
Knott, Anthony 281
Knowles, Christopher 261
Knudsen, Kristian 141
Knudsen, Lisbeth 140
Knudsen, Lotte 81
Knudsen, Morten 47
Knüppel, Ulrich 283
Knüppel, Wolfgang 114
Kobler, Renate 298
Kocel, Krzysztof 369

Koch, Dieter-Lebrecht 165
Koch-Mehrin, Silvana 165
Kock, Peter 250
Kodeck, François 117
Koegler, Klaus 91
Koehler, Peter 252
Koenig, Dieter 117
Koenig, Suzanne 151
Koetsenruijter, Adrianus 276
Koeure, Jean-Claude 445
Kofler, Silvia 109
Kohler, Christian 242
Köhler, Eberhard 284
Köhler, Michael 60
Kohlíček, Jaromír 189
Kohner, Michel 143
Kohout, Jan 302
Koivisto, Risto 239
Kok, Chris 250
Kokkarinen, Helinä 48
Kokott, Juliane 244
Kolasinksi, Jacek 249
Kolassa, Doris 297
Koletsos, Antonius 83
Kolias, Zacharias 250
Koller, Michaela 457
Koller, Sonja 43
Koltz, Michel 42
Konidaris, Spyros 79
König, K. 112
Konkolewsky, Hans-Horst 288
Konrad, Christoph Werner 165
Konstantinopoulos, Christos 43
Konstantinou, Konstantin 121
Konstantopoulos, Panos 144
Kontogeorgos, Christos 262
Kontou, Nancy 60
Koopmann, Gert-Jan 91
Kopanezou, Eleni 94
Koponen, Kaija 154
Köppen, Jürgen 270
Korcienek, Erich 308
Korhola, Eija-Ritta Anneli 189
Korkman, Sixten 50
Korn, Peter 456
Korneliou, Kornelios 303
Korte, Joost 61
Korteweg, G. 256
Korteweg, Marijke 286
Kósáné Kovács, Magda 189
Koskimäki, Pirjo-Liisa 94
Kosmopoulos, Antonis 65
Kosonen, Eikka 300
Koster, Harm 68
Koterec, Miloš 189
Kotzias, Dimitrios 76

Koulaimah, Andrea 101
Kourkoulas, Dimitris 272
Koutroubas, Theodoros 435
Koutsakou, Maria 152
Koutsivitus, Basile 130, 132
Kouvarakis, Themistoklis 262
Kovács, László 61
Kowald, Karoline 144
Kowalski, George 382
Köykkä, Virpi 144
Kozlík, Sergej 189
Kozlowski, Tomasz 37
Kraff, Manfred 252
Krahmer, Holger 165
Krainer, Andrea 307
Krarup, Ole 189
Krasts, Guntars 189
Krátka-Pavlowska, Eva 43
Kratsa-Tsagaropoulou, Rodi 189
Kraus, Hans-Hermann 148
Krauss, Harald 430
Krebs, Jochen 274
Krehl, Constanze Angela 166
Kreid, Harald 393
Kreilgaard, Kim 262
Kreissl-Dörfler, Wolfgang 166
Kreivi, Eila 263
Kremer, Robert 281
Kremlis, George 89
Krengel, Robert 72
Krenn, Johannes 299
Kretschmer, Elfriede 146
Kretschmer, Hansjörg 282
Krietemeijer, Cornelie 404
Kristensen, Henrik Dam 189
Kristensen, Peter 141
Kristovskis, Girts Valdis 189
Kritikos, Georgios 46
Kroeller, Bruno 65
Kroes, Neelie 61
Kröger, Jürgen 98
Krommes, Reinhard 243
Krück, Hans 140
Krueger, Reinald 97
Krull, Lasse 445
Krupa, Urszula 189
Kruse, Hans-Stefan 378
Kruth, Veijo 120
Kubiceck, Nikola 42
Kubiš, Ján 390
Kubosch, Jochen 267
Kuc, Wieslaw Stefan 189
Kudrycka, Barbara 189
Kugi, Hannes 146
Kuglitsch, Franz-Josef 299
Kuhl, Lothar 113

Kuhl-Bosetti, Sigrid 128
Kuhlmann, Joost 99
Kuhne, Helmut 166
Kuhrt, Helmut 260
Kuijper, Pieter Jan 124
Kulakowski, Jan Jerzy 189
Kungle, Tarvo 151
Kunzmann, Bernd 149
Kuper, BernOtto 449
Kūris, Pranas 244
Kuškis, Aldis 189
Kusstatscher, Sepp 189
Kuzmiuk, Zbigniew Krzysztof 190
Kwon, O-kyu 379
Kyprianou, Markos 61
Kyriakides, Pantelis 387
Kyriakopoulou, Sofia 39
Kyriakos, Tsirimiagos 239
Kyst, Hans Peder 140

L

la Pergola, Antonio Mario 244
la Russa, Romano Maria 190
Labatut, Denis 434
Labberton, Maarten G. 408
Labouré, Laurent 51
Labrusse-Riou, Catherine 127
Labucka, Ingrida 246
Lacerda, Margarida 42
Lacorzana, Ignacio 260
Lacroix, Xavier 152
Lacube, Jean-Louis 108
Laforest, Jean-Marc 154
Lagendijk, Joost 190
Lagergren, Per 38
Laget, Patrice 76
Lago, Bruno 262
Lahousse, Juana 149
Laignel, André 190
Laine, Michel 62
Lake, Michael 281
Lakin, William H. 419
Lalis, Georgette 92
Lallia, Pascal 71
Lamalle, Bénédicte 42
Lamassoure, Alain 190
Lambert, Anne 303
Lambert, Jean-Denise 190
Lambert, Patrick 93, 292
Lambert, Paul 402
Lambot, Jean-Pierre 119
Lambrinidis, Stavros 190
Lambsdorff, Alexander 163
Lamela, María Luisa 60

Lamezan-Salins, Dominik 299
Lammers, Johan 42
Lamotte, Claudine 42
Lamoureux, François 93
Lamperova, Anna 369
Lancetti, Marco 116
Landabaso, Mikel 87
Landaburu, Eneko 102
Lander, Gerard 74
Landman, Johannes C. 369
Landon, Philip 44
Landresse, Gaston 93
Landsbergis, Vytautas 190
Lane, Nikolas 148
Lane, Roland H. 114
Lang, Carl 190
Längauer, Martin 299, 458
Lange, Bernard 87
Lange, Dirk 106
Langeheine, Bernd 79
Langen, Werner 166
Langendries, Raymond 190
Langhals, Werner 297
Langlais, Michel 112
Langthaler, Roland 307
Lanneau, Reinier 121, 122
Lanneluc, J. 116
Lanvert, Hélène 148
Lanziori, G. 116
Lapère, Luc 45
Laperrouze, Anne 190
Laprat, Gérard 145
Laroche, Gilles 72
Larsen, Flemming 396
Larsen, Kristiaan 71
Larson, Bjorn 47
Larsson, Andreas 132
Larsson, Björn 37
Larsson, Kenneth 132
Latek, Marta 151
Latouche, Luc 125, 126
Lätti, Peeter 249
Lattke, Susanne 441
Lau, Rainer 118
Lauk, Kurt Joachim 166
Laurec, Alain 68
Laurens, Jean-Louis 364
Laurent, F. 255
Laurent, Patrick 103
Laurijssen, Eddy 396
Laurson, Peter 122
Lavarra, Vincenzo 190
Laveau, Danielle 51
Lavicka, Manfred 51
Lawrence, David Grant 89
Lawrence, Peter 286

Lax, Henrik 190
Lázaro Cuenca, Jesús 252
le Bail, Françoise 118
le Bret, Benoît 60
le Courtois, Patrick 286
le Foll, Stéphane 190
le Gosles, Jacky 78
le Pen, Jean-Marie 190
le Pen, Marine 190
le Quement, Joël 69
le Rachinel, Fernand 190
Leal Cano, Juan 37
Leandro, José 100
Leapman, Nicholas 66
Leardini, Pascal 65, 118
Lebaube, Philippe 112
Lebrun, Didier 250
Lebrun, Jean-François 62
Lechner, Kurt 166
Leclair, Gilles 293
Lecocq, Yves 447
Lecoq, Patrick 288
Lecou, Claude 113
Lecrenier, Sabine 92
Lee, John-wook 398
Lefébure, Philippe 45, 146
Leffler, Christian 103
Legal, Hubert 245 f.
Legein, Alexandro 38
Léger, Philippe 244
Legris, Gérard 117
Leguen de Lacroix, Eugène 83
Lehideux, Bernard 190
Lehmann, Wilhelm 146
Lehne, Klaus-Heiner 166
Lehne, Stefan 37
Lehner, Stefan 122
Lehtinen, Lasse Antero 190
Leicht, Lotte 451
Leichtfried, Jörg 172
Leigh, Michael 102
Leinberger, Detlef 265
Leinen, Jo 166
Leinonen, Mika-Markus 47
Lejasisaka, Leva 40
Lejeune, Jules 418
Lejeune, Pascal 65
Lelakis, Vassili 100
Lemaitre, Patrice 75
Lemanczyk, Daika 145
Lemasson Florenville, M. 84
Lembke, Angela 128
Lemierre, Jean 388
Lemmens, Alexander 141
Lemmer, Joë 435
Lemor, Ulf 457

Lempereur, Christine 147
Lenaerts, Koen 244
Lennon, Theodius 71
Lenoir, Didier 47, 48
Lensen, Anton 148, 153
Leonet, Yves-Marie 51
Leonhardt, Wolfgang 146
Leonnett, Sébastien 38
Leos-Argüelles, Vicente 92
Lepoivre, Marc 38
Lepoutre-Dumoulin, Thérèse 144
Lerat, Anne 442
Lerbs, Joern 84
Lerch, Monika 149
Lerchbaumer, Gerhard 298
Lernhart, Andreas 234
Lesire, Joyce 142
Leskelä, Jukka 47
Lester, Charlotte 421
Lester, Jeremy 279
Letta, Enrico 190
Leurquin, Eric 238
Lévai, Katalin 190
Levasseur, Christian 124
Leventakos, Gregory 249
Lêveque, Martine 109
Lever, Duncan 261
Levieil, Dominique 68
Levin, Mattias 127
Levits, Egils 244
Levy, Fabienne 123
Levysohn, Morten Louis 250
Lewandowski, Janusz 191
Leygues, Jean-Charles 86
Libbrecht, Mieke 41
Liberadzki, Boguslaw Marian 191
Liberali, Raffaele 70
Liberato, José Manuel 148
Libertalis, Bernard 79
Libicki, Marcin 191
Libotton, Arno 441
Licari, Joseph 368
Lichtenberger, Evelin 173
Liebscher, Klaus 254
Liemans, Pol 235
Lienemann, Marie-Noëlle 191
Lierow, Niels 243
Liese, Hans-Peter 167
Liger, Jean-Benoit 73
Liikanen, Erkki 254
Liiri, Kari 243
Liljelund, Lars-Erik 285
Lilliehöök, Johan 48, 49
Limpach, S. 114
Lindblom, Ingalill 243
Linder, Christian 124

Lindh, Pernilla 246
Lindvald-Nielsen, Peter 105, 267
Lingen, Jan Pieter 249
Lingua, Davide 252
Link, Joachim 262
Linnus, Leena Maria 141
Liotard, Kartika Tamara 191
Liotti, A. 115
Lipietz, Alain 191
Lipman, David 104
Lippe, Ingeborg 39
Lippert, Bernd 152
Lipska, Anna Halina 51
Lipstok, Andres 254
Littlejohn, Martin 126
Litzelmann, Johannes 144
Lloveras, Joseph M. 280, 283
Lo Monaco, Anna 38
Loasby, Justin 262
Lobera Arguelles, Enrique 122
Locatelli, Pia Elda 191
Loebel, Oliver 411, 412
Loeffler, Klaus 149
Loesel, Bernard 252
Logstrup, Susanne 438
Lohan, Gerhard 103
Lohan, Helmut 106
Löhe, Wolfgang 298
Lohikko, Tina 131
Lõhmus, Uno 244
Lombardo, Raffaele 191
Lomholt, Finn 97
Lommel, André 152
Lonardo, Pietro 368
Lonauer, Gerald 307
Longo, Aldo 83
Lönngren, Thomas 286
Lönnroth, Juhani 127
Lönnroth, Karl-Johan 287
Loogman, Johan 154
Loop, Philippe 108
Loos, Maurice 251
Löper, Friedrich 296
Lopes Cardoso, Isabelle 40
Lopes-Sabino, Amadeu 38
Lopez Blanco, M. Manuel 280
López Sánchez, José Antonio 120, 128
López-Istúriz White, Antonio 191
Loranca-García, Santiago 64
Lora-Tonet, Pierre 143
Lörcher, Heike 455
Lorentsen, Lorents 376
Lorentz, Jens 296
Lorenz, Norbert 140
Lorenzen, Peer 366
Loriz-Hoffmann, Josefine 84

485

Löser, Paul Gerd 261
Lotz, Károly 380
Loucaides, Loukis 366
Lougheed, John 84
Louis, Patrick 191
Louko, Ossi 252
Louterman-Hubeau, Denise 242
Lövenberg, Viktoria 40
Lowe, David 146
Lowe, Philip 96
Loydall, John 154
Lozano Gallego, Felix 84
Lucas, Caroline 191
Luchner, Johannes 91
Lucidi, Antonio 40
Luciolli, Massimo 79
Ludboržs, Igors 250
Ludewig, Johannes 426
Ludford, Sarah 191
Luecke, Barbara 107
Luecking, Joachim 97
Lueder, Tilman 66
Lukacsi, Tamas 143
Lulling, Astrid 156, 191
Lundgren, Bertil 43
Lundgren, Nils 191
Lundin, Lars-Eric 102
Luomakortes, Pia 46
Lupin, Alec 439
Luplow, Lars 249
Lutar, Vasja 142
Lutz, Felix Alexander 145
Lützenkirchen, Klaus 74, 75
Lux, Michael 88
Luxem, Monika 297
Luyckx, Benedikt 42
Lyle, Dominic 431
Lynne, Elizabeth 191
Lyscom, David 380
Lyssiotis, Marios 370

M

Maat, Albert Jan 191
Maaten, Jules 191
Maccari, Guido 375
MacDonald, Alistair 103
MacDonald, Catherine 46
MacDonald, Neil 110
MacGann, Mark 422
Mc Auley, Hans 42
Mc Avoy, Helen 150
Mc Avoy, Robert Francis 148
Mc Glue, David 100
Mc Loughlin, Marc 41

McAvan, Linda 193
McCallum, Linsey 96
McCarthy, Arlene 193
McCarthy, Mary 99
McCoy, Robert 238
McCreevy, Charlie 61
McCullough, Colin 283
McDonald, Mary Lou 193
McDonaugh, Adam 261
McDowall, Chris 432
McGaw, Barry 376
McGing, James 100
McGlade, Jacqueline 285
McGlue, David 266
McGovern, Thomas 108
McGuinness, Mairead 193
McInnes, Gordon 285
McKenna, Rory 87
McLaren, Anne 127
McLauchlan, Anne 147
McLoughlin, Anna-Maria 102
McMillan, Jacques 91
McMillan-Scott, Edward H. C. 156, 193
McPhail, Mary 449
McVeigh, Eddie 268
Macedo, Goncalo 145
Maceska, Jiri 380
Macey, Adrian H. 379
Machader, Bruno 286
Machado, Luís 120
Macharia, Joyce 280
Machnik, Johannes 81
Mackeviciute, Asta 142
Macpherson, Jane 262
Macys, Gediminas 250
Madden, Gerard 250
Madders, Susanne 298
Maddison, John 283
Madeira, Jamila 191
Madelin, Robert 77
Madella, Alberto 420
Madero Villarejo, Cecilio 97
Madsen, Erik 235
Maerten, Claude 110
Maertens, Peter 264
Maes, Jef 285
Maganza, Giorgio 39
Magenhann, Bernard 123
Maggioni, Luigia 242
Magheru, Gheorghe 369
Magi, Luigi 132
Magnano, Sabina 144
Magnant, Claire 81
Magnette, Jean-Marie 100
Magnette, Stéphan 42
Magnien, Etienne 69

Magnier, Michel 96
Magnis Vasilis 142
Magnusson, Lars Jorgen 123
Magri, Sergio 154
Mahieu, Y. 115
Mahoney, Paul 364, 366
Maier, Leopold 84
Maier, Paul 286
Maillet, Bernard 439
Mairate, Andrea 86
Mairesse, Pierre 65
Makarczyk, Jerzy 244
Makaronidis, A. 115
Mäkelä, Mika 113
Mäkelä, Timo 90
Mäkinen, Marjatta 50
Malacarne, Marco 71, 93
Malagodi, Chiara 238
Maldonado, Victor Andres 103
Malenovský, Jirí 244
Malin, Paul 105
Malingreau, Jean-Paul 73
Mallett, John 68
Malm, Hellevi 42
Malmer, Kerstin 89
Malmros, Christina 144
Malmström, Cecilla 192
Maloney, Colette 81
Malosse, Henri 234, 237
Malric-Smith, Paul 97
Mamberto, Giorgio 278
Mameli, Sandro 146
Mamer, Eric 122
Mammonas, Dimosthenis 38
Mandel, Sylvie 286
Mandelson, Peter 61
Manders, Toine 192
Mandil, Claude 376
Mandler, Anette 104
Mancnti, Bartolomeo 38
Manfredi-Magillo, Marina 125
Manhal, Christian 37
Maňka, Vladimir 192
Mann, Erika 167
Mann, Thomas 167
Mannelli, Lorenzo 141
Manning, Richard 375
Manolakou, Diamanto 192
Manservisi, Stefano 104
Manson, Patricia 80
Manté, Thierry 38
Manté Bartra, Marta 131
Mantegazzini, Chiara 51
Mantovani, Mario 192
Mantzouratos, Andreas 152
Marangaki, Kalliopi 41

Maravic, Emanuel 262
Marbouty, Dominique 394
Marcelli, Patrice 126
Marchenkov, Dimitri 364
Marcon, Luigi 262
Marcus, Gail 377
Marenco, Giuliano 124
Margaritopoulou, Hélène 144
Margue, Tung-Laï 81
Marhic, Gilles 39
Mariani, Alessandro 108
Mariguesa, José Antonio 44
Marin, J. 256
Marinho de Bastos, Joaquim 51
Mariotti, Jean-Marc 143
Maritato, Mario 403
Markopouliotis, George 268
Markopouliotou, Glykeria 50
Markov, Helmuth 167
Marmy, Martin 428
Marne, Cecilia 40
Marotta, Emanuelle 293
Marotta, Maria 51
Marquardt, Stephan 39
Marques, Maria Paula 49
Marques, Sérgio 192
Marro, Dominique-George 49
Martens, Maria 192
Martens, T. 256
Martin, Clarisse 435
Martin, Claude 447
Martin, David W. 192
Martin, Hans-Peter 173
Martin, Herve 90
Martin, Jock 285
Martin, John P. 376
Martín Oar, Luis 144
Martin Prada, Gustavo 103
Martineau, Gabriel 126
Martinello, Barbara 142
Martinez, Clara 92
Martinez, Jean-Claude 192
Martínez Garcia, Jesús Manuel 131
Martínez Guillén, Luis 148
Martinez Iglesias, Maria José 146
Martínez Martínez, Miguel Angel 192
Martínez Mongay, Carlos 99
Martínez Sánchez, Ramón 146
Martínez-Almeida, Magdalena 49
Martínez-Guillén, Juan José 133
Martinez-Pastor, Maria-Angeles 406
Martins, João 41
Martins, Mario 364
Martins, Rui Artur 261
Martins, Teresa 41
Martins de Nazaré Ribeiro, M.E. 246

Marty-Gauquié, Henry 261
Martyn, Nicholas 87, 88
Maruste, Rait 366
Marziano, Bruno 239
Maschek, Wolfgang 299
Masiel, Jan Tadeusz 192
Masip Hidalgo, Antonio 192
Massa Bernucci, Romualdo 262
Massangioli, Guiseppe 118
Masschelein, Alain 131
Masset, Christian 300
Masson, Philippe 149
Massot Marti, Albert 145
Maštálka, Jiří 192
Mastenbroek, Edith 192
Mastoros, Konstantinos 153
Mastracchio, Emilio 68
Masuch, K. 256
Masur, Walter 140
Matei, Ciprian 147
Mateus Paula, Raul 109
Mathieu, Véronique 192
Mathisse, Thierry 274
Mathy, Pierre 71
Matiz, Elisabeth 264
Mato Adrover, Ana 192
Matos Rosa, Fernando 393
Matsakis, Marios 192
Matsis, Ioannis 192
Matsouka, Maria 192
Mattei, Noelle 235
Mattfolk, Katja 250
Mattheeuws, Christine 444
Matthias, Steffen 430
Matthiessen, Michael 48
Mattila, Olli 46
Mattocks, Sarah 47
Mattsson, Jarl 40
Matut Archanco, Francisco Javier 44
Matyk, Stephan 458
Maughan, Philippe 101
Maurer, Eva Maria 50
Maurer, Leopold 106
Maurin de Farina, Christian 144
Mauro, Mario 156, 192
Mauro, Massimo 45
Mauro, Rosa Angela 236
Mavrakos, Christos 39
Mavromichalis, Petros 102
Mavrommatis, Manolis 193
Maxwell, Diana E. 411
May, Roberto 75
Mayer, Hans-Peter 167
Mayer, Hartmut 415
Mayer, Ronald 368
Mayet, Remi 93

Maynard, Colin 252
Mayor Oreja, Jaime 193
Maystadt, Philippe 260
Mazzaferro, F. 257
Mazzaschi, Luigi 44
Mazzi, Gian Luigi 115
Mazzi-Zissis, Sabina 148
Mazzocchi, Piergiorgio 271
Mazzocchi Alemanni, Marco 107
Mazzucchini, Anna 438
Meadows, Graham 85
Mederer, Wolfgang 98
Medina Ortega, Manuel 193
Medrano, Gregorio 72
Meehan, Gérard 145
Meganck, Bart 114
Meganck, Dirk 106
Mehdiyev, Agshin 367
Mehta, Kirtikumar 97
Mehto-Dahan, Outi 153
Meij, Arjen W.H. 246
Meijer, Erik 193
Meijer, Rudolf 70
Meiklejohn, Roderick 100
Meister, H. 255
Mejborn, Bent 51
Melendro Arnaiz, Fermin J. 108
Meli, Luigi 421
Melich-Juste, Anna 65, 127
Mellor, Keith 45
Melo de Sampaio, João 274
Menchi, Giuseppe 119
Mendes Branco, Henrique 142
Méndez De Vigo, Iñigo 193
Mendoça e Moura, Álvaro 302
Meneghini, Gianpaolo 144
Menéndez del Valle, Emilio 193
Mengozzi, Paolo 246
Menidiatis, Andreas 92
Mensching, Jürgen 97
Mény, Yves 293
Mercade, Fabrice 249
Merchán Cantos, Francisco 123
Mercier, Guy 419
Merckx, Chris 42
Mercy, Jean-Louis 115
Merello, Andrea 443
Mériaux, Jean-Luc 404
Mericol, Jean-Claude 94
Merkel, Bernard 78
Merla, Maria 104
Merletti, G. 126
Merola, Alessandro 301
Merriman, N. 255
Mersch, Yves 254
Mertens, Jean-Jacques 264

Mesdows, Graham 266
Mesiä, Ulla 45
Mesis, Christos 239
Mesquita Machado, Francisco 239
Messerli, Peter 387
Metthey, Jack 71
Metzger, Jean-Marie 376
Meunier, Françoise 439
Meunier, Vincent 142
Meyer, Klaus-Jörg 296
Meyer, Michael 297
Meyer, Philippe 110
Meyer, Suzanne 144
Meyer, Wolfgang 296
Meyer Pleite, Willy 193
Meyer-Koeken, Klaus 128
Meylemans, Paul 95
Meylens, Ann-Kerstin 86
Micallef, Ian 239
Miceli, Antonio 83
Micha, Lambert 153
Michael, Peter 51
Michaud, Gaston 440
Michel, Jean-Pierre 74
Michel, Louis 61
Michel, Thomas 297
Michelini, S. 82
Michoel, Kristien 39
Michou, Paraskevi 80
Michovsky, Michael 249
Micmacher-Grandcolas, Carole 44
Middleton, Timothy 39
Midgley, Peter 120
Miege, Robin 90
Mier, Juan 44
Mieth, Stephan 424
Migo, Monika 139
Miguélez Ramos, Rosa 193
Mihók, Peter 234
Mijović, Ljiljana 366
Mikko, Marianne 193
Mikolášik, Miroslav 193
Mikos, Philip 105
Mildon, Russell 83
Millán Mon, Francisco José 193
Millar, Tom 278
Millerot, Didier 66
Millich, Paolo 112
Mills, Angela 443
Milt, Kristina 142
Milton, Guy 38
Minch, Mary 83
Mingarelli, Hughes 103
Minguez, Ernesto Azorin 116
Minnaert, Jean-Philippe 260
Minor, Jacqueline 66

Miranda de Sousa, João 286
Mirel, Pierre 106
Mitchell, Gay 193
Mitchell, Peter 403
Mitek Pedersen, Lars 118
Mitsos, Achilleas 68
Moavero-Milanesi, Enzo 116
Mochel, France 81
Moegele, Rudolf 85
Moehrke, Jürgen 261
Mohácsi, Viktória 193
Moldan, Bedrich 285
Molina, Gonzalo 94
Møller, Morten 81
Molnár, Július 249
Mölzer, Andreas 173
Mönig, Walter 298
Montalto, Oreste 287
Monteiro, Jorge 39
Montesi, Carla 107
Montoro Romero, Cristóbal Ricardo 193
Montoya, Luis 93
Moonen, Gaston 250
Moore, Dominique 140
Moore, Matthew 140
Moore, Roger 105
Moraes, Claude 194
Morales Martin, Enrique 38
Moran, James 103
Moreale, Adelmo 84
Moreau, Françoise 105
Moreira De Sousa, Sofia 47
Moreira Martins, Antonio 274
Morella, Constance A. 380
Morelli, Serenella 41
Morello, Alberto 243
Moreno Sánchez, Javier 194
Morgan, Eluned 194
Morgan, Joseph 40
Morgan, Tom 151
Morgantini, Luisa 194
Morillon, Philippe 194
Morin, Jackie 63
Morisset, Alain 99
Morkis, Gintaras 234
Moro, Cecilia 152
Mors, Matthias 89
Mosca, Francesca 280
Moscovici, Pierre 156, 194
Moss, F. 255
Mosselmans, Hermann 123
Mote, Ashley 194
Mouligneau, Marc 125
Moulin, Gérard 286
Moutarlier, Valère 91

489

Moya, Bernard 250
Moya Murcia, Benjamín 41
Moynagh, James 77
Mrazikova, Tatiana 142
Muccioli, Andrea 450
Mueller, Wolfgang 109
Mularoni, Antonella 366
Mulder, Jan 194
Mulders, Leo 243
Muldur, Ugur 69
Mulewicz, Jaroslaw 234
Mulfinger, Albrecht 92
Muller, Christian 124
Müller, Christoph 299
Müller, Daniel 450
Muller, Eric 118
Müller, Erich 108
Müller, Gloria 456
Müller, Hans-Werner 453
Müller, Heinrich 42
Müller, Ralph 265
Müller, Stephan 37, 47
Müller-Fembeck, Monika 298
Müller-Reck, Brigitte 151
Mulligan, Bernard 70
Mumford, David 445
Munck, Claire 437
Munini, Paolo 262
Munks, Robert 37
Muñoz, Juan Ramón Rubio 286
Muñoz, Pedro Diaz 114
Muñoz Cabezón, Amelia 144
Muñoz Gómez, Saturnino 104
Munro, Peter 263
Mürau, Hans-Joachim 405
Murphy, Cormac 262
Murphy, Patrick 90
Murran, Joseph 123
Murray, Jim 445
Murray, Seamus 239, 240
Musacchio, Roberto 194
Muscardini, Cristiana 194, 206
Muščat, Joseph 194
Muschel, Laurent 94
Musella, Gianmaria 263
Musotto, Francesco 194
Mussolini, Alessandra 194
Musumeci, Sebastiano 194
Muthmann, Rainer 116
Muylle, Jean-Yves 65
Myjer, Egbert 366
Myller, Riitta 194
Myrseth, Svein-Erik 438

N

Naber, Tiit 300
Nackaerts, Herman 95
Nadkarni, Isabel 149
Naegel, François 143
Nagano, Barbara 296
Nagel, Friedrich 273
Nahon, Claude 122
Nakkurt, Sirje 236
Nancy, Jaques 139
Nanopoulos, Photius 125
Napoletano, Pasqualina 194
Napoli, Daniela 102
Nassauer, Hartmut 167
Natscheradetz, Karl 143
Nattrass, Michael Henry 194
Naudts, Bernard 101
Nava, Mario 67
Navarro, José Marin 119
Navarro, Juan 142
Navarro, Robert 194
Nedialkov, Danail 393
Neergaard, Anders 140
Negrier Dormont, Lygia 443
Nehring, Niels-Jørgen 367
Neisse, Jürgen 38
Nemitz, Paul 68
Némoz-Hervens, François 146
Neophytou, Neophytos 249
Nequest, Graham 45
Neto, Carlos 154
Neves, Pedro 148
Newman, Martin 68
Newman, Nicholas 70
Newson, Brian 115
Newton Dunn, Bill 195
Neyts-Uyttebroeck, Annemie 195
Niblaeus, Kerstin 51
Nicholson, James 156, 195
Nicholson of Winterbourne, Baroness 195
Nickel, Dietmar 147
Nicolei, Corinne 155
Nicolson, Angus 264
Nicora, Franco 109
Niebel, Michael 79
Niebler, Angelika 167
Niederdorfer, E. 255
Nielsen, Bodil S. 50
Nielsen, Henrik 81
Nielsen, Linda 127
Nielsen, Poul Runge 151
Nielsen, Susanne 40
Nieminen, Risto 131
Niepold, Ruprecht 80

Nierop, B. 255
Niessler, Rudolf 86
Nieuwenhuis, Drewin 417
Niggemeier, Frank 298
Niinstö, Sauli 260
Nikolajsen, Susanne 85
Nilsson, Hans 51
Nilsson, Staffan 234, 236
Ninistö, Sauli 265
Nizery, François 108
Noblet, G. 257
Nociar, Jurai 302
Noël, Jacqueline 262
Nolan, Barbara 63
Noll, Birgit 48
Noll, Rüdiger 450
Nonnemann, Stefan 91
Nooteboom, Erik 66
Norberg, Sven 96
Norcross, Simon 264
Nordanskog, Magnus 142
Nordén, Katharina 132
Nordmeyer, Jens 238
Nørlund, Laurs 115
Norman, Peter 142
Norris, Robert 83
Nose, Martin 234
Novak, Ljudmila 195
Noyer, Christian 254
Nulli, Franco 272
Nunes de Almeida, Joaquim 82
Nunes de Carvalho, José 243
Nünke, Manfred 297
Nuss, Jean-Jacques 82
Nutley, Tom 428
Nutzenberger, Klaus 306, 457
Nyboe Andersen, Bodil 254
Nychas, Anastasios 90
Nycund Green, Peggy 262
Nymand-Christensen, Jens 117
Nyroos, Ann-Marie 367
Nys, Luc 152

O

Ó Caoimh, A. 244
Ó Caoimh, Aindrias 244
O Conchuir, Michael 238
Ó Neachtain, Seán 195
O'Brian, Phillip 397
O'Brian, Brendan 42
O'Brien, James 150
O'Connor, Brendan 112
O'Dwyer, Una 118
O'Halloran, Michael 262

O'Higgins, Niall 235
O'Leary, Marian 128
O'Leary, William 124
O'Luanaigh, Liam 50
O'Neill, Joseph 82
O'Neill, Niall 141
O'Reilly, Vincent 286
O'Shea, Barry 284
O'Sullivan, David 116
O'Sullivan, Simone 298
Oberhauser, Susanne 139
Oberreiter, Thomas 298
Obiols i Germà, Raimon 195
Odete Machado, Maria Cecília 132
Oehman, Inger 115
Offereins, Wouter 143
Offner, Hans Michael 417
Öger, Vural 167
Okorn, Hans 271
Oksanen, Heikki 99
Olajos, Péter 195
Olander, Anders 45
Olbers, Heinz 262
Olbrycht, Jan Marian 195
Olivares Martínez, Ismael 145
Oliveira, Paulo 47
Oliveira, Vasco 234
Oliveira-Goumas, Beatriz 145
Olivier, Gabriel 44
Olivier, Henri 436
Olivieri, Francesco 379
Ollikainen, Minna 146
Olmi, Roberto 47
Olrich, Tómas Ingi 379
Olsen, Henrik 148
Olssen, Irène 154
Olsson, Erick Stefan 62
Onesta, Gérard 156, 195
Onestini, Cesare 116
Onidi, Oliver 94, 95
Onyszkiewicz, Janusz 156, 195
Oomen-Ruijten, Ria G. H. C. 195
Oostens, Mark 123
Oosting, Dick 451
Opacic, Rosemary 147
Oppermann, Bernhard 423
Orani, Marco 87
Ordzhonikidze, Sergei 397
Oren, Gai 144
Orlov, Alexandre K. 369
Orobitg Rosello, Antonio 149
Orsini, Gianni 453
Ortún, Pedro 93
Ortuondo Larrea, Josu 195
Ortzitz Pintor, José 251
Ory, Carole 127

Öry, Csaba 195
Öser, Victoria 299
Osete, François 249
Osimani, Celso 74
Osorio, Carla 108
Ospelt, Daniel 368
Ossenbrink, Heinz 76
Ostenc, Philippe 263
Östlund, Annica 120
Ostrauskaite, Rasa 47
Ostrauskaite, Ruben 37
Otruba, Heinrich 79
Ottati, Michele 85
Otto, Daniele 126
Otto, Jens 73
Ottolenghi, Daniel 262
Out, H. 410
Ouzký, Miroslav 156, 195
Ovaska-Romano, Paula 131
Overath, Danièle 426
Overkamp, Christiane 448
Oviir, Siiri 195
Owen, Philip 90
Owens, Jeffrey 376
Özdemir, Cem 168
Özsoy, Sencar 380

P

Paasilinna, Reino 195
Pabsch, Tobias 41
Pabst, Reinhart 148
Pacheco, João 83
Pacheco, José Luís 146
Pack, Doris 168
Paesmans, Hubert 133
Paetzold, Ulrich 412
Pafilis, Athanasios 195
Pagkratis, Angelos 271
Pahor, Borut 196
Pajardi, Giusi 364
Paksas, Audrius 40
Palanza, Flavia 263
Paleckis, Justas Vincas 196
Pálfi, István 196
Palla, Elisabetta 251
Palma Andres, José 87
Pampaloni, P. 106
Panagakou, Alexandra 121
Panayotopoulos-Cassiotou, Marie 196
Panitchpakdi, Supachai 398
Panizza, Roberta 142
Pannella, Marco 196
Pantelouri, Agne 77
Panzeri, Pier Antonio 196

Papaconstantinou, Andreas 37
Papacostas, Antonis 119
Papademos, Lucas D. 254
Papadia, F. 256
Papadimitriou, Irini 85
Papadimouli, Elina 46
Papadimoulis, Dimitrios 196
Papadopoulos, Anastassios 45
Papadopoulos, Andreas 100
Papadopoulos, Basile 107
Papageorgiou, Georges 72
Papaioannou, Emmanouil-Georgios 67
Papapavlou, Gorge 80
Papasavvas, Savvas S. 246
Papastamkos, Georgios 196
Paquet, Jean-Eric 277
Paradis, Eric 122
Pardo Lopez, Jésus 145
Paredes, Miguel 235
Parfjonova, Anna 142
Pariat, Monique 68
Paridans, Pascal 143
Parikka, Lauri 37
Paris, Kadri 142
Parish, Neil 196
Parker, Stephen 70
Parnisari, Massimo 47
Parr, Vera 234
Pärt, Peter 76
Parthoens, Pierre 152
Pascall, Stephan 80
Pascual Bremon, Ricardo 106
Pascual de Laparte, Nicolás 37
Pasi, S. 115
Pasqua-Raymondo, Michele 86
Passos, Ricardo 140
Pastor Matut, Julio 125
Patermann, Christian 70
Patrie, Béatrice 196
Patten, Russel 426
Patterson, Francis 236
Paul, Frank 82
Paul, Jan-Peter 77
Paul, Rudolf 299
Paulger, Gregory 65, 79
Paulini, Ursula 120
Paulino Pereira, Fernando Rui 51
Paulis, Emil 96
Paulucci de Calboli, Manfredo 261
Pauwels, Dirk 248
Pavan-Woolfe, Luisella 63
Pavel, Josef 239
Pavilionis, Rolandas 196
Pavirzis, Gediminas Adolfas 239
Pavlovschi, Lech 366
Pavlovschi, Stanislav 366

492

Namensregister

Pavol 155
Pavret de la Rochefordière, Christophe 100
Pawlusiewicz, Maciej J. 40
Pearson, Patrick 67
Pedersen, Robert 151, 153
Pedicek, Matei 40
Pegado Liz, Jorge 234
Pegazzano, Eric 144
Peillon, Vincent 196
Peippo, Kimmo 45
Pek, Bogdan Marek 196
Pekar, Radovan 40
Pelaez-Pier, Fernando 436
Pelhate, Piorrette 79
Pelikánová, Irena 246
Pellé, Philippe 67
Pellonpää, Matti Paavo 366
Peltgen, Francis 120
Peltonen, Raija 251
Penas Lado, Ernesto 67
Pench, Lucio 99
Pennera, Christian 140
Penning, Willem 78
Pennington, Martyn 109
Pensaert, Nathalie 51
Perduca, Alberto 113
Perée, Eric 263
Pereira dos Santos, João 234
Pereira dos Santos, Joao 237
Pereira Lagos, Bruno 41
Peretti, Michel 106
Perez, Javier 101
Pérez Echagüe, Joaquín 80
Perez Navas, Juan Carlos 144
Pérez Ribes, María 265
Pérez Sainz, Ángel 71
Pérez Vidal, Alejandro 43
Perger, Istvan 149
Perillo, Ezio 147
Pero, Hervé 69
Perreau, Dominique 378
Perreau de Pinninck, Fernando 111
Perreur-Lloyd, Torielle 250
Perron, Christophe 249
Perroni, Francesco 147
Perroy, Alain 409, 413
Perruche, Jean-Paul 37
Persanyi, Miklés 446
Persson, Rolf 408
Pertzinidou, Eleftheria 46
Pesaresi, Nicola 96
Peschke, Doris 450
Pesesse, Olivier 152
Peshkoff, Anneli 263
Pesonen, Timo 62, 267

Peterle, Alojz 196
Peters, Robertus 84
Peterscheck, Lutz 305
Petersen, Ole 39
Petersen, Terkel 49
Petersheim, Didier 140
Petit, Bernard 105
Petite, Michel 124
Petriccione, Mauro Raffaele 111
Petropoulos, Stavros 49
Petrova-Mitevska, Eleonora 368
Petruškevičiene, Irena 250
Petschke, Matthias 66
Petschnigg, Reinhard 299
Pettersson, Margareta 125
Pettersson, Sven-Olof 302
Pettinelli, Carlo 64
Petz, Michaela 299
Peyró Llopis, Francisco 141
Pfeifer, Georg 144
Pfeiffer, Ulrich 296
Pflueger, Stefan 98
Pflüger, Tobias 168
Pflumm, Daniel 457
Pfusch, Caterina 151
Philippe, Pierre 273
Phillips, Steven 235
Piana, Catherine 433
Piantini, Marco 145
Pianú, Piero Luigi 402
Pichelmann, Karl 99
Pichler, Franz 298
Piebalgs, Andris 61
Piecyk, Wilhelm Ernst 168
Pieke, Wouter 98
Pieper, Markus 168
Piergrossi, Anna Silvia 105
Pierron, M. J. M. 436
Pierucci, Andrea 118
Pietrobon, Elisabetta 47
Piette, Josly 234
Pignatti Morano di Custoza, Alessandro 301
Piha, Tapani 78
Pihlatie, Jorma 98
Pīks, Rihards 196
Pilar, Radek 143
Pilette, Alain 41
Pilip, Ivan 260
Pill, H. 256
Pimenta, Antonio 142
Pinguelo, João José 155
Pinheiro, João de Deus 196
Pinior, Józef 196
Pinto, Aderito 88
Pinto Teixeira, José Manuel 278

493

Pinton, Ennio 143
Piotrowski, Miroslaw Mariusz 196
Piplat, Frank 150
Pirilli, Umberto 196
Piris, Jean-Claude 38
Pirrung, Jörg 245 f.
Piskorski, Pawel Bartlomiej 197
Pistauer, Stefan 299, 458
Pistelli, Lapo 197
Pitkanen, R. 133
Pitt, Janet 140, 152
Pittella, Giovanni 197
Planitzer, Christof 307
Plas, Jan 41
Plasa, Wolfgang 273
Plassmann, Reiner 453
Platten, Nicholas 45
Platzer, Peter 417
Player-Dahnsjö, Ylva 425
Plaza, Ignazio 424
Pleguezuelos Aguilar, Francisca 197
Pleštinská, Zita 197
Plijter, Roelof 110
Ploch, Wolfgang 51
Plutz, Isabelle 84
Podestá, Guido 197
Podger, Geoffrey 289
Podkański, Zdzislaw Zbigniew 197
Poettering, Hans-Gert 205
Poglitsch, Marion 299
Pogorilis, Robertas 149
Pohl, Thomas 296
Poiares Pessoa Maduro, Luís Miguel 244
Poignant, Bernard 197
Poilvache, Francois 140
Poireau, Michel 71
Pokorny, Fritz 298
Polfer, Lydie 197
Poli Bortone, Adriana 197
Pomés Ruiz, José Javier 197
Pommis, Bernard 243
Pompidou, Alain 387
Poncelet, Albert 407
Poncet, Jacques 88
Pondeville, Fabienne 146
Pongas, E. 116
Pongas, G. 114
Pons-Deladriere, Geneviève 91
Ponthieu, Eric 71
Ponzano, Paolo 118
Ponzoni, Eugenia 236
Pooley, Arthur 117
Popescu-Black, Aneta 147
Popvić, Dragoljub 366
Porcelli, Giuliano 48

Porta Frigeri, Vittorio 141
Portas, Miguel 197
Porto, Federico 50
Porzio, Giorgio 37
Possanner, Hans-Georg 298
Posselt, Bernd 168
Post, Hendrik 65
Potocki, Jean-Dominique 263
Potocnik, Janez 61
Pott, Andreas 286
Pöttering, Hans-Gert 168
Pottier, Danielle 249
Pottonen, Markku 249
Poucet, Andre 75
Poudelet, Eric 78
Poullet, Pierre 151
Poulsen, Esben 86
Poulsen, Peter 429
Pourteau, Evelyne 260
Pouw, Johannes Martin 430
Power, Martin 61
Pozzani, Elena 39
Prado, Raoul 63
Prados Torreira, Dolores 153
Pragnell, Bruno 109
Prahm, Lars 394
Prankerd, Henry 280
Prats Monne, Xavier 64
Preat, Jean 145
Precht, Paul 154
Preglau, Herbert 299
Preineder, Alois 300
Presa, Silvano 123
Presas, Teresa 418
Presenti, Carlo 60
Preston, Mary 118
Presutti, Francesco 49
Prets, Christa 173
Pretscher, Eva 308
Pribaz, Donatella 148
Prica, Sladjana 369
Priebe, Reinhard 106
Pries, Olaf 151
Priesemann, J. 257
Priestley, Julian 139
Prin, Sebastien 401
Prince, Dorian F. 276
Prinzessin zu Schoenaich-Carolath, Alexandra Friederike 456
Prista, Luisa 71
Prochazka, Robert 299
Prode, Patrizia 141
Prodi, Vittorio 197
Prokop, Liese 393
Prossliner, Michael 455
Protar, Pierre 277

Protasiewicz, Jacek 197
Puccio, Antonella 143
Puech, Hélène 152
Puech, Jean 239
Puente Pattison, Miguel 144
Pugliese, Antonio 262
Puig Saqués, Javier Juan 96
Puigdomenech Rosell, Pere 127
Puissochet, Jean-Pierre 244
Pulford, John 88
Pumpyanskaya, Seda 364
Purvis, Colin 414, 418
Purvis, John 197
Puyol Pinuela, Javier 108
Pyke, Belinda 91

Q

Quaden, Guy 254
Quaranta, Claudio 308
Quehenberger, Margarethe 262
Queiró, Luís 197
Quemener, Daniel 148
Quere, Yvette 155
Querejeta, Alfonso 260
Querton, Gertrud 38
Quest, Stephen 61
Quick, Reinhard 457
Quigley, Hugh 78
Quince, Gary 107, 276
Quinn, Victoria 238
Quintana Trias, Octavio 70
Quintela, Diogo 152
Quintin, Odile 62
Quisthoudt-Rowohl, Godelieve 156, 168
Quitin, Yves 151

R

Raade, Kristina 101
Raba, Kristi 51
Rack, Reinhard 173
Rackow, Ulrike 45
Radauer, Leopold 41
Radde, Frank-Michael 297
Radecka, Katarzyna 250
Rademacher, Fritz 48
Rader, Ludwig 308
Radermaker, Francis 432
Rädestad, Isabelle 40
Radinger, Peter 286
Radwan, Alexander 169
Raes, Frank 76

Raes, Jean-Pierre 101
Ragione, Carmen 44
Rahnu, Ann 40
Rainoldi, Alessandro 87
Raittinen, Eija 251
Rajala, Matti 78
Rakovsky, Claude 97
Raldow, Wiktow 71
Rallis, Dimitrios 300
Ramirez Granados, Pedro 83
Ramos Ruano, Germán 40
Ranaivoson, James 263
Rand, Geremy 45
Randles, Anne 404
Ransdorf, Miloslav 197
Rant, Anica 236
Ranucci-Fischer, Elisa 132
Rapkay, Bernhard 169
Raponi, Donato 89
Rappoport, Quentin 405
Rasbash, Andrew 268
Rasmussen, Poul Nyrup 197
Rat, Hans 427
Ratchford, Rodin 111
Rath Horburger, Fritz 234
Rating, Stefan 125
Ratti, Francesca 148
Ratti, Olivia 140
Rattinger, Martina 307
Ratzel, Max-Peter 293
Rau, Wolfgang 364
Rauch, Armand 79
Rautala, Helena 154
Rautiainen-Murias, Sointu 142
Ravacchioli, Luigi 148
Ravasio, Giovanni 265
Raybaut, Jacques 112
Rebizant, Jean 74
Rebrina, Jan 151
Rebut, Marie 39
Rechard, Danièle 146
Reckinger, Nicole 47
Recktenwald, Joachim 115
Reding, Viviane 62
Redonnet, Denis 61
Reece, Matthew 47, 48
Reeh, Klaus 114
Rees, Hugh 94
Regaldo, Giacomo 234, 236
Regh, Raymond 128
Regling, Klaus 98
Regner, Evelyn 299, 458
Rehbinder, Maria 97
Rehn, Olli 62
Reibsch, Reinhard 409, 423
Reich, Charles 145

Namensregister

Reichel, Peter 100
Reichenbach, Horst 91
Reichert, Bernd 70
Reichling, A. 133
Reidermann, Paul 38
Reifenrath, Philipp 142
Reimen, Marcel 287
Reinart, Väino 300
Reinartz, Kirsti 40
Reinbothe, Jörg 66
Reinius, Saara 78
Reis Conde, Jaime 109
Remek, Vladimír 197
Remits, Paul 77
Remmer, Niels 411
Renard, Stefaan 43
Renaudière, Philippe 66
Renauld, Patrick 277
Repplinger, Karl-Peter 144
Resetarits, Karin 173
Reul, Herbert Otto 169
Réveillon, Jean 431
Revill, Nick 113
Rey, Juan Carlos 277
Reybaut, Jacques 112
Reyes Ortega, Tomas 48
Reymondet-Commoy, Jean-Pierre 105
Reynaud, Marie-Line 197
Reynders, Robert 249
Reynolds, Bernard 112
Rhode, Barbara 72
Ribaille, Sylvie 114
Ribeiro Constâncio, Vítor Manuel 254
Ribeiro e Castro, José 198
Ribera d´Alcala, Riccardo 147
Ricci, Guido 140
Rice, Tony 424
Richard, Pierre 429
Richards, Margaret Megan 69
Richardson, David 251
Richardson, Hugh 69, 107
Richardson, John 283, 454
Richelle, Koos 107
Richonnier, Michel 64
Richter, Jochen 145
Riddy, Francesca 49
Ridsdale-Saw, Julia 432
Rieffel, Nicolas-Pierre 152
Riemke, K. 255
Riera Figueras, Luis 87
Riera Madurell, Teresa 198
Ries, Frédérique 198
Riis-Jørgensen, Karin 198
Rikkonen, Leni 45
Rillaerts, Francis 414
Rille, Eduard 71

Rimsévics, Ilmárs 254
Rinderer, Mirjam 298
Rinderspacher, T. 255
Ringou, Niovi 66
Rischard, Jean-François 395, 397
Riss, Jorgo 447
Rißmann, Wilhelm 297
Ristori, Dominique 94
Ritter, Claudia 437
Ritto, Luis 283
Rivera, Giovanni 198
Riviere y Martí, Juan 96
Rizzi, D. 116
Rizzo, Marco 198
Roberts, Ann 453
Roberts, Paul Lachal 113
Robertson, Colin 40
Robineau, Patrice 381
Robinson, Christine 436
Robledo Fraga, José Luis 99
Roca Iglesias, Antonio 264
Rocard, Michel 198
Rocca, Gianfranco 96
Rochet, Alain 37
Rodaro, Vitorino 308
Rodas, Alberto 145
Rodford, Peter 80
Rodota, Stefano 127
Rodríguez, Isidoro 287
Rodríguez, Juan 150
Rodriguez Galindo, Blanca 96
Rodriguez-Rosell´o, Luis 80
Roelandts, Pascal 40
Roell, Peter 296
Rogalski, Boguslaw 198
Röger, Werner 99
Rogers, Michael 127
Rogers, Stephen 280
Rögge, Karin 457
Roggeri, Alain 87
Roginas, Renate 364
Rogmans, Wim 446
Rohardt, Klaus 455
Rohm, Jürgen 297
Roithová, Zuzana 198
Roksandic, Metka 234
Röller, Lars-Hendrik 96
Rolli, A. 256
Roma, Marcello 86
Romagnoli, Luca 198
Roman, Jacques 281
Roman, Jean-Claude 115
Romeis, Andrea 297
Rømer, Harald 140
Romero Requena, Luis 122
Romeva Rueda, Raül 198

Ronayne, Mark 243
Ronchi, Claudio 74
Rondorf, Heinz Dieter 87
Roos, Anton N. 426
Roos, Jean 42
Röpke, Olivier 299
Rosas, Allan 243 f.
Rosati, Dariusz Kajetan 198
Rose, John Bryan 148
Rose, Tamsin 439
Rosenkranz, Veronique 151
Rosetti, Alberto 152
Rosin, Giuseppe 104
Röskau, Michael G. 375
Ross, Gerahrd 249
Ross, Richard 74
Rossetto, Frederico 149
Rossi, Emanuela 73
Rossi, Franco 41
Rossi Azevedo, Liisi 41
Rossier, William 385
Rossing, Ewa 132
Rösslein, Ulrich 140
Roszkowski, Wojciech 198
Rotenberg, D. 82
Roth, M. 132
Roth, Wolfgang 260
Roth-Behrendt, Dagmar 156, 169
Rothe, Mechtild 169
Rouam, Claude 90
Rouček, Libor 198
Roudié, François 118
Rouhana, Khalil 81
Rouhier, Pascale 406
Rouland, Oliver 64
Roumeguère, Philippe 427
Rounis, Georgios 96
Roure, Martine 198
Rovere, Carillo 264
Rowan, John 379
Rowlands, Stuart 264
Royall, Janet 268
Rozakis, Christos L. 366
Rozema, Harm 252
Rozet, Martine 118
Rubach, Christian 433
Rübig, Paul 173
Rubinacci, Leopoldo 110
Rubino, Italo 132
Rubio, Antonio 41
Rubio Pellus, Natalia 142
Rubiralta Casas, Maria Asunción 76
Rucireta, Maria Annunziata 249
Rudi Ubeda, Luisa Fernanda 198
Rudischhauser, Klaus 94
Rudziecki, Michal 142

Rueda Buesco, Amparo 142
Ruete, Matthias 91, 287
Rufas Quintana, José Luis 146
Ruggeri Laderchi, Francesco 39
Rühle, Heide 169
Ruiz García, Eduardo 252
Ruiz-Jarabo Colomer, Dámaso 244
Ruiz-Tomas, Javier 89
Rullhusen, Peter 74
Rullkoetter, Ingrid 42
Runge-Metzger, Artur 90
Ruotanen, Marja 363
Rupp, Michael 147
Russegger, Harald 409
Russo, D. 257
Russo, Maria-Cristina 118
Russotto, Nancy 413
Rutowicz, Leopold József 198
Ruys, Philippe 109
Ryan, Eoin 198
Ryan, John 78
Rybol, Dieter 154
Ryom, Steffen 141
Rytöhonka, Risto 40

S

Sà, Rosa Maria 113
Saarilahti, Ilkka 50
Sabah, Rony 102, 106 f.
Sabathil, Gerhard 267
Sabatier, Nicolas 72
Sabino, Luís Filipe 236
Sabsoub, Jean-Pierre 44
Sacconi, Guido 198
Sachse, Charlotte 299
Sack, Hans-Christian 72
Saerbeck, Rainer 262
Saez, Ramiro 84
Safuta, Jacek 150
Sagne, Alain 434
Sagrado, Antonio Menduina 117
Sagües Bastarreche, Carlos 302
Saïfi, Tokia 198
Saile, Christoph 40
Sailer-Schuster, Adelheid 297
Saine, Marjukka 43
Sáinz de Vicuña, A. 255
Sajgo, Apor 236
Sakalas, Aloyzas 198
Sala Sansa, Carme 366
Salavert, Christian 85
Saliba, Paul 40, 43
Salimbeni, Giovanni 150
Salinas García, María Isabel 199

497

Sallard, Odile 376
Salles, Olivier 65
Salliarelis, Nikos 149
Salmelin, Bror 81
Salmi, Aunus 250
Salmi, Heikki 91
Salminen, Aino 141
Salord, Denis 108
Salou, G. 256
Salsi, Angelo 90
Salter, Stephen 145
Salvarani, Roberto 95
Salvini, Matteo 199
Salzmann, Lutz 270
Samaras, Antonis 199
Samaras, Stéphanos 68
Samper, Ignacio 139
Sampietro, Maria Luce 263
Samuelsen, Anders 199
San José, Pedro 50
Sánchez Presedo, Antolín 199
Sánchez Rodríguez, Gabriel 141
Sand, Katherine 425
Sande, Paulo 150
Sanderski, Andrzej 149
Sandström, Per 37
Sannino, Stefano 102
Sansolini, Adolfo 446
Sant'ana Calazans, Jaques 122
Sant'Anna, João 231
Santaniello, Roberto 268
Santaolalla Gadea, Francisco 124
Santiago, Elena 440
Santoro, Michele 199
Santos, Maria Augusta 41
Santos Bento, José 95
Santos Moore, Fernanda Carla 46
Santucci, Gérald 80
Sanudo, José Luis 125
Sanz Alonso, Pedro 239
Sapir, André 127
Saraceno, Elena 127
Saragossi, Isi 72
Sardelli, Giancarlo 264
Saridaki, Alexandra 143
Sarkinas, Reinoldijus 254
Sarmas, Ioannis 250
Sartori, Amalia 199
Saryusz-Wolski, Jacek Emil 156, 199
Sassen, Ferdinand 260
Satelli, Andrea 75
Saublens, Christian 394
Saúde, Mariana 122
Sauer, Fernand 77
Saugstrub, Preben 121
Sava, Aurel 144

Savary, Gilles 199
Savi, Toomas 199
Sbarbati, Luciana 199
Scannell, Michael 78
Scaramucci, Gabriele 46
Scebba, Graziella 42
Schaal, Catherine 152
Schaefer, G. 114
Schaerlaekens, Luc 113
Schäfer, Hans-Dieter 452
Schäfers, Reinhard 296
Schaff, Francis 243
Schallenberg, Alexander 298
Schally, Hugo 105
Schamp, Helmut 299
Schanté, Daniel 429
Schapira, Pierre 199
Schaps, Jens 111
Schaub, Alexander 65
Schausberger, Franz 240
Schauss, Marc 243
Scheele, Jonathan 279
Scheele, Karin 173
Scheele, Martin 84
Schellekens, Evelyne 421
Schellekens, Pierre-Gunnar 60
Schelling, Piet 44
Schenardi, Lydia 199
Schenkel, Roland 73
Schennach, Barbara 299
Schepens, Frédérique 266
Schiavi, R. 256
Schiavo, Leonardo 38
Schieb, Thomas 296
Schiemann, Konrad 244
Schierhuber, Agnes 173
Schiffauer, Hans-Peter 146
Schilders, Dirk 40
Schill, W. 256
Schilling, Reiner 421
Schilt, Gilbert 143
Schimming, Stefan 298
Schinas, Margaritis 61
Schintgen, Romain 244
Schlegelmilch, Rupert 111
Schleifenbaum, Thekla 455
Schlögl, Herwig 375
Schlüter, Rainer 452
Schlyter, Carl 199
Schmallenbach, Klauspeter 281
Schmider, Friedhelm 407
Schmidt, Bernd R. 440
Schmidt, Frithjof 169
Schmidt, Jan Høst 100
Schmidt, Kristian 60
Schmidt, Kunibert 416

Schmidt, Sönke 82
Schmiedchen, Frank 297
Schmitt, Ingo 169
Schmitt, Pál 199
Schmitt, Vital 251
Schmitt von Sydow, Helmut 94
Schmitz, Bruno 70
Schmögnerová, Brigita 381, 397
Schmuck, Guido 76
Schneider, Olaf 151
Schneider, S. 114
Schnellhardt, Horst 169
Schnöll, Thomas 298
Schober, Marc 44
Schoder, Jean 409
Schoeters, Karla 446
Schofield, Robert 261
Schollmeyer, Eberhard 297
Schomaker, Astrid 90
Schomburg, Bernd 38
Schommer, Martine 301
Schönberger, Peters 250
Schönborn, Frank 99
Schönfelder, Wilhelm 296
Schoo, Johann 140
Schoof, Peter 296
Schoofs, Willy 84
Schöpflin, György 199
Schoppmann, Henning 456
Schreiber, Folker 305
Schreiber, Kristin 62
Schreiber, Lionel 450
Schremser, R. 255
Schriever, Eva 456
Schröder, Jürgen 170
Schröder, Maximilian 147
Schroedter, Elisabeth 170
Schrynmakers, Patrick 422
Schüller, R. 255
Schuller, Tom 377
Schulte Nordholt, Leo 39
Schulte-Braucks, Antonella 63
Schulte-Braucks, Reinhard 92
Schulte-Strathaus, Ulrich 426
Schultz, Michael 297
Schultz-Nielsen, Erik 42
Schulz, Günther 305
Schulz, Martin 170, 205
Schulze, Jutta 144
Schumacher, Andrea 296
Schumacher, Monique 150
Schumann-Hitzler, Gerhard 94
Schuster, Tzeitel 40
Schuster, W. 255
Schuth, Willem 170
Schutte, Julian 39

Schutz, Jean-Claude 99
Schuwer, H.J.J. 301
Schuyer, Joel 48
Schwab, Andreas 170
Schwab, Klaus 45
Schwaiger, Peter 61
Schwall, Ernst 296
Schwarzbach, Klaus 440
Schwarzenbrunner, Walter 79
Schweikart, T. 255
Schwerin, Alexander-Michael von 233, 237
Schwimann, Irmfried 67
Scianca, Geremia 235
Scocard, Christian 132
Scott, Alex 37
Scott, Antony 121
Scott, Peter 80
Scott, Philip 141
Scott, William Dermot 150
Scott-Larsen, Ole 109
Scriban, Alain 126
Scrimali, Andrea 151
Scurfield, Liz 451
Sdougas, Michel 37
Searle, Callum 70
Seatter, Alan 103
Sebanz, Michael 299
Sedgwick, Peter 260, 265
Seeber, Richard 173, 308
Seeberg, Gitte 199
Seebohm, Eckard 96
Seerden, Henricus 261
Sefcovic, Maros 302
Segelström, Inger 199
Segerlund, Göran 107
Seibert, Tilman 261
Selenius, J. 116
Sellal, Pierre 300
Sellerup, Pia 48
Senan Llarena, Rafael 271
Senk, Daniela 139
Senk, Polona 40
Sepi, Mario 234, 236
Seppänen, Esko Olavi 199
Seppänen, Päivi 234
Sequaris, Marguerite 428
Serra, Lauretta 43
Serrano, Carmen Ruiz 104
Serrano de Haro, Pedro Antonio 38
Serto-Radics, Istvan 239
Servantie, Alain 106
Servenay, Christian 66
Servoz, Michel 117
Sevdali, Maria 45
Sève, Alain 262

Seyler, Jean-Marie 86
Sfyroeras, Vlassios 83
Shapcott, William 37
Sharkey, James 368
Sharman, Martin 71
Shevchuk, Anatolii 370
Shotton, Robert 87
Sidran, Miranda 367
Sieber, Alois 75
Siekierski, Czeslaw Adam 199
Siemens, Oltmann 396, 397
Siersch, Frank 455
Siffert, Jan 142
Sifunakis, Nikolaos 200
Sigmund, Anne-Marie 233
Siitonen, Pia 149
Šikuta, Ján 366
Silva, Armindo 63
Silva, Joaquina Rita 153
Silva de Lapuerta, Rosario 244
Silva Peneda, José Albino 200
Silva Rodríguez, José Manuel 82
Silveira da Cunha, Patricia 144
Silveira Reis, Alda 47
Silvestro, Massimo 148
Silvonen, T. 256
Simal, Jean-Louis 42
Simantoni, Irene 51
Simm, Marion 39
Simon, Henning 297
Simonazzi, Angelo 451
Simonetti, Sylvain 98
Sims, Moyra 39
Singallia, Diria 273
Singelsma, Sybren 235
Singer, Philippe 243
Sinner, Eberhard 239, 240
Sinnot, Kathy 200
Sinnott, Brendan 63
Sir Bratza, Nicolas 366
Sivenas, Nikiforos 84
Siwiec, Marek Maciej 200
Sjöblom, Dan 97
Sjögren, Per 369
Sjöstedt, Jonas 200
Skaliotis, Michail 116
Skinner, Peter William 200
Škottová, Nina 200
Skouris, Vassilios 243
Skovsholm, Klaus 45
Slade, Malcolm 85
Slafkovsky, Alexander 239
Sleijpen, Olaf 254
Slingenberg, Yvon 90
Slootjes, René 125
Slotboom, Johan 50

Sluyters, Willebrordus 87
Smadja, Danièle 102
Smallwood, Anthony 281
Smejkal, Martin 243
Smet, Freddy 234
Smets, F. 256
Smith, Alyn 200
Smith, Bernard 80, 81
Smith, Jeremy 393, 444
Smith, Peter M. 127
Smith, Simon 65
Smith, Stella 144
Smits, Robert-Jan 69
Smulders, Bernardus 61
Snijders, Koenrad 155
Soares, Carlos 50
Soares, Maria Manuela 72
Soares de Aires, Maria 70
Soares Pinto, Peter 132
Soave, Piero 146
Sobieski, Thérèse 106
Sobrino, F. 114
Soderholm, Mirjam 66
Soenens, Jacques 68
Soenens, Renaat 418
Soetaert, Rita 417
Sohlström, Torbjörn 37, 47
Solana, Javier 37
Solana Madariaga, Javier 395
Solani, Marco 41
Solari, Saverio 148
Sole Andres, Ignacio 49
Somavia, Juan 396
Sommer, Renate 170
Somogyi, Andrew 420
Somorova, Miriam 142
Søndergaard, Søren 150
Sonik, Boguslaw 200
Sonnberger, Harald 113
Soralahti, Paula 43
Sorasio, Denise 82
Soreca, Luigi 81
Sørensen, Anne Marie 51
Sørensen, Claus 61
Sorensen, Flemming 143
Sørensen, Grethe 43
Sørensen, Toni 42
Sorgetti, Marco 426
Sorgho-Moulinier, Odile 397
Sorinas, Matteo 364
Sornosa Martínez, María 200
Sorribes Manzana, Eduardo 276
Sors, Andrew 71
Sørup, Per 77
Sosa Iudicissa, Marcelo 144
Sougné, André 413

500

Souka, Irène 125
Soukup, Karl 98
Soulier Bougas, Jacqueline 86
Sourander, Dag 147
Sousa Pinto, Sérgio 200
Sousa Uva, José Manuel 84
Söveges, Erika Katalin 249
Sovic, Boris 239
Spanggaard, Brigitte 141
Spät, Martin 421
Spautz, Jean 200
Speckbacher, Walpurga 47
Speed, John 250
Speiser, Robert 405
Spencer, Edward 68
Sperber, Elisabeth 113
Speroni, Francesco Enrico 200
Spidla, Vladimir 62
Spielmann, Dean 366
Spillane, Ciaran 243
Spindelegger, Margit 248
Spindler, Ailsa 452
Spindler, Helmut 154
Spinnewijn, Freek 449
Spitz, Hermann 101
Spitzer, Harald 112
Spoden, Armand 132
Spoor, Johannes 72
Sprenger, Joachim 143
Sprengers, Daniel 42
Sprietsma, Henry 280
Spronk, Robert 37
Sramko, Ivan 254
Stacher, Ulrich 379
Stadler, Sabina 37, 47
Staes, Bart 200
Stahl, Gerhard 238
Stalins, P. 69
Stamatopoulos, Panayotis 66
Stamm, Hermann 76
Standertskjöld, Lars Holger 110
Standley, Andrew 272
Staniszewska, Grazyna 200
Stanners, David 285
Stapel, S. 115
Starkevičiūtè, Margarita 200
Štastný, Peter 200
Stathopoulos, Constantin 108
Staudenmayer, Dirk 77
Stausboll, Hans Christian 107
Stavaux, Michel 72
Stavinoha, Ludek 302
Stavrakis, Bernard 251
Stavrou, Stavros 283
Stechova, Dana 234
Steele, Jonathan 151

Steen, Marc 75
Stefansson, Kristina 141
Steimer, Patrick 100
Steinel, Helmut 104
Steiner, Elisabeth 366
Steinier-Karadjova, Anna 249
Steinitz, Yves 112
Stenberg-Jensen, Steffen 101
Stenqvist, Unnukka 40
Stensballe, Birgitte 141
Stenzel, Ursula 174
Štěpová, Vlasta 370
Sterck, Jean-Pierre 129
Sterckx, Dirk 200
Sterk, Yuri 367
Stessens, Guy 51
Stevenson, Struan 200
Stifani, Elda 46, 49
Stihler, Catherine 201
Stimmeder-Kienesberger, 299
Stiprais, Eduards 301
Stix-Hackl, Christine 244
Stock, Markus 299
Stocker, Simon 448
Stockmann, Ulrich 170
Stockmans, Dirk 129, 133
Stokelj, Ciril 302
Stoll, Thierry 65
Stols, Willem 50
Stolzenburg, Kai 45
Stone, Roger 445
Stoodley, Jonathan 117
Storm, Tanja H. 379
Straetemans, Leonard 234, 236
Stragier, Joos 96
Strasser, Monika 146
Stratigakis, Constantin 140
Straub, Peter 239
Strauss, Robert 62
Strautina, Ineta 236
Streil, Jochen 242
Streimann, Alar 367
Streitenberger, Wolfgang 79
Strejček, Ivo 201
Striegl, M. 255
Strohal, Christian 390
Strömholm, Christina 44
Stroosnijder, Marinus 74
Stroud, Graham 69
Stroz, Daniel 201
Strub, Andreas 48
Stub Jorgensen, Peter 62
Stubb, Alexander 201
Stubbe, M. 256
Stuber, Kerstin 306
Stubits, Marlies 458

Stucki, Frederik 431
Sturdy, Robert William 201
Sturm, Jürgen 426
Stutzmann, Alexandre 147
Stuyt, Jan 451
Subhan, Andrea 148
Subra Alfaro, José María 40
Sucker, Michael 71
Sudarskis, Michel 444
Südbeck, Hans-Ulrich 296
Sudova, Martina 146
Sudre, Margie 201
Suetens, Luc 41
Sumberg, David 201
Summa, Hilkka 84
Summa, Timo 92, 106
Sundberg, Cecilia 144
Sundström, Kerstin 286
Sundt, Trygve 444
Suomalainen, Sari 272
Suortti, Antti 123
Superti Pirson, Valentina 125
Surján, László 201
Sutherland, Diana 131
Sutt, Mari 40
Sutton, Diana 452
Suvikas, Risto 37
Šváby, Daniel 246
Svedas, Romas 301
Svennerstal, Elvy 146
Svensson, Eva-Britt 201
Svensson, Lars Erik 45
Swannell, Giles 40
Swida, Anna 41
Swidrak, Jacek Marek 142
Swoboda, Johannes 174
Swuine, Christian 154
Symons, Despina 446
Synadino, Constantin 262
Synowiec, Ewa 301
Szabó, Sandor 51
Szájer, József 201
Szejna, Andrzej Jan 201
Szent-Iványi, István 201
Szentmary, Kinga 143
Szucs, Gyorgyi 150
Szücs, Tomás 61
Szymański, Konrad Krzysztof 201

T

Tabajdi, Csaba Sándor 201
Tabone, Patrick 60
Tachelet, Marc 132
Tachmintzis, Joanna 126

Taillie, Jack 401
Taimisto, Hannu 48
Tajani, Antonio 201
Takkula, Hannu 201
Tammsaar, Rein 37
Tanaka, Nobue 376
Tanasescu, Mihai N. 388
Tanca, Antonio 47
Tangermann, Stefan 375
Tannock, Charles 201
Tanzilli, Rocco 125
Tapaszto, Szabolcs 143
Tapias i Badias, Margarita 43
Tappi, Alessandro 266
Taquin, Gérard 45
Tarabella, Marc 201
Tarand, Andres 201
Tarno, Pedro 84
Tartaglia, Giacinto 73
Tassone, Frank 261
Tatár, Gyöigy 37
Tatarella, Salvatore 202
Taubner, Zoltan 370
Tavares, Carlos 127
Tavares da Silva, Jorge 50
Taverne, Philippe 123
Tavoularidis, Peter 116
Taylor, Derek 95
Taylor, Philip 74
Teixeira da Costa, Luis 45
Tekelenburg, Aris 45
Tell Cremades, Miguel 146
Tempel, Peter 60
Tempest, Alastair 432
Temprano Arroyo, Heliodoro 100
ten Bloemendal, Jan 108
ten Eicken, Ulrike 297
ten Geuzendam, Johan 62
Tenezakis, Dimitrios 153
Tenreiro, Mário Paulo 82
ter Haar, Johan 104
ter Stepanian, Christian 367
Terberger, Martin 125
Terrana, Nathalie 38
Terruso, Filippo 238
Terwey, Franz 449, 457
Testori Coggi, Paola 78
Thanasa, Georgia 438
Thapa, Rekha 397
Theis, Alphonse 269
Theobald, Dirk 288
Theodorakis, Athanassios 104
Theodossiadis, Stella 44
Theodrou-Kalogirou, Catherine 109
Theologitis, Dimitrios 95
Therond, Daniel 364

Thery, Nicolas 91
Theunissen, Dick 411
Theunissen, P.-H. 88
Thevenard, Eric 77
Thibault, Agnès 411
Thiec, Yvon 425
Thiele, Peter 283
Thielmann, Edgar 94
Thieule, Laurent 239
Thijs, An 46
Thimann, C. 256
Thiran, Guy 415
Thøgersen, Niels Jorgen 119
Thomann, Mathieu 141
Thomas, Gerassimos 67
Thomas, Jean-Claude 151
Thomas, Peter 150
Thomsen, Britta 202
Thomsen, Jacob 50
Thorogood, D. 116
Thorpe, Roland 143
Thors, Carl-Eric 439
Thorsteinsson, Pétur G. 385
Thouvenin, Xavier 155
Thygesen, Niels 375
Thyssen, Marco 234, 236
Thyssen, Marianne 202
Tibbels, Patricia 261
Tichonova, Viktorija 43
Tiddens-Engwirda, Lisette 437
Tiedje, Jürgen 67
Tiili, Virpi E. 245 f.
Tilche, Andrea 71
Timans, Rolf 102
Timberg, Ville-Veikko 155
Timm, Jörn 306
Timmer, R.A. Marc 454
Timmermans, Christiaan W.A. 243 f.
Timmermans, Jacques 252
Timmers, Paul 80
Tinagli, Andrea 261
Tingander, Rita 50
Tirr, David 102
Tison, Elisabeth 105
Titford, Jeffrey William 202
Titley, Gary 202
Tittor, Lotte 147
Tiveus, Ylva 89
Tizzano, Antonio 244
Tobias y Rubio, Andres 46
Tobisson, Lars 249
Todd, Christopher 86
Toia, Patrizia 202
Tokamanis, Christos 70
Toledano, Fernando 66
Tolédano, Pierre 412
Toledano Laredo, Emma 107
Töllikko, Kari 44
Tomat, Stefano 48
Tomczak, Witold 202
Tomellini, Renzo 70
Tomforde, Tina 146
Tomlinson, Daphne 431
Tomorowicz, Jacek 266
Tonci Ottieri, Manfredi 260
Toornstra, Dirk 151
Topping, Michael 145
Torcato, José 119
Törnblom, Carina 77
Torrell, Ricard 139
Törrönen, Kari 75
Tostmann, Stefan 95
Tóth, Janos 234
Toubon, Jacques 202
Tougaard, Ole 67
Toussas, Georgios 202
Tradacete Cocera, Angel 97
Traja, Kristaq 366
Trakatellis, Antonios 156, 202
Tranholm-Mikkelsen, Jeppe 300
Trautmann, Catherine 202
Treanor, Noël 450
Trencsényi, Tibor 249
Tressing, Stefan 47
Trestour, Jean 96
Triantaphyllides, Kyriacos 202
Tricart, Jean-Paul 64
Trichet, Jean-Claude 254
Triminño Perez, José Luis 108
Troen, Ib 71
Troian, Marie-Claire 153
Trojan, Carlo 283
Trömel, Klaus 264
Troncoso González, Guillermo 51
Troupiotis, Athanassios 140
Trousson, Patrick 82
Trouve-Teychenne, Odile 145
Trstenjak, Verica 246
Truelsen, Annelise 42
Trummer, Johann 299
Trunk, Wolfgang 298
Trüpel, Helga 171
Truquet, Laurent 44
Tsalas, Stamatios 95
Tsarnavas, Nicolas 236
Tsatsa-Nikolovska, Margarita 366
Tschampa, Friederike 46
Tschismarov, Franz 122, 126
Tschütscher, Birgit 299
Tsiloni, Nadja 142
Tsingou-Papadopetrou, Grammatiki 262

Tsirimokos, Angelos 43
Tsoutsoplides, Constantinos 38
Tucker, Anne 141
Tuite, M. 125
Tulbure, Alexei 368
Tulkens, Françoise 366
Tuma, Zdenek 254
Tumpel-Gugerell, Gertrude 254
Tunnacliffe, Jeremy 280
Türmen, Riza 366
Turmes, Claude 202
Turpain, Michel 410
Turró Calvet, Mateo 263
Tuts, Geneviève 300
Twidle, Patrick 153
Tyliacos, Catherine 46
Tymowski, Jan 146
Tyrman, H. 116
Tyson, Adam 64
Tytgat, Luc 71, 92
Tzampazi, Evangelia 202
Tziorkas, Nikolaos 147

U

Uca, Feleknas 171
Uczkiewicz, Jacek 249
Uebbing, Jörg-Alexander 264
Uher, Rainer 47
Uhlmann, Eberhard 260
Ukropec, Slavomir 236
Uldis 154
Ullmann, Phillippe 113
Ulmer, Thomas 171
Unckel, Per 395
Ungerer, Herbert 97
Unruh, Heike 446
Untereiner, I. 126
Unterwurzacher, Erich 87
Unwin, Andrew 44
Upton, Robert 435
Urbat, Klaus 416
Urbieta Gandiaga, Juan 141
Urlesberger, Franz 299
Urquardt, Iain 143
Usher, Neil 251
Uusitalo, Erja 236
Uusitalo, Ilkka 279

V

Vadapalas, V. 246
Vadapalas, Vilenas 246
Vaessen, J.A.J. Roland 404 f.

Vaiciukaite, Jurate 40
Vaidere, Inese 202
Vaimo, Matti 90
Vaisnora, Aidas 240
Vajic, Nina 366
Vakalis, Nikolaos 202
Valcárcel Siso, Ramón Luis 240
Valdivia Benzal, Manuel 121
Vale de Almeida, João 60
Valenciano Martínez-Orozco, María Elena 202
Valente, Geneviève 43
Valenzuela Marzo, Fernando 102
Valeri Cobo, Francisco Javier 129, 131
Valette, Pierre 71
Valkonen, Marjaana 284
Vallés Brau, José-Lorenzo 70
Valls Russel, David 293
Vallvé, José Luis González 270
Valmary, Jean-Baptiste 48
Valter 155
Vamvakas, Constantin 68
van Arum, Rinse Johannes 152
van Baak, B. 255
van Bilzen, Gerard 109
van Buitenen, Paul K. T. J. 202
van Caelenberg, Bert 453
van Cauwenberghe, Jean-Claude 239 f.
van Craeyenest, Felix 39
van de Peer, Patricia 142
van de Rijt, Wouter 51
van de Schoot, Carla 40
van de Vrande, Simon 419
van den Beld, Jan 422
van den Berg, Margrietius J. 202
van den Brande, Luc 240
van den Brande, Marc 42
van den Burg, Ieke 202
van den Eede, Guy 76
van den Heuvel, Marcel 445
van der Elst, Éric 261
van der Goot, Wiepke 277
van der Haegen, P. 256
van der Hooft, Willem 252
van der Horst, Cornelis 128
van der Linden, Eric 269
van der Meer, Adriaan 270
van der Meulen, Robert 275
van der Pas, Klaus 287
van der Pas, Nikolaus 64
van der Putten, Jan 443
van der Pyl, Thierry 81
van der Spree, Daniel 104
van der Stappen, Rudy 83
van der Star, Robert 114
van der Vaart, Sjerp 150

van der Vaet, Alain 410, 423
van der Vlugt, Henk 100
van der Wee, Dominique 98
van der Zee, Reinder 91
van Driel, Mary 456
van Driessche, M. 126
van Elderen, Didier 42
van Ermen, Raymond 447
van Erps, Dirk 97
van Essen, Ulrich 38
van Ginderachter, Eric 97
van Goethem, Bernard 78
van Halteren, Ansgar 410
van Hasselt, Ludolf 95
van Hattem, Dolf 74
van Haute, Patrick 378
van Hecke, Arnold 408
van Hecke, Johan 203
van Hecken, Guido 147
van Hegelsom, Gert-Jan 39
van Hoof, Johannes 149
van Hoof, Marc 98
van Hoolst, Kristin 42
van Hostein, Henrik 242
van Houte, F. 419
van Houtte, Bernard 95
van Hövell, François 38
van Hulle, Karel 67
van Iersel, Joost 234
van Koolwijk, Eduardus 149
van Lammeren, Mirjam 440
van Lancker, Anne 203
van Leeuwen, Bernardus 153
van Leeuwen, Cornelis 76
van Leeuwen, Gerald 76
van Lier, Hendrik 125
van Nes, Pieter 73
van Nistelrooij, Lambert 203
van Oost, Jacques 73
van Opstal, Marcel 274
van Orden, Geoffrey 203
van Outryve d'Ydewalle, Pascale 65
van Raan, Richard 88
van Rens, Johan 283
van Riet, A. 256
van Rij, Cornelis 37
van Rij, Erwin 45
van Rijn, Thomas 124
van Rooijen, Ineke 46
van Scheel, Louis 426
van Staa, Herwig 239
van Thiel, Servatius 50
van Till, JWB Baron 436
van Vreckem, D. 93
van Zonneveld, René 264
van Zyl, Arnold 417

Vanaeken, Marc 286
Vanbever, Jean-Claude 42
Vandamme, Luc 51
Vanden Abeele, Michel 380
Vandenbegine, J.P. Robert 445
Vandenberghe, Kurt 61
Vandenbosch, Els 147
Vandenitte, Luc 151
Vandeputte, Jean-Marie 41
Vanderhaegen, Bernard 85
Vandermosten, René 122
Vandersteen, Jean-Pierre 119
Vandeweyer, Marc 431
Vandoren, Paul 111
Vandromme, Johan 96
Vangoidsenhoven, Josiane 443
Vanhaeren, Roger 155
Vanhecke, Frank 203
Vanhemelrijck, Johan 437
Vanhoorde, Robert 78
Vannini, Arianna 97
Vannson, Philippe 70
Vanonen, Katja 47 f.
Vanschoenwinkel, Albert 41
Vantilborgh, Hendrik 126
Vanvossel, Alain 70
Varela Suanzes-Carpegna, Daniel 203
Varfi, Aikaterini-Zoi 40
Varvitsiotis, Ioannis 203
Vascega, Marius 142
Vasconcelos, João 43
Vasilyev, Andrey 382
Vaskunlahti, Nina 300
Vasquez, Fernando 63
Vasquez Souto, Santiago 66
Vassallo, Julian 37, 47
Vassiliadis, Theodoros 120
Vatanen, Ari 203
Vaugrenard, Yannick 203
Vavrik, Peter 142
Väyrynen, Paavo 203
Veiga, Madalena 38
Veits, V. 83
Veivo, Eva 45
Ventre, Riccardo 203
Ventujol, Philippe 153
Venturas, Daphné 263
Venturini, Patrick 234
Verachtert, B. 72
Veras, Vanya 433
Verborgh, Jacques 68
Verdegem, Luc 129
Verdins, Rudolfs 146
Verger, Christine 139, 140
Verger, Myriam 106
Verges, Paul 203

Vergnaud, Bernadette 203
Vergnolle, Jean-Louis 88
Verhaegen, Chris 429
Verhaeven, Johan 99
Verhelst, Gerrit 85
Verheugen, Günter 60
Verheyden, Claude 143
Verhoef, Paul 79
Verhoeven, Patrick 427
Verkaeren, Alain 251
Verlet, Nicolas 82
Verleysen, Piet 121
Verli, Angélique 64
Vermeersch, Benoît 124
Vermeir, E. 256
Vermote, Lieven 51
Vernaeve, Guy 402
Vernhes, Pierre 38
Vernier, Jean-Pierre 243
Vernier, Marie-Jeanne 40
Vernimmen, Gisèle 82
Vernola, Marcello 203
Verrue, Robert 88
Verslype, Marcel 93, 291
Versteijlen, Hermanus 83
Verstraete, Jan 85
Verstraete, Léa 68
Vervaeke, Koen 37
Vervaet, Guido 125
Vervloet, Joseph 145
Verykios, Andreas 264
Vesentini, Luigi 132
Vesterdorf, Bo 245 f.
Vetter, Franz-Josef 262
Veugelers, Reinhilde 99
Vidal, Paulo 41
Vidal-Quadras Roca, Alejo 156, 203
Vidal-Ragout, Maria-José 70
Vieillefosse, Michel 393
Vignon, Jérôme 63
Vikas, Anastassios 46
Vila de Benavent, Rodrigo 95
Vilaras, Mihalis 245 f.
Vilen, Erik 435
Villasante, Jesus 80
Ville, Jean-Louis 107
Vilstrup, Henrik 40
Vincent, Gilles 89
Vincenzi, Marta 203
Vinnois, Thierry 122
Vinois, Jean-Arnold 95
Virrankoski, Tapio 203
Virt, Günter 127
Vis, Peter 90
Visée, Jean-Marie 66
Visscher, Jacob 46

Vital, François 84
Vitrey, Anne 146
Vits, André 80
Vitsentzatos, Micail 49
Vlachopoulos, George 130
Vlachos, Aristides 243
Vladychenko, Alexander 364
Vlaeminck, Sylvia 64
Vlahopoulos, Georgios 85
Vlasák, Oldřich 203
Vlastara, Eleana 142
Vlasto, Dominique 203
Vleminckx, Philippe 42
Vlogaert, Johan 113
Vogel, N. 132
Voggenhuber, Johannes 174
Vollmer, Gerald 75
Völzow, Michael 440
von Bahr, Stig 244
von Bethlenfalvy, Daniela 148
von Borg Barthet, A. 244
von Bose, Herbert 71, 93
von der Crone, Caspar 403
von Hertzen, Hannu 140
von Hülsen, Dietrich 415
von Kempis, Karl 117
von Mühlendahl, Alexander 286
von Preuschen, Rüdiger 298
von Schroeter, Helmut 296
von Stein, Henning 457
von Steinburg Griffo, Karin 42
von Uslar-Gleichen, Tanja 296
von Wedel, Hedda 249
von Wogau, Karl 171
Vonkeman, A.G. 419
Vonthron, Jacques 122
Vos, Johannes 51
Vraila, Marina 47, 48
Vries, Jacob 44
Vrla, Jean 262
Vulic, Alexandre 47

W

Wächter, Bernd 441
Wachtmeister, Anne-Margarete 149
Waddams, Alan 276
Wadley, Jennifer 41
Waeterloos, Christian 93, 95
Wagener, Robert 266
Wagenknecht, Sahra 171
Wagner, Hans-Georg 286
Wagner, Maurice 440
Wagner, Peter 91
Wagner, Werner 75

Wagstaffe, Peter 78
Wahlroos, Hannes 286
Wahsner, Ulrike 298
Wainwright, Richard 124
Waldherr, Evelyn 140
Waldron, Michael 41
Waldstrøm, S. 130
Walker, Colin 87
Walker, David 121
Walkner, Günter 299
Wall, Frank 39, 44
Wallén, Anna 132
Wallersen, Martin 288
Wallis, Diana 203
Wallström, Margot 60
Walsh, Patrick 262
Walshe, Donal 446
Walter, Anne 46
Walter, Ralf 171
Walton-George, Ian 113
Waltzing, Raymond 133
Wanders, Marius 448
Wandewaetere, Jacques 236
Warasin, Markus 146
Warras, M. 69
Wasbauer, Veronique 114
Watson, Graham 204 f.
Watson, John 79
Watson, Max 99
Watt, Iain 151
Wattiau, Francis 155
Weaving, Kenneth 73
Webb, Catherine 432
Webb, Paul 85
Weber, Axel A. 254
Weber, G. 116
Weber, Henri 204
Weber, Hubert 248
Weber, Manfred 171
Weber, Martin 249
Weber, Richard 107
Weber, Thomas 142
Weber Amoreau, Maite 154
Weening, Aad 433
Wegener, Roland 367
Wegker, Nico 269
Wegnez, Léon F. 433
Wegnez, Rose-Marie 250
Weida, Andreas 45
Weidemann, Annika 47
Weidert, Jean-Pierre 120
Weigel, Hans-Jürgen 152
Weiler, Barbara 171
Weiler, F. 115
Weiler, Heinrich 443
Weinberger, Christian 92

Weise-Montag, Birgit 66
Weisgerber, Anja 171
Weiss, Peter 99
Weissenberg, Paul 92
Weissenhorn, Renate 92
Weisserth, Hans-Bernhard 37, 47
Weisshäuptl, Horst 75
Weisslinger, Claude 143
Welander, Björn 43
Welch, Peter 249
Weldon, Patrick 251
Welge, Gerhard Hannes 110
Welin, Göran 44
Welle, Klaus 143
Wellens, Marc 74
Weller, W.P. 412
Wellink, Nont 254
Wells-Shaddad, Clare 155
Wenig, Fritz-Harald 109
Weninger, Michael 127
Wenning, Marianne 108
Werge, Niklas 249
Werner, Helmut 146
Werner, Klaus 252
Werring, Lucas 94
Wesener, Jean-Ernest 424
West, Rebecca 146
Wester, Richard 146
Westerlund, Percy 279
Westermann, Günter 264
Westlake, Martin 234
Westlund, Åsa 204
Weston, Alison 48
Wetz, Clemens 297
Wetzel, Frank 297
Weyand, Sabine 61
Weymeis, Patrick 43
Weyns, Eddy 113
White, Aidan 435
White, David 92
Whitehead, Phillip 204
Whittaker, John 204
Whittaker, Peter 127
Whitton, John 51
Whitworth, James 116
Wichert, Dietmar 42
Wicker, Steven 141
Widdershoven, Vincent 63
Widlund-Fantini, Anne-Marie 153
Wiedenhofer, Harald 407
Wiedenhoof, Andreas 37
Wiedey-Nippold, Claudia 272
Wiedner, Klaus 66
Wiedow, Alexander 88, 89
Wiegand, Gunnar 103
Wieland, Friedrich 68

507

Wieland, Rainer 172
Wieme, Micole 89
Wiersma, Jan Marinus 204
Wierzejski, Wojciech 204
Wieser, Walter 300
Wijkman, Anders 204
Wijns, Willy 102
Wildhaber, Luzius 366
Wilkinson, Christopher 79
Wilkinson, Clive 234
Wilkinson, David 73
Wilkinson, Ian 110
Wilkinson, Ralph 99
Wilkinson, Rupert 142
Wilks, Alex 448
Willaert, Philippe 104
Willems, Paul 238
Williams, B. 115
Williams, Catriona 451
Williams, Mark 403
Willocks, Elisabeth 46
Wils, Dieter 153
Wilson, Andrew 78
Wilson, Barry 151
Wilson, Julian 103
Wilson, Lesley 442
Wilton, Wouter 280
Window, Adrian 123
Wingfield Jones, Christopher 61
Winkler, Beate 288
Winoy, Marianne 43
Winter, Joachim 401
Winters, Gaele 394
Wise, Thomas Harold 204
Wisniewska-Caren-Green, Rabella 236
Wissels, Rutger 103
Wistuba, Christine 297
Wiszniewska-Bialecka, Irena 246
Witherell, William H. 376
Witt, Peter 296
Wittebrood, Cornelis 101
Witteveen, Wolter 121
Wobben, Thomas 306
Woestmann, Hugo 260
Wohleser, Simona 299, 308
Wohlfahrt, Jürgen 242
Wohlin, Lars 204
Wojciechowski, Janusz Czeslaw 204
Wolf, Michel 87
Wolfcarius, Marie 94
Wolfcarius, Pascale 87
Wolfe, Colin 87
Wolfensohn, James D. 396
Wolfers, Marion 404
Wolfowitz, Paul 397
Wood, Michael 147

Woods, Donncadh 96
Woodward, Colin 74
Woringer, Benoît 119
Wortmann-Kool, Corien M. 204
Woschnagg, Gregor 298
Wragg, Peter 91
Wright, David 67
Wright, Richard 103
Wright, Stephen 264
Wright, Susan 243
Wuermeling, Joachim 172
Wunenburger, Jacques 276
Wurm, Nikolaus 116
Wurth, Hubert 379
Wurtz, Francis 204, 205
Wüstenberg, Klaus 417
Wyart-Remy, Michelle 422, 423
Wylie-Otte, Regan 260
Wynn, Terence 204

X

Xenakis, Yannis 113
Xenogiannakopoulou, Marilisa 204
Xirouchakis, Chakis 50

Y

Yacoub, Vincent 41
Yañez-Barnuevo García, Luis 204
Yannis, Allexandros 47
Yannoussis, Gorgios 87
Yerocostopoulos, Constantin 367
Young, David 155
Young, Geoff 421

Z

Záborská, Anna 204
Zach, Heinz-Peter 288
Zachariadis, Zacharias 264
Zacharis, Konstantinos 128, 129, 130
Zaczykiewicz, Jaroslaw 43
Zafiriou, Alexander 47
Zagrebelsky, Vladimiro 366
Zahariou, Despina 40
Zahradil, Jan 204
Zaimis, Nikolaos 111
Zajkowski, Richard 251
Zaleski, Zbigniew Franciszek 204
Zangaglia, Sergio 44
Zangl, Peter 79
Zani, Mauro 205

Zappalá, Stefano 205
Zatloukal, Tomáš 205
Zbyszewski, Georges 38
Ždanoka, Tatjana 205
Zeghers, Francis 263
Zehnder, Andreas J. 429
Železný, Vladimír 205
Zelinger, David 149
Zemanovicova, Livia 238
Zepter, Bernhard 275
Zervoudaki, Styliani 282
Ziegler, Gerhard 299
Ziegler, Klaus 420
Zieleniec, Josef 205
Zieleskeiwcz, Katarzyna 40
Ziemele, Ineta 366
Zīle, Roberts 205
Zilhão, Adriano 106
Zilioli, C. 255
Zimmer, David 406
Zimmer, Gabriele 172
Zimmerling, Jürgen 172
Zimmermann, Rainer 80
Zimmermann, Uwe 306
Zimper, Walter 240
Zingaretti, Nicola 205
Zink, Richard 102, 289
Zinke, Dorothee 427
Ziolkowski, Thomas 123
Zobel, Rosalie 80
Zollino, Giuseppe 144
Zöllner, Matthias 263
Zolnierczyk, Dorota 142
Zorilla Torras, Jesus 83
Zourek, Heinz 91, 265
Zsilinsky, Eszter 147
Zufiaur, José Maria 234
Zülch, Tilman 452
Zupančič, Bostjan M. 366
Zupancic, Mihaela 150
Zvěřina, Jaroslav 205
Zwiefka, Tadeusz 205
Zwisterlood, Toine 435

Sachregister

A

Abfallwirtschaft, Verbände 432
Abgeleitetes Gemeinschaftsrecht 15
Abkommen
– über den Europäischen Wirtschaftsraum 22
– von Cotonou 24
Absatzmaßnahmen, GD Landwirtschaft und Entwicklung des ländlichen Raumes (Kommission) 83
Abschluss von Übereinkommen 16
acquis communautaire 8, 22
Activity Based Budgeting 20, 54, 55
Adonnino, Pietro 4
Afrika,
– Amt für Zusammenarbeit 107
– GD E Außenwirtschaftsbeziehungen, Gemeinsame Außen- und Sicherheitspolitik – GASP (Rat) 47
– GD Entwicklung (Kommission) 105
Agentur
– für den Wiederaufbau (EAR), Europäische 289
– für die Beurteilung von Arzneimitteln (EMEA), Europäische 285
– für die Sicherheit des Seeverkehrs (EMSA), Europäische 290
– für Flugsicherheit, Europäische 290
– für Gesundheitsschutz und Sicherheit am Arbeitsplatz, Europäische 288
– für Netz- und Informationssicherheit (ENISA), Europäische 292
Agrarausgaben, GD Landwirtschaft und Entwicklung des ländlichen Raumes (Kommission) 85
Agrarmärkte, GD Landwirtschaft und Entwicklung des ländlichen Raumes (Kommission) 83
Agrarpolitik 12, 18, 20, 30, 298
– GD Wirtschaft und Finanzen (Kommission) 100

Agrarstatistik (Eurostat) 115
AKP-Staaten 20, 24
Aktionsplan e-Europe 22
Alkohol, Verbände 404
Allgemeine Angelegenheiten,
– Amt für Zusammenarbeit 109
– (EWSA) 234
– GD Energie und Verkehr (Kommission) 94
– GD Entwicklung (Kommission) 105
– GD Erweiterung (Kommission) 106
– GD Gesundheit und Verbraucherschutz (Kommission) 77
– GD Justiz, Freiheit und Sicherheit (Kommission) 81
– Generalsekretariat (Kommission) 117
Allgemeine Dienste, GD VII Übersetzung und Allgemeine Dienste (EP) 153
Amsterdam, Vertrag von 12, 14
Amt
– für amtliche Veröffentlichungen der Europäischen Gemeinschaften 111
– für Gebäude, Anlagen und Logistik (OIB) 121
– für humanitäre Hilfen (ECHO) 101
– für Zusammenarbeit – Europe Aid 107
– für Personalauswahl der Europäischen Gemeinschaften 266
Amtsblatt, Amt für amtliche Veröffentlichungen der Europäischen Gemeinschaften 112
Amtssprachen 21
Analyse, GD Auswärtige Beziehungen (Kommission) 104
Andorra, GD Auswärtige Beziehungen (Kommission) 103
Anlagen, Amt für Gebäude, Anlagen und Logistik (Kommission) 121

Anpassungsfähigkeit, GD Beschäftigung, Soziales und Chancengleichheit (Kommission) 63
Arbeitsbedingungen, Europäische Stiftung zur Verbesserung der Lebens- und Arbeitsbedingungen 284
Arbeitshygiene, GD Personal und Verwaltung (Kommission) 126
Arbeitssicherheit, GD Personal und Verwaltung (Kommission) 126
Arbeitssprachen 21
ARCHISplus 346
Arzneimittel,
– Europäische Agentur für die Beurteilung von Arzneimitteln (EMEA) 285
– GD Wettbewerb (Kommission) 97
Asien,
– GD Auswärtige Beziehungen (Kommission) 103
– GD E Außenwirtschaftsbeziehungen, Gemeinsame Außen- und Sicherheitspolitik – GASP (Rat) 47
Astronautenzentrum 392
AStV 35, 295
Assoziierungsabkommen 24
Asyl, GD Justiz, Freiheit und Sicherheit (Kommission) 82
Atomfragen, GD C Binnenmarkt; Wettbewerbsfähigkeit; Industrie; Forschung; Energie; Verkehr (Rat) 45
Atomgemeinschaft, Europäische 3, 13
Audiovisuelle Medien 12
– GD I Umwelt- und Verbraucherschutz, Katastrophenschutz; Gesundheit, Lebensmittelrecht, Bildung und Jugend, Kultur, audiovisuelle Medien (Rat) 51
– GD IV Information und Öffentlichkeitsarbeit (EP) 149
audiovisueller Bereich, GD Bildung und Kultur (Kommission) 65
Ausbildung, Verbände 441
Ausbildungssysteme 13
Ausgaben, GD Haushalt (Kommission) 122
Ausschuss der Ständigen Vertreter 295
Ausrüstung, GD Unternehmen (Kommission) 92
Ausschuss
– Entwicklungsausschuss (EP) 207
– für Auswärtige Angelegenheiten (EP) 206
– für Beschäftigung und soziale Angelegenheiten (EP) 210
– für Binnenmarkt und Verbraucherschutz (EP) 212
– für bürgerliche Freiheiten, Justiz und Inneres (EP) 216
– für die Rechte der Frau und die Gleichberechtigung der Geschlechter (EP) 217
– für Fischerei (EP) 215
– für Haushaltskontrolle (EP) 209
– für Industrie, Forschung und Energie (EP) 211
– für Internationalen Handel (EP) 208
– für konstitutionelle Fragen (EP) 217
– für Kultur und Bildung (EP) 215
– für regionale Entwicklung (EP) 213
– für Umweltfragen, Volksgesundheit und Lebensmittelsicherheit (EP) 211
– für Verkehr und Fremdenverkehr (EP) 213
– für Wirtschaft und Währung (EP) 209
– Haushaltsausschuss (EP) 208
– Landwirtschaftsausschuss (EP) 214
– Petitionsausschuss (EP) 218
– Rechtsausschuss (EP) 216
Ausschuss der Regionen 5, 18, 30 f., 34, 237 ff.
– Arbeitsweise 237
– Fachkommissionen 240
– Generalsekretariat 238
– Organisation 237
– Präsidium 239
– Rechtsgrundlage 237
– Zuständigkeiten 237
Ausschüsse
– (EP) 139, 206
– GD III Ausschüsse und multilaterale Gremien (EP) 147
Ausschussverfahren (Kommission) 55
Außen- und Sicherheitspolitik 3, 4, 6, 12, 14, 19
– Gemeinsame 5, 16, 35, 36
– Generaldirektion E des Rates 46
Außenbeziehungen (Eurostat) 116

Sachregister

Außendienst, GD Auswärtige Beziehungen (Kommission) 104
Außenpolitik 30
Außenwirtschaftsbeziehungen, GD E Außenwirtschaftsbeziehungen, Gemeinsame Außen- und Sicherheitspolitik – GASP (Rat) 46
Australien, GD Auswärtige Beziehungen (Kommission) 102 f.
Auswärtige Angelegenheiten, Ausschuss für (EP) 206
Auswärtige Beziehungen 12
– (Rat) 39
– GD Auswärtige Beziehungen (Kommission) 102
Automobilindustrie, Verbände 416

B

Bank für Wiederaufbau und Entwicklung, Europäische 387 f.
Banknoten (EZB) 255
Baugewerbe,
– GD Unternehmen (Kommission) 92
– Verbände 410
Beauftragter für Medienfreiheit 391
Behörde für Lebensmittelsicherheit (EFSA), Europäische 289
Beihilfe, GD Wettbewerb (Kommission) 98
Beitritt 23
Beitrittsländer, GD Erweiterung (Kommission) 106
Beitrittspartnerschaft 11
Beitrittsstrategie 11
Bekleidung, Verbände 418
Belgien, GD Regionalpolitik (Kommission) 87
Beobachter der deutschen Bundesländer bei der Europäischen Union 303
Beobachtungsstelle für Drogen und Drogensucht (EMCDDA), Europäische 287
Beratender EWR-Ausschuß 23
Beratung
– GD Personal und Verwaltung (Kommission) 125
– Verbände 443
Beratungsstellen für Unternehmen 309
Beratungsverfahren 59

– (Kommission) 56
Berufsausbildung, GD Bildung und Kultur (Kommission) 64
Berufsbildung
– (Cedefop) 283
– Europäische Stiftung für Berufsbildung 287
– Europäisches Zentrum für die Förderung der Berufsbildung (Cedefop) 283
Berufsverbände, Verbände 434
Beschäftigung 12, 35
– (AdR) 237
– Ausschuss für Beschäftigung und soziale Angelegenheiten (EP) 210
– (EIF) 265
– (Eurostat) 115
– (EWSA) 233, 235
– GD Beschäftigung, Soziales und Chancengleichheit (Kommission) 62
– GD F Presse, Kommunikation, Protokoll (Rat) 49
– GD G Wirtschaft und Soziales (Rat) 50
– GD Interne Politikbereiche der Union (EP) 144
– Juristischer Dienst (Kommission) 124
– (OECD) 373, 375 ff.
– Politische Berater (Kommission) 127
Beschäftigungspolitik 13
Beschäftigungsstategie, GD Beschäftigung, Soziales und Chancengleichheit (Kommission) 62
Beschlüsse
– des Rates 15
– (Kommission) 53
Besoldung 350 ff.
Bestandserhaltung, GD Fischerei (Kommission) 67
Betrugsbekämpfung 21
– Europäisches Amt für 112
Bewertung,
– GD Landwirtschaft und Entwicklung des ländlichen Raumes (Kommission) 84
– GD Wirtschaft und Finanzen (Kommission) 100
Beziehungen

513

– zu den nationalen Parlamenten, Generalsekretariat (Kommission) 118
– zu Drittstaaten 23
– zum Ausschuss der Regionen, Generalsekretariat (Kommission) 118
– zum Europäischen Bürgerbeauftragten, Generalsekretariat (Kommission) 118
– zum Europäischen Parlament, Generalsekretariat (Kommission) 118
– zum Europäischen Wirtschafts- und Sozialausschuss, Generalsekretariat (Kommission) 118
– zum Rat, Generalsekretariat (Kommission) 118
Bibliothek (EuGH) 242
Bildung 3, 8, 12, 14, 35, 298, 362
– (AdR) 237, 240
– Ausschuss für Kultur und Bildung (EP) 215
– (EFTA) 383
– (Europarat) 364
– (Eurostat) 115
– GD Bildung und Kultur (Kommission) 64 f.
– GD F Presse, Kommunikation, Protokoll (Rat) 49
– GD Forschung (Kommission) 70
– GD I Umwelt- und Verbraucherschutz, Katastrophenschutz; Gesundheit, Lebensmittelrecht, Bildung und Jugend, Kultur, audiovisuelle Medien (Rat) 51
– GD Interne Politikbereiche der Union (EP) 145
– (Rat) 38
Bildungssysteme 13
Bildungswesen 22
– Informationsnetz zum Bildungswesen in Europa, EURYDICE 333
– Zentrum für Forschung und Innovation im Bildungswesen 377
Binnenmarkt 4, 7, 12 ff., 17, 22 f., 35, 304, 309
– Ausschuss für Binnenmarkt und Verbraucherschutz (EP) 212
– (EFTA) 384

– Europäische Behörde für Lebensmittelsicherheit 289
– (Eurostat) 115
– (EWSA) 233 f., 237
– GD Binnenmarkt und Dienstleistungen (Kommission) 65 f.
– GD C Binnenmarkt; Wettbewerbsfähigkeit; Industrie; Forschung; Energie; Verkehr (Rat) 45
– GD Energie und Verkehr (Kommission) 94
– GD F Presse, Kommunikation, Protokoll (Rat) 49
– GD Unternehmen (Kommission) 91
– GD Wirtschaft und Finanzen (Kommission) 100
– Harmonisierungsamt für den Binnenmarkt (Marken, Muster und Modelle) (HABM) 286
– Juristischer Dienst (Kommission) 124
– (Rat) 38
Binnenschifffahrt, GD Energie und Verkehr (Kommission) 95
Biotechnologie, GD Forschung (Kommission) 70
Bundesländer,
– Beobachter der deutschen Bundesländer bei der Europäischen Union 303
– Einrichtungen auf EU-Ebene 303
– österreichische Europabüros 307
– österreichische Verbindungsstellen 306
Bürgerbeauftragter, Europäischer 231
bürgerliche Freiheiten, Ausschuss für bürgerliche Freiheiten, Justiz und Inneres (EP) 216
Bürgerrechte, GD Interne Politikbereiche der Union (EP) 145
Büro für demokratische Institutionen und Menschenrechte 390
Büros der Kommission in den Mitgliedstaaten 267

C

CELEX 346
Chancengleichheit 12

– GD Beschäftigung, Soziales und Chancengleichheit (Kommission) 62
– GD Forschung (Kommission) 72
– GD Interne Politikbereiche der Union (EP) 146
– GD Personal und Verwaltung (Kommission) 126
Charta
– der Grundrechte 7 f., 10
– von Paris 389
Chemische Produkte, Verbände 408
Chemische Stoffe,
– GD Umwelt (Kommission) 90
– GD Unternehmen (Kommission) 92
CORDIS 346
COREPER – Ausschuss der ständigen Vertreter 295

D

Dänemark, GD Regionalpolitik (Kommission) 87
Darlehen (EIB) 258
Datenbanken 345
Datenverarbeitung, GD Datenverarbeitung (Kommission) 119
Delegation für die Beziehungen
– zu Albanien, Bosnien-Herzegowina sowie Serbien und Montenegro (einschließlich Kosovo) (EP) 221
– zu Australien und Neuseeland (EP) 230
– zu Belarus (EP) 222
– zu dem Mercosur (EP) 227
– zu dem Palästinensischen Legislativrat (EP) 224
– zu den Golfstaaten, einschließlich Jemen (EP) 225
– zu den Ländern der Anden-Gemeinschaft (EP) 227
– zu den Ländern Mittelamerikas (EP) 226
– zu den Ländern Südasiens und der Südasiatischen Vereinigung für regionale Zusammenarbeit (SAARC) (EP) 228
– zu den Ländern Südostasiens und der Vereinigung südostasiatischer Nationen (ASEAN) (EP) 229
– zu den Maghreb-Ländern und der Union des Arabischen Maghreb (einschließlich Libyen) (EP) 224
– zu den Maschrik-Ländern (EP) 225
– zu den Vereinigten Staaten (EP) 226
– zu der Koreanischen Halbinsel (EP) 229
– zu der Schweiz, Island und Norwegen sowie zum Gemischten Parlamentarischen Ausschuss Europäischer Wirtschaftsraum (EWR) (EP) 221
– zu der Volksrepublik China (EP) 228
– zu Iran (EP) 225
– zu Israel (EP) 223
– zu Japan (EP) 228
– zu Kanada (EP) 226
– zu Südafrika (EP) 230
– zur Parlamentarischen Versammlung der NATO (EP) 230
Delegation im Gemischten Parlamentarischen Ausschuss – EU
– Chile (EP) 220
– Bulgarien (EP) 219
– Ehemalige Jugoslawische Republik Mazedonien (EP) 219
– Kroatien (EP) 219
– Mexiko (EP) 220
– Rumänien (EP) 218
– Türkei (EP) 220
Delegation in den Parlamentarischen Kooperationsausschüssen EU
– Armenien, EU-Aserbaidschan und EU-Georgien (EP) 223
– Kasachstan, EU-Kirgistan und EU-Usbekistan sowie für die Beziehungen zu Tadschikistan, Turkmenistan und der Mongolei (EP) 223
– Moldawien (EP) 222
– Russland (EP) 221
– Ukraine (EP) 222
Delegationen
– außerhalb der Europäischen Union 270
– bei internationalen Organisationen 283
– (EP) 218

– GD III Externe Politikbereiche (EP) 148
– in den Gemischten Parlamentarischen Ausschüssen EU (EP) 218
– Interparlamentarische (EP) 221
Delors-Ausschuss 9
Depot-Bibliotheken 337
Designindustrie, GD Unternehmen (Kommission) 93
Deutsche Bundesländer, Einrichtungen auf EU-Ebene 303
deutschen Kommunen, Europabüros der 306
Deutsche Mitglieder (EP) 160
Deutschland,
– GD Regionalpolitik (Kommission) 87
– Mitglieder aus (EP) 160 ff.
Dienst, Europäischer öffentlicher Dienst 350
Dienste
– des Präsidenten (ERH) 250
– GD Presse und Kommunikation (Kommission) 119
– (Ispra), Gemeinsame Forschungsstelle (Kommission) 73
Dienstleistungen,
– GD Binnenmarkt und Dienstleistungen (Kommission) 65 f.
– GD Wettbewerb (Kommission) 97 f.
– Verbände 425
Direktbeihilfe, GD Landwirtschaft und Entwicklung des ländlichen Raumes (Kommission) 83
Direktorium der Europäischen Investitionsbank 260
Direktwahl (EP) 136
Dokumentation,
– GD IV Information und Öffentlichkeitsarbeit (EP) 151
– GD Landwirtschaft und Entwicklung des ländlichen Raumes (Kommission) 83
Dokumentationszentren 337 ff.
Dolmetscheinsätze, GD Dolmetschen (Kommission) 121
Dolmetschen,
– GD Dolmetschen (Kommission) 120

– GD VI Infrastrukturen und Dolmetschen (EP) 152
Dooge, Senator 4
doppelte Mehrheit 8
drei Säulen 12
Dritte Säule 5, 12, 36
Drittstaaten, EU-Vertretungen in 270
Drogen, Europäische Beobachtungsstelle für Drogen und Drogensucht (EMCDDA) 287
Durchführung des Haushalts 20

E

e-Europe 22, 345
EAC 392
EAG-Vertrag 34
Echo, Amt für humanitäre Hilfen 101
ECLAS 346
EFTA,
– GD Auswärtige Beziehungen (Kommission) 102, 103
– Staaten 22
– Überwachungsbehörde 23
EGKS-Entscheidungen 15
Eier, Verbände 402
Einfaches Gesetzgebungsverfahren 18
Einheitliche Europäische Akte 4, 17, 21
Einzelfallermächtigung 34
Elektrisches Zubehör, Verbände 421
Elektronisches Zubehör, Verbände 421
Empfehlungen 15
Energie 12, 35, 347
– Ausschuss für Industrie, Forschung und Energie (EP) 211
– (Eurostat) 115
– (EWSA) 233 f., 237
– Exekutiv-Agentur für Intelligente Energie 292
– GD C Binnenmarkt; Wettbewerbsfähigkeit; Industrie; Forschung; Energie; Verkehr (Rat) 45
– GD Energie und Verkehr (Kommission) 93 f.
– GD F Presse, Kommunikation, Protokoll (Rat) 49
– GD Forschung (Kommission) 71
– GD Steuern und Zollunion (Kommission) 89
– GD Umwelt (Kommission) 90

Sachregister

- GD Wettbewerb (Kommission) 97 f.
- Gemeinsame Forschungsstelle (Kommission) 75 f.
- Institut für Energie, Gemeinsame Froschungsstelle (Kommission) 75
- Internationale Energie-Agentur 376
- (Rat) 38
- (UNECE) 381
- Verbände 413

Energieträger, GD Energie und Verkehr (Kommission) 94
Energiewirtschaftliche Planung 376
Entlastung (EP) 137
Entscheidungen 15
Entschließungen des Rates 15
Entwicklung,
- Ausschuss für regionale Entwicklung (EP) 213
- des ländlichen Raumes, GD Landwirtschaft und Entwicklung des ländlichen Raumes (Kommission) 84
- Europäische Bank für Wiederaufbau und Entwicklung 387
- (EZB) 256
- GD Entwicklung (Kommission) 104
- GD Regionalpolitik (Kommission) 86
- Organisation für Wirtschaftliche Zusammenarbeit und Entwicklung (OECD) 372

Entwicklungsausschuss (EP) 207
Entwicklungsfragen, GD E Außenwirtschaftsbeziehungen, Gemeinsame Außen- und Sicherheitspolitik – GASP (Rat) 46
Entwicklungshilfe
- (OECD) 377
- Verbände 447

Entwicklungspolitik 12
- GD Entwicklung (Kommission) 105
- GD Wirtschaft und Finanzen (Kommission) 100

Entwicklungszusammenarbeit (Rat) 39
Entwurf eines Vertrages zur Gründung der Europäischen Union 4, 6
Erlass von Rechtsvorschriften (Kommission) 52

Ernährung, GD Forschung (Kommission) 70
Ernennung der Kommission 6
Erste Säule 12 f., 15
Erweiterung 6, 12, 34, 46, 348
- (AdR) 238
- der EU 11
- (EP) 136
- (Europarat) 360
- (EWSA) 232
- GD Beschäftigung, Soziales und Chancengleichheit (Kommission) 64
- GD E Außenwirtschaftsbeziehungen, Gemeinsame Außen- und Sicherheitspolitik – GASP (Rat) 46
- GD Energie und Verkehr (Kommission) 94
- GD Erweiterung (Kommission) 105
- GD Fischerei (Kommission) 68
- GD Haushalt (Komission) 123
- GD Justiz, Freiheit und Sicherheit (Kommission) 81
- GD Landwirtschaft und Entwicklung des ländlichen Raumes (Kommission) 83
- GD Personal und Verwaltung (Kommission) 126
- GD Umwelt (Kommission) 90
- GD Wirtschaft und Finanzen (Kommission) 100
- Gemeinsame Forschungsstelle (Kommission) 73
- (Rat) 39

ESA, Europäische Weltraumorganisation 392
ESOC 392
ESRIN 392
ESTEC 392
Estland, GD Regionalpolitik (Kommission) 87
EU,
- die Institutionen 30
- Staat 30
- Außenminister 7
- Botschafter 35
- Vertretungen in Drittstaaten 270

EuGH 31
EUDOR 346
EUR-Lex 345

Sachregister

Euro 10
Euro Info Centres 309 ff.
– Vereinigten Königreich 331
– Belgien 312
– Dänemark 314
– den Niederlanden 323
– Deutschland 309
– Estland 315
– Finnland 315
– Frankreich 315
– Griechenland 318
– Irland 319
– Italien 320
– Lettland 323
– Litauen 323
– Luxemburg 323
– Malta 323
– Österreich 312
– Polen 324
– Portugal 325
– Schweden 326
– Slowakei 327
– Slowenien 327
– Spanien 327
– Tschechische Republik 330
– Ungarn 331
– Zypern 333
EURODICAUTOM 347
Europa
– Amt für Zusammenarbeit 107
– der Bürger 4
Europa-Abkommen 23
Europabüros
– der deutschen Kommunen 306
– der österreichischen Kommunen 308
– deutscher Verbände 455
– österreichischer Verbände 458
Europäische
– Akte 4, 17, 21
– Atomgemeinschaft 3, 13
– Bank für Wiederaufbau und Entwicklung 387
– Behörde für Lebensmittelsicherheit (EFSA) 289
– Beobachtungsstelle für Drogen und Drogensucht (EMCDDA) 287
– Beschluss 16
– Depot-Bibliotheken 337 ff.
– Dokumentationszentren 337 ff.
– Eisenbahnagentur (ERA) 291

– Entwicklungsfond 20
– Gemeinschaft 3 ff., 10 f., 19, 34, 52
– Gemeinschaft für Kohle und Stahl 3
– Kommission, siehe auch unter Kommission 52
– Menschenrechtskonvention 364
– Politische Zusammenarbeit 3
– Referenzzentren 337 ff.
– Sicherheits- und Verteidigungspolitik, GD E Außenwirtschaftsbeziehungen, Gemeinsame Außen- und Sicherheitspolitik – GASP (Rat) 47
– Stelle zur Beobachtung von Rassismus und Fremdenfeindlichkeit 288
– Stiftung für Berufsbildung 287
– Stiftung zur Verbesserung der Lebens- und Arbeitsbedingungen 284
– Umweltagentur (EEA) 285
– und internationale Institutionen bei der EU 393
– Verbände 401 ff.
– Verordnung 16
– Verteidigungsgemeinschaft 3
– Weltraumorganisation (ESA) 392
– Wirtschaftsgemeinschaft 3, 5, 13
Europäische Agentur
– für den Wiederaufbau (EAR) 289
– für die Beurteilung von Arzneimitteln (EMEA) 285
– für die Sicherheit des Seeverkehrs (EMSA) 290
– für Flugsicherheit 290
– für Gesundheitsschutz und Sicherheit am Arbeitsplatz 288
– für Netz- und Informationssicherheit (ENISA) 292
Europäische Bank für Wiederaufbau und Entwicklung (EBWE) 387 f.
– Arbeitsweise 388
– Organisation 388
– Rechtsgrundlage 387
– Verwaltung 388
– Zuständigkeiten 387
Europäische Freihandelsassoziation (EFTA) 382 ff.
– Arbeitsweise 384
– Organisation 384
– Rechtsgrundlage 382

Sachregister

– Sekretariat 385
– Zielsetzungen 382
Europäische Investitionsbank (EIB) 30, 32, 257 ff.
– Arbeitsweise 259
– Direktorium 260
– Organisation 259
– Präsident 260
– Rechtsgrundlage 258
– Struktur 260
– Zuständigkeiten 258
Europäische Union 1, 3 ff., 9, 23
– die Institutionen und Organe 33
Europäische Zentralbank (EZB) 10, 30, 32, 253 f.
– Arbeitsweise 253
– Bankenaufsicht 253
– Direktorium 254
– Euro 253
– Geldpolitik 254
– Geldwertstabilität 253
– Organisation 253, 254
– Präsident 254
– Rat 254
– Rechtsgrundlage 253
– Zuständigkeiten 253
Europäischer
– öffentlicher Dienst 350
– Rat 30
– von Edinburg 19
– Wirtschaftsraum 22, 383
Europäischer Bürgerbeauftragter 231
– Arbeitsweise 231
– Organisation 231
– Rechtsgrundlage 231
– Zuständigkeiten 231
Europäischer Entwicklungsfond 24
Europäischer Gerichtshof (EuGH) 10, 30, 31, 240 ff.
– Arbeitsweise 241
– Generalanwalt 242
– Generalanwälte 243
– Kammern 244
– Kanzlei 242
– Organisation 241
– Rechtsgrundlage 240
– Richter 243
– Verfahren 242
– Verfahrenssprache 242
– Verwaltung 242
– Zuständigkeiten 240

Europäischer Gerichtshof für Menschenrechte 365 ff.
– Allgemeine Darstellung 365
– Kanzlei (Europarat) 364
– Richter 366
Europäischer Investitionsfonds (EIF) 265
– Arbeitsweise 265
– Aufsichtsrat 265
– Organisation 265
– Rechtsgrundlage 265
– Zuständigkeiten 265
Europäischer Rechnungshof (ERH) 30, 32, 247 ff.
– Arbeitsweise 248
– Dienste des Präsidenten 250
– Generalsekretariat 250
– Gruppe CEAD 252
– Mitglieder 248
– Organisation 248
– Prüfungsgruppe I 251
– Prüfungsgruppe II 252
– Prüfungsgruppe III 252
– Prüfungsgruppe IV 252
– Rechtsgrundlage 247
– Zuständigkeiten 247
Europäischer Wirtschafts- und Sozialausschuss (EWSA) 31, 232 ff.
– Arbeitsweise 232
– Fachgruppen 236
– Generalsekretariat 234
– Organisation 232
– Präsidium 233
– Rechtsgrundlage 232
– Vorsitzende der Gruppen 236
– Zuständigkeiten 232
Europäisches
– Amt für Betrugsbekämpfung (OLAF) 21, 112
– Hochschulinstitut 293
– Organ zur Stärkung der justiziellen Zusammenarbeit (Eurojust) 290
– Polizeiamt 293
– Währungsinstitut 253, 254
– Währungssystem 9
– Zentralbanksystem 10
– Zentrum für die Förderung der Berufsbildung (Cedefop) 283
Europäisches Parlament – EP 3 ff., 8 f., 18 ff., 23, 30 f., 34, 53, 133
– Arbeitsweise 138

519

- Ausschüsse 206
- Fraktionen 157, 205
- Generalsekretariat 139
- Haushaltsbehörde 137
- Kabinett des Generalsekretärs 140
- Kabinett des Präsidenten 139
- Mitglieder 156
- Mitglieder aus den übrigen Mitgliedstaaten 174
- Mitglieder aus Deutschland 160
- Mitglieder aus Österreich 172
- Organisation 138
- Parteien 157
- Präsidium 155
- Rechtsgrundlagen 136
- Zuständigkeiten 136

Europäisches Patentamt (EPA) 385 ff.
- Arbeitsweise 386
- Organisation 386
- Organisationsplan 387
- Rechtsgrundlage 385
- Zuständigkeiten 385

Europakolleg Brügge 294
Europarat 357 ff.
- Arbeitsweise 359
- Generalsekretariat 363
- Ministerkomitee 360
- Organisation 359
- Organisationsplan 363
- Parlamentarische Versammlung 361
- Rechtsgrundlage 357
- Ständige Vertretungen der Mitgliedstaaten 366
- Zielsetzungen 357

EUROPA-Server 345
Europe Aid – Amt für Zusammenarbeit 107
European Currency Unit (ECU) 9
Europol 293
EURYDICE 333
EUROSTAT 347
Eurostat – Statistisches Amt der Europäischen Gemeinschaften, (Kommission) 114
EWR, GD Auswärtige Beziehungen (Kommission) 102, 103
Exekutiv-Agentur für Intelligente Energie 292
Exekutive 138
Exekutivorgan (Kommission) 52

F

Fachgruppen des Europäischen Wirtschafts- und Sozialausschusses 236
Fachkommissionen des Ausschusses der Regionen 240
Fachministerrat 34
Festlegung eines gemeinsamen Standpunkts 16
Finanzdienst, GD Haushalt (Kommission) 123
Finanzdienstleistungen,
- GD Binnenmarkt und Dienstleistungen (Kommission) 67
- Verbände 428

Finanzen,
- (EIB) 263
- (EZB) 255
- GD VIII Finanzen (EP) 155
- GD A Personal und Verwaltung (Rat) 44
- GD G Wirtschaft und Soziales (Rat) 50
- GD Wirtschaft und Finanzen (Kommission) 98

Finanzielle Vorausschau 19
Finanzierungen (EIB) 261 f.
Finanzinstitute, GD Binnenmarkt und Dienstleistungen (Kommission) 67
Finanzinstrumente, GD Erweiterung (Kommission) 106
Finanzkontrolle, GD VIII Finanzen (EP) 155
Finanzmärkte, GD Binnenmarkt und Dienstleistungen (Kommission) 67
Finanzoperationen, GD Wirtschaft und Finanzen (Kommission) 100
Finanzplanung, GD Haushalt (Kommission) 122
Finanzressourcen (EWSA) 235
Finanzstabilität (EZB) 257
Finnland, GD Regionalpolitik (Kommission) 87
Fisch, Verbände 402
Fischerei
- Ausschuss für Fischerei (EP) 215
- GD B Landwirtschaft 44
- GD Fischerei (Kommission) 67
- (Rat) 39

Fischereiinspektion, GD Fischerei (Kommission) 68

Sachregister

Fischereipolitik 12, 14
- GD B Landwirtschaft (Rat) 44
Fischereistatistik (Eurostat) 115
Fleisch, Verbände 402
Flugsicherheit, Europäische Agentur für Flugsicherheit 290
Formen des Handelns der EU 11
Forschung 13 f., 22, 35
- Ausschuss für Industrie, Forschung und Energie (EP) 211
- (Eurostat) 114
- (EZB) 256
- GD Auswärtige Beziehungen (Kommission) 104
- GD B Landwirtschaft (Rat) 45
- GD C Binnenmarkt; Wettbewerbsfähigkeit; Industrie; Forschung; Energie; Verkehr (Rat) 45
- GD F Presse, Kommunikation, Protokoll (Rat) 49
- GD Fischerei (Kommission) 67
- GD Forschung (Kommission) 68 f., 72
- GD Umwelt (Kommission) 91
- GD Unternehmen (Kommission) 92
- (Rat) 38
- Zentrum für Forschung und Innovation im Bildungswesen 377
- Verbände 436
Forschungsinvestitionen, GD Forschung (Kommission) 72
Forschungspolitik 12, 72
- (EWSA) 232
- GD Forschung (Kommission) 72
Forschungsraum, GD Forschung (Kommission) 69
Forschungsstelle, Gemeinsame (Kommission) 72
Fortbildung, Verbände 441
Fouchet, Christian 3
Fouchet-Pläne 3
Fraktionen (EP) 139, 157, 205
Frankreich, GD Regionalpolitik (Kommission) 87
Frau, Ausschuss für die Rechte der Frau und die Gleichberechtigung der Geschlechter (EP) 217
Freier Kapitalverkehr,
- GD Binnenmarkt und Dienstleistungen (Kommission) 67

- (Rat) 39
Freihandelsabkommen 383
- GD Handel (Kommission) 110
Freiheit, GD Justiz, Freiheit und Sicherheit (Kommission) 81
Freiheiten, Ausschuss für bürgerliche Freiheiten, Justiz und Inneres (EP) 216
Freizeit, Verbände 425
Freizeitzubehör, Verbände 420
Fremdenfeindlichkeit, Europäische Stelle zur Beobachtung von Rassismus und Fremdenfeindlichkeit 288
Fremdenverkehr, Ausschuss für Verkehr und Fremdenverkehr (EP) 213
Fusionsvertrag 52

G

GASP,
- GD Auswärtige Beziehungen (Kommission) 102
- Generaldirektion E des Rates 46
Gebäude,
- Amt für Gebäude, Anlagen und Logistik (Kommission) 121
- GD VI Infrastrukturen und Dolmetschen (EP) 152
Geisteswissenschaften, GD Forschung (Kommission) 71
Geistiges Eigentum, GD Handel (Kommission) 111
Geldpolitik (EZB) 256
Gemeinsame
- Aktionen 5, 16
- Außen- und Sicherheitspolitik 5, 16, 35 f.
- Außen- und Sicherheitspolitik, Hoher Vertreter 36
- Forschungsstelle – GFS (Kommission) 72
- Standpunkte 5
Gemeinsamer
- EWR-Ausschuss 22
- Organisatorischer Unterbau des Europäischen Wirtschafts- und Sozialausschusses und des Ausschusses der Regionen 235
- Parlamentarischer EWR-Ausschuß 23
- Standpunkt 18

Gemeinschaftliches Sortenamt (CPVO) 288
Gemeinschaftscharta 10
Gemeinschaftsmaßnahmen, GD Forschung (Kommission) 69
Gemeinschaftspolitiken 4, 5, 12 ff.
Gemeinschaftsrecht 7
– Amt für amtliche Veröffentlichungen der Europäischen Gemeinschaften 112
– (EuGH) 241
– primäres 15
Gemüse, Verbände 401
Generalanwälte (EuGH) 243
Generaldirektion
– I Präsidentschaft (EP) 140
– III, Externe Politikbereiche (EP) 147
– IV, Information und Öffentlichkeitsarbeit (EP) 148
– V, Personal (EP) 151
– VI, Infrastrukturen und Dolmetschen (EP) 152
– VII, Übersetzung und Allgemeine Dienste (EP) 153
– VIII, Finanzen (EP) 155
– A des Rates, Personal und Verwaltung 40
– Auswärtige Beziehungen (Kommission) 102
– B des Rates, Landwirtschaft 44
– Beschäftigung, Soziales und Chancengleichheit (Kommission) 62
– Bildung und Kultur (Kommission) 64
– Binnenmarkt und Dienstleistungen (Kommission) 65
– C des Rates, Binnenmarkt; Wettbewerbsfähigkeit; Industrie; Forschung; Energie; Verkehr 45
– Datenverarbeitung (Kommission) 119
– Dolmetschen (Kommission) 120
– E des Rates, Außenwirtschaftsbeziehungen, Gemeinsame Außen- und Sicherheitspolitik – GASP 46
– Energie und Verkehr (Kommission) 93
– Entwicklung (Kommission) 104
– Erweiterung (Kommission) 105
– F des Rates, Presse; Kommunikation 49
– Fischerei (Kommission) 67
– Forschung (Kommission) 68
– G des Rates, Wirtschaft und Soziales 50
– Gesundheit und Verbraucherschutz (Kommission) 77
– H des Rates, Justiz und Inneres 50
– Handel (Kommission) 109
– Haushalt (Kommission) 122
– I des Rates, Umwelt- und Verbraucherschutz, Katastrophenschutz; Gesundheit, Lebensmittelrecht, Bildung und Jugend, Kultur, audiovisuelle Medien (Rat) 51
– Informationsgesellschaft (Kommission) 79
– Interne Politkbereiche der Union (EP) 143
– Justiz, Freiheit und Sicherheit (Kommission) 81
– Landwirtschaft und Entwicklung des ländlichen Raumes (Kommission) 82
– Personal und Verwaltung (Kommission) 124
– Presse und Kommunikation (Kommission) 118
– Regionalpolitik (Kommission) 85
– Steuern und Zollunion (Kommission) 88
– Übersetzung (Kommission) 127
– Umwelt (Kommission) 89
– Unternehmen (Kommission) 91
– Wettbewerb (Kommission) 96
– Wirtschaft und Finanzen (Kommission) 98
Generaldirektionen
– Allgemeine Dienste 111
– Außenbeziehungen 101
– der Kommission 54
– Interne Dienste 119
Generalsekretär (Rat) 37
Generalsekretariat 139
– der Europäischen Kommission 116
– des Rates 37
– (ERH) 250
Genussmittelgewerbe, Verbände 401
Gericht Erster Instanz 30, 32, 245 f.
– Arbeitsweise 245

Sachregister

– Kammern 246
– Mitglieder 245
– Organisation 245
– Rechtsgrundlagen 245
– Verwaltung 245
– Zuständigkeiten 245
Gericht für den öffentlichen Dienst der Europäischen Union 247
– Arbeitsweise 247
– Organisation 247
– Rechtsgrundlagen 247
– Zuständigkeiten 247
Gerichtshof
– der Europäischen Gemeinschaften 240 ff.
– für Menschenrechte, Europäischer 365
Gesamthaushalt der EU 19
Geschlechter, Ausschuss für die Rechte der Frau und die Gleichberechtigung der Geschlechter (EP) 217
Gesellschaft, GD Forschung (Kommission) 69
Gesellschaftsrecht, GD Binnenmarkt und Dienstleistungen (Kommission) 67
Gesetzgebung (EP) 136
Gesetzgebungsverfahren, normales 28
Gesundheit 7, 12, 14, 35, 298 f.
– (Europarat) 362
– (Eurostat) 115
– GD Beschäftigung, Soziales und Chancengleichheit (Kommission) 63
– GD F Presse, Kommunikation, Protokoll 49
– GD Fischerei (Kommission) 67
– GD Forschung (Kommission) 70
– GD Gesundheit und Verbraucherschutz (Kommission) 77
– (Kommission) 55
– (Rat) 38
– GD I Umwelt- und Verbraucherschutz, Katastrophenschutz; Gesundheit, Lebensmittelrecht, Bildung und Jugend, Kultur, audiovisuelle Medien (Rat) 51
– GD Informationsgesellschaft (Kommission) 80
– GD Umwelt (Kommission) 90
– GD Wettbewerb (Kommission) 98

– Gemeinsame Forschungsstelle (Kommission) 76, 77
– Institut für Gesundheit und Verbraucherschutz, Gemeinsame Forschungsstelle (Kommission) 76
Gesundheitsschutz 13
– Europäische Agentur für Gesundheitsschutz und Sicherheit am Arbeitsplatz 288
– GD Beschäftigung, Soziales und Chancengleichheit (Kommission) 63
– (OECD) 377
Gesundheitswesen, Verbände 437
Getreide, Verbände 401
Gewürze, Verbände 405
Glas, Verbände 419
Gleichberechtigung der Geschlechter, Ausschuss für die Rechte der Frau und die Gleichberechtigung der Geschlechter (EP) 217
Globalisierung der Wirtschaft (OECD) 373
Grenzen, GD Justiz, Freiheit und Sicherheit (Kommission) 82
Griechenland, GD Regionalpolitik (Kommission) 87
Grundfreiheiten 22
Grundrechtscharta 10
Grundrechtsschutz in der EU 10
Grundsatz der begrenzten Einzelermächtigung 13
Grundsatzfragen, GD Binnenmarkt und Dienstleistungen (Kommission) 66
Grundstoffindustrie,
– GD Unternehmen (Kommission) 93
– Verbände 422
Gruppe der politischen Berater (Kommission) 127
Gruppen des Europäischen Wirtschafts- und Sozialausschusses 236
Gummi, Verbände 413

H

Handel,
– Ausschuss für Internationalen Handel (EP) 208
– GD Handel (Kommission) 109
– (UNECE) 381

523

– Verbände 433
Handelsanalysen, GD Handel (Kommission) 111
Handelsbeziehungen, GD Handel (Kommission) 110, 111
Handelshemmnisse, GD Handel (Kommission) 111
Handelskammern, Verbände 434
Handelspolitik 7, 12 ff.
 – GD E Außenwirtschaftsbeziehungen, Gemeinsame Außen- und Sicherheitspolitik – GASP (Rat) 46
 – GD Handel (Kommission) 110 f.
 – GD Wirtschaft und Finanzen (Kommission) 100
Handelsschutz, GD Handel (Kommission) 109
Harmonisierungsamt für den Binnenmarkt (Marken, Muster und Modelle) (HABM) 286
Haushalt
 – GD G Wirtschaft und Soziales (Rat) 50
 – GD Haushalt (Kommission) 122
 – (Kommission) 52
 – und Haushaltskontrolle 19
Haushaltsausschuss (EP) 208
Haushaltsbehörde 19, 137
Haushaltsdisziplin 19
Haushaltsfragen, GD Interne Politikbereiche der Union (EP) 146
Haushaltskontrollausschuss 21
Haushaltskontrolle, Ausschuss für Haushaltskontrolle (EP) 209
Haushaltsplan
 – GD Haushalt (Kommission) 123
 – (Rat) 39
Heranführungsstrategie 11
Herstellung der Dokumente, GD A Personal und Verwaltung (Rat) 42
Hochschulinstitut, Europäische 293
Hoher Kommissar für Nationale Minderheiten 391
Hoher Vertreter
 – für die GASP 14
 – Gemeinsame Außen- und Sicherheitspolitik 36
Holz, Verbände 417
Holzbe- und verarbeitung, Verbände 418

Homepages 345, 348
 – Europäische Kommission 348
 – Europäische Union 348
 – Europäisches Parlament 348
 – Nationale Parlamente und Regierungen 349
Horizontale Angelegenheiten, Interner Auditdienst (Kommission) 123
Humanitäre Hilfe 12, 14, 101
Humanressourcen
 – (EWSA) 235
 – GD V Personal (EP) 151
 – GD A Personal und Verwaltung (Rat) 40

I

IDEA 347
Immigration, GD Justiz, Freiheit und Sicherheit (Kommission) 82
Indirekte Steuern, GD Steuern und Zollunion (Kommission) 89
Indischer Ozean, GD Entwicklung (Kommission) 105
individuelle EGKS-Entscheidungen 15
Industrie
 – Ausschuss für Industrie, Forschung und Energie (EP) 211
 – GD C Binnenmarkt; Wettbewerbsfähigkeit; Industrie; Forschung; Energie; Verkehr 45
 – GD Wettbewerb (Kommission) 97
 – (Rat) 38
 – Verbände 408
Industriekammern, Verbände 434
Industriepolitik 12
 – GD Unternehmen (Kommission) 91
Industrietechnologien, GD Forschung (Kommission) 70
Information,
 – GD IV Information und Öffentlichkeitsarbeit (EP) 148
 – GD Wettbewerb (Kommission) 97
Informationsbüros
 – der deutschen Bundesländer 304
 – des Europäischen Parlaments 133
Informationsgesellschaft 12 f., 347
 – (Eurostat) 115
 – (EWSA) 233, 234

Sachregister

- GD C Binnenmarkt;
  Wettbewerbsfähigkeit; Industrie;
  Forschung; Energie; Verkehr (Rat)
  45
- GD Informationsgesellschaft
  (Kommission) 79, 81
- GD Wettbewerb (Kommission) 97
Informationsmarkt, GD Informationsgesellschaft (Kommission) 80
Informationsnetz zum Bildungswesen in Europa, EURYDICE 333
Informationsnetze Unternehmen 309
Informationspolitik, GD Presse und Kommunikation (Kommission) 119
Informationssicherheit, Europäische Agentur für Netz- und Informationssicherheit (ENISA) 292
Informations- und Dokumentationsstelle (Rat) 39
Informationsstellen in der EU, Nationale 334
Informationssysteme, GD Datenverarbeitung (Kommission) 119
Informationstechnik
  - (EIB) 264
  - (EZB) 255
  - GD A Personal und Verwaltung (Rat) 41
Informationstechnologie 345
  - GD I Präsidentschaft (EP) 143
  - GD Handel (Kommission) 109
Informationstechnologiezubehör, Verbände 423
Infrastruktur,
  - GD VI Infrastrukturen und Dolmetschen (EP) 152 f.
  - GD A Personal und Verwaltung (Rat) 41
  - GD Datenverarbeitung (Kommission) 119
  - GD Informationsgesellschaft (Kommission) 81
Inhaltstechnologien, GD Informationsgesellschaft (Kommission) 80
Initiativrecht 12
  - für den Erlass von Rechtsvorschriften (Kommission) 52
Innenpolitik 30
Innen- und Rechtspolitik 3, 5, 19
Innere Sicherheit, GD Justiz, Freiheit und Sicherheit (Kommission) 82

Inneres 5, 6, 12, 16, 35, 299
  - Ausschuss für bürgerliche Freiheiten, Justiz und Inneres (EP) 216
  - GD F Presse, Kommunikation, Protokoll (Rat) 49
  - GD H Justiz und Inneres (Rat) 50
Innovation 13
Innovationspolitik, GD Unternehmen (Kommission) 92
Institut der Europäischen Union für Sicherheitsstudien (EUISS) 291
Institut für
  - Energie, Gemeinsame Forschungsstelle (Kommission) 75
  - Gesundheit und Verbraucherschutz, Gemeinsame Forschungsstelle (Kommission) 76
  - Referenzmaterialien und –messungen, Gemeinsame Forschungsstelle (Kommission) 74
  - Schutz und Sicherheit des Bürgers, Gemeinsame Forschungsstelle (Kommission) 75
  - technologische Zukunftsforschung, Gemeinsame Forschungsstelle (Kommission) 76
  - Transurane, Gemeinsame Forschungsstelle (Kommission) 74
  - Umwelt, Gemeinsame Forschungsstelle (Kommission) 75
Institutionelle Angelegenheiten
  - Generalsekretariat (Kommission) 118
  - (Rat) 39
Integration, GD Beschäftigung, Soziales und Chancengleichheit (Kommission) 63
Interinstitutionelle
  - Beziehungen (Rat) 39
  - Beziehungen, GD Handel (Kommission) 109
  - Vereinbarung 19, 137
Intermodalität, GD Energie und Verkehr (Kommission) 95
Internationale Energie-Agentur 376
Internationale Fragen,
  - GD Beschäftigung, Soziales und Chancengleichheit (Kommission) 63

Sachregister

– GD Landwirtschaft und Entwicklung des ländlichen Raumes (Kommission) 83
– GD Wirtschaft und Finanzen (Kommission) 100
Internationalen Handel, Ausschuss für 208
Interner Auditdienst (Kommission) 123
Internet 13
– GD Informationsgesellschaft (Kommission) 79
Interparlamentarische Delegationen (EP) 221
Irland, GD Regionalpolitik (Kommission) 87
ISPO 347
Italien, GD Regionalpolitik (Kommission) 87

J

Jahresberichte des Europäischen Rechnungshofs 21
Jugend 8, 12, 14, 35
– (AdR) 237
– (Europarat) 364
– GD Bildung und Kultur (Kommission) 65
– GD F Presse; Kommunikation 49
– GD Forschung (Kommission) 70
– GD I Umwelt- und Verbraucherschutz, Katastrophenschutz; Gesundheit, Lebensmittelrecht, Bildung und Jugend, Kultur, audiovisuelle Medien (Rat) 51
– (Rat) 38
Juristischer Dienst
– (EP) 140
– (Kommission) 124
– (Rat) 38
Justiz 5, 6, 12, 16, 35, 299
– Ausschuss für bürgerliche Freiheiten, Justiz und Inneres (EP) 216
– (EP) 146
– GD F Presse, Kommunikation, Protokoll (Rat) 49
– GD H Justiz und Inneres (Rat) 50
– GD Justiz, Freiheit und Sicherheit (Kommission) 81
– und Inneres (Rat) 39

K

Kabinett
– des Generalsekretärs (EP) 140
– des Generalsekretärs (Rat) 38
– des Präsidenten (EP) 139
– des Präsidenten (EWSA) 234
– Kommission 54
Kabinettchef (Kommission) 54
Kabinettchefs der Generaldirektionen (Kommission) 54
Kaffee, Verbände 404
Kakao, Verbände 404
Kammern
– (EuGH) 244
– Gericht Erster Instanz 246
Kandidatenländer, GD Erweiterung (Kommission) 106
Kanzlei
– (AdR) 239
– Generalsekretariat (Kommission) 117
Karibik, GD Entwicklung (Kommission) 105
Karibischer Raum, Amt für Zusammenarbeit 107
Katastrophenschutz
– GD I Umwelt- und Verbraucherschutz, Katastrophenschutz; Gesundheit, Lebensmittelrecht, Bildung und Jugend, Kultur, audiovisuelle Medien (Rat) 51
– (Rat) 38
Kaukasus, Amt für Zusammenarbeit 107
Keramik, Verbände 419
Kernenergie,
– GD Energie und Verkehr (Kommission) 95
– (OECD) 377
Kernenergie-Agentur 377
Kleine und mittlere Unternehmen, Verbände 452
Kohäsion 4, 22
Kohäsionspolitik,
– GD Interne Politikbereiche der Union (EP) 145
– GD Regionalpolitik (Kommission) 86
Kohle, Europäische Gemeinschaft für Kohle und Stahl 3

526

Kollegialitätsprinzip, Kommission 53
Kollegialorgan (Kommission) 53
Kommission 30 f., 53 ff., 137
– Arbeitsweise 53
– Ausschüsse 55
– Ausschussverfahren 55
– Beschlüsse 53
– Dienststellen 52
– Ernennung der 6
– Exekutivorgan 52
– GD und Dienste 62
– Generaldirektionen 54
– Generaldirektor 55
– Generalsekretariat 116
– Geschäftsbereiche 54
– Haushalt 52
– Hüterin der Gemeinschaftsverträge 52
– Initiativrecht für den Erlass von Rechtsvorschriften 52
– Kabinett 54
– Kabinettchef 54
– Kabinette 60
– Kollegialitätsprinzip 53
– Kollegialorgan 53
– Kommissar 53
– Kommissare 60
– Misstrauensvotum des EP 53
– Organisation 53
– Personal- und Haushaltsplanung 54 f.
– Präsident 53, 60
– Querschnittsdienste 55
– Rechtsgrundlagen 52
– Regelungsverfahren 55
– Stimmrecht 53
– Übergreifende Dienststellen, Kommissare und Kabinette 60
– Übertragung des Stimmrechts 53
– Umlaufverfahren 53
– Vertragsverletzungsverfahren 52
– Vertreterin des Gemeinschaftsinteresses 52
– Verwaltungsreform 54 f.
– Verwaltungsverfahren 55
– Weisungsbefugnis 55
– Zuständigkeiten 52
Kommunen,
– Europabüros der deutschen 306
– Europabüros der österreichischen 308

Kommunikation,
– (EZB) 255
– GD IV Information und Öffentlichkeitsarbeit (EP) 149
– GD Bildung und Kultur (Kommission) 65
– GD Binnenmarkt und Dienstleistungen (Kommission) 65
– GD F Presse, Kommunikation, Protokoll (Rat) 49
– GD Landwirtschaft und Entwicklung des ländlichen Raumes (Kommission) 83
– GD Presse und Kommunikation (Kommission) 118, 119
– GD Wettbewerb (Kommission) 97
Kommunikationsdienste, GD Informationsgesellschaft (Kommission) 79
Kommunikationsnetze, GD Informationsgesellschaft (Kommission) 80
Kommunikationspolitik, GD Handel (Kommission) 109
Konferenz
– der Präsidenten 138
– der Präsidenten (EP) 138
– von Messina 3
Konferenzen,
– GD VI Verwaltung (EP) 153
– GD A Personal und Verwaltung (Rat) 41
– GD Dolmetschen (Kommission) 121
Konfliktverhütung (OSZE) 389
Kongress der Gemeinden und Regionen in Europa 362
konstitutionelle Fragen, Ausschuss für konstitutionelle Fragen (EP) 217
Konstruktive Enthaltung 5
Konsumgüter, GD Wettbewerb (Kommission) 97
Konvent der Zukunft Europas 7
Konvergenzkriterien 9
Konzertierungsverfahren 20
Koordinierung,
– GD Handel (Kommission) 111
– GD Interne Politikbereiche der Union (EP) 147
Korruptionsfälle 21
Krisenbewältigung, GD E Außenwirtschaftsbeziehungen, Gemeinsame

527

Sachregister

Außen- und Sicherheitspolitik –
GASP (Rat) 48
Kultur 7, 13 f., 35, 298
– (AdR) 237, 240
– Ausschuss für Kultur und Bildung (EP) 215
– (Europarat) 358, 362, 364
– (Eurostat) 115
– GD Bildung und Kultur (Kommission) 64 f.
– GD F Presse, Kommunikation, Protokoll (Rat) 49
– GD I Umwelt- und Verbraucherschutz, Katastrophenschutz; Gesundheit, Lebensmittelrecht, Bildung und Jugend, Kultur, audiovisuelle Medien (Rat) 51
– GD Interne Politikbereiche der Union (EP) 145
– GD Wettbewerb (Kommission) 98
– (Rat) 38
– Verbände 425
Kunststoffe, Verbände 413

L

Laeken 7
ländliche Entwicklung, GD Landwirtschaft und Entwicklung des ländlichen Raumes (Kommission) 84
Landverkehr, GD Energie und Verkehr (Kommission) 95
Landwirtschaft
– GD B Landwirtschaft (Rat) 44
– GD Forschung (Kommission) 70
– GD Landwirtschaft und Entwicklung des ländlichen Raumes (Kommission) 82
– (Rat) 39
– Verbände 401
landwirtschaftlicher Handel, GD Handel (Kommission) 111
Landwirtschaftsausschuss (EP) 214
Landwirtschaftspolitik 13
Lateinamerika,
– Amt für Zusammenarbeit 108
– GD Auswärtige Beziehungen (Kommission) 103
Laufbahnen, GD Personal und Verwaltung (Kommission) 125

Lebensbedingungen, Europäische Stiftung zur Verbesserung der Lebens- und Arbeitsbedingungen 284
Lebensmittel, GD Wettbewerb (Kommission) 97
Lebensmittelamt, GD Gesundheit und Verbraucherschutz (Kommission) 78
Lebensmittelrecht, GD I Umwelt- und Verbraucherschutz, Katastrophenschutz; Gesundheit, Lebensmittelrecht, Bildung und Jugend, Kultur, audiovisuelle Medien (Rat) 51
Lebensmittelsicherheit,
– Ausschuss für Umweltfragen, Volksgesundheit und Lebensmittelsicherheit (EP) 211
– (EFSA), Europäische Behörde für 289
– GD Gesundheit und Verbraucherschutz (Kommission) 78
Lebensmittelvorschriften (Rat) 38
Leder, Verbände 418
Lettland, GD Regionalpolitik (Kommission) 87
Lissabon, Strategie von 13
Litauen, GD Regionalpolitik (Kommission) 87
Logistik
– Amt für Gebäude, Anlagen und Logistik (Kommission) 121
– (EWSA) (AdR) 235
– GD VI Infrastrukturen und Dolmetschen (EP) 153
– GD Datenverarbeitung (Kommission) 120
Lückenfüllungskompetenz 34
Luft, GD Umwelt (Kommission) 90
Luftfahrt, GD Unternehmen (Kommission) 92
Luftverkehr, GD Energie und Verkehr (Kommission) 95
Luxemburg, GD Regionalpolitik (Kommission) 87
Luxemburger Kompromiss 36

M

Maastricht 4, 9, 12
– Vertrag von 14
Malta, GD Regionalpolitik (Kommission) 87

MARKET ACCESS DATABASE 347
Marketing, Verbände 431
Marktorganisation, GD B
 Landwirtschaft (Rat) 44
Maschinenbau, Verbände 421
Maßnahmen, GD Regionalpolitik
 (Kommission) 86
Medien,
 – GD IV Information und Öffentlichkeitsarbeit (EP) 148
 – GD Presse und Kommunikation (Kommission) 119
 – Verbände 431
Medienfreiheit, Beauftragter für 391
Medizinische Produkte, Verbände 408
Mehrheitsentscheidungen 4, 6, 36
Menschenrecht,
 – GD Auswärtige Beziehungen (Kommission) 102
 – GD E Außenwirtschaftsbeziehungen, Gemeinsame Außen- und Sicherheitspolitik – GASP (Rat) 46
Menschenrechte 364
 – Büro für 390
 – Europäischer Gerichtshof für 365
 – (Europarat) 357, 362, 364
 – (OSZE) 389
 – Verbände 451
Menschenrechtskonvention,
 Europäische 364
Messina, Konferenz von 3
Metalle, Verbände 415
Milchprodukte, Verbände 402
Miniaturisierung, GD Informationsgesellschaft (Kommission) 80
Ministerkomitee (Europarat) 360
Misstrauensantrag 137
Misstrauensvotum 31
 – des EP (Kommission) 53
Mitentscheidung (EP) 136
Mitentscheidungsbefugnisse (EP) 137
Mitentscheidungsverfahren 5, 17, 25
 – (Kommission) 56
Mitglieder
 – aus den übrigen Mitgliedstaaten (EP) 174 ff.
 – aus Deutschland (EP) 160 ff.
 – aus Österreich (EP) 172 ff.
 – des Gerichts Erster Instanz 245
 – (EP) 156
 – Europäischer Rechnungshof 248

Mitgliedstaaten
 – bei der EU, Vertretungen 295 ff.
 – Ständige Vertretung Deutschlands bei der EU 296
 – Ständige Vertretung Österreichs bei der EU 298
 – Ständige Vertretungen der übrigen 300
 – Vertretung (Büros) der Kommission in den 267
Mittelamerika, GD E Außenwirtschaftsbeziehungen, Gemeinsame Außen- und Sicherheitspolitik – GASP (Rat) 46
Mittel- und Osteuropa (OECD) 378
Mittelfristige Finanzplanung 19
Mittelmeerraum, GD E Außenwirtschaftsbeziehungen, Gemeinsame Außen- und Sicherheitspolitik – GASP (Rat) 47
Mittlerer Osten, GD Auswärtige Beziehungen (Kommission) 103
Möbel, Verbände 417
Monaco, GD Auswärtige Beziehungen (Kommission) 103
Montanindustrie 3
Multilaterale Beziehungen, GD Auswärtige Beziehungen (Kommission) 102
Multimedia, GD Wettbewerb (Kommission) 97

N

Nachbarschaftspolitik, GD Auswärtige Beziehungen (Kommission) 103
Nachfragemanagement, GD Energie und Verkehr (Kommission) 94
Naher Osten, GD E Außenwirtschaftsbeziehungen, Gemeinsame Außen- und Sicherheitspolitik – GASP (Rat) 47
Nahost, Amt für Zusammenarbeit 107
Nahrungsmittelgewerbe, Verbände 401
Nationale Informationsstellen in der EU 334
Nationale Minderheiten 391
 – Hoher Kommissar für 391
Nationale Parlamente, Homepages 349
Naturschutz, Verbände 446
Negativliste 6

Netzsicherheit, Europäische Agentur für Netz- und Informationssicherheit (ENISA) 292
Netzwerksicherheit, GD Informationsgesellschaft (Kommission) 79
Neuseeland, GD Auswärtige Beziehungen (Kommission) 102 f.
Nichtigkeitsklage (EuGH) 241
nichtobligatorische Ausgaben 20, 137
Niederlande, GD Regionalpolitik (Kommission) 87
Nizza, Vertrag von 6, 12, 14
Nordamerika,
– GD Auswärtige Beziehungen (Kommission) 102, 103
– GD E Außenwirtschaftsbeziehungen, Gemeinsame Außen- und Sicherheitspolitik – GASP (Rat) 46
Nukleare Überwachung, GD Energie und Verkehr (Kommission) 95

O

obligatorische Ausgaben 20, 137
Obst, Verbände 401
Öffentliche Aufträge (Rat) 38
öffentliche Versorgung, GD Handel (Kommission) 111
öffentlicher Dienst,
– Europäischer 350
– Gericht für den öffentlichen Dienst der Europäischen Union 247
Öffentlichkeitsarbeit, GD IV Information und Öffentlichkeitsarbeit (EP) 148
Öl, Verbände 405
(OLAF), Europäisches Amt für Betrugsbekämpfung 112
Organisation
– der Europäischen Zentralbank 254
– des Europäischen Rechnungshofes 248
Organisation für Sicherheit und Zusammenarbeit in Europa (OSZE) 389 ff.
– Arbeitsweise 389
– Büro für demokratische Institutionen und Menschenrechte 390
– Hoher Kommissar für Nationale Minderheiten 391
– Organisation 389

– OSZE-Beauftragter für Medienfreiheit 391
– Rechtsgrundlage 389
– Sekretariate 390
– Zielsetzungen 389
Organisation für Wirtschaftliche Zusammenarbeit und Entwicklung (OECD) 372 ff.
– Arbeitsweise 374
– Ausschüsse 375
– Entwicklungszentrum 377
– Internationale Energie-Agentur 376
– Kernenergie-Agentur 377
– Organisation 374
– Rechtsgrundlage 372
– Sekretariat 375
– Ständige Vertretungen der Mitgliedstaaten 378
– Zentrum für die Zusammenarbeit mit Nicht-Mitgliedsländern 378
– Zentrum für Forschung und Innovation im Bildungswesen 377
– Zielsetzungen 372
Organisationen der Wirtschaft 399
ORTELIUS 347
Organisation, GD A Personal und Verwaltung (Rat) 41
Ostafrika, GD Entwicklung (Kommission) 105
Ostasien, GD Auswärtige Beziehungen (Kommission) 102 f.
Österreich,
– GD Regionalpolitik (Kommission) 87
– Mitglieder aus (EP) 172 ff.
Österreichische Bundesländer,
– Einrichtungen auf EU-Ebene 303
– Europabüros 307
– Verbindungsstellen 306
österreichische Kommunen, Europabüros 308
Osteuropa,
– GD Auswärtige Beziehungen (Kommission) 103
– GD E Außenwirtschaftsbeziehungen, Gemeinsame Außen- und Sicherheitspolitik – GASP (Rat) 47

P

Papierbe- und verarbeitung, Verbände 418
Parlamentarische Versammlung (Europarat) 360
Parlamente, GD Interne Politikbereiche der Union (EP) 147
Parteien (EP) 157
Partnerschafts- und Kooperationsabkommen 23
Patentamt, Europäisches Patentamt (EPA) 385
Pazifischer Ozean,
  – Amt für Zusammenarbeit 107
  – GD Entwicklung (Kommission) 105
Personal,
  – GD V Personal (EP) 151
  – GD A Personal und Verwaltung (Rat) 40 f.
  – GD Personal und Verwaltung (Kommission) 124 ff.
Personalauswahl, Amt für Personalauswahl der Europäischen Gemeinschaften 266
Personalverwaltung, GD V Personal (EP) 152
Personalwesen (EZB) 255
Petitionsausschuss (EP) 218
Pflanzenschutz,
  – GD B Landwirtschaft (Rat) 44
  – GD Gesundheit und Verbraucherschutz (Kommission) 78
Pflanzenschutzfragen, GD B Landwirtschaft (Rat) 44
PHARE 388
Pharmazeutische Produkte, Verbände 408
Plenartagungen (EP) 139
Plenum 138
Polen, GD Regionalpolitik (Kommission) 87
Politik, GD Informationsgesellschaft (Kommission) 79
Politikbereiche
  – der Union, GD Interne Politikbereiche der Union (EP) 143
  – GD III Externe Politikbereiche (EP) 147
Politische

  – Berater (Kommission) 127
  – Fragen (Europarat) 364
  – Interessen, Verbände 445
  – Zusammenarbeit 3
Porto 22
Portugal, GD Regionalpolitik (Kommission) 87
Postdienstleistungen, Verbände 430
Präsident (Kommission) 60
Präsidentschaft, Generaldirektion I (EP) 140
Präsidialdienst, GD I Präsidentschaft (EP) 140
Präsidium 138
PRELEX 347
Presse
  – (AdR) 239
  – (EuGH) 242
  – GD F des Rates Presse, Kommunikation, Protokoll 49
  – GD Presse und Kommunikation (Kommission) 118
primäres Gemeinschaftsrecht 15
Printmedien, Verbände 442
Prinzip der begrenzten Einzelfallermächtigungen 15
Produktionskette, GD Gesundheit und Verbraucherschutz (Kommission) 78
Projekte (EIB) 263
Projektfinanzierung (EIB) 258
Protokoll, GD F Presse; Kommunikation, Protokoll (Rat) 49
Prüfverfahren, Verbände 440

Q

qualifizierte Mehrheit 8, 36
Qualitätsverbesserung, Verbände 440
Quästoren (EP) 138

R

Rahmengesetz 16
RAPID 347
Rassismus und Fremdenfeindlichkeit, Europäische Stelle zur Beobachtung von – 288
Rat 30, 137
  – der Außenminister 36
Rat der Europäischen Union 34 ff.

531

- Arbeitsweise 34
- Ausschuss der Ständigen Vertreter 35
- Entscheidungsorgan 34
- Generalsekretariat 35, 37
- Organisation 34
- Präsidentschaft 35
- Rechtsgrundlage 34
- Ständige Vertreter 35
- Vorschlag der Kommission 34
- Zuständigkeiten 34

Ratsentscheidungen 35
Ratspräsidentschaften 35
Ratstagungen 35
Raumfahrt,
- GD Forschung (Kommission) 71
- Verbände 423
Raumfahrtforschungsinstitut 392
Rechte der Frau, Ausschuss für die Rechte der Frau und die Gleichberechtigung der Geschlechter (EP) 217
Rechtsakt (EuGH) 240
Rechtsakte der EU 15
Rechtsausschuss (EP) 216
Rechtsdienste (EZB) 255
Rechtsetzungsakte 52
Rechtsgemeinschaft (EuGH) 240
Rechtsmittel (EuGH) 241
Rechtspolitik 30
Rechtsrahmen, GD Informationsgesellschaft (Kommission) 79
Rechts- und Sprachsachverständige (Rat) 39
Rechtsvorschriften, GD Landwirtschaft und Entwicklung des ländlichen Raumes (Kommission) 85
Referenzmaterialien, Institut für Referenzmaterialien- und Messungen, Gemeinsame Forschungsstelle (Kommission) 74
Referenzmessungen, Institut für Referenzmaterialien und -messungen, Gemeinsame Forschungsstelle (Kommission) 74
Referenzzentren 337
Regelungsverfahren 57
- (Kommission) 55
Regionale
- Angelegenheiten, GD G Wirtschaft und Soziales (Rat) 50

- Entwicklung, Ausschuss für regionale Entwicklung (EP) 213
Regionalpolitik
- GD Regionalpolitik (Kommission) 85
- (Rat) 38
- Verbände 444
Regulierung, GD Fischerei (Kommission) 68
Regulierungspolitik, GD Unternehmen (Kommission) 91
Reisen, Verbände 427
Religiöse Interessen, Verbände 450
Ressourcen
- Amt für amtliche Veröffentlichungen der Europäischen Gemeinschaften 112
- (Eurostat) 114
- GD Auswärtige Beziehungen (Kommission) 104
- GD Beschäftigung, Soziales und Chancengleichheit (Kommission) 63
- GD Bildung und Kultur (Kommission) 65
- GD Datenverarbeitung (Kommission) 120
- GD Dolmetschen (Kommission) 121
- GD Energie und Verkehr (Kommission) 94
- GD Erweiterung (Kommission) 106
- GD Fischerei (Kommission) 68
- GD Forschung (Kommission) 72
- GD Handel (Kommission) 109
- GD Informationsgesellschaft (Kommission) 79
- GD Landwirtschaft und Entwicklung des ländlichen Raumes (Kommission) 85
- GD Personal und Verwaltung (Kommission) 126
- GD Presse und Kommunikation (Kommission) 119
- GD Regionalpolitik (Kommission) 86
- GD Übersetzung (Kommission) 132
- GD Umwelt (Kommission) 90

Sachregister

– GD Unternehmen (Kommission) 91
– GD Wettbewerb (Kommission) 96
– GD Wirtschaft und Finanzen (Kommission) 101
– Generalsekretariat (Kommission) 117
Ressourcenverwaltung, Gemeinsame Forschungsstelle (Kommission) 73
Revision (EZB) 255
Richter (EuGH) 243
Richtlinien 15
Risikoeinschätzung, GD Gesundheit und Verbraucherschutz (Kommission) 77
Risikokapitalfinanzierungen (EIB) 259
Risikomanagement (EIB) 264

S

Saatgut, Verbände 401
San Marino, GD Auswärtige Beziehungen (Kommission) 103
Satellitenzentrum der Europäischen Union (EUSC) 291
SCADplus 347
Schadenersatzklagen, Gericht Erster Instanz 245
Schengener Abkommen 5
Schlussakte von Helsinki 389
Schutz, Institut für Schutz und Sicherheit des Bürgers, Gemeinsame Forschungsstelle (Kommission) 75
Schweden, GD Regionalpolitik (Kommission) 87
Seeverkehr,
– GD Energie und Verkehr (Kommission) 95
Sicherheit,
– am Arbeitsplatz, Europäische Agentur für Gesundheitsschutz und 288
– Europäische Agentur für die Sicherheit des Seeverkehrs (EMSA) 290
– GD Energie und Verkehr (Kommission) 96
– GD Justiz, Freiheit und Sicherheit (Kommission) 81
– GD Personal und Verwaltung (Kommission) 126

– GD Unternehmen (Kommission) 92
– Institut für Schutz und Sicherheit des Bürgers, Gemeinsame Forschungsstelle (Kommission) 75
– Organisation für Sicherheit und Zusammenarbeit in Europa (OSZE) 389
Sicherheitspolitik 14, 30
– Außen- und 3 f., 6, 12, 14, 19
– GD E Außenwirtschaftsbeziehungen, Gemeinsame Außen- und Sicherheitspolitik – GASP (Rat) 47
– Gemeinsame Außen- und 5, 16, 35 f.
Sicherheitsstudien, Institut der Europäischen Union für Sicherheitsstudien (EUISS) 291
Slowakei, GD Regionalpolitik (Kommission) 87
Slowenien, GD Regionalpolitik (Kommission) 87
Soforthilfe, Amt für Zusammenarbeit 108
Software-Sicherheit, GD Informationsgesellschaft (Kommission) 80
Solidaritätsfonds, GD Regionalpolitik (Kommission) 86
Sonstige, Verbände 406, 424, 444, 453
Sortenamt (CPVO), Gemeinschaftliches 288
Sozialcharta 10
Soziale
– Interessen, Verbände 448
– Rechte, GD Beschäftigung, Soziales und Chancengleichheit (Kommission) 63
soziale Angelegenheiten,
– Ausschuss für Beschäftigung und soziale Angelegenheiten (EP) 210
– GD G Wirtschaft und Soziales (Rat) 50
Sozialer Dialog, GD Beschäftigung, Soziales und Chancengleichheit (Kommission) 63
Soziales
– Beschäftigung, Soziales und Chancengleichheit (Kommission) 62
– (Eurostat) 115

533

Sachregister

– GD G Wirtschaft und Soziales (Rat) 50
Sozialfragen
– (Europarat) 364
– (Rat) 38
Sozialpolitik 5, 12, 22, 35, 252, 297
– (AdR) 237 f., 240
– (EWSA) 232
– GD F Presse, Kommunikation, Protokoll (Rat) 49
– GD G Wirtschaft und Soziales (Rat) 50
– GD Personal und Verwaltung (Kommission) 126
– (OECD) 373
– Politische Berater (Kommission) 127
Sozialprotokoll 5
Sozialschutz, GD Beschäftigung, Soziales und Chancengleichheit (Kommission) 63
Sozialwissenschaften, GD Forschung (Kommission) 71
Spaak-Bericht 3
Spanien, GD Regionalpolitik (Kommission) 87
Sperrminorität 36
Sperrminoritäten 12
Spielzeug, Verbände 420
Spinelli, Altiero 4
Sport, GD Bildung und Kultur (Kommission) 65
Sprachen 21
Sprachendienst (EZB) 255
Stahl, Europäische Gemeinschaft für Kohle und Stahl 3
Ständige Vertreter 35, 295
Ständige Vertretung
– Deutschlands bei der EU 296
– Österreichs bei der EU 298
Ständige Vertretungen der übrigen Mitgliedstaaten 300
Ständiger Ausschuss (Europarat) 362
Standardisierung, Verbände 440
Statistik
– (EZB) 256
– (UNECE) 381
statistische Instrumente (Eurostat) 114
Statistisches Amt der Europäischen Gemeinschaften – Eurostat (Kommission) 114

Stelle zur Beobachtung von Rassismus und Fremdenfeindlichkeit, Europäische 288
Steuern
– GD Steuern und Zollunion (Kommission) 88
– (Rat) 39
Steuerpolitik 30
– GD Steuern und Zollunion (Kommission) 89
Steuerregelungen, GD Wettbewerb (Kommission) 98
Steuerverwaltung, GD Steuern und Zollunion (Kommission) 89
Stiftung zur Verbesserung der Lebens- und Arbeitsbedingungen, Europäische 284
Stimmrecht (Kommission) 53
Stipendien, GD Forschung (Kommission) 70
Stockholmer Konvention 383
Strafjustiz, GD Justiz, Freiheit und Sicherheit (Kommission) 82
Strategie
– GD Auswärtige Beziehungen (Kommission) 104
– von Lissabon 13
Strategie- und Frühwarneinheit 36
Strukturfondsstatistik (Eurostat) 115
Strukturpolitik,
– GD Fischerei (Kommission) 68
– GD Interne Politikbereiche der Union (EP) 145
Subsidiaritätsprinzip 12, 13, 31
Südafrika, GD Entwicklung (Kommission) 105
Südamerika, GD E Außenwirtschaftsbeziehungen, Gemeinsame Außen- und Sicherheitspolitik – GASP (Rat) 46
Südlicher
– Kaukasus, GD Auswärtige Beziehungen (Kommission) 103
– Mittelmeerraum, Amt für Zusammenarbeit 107
– Mittelmeerraum, GD Auswärtige Beziehungen (Kommission) 103

T

Tabak, Verbände 405

TACIS 388
Tarifangelegenheiten, GD Steuern und Zollunion (Kommission) 88
Technolgie, Verbände 436
Technologien, GD Handel (Kommission) 111
Technologiepolitik 4, 12
– (OECD) 375
Tee, Verbände 404
Telekommunikation 12, 35
– (EWSA) 235
– GD A Personal und Verwaltung (Rat) 42
– GD C Binnenmarkt; Wettbewerbsfähigkeit; Industrie; Forschung; Energie; Verkehr (Rat) 45
– GD Datenverarbeitung (Kommission) 119
– GD F Presse; Kommunikation 49
– GD Wettbewerb (Kommission) 97 f.
– (Rat) 38
– Verbände 430
Territoriale Zusammenarbeit, GD Regionalpolitik (Kommission) 86
Textilien,
– GD Handel (Kommission) 111
– Verbände 418
Tiergesundheit, GD Gesundheit und Verbraucherschutz (Kommission) 78
Tierschutz,
– GD Gesundheit und Verbraucherschutz (Kommission) 78
– Verbände 446
Tindemans, Leo 3
Tindemans-Bericht 3
Tourismus
– GD Unternehmen (Kommission) 93
– (Rat) 38
– Verbände 427
Transeuropäische Netze 13
– (EIF) 265
– GD Energie und Verkehr (Kommission) 94
– (Rat) 38
Transurane, Institut für Transurane, Gemeinsame Forschungsstelle (Kommission) 74
Transport (UNECE) 381

Tschechische Republik, GD Regionalpolitik (Kommission) 87

U

Übersetzung
– der Dokumente, GD A Personal und Verwaltung (Rat) 42
– (EuGH) 243
– (EWSA) (AdR) 235
– GD VII Übersetzung und Allgemeine Dienste (EP) 153 f.
– GD Übersetzung (Kommission) 127
Übersetzungsstrategie, GD Übersetzung (Kommission) 133
Übersetzungszentrum für die Einrichtungen der Europäischen Union 287
Übertragung des Stimmrechts (Kommission) 53
Überwachung, GD Fischerei (Kommission) 68
Umlaufverfahren (Kommission) 53
Umwelt 13, 22, 35, 84, 299, 347
– (AdR) 237
– Amt für Zusammenarbeit 108
– (EFTA) 383 f.
– (Europarat) 362, 364
– (Eurostat) 116
– GD Energie und Verkehr (Kommission) 95
– GD Entwicklung (Kommission) 105
– GD F Presse, Kommunikation, Protokoll (Rat) 49
– GD Fischerei (Kommission) 67
– GD Forschung (Kommission) 71
– GD Handel (Kommission) 111
– GD I Umwelt- und Verbraucherschutz, Katastrophenschutz; Gesundheit, Lebensmittelrecht, Bildung und Jugend, Kultur, audiovisuelle Medien (Rat) 51
– GD Informationsgesellschaft (Kommission) 80
– GD Landwirtschaft und Entwicklung des ländlichen Raumes (Kommission) 84
– GD Steuern und Zollunion (Kommission) 89
– GD Umwelt (Kommission) 89 f.

Sachregister

- GD Wirtschaft und Finanzen (Kommission) 100
- Institut für Umwelt, Gemeinsame Forschungsstelle (Kommission) 75
- (OECD) 376
- (Rat) 38
- (UNECE) 381
- Verbände 432

Umweltagentur (EEA), Europäische 285

Umweltfragen, Ausschuss für Umweltfragen, Volksgesundheit und Lebensmittelsicherheit (EP) 211

Umweltprogramme, GD Umwelt (Kommission) 90

Umweltschutz,
- GD I Umwelt- und Verbraucherschutz, Katastrophenschutz; Gesundheit, Lebensmittelrecht, Bildung und Jugend, Kultur, audiovisuelle Medien (Rat) 51
- GD Umwelt (Kommission) 89

Umweltstatistik (Eurostat) 115

Ungarn, GD Regionalpolitik (Kommission) 87

Union der europäischen Völker 3

Unionsbürgerschaft, GD Justiz, Freiheit und Sicherheit (Kommission) 82

Untätigkeitsklagen (EuGH) 241

Unterhaltung, Verbände 425

Unternehmen,
- Beratungsstellen 309
- GD Unternehmen (Kommission) 91
- Verbände 452

Unternehmensführung, GD Binnenmarkt und Dienstleistungen (Kommission) 67

Unternehmenspolitik 13

Untersuchungsausschüsse 5, 137

V

Verbände 399 ff.
- Abfallwirtschaft 432
- Alkohol 404
- Ausbildung 441
- Automobilindustrie 416
- Baugewerbe 410
- Bekleidung 418
- Beratung 443

- Berufsverbände 434
- Chemische Produkte 408
- Dienstleistungen 425
- Eier 402
- Elektrisches Zubehör 421
- Elektronisches Zubehör 421
- Energie 413
- Entwicklungshilfe 447
- Europabüros deutscher 455
- Europabüros österreichischer 458
- Europäische 401
- Finanzdienstleistungen 428
- Fisch 402
- Fleisch 402
- Forschung 436
- Fortbildung 441
- Freizeit 425
- Freizeitzubehör 420
- Gemüse 401
- Genussmittelgewerbe 401
- Gesundheitswesen 437
- Getreide 401
- Gewürze 405
- Glas 419
- Grundstoffindustrie 422
- Gummi 413
- Handel 433
- Handelskammern 434
- Holz 417
- Holzbe- und -verarbeitung 418
- Industrie 408
- Industriekammern 434
- Informationstechnologiezubehör 423
- Kaffee 404
- Kakao 404
- Keramik 419
- Kleine und mittlere Unternehmen 452
- Kultur 425
- Kunststoffe 413
- Landwirtschaft 401
- Leder 418
- Marketing 431
- Maschinenbau 421
- Medien 431
- Medizinische Produkte 408
- Menschenrechte 451
- Metalle 415
- Milchprodukte 402
- Möbel 417

Sachregister

- Nahrungsmittelgewerbe 401
- Naturschutz 446
- Obst 401
- Öl 405
- Papierbe- und -verarbeitung 418
- Pharmazeutische Produkte 408
- Politische Interessen 445
- Postdienstleistungen 430
- Printmedien 442
- Prüfverfahren 440
- Qualitätsverbesserung 440
- Raumfahrt 423
- Regionalpolitik 444
- Reisen 427
- Religiöse Interessen 450
- Saatgut 401
- Sonstige 406, 424, 444, 453
- Soziale Interessen 448
- Spielzeug 420
- Standardisierung 440
- Tabak 405
- Technologie 436
- Tee 404
- Telekommunikation 430
- Textilien 418
- Tierschutz 446
- Tourismus 427
- Umwelt 432
- Unterhaltung 425
- Unternehmen 452
- Verbraucherschutz 445
- Verkehr 425
- Verkehrsausrüstungshersteller 416
- Verschiedene 444
- Verteidigung 423
- Werbung 431
- Wirtschaft 399
- Wissenschaft 436
- Zucker 405

Verbindungsbüro
- Genf, GD E Außenwirtschaftsbeziehungen, Gemeinsame Außen- und Sicherheitspolitik – GASP (Rat) 48
- New York, GD E Außenwirtschaftsbeziehungen, Gemeinsame Außen- und Sicherheitspolitik – GASP (Rat) 49

Verbindungsbüros der österreichischen Bundesländer 307

Verbindungsstelle der österreichischen Bundesländer 306

Verbraucherangelegenheiten, GD Gesundheit und Verbraucherschutz (Kommission) 77

Verbraucherpolitik 13
- GD Binnenmarkt und Dienstleistungen (Kommission) 67
- GD Gesundheit und Verbraucherschutz (Kommission) 77
- (OECD) 375

Verbraucherschutz
- Ausschuss für Binnenmarkt und Verbraucherschutz (EP) 212
- GD Gesundheit und Verbraucherschutz (Kommission) 77
- GD I Umwelt- und Verbraucherschutz, Katastrophenschutz; Gesundheit, Lebensmittelrecht, Bildung und Jugend, Kultur, audiovisuelle Medien (Rat) 51
- Institut für Gesundheit und Verbraucherschutz, Gemeinsame Forschungsstelle (Kommission) 76
- (Rat) 38
- Verbände 445

Verbrauchsgüter, GD Unternehmen (Kommission) 92

Vereinigte Nationen, GD E Außenwirtschaftsbeziehungen, Gemeinsame Außen- und Sicherheitspolitik – GASP (Rat) 46

Vereinigtes Königreich, GD Regionalpolitik (Kommission) 87

Verfahren
- der Mitentscheidung 136
- der Zusammenarbeit 17, 27, 137
- zum Erlass von Einzelfallentscheidungen 18
- zum Erlass von Rechtsakten 17

Verfahrensordnung, Gericht Erster Instanz 245

Verfassung 3, 7
- der EU 6

Verfassungsfragen, GD Interne Politikbereiche der Union (EP) 145

Verfassungsvertrag 6, 7

Vergabewesen, GD Binnenmarkt und Dienstleistungen (Kommission) 66

Verkehr

537

– Ausschuss für Verkehr und
  Fremdenverkehr (EP) 213
– GD C Binnenmarkt; Wettbewerbs-
  fähigkeit; Industrie; Forschung;
  Energie; Verkehr (Rat) 45
– GD Energie und Verkehr
  (Kommission) 93 f.
– GD Forschung (Kommission) 71
– (Rat) 38
– Verbände 425
Verkehrsausrüstungshersteller,
  Verbände 416
Verkehrspolitik 13
Vermittlung, GD Interne Politik-
  bereiche der Union (EP) 147
Vermittlungsausschuss 17
Veröffentlichung, Amt für amtliche Ver-
  öffentlichungen der Europäischen
  Gemeinschaften 112
Veröffentlichungen, GD VII Überset-
  zung und Allgemeine Dienste (EP)
  154
Verordnungen 15
Verpflichtungsermächtigungen 20
Versammlung (EP) 136
Verschiedene, Verbände 444
Verteidigung,
  – GD Unternehmen (Kommission)
    92
  – Verbände 423
Verteidigungsfragen, GD E Außenwirt-
  schaftsbeziehungen, Gemeinsame
  Außen- und Sicherheitspolitik –
  GASP (Rat) 47
Verteidigungsgemeinschaft, Europäische
  3
Verteidigungspolitik 14
  – GD E Außenwirtschaftsbezie-
    hungen, Gemeinsame Außen- und
    Sicherheitspolitik – GASP (Rat) 47
Verteilungskette, GD Gesundheit und
  Verbraucherschutz (Kommission) 78
Vertrag
  – über die Europäische Union 4, 6,
    9 f., 13, 21, 30
  – von Amsterdam 5, 7, 12 f., 17, 36,
    53
  – von Maastricht 5, 7, 9, 12, 14
  – von Nizza 6 f., 10, 12 f., 30, 32, 36,
    53, 232
Vertragsverletzungsverfahren

– (EuGH) 241
– (Kommission) 52
Vertretung
  – (Büros) der Kommission in den
    Mitgliedstaaten 267
  – Deutschlands bei der EU, Ständige
    296
  – Österreichs bei der EU, Ständige
    298
Vertretungen
  – der EU in Drittstaaten 270
  – der übrigen Mitgliedstaaten,
    Ständige 300
  – GD Presse und Kommunikation
    (Kommission) 119
Vertretungen der Mitgliedstaaten bei der
  EU,
  – Arbeitsweise 295
  – Organisation 295
  – Rechtsgrundlage 295
  – Zuständigkeiten 295
Verwaltung
  – (AdR) 238
  – des Europäischen Gerichtshofs 242
  – des Gerichts Erster Instanz 245
  – (EZB) 255
  – GD A Personal und Verwaltung
    (Rat) 40 f.
  – GD Personal und Verwaltung
    (Kommission) 124
  – Generalsekretariat (Kommission)
    117
Verwaltungsreform (Kommission) 54
Verwaltungsverfahren 58
  – (Kommission) 55
Veterinäramt, GD Gesundheit und
  Verbraucherschutz (Kommission) 78
Veterinärschutzfragen, GD B Landwirt-
  schaft (Rat) 44
Veto 36
Vetorecht 30
Volksgesundheit, Ausschuss für Um-
  weltfragen, Volksgesundheit und
  Lebensmittelsicherheit (EP) 211
Volkswirtschaft (EZB) 256
Volkswirtschaften der Mitgliedstaaten,
  GD Wirtschaft und Finanzen
  (Kommission) 99
Vorabentscheidungsersuchen (EuGH)
  241
Vorverfahren (EuGH) 241

W

Währung, Ausschuss für Wirtschaft und Währung (EP) 209
Währungseinheiten 10
Währungspolitik 7, 9, 13 f.
– (Rat) 39
Währungsschlange 9
Währungsstatistik (Eurostat) 114
Währungsunion 4 f., 8 ff., 18, 31 f.
Waren, GD Wettbewerb (Kommission) 98
Wasser,
– GD Umwelt (Kommission) 90
– GD Wettbewerb (Kommission) 97
Wechselkurse 9
Weitere europäische und internationale Institutionen bei der EU 393
Weltraumforschung 392
Weltraumforschungszentrum 392
Weltraumorganisation (ESA), Europäische 392
Werbung, Verbände 431
Werner-Bericht 9
Westafrika, GD Entwicklung (Kommission) 105
Westeuropäische Union 37
– (WEU) 14
Westlicher Balkan,
– GD E Außenwirtschaftsbeziehungen, Gemeinsame Außen- und Sicherheitspolitik – GASP (Rat) 47
– GD Erweiterung (Kommission) 106
Wettbewerb 13, 18
– GD C Binnenmarkt; Wettbewerbsfähigkeit; Industrie; Forschung; Energie; Verkehr (Rat) 45
– GD Energie und Verkehr (Kommission) 94
– GD Wettbewerb (Kommission) 96
– Juristischer Dienst (Kommission) 124
– (OECD) 378
Wettbewerbsfähigkeit,
– GD C Binnenmarkt; Wettbewerbsfähigkeit; Industrie; Forschung; Energie; Verkehr (Rat) 45
– GD Unternehmen (Kommission) 91 f.
Wettbewerbsordnung 22

Wettbewerbsregeln (Rat) 38
WEU 37
Wiederaufbau,
– Agentur für den Wiederaufbau (EAR) 289
– europäische Bank für Wiederaufbau und Entwicklung 387
WIPO 386
Wirtschaft,
– Ausschuss für Wirtschaft und Währung (EP) 209
– GD G Wirtschaft und Soziales (Rat) 50
– GD Wirtschaft und Finanzen (Kommission) 98 f.
– Organisationen 399
– Verbände 399
Wirtschaftliche Zusammenarbeit
– Organisation für Wirtschaftliche Zusammenarbeit und Entwicklung (OECD) 372
– (OSZE) 389
– (UNECE) 381
Wirtschaftlichkeitsprüfung, GD VIII Finanzen (EP) 155
Wirtschafts- und Sozialausschuss (EWSA) 30, 232
Wirtschafts- und Währungsfragen 233
Wirtschaftsanalysen, GD Landwirtschaft und Entwicklung des ländlichen Raumes (Kommission) 84
Wirtschaftsangelegenheiten, GD E Außenwirtschaftsbeziehungen, Gemeinsame Außen- und Sicherheitspolitik – GASP (Rat) 46
Wirtschaftsbeziehungen, GD Handel (Kommission) 110
Wirtschaftsfragen,
– GD G Wirtschaft und Soziales (Rat) 50
– GD Landwirtschaft und Entwicklung des ländlichen Raumes (Kommission) 83
Wirtschaftsgemeinschaft, Europäische 3, 5, 13
Wirtschaftskommission für Europa 381
– Arbeitsweise 381
– Organisation 381
– Rechtsgrundlage 381
– Zielsetzung 381

Wirtschaftspartnerschaftsabkommen, GD Handel (Kommission) 110
Wirtschaftspolitik 9, 13
- GD G Wirtschaft und Soziales (Rat) 50
- GD Interne Politikbereiche der Union (EP) 144
- GD Wirtschaft und Finanzen (Kommission) 99, 100
- (OECD) 377
- Politische Berater (Kommission) 127
- (Rat) 39
Wirtschaftsraum, Abkommen über den Europäischen 22
Wirtschaftsrefformen, GD Unternehmen (Kommission) 91
Wirtschaftsstatistik (Eurostat) 114
Wirtschaftsstudien, GD Wirtschaft und Finanzen (Kommission) 98
Wirtschaftsunion 9
Wirtschaftsuntersuchungen, GD Wirtschaft und Finanzen (Kommission) 98
Wissensbestimmte Wirtschaft, GD Binnenmarkt und Dienstleistungen (Kommission) 66
Wissenschaft,
- GD Forschung (Kommission) 69
- Verbände 436
Wissenschaftskooperation, GD Forschung (Kommission) 72
Wissenschaftspolitik, GD Interne Politikbereiche der Union (EP) 144
Wissenschaftsstrategie, Gemeinsame Forschungsstelle (Kommission) 73
Wissenstechnologien, GD Informationsgesellschaft (Kommission) 80

Z

Zahlungsermächtigungen 20
Zahlungsverkehrssysteme (EZB) 257
Zentralafrika, GD Entwicklung (Kommission) 105
Zentralasiatische Republiken, GD Auswärtige Beziehungen (Kommission) 103
Zentralasien,
- Amt für Zusammenarbeit 107
- GD E Außenwirtschaftsbeziehungen, Gemeinsame Außen- und Sicherheitspolitik - GASP (Rat) 47
Zentrum
- für die Förderung der Berufsbildung (Cedefop), Europäisches 283
- für die Zusammenarbeit mit Nicht-Mitgliedsländern 378
- für Forschung und Innovation im Bildungswesen 377
Zivilgesellschaft,
- GD Bildung und Kultur (Kommission) 65
- Generalsekretariat (Kommission) 117
Zivilrecht, GD Justiz, Freiheit und Sicherheit (Kommission) 82
Zivilschutz 8, 14
- GD Umwelt (Kommission) 89
Zollpolitik, GD Steuern und Zollunion (Kommission) 88
Zollunion,
- GD C Binnenmarkt; Wettbewerbsfähigkeit; Industrie; Forschung; Energie; Verkehr (Rat) 45
- GD Steuern und Zollunion (Kommission) 88
Zollwesen 13
Zucker, Verbände 405
Zukunftsforschung,
- GD Forschung (Kommission) 71
- Institut für technologische Zukunftsforschung, Gemeinsame Forschungsstelle (Kommission) 76
Zukunftstechnologien, GD Informationsgesellschaft (Kommission) 81
Zusammenarbeit 27
- (EP) 137
- Organisation für Sicherheit und Zusammenarbeit in Europa (OSZE) 389
Zustimmungsverfahren 18, 29
Zuverlässigkeitserklärung 21
Zweite Säule 5, 12
Zwischenstaatliche Zusammenarbeit 12, 14
Zypern, GD Regionalpolitik (Kommission) 87